MW00778234

Caroli Linnæi ... Systema Naturæ. Ed. 13a. 3 Tom. [in 4 Pt.]....

Carl Linnaeus

CAROLI A LINNÉ

SYSTEMA NATURAE.

TOM. I. PARS IV.

CLASSIS V.

INSECTA.

In his tam parvis, atque tam nullis
Quae ratio? quanta vis!
Quam inextricabilis perfectio!

PLIN. XI. 2.

ANIMALCULA polypoda, *spiraculis* lateralibus respirantia, *cute* cataphracta aut pilis hirta; *antennis* mobilibus sentientibus instruuntur.

CORPUS horum dividitur in *caput*, *truncum*, *abdomen*, *artus*.

CAPUT plerisque distinguendum *instruitur* cerebro minuto, oculis, antennis, saepius ore; *destituitur* naribus, auribus, etsi, nonnullis certe, evidenter competat olfactus et auditus.

Oculi plerisque bini. absque palpebris, simplices parvi, aut compositi magni hemisphaerici vel polyedri, rarius mobiles aut stipitati; his vident colores.

Antennae binae, articulatae, sensu tactus, ut videtur, instructae, sunt *setaceae*, *filiformes*, *moniliformes*, *clavatae*, *capitatae*, *fissiles*, *pectinatae*, *barbatae*, corpore *breviores*, *longiores*, *mediocres*.

Palpi articulati, ori affixi, plerisque quatuor s. sex: articulis 2, 4, 3.

Os paucioribus nullum, plurimis sub capite, quibusdam in pectore; *rostro*, *labio*, *maxillis* transversis ad latera mobilibus, *dentibus*, *lingua*, *palato*.

Stemmata verticis puncta tria elevata nitida.

TRUNCUS, inter caput et abdomen, pedatus, *thorace* supra *dorso*, posterius *scutello*, subtus *pectore sternoque*.

ABDOMEN ventriculo, intestinis, visceribusque foetum, incisuris 5, annulatum, *spiraculis* porosis lateribus pertusum, supra *tergo*, subtus *ventre*, posterius *ano* terminatum.

ARTUS sunt *cauda*, *pedes*, plurimisque *alae*.

Cauda abdomen terminans, est vel *solitaria*, vel *bicornis*; simplex vel armata *forcipe*, *furca*, *seta* vel *aculeo* simplici vel composito, laevi vel serrato.

Pedes trunci *femoribus*, *tibiis*, plantae *tarsis*, digitorum *unguibu* manus (*chela*) nonnullis, simplex pollice mobili; posteriores pro u *saltatorii*, *cursorii*, *natatorii*.

Alae duae vel quatuor sunt vel *planae*, *plicatiles*, *erectae*, *patente* *incumbentes*, *deflexae* vel *reversae*, *dentatae*, *caudatae*, *reticul* *tae*, *maculis*, *fasciis*, *strigis*, *lineis*, *punctis* pictae, vel *stigmat* *bus* notatae, *ocellis* ornatae, idque vel in *primoribus* vel in *secund* *riis*, tam in *pagina superiore*, quam *inferiore*.

Elytra (alae superiores): crustacea bina, saepius mobilia, *truncat* *spinosa*, *serrata*, *scabra*, *striata*, *porcata*, *sulcata*, *punctat* tegentia alas inferiores. *Hemelytra* media quasi alas inter et elytr

Halteres sub alis dipterorum ex petiolo capitati.

SEXUS *Mas* et *Femina* generant perfecta.

Neutra nonnullis (formicae, vespae, api) societate foederatis.

METAMORPHOSIS plurimis triplex, mutanda structura, exutis ovi tr nicis, una post alteram.

Ovum sub minima mole vesicaria excluditur.

Larva (Eruca) succosa, mollior, major, aptera, sterilis, tardior, ir terdum apus, saepeque polypus, vorax alimento proprio.

Pupa (Nympha, Chrysalis) siccior, coarctata, durior, *nuda* vel *foll* *culata*, saepe sine ore, vel *pedata* 1. 2. 3. vel *apus* 4. 5.

1. *completa*, omnibus partibus agilis (aranea, acarus, oniscus.)
2. *semicompleta* solis alarum rudimentis (gryllus, cicada, cimex libellula, ephemera.)
3. *incompleta*, alis pedibusque immobilis (apis, formica, tipula.)
4. *obtecta*, thorace abdomineque distincto corticata (lepidoptera eaque vel nuda, vel folliculata).
5. *coarctata* intra globum (musca, oestrus).

Imago revelata, declarata, perfecta generans, agilis, antennis in structa.

triplex itaque structura et cognitio ejusdem animalis.

HAEC

Verbositas, praesente seculo calamitas artis insectorum, ut pauciloquium vermium.

HAEC *muta*, nisi alio proprio instrumento, tympano thoracico, alisve sonora; *surda*, (pleraque,) stridorem aetheris licet percipiant; *plura* ubique plantarum speciebus, sed ob regionem sibi magis patentem in orbe pauciora, *tropica*, *arctica* et *antarctica*; singula demum *minima*, annua, exceptis aquaticis aliisque paucioribus, sed universa maximae molis animantia, effectuque pariter maxima, et magis occulto magisque disperso, ideoque minus coercendo; totidem enim sunt naturae annui ministri, propriis negotiis peragendis praefixi, quot muniis sufficiant, proportionem inter plantas servando, erronea, superflua, mortua, putrida, consumendo, aliis demum, inprimis avibus in alimentum cedendo.

HABITANT insecta in iis tantum plantis, e quibus (non in quibus,) victitant, unde saepius nomina *trivialia* optima, ut ars cum *politia naturae* combinatur; aliis alia muneribus praefixa praeparant, purgant, destruunt necessaria.

ENTOMOLOGI praestantiores delineando figuras, designando attributa et characteres, disponendo ordines inclaruere.

Veteres *Mouffet*, *Aldrovandi*, *Jonston*, *Rai*.

Metamorphosii *Goedart*, *Meriana*, *Albin*, *Frisch*, *Roesel*, *Wilkes*, *Kleemann*, *Ammiral*, *Harris*.

Philosophi *Swammerdam*, *Lesser*, *Reaumur*, *de Geer*, *Bonnet*, *Lyonnet*, *Goeze*, *Koch*.

Iconographi *Clerck*, *) *Sepp*, *Roesel*, *Hoeffnagel*, *Bradley*, *Robert*, *Petiver*, *Schaeffer*, *Voet*, *Fuessli*, *Hollar*, *Amiral*, *Drury*, *Cramer*, *Esper*, *Knoch*, *Jablonsky*, *Bergstraesser*, *Herbst*, *Capieux*.

Descriptores *Rai*, Fauna suecica (*edit.* 2. *Holm.* 1761. 8.) Museum Reginae *Holm.* 1764. *Koelreuter*, *Pallas*, *Thunberg*, *Schranck*, *a Laicharting*, *Schreber*, *J. R. Forster*, *Pollich*, *Lang*, *Harrer*, *Bjercander*, *Knoch*, *Schaller*, *Scriba*, *Schroeter*, *Mayer*.

Monographi *Lister*, *Schaeffer*, *Clerck*, *v. Gleichen*, *O. Fr. Müller*, *Herbst*, *Kob*, *Loschge*, *Panzer*.

Systematici *Systema naturae*, *Poda*, *Sulzer*, *Geoffroi*, *Scopoli*, *Gronovius*, *T. Bergmann*, *de Geer*, *Schluga*, *Brünnich*, *Schiefermüller*, *Fabricius*.

*) Clerckii icones insectorum *pulcherrimum opus*, *quod Academia Regia scientiarum Holmiensis ab interitu vindicavit*.

ORDINES inſectorum ab alis deſumti.

Alae 4	Superiores	cruſtaceae ſutura recta	-	*Coleoptera*	1
		ſemicruſtaceae incumbentes		*Hemiptera*	2
	Omnes	imbricatae ſquamis	-	*Lepidoptera*	3
		membranaceae	ano inermi	*Neuroptera*	4
			ano aculeato	*Hymenoptera*	5
Alae 2,	halteres loco poſteriorum		- -	*Diptera*	6
Alae 0	ſ. abſque alis et elytris		- - -	*Aptera*	7

CHA

Quaeſo ne haec legentes,
quoniam in his ſpernunt multa,
etiam relata faſtidio damnent,
cum in contemplatione naturae
nil poſſit videri ſupervacaneum.

PLIN.

CHARACTERES INSECTORUM.

I. COLEOPTERA.

* *Antennis clavatis extrorſum incraſſatis.*

a) *clava* lamellata.

189. SCARABAEUS.	*Tibiae* anteriores dentatae.
190. LUCANUS.	*Penicilli* duo ſub labio palpigeri.

b) *clava perfoliata.*

191. DERMESTES.	*Caput* inflexum ſub thorace vix marginato.
MELYRIS.	*Labium* clavatum, emarginatum.
195. BYRRHUS.	*Labium* porrectum, bifidum.
196. SILPHA.	*Thorax* et *elytra* marginata.
TRITOMA.	*Palpi* anteriores ſecuriformes.
HYDROPHILUS.	*Maxilla* bifida.

c) clava *ſolida.*

193. HISTER.	*Caput* retractile intra thoracem.
PAUSUS.	*Antennae* biarticulatae: clava uncinata.
BOSTRICHUS.	*Caput* inflexum ſub thorace vix marginato.
ANTHRENUS.	*Maxilla* bifida.
NITIDULA.	*Thorax* et *elytra* marginata.
198. COCCINELLA.	*Palpi* anteriores ſecuriformes, poſteriores filiformes.
202. CURCULIO.	*Roſtrum* elongatum corneum.

** *Antennis moniliformibus.*

BRENTUS.	*Roſtrum* elongatum, corneum, rectum.
203. ATTELABUS.	*Roſtrum* elongatum, incurvum.
ERODIUS.	*Labium* corneum, emarginatum.
217. STAPHYLINUS.	*Elytra* dimidiata, alas tegentia. *Veſiculae* 2 *ſupra caudam exſerendae.*
SCAURUS.	*Labium* truncatum, integrum.
ZYGIA.	*Labium* elongatum, membranaceum.
215. MELOE.	*Thorax* ſubrotundus. *Caput* gibbum, inflexum.
214. TENEBRIO.	*Thorax* marginatus. *Caput* exſertum. *Corpus* oblongum.
197. CASSIDA.	*Corpus* ovatum. *Elytra* marginata. *Caput* tectum clypeo.
OPATRUM.	*Thorax* et *elytra* marginata.

216. MORDELLA. *Laminae* ad basin abdominis. *Caput* inflexum.
199. CHRYSOMELA. *Corpus* ovatum, immarginatum.
HORIA. *Palpi* inaequales. *Maxilla* bifida. *Labium* rotundatum.

*** *Antennis filiformibus.*

APALUS. *Thorax* subrotundus. *Caput* gibbum, inflexum.
MANTICORA. *Maxillae* exsertae, dentatae. *Oculi* prominuli.
PIMELIA. *Thorax* marginatus. *Caput* exsertum. *Corpus* oblongum.
194. GYRINUS. *Antennae* rigidulae. *Oculi* 4.
CUCUJUS. *Labium* breve, bifidum: laciniis distantibus.
CRYPTOCEPHALUS. *Corpus* ovatum, immarginatum.
201. BRUCHUS. *Antennae* extrorsum crassiores.
192. PTINUS. *Thorax* caput recipiens. *Antennae* articulis ultimis longioribus.
200. HISPA. *Antennae* porrectae, approximatae, fusiformes.
211. BUPRESTIS. *Caput* dimidium intra thoracem retractum.
206. NECYDALIS. *Elytra* dimidiata: alis nudis.
207. LAMPYRIS. *Elytra* flexilia. *Thoracis* clypeus caput obumbrans recipiensque.
208. CANTHARIS. *Elytra* flexilia. *Abdomen* lateribus plicato-papillosum.
NOTOXUS. *Labium* bifidum: laciniis conniventibus obtusis.
209. ELATER. *Pectoris* mucro e poro abdominis resiliens.
CALOPUS. *Thorax* ad latera mucronato-callosus.
ALURNUS. *Maxilla* fornicata.
213. CARABUS. *Thorax* obcordatus, posterius truncatus.
LYTTA. *Thorax* subrotundus. *Caput* gibbum, inflexum.

**** *Antennis setaceis.*

SERROPALPUS. *Palpi* anteriores profunde serrati.
204. CERAMBYX. *Thorax* ad latera mucronato-callosus.
205. LEPTURA. *Elytra* apice attenuata. *Thorax* teretiusculus.
RHINOMACER. *Antennae* rostro insidentes.
ZONITIS. *Labium* emarginatum.
210. CICINDELA. *Maxillae* exsertae dentatae. *Oculi* prominuli.

212.

Genera *naturalia auctorum*, metamorphosi demonstranda, vitam scientiae largiuntur.

Genera *falsa tironum*, ex ludicro principio deducta totidem foetidissimis ulceribus artem pulcherrimam commacularunt.

212. DYTICUS. *Pedes* posteriores ciliati, natatorii.
218. FORFICULA. *Elytra* dimidiata: alis tectis. *Cauda* forcipata.

II. HEMIPTERA.

219. BLATTA. *Os* maxillosum. *Alae* coriaceae, planae. *Pedes* cursorii.
PNEUMORA. *Os* maxillosum. *Alae* membranaceae, deflexae. *Pedes* cursorii. *Corpus* cavum, inflatum, diaphanum.
220. MANTIS. *Os* maxillosum. *Pedes* anteriores serrati: ungue unico.
221. GRYLLUS. *Os* maxillosum. *Pedes* posteriores saltatorii.
222. FULGORA. *Rostrum* inflexum. *Frons* producta, inermis. *Antennae* capitatae.
223. CICADA. *Rostrum* inflexum. *Pedes* posteriores saltatorii.
224. NOTONECTA. *Rostrum* inflexum. *Pedes* posteriores natatorii (ciliati.)
225. NEPA. *Rostrum* inflexum. *Pedes* anteriores cheliferi.
226. CIMEX. *Rostrum* inflexum. *Pedes* cursorii. *Antennae* thorace longiores.
MACROCEPHALUS. *Rostrum* inflexum. *Antennae* brevissimae.
227. APHIS. *Rostrum* inflexum. *Abdomen* bicorne.
228. CHERMES. *Rostrum* pectorale. *Pedes* posteriores saltatorii.
229. COCCUS. *Rostrum* pectorale. *Abdomen* (maribus) posterius setosum.
230. THRIPS. *Rostrum* obsoletum. *Alae* incumbentes abdomini reflexili.

III. LEPIDOPTERA.

231. PAPILIO. *Antennae* extrorsum crassiores. *Alae* erectae.
232. SPHINX. *Antennae* medio crassiores.
233. PHALAENA. *Antennae* introrsum crassiores.

IV. NEUROPTERA.

234. LIBELLULA. *Cauda* forcipata. *Os* multi-maxillosum. *Alae* extensae.
235. EPHEMERA. *Cauda* setis 2-3. *Os* edentulum. *Alae* erectae.
238. MYRMELEON. *Cauda* forcipata. *Os* bidentatum. *Alae* deflexae.
236. PHRYGANEA. *Cauda* simplex. *Os* edentulum. *Alae* deflexae.
237. HEMEROBIUS. *Cauda* simplex. *Os* bidentatum. *Alae* deflexae.
239. PANORPA. *Cauda* chelata. *Os* rostratum. *Alae* incumbentes.
240. RAPHIDIA. *Cauda* filo 1. *Os* bidentatum. *Alae* deflexae.

V. HYMENOPTERA.

241.	CYNIPS.	*Aculeus* ſpiralis!
242.	TENTREDO.	*Aculeus* ſerratus! bivalvis.
243.	SIREX.	*Aculeus* ſerratus ſub abdominis ſpina terminali.
244.	ICHNEUMON.	*Aculeus* exſertus! triplex.
245.	SPHEX.	*Aculeus* punctorius. *Alae* planae. *Lingua inflexa trifida.*
	SCOLIA.	*Lingua* inflexa, trifida. *Labium* apice membranaceum.
	THYNNUS.	*Lingua* breviſſima, involuta. *Labium* trifidum.
	LEUCOSPIS.	*Labium* maxilla longius emarginatum. *Antennae* clavatae.
	TIPHIA.	*Labium* breve, corneum, tridentatum.
	CHALCIS.	*Antennae* breves, cylindricae, fuſiformes.
246.	CHRYSIS.	*Aculeus* punctorius. *Abdomen* ſubtus fornicatum.
247.	VESPA.	*Aculeus* punctorius. *Alae* ſuperiores plicatae!
248.	APIS.	*Aculeus* punctorius. *Lingua* inflexa!
249.	FORMICA.	*Aculeus* obſoletus. *Alae* neutris nullae!
250.	MUTILLA.	*Aculeus* punctorius. *Alae* neutris nullae.

VI. DIPTERA.

* *proboſcide* et *hauſtello.*

	DIOPSIS.	*Caput* bicorne: oculis terminalibus.
252.	TIPULA.	*Hauſtellum* ſine vagina. *Palpi* 2 porrecti, filiformes.
253.	MUSCA.	*Hauſtellum* ſine vagina, ſetis inſtructum.
254.	TABANUS.	*Hauſtellum* vagina univalvi ſetisque inſtructum.
256.	EMPIS.	*Proboſcis* inflexa.
257.	CONOPS.	*Proboſcis* porrecta, geniculata.

** *hauſtello ſine proboſcide.*

251.	OESTRUS.	*Hauſtellum* retractum intra labia connata, poro pertuſa.
258.	ASILUS.	*Hauſtellum* rectum, bivalve, baſi gibbum.
	STOMOXYS.	*Hauſtellum* vagina univalvi convoluta, baſi geniculata.
255.	CULEX.	*Vagina* exſerta, univalvis, flexilis: ſetis 5.
259.	BOMBYLIUS.	*Hauſtellum* longiſſimum, rectum, ſetaceum, bivalve.
260.	HIPPOBOSCA.	*Hauſtellum* breve, cylindricum, rectum, bivalve.

VII.

VII. APTERA.

* *Pedibus sex, capite a thorace discreto.*

261. LEPISMA.	*Cauda* setis exsertis.
262. PODURA.	*Cauda* bifurca, inflexa, saltatrix.
263. TERMES.	*Os* maxillis duabus. *Labium* corneum, quadrifidum.
264. PEDICULUS.	*Os* aculeo exserendo.
265. PULEX.	*Os* rostro inflexo cum aculeo. *Pedes* saltatorii.

** *Pedibus 8-14, capite thoraceque unitis.*

266. ACARUS.	*Oculi* 2. *Pedes* 8. *Palpi* compressi.
HYDRACHNA.	*Oculi* 2-8. *Pedes* 8 in anteriore corporis parte. *Papillae* textoriae.
268. ARANEA.	*Oculi* 8. *Pedes* 8. *Papillae* textoriae. *Palpi* clavati.
267. PHALANGIUM.	*Oculi* 4. *Pedes* 8. *Palpi* chelati.
269. SCORPIO.	*Oculi* 8. *Pedes* 8. *Palpi* chelati.
270. CANCER.	*Oculi* 2. *Pedes* 10: primo chelato.
271. MONOCULUS.	*Oculi* 2. *Pedes* 12: decem chelatis.
272. ONISCUS.	*Oculi* 2. *Pedes* 14.

*** *Pedibus pluribus, capite a thorace discreto.*

273. SCOLOPENDRA.	*Corpus* lineare.
274. JULUS.	*Corpus* subcylindricum.

I. CO-

In nova fert animus mutatas dicere formas corpora.

I. COLEOPTERA.

Elytra alas tegentia.

189. SCARABAEUS. *Antennae* clavatae: clava lamellata.
Palpi 4.
Mandibula cornea *subedentula*.
Tibiae anteriores saepius dentatae.

* *palpis filiformibus.*

† *mandibula arcuata.*

a) *plane edentula*, Scarabaei Fabricii.

ℵ) *thorace cornuto.*

α) *scutellati.*

Hercules. 1. Sc. thoracis cornu incurvo maximo: subtus barbato unidentato, capitis recurvato: supra multidentato. *Mus. Lud. Ulr.* 3. *Gronov. zooph.* 412. *Jablonsk. Kaef.* 1. *t.* 1. *f.* 1. 2. *Voet coleopt. t.* 12. *f.* 98. *Drury inf.* 1. *t.* 30. *f.* 1. 2. *Aubent. misc. t.* 41. *f.* 2. *Fabric. spec. inf.* 1. *p.* 4. *n.* 1. *mant. inf.* 1. *p.* 3. *n.* 1.
Marcgr. braf. 247. *f.* 3. Taurus volans f. Eruma.
Jonst. inf. t. 16. *f.* 1.
Olear. mus. t. 16. *f.* 1.
Petiv. gazoph. t. 70. *f.* 1. Rhinoceros americanus cinereus, rostro nigro nitente.
Edw. glean. t. 334.
Grew mus. 162.
Roes. inf. II. *Kaef.* I. *t.* A. *f.* 1. *inf.* IV. *p.* 45. *t.* 5. *f.* 3.
Degeer inf. 4. *p.* 304. *n.* 2. *t.* 18. *f.* 9. Scarabaeus scutellatus niger &c.
Habitat in America, *varians elytris piceis et glaucis nigropunctatis.*
Femina mutica.

Alcides. 91. Sc. thoracis cornu incurvo subtus barbato unidentato, capitis recurvato mutico. *Fabr. spec. inf.* 1. *p.* 4. *n.* 2. *mant. inf.* 1. *p.* 3. *n.* 2.
Habitat in India, *Hercule duplo minor, an ejus varietas?*

Gideon. 2. Sc. thoracis cornu incurvo maximo ſubtus laevi apice bifido, capitis recurvato ſupra unidentato. *Fabr. ſp. inſ.* 1. *p.* 4. *n.* 3. *mant. inſ.* 1. *p.* 3. *n.* 3. *Gron. zooph.* 413. *Voet coleoptr. t.* 12. *f.* 100. *Jablonsk. Kaef.* 1. *t.* 1. *f.* 3.
Edw. av. t. 40.
Roeſ. inſ. 2. *Kaef.* 1. *t.* A. *f.* 5.
Swammerdam bibl. nat. t. 30. *f.* 2.
Aubent. miſc. t. 40. *f.* 3.
Habitat in America *auſtrali et* India, *an vere* a praecedentibus *diverſus?*

Centaurus. 92. Sc. thoracis cornu incurvo baſi bidentato apice bifido, capitis recurvato unidentato. *Fabric. ſp. inſ.* 1. *p.* 5. *n.* 4. *mant. inſ.* 1. *p.* 3. *n.* 4. *Jablonsk. Kaef.* 1. *t.* 2. *f.* 1.
Drury inſ. 1. *t.* 36. *f.* 1. Scarabaeus Gideon.
Habitat in India *et* Africa.

Oromedon. 93. Sc. thoracis cornu brevi emarginato, capitis recurvato bifido. *Fabr. ſp. inſ.* 1. *p.* 5. *n.* 5. *mant. inſ.* 1. *p.* 4. *n.* 5. *Drury inſ.* 1. *t.* 36. *f.* 5. *Aubent. miſc.* 1. *t.* 40. *f.* 4. *Voet coleopt. t.* 13. *f.* 102. *Jablonsk. Kaef.* 1. *t.* 2. *f.* 2.
Habitat in America *auſtrali et* India.

Aegeon. 94. Sc. rufus, thoracis cornu brevi incurvo ſubtus barbato, capitis recurvo ſubulato. *Fabr. ſp. inſ.* 1. *p.* 5. *n.* 6. *mant. inſ.* 1. *p.* 4. *n.* 6. *Drury inſ.* 2. *t.* 30. *f.* 5. *Jablonsk. Kaef.* 1. *t.* 1. *f.* 4.
Habitat in America *auſtrali et* India.

diſpar. 95. Sc. cornu (in mare) thoracis ſubulato protenſo, capitis ſubulato ſubrecurvo, ſcutello cordato. *Fabric. ſp. inſ.* 1. *p.* 5. *n.* 7. *mant. inſ.* 1. *p.* 4. *n.* 7. *Jablonsk. Kaef.* 1. *t.* 2. *f.* 3. 4.
Pall. it. 1. *p.* 461. Scarabaeus polyceros.
Pall. it. 3. *p.* 707. *ic. inſ. Ruſſ. indig.* 1. *t.* A. *f.* 8. A. B.
Habitat in regionibus Ruſſici *imperii magis auſtralibus, ater, ſtercorarii magnitudine.*
Feminae nec thorax, nec caput cornutum, ſed utrumque antrorſum bidentatum.

Chorinaeum. 96. Sc. thoracis cornu incurvo baſi craſſiſſimo apice bifido, capitis longiori recurvo bifido. *Fabr. ſp. inſ.* 1. *p.* 6. *n.* 8. *mant.* 1. *p.* 4. *n.* 8. *Voet coleopt. t.* 13. *f.* 104. *Jablonsk. Kaef.* 1. *t.* 2. *f.* 5.
Habitat in Braſilia, *pani affinis.*

dichotomus. 89. Sc. thoracis cornu bidentato, capitis dichotomo, elytris rufis. *Mant.* 1. 529. *Fabr. spec. inf.* 1. *p.* 6. *n.* 9. *mant. inf.* 1. *p.* 4. *n.* 9. *Jablonsk. Kaef.* 1. *t.* 2. *f.* 6.
Aubent. misc. t. 40. *f.* 5.
Voet coleopt. t. 14. *f.* 107.
Sulz. hist. inf. t. 1. *f.* 1.
Habitat in America *australi et* India.

claviger. 90. Sc. rufus, thoracis cornu elevato, capitis subulato recurvo. *Mant.* 1. 529. *Fabr. spec. inf.* 1. *p.* 6. *n.* 10. *mant. inf.* 1. *p.* 4. *n.* 10.
Aubent. misc. 1. *t.* 40. *f.* 1.
Drury inf. 3. *t.* 48. *f.* 3.
Voet coleoptr. t. 14. *f.* 108.
Habitat in America *australi et* India.

hastatus. 97. Sc. thoracis cornu brevi fornicato hastato subtus hirto, capitis recurvo. *Fabr. spec. inf.* 1. *p.* 6. *n.* 11. *mant. inf.* 1. *p.* 4. *n.* 11.
Habitat in America *meridionali.*

Enema. 98. Sc. thoracis cornu incurvo simplici basi crassissimo, capitis recurvo bifido. *Fabr. mant. inf.* 1. *p.* 6. *n.* 12.
Habitat in India, *pani affinis.*

Pan. 99. Sc. thoracis cornu incurvo basi crassissimo apice bifido, capitis recurvo unidentato. *Fabr. sp. inf.* 1. *p.* 6. *n.* 12. *mant.* 1. *p.* 4. *n.* 13.
Habitat in America *australi et* India.

Jason. 100. Sc. thoracis cornu crassissimo apice emarginato, capitis unidentato trifido. *Fabr. sp. inf.* 1. *p.* 7. *n.* 14. *mant. inf.* 1. *p.* 4. *n.* 15. *Jablonsk. Kaef.* 1. *t.* 3. *f.* 3.
Swammerd. bibl. nat. t. 30. *f.* 5.
Voet coleoptr. t. 13. *f.* 103.
Aubent. misc. t. 15. *f.* 4.
Habitat in Sina, *Chorinaeo affinis.*

validus. 101. Sc. thorace anterius retuso: cornu conico brevissimo, capite bituberculato. *Fabr. sp. inf.* 1. *p.* 7. *n.* 15. *mant. inf.* 1. *p.* 4. *n.* 16.
Habitat in Brasilia, *rhinocerotis magnitudine.*

truncatus. 102. Sc. thorace retuso, cornu brevi truncato, capite mutico. *Fabr. sp. inf.* 1. *p.* 7. *n.* 16. *mant. inf.* 1. *p.* 4. *n.* 17.
Habitat in nova Seelandia, *nasicornis magnitudine.*

Eurytus. 103. Sc. thorace anterius retuso: cornu brevi incumbente emarginato, capite mutico. *Fabr. sp. inf.* 1. *p.* 7. *n.* 17. *mant. inf.* 1. *p.* 5. *n.* 18.
Habitat in America, *niger.*

Actaeon. 3. Sc. glaber, thorace bicorni, capitis cornu unidentato apice bifido, elytris laevibus. *Muf. Lud. Ulr.* 4.* *Fabr. sp. inf.* 1. *p.* 7. *n.* 18. *mant. inf. p.* 5. *n.* 19.* *Jablonsk. Kaef.* 1. *t.* 3. *f.* 4.
Marcgr. brasil. 246. Enema.
Roef. inf. 2. *Scar.* 1. *t.* A. *f.* 2.
Swammerd. bibl. nat. t. A. *f.* 2.
Petiv. gazoph. t. 15. *f.* 12.
Seb. muf. 4. *t.* 90. *f.* 3. 4.
91. *f.* 3.
Aubent. misc. t. 5. *f. inf.*
Voet coleoptr. t. 16. *f.* 111. 112.
Merian. fur. t. 72.
Huffn. pict. 1. *t.* 1.
Habitat in America, *omnium hactenus cognitorum insectorum, cancris monoculisque exceptis, maximum.*
Thoracis *cornua antrorsum versa, conica.*

Simson. 4. Sc. thorace bicorni, capitis cornu apice bifido, clypeo denticulato. *Muf. Lud. Ulr.* 5.* *Fabr. sp. inf.* 1. *p.* 8. *n.* 19. *mant. inf.* 1. *p.* 5. *n.* 20.
Habitat in America *australi et* India, *actaeoni affinis, at quadruplo minor, supra laevis, piceus.*
Caput *anterius bidentatum;* thoracis *cornua lanceolata, porrecta, non capite, sed cornu capitis longiora.*

Elephas. 104. Sc. villosus, thorace gibbo bicorni, capitis cornu unidentato apiceque bifido. *Fabr. sp. inf.* 1. *p.* 8. *n.* 20. *mant. inf. p.* 5. *n.* 21.
Olear. muf. t. 16. *f.* 2.
Habitat in Guinea, *actaeoni affinis, at villosus.*

Boas. 105. Sc. thorace retuso excavato bidentato, capitis cornu recurvo simplici. *Fabr. sp. inf.* 1. *p.* 8. *n.* 21. *mant. inf.* 1. *p.* 5. *n.* 22.
Habitat ad Sierra Leona.

Coryphaeus. 106. Sc. thorace bicorni, corpore ferrugineo. *Fabr. sp. inf.* 1. *p.* 8. *n.* 22. *mant. inf.* 1. *p.* 5. *n.* 23.
Habitat ad caput bonae spei, *vernalis magnitudine et statura.*

107. Sc.

bicornis. 107. Sc. thorace bicorni, capitis cornu recurvo unidentato elytris rufis. *Lesk. Anf. der Naturg.* 1. *t.* 9. *f.* 1. *Jablonsk. Kaef.* 1. *t.* 4. *f.* 1. *Fabr. mant. inf.* 1. *p.* 5. *n.* 24
Aubent. misc. t. 15. *f.* 2.
Habitat in America *meridionali, nasicornis magnitudine.*

Tityus. 5. Sc. thoracis cornu intermedio maximo simplicissimo, capiti cornu recurvato simplicissimo. *Amoen. ac.* 6. *p.* 39. *n.* 1
Fabr. sp. inf. 1. *p.* 8. *n.* 23. *mant. inf.* 1. *p.* 5. *n.* 26. *Jablonsk. Kaef.* 1. *t.* 4. *f.* 2. Scarabaeus scutellatus glaucus thorace tricorni: lateralibus brevissimis subulatis, medi subtus barbato, capitis cornu recurvato simplicissimo.
Gron. zooph. t. 14. *f.* 8. Scarabaeus thorace tricorni laevi intermedio maximo incurvo subtus barbato, capitis corn maximo recurvo.
Aubent. misc. 1. *t.* 14. *f.* 8.
Voet Kaef. t. 12. *f.* 99.
Degeer inf. 4. *t.* 18. *f.* 10.
Habitat in America, *herculi similis, at parvus.*
Elytra *nunc nigra glauco-maculata, nunc glauca, nigro maculata.*

Atlas. 6. Sc. thorace tricorni: anteriore brevissimo, capitis cornu adscendente. *Mus. Lud. Ulr.* 6.*
Fabr. spec. inf. 1. *p.* 9. *n.* 24. *mant. inf.* 1. *p.* 5. *n.* 27. *Jablonsk. Kaef.* 1. *t.* 4. *f.* 5.
Marcgr. bras. 247. *f.* 1.
Edw. av. t. 105. *f.* 1.
Olear. mus. t. 16. *f.* 3.
Merian. surin. in tit. F. G.
Swammerd. bibl. t. 30. *f.* 3.
Voet coleoptr. t. 15. *f.* 109. 110.
Sulz. inf. t. 1. *f.* 1.
Habitat in America *magis australi.*

Geryon. 108. Sc. thorace excavato tricorni, lateralibus compressis unidentatis, capitis recurvo simplici. *Fabr. sp. inf.* 1. *p.* 9 *n.* 25. *mant. inf.* 1. *p.* 5. *n.* 28. *Jablonsk. Kaef.* 1. *t.* 4. *f.* 5
Drury inf. 2. *t.* 30. *f.* 6.
Habitat in America *australi et* India.

7. Sc

Scarabaeorum *larvae hexapodes annulatae, pilosae, abdominis apice vesiculoso, capite corneo instructae, vivunt tranquillae sub terra, plurimae fimo delectantur et pascuntur, cetoniarum ligno putrescente, melolontharum radicibus plantarum: pupae intra glebam quiescentes.*

Aloëus. 7. Sc. thorace tricorni: intermedio longiori simplici, capite submutico, elytris unistriatis. *Mus. Lud. Ulr.* 7.* *Fabr. sp. ins.* 1. *p.* 9. *n.* 26. *mant. ins.* 1. *p.* 5. *n.* 29. *Jablonsk. Kaef.* 1. *t.* 4. *f.* 3.
Degeer ins. 4. *p.* 302. *n.* 1. Scarabaeus scutellatus niger, thorace tricorni: intermedio longiori truncato.
Roes. ins. 2. *Scarab.* 1. *t.* A. *f.* 6.
Petiv. gazoph. t. 24. *f.* 10.
Aubent. misc. t. 5. *f.* 1.
Voet Kaef. t. 18. *f.* 122. (mas) *et t.* 19. *f.* 122. (femina.)
Habitat in America, *nasicorni simillimus, at triplo major, tibiis anterioribus quinquedentatis.*

Antaeus. 109. Sc. thorace tricorni: intermedio longiori simplici, capite mutico, elytris laevissimis. *Fabr. sp. ins.* 1. *p.* 9. *n.* 27. *mant. ins.* 1. *p.* 6. *n.* 30. *Jablonsk. Kaef.* 1. *t.* 4. *f.* 4.
Drury ins. 1. *t.* 34. *f.* 3.
Habitat in insulis Americae *oppositis.*
Femina *mutica.*

Syphax. 110. Sc. thorace tricorni: intermedio longiori simplici, capite mutico, elytris punctatis. *Fabr. sp. ins.* 1. *p.* 10. *n.* 28. *mant. ins.* 1. *p.* 6. *n.* 31.
Habitat in America, *antaeo perquam affinis.*

Maimon. 111. Sc. thorace tricorni: cornubus aequalibus brevissimis, elytris laevibus. *Fabr. sp. ins.* 1. *p.* 10. *n.* 29. *mant. ins.* 1. *p.* 6. *n.* 32.
Habitat in America.

Typhoeus. 9. Sc. thorace tricorni: intermedio minore; lateralibus porrectis longitudine capitis mutici. *Mus. Lud. Ulr.* 8.* *Gronov. zooph.* 123.
Fabr. sp. ins. 1. *p.* 10. *n.* 30. *mant. ins.* 1. *p.* 6. *n.* 33. *Bergstr. Nomencl.* 1. *p.* 26. *n.* 6. *t.* 4. *f.* 6. *Jablonsk. Kaef.* 1. *t.* 6. *f.* 1. 2.
Geoffr. ins. paris. 1. *p.* 72. *t.* 1. *f.* 3.
Raj. ins. 103. Scarabaeus ovinus 2.
Frisch ins. 4. *t.* 8. Scarabaeus thorace cornuto.
Mouff. ins. 152. *f.* 2. Taurocerus.
Petiv. gaz. t. 23. *f.* 3.
Schaeff. icon. t. 5. *f.* 1. ♀. *t.* 26. *f.* 4. ♂.
Degeer ins. 4. *t.* 10. *f.* 5.
Voet coleoptr. t. 19. *f.* 124. 125.

Habitat in Europa, *sub stercore bovino sub terra cuniculos profundos fodiens, nidulans, stercorarii magnitudine, ater.*

Caput *depressum, ad latera villosum, angustum;* antennarum *capitulum subgriseum;* thorax *glaber, cornubus nunc capiti aequalibus, nunc duplo longioribus, in femina exsoletis;* elytra *striata;* tibiae *admodum pilosae.*

Titanus. 112. Sc. thorace tricorni: intermedio longiori apice bifido; lateralibus subarcuatis acutis, capite mutico. *Fabr. sp. inf.* 1. *p.* 10. *n.* 31. *mant. inf.* 1. *p.* 6. *n.* 34.

Sloane jam. 2. *p.* 205. *t.* 237. *f.* 4. 5. Scarabaeus major niger tricornis.

Drury inf. 1. *t.* 36. *f.* 3. 4. Scarabaeus Simson.

Habitat in insulis Americae *meridionali oppositis.*

Oenobarbus. 113. Sc. thorace tricorni: medio longiori emarginato; lateralibus obtusis, capite bituberculato. *Fabr. sp. inf.* 1. *p.* 10. *n.* 32. *mant. inf.* 1. *p.* 6. *n.* 35.

Habitat in America, *titani statura, sed minor.*

quadrispinosus. 114. Sc. thorace retuso: prominentia quadridentata, capitis cornu recurvo. *Fabr. sp. inf.* 1. *p.* 11. *n.* 36. *mant. inf.* 1. *p.* 6. *n.* 38.

Habitat in Cayenna, *magnus.*

quadridens. 115. Sc. thorace quadridentato, capitis clypeo bidentato, corpore ferrugineo. *Fabr. sp. inf.* 1. *p.* 11. *n.* 37. *mant. inf.* 1. *p.* 6. *n.* 39.

Habitat in India, *parvus, gibbus.*

mobilicornis. 116. Sc. thorace quadridentato, capitis cornu recurvo mobili. *Fabr. spec. inf.* 1. *p.* 12. *n.* 38. *mant. inf.* 1. *p.* 6. *n.* 40. *Laichart. inf. t.* 1. *f.* 11. *Jablonsk. Kaef.* 1. *t.* 8. *f.* 6. 7.

Habitat in Anglia *et* Germania, *niger.*

Femina *plane mutica;* elytra *striata.*

cylindricus. 11. Sc. thorace anterius truncato quinquedentato, capite anterius cornu erecto, corpore cylindrico. *Fn. suec.* 380.

Laichart. inf. tyr. p. 4. *n.* 4. Lucanus cylindricus.

Scopol. introd. hist. nat. 5. 75. Lucanus tenebrioides.

Degeer. inf. 4. *t.* 10. *f.* 2.

Voet coleoptr. t. 20. *f.* 131.

Habitat in Europae *magis borealis pruno ceraso.*

Candidae. 409. Sc. thorace excavato antrorſum cornuto tibiis anterioribus tridentatis. *Petagn. ſpec. inſ. Calabr. p.* 3. *n.* 9. *f.* VI. *a.* 6.
Habitat in Calabriae *ulterioris* promontorio Lacinio.

β) exſcutellati.

violaceus. 117. Sc. totus violaceus, maxillis prominentibus, fronte declivi, thorace ſexſpinoſa. *Lepech. it.* 2. *p.* 208. *t.* 10. *f.* 13.
Habitat in Sibiria, *ſub lapidibus, parvus.*
Elytra *punctis excavatis inſignita.*

nemeſtrinus. 118. Sc. thoracis cornubus duobus porrectis acutis, capitis erecto ſubulato. *Fabr. ſp. inſ.* 1. *p.* 22. *n.* 96. *mant. inſ.* 1. *p.* 11. *n.* 106.
Degeer inſ. 7. *p.* 637. *t.* 47. *f.* 16. Scarabaeus tricornutus.
Habitat ad caput bonae ſpei, *jaccho affinis, ſubtus hirtus.*

Oedipus. 119. Sc. thoracis cornu plano ſubtus dentato, capitis truncato tridentato. *Fabr. ſp. inſ.* 1. *p.* 22. *n.* 98. *mant. inſ.* 1. *p.* 11. *n.* 108.
Habitat ad caput bonae ſpei.

ſplendidulus. 120. Sc. thoracis aenei cornubus duobus compreſſis nigris, capitis erecto apice compreſſo. *Fabr. ſp. inſ.* 1. *p.* 23. *n.* 100. *mant. inſ.* 1. *p.* 12. *n.* 110.
Habitat in America *auſtrali, carnificis magnitudine.*

feſtivus. 52. Sc. thorace gibbo bicorni, capitis cornu erecto, elytris rubro-aeneis. *Linn. ſp. inſ.* 1. *p.* 23. *n.* 101. *mant. inſ.* 1. *p.* 12. *n.* 111.
Syſt. nat. XII. 2. *p.* 552. *n.* 52. *Gron. zooph.* 452. Scarabaeus exſcutellatus muticus, thorace nigro-maculato, elytris rubro-aeneis, ſterno porrecto.
Roeſ. inſ. 2. *Scar.* 1. *t.* B. *f.* 8. (mas).
Voet coleoptr. t. 23. *f.* 5. 7.
Degeer inſ. 4. *t.* 8. *f.* 15.
Drury inſ. 3. *t.* 48. *f.* 5. (fem.)
Habitat in America, *melolonthae magnitudine, at brevior, niger.*

Pactolus. 121. Sc. thorace bidente, capitis cornu elongato recurvo medio bidentato. *Fabr. mant.* 1. *p.* 12. *n.* 112.
Habitat in Braſilia, *mediae magnitudinis, viridi-aeneus.*

Pithecius. 122. Sc. thorace bicorni: cornubus breviſſimis, capitis cornu
erecto ſubulato. *Fabr. ſp. inſ.* I. *p.* 23. *n.* 102. *mant.*
inſ. I. *p.* 12. *n.* 113.
Habitat in America *auſtrali et* India.

ſeniculus. 123. Sc. thorace anterius, clypeo poſterius bicorni. *Fabr.*
ſp. inſ. I. *p.* 23. *n.* 103. *mant. inſ.* I. *p.* 12. *n.* 114.
β) Scarabaeus brevipes. *Herbſt apud Fueſſl. Arch. Inſ.* 4. *p.*
10. *n.* 35. *t.* 19. *f.* 16.
Habitat in Coromandel, *bonaſi ſtatura.*

Catla. 124. Sc. thorace anterius bidentato, capitis clypeo lineis duabus elevatis transverſis carinatis. *Fabr. mant. inſ.* I. *p.*
12. *n.* 115.
Habitat in Coromandel, *nuchicornis magnitudine et ſtatura,*
an femina alius ſpeciei?

Moloſſus. 8ª Sc. thorace retuſo bidentato utrinque impreſſo, clypeo uni-
corni lunato integro, elytris laevibus. *Muſ. Lud. Ulr.*
11.* *Amoen. ac.* 6. *p.* 391.* *Fabr. ſp. inſ.* I. *p.* 26. *n.* 118.
mant. inſ. I. *p.* 14. *n.* 134.
Drury inſ. 1. *t.* 32. *f.* 2.
Schroet. Abb. 1. *t.* 3. *f.* 3.
Degeer inſ. 4. *t.* 18. *f.* 11.
Habitat in Sina, *ibi officinalis, cornu dentibusque nunc lon-*
gioribus nunc brevioribus, feminae nullis.
Femora *ovata.*

Roſalius. 125. Sc. thorace anterius bicorni, poſterius elevato tricorni,
capitis cornu compreſſo ſerrato. *Fabr. ſp. inſ.* I. *p.* 24.
n. 104. *mant inſ.* I. *p.* 12. *n.* 116.
Habitat in America *meridionali.*

Ammon. 126. Sc. thorace tridentato, capitis cornu recurvo, elytris
ſtriatis. *Linn. ſp. inſ.* I. *p.* 24. *n.* 105. *mant. inſ.* I. *p.*
12. *n.* 117.
Fabr. ſyſt. entom. p. 21. *n.* 83. Scarabaeus Silenus.
Habitat in America.

Midas. 127. Sc. thorace tricorni, clypeo ſinuato bicorni. *Fabr. ſp.*
inſ. I. *p.* 24. *n.* 106. *mant. inſ.* I. *p.* 12. *n.* 118.
Habitat in America.

Hama-
dryas. 128. Sc. thorace tricorni: intermedio plano acuto tridentato,
clypeo reflexo bicorni. *Fabr. ſp. inſ.* I. *p.* 24. *n.* 107.
mant. inſ. I. *p.* 12. *n.* 119.
Voet coleoptr. t. 27. *f.* 38?
Habitat ad caput bonae ſpei, *niger.*

lunaris. 10. Sc. thorace bicorni: intermedio obtuso bifido, capitis cornu erecto, clypeo emarginato. *Fn. suec.* 379.* *Scop. ent. carn.* 22. *Gron. zooph.* 453.* *Fabr. sp. inf.* 1. *p.* 24. *n.* 108. *mant. inf.* 1. *p.* 13. *n.* 120.
Fn. suec. 1. *p.* 341. Scarabaeus thorace submutico, capite lunato, clypeo emarginato.
Raj. inf. 103. Scarabaeus ovinus tertius.
Geoffr. inf. parif. 1. *p.* 88. *n.* 1. Copris capitis clypeo lunulato &c.
Frisch inf. 4. *p.* 25. *t.* 7.
Roes. inf. 2. *scar.* 1. *t.* B. *f.* 2.
Pet. gaz. t. 138. *f.* 4.
Schaeff. ic. t. 63. *f.* 2. 3. ♂. ♀.
Bergstr. nomencl. t. 1. *f.* 9. *et t.* 4. *f.* 7.
Poda mus. t. 1. *f.* 1.
Voet coleoptr. t. 25. *f.* 24. 25. *et t.* 26. *f.* 26.
Habitat in Europae *stercoratis, aliquando minor, cornubus minoribus, feminae in thorace constanter nullis.*

Rhadamistus. 129. Sc. thorace late foveolato; anterius cornu recurvo, capite inermi, elytris rufis: sutura punctisque duobus nigris. *Fabr. sp. inf.* 1. *p.* 25. *n.* 109. *mant. inf.* 1. *p.* 13. *n.* 121.
Habitat Tranquebariae.

Lar. 130. Sc. thorace tridentato, capitis cornu erecto, clypeo fisso. *Fabr. mant. inf.* 1. *p.* 13. *n.* 124.
Habitat in India *parvus niger.*

Faunus. 131. Sc. thorace quadricorni; intermediis brevissimis, capitis cornu recurvo serrato. *Fabr. sp. inf.* 1. *p.* 25. *n.* 112. *mant. inf.* 1. *p.* 13. *n.* 125.
Voet coleoptr. t. 24. *f.* 15.
Drury inf. 3. *t.* 48. *f.* 6.
Habitat in Cayenna.
Feminae *cornua minora: lateralia acuta.*

capucinus. 132. Sc. thorace quadridentato, capitis cornu recumbente utrinque unidentato. *Fabr. sp. inf.* 1. *p.* 25. *n.* 113. *mant. inf.* 1. *p.* 13. *n.* 126.
Habitat in India, *carolini magnitudine et statura.*

Lemur. 133. Sc. thorace quadridentato cupreo, clypeo posterius transverso carinato, elytris testaceis. *Fabr. sp. inf.* 2. *app. p.* 495. *mant. inf.* 1. *p.* 13. *n.* 127.

Schaller act. soc. Hal. nat. cur. 1. *p.* 237. Scarabaeus 10 punctatus.
Habitat in Germaniae *inferioris stercore animali, niger, statura nuchicornis.*

Camelus. 134. Sc. thorace quadridentato, clypeo posterius subbicorni, corpore atro. *Fabr. mant. inf.* 1. *p.* 13. *n.* 128.
Habitat in Germania.
Femina *non mutica.*

Daldorfii. 135. Sc. thorace sexdentato, clypeo rhombeo: centro prominulo, elytris laevibus. *Fabr. mant. inf.* 1. *p.* 14. *n.* 129.
Habitat in India, *vernalis magnitudine.*

Bison. 27. Sc. thorace anterius mucronato, capite cornubus duobus lunaribus. *Fabr. sp. inf.* 1. *p.* 26. *n.* 115. *mant. inf.* 1. *p.* 14. *n.* 131.
Habitat in Hispania, *et australi* Gallia, *ater, stercorario minor.*
Femina *thoracis margine anteriore carinato elevato, mucroneque capitis parvo distincta.*

sagittarius. 136. Sc. thorace anterius mucronato, capitis cornu solitario erecto. *Fabr. sp. inf.* 1. *p.* 26. *n.* 116. *mant. inf.* 1. *p.* 14. *n.* 132.
Habitat ad caput bonae spei.

bucephalus. 137. Sc. thorace retuso quadridentato, capitis clypeo angulato unicorni. *Fabr. sp. inf.* 1. *p.* 26. *n.* 117. *mant. inf.* 1. *p.* 14. *n.* 133.
Habitat in America *australi et* India.

lancifer. 13. Sc. violaceus, thorace dentato, capitis cornu angulato, elytris sulcatis. *Fabr. sp. inf.* 1. *p.* 26. *n.* 119. *mant. inf.* 1. *p.* 14. *n.* 135.
Syst. nat. XII. 2. *p.* 544. *n.* 13. Scarabaeus exscutellatus violaceus, capite cornu angulato, thorace inaequali, elytris sulcatis.
Koet coleoptr. t. 23. *f.* 1. 2. Scarabaeus violaceus.
Marcgr. bras. 247. Taurus.
Schroet. Abh. 1. *t.* 3. *f.* 4.
Habitat in America *australi, et* India, *mimta minor.*

138. Sc.

Vitulus. 138. Sc. thorace quadridentato, occipite cornubus duobus erectis brevibus, corpore atro. *Fabr. sp. inf.* 1. *p.* 29. *n.* 127. *mant. inf.* 1. *p.* 15. *n.* 145.
Habitat in Austria.
Femina *mutica.*

Gazella. 407. Sc. thorace subinermi aeneo, occipite cornubus duobus arcuatis, elytris testaceis. *Fabr. mant. inf.* 2. *app. p.* 377.
Habitat - - - - *statura et magnitudine Sc. Tauri.*

b) *thorace inermi, capite cornuto.*

α) *scutellati.*

bilobus. 12. Sc. thorace prominente bilobo, capitis cornu simplici, elytris striatis. *Fabr. sp. inf.* 1. *p.* 6. *n.* 13. *mant. inf.* 1. *p.* 4. *n.* 14. *Jablonsk. Kaef.* 1. *t.* 3. *f.* 2.
Edw. av. t. 105. *f.* 2.
Gron. zooph. p. 414. *t.* 14. *f.* 1. 2.
Aubent. misc. t. 15. *f.* 3.
Schaeff. ic. t. 63. *f.* 2. 3.
Voet coleoptr. t. 14. *f.* 106.
Habitat in Europa *australi, nasicorni similis, piceus.*

Rhinoceros. 14. Sc. thorace retuso subbituberculato, capitis cornu simplici, clypeo bifido, elytris punctatis. *Fabr. sp. inf.* 1. *p.* 12. *n.* 40. *mant. inf.* 1. *p.* 7. *n.* 42.
Syst. nat. XII. 2. *p.* 544. *n.* 14. *Mus. Lud. Ulr.* 10.* Scarabaeus scutellatus thorace inermi, capite cornu simplici, clypeo bifido, elytris punctatis.
Petiv. gaz. t. 44. *f.* 9. *et t.* 100. *f.* 3. Rhinoceros Laconensis &c.
Roes. inf. 2. *Scar.* 1. *t.* A. *f.* 7.
Barrel. ic. t. 163.
Voet coleoptr. t. 18. *f.* 117. 118.
Habitat in Asia, *piceus, subtus hirsutus, nasicorni similis, sed duplo major.*
Feminae *thorax excavatus.*

nasicornis. 15. Sc. thorace prominentia triplici, capitis cornu recurvo, elytris laevibus. *Fabr. sp. inf.* 1. *p.* 11. *n.* 33. *mant. inf.* 1. *p.* 6. *n.* 36. *Jablonsk. Kaef.* 1. *t.* 6. *f.* 4. 5.
Syst. nat. XII. 2. *p.* 544. *n.* 15. *Fn. suec.* 378. *Scop. ent. carn.* 14. Scarabaeus scutellatus, thorace prominentia triplici, capitis cornu incurvato, antennis heptaphyllis.
Mouff. inf. 53.

Imperat. nat. 924. *f.* 1. 2. *et* 925. *f.* 3. 4.
Hoeffn. pict. t. 13. *f. antepenult.*
Olear. muf. 27. *t.* 16. *f.* 4.
Jacob. muf. 1. *S.* 5.
Jonft. inf. t. 15. *f.* 2.
Swammerd. bibl. nat. t. 27. *f.* 1. 2.
Frifch inf. 3. *t.* 3. *f.* 4.
Roef. inf. 2. *Scar.* 1. *t.* 7. *f.* 8. 10.
Geoffr. inf. parif. 1. *p.* 68. *n.* 1.
Drury inf. 1. *t.* 34. *f.* 7. 8.
Voet coleoptr. t. 18. *f.* 120. 121.
Habitat in Europae *fimetis et vaporariis.*
Larva *grifea, capite, pedibus fpiraculisque rufis, a* Swammerdamio *pro coffo veterum habita.* Feminae *thorax rotundatus vix retufus.*

Sylvanus. 139. Sc. thorace retufo: prominentia triplici, intermedia obfoleta, capitis cornu recurvo. *Fabr. fp. inf.* 1. *p.* 11. *n.* 34. *mant. inf.* 1. *p.* 6. *n.* 37.
Habitat in Brafilia.

Lazarus. 140. Sc. thorace bituberculato, capitis cornu brevi emarginato. *Fabr. fp. inf.* 1. *p.* 11. *n.* 35. *mant. inf.* 1. *p.* 5. *n.* 25.
Habitat in Noveboraco.

Barbarossa. 141. Sc. thorace anterius fcabro, capitis cornu recurvo brevi. *Fabr. fp. inf.* 1. *p.* 12. *n.* 41. *mant. inf.* 1. *p.* 7. *n.* 43.
Habitat in nova Hollandia.

Satyrus. 142. Sc. thorace anterius truncato, capitis cornu recurvo, capite longiore. *Fabr. fp. inf.* 1. *p.* 12. *n.* 42. *mant. inf.* 1. *p.* 7. *n.* 44.
Habitat in America *feptentrionali.*
Feminae *clypeus tuberculatus, thorax planus.*

jamaicensis. 143. Sc. thorace anterius retufo, capitis cornu recurvo, elytris ftriatis. *Fabr. fp. inf.* 1. *p.* 13. *n.* 43. *mant. inf.* 1. *p.* 7. *n.* 45.
Drury inf. 1. *t.* 34. *f.* 1. 2.
Habitat in America *meridionali.*
Femina *mutica.*

Silenus. 144. Sc. thorace anterius excavato, capitis cornu recurvo, elytris laeviffimis. *Fabr. fp. inf.* 1. *p.* 13. *n.* 44. *mant. inf.* 1. *p.* 7. *n.* 46.

Forfter.

Forster cent. inf. 1. 1. 1. Scarabaeus excavatus.
Voet coleopt. t. 18. *f.* 119.
Barrel. plant. Hisp. t. 163.
Scopol. delic. insubr. 1. *p.* 50. *t.* 21. *f.* c.
Habitat in Galloprovincia.

Syrichtus. 145. Sc. thorace rotundato, capitis cornu recurvo. *Fabr. sp. inf.* 1. *p.* 13. *n.* 45. *mant. inf.* 1. *p.* 7. *n.* 47.
Habitat in America.

Apelles. 146. Sc. capitis cornu brevissimo, elytris cinereis: punctis elevatis atris. *Fabr. sp. inf.* 1. *p.* 13. *n.* 46. *mant. inf.* 1. *p.* 7. *n.* 48.
Habitat ad caput bonae spei, *parvus, pedibus flavis nigromaculatis.*

Aries. 147. Sc. thorace rotundato, capitis cornu brevissimo subulato. *Fabr. sp. inf.* 2. *app. p.* 495. *mant. inf.* 1. *p.* 7. *n.* 49.
Habitat ad caput bonae spei.

coronatus. 148. Sc. capitis clypeo elevato posterius emarginato. *Fabr. sp. inf.* 1. *p.* 13. *n.* 47. *mant. inf.* 1. *p.* 7. *n.* 50.
Habitat in Java, *piceus.*

Hylax. 149. Sc. capitis cornu emarginato, tibiis posterioribus brevissimis apice spinosis. *Fabr. sp. inf.* 1. *p.* 13. *n.* 48. *mant. inf.* 1. *p.* 7. *n.* 51.
Habitat in Africa.

didymus. 19. Sc. thorace fossula exarato, capite tricuspidi, elytris striatis. *Muf. Lud. Ulr.* 14. *Fabr. sp. inf.* 1. *p.* 13. *n.* 49. *mant. inf.* 1. *p.* 7. *n.* 52.
Gron. zooph. 420.
Petiv. gaz. t. 27. *f.* 7.
Drury inf. 1. *t.* 32. *f.* 3.
Voet coleoptr. t. 19. *f.* 126.
Habitat in America.
Feminae *thorax antrorsum mucrone parvo elevato armatus.*

Polyphemus. 150. Sc. capite tricorni: anteriore porrecto bifido. *Fabr. sp. inf.* 1. *p.* 14. *n.* 50. *mant. inf.* 1. *p.* 7. *n.* 53.
Habitat in Africa, *goliatho affinis, sed minor, elytris viridibus macularum albarum serie triplici ornatis.*

Goliathus. 151. Sc. clypeo bifurco. *Mant. p.* 530. *Fabr. sp. inf.* 1. *p.* 14. *n.* 51. *mant. inf.* 1. *p.* 7. *n.* 54.
Sulz. inf. t. 1. *f.* 2.
Voet coleoptr. t. 22. *f.* 51.
Drury inf. 1. *t.* 31. *et* 3. *t.* 40. *f.* 1.
Habitat in Africa, *praesertim* Guinea.

Hircus. 152. Sc. thorace scabro, capite linea transversa carinata: clypeo bidentato. *Fabr. sp. inf.* 1. *p.* 14. *n.* 52. *mant. inf.* 1. *p.* 7. *n.* 55.
Habitat Tranquebariae.

farctus. 153. Sc. brunneus, capite subbicorni, elytris punctato-striatis apice nigris. *Fabr. sp. inf.* 1. *p.* 14. *n.* 53. *mant. inf.* 1. *p.* 7. *n.* 56.
Habitat in Pensilvania.

retusus. 154. Sc. thorace retuso, capitis cornu brevi plano, femoribus posterioribus incrassatis. *Fabr. sp. inf.* 1. *p.* 14. *n.* 54. *mant. inf.* 1. *p.* 7. *n.* 57.
Habitat ad caput bonae spei, *nasicorni minor, niger, subtus ferrugineus hirtus, pedibus rufis.*

piceus. 155. Sc. piceus, thorace glabro, capite bicorni, elytris striatis. *Fabr. sp. inf.* 1. *p.* 15. *n.* 55. *mant. inf.* 1. *p.* 7. *n.* 58. *Herbst apud Fuessl. Arch. Inf.* 4. *p.* 4. *n.* 6. *t.* 19. *f.* 1.
Habitat in America *australi et* India, *fossoris magnitudine.*

maurus. 30. Sc. capite mucronibus tribus, corpore violaceo, abdomine testaceo. *Fabr. sp. inf.* 1. *p.* 16. *n.* 62. *mant. inf.* 1. *p.* 9. *n.* 68.
Habitat in Mauritania, *oblongus, thorace convexo.*

β) exscutellati.

Jacchus. 156. Sc. thorace prominente bilobo, capitis cornu recurvo simplici. *Fabr. sp. inf.* 1. *p.* 22. *n.* 97. *mant. inf.* 1. *p.* 11. *n.* 107.
Habitat ad caput bonae spei.
Feminae *cornu capitis brevissimum truncatum.*

Sabaeus. 157. Sc. thorace prominentia duplici, capitis cornu erecto simplici. *Fabr. sp. inf.* 1. *p.* 23. *n.* 99. *mant. inf.* 1. *p.* 12. *n.* 109.
Habitat in Coromandel, *Jacchi statura et magnitudine.*
Feminae *cornu capitis, et thoracis tubercula minora.*

158. Sc.

Belzebul. 158. Sc. thorace prominentia triplici, capite tricorni: intermedio majore. *Fabr. sp. inf.* 1. *p.* 25. *n.* 110. *mant. inf.* 1. *p.* 13. *n.* 122.
Habitat in America.

bifascia-tus. 159. Sc. thorace prominentia triplici, capitis cornu erecto, elytris nigris: fasciis duabus rufis. *Fabr. sp. inf.* 1. *p.* 25. *n.* 111. *mant. inf.* 1. *p.* 13. *n.* 123.
Habitat in Coromandel, *niger, nuchicornis magnitudine.*

Bonasus. 160. Sc. thorace prominentia duplici, capite tricorni: lateralibus majoribus arcuatis. *Fabr. sp. inf.* 1. *p.* 26. *n.* 114. *mant. inf.* 1. *p.* 14. *n.* 130.
Pallas ic. inf. Russ. p. 5. *t.* A. *f.* 5.
Schroeter Abh. 1. *t.* 3. *f.* 5. Scarabaeus Vacca.
Habitat in India.

valgus. 20. Sc. femoribus secundi paris remotis. *Mus. Lud. Ulr.* 15.
Fabr. sp. inf. 1. *p.* 27. *n.* 120. *mant. inf. p.* 14. *n.* 136.
Scarabaeus (Paniscus) thorace retuso elevato, capitis cornu recurvo, clypeo fisso.
Petiv. gaz. t. 27. *f.* 8.
Roes. inf. 2. *Scarab.* 1. *t.* B. *f.* 2.
Habitat in America.
Elytra *brevia;* digiti *magis hirsuti, quam congeneribus.*

carolinus. 16. Sc. thorace retuso, capite ovali integro unicorni, elytris striatis.
Fabr. sp. inf. 1. *p.* 27. *n.* 121. *mant. inf.* 1. *p.* 14. *n.* 137.
Scarabaeus capitis cornu erecto brevissimo, clypeo integro, elytris sulcatis.
Drury inf. 1. *t.* 35. *f.* 2.
Voet coleoptr. t. 24. *f.* 14.
Habitat in America *boreali, ater, obtusus, gibbus, pollicem crassus, statura molossi.*

Sphinx. 161. Sc. thorace punctis quatuor impressis, capite subcornuto, tarsis anterioribus nullis. *Fabr. sp. inf.* 1. *p.* 27. *n.* 122. *mant. inf. p.* 24. *n.* 138.
Pall. it. 1. *p.* 462. *n.* 25. Scarabaeus humerosus.
Pall. ic. inf. Russ. 1. *p.* 4. *t.* A. *f.* 4. Scarabaeus Menalcas.
Herbst Besch. der berl. Naturf. Fr. 4. *t.* 7. *f.* 10. *et apud Fuessl. Arch. Inf.* 4. *p.* 11. *n.* 37. *t.* 19. *f.* 17.
Drury inf. 1. *t.* 35. *f.* 8. Scarabaeus spinipes.
β) Scarabaeus fronte ruga, elytris striis laevissimis. *Mus. Lesk. p.* 1. *n.* 12.

Habitat

Habitat in America *meridionali, et deserto acidissimo* ma caspio *boream versus finitimo, sericeus ex viridi caerulea*

Nicanor. 162. Sc. thorace punctis quatuor impressis, capitis cornu re curvo bidentato, elytris striatis. *Fabr. sp. ins.* 1. *p.* 2: *n.* 123. *mant. ins.* 1. *p.* 14. *n.* 139.
Drury ins. 1. *t.* 35. *f.* 1. Scarabaeus sulcatus.
Habitat in America.

Fricator. 163. Sc. thorace anterius elevato acuto, capitis cornu truncat subemarginato. *Fabr. mant. ins.* 1. *p.* 15. *n.* 140.
Habitat in India, *totus ater, nitidus, nicanoris magnitudine*

Mimas. 17. Sc. thorace retuso angulato, capite obsolete bicorni, elytri inauratis striatis. *Mus. Lud. Ulr.* 9.* *Fabr. sp. ins.* 1. *p* 28. *n.* 124. *mant. ins.* 1. *p.* 15. *n.* 141.
Sulz. ins. t. 1. *f.* 4. *Voet coleoptr. t.* 23. *f.* 4. Copris viri dis splendens.
Roes. ins. 2. *Scar.* 1. *t.* B. *f.* 1.
Habitat in America *meridionali, clypeo integro.*

hispanus. 21. Sc. clypeo cornuto emarginato, elytris striatis, femoribus secundis remotissimis. *Mus. Lud. Ulr.* 12. *Fabr. sp. ins.* 1. *p.* 29. *n.* 130. *mant. ins.* 1. *p.* 15. *n.* 148.
Pet. gazoph. t. 8. *f.* 4.
Voet coleoptr. t. 24. *f.* 13.
Habitat in Barbaria *et australiore* Europa, *lunari similis, sed major, clypei incisura a molosso distinctus.*

tridens. 164. Sc. thorace cupreo, capite basi tridentato, elytris nigris. *Fabr. sp. ins.* 1. *p.* 29. *n.* 129. *mant. ins.* 1. *p.* 15. *n.* 147.
Habitat in Africa *aequinoctiali, niger, carnificis magnitudine.*

carnifex. 22. Sc. thorace plano angulato scabro, capitis cornu inflexo, corpore aeneo. *Gron. zooph.* 450.
Fabr. sp. ins. 1. *p.* 129. *n.* 28. *mant. ins.* 1. *p.* 15. *n.* 146. Scarabaeus exscutellatus, thorace inermi angulato, capitis cornu reflexo, corpore aeneo.
Catesb. Car. 3. *t.* 11. *f.* ult.
Drury ins. 1. *t.* 35. *f.* 3-5.
Voet coleopt. t. 26. *f.* 31. 32.
Habitat in America, *stercorario brevior, latus, depressus; formatam e stercore pilulam conjunctis gregatim viribus per*

per totam aestatem volvens volutansque, etiam non suam, usque in foveam determinatam, uti pilularis.
Cornu *retrorsum positum nigrum, laeve, feminae obsoletum.*

spinifex. 165. Sc. thorace rotundato, occipite spina recurva. *Fabr. sp. ins.* 1. *p.* 29. *n.* 131. *mant. ins.* 1. *p.* 15. *n.* 145.
Habitat iu Coromandel, *niger viridi-nitens, nuchicornis statura et magnitudine.*

nuchicornis. 24. Sc. thorace rotundato, occipite spina erecta armato. *Fn. suec.* 381.* *Fabr. sp. ins.* 1. *p.* 30. *n.* 132. *mant. ins.* 1. *p.* 15. *n.* 150.
It. gotl. 41. Scarabaeus capite thoraceque atro opaco, elytris cinereis nigro-nebulosis.
Raj. ins. p. 103. *n.* 2. Scarabaeus ovinus tertius.
Geoffr. ins. par. 1. *p.* 89. *n.* 3. (*mas*) *et* (*fem.*) 4.
Voet colept. t. 25. *f.* 18.
Gronov. zooph. 454.
Roes. ins. 2. *Scar.* 1. *t.* A. *f.* 4.
β) Scarabaeus coenobita. *Herbst apud Fuessl. Arch. Ins.* 4. *p.* 11. *n.* 40. *Voet coleopt. t.* 25. *f.* 18.
Habitat in Europae *stercore.*
Femina *mutica.*

Capra. 166. Sc. occipite spina erecta gemina, corpore nigro obscuro. *Fabr. mant. ins.* 1. *p.* 15. *n.* 144.
Habitat Halae Saxonum, *vaccae statura et magnitudine.*

Vacca. 25. Sc. thorace acuminato, occipite spina erecta gemina. *Fabr. sp. ins.* 1. *p.* 28. *n.* 126. *mant. ins.* 1. *p.* 15. *n.* 143.
Geoffr. ins. par. 1. *p.* 90. *n.* 5.
Schaeff. ins. t. 73. *f.* 4. 5. ♂. ♀.
Schroet. Abh. 1. *t.* 3. *f.* 5.
Habitat in Europa *temperata, nuchicorni thorace aeneo, elytrisque fuscis, caprae spina occipitis gemina similis.*

Taurus. 26. Sc. occipite cornubus binis reclinatis arcuatis. *Fabr. sp. ins.* 1. *p.* 28. *n.* 126. *mant. ins.* 1. *p.* 15. *n.* 142. *Schreber ins. t.* 1. *f.* 6. 7.
Scop. ent. carn. 25. Scarabaeus illyricus.
Raj. ins. p. 103. *n.* 2. Scarabaeus ovinus alter.
Geoffr. ins. par. 1. *p.* 92. Copris niger, capite pone bicorni &c.
Sulz. hist. ins. t. 1. *f.* 5.

Schaeff.

Schaeff. inſ. t. 73. *f.* 2. 3. ♂. ♀.
Voet coleopt. t. 24. *f.* 16.
Habitat in Germania *et* Europa *magis auſtrali, nuchicorni ſimilis, at coruubus diſtantibus arcuatis diverſus.*

nutans. 167. Sc. thorace anterius impreſſo, occipite ſpina erecta apice nutante, corpore nigro. *Fabr. mant. inſ.* 1. *p.* 15. *n.* 151.
Habitat Halae Saxonum, *nuchicornis ſtatura et magnitudine.*

ſcabroſus. 168. Sc. thorace rugoſo, capitis cornu erecto breviſſimo, elytris teſtaceis nigro-ſcabris. *Fabr. ſp. inſ.* 1. *p.* 30. *n.* 133. *mant. inſ.* 1. *p.* 16. *n.* 152.
Voet coleopt. t. 25. *f.* 23.
Habitat in America *meridionali, nuchicorni paulo major.*

furcatus. 169. Sc. thorace rotundato, capite cornubus tribus erectis approximatis: intermedio breviori. *Fabr. ſp. inſ.* 1. *p.* 30. *n.* 134. *mant. inſ.* 1. *p.* 16. *n.* 153.
Laichart. inſ. tyr. p. 26. *n.* 20. *t.* 1. *f.* 20. Scarabaeus Vitulus.
Habitat in Gallia *meridionali.*
Feminae *cornuum loco linea transverſa elevata.*

vertici-cornis. 170. Sc. thorace griſeo nigro-punctato, capitis cornu erecto breviſſimo. *Fabr. ſp. inſ.* 1. *p.* 30. *n.* 135. *mant. inſ.* 1. *p.* 16. *n.* 154.
Habitat in Anglia, *nuchicorni valde affinis, an varietas?*

truncati-cornis. 171. Sc. aeneo-niger, thorace rotundato, occipite ſpina apice truncata. *Schaller Abh. der hall. Naturf. Geſ.* 1. *p.* 238.
Habitat in - - - ſtatura nuchicornis, at minor.
Femina *mutica.*

ſpiniger. 415. Sc. occipite ſpina erecta brevi, elytris lividis: maculis confluentibus nigris. *Muſ. Lesk. p.* 3. *n.* 47.
Habitat in Europa.

novem maculatus. 416. Sc. teſtaceo fuſcus, clypeo rugis duabus, elytris fuſcis: maculis novem rufo teſtaceis. *Muſ. Lesk. p.* 3. *n.* 48.
Habitat extra Europam, *antennis, thoracis margine exteriori pedibusque lividis.*

recticornis. 427. Sc. ater, thorace ſubinermi, capite cornubus duobus erectis, clypeo rotundato. *Lesk. it. p.* 45. *t.* A. *f.* 8. 9.
Habitat in Luſatiae *valle, a fluvio* Puloniz *irrigata, 5 lineas longus.*

c) *tho-*

c) *thorace et capite inermi:* Mutici:

α) *scutellati.*

Aygulus, 172. Sc. thorace quadripunctato, capite tuberculato, elytris testaceis, tarsis anterioribus nullis. *Fabr. sp. inf.* 1. *p.* 15. *n.* 57. *mant. inf.* 1. *p.* 8. *n.* 60.
Habitat in India, *Inuo affinis, at duplo major, et tibiis anterius quoque dentatis distinctus.*

fimetarius. 32. Sc. ater, capite tuberculato, elytris rubris. *Fn. suec.* 385. *Fabr. sp. inf.* 1. *p.* 16. *n.* 64. *mant. inf.* 1. *p.* 9. *n.* 70. *Scop. ent. carn. p.* 20. 21. *Geoffr. inf. parif.* 1. *p.* 81. *n.* 18.
Fn. suec. 1. *p.* 355. Scarabaeus capite thoraceque nigro, antennis elytrisque rubris.
Raj. inf. p. 106. *n.* 9. Scarabaeus pilularius nonus.
Frisch inf. 4. *t.* 19. *f.* 3.
Roes. inf. 2. *scar.* 1. *t.* A. *f.* 3.
Schaeff. ic. t. 144. *f.* 6.
Degeer inf. 4. *t.* 10. *f.* 8.
β) Scarabaeus capite thoraceque nigro glabro, elytris griseis, pedibus pallidis. *It. oel.* 41.
Uddm. diss. nr. 2.
γ) Scarabaeus (rufus) rufus totus, solis oculis nigris, capite tuberculis tribus, elytris striatis. *v. Moll apud Fuessl. naturh. Mag.* I. 372.
Habitat frequens in Europae *stercore.*
Capitis *tubercula utplurimum tria.*

haemorrhoidalis. 33. Sc. capite tuberculato, elytris apice rubris. *Fn. suec.* 386.
Fn. suec. 1. *p.* 358. Scarabaeus ater, elytris postice ferrugineis, pedibus rufis.
Habitat in Europae *fungis et putridis; an mera granarii varietas?*

conspurcatus. 34. Sc. thoracis marginibus lateralibus albidis, capite tuberculato, elytris lividis nigro-maculatis. *Fn. suec.* 387.* *Fabr. sp. inf.* 1. *p.* 17. *n.* 67. *mant. inf.* 1. *p.* 9. *n.* 73.
Raj. inf. p. 108. Scarabaeus pilularius decimus.
Geoffr. inf. par. 1. *p.* 82. *n.* 19.
Schaeff. ic. t. 26. *f.* 8.
Pontopp. Atl. dan. t. 1. *f.* 82.
Voet coleoptr. t. 21. *f.* 144.
β) Scarabaeus tessulatus. *v. Moll naturh. Br.* I. *p.* 162. *n.* 9.
Habitat in Europae *stercore, vere praesertim frequens, sordido affinis, sed minor; β) dimidio minor.*

173. Sc.

sordidus. 173. Sc. capite tuberculato, thorace nigro: margine pallido; puncto nigro, elytris griseis. *Fabr. sp. inf.* 1. *p.* 17. *n.* 68. *mant. inf.* 1. *p.* 9. *n.* 75. *Herbst apud Fuessl. Arch. Inf.* 4. *p.* 6. *n.* 13. *t.* 19. *f.* 3.
Habitat in Angliae *stercore.*

luridus. 174. Sc. ater, capite tuberculato, elytris griseis nigro-striatis. *Fabr. sp. inf.* 1. *p.* 17. *n.* 69. *mant. inf.* 1. *p.* 9. *n.* 76.
Müll. prodr. zool. dan. Scarabaeus tessullatus.

marianus. 35. Sc. capite tuberculato, elytris laevibus glaucis fusco-punctatis. *Fabr. sp. inf.* 1. *p.* 18. *n.* 71. *mant. inf.* 1. *p.* 9. *n.* 78.
Habitat in America, *magnitudine aloëi; an forsan femina mutica Herculis?*

sordens. 413. Sc. niger, capite tuberculato: intermedio prominulo, elytris sordide testaceis: sutura marginibusque sordide brunneis. *Mus. Lesk. p.* 2. *n.* 21.
Habitat in Europa.

nebulosus. 414. Sc. fuscus, thorace laevi: marginibus externis lividis, capite obsolete tuberculato, elytris striatis, fusco nebulosis, pedibus testaceis. *Mus. Lesk. p.* 2. *n.* 22.
Habitat in Europa.

Inuus. 175. Sc. thorace quadripunctato, capite quadrituberculato, tarsis anterioribus nullis. *Fabr. sp. inf.* 1. *p.* 15. *n.* 56. *mant. inf.* 1. *p.* 8. *n.* 59.
Fabr. syst. entom. p. 14. *n.* 45. Scarabaeus Sphinx.
Habitat in Sierra Leon Africae, *supra ex viridi aeneus obscurus.*

subterraneus. 28. Sc. thorace glabro, capite tuberculis tribus, elytris striis crenatis. *Fn. suec.* 382.* *Fabr. sp. inf.* 1. *p.* 15. *n.* 58. *mant. inf.* 1. *p.* 8. *n.* 61.
Gadol satag. 76. Scarabaeus niger, capitis clypeo lunato tribus tuberculis notato.
Sulz. inf. t. 1. *f.* 2.
Habitat in Europae *stercore, fossori affinis, at multo minor.*

Fossor. 31. Sc. thorace retuso, capite tuberculis tribus: medio subcornuto. *Fn. suec.* 384.* *Fabr. sp. inf.* 1. *p.* 15. *n.* 59. *mant. inf.* 1. *p.* 8. *n.* 62.
Geoffr. inf. par. 1. *p.* 82. *n.* 20.

Gunner.

Gunner. act. Nidr. 4. p. 266. n. 2. t. 16. f. 1.
Fn. suec. 352. Scarabaeus ovatus ater glaber.
Schaeff. ic. t. 144. *f.* 78.
Degeer inf. 4. *t.* 10. *f.* 7.
Voet coleopt. t. 21. *f.* 141.
Habitat in Europae *fabulosi stercoratis.*

foetens. 176. Sc. capite tuberculis tribus: medio acuto, elytrorum limbo ferrugineo. *Fabr. mant. inf.* 1. *p.* 8. *n.* 63.
Habitat Halae Saxonum *ater, ano rufo, thoracis macula marginali ferruginea.*

analis. 177. Sc. niger, capite tuberculis tribus aequalibus, elytris apice ferrugineis. *Fabr. mant. inf.* 1. *p.* 8. *n.* 64.
Habitat in India, *fossoris statura et magnitudine.*

scybalarius. 178. Sc. capite tuberculis tribus: intermedio acuto, elytris striatis testaceis. *Fabr. sp. inf.* 1. *p.* 16. *n.* 60. *mant. inf.* 1. *p.* 8. *n.* 65.
Herbst apud Fuessli Arch. Inf. 4. *p.* 7. *n.* 17. *t.* 19. *f.* 6. Scarabaeus foetidus.
Habitat in Germania, *fossore minor.*

terrestris. 179. Sc. capite tuberculis tribus aequalibus, elytris striatis. *Fabr. sp. inf.* 1. *p.* 16. *n.* 61. *mant. inf.* 1. *p.* 8. *n.* 66.
Habitat in Anglia, *fossore triplo minor.*

conflagratus. 180. Sc. capite tuberculis tribus, clypeo scutelloque nitide nigris. *Herbst apud Fuessli Arch. Inf.* 4. *p.* 5. *n.* 11.
Habitat in Germaniae *stercore vaccino, erratico affinis.*
Elytra *punctis excavatis sulcata.*

inquinatus. 181. Sc. capite tuberculis tribus, elytris luteis nigro striatis. *Herbst apud Fuessli Arch. Inf.* 4. *p.* 6. *t.* 19. *f.* 5. *Fabr. mant. inf.* 1. *p.* 9. *n.* 74.
Habitat in Germania, *fimetario tertia parte, ad conspurcatum accedens.*
Scutellum *nitide nigrum.*

unifasciatus. 182. Sc. thorace piceo: prominentia triplici; intermedia trituberculata, elytris testaceis: fascia sinuata fusca. *Schaller Abh. der hall. Naturf.* 1. *p.* 240.
Habitat in Malabar.

sanguinolentus. 183. Sc. niger, capite tuberculis tribus obsoletis, elytris punctatim striatis apice rubris. *Herbst apud Fuessli Arch.* 4. *p.* 6. *n.* 15. *t.* 19. *f.* 4.

Habitat in Germania, *fimetarium simulans, at tertia parte minor.*

bimaculatus. 184. Sc. capite subtrituberculato, elytris striatis: macula baseos rubra. *Fabr. mant. inf.* 1. 8. *n.* 67.
Habitat in Germania, *ater, terrestris statura et magnitudine.*

testaceus. 185. Sc. testaceus, capite bituberculato, elytris punctato-striatis. *Fabr. sp. inf.* 1. *p.* 16. *n.* 63. *mant. inf* 1. *p.* 9. *n.* 69.
Habitat in Angliae *stercoratis.*

pygmaeus. 186. Sc. clypeo marginato, thorace viridi: prominentia bifida, elytris testaceis nigro-maculatis. *Schaller Abh. der hall. Naturf.* 1. *p.* 239.
Habitat in Malabar, *ovati magnitudine, nuchicornis statura.*

erraticus. 29. Sc. thorace laevi, capite tuberculo unico, elytris fuscis. *Fn. suec.* 385. *Fabr. sp. inf.* 1. *p.* 17. *n.* 66. *mant. inf.* 1. *p.* 9. *n.* 72. *Herbst apud Fuessli Arch. Inf.* 4. *p.* 5. *n.* 10. *t.* 19. *f.* 2.
Schaeff. ic. t. 26. *f.* 9.
Voet coleoptr. f. 146?
Habitat in Europae *stercore, viis.*

bicolor. 187. Sc. thorace subinermi, capite tuberculo unico, elytris nigris, abdomine rufo. *Fabr. sp. inf.* 1. *p.* 17. *n.* 65. *mant. inf.* 1. *p.* 9. *n.* 71.
Habitat in Germania.

granarius. 23. Sc. niger, clypeo tuberculo solitario, elytris posterius testaceis. *Fabr. sp. inf.* 1. *p.* 17. *n.* 70. *mant. inf.* 1. *p.* 9. *n.* 77. *Lepk. it. p.* 45. *t.* A. *f.* 10.
Syst. nat. XII. 2. *p.* 547. *n.* 23. Scarabaeus scutellatus niger, thorace inermi: clypeo tuberculato, elytris substriatis margine postico testaceis.
Habitat in Europae *locis suffocatis, seminis tritici magnitudine.*
Elytra *interdum ultra dimidium testacea.*

suturalis. 188. Sc. niger nitidus, capitis tuberculo solitario minuto, elytris sordide flavis striatis minuto punctatis, scutello margine exteriore ad basin suturaque nigris. *v. Moll naturh. Br.* I. *p.* 162. *n.* 16.
Habitat in vallis Salzburgensis Zillerthal *stercore equino, sordido affinis.*

Vetter. 408. Sc. rufus, capite thoraceque linea carinata elevata. *Fabr. mant. inf. 2. app. p. 377.*
Habitat in India, *cephi magnitudine.*

Gigas. 36. Sc. thorace retuso, capite supra margineque angulato. *Muf. Lud. Ulr. 16.**
Habitat in Aegypto, *ater, primae magnitudinis.*

scaber. 37. Sc. thorace elytrisque anterius scabris. *Muf. Lud. Ulr. 17.** *Fabr. sp. inf. 1. p. 18. n. 72. mant. inf. 1. p. 9. n. 79.* Scarabaeus scutellatus, clypei centro prominulo, elytris antice scabris.
Habitat in America, *nasicorni duplo major, Herculis feminae affinis.*

longimanus. 39. Sc. pedibus anterioribus arcuatis longissimis. *Muf. Lud. Ulr. 18.** *Fabr. sp. inf. 1. p. 18. n. 73. mant. inf. 1. p. 9. n. 80.*
Aubent. misc. t. 41. f. 1.
Voet coleopt. t. 11. f. 97.
Habitat in India.
Femora *anteriora dente valido armata.*

stercorarius. 42. Sc. ater glaber, elytris sulcatis, capite rhombeo: vertice prominulo. *Fn. suec. 388.* Geoffr. inf. par. 1. p. 75. n. 9. Scop. ent. carn. 26. Fabr. sp. inf. 1. p. 18. n. 74. mant. inf. 1. p. 10. n. 81.*
Mouff. inf. 151.
Raj. inf. p. 74. n. 1.
Bauh. balue. 212. f. ult.
List. mut. 17. f. 4.
scar. angl. p. 380. n. 4.
Frisch inf. 4. p. 13. t. 6.
Schaeff. ic. t. 23. f. 9.
Degeer inf. 4. t. 9. f. 10. 11.
Voet coleopt. t. 20. f. 134.
Habitat in Europa *sub stercore, acaris et ichneumone infestatus, vespere ingenti cum susurro circumvolitando serenum diem praenuncians, ab Aegyptiis soli consecratus, colore interdum in caeruleum aut virescentem vergente, aut subtus aeneo, elytrisque obscure rufis varians.*

vernalis. 43. Sc. elytris glabris laevissimis, clypeo rhombeo: vertice prominulo. *Fn. suec. 389. Geoffr. inf. par. 1. p. 77. n. 10. Scop. ent. carn. p. 27. Fabr. sp. inf. 1. p. 19. n. 75. mant. inf. 1. p. 10. n. 82.*

Sulz. hist. inf. t. 1. *f.* 6.
Voet coleopt. t. 20. *f.* 135.
Degeer inf. 4. *t.* 10. *f.* 4.
Habitat sub Europae *stercore, stercorario simillimus, at minor, glaber, nitidus, antennis rubris, colore caerulescente, virescente et obscuro varius.*

juvencus. 189. Sc. thorace anterius impresso mucronato. *Fabr. sp. inf.* 1. *p.* 19. *n.* 76. *mant. inf.* 1. *p.* 10. *n.* 83.
Habitat in America.

splendidus. 190. Sc. viridi-nitens, elytris striatis. *Fabr. sp. inf.* 1. *p.* 19. *n.* 77. *mant. inf.* 1. *p.* 10. *n.* 84.
Habitat in insulis Americae *australi oppositis.*

Cephus. 191. Sc. rufus, elytrorum sutura apicibusque nigris. *Fabr. sp. inf.* 1. *p.* 19. *n.* 78. *mant. inf.* 1. *p.* 10. *n.* 85.
Hospitatur in museo Ill. Banks.

laborator. 192. Sc. ater, thorace punctato, elytris striatis, clypeo emarginato. *Fabr. sp. inf.* 1. *p.* 20. *n.* 79. *mant. inf.* 1. *p.* 10. *n.* 86.
Habitat in Brasiliae *stercore.*

globator. 193. Sc. thorace elytrisque obscure nigris punctatis. *Fabr. sp. inf.* 1. *p.* 20. *n.* 80. *mant. inf.* 1. *p.* 10. *n.* 87.
Habitat ad caput bonae spei, *fossoris magnitudine, subtus hirtus piceus.*

septemmaculatus. 194. Sc. elytris striatis pallidis nigro-maculatis. *Fabr. sp. inf.* 1. *p.* 20. *n.* 81. *mant. inf.* 1. *p.* 10. *n.* 88.
Habitat in Africa *aequinoctiali, piceus, conspurcati statura, at paulo major.*

bipunctatus. 195. Sc. thorace nigro rubro-marginato, elytris rubris puncto nigro. *Lepech. it.* 2. *p.* 324. *t.* 10. *f.* 7. *Fabr. mant. inf.* 1. *p.* 10. *n.* 89.
Laxmann nov. comm. Petr. 14. *p.* 593. *t.* 24. *f.* 1. Scarabaeus bimaculatus.
Pallas ic. inf. Ruff. 1. *p.* 12. *t.* A. *f.* 12. Scarabaeus coccionelloides.
Habitat sub fimo equino Russiae *australis et ad* Volgam.
Thoracis *margo rufus, puncto nigro.*

arator. 196. Sc. niger, thorace laevi, elytris punctato-striatis. *Fabr. sp. inf.* 1. *p.* 20. *n.* 102. *mant. inf.* 1. *p.* 10. *n.* 90.
Habitat ad caput bonae spei.

barbatus. 197. Sc. muticus laevis niger, ano barbato. *Fabr. sp. inf.* 1. *p.* 20. *n.* 83. *mant. inf.* 1. *p.* 10. *n.* 91.
Habitat in India.

quisquilius. 83. Sc. ater glaber, elytris livido-testaceis. *Fn. suec.* 297.* *Fabr. sp. inf.* 1. *p.* 21. *n.* 91. *mant. inf.* 1. *p.* 11. *n.* 100.
Scop. ent. carn. 29.
Herbst apud Fuessl. Arch. Inf. 4. *p.* 7. *n.* 23. *t.* 19. *f.* 8.
β) Scarabaeus merdarius. *Fabr. sp. inf.* 1. *p.* 21. *n.* 90. *Herbst apud Fuessli Arch. Inf.* 4. *p.* 7. *n.* 22.
γ) Scarabaeus cotericus. *v. Moll. naturh. Br.* I. *p.* 168. *n.* 13.
Scarabaeus Copris. *Schranck enum. inf. Austr. p.* 5. *n.* 6.
Habitat in Europae *stercore et quisquiliis, seminis milii magnitudine,* β) *dimidio major.*

arcuatus. 198. Sc. niger nitidus, capitis clypeo anterius rufo, elytris striato-punctatis, sutura, puncto marginali baseos vittaque abbreviata suturam versus inflexa rubescentibus, pectore obscuro, abdomine flavescente, palpis, antennis pedibusque ferrugineis. *v. Moll. naturh. Br.* I. *p.* 160. *n.* 7.
Habitat in alpibus Salzburgicis.

Scrofa. 199. Sc. oblongus niger, elytris fuscis substriatis. *Fabr. mant.* 1. *p.* 11. *n.* 99.
Habitat Halae Saxonum, *statura testudinarii, at minor.*

testudinarius. 200. Sc. niger, elytris sulcatis piceis ferrugineo-punctatis. *Fabr. sp. inf.* 1. *p.* 21. *n.* 89. *mant. inf.* 1. *p.* 11. *n.* 98.
Herbst apud Fuessli Arch. Inf. 4. *p.* 7. *n.* 21. *t.* 19. *f.* 7. a. b.
Habitat in Anglia *et* Germania, *vere in agris stercoratis frequens.*

marginellus. 201. Sc. niger, thoracis elytrorumque margine testaceo. *Fabr. sp. inf.* 1. *p.* 21. *n.* 88. *mant. inf.* 1. *p.* 11. *n.* 97.
β) Melolontha nigro-marginata. *Herbst apud Fuessli Arch. Inf.* 7. *p.* 155. *n.* 20. *t.* 43. *f.* 7.
Habitat in Coromandel, *parvus, pedibus piceis.*

quadrimaculatus. 84. Sc. niger oblongus, elytris maculis duabus nigris. *Fn. suec.* 398.* *Fabr. sp. inf.* 1. *p.* 21. *n.* 86. *mant. inf.* 1. *p.* 10. *n.* 94.
Herbst apud Fuessli Arch. Inf. 4. *p.* 10. *n.* 31. *t.* 19. *f.* 15.
Scarabaeus quadriguttatus.
Habitat in Europae *stercore.*

Sus. 202. Sc. oblongus obscure rufus, elytris testaceis nigro-maculatis. *Fabr. mant.* 1. *p.* 11. *n.* 95. *Herbst apud Fuessli Arch. Ins.* 4. *p.* 9. *n.* 29. *t.* 19. *f.* 10.
Habitat in Germaniae *stercore humano, fimetario dimidio minor, statura quadrimaculati.*

plagiatus. 85. Sc. niger, elytris plaga rufescente. *Fabr. sp. ins.* 1. *p.* 21. *n.* 87. *mant. ins.* 1. *p.* 11. *n.* 96.
Habitat in Europa, *an varietas subterranei?*

Blackburni. 203. Sc. thorace nigro aeneo, elytris striatis atris. *Fabr. sp. ins.* 1. *p.* 20. *n.* 85. *mant. ins.* 1. *p.* 10. *n.* 93.
Habitat in America *boreali, rufipede paulo major.*

rufipes. 86. Sc. antennis pallidis, elytris laevibus. *Fn. suec.* 403.* *Fabr. sp. ins.* 1. *p.* 20. *n.* 84. *mant. ins.* 1. *p.* 10. *n.* 92.
Scarabaeus thorace glabro nitido, elytris striatis. *Degeer ins.* 4. *t.* 10. *f.* 6.
β) Scarabaeus arator. *Herbst apud Fuessli Arch. Ins.* 4. *p.* 9. *n.* 30.
Scarabaeus gagates. *v. Moll naturh. Br.* 1. *p.* 172. *n.* 17.
Habitat in Europae, *potissimum borealis stercoratis,* β) *fimetarium magnitudine vix superans.*

Ceratoniae. 87. Sc. thorace scabro lateribus tridentato, elytris griseis. *Mus. Lud. Ulr.* 31.*
Hasselq. it. 409. *n.* 99. Scarabaeus ceratoniae.
Habitat in Cairi *ceratonia.*

porcatus. 204. Sc. fuscus, elytris punctatis. *Fabr. sp. ins.* 1. *p.* 21. *n.* 92. *mant. ins.* 1. *p.* 11. *n.* 101. *Herbst. apud Fuessli Arch. Ins.* 4. *p.* 8. *n.* 24. *t.* 19. *f.* 9. a. b. c.
β) Scarabaeus foveolatus. *v. Moll. naturh. Br.* 1. *p.* 173. *n.* 19.
Habitat in Germaniae *stercore.*

stercorator. 205. Sc. ater laevis, elytris striato-crenatis, clypeo emarginato. *Fabr. sp. ins.* 1. *p.* 22. *n.* 93. *mant. ins.* 1. *p.* 11. *n.* 102.
Habitat in Brasilia.

asper. 206. Sc. capite thoraceque transversim sulcatis, elytris striatis. *Fabr. sp. ins.* 1. *p.* 22. *n.* 94. *mant. ins.* 1. *p.* 11. *n.* 103. *Herbst apud Fuessli Arch. Ins.* 4. *p.* 8. *n.* 25. *t.* 19. *f.* 10. a. b.
Habitat in Europae *plantis putridis.*

207. Sc.

unipunctatus. 207. Sc. ater, coleoptris flavescentibus: puncto communi nigro. *Fabr. sp. inf.* 1. *p.* 22. *n.* 95. *mant. inf.* 1. *p.* 11. *n.* 104.
Syst. nat. XII. 2. *p.* 579. *n.* 6. *Fn. suec.* 470.* Coccinella coleoptris flavescentibus: puncto communi nigro.

interpunctatus. 208. Sc. niger, elytris sordide flavis sulcis nigris: area intermedia maculis oblongis alternis nigris varia. *Herbst apud Fuessli Arch. Inf.* 4. *p.* 8. *n.* 26. *t.* 19. *f.* 11.
Habitat in stercore vaccino Berolini.

varius. 209. Sc. niger, elytris dimiato flavis. *Herbst apud Fuessli Arch. Inf.* 4. *p.* 9. *n.* 27. *t.* 19. *f.* 12.
v. Moll naturh. Br. 1. *p.* 172. *n.* 18. Scarabaeus variegatus?
Habitat in stercore vaccino pratorum Berolinensium, *ad interpunctatum proxime accedens, an varietas?*

contaminatus. 210. Sc. niger, clypei surtellique margine luteo, elytris punctato-striatis hirtis pedibusque sordide flavis. *Herbst apud Fuessli Arch. Inf.* 4. *p.* 9. *n.* 28. *t.* 19. *f.* 13.
Habitat in Pomerania, *interpunctato similis, sed minor.*

minutus. 211. Sc. niger, elytris striatis pedibusque spadiceis. *Herbst apud Fuessli Arch. Inf.* 1. *p.* 10. *n.* 32.
Habitat Berolini, *quisquilio aequalis, at magis oblongus.*

oblongus. 212. Sc. clypeo foveolato, elytris sulcatis, corpore oblongo. *v. Moll naturh. Br.* 1. *p.* 171. *n.* 16. *et apud Fuessli n. Mag. Entom.* 1. *p.* 371.
Habitat in Germaniae *stercore, fossori affinis.*

arenarius. 213. Sc. ater, elytris striatis, tibiis piceis. *Fabr. mant.* 1. *p.* 11. *n.* 105.
Habitat in Succiae *arena mobili, parvus.*

laevis. 417. Sc. ater, thorace laevi, elytris striatis. *Muf. Lesk. p.* 2. *n.* 34.
Habitat in Europa.

dichrous. 418. Sc. ater glaber, thoracis margine externo elytris pedibusque sordide testaceis. *Muf. Lesk. p.* 2. *n.* 35.
Habitat in Europa.

β) *exscutellati.*

decempunctatus. 214. Sc. thorace anterius tuberculis tribus, elytris testaceis fascia transversa oblongo-punctatis. *Schaller Abh. der hall. Naturf.* 1. *p.* 237.

 v. Moll.

v. Moll naturb. Br. 1. *p.* 175. *n.* 21. Scarabaeus quadrituberculatus.
Habitat in Germaniae *stercore humano et vaccino.*

reflexus. 215. Sc. niger, capite trituberculato, clypeo reflexo emarginato. *Fabr. mant. inf.* 1. *p.* 16. *n.* 157.
Habitat in Sina, *oblongus, fossoris magnitudine.*

quadripustulatus. 216. Sc. ater, capite bituberculato, elytris maculis duabus rubris. *Fabr. sp. inf.* 1. *p.* 31. *n.* 137. *mant. inf.* 1. *p.* 16. *n.* 156.
Habitat in nova Hollandia.

sulcator. 217. Sc. ater, capitis tuberculo unico, elytris striatis. *Fabr. sp. inf.* 1. *p.* 31. *n.* 136. *mant. inf.* 1. *p.* 16. *n.* 155.
Habitat in Cayenna.

cristatus. 218. Sc. niger, thorace cristato, clypeo tuberculato quadridentato. *Fabr. sp. inf.* 1. *p.* 31. *n.* 138. *mant. inf.* 1. *p.* 16. *n.* 158.
Habitat in Aegypto.

sacer. 18. Sc. clypeo sexdentato, thorace crenulato, tibiis posterioribus ciliatis, vertice subbidentato. *Muf. Lud. Ulr.* 13.* *Amoen. acad.* 6. *t.* 3. *f.* 170. *Fabr. sp. inf.* 1. *p.* 31. *n.* 139. *mant. inf.* 1. *p.* 16. *n.* 159.
Degeer inf. 7. *p.* 638. *n.* 36. *t.* 47. *f.* 18. Scarabaeus cornutus.
Osb. it. 51. Scarabaeus laevis thorace inermi, capite antice sexdentato.
Loefl. it. 20. Scarabaeus pilularius niger, clypeo antice serrato, elytris nebulose maculatis submollibus planiusculis.
Petiv. gazoph. t. 42. *f.* 2.
Sulz. hist. inf. t. 1. *f.* 3.
Voet coleopt. t. 27. *f.* 39. 40.
Habitat in partibus Orbis *antiqui australioribus, in* Rossiae *australis aridis frequens cylindrum e stercore bovino volvens in columnis antiquis* Romae *exsculptus ab* Aegyptiis.

laticollis. 38. Sc. niger, clypeo sexdentato, elytris sulcatis. *Fabr. sp. inf.* 1. *p.* 31. *n.* 140. *mant. inf.* 1. *p.* 16. *n.* 160.
Geoffr. inf. 1. *p.* 89. *n.* 2. Copris niger, capite clypeato: margine serrato, thorace lato laevi, elytris striatis.
Raj. inf. p. 105. *n.* 4.
Voet coleoptr. t. 27. *f.* 41.
Habitat in Sina, *et australi* Europa, *sacro valde affinis.*

variolosus. 219. Sc. clypeo sexdentato, thorace elytrisque nigris: punctis impressis variolosis. *Fabr. mant.* 1. *p.* 16. *n.* 161.
Habitat in Istria, *laticollis statura, sed paulo minor.*

miliaris. 220. Sc. clypeo sexdentato, thorace elytrisque nigris: maculis elongatis atris. *Fabr. sp. ins.* 1. *p.* 32. *n.* 141. *mant. ins.* 1. *p.* 17. *n.* 162.
Habitat in India.

Bacchus. 221. Sc. clypeo quadridentato, thorace gibbo elytrisque glabris. *Fabr. sp. ins.* 1. *p.* 32. *n.* 142. *mant.* 1. *p.* 17. *n.* 163.
Habitat ad caput bonae spei, *magnus, gibbus.*

gibbosus. 222. Sc. clypeo quadridentato, elytris basi gibbo notatis. *Fabr. sp. ins.* 1. *p.* 32. *n.* 143. *mant. p.* 17. *n.* 164.
Habitat in America.

Hollandiae. 223. Sc. clypeo quadridentato, elytris sulcatis. *Fabr. sp. ins.* 1. *p.* 32. *n.* 144. *mant. ins.* 1. *p.* 17. *n.* 165.
Habitat in nova Hollandia.

Koenigii. 224. Sc. clypeo bidentato, thorace scabro, elytris variolosis. *Fabr. sp. ins.* 1. *p.* 32. *n.* 145. *mant. ins.* 1. *p.* 17. *n.* 166.
Pall. icon. ins. Ross. 1. *p.* 7. *t.* A. *f.* 7. Scarabaeus scriptus.
Habitat Tranquebariae.

cupreus. 225. Sc. ex nigro cupreus, clypeo emarginato, thorace gibbo. *Fabr. sp. ins.* 1. *p.* 32. *n.* 146. *mant. ins.* 1. *p.* 17. *n.* 167.
Habitat in Africa.

flagellatus. 226. Sc. niger opacus, clypeo emarginato, elytris scabris. *Fabr. sp. ins.* 1. *p.* 32. *n.* 147. *mant. ins.* 1. *p.* 17. *n.* 168.
Habitat ad caput bonae spei, *et in australi* Europa.

pilularius. 40. Sc. niger opacus laevis subtus aeneus, thorace posterius rotundato. *Mus. Lud. Ulr.* 19.* *Fabr. sp. ins.* 1. *p.* 33. *n.* 151. *mant. ins.* 1. *p.* 17. *n.* 170.
Geoffr. ins. 1. *p.* 91. *n.* 7. Copris niger nitidus &c.
Arist. Anim. l. 5. *c.* 18.
Plin hist. mund. II. 34. Pilularius.
Raj. ins. p. 105. *n.* 1.
Catesb. Car. 3. *t.* 11. fig. sinistr.
Schaeff. ic. t. 73. *f.* 6.
Voet coleopt. t. 28. *f.* 49.
β) Scarabaeus Mopsus. *Pall. ic. ins. Ross.* 1. *t.* A. *f.* 3.
Scarabaeus Geoffroae, *Sulz. ic. ins. t.* 1. *f.* 7.
Habitat in Europa *magis australi, stercorarii magnitudine et statura; bini quotidie sisyphi instar volvunt globum e ster-*

stercore inprimis humano confectum se saepe septies majorem Loefl. it. 20.

Schaefferi. 41. Sc. thorace rotundato, clypeo emarginato, elytris triangulis, femoribus posterioribus elongatis dentatis. *Fabr. sp. inf.* 1. *p.* 32. *n.* 148. *mant. inf.* 1. *p.* 17. *n.* 169.
Scop. ent. carn. p. 84. Scarabaeus longipes.
Geoffr. inf. par. 1. *p.* 92. *n.* 9. Copris niger, pedibus longis &c.
Schaeff. ic. t. 3. *f.* 8.
Voet coleoptr. t. 25. *f.* 17.
Habitat in Calabriae, Germaniae *et* Sibiriae *collibus apricis, globulos e stercore bovino factos volvens et sepeliens, niger, horticolae magnitudine.*

brasilianus. 227. Sc. ater, clypeo emarginato, elytris striatis. *Fabr. sp. inf.* 1. *p.* 33. *n.* 150. *mant. inf.* 1. *p.* 17. *n.* 171.
Habitat in Brasiliae *stercore bovino.*

calcaratus. 44. Sc. capite clypeato emarginato, femoribus posterioribus dentatis.
Habitat in Aegypto.

Schreberi. 45. Sc. ater glaber, elytrorum maculis duabus femoribusque rubris. *Fabr. sp. inf.* 1. *p.* 33. *n.* 151. *mant. inf.* 1. *p.* 17. *n.* 172.
Geoffr. inf. par. 1. *p.* 91. *n.* 7. Copris niger nitidus &c.
Schaeff. ic. t. 73. *f.* 6.
Voet coleoptr. t. 28. *f.* 49.
Habitat in Europa *temperata, nuchicornis fere statura.*

bipustulatus. 228. Sc. ater, elytris basi macula rufa. *Fabr. sp. inf.* 1. *p.* 33. *n.* 152. *mant. inf.* 1. *p.* 17. *n.* 173.
Habitat in nova Hollandia.

pallipes. 229. Sc. capite thoraceque pallido viridique variegatis, pedibus antennisque pallidis. *Fabr. sp. inf.* 1. *p.* 33. *n.* 153. *mant. inf.* 1. *p.* 17. *n.* 174.
Habitat in Coromandel, *parvus.*

triangularis. 230. Sc. niger, thoracis margine femoribusque pallidis, clypeo emarginato. *Fabr. sp. inf.* 1. *p.* 33. *n.* 154. *mant. inf.* 1. *p.* 18. *n.* 175.
Drury inf. 1. *t.* 36. *f.* 7.
Habitat in America *australi, nuchicornis statura.*

231. Sc

cinctus. 231. Sc. niger, elytrorum margine pallido, clypeo emarginato. *Fabr. sp. inf.* 1. *p.* 34. *n.* 155. *mant. inf.* 1. *p.* 18. *n.* 176.
Habitat in Sina.

flavipes. 232. Sc. nigricans, thoracis marginibus, elytris pedibusque flavescentibus. *Fabr. sp. inf.* 2. *app. p.* 495. *mant. inf.* 1. *p.* 18. *n.* 177.
Laichart. inf. tir. 1. *p.* 24. *n.* 17. *Herbst apud Fuessli Arch. Inf.* 4. *p.* 12. *n.* 46. *t.* 19. *f.* 19. Scarabaeus thoracocircularis.
Schaeff. ic. t. 74. *f.* 6.
Habitat in Germania, *cincti statura.*

aeneus. 233. Sc. viridi-aeneus, thorace bituberculato. *Fabr. sp. inf.* 1. *p.* 34. *n.* 156. *mant. inf.* 1. *p.* 18. *n.* 178.
Habitat in Coromandel, *parvus, subtus niger.*

smaragdulus. 234. Sc. aeneus nitidus, clypeo bidentato. *Fabr. sp. inf.* 1. *p.* 34. *n.* 157. *mant. inf.* 1. *p.* 18. *n.* 179.
Habitat in America *australi, parvus, glaberrimus.*

ovatus. 46. Sc. niger, clypeo emarginato, thorace subaeneo, elytris abbreviatis. *Fabr. sp. inf.* 1. *p.* 34. *n.* 158. *mant. inf.* 1. *p.* 18. *n.* 180.
Habitat in Calabriae, Germaniae, Angliae *stercore bovino, nuchicorni similis, at quadruplo minor.*

amazonus. 47. Sc. testaceus thorace lituris duabus nigris, elytrisque margine exteriore callo fusco.
Habitat Surinami, *laevis, stercorario dimidio minor.*

crucifer. 319. Sc. thorace subvilloso viridescente, elytris luteis corpore brevioribus: cruce nigra, trabe duplici. *Lepech. it.* 1. *p.* 240. *t.* 16. *f.* 14.
Habitat in Sibiriae *quercetis, pulpa foliorum victitans, subtus niger villosus, an hujus generis?*

caeruleus. 320. Sc. totus cyaneus oblongus. *Lepech. it.* 1. *p.* 313. *t.* 19. *f.* 2.
Habitat in Sibiriae *deserto* uralensi, 5 *lineas longus, subtus in atrum colorem vergens.*

uralensis. 321. Sc. viridis, elytris flavis corpore brevioribus, apice acuminatis. *Lepech. it.* 1. *p.* 313.
Habitat in deserti Sibiriae uralensis *arenosis, subtus villo albo tectus.*
Elytra *lineis villo albicante signatis a medio ad apicem distincta.*

419. Sc.

strictopterus. 419. Sc. niger elytris strictis punctatis. *Mus. Lesk. p.* 3. *n.* 32. *Habitat in* Europa.

guttatus. 420. Sc. niger, thorace rotundato: guttis eminentibus glabris, capitis clypeo impresso apice bifido, elytris profunde striatis crenatis: maculis oblongis e pilis luteis. *Mus. Lesk. p.* 3. *n.* 53.

b) *mandibula arcuata subdentata, abdomine apice nudo, oblique truncato.* Melolonthae.

Fullo. 57. Sc. testaceus albo-maculatus, scutello macula duplici antennis heptaphyllis. *Fabr. sp. inf.* 1. *p.* 35. *n.* 1. *mant. inf.* 1. *p.* 19. *n.* 1.
Syst. nat. XII. 2. *p.* 553. *n.* 57. *Fn. suec. p.* 394.* *Scop. ent. carn. p.* 123. Scarabaeus scutellatus muticus, antennis heptaphyllis, corpore nigro, pilis albis, scutello macula duplici alba.
Geoffr. inf. par. 1. *p.* 69. *n.* 2. Scarabaeus antennarum lamellis maximis.
Raj. inf. p. 93. *n.* 9. Scarabaeus Fullo.
Frisch inf. 11. *t.* 1. *f.* 1.
Mouff. inf. 160. *f.* 4.
Hoeffn. inf. 2. *t.* 7.
Eph. Nat. Cur. Dec. 2. *ann.* 6. *obs.* 239.
Aubent. misc. t. 16. *f. med.*
Schaeff. ic. t. 23. *f.* 2.
Petiv. gaz. t. 138. *f.* 1.
Sulz. hist. inf. 1. 1.
Voet coleoptr. t. 6. *f.* 48. 49.
β) Scarabaeus albus. *Pall. it.* 2. *p.* 718. *n.* 4.
Pall. ic. inf. Ross. 1. *p.* 19. *t.* B. *f.* 21. Scarabaeus hololeucos.
Habitat in Europae *et* Barbariae *arenosis, quercu, elymo et arundine arenariis victitans, subtus hirsutus, unguiculis basi ramo uncinato.*

ruricola. 235. Sc. ater sericeus, elytris rufis: margine nigro. *Fabr. sp. inf.* 1. *p.* 73. *n.* 45. *mant inf.* 1. *p.* 23. *n.* 58.
Geoffr. inf. par. 1. *p.* 80. *n.* 15. Scarabaeus niger elytris croceis &c.
Habitat in Angliae *graminosis.*

fruticola. 236. Sc. capite thoraceque caeruleo-pilosis, elytris lividis, clypeo apice reflexo. *Fabr. mant. inf.* 1. *p.* 23. *n.* 56.
Scop. ent. carn. 6. Scarabaeus cyathiger.

Poda

Poda inf. 21. *Fabr. sp. inf.* 1. *p.* 43. *n.* 44. Scarabaeus agricola.
Herbst apud Fuessli Arch. Inf. 4. *p.* 15. *n.* 6. *t.* 19. *f.* 24.
Schaeff. ic. t. 65. *f.* 1.
Voet coleoptr. t. 8. *f.* 67.
β) Scarabaeus campestris. *Herbst apud Fuessli Arch. Inf.* 4. *p.* 15. *n.* c. *t.* 19. *f.* 25.
Habitat in Germaniae *spicis secalinis, in* Calabria *etiam inquilinus, horticolae statura, sed minor.*

praticola. 237. Sc. thorace nigro flavoque vario subpiloso, elytris testaceis. *Fabr. sp. inf.* 1. *p.* 42. *n.* 43. *mant. inf.* 1. *p.* 23. *n.* 55.
Habitat in Sibiria, *agricolae affinis, at clypeo non reflexo.*

arvicola. 238. Sc. capitis clypeo reflexo, corpore nigro immaculato. *Fabr. sp. inf.* 1. *p.* 42. *n.* 42. *mant. inf.* 1. *p.* 23. *n.* 54.
Habitat in Russia *magis australi, horticolae affinis.*

agricola. 58. Sc. thorace villoso, elytris lividis: limbo fasciaque nigris, clypeo apice reflexo. *Fabr. mant.* 1. *p.* 23. *n.* 57.
Habitat in Germaniae *graminibus.*

floricola. 239. Sc. cyaneo-nigra glabra, elytris rufis: sutura nigra, abdomine punctis fasciculatis albis, clypeo reflexo. *Fabr. mant.* 1. *p.* 22. *n.* 53.
Habitat in Africa, *horticolae proxime affinis.*

abdominalis. 240. Sc. capite thoraceque caeruleo-pilosis, elytris testaceis, abdomine albo villoso. *Fabr. sp. inf.* 2. *app. p.* 496. *mant. inf.* 1. *p.* 22. *n.* 52.
Habitat in Italia, *horticolae nimium affinis.*

horticola. 59. Sc. capite thoraceque caeruleo-pilosis, elytris testaceis, pedibus nigris. *Fn. suec.* 391.* *Fabr. sp. inf.* 1. *p.* 42. *n.* 41. *mant. inf.* 1. *p.* 22. *n.* 50.
Geoffr. inf. parif. 1. *p.* 75. *n.* 8.
It. scan. 116. 321. Scarabaeus frisius.
List. scar. 380. *n.* 3. Scarabaeus ex nigro virescens, pennarum thecis rufis.
Degeer inf. 4. *p.* 278. *n.* 24. *t.* 10. *f.* 18. Scarabaeus viridicollis.
Raj. inf. p. 380. *n.* 3.
Frisch inf. 4. *t.* 14.
Pet. gaz. t. 22. *f.* 9.
Schaeff. ic. t. 23. *f.* 4.

Habitat

Habitat in Europae *hortis; larva radices brassicae lotrydis, et capitatae destruit, intacta viridi et sabauda; imago pomonam devastat, intacta pyro communi.*

regius. 241. Sc. cupreo-nitidus, clypeo emarginato. *Fabr. sp. inf.* 1. *p.* 42. *n.* 40. *mant. inf.* 1. *p.* 22. *n.* 49.
Habitat in Africa *aequinoctiali, splendentis statura.*

splendens. 242. Sc. ater, elytris vitta abbreviata aurea. *Fabr. sp. inf.* 1. *p.* 41. *n.* 39. *mant. inf.* 1. *p.* 22. *n.* 48.
Habitat ad caput bonae spei.

ferrugineus. 243. Sc. rufus thorace elytrisque vage punctatis. *Fabr. sp. inf.* 1. *p.* 22. *n.* 47. *mant. inf.* 1. *p.* 41. *n.* 38.
Habitat in Coromandel, *rauco affinis, at duplo minor.*

raucus. 244. Sc. clypeo reflexo, thorace elytrisque punctatis nigro-aeneis. *Fabr. sp. inf.* 1. *p.* 41. *n.* 37. *mant. inf.* 1. *p.* 22. *n.* 46.
Habitat in Coromandel, *subtus niger.*

rupicola. 245. Sc. villosus virescens, capite nigro. *Fabr. sp. inf.* 1. *p.* 41. *n.* 36. *mant. inf.* 1. *p.* 22. *n.* 44.
Habitat ad caput bonae spei.

innubus. 246. Sc. glaber niger, thoracis margine, abdomine femoribusque testaceis. *Fabr. mant.* 1. *p.* 22. *n.* 45.
Habitat in - - - *parvus, nitidus, thorace punctato, elytris substriatis.*

errans. 247. Sc. testaceus, thorace maculis duabus nigris, pedibus rufis. *Fabr. sp. inf.* 1. *p.* 41. *n.* 35. *mant. inf.* 1. *p.* 22. *n.* 43.
Habitat in - - -

Cardui. 248. Sc. glaber viridi-aeneus, abdomine rufo-cinereo villoso. *Fabr. mant. inf.* 1. *p.* 21. *n.* 42.
Habitat in Africae *carduo pycnocephalo, Sc. Frischii statura, at paulo minor.*

Vitis. 249. Sc. viridis, thoracis lateribus flavis. *Fabr. sp. inf.* 1. *p.* 41. *n.* 34. *mant. inf.* 1. *p.* 21. *n.* 41.
Scop. ent. carn. Scarabaeus dubius.
Voet coleoptr. t. 6. *f.* 56. 57.
Sulz. hist. inf. t. 1. *f.* 11.
Habitat in Europae *et* Americae *vite, Sc. Frischii valde affinis, varians elytris testaceis.*

250. Sc.

Frischii. 250. Sc. nigro-aeneus, elytris testaceis. *Fabr. sp. inf.* 1. *p.* 41. *n.* 33. *mant. inf.* 1. *p.* 21. *n.* 40.
Frisch inf. 4. *p.* 29. *t.* 14.
Voet coleoptr. t. 6. *f.* 55. *et t.* 7. *f.* 58.
Habitat in Germaniae *vite et rosa, in* Brasilia, *rarius elytris thoraci concoloribus.*

janthinus. 421. Sc. obsolete violaceus, thoracis margine externo, elytris, abdomine pedibusque testaceis, ano fusco violaceo femoribus anterius violaceis. *Mus. Lesk. p.* 3. *n.* 62.
Habitat in Europa, *statura et magnitudine Sc. Frischii.*

coriarius. 422. Sc. fusco-violaceus, thorace fusco-luteo piloso, capitis clypeo apice reflexo, elytris testaceis. *Mus. Lesk. p.* 4. *n.* 72.
Habitat in Europa.

holosericeus. 251. Sc. supra viridis holosericeus subtus cupreus, elytris lineis elevatis quatuor. *Fabr. mant.* 1. *p.* 21. *n.* 39.
Habitat in Russia *magis australi, Sc. Frischii statura et magnitudine.*

austriacus. 252. Sc. glaber, elytris fuscis: marginis exterioris plica elevata, scutelli macula quadrata. *Schranck enum. inf. Austr. p.* 11. *Herbst apud Fuessli Arch. Inf.* 4. *p.* 16. *n.* 12. *t.* 19. *f.* 26.
Habitat in Austria, *an varietas agricolae?*

laetus. 253. Sc. supra glaber aureus, thoracis linea dorsali scutelloque sanguineis. *Fabr. sp. inf.* 1. *p.* 40. *n.* 32. *mant. inf.* 1. *p.* 21. *n.* 58.
Habitat in nova Seelandia.

festus. 254. Sc. supra glaber viridis, thorace linea dorsali, elytris sutura nigris. *Fabr. sp. inf.* 1. *p.* 40. *n.* 31. *mant. inf.* 1. *p.* 21. *n.* 37.
Habitat in nova Seelandia.

rufescens. 255. Sc. glaber rufescens, elytris testaceis, clypeo quinquedentato. *Fabr. sp. inf.* 1. *p.* 40. *n.* 30. *mant. inf.* 1. *p.* 21. *n.* 36.
Voet coleoptr. t. 19. *f.* 76.
Habitat ad caput bonae spei.

obscurus. 256. Sc. obscure piceus immaculatus, pilis brevissimis erec albis. *Fabr. sp. ins.* 1. *p.* 40. *n.* 29. *mant. ins.* 1. *p.* : *n.* 35.
Habitat in Africa *aequinoctiali, rufescentis magnitudine.*

erythrocephalus. 257. Sc. glaber pallidus, capite rubro basi nigro. *Fabr. ins.* 1. *p.* 40. *n.* 28. *mant. ins.* 1. *p.* 21. *n.* 34.
Petagn. sp. ins. Calabr. p. 5. *n.* 18. *f.* XXXV.
Habitat in Calabria *et* Coromandel, *melanocephalo affi at duplo minor.*

melanocephalus. 258. Sc. glaber rufescens, capite nigro, elytris pallidis. *Fa sp. ins.* 1. *p.* 40. *n.* 27. *mant. ins.* 1. *p.* 21. *n.* 33.
Voet coleoptr. t. 9. *f.* 80.
Habitat in Brasilia.

serratus. 259. Sc. obscure testaeeus, clypeo emarginato, thoracis m gine serrato. *Fabr. sp. ins.* 1. *p.* 35. *n.* 2. *mant. ins. p.* 19. *n.* 2.
β) Melolontha sibirica. *Fabr. sp. ins.* 1. *p.* 35.
Habitat in Coromandel, *melolonthae magnitudine,* β) plo minor in Sibiria.

Melolontha. 60. Sc. scutellatus muticus testaceus, thorace villoso, ca inflexa, incisuris abdominis albis. *Fn. suec.* 392.* *Geo ins. par.* 1. *p.* 70. *n.* 1. *Scop. ent. carn.* 16.
Fabr. sp. ins. 1. *p.* 35. *n.* 3. *mant. ins. p.* 19. *n.* 3. M lolontha (vulgaris) testacea, thorace villoso, incisu abdominis albis.
Mouff. ins. 160. *f.* 2.
Lister scar. Angl. 379.
Aldrov. ins. 454. *t. sup. f.* 2.
Hoefn. ins. t. 1. *f.* 11.
Goed. ins. 1. *t.* 78.
Merian. europ. 1. *p.* 2. *f.* 4.
Frisch ins. 4. *t.* 14.
Raj. ins. p. 104. *n.* 1.
Pet. gaz. t. 9. *f.* 2.
Alb. ins. 60.
Roes. ins. 2. *scar.* 1. *t.* 1.
Leeuwenh. epist. 1. *p.* 18.
Sulz. ins. t. 1. *f.* 3.
Schaeff. elem. t. 8. *f.* 3. *et. t.* 109. *f.* 5.
icon. t. 93. *f.* 1. 2.
Voet coleopt. t. 6. *f.* 45. 46.
Degeer ins. 4. *t.* 10. *f.* 14.

Habi

Habitat in Europae *parte magis boreali vulgatissimus, in* Calabria *quoque frequens, unguibus prope basin bidentatis, dente inferiori breviore, vespere circumvolitans, arborum foliis, tilia tamen intacta, victitans, auctumno copiosior morbos praenuncians, oleum infusum cimicifugum reddens, meleagridum gallinarum, vespertilionum gratus cibus, varians annuatim thorace rufo et nigro.*

Mas *cauda acuta inflexa distinctus;* larva *grisea, capite pedibusque testaceis, plantarum, segetis praesertim radices exedit, sexto demum anno exeunte scarabaeo.*

solstitialis. 61. Sc. scutellatus muticus testaceus thorace villoso, elytris luteo-pallidis: lineis tribus albis parallelis. *Fn. suec.* 393.* *Geoffr. inf. par.* 1. *p.* 74. *n.* 7. *Scop. ent. carn.* 3.
Fabr. sp. inf. 1. *p.* 57. *n.* 7. *mant. inf.* 1. *p.* 19. *n.* 9. Melolontha testacea, thorace villoso, elytris luteo-pallidis: lineis tribus pallidioribus.
Mouff. inf. 160. *f.* 3.
Lister scar. angl. 301. *n.* 2.
Raj. inf. p. 105. *n.* 2.
Petiv. gaz. p. 36. *t.* 22. *f.* 9.
Frisch inf. 9. *t.* 15. *f.* 3.
Schaeff. ic. t. 93. *f.* 3.
Voet coleoptr. t. 6. *f.* 51. 52.
Degeer inf. 4. *t.* 10. *f.* 15.
Habitat in Europae *arboretis, unguibus, ad basin unidentatis, melolontha serior, solstitio aestivo frequentissimus, an germinibus frumentaceorum, quorum radices larva rodit, inhaerendo, morbi epidemici* Kriebelkrankheit *caussa?*

Tau nigrum. 411. Sc. nigricans subtus lunatus canescens, elytris pilis albis brevissimis, scutello villoso albido T nigro inscripto. *Schranck Schr. eintr. Fr. z. Wien* II. 2. *p.* 6.
Habitat in Hungaria, *unguibus medio unidentatis.*

lanugithorax. 412. Sc. unguibus bifidis, posterioribus minoribus posteriorum unico. *Schranck Schr. eintr. Fr. z. Wien* II. 2. *p.* 7. *n.* 9.
Voet coleoptr. t. 4. *f.* 31.
Habitat in Bavariae *montibus, ab hirtello distinctus.*

reflexus. 260. Sc. glaber testaceus, clypeo reflexo. *Fabr. sp. inf.* 1. *p.* 57. *n.* 6. *mant. inf.* 1. *p.* 19. *n.* 7.
Habitat in Africa *aequinoctiali, fervido affinis, at paulo minor.*

Alopex. 261. Sc. fulvo-hirtus, clypeo reflexo emarginato, elytris gl bris nigris. *Fabr. mant. inf.* 1. *p.* 19. *n.* 8.
Habitat ad caput bonae spei, *reflexi statura.*

fervidus. 262. Sc. testaceus glaber, clypeo emarginato. *Fabr. sp. inf. p.* 36. *n.* 5. *mant. inf.* 1. *p.* 19. *n.* 6.
Habitat in America *septentrionali, quasi rore caerulescen tectus.*

villosus. 263. Sc. testaceus, clypeo marginato reflexo, corpore subt lanato, scutello albo. *Fabr. sp. inf.* 2. *app. p.* 496. *ma inf.* 1. *p.* 19. *n.* 4.
Habitat in Italia, *melolonthae statura et magnitudine.*

atomarius. 264. Sc. albo-farinosus, thorace canaliculato atro, elytris fi cis, abdomine albo: punctis lateralibus atris. *Fabric. inf.* 1. *p.* 43. *n.* 46. *mant. inf.* 1. *p.* 23. *n.* 59.
Habitat ad caput bonae spei, *farinosi statura et magnitudi*

farinosus. 64. Sc. scutellatus muticus niger, polline virescente, elyt abbreviatis. *Fn. suec.* 399.
Fabr. sp. inf. 1. *p.* 43. *n.* 47. *mant. inf.* 1. *p.* 23. *n.* 6
Melolontha supra caeruleo-subtus argenteo-squamosa tens, clypeo integro.
Geoffr. inf. par. 1. *p.* 79. *n.* 13. Scarabaeus violaceus.
Degeer inf. 4. *p.* 302. *n.* 30. *t.* 10. *f.* 23. Scarabaeus sc tellatus niger, squamulis griseo-viridibus &c.
Drury inf. 2. *t.* 32. *f.* 4. Scarabaeus caeruleus.
Voet coleoptr. t. 9. *f.* 71.
Habitat in Europa *magis australi, unguibus posteriorib brevissimis.*

argenteus. 265. Sc. niger, subtus argenteo-nitens, clypeo marginat elytris testaceis. *Fabr. spec. inf.* 1. *p.* 44. *n.* 48. *ma inf.* 1. *p.* 23. *n.* 61.
Scop. ent. carn. 9. *Poda inf.* 20. Scarabaeus argenteus.
Voet coleoptr. t. 8. *f.* 68.
Habitat in Austria *interiori,* Calabria *et frequens in* Angli *floribus.*

I 266.

Melolonthae *arborum foliis,* cetoniae *etiam floribus victitant;* trichii *delectantur ribus praesertim umbellatarum;* melolontharum *larva radicibus,* cetoniae *ligno putrescente subacidulo victitat.*

proboscideus. 266. Sc. niger hirtus, clypeo porrecto subreflexo, elytris testaceis: margine nigro. *Fabr. sp. inf.* 1. *p.* 44. *n.* 49. *mant. inf.* 1. *p.* 23. *n.* 62.
Habitat in India, *et* Africae *floribus.*

spinipes. 267. Sc. niger immaculatus, pedibus posterioribus elongatis: femoribus basi unispinosis. *Fabr. sp. inf.* 1. *p.* 44. *n.* 50. *mant. inf.* 1. *p.* 23. *n.* 63.
Habitat ad caput bonae spei, *statura crassipedis.*

dentipes. 268. Sc. niger, elytris testaceis, clypeo quadridentato, femoribus tibiisque posterioribus spinosis. *Fabr. sp. inf.* 1. *p.* 44. *n.* 51. *mant. inf.* 1. *p.* 23. *n.* 64.
Habitat ad caput bonae spei, *spinipedi affinis.*

podagricus. 269. Sc. niger, clypeo tridentato, femoribus tibiisque posterioribus spinosis. *Fabr. sp. inf.* 1. *p.* 44. *n.* 52. *mant. inf.* 1. *p.* 23. *n.* 65.
Habitat in Coromandel, *dentipedis statura.*

arthriticus. 270. Sc. niger, elytris griseis, clypeo tridentato, femoribus tibiisque posterioribus incrassatis subinermibus. *Fabr. sp. inf.* 1. *p.* 44. *n.* 53. *mant. inf.* 1. *p.* 22. 23. *n.* 66.
Habitat ad caput bonae spei, *podagrico minor.*

gonagricus. 271. Sc. griseus, pedibus rufis, femoribus posterioribus incrassatis muticis. *Fabr. sp. inf.* 1. *p.* 45. *n.* 54. *mant. inf.* 1. *p.* 24. *n.* 67.
Habitat ad caput bonae spei, *arthritico minor.*

crassipes. 272. Sc. ater albo-maculatus, pedibus posterioribus elongatis crassissimis. *Fabr. sp. inf.* 1. *p.* 45. *n.* 55. *mant. inf.* 1. *p.* 24. *n.* 68.
Habitat ad caput bonae spei.

pulverulentus. 273. Sc. corpore polline virescenti argenteo, elytris pedibusque testaceis. *Fabr. sp. inf.* 1. *p.* 45. *n.* 56. *mant. inf.* 1. *p.* 24. *n.* 69.
Sulz. hist. inf. t. 1. *f.* 8.
Habitat in Alsatia *et* Russia, *argenteo duplo minor.*

sylvicola. 274. Sc. clypeo inflexo integro, corpore nigro glabro. *Fabr. sp. inf.* 1. *p.* 45. *n.* 57. *mant. inf.* 1. *p.* 24. *n.* 70.
Habitat in nova Hollandia, *elytris fuscis varians.*

subspinosus. 275. Sc. flavescens, pedibus rufis, thorace subspinoso. *Fabr* *sp. ins.* 1. *p.* 45. *n.* 58. *mant. ins.* 1. *p.* 24. *n.* 71.
Habitat in insulis, Americae *meridionali oppositis.*

Bankfii. 276. Sc. capite thoraceque atris, elytris villosis pedibusque testaceis, abdomine brevi retuso. *Fabr. mant.* 1. *p.* 24 *n.* 72.
Hospitatur in museo Ill. Banks, *pulverulenti statura.*

aulicus. 65. Sc. scutellatus muticus pilosus luteus, capite nigro, pedibus posterioribus elongatis uniunguiculatis.
Fabr. mant. 1. *p.* 22. *n.* 51. Melolontha (regia) villosa supra lutea, capite nigro, subtus cinerea.
Habitat in Africa, *horticolae magnitudine et statura.*

abbreviatus. 277. Sc. villosus niger, clypeo tridentato, elytris abbreviatis testaceis. *Fabr. sp. ins.* 1. *p.* 45. *n.* 59. *mant. ins.* 1. *p.* 24. *n.* 73.
Habitat ad caput bonae spei, *pilis aliquot albis hirtus.*

mutabilis. 278. Sc. ater, tomento cinereo villosus. *Fabr. sp. ins.* 1. *p.* 45. *n.* 60. *mant. ins.* 1. *p.* 24. *n.* 74.
Voet coleoptr. t. 9. *f.* 75.
Habitat Tranquebariae.

chrysomelinus. 279. Sc. ater, elytris auro nitentibus, antennis pedibusque testaceis. *Fabr. sp. ins.* 1. *p.* 46. *n.* 61. *mant. ins.* 1. *p.* 24. *n.* 75. *Schranck ins. austr.* 16. *n.* 25.
Habitat in Americae *borealis*, Germaniae *ligno putrescente.*

versicolor. 280. Sc. obscure aeneus, elytris tomento cinereo nitidulis. *Fabr. sp. ins.* 1. *p.* 46. *n.* 62. *mant. ins.* 1. *p.* 24. *n.* 76.
Habitat in Sierra Leon Africae.

capicola. 281. Sc. niger hirtus, scutello abdomineque albidis. *Fabr* *sp. ins.* 1. *p.* 46. *n.* 63. *mant. ins.* 1. *p.* 24. *n.* 77.
Voet coleoptr. t. 9. *f.* 75.
Habitat ad caput bonae spei, *parvus.*

picatus. 282. Sc. glaber ferrugineus, elytris striatis. *Fabr. sp. ins.* 1. *p.* 46. *n.* 64. *mant. ins.* 1. *p.* 24. *n.* 78.
Habitat ad caput bonae spei, *statura capicolae.*

lineatus. 283. Sc. obscure virescens, elytris lineis duabus rufis. *Fab* *sp. ins.* 1. *p.* 46. *n.* 65. *mant. ins.* 1. *p.* 24. *n.* 79.
Habitat in Sierra Leon Africae, *parvus*, *gibbus.*

gibbus. 284. Sc. gibbus testaceus, tomento cinerascente nitidulus. *Fabr. sp. ins.* 1. *p.* 46. *n.* 66. *mant. ins.* 1. *p.* 24. *n.* 80.
Habitat ad caput bonae spei, *lineato magis gibbus.*

monticola. 285. Sc. testaceus glaber, capite atro, clypeo integro reflexo. *Fabr. sp. ins.* 1. *p.* 46. *n.* 67. *mant. ins.* 1. *p.* 24. *n.* 81.
Habitat in nova Hollandia.

humeralis. 286. Sc. ater, elytris basi punctoque medio pallidis. *Fabr. sp. ins.* 1. *p.* 46. *n.* 68. *mant. ins.* 1. *p.* 24. *n.* 82.
Habitat in Europae *graminosis.*

Ursus. 287. Sc. ater hirsutissimus, pedibus quatuor anterioribus testaceis. *Fabr. sp. ins.* 1. *p.* 47. *n.* 69. *mant. ins.* 1. *p.* 24. *n.* 83.
Habitat ad caput bonae spei, *pedibus aliquando omnibus nigris.*

Lynx. 288. Sc. niger hirtus, elytrorum margine aureo. *Fabr. sp. ins.* 1. *p.* 47. *n.* 70. *mant. ins.* 1. *p.* 24. *n.* 84.
Habitat ad caput bonae spei.

longipes. 66. Sc. scutellatus muticus atro-cyaneus, pedibus nigris, posterioribus elongatis uniunguiculatis.
Fabr. sp. ins. 1. *p.* 47. *n.* 71. *mant. ins.* 1. *p.* 24. *n.* 85.
Melolontha (crinita) hirta, supra viridis, subtus nigra. *Pall. ic. ins. Ross. t.* A. *f.* 17. Scarabaeus bombyliformis.
Habitat ad caput bonae spei.

hirtus. 289. Sc. hirtus, capite thoraceque viridibus, elytris fuscis. *Fabr. sp. ins.* 1. *p.* 47. *n.* 72. *mant. ins.* 1. *p.* 25. *n.* 86.
Pall. ic. ins. Ross. t. A. *f.* 15. Scarabaeus Alopecias.
Habitat in Sibiria.

Vulpes. 290. Sc. aureus fulvo hirtus, abdomine ferrugineo. *Fabr. sp. ins.* 1. *p.* 47. *n.* 73. *mant. ins.* 1. *p.* 25. *n.* 87.
Habitat in Sibiria.

bombylius. 291. Sc. niger cinereo hirtus, elytris testaceis: lineis tribus apicis albidis. *Fabr. mant. ins.* 1. *p.* 25. *n.* 88.
Habitat in Africae *plantis, vulpis magnitudine et statura.*

vittatus. 292. Sc. cyaneus pilosus, elytris testaceis: lineis tribus albicantibus. *Fabr. sp. ins.* 1. *p.* 47. *n.* 74. *mant. ins.* 1. *p.* 25. *n.* 89.
Lepechin it. 1. *p.* 508. *t.* 16. *f.* 9. Scarabaeus acuminatus.

Pall, it. 1. *p.* 462. *n.* 26. *icon. inf. Roff.* 1. *p.* 14. *t.* A. *f.* 14.
Scarabaeus oxypterus.
Petiv. gazoph. t. 11. *f.* 12.
Voet coleoptr. t. 5. *f.* 35.
Habitat in America *auftrali et* India.

bimaculatus. 293. Sc. oblongus glaber teftaceus, thorace utrinque macula abdomineque flavis. *Fabr. mant. inf.* 1. *p.* 19. *n.* 10.
Habitat in Sina, *folftitiali maxime affinis.*

atriplicis. 294. Sc. oblongus villofus pallidus, elytris futura apiceque nigris, clypeo reflexo. *Fabr. mant.* 1. *p.* 19. *n.* 11.
Habitat in Barbariae *atriplice halimifolia, ruficornis ftatura et magnitudine.*

ruficornis. 295. Sc. villofus teftaceus, abdomine albicante. *Fabr. fp. inf.* 1. *p.* 87. *n.* 8. *mant. pl.* 1. *p.* 20. *n.* 12.
Habitat in Germania, *an varietas folftitialis?*

teres. 296. Sc. oblongus glaber niger, elytris obfolete ftriatis. *Fabr. fp. inf.* 1. *p.* 37. *n.* 9. *mant. inf.* 1. *p.* 20. *n.* 13.
Scop. ent. carn. 19. Scarabaeus oblongus.
Habitat in Germania *fuperiore, an ab oblongo diverfus?*

lanigerus. 67. Sc. fcutellatus muticus, fubtus lanatus, capite thoraceque lanatis, elytris luteis. *Muf. Lud. Ulr.* 20.
Fabr. fp. inf. 1. *p.* 37. *n.* 10. *mant. inf.* 1. *p.* 20. *n.* 14. Melolontha (lanigera) fubtus lanata, capite thoraceque aureis, elytris luteis.

brunnus. 72. Sc. fcutellatus muticus teftaceus, elytris ftriatis, thorace utrinque puncto notato.
Fabr. fp. inf. 1. *p.* 39. *n.* 26. *mant. inf.* 1. *p.* 21. *n.* 32 Melolontha (brunnea) glabra teftacea, elytris ftriatis, thorace utrinque puncto notato.
Geoffr. inf. par. 1. *p.* 83. *n.* 22. *Degeer inf.* 4. *p.* 277. *n.* 23 *t.* 10. *f.* 17. Scarabaeus fulvus.
Voet coleoptr. t. 7. *f.* 53. 54.
Habitat in Europae *arboretis.*

fignatus. 297. Sc. glaber pallidus thorace lineis duabus, elytris maculi tribus nigris. *Fabr. fp. inf.* 1. *p.* 39. *n.* 25. *mant. inf.* 1 *p.* 21. *n.* 31.
Habitat in Jamaica, *ruficollis magnitudine.*

ruficollis. 298. Sc. glaber punctatus ferrugineus, elytris testaceis. *Fabr. sp. inf.* 1. *p.* 39. *n.* 24. *mant. inf.* 1. *p.* 21. *n.* 30.
Habitat in Coromandel, *brunneo major.*

pallens. 299. Sc. glaber testaceus capite elytrorumque sutura nigris. *Fabr. sp. inf.* 1. *p.* 39. *n.* 23. *mant. inf.* 1. *p.* 21. *n.* 29.
Herbst apud Fuessli Arch. Inf. 4. *p.* 13. *n.* 4. *t.* 19. *f.* 21. a. b. Melolontha spinipes.
Habitat ad caput bonae spei, *et in* India, *solstitiali similis.*

hirticollis. 300. Sc. hirtus niger, elytris punctatis glabris rufis. *Fabr. mant. inf.* 1. *p.* 21. *n.* 28.
Habitat in Africa, *fusci magnitudine.*

fuscus. 301. Sc. glaber testaceus, capite obscuriore, elytris striatis. *Fabr. sp. inf.* 1. *p.* 39. *n.* 22. *mant. inf.* 1. *p.* 20. *n.* 27.
Habitat in terra del fuego.

tristis. 302. Sc. thorace villoso obscuro, elytris laevibus testaceis, scutello albo. *Fabr. sp. inf.* 1. *p.* 39. *n.* 21. *mant. inf.* 1. *p.* 20. *n.* 26.
Habitat in America *boreali*, *fusco affinis.*

striatus. 303. Sc. glaber aeneus, elytris striatis: sutura lineisque quatuor cupreis. *Fabr. sp. inf.* 1. *p.* 39. *n.* 20. *mant. inf.* 1. *p.* 20. *n.* 26.
Habitat in terra del fuego.

luridus. 304. Sc. thorace nigro: margine pallido, elytris griseis nigro-punctatis. *Fabr. sp. inf.* 1. *p.* 38. *n.* 19. *mant. inf.* 1. *p.* 20. *n.* 24.
Habitat - - -

glacialis. 305. Sc. glaber piceus, antennis pedibusque testaceis. *Fabr. sp. inf.* 1. *p.* 38. *n.* 18. *mant. inf.* 1. *p.* 20. *n.* 23.
Habitat in terra del fuego.

dorsalis. 306. Sc. glaber testaceus, capite, thoracis elytrorumque dorso nigris. *Fabr. sp. inf.* 1. *p.* 38. *n.* 17. *mant. inf.* 1. *p.* 20 *n.* 22.
Habitat Tranquebariae.

bicoloratus. 307. Sc. glaber viridis, subtus testaceus, pedibus apice aureis. *Fabr. sp. inf.* 1. *p.* 38. *n.* 16. *mant. inf.* 1. *p.* 20. *n.* 21.
Voet coleoptr. t. 8. *f.* 66.
Habitat ad caput bonae spei.

suturatus. 308. Sc. viridis, elytrorum sutura flavescente. *Fabr. sp. inf.* 1. *p.* 38. *n.* 15. *mant. inf.* 1. *p.* 20. *n.* 20.
Habitat in nova Seelandia.

aeratus. 309. Sc. glaber aeneus, abdominis lateribus albis, elytris acuminatis. *Fabr. sp. inf* 1. *p.* 38. *n.* 14. *mant. inf.* 1. *p.* 20. *n.* 19.
Habitat in nova Hollandia.

viridis. 310. Sc. glaber, supra viridis, subtus aureus. *Fabr. sp. inf.* 1. *p.* 38. *n.* 13. *mant. inf.* 1. *p.* 20. *n.* 18.
Habitat ad caput bonae spei.

glabratus. 311. Sc. testaceus nitidus, sterno anterius porrecto obtuso. *Fabr. sp. inf.* 1. *p.* 30. *n.* 12. *mant. inf.* 1. *p.* 20. *n.* 17.
Habitat in America *australi et* India.

punctatus. 76. Sc. scutellatus muticus testaceus, elytris punctis tribus subfuscis obsoletis distantibus. *Mus. Lud. Ulr.* 23.*
Fabr. sp. inf. 1. *p.* 38. *n.* 11. *mant. inf.* 1. *p.* 20. *n.* 16. Melolontha testacea, elytris punctis tribus fuscis distantibus.
Gron. zooph. 438.
Drury inf. 1. *t.* 34. *f.* 5.
Voet coleoptr. t. 8. *f.* 65.
Habitat in America, *laevis, aurati magnitudine, unguibus arcuatis acutissimis.*

longicornis. 312. Sc. supra glaber niger, elytris ferrugineis, antennarum clava elongata. *Fabr. mant. inf.* 1. *p.* 20. *n.* 15.
Habitat ad caput bonae spei, *lanigeri statura et magnitudine.*

unicolor. 313. Sc. totus spadiceus laevis, elytris punctis impressis. *Herbst apud Fuessli Arch. Inf.* 7. *p.* 154. *n.* 18. *t.* 43. *f.* 5.
Habitat in India, *brunno similis, at quadruplo major.*

ciliatus. 314. Sc. niger subtus pilosus, elytris villosis et thorace posterius pilis longis albis ciliato punctatis. *Herbst apud Fuessli Arch. Inf.* 7. *p.* 155. *n.* 19. *t.* 43. *f.* 6.
Habitat in India, *antennis ad fullonem accedens, bis pedibusque fuscis.*

pellucidus. 315. Sc. holosericeus obscurus albo-obumbratus, elytris costatis. *Sulz. hist. inf. t.* 1. *f.* 9.
Herbst apud Fuessli Arch. Inf. 7. *p.* 155. *n.* 21. Melolontha Berolinensis.
Voet coleoptr. t. 21. *f.* 150.

Habitat

Habitat in Germania *et* Helvetia, *brunno similis, at brevior, magisque rotundatus et convexus.*

cerealis. 316. Sc. scutellatus, subtus hirsutus, abdominis latere utroque albo-maculato. *Scop. delic. insubr.* 1. *p.* 49. *t.* 21. *f.* B. a. b. c.

Habitat in Insubria, *sub initium aestatis vespere frequens in celti australi aliisque arboribus, melolonthae valde affinis.*

sinuatus. 317. Sc. exscutellatus niger, tibiis toto margine exteriore denticulatis. *Scop. delic. insubr.* 1. *p.* 52. *t.* 21. *f.* E.

Habitat in agro Ticinensi, *glaber, totus niger, supra punctulatus.*

fuscescens. 318. Sc. scutellatus fuscescens, scutello lineola transversa duplicata, tibiis posterioribus quadridentatis. *Scop. delic. insubr.* 1. *p.* 53. *t.* 21. *f.* F.

Habitat in Insubria, *frequens inter segetes, aestate in arboribus, statura solstitialis, supra badius, subtus villis longioribus et rufescentibus hirsutus.*

deserti. 322. Sc. supra nigricans, subtus lanugine alba obsitus, elytris corpore brevioribus, scutello triangulari villoso albo. *Lepech. it.* 1. *p.* 313. *t.* 19. *f.* 7.

Habitat in deserto Sibiriae uralensi, 9 *lineas longus, an hujus tribus?*

sepicola. 55. Sc. scutellatus muticus ferrugineus, thorace elytrisque pilosis. *Mus. Lud. Ulr.* 24.*

Habitat in India, *habitu horticolae, at triplo major.*

syriacus. 56. Sc. scutellatus muticus, capite thoraceque piloso viridibus, elytris pilosis ciliatis. *Mus. Lud. Ulr.* 25.*

Habitat in India, *horticolae statura.*

Leei. 427. Sc. scutellatus muticus caeruleus nitidissimus, capitis disco, thoracis fascia interrupta, elytrorumque vittis quatuor aureis. *Swederus nov. act. Stockh.* 8. 1787. 3. *n.* 3. 4.

Habitat in India, *facie sc. vitis, at duplo fere major.*

bivittatus. 428. Sc. flavus nitidissimus, capite thoraceque vittis duabus communibus, elytris striis plurimis abbreviatis viridibus. *Swederus nov. act. Stockh.* 8. 1787. 3. *n.* 3. 5.

Habitat in Brasilia, *fervidae facie, at paulo minor.*

†† *mandibula recta.*

a) *acuta*, Cetoniae.

Chrysis. 49. Sc. scutellatus muticus, sterno porrecto, scutello elytris dimidio breviore. *Mus. Lud. Ulr.* 21.*
Fabr. sp. ins. 1. *p.* 52. *n.* 10. *mant. ins.* 1. *p.* 28. *n.* 15. Cetonia scutello elytris dimidio breviore, sterno porrecto, corpore viridi.
Degeer ins. 4. *p.* 319. *n.* 12. *t.* 19. *f.* 4. Scarabaeus, scutello longissimo &c.
Gron. zooph. p. 428. *t.* 15. *f.* 8.
Sulz. hist. ins. t. 1. *f.* 10.
Voet coleoptr. t. 8. *f.* 63.
Habitat in America *magis australi, aurati colore et magnitudine.*

surinamus. 50. Sc. scutellatus muticus niger, thoracis incisurarumque marginibus flavis, sterno porrecto. *Amoen. ac.* 6. *p.* 391.*
Habitat Surinami.
Caput *linea flava*, abdominis *segmentum ultimum maculis* 3-4 *flavis pictum.*

nitidus. 51. Sc. scutellatus muticus thorace postice lobato, capite spina recumbente, sterno porrecto. *Mus. Lud. Ulr.* 26.*
Fabr. sp. ins. 1. *p.* 52. *n.* 9. *mant. ins.* 1. *p.* 28. *n.* 13. Cetonia thorace postice lobato, capite spina recumbente, sterno cornuto.
Degeer ins. 4. *p.* 321. *n.* 16. *t.* 19. *f.* 8. 9. Scarabaeus scutello minimo &c.
Gron. zooph. 455.
Drury ins. 1. *t.* 33. *f.* 5. 6.
Raes. ins. 2. *Scar.* 1. *t.* B. *f.* 4.
Voet coleoptr. t. 3. *f.* 23.
Habitat in America, *praesertim* Carolina.

Carmelita. 323. Sc. nigro-viridis, thorace elytrisque testaceis, ano albo bipunctato. *Fabr. mant. ins.* 1. *p.* 28. *n.* 14.
Habitat in Africa, *statura nitidi, capite nigro.*

quadripunctatus. 324. Sc. niger, ano bipunctato, pedibus rufis: tibiis posterioribus spinis annulatis. *Fabr. mant. ins.* 1. *p.* 27. *n.* 12.
Habitat in India, *antennis pedibusque ferrugineis.*

areatus. 325. Sc. niger pubescens, elytris disco rufo. *Fabr. sp. ins.* 1. *p.* 59. *n.* 49. *mant. ins.* 1. *p.* 31. *n.* 59.
Habitat in Virginia.

326. Sc.

cruenta-tus. 326. Sc. niger, elytris viridibus nitidis, thoracis margine anoque rufis. *Fabr. sp. inf.* 1. *p.* 59. *n.* 48. *mant. inf.* 1. *p.* 31. *n.* 58.
Habitat ad caput bonae spei.

acuminatus. 327. Sc. obscure aeneus pallido-maculatus, elytris acuminatis. *Fabr. sp. inf.* 1. *p.* 58. *n.* 47. *mant. inf.* 1. *p.* 31. *n.* 57.
Voet coleoptr. t. 4. *f.* 37.
Habitat ad caput bonae spei.

maculatus. 328. Sc. aeneus nitidus, thorace utrinque macula, elytris plurimum albis, sterno obtuso. *Fabr. sp. inf.* 1. *p.* 58. *n.* 46. *mant. inf.* 1. *p.* 31. *n.* 36.
Voet coleoptr. t. 1. *f.* 8. Antheus.
Habitat in Coromandel, *acuminati statura.*

stolatus. 329. Sc. viridi-fuscus, thorace margine punctisque, elytris fascia media maculisque niveis posterius acuminatis. *Fabr. sp. inf.* 1. *p.* 58. *n.* 45. *mant. inf.* 1. *p.* 31. *n.* 55.
Habitat in nova Hollandia.

philippensis. 330. Sc. aeneus nitidus, thorace margine punctisque duobus albis, elytris maculatis acuminatis. *Fabr. sp. inf.* 1. *p.* 58. *n.* 44. *mant. inf.* 1. *p.* 30. *n.* 54.
Habitat in insulis Philippinis.

aurichalceus. 331. Sc. aeneus opacus, elytris acuminatis albo-maculatis. *Fabr. sp. inf.* 1. *p.* 58. *n.* 43. *mant. inf.* 1. *p.* 30. *n.* 53.
Habitat prope Surate Indiae.

sordens. 332. Sc. nigro-aeneus, elytris lineis duabus elevatis alboque maculatis. *Fabr. sp. inf.* 1. *p.* 58. *n.* 42. *mant. inf.* 1 *p.* 30. *n.* 52.
Habitat in Brasilia.

tetradactylus. 333. Sc. scutellatus muticus niger, pedibus triunguiculatis, pollice fixo. *Mont. pl. p.* 530.
Fabr. sp. inf. 1. *p.* 58. *n.* 41. *mant. inf.* 1. *p.* 30. *n.* 51. Cetonia atra, scutello elytris dimidio breviore, pedibus triunguiculatis: pollice fixo.
Drury inf. 1. *t.* 33. *f.* 7.
Sloan. jam. 2. 237. *f.* 2.
Habitat in America *meridionali, insulisque oppositis.*

orichalcus. 88. Sc. scutellatus muticus aeneus glaber, subtus ferrugineo varius. *Syst. nat.* T. III. *app. p.* 224.
Habitat in India.

gagates. 334. Sc. ater nitidus, clypeo truncato reflexo, sterno obtuso. *Fabr. sp. ins.* 1. *p.* 57. *n.* 40. *mant. ins.* 1. *p.* 30. *n.* 50.
Forster cent. ins. 6. 6.
Habitat in Sierra Leona Africae.

Iris. 335. Sc. viridis nitidissimus fusco-micans immaculatus. *Fabr. spec. ins.* 1. *p.* 57. *n.* 39. *mant. ins.* 1. *p.* 30. *n.* 49.
Habitat Surinami, *fulgidi magnitudine, sterno porrecto.*

fulgidus. 336. Sc. aeneus nitidissimus, abdominis ultimo segmento prominente quadripunctato. *Fabr. sp. ins.* 1. *p.* 57. *n.* 38. *mant. ins.* 1. *p.* 30. *n.* 48.
Voet coleoptr. t. 3. *f.* 24?
Hospitatur in museo Ill. Banks.

tricolor. 337. Sc. viridi-aeneus hirtus, elytris testaceis: vitta media nigra suturaque aenea. *Fabr. sp. ins.* 1. *p.* 57. *n.* 37. *mant. ins.* 1. *p.* 30. *n.* 47.
Voet coleoptr. t. 7. *f.* 60.
Habitat in America.

quadricolor. 338. Sc. thorace nigro: margine rufo, elytris aeneo-nitidis: sutura nigra. *Fabr. sp. ins.* 1. *p.* 57. *n.* 36. *mant. ins.* 1. *p.* 30. *n.* 46.
Habitat in Africa.

africanus. 339. Sc. aeneus nitens, capitis spina incumbente, sterno porrecto, elytris punctis nigris striatis. *Fabr. sp. ins.* 1. *p.* 57. *n.* 35. *mant. ins.* 1. *p.* 30. *n.* 45.
Drury ins. 2. *t.* 30. *f.* 4.
Habitat in Sierra Leon Africae.

venereus. 340. Sc. cupreus nitidus, thorace scutello elytrisque viridibus. *Fabr. sp. ins.* 1. *p.* 57. *n.* 34. *mant. ins.* 1. *p.* 30. *n.* 44.
Herbst Arch. Ins. 7. *p.* 156. *n.* 10. Cetonia aeruginea.
Voet coleoptr. t. 4. *f.* 26.
Habitat in Jamaica.

aethiopicus. 341. Sc. viridis fulvo micans, elytris maculis duabus nigris, sterno obtuso. *Fabr. sp. ins.* 1. *p.* 56. *n.* 33. *mant. ins.* 1. *p.* 30. *n.* 43.
Habitat in Africa *aequinoctiali.*

342. Sc.

elegans. 342. Sc. viridis nitidissimus, elytrorum sutura punctoque apicis atris. *Fabr. sp. inf.* 1. *p.* 56. *n.* 32. *mant. inf.* 1. *p.* 30. *n.* 42.
Habitat in Coromandel, *aurati magnitudine.*

speciosissimus. 343. Sc. scutellatus aurato-viridis, punctulatus laevis, tibiis interno latere rufo-ciliatis: posterioribus edentatis bispinosis. *Scop. delic. insubr. p.* 48. *t.* 21. *f.* A. a. b.
Habitat - - - Eremita major, aurato affinis, at corpore utrinque splendidissimo, thoracis foveis nullis, abdomine posterius non punctato, ejusque segmento primo absque lateribus unidentatis distinctus.

coruscans. 344. Sc. cyaneus, thoracis margine elytrisque testaceis. *Fabr. sp. inf.* 1. *p.* 56. *n.* 31. *mant. inf.* 1. *p.* 30. *n.* 41.
Voet coleoptr. t. 8. *f.* 62.
Habitat in India.

limbatus. 345. Sc. niger, thoracis margine ferrugineo. *Fabr. sp. inf.* 1. *p.* 56. *n.* 30. *mant. inf.* 1. *p.* 30. *n.* 40.
Habitat in Aegypto.

fuliginosus. 346. Sc. scutellatus niger, supra opacus, subtus nitens, segmento femorali in dentem exeunte. *Scop. delic. insubr.* 1. *p.* 51. *t.* 21. *f.* D. b.
Habitat Paviae *in hortis, campis, frequens in floribus onopordi acanthii, statura nobilem simulans.*

quinquelineatus. 347. Sc. niger, thorace quinquelineato, elytris albo maculatis, clypeo reflexo spinaque incumbente. *Fabr. sp. inf.* 1. *p.* 56. *n.* 29. *mant. inf.* 1. *p.* 30. *n.* 39.
Hospitatur in museo Ill. Banks.

semipunctatus. 348. Sc. viridis nitidus, thorace quadrilineato, elytris basi lineatis, apice punctatis. *Fabr. mant. inf.* 1. *p.* 29. *n.* 38.
Habitat - - - mediae magnitudinis, subtus albo villosus.

trilineatus. 349. Sc. niger, thorace lineis tribus, elytris fascia flexuosa scutelloque albis. *Fabr. sp. inf.* 1. *p.* 56. *n.* 28. *mant. inf.* 1. *p.* 29. *n.* 37.
Habitat ad caput bonae spei.

pictus. 350. Sc. niger, thorace quinquelineato, elytris acuminatis albo maculatis. *Fabr. sp. inf.* 1. *p.* 56. *n.* 27. *mant. inf.* 1. *p.* 29. *n.* 36.
Habitat in Oriente.

olivaceus. 351. Sc. testaceus, thorace lineis punctisque duobus, elytris maculis quatuor transversis nigris. *Fabr. sp. ins.* 1. *p.* 55. *n.* 26. *mant. ins.* 1. *p.* 29. *n.* 35.
Habitat in Sierra Leona Africae.

thoracicus. 352. Sc. niger, thorace ferrugineo, elytris nigris subpurpurascentibus. *Fabr. sp. ins.* 1. *p.* 55. *n.* 25. *mant. ins.* 1. *p.* 29. *n.* 34.
Habitat Alexandriae *in* Aegypto.

alexandrinus. 353. Sc. niger, thoracis margine elytrisque testaceis, elytris sutura fasciaque dentata nigris. *Fabr. sp. ins.* 1. *p.* 55. *n.* 24. *mant. ins.* 1. *p.* 29. *n.* 33.
Habitat Alexandriae *in* Aegypto.

sinuosus. 354. Sc. fusco-viridis, thorace elytrisque margine punctisque duobus flavis. *Fabr. sp. ins.* 1. *p.* 55. *n.* 23. *mant. ins.* 1. *p.* 29. *n.* 32.
Degeer ins. 7. *p.* 639. *n.* 38. *t.* 47. *f.* 20. Scarabaeus punctato-marginatus.
Habitat ad caput bonae spei.

Ephippium. 355. Sc. niger, thoracis margine lineaque dorsali, elytris macula difformi ferrugineis. *Fabr. mant. ins.* 1. *p.* 29. *n.* 31.
Voet coleoptr. t. 9. *f.* 81.
Habitat in India, *lineolae statura et magnitudine.*

lineola. 53. Sc. muticus niger, lineola flava a capite ad scutellum ducta. *Fabr. sp. ins.* 1. *p.* 55. *n.* 22. *mant. ins.* 1. *p.* 29. *n.* 30.
Degeer ins. 4. *p.* 320. *n.* 13. *t.* 13. *f.* 5. Scarabaeus scutellatus niger nitidus flavo-maculatus &c.
Roes. ins. 2. *Scar.* 1. *t.* B. *f.* 7.
Voet coleoptr. t. 9. *f.* 81.
Habitat in America, *stercorario minor.*

stictícus. 54. Sc. scutellatus muticus niger glaber, punctis albis sparsis, abdomine subtus punctis quatuor albis. *Herbst apud Fuessli Arch. Ins.* 4. *p.* 18. *n.* 5. *t.* 19. *f.* 27.
Fabr. sp. ins. 1. *p.* 59. *n.* 51. *mant. ins.* 1. *p.* 31. *n.* 61. Cetonia clypeo emarginato nigra albo-maculata, abdomine subtus punctis quatuor albis.
Geoffr. ins. par. 1. *p.* 79. *n.* 14. Scarabaeus nigro-caerulescens &c.
Raj. ins. p. 104. *n.* 8.
Habitat in Galliae *et* Calabriae *carduis.*

356. Sc.

funestus. 356. Sc. glaber niger, thorace elytrisque albo-punctatis. *Fabr. mant. inf.* 1. *p.* 31. *n.* 62. *Scop. ent. carn.* 7.
Habitat in Carniola *et* Italia, *mediae magnitudinis.*

thebanus. 357. Sc. niger, thorace rufo nigro maculato, elytris nigris albo punctatis, dorso rufo. *Fabr. sp. inf.* 1. *p.* 59. *n.* 52. *mant. inf.* 1. *p.* 31. *n.* 64. *Herbst Beschr. der berl. Naturf. Fr.* 4. *t.* 1. *f.* 8. *et apud Fuessli Arch. Inf.* 4. *p.* 18. *n.* 6. *t.* 19. *f.* 28.
Habitat in Aegypto.

floralis. 358. Sc. glaber niger, thoracis, elytrorum abdominisque margine albo. *Fabr. mant. inf.* 1. *p.* 31. *n.* 63.
Habitat in Africae *floribus compositis, satis magnus.*

lugubris. 359. Sc. glaber ater, elytris macula laterali anoque albis. *Fabr. sp. inf.* 1. *p.* 60. *n.* 53. *mant. inf.* 1. *p.* 31. *n.* 65.
Habitat ad caput bonae spei.

Histrio. 360. Sc. testaceus, capite, thoracis lineis duabus, elytrorum sutura maculisque tribus nigris. *Fabr. sp. inf.* 1. *p.* 60. *n.* 54. *mant. inf.* 1. *p.* 31. *n.* 66.
Habitat in Aegypto.

albellus. 361. Sc. ater, thorace, margine elytrisque maculis sparsis albis. *Fabr. sp. inf.* 1. *p.* 60. *n.* 55. *mant. inf.* 1. *p.* 31. *n.* 67. *Pall. it.* 1. *p.* 462. *n.* 17. *ic. inf. Ross.* 1. *p.* 17. *t.* A. *f.* 18.
Herbst apud Fuessli Arch. inf. 4. *p.* 18. *n.* 7. *t.* 19. *f.* 29.
Habitat Tranquebariae.

hottentottus. 362. Sc. ater glaber, elytris posterius punctis duobus albis. *Fabr. sp. inf.* 1. *p.* 60. *n.* 56. *mant. inf.* 1. *p.* 31. *n.* 68.
Habitat ad caput bonae spei.

cruentus. 363. Sc. ater glaber, thorace posterius maculis duabus elytrisque vitta sanguineis. *Fabr. mant. inf.* 1. *p.* 32. *n.* 69.
Hospitatur in museo Ill. Banks, *statura hottentotti.*

squalidus. 68. Sc. scutellatus muticus niger hirtus, thorace subcarinato. *Scop. ent. carn.* 13.
Voet coleoptr. t. 4. *f.* 33.
Habitat in Germania, *hirtello simillimus, an varietas?*

hirtellus. 69. Sc. scutellatus muticus hirtus testaceo-nigricans, elytris pallido-maculatis.

Fabr.

Fabr. sp. inf. 1. *p.* 59. *n.* 50. *mant. inf.* 1. *p.* 31. *n.* 60. Cetonia (hirta) nigricans hirta elytris pallido maculatis, thorace carinato.

Scop. ent. carn. 8. *Poda inf.* 21. Scarabaeus hirtus.

Voet coleoptr. t. 4. *f.* 34.

Habitat in Europa *magis australi, vere etiam frequens in omnibus desertis* Volgae *finitimis ad* Terek *usque, vitis ibi gemmas foliiferas et floriferas exedens, fasciata dimidio minor.*

afer. 364. Sc. viridis, thoracis elytrorumque margine ferrugineo. *Fabr. sp. inf.* 1. *p.* 55. *n.* 21. *mant. inf.* 1. *p.* 29. *n.* 29.

Habitat in Sierra Leon Africae.

marginatus. 365. Sc. glaber ater, thoracis elytrorumque marginibus rufis. *Fabr. sp. inf.* 1. *p.* 55. *n.* 20. *mant. inf.* 1. *p.* 29. *n.* 28.

Drury inf. 2. *t.* 32. *f.* 1.

Voet coleoptr. t. 1. *f.* 4.

insignitus. 366. Sc. thorace nigro: margine albo, elytris testaceis: sutura margineque nigris. *Fabr. sp. inf.* 1. *p.* 54. *n.* 19. *mant. inf.* 1. *p.* 29. *n.* 27.

Voet coleoptr. t. 2. *f.* 13.

Habitat ad caput bonae spei.

capensis. 73. Sc. scutellatus muticus rufus hirtus, adspersus punctis albis. *Mus. Lud. Ulr.* 30.*

Fabr. sp. inf. 1. *p.* 54. *n.* 18. *mant. inf.* 1. *p.* 28. *n.* 26. Cetonia hirta rufa albo-punctata.

Degeer inf. 7. *p.* 640. *n.* 40. *t.* 48. *f.* 2. Scarabaeus albopunctatus.

Petiv. gaz. t. 8. *f.* 6.

Roes. inf. 2. *scar.* 1. *t.* B. *f.* 6.

Drury inf. 1. *t.* 33. *f.* 3.

Voet coleoptr. t. 2. *f.* 11.

Habitat in Africa.

cafer. 367. Sc. viridis nitidus, thoracis margine elytrorumque maculis albis. *Fabr. sp. inf.* 1. *p.* 54. *n.* 17. *mant. inf.* 1. *p.* 28. *n.* 25.

Habitat ad caput bonae spei, *magnus, punctis inter oculos* 2 *albis.*

Eremita. 74. Sc. scutellatus aeneo-ater, thorace inaequali, thorace sulco longitudinali. *Scop. ent. carn.* 15. *Fabr. sp. inf.* 1. *p.* 53. *n.* 15. *mant. inf.* 1. *p.* 28. *n.* 23.

Degeer

Degeer inf. 4. *p.* 300. *n.* 28. *t.* 10. *f.* 22. Scarabaeus coriarius &c.
Voet coleoptr. t. 3. *f.* 21. Scarabaeus lugubris.
Roef. inf. 2. *Scar.* 1. *t.* 3. *f.* 8.
Bergftr. nomencl. 1. *t.* 10. *f.* 1.
Schaeff. ic. t. 26. *f.* 1.
Habitat in pyri, falicis *truncis putridis, recens corium rufficum olens.*

fafcicularis. 75. Sc. fcutellatus, thorace lineolis quatuor albis, elytris viridibus, abdominis incifuris barbatis. *Muf. Lud. Ulr.* 26.* *Fabr. fp. inf.* 1. *p.* 53. *n.* 16. *mant. inf.* 1. *p.* 28. *n.* 24.
Drury inf. 1. *t.* 33. *f.* 2.
Voet coleoptr. t. 3. *f.* 17.
Habitat ad caput bonae fpei, *fubtus lana belvola in fafciculos digefta veftitus.*

fmaragdinus. 368. Sc. ferrugineo-flavefcens, elytris virefcentibus, fterno cornuto. *Fabr. fp. inf.* 1. *p.* 53. *n.* 14. *mant. inf.* 1. *p.* 28. *n.* 22.
Habitat in America.

moeftus. 369. Sc. piceus, abdominis fegmentis margine albis, clypeo emarginato, fterno cornuto. *Fabr. fp. inf.* 1. *p.* 53. *n.* 13. *mant. inf.* 1. *p.* 28. *n.* 21.
Habitat in America *boreali.*

aterrimus. 370. Sc. niger obfcurus, elytris obfolete rufo-maculatis. *Fabr. fp. inf.* 2. *app. p.* 496. *mant. inf.* 1. *p.* 28. *n.* 19.
Habitat ad caput bonae fpei, *ftatura lanii.*

corniger. 371. Sc. niger obfcure immaculatus, thoracis margine anteriori fubcornuto. *Fabr. fp. inf.* 2. *app. p.* 496. *mant. inf.* 1. *p.* 28. *n.* 20.
Habitat ad caput bonae fpei, *ftatura aurati.*

ruber. 372. Sc. fcutellatus ruber, elytris nigro-maculatis. *Fabr. fp. inf.* 1. *p.* 53. *n.* 12. *mant. inf.* 1. *p.* 28. *n.* 18.
Roef. inf. 2. *Scar.* 1. *t.* B. *f.* 3.
Voet coleoptr. t. 2. *f.* 16.
Hofpitatur in mufeo Ill. Banks.

Lanius. 77. Sc. exfcutellatus muticus ruber, adfperfus punctis nigris. *Fabr. fp. inf.* 1. *p.* 52. *n.* 11. *mant. inf.* 1. *p.* 28. *n.* 17.
Sloan. jam. 2. *t.* 237. *f.* 7. 8.

Drury inf. I. *t.* 33. *f.* 8.
Voet coleoptr. t. 5. *f.* 44.
Habitat in America *meridionali.*

S. Francisci. 373. Sc. piceus, thoracis margine flavescente, sterno porrecto. *Fabr. mant. inf.* I. *p.* 28. *n.* 16.
Habitat in India, *statura chrysis.*

micans. 374. Sc. viridis nitens, clypeo porrecto recurvo bifido, tibiis anterioribus serratis. *Fabr. sp. inf.* I. *p.* 50. *n.* I. *mant. inf.* I. *p.* 26. *n.* I.
Drury inf. I. *t.* 32. *f.* 3.
Habitat in Sierra Leona Africae.

sinensis. 375. Sc. aeneus, clypeo emarginato subspinoso, thorace posterius lobato, elytris acuminatis. *Fabr. sp. inf.* I. *p.* 90. *n.* 2. *mant. inf.* I. *p.* 26. *n.* 2.
Forster cent. inf. 2. 2.
Voet coleoptr. t. 5. *f.* 40.
Habitat in Sina.

nigrita. 376. Sc. glaber ater, clypeo emarginato subspinoso, thorace posterius lobato. *Fabr. sp. inf.* I. *p.* 50. *n.* 3. *mant. inf.* I. *p.* 26. *n.* 3.
Hermann muf. p. 17. *n.* 257.
Petiv. gazoph. t. 28. *f.* 3.
Habitat in Zeylon.

auratus. 28. Sc. scutellatus auratus, segmento abdominis primo lateribus unidentato, clypeo planiusculo. *Fn. suec.* 400. *Scop. ent. carn.* 17.
Fabr. sp. inf. I. *p.* 50. *n.* 4. *mant. inf.* I. *p.* 26. *n.* 4. Cetonia aurata, segmento abdominis primo lateribus unidentato, elytris albo maculatis.
Geoffr. inf. par. I. *p.* 73. *n.* 5.
Hoeffn. pict. t. 6. *f.* prior.
Frisch inf. 12. 25. *t.* 3. *f.* I.
Raj. inf. p. 76. *n.* 7.
Roef. inf. 2. *scar.* I. *t.* 2. *f.* 8. 9.
Degeer inf. 4. *p.* 279. *n.* 25. *t.* 11. *f.* I. Scarabaeus Smaragdus.
Bergstr. nomencl. I. 14. *n.* 5. 6. 7. *t.* 2. *f.* 5. 6. 7.
Schaeff. icon. t. 26. *f.* 2. 3. 7. *et t.* 50. *f.* 8. 9.
Voet coleoptr. t. I. *f.* I. 2. 3.
Drury inf. I. *t.* 33. *f.* I.

Pet.

Pet. gaz. t. 23. f. 12.
Worm muſ. 342.
Ammir. inſ. t. 12.
Habitat, magnitudine et colore varius, in Europa, *larva in lignis putreſcentibus, et formicarum acervis, imago in floribus, praeſertim paeoniae, ſorbi aucupariae, tacta per anum ejicit liquorem foetidiſſimum.*
Sternum *porrectum;* pectoris *latera poſterius in dentem terminata.*

Morio. 377. Sc. niger obſcurus, corpore ſubtus nitidiore. *Fabr. ſp. inſ.* 1. *p.* 51. *n.* 5. *mant. inſ.* 1. *p.* 27. *n.* 6.
Voet coleoptr. t. 2. *f.* 14.
Habitat in Europa *auſtrali, aurato proxime affinis.*

opacus. 378. Sc. obſcure viridis opacus, capitis clypeo reflexo. *Fabr. mant. inſ.* 1. *p.* 27. *n.* 5.
Habitat in Africae *floribus compoſitis, aurati magnitudine et ſtatura.*

erythropus. 379. Sc. niger, capitis clypeo porrecto baſi utrinque ſinuato, thoracis limbo elytrorumque margine cinereis. *Fabr. mant.* 1. *p.* 27. *n.* 7.
Habitat ad caput bonae ſpei, *morionis ſtatura et magnitudine.*

variabilis. 79. Sc. ſcutellatus laevis opacus ater, elytris albo-punctatis. *Fn. ſuec.* 402.*
Fabr. mant. 1. *p.* 27. *n.* 11. Cetonia (octopunctata) nigra, thorace punctis quatuor albis.
Degeer inſ. 4. *p.* 301. *n.* 29. *t.* 10. *f.* 22. Scarabaeus albopunctatus.
Schaeff. ic. t. 198. *f.* 8.
Voet coleoptr. t. 5. *f.* 42.
Habitat in Germaniae *et* Sibiriae *quercubus, colore rubro et aureo varians; mas quintuplo minor.*

aeruginoſus. 80. Sc. ſcutellatus auratus ſupra viridis. *Gron. muſ.* 424. *t.* 15. *f.* 7.
Habitat in regno Tunetano *et* Calabriae *lentiſco, ſtatura aurati.*

cordatus. 380. Sc. niger, thorace utrinque puncto baſeos elytrisque duobus flavis. *Fabr. mant.* 1. *p.* 27. *n.* 10.
Fabr. ſp. inſ. 1. *p.* 51. *n.* 7. Cetonia octopunctata.
Habitat - - -

Lundii. 381. Sc. ater nitidus, capitis clypeo cordato. *Fabr. mant.* 1. *p.* 27. *n.* 9.
Habitat ad caput bonae ſpei.

nobilis. 81. Sc. ſcutellatus laevis auratus, abdomine poſterius albo-punctato. *Fn. ſuec.* 401.* *Scop. ent. carn.* 18.
Fabr. ſp. inſ. 1. *p.* 51. *n.* 6. Cetonia aurata, abdomine poſtice albo-punctato, elytris rugoſis.
Fabr. mant. 1. *p.* 27. *n.* 8. Cetonia cuſpidata.
Udm. diſſ. 1. Scarabaeus viridi aeneus, thorace ſulcato, elytris rugoſis.
Degeer inſ. 4. *p.* 297. *n.* 26. Scarabaeus viridulus &c.
Geoffr. inſ. par. 1. *p.* 73. *n.* 6.
Roeſ. inſ. 2. *ſcar.* 1. *t.* 3. *f.* 1-5.
Schaeff. icon. t. 66. *f.* 5.
Voet. coleoptr. t. 4. *f.* 28.
Habitat in Europa, *larva (griſea, capite ſanguineo, pedibus flaveſcentibus,) in ligno putreſcente, imago in floribus praeſertim umbellatarum.*

aeneus. 82. Sc. ſcutellatus oblongus cyaneus glaber, abdomine teſtaceo, capitis apice tridentato. *Muſ. Lud. Ulr.* 29.*
Habitat - - - brunni magnitudine, ſubtus pubeſcens.

caeruleus. 382. Sc. glaberrimus glaucus, elytris chalybeis punctato-ſtriatis, maculis quinque albis. *Herbſt apud Fueſſli Arch. Inſ.* 4. *p.* 19. *n.* 8. *t.* 19. *f.* 30.
Habitat in India.

metallicus. 383. Sc. viridis auratus, ſubtus violaceus, annulis abdominis quatuor macula alba notatis. *Herbſt apud Fueſſli n. ent. Mag.* 1. *p.* 314.
Habitat in Europa.

bimucronatus. 384. Sc. teſtaceus, tibiis anterioribus majoribus barbatis, clypeo utrinque mucronato, villis fimbriato. *Pall. ic. inſ. Roſſ.* 1. *p.* 13. *n.* 13. *t.* A. *f.* 13.
Habitat in Amboina, *habitu longimani, eremita duplo major.*

aureolus. 385. Sc. depreſſo-ſubangulatus, polline aureolus, thorace elytrisque nigro-punctatis. *Pall. ic. inſ. Roſſ.* 1. *p.* 18. *t.* A. *f.* 20.
Habitat in Dauria, *Junio in rheo compacto florente frequens, farinoſo affinis, an hujus tribus?*

386. Sc.

glaucus. 386. Sc. cylindraceus, totus testaceus glaber, commissura thoracis pallido-villosa, abdomine glauco. *Pall. ic. inf. Roff.* 1. *p.* 19. *t.* B. *f.* A. 22.
Habitat in sabuletis Anketeri *inter* Cumam *et* Caucasum, *vere frequens fullonis magnitudine.*

sanguinolentus. 387. Sc. depresso-angulatus niger, thorace supra elytrisque disco rubris, punctis elytrorum abdominisque crebris albis. *Pall. ic. inf. Roff.* 1. *p.* 21. *t.* B. *f.* A. 24.
Habitat in America *boreali, stiktici forma et magnitudine.*

pulcher. 429. Sc. thorace elytrisque pulchre variegatis laevibus, capite nigro: spina incumbente. *Swederus nov. act. Stockh.* 8. 1787. 3. *n.* 3. 6.
Habitat in insula Tobago, *marginati facie et magnitudine, subtus totus, antennis pedibusque ater.*

trivittatus. 430. Sc. thorace vittis tribus albidis, elytris flavo-testaceis: sutura limboque nigro, hoc albo maculato. *Swederus nov. act. Stockh.* 8. 1787. 3. *n.* 3. 7.
Habitat in Sierra Leon Africae, *aurato paulo minor, et magis depressus.*

subfasciatus. 431. Sc. scutellatus muticus niger opacus, elytris fasciis quatuor lateralibus abbreviatis fulvis: posteriori maxima. *Swederus nov. act. Stockh.* 8. 1787. 3. *n.* 3. 8.
Habitat ad caput bonae spei, *aurato paulo minor et magis depressus.*

scabriusculus. 432. Sc. aureo-niger, elytris anterius glabris posterius scabriusculis: linea elevata glabra abdomine utrinque albomaculato. *Swederus nov. act. Stockh.* 8. 1787. 3. *n.* 3. 9.
Habitat - - - aurati facie, at paulo major.

b) *mandibula obtusa*, Trichii.

fasciatus. 70. Sc. scutellatus niger tomentoso-flavus, elytris fasciis duabus luteis coadunatis. *Fn. suec.* 395.* *Scop. ent. carn.* 5. *Fabr. sp. inf.* 1. *p.* 48. *n.* 1. *mant. inf.* 1. *p.* 25. *n.* 1. Trichius niger tomentoso flavus, elytris fasciis tribus nigris abbreviatis.
Mouff. inf. 161. *f.* 6.
Geoffr. inf. par. 1. *p.* 80. *n.* 16.
Gunner act. Nidrof. 4. *t.* 16. *f.* 2.
Schaeff. ic. t. 1. *f.* 4.

Degeer inf. 4. *t.* 10. *f.* 19.
Drury inf. 1. *t.* 36. *f.* 2.
Voet coleoptr. t. 5. *f.* 43.
Habitat in Europae *borealis, etiam* Calabriae *ulterioris floribus syringae, filipendulae, umbellatarum.*

succinctus. 388. Sc. niger tomentoso cinereus; elytris nigris: fasciis duabus flavis. *Fabr. mant.* 1. *p.* 25. *n.* 2. *Pall. ic. inf. Ross.* 1. *t.* A. *f.* 19.
Habitat in Germania, *statura fasciati, at duplo minor.*

indus. 71. Sc. scutellatus thorace hirsuto, elytris lividis fusco-punctatis. *Muf. Lud. Ulr.* 27.* *Fabr. sp. inf.* 1. *p.* 48. *n.* 2. *mant. inf.* 1. *p.* 25. *n.* 3.
Habitat in India, *statura fasciati, cetoniis affinis.*

punctulatus. 389. Sc. capite thoraceque viridi-aeneis glabris, elytris testaceis, abdominis ultimo segmento prominente bipunctato. *Fabr. mant.* 1. *p.* 25. *n.* 4.
Hospitatur in museo Ill. Banks.

bibens. 390. Sc. capite et thorace viridi-aeneis pilosis, elytris testaceis viridi nitentibus. *Fabr. sp. inf.* 1. *p.* 48. *n.* 3. *mant. inf.* 1. *p.* 26. *n.* 5.
Habitat in America.

hemipterus. 63. Sc. scutellatus thorace tomentoso rugis duabus longitudinalibus marginato, elytris abbreviatis. *Fabr. sp. inf.* 1. *p.* 48. *n.* 4. *mant. inf.* 1. *p.* 26. *n.* 6.
Scop. ent. carn. 28. Scarabaeus variegatus.
Geoffr. inf. par. 1. *p.* 78. *n.* 17.
Bergstr. nomencl. 1. *t.* 11. *f.* 7.
Voet coleoptr. t. 10. *f.* 88-90.
Habitat in Europa, *larva in ligno, imago in floribus, femina aculeo ani rigido brevi munita.*

lunulatus. 391. Sc. glaber cyaneus, elytris lunulis duabus albis. *Fabr. sp. inf.* 1. *p.* 49. *n.* 5. *mant. inf.* 1. *p.* 26. *n.* 7.
Habitat in Carolina.

virens. 392. Sc. viridis pubescens, ano albo bimaculato. *Fabr. sp. inf.* 1. *p.* 49. *n.* 6. *mant. inf.* 1. *p.* 26. *n.* 8.
Habitat in India.

393. Sc.

piger. 393. Sc. capite thoraceque aeneis villosis, elytris testaceis albo maculatis. *Fabr. sp. inf.* 1. *p.* 49. *n.* 7. *mant. inf.* 1. *p.* 26. *n.* 9.

Habitat in America *boreali.*

Delta. 394. Sc. thorace nigro: triangulo albo, elytris testaceis: puncto fusco. *Fabr. sp. inf.* 1. *p.* 49. *n.* 8. *mant. inf.* 1. *p.* 26. *n.* 10.

Forster cent. inf. 1. *p.* 7. *n.* 7. Scarabaeus scutellatus muticus flavus thorace atro: triangulo flavo, elytris testaceo-flavis nigro-maculatis.

Drury inf. 2. *t.* 30. *f.* 1. 2.

Habitat in Americae *floribus.*

fulvus. 395. Sc. pubescens, thorace fulvo nigro-lineato, elytris testaceis: sutura fulva. *Fabr. sp. inf.* 1. *p.* 49. *n.* 9. *mant. inf.* 1. *p.* 26. *n.* 11.

Habitat ad caput bonae spei.

nigripes. 396. Sc. hirtus fuscus, elytris subtestaceis. *Fabr. sp. inf.* 1. *p.* 49. *n.* 10. *mant. inf.* 1. *p.* 26. *n.* 12.

Habitat ad caput bonae spei, *statura fulvi.*

naevius. 397. Sc. supra glaber cinereo-maculatus; capite thoraceque nigris, elytris piceis. *Fabr. sp. inf.* 1. *p.* 49. *n.* 11. *mant. inf.* 1. *p.* 26. *n.* 13.

Habitat ad caput bonae spei, *statura nigripedis.*

carbonarius. 423. Sc. hirsutus totus niger, clypeo angusto apice bifido. *Muf. Lesk. p.* 4. *n.* 75.

Habitat extra Europam.

unguiculatus. 424. Sc. griseus tomentosus, thorace fusco, clypeo apice angusto sulcato bifido, elytris rufis margine nigris pilosis, pedibus posterioribus elongatis unguiculatis. *Muf. Lesk. p.* 4. *n.* 76.

Habitat extra Europam.

** *palpis capitatis,* Trox.

sabulosus. 48. Sc. scutellatus niger opacus, tuberculis rugosis, antennis basi pilosis. *Fn. suec.* 390.*

Fabr. sp. inf. 1. *p.* 34. *n.* 1. *mant. inf.* 1. *p.* 18. *n.* 1. Trox thorace elytrisque rugosis, thorace integerrimo.

Scop. ent. carn. 23. Scarabaeus rugosus.
Degeer inf. 4. *t.* 10. *f.* 12.
Habitat in Europae *collibus sabulosis apricis.*

arenosus. 398. Sc. thorace subcanaliculato, elytris striatis, corpore obscuro. *Fabr. mant. inf.* 1. *p.* 18. *n.* 2.
Habitat Halae Saxonum, *staturn sabulosi, at duplo minor, fuscus.*

suberosus. 399. Sc. griseus, thorace marginato: margine posteriori dentato, elytris striatis. *Fabr. sp. inf.* 1. *p.* 34. *n.* 2. *mant. inf.* 1. *p.* 18. *n.* 3.
Habitat in Brasilia.

horridus. 400. Sc. ater, thorace elytrisque spinosis. *Fabr. sp. inf.* 1. *p.* 34. *n.* 3. *mant. inf.* 1. *p.* 18. *n.* 4.
Pall. ic. inf. Ross. 1. *p.* 10. *t.* A. *f.* 10. Scarabaeus pectinatus.
Habitat in India.

silphoides. 401. Sc. niger, thorace marginato inaequali, elytris striatis spinosis. *Fabr. sp. inf.* 2. *app. p.* 496. *mant. inf.* 1. *p.* 18. *n.* 5.
Habitat ad caput bonae spei, *statura horridi.*

spinicornis. 402. Sc. nigricans, thorace posterius utrinque emarginato, antennis spinosis. *Fabr. sp. inf.* 1. *p.* 35. *n.* 4. *mant. inf.* 1. *p.* 18. *n.* 6.
Habitat - - -

tenebrioides. 403. Sc. ovatus piceus glaber, punctato-scaber, clypeo margine ciliosio: *Pall. ic. inf. Ross.* 1. *p.* 9. A. 8. *t.* A. *f.* 9.
Habitat in Dauuriae *campis glareosis aridis, inter* Ononem *et* Argunum *positis, Majo primo veris calore obvius, interdiu humi immobilis.*

morticinii. 404. Sc. silphoides, clypeo inaequali ciliato, elytris striatis convexe punctatis hispidulis. *Pall. ic. inf. Ross.* 1. *p.* 11. *t.* A. *f.* 11.
Habitat in Tatariae *desertis aridissimis, ad fluvios* Ural *et* Irtin, *sub cadaveribus aestivo calore exsiccatis frequens, ani ad elytra attritu stridens, ut sabulosus, niger, opacus, fossoris magnitudine.*

quadriguttatus. 410. Sc. testaceus, capite thoraceque aeneo nitidulis, abdominis ultimo segmento prominulo bipunctato. *Fabr. mant. inf.* 2. *app. p.* 377.
Habitat in Sina, *statura melolonthae.*

425. Sc.

miliarius. 425. Sc. elevato-punctatus niger, thoracis dorso sulcato, elytris abdomen superantibus decussato striatis. *Mus. Lesk. p.* 3. *n.* 54.

Habitat extra Europam, *elytris striarum punctatarum ordinibus novem capitis punctis elevatis sex.*

coracinus. 426. Sc. niger, frontis tuberculis duobus, thorace tuberculato, elytris abdomen superantibus punctorum elevatorum ordinibus novem. *Mus. Lesk. p.* 3. *n.* 55.

Habitat extra Europam.

longipes. 433. Sc. scutellatus muticus, capite thoraceque nigro, elytris pallide testaceis: lunula communi nigra, pedibus posterioribus longissimis. *Swederus nov. act. Stockh.* 8. 1787. 3. *n.* 3. 10.

Habitat ad caput bonae spei, *magnitudine horticolae, at supra magis depressus.*

*** *palpis cylindricis, antennarum clava tunicata,* Lathrus.

cephalotes. 405. Sc. clypeo emarginato-bilobo. *Pall. it.* 1. *app. p.* 461. *n.* 23.

Laxmann nov. comm. Petrop. 14. *p.* 59. *n.* 4. *t.* 24. *f.* 1.
Pall. ic. inf. Ross. 1. *t.* A. *f.* 1. Lucanus apterus.
Acharius nov. act. Stockh. 1781. *p.* 246. *t.* 5. *f.* 3-12. Bulbocerus cephalotes.
Scop. introd. in hist. nat. p. 439. *Fabr. mant. inf.* 1. *p.* 2. Lathrus.

Habitat in Tatariae, Rossiae, Hungariae *desertis aridis sub terra, monogamus, laevis, niger, subopacus, subrotundus thorace convexo marginato, elytris coalitis, vix thoracis longitudinem superantibus, pedibus fossoriis, mandibula adunco-falcata intus denticula, medius inter scarabaeos et lucanos.*

hemisphaericus. 406. Sc. hemisphaericus, clypeo anterius obtuse bidentato. *Pall. ic. inf. Ross.* 1. *p.* 20. A. 23. *t.* B. *f.* A. 23.

Habitat - - - sacro major, cephalotae perquam affinis, an specie distinctus?

190. LUCANUS. *Antennae* clavatae: clava co
pressa, latere latiore, pectin
tofissili.

Maxillae porrectae, exserta
dentatae.

Penicilli duo sub labio palpige

Alces. 8. L. mandibulis exsertis apice quadridentatis. *Fabr. sp. inf. p.* 1. *n.* 1. *mant. inf.* 1. *p.* 1. *n.* 1.
Petiv. gazoph. t. 47. *f.* 15.
Habitat in Asia.

Cervus. 1. L. scutellatus: maxillis exsertis apice bifurcatis latere unide tatis. *Fn. suec.* 405. *Scop. ent. carn.* 1.
Fn. suec. 1. *n.* 377. Scarabaeus cornibus duobus mobilib aequalibus apice bifurcatis: introrsum ramis denticulisq instructis.
Fabr. sp. inf. 1. *p.* 1. *n.* 2. *mant. inf.* 1. *p.* 1. *n.* 2. Lucan mandibulis exsertis unidentatis apice bifurcatis, labio d flexo: ruga transversali elevata.
Geoffr. inf. 1. *p.* 61. *n.* 1. *t.* 1. *f.* 1. Platycerus fuscus &
Mouff. inf. 148. Cervus volans.
Raj. inf. p. 74. *n.* 2. Scarabaeus maximus platyceros &c.
Olear. muf. t. 16. *f.* 5. Taurus volans.
Aldrov. inf. 151. *f.* 1.
Hoeffn. pict. t. 6.
Worm. muf. 242.
Jonst. inf. t. 14. *f.* 1. 2.
Merian. eur. t. 168.
Imperat. nat. 924. *f.* 3.
Roef. inf. 2. *Scar.* 1. *t.* 4. 5.
Bergstr. nomencl. 1. *p.* 18. *n.* 1-3. *t.* 3. *f.* 1-3. *et t.* 4. *f.* 1
Sulz. inf. t. 1. *f.* 4.
Degeer inf. 4. *t.* 12. *f.* 1.
Schaeff. ic. t. 133. *f.* 1.
Voet coleoptr. t. 29. *f.* 1. 3.
Schluga t. 1. *f.* 1.
b) Scarabaeus maxillis lunatis prominentibus dentatis, thorac inermi. *Fn. suec.* 338. (femina).
Geoffr. inf. par. 1. *p.* 60. *n.* 2. Platycerus fuscus, elytri laevibus, capite laevi.
O. F. Müller prodr. zool. dan. p. 444. Lucanus Dorcas.

Imper.

Imper. nat. 925. *f.* 1. 2.
Gron. zooph. 446.
Roes. inf. 2. *Scar.* 1. *t.* 5. *f.* 8.
Schaeff. elem. t. 9. *f.* 1.
Bergstr. nomencl. 1. *p.* 25. *n.* 2. 3. *t.* 4. *f.* 2. 3.
Voet coleoptr. t. 29. *f.* 2. 4.
Habitat in Europae *et* Sibiriae *ligno quercino putrescente, femina minor, larva obesa albida, capite pedibusque ferrugineis, a* Roeselio *pro crasso veterum habita.*

Elaphus. 9. L. mandibulis exsertis unidentatis apice bifurcatis, labio deflexo conico. *Fabr. sp. inf.* 1. *p.* 2. *n.* 3. *mant. inf.* 1. *p.* 1. *n.* 3.
Voet coleoptr. t. 30. *f.* 5.
Habitat in Virginia, *femina minor, mandibulis haud exsertis.*

Capreolus. 2. L. scutellatus, maxillis exsertis, apice tantum furcatis. *Amoen. acad.* 6. *p.* 391. *n.* 4.* *Mus. Lud. Ulr.* 30.*
Fabr. sp. inf. 1. *p.* 2. *n.* 4. *mant. inf.* 1. *p.* 1. *n.* 4. Lucanus mandibulis exsertis apice tantum bifurcatis, labio ruga transversa elevata interrupta.
Degeer inf. 4. *t.* 19. *f.* 11. 12.
Merian. Europ. 168.
β) Lucanus platyceros. *Scriba Schr. der berl. Naturf.* 7. *p.* 728.
Geoffr. inf. paris. 1. *p.* 63. *n.* 5.
Habitat in America *boreali*, Alsatia, Calabria, *cervo dimidio minor.*

Dania. 10. L. mandibulis exsertis intus bidentatis longitudine capitis. *Fabr. sp. inf.* 1. *p.* 2. *n.* 5. *mant. inf.* 1. *p.* 1. *n.* 5.
Mus. Lud. Ulr. 30. Lucanus Capreolus β.
Habitat in Virginia.

Gazella. 11. L. mandibulis intus bidentatis, ater, elytrorum margine exteriori testaceo. *Fabr. mant.* 1. *p.* 1. *n.* 6.
Habitat in Siam, *damae magnitudine.*

tridentatus. 3. L. maxillosus depressus niger, thorace utrinque tridentato. *Fn. suec.* 406. *It. oel.* 152.* *Bonsdorf nov. act. Stockh.* 1785. 3. *n.* 10. *p.* 216.
Habitat in Oelandia, *thorace trilobato; an cervi potius mera varietas minor?*

4. L.

interruptus. 4. L. exscutellatus, antennis arcuatis, corpore oblongo presso, vertice spina recumbente, thorace abdomine remotis. *Mus. Lud. Ulr.* 33.* *Mus. Ad. Fr.* 82. *Gr zooph.* 447. *Fabr. sp. inf.* 1. *p.* 3. *n.* 7. *mant. inf.* 1. *p. n.* 8.
Brown jam. 429. *t.* 44. *f.* 7. Dermestes.
Merian. surin. t. 50.
Petiv. gaz. t. 27. *f.* 7.
Sulz. hist. inf. t. 2. *f.* 2.
Degeer inf. 4. *t.* 19. *f.* 13.
Voet coleoptr. t. 29. *f.* 1.
Habitat in America, *sub sacharo putrescente, scarabaeo t go proxime affinis; mas major spina capitis incumbe mandibulis truncato-tridentatis, elytrorumque sulcis teralibus punctatis, femina spina capitis elevata, arcua mandibulis acuto-tridentatis, elytrorumque sulcis om bus laevibus distincta.*

carinatus. 5. L. depressus, thorace mutico capite breviore: angulis posterioribus excavatis. *Mus. Lud. Ulr.* 34.*
Habitat in India, *abdomine brevissimo, pectore posterius angulum acutum terminato.*

parallelepipedus. 6. L. scutellatus depressus niger, maxillis dente laterali elevat *Fabr. sp. inf.* 1. *p.* 2. *n.* 6. *mant. inf.* 1. *p.* 1. *n.* 7. *Po topp. atl. dan.* 1. *p.* 666. *t.* 29. *f.* 1.
Geoffr. inf. par. 1. *p.* 62. *n.* 3. Platyceros niger &c.
Voet coleoptr. t. 29. *f.* 7.
Bergstr. nomencl. 1. *t.* 1. *f.* 3. 4.
Degeer inf. 4. *t.* 12. *f.* 9.
Schaeff. elem. t. 101. *f.* 1.
icon. t. 63. *f.* 7.
Habitat in Calabriae, Galliae, Angliae, Germaniae, D niae, Sueciae, Sibiriae *silvis, cervo feminae similis,* 8ies *minor, niger, magis depressus; femina mare mino mandibulis minoribus, punctoque capitis duplici prom nente distincta.*

cancroides. 12. L. mandibulis incurvis: intus dente incrassato difform elytris puncto-subpubescentibus. *Fabr. mant. inf. p.* 2. *n.* 9.
Habitat in terra van Diemen, *virescente paulo major.*

virescens. 13. L. mandibulis tridentatis, corpore viridi-aeneo. *Fal sp. inf.* 1. *p.* 3. *n.* 8. *mant. inf.* 1. *p.* 2. *n.* 10.
Habitat in America.

14. L

tenebroides. 14. L. mandibulis lunatis unidentatis ater, thorace marginato, elytris substriatis. *Fabr. mant. inf.* 1. *p.* 2. *n.* 11.

Habitat in Novogorod *inferiori* Rossiae, *statura caraboidis, at paulo major, ater.*

caraboides. 7. L. scutellatus caerulescens, mandibulis lunatis, thorace marginato. *Fn. suec.* 407.* *Scop. ent. carn.* 2. *Fabr. sp. inf.* 1. *p.* 3. *n.* 9. *mant. inf.* 1. *p.* 2. *n.* 12.

Udm. diss. n. 40. Carabaeus caerulescens.

Geoffr. inf. par. 1. *p.* 63. *n.* 4. Platyceros violaceo-caeruleus &c.

Schaeff. ic. t. 6. *f.* 8. *et t.* 75. *f.* 7. Platycerus.

Degeer inf. 4. *t.* 12. *f.* 11.

Voet coleoptr. t. 29. *f.* 8.

Habitat in Europae *locis suffocatis, varians colore viridi et caeruleo.*

piceus. 15. L. ater glaber striatus, antennis, abdomine et pedibus piceis. *Bonsdorf nov. act. Stockh.* 1785. 3. *n.* 10. *p.* 217. *t.* 8. *f.* a.

Habitat in Ostrogothiae *et* Westrogothiae *lapidosis, Junio frequens.*

capensis. 16. L. exscutellatus niger, elytrorum sulcis punctatis. *Thunberg nov. inf. spec.* 1. *p.* 5. *f.* 1.

Habitat ad caput bonae spei, *cylindricus, glaber, tenebrione fossore paulo major.*

Pilmus. 17. L. exscutellatus ater, corpore depresso, thorace striato. *Molin. hist. nat. Chil. p.* 184.

Habitat in provincia Chilensi Makle, *arvis legumine consitis infestus,* 8 *lineas longus; an hujus generis?*

Tarandus. 18. L. scutellatus ater glaberrimus, mandibulis exsertis apice tridentatis a latere interiori bidentatis. *Swederus nov. act. Stockh.* 8. 1787. 3. *n.* 3. 1. *t.* 8. *f.* 2.

Habitat in Sierra Leon Africae, *L. Cervo major.*

Antilope. 19. L. mandibulis exsertis a latere interiori bimarginatis: margine superiori bidentato, inferiori quinquedentato. *Swederus nov. act. Stockh.* 8. 1787. 3. *n.* 3. 2. *t.* 8. *f.* 3.

Habitat in Sierra Leon Africae, *brunneus, subglaber, magnitudine capreoli.*

Bubalus. 20. L. niger, mandibulis bifidis: altera parte porrecta, sul nata interius tridentata; altera majore deflexa arcuata tegra. *Smederus nov. act. Stockh.* 8. 1787. 3. *n.* 3. *t.* 8. *f.* 4.
Habitat in Georgia Americae, *caraboide duplo major.*

191. DERMESTES.

Antennae clavatae: clava p foliata: articulis tribus cı sioribus.

Thorax convexus, vix m ginatus.

Caput sub thorace inflexu condens.

* *maxilla bifida.*

lardarius. 1. D. niger, elytris anterius cinereis. *Fn. suec.* 408. *Geo inf. parif.* 1. *p.* 100. *n.* 5. *Scop. ent. carn.* 34. *Fabr. inf.* 1. *p.* 63. *n.* 1. *mant. inf.* 1. *p.* 34. *n.* 1.
Goed. inf. 2. *t.* 41.
Blank. inf. t. 11. *f.* K. L. M.
Raj. inf. p. 107. *n.* 4.
Mer. inf. 2. *t.* 33.
Frisch inf. 6. *t.* 9.
Degeer inf. 4. *p.* 192. *n.* 1. *t.* 7. *f.* 15.
Schaeff. elem. t. 7. *f.* 1. 2.
icon. t. 42. *f.* 3.
Habitat in Europa, *larva ovata cinerea hirsuta in anim bus diu asservatis, lardo, carnibus, repositoriis culina et museis libris potissimum corio suillo aut asinino a p non satis repurgato tectis infesta, imago, olea et ping dines aliis insectis lethalia appetens, scybala inter vor dum ex ano protrudit concatenata pendula; rarior elyt anterius ferrugineis conspicua.*

elongatus. 2. D. niger, elytris basi fasciaque posteriore lividis, anten pedibusque ferrugineis. *Fn. suec.* 409.*
Habitat in Europa, *fere filiformis.*

undatus. 3. D. oblongus niger, elytris fascia alba lineari duplici. *suec.* 410.* *Fabr. sp. inf.* 1. *p.* 64. *n.* 6. *mant. inf. p.* 34. *n.* 6.

Deg

Degeer ins. 4. *p.* 199. *n.* 5. Dermestes oblongus niger &c.
Schaeff. ic. t. 157. *f.* 7. a. b.
Habitat in Europae *putridis, suffocatis.*

pellio. 4. D. niger, coleopteris punctis albis binis. *Fn. suec.* 411.
Geoffr. ins. par. 1. *p.* 100. *n.* 4. *Scop. ent. carn.* 37.
Fabr. sp. ins. 1. *p.* 63. *n.* 5. *mant. ins.* 1. *p.* 34. *n.* 5. Dermestes niger, elytris puncto albo.
Degeer ins. 4. *p.* 197. *n.* 3. Dermestes bipunctatus.
Raj. ins. p. 85. *n.* 39.
Frisch ins. 5. *p.* 22. *t.* 8.
Schaeff. ic. t. 42. *f.* 4.
β) Dermestes minor non punctatus. *Mus. Lesk. p.* 5. *n.* 101.
Habitat in Europae *pellibus, lardo, aliis cibariis, libris vetustis.*
Larva *oblonga, pilosa, cauda setosa.*

macellarius. 5. D. niger glaber, pedibus piceis. *Fabr. sp. ins.* 1. *p.* 63. *n.* 4. *mant. ins.* 1. *p.* 34. *n.* 4.
Habitat in Germania, *lardario affinis.*

cadaverinus. 7. D. niger, ore ferrugineo. *Fabr. sp. ins.* 1. *p.* 63. *n.* 3. *mant. ins.* 1. *p.* 34. *n.* 3.
Habitat in insula S. Helenae.

carnivorus. 8. D. niger, elytris anterius testaceis, abdomine albo. *Fabr. sp. ins.* 1. *p.* 63. *n.* 2. *mant. ins.* 1. *p.* 34. *n.* 2.
Habitat in nova Hollandia *et* Seelandia.

trifasciatus. 9. D. ovatus niger, elytris fasciis tribus undatis cinereis. *Fabr. mant.* 1. *p.* 34. *n.* 7.
Geoffr. ins. par. 1. *p.* 112. *n.* 5. Byrrhus fuscus &c.
Habitat in Europa *magis australi, undati magnitudine et statura.*

20guttatus. 10. D. oblongus ater, punctis viginti albis. *Fabr. sp. ins.* 1. *p.* 64. *n.* 7. *mant.* 1. *p.* 34. *n.* 8.
Sulz. hist. ins. t. 2. *f.* 3.

bicolor. 11. D. oblongus niger subtus testaceus, elytris striatis. *Fabr. sp. ins.* 1. *p.* 64. *n.* 8. *mant. ins.* 1. *p.* 34. *n.* 9.
Habitat in Germania, *statura murini.*

12. D.

Dermestis *larvae exedunt et destruunt animalium cadavera, res culinares, pelles, libros;* apodes *lignum putrescens.*

domesticus. 12. D. niger, elytris griseis margine nigris, thorace vill
Fn. suec. 424.*
Geoffr. ins. par. 1. *p.* 111. *t.* 1. *f.* 6. Byrrhus.
Habitat in Europa, *thorace fere hemisphaerico.*

violaceus. 13. D. nigro-caerulescens, thorace villoso. *Fn. suec.* 4
Scop. carn. 51. *Fabr. sp. ins.* 1. *p.* 65. *n.* 13. *mant. in*
p. 35. *n.* 15.
Fn. suec. 373. Dermestes nigro-caeruleus.
Degeer ins. 5. *p.* 163. *n.* 4. *t.* 5. *f.* 13. Clerus caeruleu
Geoffr. ins. par. 1. *p.* 304. *n.* 2. Clerus nigro-caeruleu
Raj. ins. 100. Scarabaeus antennis clavatis 12.
Habitat in Europae *cadaveribus frequens, etiam in flor*

rufipes. 16. D. nigro-caerulescens, thorace villoso, pedibus r
Fabr. sp. ins. 1. *p.* 65. *n.* 14. *mant. ins.* 1. *p.* 35. *n.*
Thunb. nov. ins. spec. 1. *p.* 10. Anobium rufipes.
Habitat in Africa *aequinoctiali, an varietas violacei?*

ruficollis. 17. D. violaceus, thorace elytrorumque basi rufis. *Fab*
ins. 1. *p.* 65. *n.* 15. *mant. ins.* 1. *p.* 35. *n.* 17.
Thunb. nov. ins. sp. 1. *p.* 8. *f.* 7.
Habitat in Africa *et* India, *violacei magnitudine, totus hi*

caeruleus. 24. D. caeruleus hirtus linearis.
Thunb. nov. ins. sp. 1. *p.* 10. Anobium caeruleum.
Habitat ad caput bonae spei, *violaceo similis, at linea*

hirtus. 14. D. ater hirtus.
Fabr. sp. ins. 1. *p.* 82. *n.* 6. Hispa (hirta) antennis ser
atra hirta.
Fabr. mant. ins. 1. *p.* 94. *n.* 18. Lagria atra.
Habitat in Europa, *undati magnitudine, pilis nigris hi*

fenestralis. 15. D. castaneus, capite nigricante, thorace fusco. *Fn. s*
423.* *Fabr. sp. ins.* 1. *p.* 67. *n.* 24. *mant. ins.* 1. *p*
n. 29.
Degeer ins. 5. *p.* 197. *n.* 7. Ips spinosus &c.
Müll. prodr. zool. dan. p. 57. *n.* 505. Byrrhus fenestralis
Habitat in Europa *boreali, frequens in fenestris.*

vulpinus. 25. D. oblongus laevis niger, thoracis lateribus cinereo-vil
subtus albidus. *Fabr. sp. ins.* 1. *p.* 64. *n.* 9. *mant. in*
p. 34. *n.* 10.
Habitat ad caput bonae spei, *carnivoro affinis et aequ*

28

felinus. 28. D. oblongus villosus cinereus immaculatus. *Fabr. mant. inf.* 1. *p.* 34. *n.* 11.
Habitat in terra van Diemen, *an satis a vulpino distinctus?*

murinus. 18. D. oblongus tomentosus nigro alboque nebulosus, abdomine niveo. *Fabr. sp. inf.* 1. *p.* 64. *n.* 10. *mant. inf.* 1. *p.* 35. *n.* 12.
Syst. nat. XII. 2. *p.* 563. *n.* 18. *Fn. suec.* 426.* *Scop. ent. carn.* 35. *Geoffr. inf. par.* 1. *p.* 102. *n.* 7. Dermestes tomentosus oblongus fusco cinereoque nebulosus, scutello luteo.
Degeer inf. 4. *p.* 197. *n.* 2. Dermestes nebulosus &c.
Frisch inf. 4. *p.* 34. *t.* 18.
Schaeff. ic. t. 42. *f.* 1. 2.
Voet coleoptr. t. 31. *f.* 11.
Habitat in Europae *cadaveribus frequens.*
Larva *oblonga brunnea, ore atro.*

tessellatus. 31. D. oblongus tomentosus fusco cinereoque nebulosus, abdomine fusco. *Fabr. sp. inf.* 1. *p.* 65. *n.* 11. *mant. inf.* 1. *p.* 35. *n.* 13.
Geoffr. inf. par. 1. *p.* 100. *n.* 8. Dermestes flavescens pilosus.

navalis. 32. D. elongatus ferrugineo-fuscus, oculis atris. *Fabr. sp. inf.* 1. *p.* 65. *n.* 12. *mant. inf.* 1. *p.* 35. *n.* 14.
Habitat in nova Seelandia, *murino quadruplo minor.*

scaber. 33. D. griseus, thorace elytrisque scabris. *Fabr. sp. inf.* 1. *p.* 66. *n.* 20. *mant. inf.* 1. *p.* 35. *n.* 25.
Habitat in nova Seelandia.

testaceus. 34. D. oblongus testaceus, oculis abdominisque basi nigris. *Fabr. sp. inf.* 1. *p.* 66. *n.* 19. *mant. inf.* 1. *p.* 35. *n.* 24.
Habitat in Belgio.

fumatus. 22. D. oblongus testaceus, oculis nigris. *Fn. suec.* 432.*
Geoffr. inf. par. 1. *p.* 104. *n.* 12. *Fabr. sp. inf.* 1. *p.* 66. *n.* 16. *mant. inf.* 1. *p.* 35. *n.* 19.
Scop. ent. carn. 59. Dermestes rosae.
Degeer inf. 4. *p.* 195. *n.* 3. Ips testaceo-flavus &c.
Herbst apud Fuessli Arch. Inf. 4. *p.* 20. *n.* 7. *t.* 20. *f.* 1?
Habitat in Europae *floribus, in viis, fimo equino.*

picipes. 35. D. oblongus nigricans, pedibus piceis. *Fabr. mant. inf.* 1. *p.* 35. *n.* 23.
Habitat Halae Saxonum, *tomentosi statura et magnitudine.*

chinensis. 36. D. oblongus ferrugineus, elytris striatis. *Fabr. sp. inf.* 1. *p.* 66. *n.* 21. *mant. inf.* 1. *p.* 36. *n.* 27.
Habitat in seminibus e Sina *allatis.*

paniceus. 19. D. oblongus ferrugineus, oculis rufis. *Fn. suec.* 431. *Fabr. sp. inf.* 1. *p.* 66. *n.* 18. *mant. inf.* 1. *p.* 35. *n.* 22.
Frisch inf. 2. *p.* 36. *t.* 8.
Habitat in Europae *pane diutius asservato, glutine bibliopegorum, et libris aliisque, quibus hoc adhaeret, seminis milii magnitudine.*
Larva *ovata alba nitida.*

ferrugineus. 21. D. oblongus ferrugineus semicylindricus, elytris abbreviatis. *Fn. suec.* 433.*
Fabr. sp. inf. 1. *p.* 91. *n.* 6. *mant. inf.* 1. *p.* 51. *n.* 6. Nitidula ferruginea?
Schranck apud Fuessli n. entom. Mag. 1. *p.* 140. Dermestes testaceus.
Laicharting inf. tyr. 1. *p.* 104. *n.* 2. Ostoma ferruginea?
Lesk. it. p. 46. *t.* A. *f.* 11?
Habitat in Europa.

Eustatius. 20. D. ater glaber obtusissimus, pedibus ferrugineis.
Habitat in insulae Eustatii *fungis, pediculi magnitudine.*

pedicularius. 23. D. oblongus testaceus, elytris abbreviatis. *Fn. suec.* 434.*
Schranck inf. austr. n. 56. *Herbst apud Fuessli Arch. Inf.* 4. *p.* 22. *n.* 13. *t.* 20. *f.* 6.
Fn. suec. 1. *n.* 441. Chrysomela dilute testacea hemiptera.
Habitat in Europae *floribus frequens.*

fuscus. 37. D. oblongus villosus fuscus immaculatus. *Fabr. mant. inf.* 1. *p.* 35. *n.* 21.
Habitat Halae Saxonum *et* Kilonii, *tomentosi statura et magnitudine.*

tomentosus. 38. D. oblongus villosus griseus, capite punctis duobus fuscis. *Fabr. sp. inf.* 1. *p.* 66. *n.* 17. *mant. inf.* 1. *p.* 35. *n.* 20.
Degeer inf. 4. *p.* 199. *n.* 4. *t.* 7. *f.* 18.
Habitat in Angliae, Sueciae *floribus.*

sanguinicollis. 39. D. elongatus hirtus violaceus, thorace abdomineque rufis. *Fabr. mant.* 1. *p.* 35. *n.* 18.
Habitat Halae Saxonum, *chrysomelae statura, antennis dermestis.*

limbatus. 40. D. fuscus, elytris punctatis: limbo cinereo. *Fabr. sp. inf.* 1. *p.* 66. *n.* 23. *mant. inf.* 1. *p.* 36. *n.* 28.
Habitat in nova Seelandia, *parvus.*

scanicus. 26. D. ater thorace punctoque elytrorum testaceis. *Fabr. sp. inf.* 1. *p.* 66. *n.* 22. *mant. inf.* 1. *n.* 27.
Syst. nat. XII. 2. *p.* 564. *n.* 26. *Fn. suec.* 437.* Dermestes fuscus, thorace testaceo.
Herbst apud Fuessli Arch. Inf. 4. *p.* 21. *n.* 8. *t.* 20. *f.* 2.
Habitat in Suecia *et* Germania.

Colon. 27. D. thorace lateribus flavis, elytris griseis: puncto nigro. *Fn. suec.* 430.*
Habitat in Europa.

surinamensis. 29. D. testaceus, elytris striatis, thorace striis tribus elevatis marginibusque denticulato.
Habitat in Surinamo *et* Sibiria, *oblongus, pediculi magnitudine.* Rolander.

hemipterus. 30. D. elytris abbreviatis basi exteriore apiceque testaceis.
Habitat Surinami, *pediculi magnitudine.* Rolander.
Antennae *capitatae;* pedes *ferruginei;* elytra *abdomine dimidio breviora; singulis macula cuneiformis in apice, et punctum glaucum ad basin exteriorem elytri.*

bifasciatus. 41. D. niger, elytris fasciis binis undulatis luteis, thorace cinereo-tessellato. *Thunb. nov. inf. sp.* 1. *p.* 6. *f.* 2.
Habitat ad caput bonae spei, *undati magnitudine, at latior.*

interruptus. 42. D. niger, fascia baseos elytrorum rubra interrupta. *Thunb. nov. inf. sp.* 1. *p.* 6. *f.* 3.
Habitat - - - *undati magnitudine.*

bipustulatus. 43. D. ater glaber, capite, thorace punctoque baseos elytrorum rubris. *Thunb. nov. sp. inf.* 1. *p.* 6. *f.* 4.
Fabr. mant. inf. 1. *p.* 45. *n.* 7. Ips humeralis.
Habitat - - - *magnitudine pulicis.*

marginatus. 44. D. niger, thoracis lateribus, pectore incisurisque abdominis albis. *Thunb. nov. sp. inf.* 1. *p.* 7. *f.* 6.
Habitat in India *et ad* caput bonae spei, *magnitudine et facie lardarii, sed paulo major, et totus hirtus.*

piceus. 45. D. totus ferrugineus, elytris striatis. *Thunb. nov. sp.* 1. *p.* 8.
Habitat in India *et ad* caput bonae spei, *marginati ma tudine et statura.*

capensis. 46. D. ater hirtus, elytris flexilibus violaceis: fasciis du albis.
Thunb. nov. inf. sp. 1. *p.* 9. *f.* 8. Anobium capense.
Habitat ad caput bonae spei, *magnitudine majoris pedi*

cafer. 47. D. niger glaber, elytris fasciis duabus luteis.
Thunb. nov. inf. sp. 1. *t.* 9. *f.* 9. Anobium bifasciatum.
Habitat ad caput bonae spei, *sublineari oblongus.*

viridis. 48. D. viridis hirtus, pedibus rubris.
Thunb. nov. inf. sp. 1. *p.* 9. Anobium viride.
Habitat in Africa *et* India.

fimetarius. 49. D. flavescente fuscus, thorace marginato, antennis p busque spadiceis. *Herbst apud Fuessli Arch. inf.* 4. *p.* *n.* 10. *t.* 20. *f.* 3.
Habitat Berolini *in fimo et floribus, convexus,* 1½ *lin longus.*

cellaris. 50. D. fuscescens, antennis longis, elytris striatis. *Scop. carn. n.* 42.
Herbst apud Fuessli Arch. Inf. 4. *p.* 22. *n.* 12. *t.* 20. *f.* 5.
Habitat in Germaniae *parietibus, vere frequens,* ¾ *line longus.*

longicornis. 51. D. fuscus, antennis longis, thorace medio excavato, el tris punctatis. *Herbst apud Fuessli Arch. Inf.* 4. *p.* 2 *n.* 15. *t.* 20. *f.* 8.
Habitat Berolini, *lineam longus, cellari affinis.*

flavescens. 52. D. ferrugineus subtus flavescens, capite obscuriore, o lis nigris, thorace tereti. *Schranck apud Fuessli n.* *Mag.* 1. *p.* 140.
Habitat in Bavaria, *ferrugineo affinis.*

fulvipes. 53. D. niger oblongus, elytris punctatis, pedibus fulvis.
Schranck apud Fuessli n. ent. Mag. 1. *p.* 141. Derme leucophilus.
Geoffr. inf. par. 1. *p.* 108. *n.* 21.
Habitat . . .

61.

Plura hujus nominis insecta habent Scopoli et Geoffroi, Schranck, Laicharting, 2

sulcatus. 61. D. fusco ruber, oculis nigris, elytris sulcatis punctatis. *Thunb. nov. act. Ups.* 4. *p.* 2. *n.* 1.
Habitat in Suecia, *pediculo duplo major.*

fenestratus. 62. D. fuscus, elytris maculis sedecim pallidis, tibiis omnibus spinosis. *Thunb. nov. act. Ups.* 4. *p.* 3. *n.* 2.
Habitat Upsaliae, *ptini mollis magnitudine.*

ruber. 63. D. ruber, thorace glaberrime ferrugineo-nigro, lateribus rufis. *Thunb. nov. act. Ups.* 4. *p.* 3. *n.* 3.
Habitat Upsaliae, *pediculo vix major, silphae melanocephalae affinis.*

linearis. 64. D. corpore elytrisque linearibus ferrugineis, capite thoraceque fuscis. *Thunb. nov. act. Ups.* 4. *p.* 4. *n.* 4.
Habitat in Suecia, *fenestrali similis, at multoties major.*

ater. 658. D. ater nitidus, elytris tenuissime punctatis. *Thunb. nov. act. Ups.* 4. *p.* 4. *n.* 5.
Habitat Upsaliae, *magnitudine coccinellae bipunctatae.*

bipustulatus. 66. D. niger, capite thoraceque rubris, elytris nigris: basi macula rubra. *Thunb. nov. act. Ups.* 1. *p.* 4. *n.* 6.
Habitat Upsaliae, *pediculo vix major.*

fasciatus. 67. D. niger, elytris fasciis duabus undulatis lutescentibus. *Thunb. nov. act. Ups.* 4. *p.* 5. *n.* 7.
Habitat Upsaliae, *pediculi magnitudine.*

** *maxilla unidentata:* Apate.

muricatus. 6. D. elytris reticulatis posterius retusis dentatis, thorace muricato gibbo. *Fabr. sp. inf.* 1. *p.* 62. *n.* 1. *mant. inf.* 1. *p.* 33. *n.* 1.
Pall. spic. zool. 9. *p.* 7. *t.* 1. *f.* 3. Ligniperda terebrans.
Habitat in Americae *meridionalis lignis.*

hamatus. 54. D. elytris ante apicem unispinosis thoracis margine anteriori bihamato denticulato. *Fabr. mant. inf.* 1. *p.* 33. *n.* 2.
Habitat in Saxoniae *lignis, statura muricati, at minor.*

Monachus. 55. D. elytris obtusis, thorace gibbo truncato. *Fabr. sp. inf.* 1. *p.* 62. *n.* 2. *mant. inf.* 1. *p.* 33. *n.* 3.
Pall. spic. zool. 9. *p.* 8. *t.* 1. *f.* 4. Ligniperda cornuta.
Habitat in Americae *meridionalis lignis.*

Jesuita. 56. D. elytris integris variolosis, thorace anterius truncato. *Fabr. sp. inf.* 1. *p.* 62. *n.* 3. *mant. inf.* 1. *p.* 33. *n.* 4.
Habitat in nova Hollandia.

indicus. 57. D. elytris integris nigris, thorace anterius scabro. *Fabr. sp. inf.* 1. *p.* 62. *n.* 4. *mant. inf.* 1. *p.* 33. *n.* 5.
Habitat in Coromandel, *minuto affinis, at paulo major.*

minutus. 58. D. niger, elytris integris piceis, thorace anterius scabro. *Fabr. sp. inf.* 1. *p.* 62. *n.* 5. *mant. inf.* 1. *p.* 33. *n.* 6.
Habitat in nova Seelandia.

exilis. 59. D. ater, elytris integris pallidis: margine omni nigro. *Fabr. mant. inf.* 1. *p.* 33. *n.* 7.
Habitat Kilonii *sub fagi cortice, parvus.*

villosus. 60. D. thorace villoso, elytris integris fuscis: margine punctisque ferrugineis. *Fabr. mant. inf.* 1. *p.* 33. *n.* 8.
Habitat Halae Saxonum.

pallipes. 68. D. oblongus planus ater nitidus, antennis pedibusque testaceis. *Fabr. mant. inf.* 2. *app. p.* 378.
Habitat in Sueciae *floribus, minutus.*

lunatus. 69. D. oblongus niger, elytris lunula dorsali cinerea. *Fabr. mant. inf.* 2. *app. p.* 378.
Habitat in Suecia, *sub arborum corticibus, parvus.*

ruficornis. 70. D. fuscus capite retracto, antennis pedibusque rufis. *Mus. Lesk. p.* 5. *n.* 108. b.
Habitat in Europa, *minimus.*

BOSTRICHUS.

Antennae clavatae: clava solida.
Thorax convexus vix marginatus.
Caput sub thorace inflexo conditum.

Capucinus. 1. B. niger, elytris abdomineque rubris, thorace retuso. *Fabr. sp. inf.* 1. *p.* 67. *n.* 1. *mant. inf.* 1. *p.* 36. *n.* 1.
Syst. nat. XII. 2. *p.* 562. *n.* 5. *Fn. suec.* 416. Dermestes capucinus.
Geoffr. inf. par. 1. *p.* 302. *n.* 1. *t.* 5. *f.* 1. Bostrichus niger &c.
Schaeff. elem. t. 28.
Sulz. hist. inf. t. 2. *f.* 5. 6. c.
β) Dermestes capucinus abdomine nigro. *Lepechin it.* 2. *t.* 11. *f.* 3.
Habitat in Europae, *β*) Sibiriae *truncis, praesertim emortuis, parietibus.*

2. B.

bicornis. 2. B. piceus, elytris apice spinoso-dentatis, antennis flavis. *Fabr. sp. inf.* 1. *p.* 67. *n.* 2. *mant. inf.* 1. *p.* 36. *n.* 2.
Habitat in America *boreali.*

elongatus. 3. B. elongatus ater, pedibus ferrugineis. *Fabr. mant. inf.* 1. *p.* 36. *n.* 3.
Habitat in Upsaliae *ligno antiquo.*

typographus. 4. B. testaceus pilosus, elytris striatis retusis praemorso-dentatis. *Fabr. sp. inf.* 1. *p.* 67. *n.* 3. *mant. inf.* 1. *p.* 36. *n.* 4.
Syst. nat. XII. 2. *p.* 562. *n.* 7. *Fn. suec.* 418. *It. oel.* 26. 195. *Lepech. it.* 2. *p.* 202. *t.* 81. *f.* 21. Dermestes typographus.
Degeer inf. 5. *p.* 193. *n.* 1. *t.* 6. *f.* 1. 2. Ips pilosus fuscus &c.
Raj. inf. p. 100. *n.* 10.
Sulz. hist. inf. t. 2. *f.* 4.
Habitat intra Europae, Americae, Sibiriae *cortices arborum, praesertim piceae infestissimus, fertilissimus, voracissimus, intra corticem canalem effodiens, ex quo ad latus plures utrinque minores subparalleli exeunt, pro aetate magnitudine, magis adhuc colore flavescente, fuscescente, fusco, subatro varians, vitae tenacissimus.*

chalcographus. 5. B. ater, elytris praemorso-dentatis rufis. *Fabr. sp. inf.* 1. *p.* 68. *n.* 4. *mant. inf.* 1. *p.* 36. *n.* 5.
Syst. nat. XII. 2. *p.* 562. *n.* 8. *Fn. suec.* 417. Dermestes chalcographus.
Habitat intra arborum Europae *cortices, colore nigro et testaceo varians.*

polygraphus. 6. B. nigricans, elytris glaucis obtusiusculis. *Fabr. sp. inf.* 1. *p.* 68. *n.* 5. *mant. inf.* 1. *p.* 37. *n.* 6.
Syst. nat. XII. 2. *p.* 562. *n.* 10. *Fn. suec.* 420. Dermestes polygraphus.
Degeer inf. 5. *p.* 196. *n.* 5. Ips rufo-fuscus &c.
Habitat in Europa *boreali sub arborum corticibus, labyrinthos formans, inter nocentiores sui generis.*

micrographus. 7. B. ferrugineus, elytris integris testaceis. *Fabr. mant. inf.* 1. *p.* 37. *n.* 7.

Bostrichi *fertilissimi larva et imago cortices arborum et ligna exedit, silvarum aliquando pestis perniciosissima. J. F. Gmelin Abh. von der Wurmtroknis. Lips.* 1787.

Syst. nat. XII. 2. *p.* 562. *n.* 9. *Fn. suec.* 419. Dermestes (micrographus) testaceus glaber, thorace nigro, elytris apice retuso-dentatis.
Habitat in Europae *ligno, etiam intra cortices arborum, parvus, niger, elytris, antennis pedibusque testaceis.*

bidentatus. 8. B. niger, coleopteris testaceis apice retusis bihamatis. *Fabr. mant. inf.* 1. *p.* 37. *n.* 8.
Herbst apud Fuessli Arch. Inf. 4. *p.* 24. *n.* 6. *t.* 20. *f.* 10. Bostrichus bidentatus.
Lepech. it. 2. *p.* 202. *t.* 11. *f.* 22. Scarabaeus thorace mutico, elytris apice excavatis mucronibus 4 instructis?
Habitat in Saxonia *et* Sibiria, *polygraphi magnitudine.*

Scolytus. 9. B. glaber nigricans, elytris truncatis integris, abdomine retuso, fronte villosa cinerascente. *Fabr. sp. inf.* 1. *p.* 68. *n.* 6. *mant. inf.* 1. *p.* 37. *n.* 9.
Geoffr. inf. paris. 1. *p.* 310. *n.* 1. *t.* 5. *f.* 5. Scolytus.
Sulz. hist. inf. t. 2. *f.* 13.
Schaeff. ic. t. 112.
Habitat sub Angliae *ulmorum cortice, quas misere devastat.*

crenatus. 10. B. glaber ater, elytris integris piceis crenato-striatis. *Fabr. mant. inf.* 1. *p.* 37. *n.* 10.
Habitat in Germania, *scolyti statura et magnitudine.*

pygmaeus. 11. B. ater nitidus, elytris integris rufis, abdomine retuso. *Fabr. mant. inf.* 1. *p.* 37. *n.* 11.
Habitat Halae Saxonum, *scolyto proxime affinis, at triplo minor.*

ligniperda. 12. B. villosus testaceus, corpore nigricante, tibiis quatuor posterioribus serratis. *Fabr. mant. inf.* 1. *p.* 37. *n.* 12.
Habitat in Germaniae *ligno, piniperda paulo major.*

piniperda. 13. B. niger subvillosus, elytris piceis integris, plantis rufis. *Fabr. sp. inf.* 1. *p.* 68. *n.* 7. *mant. inf.* 1. *p.* 37. *n.* 13. *Lesk. it. p.* 11. *t.* A. *f.* 2.
Syst. nat. XII. 2. *p.* 563. *n.* 11. *Fn. suec.* 421. Dermestes piniperda.
Degeer inf. 5. *p.* 194. *n.* 2. *t.* 6. *f.* 8. 9. Ips subvillosus niger nitidus &c.
Habitat in Europae *pini ramulis inferioribus, quos perforat, exsiccat, destruit, hortulanus naturae, curculionis fere statura, colore elytrorum varians.*

14. B.

testaceus. 14. B. glaber teſtaceus, elytris laevibus, longitudine abdominis. *Fabr. mant. inſ.* 1. *p.* 37. *n.* 14.
Habitat in pini truncis, *piniperdae ſtatura oblonga.*

varius. 15. B. ſubvilloſus, corpore nigro cinereoque vario. *Fabr. ſp. inſ.* 1. *p.* 69. *n.* 8. *mant. inſ.* 1. *p.* 38. *n.* 15.
Habitat in Hafniae *arboretis antennarum clava acuminata.*

vittatus. 16. B. ſubvilloſus fuſcus, elytris vitta abbreviata cinerea. *Fabr. mant. inſ.* 1. *p.* 38. *n.* 16.
Habitat in Europae *truncis arborum, ſtatura varii, at duplo minor.*

minutus. 17. B. glaber ater immaculatus, elytris integris. *Fabr. ſp. inſ.* 1. *p.* 69. *n.* 9. *mant. inſ.* 1. *p.* 38. *n.* 17.
Habitat Kilonii *in boleto verſicolore.*

maculatus. 18. B. niger, elytris faſcia undata punctisque rubris. *Thunb. nov. inſ. ſp.* 1. *p.* 7. *f.* 5.
Habitat in Suecia, *ſtatura dermeſtis undati, antennis moniliformibus, au hujus generis?*

bifasciatus. 19. B. ater, elytris flavis: faſciis duabus nigro-caeruleſcentibus denticulatis.
Lepech. it. 2. *p.* 206. *t.* 10. *f.* 3. Dermeſtes bifaſciatus.
Habitat in Sibiria.

limbatus. 20. B. niger, elytris flaveſcentibus marginatis fuſco-limbatis.
Herbſt apud Fueſſli Arch. Inſ. 1. *p.* 24. *n.* 7. *t.* 20. *f.* 11.
Habitat in Pomerania, $1\frac{1}{2}$ *lineas longus thorace capucino ſimilis.*

fuscus. 21. B. fuſcus, elytris ſtriatis: ſtriis apice cohaerentibus, tibiis extus dentatis, plantis rufis. *Muſ. Lesk. p.* 6. *n.* 112.
Habitat in Europa.

pilosus. 22. B. teſtaceus piloſus, elytris punctato-ſtriatis, apice retuſis dentatis. *Muſ. Lesk. p.* 6. *n.* 113.
Habitat in Europa.

MELYRIS. *Labium* clavatum emarginatum.
Antennae totae perfoliatae.
Maxilla unidentata acuta.

viridis. 1. M. viridis, elytris lineis elevatis tribus. *Fabr. ſp. inſ.* 1. *p.* 67. *n.* 1. *mant. inſ.* 1. *p.* 36. *n.* 1.
Habitat ad caput bonae ſpei.

nigra. 2. M. nigra, elytris lineis elevatis tribus. *Fabr. ſp. inſ.* 1. *p.* 67. *n.* 2. *mant. inſ.* 1. *p.* 36. *n.* 2.
Habitat - - - *ſtatura viridis, at triplo minor.*

192. PTINUS. *Antennae* filiformes: articulis ultimis majoribus.
Thorax ſubrotundus, non marginatus, caput excipiens.

* *palpis clavatis:* Anobia.

rugoſus. 1. Pt. fuſcus thorace inaequali, elytris ſtriatis. *Fabr. mant.* 1. *p.* 39. *n.* 1.
Habitat Kilonii, *pertinace duplo major, immaculatus.*

pertinax. 2. Pt. fuſcus unicolor. *Fn. ſuec.* 414.
Fabr. ſp. inſ. 1. *p.* 71. *n.* 1. *mant. inſ.* 1. *p.* 39. *n.* 2. Anobium fuſcum immaculatum.
Geoffr. inſ. par. 1. *p.* 112. *n.* 4. Byrrhus totus nigro-fuſcus.
Degeer inſ. 4. *p.* 227. *n.* 1. *t.* 8. *f.* 24. 25. Byrrhus nigro-fuſcus &c.
Habitat in Europa *captus mortui inſtar ſe contrahens, immobilis, e ligno, potiſſimum querno confecta deſtruens, libris etiam infeſtus, ab attelabo formicario eradicatur.*

mollis. 3. Pt. teſtaceus oculis fuſcis.
Fabr. ſp. inſ. 1. *p.* 71. *n.* 2. *mant. inſ.* 1. *p.* 39. *n.* 3. Anobium teſtaceum, oculis nigris.
Fn. ſuec. 415. *Bergius nov. act. Stockh.* 1786. 4. *p.* 268. Dermeſtes mollis.
Geoffr. inſ. par. 1. *p.* 112. *n.* 2. Byrrhus teſtaceus glaber.
Degeer inſ. 4. *p.* 230. *n.* 4. *t.* 8. *f.* 29. Byrrhus rufo-fuſcus, oculis nigris &c.

Habitat

Habitat in Europae *quisquiliis, herbariis etiam invisus, calore furni pellendus.*
Larva *alba frigoris patientissima.*

frumentarius. 7. Pt. testaceus, thorace ciliato: dorso plano carinato. *Fabr. sp. ins.* 1. *p.* 71. *n.* 3. *mant. ins.* 1. *p.* 39. *n.* 5.
Habitat in pane diutius asservato, capitur in navi prope Brasiliam.

planus. 8. Pt. fuscus, thorace plano, elytris crenato-striatis. *Fabr. mant.* 1. *p.* 39. *n.* 4.
Habitat Kilonii.

flavipes. 9. Pt. villosus niger, antennis pedibusque testaceis. *Fabr. sp. ins.* 1. *p.* 71. *n.* 4.
Habitat Hamburgi.

lineatus. 10. Pt. pilosus niger, elytris lineis sesquitertiis rufis. *Fabr. sp. ins.* 1. *p.* 72. *n.* 6.
Habitat in Brasilia, *statura cantharidis nigrae; an hujus generis?*

cyaneus. 11. Pt. subvillosus cyaneus, antennis nigris. *Fabr. sp. ins.* 1. *p.* 72. *n.* 7.
Habitat in America *magis australi, cantharidis nigrae statura et magnitudine.*

minutus. 12. Pt. subvillosus niger thorace elytrisque cyaneis. *Fabr. sp. ins.* 1. *p.* 72. *n.* 8.
Habitat in nova Seelandia, *statura cyanei, at duplo minor, elytris interdum virescentibus.*

pulsator. 13. Pt. cylindricus opacus rugosus maculis griseis adspersus. *Schaller Abh. hall. Naturf. Ges.* 1. *p.* 249.
Habitat Halae Saxonum *in truncis vetustis salicis et domibus, noctu praesertim termitis instar pulsans, statura pertinacis, magnitudine dermestis lardarii.*

fagi. 14. Pt. niger, antennis spadiceis, elytris punctato-sulcatis. *Herbst apud Fuessli Arch. Ins.* 4. *p.* 26. *n.* 2. *t.* 20. *f.* 12.
Habitat Berolini, 3. *lineas longus.*

ferrugineus. 15. Pt. ferrugineus, oculis nigris, elytris obsolete striatis. *Herbst apud Fuessli Arch. Ins.* 4. *p.* 37. *n.* 3. *t.* 20. *f.* 13.
Habitat in Marchia.

16. Pt.

testaceus. 16. Pt. ferrugineus, oculis nigris, elytris glaberrimis. *Herbst apud Fuessli Arch. Inf. 7. p. 158. n. 4.*
Habitat Berolini, *an satis a ferrugineo distinctus?*

capensis. 26. Pt. ferrugineus, elytris striatis pallidioribus. *Fabr. mant. inf. 2. app. p. 378.*
Habitat ad caput bonae spei, *statura pertinacis, at duplo minor.*

fuscus. 27. Pt. fuscus, corpore griseo irrorato, scutello griseo, antennis ferrugineis. *Mus. Lesk. p. 6. n. 121.*
Habitat in Europa.

rufus. 28. Pt. rufus luteo nitens, thorace utrinque posterius macula lutea, elytris punctato striatis. *Mus. Lesk. p. 6. n. 122.*
Habitat in Europa.

ferrugineus. 29. Pt. ferrugineus, thorace inaequali, elytris punctato striatis, antennis rufescentibus. *Mus. Lesk. p. 6. n. 123.*
Habitat in Europa, *antennarum articulis* 3 *ultimis majoribus, compressis obconicis.*

*striatulus. 30. Pt. testaceus, elytris levissime striatis, antennorum articulis tribus ultimis majoribus. *Mus. Lesk. p. 6. n. 127.*
Habitat in Europa.

brunneus. 31. Pt. brunneus, elytris levissime striatis pubescentibus. *Mus. Lesk. p. 6. n. 128.*
Habitat in Europa.

** *palpis filiformibus:* Ptini.

Gigas. 17. Pt. griseus, elytris posterius cinereis. *Fabr. sp. inf. 1. p. 72. n. 1. mant. inf. 1. p. 40. n. 1.*

imperialis. 4. Pt. fuscus, thorace subcarinato, coleoptris macula lobata alba. *Fabr. sp. inf. 1. p. 73. n. 5. mant. inf. 1. p. 40. n. 5. Müll. zool. dan. prodr. p. 57. n. 507.* Bruchus imperialis. *Sulz. hist. inf. t. 2. f. 7.*
Habitat in Europae *borealis et* Calabriae *arboribus, seminis tritici magnitudine.*
Antennae *longitudine corporis* pedesque *ferruginei;* scutellum *niveum;* elytra *nigra, macula alba aquilam insignium quodammodo referente notata.*

5. Pt.

Fur. 5. Pt. testaceus subapterus, thorace quadridentato, elytris fasciis duabus albis. *Fabr. sp. inf.* 1. *p.* 73. *n.* 4. *mant. inf.* 1. *p.* 40. *n.* 4.

Fn. suec. 651. Cerambyx Fur.

Geoffr. inf. parif. 1. *p.* 164. *n.* 4. *t.* 2. *f.* 6. Bruchus testaceus.

Degeer inf. 4. *p.* 231. *n.* 5. *t.* 9. *f.* 5. 6. Byrrhus rapax.

Scop. ent. carn. 210. Buprestis Fur.

Sulz. hist. inf. t. 2. *f.* 8.

Schaeff. elem. t. 30.

Frisch inf. 13. *t.* 15.

Habitat in Europae *seminibus, in museis pessimus, destruens herbaria, insecta, aves, pelles, utensilia, libros, culinaria, imo pulverem tabaci, ambrosiacis non pellendus, frigoris et humiditatis amans, calore et siccitate arcendus, arsenico et alumine, certius mercurio corrosivo sublimato albo occidendus, habitu, facie, moribus, metamorphosi ad dermestes, dentibus thoracis lateralibus ad cerambyces accedens;* femina *aptera;* larva *hexapus obesa, mollis, pilosa, segmentis dorsalibus prominulis;* puppa *intra globum glutinosum.*

longicornis. 18. Pt. ater nitidus, pedibus flavescentibus. *Fabr. sp. inf.* 1. *p.* 72. *n.* 3. *mant. inf.* 1. *p.* 40. *n.* 3.

Habitat in Germania, *furis magnitudine.*

germanus. 6. Pt. fuscus, thorace transversim rugoso, pedibus ferrugineis. *Fabr. sp. inf.* 1. *p.* 72. *n.* 2. *mant. inf. p.* 40. *n.* 2. Ptinus fuscus, thorace quadridentato, elytris villosis cinereo-variis.

Habitat in Europae *quercu, furi affinis, sed major.*

Antennae *ferrugineae, longitudine corporis.*

Latro. 19. Pt. testaceus immaculatus, thorace bidentato. *Fabr. sp. inf.* 1. *p.* 73. *n.* 6. *mant. inf.* 1. *p.* 40. *n.* 6.

Habitat Argentorati. Hermann.

spinicornis. 20. Pt. oblongus, antennarum articulis duobus prioribus longioribus spinosis. *Fabr. mant. inf.* 1. *p.* 40. *n.* 7.

Habitat in Sandwichii *insulis.*

sulcatus. 21. Pt. albidus, thorace quadrisulcato villoso, elytris connatis fusco-testaceis nitidis. *Fabr. sp. inf.* 1. *p.* 73. *n.* 7. *mant. inf.* 1. *p.* 40. *n.* 6.

Habitat in plantis siccis ex insulis Canariis *missis, fure minor.*

22. Pt.

Scotias. 22. Pt. thorace laevi piceo, elytris connatis fusco testaceis nitidis. *Fabr. sp. inf.* 1. *p.* 74. *n.* 8. *mant. inf.* 1. *p.* 40. *n.* 8.
Herbst apud Fuessli Arch. Inf. 4. *p.* 27. *n.* 5. *t.* 20. *f.* 14.
Czenpinsk. diss. 51. 155. *Jacquin miscell. austr. t.* 23. *f.* 1. Scotias psylloides.
Schranck inf. austr. Scotias Seminulum.
Geoffr. inf. par. 1. *p.* 164. *n.* 2. Bruchus totus testaceus &c.
Scop. introd. hist. nat. 505. Gibbium?
Habitat in Europae *magis australis betula.*

striatus. 23. Pt. thorace gibbo bituberculato, coleoptris globosis striatis. *Fabr. mant. inf.* 1. *p.* 40. *n.* 10.
Habitat Halae Saxonum, *statura scotiae.*

upsaliensis. 24. Pt. testaceus, oculis nigris, elytris striatis, thorace convexo-plano. *Thunb. nov. act. Ups.* 4. *p.* 6. *n.* 9.
Habitat Upsaliae, *pediculi magnitudine, molli duplo minor; an hujus tribus.*

Faber. 25. Pt. testaceo-obscurus, elytris laevibus cinereo-undulatis. *Thunb. nov. act. Ups.* 4. *p.* 6. *n.* 10.
Habitat in Hollandia, *pertinace major.*

apterus. 32. Pt. capite fusco: fronte canaliculata, elytris annatis pedibus antennisque rufis, femoribus clavatis, tibiis ciliatis. *Mus. Lesk. p.* 7. *n.* 130.
Habitat - - -

193. HISTER.

Antennae clavatae: clava solida, infimo articulo compresso, decurvato.
Caput intra corpus retractile.
Os forcipatum.
Elytra corpore breviora.
Tibiae anteriores dentatae.

maximus. 1. H. maximus.
Mus. Lud. Ulr. 36.* Hister unicolor.
Habitat in India, *unicolori similis, sed decuplo major, thoracis angulis rotundatis, pectoris apice non ad os usque extenso.*

major. 2. H. ater, elytris fubftriatis, thoracis marginibus ciliatis. *Fabr. fp. inf.* I. *p.* 60. *n.* I. *mant. inf.* I. *p.* 32. *n.* I.
Voet coleoptr. t. 31. *f.* 6.
Habitat in Africa, *unicolori fimillimus, at duplo major.*

niger. 7. H. niger, punctis elevatis fcaber. *Fabr. mant. inf.* I. *p.* 32. *n.* 4.
Habitat in Hifpania, *unicoloris magnitudine.*

unicolor. 3. H. ater, elytris oblique ftriatis. *Fn. fuec.* 440.* *Scop. ent. carn.* 30. *Fabr. fp. inf.* I. *p.* 60. *n.* 2. *mant. inf.* I. *p.* 32. *n.* 2.
Degeer inf. 4. *p.* 342. *n.* I. *t.* 12. *f.* 12. Hifter niger nitidus, elytris ftriatis.
Geoffr. inf. par. I. *p.* 94. *t.* I. *f.* 4. Attelabus totus niger &c.
Raj. inf. p. 91. *n.* 7. Scarabaeus antennis globulofis &c.
Gunner act. nidrof. 4. *t.* 16. *f.* 4.
Schaeff. ic. t. 42. *f.* 10. *et t.* 208. *f.* 5.
Sulz. hift. inf. t. 2. *f.* 8. 9.
β) Hifter elytris ftriis quinque punctatis dimidiatis. *Muf. Lesk. p.* 5. *n.* 89.
γ) Hifter elytris ftriis tribus integris duabusque parvulis. *Muf. Lesk. p.* 5. *n.* 90.
Habitat in Europae *et* Americae *arena, terra, ftercore,* β) *triplo,* γ) *quadruplo minor.*

cyaneus. 8. H. thorace aeneo, elytris caerulefcentibus. *Fabr. fp. inf.* I. *p.* 60. *n.* 3. *mant. inf.* I. *p.* 32. *n.* 4.
Habitat in nova Hollandia.

planus. 9. H. planus ater opacus, elytris laeviffimis. *Fabr. mant. inf.* I. *p.* 32. *n.* 5.
Sulz. hift. inf. t. 2. *f.* 9.
Habitat in Helvetia.

brunneus. 10. H. ferrugineus, elytris fubftriatis. *Fabr. fp. inf.* I. *p.* 61. *n.* 4. *mant. inf.* I. *p.* 32. *n.* 6.
Habitat in Sueciae *ftercore.*

pygmaeus. 4. H. ater, elytris laeviffimis. *Fn. fuec.* 441. *Fabr. fp. inf.* I. *p.* 61. *n.* 5. *mant. inf.* I. *p.* 32. *n.* 7.
Degeer inf. 4. *p.* 344. *n.* 4. Hifter nigro-fufcus &c.
Schaeff. ic. t. 42. *f.* 10.
Habitat in Europa *boreali, unicolori fimillimus, at quadruplo minor.*

depressus. 11. H. depressus ater nitidissimus, elytris substriatis. *Fabr. mant. inf. p.* 32. *n.* 8.
Herbst apud Fuessli Arch. Inf. 4. *p.* 20. *n.* 7. Hister compressus.
Habitat sub betulae *cortice.*

abbreviatus. 12. H. ater, elytris crenato-striatis: striis interioribus abbreviatis. *Fabr. sp. inf.* 1. *p.* 61. *n.* 6. *mant. inf.* 1. *p.* 32. *n.* 9.
Habitat in America *boreali, statura pygmaei.*

bimaculatus. 5. H. ater, elytris posterius rubris. *Fn. suec.* 442.* *Fabr. sp. inf.* 1. *p.* 6. *n.* 7. *mant. inf.* 1. *p.* 33. *n.* 10.
Scop. ent. carn. 51. Hister fimetarius.
Degeer inf. 4. *p.* 343. *n.* 2. Hister niger nitidus &c.
Geoffr. inf. par. 1. *p.* 95. *n.* 2. Attelabus niger &c.
Udm. diss. 80. Coccinella atra glabra, elytris abdomine brevioribus, maculis duabus rubris.
Schaeff. ic. t. 3. *f.* 9.
elem. t. 24. *f.* 1.
Voet coleoptr. t. 31. *f.* 1.
Habitat in Europae *stercore bovino.*

quadrimaculatus. 6. H. ater, elytris bimaculatis. *Fn. suec.* 443.* *Fabr. sp. inf.* 1. *p.* 61. *mant. inf.* 1. *p.* 33. *n.* 11.
Degeer inf. 4. *p.* 344. *n.* 3. Hister niger nitidus &c.
Gadd satag. 76. Scarabaeus ovatus niger glaber, maculis duabus rubris in singulo elytro.
Schaeff. elem. t. 24. *f.* 2.
icon. t. 3. *f.* 9. *et t.* 14.
Voet coleoptr. t. 31. *f.* 3.
Habitat in Europa *boreali, maculis elytrorum interdum cohaerentibus.*

aeneus. 13. H. aeneus, elytris basi striatis apice punctatis. *Fabr. sp. inf.* 1. *p.* 62. *n.* 9. *mant. inf.* 1. *p.* 33. *n.* 12.
Geoffr. inf. par. 1. *p.* 95. *n.* 3. Attelabus nigro cupreus.
Habitat in Anglia, Gallia.

detritus. 14. H. ater nitens, elytris piceis apice obscuris. *Fabr. sp. inf.* 1. *p.* 62. *n.* 10. *mant. inf.* 1. *p.* 33. *n.* 13.
Habitat in nova Hollandia.

striatus. 15. H. ater, thorace elytrisque striatis. *Forster nov. sp. inf. cent.* 1. *p.* 11. *n.* 11.
Habitat in Anglia.

pulicarius. 16. H. niger, elytris ſtriatis apice pallidis. *Thunb. nov. act. Upſ. 4. p. 7. n. 11.*
Habitat in Suecia, *pygmaei magnitudine.*

apterus. 17. H. fulvus, alis nullis. *Scop. ent. carn. n. 32.*
Habitat in Carniola.

194. GYRINUS. *Antennae* cylindricae.
Maxilla cornea, acutiſſima.
Oculi 4: duo ſupra, duo infra.

Natator. 1. G. ſubſtriatus. *Geoffr. inſ. par. 1. p. 194. t. 3. f. 3. Fabr. ſp. inſ. 1. p. 297. n. 1. mant. inſ. 1. p. 194. n. 1.*
Fn. ſuec. 779. *Scop. ent. carn.* 299. Dytiſcus ovatus glaber, antennis capite brevioribus obtuſis.
Merret pin. 203. Pulex aquaticus.
Pet. gaz. 21. *t.* 13. *f.* 9. Scarabaeus niger noſtras, ſupra aquam velociter circumnatans.
Raj. inſ. p. 89. *n.* 9. Scarabaeus aquae ſubrotundus e caeruleo viridi ſplendente undique tinctus.
Modeer act. ſoc. phyſiogr. Lond. I. 3. *p.* 158. Gyrinus pygolampis.
Roeſ. inſ. 3. *p.* 195. *t.* 31.
Sulz. hiſt. inſ. t. 6. *f.* 43.
Poda inſ. 44. *n.* 4.
Schaeff. elem. t. 67.
Habitat in Europae *lacubus, frequens, nitidiſſimus, foetens, velociſſime ſupra aquam per orbes curſitans, dum vero urinatur, bullam aëream hydrargyri coloris ſecum trahens.*

bicolor. 3. G. niger ſubtus ferrugineus, pedibus poſterioribus compreſſis. *Fabr. mant.* 1. *p.* 194. *n.* 2.
Habitat in Sueciae *aquis, natatore major.*

auſtralis. 4. G. ſubſtriatus vireſcens elytris abbreviatis unidentatis. *Fabr. ſp. inſ. 1. p. 298. n. 2. mant. inſ. 1. p. 194. n. 3.*
Modeer act. ſoc. phyſiogr. Lond. I. 3. *p.* 159. *n.* 5.
Habitat in novae Hollandiae *aquis.*

americanus. 2. G. laevis ater opacus. *Fabr. ſp. inſ. 1. p. 298. n. 3. mant. inſ. 1. p. 194. n. 4. Modeer act. ſoc. phyſiogr. Lond.* I. 3. *p. 157. n. 2.*
Habitat in Americae *meridionalis aquis, natatori ſimilis, ſed duplo major.*

spinosus. 5. G. niger nitidus, thoracis elytrorumque margine flavo, elytris spinosis. *Fabr. sp. inf.* 1. *p.* 298. *n.* 4. *mant. inf.* 1. *p.* 194. *n.* 5.
Habitat in Coromandel, *congeneribus similis, at spinis elytrorum duabus elongatis acutissimis distinctus.*

grossus. 6. G. subtus ater, supra niger, laevis, glaberrimus, elytris apicibus rotundatis. *Modeer act. soc. physiogr. Lond.* I. 3. *p.* 156. *n.* 1.
Habitat in aquis claris ad caput bonae spei.

formosus. 7. G. subtus ater, pectore, sterno pedibusque ferrugineis, supra obscure aeneo-virescens, linea labii transversa, maculis binis frontis, thoracis linea transversa interrupta, striisque elytrorum rubro-subauratis. *Modeer act. soc. physiogr. Lond.* I. 3. *p.* 157. *n.* 3.
β) Gyrinus minor non auratus. *Modeer act. soc. physiogr. Lond.* I. 3. *p.* 157.
Habitat in aquis claris ad caput bonae spei, β) *duplo minor.*

orientalis. 8. G. subtus pallide ferrugineus, supra aeneo-niger, elytris utrinque compressis striatis subauratis, posterius quadridentatis. *Modeer act. soc. physiogr. Lond.* I. 3. *p.* 160. *n.* 6.
Habitat - - - teretiusculus, elytris abdominis longitudine.

Viola aquatica. 9. G. subtus pallide ferrugineus, supra ater glaberrimus, subtomentoso murinus. *Modeer act. soc. physiogr. Lond.* I. 3. *p.* 160. *n.* 7.
Aldr. inf. l. 7. *c.* 1. *Jonst. inf. l.* 4. *c.* 1. Viola aquatica.
Habitat in aquis salsis.

195. BYRRHUS. *Antennae* clavatae: clava perfoliata.
Palpi aequales, subclavati.
Maxilla bifida.
Labium bifidum.

Gigas. 1. B. niger, elytris punctatis ferrugineis. *Fabr. mant. inf.* 1 *p.* 38. *n.* 1.
Habitat in Austria, *pilula major.*
Feminae *anus aculeo armatus.*

Pilula. 4. B. fuscus, elytris striis atris interruptis. *Fabr. sp. inf.* 1. *p.* 69. *n.* 1. *mant. inf.* 1. *p.* 38. *n.* 2.
Fn. suec. 427. Dermestes tomentosus ovatus fusco-nebulosus.
Deeger inf. 4. *p.* 213. *n.* 9. *t.* 7. *f.* 23. Dermestes ovatus &c.
Geoffr. inf. par. 4. *p.* 116. *n.* 1. *t.* 1. *f.* 8. Cistela subvillosa viridescens &c.
β) Byrrhus maculatus. *Herbst apud Fuessli Arch. Inf.* 4. *p.* 25. *n.* 2.
Habitat in Europae *sabulosis, colore nigro interdum conspicuus.*

ater. 2. B. niger immaculatus. *Fabr. sp. inf.* 1. *p.* 69. *n.* 2. *mant. inf.* 1. *p.* 38. *n.* 3.
Geoffr. inf. par. 1. *p.* 117. *n.* 3. Cistela nigra nitens glabra.
Habitat in Germania, *pilulae statura et magnitudine.*

dorsalis. 3. B. nigricans, coleoptris macula transversa ferruginea. *Fabr. mant. inf.* 1. *p.* 38. *n.* 4.
Habitat Kilonii, *atro proxime affinis, at paulo minor.*

varius. 5. B. niger, thorace aeneo, elytris fuscis: striis tribus abbreviatis viridibus nigro-maculatis. *Fabr. sp. inf.* 1. *p.* 69. *n.* 3. *mant. inf.* 1. *p.* 38. *n.* 5.
Habitat in Anglia.

aeneus. 6. B. totus aeneus. *Fabr. sp. inf.* 1. *p.* 70. *n.* 4. *mant. inf.* 1. *p.* 38. *n.* 6.
Habitat Upsaliae, *scutello albido.*

nitidus. 7. B. totus nitidus, supra aeneo-viridis, subtus niger. *Schaller Abh. der hall. Naturf. Ges.* 1. *p.* 252.
Habitat Halae Saxonum *in saxosis, vere infra saxa frequens.*

fasciatus. 8. B. nigricans, elytris fascia lata fusca. *Herbst. apud Fuessli Arch. Inf.* 4. *p.* 26. *n.* 4.
Voet coleoptr. t. 32. *f.* 2?
Habitat Berolini.

virescens. 9. B. virescens, scutello luteo. *Mus. Lesk. p.* 6. *n.* 116.
Habitat in Europa.

ANTHRENUS.

Antennae clavatae: clava solida.
Palpi inaequales, filiformes.
Maxilla membranacea, linearis, bifida.
Labium integrum.

Pimpinellae. 4. A. niger, elytris fascia alba apice ferrugineus, litura alba. *Fabr. sp. ins.* 1. *p.* 70. *n.* 1. *mant. ins.* 1. *p.* 39. *n.* 1.
Geoffr. ins. par. 1. *p.* 114. *n.* 1. Anthrenus squamosus niger &c.
Habitat in pimpinellae floribus Galliae.

Scrophulariae. 1. A. niger, elytris albo-maculatis: sutura sanguinea. *Fabr. sp. ins.* 1. *p.* 70. *n.* 2. *mant. ins.* 1. *p.* 39. *n.* 2.
Syst. nat. XII. 2. *p.* 569. Byrrhus Scrophulariae.
Fn. suec. 429. Dermestes tomentosus maculatus, sutura elytrorum rubra.
Degeer ins. 4. *p.* 200. *n.* 6. *t.* 7. *f.* 20. Dermestes ovatus niger &c.
Raj. ins. p. 85. *n.* 35.
Sulz. hist. ins. t. 2. *f.* 11. h.
Bergstr. nomencl. 1. *t.* 11. *f.* 9. 10.
Schaeff. elem. t. 17.
icon. t. 176. *f.* 4.
Habitat in Europae *scrophulariis.*

museorum. 2. A. nebulosus, elytris subnebulosis. *Fabr. sp. ins.* 1. *p.* 70. *n.* 3. *mant. ins.* 1. *p.* 39. *n.* 3.
Syst. nat. XII. 2. *p.* 568. *n.* 2. Byrrhus museorum.
Fn. suec. 430. Dermestes tomentosus maculatus, elytris puncto albo.
Degeer ins. par. 4. *p.* 203. *n.* 7. *t.* 8. *f.* 11. 12. Dermestes ovatus fuscus &c.
Habitat in museis, *animalia asservata destruens, libris quoque infestus, praecedenti similis, at minor.*

Verbasci. 3. A. niger, elytris fasciis tribus undatis albis. *Fabr. sp. ins.* 1. *p.* 70. *n.* 4. *mant. ins.* 1. *p.* 39. *n.* 4.

Syst.

An ad hoc genus spectat dubius Herbst apud Fuessli Arch. ins. 1. *p.* 41. *n.* 10. *t.* 21. *f.* k. k.

Syst. nat. XII. 2. *p.* 568. *n.* 3. Byrrhus fuſcus, elytris faſciis tribus undulatis pallidis.
Geoffroi inſ. par. 1. *p.* 115. *n.* 2. Anthrenus ſquamoſus niger, elytris fuſcis &c.
Bergſtr. nomencl. 1. *t.* 11. *f.* 11. 12.

vagus. 5. A. cinereus, elytris faſciis nigris tribus obſoletis.
Habitat in Europa, *Suecia; an hujus generis?*

glaber. 6. A. glaber niger, elytris, pedibus antennisque fuſcis. *Herbſt apud Fueſſli Arch. inſ.* 4. *p.* 26. *n.* 4.
Habitat Berolini, *magnitudine derm. pellionis.*

fuſcus. 7. A. fuſcus pilis luteis leviſſime tomentoſus apice pallida. *Muſ. Lesk. p.* 20. *n.* 119. b.
Habitat in Europa.

196. SILPHA.

Antennae clavatae: clava perfoliata.
Elytra marginata.
Caput prominens.
Thorax planiuſculus, marginatus.

germanica. 1. S. oblonga atra, clypeo obrotundo inaequali marginato, elytris obtuſiſſimis margine laterali ferrugineis.
Degeer inſ. 4. *p.* 173. *n.* 2. *t.* 6. *f.* 4. Silpha tota atra, elytris truncatis abdomine brevioribus.
Fabr. ſp. inſ. 1. *p.* 83. *n.* 1. *mant. inſ.* 1. *p.* 569. *n.* 1. Nicrophorus ater, thorace obrotundo inaequali.
Geoffr. inſ. par. 1. *p.* 99. *n.* 2. Dermeſtes thorace marginato, elytris abſciſſis, totus niger.
Raj. inſ. p. 107. *n.* 1.
Liſt. ſcar. angl. p. 381.
Voet. coleoptr. t. 30. *f.* 4. 5.
Sulz. hiſt. inſ. t. 2. *f.* 10.
β) Silpha ſpecioſa, elytris maculis duabus aurantiacis. *Schulze Naturf.* 6. *p.* 95. *t.* 4.
γ) Silpha humator. *Bergſtr. nomencl.* 1. *t.* 10. *f.* 9.
Habitat multiplici varietate in Germania, *cadavera ovo impraegnata ſepeliens.*

Silpharum *larva et imago animalium, inprimis cadaveribus paſcitur.*

Vespillo. 2. S. oblonga atra, clypeo orbiculato inaequali, elytris fasci duplici ferruginea. *Fn. suec.* 444.* *Mus. Lud. Ulr.* 37.
Degeer ins. par. 4. *p.* 168. *n.* 1. *t.* 6. *f.* 1. Silpha nigra elytris truncatis &c.
Fabr. sp. ins. 1. *p.* 84. *n.* 2. *mant. ins.* 1. *p.* 48. *n.* 2. Nicrophorus ater, elytris fascia duplici ferruginea.
Geoffr. ins. par. 1. *p.* 98. *n.* 1. *t.* 1. *f.* 5. Dermestes thorac marginato &c.
Scop. ent. carn. 33. Dermestes vespillo.
Raj. ins. 106.
Lister scar. p. 381. *n.* 2.
Mouff. ins. 149. *f.* 1.
Imp. alt. 692. *t.* 2. *f.* 2.
Blanck. ins. 160. *t.* 14. *f.* 1.
Gleditsch act. Berol. 1752. *p.* 53.
Petiv. gazoph. t. 13. *f.* 6.
Poda ins. t. 1. *f.* 2.
Voet coleoptr. t. 30. *f.* 1-3.
Roes. ins. 4. *t.* 1. *f.* 1. 2.
Frisch ins. 12. *p.* 28. *t.* 3. *f.* 2.
Bergstr. nomencl. 1. 10. 14. *t.* 1. *f.* 14.
Schaeff. ic. t. 9. *f.* 4.
β) Silpha vespilloides. *Herbst apud Fuessli Arch. Ins.* 4. *p.* 32. *n.* 3.
Habitat multiplici varietate, in Europa, America, *cadavera ovo impraegnata sepeliens, moschum non raro spirans, elytris erectis approximatis ocyssime volitans, acaris infestata; in* America *interdum decuplo major.*

bimaculata. 3. S. ovata nigra, antennarum capitulis globosis, pedibus ferrugineis.
Habitat in Barbaria, *oryzae magnitudine, thoracis margine subferrugineo, elytris in medio macula rubra notatis.*

quadripustulata. 5. S. oblonga nigra, elytris punctis duobus ferrugineis. *Fn. suec.* 446.*
Degeer ins. 4. *p.* 185. *n.* 12. *t.* 6. *f.* 20. 21. Silpha nigra oblonga depressa &c.
Fabr. syst. ent. p. 69. *n.* 3. Tritoma quadripustulata.
Fabr. sp. ins. 1. *p.* 80. *n.* 2. *mant. ins.* 1. *p.* 145. *n.* 5. Ips quadripustulata.
Geoffr. ins. par. 1. *p.* 106. *n.* 16?
Frisch ins. 9. 36. *t.* 19.
β) Silpha americana quadruplo major.

Habitat

Habitat in Europae *et* Americae *ligno putrescente, glaberrimus, statura scarabaei,* larva *oblonga hirsuta grisea.*

dorsalis. 4. S. oblonga supra pallida coleoptris macula media nigra. *Fabr. mant. inf.* 1. *p.* 45. *n.* 4.
Habitat in Europa *australi, quadripustulata paulo major.*

notata. 17. S. atra elytris macula baseos rufa. *Fabr. mant. inf.* 1. *p.* 45. *n.* 3.
Habitat Halae Saxonum, *dorsalis statura.*

bipunctata. 53. S. ater, elytris rufis: macula magna atra. *Fabr. mant. inf.* 1. *p.* 45. *n.* 2.
Habitat in Europa *magis australi.*

fasciata. 24. S. atra, elytris fasciis duabus rufis: anteriori nigro-maculata. *Fabr. sp. inf.* 1. *p.* 80. *n.* 1. *mant. inf.* 1. *p.* 45. *n.* 1.
Habitat in America *boreali.*

rufipes. 25. S. atra, capite, thorace pedibusque ferrugineis. *Fabr. mant. inf.* 1. *p.* 45. *n.* 6.
Fabr. sp. inf. 1. *p.* 80. *n.* 2. Tritoma rufipes.
Habitat in Norwegiae *fungis arboreis, in* Germania *duplo major.*

quadrimaculata. 27. S. rufa, thorace elytrisque nigris: his maculis duabus rufis. *Fabr. mant. inf.* 1. *p.* 45. *n.* 8.
Schaller Abh. der hall. Naturf. Ges. 1. *p.* 256. Silpha quadrimaculata oblonga ferruginea, superne nigra, elytris striatis: maculis duabus ferrugineis.
Habitat Halae Saxonum, *ad russicam accedens.*

punctulata. 32. S. oblonga nigra, elytris punctis fasciaque posteriore fulvis. *Fabr. mant. inf.* 1. *p.* 46. *n.* 9.
Habitat Halae Saxonum, *parva.*

glabra. 34. S. oblonga nigra, thorace rufo, elytris nigris: maculis duabus obsolete rufis, pedibus rufis. *Schaller Abh. der hall. Naturf. Ges.* 1. *p.* 255.
Fabr. mant. inf. 1. *p.* 46. *n.* 10. Ips sanguinicollis.
Habitat Halae Saxonum, *mediae magnitudinis, ad russicam accedens.*

picea. 36. S. picea, elytris nigris, basi fasciaque posteriore ferrugineis. *Fabr. sp. inf.* 1. *p.* 81. *n.* 3. *mant. inf.* 1. *p.* 46. *n.* 11.
Habitat in Germania, *quadripustulata minor.*

quadriguttata. 37. S. oblonga nitida atra, elytris maculis duabus albis, anteriore sinuata. *Fabr. sp. inf.* 1. *p.* 81. *n.* 4. *mant. inf.* 1. *p.* 46. *n.* 14. *Herbst. apud Fuesſli Arch. Inf.* 7. *p.* 158. *n.* 4. *t.* 43. *f.* 17.
Habitat Kilonii.

nigricornis. 38. S. flava, antennis nigris. *Fabr. mant. inf.* 1. *p.* 46. *n.* 12.
Habitat Halae Saxonum, *aenea paulo major; an hujus generis?*

aenea. 39. S. oblonga rufa, elytris caeruleo-viridibus, antennis nigris. *Schaller Abh. der hall. Naturf. Gef.* 1. *p.* 254. *Fabr. mant. inf.* 1. *p.* 46. *n.* 13. Ips aenea.
Habitat in filvis Magdeburgicis, *mediae magnitudinis.*

crenata. 40. S. oblonga nigra, thorace rugoso, elytris striato-crenatis: maculis duabus rubris. *Fabr. sp. inf.* 1. *p.* 81. *n.* 5. *mant. inf.* 1. *p.* 46. *n.* 15. *Herbst apud Fuesſli Arch. inf.* 4. *p.* 31. *n.* 2. *t.* 20. *f.* 2.
Fabr. Syst. ent. p. 69. *n.* 4. Tritoma crenata.
Habitat in Suecia, *quadripustulata quadruplo minor.*

rufifrons. 41. S. oblonga glabra atra, fronte pedibus maculisque duabus elytrorum ferrugineis. *Fabr. sp. inf.* 1. *p.* 81. *n.* 6. *mant. inf.* 1. *p.* 46. *n.* 16.
Fabr. syst. ent. p. 69. *n.* 5. Tritoma rufifrons.
Habitat in Anglia.

bifasciata. 42. S. nigra, elytris fasciis duabus punctoque apicis ferrugineis. *Fabr. mant. inf.* 1. *p.* 47. *n.* 17.
Habitat Halae Saxonum, *minuta.*

nigra. 43. S. oblonga nigra immaculata. *Fabr. mant. inf.* 1. *p.* 47. *n.* 18.
Habitat in Uplandiae *boletis, parva.*

haemorrhoidalis. 79. S. rufa, elytris nigris apice rufis. *Fabr. mant. inf.* 2. *app. p.* 378.
Habitat in Suecia, *rufipedi proxime affinis.*

binotata. 80. S. testacea, elytris striatis: maculis duabus nigris. *Petagn. inf. Calabr. p.* 7. *n.* 31. *f.* XXXIII.
Habitat in sepibus circa Bellimontum Calabriae, *statura rusticae.*

81. S.

spadicea. 81. S. oblonga glabra, oculis apiceque elytrorum nigris. *Lesk. it. p.* 14. *t.* A. *f.* 3.
Habitat in Lusatiae *monte* Keulenberg, $2\frac{1}{2}$ *lineas longa.*

sexdentata. 44. S. nigra, thorace sexdentato, elytris angustis punctato-sulcatis. *Herbst apud Fuessli Arch. Ins.* 4. *p.* 31. *n.* 3. *t.* 20. *f.* 21.
Habitat in oryza, $1\frac{1}{2}$ *lineas longa.*

collaris. 45. S. ovata nigra, thorace, pedibus antennisque luteis. *Schaller Abh. der hall. Naturf. Ges.* 1. *p.* 256.
Habitat in ligno ducatus Magdeburgici, *russica dimidio minor.*

carnaria. 46. S. fusca, elytris obtusis pubescentibus: maculis duabus testaceis. *Schaller Abh. der hall. Naturf. Ges.* 1. *p.* 257.
Habitat in cadaveribus, *nitidulae rufipedi similis, at minor.*

indica. 6. S. nigra, elytris fasciis duabus ferrugineis, thorace anterius bidentato. *Mus. Lud. Ulr.* 38.* *Fabr. sp. ins.* 1. *p.* 85. *n.* 3. *mant. ins.* 1. *p.* 48. *n.* 4.
Habitat in India.

americana. 7. S. ovata fusca, clypeo flavo, centro nigro intra annulum fulvum.
Fabr. sp. ins. 1. *p.* 85. *n.* 4. *mant. ins.* 1. *p.* 48. *n.* 5. Silpha depressa nigra, thorace flavo: centro nigro.
Catesb. Car. 3. *t.* 10. *f.* 5. Blatta americana.
Habitat in America, *vespillonis magnitudine.*

Seminulum. 8. S. ovata atra nitida immaculata, abdomine rubro. *Fn. suec.* 447.*
Fabr. sp. ins. 1. *p.* 79. *n.* 16. *mant. ins.* 1. *p.* 44. *n.* 13. Sphaeridium atrum, abdomine pedibusque rufis.
Habitat in Europae *hortis et floribus, parva; testam dasypodis instar componens, terrefacta similis semini caput et pectus abdomini applicans, ut exacte granum glabrum lucidum referat, quiete jaciendo facile seducens inventorem.*

agaricina. 9. S. ovata atra glaberrima hemiptera. *Fn. suec.* 448.
Scop. ent. carn. 43. Dermestes agaricinus.
Habitat in agaricis.

russica. 10. S. oblonga rufa, antennis, elytris, pectoreque nigris. *Fn. suec.* 449.* *Fabr. sp. ins.* 1. *p.* 85. *n.* 5. *mant. ins.* 1. *p.* 48. *n.* 6.

Uddm. diss. 7. Dermestes elytris nigris, capite, clype abdomine rubro.
Degeer inf. 5. *p.* 283. *n.* 1. *t.* 8. *f.* 12. Anthribus ruber
Herbst. apud Fuessli Arch. Inf. 7. *p.* 159. *n.* 14. *t.* 43. *f.*
Habitat in Europa *boreali*, *et* Calabria.

lividà. 47. S. fusca thorace elytris pedibusque lividis. *Fabr. m* 1. *p.* 48. *n.* 3. *Herbst apud Fuessli Arch. Inf.* 4. *p.* *n.* 10.
Habitat in Germania, *littoralis statura, sed duplo mino*

littoralis. 11. S. atra, elytris laevibus: lineis elevatis tribus, tho orbiculato nitido. *Fn. suec.* 450.* *Scop. ent. carn.* *Fabr. sp. inf.* 1. *p.* 85. *n.* 2. *mant. inf.* 1. *p.* 48. *n.* 2.
Fn. suec. 380. Cassida atra, elytris lineis tribus elev antennis antice testaceis.
Degeer inf. 4. *p.* 176. *n.* 4. Silpha rufo-clavata &c.
Geoffr. inf. par. 1. *p.* 120. *n.* 3. Peltis nigra &c.
Schaeff. ic. t. 218. *f.* 1.
Frisch inf. 6. *p.* 12. *t.* 5.
Bergstr. nomencl. 1. 24. 6. *t.* 3. *f.* 6.
β) Silpha clavipes? *Sulz. hist. inf. t.* 2. *f.* 14?
Bergstr. nomencl. 1. *t.* 11. *f.* 3.
Habitat in Europae *cadaveribus.*
Larva *ovata, depressa, fusca, voracissima.*

surinamensis. 48. S. atra, elytris fascia posteriore flava, femoribus posteri ribus dentatis. *Fabr. sp. inf.* 1. *p.* 85. *n.* 1. *mant. inf.* *p.* 48. *n.* 1.
Habitat in America *meridionali.*

inaequalis. 49. S. atra, elytris laevibus: lineis elevatis tribus, thora inaequali emarginato. *Fabr. sp. inf.* 1. *p.* 87. *n.* 11. *ma inf.* 1. *p.* 49. *n.* 13.
Habitat in America *septentrionali, atratae affinis.*

granulata. 50. S. atra, elytris lineis elevatis tribus punctisque granulat thorace emarginato. *Fabr. mant. inf.* 1. *p.* 49. *n.* 12.
Habitat in Africa, *atrata paulo major.*

atrata. 12. S. atra, elytris punctatis: lineis elevatis tribus laevib thorace integro. *Fn. suec.* 451.* *Scop. ent. carn.* 56. *Fa sp. inf.* 1. *p.* 87. *n.* 10. *mant. inf.* 1. *p.* 49. *n.* 11.
Laichart. inf. tyr. 1. *p.* 98. *n.* 10. Silpha tyrolensis.
Degeer inf. 4. *p.* 177. *n.* 5. *t.* 6. *f.* 15. Silpha punctata &
Geo

Geoffr. inf. par. 1. *p.* 118. *n.* 1. Peltis nigra &c.
Schaeff. elem. t. 96. *f.* 1.
icon. t. 93. *f.* 5.
Habitat in Europae *agris et viis frequens.*

thoracica. 13. S. nigra, elytris obſcuris: linea elevata unica, thorace teſtaceo. *Fn. ſuec.* 452.* *Scop. ent. carn.* 54. *Stroem act. nidr.* 3. *p.* 384. *t.* 6. *f.* 1. *Fabr. ſp. inſ.* 1. *p.* 86. *n.* 6. *mant. inſ.* 1. *p.* 48. *n.* 7.
Degeer inſ. 4. *p.* 174. *n.* 3. *t.* 6. *f.* 7. Silpha nigra &c.
Geoffr. inſ. par. 1. *p.* 121. *n.* 6. Peltis nigra &c.
Gadol diſſ. 25. Caſſida nigra, clypeo latiſſimo pallide, rufo, macula lata nigra nitida.
Raj. inſ. p. 90. *n.* 10. Scarabaeus primo ſimilis parum canaliculatus, ſcapulis croceis.
Bergſt. nomencl. 1. 23. 5. *t.* 3. *f.* 5.
Schaeff. ic. t. 75. *f.* 4.
Sulz. hiſt. inſ. t. 2. *f.* 12.
Habitat in Europae *cadaveribus.*

laevicollis. 51. S. gibba nigra, elytris rugoſis: lineis elevatis tribus, thorace laevi emarginato. *Fabr. ſp. inſ.* 1. *p.* 86. *n.* 7. *mant. inſ.* 1. *p.* 48. *n.* 8.
Habitat in nova Hollandia.

marginalis. 52. S. atra, thoracis margine pallido, elytris fuſcis. *Fabr. ſp. inſ.* 1. *p.* 86. *n.* 8. *mant. inſ.* 1. *p.* 48. *n.* 9.
Forſter cent. inſ. 1. *p.* 17. *n.* 17. Silpha noveboracenſis.
Habitat in America *boreali, atratae magnitudine.*

quadripunctata. 14. S. nigra, elytris pallidis: puncto baſeos medioque nigro, thorace emarginato. *Fn. ſuec.* 453.* *Fabr. ſp. inſ.* 1. *p.* 88. *n.* 17. *mant. inſ.* 1. *p.* 49. *n.* 20.
Pet. gaz. t. 12. *f.* 2.
Schreb. inſ. 2. *f.* 5. Silpha quadripunctata nigra, elytris exalbidis: maculis 4 nigris.
Geoffr. inſ. par. 1. *p.* 122. *n.* 7. Peltis nigra, thorace elytrisque teſtaceis, thoracis macula coleoptrorumque 5 nigris.
Degeer inſ. 4. *p.* 181. *n.* 6. *t.* 4. Silpha corpore nigro &c.
Lepechin it. 1. *p.* 202. *t.* 16. *f.* 4. Silpha flavicans.
Habitat in Europae, *frequens in* Angliae *quercu.*

pedemontana. 54. S. teſtacea, antennis apice nigris. *Fabr. ſp. inſ.* 1. *p.* 88. *n.* 18. *mant. inſ.* 1. *p.* 49. *n.* 21.
Geoffr. inſ. par. 1. *p.* 123. *n.* 9.
Habitat in agris Pedemontanis.

hirta. 55. S. nigricans villis flavis splendidis hirta, elytris lineis bus et dimidia elevatis. *Herbst apud Fuessli Arch. Ins. p.* 34. *n.* 11.

Habitat Berolini, *sinuatae affinis.*

sinuata. 56. S. thorace emarginato scabro, elytris lineis elevatis tr apice sinuatis. *Fabr. sp. inf.* 1. *p.* 88. *n.* 16. *mant. ins. p.* 49. *n.* 19.

Sulz. hist. ins. t. 2. *f.* 15. Silpha appendiculata.

Geoffr. inf. par. 1. *p.* 119. *n.* 2. Peltis nigra &c.

Habitat in Anglia *et* Germania.

carinata. 57. S. spadicea, clypeo glaberrimo, latissimo, margin anterius exciso, elytris margine carinatis glabris: lineis bus elevatis. *Herbst apud Fuessli Arch. Inf.* 4. *p.* 34. *n.*

Habitat in Pomerania, *opacae affinis.*

opaca. 15. S. fusca, elytris concoloribus: lineis elevatis subter thorace anterius truncato. *Fabr. sp. inf.* 1. *p.* 88. *n. mant. inf.* 1. *p.* 49. *n.* 18.

Müller prodr. zool. dan. p. 63. *n.* 585. Peltis opaca &c

Schaeff. ic. t. 93. *f.* 6.

rugosa. 16. S. nigricans, elytris rugosis: lineis elevatis tribus, t race rugoso posterius sinuato. *Fn. suec.* 445.* *Scop. carn.* 53. *Fabr. sp. inf.* 1. *p.* 86. *n.* 9. *mant. inf.* 1. *p. n.* 10.

Fn. suec. 1. *n.* 379. Cassida atra, elytris striis quinque p ctisque elevatis.

Degeer inf. 4. *p.* 182. *n.* 7. *et inf.* 5. *p.* 43. *n.* 5. *t.* 2. *f.* Silpha nigra opaca &c. *et* Tenebrio rugosus &c.

Geoffr. inf. par. 1. *p.* 120. *n.* 4. Peltis nigra &c.

Raj. inf. 90. *p.* 9. Scarabaeus inter cadavera frequens

Bergstr. nomencl. 1. 23. 4. *t.* 3. *f.* 4.

β) Silpha pellaeocephalos. *Bergstr. nomencl. t.* 9. *f.* 8.

Habitat frequentissima in Europa *et* Sibiria, *cadavera, ces, carnes consumens, capta humorem foetidissin evomens.*

cancellata. 58. S. nigra, thorace laevi, elytris rugosis: lineis elevatis bus. *Fabr. mant.* 1. *p.* 49. *n.* 17.

Habitat Halae Saxonum, *obscurae proxime affinis.*

oblonga. 18. S. nigra, elytris punctatis: lineis elevatis tribus, thorace anterius truncato. *Fn. suec.* 457. *Scop. ent. carn.* 57. *Fabr. sp. inf.* 1. *p.* 88. *n.* 14. *mant. inf.* 1. *p.* 49. *n.* 16.
Udm. diss. 8. Cassida ovata nigra, lineis elevatis tribus: media longissima.
β) Silpha punctata. *Bergstr. nomencl. t.* 9. *f.* 9?
Habitat in Europa *boreali, rarior.*

ferruginea. 19. S. ferruginea, elytris lineis elevatissimis, thorace emarginato capite latiore. *Fn. suec.* 458. *Scop. ent. carn.* 60. *Fabr. sp. inf.* 1. *p.* 89. *n.* 19. *mant. inf.* 1. *p.* 49. *n.* 22.
Degeer inf. 4. *p.* 183. *n.* 9. Silpha cimicoides &c.
Laichart. inf. tyr. 1. *p.* 102. *n.* 1. Oltoma rubicunda.
Raj. inf. p. 84. *n.* 33.
Schaeff. ic. t. 40. *f.* 7.
Habitat in Europa *boreali, etiam* Calabria.

reticulata. 20. S. ferruginea, elytris lineis elevatis senis, thorace emarginato serrato.
Habitat in Europa, *ferruginea duplo angustior.*
Clypeus *lunatus, latitudine thoracis, et ultra thoracem extensus; hic elytris angustior, marginibus lateralibus crenulatis; elytra profunde sulcata; inter singulos sulcos ordine punctorum excavato.*

grossa. 21. S. atra, elytris punctatis: lineis elevatis tribus laevibus, thorace transverso emarginato. *Fn. suec.* 459. *Udm. diss.* 9.
Fabr. sp. inf. 1. *p.* 87. *n.* 12. *mant. inf.* 1. *p.* 49. *n.* 14. Silpha truncata.
Habitat in Europa, *ovata, punctis elytrorum confertis.*

laevigata. 59. S. atra, elytris laevibus subpunctatis. *Fabr. sp. inf.* 1. *p.* 87. *n.* 13. *mant. inf.* 1. *p.* 49. *n.* 15.
Geoffr. inf. par. 1. *p.* 122. *n.* 8. Peltis nigra tota &c.
Sulz hist. inf. t. 2. *f.* 16.
Habitat in Europae *silvis.*

oblonga. 22. S. nigra, elytris striato-punctatis, lineis elevatis senis, thorace emarginato. *Fn. suec.* 460. *Fabr. sp. inf.* 1. *p.* 89. *n.* 20. *mant. inf.* 1. *p.* 50. *n.* 23. *Herbst apud Fuessli Arch. Inf.* 4. *t.* 20. *f.* 22.
Degeer inf. 4. *p.* 185. *n.* 71. Silpha oblonga &c.
Fn. suec. 381. Cassida atra, elytris striis 10 elevatis, punctis excavatis striatis.
β) Silpha flavifrons. *Schaeff. elem. t.* 18?

scabra. 23. S. oblonga nigra, thorace anterius elytrisque ante ap bidentatis.
Fabr. mant. inf. 1. *p.* 50. *n.* 24. Silpha dentata?
Habitat in Europa, *statura et magnitudine oblongae.*

limbata. 60. S. nigra, thoracis elytrorumque margine subferrug elytris lineis elevatis plurimis obsoletis. *Fabr. sp. i. p.* 89. *n.* 21. *mant. inf.* 1. *p.* 50. *n.* 25.
Habitat in Africa *aequinoctiali, statura ferrugineae paulo minor.*

undata. 61. S. nigra nitida, elytris fasciis duabus undatis, punct apicis albis. *Fabr. mant. inf.* 1. *p.* 50. *n.* 26.
Habitat in Saxonia, *sub arborum cortice, dermestis u statura et magnitudine.*

succincta. 26. S. ferruginea nitida, elytris medio nigris.
Habitat in Suecia, *pediculo major.*

fusca. 28. S. fusca elongata, subtus picea.
Habitat in Suecia, *pediculo major, statura cicindelae.*

depressa. 29. S. ferruginea, elytris laevibus, thorace emarginato. *suec.* 463.*
Habitat in Europa.

uralensis. 62. S. supra atra, subtus ferruginea, thoracis atque elytro marginibus rubicundis. *Lepech. it.* 1. *p.* 312. *t.* 16.
Habitat in deserto Uralensi, *aliorum insectorum cada sepeliens; an hujus generis?*

grisea. 30. S. grisea, elytris laevibus, thorace emarginato. *Fn. suec.* 4
Habitat in Europa.

testacea. 31. S. testacea, thorace integro.
Habitat in Germania, *nitidula aestiva triplo major, an jus generis?*

pulicaria. 33. S. nigra oblonga, elytris abbreviatis, abdomine acuto *Fabr. sp. inf.* 1. *p.* 79. *n.* 12. *mant. inf.* 1. *p.* 44. *n* Sphaeridium pulicarium.
Syst. nat. XII. 2. *p.* 564. *n.* 24. *Fn. suec.* 370. Derm pulicarius.
Geoffr. inf. par. 1. *p.* 308. *n.* 4. Anthribus niger.
Raj. inf. 108. *n.* 29.
Habitat frequens in Europa, *in floribus cursitans.*

punctata. 63. S. atra, elytris ſtriatis, pedibus concoloribus. *Fabr. ſp. inſ. 1. p. 79. n. 11. mant. inſ. 1. p. 44. n. 14.*
Habitat in Anglia.

ſimetaria. 64. S. atra, immaculata, elytris laeviſſimis. *Fabr. ſp. inſ. 1. p. 79. n. 9. mant. inſ. 1. p. 43. n. 12. Herbſt apud Fueſſli Arch. inſ. 4. p. 30. n. 4. t. 20. f. 17.*
Habitat in Angliae *ſtercore.*

cruentata. 65. S. atra nitida, thoracis margine elytrorumque macula ſanguineis. *Fabr. ſp. inſ. 1. p. 79. n. 8. mant. inſ. 1. p. 43. n. 11.*
Habitat in nova Hollandia.

rufa. 66. S. atra nitida, thorace pedibusque anterioribus rufis. *Fabr. mant. inſ. 1. p. 43. n. 10.*
Habitat Halae Saxonum, *ſtatura parva et gibba haemorrhoidalis.*

haemorrhoidalis. 67. S. atra, elytris apice rufis, pedibus nigris. *Fabr. ſp. inſ. 1. p. 79. n. 7. mant. inſ. 1. p. 43. n. 9.*
Geoffr. inſ. par. 1. p. 308. n. 5. Anthribus niger ovatus &c.
Habitat in Europae *ſtercore bovino.*

melanocephala. 68. S. atra glabra, elytris griſeis: macula communi baſeos nigra. *Fabr. ſp. inſ. 1. p. 78. n. 6. mant. inſ. 1. p. 43. n. 8.*
Syſt. nat. XII. 2. *p.* 563. *n.* 16. *Fn. ſuec.* 425. Dermeſtes melanocephalus &c.
Habitat in Europae *ſtercore frequens.*

atomaria. 35. S. nigra ſubovata, elytris immarginatis, pedibus pallidis.
Fabr. ſp. inſ. 1. p. 78. n. 5. mant. inſ. 1. p. 43. n. 7. Sphaeridium laeve atrum, elytris crenato-ſtriatis, pedibus pallidis.
Geoffr. inſ. par. 1. p. 117. n. 19. Dermeſtes niger ſubrotundus &c.
Habitat in Europae *ſtercore.*

ſtriata. 69. S. ferruginea, elytris ſtriatis. *Fabr. mant. inſ. 1. p. 43. n. 6.*
Habitat Kilonii, *ſtatura marginatae.*

marginata. 70. S. laevis atra, elytrorum margine pedibusque ferrugineis. *Fabr. mant. inſ. 1. p. 43. n. 5.*
Habitat Halae Saxonum, *glabratae ſtatura et magnitudine.*

glabrata. 71. S. atra, antennis pedibusque rufis, elytris laevibus. *Fabr. sp. inf.* 1. *p.* 78. *n.* 4. *mant. inf.* 1. *p.* 43. *n.* 4.
Habitat in insula Madera, *statura dyticoidis, at minor.*

dyticoides. 72. S. ferruginea, elytris atris. *Fabr. sp. inf.* 1. *p.* 78. *n.* 3. *mant. inf.* 1. *p.* 43. *n.* 3.
Habitat in insula S. Helenae.

stercorea. 73. S. atra nitida, elytrorum macula apicis rubra, pedibus piceis. *Fabr. sp. inf.* 1. *p.* 78. *n.* 2. *mant. inf.* 1. *p.* 43. *n.* 2.
Habitat Kilonii *in stercore.*

scarabaeoides. 74. S. ovata atra, elytris maculis duabus ferrugineis. *Fabr. sp. inf.* 1. *p.* 78. *n.* 1. *mant. inf.* 1. *p.* 43. *n.* 1.
Syst. nat. XII. 2. *p.* 563. *n.* 17. *Fn. suec.* 428.* *Scop. ent. carn.* 36. Dermestes scarabaeoides.
Gadd satag. 76. Scarabaeus ovatus niger glaber, maculis 2 rubris in singulo elytro.
Geoffr. inf. par. 1. *p.* 106. *n.* 17. Dermestes niger &c.
Degeer inf. 4. *p.* 345. *t.* 12. *f.* 17. Hister testudinarius &c.

insignita. 75. S. nigra, elytris obsolete striatis: maculis duabus magnis coccineis. *Herbst apud Fuessli Arch. Inf.* 4. *p.* 30. *n.* 5. *t.* 20. *f.* 18.
Habitat rarior Berolini *in stercore vaccino.*

nigricans. 76. S. nigricans, elytris laevissimis: maculis quatuor flavis. *Herbst apud Fuessli Arch. Inf.* 4. *p.* 30. *n.* 6. *t.* 20. *f.* 19.
Habitat rarior Berolini *in stercore vaccino, statura et magnitudine melanocephalae.*

histeroides. 77. S. nigra, antennis pedibusque rubris, elytris abbreviatis: macula rubra. *Thunb. nov. act. Ups.* 4. *p.* 8. *n.* 12.
Habitat Upsaliae, *oblonga, angusta, pediculo vix major.*

biguttata. 78. S. tota ferruginea, elytris linea punctoque pallido. *Thunb. nov. act. Ups.* 4. *p.* 9. *n.* 13.
Habitat Upsaliae, *depressae magnitudine et facie.*

lutea. 81. S. lutea, elytris pubescentibus laevibus. *Fabr. mant. inf.* 2. *app. p.* 378.
Habitat in Suecia.

ruficornis. 82. S. atra glabra, antennis abdomine pedibusque ferrugineis. *Muf. Lesk. p.* 7. *n.* 142.
Habitat in Europa.

exilis. 83. S. atra glabra minima, capite thoraceque incurvis. *Muf. Lesk. p.* 7. *n.* 144. c.
Habitat in Europa.

fpadicea. 84. S. ferrugineo fufca glabra, capite thoraceque incurvis. *Muf. Lesk. p.* 8. *n.* 144. A.
Habitat in Europa.

trilineata. 85. S. elytris punctatis: lineis elevatis tribus; intermedia longiffima. *Muf. Lesk. p.* 8. *n.* 154. b.
Habitat in Europa.

melanophthalma. 86. S. teftacea, oculis nigris, elytris guttis quinque nigris: una communi ad fcutellum. *Muf. Lesk. p.* 9. *n.* 160.
Habitat in Europa.

multicolor. 87. S. nigra, antennis pedibusque rufis, thoracis teftacei dorfo fufco: punctis duobus impreffis, elytris teftaceis: punctis duobus, taenia media, fafcia inaequali verfus apicem apiceque ipfo nigris. *Muf. Lesk. p.* 9. *n.* 171.
Habitat in Europa, *antennarum apice fufco.*

bicolor. 88. S. fufca, pedibus rufis. *Muf. Lesk. p.* 9. *n.* 172. 174.
Habitat in Europa.

nebulofa. 89. S. teftacea, capite, thorace elytrisque fufco nebulofis. *Muf. Lesk. p.* 9. *n.* 173.
Habitat in Europa.

rubiginofa. 90. S. thorace angufto: dorfo fulcato, corpore fufco, elytris rugofis, capite, thorace, abdomine pedibusque ferrugineis. *Muf. Lesk. p.* 9. *n.* 174. b.
Habitat - - -

pallipes. 91. S. nigra, capite, thorace, elytris pedibusque pallidis, oculis nigris. *Muf. Lesk. p.* 9. *n.* 174. d.
Habitat in Europa.

fqualida. 92. S. fufco teftacea, capite, thorace antennarumque teftacearum apice teftaceis, elytris fordide teftaceis, pedibus lividis. *Muf. Lesk. p.* 9. *n.* 174. e.
Habitat - - -

ftriatula. 93. S. ferruginea, elytris leviffime ftriatis. *Muf. Lesk. p.* 9. *n.* 174. f.
Habitat in Europa.

tricolor. 94. S. nigra, antennis pedibusque rufis, elytris fufco-brunneis. *Muf. Lesk. p.* 9. *n.* 174. g.
Habitat in Europa.

NITIDULA. *Antennae* clavatae: clava solida.
Elytra marginata.
Caput prominens.
Thorax planiusculus, marginatus.

* *labio quadrato:* Elophori.

aquatica. 1. N. fusca, thorace rugoso elytrisque fusco-aeneis. *Fabr. sp. inf.* 1. *p.* 77. *n.* 1. *mant. inf.* 1. *p.* 42. *n.* 1.
Syst. nat. XII. 2. *p.* 573. *n.* 25. *Fn. suec.* 461.* Silpha cinerea, elytris substriatis, thorace emarginato longitudinaliter rugoso virescente.
Geoffr. inf. par. 1. *p.* 105. *n.* 15. Dermestes viridi-aeneus, thorace fasciis quatuor elevatis, elytris punctato-striatis.
Degeer inf. 4. *p.* 379. *n.* 5. *t.* 15. *f.* 5. 6. Hydrophilus aeneus &c.
Habitat in Europae *aquis stagnantibus, parva, frequens inter confervas.*

elongata. 2. N. fusca, thorace rugoso, elytris sulcatis crenatis. *Schaller Abh. der hall. Naturf. Ges.* 1. *p.* 257.
Habitat Halae Saxonum *in aquis stagnantibus sub lemna, magnitudine media ptini pertinacis, angusta et elongata, pedibus piceis.*

nubila. 3. N. grisea, thorace elytrisque sulcato-rugosis. *Fabr. sp. inf.* 1. *p.* 77. *n.* 2. *mant. inf.* 1. *p.* 42. *n.* 2.
Habitat Hamburgi.

minuta. 4. N. fusca, thorace rugoso aeneo, elytris pallidis. *Fabr. sp. inf.* 1. *p.* 77. *n.* 3. *mant. inf.* 1. *p.* 42. *n.* 3.
Habitat in Angliae *aquis stagnantibus, aquaticae affinis, at triplo minor.*

coccinelloides. 28. N. nigra, capite, thorace elytrisque fumatis. *Mus. Lesk. p.* 7. *n.* 137. b.
Habitat in Europa, *statura coccinellae.*

fusca. 29. N. fusco-testacea, elytris punctato striatis, antennis pedibusque testaceis. *Mus. Lesk. p.* 7. *n.* 137. c.
Habitat in Europa.

30. N.

nebulosa. 30. N. testaceo grisea, capite fusco: tuberculis inter oculos quatuor, thorace aspero, elytris lineis elevatis sex: interstitiis punctatis. *Mus. Lesk. p.* 7. *n.* 138. b.
Habitat - - - an forte eadem cum nubila?

** *labio cylindrico.*

bipustulata. 5. N. ovata nigra, elytris puncto rubro. *Fabr. sp. inf.* 1. *p.* 91. *n.* 1. *mant. inf.* 1. *p.* 51. *n.* 1.
Syst. nat. XII. 2. *p.* 570. *n.* 4. *Fn. suec.* 445. Silpha oblonga nigra, elytris singulis puncto unico rubro.
Laichart. inf. tyr. 1. *p.* 106. *n.* 3. Ostoma bipustulata.
Degeer inf. 4. *p.* 186. *n.* 13. *t.* 6. *f.* 22. 23. Silpha nigra &c.
Geoffr. inf. par. 1. *p.* 100. *n.* 3. Dermestes niger &c.
Habitat in Europae *cadaveribus, carnibus, lardo.*

obscura. 6. N. ovata nigra obscura, pedibus piceis. *Fabr. sp. inf.* 1. *p.* 91. *n.* 2. *mant. inf.* 1. *p.* 51. *n.* 2. *Herbst apud Fuessli Arch. Inf.* 4. *p.* 36. *n.* 2. *t.* 20. *f.* 23.
Habitat in Germania.

abbreviata. 7. N. ovata nigra obscura, elytris laevibus obtusis abbreviatis. *Fabr. sp. inf.* 1. *p.* 91. *n.* 3. *mant. inf.* 1. *p.* 51. *n.* 3.
Habitat in nova Seelandia, *obscurae statura et magnitudine, pedibus nunc flavis, nunc nigris.*

marginata. 8. N. ovata, elytris sulcatis: margine punctisque disci ferrugineis. *Fabr. sp. inf.* 1. *p.* 91. *n.* 4. *mant. inf.* 1. *p.* 51. *n.* 4.
Habitat in Italia, *statura bipustulatae.*

aestiva. 9. N. testacea subtomentosa, thorace emarginato, oculis nigris. *Fabr. sp. inf.* 1. *p.* 91. *n.* 5. *mant. inf.* 1. *p.* 51. *n.* 5. *Herbst apud Fuessli Arch. Inf.* 4. *p.* 36. *n.* 3. *t.* 20. *f.* 24.
Syst. nat. XII. 2. *p.* 574. *n.* 32. *Fn. suec.* 465. Silpha aestiva.
Habitat in Europae *floribus.*

strigata. 10. N. ovata fusca, thoracis margine, elytris margine, lineola baseos strigaque apicis fulvis. *Fabr. mant. inf.* 1. *p.* 51. *n.* 7.
Habitat Halae Saxonum, *mediae magnitudinis, subtus fusca.*

varia. 11. N. ovata, thorace elytrisque nigro ferrugineoque variis. *Fabr. sp. inf.* 1. *p.* 92. *n.* 7. *mant. inf.* 1. *p.* 52. *n.* 8. *Herbst apud Fuessli Arch. Inf.* 4. *p.* 76. *n.* 4. *t.* 20. *f.* 25.
Habitat Kilonii *in hortis, statura dermestis ferruginei.*

bicolor. 12. N. ferruginea, elytris nigris, fascia baseos punctoque apicis ferrugineis. *Fabr. sp. inf.* 1. *p.* 92. *n.* 8. *mant. inf.* 1. *p.* 52. *n.* 9.
Habitat in arvis Kiloniensibus.

Colon. 13. N. nigra, elytris ferrugineo-variis, thorace emarginato. *Fabr. sp. inf.* 1. *p.* 92. *n.* 9. *mant. inf.* 1. *p.* 52. *n.* 10. *Syst. nat.* XII. 2. *p.* 573. *n.* 27. *Fn. suec.* 462. *Degeer inf.* 4. *p.* 117. *n.* 14. *t.* 6. *f.* 24. Silpha Colon.
Habitat in Europae *borealis graminosis.*

limbata. 14. N. nigra, thoracis margine, elytrorumque limbo ferrugineis. *Fabr. mant.* 1. *p.* 52. *n.* 11.
Habitat Halae Saxonum *parva.*

haemorrhoidalis. 15. N. nigra, elytris apice ferrugineis. *Fabr. sp. inf.* 1. *p.* 92. *n.* 10. *mant. inf.* 1. *p.* 52. *n.* 12.
Habitat Hamburgi.

discoidea. 16. N. nigra, thorace marginato, elytrorum disco ferrugineo. *Fabr. sp. inf.* 1. *p.* 92. *n.* 11. *mant. inf.* 1. *p.* 52. *n.* 13.
Habitat in Anglia.

pedicularia. 17. N. nigra, elytris laevibus, thorace marginato. *Fabr. sp. inf.* 1. *p.* 92. *n.* 12. *mant. inf.* 1. *p.* 52. *n.* 14. *Syst. nat.* XII. 2. *p.* 574. *n.* 34. *Fn. suec.* 466. Silpha pedicularia.
β) Dermestes (psyllius) ovatus niger, abdomine obtuso, thorace elytrisque marginatis.
Habitat in Europae *borealis hortis, floribus, pediculi magnitudine, ovato-oblonga.*

litura. 18. N. testacea, elytris litura arcuata nigra. *Fabr. mant. inf.* 1. *p.* 52. *n.* 15.
Habitat Halae Saxonum, *parva.*

bipunctata. 19. N. testacea, coleoptris maculis quinque nigris. *Fabr. mant. inf.* 1. *p.* 52. *n.* 16. *Herbst apud Fuessli Arch. Inf.* 4. *p.* 58. *n.* 32. *t.* 23. *f.* 20. c. Chrysomela scutellata.
Habitat Halae Saxonum, *statura liturae.*

aenea. 20. N. viridi-aenea, thorace marginato, antennis pedibusque nigris. *Fabr. sp. inf.* 1. *p.* 93. *n.* 13. *mant. inf.* 1. *p.* 52. *n.* 17.
Habitat in Anglia.

21. N.

nitidescens. 21. N. viridi-aenea, thorace marginato, pedibus rufis. *Fabr. mant. inf.* 1. *p.* 52. *n.* 18.
Habitat Kilonii, *statura aeneae.*

pubescens. 22. N. thorace elytrisque griseis pubescentibus. *Fabr. sp. inf.* 1. *p.* 93. *n.* 14. *mant. inf.* 1. *p.* 52. *n.* 19.
Habitat in Germania.

hirta. 23. N. atra, thorace elytrisque pubescentibus. *Fabr. sp. inf.* 1. *p.* 93. *n.* 15. *mant. inf.* 1. *p.* 52. *n.* 20.
Habitat in Germania, *pubescenti affinis.*

rufipes. 24. N. nigra nitida, pedibus pallidis. *Fabr. sp. inf.* 1. *p.* 93. *n.* 16. *mant. inf.* 1. *p.* 52. *n.* 21.
Syst. nat. XII. 2. *p.* 573. *n.* 24. Silpha nigra laevis, thorace subemarginato, pedibus pallidis.
Habitat in Europae *hortis.*

setacea. 25. N. ochracea immaculata, oculis nigris, elytris laevissimis. *Herbst. apud Fuessli Arch. Inf.* 4. *p.* 36. *n.* 6.
Habitat - - - *statura et magnitudine coli, dermesti ferrugineo affinis.*

pectoralis. 26. N. fusca, capite pedibusque ferruginea, antennarum clava flava. *Herbst apud Fuessli Arch. Inf.* 4. *p.* 41. *n.* 12. *t.* 21. *f.* M. m.

pilosa. 27. N. nigra, elytris villosis, antennis pedibusque ferrugineis. *Herbst apud Fuessli Arch. Inf.* 4. *p.* 39. *n.* 7. *t.* 21. *f.* G. g.
Habitat in Marchia, *lineam longa.*

OPATRUM.

Antennae moniliformes, extrorsum crassiores.

Elytra marginata.

Caput prominens.

Thorax planiusculus, marginatus.

griseum. 1. O. cinereum, thorace plano marginato, elytris striis tribus elevatis posterius dentatis. *Fabr. sp. inf.* 1. *p.* 89. *n.* 1. *mant. inf.* 1. *p.* 50. *n.* 1.
Habitat in Italia, *sabuloso major.*

sabulosum. 2. O. fuscum, elytris lineis elevatis tribus dentatis, thorac emarginato. *Fabr. sp. inf.* 1. *p.* 89. *n.* 2. *mant. inf.* 1 *p.* 50. *n.* 2.
Syst. nat. XII. 2. *p.* 572. *n.* 17. *Fn. suec.* 456. Silpha sabulosa.
Udm. diss. 5. Dermestes niger, inter elytrorum lineas quatuor elevatas scrobiculis exaratus.
Fn. suec. 382. Cassida nigra, elytris striis quinque utrinque dentatis, clypeo emarginato.
Geoffr. inf. par. 1. *p.* 350. *n.* 7. Tenebrio atra &c.
Habitat in Europae *et borealis* Americae *campis apricis sabulosis.*

gibbum. 3. O. nigrum, elytris lineis elevatis plurimis obsoletis. *Fabr. sp. inf.* 1. *p.* 90. *n.* 3. *mant. inf.* 1. *p.* 50. *n.* 3.
Habitat in Sueciae *collibus arenosis.*

laevigatum. 4. O. nigrum, clypeo anterius piceo, elytris substriatis. *Fabr. sp. inf.* 1. *p.* 90. *n.* 4. *mant. inf.* 1. *p.* 50. *n.* 4.
Habitat in nova Seelandia, *statura gibbi.*

arenarium. 5. O. griseum, elytris striatis. *Fabr. sp. inf.* 1. *p.* 90. *n.* 5 *mant. inf.* 1. *p.* 51. *n.* 5.
Habitat ad caput bonae spei.

orientale. 6. O. cinereum, thorace elytrisque rugosis, tibiis anterioribus dilatatis triangularibus. *Fabr. sp. inf.* 1. *p.* 90. *n.* 6 *mant. inf.* 1. *p.* 511. *n.* 6.
Forsk. Fn. ar. p. 77. *n.* 1. Silpha multistriata.
Habitat in Orientis *arenosis.*

tibiale. 7. O. nigrum, elytris punctato subrugosis, tibiis anterioribu compresso-triangularibus. *Fabr. sp. inf.* 1. *p.* 90. *n.* 7 *mant. inf.* 1. *p.* 51. *n.* 7.
Habitat sub Scaniae *lapidibus, parvum.*

Agricola. 8. O. nigrum, thorace laevi, elytris striatis. *Fabr. mant inf.* 1. *p.* 57. *n.* 8. *Herbst apud Fuessli Arch. Inf.* 4. *p* 35. *n.* 2.
Habitat Berolini *et* Halae Saxonum, *parva.*

minutum. 9. O. cinereum, thorace rugoso, elytris lineis elevatis quatuor laevibus. *Fabr. sp. inf.* 1. *p.* 90. *n.* 8. *mant. inf.* 1 *p.* 51. *n.* 9.
Habitat in Sueciae *arenosis, primis speciebus quadruplo minor*

quisquiliarum. 10. O. nigrum, thorace granulato medio glabro, elytris glaberrimis. *Herbst apud Fuessli Arch. Inf.* 4. *p.* 35. *n.* 3.

cinereum. 11. O. nigrum cinereo obumbratum, elytris punctato-fulcatis. *Herbst apud Fuessli Arch. Inf.* 4. *p.* 159. *n.* 4. *t.* 43. *f.* 10.
Habitat in India.

Lithophilus. 12. O. nigrum, thorace et subtus coccineum, thorace emarginato posterius utrinque acuminato, elytris glaberrimis, tarsis triarticulatis. *Herbst apud Fuessli Arch. Inf.* 4. *p.* 37. *n.* 1. *t.* 21. *f.* A. a.
Habitat in Marchia *sub saxis, 2 lineas longum, dubii generis.*

melinum. 13. O. ochraceum glabrum, thorace elytrisque tenerrime punctatis. *Herbst apud Fuessli Arch. Inf.* 4. *p.* 37. *n.* 2. *t.* 21. *f.* B. b.
Habitat rarior in Marchiae *floribus*, $1\frac{1}{2}$ *lineas longum, dubii generis.*

cineterium. 14. O. badium elongatum, elytris planis glaberrimis. *Herbst apud Fuessli Arch. inf.* 4. *p.* 38. *n.* 3. *t.* 21. *f.* C. c.
Habitat in Pomerania.

bipustulatum. 15. O. ferrugineum, elytris tenerrime fulcatis thoraceque posterius ferrugineis. *Herbst apud Fuessli Arch. Inf.* 4. *p.* 38. *n.* 4. *t.* 21. *f.* D. d.
Habitat in Pomerania, 2 *lineas longum, angustum, elongatum.*

monilicorne. 16. O. fuscum, thorace elytrisque villosis. *Herbst apud Fuessli Arch. Inf.* 4. *p.* 39. *n.* 5. *t.* 21. *f.* E. e.
Habitat in Germania, 4 *lineas longum.*

silphoides. 17. O. nigrum glabrum, thorace retrorsum dilatato, elytris punctato striatis: maculis duabus fulvis. *Herbst apud Fuessli Arch. Inf.* 4. *p.* 41. *n.* 11. *t.* 21. *f.* L. l.
Habitat in fungis quernis, *generis dubii.*

unipunctatum. 18. O. fuscum hirtum, thorace subcylindrico immarginato media fovea excavato, antennarum articulis duobus ultimis distantibus majoribus.
Herbst apud Fuessli Arch. Inf. 4. *p.* 40. *n.* 8. *t.* 21. *f.* H. h. Dermestoides unipunctatus.
Habitat - - - ultra duas lineas longum, utrum hujus, an cum sequente proprii generis?

bipunctatum. 19. O. fuscum, thorace subcylindrico immarginato: foveis binis, antennarum articulis duobus ultimis distantibus majoribus.
Herbst apud Fuessli Arch. Inf. 4. p. 40. n. 9. t. 21. f. I. i.
Habitat - - - unipunctato affine, at minus et magis depressum.

clathratum. 20. O. nigrum, elytris striatis: striis punctatis. *Fabr. mant. inf. 2. app. p. 379.*
Habitat in Cayenna.

testaceum. 21. O. testaceus, oculis, thorace, elytris antennisque fuscis, his basi apiceque rufis, elytrorum basi lunula magna testacea, thorace punctis duobus impressis. *Muf. Lesk. p. 9. n.* 178.
Habitat in Europa, *statura quadripustulati, elytris punctato striatis.*

brunneum. 22. O. brunneum luteo sericeum, elytris levissime punctato striatis: maculis sex luteis, antennis pedibusque lutescentibus. *Muf. Lesk. p.* 10. *n.* 179.
Habitat - - -

TRITOMA. *Antennae* clavatae: clava perfoliata. *Palpi* anteriores securiformes.

bipustulatum. 1. Tr. atrum elytris macula laterali coccinea. *Fabr. sp. inf.* 1. *p.* 80. *n.* 1. *mant. inf.* 1. *p.* 44. *n.* 1.
Geoffr. inf. par. 1. *p.* 335. *n.* 1. *t.* 6. *f.* 2. Tritoma?
Habitat in Angliae *boletis arboreis.*

glabrum. 2. Tr. glabrum atrum, antennis pedibusque piceis. *Fabr. mant. inf.* 1. *p.* 45. *n.* 2.
Habitat sub Sueciae *arborum corticibus, statura bipustulati.*

dubium. 3. Tr. nigrum, elytris pedibusque testaceis. *Fabr. sp. inf.* 1. *p.* 80. *n.* 3. *mant. inf.* 1. *p.* 44. *n.* 3.
Habitat Kilonii.

vittatum. 4. Tr. rufum, elytris nigris: vitta rufa. *Fabr. mant. inf.* 1. *p.* 44. *n.* 4.
Habitat in India, *mediae magnitudinis.*

Morio. 5. Tr. atrum holofericeum, antennis pedibusque concoloribus. *Fabr. mant. inf.* 1. *p.* 44. *n.* 5.
Habitat Kilonii, *ftatura dubii, at duplo major.*

fericeum. 6. Tr. nigricans holofericeum, pedibus teftaceis. *Fabr. mant. inf.* 1. *p.* 44. *n.* 6.
Habitat in Germania, *ftatura dubii, fed major.*

collare. 7. Tr. nigrum, thoracis lateribus abdomineque rubris. *Fabr. fp. inf.* 1. *p.* 80. *n.* 4. *mant. inf.* 1. *p.* 44. *n.* 7.
Habitat in nova Hollandia.

197. CASSIDA. *Antennae* moniliformes. *Elytra* marginata. *Caput* fub thoracis clypeo plano reconditum.

viridis. 1. C. viridis. *Fn. fuec.* 467. *It. oel.* 153. *Scop. ent. carn.* 117. *Geoffr. inf. par.* 1. *p.* 313. *n.* 1. *Fabr. fp. inf. p.* 107. *n.* 1. *mant. inf.* 1. *p.* 62. *n.* 1.
Degeer inf. 5. *p.* 174. *n.* 2. Caffida cardui &c.
Goed. inf. 1. *p.* 94. *t.* 43.
Blank. inf. 89. *t.* 11. *f.* F.
Merian. europ. t. 115.
Volk. hefper. 1. *p.* 166. *f.* 4.
Raj. inf. 107. *n.* 5.
Reaum. inf. 3. *t.* 18.
Roef. inf. 2. *fcar.* 3. *p.* 13. *t.* 6.
Schaeff. el. t. 35.
icon. t. 27. *f.* 5.
Habitat in Europae *carduis et verticillatis frequens.*
Larva *hexapus depreffa, fpinis lateralibus acutis et cauda bifeta armata proprio ftercore obvoluta obambulat.*

Murraea. 2. C. nigra, clypeo rubro, elytris fanguineis: punctis nigris fparfis. *Fabr. fp. inf.* 1. *p.* 108. *n.* 6. *mant.* 1. *p.* 62. *n.* 8.
Herbft apud Fueffli Arch. Inf. 4. *p.* 50. *n.* 5. *t.* 22. *f.* 29.
Geoffr. inf. par. 1. *p.* 314. *n.* 5. *β.* Caffida rubra maculis rubris variegata.
Habitat in Europae *plantis, ftatura viridis.* J. A. Murray.

atrata. 32. C. atra, clypeo anterius sanguineo. *Fabr. mant. in p. 62. n. 7.*
Habitat in Austria, *statura nebulosae, at minor.*

nebulosa. 3. C. pallido-nebulosa, fusco punctata. *Fn. suec.* 468.* F *sp. ins.* 1. *p.* 108. *n.* 5. *mant. ins.* 1. *p.* 62. *n.* 6.
Geoffr. ins. par. 1. *p.* 313. *n.* 2.
Raj. ins. p. 88. *n.* 13.
Frisch ins. 4. *p.* 30. *t.* 15.
Goed. ins. 1. *p.* 96. *t.* 44.
List. goed. 287. *t.* 117.
Roes. ins. 2. *Scar.* 3. *p.* 13. *t.* 6.
Schaeff. ic. t. 27. *f.* 4.
Habitat in Europae *carduis.*

nobilis. 4. C. grisea, elytris linea caerulea nitidissima. *Fn. suec.* *Fabr. sp. ins.* 1. *p.* 110. *n.* 17. *mant. ins.* 1. *p.* 63. *n.*
Geoffr. ins. par. 1. *p.* 313. *n.* 3.
Raj. ins. p. 107. *n.* 7.
Schaeff. ic. t. 96. *f.* 6.
Habitat in Europae *carduis, et plantis stellatis.*
Linea *elytrorum cum vita perit, in aqua calida revivisc*

cribraria. 33. C. rufescens, thorace punctis quatuor, elytris munei nigris, clypeo emarginato. *Fabr. sp. ins.* 1. *p.* 110. *n. mant. ins.* 1. *p.* 63. *n.* 20.
Habitat in America.

deusta. 34. C. rufescens, thorace punctis duobus elytris numer cyaneo nigris, clypeo integro. *Fabr. sp. ins.* 1. *p.* 1 *n.* 15. *mant. ins.* 1. *p.* 63. *n.* 19.
Habitat in nova Hollandia.

octopunctata. 35. C. rufescens, thorace punctis duobus, elytris quatuor neo nigris. *Fabr. mant.* 1. *p.* 63. *n.* 18.
Habitat in Siam, *statura et magnitudine deustae.*

interrupta. 36. C. flavescens, thorace immaculato elytris ante margi punctisque nigris. *Fabr. sp. ins.* 1. *p.* 109. *n.* 14. *m ins.* 1. *p.* 63. *n.* 17.
Habitat in nova Hollandia.

sexpunctata. 37. C. flavescens, coleoptrorum disco ferrugineo: punctis nigris. *Fabr. sp. ins.* 1. *p.* 109. *n.* 13. *mant. ins.* 1. *p. n.* 16.
Habitat in Cayenna.

38.

38. C. flaveſcens, coleoptrorum diſco atro: annulo faſciaque poſteriore flaveſcentibus. *Fabr. ſp. inſ.* 1. *p.* 109. *n.* 12. *mant. inſ.* 1. *p.* 63. *n.* 15.
Habitat in Cayenna, *ſtatura judaicae.*

[...]daica. 39. C. ferruginea, coleoptrorum diſco punctis impreſſis maculisque nigris. *Fabr. ſp. inſ.* 1. *p.* 109. *n.* 11. *mant. inſ.* 1. *p.* 63. *n.* 14.
Habitat in Cayenna, *hebraea minor.*

[...]braea. 40. C. pallida, coleoptris lineolis numeroſiſſimis difformibus nigris. *Fabr. ſp. inſ.* 1. *p.* 109. *n.* 10. *mant. inſ.* 1. *p.* 63. *n.* 13.
Habitat in Cayenna, *parva, flaveſcens.*

41. C. thorace elytrisque obſcuris: margine flaveſcente, elytris ante marginem macula albo-hyalina. *Fabr. ſp. inſ.* 1. *p.* 109. *n.* 9. *mant. inſ.* 1. *p.* 63. *n.* 12.
Habitat in Africa *aequinoctiali, ſtatura interruptae.*

[...]arginella. 42. C. viridis, thoracis elytrorumque marginibus flavis. *Fabr. ſp. inſ.* 1. *p.* 108. *n.* 8. *mant. inſ.* 1. *p.* 63. *n.* 11.
Habitat in Braſilia.

[...]bata. 43. C. capite thoraceque pubeſcentibus obſcure aeneis: margine pubeſcente. *Fabr. mant. inſ.* 1. *p.* 63. *n.* 10.
Habitat Halae Saxonum *in diantho carthuſianorum, ſtatura et magnitudine ferrugineae.*

[...]ruginea. 44. C. nigra, thorace elytrisque ferrugineis immaculatis. *Fabr. ſp. inſ.* 1. *p.* 108. *n.* 7. *mant. inſ.* 1. *p.* 62. *n.* 9. *Herbſt apud Fueſſli Arch. Inſ.* 4. *p.* 50. *n.* 6. *t.* 22. *f.* 28.
Schranck Beytr. 62. 3. Caſſida ſubferruginea.
Habitat in Germania, *in* Calabria *viridi paulo minor.*

[...]bex. 5. C. virens, ſutura dorſali ſanguinolenta. *Fabr. ſp. inſ.* 1. *p.* 108. *n.* 4. *mant. inſ.* 1. *p.* 62. *n.* 5.
Habitat in Germaniae *plantis, viridi ſimilis, elytrorum tamen dorſo vireſcente.*

[...]inis. 45. C. elytris griſeis nigro-punctatis, thorace flaveſcente immaculato. *Fabr. ſp. inſ.* 1. *p.* 108. *n.* 3. *mant. inſ.* 1. *p.* 62. *n.* 4.
Habitat in Germania, *viridi valde affinis.*

6. C.

maculata. 6. C. viridis, elytris rarius, sutura dorsali confertius n maculatis. *Fabr. sp. inf.* 1. *p.* 107. *n.* 2. *mant. inf* *p.* 62. *n.* 3.
Geoffr. inf. par. 1. *p.* 314. *t.* 5. *f.* 6. Cassida viridis m lis nigris variegata.
Degeer inf. 5. *p.* 175. *n.* 3. Cassida supra viridis, su nigra &c.
Habitat in Germaniae *plantis, an varietas viridis?*

equestris. 46. C. viridis, elytrorum basi argentea, abdomine atro: gine pallido. *Fabr. mant.* 1. *p.* 62. *n.* 2.
Habitat Halae Saxonum *in mentha aquatica, viridi mu pedibus flavescentibus.*

truncata. 47. C. rufa, elytris subreticulatis nigro-maculatis dorso gib *Fabr. sp. inf.* 1. *p.* 112. *n.* 34. *mant. inf.* 1. *p.* 65. *n.*
Habitat - - - magna.

gibbosa. 48. C. atra, thorace maculis duabus villoso-aureis, elytris rescenti-reticulatis: spina suturali obtusa. *Fabr. sp.* 1. *p.* 112. *n.* 33. *mant. inf.* 1. *p.* 65. *n.* 40.
Habitat in Brasilia, *magna.*

bidens. 49. C. atra, elytris anterius porrectis: spina suturali ere *Fabr. sp. inf.* 1. *p.* 112. *n.* 32. *mant. inf.* 1. *p.* 65. *n.*
Habitat in Brasilia, *magna.*

spinifex. 7. C. ferruginea, elytris angulo anteriore spina porrecta, t race utrinque spina transversali. *Amoen. acad.* 6. *p.* *n.* 7.* *Fabr. sp. inf.* 1. *p.* 112. *n.* 31. *mant. inf.* 1. *p.* *n.* 38.
Habitat in India, *ad basin elytrorum linea nigra notata.*

bicornis. 8. C. cyanea, elytris angulo anteriore spina truncata. *Am acad.* 6. *p.* 393. *n.* 9.* *Fabr. sp. inf.* 1. *p.* 112. *n.* *mant. inf.* 1. *p.* 64. *n.* 36.
Habitat in America *australi et* India.

perforata. 50. C. testacea, elytris angulo anteriore spinoso basique pe ratis. *Pall. spicil. zool.* 9. *p.* 3. *t.* 1. *f.* 1. *Fabr. sp.* 1. *p.* 111. *n.* 28. *mant. inf.* 1. *p.* 64. *n.* 35.
Habitat in America *meridionali.*

51.

Cassidarum *larvae plantarum folia subtus exedunt.*

...i- 51. C. virens, elytris viridi-argenteis lucidis, capite pectoreque
...ea. nigris. *Schaller Abh. der hall. Naturf. Ges.* 1. *p.* 259. *Fabr. mant.* 1. *p.* 63. *n.* 22.
Habitat Halae Saxonum *vere sub lapidibus, nebulosae proxime affinis, colore cum vita pereunte.*

...uosa. 52. C. atra, elytris rubro-aeneis nigro maculatis. *Schaller Abh. der hall. Naturf. Ges.* 1. *p.* 259.
Habitat rarior Halae Saxonum *in populo alba, nobili vix major, colore cum vita pereunte.*

...ca. 53. C. spadicea, elytris striis duabus elevatis. *Laichart. inf. tyr.* 1. *n.* 4. *Herbst apud Fuessli Arch. Inf.* 4. *p.* 51. *n.* 9.
Habitat in Germania, *viridi minor.*

...ciata. 9. C. pallida, elytris disco fusco-cruciato.
Fabr. sp. inf. 1. *p.* 110. *n.* 18. *mant. inf.* 1. *p.* 64. *n.* 23. Cassida flavescens, coleoptris disco nigro: maculis quatuor flavescentibus.
Degeer inf. 5. *p.* 187. *n.* 12. *t.* 15. *f.* 15. Cassida hyalina pallide flava &c.
Habitat in Europae *plantis.*

... 54. C. flava, thoracis linea dorsali ferruginea, coleoptrorum disco ferrugineo: maculis quatuor flavis. *Fabr. sp. inf.* 1. *p.* 110. *n.* 119. *mant. inf.* 1. *p.* 64. *n.* 24.
Habitat in Cayenna, *an vere a cruciata diversa?*

...puncta- 55. C. flavescens, thoracis puncto medio, coleoptris undecim
...ta. nigris. *Fabr. sp. inf.* 1. *p.* 110. *n.* 20. *mant. inf.* 1. *p.* 64. *n.* 25.
Habitat in America *meridionali, subtus dilute ferruginea.*

...sciata. 10. C. pallida, corpore fasciis duabus fuscis.
Habitat in America *meridionali.*

...a. 11. C. flava immaculata, corpore testaceo, puncto scutellari nigro. *Fabr. sp. inf.* 1. *p.* 113. *n.* 35. *mant. inf.* 1. *p.* 65. *n.* 42.
Degeer inf. 5. *p.* 184. *t.* 15. *f.* 13. Cassida pallide flava immaculata &c.
Habitat in Europa *australi.*

...purea. 12. C. flava, supra corpus purpurea.
Habitat in America, *parva.*

leucophaea. 13. C. testacea, margine punctis flavis. *Amoen. acad.* 6. 392. *n.* 8. *Fabr. sp. ins.* 1. *p.* 113. *n.* 36. *mant. ins.* *p.* 65. *n.* 43.
Habitat in America.

tuberculata. 14. C. testacea, margine thoracis elytrorumque flavo, col... tris basi crituberculatis. *Fabr. sp. ins.* 1. *p.* 110. *n.* ... *mant. ins.* 1. *p.* 64. *n.* 26.
Syst. nat. XII. 2. *p.* 576. *n.* 14. Cassida marginata.
Degeer ins. 5. *p.* 186. *n.* 11. *t.* 15. *f.* 14. Cassida cinct...
Habitat in Sierra Leon Africae.

suturalis. 56. C. brunnea, elytris flavis: suturis brunneis. *Fabr. sp* ... 1. *p.* 111, *n.* 22. *mant. ins.* 1. *p.* 64. *n.* 27.
Habitat ad caput bonae spei.

biguttata. 57. C. thorace flavo, elytris rufescentibus; margine ni... maculis duabus flavis. *Fabr. sp. ins.* 1. *p.* 111. *n.* ... *mant. ins.* 1. *p.* 64. *n.* 28.
Habitat in Cayenna.

miliaris. 58. C. flava, thorace immaculato, elytris nigro-punct... margine bifasciato. *Fabr. sp. ins.* 1. *p.* 111. *n.* 24. *m...* *ins.* 1. *p.* 64. *n.* 29.
Habitat in insula S. Helenae.

punctata. 59. C. nigra, clypeo brunneo, elytris flavis nigro-punct... *Fabr. mant. ins.* 1. *p.* 64. *n.* 30.
Habitat ad caput bonae spei, *miliaris magnitudine.*

reticularis. 15. C. flava, elytris caeruleo-variegatis: lateribus unifasci... *Fabr. sp. ins.* 1. *p.* 113. *n.* 37. *mant. ins.* 1. *p.* 65. *n.* ...
Degeer ins. 5. *p.* 188. *n.* 14. *t.* 15. *f.* 17. Cassida pellu... albo-flavescens &c.
Habitat in America *meridionali, magna.*

variegata. 16. C. rufa, elytris caeruleo-variegatis: lateribus unifasci... *Fabr. sp. ins.* 1. *p.* 113. *n.* 38. *mant. ins.* 1. *p.* 65. *n.* ...
Degeer ins. 5. *p.* 178. *n.* 2. *t.* 15. *f.* 6. Cassida fusco... bra &c.
Habitat in America, *magna.*

trifasciata. 60. C. rufa, elytrorum lateribus trifasciatis. *Fabr. mant.* 1. *p.* 65. *n.* 46.
Habitat in India, *mediae magnitudinis.*

annulata. 61. C. caerulea, thorace maculis duabus, elytris annulis rufis. *Fabr. sp. inf.* 1. *p.* 113. *n.* 39. *mant. inf.* 1. *p.* 65. *n.* 47.
β) Caſſida ornata. *Herbſt apud Fueſſli Arch. Inſ.* 4. *p.* 50. *n.* 8. *t.* 22. *f.* 30.
Habitat in America *auſtrali et* India *magna.*

groſſa. 17. C. ſanguinea, elytris diſco punctis nigris ſparſis: margine lineis ramoſis nigris. *Fabr. ſp. inſ.* 1. *p.* 113. *n.* 40. *mant. inſ.* 1. *p.* 65. *n.* 48.
Schulze Naturf. 6. *p.* 89. *t.* 4. *f.* 1.
Sulz. hiſt. inſ. t. 3. *f.* 1.
Degeer inſ. 5. *t.* 15. *f.* 5.
Habitat in America *meridionali, congenerum maxima.*

clathrata. 18. C. ferruginea, elytris margine omni, linea longitudinali et dimidiata transverſali nigris.
Habitat in India. De Geer.
Thorax *immaculatus;* elytra *latiſſima;* femina *lineis transverſis dimidiatis tribus diſtincta.*

7guttata. 19. C. nigra, coleoptris maculis ſeptem albis.
Habitat in India, *an varietas blattae Petiverianae?* Brünnich.

exclamationis. 20. C. flava, elytris lineis ternis nigris, intermedia ſignum! referente. *Fabr. ſp. inſ.* 1. *p.* 114. *n.* 41. *mant. inſ.* 1. *p.* 65. *n.* 49.
Habitat in America *meridionali, viridi paulo major, ſubtus livida.*

lineata. 62. C. cineraſcens, lineis elytrorum quatuor albidis. *Fabr. mant. inſ.* 1. *p.* 65. *n.* 50.
Habitat ad caput bonae ſpei, *caſſidae exclamationis magnitudine et ſtatura.*

jamaicenſis. 21. C. luteo-aenea, elytris immaculatis excavato-punctatis. *Fabr. ſp. inſ.* 1. *p.* 111. *n.* 27. *mant. inſ.* 1. *p.* 64. *n.* 34.
Sloan. jam. 2. *p.* 208. *t.* 233. *f.* 27. 28.
Habitat in America, *ad ſuturam anterius gibba, colorem in ſpiritu vini deperditum in aqua calida recuperans.*

dorſata. 63. C. thorace elytrisque obſcuris, elytris ſpina ſuturali margineque albicante: baſi obſcuro. *Fabr. mant. inſ.* 1. *p.* 64. *n.* 33.
Habitat in Siam, *ſtatura jamaicenſis, at duplo minor.*

64. C.

quadripu-stulata. 64. C. thorace obscuro, elytris sanguineis: margine cyaneo; maculis duabus rubris. *Fabr. sp. ins.* 1. *p.* 111. *n.* 26. *mant. ins.* 1. *p.* 64. *n.* 32.
Habitat in America, *mediae magnitudinis, atra.*

cyanea. 22. C. cyaneo-aenea, elytris immaculatis excavato-punctatis. *Mus. Lud. Ulr.* 39.* *Fabr. sp. ins.* 1. *p.* 112. *n.* 30. *mant. ins.* 1. *p.* 65. *n.* 37.
Petiv. gazoph. t. 57. *f.* 6.
Degeer ins. 5. *p.* 181. *n.* 5. *t.* 15. *f.* 9.
Habitat in America.

margina-ta. 23. C. elytris testaceis, corpore elytrorumque margine nigro, thorace aeneo. *Fabr. sp. ins.* 1. *p.* 111. *n.* 25. *mant. ins.* 1. *p.* 64. *n.* 31. *Schulze Naturf.* 9. *p.* 103. *t.* 2. *f.* 3.
Degeer ins. 5. *p.* 185. *n.* 10. Cassida thorace violaceo nigro &c.
Habitat in America *australi et* India.

inaequa-lis. 24. C. ferrugineo-aenea, elytris macula flava subovata disci. *Fabr. sp. ins.* 1. *p.* 114. *n.* 42. *mant. ins.* 1. *p.* 65. *n.* 51. *Schulze Naturf.* 9. *t.* 2. *f.* 6. *Mus. petrop.* 650. *n.* 130.
Degeer ins. 5. *p.* 182. *n.* 6. *t.* 16. *f.* 2. Cassida bimaculata &c.
Habitat in America *meridionali.*

supposita. 25. C. elytris nigris anterius annulatis: puncto centrali fulvo. *Lederm. microsc. t.* 28. *f.* F. g. *et t.* 44. *f.* b. c. d.
Habitat in America *calidiore.*

lateralis. 26. C. fusco-aenea, elytris macula flava laterali. *Fabr. sp. ins.* 1. *p.* 114. *n.* 43. *mant. ins.* 1. *p.* 66. *n.* 52.
Degeer ins. 5. *p.* 184. *n.* 8. *t.* 15. *f.* 12. Cassida fusco-aenea &c.
Sulz. hist. ins. 1. *t.* 3. *f.* 2.
Habitat in America *meridionali, inaequali duplo minor.*

discoides. 27. C. viridi-aenea, elytris macula didyma flava disci. *Fabr. sp. ins.* 1. *p.* 114. *n.* 44. *mant. ins.* 1. *p.* 66. *n.* 53.
Degeer ins. 5. *p.* 183. *n.* 7. *t.* 15. *f.* 11. Cassida quadrimaculata &c.
Habitat in America *meridionali.*

decussata. 28. C. nigro-caerulescens, elytris flavo-maculatis, maculis dorsalibus reticulatis, lateralibus distinctis. *Fabr. sp. ins.* 1. *p.* 115. *n.* 48. *mant. ins.* 1. *p.* 66. *n.* 57.
Habitat in Jamaica.

bigutta-ta. 29. C. flaveſcens, elytris punctis duobus nigris. *Fabr. ſp. inſ.* 1. *p.* 115. *n.* 49. *mant. inſ.* 1. *p.* 66. *n.* 58.
Habitat in India, *nebuloſae magnitudine et facie, elytrorum punctis interdum tribus.*

bipuſtu-lata. 30. C. viridis, elytris maculis duabus lateralibus ſanguineis. *Amoen. acad.* 6. *p.* 392. *n.* 8. *Schulze Naturf.* 6. *p.* 91. *t.* 4. *f.* 2. *Fabr. ſp. inſ.* 1. *p.* 114. *n.* 45. *mant. inſ.* 1. *p.* 66. *n.* 54.
Habitat in Cayenna.

ſexpuſtu-lata. 65. C. cayanea, elytris maculis tribus rubris. *Fabr. ſp. inſ.* 1. *p.* 114. *n.* 46. *mant. inſ.* 1. *p.* 66. *n.* 55.
Habitat in Braſilia, *mediae magnitudinis.*

16puſtu-lata. 66. C. nigra, thorace punctis duobus, elytris ſeptem rubris. *Fabr. ſp. inſ.* 1. *p.* 115. *n.* 47. *mant. inſ.* 1. *p.* 66. *n.* 56.
Habitat in America *meridionali, mediae magnitudinis.*

anguſtata. 31. C. flaveſcens, elytris poſterius anguſtatis.
Habitat in India.

unituber-culata. 32. C. brunnea albo marginata, elytris nigro maculatis baſi unituberculatis. *Fabr. mant. inſ.* 2. *app. p.* 378.
Habitat in Cayenna, *tuberculatae affinis, at duplo minor.*

Taurus. 33. C. atra, elytris angulo anteriore ſpina truncata. *Fabr. mant. inſ.* 2. *app. p.* 380.
Habitat in Cayenna, *ſtatura bicornis, at paulo minor.*

retifor-mis. 34. C. nigra thorace bimaculato, elytris flavis nigro-reticulatis. *Fabr. mant. inſ.* 2. *app. p.* 379.
Habitat in Cayenna, *ſtatura tauri.*

palliata. 35. C. nigra, thorace villoſo vireſcente, elytris viridibus: margine lineaque media ferrugineis. *Fabr. mant. inſ.* 2. *app. p.* 370.
Habitat in Cayenna, *mediae magnitudinis.*

cuprea. 36. C. ſupra cuprea, thoracis margine, elytrisque maculis duabus marginalibus rufis. *Fabr. mant. inſ.* 2. *app. p.* 379.
Habitat in Cayenna, *mediae magnitudinis.*

rubigino-ſa. 37. C. ferruginea, thorace elytrisque fuſcis, punctatis: marginibus externis ciliatis. *Muſ. Lesk. p.* 12. *n.* 236.
Habitat in Europa.

nitens. 38. C. nigra, thorace elytrisque griſeis aureo nitentibus, dibus lividis. *Muſ. Lesk. p.* 13. *n.* 237.
Habitat - - -

ſuperba. 39. C. nigro, elytris punctatis clypeoque viridi-aureis, tennis abdomine pedibusque viridibus. *Muſ. Lesk. p.* *n.* 238.
Habitat in Europa, *aureo nitore cum vita pereunte.*

ſangui-nolenta. 40. C. aureo-flava, elytrorum annulo ovali tuberculoque turali ſanguineis. *Swederus nov. act. Stockh.* 8. 1787. *n.* 3. 11.
Habitat in Rio Janeiro, *ſubtus pallida, magnitudinis medi*

arcuata. 41. C. albida, diſco communi nigro: limbo, annulo ovali cuque poſterius flaviſſimis. *Swederus nov. act. Stoc* 8. 1787. 3. *n.* 3. 12.
Habitat in Rio Janeiro, *mediae magnitudinis, pectore et domine nigris.*

198. COCCINELLA.

Antennae clavatae: clava ſolida.
Palpi anteriores ſecuriformes, poſteriores filiformes.
Corpus hemiſphaericum, thorace elytrisque marginatis, abdomine plano.

* *coleoptris rubris flaviſve: punctis nigris maculatis.*

marginata. 1. C. coleoptris flavis immaculatis: margine nigro, thora margine punctis duobus albis.
Coccinella coleoptris rubris: margine nigro, thorace utrque puncto marginali albo. *Fabr. ſp. inſ.* 1. *p.* 93. *n.* *mant. inſ.* 1. *p.* 53. *n.* 1.
Habitat in America, *mediae magnitudinis, nigra.*

immaculata. 155. C. coleoptris flaveſcentibus immaculatis, thoracis mac nigra: punctis duobus albis. *Muſ. Lesk. p.* 11. *n.* 21
Habitat in Suecia.

6.

marginella. 6. C. coleoptris obscure testaceis: margine flavo. *Fabr. mant. inf.* I. *p.* 53. *n.* 3.
Habitat in America, *magna.*

limbata. 50. C. atra, coleoptrorum disco rubro: punctis duobus atris. *Fabr. sp. inf.* 2. *app. p.* 497. *mant. inf.* I. *p.* 53. *n.* 2.
Habitat Hamburgi, *mediae magnitudinis.*

surinamensis. 2. C. coleoptris rubris immaculatis, thorace, capiteque nigris. *Amoen. acad.* 6. *p.* 393. *n.* 12.* *Fabr. sp. inf.* I. *p.* 93. *n.* 2. *mant. inf.* I. *p.* 53. *n.* 4.
Habitat in America *meridionali.*

sanguinea. 3. C. coleoptris sanguineis immaculatis, thorace maculis nigris. *Amoen. acad.* 6. *p.* 393. *n.* 11.* *Fabr. sp. inf.* I. *p.* 93. *n.* 3. *mant. inf.* I. *p.* 53. *n.* 5.
Habitat in America *meridionali, parva, subtus atra.*

impunctata. 4. C. coleoptris rubris: puncto nullo. *Fabr. sp. inf.* I. *p.* 93. *n.* 4. *mant. inf.* I. *p.* 53. *n.* 6.
Habitat in Sueciae *hortis, minor.*

livida. 51. C. coleoptris rubris impunctatis, scutello nigro, thorace maculis quinque nigris. *Herbst apud Fuessli Arch. Inf.* 4. *p.* 42. *n.* I. *t.* 22. *f.* I. a.
Habitat Berolini, *supra ex luteo pallide fuscescens, subtus fusca.*

Colon. 52. C. coleoptris rubris: puncto nigro, scutello maculaque thoracis obsolete nigris. *Herbst apud Fuessli Arch. Inf.* 4. *p.* 42. *n.* 2. *t.* 22. *f.* I. b.
Habitat Berolini, *magnitudine et colore ad lividum accedens.*

fimbriata. 53. C. elytris flavis immaculatis: margine nigro, thoracis margine posteriori punctis quatuor nigris. *Thunb. nov. inf. sp.* I. *p.* II. *f.* IO.
Habitat - - - magnitudine quinquepunctatae.

minuta. 54. C. elytris rubris thoraceque immaculatis. *Thunb. nov. inf. sp.* I. *p.* II.
Habitat in India, *minima.*

dimidiata. 55. C. coleoptris sanguineis apice atris. *Fabr. sp. inf.* I. *p.* 94. *n.* 5. *mant. inf.* I. *p.* 53. *n.* 7.
Habitat in Coromandel, *magna.*

albida. 56. C. coleoptris flavis: margine albido; punctis utrinque duobus nigris. *Fabr. mant. inf.* 1. *p.* 53. *n.* 8.
Schaller Abh. der hall. Naturf. Gef. 1. *p.* 260. Coccinella margine punctata.
Habitat Halae Saxonum, *magna.*

Lineola. 57. C. elytris rubris: lineola bafeos apicisque nigra. *Fabr. fp. inf.* 1. *p.* 94. *n.* 6. *mant. inf.* 1. *p.* 53. *n.* 9.
Habitat in nova Hollandia.

unifafciata. 58. C. coleoptris rubris: fafcia media atra. *Fabr. fp. inf.* 1. *p.* 94. *n.* 7. *mant. inf.* 1. *p.* 53. *n.* 10.
Habitat Hamburgi, *punctis duobus capitis thoracisque margine albis varians.*

annulata. 5. C. coleoptris rubris: macula fublunari nigra. *Fabr. fp. inf.* 1. *p.* 94. *n.* 8. *mant. inf.* 1. *p.* 53. *n.* 11.
Habitat in Germania, *nigra, mediae magnitudinis.* D. Schreber.
Thorax *marginibus lateralibus pallidus*; elytra *fanguinea fafcia media nigra, alteraque pofteriore, exterius cum priore connexa.*

trinotata. 59. C. elytris rubris hirtis: punctis tribus nigris, capite rubro. *Thunb. nov. inf. fp.* 1. *p.* 11. *f.* 11.
Habitat ad caput bonae fpei, *congenerum minima.*

trilineata. 60. C. coleoptris flavis: lineis tribus abbreviatis nigris. *Fabr. mant. inf.* 1. *p.* 53. *n.* 12.
Habitat in America, *parva, atra.*

fexlineata. 61. C. coleoptris flavis: lineis fex punctisque tribus nigris. *Fabr. fp. inf.* 1. *p.* 94. *n.* 9. *mant. inf.* 1. *p.* 54. *n.* 15.
Habitat in Sibiria, *magna, nigra.*

mofcovica. 62. C. coleoptris flavis: lineis quatuor abbreviatis punctis fex atris. *Fabr. mant.* 1. *p.* 54. *n.* 13.
Habitat in Ruffia *magis auftrali, magna.*

abbreviata. 63. C. coleoptris rubris: fafcia pofteriore abbreviata punctisque duobus nigris, thorace atro: lineis duabus albis. *Fabr. mant. inf.* 1. *p.* 54. *n.* 14.
Habitat in America *boreali, oblonga, atra.* Blagden.

7. C

bipuncta-ta. 7. C. coleoptris rubris: punctis nigris duobus. *Fn. suec.* 471.* *Scop. ent. carn.* 234. *Fabr. sp. inf.* 1. *p.* 94. *n.* 10. *mant. inf.* 1. *p.* 54. *n.* 16.
Petiv. gazoph. 34. *t.* 21. *f.* 4.
Merian. inf. 69. *t.* 136.
Raj. inf. 86. *n.* 2.
List. loq. 383. *n.* 8.
Bradl. natur. t. 27. *f.* 4.
Reaum. inf. 3. *t.* 31. *f.* 16.
Frisch inf. 9. *p.* 33. *t.* 16. *f.* 4.
Sulz. inf. hist. t. 3. *f.* 3.
Schaeff. ic. t. 9. *f.* 9.
Stroem act. Nidros. 3. *t.* 6. *f.* 2.
Degeer inf. 5. *p.* 389. *n.* 2.
Habitat in Europae *hortis et silvis frequens, victitans aphidibus.*

tripunctata. 8. C. coleoptris rubris: punctis nigris tribus. *Fn. suec.* 472.* *Fabr. mant.* 1. *p.* 54. *n.* 17.
Habitat in Germania, *statura septempunctatae.*

quadripunctata. 9. C. coleoptris flavis: punctis nigris quatuor. *Fabr. sp. inf.* 1. *p.* 95. *n.* 16. *mant. inf.* 1. *p.* 56. *n.* 28.
Habitat in Europa, *mediae magnitudinis, subtus nigra.* Thorax *flavus: punctis quatuor nigris;* pedes *flavi.*

hebraea. 10. C. coleoptris luteis: maculis luteis sex longitudinalibus difformibus. *Fn. suec.* 473.*
Habitat in Europa.

quadrinotata. 64. C. coleoptris rubris: punctis quatuor baseos nigris, thoracis marginibus albidis. *Fabr. mant.* 1. *p.* 56. *n.* 29.
Habitat Kilonii.

quadrimaculata. 65. C. coleoptris rubris: punctis quatuor nigris, thorace atro; macula marginali alba. *Fabr. mant.* 1. *p.* 56. *n.* 30.
Habitat Halae Saxonum, *nigra.*

quinquepunctata. 11. C. coleoptris sanguineis: punctis nigris quinque. *Fn. suec.* 474.* *Fabr. sp. inf.* 1. *p.* 96. *n.* 17. *mant. inf.* 1. *p.* 56. *n.* 31.
Degeer inf. 5. *p.* 370. *n.* 7.
Schaeff. ic. t. 9. *f.* 8.
Merian. europ. t. 69.
Habitat in Europae *arboribus.*

quinque-maculata. 66. C. oblonga, coleoptris flavescentibus: punctis nigris quinque, thorace atro; margine anteriore triradiato albo. *Fabr. mant.* 1. *p.* 56. *n.* 32.
Habitat Halae Saxonum.

sexpunctata. 12. C. coleoptris fulvis: punctis nigris sex. *Fabr. sp. inf.* 1. *p.* 96. *n.* 18. *mant. inf.* 1. *p.* 56. *n.* 33.
Habitat in Europae *hortis, parva, atra, thoracis margine punctisque duobus albis.*

glacialis. 67. C. coleoptris rubris: punctis sex nigris; intermediis majoribus sinuatis. *Fabr. sp. inf.* 1. *p.* 96. *n.* 19. *mant. inf.* 1. *p.* 56. *n.* 34.
Habitat in America *boreali.*

sexmaculata. 68. C. coleoptris rubris: punctis sex nigris: anterioribus quatuor transversis sinuatis. *Fabr. sp. inf.* 1. *p.* 96. *n.* 20. *mant. inf.* 1. *p.* 56. *n.* 35.
Schaller Abh. der hall. Naturf. Ges. 1. *p.* 262. Coccinella (undulata) coleoptris rufis: fasciis binis interruptis undulatis nigris, postice puncto unico.
Herbst apud Fuessli Arch. Inf. 7. *p.* 160. *t.* 43. *f.* 12.
Habitat in India, *mediae magnitudinis, pallide flavescens.*

sexnotata. 69. C. elytris flavis: arcubus quatuor punctisque duobus nigris. *Thunb. nov. act. Ups.* 4. *p.* 9. *n.* 15. *t.* 1. *f.* 2.
Habitat in Suecia, *thorace flavo punctis 5 nigris contiguis variis, bipunctatae magnitudine.*

trifasciata. 13. C. coleoptris rubris, fasciis nigris tribus. *Fn. suec.* 475.* *Fabr. sp. inf.* 1. *p.* 95. *n.* 14. *mant. inf.* 1. *p.* 55. *n.* 26.
Raj. inf. p. 87. *n.* 9. Scarabaeus hemisphaericus minor &c.
Habitat in Europae *hortis.*

bifasciata. 70. C. coleoptris ferrugineis: fasciis duabus punctisque quatuor nigris. *Fabr. sp. inf.* 1. *p.* 95. *n.* 15. *mant. inf.* 1. *p.* 56. *n.* 27.
Thunb. nov. inf. spec. 1. *f.* 24. Coccinella flexuosa.
Habitat ad caput bonae spei, *magna nigra, capite, thorace pedibusque ferrugineis.*

71. C.

Species diversas conjunctas vidi, ut bipunctatam cum sexpustulata; species maculis interdum variant, unde incautis plures numerantur, nisi rationem thoracis habeat.

inaequalis. 71. C. coleoptris flavis: punctis anterioribus tribus sutura, fasciaque apicis nigris. *Fabr. sp. inf.* 1. *p.* 95. *n.* 13. *mant. inf.* 1. *p.* 55. *n.* 25.
Habitat in nova Hollandia.

cingulata. 72. C. coleoptris luteis: punctis quatuor baseos fascia posteriore punctoque apicis nigris. *Fabr. mant. inf.* 1. *p.* 55. *n.* 24.
Habitat Tranquebariae, *magna, nigra; capite, thorace pedibusque flavis.*

flexuosa. 73. C. ovata, coleoptris luteis: fascia flexuosa punctisque duobus nigris, thoracis margine albo. *Fabr. sp. inf.* 1. *p.* 95. *n.* 12. *mant. inf.* 1. *p.* 55. *n.* 23.
Habitat Hamburgi.

undata. 74. C. oblonga, coleoptris luteis: fascia flexuosa punctisque duobus nigris, thorace flavo punctato. *Fabr. mant. inf.* 1. *p.* 55. *n.* 22.
Habitat ad caput bonae spei, *magna, atra.*

arcuata. 75. C. ovata, coleoptris rubris: punctis quatuor, fasciis duabus punctoque apicis nigris. *Fabr. mant. inf.* 1. *p.* 55. *n.* 21.
Habitat in Sina, *mediae magnitudinis, nigra, capite albido.*

tricincta. 76. C. ovata, coleoptris rubris: fasciis tribus atris; anteriore abbreviata tricuspidata. *Fabr. mant. inf.* 1. *p.* 55. *n.* 20.
Habitat in Sina, *mediae magnitudinis, nigra.*

rivularis. 77. C. coleoptris luteis: fasciis duabus dorsalibus sinuatis punctisque sex nigris, thorace atro flavo-bipunctato. *Fabr. mant. inf.* 1. *p.* 54. *n.* 19.
Habitat in Suecia, *mediae magnitudinis.*

hieroglyphica. 14. C. coleoptris luteis: maculis duabus nigris longitudinalibus sinuatis. *Fn. suec.* 476.* *Fabr. sp. inf.* 1. *p.* 95. *n.* 11. *mant. inf.* 1. *p.* 54. *n.* 18.
Degeer inf. 4. *p.* 382. *n.* 15. Coccinella coleoptris flavorubris &c.
Sulzer hist. inf. t. 3. *f.* 4.
Habitat in Europae *hortis, affinis decempustulatae.*

septempunctata. 15. C. coleoptris rubris: punctis nigris septem. *Fn. suec.* 477.* *Scop. ent. carn.* 235. *Geoffr. inf. par.* 1. *p.* 321. *t.* 6. *f.* 1. *Fabr. sp. inf.* 1. *p.* 96. *n.* 21. *mant. inf.* 1. *p.* 57. *n.* 36.

Frisch inf. 4. *p.* 1. *t.* 1. *f.* 4.
Petiv. gaz. 33. *t.* 21. *f.* 3.
Goed. inf 2. *p.* 58. *t.* 18.
Raj. inf. 86. *n.* 1.
Merian. europ. 24. *f.* 11.
Albin. inf. 61. *f.* C.
Roes. inf. 2. *scar.* 3. *p.* 7. *t.* 2.
Reaum. inf. 3. *t.* 31. *f.* 18.
Bradl. nat. t. 27. *f.* 4.
List. sc. angl. 382. *n.* 7.
Ammir. inf. t. 14.
Sulz. inf. t. 3. *f.* 13.
Hollar t. 4. *f.* 8.
Degeer inf. 5. *p.* 370. *n.* 4. *t.* 10. *f.* 14.
Schaeff. ic. t. 9. *f.* 7.
Habitat in Europae *plantis frequens.*
Elytrorum *puncta in triangulum posita.*

septem-maculata. 78. C. oblonga, coleoptris rubris: punctis nigris septem; communi trilobo. *Fabr. sp. inf.* 1. *p.* 97. *n.* 22. *mant. inf.* 1. *p.* 57. *n.* 37.
Habitat in Germania.
Thorax *ater, margine albus.*

octopunctata. 79. C. coleoptris rubris: punctis nigris octo. *Fabr. sp. inf.* 1. *p.* 97. *n.* 23. *mant. inf.* 1. *p.* 57. *n.* 38.
Habitat in Germania, *an varietas sexpunctatae?*

transversalis. 80. C. coleoptris luteis: maculis octo nigris; anterioribus quatuor transversis sinuatis. *Fabr. sp. inf.* 1. *p.* 97. *n.* 24. *mant. inf.* 1. *p.* 57. *n.* 39.
Habitat in Coromandel, *mediae magnitudinis, nigra.*

octomaculata. 81. C. coleoptris luteis: punctis nigris octo; anterioribus sex transversis sinuatis. *Fabr. sp. inf.* 1. *p.* 97. *n.* 25. *mant. inf.* 1. *p.* 57. *n.* 40.
Habitat - - - magna, nigra, capite et thorace luteis.

novem-maculata. 82. C. coleoptris rubris: punctis novem nigris; posteriori communi, thorace bipunctato. *Fabr. sp. inf.* 1. *p.* 97. *n.* 26. *mant. inf.* 1. *p.* 57. *n.* 41.
Fabr. syst. ent. p. 81. *n.* 15. Coccinella novempunctata.
Habitat in nova Hollandia.

16. C.

Coccinellarum *larvae aphides consumunt, eoque plantas a phthiriasi hac purgant.*

novem-punctata. 16. C. coleoptris rubris: punctis nigris novem. *Fn. suec.* 478.* *Scop. ent. carn.* 236.. *Fabr. sp. inf.* 1. *p.* 97. *n.* 27. *mant. inf.* 1. *p.* 57. *n.* 42.

Uddm. diss. 14. Coccinella nigra, elytris rubris, punctis novem nigris.

Fabr. syst. ent. p. 81. *n.* 16. Coccinella decempunctata.

Geoffr. inf. par. 1. *p.* 322. *n.* 4.

Degeer inf. 5. *p.* 373. *n.* 6.

β) Coccinella coleoptris rufescentibus: punctis 1. 2. 1. cum puncto communi ad scutellum, thorace albido: macula scutiformi nigra: punctis duobus albis, capite posterius fascia nigra. *Mus. Lesk. p.* 10. *n.* 193.

Habitat in Europae *hortis et juniperetis.*

decem-punctata. 17. C. coleoptris fulvis: punctis nigris decem. *Fn. suec.* 479.* *Scop. ent. carn.* 237. *Fabr. sp. inf.* 1. *p.* 98. *n.* 28. *mant. inf.* 1. *p.* 57. *n.* 43.

Degeer inf. 5. *p.* 374. *n.* 7.

β) Coccinella coleoptris flavo rufescentibus: punctis 1. 3. 1. thorace maculis 4 punctisque interpositis 3 nigris. *Mus. Lesk. p.* 11. *n.* 195.

Habitat in Europae *plantis.* Thorax *maculis quatuor.*

decem-maculata. 83. C. oblonga, elytris fulvis: punctis nigris decem; duobus communibus. *Fabr. sp. inf.* 1. *p.* 98. *n.* 29. *mant. inf.* 1. *p.* 57. *n.* 44.

Habitat in America *boreali, atra, statura tredecimpunctatae.*

dilatata. 84. C. subrotunda, coleoptris marginatis fulvis: punctis nigris decem, thorace bipunctato. *Fabr. sp. inf.* 1. *p.* 98. *n.* 30. *mant. inf.* 1. *p.* 57. *n.* 45.

Habitat in America.

11punctata. 18. C. coleoptris rubris: punctis nigris undecim. *Fn. suec.* 480.* *Ström act. nidr.* 3. *p.* 388. *t.* 6. *f.* 2. *Geoffr. inf. par.* 1. *p.* 325. *n.* 9. *Fabr. sp. inf.* 1. *p.* 98. *n.* 31. *mant. inf.* 1. *p.* 57. *n.* 46.

Merian. europ. 168.

Degeer inf. 5. *p.* 375. *n.* 8.

β) C. thorace albo: punctis quinque septemve nigris, coleoptris rubicundis; punctis 11, aliis 6, aliis 4 nigris. *Mus. Lesk. p.* 10. *n.* 181.

γ) C. coleoptris rubris: punctis nigris undecim 1. 3. 1. una cum communi ad scutellum, thorace flavescente: guttis 5 nigris et utrinque punctulo nigro. *Mus. Lesk. p.* 11. *n.* 194.

Habitat in Europa *boreali.*

11macu-lata. 85. C. coleoptris rubris: punctis nigris undecim, corpore ferrugineo. *Fabr. mant. inf.* 1. *p.* 57. *n.* 47. *Schaeff. ic. t.* 254. *f.* 3. a. 3. b?

Habitat in Hispania, 11*punctata duplo major.*

11puncta-ta. 19. C. coleoptris flavis: punctis nigris sex; extimo lineari repando. *Fabr. sp. inf.* 1. *p.* 98. *n.* 32. *mant. inf.* 1. *p.* 57. *n.* 48.

Herbst apud Fuessli Arch. Inf. 4. *p.* 45. *n.* 13. *t.* 22. *f.* 8. h?

Habitat in Europa, *minuta, flava, subtus nigra.*

variegata. 86. C. coleoptris flavis: punctis nigris duodecim fasciaque media nigris. *Fabr. sp. inf.* 1. *p.* 99. *n.* 33. *mant. inf.* 1. *p.* 57. *n.* 49.

Habitat ad caput bonae spei, *mediae magnitudinis, flava.*

chryso-melina. 87. C. coleoptris rufis: punctis nigris duodecim, thorace immaculato. *Fabr. sp. inf.* 1. *p.* 99. *n.* 34. *mant. inf.* 1. *p.* 57. *n.* 50.

Thunb. nov. sp. inf. 1. *p.* 16. *f.* 21.

Habitat in cacto opuntia Africae, *et in* Calabria, *ovata, gibba, oculatae magnitudine.*

borealis. 88. C. coleoptris flavis: punctis nigris duodecim; duobus communibus, ultimis orbiculatis. *Fabr. sp. inf.* 1. *p.* 99. *n.* 35. *mant. inf.* 1. *p.* 58. *n.* 51.

Thunb. nov. inf. spec. 1. *p.* 15. *f.* 20. Coccinella elytris rufis: punctis duodecim nigris, thorace quadripunctato.

Habitat ad caput bonae spei, *gibba, subtus lutea, ocellatae magnitudine.*

cassidea. 89. C. oblonga rubra, coleoptris punctis duodecim, thorace quatuor nigris. *Fabr. sp. inf.* 1. *p.* 99. *n.* 36. *mant. inf.* 1. *p.* 58. *n.* 52.

Habitat in America *boreali.*

13macu-lata. 90. C. coleoptris flavis: punctis nigris tredecim, corpore orbiculato. *Fabr. sp. inf.* 1. *p.* 99. *n.* 37. *mant. inf.* 1. *p.* 58. *n.* 53.

Forster nov. inf. sp. cent. 1. *p.* 18. *n.* 18. Coccinella coleoptris luteis: punctis nigris tredecim, thorace albo nigro-punctato.
Habitat in Europa *boreali.*

13notata. 91. C. elytris flavis; punctis nigris tredecim thorace luteo: punctis septem nigris. *Thunb. nov. act. Upf.* 4. *p.* 10. *n.* 16. *t.* 1. *f.* 4.
Habitat in Europa, *bipunctatae magnitudine, flava, antennis rubris.*

13puncta-ta. 20. C. coleoptris luteis: punctis nigris tredecim, corpore oblongo. *Fn. suec.* 481. *Scop. ent. carn.* 238. *Geoffr. inf. par.* 1. *p.* 323. *n.* 6. *Fabr. sp. inf.* 1. *p.* 99. *n.* 38. *mant. inf.* 1. *p.* 58. *n.* 54.
Degeer inf. 5. *p.* 375. *n.* 9.
Reaumur inf. 3. *t.* 31. *f.* 79.
Schaeff. ic. t. 48. *f.* 6.
β) Coccinella oblonga. *Herbst apud Fuessli Arch. Inf.* 4. *p.* 43. *n.* 7. *t.* 22. *f.* 4. d.
Habitat in Europa *frequens.*

ursicolor. 92. C. coleoptris flavis: punctis quatuordecim nigris; duobus communibus. *Fabr. mant. inf.* 1. *p.* 58. *n.* 55.
Habitat in Sina, *orbiculata, gigantea, flava, olivacea aut nigra.*

14puncta-ta. 21. C. coleoptris flavis: punctis nigris quatuordecim; quibusdam contiguis. *Fn. suec.* 482. *Fabr. sp. inf.* 1. *p.* 99. *n.* 39. *mant. inf.* 1. *p.* 58. *n.* 56.
Scop. ent. carn. 243. Coccinella tessulata.
Schaeff. ic. t. 62. *f.* 6.
Herbst apud Fuessli Arch. Inf. 4. *t.* 22. *f.* 5. e.
Habitat in Europae *hortis, frequens.*

14maculata. 93. C. coleoptris luteis: sutura punctisque quatuordecim nigris distinctis. *Fabr. mant. inf.* 1. *p.* 58. *n.* 57.
Habitat Halae Saxonum, 14*punctata major, thorace nigro-punctato et capite albis.*

16puncta-ta. 22. C. coleoptris flavis; punctis nigris sedecim. *Fn. suec.* 483.* *Scop. ent. carn.* 240. *Fabr. sp. inf.* 1. *p.* 100. *n.* 41. *mant. inf.* 1. *p.* 58. *n.* 59. *Herbst apud Fuessli Arch. Inf.* 4. *p.* 44. *n.* 11. *t.* 22. *f.* 6. f.

Habitat

Habitat in Italia, *et* Germania *major, oblonga, albida, capite quadripunctato.*

16macu-lata. 94. C. coleoptris rubris: punctis nigris sedecim, capite immaculato. *Fabr. mant. inf.* 1. *p.* 58. *n.* 60.

Habitat Halae Saxonum, *majuscula, oblonga.*

oculata. 95. C. elytris rubris: punctis novem nigris, circulo flavo circum oculos. *Thunb. nov. inf. sp.* 1. *p.* 14. *f.* 18.

Habitat ad caput bonae spei, *atra, magnitudine septempunctatae.*

ocellata. 23. C. coleoptris luteis: punctis nigris quindecim subocellatis. *Fn. suec.* 484.* *Fabr. sp. inf.* 1. *p.* 100. *n.* 40. *mant. inf.* 1. *p.* 58. *n.* 58.

Gadd sat. 26. Coccinella elytris flavo-luteis, punctis quindecim nigris ocello flavo cinctis.

Degeer inf. 5. *p.* 376. *n.* 10. *t.* 11. *f.* 1.

Merian. inf. eur. 48. *f.* 5.

Sulz. inf. t. 13. *f.* 14.

Schaeff. ic. t. 1. *f.* 2.

elem. t. 47. *f.* 1.

Habitat in Europae *hortis, congeneribus plurimis major.*

18puncta-ta. 24. C. coleoptris flavis: punctis nigris octodecim, ultimo arcuato. *Fabr. sp. inf.* 1. *p.* 100. *n.* 42. *mant. inf.* 1. *p.* 59. *n.* 61. *Muf. Lesk. p.* 10. *n.* 184.

Coccinella gemella. *Herbst apud Fuessli Arch. Inf.* 4. *p.* 44. *n.* 12. *t.* 22. *f.* 7. g.

Habitat in Europa *boreali, thoracis lateribus flavis.*

19puncta-ta. 25. C. coleoptris flavis: punctis nigris novendecim. *Fn. suec.* 485. *Geoffr. inf. par.* 1. *p.* 325. *n.* 10. *Fabr. sp. inf.* 1. *p.* 100. *n.* 43. *mant. inf.* 1. *p.* 59. *n.* 62.

Müll. prodr. zool. dan. p. 67. *n.* 632. Coccinella lutea &c.

Herbst apud Fuessli Arch. Inf. 4. *p.* 45. *n.* 14. *t.* 22. *f.* 9. I.

Habitat in Europae *plantis.*

20puncta-ta. 96. C. coleoptris flavis: punctis nigris viginti. *Geoffr. inf. par.* 1. *p.* 329. *n.* 17. *Scop. ent. carn.* 242. *Fabr. sp. inf.* 1. *p.* 100. *n.* 44. *mant. inf.* 1. *p.* 59. *n.* 63.

Herbst apud Fuessli Arch. Inf. 4. *par. t.* 22. *f.* 10. k.

Habitat rarior in Europa.

26. C.

22puncta-ta. 26. C. coleoptris flavis: punctis nigris viginti duobus. *Fn. suec.* 486. *Fabr. sp. inf.* 1. *p.* 101. *n.* 45. *mant. inf.* 1. *p.* 59. *n.* 64.
Degeer inf. 5. *p.* 379. *n.* 12.
Raj. inf. p. 87. *n.* 6.
Schaeff. ic. t. 30. *f.* 10.
Habitat in Europae *hortis*, *parva.*

23puncta-ta. 27. C. coleoptris rubris: punctis nigris viginti tribus distinctis. *Fabr. sp. inf.* 1. *p.* 101. *n.* 46. *mant. inf.* 1. *p.* 59. *n.* 65.
Habitat in Europae *plantis*, *parva*, *rubra*, *subtus rufa.*

24puncta-ta. 28. C. coleoptris rubris: punctis nigris viginti quatuor. *Fn. suec.* 487. *Geoffr. inf. par.* 1. *p.* 326. *n.* 11. *Fabr. sp. inf.* 1. *p.* 101. *n.* 47. *mant. inf.* 1. *p.* 59. *n.* 66. *Herbst apud Fuessli Arch. Inf.* 4. *p.* 45. *n.* 16. *t.* 22. *f.* 11. l.
Degeer inf. 5. *p.* 381. *n.* 14. Coccinella coleoptris rufo-fuscis &c.
Habitat in Europae *hortis.*

25puncta-ta. 29. C. coleoptris rubris: punctis nigris viginti quinque. *Fn. suec.* 488.
Habitat in Europa.
Puncta *quadrata*, *passim ovalita.*

28puncta-ta. 97. C. coleoptris rubris: punctis nigris viginti octo. *Fabr. sp. inf.* 1. *p.* 101. *n.* 48. *mant. inf.* 1. *p.* 59. *n.* 67.
Habitat Tranquebariae.

conglo-bata. 30. C. coleoptris rubris; punctis nigris plurimis subcontiguis. *Fn. suec.* 489.*
Geoffr. inf. par. 1. *p.* 326. *n.* 12.
Degeer inf. 5. *p.* 378. *n.* 11. Coccinella rosea.
Frisch inf. 9. *p.* 34. *t.* 17. *f.* 6.
Habitat in Europa, *an mera conglomeratae varietas?*

conglo-merata. 31. C. coleoptris flavescentibus: punctis nigris plurimis contiguis. *Fn. suec.* 490.* *Fabr. sp. inf.* 1. *p.* 101. *n.* 49. *mant. inf.* 1. *p.* 59. *n.* 68.
Geoffr. inf. par. 1. *p.* 316. *n.* 12.
Degeer inf. 5. *p.* 383. *n.* 17.
Raj. inf. p. 87. *t.* 5.
List. loq. p. 383. *n.* 9.
Frisch inf. 9. 34. *t.* 17. *f.* 4. 5.
Schaeff. ic. t. 171. *f.* 1. a. b.

Herbst

Herbst apud Fuessli Arch. Inf. 4. *t.* 22. *f.* 14. 15?
Habitat in Europae *hortis frequens.*

tricolor. 98. C. coleoptris flavis: punctis decem rubris, maculisque decem atris marginalibus. *Fabr. mant. inf.* 1. *p.* 59. *n.* 69.
Habitat in insula Amsterdam *maris australis.*

detrita. 99. C. flava, coleoptris immaculatis, thorace albo maculato. *Fabr. sp. inf.* 1. *p.* 102. *n.* 50. *mant. inf.* 1. *p.* 59. *n.* 70.
Habitat in nova Hollandia.

japonica. 100. C. elytris flavis, cruce suturae duplici maculisque quatuor nigris. *Thunb. nov. inf. spec.* 1. *p.* 12. *f.* 12.
Habitat in Japonia, *magnitudine hieroglyphicae.*

grandis. 101. C. elytris flavis: punctis nigris tredecim thorace nigro: marginibus flavis. *Thunb. nov. inf. sp.* 1. *p.* 12. *f.* 13.
Habitat in Sina, *coccinellarum maxima.*

gibba. 102. C. elytris rubris, fascia punctisque sex nigris. *Thunb. nov. inf. sp.* 1. *p.* 13. *f.* 14.
Habitat ad caput bonae spei, *tenuissime hirta, rubra, pectore nigro, magnitudine septempunctatae.*

capensis. 103. C. elytris rubris: punctis octo nigris, thorace immaculato. *Thunb. nov. inf. sp.* 1. *p.* 13. *f.* 15.
Habitat ad caput bonae spei, *rubra, magnitudine septempunctatae.*

Psi. 104. C. elytris flavis: margine exteriore maculis quatuor nigris. *Thunb. nov. inf. sp.* 1. *p.* 13. *f.* 16.
Habitat ad caput bonae spei, *magnitudine fere septempunctatae, flavicans, pectore nigro.*

iridea. 105. C. elytris rubris: punctis novem nigris ocellaribus. *Thunb. nov. inf. sp.* 1. *p.* 14. *f.* 17.
Habitat ad caput bonae spei, *glabra, rubra, magnitudine fere septempunctatae.*

similis. 106. C. elytris rubris: fasciis duabus punctisque quatuor nigris. *Thunb. nov. inf. sp.* 1. *p.* 15. *f.* 19.
Habitat - - *magnitudine septempunctatae, supra pilis brevissimis cinereis hirta, subtus nigra.*

pusilla. 107. C. elytris flavis: punctis octo nigris quadrifariis. *Thunb. nov. inf. sp.* 1. *p.* 16. *f.* 22.
Habitat - - - *flavescens, glabra, pulice vix major.*

108. C.

distincta. 108. C. elytris rubris: punctis sedecim nigris distinctis. *Thunb. nov. inf. sp.* 1. *p.* 17. *f.* 23.
Habitat ad caput bonae spei, *nigra, supra pilis minimis cinereis adspersa, quinquepunctatae magnitudine.*

repanda. 109. C. elytris flavis: fasciis tribus undatis nigris. *Thunb. nov. inf. sp.* 1. *p.* 18. *f.* 25.
Habitat ad caput bonae spei, *glabra, nigra, septempunctatae magnitudine.*

flavicollis. 110. C. elytris sanguineis: punctis decem nigris, thorace flavo. *Thunb. nov. inf. sp.* 1. *p.* 18. *f.* 26.
Habitat ad caput bonae spei, *flavicans, pilis tenuissimis hirta, septempunctatae magnitudine.*

undulata. 111. C. elytris rubris: fasciis undatis dentatisque variis nigris. *Thunb. nov. inf. sp.* 1. *p.* 18. *f.* 27.
Habitat ad caput bonae spei, *septempustulatae magnitudine, supra pilis brevissimis cinereis hirsuta flavescens, subtus nigra.*

lunaris. 112. C. elytris flavis: fasciis duabus, arcu punctisque quinque nigris. *Thunb. nov. inf. sp.* 1. *p.* 19. *f.* 28.
Habitat ad caput bonae spei, *septempunctatae fere magnitudine, glabra, nigra.*

Crux. 113. C. elytris flavis: lineis duabus cruceque nigris. *Thunb. nov. inf. sp.* 1. *p.* 20. *f.* 29.
Habitat ad caput bonae spei, *subtus nigra.*

Comma. 114. C. elytris flavis: sutura, margine lineaque nigris. *Thunb. nov. sp. inf.* 1. *p.* 20. *f.* 30.
Habitat ad caput bonae spei, *quinquepunctatae magnitudine, supra flava.*

lineata. 115. C. elytris rubris: margine omni maculisque duabus oblongis nigris. *Thunb. nov. sp. inf.* 1. *p.* 21. *f.* 31.
Habitat ad caput bonae spei, *glabra, quinquepunctatae magnitudine, flava, abdomine femoribusque nigris.*

octoguttata. 116. C. elytris rubris: maculis octo flavis. *Thunb. nov. inf. sp.* 1. *p.* 24. *f.* 37.
Habitat in Japonia, *ocellata paulo major, glabra, rubra.*

variabilis. 117. C. elytris rubris: maculis undecim nigris, thoracis quatuor cordatis. *Herbst apud Fuessli Arch. Inf.* 4. *p.* 42. *n.* 6. *t.* 22. *f.* 3. c.

Habitat Berolini, *bipunctata paulo major, magis oblonga, macularum punctorumque numero varians.*

centumpunctata. 118. C. elytris fulvis: punctis nigris plurimis; multis confluentibus. *Herbst apud Fuessli Arch. inf.* 4. *p.* 45. *n.* 17. *t.* 22. *f.* 13.

Habitat in India, *septem lineas longa.*

quadrilineata. 119. C. elytris flavis: lineis tribus longitudinalibus transversaque maculisque duabus confluentibus nigris. *Herbst apud Fuessli Arch. Inf.* 4. *p.* 46. *n.* 18. *t.* 22. *f.* 12. m.

Habitat - - - oblonga, nigra.

sparsa. 120. C. elytris spadiceis: punctis viginti quatuor nigris. *Herbst apud Fuessli Arch. Inf.* 7. *p.* 160. *n.* 37. *t.* 43. *f.* 11.

Habitat in India, *septempunctatae magnitudine, pilis albicantibus hirsuta, spadicea.*

Punctum. 121. C. elytris fulvis immaculatis, thoracis macula media angulosa nigra. *Herbst apud Fuessli Arch. Inf.* 7. *p.* 161. *n.* 40. *t.* 43. *f.* 14. g. h.

Habitat - - - 1½ *lineas longa, capite nigro, thorace fulvo.*

** *coleoptris rubris flavisve, albo-maculatis.*

bimaculosa. 122. C. elytris fulvis: lituris duabus obsoletis albis semilunaribus. *Herbst apud Fuessli Arch. Inf.* 7. *p.* 160. *n.* 39. *t.* 43. *f.* 13. e. f.

punctatoguttata. 32. C. coleoptris rubris: punctis albis quatuordecim, nigris tribus. *Fn. suec.* 491.*

Habitat in Europa, *an solo sexu a decempustulata distincta?*

biguttata. 123. C. coleoptris rufis: punctis duobus flavis. *Fabr. mant. inf.* 1. *p.* 59. *n.* 72.

Habitat - - - parva, thorace glabro atro, margine laterali flavo.

camtschatcensis. 124. C. coleoptris obscure rufis: punctis octo albis. *Fabr. mant. inf.* 1. *p.* 59. *n.* 71.

Habitat in Camtschatca, *mediae magnitudinis, atra.*

10gutta-ta. 33. C. coleoptris luteis: punctis albis decem. *Fabr. sp. inf.* 1. *p.* 102. *n.* 51. *mant. inf.* 1. *p.* 60. *n.* 73. *Herbst apud Fuessli Arch. Inf.* 4. *p.* 47. *n.* 20. *t.* 22. *f.* 16. p. g.

β) Coccinella 10guttata minor, coleoptris rubris, puncto anteriori marginali lunato. *Schaller Abh. der hall. Naturf. Ges.* 1. *p.* 263.

Habitat in Sueciae *hortis*, *minor*. Fabricius.

12gutta-ta. 125. C. coleoptris ex luteo-fuscis: punctis albis 12. *Herbst apud Fuessli Arch. inf.* 4. *p.* 47. *n.* 26. *t.* 22. *f.* 10. v.

β) *Schrank enum. inf. Austr. p.* 61. *n.* 111.

γ) C. coleoptris flavo rufescentibus: guttis sex albis 1. 2. 2. 1. *Mus. Lesk. p.* 11. *n.* 210.

Habitat - - -

bisseptemgutta-ta. 126. C. coleoptris luteis: punctis quatuordecim albis. *Schaller Abh. der hall. Naturf. Ges.* 1. *p.* 265.

Habitat - - - *citrea*, 16*guttatae statura et magnitudine*.

14gutta-ta. 34. C. coleoptris rufis: punctis quatuordecim albis. *Fn. suec.* 492.* *Geoffr. inf. par.* 1. *p.* 327. *n.* 13. *Scop. ent. carn.* 248. *Fabr. sp. inf.* 1. *p.* 102. *n.* 52. *mant. inf.* 1. *p.* 60. *n.* 74.

Raj. inf. p. 86. *n.* 3.

List. loq. 383. *n.* 10.

Degeer inf. 5. *p.* 385. *n.* 20.

Schaeff. ic. t. 9. *f.* 11.

Herbst apud Fuessli arch. inf. 4. *p.* 47. *n.* 21. *t.* 22. *f.* 17. r.

Habitat in Europae *salicibus*, *ex testaceo lutea*, *capite nigro*.

cayennensis. 156. C. coleoptris fulvis: punctis duodecim lunulisque utrinque duabus connatis albis. *Fabr. mant. inf.* 2. *app. p.* 379.

Habitat in Cayenna, *rufa*, *mediae magnitudinis*.

15gutta-ta. 127. C. coleoptris luteis: punctis quindecim albis; communi medio obsoleto. *Fabr. sp. inf.* 1. *p.* 102. *n.* 53. *mant. inf.* 1. *p.* 60. *n.* 75.

Geoffr. inf. par. 1. *p.* 327. *n.* 14.

Herbst apud Fuessli arch. inf. 4. *p.* 47. *n.* 22. *t.* 22. *f.* 18. f.

Habitat in Europa *magis australi*.

16gutta-ta. 35. C. coleoptris luteis: punctis albis sedecim. *Fn. suec.* 493. *Scop. ent. carn.* 249. *Fabr. sp. inf.* 1. *p.* 103. *n.* 54. *mant. inf.* 1. *p.* 60. *n.* 76.

Degeer inf. 5. *p.* 385. *n.* 21.

 Sulz.

Sulz. hist. inf. t. 3. *f.* 5.
Herbst apud Fuessli arch. inf. 7. *p.* 161. *n.* 42. *t.* 43. *f.* 16. l. m.
Habitat in Europa.

18gutta-ta. 36. C. coleoptris rubris: punctis albis octodecim. *Fn. suec.* 494. *Fabr. sp. inf.* 1. *p.* 103. *n.* 55. *mant. inf.* 1. *p.* 60. *n.* 77. *Scop. ent. carn.* 241.
Schaeff. ic. t. 9. *f.* 12.
β) Coccinella ornata. *Herbst apud Fuessli arch. inf.* 4. *p.* 47. *n.* 23. *t.* 22. *f.* 19. t.

20gutta-ta. 37. C. coleoptris rubris: punctis albis viginti. *Fn. suec.* 495. *Fabr. sp. inf.* 1. *p.* 103. *n.* 56. *mant. inf.* 1. *p.* 60. *n.* 78. *Herbst apud Fuessli arch. inf.* 4. *p.* 47. *n.* 24. *t.* 22. *f.* 20. u.

oblongo-guttata. 38. C. coleoptris rubris: lineis punctisque albis. *Fn. suec.* 496. *Fabr. sp. inf.* 1. *p.* 103. *n.* 56. *mant. inf.* 1. *p.* 60. *n.* 79. *Scop. ent. carn.* 242.
Degeer inf. 5. *p.* 384. *n.* 19.
Schaeff. ic. t. 9. *f.* 10.
Bergstr. nomencl. 1. *t.* 9. *f.* 6.
Sulz. hist. inf. t. 3. *f.* 14.
Habitat rarior in Europae *hortis.*

oblitera-ta. 39. C. coleoptris flavis: punctis quatuor rufis; anterioribus obsoletis. *Fn. suec.* 497.*
Habitat in Europa.

pallida. 128. C. elytris flavis: lineis quatuor fuscis. *Thunb. nov. act. Upf.* 4. *p.* 9. *n.* 14. *t.* 1. *f.* 1.
Habitat Upsaliae, *flava, bipunctatae magnitudine.*

*** *Coleoptris nigris: rubro maculatis.*

impustu-lata. 40. C. coleoptris nigris: puncto nullo. *Fabr. sp. inf.* 1. *p.* 103. *n.* 58. *mant. inf.* 1. *p.* 60. *n.* 80.
Habitat in Germaniae *nemoribus, statura quadripustulatae, tota atra, thoracis lateribus flavis: puncto nigro.*

analis. 129. C. coleoptris atris apice rubris immaculatis. *Fabr. mant. inf.* 1. *p.* 60. *n.* 81.
Habitat Halae Saxonum, *haemorrhoidali affinis, at duplo minor.*

haemor-rhoidalis. 130. C. coleoptris atris apice rubris: fascia nigra. *Fabr. sp. inf.* 1. *p.* 104. *n.* 59. *mant. inf.* 1. *p.* 60. *n.* 82.

Habitat

Habitat Hamburgi, *frequenter puncto sanguineo communi in dorso notata.*

flavipes. 131. C. elytris nigris, thorace nigro: maculis duabus flavis. *Thunb. nov. inf. sp.* 1. *p.* 21.

Habitat ad caput bonae spei, *bipustulatae magnitudine, impustulatae affinis, at punctum nigrum nullum ad latera thoracis.*

Cacti. 41. C. coleoptris atris: maculis duabus rubris.† *Fabr. sp. inf.* 1. *p.* 104. *n.* 60. *mant. inf.* 1. *p.* 60. *n.* 83.

Gron. zooph. 609. Coccinella coleoptris marginatis nitidis atris, macula solitaria subrotunda utrinque.

Merian. surin. p. 2. *t.* 2. *f.* summa.

Pet. gaz. t. 1. *f.* 5.

Sloan. jam. 2. *t.* 237. *f.* 31-33. *et t.* 9. *f.* 13.

Habitat in Americae *cactis, saepius inter coccos cacti lecta, bipustulatae similis.*

bipustulata. 42. C. coleoptris nigris: punctis rubris duobus, abdomine sanguineo. *Fn. suec.* 498.* *Fabr. sp. inf.* 1. *p.* 104. *n.* 61. *mant.* 1. *p.* 60. *n.* 84. *Laichart. inf. tir.* 1. *p.* 134.

Geoffr. inf. par. 1. *p.* 334. *n.* 26.

Degeer inf. 5. *p.* 387. *n.* 27. *t.* 10. *f.* 25.

Frisch inf. 9. *p.* 34. *t.* 16. *f.* 6.

Roef. inf. 2. *scar.* 3. *p.* 10. *t.* 3.

β) *Herbst apud Fuessli arch. inf.* 4. *p.* 48. *n.* 27. *t.* 22. *f.* 22. w.

Habitat in Europae *hortis frequens, etiam in* America *septentrionali,*

Elytrorum *singula puncta e tribus conflata.*

mutabilis. 132. C. coleoptris nigris, punctis duobus rubris orbiculatis submarginalibus, corpore oblongo. *Fabr. sp. inf.* 1. *p.* 104. *n.* 62. *mant. inf.* 1. *p.* 60. *n.* 85.

Habitat Hamburgi.

Elytra *junioribus lutescentia; puncto flavescente.*

frontalis. 133. C. coleoptris nigris: punctis duobus rubris, fronte pedibusque anterioribus rubris. *Fabr. mant. inf.* 1. *p.* 60. *n.* 86.

Habitat Halae Saxonum, *capite interdum nigro, punctisque elytrorum quatuor.*

tripuftu- 157. C. coleoptris nigris: bafi macula magna lutea, medi
lata. puftulis duabus apiceque unica subra. *Lesk. muf. p.* 12
 n. 215.
 Habitat in Europa.

lunulata. 158. C. coleoptris nigris margine reflexis: puncto medio b:
 feosque lunula media rubris. *Muf. Lesk. p.* 12. *n.* 317
 Habitat - - -

limbata. 159. C. coleoptris nigris: lunula ad marginem baseos exteri:
 rem rubra thorace nigro: margine albo. *Muf. Lesk.*
 12. *n.* 219.

leucoce- 160. C. nigra, thorace anterius, capite, punctisque elytroru:
phala. feptem albis. *Muf. Lesk. p.* 12. *n.* 223.
 Habitat - - - *macula capitis trigona nigra, punct*
 elytrorum tribus ad marginem externum pofitis margin
 connexis.

nigra. 161. C. nigra, elytris fingulis pofterius gutta rubra notatis
 Muf. Lesk. p. 12. *n.* 224.

ruficauda. 162. C. rubra, elytris nigris apice rubris. *Muf. Lesk. p.* 12
 n. 225.
 Habitat in Europa.

bifafciata. 163. C. nigra, thoracis margine externo elytrisque flavis:
 fafcia media longitudinali et communi futurae nigrae
 Muf. Lesk. p. 12. *n.* 226.
 Habitat in America.

quadripu- 43. C. coleoptris nigris: punctis rubris quatuor: interioribus
ftulata. longioribus. *Fn. fuec.* 449.* *Scop. ent. carn.* 244. *Fabr.*
 fp. inf. 1. *p.* 104. *n.* 63. *mant. inf.* 1. *p.* 61. *n.* 87.
 Geoffr. inf. par. 1, *p.* 333. *n.* 25.
 Degeer inf. 5. *p.* 389. *n.* 24.
 Bergftr. nomencl. 1. *t.* 9. *f.* 5.
 Schaeff. ic. t. 30. *f.* 16. 17.
 Habitat in Europae *bortis, aliquando cum bipunctata copul:*
 conjuncta.

erythro- 134. C. coleoptris atris: punctis rubris fex, capite thoracisqu:
cephala. margine pallide rufefcentibus. *Fabr. mant. inf.* 1. *p.* 61
 n. 88. *Muf. Lesk. p.* 12. *n.* 220.
 Habitat Kilonii, *fexpuftulata minor, capite et abdomin:*
 rubris.

44. C

...puſtu-lata. 44. C. coleoptris nigris: punctis rubris ſex. *Fn. ſuec.* 500.* *Geoffr. inſ. par.* 1. *p.* 331. *n.* 20. *Scop. ent. carn.* 245. *Fabr. ſp. inſ.* 1. *p.* 105. *n.* 64. *mant. inſ.* 1. *p.* 61. *n.* 89.
Degeer inſ. 5. *p.* 390. *n.* 25.
Raj. inſ. p. 87. *n.* 4.
Schaeff. ic. t. 30. *f.* 12.
β) *Sulz. hiſt. inſ. t.* 3. *f.* 6.
Bergſtr. nomencl. 1. *t.* 9. *f.* 4.
Habitat in Europae *hortis, rarius varians puncto adhuc minutiſſimo ad ſuturam rubro.*

...nata. 135. C. coleoptris nigris: maculis decem rubris, ſex lunatis. *Fabr. ſp. inſ.* 1. *p.* 105. *n.* 65. *mant. inſ.* 1. *p.* 61. *n.* 90.
Thunb. nov. inſ. ſp. 1. *p.* 22. *f.* 33. Coccinella rivoſa.
Habitat in inſula S. Helenae *et ad* caput bonae ſpei, *gibba, glabra, ocellatae magnitudine.*

...irta. 136. C. elytris nigris: maculis duodecim rubris. *Thunb. nov. inſ. ſp.* 1. *p.* 23. *f.* 35.
Habitat ad caput bonae ſpei, *ocellatae magnitudine, atra, pilis cinereis hirta.*

Reppen-ſis. 137. C. oblonga elytris nigris: maculis fulvis orbicularibus duabus. *Herbſt apud Fueſſli arch. inſ.* 4. *p.* 48. *n.* 28. *t.* 22. *f.* 23. x.
Habitat in Marchia, *nigra.*

campe-ſtris. 138. C. ſubrotunda, elytris nigris: maculis duabus orbicularibus fulvis, pedibus anterioribus fulvis. *Herbſt apud Fueſſli arch. inſ.* 4. *p.* 48. *n.* 29. *t.* 22. *f.* 24. y.
Habitat in Marchia.

faſciata. 139. C. elytris nigris: faſcia transverſa maculis quatuor fulvis conflata. *Herbſt apud Fueſſli arch. inſ.* 4. *p.* 49. *n.* 30. *t.* 22. *f.* 25. z.
Geoffr. inſ. par. 1. *p.* 334. *n.* 26.
Habitat in Gallia *et* Germania.

decem-...ulata 45. C. coleoptris nigris: punctis fulvis decem. *Fn. ſuec.* 501.* *Fabr. ſp. inſ.* 1. *p.* 105. *n.* 66. *mant. inſ.* 1. *p.* 61. *n.* 91.
Geoffr. inſ. par. 1. *p.* 330. *n.* 19.
Degeer inſ. 5. *p.* 391. *n.* 26.
Schaeff. ic. t. 30. *f.* 10. *et t.* 171. *f.* 2.
Liſt. loq. 383. *n.* 9.

Frisch inf. 9. *t.* 17. *f.* 4. 5.
Raj. inf. 87. *n.* 15.
Habitat in Europae *hortis, varians elytrorum punctis flavis et rubris.*

russica. 140. C. elytris nigris: punctis duodecim fulvis. *Herbst apud Fuessli arch. inf.* 4. *p.* 49. *t.* 22. *f.* 26.
Habitat in Russia, *septempunctatae magnitudine.*

16pustulata. 47. C. coleoptris nigris: punctis fulvis sedecim. *Fn. suec.* 503.
Habitat in Europa.

20pustulata. 141. C. elytris nigris: punctis fulvis viginti. *Thunb. nov. inf. sp.* 1. *p.* 24. *f.* 36.
Habitat ad caput bonae spei, *septempunctatae magnitudine, gibba, nigra, tenuissime hirta.*

guttato-pustulata. 142. C. coleoptris nigris: punctis duobus flavis quatuorque rufis. *Fabr. sp. inf.* 1. *p.* 106. *n.* 69. *mant. inf.* 1. *p.* 61. *n.* 94.
Habitat in nova Hollandia.

**** *Coleoptris nigris, albo flavoque maculatis.*

atra. 143. C. elytris nigris: maculis duabus flavis, thoracis marginibus anoque flavis. *Thunb. nov. inf. sp.* 1. *p.* 21.
Habitat - - - bipustulata minor, valde gibba, glaberrima.

laevis. 144. C. elytris nigris: punctis sex flavis, thoracis angulis anterioribus flavis. *Thunb. nov. inf. sp.* 1. *p.* 22. *f.* 32.
Habitat - - - glabra, nigra, capite pedibusque flavis, bipustulatae magnitudine.

dentata. 145. C. elytris nigris: margine exteriore linea tridentata punctisque sex flavis. *Thunb. nov. inf. sp.* 1. *p.* 23. *f.* 34.
Habitat ad caput bonae spei, *14punctatae magnitudine, nigra, capite, thoracis et abdominis margine pedibusque flavis.*

pantherina. 48. C. coleoptris nigris: punctis flavis octo. *Fn. suec.* 504.*
Fabr. sp. inf. 1. *p.* 106. *n.* 71. *mant. inf.* 1. *p.* 61. *n.* 96.
Degeer inf. 5. *p.* 392. *n.* 28.
Habitat in Europa *boreali.*

humeralis. 146. C. coleoptris nigris: punctis flavis octo: anterioribus duobus uncinatis. *Schaller Abh. der hall. Naturf. Ges.* I. *p.* 266.

Habitat Halae Saxonum, *flavicans, ad 14pustulatam accedens.*

14pustulata. 46. C coleoptris nigris: punctis flavis quatuordecim. *Fn. suec.* 502.* *Geoffr inf. par.* I. *p.* 330. *n.* 18. *Scop. ent. carn.* 246. *Fabr. sp. inf.* I. *p.* 106. *n.* 68. *mant. inf.* I. *p.* 61. *n.* 93.

Uddm. diss. 15. Coccinella coleoptris nigris: maculis decem pallide flavis.

Pod. inf. 26. Coccinella 14maculata.

Degeer inf. 5. *p.* 391. *n.* 27.

Schaeff. ic. t. 30. *f.* 10.

Habitat in Europae *floribus.*

tigrina. 49. C. coleoptris nigris: punctis albidis viginti. *Fn. suec.* 505.* *Uddm. diss.* 11. *Fabr. sp. inf.* I. *p.* 107. *n.* 74. *mant. inf.* I. *p.* 61. *n.* 100.

Herbst apud Fuessli arch. inf. 4. *p.* 49. *n.* 36. *t.* 22. *f.* 27.

Schaeff. ic. t. 30. *f.* 9.

Habitat in Europa *boreali, an varietas 20guttatae?*

felina. 147. C. coleoptris atris: punctis sex albis, corpore globoso. *Fabr. sp. inf.* I. *p.* 106. *n.* 70. *mant. inf.* I. *p.* 61. *n.* 95.

Habitat in America *boreali.*

pardelina. 148. C. coleoptris nigris: punctis decem margineque sinuato albis. *Fabr. sp. inf.* I. *p.* 106. *n.* 72. *mant. inf.* I. *p.* 61. *n.* 97.

Habitat - - - magna, atra.

ursina. 149. C. coleoptris atris: punctis decem albis, capite thoracisque margine anteriore albis. *Fabr. mant. inf.* I. *p.* 61. *n.* 98.

Habitat in America *boreali, parva, nitida, atra, capite pedibusque albis.*

12pustulata. 150. C. coleoptris nigris: punctis duodecim albis; exterioribus margine connexis. *Fabr. sp. inf.* I. *p.* 106. *n.* 67. *mant. inf.* I. *p.* 61. *n.* 92.

Habitat Hamburgi.

leonina. 151. C. coleoptris nigris: punctis albis sedecim. *Fabr. sp. inf.* I. *p.* 106. *n.* 73. *mant. inf.* I. *p.* 61. *n.* 99.

Habitat in nova Hollandia.

canina. 152. C. coleoptris nigris: punctis albis viginti, capite thorace que villosis immaculatis. *Fabr. sp. inf.* 1. *p.* 107. *n.* 75 *mant. inf.* 1. *p.* 62. *n.* 101.

Habitat ad caput bonae spei, *magna*, *nigra*.

Thunbergii. 153. C. elytris nigris: margine punctisque duobus albis, capite nigro: punctis albis. *Thunb. nov. act. Upf.* 4. *p.* 10 *n.* 17.

Habitat Upsaliae, *bipustulatae magnitudine*, *nigra*.

villosa. 154. C. villosa nigra, elytrorum marginibus flavis. *Fabr mant. inf.* 2. *app. p.* 379.

Habitat in Cayenna, *magna*.

ALURNUS. *Antennae* filiformes.
Palpi sex brevissimi.
Maxilla cornea, fornicata.

grossus. 1. A. ater, thorace coccineo, elytris flavis. *Fabr. sp. inf.* 1. *p.* 115. *n.* 1. *mant. inf.* 1. *p.* 66. *n.* 1.

Habitat in America *australi et* India.

femoratus. 2. A. viridi-aeneus, femoribus tibiisque posterioribus dentatis. *Fabr. sp. inf.* 1. *p.* 115. *n.* 2. *mant. inf.* 1. *p.* 66. *n.* 2.
Drury inf. 2. *t.* 34. *f.* 5. Tenebrio femoratus.
Sulz. hist. inf. t. 7. *f.* 8. Tenebrio viridis.

Habitat in India, *magnus*, *laevis*, *nitidus*, *antennis corpore dimidio brevioribus: articulis ultimis nigris*.

dentipes. 3. A. niger, femoribus tibiisque posterioribus dentatis. *Fabr. mant. inf.* 1. *p.* 66. *n.* 3.

Habitat ad caput bonae spei, *laevis*, *immaculatus*, *femorato affinis*.

199. CHRYSOMELA. *Antennae* moniliformes.
Palpi sex extrorsum crassiores.
Thorax, nec elytra, marginatus.
Corpus (plerisque) ovatum.

* *femoribus posterioribus aequalibus.*

tenebrioides. 1. Chr. aptera atra, antennis pedibusque violaceis. *Fabr. sp. inf.* 1. *p.* 116. *n.* 1. *mant. inf.* 1. *p.* 66. *n.* 1. *Herbst apud Fuessli arch. inf.* 4. *t.* 23. *f.* 1.
Syst. nat. XII. 2. *p.* 678. *n.* 29. Tenebrio (laevigatus) apterus niger laevis, elytris laevibus, thorace lunato, subtus caeruleus.
Geoffr. inf. par. 1. *p.* 295. *n.* 19. Chrysomela atro-purpurea &c.
Habitat in Europa *magis australi.*
Larva *gibba, violacea, ano rufo, polyphaga, plantis victitat.*

Morio. 2. Chr. atra, antennis pedibusque nigris. *Fabr. mant. inf.* 1. *p.* 66. *n.* 2.
Habitat in terra van Diemen, *tenebrioide paulo minor.*

goettingensis. 4. Chr. atra, pedibus violaceis. *Fn. suec.* 506.* *Fabr. sp. inf.* 1. *p.* 116. *n.* 2. *mant. inf.* 1. *p.* 67. *n.* 3.
Degeer inf. 5. *p.* 298. *n.* 8. Chrysomela violaceo-nigra &c.
Laichart. inf. tyr. 1. *p.* 143. *n.* 2. Chrysomela coriaria.
Habitat in Europa.

vittata. 3. Chr. cyanea, elytris margine vittaque media flavis. *Fabr. sp. inf.* 1. *p.* 116. *n.* 3. *mant. inf.* 1. *p.* 67. *n.* 4.
Habitat in America, *magna, crassa.*

bicolor. 72. Chr. viridi-aenea, subtus violacea. *Fabr. sp. inf.* 1. *p.* 116. *n.* 4. *mant. inf.* 1. *p.* 63. *n.* 5.
Forsk. Fn. ar. p. 77. *n.* 2. Chrysomela viridi-aenea.
Habitat Alexandriae.
Elytra *punctato-striata.*

affinis. 73. Chr. obscure aenea, subtus violacea, elytris laevibus. *Fabr. mant. inf. 1. p. 67. n. 6.*
Habitat sub lapidibus Barbariae, *bicolori affinis, at duplo minor.*

lusitanica. 74. Chr. thorace cupreo, elytris aeneis: punctis impressis caerulescentibus, subtus violacea. *Fabr. sp. inf. 1. p. 116. n. 5. mant. inf. 1. p. 67. n. 7.*
Habitat in Lusitania, *major Chr. Bankſii.*

ferruginea. 75. Chr. ferruginea, subtus nigra. *Fabr. sp. inf. 1. p. 117. n. 6. mant. inf. 1. p. 67. n. 8.*
Habitat in Africa *aequinoctiali, magna.*

Banksii. 76. Chr. supra aenea, subtus testacea. *Fabr. sp. inf. 1. p. 117. n. 7. mant. inf. p. 67. n. 9.*
Habitat in Lusitania *et* Calabria.

Sophiae. 77. Chr. caerulea, tibiis plantisque flavis. *Fabr. mant. 1. p. 73. n. 86.*
Schaller Abh. der hall. Naturf. Ges. 1. p. 272. Chrysomela ovata viridis, elytris postice acuminatis, tibiis plantisque ferrugineis.
Habitat Halae Saxonum *in Sisymbrio Sophia, laevis, glabra, statura et magnitudine chr. ermoraciae.*

pallipes. 78. Chr. nigra, elytris pedibusque pallescentibus. *Fabr. mant. 1. p. 73. n. 215.*
Habitat Kilonii, *parva.*

bimaculata. 79. Chr. oblonga atra, elytris testaceis: macula atra. *Fabr. sp. inf. 1. p. 127. n. 67. mant. inf. 1. p. 73. n. 87.*
Habitat in America.

fasciata. 80. Chr. oblonga atra, elytris fasciis tribus flavis. *Fabr. sp. inf. 1. p. 128. n. 68. mant. inf. 1. p. 73. n. 88.*
Habitat in America.

ruficollis. 81. Chr. oblonga viridi-aenea, thorace pedibusque rufis. *Fabr. sp. inf. 1. p. 128. n. 69. mant. inf. 1. p. 72. n. 89.*
Herbst apud Fuessli arch. inf. 7. p. 162. n. 61. t. 45. f. 3.
Geoffr. inf. par. 1. p. 263. n. 16. Chrysomela nigra &c.
Habitat in Europa *magis australi, etiam* Germania.

82. Chr.

Chrysomelarum *et* cryptocephalorum *larvae consument folia, relictis eorum vasis, pulpa contentae.*

flavicornis. 82. Chr. oblonga punctata viridi-aenea, antennis pedibusque flavis. *Fabr. mant. inf.* 1. *p.* 73. *n.* 90.
Habitat in Cayenna, *minor.*

crenata. 83. Chr. oblonga subtus aenea, supra cuprea, antennis flavis: articulo quinto et ultimo fuscis. *Fabr. mant.* 1. *p.* 73. *n.* 91.
Habitat in Cayenna, *flavicorni major.*

littoralis. 84. Chr. oblonga atra, elytris porcatis. *Fabr. mant.* 1. *p.* 74. *n.* 92.
Geoffr. inf. par. 1. *p.* 252. *n.* 1. *t.* 4. *f.* 6. Galleraca atro fusca, lineis tribus elevatis punctis numerosis.
Habitat ad Europae *australis littora, statura chr. tanaceti, at major.*

cayennensis. 85. Chr. oblonga atra, capite, thorace, femoribusque quatuor anterioribus obscure rufis. *Fabr. mant. inf.* 1. *p.* 74. *n.* 93.
Habitat in Cayenna, *statura chr. tanaceti, at paulo major.*

tanaceti. 5. Chr. atra punctata, antennis pedibusque nigris. *Fn. suec.* 507. *It. gotl.* 270.
Fabr. sp. inf. 1. *p.* 128. *n.* 70. *mant. inf.* 1. *p.* 74. *n.* 94.
Degeer inf. 5. *p.* 299. *n.* 4. *t.* 8. *f.* 27. Chrysomela oblonga nigra punctata, elytris coriaceis.
Merian. inf. eur. t. 68.
Schaeff. ic. t. 21. *f.* 14.
Habitat in Europae *tanaceto, rarius tota obscure grisea.*

rustica. 86. Chr. oblonga nigra, thorace elytrisque griseis. *Fabr. mant. inf.* 1. *p.* 74. *n.* 95.
Schaller Abh. hall. Naturf. Ges. 1. *p.* 274. Chrysomela ovata nigra, elytris griseis: striis quinque eminentibus.
Habitat in Europae *fruticibus, affinis chr. tanaceti.*

12punctata. 87. Chr. oblonga, thorace flavescente, elytris viridibus: punctis sex nigris. *Fabr. sp. inf.* 1. *p.* 128. *n.* 71. *mant. inf.* 1. *p.* 74. *n.* 96.
Habitat - - -

haemorrhoidalis. 6. Chr. nigra nitida, antennis basi flavescentibus, ano supra rubro. *Fn. suec.* 508.* *Scop. ent. carn.* 225. *Fabr. sp. inf.* 1. *p.* 126. *n.* 60. *mant. inf.* 1. *p.* 72. *n.* 78.
Degeer inf. 5. *p.* 287. *n.* 6.
Habitat in betula *et* alno, *elytris striato-punctatis.*

88. Chr.

fucata. 88. Chr. atra, thorace elytrisque viridi-aeneis. *Fabr. sp. ins.* 1. *p.* 126. *n.* 61. *mant. ins.* 1. *p.* 72. *n.* 79.
Habitat in Italia, *statura et magnitudine haemorrhoidalis.*

fuscicornis. 89. Chr. viridi-aenea, antennis tibiisque nigris. *Fabr. sp. ins.* 1. *p.* 126. *n.* 62. *mant. ins. p.* 73. *n.* 80.
Habitat in Russia, *magnitudine et statura haemorrhoidalis.*

graminis. 7. Chr. viridi-caerulea nitida, antennis pedibusque concoloribus. *Fn. suec.* 509. *Scop. ent. carn.* 220. *Fabr. sp. ins.* 1. *p.* 118. *n.* 16. *mant. ins.* 1. *p.* 68. *n.* 21.
Geoffr. ins. par. 1. *p.* 260. *n.* 10.
Degeer ins. 5. *p.* 304. *n.* 16.
Schaeff. ic. t. 21. *f.* 10.
Habitat in Europae *plantis, praesertim gramine.*

cuprea. 90. Chr. capite thoraceque aeneis, elytris cupreis, corpore atro. *Fabr. sp. ins.* 1. *p.* 118. *n.* 17. *mant. ins.* 1. *p.* 68. *n.* 22.
Geoffr. ins. par. 1. *p.* 263. *n.* 15.
Laichart. ins. tir. 1. *p.* 144. *n.* 3. *Herbst apud Fuessli arch. ins.* 4. *p.* 55. *n.* 26. *t.* 23. *f.* 14. Chrysomela metallica?
Habitat in Germania.

asiatica. 91. Chr. viridi-aenea nitidissima, elytris cyaneis. *Pall. it.* 1. *p.* 463. *n.* 10. *Fabr. sp. ins.* 1. *p.* 118. *n.* 15. *mant. ins.* 1. *p.* 68. *n.* 20.
Habitat in Sibiria, *surinamensi major.*

glaberrima. 92. Chr. cyanea glaberrima, antennis plantisque fuscis. *Fabr. sp. ins.* 1. *p.* 118. *n.* 14. *mant. ins.* 1. *p.* 68. *n.* 19.
Sulz. hist. ins. t. 3. *f.* 16. Chrysomela americana.
Habitat Surinami, *rarior in* Europa *boreali, aliquando tota aenea.*

ignita. 93. Chr. cyanea nitida, elytris aeneis, antennis plantisque fuscis. *Fabr. mant. ins.* 1. *p.* 68. *n.* 18.
Habitat in Cayenna, *maxima.*

aenea. 8. Chr. viridis nitida, abdomine posterius ferrugineo. *Fn. suec.* 510.*
Fn. suec. 1. *n.* 420. Chrysomela viridis nitida, thorace antice excavato.
Fabr. sp. ins. 1. *p.* 130. *n.* 80. *mant. ins.* 1. *p.* 75. *n.* 106.
Geoffr.

Geoffr. inf. par. 1. *p.* 261. *n.* 12.
Degeer inf. 5. *p.* 305. *n.* 18. *t.* 9. *f.* 4.
Habitat in betula alno, *etiam in* Calabria.

dresdensis. 95. Chr. oblonga, capite thoraceque obscure ferrugineis, elytris nigro-aeneis. *Fabr. mant. inf.* 1. *p.* 75. *n.* 105.
Habitat Dresdae, *statura et magnitudine vitellinae.*

alni. 9. Chr. violacea, elytris vage punctatis, pedibus antennisque nigris. *Fn. suec.* 511.* *Fabr. sp. inf.* 1. *p.* 128. *n.* 72. *mant. inf.* 1. *p.* 74. *n.* 97.
Degeer inf. 5. *p.* 314. *n.* 21. *t.* 9. *f.* 18.
Geoffr. inf. par. 1. *p.* 332. *n.* 1.
Frisch inf. 7. 13. *t.* 8.
Sulz. hist. inf. t. 3. *f.* 13.
Schaeff. elem. t. 53. *f.* 1. 2.
Habitat in betula alno.

absinthii. 97. Chr. oblonga pallida, thorace macula, elytris lineis tribus nigris. *Pall. it.* 2. *p.* 725. *n.* 70. *Fabr. sp. inf.* 1. *p.* 129. *n.* 73. *mant. inf.* 1. *p.* 74. *n.* 98.
Habitat in Sibiria, *magnitudine Chr. tanaceti.*

concolor. 98. Chr. oblonga flavescens nitida, oculis fuscis. *Fabr. sp. inf.* 1. *p.* 129. *n.* 74. *mant. inf.* 1. *p.* 74. *n.* 99.
Habitat in Africa *aequinoctiali, Chr. tanaceti paulo major.*

picea. 99. Chr. oblonga picea, pedibus testaceis. *Fabr. sp. inf.* 1. *p.* 129. *n.* 75. *mant. inf.* 1. *p.* 74. *n.* 100.
Habitat in Africa *aequinoctiali, magna, glabra, nitida.*

betulae. 10. Chr. violacea, elytris punctato striatis. *Fn. suec.* 514. *Fabr. sp. inf.* 1. *p.* 129. *n.* 76. *mant. inf.* 1. *p.* 74. *n.* 101. *Scop. ent. carn.* 221.
Geoffr. inf. par. 1. *p.* 264. *n.* 17. Chrysomela nigro-purpurea &c.
Degeer inf. 5. *p.* 318. *n.* 24. *t.* 9. *f.* 24. a. b. Chrysomela caerulea salicis &c.
Roef. inf. 2. *scar.* 3. *t.* 1.
Raj. inf. 90. *f.* 5.
Muf. Lesk. p. 14. *n.* 267?
Habitat in betulae albae *foliis, paginam inferiorem exedens.*

tricolor. 100. Chr. oblonga, thorace fulvo-viridi punctato, elytris viridibus nitidis, abdomine nigro. *Fabr. sp. inf.* 1. *p.* 129. *n.* 77. *mant. inf.* 1. *p.* 74. *n.* 102.

Habitat

Habitat - - - major Chr. betulae, capite viridi, ore, pectore pedibusque fulvis, antennis fuscis.

haemoptera. 11. Chr. violacea, plantis alisque rubris. *Fn. suec.* 512.* *Fabr. sp. inf.* 1. *p.* 118. *n.* 18. *mant. inf.* 1. *p.* 68. *n.* 23. *Geoffr. inf. par.* 1. *p.* 258. *n.* 5. Chrysomela tota violacea. *Degeer inf.* 5. *p.* 312. *n.* 20. *t.* 9. *f.* 13. Chrysomela hyperici? *Pod. inf.* 26. Chrysomela graminis. *Habitat in* Europa.

fuscipes. 250. Chr. violacea, antennis tibiis plantisque fusco-ferrugineis. *Mus. Lesk. p.* 13. *n.* 243. *Habitat in* Europa.

nitens. 251. Chr. oblonga violacea nitida, elytris laevissime punctatis. *Mus. Lesk. p.* 13. *n.* 261. *Habitat - - -*

semistriata. 101. Chr. nigra, elytris flavis: fascia media nigra, anterius et posterius nigro-striatis. *Fabr. sp. inf.* 1. *p.* 119. *n.* 19. *mant. inf.* 1. *p.* 69. *n.* 26. *Habitat in* Brasilia.

centaurei. 102. Chr. cuprea nitens, subtus viridi-aenea, pedibus cupreis. *Fabr. mant.* 1. *p.* 68. *n.* 25. *Habitat in* Germaniae *centaureo, varians statura et magnitudine.*

varians. 103. Chr. caerulea s. viridis, antennis pedibusque nigris. *Fabr. mant.* 1. *p.* 68. *n.* 24. *Schaller Abh. der hall. Naturf. Ges.* 1. *p* 271. Chrysomela subglobosa nitida, colore varians, antennis nigris. *Habitat in* Saxonia, *statura et magnitudine fastuosae.*

occidentalis. 12. Chr. viridi-aenea, pedibus antennisque flavis. *Habitat in* America, *chr. vitellinae similis.* Rolander.

cerasi. 13. Chr. livida, antennarum apicibus, oculisque nigris. *Fn. suec.* 570.* *Habitat in* pruni padi *foliis, quae cribri instar perforat subtus haerens larva, depressa, viridis, setosa.* T. Bergman. Magnitudo *cimicis lectularii;* thoracis *margo anterior nigricans.*

14. Chr.

padi. 14. Chr. nigra, elytris apice lividis. *Fn. fuec.* 813.*
Habitat in pruno pado, *pulice major.*

minutiffima. 15. Chr. nigra opaca.
Habitat in Suecia, *pulice quadruplo minor, elytris abdomine brevioribus.*

armoraciae. 16. Chr. nigra nitidiffima fubcaerulefcens, fubtus nigra. *Fn. fuec.* 515.* *Fabr. fp. inf.* 1. *p.* 127. *n.* 66. *mant. inf.* 1. *p.* 73. *n.* 84. *Herbft apud Fueffli arch. inf.* 7. *t.* 44. *f.* 7. c. d. *Degeer inf.* 5. *p.* 322. *n.* 25. Chryfomela plantaginis.
Habitat in plantagine, cochlearia armoracia, ranunculo aquatili, flammula.

melanostoma. 254. Chr. oblonga nigra, capite, thorace elytrisque rubris: illo pofterius puncto oreque, ifto utrinque puncto, dorfo fcutelloque, his futura nigris. *Muf. Lesk. p.* 14.

carbonaria. 255. Chr. nigra, elytris laeviffime punctatis: punctorum feriebus novem. *Muf. Lesk. p.* 14. *n.* 285.
Habitat in Europa.

decempunctata. 256. Chr. nigra, elytris ordinibus punctorum quinque parium. *Muf. Lesk. p.* 14. *n.* 266.
Habitat in Europa.

luteicornis. 257. Chr. nigra, antennis luteo-rufefcentibus, elytris laeviffime punctatis: punctorum feriebus novem; margine inflexo teftaceo. *Muf. Lesk. p.* 14. *n.* 275.
Habitat in Europa.

fubpunctata. 258. Chr. nigra aeneo nitens, elytris laeviffime punctatis. *Muf. Lesk. p.* 14. *n.* 276.
Habitat in Europa.

erythromelas. 259. Chr. atra, elytris laevibus punctatis margine fanguineis. *Muf. Lesk. p.* 14. *n.* 270.
Habitat in Europa, *an diftincta fatis a limbata?*

cyanomelas. 260. Chr. violacea, capite thorace elytrisque nigris: his profunde punctatis, antennarum bafi rubra. *Muf. Lesk. p.* 14. *n.* 265.
Habitat in Europa.

dichroa. 261. Chr. oblonga violacea, thorace, elytris tibiisque viridibus. *Muf. Lesk. p.* 14. *n.* 280.
Habitat in Europa.

262. Chr.

elegans. 262. Chr. oblonga violaceo-aenea, capite, thorace, elytris profunde punctatis pedibusque viridi-aeneis. *Mus. Lesk. p.* 14. *n.* 281.
Habitat in Europa.

russica. 104. Chr. cyanea antennarum basi, thorace pedibusque rufis. *Fabr. mant. ins.* 1. *p.* 71. *n.* 55.
Habitat in Russia *meridionali, statura chr. polygoni, at paulo minor.*

brunnea. 105. Chr. testacea, elytris sutura lineolaque media fuscis. *Fabr. sp. ins.* 1. *p.* 123. *n.* 44. *mant. ins.* 1. *p.* 71. *n.* 56.
Habitat in nova Hollandia, *parva.*

quinque-maculata. 252. Chr. oblonga testacea, elytris punctis profundis striatis: singulis maculis quinque nigris notatis. *Mus. Lesk. p.* 13. *n.* 260.
Habitat in Europa.

erythroptera. 253. Chr. aenea, capite thoraceque fusco aeneis, elytris rubris basi gibbis. *Mus. Lesk. p.* 13. *n.* 257.

cerealis. 17. Chr. aurata, thorace lineis tribus, coleoptrisque quinque caeruleis. *Fabr. sp. ins.* 1. *p.* 124. *n.* 45. *mant. ins.* 1. *p.* 71. *n.* 57.
Geoffr. ins. par. 1. *p.* 262. *n.* 14. Chrysomela aurea.
Schaeff. ic. t. 1. *f.* 3.
Habitat in Europae *magis australis segete*, montis vogesi *spartio scopario, mediae magnitudinis, subtus obscure violacea, rarius tota purpurea.*

americana. 106. Chr. viridi-aenea, elytris striis quinque sanguineis. *Fabr. sp. ins.* 1. *p.* 124. *n.* 46. *mant. ins.* 1. *p.* 71. *n.* 58.
Habitat in America *et* Galliae *australis lavandula, verticis macula coccinea.*

festiva. 107. Chr. nigro-aenea, elytris lineis tribus suturaque anteriore flavis. *Fabr. sp. ins.* 1. *p.* 124. *n.* 47. *mant. ins.* 1. *p.* 71. *n.* 59.
Habitat in America.

fastuosa. 18. Chr. aurea, coleoptris lineis tribus caeruleis. *Fabr. sp. ins.* 1. *p.* 125. *n.* 48. *mant. ins.* 1. *p.* 71. *n.* 60. *Scop. ent. carn.* 232. *Herbst apud Fuessli arch. ins.* 4. *p.* 53. *n.* 15. *t.* 23. *f.* 6.

Geoffr.

Geoffr. inf. par. 1. *p.* 261. *n.* 11. Chryfomela viridis nitida &c.
Gron. zooph. 561.
Habitat in Europae *lamio albo, urticis, rubis.*

gloriofa. 108. Chr. viridis nitida, elytris linea caerulea. *Fabr. fp. inf.* 2. *app. p.* 497. *mant. inf.* 1. *p.* 71. *n.* 61.
Habitat in Italia, *faftuofae affinis, at duplo major.*

fpeciofa. 19. Chr. viridi-fericea, elytris lineis duabus aureis. *Fabr. fp. inf.* 1. *p.* 124. *n.* 49. *mant. inf.* 1. *p.* 71. *n.* 62. *Herbft apud Fueffli arch. inf.* 4. *p.* 54. *n.* 16. *t.* 23. *f.* 7?
Scop. ent. carn. 231. Chryfomela fpeciofiffima.
Hollar inf. t. 6. *f.* 2.
Habitat in Germaniae *filvis.*
Elytrorum *lineae anterius et pofterius coeunt.*

cyanea. 109. Chr. thorace rotundato cylindrico, corpore cyaneo nitido, pedibus nigris. *Fabr. fp. inf.* 1. *p.* 124. *n.* 50. *mant. inf.* 1. *p.* 71. *n.* 63.
Habitat in infulis, Americae *meridionali oppofitis.*

nitida. 110. Chr. thorace rotundato viridi-aeneo, antennis cyaneis. *Fabr. mant. inf.* 1. *p.* 71. *n.* 64.
Habitat in Siam, *auratae affinis, at paulo major.*

aurata. 111. Chr. thorace rotundato cyaneo, elytris aureis: margine cyaneo. *Fabr. fp. inf.* 1. *p.* 124. *n.* 51. *mant. inf.* 1. *p.* 71. *n.* 65.
Habitat in America *boreali.*

limbata. 112. Chr. atra, coleoptrorum limbo fanguineo. *Fabr. fp. inf.* 1. *p.* 125. *n.* 52. *mant. inf.* 1. *p.* 71. *n.* 66.
Geoffr. inf. par. 1. *p.* 260. *n.* 9. Chryfomela nigro-caerulea &c.
Schaeff. ic. t. 21. *f.* 20.
Habitat in Europa *magis auftrali.*

hypochaeridis. 21. Chr. aurata, antennis nigris, elytris abbreviatis. *It. fcan.* 210. *Fn. fuec.* 516.
Scop. ent. carn. 193. Bupreftis fyngenefiae.
Habitat in hypochaeridis maculatae *floribus.*

vulgatiffima. 22. Chr. oblonga caerulea, antennis bafi ferrugineis. *Fn. fuec.* 517.* *Scop. ent. carn.* 223. *Fabr. fp. inf.* 1. *p.* 130. *n.* 79. *mant. inf.* 1. *p.* 75. *n.* 104.

Degeer inf. 5. *p.* 317. *n.* 23. Chrysomela caerulea betulae.
Habitat in Europa, *potissimum in salice.*

vitellinae. 23. Chr. viridi-caerulea. *Fn. suec.* 519.* *Scop. ent. carn.* 224.
Fn. suec. 426. Chrysomela aenei coloris.
Fabr. sp. inf. 1. *p.* 130. *n.* 78. *mant. inf.* 1. *p.* 74. *n.* 103.
Chrysomela oblonga viridi-aenea.
Degeer inf. 5. *p.* 323. *n.* 27.
Roes. inf. 2. *scar.* 3. *p.* 5. *t.* 1.
Habitat in Europae *salicibus glabris populoque, vulgatissima paulo minor, folia subtus consumens.*
Larvae, *dum pascuntur, per lineas parallelas dispositae.*

polygoni. 24. Chr. caerulea, thorace, femoribus anoque rufis. *Fn. suec.* 520.* *Fabr. sp. inf.* 1. *p.* 123. *n.* 43. *mant. inf.* 1. *p.* 70. *n.* 54.
Geoffr. inf. par. 1. *p.* 283. *n.* 4.
Degeer inf. 5. *p.* 322. *n.* 26.
Raj. inf. 100. *n.* 4.
Reaumur inf. 3. *t.* 17. *f.* 14. 15.
Schaeff. ic. t. 51. *f.* 5. *et t.* 161. *f.* 4. *et t.* 173. *f.* 4.
Habitat in polygono aviculari, rumice acetosa, *pedibus interdum rufis, ut tamen plantae nigrae sint.*
Femina *ovis gravida ultra coleoptra ventricosa.*

18guttata. 113. Chr. elytris fuscis: punctis octo pallidis; quibusdam connexis. *Fabr. sp. inf.* 1. *p.* 123. *n.* 42. *mant. inf.* 1. *p.* 70. *n.* 53.
Habitat in nova Hollandia.

pallida. 25. Chr. flavescens, oculis nigris. *Fn. suec.* 521.* *Fabr. sp. inf.* 1. *p.* 122. *n.* 34. *mant. inf.* 1. *p.* 70. *n.* 44.
Fn. suec. 1. *n.* 423. Chrysomela pallido-grisea.
Geoffr. inf. par. 1. *p.* 243. Crysomela pallida, oculis nigris.
Habitat in Europae *salicibus.*

striata. 114. Chr. atra nitida, elytris striatis testaceis, sutura atra. *Fabr. sp. inf.* 1. *p.* 122. *n.* 35. *mant. inf.* 1. *p.* 70. *n.* 45.
Habitat ad caput bonae spei, *gibba, mediae magnitudinis.*

notata. 115. Chr. thorace fulvo: punctis quatuor nigris, elytris pallidis nigro-variis. *Fabr. sp. inf.* 1. *p.* 122. *n.* 36. *mant. inf.* 1. *p.* 70. *n.* 46.
Habitat ad caput bonae spei, *pallida, capite fulvo, statura pallidae.*

rumicis. 116. Chr. thorace fulvo: punctis quatuor nigris, elytris fulvis: sutura vittaque media nigris. *Fabr. mant. inf.* 1. *p.* 70. *n.* 47.
Habitat in Hispaniae *rumice spinoso*, *statura et magnitudine pallidae.*

vulpina. 117. Chr. atra, elytris margine, punctis quatuor apiceque nigro-maculato albis. *Fabr. sp. inf.* 1. *p.* 122. *n.* 37. *mant. inf.* 1. *p.* 70. *n.* 48.
Habitat ad caput bonae spei, *statura notatae.*

crassicornis. 118. Chr. flavescens, elytris maculis duabus nigris. *Fabr. sp. inf.* 1. *p.* 122. *n.* 38. *mant. inf.* 1. *p.* 70. *n.* 49.
Habitat in nova Hollandia.

staphylaea. 26. Chr. obscure testacea tota. *Fn. suec.* 518.* *Fabr. sp. inf.* 1. *p.* 119. *n.* 21. *mant. inf.* 1. *p.* 69. *n.* 29.
Geoffr. inf. par. 1. *p.* 263. *n.* 15. Chrysomela supra rubrocuprea &c.
Degeer inf. 5. *p.* 294. *n.* 3. *t.* 8. *f.* 24. Chrysomela cuprea.
Habitat in Europae *pratis.*

fervida. 119. Chr. testacea, elytris aeneis: margine testaceo. *Fabr. sp. inf.* 1. *p.* 119. *n.* 22. *mant. inf.* 1. *p.* 69. *n.* 30.
Habitat in insula Java.

polita. 27. Chr. thorace aurato, elytris rufis. *Fn. suec.* 522.* *Scop. ent. carn.* 229.
Fabr. sp. inf. 1. *p.* 119. *n.* 23. *mant. inf.* 1. *p.* 69. *n.* 31. Chrysomela ovata, thorace aurato, elytris testaceis.
Geoffr. inf. par. 1. *p.* 257. *n.* 2.
Degeer inf. 5. *p.* 294. *n.* 2. *t.* 8. *f.* 2. 3.
Schaeff. ic. t. 65. *f.* 9.
Habitat in salice, populo.

lurida. 28. Chr. nigra, elytris castaneis. *Fabr. sp. inf.* 1. *p.* 120. *n.* 24. *mant. inf.* 1. *p.* 69. *n.* 33.
Geoffr. inf. par. 1. *p.* 258. *n.* 3.
Habitat in Galliae *vite*, Germania, *statura politae, at dimidio minor.*

lunata. 120. Chr. ferruginea, elytris margine, vitta lunulaque media flavicantibus. *Fabr. mant. inf.* 1. *p.* 69. *n.* 32.
Habitat - - - *statura et magnitudine politae.*

clavicornis. 29. Chr. nigra, elytris abdomineque nigris, antennis clavat
Habitat in America, *chr. populi facie.* Rolander.

tremula. 121. Chr. caeruleſcens, elytris teſtaceis. *Fabr. mant.* 1.
69. *n.* 28.
Geoffr. inſ. par. 1. *p.* 256. *n.* 2.
Habitat in Europae *populo, chr. populi duplo minor.*

populi. 30. Chr. thorace caeruleſcente, elytris rubris apice nigris. F
ſuec. 523.*
Scop. ent. carn. 228. *Fabr. ſp. inſ.* 1. *p.* 119. *n.* 20. *ma*
inſ. 1. *p.* 69. *n.* 27. *Pod. inſ.* 27. Chryſomela 7 puncta
Geoffr. inſ. par. 1. *p.* 256. *n.* 1.
Degeer inſ. 5. *p.* 290. *n.* 1. *t.* 8. *f.* 16.
Liſt. ſcar. angl. 381. *n.* 6.
Merian. inſ. eur. 14. *t.* 27.
Albin. inſ. 63. *f.* 6.
Schaeff. ic. t. 21. *f.* 9. *et. t.* 9. *et t.* 47. *f.* 4. 5.
Habitat in populo tremula, *folia ſaepe devaſtans, quae*
corticata rudis vaſis relinquit.
Larva *foetens, hexapus, albo nigroque varia ex tuberculor*
duplici ſerie humorem lacteum fundit.

viminalis. 31. Chr. nigra, thorace rufo bimaculato, elytris rufis. *Fabr.*
inſ. 1. *p.* 121. *n.* 30. *mant. inſ.* 1. *p.* 69. *n.* 39.
Syſt. nat. XII. 2. *p.* 590. *n.* 31. *Fn. ſuec.* 524.* Chr
ſomela ovata nigra, thorace bimaculato, elytris teſtac
Geoffr. inſ. par. 1. *p.* 265. *n.* 18. Chryſomela rubra
Scop. ent. carn. 233. Chryſomela ſignata.
Degeer inſ. p. 297. *n.* 6.
Habitat in Europae *ſalicibus, aliquando cum haemorrhoi*
li copia conjuncta.

cyanipes. 122. Chr. rufa, elytris punctis poſteriusque cyaneis. *Fa*
ſp. inſ. 1. *p.* 121. *n.* 31. *mant. inſ.* 1. *p.* 69. *n.* 40.
Habitat in nova Hollandia.

cyanicornis. 123. Chr. rufa, thorace macula dorſali punctisque duob
coleoptris maculis octo cyaneis. *Fabr. ſp. inſ.* 1. *p.* 1
n. 32. *mant. inſ.* 1. *p.* 69. *n.* 41.
Habitat in nova Hollandia.

10punctata. 32. Chr. thorace rubro poſterius nigro, elytris rufis: p
ctis ſubquinis nigris. *Fn. ſuec.* 525. *Fabr. ſp. inſ.* 1
121. *n.* 33. *mant. inſ.* 1. *p.* 69. *n.* 42.

Fn. suec. 1. *n.* 436. Chrysomela supra rufa, thoracis punctis nigris duobus, elytrorum pluribus.
Geoffr. inf. par. 1. *p.* 258. *n.* 4. Chrysomela rubra &c.
Degeer inf. 5. *p.* 294. *n.* 4. *t.* 8. *f.* 25. Chrysomela rufipes.
Schaeff. ic. t. 21. *f.* 13.
β) Chrysomela rubra, elytro singulo maculis quinque nigris. *Fn. suec.* 1. *n.* 1354.
Habitat in Europae *populo, punctorum in elytris numero varians.*

sexpunctata. 124. Chr. nigra, thorace rufo: punctis duobus, elytris rufis: punctis tribus nigris. *Fabr. mant. inf.* 1. *p.* 70. *n.* 43.
Habitat in Europae *plantis, decempunctatae affinis.*

variolosa. 33. Chr. nigra, elytris rubris: punctis sparsis impressis caeruleis. *Fabr. sp. inf.* 1. *p.* 122. *n.* 39. *mant. inf.* 1. *p.* 70. *n.* 50.
Habitat in Africa.

lapponica. 34. Chr. thorace viridi, elytris rubris, fascia inter punctum maculamque lunatam caerulea. *Fn. suec.* 526.* *Fabr. sp. inf.* 1. *p.* 123. *n.* 40. *mant. inf.* 1. *p.* 70. *n.* 51.
Degeer inf. 5. *p.* 302. *n.* 12. *t.* 9. *f.* 3. Chrysomela curvilinea.
Schaeff. ic. t. 44. *f.* 2.
Habitat in Europa *boreali*, Saxoniae *fraxino, elytrorum sutura caerulea.*

undulata. 35. Chr. rufa, elytris fasciis tribus atro-caeruleis undulatis. *Amoen. ac.* 6. *p.* 393. *n.* 14. *Fabr. sp. inf.* 1. *p.* 173. *n.* 11. *mant. inf.* 1. *p.* 70. *n.* 52.
Habitat in India.

boleti. 36. Chr. nigra, elytris fasciis tribus flavis repandis. *Fn. suec.* 527.* *Sulz. hist. inf. t.* 3. *f.* 9. *Fabr. sp. inf.* 1. *p.* 120. *n.* 25. *mant. inf.* 1. *p.* 69. *n.* 34.
Uddm. diss. 4. *f.* 3. Dermestes ater nitens, elytris nigris: fasciis duabus flavis undulatis.
Scop. ent. carn. 247. Coccinella fasciata.
Geoffr. inf. par. 1. *p.* 337. *t.* 6. *f.* 3. *Schaeff. elem. t.* 58. *ic. t.* 77. *f.* 6. Diaperis.
Degeer inf. 5. *p.* 49. *n.* 9. *t.* 3. *f.* 3. Tenebrio boleti.
Habitat in boletis *arboreis.*

novem-vittata. 125. Chr. thorace nigro aeneo, coleoptris flavis: vittis novem fuscis. *Fabr. sp. inf.* 1. *p.* 120. *n.* 26. *mant. inf.* 1. *p.* 69. *n.* 35.
Habitat ad caput bonae spei, *magnitudine chr. boleti.*

stolida. 126. Chr. ferruginea, capite thoraceque flavis, elytris variegatis. *Fabr. sp. inf.* 1. *p.* 120. *n.* 27. *mant. inf.* 1. *p.* 69. *n.* 36.
Habitat in America.

nigricornis. 127. Chr. nigro-aenea, capite, thoracis lateribus, elytrorumque macula duplici baseos ferrugineis. *Fabr. sp. inf.* 1. *p.* 121. *n.* 28. *mant. inf.* 1. *p.* 69. *n.* 37.
Habitat in nova Hollandia.

collaris. 37. Chr. violacea, thoracis marginibus albis: puncto nigro. *Fn. suec.* 528.* *Fabr. sp. inf.* 1. *p.* 121. *n.* 29. *mant. inf.* 1. *p.* 69. *n.* 38.
Degeer inf. 5. *p.* 302. *n.* 13.
Schaeff. ic. t. 52. *f.* 11. 12.
Habitat in Europae *et borealis* Americae *salicibus.*

sanguinolenta. 38. Chr. atra, elytris margine exteriori sanguineis. *Fn. suec.* 529.* *Fabr. sp. inf.* 1. *p.* 125. *n.* 53. *mant. inf.* 1. *p.* 71. *n.* 67.
Geoffr. inf. par. 1. *p.* 259. *n.* 8. *t.* 4. *f.* 8. Chrysomela nigro-caerulea &c.
Degeer inf. 5. *p.* 298. *n.* 7. *t.* 8. *f.* 26. Chrysomela rubromarginata.
Scop. ent. carn. 203. Buprestis sanguinolenta.
Sulz. hist. inf. t. 3. *f.* 10.
Schaeff. ic. t. 21. *f.* 15.
Habitat in Europae *salicetis.*

marginata. 39. Chr. nigro-aenea, elytris margine luteis. *Fn. suec.* 529.* *Fabr. sp. inf.* 1. *p.* 125. *n.* 54. *mant. inf.* 1. *p.* 71. *n.* 68.
Degeer inf. 5. *p.* 303. *n.* 14.
Schaeff. ic. t. 21. *f.* 19.
Habitat in Europae *pratis apricis.*
Elytra *striato-punctata.*

aucta. 128. Chr. thorace cyaneo nitido, elytris punctatis cyaneis: margine rubro. *Fabr. mant. inf.* 1. *p.* 72. *n.* 69.
Habitat Dresdae, *magnitudine et statura marginatae.*

40. Chr.

marginella. 40. Chr. nigro-caerulea, thorace elytrisque margine luteis. *Fn. ſuec.* 530.* *Fabr. ſp. inſ.* 1. *p.* 125. *n.* 55. *mant. inſ.* 1. *p.* 42. *n.* 70. *Herbſt apud Fueſſli arch. inſ.* 4. *t.* 23. *f.* 9.
Degeer inſ. 5. *p.* 304. *n.* 15. Chryſomela ranunculi.
Raj. inſ. 99.
Habitat in Europae *ranunculis.*

hannoveriana. 129. Chr. cyanea, thorace margine, elytris margine vittaque ferrugineis. *Fabr. ſp. inſ.* 1. *p.* 126. *n.* 56. *mant. inſ.* 1. *p.* 72. *n.* 71. *Herbſt apud Fueſſli arch. inſ.* 4. *p.* 54. *n.* 22. *t.* 23. *f.* 10.
β) Chryſomela potentillae. *Herbſt apud Fueſſli arch. inſ.* 4. *p.* 55. *n.* 23. *t.* 23. *f.* 11.
γ) Chryſomela ranunculi. *Herbſt apud Fueſſli arch. inſ.* 4. *p.* 55. *n.* 24. *t.* 23. *f.* 11.
Habitat in Germania.

5punctata. 130. Chr. nigra, thorace rufo, coleoptris teſtaceis: punctis quinque nigris. *Fabr. mant. inſ.* 1. *p.* 72. *n.* 72.
Habitat Hamburgi, *mediae magnitudinis.*

ſcutellata. 131. Chr. rufa, coleoptris maculis quinque nigris. *Herbſt apud Fueſſli arch. inſ.* 4. *p.* 58. *n.* 32. *t.* 23. *f.* 20. c. *Fabr. mant. inſ.* 1. *p.* 72. *n.* 73.
Habitat in Germania, *parva.*

litura. 132. Chr. rufeſcens, elytris ſutura lineaque longitudinali nigris. *Fabr. ſp. inſ.* 1. *p.* 126. *n.* 57. *mant. inſ.* 1. *p.* 72. *n.* 74. *Herbſt apud Fueſſli arch. inſ.* 4. *p.* 57. *n.* 30. *t.* 23. *f.* 18. a.
Habitat in Anglia *et* Germania.

flavicans. 133. Chr. flaveſcens, elytris viridi-cinereis. *Fabr. mant. inſ.* 1. *p.* 72. *n.* 75.
Habitat Halae Saxonum, *ſtatura et magnitudine liturae.*

caſtanea. 41. Chr. fuſca, elytris margine exteriore caſtaneo. *Amoen. ac.* 6. *p.* 394. *n.* 15.
Habitat Surinami.

analis. 42. Chr. atra, elytris fuſcis: margine exteriore teſtaceo. *Fabr. ſp. inſ.* 1. *p.* 130. *n.* 81. *mant. inſ.* 1. *p.* 75. *n.* 107.
Habitat in Europa, *capta primum ad praedium* Hammarby. Fabricius.

cruenta. 134. Chr. oblonga ſanguinea, thorace immaculato, elytri punctis tribus nigris. *Fabr. ſp. inſ.* 1. *p.* 130. *n.* 82 *mant. inſ.* 1. *p.* 75. *n.* 108.
Habitat in India, *coccineae ſtatura.*

coccinea. 43. Chr. thorace marginato ſanguineo: macula nigra, elytri ſanguineis: maculis duabus nigris. *Fn. ſuec.* 532.* *Fabr ſp. inſ.* 1. *p.* 131. *n.* 83. *mant. inſ.* 1. *p.* 75. *n.* 109.
Uddm. diſſ. 13. Coccinella coleoptris rubris, maculis quatuor nigris.
Degeer inſ. 5. *p.* 301. *n.* 10. *t.* 9. *f.* 1. Chryſomela quadrimaculata.
Habitat in Europae *borealis corylo.*

cruciata. 135. Chr. oblonga rubra, coleoptris cruce nigra. *Schall. Abh. der hall. Naturf. Geſ.* 1. *p.* 273. *Fabr. mant. inſ. p.* 75. *n.* 110.
Habitat Halae Saxonum, *coccinea minor, elytris &c. marginatis a plurimis congeneribus diſtans, an forte cum chr. ruſtica, et cryptocephalis capreae, nymphaeae &c. propr generis?*

quadrimaculata. 136. Chr. oblonga, thorace teſtaceo immaculato, elytris teſtaceis: maculis duabus nigris. *Fabr. ſp. inſ.* 1. *p.* 131 *n.* 84. *mant. inſ.* 1. *p.* 75. *n.* 111.
Habitat in nemoribus Kilonienſibus.

decemmaculata. 137. Chr. oblonga nigra, coleoptris rubris: punctis decem nigris; duobus communibus. *Fabr. ſp. inſ.* 1. *p.* 131. *n.* 85 *mant. inſ.* 1. *p.* 75. *n.* 112.
Habitat in America.

20punctata. 138. Chr. oblonga viridi-aenea thoracis marginibus albis, elytris albis: maculis decem aeneis. *Fabr. ſp. inſ.* 1. *p.* 131 *n.* 86. *mant. inſ.* 1. *p.* 75. *n.* 112.
Bergſtr. nomencl. 1. *p.* 87. *t.* 13. *f.* 10. Chryſomela vicimaculata.
Petiv. gazoph. t. 29. *f.* 5.
Habitat in Anglia.

bipunctata. 139. Chr. teſtacea, elytris macula fuſca. *Fabr. ſp. inſ.* 1 *p.* 127. *n.* 64. *mant. inſ.* 1. *p.* 73. *n.* 82.
Habitat ad caput bonae ſpei, *ſtatura philadelphicae, at major*

44. Chr

philadelphica. 44. Chr. viridis, elytris flavis: punctis virescentibus oblongiusculis, antennis pedibusque ferrugineis. *Fabr. ſp. inſ.* 1. *p.* 127. *n.* 65. *mant. inſ.* 1. *p.* 73. *n.* 83.
Degeer inſ. 5. *p.* 353. *n.* 6. *t.* 16. *f.* 13.
Petiv. gaz. t. 26. *f.* 11.
Habitat in Penſylvania, *elytrorum ſutura nunc viridi, nunc flava.*

trimaculata. 45. Chr. cyanea, coleoptris flavis: faſcia maculisque duabus nigris. *Fabr. ſp. inſ.* 1. *p.* 117. *n.* 9. *mant. inſ.* 1. *p.* 67. *n.* 11.
Syſt. nat. XII. 2. *p.* 592. *n.* 45. Chryſomela ovata nigra, elytris flavis, maculis tribus oblongis nigris, intermedia ſuturae communi.
Habitat in America, *minuta, forma coccinellae.*

Adonidis. 140. Chr. atra, thoracis margine flavo: puncto nigro, elytris flavis: ſutura vittaque nigris. *Pall. it.* 1. *p.* 463. *n.* 29. *Fabr. ſp. inſ.* 1. *p.* 117. *n.* 10. *mant. inſ.* 1. *p.* 67. *n.* 12. *Herbſt apud Fueſſli arch. inſ.* 4. *p.* 56. *n.* 39. *t.* 23. *f.* 17.
Habitat in Tibiriae *adonide et* Auſtria.

dorſalis. 141. Chr. atra, thoracis margine teſtaceo: puncto nigro, elytris teſtaceis: ſutura abbreviata atra. *Fabr. ſp. inſ.* 1. *p.* 117. *n.* 11. *mant. inſ.* 1. *p.* 67. *n.* 13.
Habitat in Auſtria.

clavata. 142. Chr. capite thoraceque ferrugineis, elytris nigris: vitta flaveſcente. *Fabr. mant. inſ.* 1. *p.* 67. *n.* 14.
Habitat - - - *nigra, mediae magnitudinis.*

bifaſciata. 143. Chr. teſtacea, elytris aeneis nitidis: punctis duobus faſciisque duabus flavis. *Fabr. mant. inſ.* 1. *p.* 68. *n.* 15.
Habitat in Cayenna, *magna.*

ſuturalis. 144. Chr. aenea, elytris flavis: ſutura vittaque aeneis. *Fabr. ſp. inſ.* 1. *p.* 117. *n.* 12. *mant. inſ.* 1. *p.* 68. *n.* 16.
Habitat in America *boreali.*

barbarica. 46. Chr. viridi-aenea, elytris lineis quinque rubris, alis ſanguineis.
Sulz. hiſt. inſ. t. 3. *f.* 16.
Habitat in Barbaria, *inter coccos officinarum lecta, ex caeruleo vireſcens, ſubtus ex piceo aenea.*

Lineola. 47. Chr. flava, coleoptris punctis undecim lineisque duabus nigris. *Fabr. sp. ins.* 1. *p.* 126. *n.* 58. *mant. ins. p.* 72. *n.* 76.

Habitat in America, *pulicis magnitudine, capite et thorace pallidis, oculis nigris.* Brünniche.

aestuans. 48. Chr. ferruginea, elytris maculis quatuor flavicantibus difformibus. *Gron. zooph.* 565.

Habitat in America, *coccinellae maximae magnitudine, elytris glabris obsolete punctato-striatis.*

sacra. 49. Chr. supra rufa, thoracis linea, punctis duobus, elytrorumque sutura nigris. *Mus. Lud. Ulr.* 40.* *Fabr. sp. ins.* 1. *p.* 126. *n.* 59. *mant. ins.* 1 *p.* 72. *n.* 77.

Habitat in Palaestina, *alis sanguineis.*

14punctata. 94. Chr. testacea, coleoptris flavis: punctis sedecim nigris; duobus communibus. *Fabr. sp. ins.* 1. *p.* 117. *n.* 13. *mant. ins.* 1. *p.* 68. *n.* 17.

Syst. nat. XII. 2. *p.* 599. Chrysomela cylindrica, femoribus posticis incrassatis dentatis, thorace rufo, coleoptris flavis punctis XIV nigris.

Habitat in India, *bipunctatae similis, at major.*

obscura. 96. Chr. nigra, thorace rotundato angustiori, pedibus posterioribus elongatis. *Fabr. sp. ins.* 1. *p.* 127. *n.* 63. *mant. ins.* 1. *p.* 73. *n.* 81.

Syst. nat. XII. 2. *p.* 599. *Fn. suec.* 561.* Chrysomela subcylindrica, thorace pedibusque nigris.

Degeer ins. 5. *p.* 336. *n.* 40. Chrysomela nigro-quadrata.

Habitat in Europae *plantis, thorace gibbo, elytris angustiore.*

violacea. 145. Chr. violacea, elytris lineis quatuor viridescentibus. *Schaller Abh. der hall. Naturf. Ges.* 1. *p.* 270.

Schaeff. ic. t. 21. *f.* 10.

Habitat aestate gregaria in Europae *salicibus, chr. alni major, ceterum cereali similis.*

olivacea. 146. Chr. aeneo-olivacea, thoracis marginibus lateralibus crassis, elytris punctato-striatis. *Schaller Abh. der hall. Naturf. Ges.* 1. *p.* 272.

Habitat in Germaniae *plantis, staphyleae statura et magnitudine, nitida, punctorum excavatorum in elytris seriebus* 9.

147. Chr.

ſternicornis. 147. Chr. violacea, ſterno porrecto. *Schaller Abh. der hall. Naturf. Geſ. 1. p. 274. t. 1. f. 1.*
Habitat in India, *ſcarabaei vernalis magnitudine, punctis plurimis in thorace et elytris excavatis.*

globoſa. 148. Chr. elytris nigris, thorace ſanguineo, pedibus ruſo-fuſcis. *Thunb. nov. act. Upſ. 4. p. 11. n. 18.*
Habitat in Suecia, *pediculo duplo major, globoſa, nigra.*

hollandica. 149. Chr. ſupra aenea, elytris punctatis, ſubtus nigra, cinereo-tomentoſa. *Thunb. nov. act. Upſ. 4. p. 11. n. 19.*
Habitat in Hollandia Sueciae, *ſtatura et magnitudine Chr. vitellinae.*

undata. 150. Chr. elytris teſtaceis: punctis faſciisque duabus nigris, capite thoraceque teſtaceis. *Thunb. nov. act. Upſ. 4. p. 12. n. 20.*
Habitat Upſaliae, *pallidae ſtatura et magnitudine, ſubtus teſtacea.*

bipuſtulata. 151. Chr. elytris nigris: apicis macula flava, capite thoracisque lateribus flavis. *Thunb. nov. act. Upſ. 4. p. 13. n. 21.*
Habitat in Suecia, *pediculo duplo major, nigra, glabra, ſubdepreſſa.*

gibba. 152. Chr. oblonga, elytris brunneis, capite thoraceque fuſcis. *Thunb. nov. act. Upſ. 4. p. 14. n. 24.*
Habitat Upſaliae, *magnitudine vulgatiſſimae, ſubdepreſſa.*

gigas. 153. Chr. tota cyanea, oculis ex luteo-fuſcis, elytris glaberrimis. *Herbſt apud Fueſſli arch. inſ. 4. p. 51. n. 2. t. 23. f. 2.*
Habitat in India.

Gronovii. 154. Chr. nigra nitida, thoracis faſcia duplici et margine nigris, elytris luteis: macula, vitta interrupta, punctisque duobus nigris. *Herbſt apud Fueſſli arch. inſ. 4. p. 52. n. 4. t. 23. f. 4.*
Habitat - - - ultra dimidium pollicem longa, faſcia thoracis priore dentata.

indica. 155. Chr. nigra, abdomine luteo, elytris ſubdiaphanis fuſcis: faſciis tribus luteis. *Herbſt apud Fueſſli arch. inſ. 4. p. 52. n. 5. t. 23. f. 5.*
Habitat in India.

156. Chr.

lomata. 156. Chr. nigra, capite, thorace, elytrisque cyaneis, his obsolete punctatis margine sanguineis. *Herbst apud Fuessli arch. inf.* 1. *p.* 54. *n.* 20. *t.* 23. *f.* 8.
Habitat in Germania, *marginatae affinis.*

centaura. 157. Chr. viridi-aurea, thorace elytrisque rubris punctatis, antennis nigris, tarsis fuscis. *Herbst apud Fuessli arch. inf.* 4. *p.* 56. *n.* 27. *t.* 23. *f.* 15.
Habitat Berolini, *ultra 2 lineas longa.*

taraxaconis. 158. Chr. rubro aurea, subtus viridi-aurea, elytris punctato-striatis, antennis nigris. *Herbst apud Fuessli arch. inf.* 4. *p.* 56. *n.* 28. *t.* 23. *f.* 16.
Habitat Berolini *in taraxacone.*

exilis. 159. Chr. nigra, capite et thorace glaberrimis pedibusque fulvis, elytris punctis fuscis seriatis maculisque duabus nigris confluentibus. *Herbst apud Fuessli arch. inf.* 4. *p.* 57. *n.* 31. *t.* 23. *f.* 19. b.

unicolor. 160. Chr. livida, elytris glabris: punctis sparsis excavatis. *Herbst apud Fuessli arch. inf.* 7. *p.* 161. *n.* 56. *t.* 44. *f.* 1.
Habitat in America, *maxima.*

grisea. 161. Chr. ex virescente grisea subvillosa, pedibus antennisque flavescentibus. *Herbst apud Fuessli arch. inf.* 7. *p.* 161. *t.* 44. *f.* 2. a. b.
Habitat Berolini, *vix lineam superans.*

rubi. 162. Chr. angusta chalybea, elytris glabris. *Herbst apud Fuessli arch. inf.* 4. *p.* 562. *n.* 59. *t.* 44. *f.* 4. c. f.
Habitat Berolini.

cacaliae. 163. Chr. virens, elytris stria longitudinali suturaque caeruleis, alis rubris. *Herbst apud Fuessli arch. inf.* 7. *p.* 162. *n.* 62. *t.* 45. *f.* 2.
Habitat in Austria.

bulgarensis. 164. Chr. atra, elytris nigro-aeneis punctatis, unguiculis rubris. *Schranck inf. austr. p.* 70. *n.* 127. *Herbst apud Fuessli arch. inf.* 4. *p.* 55. *n.* 25. *t.* 23. *f.* 13.
Habitat in Austria.

165. Chr.

Huc referas quoque Chrysomelam bimaculatam. *Schaeff. ic. inf.* t. 51. *f.* 7. et *lit.* M. *t.* 21. *f.* 1. 2.

binotata. 165. Chr. teſtacea, elytris baſi ferrugineis. *Müll. fn. fridrichsd. p. 8. n. 73.*
Habitat in Dania.

Fridrichsdalenſis. 166. Chr. thorace macula nigra, elytris ſanguineis immaculatis, abdomine nigro. *Müll. fn. fridr. p. 8. n. 74. prodr. zool. dan. p. 81. n. 885.*
Schaeff. ic. t. 194. f. 4.
Habitat in Europa *boreali.*

ſimilis. 167. Chr. nigro-violacea, thorace lateribus, antennisque baſi rubris. *Müll. zool. dan. prodr. p. 81. n. 880.*
Habitat in Dania.

orichalcea. 168. Chr. nigra, ſupra aenea, elytris punctis ſtriatis. *Müll. zool. dan. prodr. p. 82. n. 889.*
Habitat in Dania.

groſſa. 169. Chr. atra, ſubtus violacea, tarſis ſpongioſis ſubtus fuſcis. *Müll. zool. dan. prodr. p. 81. n. 875.*
Schaeff. ic. t. 126. f. 1.
Habitat in Dania.

punctata. 170. Chr. violacea, elytris punctato-ſtriatis, ano rubro. *Müll. zool. dan. prodr. p. 82. n. 890.*
Habitat in Dania.

obtuſa. 171. Chr. violacea, thorace pedibusque rufis. *Müll. zool. dan. prodr. p. 82. n. 895.*
Habitat in Dania.

thoracica. 172. Chr. violacea, thoracis margine laterali dilatato, elytris punctato-ſtriatis. *Müll. zool. dan. prodr. p. 82. n. 898.*
Habitat in Dania.

bilineata. 173. Chr. viridi-aurea, thorace anterius excavato, elytrorum linea duplici caerulea. *Müll. zool. dan. prodr. p. 83. n. 904.*
Act. nidr. 4. p. 8. t. 16. f. 5.
Habitat in Scandinavia.

ſerotina. 174. Chr. nitida rufa, oculis nigris, tibiis poſterioribus arcuatis. *Müll. prodr. zool. dan. p. 83. n. 905.*
Habitat in Dania.

caerulea. 175. Chr. caerulea, thorace violaceo. *Geoffr. inſ. par. 1. p. 259. n. 6.*
Habitat in Gallia.

176. Chr.

atrata. 176. Chr. atra, alis ſanguineis. *Geoffr. inſ. par.* 1. *p.* 259. *n.* 7.
Habitat in Gallia.

decem-ſtriata. 177. Chr. viridis nitida, ſtriis decem cupreis, punctorum ſerie duplici diviſis. *Geoffr. inſ. par.* 1. *p.* 261. *n.* 13.
Habitat in Gallia.

ruficauda. 178. Chr. viridi-aenea obſcura nitida, abdominis lateribus, ano alarumque margine rubris. *Degeer inſ.* 5. *p.* 305. *n.* 17.
Habitat - - -

viridula. 179. Chr. viridis aurata nitida, thorace anterius aequali, abdomine ſupra toto nigro. *Fn. ſuec.* 1. *n.* 421. 2. *n.* 520. B.
Goed. inſ. 1. *t.* 45.
Geoffr. inſ. par. 1. *p.* 261. *n.* 11.
Degeer inſ. 5. *p.* 311. *n.* 19.
Habitat in Europa.

amethyſtina. 180. Chr. ſupra ex caeruleo violacea, ſubtus ex violaceo viridis, punctis excavatis ſparſis.
Degeer inſ. 5. *p.* 316. *n.* 22.
Habitat - - - *thorace amplo, antennis brevioribus nigris.*

longicornis. 181. Chr. oblonga, thorace teretiuſculo, ſupra ex griſeo fuſca nitida, ſubtus nigra capite nigro.
Degeer inſ. 5. *p.* 325. *n.* 29. *t.* 9. *f.* 35.
Habitat in Europa, *antennis longis.*

cruentata. 182. Chr. nigra, elytris glabris: faſciis transverſis undulatis maculisque rubris.
Degeer inſ. 5. *p.* 350. *n.* 2. *t.* 16. *f.* 9.
Habitat in America *auſtrali.*

haemoſtata. 183. Chr. capite thoraceque viridi-aeneis obſcuris, elytris nigris: maculis plurimis rubris punctisque excavatis.
Degeer inſ. 5. *p.* 350. *n.* 3. *t.* 16. *f.* 10.
Habitat in America *auſtrali.*

fuliginoſa. 184. Chr. fuſca depreſſa, thorace elytrisque griſeo-fuſcis, antennis nigris.
Degeer inſ. 5. *p.* 354. *n.* 8. *t.* 16. *f.* 15.
Habitat Surinami.

aſclepiada. 185. Chr. obſcure caerulea nitida, antennis nigris, thoracis punctis ſparſis, elytrorum lineatis. *Pall. it.* 2. *app. n.* 69.
Habitat ad Volgam *et* Irtin Sibiriae *in Aſclepiada.*

186. Chr.

...biri- ...na. 186. Chr. cyanea nitida, ore oculisque rubris, antennis nigris. *Forst. nov. inf. gen. p.* 19. *n.* 19.

Habitat - - - sanguinolenta triplo major, thorace elytrisque punctis minutissimis conspersis.

...glica. 187. Chr. atro-caerulea, elytris nigro-aeneis striato-punctatis, alis rubris. *Forst. nov. inf. gen. p.* 20. *n.* 20.

Habitat in Angliae *hypericone perforato, fastuosae magnitudine.*

...is. 188. Chr. ferruginea, capite, thorace et striis aliquot elytrorum pallidis. *Forst. nov. inf. gen. p.* 21. *n.* 21.

Habitat in Americae *septentrionalis rhoe glabro, politae magnitudine.*

...ebora-censis. 189. Chr. thorace rufo: disco punctis nigris, elytris rufis: sutura, punctis lineolisque nigris. *Forst. nov. inf. gen. p.* 22. *n.* 22.

Habitat in Noveboraco, *habitu chr. populi, magnitudine fere politae.*

...nalis. 190. Chr. nigra, capite, thorace, elytris pedibusque olivaceis, elytris stria longitudinali et sutura nigra. *Forst. nov. inf. gen. p.* 23. *n.* 23.

Habitat in Anglia, *primo vere in arena conspicua, magnitudine et habitu chr. vitellinae.*

...talis. 191. Chr. nigra, capite antennarum basi, elytrorum margine et pedibus ferrugineis. *Forst. nov. inf. gen. p.* 24. *n.* 24.

Habitat in America *septentrionali, mediae magnitudinis.*

...ymbrii. 192. Chr. capite atro, thoracis elytrorumque marginibus undique sanguineis. *Lepechin it.* 1. *p.* 10. *t.* 4. *f.* 16.

Habitat in Russiae *Sisymbrio Sophia.*

...pechi-ni. 193. Chr. capite caeruleo, thorace elytrisque rubris: fasciis duabus caeruleis. *Lepech. it.* 1. *p.* 29. *t.* 4. *f.* 7.

Habitat in Russia *australi.*

...icun-da. 194. Chr. atra, thorace elytrisque rubicundis, incisuris abdominis albis. *Lepech. it.* 1. *p.* 311. *t.* 20. *f.* 3.

Habitat in Russiae *australis polygono frutescente.*

...incta. 195. Chr. obscure viridis; thoracis elytrorumque limbo interrupto flavescente. *Lepech. it.* 1. *p.* 312. *t.* 20. *f.* 6.

Habitat in Russia *australi.*

196. Chr.

quadri-punctata. 196. Chr. capite nigro, thorace nigro, margine rubro, elyt miniatis: punctis quatuor nigris. *Lepech. it. 2. p.* 2C *t.* 11. *f.* 20.
Habitat in Sibiria.

menthae. 197. Chr. nigro-aenea nitida. *Schranck Beytr. z. Natu p.* 63. §. 5.
Habitat in mentha aquatica; *an propria species?*

pruni. 198. Chr. nigra, capite, thorace, elytrorumque apicibus ru *Schranck Beytr. z. Naturg. p.* 63. §. 6.
Habitat in pruno.

cognata. 199. Chr. caerulea, pedibus nigris, ano supra, primisque tennarum articulis fulvis. *Herbst apud Fuessli arch.* 4. *p.* 58. *n.* 37.
Habitat Berolini, *statura et magnitudine chr. vitellinae, terum haemorrhoidali affinis.*

erythro-pus. 200. Chr. viridis nitens granulata elytris obtuse mucrona antennis fulvis. *Herbst apud Fuessli arch. ins.* 4. *p. n.* 38.
Habitat Berolini *in salicibus, statura et magnitudine c vitellinae.*

raphani. 201. Chr. viridis nitens, elytris granulatis, antennarum u mis articulis tarsisque nigris. *Herbst apud Fuessli ar ins.* 4. *p.* 59. *n.* 42. *t.* 23. *f.* 21.
Habitat Berolini *in armoracia.*

aerosa. 202. Chr. nigra caerulescenti irrorata, subtus fusca, anten pedibusque nigris, punctorum in elytris seriebus sept *Herbst apud Fuessli arch. ins.* 4. *p.* 60. *n.* 43. *t.* 23. *f.*
Habitat in Pomerania.

melano-pus. 203. Chr. caerulea subtus fusca, antennis pedibusque ni elytrorum punctis sparsis. *Herbst apud Fuessli arch.* 4. *p.* 60. *n.* 44.
Habitat Berolini, *aerosae affinis.*

japonica. 248. Chr. testacea, thorace livido: margine posteriori ctisque 5 nigris, elytris nigro caeruleis. *Hornstedt Sc der berl. Naturf.* 8. 1. *t.* 1. *f.* 1.
Habitat in Japonia, *chr. alni magnitudine.*

249. (

malaccen-fis. 249. Chr. capite, thorace pedibusque ferrugineis, elytris nigro-aeneis: margine interiori ferrugineo. *Hornst. Schrift. berl. Naturf.* 8. 1. *p.* 2. *t.* 1. *f.* 9.
Habitat in Malacca, Sumatra *et* Java, *marginatae magnitudine.*

craffipes. 263. Chr. teftacea, oculis nigris, elytris vix punctatis, femoribus craffis. *Muf. Lesk. p.* 14. *n.* 277.
Habitat in Europa.

janthina. 264. Chr. oblonga, fufco aenea, elytris violaceis: punctorum ordinibus novem, tibiis compreffis rufis. *Muf. Lesk. p.* 14. *n.* 286.
Habitat in Europa.

bimaculata. 265. Chr. oblonga rufa, elytris teftaceis, punctato ftriatis: maculis duabus oblongis obfolete fufcis. *Muf. Lesk. p.* 15. *n.* 287.

** *faltatoriae, femoribus pofterioribus incraffatis:* Alticae.

flava. 204. Chr. flava, thorace nigro punctato, elytris violaceis. *Fabr. fp. inf.* 1. *p.* 131. *n.* 87. *mant. inf.* 1. *p.* 75. *n.* 113.
Fabr. fyft. ent. app. p. 821. Altica thoracica.

caroliniana. 205. Chr. flavefcens, thorace punctis duobus, coleoptris vittis quinque flavis. *Fabr. mant.* 1. *p.* 75. *n.* 114.
Fabr. fp. inf. 1. *p.* 156. *n.* 38. Crioceris caroliniana.
Habitat in America *boreali.*

oleracea. 51. Chr. virefcenti-caerulea. *Fn. fuec.* 534. *Fabr. fp. inf.* 1. *p.* 133. *n.* 94. *mant. inf.* 1. *p.* 77. *n.* 126.
Geoffr. inf. par. 1. *p.* 245. *a.* 1. *Scop. ent. carn.* 212. Altica oleracea.
Degeer inf. 5. *p.* 344. *n.* 49.
Habitat in Europae *plantarum, praefertim tetradynamarum, cotylidonibus, quas mifere deftruit, nifi forte ante feminationem immorfis feminibus, cineribus herbarum, potiffimum tabaci, pollenda.*

albicollis. 206. Chr. thorace pallido elytris aeneis: maculis duabus fafciaque aureis. *Fabr. fp. inf.* 1. *p.* 133. *n.* 95. *mant. inf.* 1. *p.* 77. *n.* 127.
Habitat in nova Hollandia.

fulvicollis. 207. Chr. thorace rufescente, elytris pallidis: sutura maculisque duabus nigris. *Fabr. sp. inf.* 1. *p.* 133. *n.* 96. *mant. inf.* 1. *p.* 77. *n.* 128.

Habitat - - - mediae magnitudinis, pallida, capite pedumque geniculis nigris.

bicolor. 52. Chr. rufa, elytris femoribusque posterioribus caeruleis. *Fabr. sp. inf.* 1. *p.* 132. *n.* 192. *mant. inf.* 1. *p.* 77. *n.* 124. *Degeer inf.* 5. *p.* 357. *n.* 12. *t.* 16. *f.* 20.

Habitat in America.

Corpus *colore et magnitudine chr. polygoni.*

famelica. 208. Chr. flavescens, elytris viridibus: margine pallida. *Fabr. mant. inf.* 1. *p.* 76. *n.* 123.

Fabr. sp. inf. 1. *p.* 132. *n.* 91. Chrysomela marginata.

leucopicta. 209. Chr. nigra, thorace albo, elytris obscure violaceis: punctis quatuor albis; interiori lineari. *Fabr. mant.* 1. *p.* 76. *n.* 122.

Habitat in Cayenna, *mediae magnitudinis.*

quadrifasciata. 210. Chr. ferruginea, elytris strigis quatuor albis. *Fabr. mant. inf.* 1. *p.* 76. *n.* 121.

Habitat in Cayenna, *magna.*

cincta. 211. Chr. nigra, elytris viridi-aeneis: margine punctisque duobus albis. *Fabr. sp. inf.* 1. *p.* 132. *n.* 90. *mant. inf.* 1. *p.* 76. *n.* 119.

Habitat in Lusitania, *magna.*

equestris. 212. Chr. thorace elytrisque albis: margine baseos fasciaque media ferrugineis. *Fabr. mant.* 1. *p.* 76. *n.* 118.

Habitat in America, *magna.*

quadriguttata. 213. Chr. ferruginea, thorace albo, elytris atris: punctis quatuor albis. *Fabr. sp. inf.* 1. *p.* 132. *n.* 89. *mant. inf.* 1. *p.* 76. *n.* 117.

Habitat in Cayenna, *biguttatae affinis.*

biguttata. 214. Chr. ferruginea, thorace elytrorumque maculis duabus albis. *Fabr. sp. inf.* 1. *p.* 132. *n.* 88. *mant. inf.* 1. *p.* 76. *n.* 116.

Habitat in America.

hr. thorace pallido: punctis tribus nigris, elytris ni- vittis duabus albis. *Fabr. mant.* 1. *p.* 76. *n.* 115. *inf.* 1. *p.* 156. *n.* 39. Crioceris glabrata.

ruginea, elytrorum margine fafciaque albis. *ant.* 1. *p.* 76. *n.* 120.
in Cayenna, *magna.*

Chr. atro-caerulea, capite pedibusque quatuor anterioribus luteis. *Fn. fuec.* 535. *Scop. ent. carn.* 213.
Habitat in Suecia.

54. Chr. virefcenti-caerulea, pedibus teftaceis, femoribus pofterioribus violaceis. *Fn. fuec.* 536.* *Fabr. fp. inf.* 1. *p.* 133. *n.* 97. *mant. inf.* 1. *p.* 77. *n.* 129.
Fn. fuec. 540. Mordella ovata caerulea nitida, tibiis ferrugineis.
Degeer inf. 5. *p.* 345. *n.* 51. Chryfomela ovata faltatoria. &c.
Geoffr. inf. par 1. *p.* 248. 11. Altica caerulea &c.
Raj. inf. 98. 9. Capricornus exiguus faltatorius.
Habitat in Europae *hyofcyamo, braffica.*

ilata. 217. Chr. nigra, coleoptris punctis quatuor rufis. *Fabr. fp. inf.* 1. *p.* 135. *n.* 107. *mant. inf.* 1. *p.* 77. *n.* 139.
Geoffr. inf. par. 1. *p.* 250. *n.* 15.
Habitat in Angliae, Galliae *hortis.*

218. Chr. atra, elytris tibiisque pallidis. *Fabr. fp. inf.* 1. *p.* 135. *n.* 106. *mant. inf.* 1. *p.* 77. *n.* 138.
Habitat in Angliae *plantis.*

219. Chr. nigra, thorace elytrorumque margine pallidis. *Fabr. fp. inf.* 1. *p.* 135. *n.* 105. *mant. inf.* 1. *p.* 77. *n.* 137.
Habitat in Anglia, *ftatura atricillae, an varietas?*

llae. 55. Chr. nigra, thorace, elytris tibiisque teftaceis. *Fn. fuec.* 537.*
Fabr. fp. inf. 1. *p.* 135. *n.* 104. *mant. inf.* 1. *p.* 77. *n.* 136.
Chryfomela faltatoria nigra, thorace elytrisque cinereis.
β) Chryfomela melanocephala. *Degeer inf.* 5. *p* 348. *n.* 57.
Geoffr. inf. par. 1. *p.* 251. *n.* 19.
Habitat in Europae *plantis.*

hro- hala. 56. Chr. atro-caerulea, capite geniculisque pedum rufis. *Fn. fuec.* 538.* *Fabr. fp. inf.* 1. *p.* 134. *n.* 103. *mant. inf.* 1. *p.* 77. *n.* 135.

 Geoffr.

Geoffr. inſ. par. 1. *p.* 246. *n.* 4. Altica nigro-aenea &c.
Habitat in Europae *plantis.*

Modeeri. 57. Chr. aenea nitida, elytris apice flavis, pedibus anterioribus tibiisque poſterioribus luteis. *Fn. ſuec.* 539.
Fabr. ſp. inſ. 1. *p.* 134. *n.* 102. *mant. inſ.* 1. *p.* 77. *n.* 134. Chryſomela ſaltatoria viridi-aenea, elytris macula poſtica pedibusque anticis flavis.
Habitat in Europae *plantis.*

helxines. 58. Chr. viridi-aenea, antennis fuſcis, pedibus teſtaceis. *Fn. ſuec.* 543. *Fabr. ſp. inſ.* 1. *p.* 134. *n.* 100. *mant. inſ.* 1. *p.* 77. *n.* 132.
Fn. ſuec. 539. Mordella atro-aenea ſubrotunda.
Degeer inſ. 5. *p.* 345. *n.* 52. Chryſomela viridi-aurata.
Geoffr. inſ. par. 1. *p.* 209. *n.* 14. Altica aurea, pedibus flavis.
Sulz. hiſt. inſ. t. 3. *f.* 12.
Habitat in polygono fagopyro *aliisque.*

exoleta. 59. Chr. ferruginea, elytris ſtriatis. *Fabr. ſp. inſ.* 1. *p.* 136. *n.* 18. *mant. inſ.* 1. *p.* 18. *n.* 143.
Syſt. nat. XII. 2. *p.* 594. *Fn. ſuec.* 541.* Chryſomela ſaltatoria livida, elytris teſtaceis, abdomine capiteque fuſco.
Fn. ſuec. 533. Mordella flava.
Degeer inſ. 5. *p* 338. *n.* 42.
Geoffr. inſ. par. 1. *p.* 250. *n.* 16.
Herbſt apud Fueſſli arch. inſ. 7. *p.* 163. *n.* 63. *t.* 44. *f.* 7. l. m.
Habitat in Europae *echii floribus, quos conſumit.*

nitidula. 60. Chr. viridis nitens, capite thoraceque aureis, pedibus ferrugineis. *Fabr. ſp. inſ.* 1. *p.* 134. *n.* 99. *mant. inſ.* 1. *p.* 77. *n.* 131.
Syſt. nat. XII. 2. *p.* 594. *Fn. ſuec.* 542.* Chryſomela ſaltatoria, elytris caeruleis, capite thoraceque aureo, pedibus ferrugineis.
Degeer inſ. 5. *p.* 346. *n.* 54.
Geoffr. inſ. par. 1. *p.* 249. *n.* 13.
Schaeff. ic. t. 87. *f.* 5.
Habitat in Europae *ſalice.*

trifaſciata. 61. Chr. ſupra albida, faſciis tribus fuſcis. *Fabr. ſp. inſ.* 1. *p.* 134. *n.* 101. *mant. inſ.* 1. *p.* 77. *n.* 132.
Habitat in Europae *plantis, mediae magnitudinis.*
Capitis *faſcia una, elytrorum duae.*

nigripes. 220. Chr. viridi - aenea, pedibus nigris. *Fabr. ſp. inſ.* 1. *p.* 133. *n.* 98. *mant. inſ.* 1. *p.* 77. *n.* 130.
Habitat in Anglia.

tabida. 221. Chr. pallida oculis nigris. *Fabr. ſp. inſ.* 1. *p.* 136. *n.* 113. *mant. inſ.* 1. *p.* 78. *n.* 145.
Habitat in Angliae *plantis.*

braſſicae. 222. Chr. atra, elytris pallide teſtaceis: margine omni faſciaque media atris. *Fabr. mant.* 1, *p.* 78. *n.* 146.
Habitat in Germaniae *oleribus*, *parva.*

nemorum. 62. Chr. elytris flavis: margine omni nigro. *Fabr. ſp. inſ.* 1, *p.* 136. *n.* 114. *mant. inſ.* 1. *p.* 78. *n.* 147.
Syſt. nat. XII. 2. *p.* 595. *Fn. ſuec.* 543.* *Scop. ent. carn.* 215. Chryſomela ſaltatoria, elytris linea flava, pedibus pallidis.
Fn. ſuec. 542. Mordella oblonga atra, elytris longitudinaliter in medio flaveſcentibus.
Degeer inſ. 5. *p.* 347. *n.* 55. Chryſomela faſciata.
Geoffr. inſ. par. 1. *p.* 247. *n.* 9.
Sulz. hiſt. inſ. t. 3. *f.* 11.
Habitat in pulmonaria, dentaria, cardamine, *polyphaga.*

atra. 223. Chr. atra nitida, antennarum baſi plantisque piceis. *Fabr. ſp. inſ.* 1. *p.* 137. *n.* 15. *mant. inſ.* 1. *p.* 78. *n.* 148.
Geoffr. inſ. par. 1. *p.* 247. *n.* 8.
Habitat Hafniae.

ruſtica. 63. Chr. atra, antennis, pedibus elytrorumque apicibus teſtaceis.
Habitat in Europa, *elytris ſubtiliſſime punctatis.*

pulicaria. 64. Chr. nigra, elytris poſterius macula ferruginea.
Habitat in Europa, *pulicis magnitudine.*

ruſipes. 65. Chr. caerulea obovata, capite, thorace, pedibus antennisque rufis. *Fn. ſuec.* 545.* *Scop. ent. carn.* 212. *Fabr. ſp. inſ.* 1. *p.* 135. *n.* 108. *mant. inſ.* 1. *p.* 77. *n.* 140.
Degeer inſ. 5. *p.* 343. *n.* 47. *t.* 10. *f.* 11.
Geoffr. inſ. par. 1. *p.* 245. *n.* 2.
Schaeff. ic. t. 166. *f.* 5.
β) Chryſomela africana. *Fabr. ſp. inſ.* 1. *p.* 135.
Habitat in Europae *plantis*, *praeſertim malva parviflora*, *β*) *major in* Africa *aequinoctiali.*

fuscipes. 224. Chr. violacea, capite thoraceque rufis, pedibus nigris. *Fabr. sp. inf.* 1. *p.* 135. *n.* 109. *mant. inf.* 1. *p.* 77. *n.* 141.
Habitat in Angliae *plantis, an varietas rufipedis?*

testacea. 225. Chr. testacea gibba, elytris laevissimis. *Fabr. sp. inf.* 1. *p.* 136. *n.* 110. *mant. inf.* 1. *p.* 77. *n.* 142.
Geoffr. inf. par. 1. *p.* 250. *n.* 17.
Habitat in Angliae *plantis.*

fascicornis. 66. Chr. caerulea obovata, capite, thorace pedibusque rufis, antennis fuscis. *Hornst. Schr. berl. Naturf.* 8. 1. *p.* 8. *n.* 9. *t.* 1. *f.* 10.
Habitat in Germania, *et* Java, *ad rufipedem proxime accedens, at paulo major.*

holsatica. 67. Chr nigra nitida, elytris apice puncto rubro. *Fabr. sp. inf.* 1. *p.* 136. *n.* 112. *mant. inf.* 1. *p.* 78. *n.* 144.
Habitat in Holsatia *frequens, olera devastans.*

hemisphaerica. 68. Chr. suborbiculata depressa nigra. *Fabr. sp. inf.* 1. *p.* 137. *n.* 116. *mant. inf.* 1. *p.* 78. *n.* 149.
Degeer inf. 5. *p.* 348. *n.* 8.
Habitat in Saxoniae *corylo.*

surinamensis. 69. Chr. flavescens, elytris margine fasciaque sanguineis. *Fabr. sp. inf.* 1. *p.* 137. *n.* 117. *mant. inf.* 1. *p.* 78. *n.* 150.
Degeer inf. 5. *p.* 355. *n.* 10. *t.* 16. *f.* 17.
Habitat Surinami.

S. littera. 70. Chr. pallida, elytris nigris: linea longitudinali flexuosa alba. *Fabr. sp. inf.* 1. *p.* 137. *n.* 118. *mant. inf.* 1. *p.* 78. *n.* 151.
Degeer inf. 5. *p.* 357. *n.* 13. *t.* 16. *f.* 21.
Habtat Surinami.

aequinoctialis. 71. Chr. thorace rubro, elytris violaceis: maculis quatuor albis alternis. *Fabr. sp. inf.* 1. *p.* 132. *n.* 93. *mant. inf.* 1. *p.* 77. *n.* 115.
Degeer inf. 5. *p.* 356. *n.* 11. *t.* 16. *f.* 19.
Habitat in America *meridionali.*

226. Chr

Chrysomelae *saltatoriae plantarum cotyledonibus et tenellis foliis infestae; an huc spectat chrysomela maulica. Molin. hist. nat. Chil. p.* 183. *aurata, antennis caeruleis, in umbellis vitnagae in provincia* Chilensi Maule *habitans, muscae magnitudine?*

226. Chr. tota caeruleo-nigra, elytris punctatis. *Thunberg nov. act. Upf.* 4. *p.* 13. *n.* 22.
Habitat Upsaliae *glabra, lentis magnitudine.*

exclamationis. 227. Chr. thorace nigro, elytris nigris: maculis quatuor flavis. *Thunb. nov. act. Upf.* 4. *p.* 14. *n.* 23.
Habitat Upsaliae, *pulice fere minor.*

flavipes. 228. Chr. chalybea, elytris obsolete granulatis, pedibus antennarumque articulis primis luteis. *Herbst apud Fuessli arch. inf.* 4. *p.* 61. *n.* 53.
Habitat Berolini.

pedicularia. 229. Chr. viridi-aurea, granulata subtus nigra, pedibus antennisque fuscescentibus: articulis extremis nigris. *Herbst apud Fuessli arch. inf.* 4. *p.* 61. *n.* 54.
Habitat Berolini, *vix pediculi magnitudine.*

minima. 230. Chr. ex atro virens, elytris tenerrime punctatis, antennis exortum fuscis, versus finem nigris. *Herbst apud Fuessli arch. inf.* 4. *p.* 61. *n.* 55.
Habitat Berolini, *pulice dimidio minor.*

tamaricis. 231. Chr. capite nigro, thorace flavo: discis macula nigra, elytris glaberrimis ex fuscescente nigris. *Herbst apud Fuessli arch. inf.* 7. *p.* 163. *n.* 64. *t.* 45. *f.* 6. g. h.
Habitat in Austria.

fimbriata. 232. Chr. oblonga, capite, thorace quadripunctato, elytrisque pallide testaceis linea nigra cinctis, femoribus rufis. *Forst. nov. inf. gen. p.* 25. *n.* 25.
Habitat in America *septentrionali, magnitudine et statura cryptocephali capreae.*

hudsonias. 233. Chr. atra oblongiuscula, antennarum basi ferruginea. *Forst. nov. inf. sp. p.* 26. *n.* 26.
Habitat in America *septentrionali, nitens, magnitudine cryptocephali cyanotae.*

quadrinotata. 234. Chr. nigra, antennarum basi flavescente, elytrorum maculis quatuor testaceis. *Pontoppid. Naturg. Daennem. p.* 204. *t.* 16.
Habitat in Dania.

pusilla. 235. Chr. nigra, antennis pedibusque pallidis. *Müll. prodr. zool. dan. p.* 84. *n.* 923.
Habitat in Dania.

luteola. 236. Chr. lutea, oculis, pectore antennarumque apice nigris. *Müll. prodr. zool. dan. p.* 84. *n.* 924.
Habitat in Dania.

flaveola. 237. Chr. nigra, thorace capiteque rufo, elytris, antennis pedibusque luteis. *Müll. prodr. zool. dan. p.* 84. *n.* 925.
Habitat in Dania.

latiuscula. 238. Chr. ex nigro fusca, tibiis tarsisque subluteis. *Müll. prodr. zool. dan. p.* 84. *n.* 926.
Habitat in Dania.

caerulescens. 239. Chr. viridi-caerulea nitidissima, thorace laevi, antennis pedibusque rufis, femoribus posterioribus nigris. *Degeer inf.* 5. *p.* 346. *n.* 53.
Habitat in Europa.

cyanopicta. 240. Chr. thorace punctato virescenti-caeruleo, elytris violaceis punctato-striatis, pedibus rufis. *Degeer inf.* 5. *p.* 344. *n.* 50.
Habitat in Europa.

striata. 241. Chr. caerulea, capite, thorace, antennis pedibusque rufis, elytris striatis. *Degeer inf.* 5. *p.* 343. *n.* 48.
Habitat in Europa.

ferruginea. 242. Chr. ferruginea, oculis nigris. *Scop. ent. carn. n.* 216.
β) Chrysomela (lurida) fusco-rufa, abdomine oculisque nigris. *Scop. ent. carn. n.* 219.

truncata. 243. Chr. nigra, elytris truncatis apice ferrugineis, pedibus antennisque rufis. *Scop. ent. carn. n.* 218.
Habitat in Carniola.

versicolor. 244. Chr. nigra, elytris nigro-aeneis striatis, thorace rubro. *Geoffr. inf. par.* 1. *p.* 245. *n.* 3. *t.* 4. *f.* 4. Altica bicolor.
Habitat in Gallia.

ovalis. 245. Chr. nigro-aenea, pedibus nigris. *Geoffr. inf. par.* 1. *p.* 246. *n.* 5.
Habitat in Gallia.

246. Chr.

crucife-.246. Chr. nigro-aenea oblonga., pedibus nigris. *Geoffr.*
rarum. *inf. par.* I. *p.* 246. *n.* 6.
> *Habitat in* Galliae *tetradynamis.*

ochro- 201. Chr. nigra, pedibus rufis, elytris non ſtriatis. *Geoffr.*
pus. *inf. par.* I. *p.* 246. *n.* 7.
> *Habitat in* Gallia.

denigra- 248. Chr. nigra, thorace elytrisque flavis: oris nigris. *Geoffr.*
ta, *inf. par.* I. *p.* 248. *n.* 10.
> *Habitat in* Gallia.

laevigata. 247. Chr. caerulea, elytris punctis ſparſis, tibiis ferrugineis.
> *Geoffr. inf. par.* I. *p.* 249. *n.* 12.

picipes. 266. Chr. viridi-aenea punctata pedibus piceis, elytris ſpadiceis ſuturam verſus nigris. *Muſ. Lesk. p.* 16. *n.* 324.
> *Habitat in* Europa.

concolor.267. Chr. fuſco aenea, elytris ſtriatis, antennis pedibusque
rufis, femoribus poſterioribus fuſco-aeneis. *Muſ. Lesk.*
p. 16. *n.* 325.
> *Habitat in* Europa.

crenata. 268. Chr. nigra, elytris aeneis: ſtriis crenatis antennarum
baſi tibiisque piceis. *Muſ. Lesk. p.* 16. *n.* 331.
> *Habitat in* Europa.

diſcolor. 269. Chr. capite thoraceque nigro, elytris teſtaceo-fuſcis glabris, pedibus quatuor anterioribus tibiisque poſterioribus
ſubteſtaceis. *Muſ. Lesk. p.* 16. *n.* 332.
> *Habitat in* Europa.

annulata. 270. Chr. fuſco-aenea, elytris ſtriis crenatis, antennarum
baſi tibiisque quatuor anterioribus rufis: annulo fuſco-
aeneo. *Muſ. Lesk. p.* 16. *n.* 333.
> *Habitat in* Europa.

CRYPTOCEPHALUS. *Antennae* filiformes.
Palpi quatuor.
Thorax, nec elytra, marginatus.
Corpus subcylindricum.

* *palpis aequalibus filiformibus.*
† *maxilla unidentata.*
† *labio integro, cylindrici.*

longipes. 1. Cr. niger obscurus, elytris pallidis: maculis tribus nigris, pedibus anterioribus elongatis. *Fabr. sp. inf.* 1. *p.* 137. *n.* 1. *mant. inf.* 1. *p.* 78. *n.* 1.
Laichart. inf. tir. 1. *p.* 166. *n.* 1. Clytra longipes.
Schaeff. ic. t. 6. *f.* 3.
Habitat in Germaniae, Calabriae *corylo, salice.*

sexmaculatus. 2. Cr. niger, thorace rubro immaculato, elytris rubris: punctis tribus nigris. *Fabr. sp. inf.* 1. *p.* 138. *n.* 2. *mant. inf.* 1. *p.* 78. *n.* 2.
Habitat in Italia, *quadripunctato paulo major.*

quadripunctatus. 3. Cr. niger, elytris rubris: punctis duobus nigris, antennis brevibus serratis. *Fabr. sp. inf.* 1. *p.* 138. *n.* 3. *mant. inf.* 1. *p.* 78. *n.* 3.
Syst. nat. XII. 2. *p.* 596. *n.* 76. *Fn. suec.* 432. *Degeer inf.* 5. *p.* 32. *t.* 10. *f.* 7. Chrysomela quadripunctata.
Scop. ent. carn. 206. Buprestis quadripunctata.
Laichart. inf. tir. 1. *p.* 167. *n.* 2. Clytra quadripunctata.
Geoffr. inf. par. 1. *p.* 195. *t.* 3. *f.* 4. Melolontha coleoptris rubris &c.
Schaeff. elem. t. 83. *f.* 1.
ic. t. 6. *f.* 1. 2. 3.
Habitat in Europae *corylo frequens.*
Larva *saccata: sacco ovato scabro anterius oblique truncato.*

quadrinotatus. 4. Cr. cyaneo-niger, elytris rubris: maculis duabus cyaneis, antennis brevibus. *Fabr. mant. inf.* 1. *p.* 79. *n.* 4.
Habitat in Barbaria, *statura quadripunctati, at quadruplo minor.*

atraphaxidis. 5. Cr. niger, thorace rubro trimaculato, elytris testaceis: maculis tribus nigris, tibiis rufis. *Fabr. sp. inf.* 1. *p.* 138. *n.* 4. *mant. inf.* 1. *p.* 79. *n.* 5.

Pall. it. 2. *p.* 725. *n.* 68. Chrysomela atraphaxidis.

Habitat in Sibiriae *atraphaxide*, *magnitudine quadripunctati.*

lunulatus. 6. Cr. ater nitidus, elytris flavis: lunula, fascia punctoque apicis nigris. *Fabr. sp. inf.* 1. *p.* 138. *n.* 5. *mant. inf.* 1. *p.* 79. *n.* 6.

Habitat - - - *quadripunctato paulo minor.*

12maculatus. 7. Cr. niger, thorace elytrisque rubris: punctis quatuor nigris. *Fabr. sp. inf.* 1. *p.* 139. *n.* 6. *mant. inf.* 1. *p.* 79. *n.* 7.

Habitat ad caput bonae spei, *lunulati statura et magnitudine.*

obsitus. 8. Cr. testaceus, antennis elytrorumque margine nigris. *Fabr. sp. inf.* 1. *p.* 139. *n.* 7. *mant. inf.* 1. *p.* 79. *n.* 8.

Habitat in America *meridionali.*

tridentatus. 9. Cr. caerulescens, elytris testaceis. *Fabr. sp. inf.* 1. *p.* 139. *n.* 8. *mant. inf.* 1. *p.* 79. *n.* 9.

Syst. nat. XII. 2. *p.* 596. *n.* 73. *Fn. suec.* 546. Chrysomela tridentata.

Degeer inf. 5. *p.* 333. *n.* 36. *t.* 10. *f.* 10. Chrysomela caerulea nitida &c.

Geoffr. inf. par. 1. *p.* 196. *n.* 3. Melolontha nigro-viridis &c.

Schaeff. ic. t. 77. *f.* 5.

Habitat in corylo, Lonicera xylosteo, *etiam in* Calabria. Feminae *pedes anteriores elongati.*

lineatus. 10. Cr. rufescens, thorace maculis, elytris lineis duabus nigris. *Fabr. sp. inf.* 1. *p.* 139. *n.* 9. *mant. inf.* 1. *p.* 79. *n.* 10.

Habitat in Brasilia.

venustus. 11. Cr. griseo-fuscus, thorace margine maculisque duabus flavis, elytris flavis: vittis duabus nigris. *Fabr. mant. inf.* 1. *p.* 79. *n.* 11.

Habitat in America, *mediae magnitudinis.*

Gorteriae. 12. Cr. ater glaber, thorace elytrisque punctis quatuor flavescentibus. *Fabr. sp. inf.* 1. *p.* 139. *n.* 10. *mant. inf.* 1. *p.* 79. *n.* 12.

Syst.

Syst. nat. XII. 2. *p.* 596. *n.* 74. *Amoen. acad.* 6. *p.* 394. *n.* 16. Chrysomela Gorteriae.

Habitat in capitis bonae spei *Gorteriis.*

octopunctatus. 13. Cr. niger, thorace rufo, elytris testaceis: punctis quatuor nigris. *Fabr. mant. inf.* 1. *p.* 79. *n.* 13.

Habitat in Barbariae *plantis, statura et magnitudine Cr. Gorteriae.*

maxillosus. 14. Cr. capite thoraceque fulvis, elytris flavis: puncto baseos scutelloque nigris. *Fabr. sp. inf.* 1. *p.* 139. *n.* 11. *mant. inf.* 1. *p.* 80. *n.* 14.

Habitat ad caput bonae spei, *mediae magnitudinis, antennis serratis.*

auritus. 15. Cr. ater, thorace utrinque macula lutea, tibiis flavis. *Fabr. sp. inf.* 1. *p.* 139. *n.* 12. *mant. inf.* 1. *p.* 80. *n.* 15.

Syst. nat. XII. 2. *p.* 596. *n.* 75. Chrysomela aurita.

Herbst apud Fuessli arch. inf. 7. *p.* 163. *n.* 19. *t.* 44. *f.* 5. g. h.

Habitat in Saxoniae *corylo, in* Calabria.

didymus. 16. Cr. rufus, elytris maculis tribus nigris, anteriore posterius didyma. *Fabr. sp. inf.* 1. *p.* 140. *n.* 13. *mant. inf.* 1. *p.* 80. *n.* 16.

Habitat in nova Hollandia.

quadrimaculatus. 17. Cr. rufus, capitis basi elytrorumque maculis duabus cyaneis. *Fabr. sp. inf.* 1. *p.* 140. *n.* 14. *mant. inf.* 1. *p.* 80. *n.* 17.

Syst. nat. XII. 2. *p.* 596. *n.* 77. *Fn. suec.* 547.* Chrysomela quadrimaculata.

Fn. suec. 432. Chrysomela oblonga nigra, coleoptris rubris: maculis quatuor nigris.

Scop. ent. carn. 206. Buprestis quadripunctata.

Geoffr. inf. par. 1. *p.* 195. *t.* 3. *f.* 4.

Pontopp. atl. dan. 1. *t.* 29.

Schaeff. ic. t. 6. *f.* 6. 7.

Habitat in Germania, Calabria, *abdomine cinereo.*

flavicollis. 18. Cr. niger, thorace fulvo: punctis sex nigris, elytris pallidis: punctis duobus. *Fabr. sp. inf.* 1. *p.* 140. *n.* 15. *mant. inf.* 1. *p.* 80. *n.* 18.

Habitat in Sibiria, *quadrimaculato proxime affinis.*

longimanus. 19. Cr. obscure aeneus, elytris testaceis: puncto baseos nigro. *Fabr. sp. inf.* 1. *p.* 140. *n.* 16. *mant. inf.* 1. *p.* 80. *n.* 19.
Syst. nat. XII. 2. *p.* 599. *n.* 95. *Fn. suec.* 562. *Pall. it.* 2. *app. n.* 67? Chrysomela longimana.
Habitat in Europae *borealis trifolio montano, euphorbia cyparissia, tridentato affinis, sed minor, pedibus anterioribus in altero sexu longissimis.*
Larva *saccata.*

Lar. 20 Cr. rufus, elytris fuscis cyaneo nitidis, pedibus anterioribus elongatis. *Fabr. mant. inf.* 1. *p.* 80. *n.* 20.
Habitat in America *meridionali, mediae magnitudinis.*

marginatus. 21. Cr. nigro-aeneus, elytris flavis: margine nigro. *Fabr. sp. inf.* 1. *p.* 140. *n.* 17. *mant. inf.* 1. *p.* 80. *n.* 21.
Schaller Abh. der hall. Nat. Ges. 1. *p.* 276. Chrysomela phalerata.
Habitat in Germania, *longimano affinis.*

hirsutus. 22. Cr. thorace elytrisque obscure aeneis pubescentibus. *Fabr. sp. inf.* 1. *p.* 141. *n.* 18. *mant. inf.* 1. *p.* 80. *n.* 22.
Habitat in America *boreali.*

bipunctatus. 23. Cr. niger nitidus, elytris rubris: punctis duobus nigris, antennis longitudine corporis. *Fabr. sp. inf.* 1. *p.* 141. *n.* 19. *mant. inf.* 1. *p.* 80. *n.* 23.
Geoffr. inf. par. 1. *p.* 234. *n.* 1. *t.* 4. *f.* 3. Cryptocephalus niger &c.
Syst. nat. XII. 2. *p.* 597. *n.* 78. *Fn. suec.* 548. Chrysomela bipunctata.
Uddm. diss. 22. Chrysomela atra, elytris rubris, punctis 4 nigris.
Petiv. gaz. t. 31. *f.* 4.
Degeer inf. 5. *p.* 332. *n.* 35.
β) *Uddm. diss.* 21. Chrysomela nigra, elytris rubris, macula nigra longitudinali.
Gadd diss. 25. Cassida nigra, elytris flavis nitidis, maculis quatuor nigris &c.
Habitat in Europae *borealis corylo.*

bimaculatus. 24. Cr. niger obscurus, thorace fulvo, elytris testaceis: punctis duobus nigris. *Fabr. sp. inf.* 1. *p.* 141. *n.* 120. *mant. inf.* 1. *p.* 80. *n.* 24.

Schaller

Schaller Abh. der hall. Nat. Ges. 1. *p.* 274. Chrysomela melanocephala.
Habitat in Italia *et* Saxonia.

cordiger. 25. Cr. thorace variegato, elytris rubris: punctis duobus nigris. *Fabr. sp. inf.* 1. *p.* 141. *n.* 21. *mant. inf.* 1. *p.* 80. *n.* 25.
Geoffr. inf. par. 1. *p.* 235. *n.* 7. Cryptocephalus niger.
Syst. nat. XII. 2. *p.* 598. *n.* 91. *Fn. suec.* 558. Chrysomela cordigera.
Uddm. diss. 23. Chrysomela nigra, elytris subflavis, punctis quatuor nigris.
Degeer inf. 5. *p.* 330. *n.* 33.
Schaeff. ic. t. 30. *f.* 1.
Habitat in Europae *corylo, salice, thoracis macula media interdum cordata.*

bothnicus. 26. Cr. ater, thorace linea longitudinali rubra. *Fabr. sp. inf.* 1. *p.* 142. *n.* 22. *mant. inf.* 1. *p.* 80. *n.* 26.
Syst. nat. XII. 2. *p.* 598. *n.* 90. *Fn. suec.* 557. Chrysomela bothnica.
Degeer inf. 5. *p.* 335. *n.* 39. Chrysomela cylindrica nigra &c.
Herbst apud Fuessli arch. inf. 7. *p.* 164. *n.* 21. *t.* 44. *f.* 8. n. o.
Habitat in Suecia, *cum decempunctato copula interdum connexus.*

vitis. 27. Cr. niger glaber, elytris rufis. *Geoffr. inf. par.* 1. *p.* 233. *n.* 2. *Fabr. sp. inf.* 1. *p.* 142. *n.* 23. *mant. inf.* 1. *p.* 81. *n.* 27.
Habitat in Europae *magis australis vite vinifera, quam misere aliquando devastat.*

coryli. 28. Cr. niger, thorace elytrisque testaceis immaculatis. *Fabr. sp. inf.* 1. *p.* 142. *n.* 24. *mant. inf.* 1. *p.* 81. *n.* 28.
Syst. nat. XII. 2. *p.* 598. *n.* 88. *Fn. suec.* 555.* Chrysomela coryli.
Habitat in Europae *corylo.*

pallens. 29. Cr. niger, thorace, elytris tibiisque pallidis. *Fabr. mant.* 1. *p.* 81. *n.* 29.
Habitat in Sina, *Cr. coryli proxime affinis.*

variegatus. 30. Cr. niger, thorace linea dorsali abbreviata marginibusque rubris, elytris testaceis. *Fabr. sp. inf.* 2. *app. p.* 497. *mant. inf.* 1. *p.* 81. *n.* 31.
Habitat in Italia, *statura cr. coryli.*

31. Cr.

trifasciatus. 31. Cr. supra testaceus, thorace fascia, elytris tribus atris. *Fabr. mant. inf.* I. *p.* 81. *n.* 31.
Habitat in Sina, *statura et magnitudine cr. coryli.*

ruficollis. 32. Cr. niger, thorace rufo, elytris testaceis. *Fabr. sp. inf.* I. *p.* 142. *n.* 25. *mant. inf.* I. *p.* 81. *n.* 32.
Habitat in insula S. Helenae.

nigripes. 33. Cr. capite thoraceque rufis, elytris pallidis, pedibus apice nigris. *Fabr. sp. inf.* I. *p.* 142. *n.* 26. *mant. inf.* I. *p.* 81. *n.* 33.
Habitat in America *boreali.*

sexpunctatus. 34. Cr. niger, thorace variegato, elytris rubris: maculis tribus nigris. *Fabr. sp. inf.* I. *p.* 142. *n.* 27. *mant. inf.* I. *p.* 81. *n.* 34.
Syst. nat. XII. 2. *p.* 599. *n.* 92. *Fn. suec.* 559.* Chrysomela sexpunctata.
Degeer inf. 5. *p.* 331. *n.* 34. *t.* 10. *f.* 9. Chrysomela rubra &c.
Scop. ent. carn. 208. Buprestis sexpunctata.
Sulz. hist. inf. t. 3. *f.* 18.
Schaeff. ic. t. 90. *f.* 1-3.
Habitat in Europae *borealis corylo, etiam in* Calabria.

caeruleus. 35. Cr. cyaneus nitidus, antennis fuscis. *Fabr. sp. inf.* I. *p.* 143. *n.* 28. *mant. inf.* I. *p.* 81. *n.* 35.
Habitat in Africa *aequinoctiali, oblongus.*

cupreus. 36. Cr. rubro-cupreus nitidus subtus cyaneus. *Fabr. mant. inf.* I. *p.* 81. *n.* 36.
Habitat in Cayenna, *calcarati statura et magnitudine.*

rubrifrons. 37. Cr. cyaneus nitidus, fronte, thoracis fascia, femoribusque rubris. *Fabr. mant. inf.* I. *p.* 81. *n.* 37.
Habitat - - - - *statura calcarati.* Leske.

calcaratus. 38. Cr. violaceus, capite, thorace femoribusque dentatis rufis. *Fabr. sp. inf.* I. *p.* 143. *n.* 29. *mant. inf.* I. *p.* 82. *n.* 38.
Habitat in Sierra Leon Africae.

sapphirinus. 39. Cr. cyaneus, thorace pedibusque rufis. *Fabr. sp. inf.* I. *p.* 143. *n.* 30. *mant. inf.* I. *p.* 82. *n.* 39.
Geoffr. inf. par. I. *p.* 197. *n.* 4. Melolontha caerulea, thorace pedibusque ferrugineis.
Habitat in Gallia.

cinctus. 40. Cr. capite thoraceque rufis, elytris nigris: margine rufis.
Fabr. mant. inf. 1. *p.* 82. *n.* 40.
Habitat in America *meridionali, sapphirini statura, sed triplo minor.*

bucephalus. 41. Cr. cyaneus, ore, thoracis marginibus pedibusque rubris.
Fabr. mant. inf. 1. *p.* 82. *n.* 41.
Schaller Abh. der hall. Naturf. Gef. 1. *p.* 276. Chrysomela bucephala.
Habitat in Saxoniae *anthyllide vulneraria.*

collaris. 42. Cr. cyaneus nitidus, thoracis lateribus, elytrorum apicibus femoribusque rubris. *Fabr. sp. inf.* 1. *p.* 143. *n.* 31. *mant. inf.* 1. *p.* 82. *n.* 42.
Habitat in Sibiria, *sericeo major.*

sericeus. 43. Cr. viridi-caeruleus antennis nigris. *Fabr. sp. inf.* 1. *p.* 143. *n.* 32. *mant. inf.* 1. *p.* 82. *n.* 43.
Geoffr. inf. par. 1. *p.* 233. *n.* 3. Cryptocephalus viridi-auratus sericeus.
Syst. nat. XII. 2. *p.* 598. *n.* 86. *Fn. suec.* 554. Chrysomela sericea.
Degeer inf. 5. *p.* 334. *n.* 37.
Sulz. hist. inf. t. 3. *f.* 13.
Habitat in Europae *salicibus, rarius tota aenea.*

nitens. 44. Cr. viridis nitens, ore pedibusque testaceis. *Fabr. sp. inf.* 1. *p.* 144. *n.* 33. *mant. inf.* 1. *p.* 82. *n.* 44.
Syst. nat. XII. 2. *p.* 598. *n.* 84. *Fn. suec.* 551. Chrysomela nitens.
Degeer inf. 5. *p.* 334. *n.* 38.
Habitat in Europae *salice.*

glabratus. 45. Cr. violaceus, thorace elytrisque aeneis, antennis fuscis. *Fabr. sp. inf.* 1. *p.* 144. *n.* 34. *mant. inf.* 1. *p.* 82. *n.* 45.
Habitat in Brasilia.

leucadrum. 46. Cr. ater, elytris flavis: vitta media abbreviata atra. *Fabr. sp. inf.* 1. *p.* 144. *n.* 35. *mant. inf.* 1. *p.* 82. *n.* 46.
Habitat in Germania.

vittatus. 47. Cr. niger, elytris margine striaque abbreviata flava. *Fabr. sp. inf.* 1. *p.* 144. *n.* 36. *mant. inf.* 1. *p.* 82. *n.* 47.
Geoffr. inf. par. 1. *p.* 233. *n.* 4.
Herbst apud Fuessli arch. inf. 4. *p.* 62. *n.* 10. *t.* 23. *f.* 23.
Habitat in Europae *magis australis graminosis.*

limbatus. 48. Cr. ferrugineus, thorace rufo, elytrorum suturis cyaneo-nitidis. *Fabr. sp. inf. 2. app. p.* 498. *mant. inf.* 1. *p.* 82. *n.* 48.
Habitat in Cayenna, *mediae magnitudinis.*

Moraei. 49. Cr. ater, elytris maculis duabus flavis marginalibus. *Fabr. sp. inf.* 1. *p.* 144. *n.* 37. *mant. inf.* 1. *p.* 82. *n.* 49.
Geoffr. inf. par. 1. *p.* 234. *n.* 5. Cryptocephalus niger &c.
Syst. nat. XII. 2. *p.* 597. *n.* 82. *Fn. suec.* 550. Chrysomela Moraei.
Scop. ent. carn. 202. Buprestis Moraei.
Uddm. diss. 28. Cassida nigra nitida, clypeo caput fere integrum tegente, macula ad apicem et basin elytrorum lutea.
Schaeff. ic. t. 30. *f.* 5.
Habitat in Europae *hypericonibus.*

octogut-tatus. 50. Cr. ater, elytris maculis quatuor flavis. *Fabr. mant. inf.* 1. *p.* 82. *n.* 50.
Habitat in Saxoniae *fraxino*, *magnitudine cr. Moraei.*

15gutta-tus. 51. Cr. rufus, thorace maculis tribus, elytris sex flavis. *Fabr. sp. inf.* 1. *p.* 144. *n.* 38. *mant. inf.* 1. *p.* 83. *n.* 51.
Habitat in Brasilia.

decem-punctatus. 52. Cr. capite thoraceque variegatis, coleoptris flavis: punctis decem nigris. *Fabr. sp. inf.* 1. *p.* 145. *n.* 39. *mant. inf.* 1. *p.* 83. *n.* 52. *Herbst apud Fuessli arch. inf.* 7. *t.* 45. *f.* 4. a. b.
Syst. nat. XII. 2. *p.* 599. *n.* 93. *Fn. suec.* 561. Chrysomela decemmaculata.
Herbst apud Fuessli arch. inf. 7. *p.* 64. *n.* 18. *t.* 43. *f.* 26. c. Cryptocephalus hieroglyphicus?
Habitat in Europa.

ipustula-tus. 53. Cr. ater, elytris macula apicis rufa. *Fabr. sp. inf.* 1. *p.* 145. *n.* 40. *mant. inf.* 1. *p.* 83. *n.* 53.
Laicbart. inf. tir. 1. *p.* 197. *n.* 7. Cryptocephalus Podae.
Schaeff. ic. t. 77. *f.* 7.
Habitat in Europae *chrysanthemo coronario.*

ifascia-tus. 54. Cr. rufus, thorace maculis duabus, elytris fasciis duabus nigris. *Fabr. sp. inf.* 1. *p.* 145. *n.* 41. *mant. inf.* 1. *p.* 83. *n.* 54.
Habitat in Africa *aequinoctiali.*

quadripustulatus. 55. Cr. niger, elytris laevibus rufo bimaculatis. *Fabr. sp. inf.* 1. *p.* 145. *n.* 43. *mant. inf.* 1. *p.* 83. *n.* 55. *Syst. nat.* XII. 2. *p.* 597. *n.* 80. *Fn. suec.* 549.* Chrysomela quadripustulata.
Habitat in Sueciae *nemoribus.*

notatus. 56. Cr. niger, elytris punctato-striatis: fascia punctoque apicis testaceis. *Fabr. mant. inf.* 1. *p.* 83. *n.* 56.
Habitat in America, *parva, immaculata.*

Histrio. 57. Cr. niger, thorace elytrisque ferrugineo-variegatis, pedibus ferrugineis: geniculis nigris. *Fabr. sp. inf.* 1. *p.* 145. *n.* 43. *mant. inf.* 1. *p.* 83. *n.* 57.
Habitat in Italia, *magnitudine Cr. Scopolii.*

Scopolii. 58. Cr. niger, thorace rufo, elytris rufis: fasciis duabus cyaneis, pedibus nigris. *Fabr. sp. inf.* 1. *p.* 145. *n.* 44. *mant. inf.* 1. *p.* 83. *n.* 58.
Syst. nat. XII. 2. *p.* 597. *n.* 81. Chrysomela Scopolina.
Habitat in Europa *australi et* America, *mediae magnitudinis.*

Koenigii. 59. Cr. rufus, elytris punctis duobus caerulescentibus. *Fabr. sp. inf.* 1. *p.* 146. *n.* 45. *mant. inf.* 1. *p.* 83. *n.* 59.
Habitat Tranquebariae, *ad Cr. Scopolii proxime accedens.*

Paracenthesis. 60. Cr. elytris flavis: lineola punctisque tribus nigris. *Fabr. sp. inf.* 1. *p.* 146. *n.* 46. *mant. inf.* 1. *p.* 83. *n.* 60.
Syst. nat. XII. 2. *p.* 1066. *n.* 1. Chrysomela Paracenthesis.
Habitat in Europae *salice, betula, supra flavus, thorace nigro variegato.*

hordei. 61. Cr. aeneus nitidus, fronte cuprea. *Fabr. mant. inf.* 1 *p.* 83. *n.* 61.
Habitat in Barbariae *hordeo marino, parvus, antennis serratis.*

pini. 62. Cr. testaceus, elytris pallidis, antennis fuscis. *Fabr. sp. inf.* 1. *p.* 146. *n.* 47. *mant. inf.* 1. *p.* 84. *n.* 62.
Syst. nat. XII. 2. *p.* 598. *n.* 89. *Fn. suec.* 556.* Chrysomela pini.
Habitat in Sueciae *pino.*

reticulatus. 63. Cr. thorace elytrisque albis, testaceo reticulatis. *Fab. mant. inf.* 1. *p.* 84. *n.* 63.
Habitat in Cayenna, *parvus.*

64. C

pusillus. 64. Cr. thorace fulvo, elytris testaceis nigro-maculatis. *Fabr. sp. inf.* 1. *p.* 146. *n.* 48. *mant. inf.* 1. *p.* 84. *n.* 64.
Habitat Hamburgi.

nitidulus. 65. Cr. thorace aeneo nitido, elytris cyaneis, capite, antennarum basi pedibusque flavis. *Fabr. mant. inf.* 1. *p.* 84. *n.* 65.
Habitat in Russia *meridionali, labiato major.*

labiatus. 66. Cr. ater nitidus, ore, pedibus basique antennarum lutescentibus. *Fabr. sp. inf.* 1. *p.* 146. *n.* 49. *mant. inf.* 1. *p.* 84. *n.* 65.
Syst. nat. XII. 2. *p.* 598. *n.* 87. *Fn. suec.* 553.* Chrysomela labiata.
Habitat in Europae *rosis.*

flavilabris. 67. Cr. obscure aeneus nitidus, ore lutescente, antennis pedibusque nigris. *Fabr. mant. inf.* 1. *p.* 84. *n.* 67.
Müll. prodr. zool. dan. n. 519.
Geoffr. inf. par. 1. *n.* 8.
Habitat in Saxoniae *betula, labiato affinis, at elytra striato-punctata.*
Larva *saccata.*

flavipes. 68. Cr. ater nitidus, capite pedibusque luteis. *Fabr. sp. inf.* 1. *p.* 146. *n.* 50. *mant. inf.* 1. *p.* 84. *n.* 68.
Habitat in Italia, *labiato affinis, at quadruplo major.*

cyaneus. 69. Cr. ex fusco cyaneus, thorace laevi marginato, antennis nigris.
Syst. nat. XII. 2. *p.* 596. *n.* 72. Chrysomela cyanea.
Habitat in America, *magnitudine chrysomelae graminis.*

bilineatus. 70. Cr. niger, elytris lineis duabus flavescentibus, pedibus ferrugineis.
Syst. nat. XII. 2. *p.* 597. *n.* 83. Chrysomela bilineata.
Habitat in Europa, *minutus.*

Barbareae. 71. Cr. antennis basi oreque ferrugineis.
Syst. nat. XII. 2. *p.* 598. *n.* 85. *Fn. suec.* 552.* Chrysomela barbareae.
Habitat in Erysimi barbareae *floribus; an varietas labiati?*

glaucocephalus. 72. Cr. niger nitidus, capite pedibusque flavis, thorace elytrisque anterius albo-marginatis.
Schaller Abh. der hall. Naturf. Ges. 1. *p.* 277. Chrysomela glaucocephala.

Habitat Halae, *rarior in betula, ſtatura et magnitudine cr.* Moraei.

biguttatus. 73. Cr. niger, capite, apicibus elytrorum pedibusque flavis.
Schranck enum, inſ. auſtr. n. 169?
Schaller Abh. der hall. Naturf. Geſ. 1. *p.* 278. Chryſomela biguttata.
Herbſt apud Fueſſli arch. inſ. 4. *p.* 163. *n.* 20. *t.* 44. *f.* 6. i. k?
Habitat rarior Halae Saxonum, *magnitudine chryſomelae nemorum.*

Martinius. 74. Cr. caeruleus nitidus, elytris rubris.
Schaller Abh. der hall. Naturf. Geſ. 1. *p.* 278. Chryſomela Martinia.
Habitat in Malabar, *ſtatura et magnitudine ad quadripunctatum accedens.*

caſſimilis. 75. Cr. ex caeruleo niger, capitis maculis duabus, pedibus anterioribus antennisque flavis. *Herbſt apud Fueſſli arch. inſ.* 4. *p.* 63. *n.* 13.
Habitat Berolini, *labiato ſimilis, ſed major.*

ornatus. 76. Cr. niger, capitis macula biloba fulva, thoracis linea et margine flavis. *Herbſt apud Fueſſli arch. inſ.* 4. *p.* 63. *n.* 15. *t.* 23. *f.* 24.
Habitat - - - labiato ſimilis, at major.

peregrinus. 77. Cr. niger glaberrimus, capite, thorace elytrisque caeruleis. *Herbſt apud Fueſſli arch. inſ.* 4. *p.* 63. *n.* 16. *t.* 23. *f.* 25.
Habitat in India, 5 *lineas longus.*

laticlavius. 78. Cr. niger, capite, thorace elytrisque rufis, ſutura et margine elytrorum nigris, antennis ſerratis.
Forſt. nov. inſ. ſpec. p. 27. *n.* 27. Chryſomela laticlavia.
Habitat in America *ſeptentrionali, ſericei magnitudine.*

viridans. 79. Cr. viridis, elytris marginatis.
Lepech. it. 1. *p.* 312. *t.* 20. *f.* 6. Chryſomela obſcure viridis.
Habitat in Ruſſia *auſtrali.*

octonotatus. 80. Cr. thorace elytrisque flavis: ſingulis punctis quatuor nigris.
Lepech. it. 2. *p.* 207. *t.* 11. *f.* 19. Chryſomela octopunctata.
Habitat in Ruſſia *auſtrali.*

sexnotatus. 81. Cr. niger, thoracis margine rufo, elytrorum punctis duobus maculisque quatuor nigris.
Lepech. it. 2. p. 207. t. 10. f. 14. Chrysomela sexpunctata.
Habitat in Russia *australi.*

Mülleri. 82. Cr. niger villosus, elytris punctis duobus rubris.
Müll. zool. dan. prodr. p. 58. *n.* 511. Chrysomela bimaculata.
Habitat in Dania.

musciformis. 83. Cr. viridi-caeruleus, thorace rubro: macula caerulea, tibiis ferrugineis.
Geoffr. inf. par. 1. *p.* 197. *n.* 5.
Habitat in Gallia.

Vibex. 84. Cr. niger, elytris rubris striatis: maculis quatuor limboque nigris.
Geoffr. inf. par. 1. *p.* 234. *n.* 6. *t.* 4. *f.* 3.
Habitat in Gallia.

livens. 85. Cr. ex caeruleo violaceus punctato-striatus, antennarum basi maculaque oris pallida.
Müll. zool. dan. prodr. p. 58. *n.* 519. Cryptocephalus parvulus.
Geoffr. inf. par. 1. *p.* 235. *n.* 8.
Habitat in Europa.

punctatus. 86. Cr. caeruleus sparsim punctatus, tibiis anterioribus ferrugineis.
Geoffr. inf. par. 1. *p.* 236. *n.* 9.
Habitat in Gallia.

parisinus. 87. Cr. niger striatus, pedibus rufis.
Geoffr. inf. par. 1. *p.* 236. *n.* 10.
Habitat in Gallia.

rufipes. 88. Cr. niger striatus, thorace pedibusque rufis.
Geoffr. inf. par. 1. *p.* 236. *n.* 11.
Habitat in Gallia.

fulvus. 89. Cr. capite thoraceque fulvo, elytris pallidis.
Geoffr. inf. par. 1. *p.* 237. *n.* 12.
Habitat in Gallia.

ferruginosus. 90. Cr. niger nitidus antennis corpore duplo longioribus, elytris apice macula lutea.

Schranck Beytr. z. Naturg. p. 64. §. 7. Chrysomela ferrugata.
Poda mus. Graec. p. 38. *sp.* 9.
Habitat in Germania *superiore.*

multicolor. 246. Cr. elytris flavis: fasciis duabus coccineis.
Hornst Schr. berl. Naturf. 8. 1. *p.* 3. *n.* 3. *t.* 1. *f.* 6. Chrysomela bifasciata.
Habitat in Java, *magnitudine chrysomelae vulgatissimae, thorace rubro, abdominis apice nigro.*

sumatranus. 247. Cr. elytris luteis: macula in medio castanea.
Hornst. Schr. berl. Naturf. 8. 1. *p.* 4. *n.* 4. *t.* 1. *f.* 4. Chrysomela bimaculata.
Habitat in Sumatra, *rarior in* Java, *magnitudine chrysomelae vulgatissimae.*

coffeae. 248. Cr. thoracis sulco transverso, abdomine viridi, elytris flavescentibus. *Hornst. Schr. berl. Naturf.* 8. 1. *p.* 5. *n.* 5. *t.* 1. *f.* 7.
Habitat in Bantam *in hortis, in quibus coffea colitur, hujus orillos magnitudine, facie, colore referens.*

orientalis. 249. Cr. flavus, thorace rufo: sulco transverso, elytris nigro caeruleis. *Hornst. Schr. berl. Naturf.* 8. 1. *p.* 5. *n.* 6. *t.* 1. *f.* 3.
Habitat in Malacca, Java, *aliisque* oceani indici *insulis, cr. phallandrii magnitudine.*

bataviensis. 250. Cr. capite, thorace, elytris pedibusque lividis. *Hornst. Schr. berl. Naturf.* 8. 1. *p.* 6. *n.* 7. *t.* 1. *f.* 12.
Habitat in Java, *magnitudine chr. nymphaeae; an hujus generis et tribus?*

javanus. 251. Cr. ater, thorace elytrisque rubris nigro-maculatis, antennis nigris basi rufescentibus.
Hornst. Schr. berl. Naturf. 8. 1. *p.* 7. *n.* 8. *t.* 1. *f.* 2. 5. 8. 11. Chrysomela cryptocephala.
Habitat in Java, *4punctati magnitudine et facie; an idem cum 10maculato?*

cyanocephalus. 252. Cr. capite, thoracis margine, elytris femorum basi et apice violaceis, vertice et thorace coccineis. *Mus. Lesk. p.* 15. *n.* 298. b.
Habitat extra Europam.

flavifrons. 253. Cr. ater nitidus, fronte, ore, pedibus, antennarum basi elytrorumque margine lutescentibus. *Mus. Lesk. p.* 15. *n.* 306.
Habitat in Europa.

fuscatus. 254. Cr. fuscus, capite thorace elytrisque violaceis: his profunde punctatis. *Mus. Lesk. p.* 15. *n.* 310.
Habitat in Europa.

ochrocephalus. 255. Cr. niger, capite anterius, elytrisque flavis: his guttis quatuor punctoque apicis nigris. *Mus. Lesk. p.* 15. *n.* 312.
Habitat in Europa, *thorace flavo, maculis utrinque* 2 *connatis.*

suturalis. 256. Cr. ater glaber, elytris flavis: sutura vittaque atra apice connata. *Mus. Lesk. p.* 16. *n.* 314.
Habitat in Europa.

chrysopus. 257. Cr. ater glaber, elytris punctato-striatis, capite, elytrorum apicibus pedibusque flavis. *Mus. Lesk. p.* 16. *n.* 315.
Habitat in Europa.

†† *labio bifido, oblongi,* Cistelae.

Gigas. 91. Cr. villosus fuscus, elytris, abdomine femoribusque testaceis. *Fabr. mant. inf.* 1. *p.* 84. *n.* 1.
Habitat in Gallia *magis australi, praegrandis.*

cervinus. 92. Cr. lividus, pedibus fuscis. *Fabr. sp. inf.* 1. *p.* 146. *n.* 1. *mant. inf.* 1. *p.* 85. *n.* 2.
Syst. nat. XII. 2. *p.* 602. *n.* 115. *Fn. suec.* 575. Chrysomela cervina.
Habitat in Europa *boreali, etiam in* Calabria.

cinereus. 93. Cr. lividus, elytris pedibusque fuscis. *Fabr. sp. inf.* 1. *p.* 146. *n.* 2. *mant. inf.* 1. *p.* 85. *n.* 3.
Habitat in Italia, *cervino proxime affinis, an varietas?*

lividus. 94. Cr. lividus, antennis fuscis. *Fabr. sp. inf.* 1. *p.* 146. *n.* 3. *mant. inf.* 1. *p.* 85. *n.* 4.
Habitat in terra del fuego, *cinereo affinis, at duplo minor.*

ceramboides. 95. Cr. ater, thorace anterius angustato, elytris striatis testaceis. *Fabr. sp. inf.* 1. *p.* 147. *n.* 4. *mant. inf.* 1. *p.* 85. *n.* 5.
Syst. nat. XII. 2. *p.* 602. *n.* 17. *Fn. suec.* 576. Chrysomela ceramboides.

Geoffr. inf. par. 1. *p.* 354. *n.* 3. Mordella nigra &c.
Herbst apud Fuessli arch. inf. 4. *p.* 64. *n.* 1. *t.* 23. *f.* 27.
Habitat in Europa *boreali*, *et* Calabria, *thorace rarius testaceo.*

rufitarsis. 96. Cr. ater, thorace quadrato, elytris striatis testaceis. *Fabr. mant. inf.* 1. *p.* 85. *n.* 6. *Lesk. it.* 1. *p.* 15. *n.* 5. *t.* A. *f.* 4.
Habitat in Europae *magis australis spicis secalinis*, *ceramboidi affinis.*

testaceus. 97. Cr. niger, thorace, elytris et abdomine testaceis. *Fabr. sp. inf.* 1. *p.* 147. *n.* 5. *mant. inf.* 1. *p.* 85. *n.* 7.
Habitat in chrysanthemo, *sambuco*, *aliisque* Barbariae *plantis*, *polyphaga.*

sulphureus. 98. Cr. flavus, elytris sulphureis. *Fabr. sp. inf.* 1. *p.* 147. *n.* 6. *mant. inf.* 1. *p.* 85. *n.* 8.
Syst. nat. XII. 2. *p.* 602. *n.* 114. Chrysomela sulphurea.
Geoffr. inf. par. 1. *p.* 351. *n.* 11. Tenebrio luteus.
Herbst apud Fuessli arch. inf. 4. *p.* 64. *n.* 2. *t.* 23. *f.* 28.
Habitat in Europae *umbellatarum floribus.*

rubricollis. 99. Cr. ater, thorace ferrugineo, elytris striatis. *Fabr. sp. inf.* 1. *p.* 147. *n.* 7. *mant. inf.* 1. *p.* 85. *n.* 9.
Habitat in Europae *santolina*, *statura et magnitudine sulphureae.*

caerulescens. 100. Cr. ater, elytris striatis caerulescentibus. *Fabr. mant. inf.* 1. *p.* 85. *n.* 10.
Habitat in Barbariae *plantis*, *rubricollis statura et magnitudine.*

analis. 101. Cr. rufescens, antennis, macula elytrorum anoque nigris. *Fabr. sp. inf.* 1. *p.* 147. *n.* 8. *mant. inf.* 1. *p.* 85. *n.* 11.
Habitat Tranquebariae, *macula elytrorum interdum duplici.*

varians. 102. Cr. testaceus, oculis nigris, elytris substriatis. *Fabr. mant. inf.* 1. *p.* 85. *n.* 12.
Habitat Halae Saxonum, *murinae proxime affinis*, *at paulo major*, *antennis pedibusque interdum testaceis.*

murinus. 103. Cr. niger, elytris pedibusque testaceis. *Fabr. sp. inf.* 1. *p.* 147. *n.* 9. *mant. inf.* 1. *p.* 85. *n.* 13.
Syst. nat. XII. 2. *p.* 602. *n.* 118. *Fn. suec.* 577. Chrysomela murina.

Geoffr.

Geoffr. inf. par. 1. *p.* 355. *n.* 4. Mordella nigra &c.
Herbst apud Fuessli arch. inf. 4. *p.* 64. *n.* 3. *t.* 23. *f.* 29.
Habitat in Europa *boreali.*

...mera-...lis. 104. Cr. niger, elytris puncto baseos ferrugineo. *Fabr. mant. inf.* 1. *p.* 85. *n.* 141.
Habitat Halae Saxonum, *parvus.*

...orio. 105. Cr. niger obscurus, pedibus testaceis. *Fabr. mant. inf.* 1. *p.* 86. *n.* 15.
Habitat in Succia, *parvus, oblongus, angustus, villosus.*

...usta-...us. 106. Cr. thorace elytrisque obscure rufis medio nigris. *Fabr. sp. inf.* 1. *p.* 148. *n.* 10. *mant. inf.* 1. *p.* 86. *n.* 16.
Habitat in Anglia, *murini statura, sed angustior.*

...llidus. 107. Cr. pallidus, capite elytrorumque apicibus fuscis. *Fabr. sp. inf.* 1. *p.* 148. *n.* 11. *mant. inf.* 1. *p.* 86. *n.* 17.
Habitat in Anglia.

...rrugine-us. 108. Cr. flavus, capite pectoreque nigris, elytris viridibus. *Fabr. sp. inf.* 1. *p.* 148. *n.* 12. *mant. inf.* 1. *p.* 86. *n.* 18.
Habitat in Africae *plantis.*

...stivus. 109. Cr. ferrugineus, elytris cyaneo-viridibus: margine ferrugineo. *Fabr. sp. inf.* 1. *p.* 148. *n.* 13. *mant. inf.* 1. *p.* 86. *n.* 19.
Habitat ad caput bonae spei, *parvus.*

...ulicus. 110. Cr. ater, thorace rufo, elytris cyaneis. *Fabr. sp. inf.* 1. *p.* 148. *n.* 14. *mant. inf.* 1. *p.* 86. *n.* 20.
Habitat ad caput bonae spei.

...nnbus. 111. Cr. niger, thorace rufo, elytris nigris: margine vittaque luteis. *Fabr. sp. inf.* 1. *p.* 148. *n.* 15. *mant. inf.* 1. *p.* 86. *n.* 21.
Habitat in America.

...rica-nus. 112. Cr. thorace flavo, elytris pallidis: vitta media nigra. *Fabr. sp. inf.* 1. *p.* 148. *n.* 16. *mant. inf.* 1. *p.* 86. *n.* 22.
Habitat in America *septentrionali.*

...inque-...ittatus. 113. Cr. testaceus, elytrorumque marginibus vittaque media nigris. *Fabr. sp. inf.* 1. *p.* 148. *n.* 17. *mant. inf.* 1. *p.* 86. *n.* 23.
Habitat in America *boreali.*

hirtus. 114. Cr. hirtus, capite thoraceque rufis, elytris cyaneis. *Fabr. sp. inf.* 1. *p.* 149. *n.* 18. *mant. inf.* 1. *p.* 86. *n.* 24.
Habitat ad caput bonae spei, *ad lagrias accedens.*

sexlineatus. 115. Cr. ferrugineus, elytris flavis: lineolis tribus nigris. *Fabr. sp. inf.* 1. *p.* 149. *n.* 19. *mant. inf.* 1. *p.* 86. *n.* 25.
Habitat - - - -

minutus. 116. Cr. niger, elytris pubescentibus pedibusque griseis. *Fabr. sp. inf.* 1. *p.* 149. *n.* 20. *mant. inf.* 1. *p.* 86. *n.* 26.
Syst. nat XII. 2. *p.* 593. *n.* 50. *Fn. suec.* 533.* Chrysomela minuta.
Habitat in Europae *plantis aquaticis, dytici facie.*

lepturoides. 117. Cr. obscure aeneus, antennis plantisque ferrugineis. *Forst. nov. inf. sp.* 1. *p.* 30. *n.* 30.
Habitat in Noveboraco, *leptura melanura major.*

alpinus. 118. Cr. niger nitens, elytris castaneis rugosis: sutura nigra. *v. Moll naturh. Br. üb. Oestr. &c. vol.* 1. *p.* 49.
Habitat in alpibus Salzburgicis.

Luperus. 119. Cr. niger, elytris virenti nitentibus, pedibus antennarumque longarum articulo primo fulvis, ultimo palporum praegrandi cordato. *Herbst apud Fuessli arch. inf.* 4. *p.* 65. *n.* 4. *t.* 23. *f.* 30.
Sulz. hist. inf. t. 3. *f.* 15.
Schaeff. elem. t. 80.
Habitat in Germania, *an hujus tribus?*

betulae. 120. Cr. niger, thorace suborbiculato piloso, elytris fuscescentibus obsolete striatis. *Herbst apud Fuessli arch. inf.* 4. *p.* 65. *n.* 5. *t.* 23. *f.* 31.
Habitat Berolini, 5 *fere lineas longus.*

reppensis. 121. Cr. niger, thorace anterius angustato, posterius dilatato, elytris laevibus pedibusque fuscis. *Herbst apud Fuessli arch. inf.* 4. *p.* 65. *n.* 6. *t.* 23. *f.* 32.
Habitat rarior in Marchia, 2 *circiter lineas longus.*

strigosus. 122. Cr. rubescens, abdomine nigro, fronte duabus, thorace tribus, elytrisque quatuor fasciis nigris.
Sulz. hist. inf. t. 3. *f.* 16.
Habitat - - - *an hujus tribus?*

Forsteri. 240. Cr. subvillosus fuscus, fasciis longitudinalibus nigricantibus interruptis.
Forst. nov. ins. sp. 1. *p.* 12. *n.* 12. Cistela fasciata.
Geoffr. ins. par. 1. *p.* 116. *t.* 1. *f.* 8.
Schaeff. ic. t. 95. *f.* 3.
Habitat in Europae *arena, obovatus, chrysomelae politae magnitudine.*

pustulatus. 241. Cr. niger ovatus, macula elytrorum rufa undata. *Geoffr. ins. par.* 1. *p.* 116. *n.* 2.
Forst. nov. ins. sp. 1. *p.* 13. *n.* 13.
Habitat in Europae *arena, magnitudine chrysomelae fastuosae.*

denigratus. 242. Cr. totus niger nitens glaber.
Forst. nov. ins. sp. 1. *p.* 14. *n.* 14. Cistela nigra.
Geoffr. ins. par. 1. *p.* 117. *n.* 3.
Habitat in Europae *arena, pustulato minor.*

quadrifasciatus. 243. Cr. obovatus niger, elytris striatis.
Forst. nov. ins. sp. 1. *p.* 15. *n.* 15. Cistela striata.
Habitat in Angliae *arena, statura et magnitudine cr.* Forsteri.

holosericeus. 244. Cr. ovatus, fusco-viridis, elytrorum fasciis longitudinalibus interruptis. *Forst. nov. ins. sp.* 1. *p.* 16. *n.* 16.
Habitat in Europae *arena, magnitudine denigrati.*

capucinus. 258. Cr. ferrugineus, capite, thorace elytrisque fuscis: his crenato-striatis, antennis pedibusque ferrugineis. *Mus. Lesk. p.* 16. *n.* 335.
Habitat in Europa.

conspersus. 259. Cr. supra polline luteo, subtus argenteo conspersus, antennis fuscis, pedibus fusco ferrugineis. *Mus. Lesk. p.* 16. *n.* 337.
Habitat in Europa, *curculionis facie.*

sulphuratus. 260. Cr. fuscus, antennis elytris pedibusque sulphureis, plantis fuscis. *Mus. Lesk. p.* 17. *n.* 338.
Habitat in Europa, *statura sulphurei, an varietas?*

truncatus. 261. Cr. fuscus, elytris laevibus, antennis pedibusque flavorufescentibus, thorace posterius truncato. *Mus. Lesk. p.* 17. *n.* 339.
Habitat in Europa.

262. Cr.

brunneus. 262. Cr. brunneus, abdomine fusco, elytris laevibus. *Muf. Lesk. p.* 17. *n.* 340.
Habitat in Europa.

rufitarsis. 268. Cr. oblongus, corpore capite antennis pedibusque nigro-aeneis pilosis, elytris testaceis punctatis, tarsis rufis. *Lesk. it. p.* 15. *t.* A. *f.* 4.
Habitat in Lusatiae monte Keulenberg.

†† *maxilla bifida, oblongi,* Criocerides.

trilobus. 123. Cr. capite thoraceque flavescentibus nigro-maculatis, elytris griseis, corpore nigro. *Fabr. sp. inf.* 1. *p.* 149. *n.* 1. *mant. inf.* 1. *p.* 86. *n.* 1.
Habitat ad caput bonae spei, *magnus niger.*

Lineola. 124. Cr. griseus, thorace linea dorsali, elytris puncto baseos nigris. *Fabr. sp. inf.* 1. *p.* 149. *n.* 2. *mant. inf.* 1. *p.* 86. *n.* 2.
Habitat in Italia, *statura Cr. nymphaeae.*

nymphaeae. 125. Cr. fuscus, elytrorum margine prominulo flavescente. *Fabr. sp. inf.* 1. *p.* 150. *n.* 3. *mant. inf.* 1. *p.* 86. *n.* 3.
Syst. nat. XII. 2. *p.* 600. *n.* 99. *Fn. suec.* 565. Chrysomela nymphaeae.
Degeer inf. 5. *p.* 326. *n.* 31. *t.* 20. *f.* 1. 2. Chrysomela ovata nigro-fusca.
Geoffr. inf. par. 1. *p.* 254. *n.* 4. Galleruca pallida &c.
Habitat in Europae *nymphaeis, tardus.*

capreae. 126. Cr. thorace nigro-maculato elytrisque griseis, antennis nigris. *Fabr. sp. inf.* 1. *p.* 150. *n.* 4. *mant. inf.* 1. *p.* 86. *n.* 4.
Syst. nat. XII. 2. *p.* 600. *n.* 100. *Fn. suec.* 516. Chrysomela capreae.
Degeer inf. 5. *p.* 325. *n.* 30. Chrysomela grisea alni.
Geoffr. inf. par. 1. *p.* 254. *n.* 5. Galleruca nigra &c.
Fn. suec 1. *n.* 424. Chrysomela nigra, thorace elytrisque griseis.
Habitat in Europae *salicibus.*

atratus. 127. Cr. pallidus, elytrorum omni margine atro. *Fabr. sp. inf.* 1. *p.* 150. *n.* 5. *mant. inf.* 1. *p.* 86. *n.* 5.
Habitat Tranquebariae.

palliatus. 128. Cr. luteus, elytris nigris. *Fabr. mant. inf.* 1. *p.* 87. *n.* 6.
Schall. Abh. hall. Nat. Ges. 1. *p.* 279. Chrysomela oblonga lutea, oculis elytrisque nigris.
Habitat Tranquebariae.

calmariensis. 129. Cr. ovatus cinereus, elytris vitta lineolaque baseos nigris. *Fabr. sp. inf.* 1. *p.* 150. *n.* 6. *mant. inf.* 1. *p.* 87. *n.* 7. *Syst. nat.* XII. 2. *p.* 600. *n.* 101. Chrysomela calmariensis. *Geoffr. inf. par.* 1. *p.* 253. *n.* 3. Galleruca pallida &c. *Habitat in* Europae *salice, alno.*

abdominalis. 130. Cr. flavus, antennis abdomineque fuscis, ano flavo. *Fabr. sp. inf.* 1. *p.* 151. *n.* 7. *mant. inf.* 1. *p.* 87. *n.* 8. *Habitat in* India, *et ad* caput bonae spei.

capensis. 131. Cr. niger, pedibus ferrugineis. *Fabr. sp. inf.* 1. *p.* 151. *n.* 8. *mant. inf.* 1. *p.* 87. *n.* 9. *Habitat ad* caput bonae spei, *minor, opacus.*

sanguineus. 132. Cr. ovatus rufus, antennis oculisque nigris. *Fabr. sp. inf.* 1. *p.* 151. *n.* 9. *mant. inf.* 1. *p.* 87. *n.* 10. *Habitat* Halae Saxonum, *pedibus utplurimum cinereis.*

tenellus. 133. Cr. ferrugineus, thorace elytrorumque margine flavis. *Fabr. sp. inf.* 1. *p.* 151. *n.* 10. *mant. inf.* 1. *p.* 87. *n.* 11. *Syst. nat.* XII. 2. *p.* 600. *n.* 102. *Fn. suec.* 564. Chrysomela tenella. *Habitat in* Europae *salice.*

pictus. 134. Cr. fuscus, capite thoraceque flavis nigro-maculatis. *Fabr. mant. inf.* 1. *p.* 87. *n.* 12. *Habitat in* India, *tenelli statura.*

halensis. 135. Cr. flavescens, capitis basi elytrisque aeneis, antennis nigris. *Fabr. sp. inf.* 1. *p.* 151. *n.* 11. *mant. inf.* 1. *p.* 87. *n.* 13. *Syst. nat.* XII. 2. *p.* 589. *n.* 20. Chrysomela halensis. *Herbst apud Fuessli arch. inf.* 7. *p.* 164. *n.* 15. *t.* 45. *f.* 5. *Habitat in* Germania *chrysomela polygoni major.*

bituberculatus. 136. Cr. fulvus, elytris pallidis: margine omni fulvo. *Fabr. sp. inf.* 1. *p.* 151. *n.* 12. *mant. inf.* 1. *p.* 87. *n.* 14. *Habitat in* Africa *aequinoctiali, statura melanocephali.*

bidentatus. 137. Cr. flavus, elytris nigris apice flavescentibus. *Fabr. sp. inf.* 1. *p.* 151. *n.* 13. *mant. inf.* 1. *p.* 87. *n.* 15. *Habitat in* Africa *aequinoctiali, statura bituberculati.*

melanocephalus. 138. Cr. rufus, capite nigro, elytris violaceis. *Fabr. sp. inf.* 1. *p.* 152. *n.* 14. *mant. inf.* 1. *p.* 87. *n.* 16. *Habitat in* nova Hollandia.

139. Cr.

cantharoides. 139. Cr. violaceus, capite, thorace pedibusque rufis. *Fabr. sp. inf.* 1. *p.* 152. *n.* 15. *mant. inf.* 1. *p.* 87. *n.* 17.
Habitat in Anglia, *statura cr. nymphaeae.*

melanogaster. 140. Cr. pallidus, elytrorum maculis duabus abdomineque atris. *Fabr. sp. inf.* 1. *p.* 152. *n.* 16. *mant. inf.* 1. *p.* 87. *n.* 18.
Herbst apud Fuessli arch. inf. 4. *p.* 66. *n.* 6. *t.* 23. *f.* 33. Crioceris quadrimaculata.
Habitat ad caput bonae spei, *et in* Germania.

pygmaeus. 141. Cr. rufus, capite abdomineque atris. *Fabr. mant. inf.* 1. *p.* 87. *n.* 19.
Habitat in Cayenna, *minutus.*

indicus. 142. Cr. niger, capite, thorace, elytris pedibusque testaceis. *Fabr. mant. inf.* 1. *p.* 87. *n.* 20.
Habitat in India, *mediae magnitudinis.*

exilis. 143. Cr. niger, thorace elytrisque pallidis immaculatis. *Fabr. sp. inf.* 1. *p.* 152. *n.* 17. *mant. inf.* 1. *p.* 88. *n.* 20.
Habitat ad caput bonae spei.

erythrocephalus. 144. Cr. niger, capite thoraceque ferrugineis, elytris viridibus. *Fabr. sp. inf.* 1. *p.* 152. *n.* 17. *mant. inf.* 1. *p.* 88. *n.* 22.
Habitat ad caput bonae spei, *statura exilis.*

siamensis. 145. Cr. niger, elytris maculis duabus testaceis, thorace cylindrico. *Fabr. mant. inf.* 1. *p.* 88. *n.* 23.
Habitat in Siam, *statura merdigeri, at duplo major.*

impressus. 146. Cr. ater elytris rubris, thorace cylindrico utrinque subimpresso. *Fabr. mant. inf* 1. *p.* 88. *n.* 24.
Habitat in Siam, *statura merdigeri, at paulo major.*

merdiger. 147. Cr. supra ruber, thorace cylindrico utrinque impresso. *Fabr. sp. inf.* 1. *p.* 152. *n.* 19. *mant. inf.* 1. *p.* 88. *n.* 25.
Syst. nat. XII. 2. *p.* 599. *n.* 97. *Fn. suec.* 563. Chrysomela merdigera.
Degeer inf. 5. *p.* 338. *n.* 43. Chrysomela rubra liliorum.
Geoffr. inf. par. 1. *p.* 239. *n.* 1. Crioceris rubra.
Scop. ent. carn. 112. Attelabus lilii.
Blank. inf. 91. *t.* 11. *f.* 1.
Valisn. nat. 1. *p.* 265. *t.* 32.
Merian. inf. eur. 3. *t.* 21.
Reaum. inf. 3. *t.* 17. *f.* 12.
Sulz. hist. inf. t. 3. *f.* 14.

Schaeff.

Schaeff. elem. t. 52. *f.* 1.
icon. t. 4. *f.* 4.
Habitat in convallaria majali, liliis, *etiam* Calabriae.

12punctatus. 148. Cr. ruber thorace cylindrico, elytris punctis sex nigris. *Fabr. sp. inf.* 1. *p.* 153. *n.* 20. *mant. inf.* 1. *p.* 88. *n.* 26.
Syst. nat. XII. 2. *p.* 601. *n.* 110. *Fn. suec.* 568. Chrysomela 12punctata.
Scop. ent. carn. 114. Attelabus 12punctatus.
Geoffr. inf. par. 1. *p.* 241. *n.* 2. *t.* 4. *f.* 5. Crioceris rubra, punctis 13 nigris.
Frisch inf. 13. *t.* 28.
Schaeff. ic. t. 4. *f.* 5.
Habitat in asperago, *frequens.*

14punctatus. 149. Cr. thorace cylindrico fusco: punctis quinque nigris, elytris flavis: punctis septem. *Fabr. sp. inf.* 1. *p.* 153. *n.* 21. *mant. inf.* 1. *p.* 88. *n.* 27.
Scop. ent. carn. 116. Attelabus 14punctatus.
Habitat in Germania *magis australi.*

cayennensis. 150. Cr. thorace cylindrico rufo, elytris flavis: fasciis duabus nigris. *Fabr. mant. inf.* 1. *p.* 88. *n.* 28.
Habitat in Cayenna, *mediae magnitudinis.*

fucatus. 245. Cr. cyaneus, elytris flavis: maculis duabus cyaneis. *Fabr. mant. inf.* 2. *app. p.* 381.
Habitat in insula S. Barthomaei.

quinquenotatus. 151. Cr. niger, thorace rufo, coleoptris flavescentibus: maculis quinque nigris. *Fabr. mant. inf.* 1. *p.* 88. *n.* 29.
Habitat in Germania *superiori, statura cayennensis.*

hebraeus. 152. Cr. flavescens, thorace rufo, elytris albis: maculis quinque nigris. *Fabr. mant. inf.* 1. *p.* 89. *n.* 30.
Habitat in Cayenna, *pedibus albis.*

australis. 153. Cr. rufus, thorace cylindrico, elytris fasciis duabus albis. *Fabr. sp. inf.* 1. *p.* 153. *n.* 22. *mant. inf.* 1. *p.* 89. *n.* 31.
Habitat in nova Hollandia.

unifasciatus. 154. Cr. rufus, thorace cylindrico, elytris fascia atra. *Fabr. sp. inf.* 1. *p.* 153. *n.* 23. *mant. inf.* 1. *p.* 89. *n.* 32.
Habitat in nova Hollandia, *an varietas australis?*

novae Hollandiae. 155. Cr. flavus, thorace cylindrico, antennis, pectore pedibusque nigris. *Fabr. sp. inf.* 1. *p.* 155. *n.* 25. *mant. inf.* 1. *p.* 89. *n.* 33.
Habitat in nova Hollandia.

griseus. 156. Cr. pallidus, capite femoribusque ferrugineis, antennis tibiisque nigris. *Fabr. sp. inf.* 1. *p.* 154. *n.* 24. *mant. inf.* 1. *p.* 89. *n.* 34.
Habitat ad caput bonae spei, *mediae magnitudinis.*

oculatus. 157. Cr. flavus, thorace cylindrico, elytris basi nigris: puncto flavo. *Fabr. sp. inf.* 1. *p.* 154. *n.* 26. *mant. inf.* 1. *p.* 89. *n.* 35.
Habitat in nova Hollandia.

biocula-tus. 158. Cr. testaceus, thorace immaculato, elytris maculis duabus ocellaribus albis. *Fabr. sp. inf.* 1. *p.* 154. *n.* 27. *mant. inf.* 1. *p.* 89. *n.* 36.
Habitat ad caput bonae spei, *statura oculati.*

nigricornis. 159. Cr. pallidus, thorace subcylindrico; antennis nigris. *Fabr. sp. inf.* 1. *p.* 154. *n.* 28. *mant. inf.* 1. *p.* 89. *n.* 37.
Habitat - - - - oculato paulo minor.

nitidus. 160. Cr. viridi-aeneus nitidus, elytris testaceis: maculis duabus cyaneis. *Fabr. sp. inf.* 1. *p.* 154. *n.* 29. *mant. inf.* 1. *p.* 89. *n.* 38.
Habitat ad caput bonae spei.

Cyanella. 161. Cr. caeruleus, thorace cylindrico: lateribus gibbis. *Fabr. sp. inf.* 1. *p.* 154. *n.* 30. *mant. inf.* 1. *p.* 89. *n.* 39.
Syst. nat. XII. 2. *p.* 600. *n.* 104. *Fn. suec.* 572. Chrysomela cyanella.
Degeer inf. 5. *p.* 340. *n.* 44. Chrysomela caeruleo-violcea
Geoffr. inf. par. 1. *p.* 243. *n.* 5. Crioceris tota caeruleo-viridis
Herbst apud Fuessli arch. inf. 4. *p.* 67. *n.* 10. *t.* 23. *f.* 34.
Habitat in Europae *plantis.*

melanopus. 162. Cr. caeruleus, thorace pedibusque rufis. *Fabr. sp. inf* 1. *p.* 155. *n.* 31. *mant. inf.* 1. *p.* 89. *n.* 40.
Syst. nat. XII. 2. *p.* 601. *n.* 105. *Fn. suec.* 573. Chrysomela melanopa.
Degeer inf. 5. *p.* 342. *n.* 46.
Sulz. hist. inf. t. 3. *f.* 19.
Habitat in Europa, *in* Calabriae quercu.

163. Cr

ochropus. 163. Cr. niger, thorace pedibusque flavis. *Fabr. sp. inf.* 1. *p.* 155. *n.* 32. *mant. inf.* 1. *p.* 89. *n.* 41.
Syst. nat. XII. 2. *p.* 601. *n.* 106. Chrysomela flavipes.
Habitat in Germania, *frequens, melanopodi affinis.*

subspinosus. 164. Cr. niger, capite, thorace subspinoso, pedibusque rufis. *Fabr. sp. inf.* 1. *p.* 155. *n.* 33. *mant. inf.* 1. *p.* 89. *n.* 42.
Habitat in Anglia, *statura ochropodis.*

saxonicus. 165. Cr. ater nitidus, antennarum basi pedibusque rufis. *Fabr. mant. inf.* 1. *p.* 89. *n.* 43.
Habitat in Saxoniae *fruticibus, melanopode paulo major.*

cyanocephalus. 166. Cr. cyaneus, thorace rufo, antennis pedibusque fuscis. *Fabr. sp. inf.* 1. *p.* 155. *n.* 34. *mant. inf.* 1. *p.* 90. *n.* 44.
Habitat in nova Hollandia.

asparagi. 167. Cr. thorace rubro: punctis duobus nigris, coleoptris flavis: cruce punctisque quatuor nigris. *Fabr. sp. inf.* 1. *p.* 155. *n.* 35. *mant. inf.* 1. *p.* 90. *n.* 45.
Syst. nat. XII. 2. *p.* 601. *n.* 112. *Fn. suec.* 567. Chrysomela asparagi.
Geoffr. inf. par. 1. *p.* 241. *n.* 3. Crioceris thorace rubro &c.
Scop. ent. carn. 113. Attelabus asparagi.
Frisch inf. 1. *p.* 27. *t.* 6.
Roes. inf. 2. *scar.* 3. *t.* 4.
Schaeff. ic. t. 52. *f.* 9. 10.
β) Cr. elytrorum maculis duabus basi connatis.
γ) Cr. elytrorum fasciis duabus angustis rubris.
Habitat in Europa, *asparagos depascens*, β) *in* Italia, γ) *in* Gallia.

phellandrii. 168. Cr. niger, thoracis margine, elytrorumque lineis duabus flavis. *Fabr. sp. inf.* 1. *p.* 156. *n.* 36. *mant. inf.* 1. *p.* 90. *n.* 46.
Syst. nat. XII. 2. *p.* 601. *n.* 14. *Fn. suec.* 569. Chrysomela phellandrii.
Geoffr. inf. par. 1. *p.* 266. *n.* 20. Chrysomela oblonga nigra.
Degeer inf. 5. *p.* 324. *n.* 28. *t.* 9. *f.* 34. Chrysomela oblonga nigro-aenea.
Habitat ad phellandrii aquatici *radices.*

campestris. 169. Cr. nigro-caerulescens, thoracis limbo nigro, elytris punctis tribus posterius margine flavo connexis. *Fabr. mant. inf.* 1. *p.* 90. *n.* 47.

Syst. nat. XII. 2. *p.* 602. *n.* 113. Chrysomela campestris.
Valisn. op. 1. *t.* 7. Cancarella asparagi.
Habitat in Europa *magis australi, statura et magnitudine cr. asparagi.*

longus. 170. Cr. elongatus niger, elytris vitta flava. *Fabr. sp. inf.* 1. *p.* 156. *n.* 37. *mant. inf.* 1. *p.* 90. *n.* 48.
Habitat ad caput bonae spei, *magis elongatus, quam reliqui hujus tribus.*

trilineatus. 171. Cr. pallidus, thorace maculis tribus, elytris striis abbreviatis tribus nigris. *Fabr. mant. inf.* 1. *p.* 90. *n.* 49.
Habitat ad caput bonae spei.

equestris. 172. Cr. capite thoraceque testaceis, elytris brunneis: margine, lineola baseos fasciaque media flavis. *Fabr. mant. inf.* 1. *p.* 90. *n.* 50.
Habitat in Cayenna, *parvus.*

stolatus. 173. Cr. thorace rufo, elytris flavis: vitta nigra. *Fabr. sp. inf.* 1. *p.* 156. *n.* 38. *mant. inf.* 1. *p.* 90. *n.* 51.
Habitat in Carolina, *pedibus flavescentibus: geniculis nigris.*

crataegi. 174. Cr. ruber, elytrorum linea longitudinali punctoque nigris. *Forst. nov. inf. sp. cent.* 1. *p.* 28. *n.* 28.
Habitat in Angliae *crataego oxyacantha, subtus niger, statura et magnitudine cr. nymphaeae.*

trifuscatus. 175. Cr. niger, thorace elytrisque pallidis, elytris margine et sutura, furca tridente, punctisque octo nigris. *Forst. nov. inf. sp. cent.* 1. *p.* 29. *n.* 29.
Habitat in America *septentrionali, magnitudine et habitu ochropodis.*

parvus. 176. Cr. fuscus, capite bimaculato, antennarum basi fulva. *Herbst apud Fuessli arch. inf.* 4. *p.* 66. *n.* 4.
Habitat Berolini, *cupreo dimidio minor.*

pallescens. 177. Cr. pallidus, capite nigro, antennis flavescentibus. *Herbst apud Fuessli arch. inf.* 4. *p.* 66. *n.* 5.
Habitat Berolini, *cr. nymphaeae paulo major.*

erythropus. 178. Cr. totus ruber, femoribus solis ad finem nigris. *Herbst apud Fuessli arch. inf.* 4. *p.* 67. *n.* 8.
Habitat Berolini, *merdigero proxime affinis.*

beroli-nensis. 179. Cr. capite et thorace coccineis glaberrimis, elytris granulatis oculisque nigris, pedibus fulvis. *Herbst apud Fuessli arch. inf.* 4. *p.* 67. *n.* 12.
Habitat Berolini, *melanopode duplo minor.*

ochraceus. 180. Cr. ochraceus, thoracis puncto et abdomine nigris, ano fulvo. *Herbst apud Fuessli arch. inf.* 7. *p.* 165. *n.* 16. *t.* 44. *f.* 9. p. q.
Habitat in India, 3 *lineas longus.*

fulvipes. 181. Cr. ater nitens, antennarum basi pedibusque supra fulvis. *Herbst apud Fuessli arch. inf.* 7. *p.* 165. *n.* 17.
Habitat in Austria, 2 *lineas longus.*

tristis. 182. Cr. niger, elytris caeruleis punctato-striatis, pedibus fulvis. *Herbst apud Fuessli arch. inf.* 7. *p.* 165. *n.* 18.
Habitat in Austria, *cyanellae similis, sed minor, sesquilineam longus.*

nigricans. 183. Cr. niger, thorace pedibusque rubris.
Geoffr. inf. par. 1. *p.* 231. *n.* 1. *t.* 4. *f.* 2. Luperus niger.
Habitat in Gallia.

erytromelas. 184. Cr. niger, pedibus rufis. *Geoffr. inf. par.* 1. *p.* 231. *n.* 2. Luperus rufipes.
Habitat in Gallia.

aeruginosus. 185. Cr. pallidus, capite et pectore nigris, elytris viridibus politis.
Müll. zool. dan. prodr. p. 84. *n.* 913. Luperus aeruginosus.
Habitat in Dania.

aquaticus. 186. Cr. niger, thorace maculato, elytrorum margine suturaque lata, pedibusque flavis.
Müll. zool. dan. prodr. p 83. *n.* 908.
Habitat in Daniae *aquis; an hujus tribus?*

veris. 187. Cr. niger, thorace cupreo, elytris viridibus, pedibus rufis.
Müll. zool. dan. prodr. p. 83. *n.* 910. Galleruca veris.
Habitat in Dania, *vere conspicuus.*

striatus. 188. Cr. ater, capite supra, elytris et abdomine apice albidis.
Müll. zool. dan. prodr. p. 85. *n.* 940. Crioceris striata.
Geoffr. inf. par. 1. *p.* 307. *n.* 3. *t.* 5. *f.* 2. Anthribus &c.
Schaeff. ic. t. 89. *f.* 6.
Habitat in Europa.

russicus. 189. Cr. viridis, elytris flavis, pedibus anterioribus longioribus.
Lepech. it. 1. *p.* 312. *t.* 16. *f.* 10. Chrysomela longipes.
Habitat in Russia *australi.*

lusitanicus. 190. Cr. testaceus, capite, pectore pedibusque nigris.
Syst. nat. XII. 2. *p.* 1066. *n.* 2. Chrysomela lusitanica.
Habitat in Lusitania, *habitu tridentati.*

tricolor. 263. Cr. nigra, thorace cylindrico ad latera gibbo capite elytrorum sutura marginibusque ferrugineis, elytris testaceis, pedibus antennis palpisque flavo-rufescentibus. *Mus. Lesk.* *p.* 17. *n.* 354.
Habitat in Europa.

melanophthalmus. 264. Cr. thorace cylindrico ad latera gibbo luteo-rufescente, capite rufo posterius nigro, elytris polline rufo, abdomine argenteo conspersis. *Mus. Lesk. p.* 17. *n.* 3. 55.
Habitat in Europa.

gibbus. 265. Cr. thorace cylindrico ad latera gibbo, capite, thorace pedibusque flavo-rufescentibus, elytris nigris profunde punctatis. *Mus. Lesk. p.* 17. *n.* 356.
Habitat in Europa.

fuliginosus. 266. Cr. niger, thorace pedibusque rufis, elytris laevissime punctatis. *Mus. Lesk. p.* 17. *n.* 357.
Habitat in Europa.

ochropus. 267. Cr. niger, elytris fuscis, thorace antennarum basi pedibusque flavis, femoribus basi fuscis. *Mus. Lesk. p.* 17. *n.* 358.
Habitat in Europa.

** *palpis inaequalibus, anterioribus securiformibus.*

† *labio corneo*, Erotyli.

giganteus. 191. Cr. ovatus niger, coleoptris punctis fulvis numerosissimis.
Fabr. sp. inf. 1. *p.* 157. *n.* 1. *mant. inf.* 1. *p.* 91. *n.* 1.
Syst. nat. XII. 2. *p.* 586. *n.* 1. Chrysomela gigantea.
Degeer inf. 5. *p.* 349. *t.* 16. *f.* 8. Chrysomela oblonga nigra &c.
Sulz. hist. inf. t. 3. *f.* 8. *et f.* 15. Coccinella gigantea.
Habitat in India.

192. Cr.

cancellatus. 192. Cr. ater, elytris flavis nigro-reticulatis. *Fabr. mant. inf.* 1. *p.* 91. *n.* 2.
Habitat in Brasila, *magnus, fere globosus.*

Histrio. 193. Cr. ater, elytris nigro flavoque fasciatis: macula baseos apicisque coccinea. *Fabr. mant. inf.* 1. *p.* 91. *n.* 3.
Habitat in Cayenna, *magnus.*

lugubris. 194. Cr. testaceus, antennis tibiisque nigris. *Fabr. sp. inf.* 1. *p.* 157. *n.* 2. *mant. inf.* 1. *p.* 91. *n.* 4.
Habitat in America.

gibbosus. 195. Cr. niger, elytris flavescentibus nigro-punctatis: fascia media et posteriore nigris. *Fabr. sp. inf.* 1. *p.* 157. *n.* 3. *mant. inf.* 1. *p.* 91. *n.* 5.
Syst. nat. XII. 2. *p.* 586. *n.* 2. *Amoen. ac.* 6. *p.* 393. *n.* 13.
Fabr. sp. inf. 1. *p.* 117. *n.* 8? *mant. inf.* 1. *p.* 67. *n.* 10? Chrysomela gibbosa.
Gron. zooph. 606. *t.* 14. *f.* 5. Coccinella.
Habitat in America *meridionali.*

pustulatus. 196. Cr. ater elytris fasciis quinque punctorum fulvorum. *Fabr. sp. inf.* 2. *app. p.* 498. *mant. inf.* 1. *p.* 91. *n.* 6.
Habitat - - - giganteo affinis, sed non gibbosus.

concatenatus. 197. ater, elytris flavo nigroque reticulatis: fasciis duabus atris. *Fabr. mant. inf.* 1. *p.* 91. *n.* 7.
Habitat - - - magnus.

quinquepunctatus. 198. Cr. ovatus, elytris nigris: punctis quinque rubris. *Fabr. sp. inf.* 1. *p.* 157. *n.* 4. *mant. inf.* 1. *p.* 91. *n.* 8.
Syst. nat. XII. 2. *p.* 586. *n.* 3. Chrysomela quinquepunctata.
Gron. zooph. 613. *t.* 16. *f.* 7. Coccinella coleoptris nigris punctato-impressis: maculis decem rubris.
Habitat in America.

punctatissimus. 199. Cr. niger, elytris flavis: punctis numerosissimis nigris. *Fabr. sp. inf.* 1. *p.* 157. *n.* 5. *mant. inf.* 1. *p.* 91. *n.* 9.
Habitat in America.

varius. 200. Cr. ater, elytris punctatis medio fulvo maculatis. *Fabr. sp. inf.* 1. *p.* 157. *n.* 6. *mant. inf.* 1. *p.* 92. *n.* 10.
Habitat Surinami, *statura punctatissimi, at minor, thorace atro, punctis quasi cicatricibus notato.*

macro-cheiros. 201. Cr. ater, elytris fasciis atris flavisque undatis alternis, pedibus anterioribus elongatis. *Fabr. mant. inf.* 1. *p.* 92. *n.* 11.
Habitat in India, *variegato affinis, at paulo major.*

fasciatus. 202. Cr. ater, elytris fasciis tribus flavescentibus. *Fabr. sp. inf.* 1. *p.* 158. *n.* 7. *mant. inf.* 1. *p.* 92. *n.* 12.
Habitat - - - mediae magnitudinis.

Zebra. 203. Cr. flavescens, capite, thoracis basi, fasciis tribus elytrorum pedibusque atris. *Fabr. mant. inf.* 1. *p.* 92. *n.* 13.
Habitat in Cayenna, *reliquis bujus tribus minor, capite atro.*

immaculatus. 204. Cr. ater immaculatus. *Fabr. sp. inf.* 1. *p.* 158. *n.* 8. *mant. inf.* 1. *p.* 92. *n.* 14.
Habitat in nova Hollandia.

venereus. 205. Cr. ater, thorace elytrisque cupreis. *Fabr. sp. inf.* 1. *p.* 158. *n.* 9. *mant. inf.* 1. *p.* 92. *n.* 15.
Habitat in nova Hollandia.

nebulosus. 206. Cr. ater, thorace elytrisque ferrugineo variis. *Fabr. sp. inf.* 1. *p.* 158. *n.* 10. *mant. inf.* 1. *p.* 92. *n.* 16.
Habitat in insulis, Americae *meridionali oppositis, mediae magnitudinis.*

dilatatus. 207. Cr. ater, thorace elytrisque ferrugineis. *Fabr. sp. inf.* 1. *p.* 158. *n.* 11. *mant. inf.* 1. *p.* 92. *n.* 17.
Habitat ad caput bonae spei.

smaragdulus. 208. Cr. ater, elytris striatis viridibus. *Fabr. sp. inf.* 1. *p.* 158. *n.* 12. *mant. inf.* 1. *p.* 92. *n.* 18.
Habitat in nova Hollandia.

amethystinus. 209. Cr. ater, thorace elytrisque cyaneis. *Fabr. sp. inf.* 1. *p.* 158. *n.* 13. *mant. inf.* 1. *p.* 92. *n.* 19.
Habitat in nova Hollandia.

bicolor. 210. Cr. ater, supra aeneus. *Fabr. sp. inf.* 1. *p.* 158. *n.* 14. *mant. inf.* 1. *p.* 92. *n.* 20.
Habitat in nova Hollandia.

kiloniensis. 211. Cr. niger, pedibus piceis. *Fabr. sp. inf.* 1. *p.* 158. *n.* 15. *mant. inf.* 1. *p.* 92. *n.* 21.
Habitat Kilonii.

jamaicensis. 212. Cr. viridis nitidus punctatus, antennis pedibusque flavescentibus. *Fabr. sp. ins.* 1. *p.* 159. *n.* 16. *mant. ins.* 1. *p.* 92. *n.* 22.
Habitat in Jamaica, *antennis elongatis, ore piceo.*

cichorei. 213. Cr. ore porrecto, rostro depresso elongato oblongo. *Hasselq. it. p.* 449. *n.* 101.
Habitat in Orientis *cichoreo, medius quasi inter cryptocephalos, dermestes, curculiones, cantharides; an ex hac tribu?*

†† *labio membranaceo*, Lagriae.

aeneus. 214. Cr. obscure aeneus immaculatus. *Fabr. sp. ins.* 1. *p.* 159. *n.* 1. *mant. ins.* 1. *p.* 93. *n.* 1.
Habitat in Americae *meridionali oppositis insulis.*

tahitiensis. 215. Cr. lividus, oculis nigris. *Fabr. sp. ins.* 1. *p.* 159. *n.* 2. *mant. ins.* 1. *p.* 93. *n.* 2.
Habitat in insula Tahiti.

pacificus. 216. Cr. lividus, thorace lineis, elytris vitta fuscis. *Fabr. sp. ins.* 1. *p.* 159. *n.* 3. *mant. ins.* 1. *p.* 93. *n.* 3.
Habitat in nova Seelandia.

fuscicornis. 217. Cr. cyaneus, antennis fuscis. *Fabr. sp. ins.* 1. *p.* 159. *n.* 4. *mant. ins.* 1. *p.* 93. *n.* 4.
Habitat in nova Hollandia.

meridionalis. 218. Cr. rufus, elytris fuscis: marginibus lineaque media rufis. *Fabr. sp. ins.* 1. *p.* 159. *n.* 5. *mant. ins.* 1. *p.* 93. *n.* 5.
Habitat in America *meridionali, eleganti affinis, at duplo major.*

elegans. 219. Cr. rufus, elytris vitta abdomineque apice fuscis. *Fabr. sp. ins.* 1. *p.* 159. *n.* 6. *mant. ins.* 1. *p.* 93. *n.* 6.
Habitat in America *meridionali.*

[...]frons. 220. Cr. cyaneus, capite thoraceque rufis. *Fabr. sp. ins.* 1. *p.* 159. *n.* 7. *mant. ins.* 1. *p.* 93. *n.* 7.
Habitat in America *boreali.*

elongatus. 221. Cr. ater, thorace rufo villoso. *Fabr. sp. ins.* 1. *p.* 160. *n.* 8. *mant. ins.* 1. *p.* 93. *n.* 8.
Syst. nat. XII. 2. *p.* 603. *n.* 122. Chrysomela elongata.
Habitat in Europa, *praesertim* Anglia.

ambulans. 222. Cr. glaber ater, elytris punctatis. *Fabr. mant. inf.* 1. *p.* 93. *n.* 9.
Habitat in Germania, *elongato proxime affinis, at thorax ater.*

tuberculatus. 223. Cr. ovatus glaber ater, elytris tuberculatis. *Fabr. mant.* 1. *p.* 93. *n.* 10.
Habitat in Cayenna, *villoso major.*

villosus. 224. Cr. villosus ater, thorace elytrisque viridibus. *Fabr. sp. inf.* 1. *p.* 160. *n.* 9. *mant. inf.* 1. *p.* 93. *n.* 11.
Habitat ad caput bonae spei, *hirto proxime affinis.*

pubescens. 225. Cr. niger, thorace marginato villoso, elytris glabris testaceis. *Fabr. sp. inf.* 1. *p.* 160. *n.* 10. *mant. inf.* 1. *p.* 93. *n.* 12.
Syst. nat XII. 2. *p.* 603. *n.* 120. Chrysomela pubescens.
Habitat in Germania, *hirto affinis.*

hirtus. 226. Cr. villosus niger, thorace tereti, elytris testaceis. *Fabr. sp. inf.* 1. *p.* 160. *n.* 11. *mant. inf.* 1. *p.* 93. *n.* 13.
Syst. nat. XII. 2. *p.* 602. *n.* 119. *Fn. suec.* 578.* Chrysomela hirta.
Degeer inf. 5. *p.* 446. *t.* 2. *f.* 23. 24. Tenebrio alatus villosus niger &c.
Habitat in Europae *saponariis.*

indus. 227. Cr. cyaneus, pedibus longitudine corporis.
Syst. nat. XII. 2. *p.* 603. *n.* 121. Chrysomela inda.
Habitat in India, *magnitudine scarabaei stercorarii.*

ventralis. 228. Cr. villosus cyaneus, elytris lineis elevatis tribus, abdomine rufo. *Fabr. mant. inf.* 1. *p.* 93. *n.* 14.
Habitat in India, *tomentoso affinis.*

tomentosus. 229. Cr. villosus cyaneus, abdomine femoribusque rufis. *Fabr. sp. inf.* 1. *p.* 160. *n.* 12. *mant. inf.* 1. *p.* 94. *n.* 15.
Habitat in nova Hollandia, *elytris rarius fuscis.*

glabratus. 230. Cr. glaber, thorace rufescente, elytris flavis. *Fabr. sp. inf.* 1. *p.* 160. *n.* 13. *mant. inf.* 1. *p.* 94. *n.* 16.
Habitat in Anglia.

scutellaris. 231. Cr. niger, cinereo-hirtus, scutello albo. *Fabr. mant. inf.* 1. *p.* 94. *n.* 17.
Habitat in Hispania, *statura et magnitudine triticei.*

niger. 232. Cr. pilosus niger, elytris laeviusculis serratis. *Fabr. mant. inf.* 1. *p.* 94. *n.* 19.

Syst. nat. XII. 2. *p.* 564. *n.* 28. *Fn. suec.* 439. Dermestes niger.
Fabr. sp. inf. 1. *p.* 71. *n.* 5. Anobium nigrum.
Scop. ent. carn. 131. Cantharis bilosa.

barbarus. 233. Cr. antennis serratis, hirtus, obscure aeneus. *Fabr. mant. inf.* 1. *p.* 94. *n.* 23.
Habitat in Barbariae *floribus compositis, dermesti hirto affinis.*

antherinus. 234. Cr. niger, elytris fasciis duabus ferrugineis. *Fabr. sp. inf.* 1. *p.* 160. *n.* 14. *mant. inf.* 1. *p.* 94. *n.* 24.
Syst. nat. XII. 2. *p.* 681. *n.* 16. *Fn. suec.* 829. Meloë antherinus.
Syst. nat. X. *p.* 418. *n.* 7. Tenebrio pedicularius.
Habitat frequens in floribus, agilis, cursitans, vix pediculo major.

floralis. 235. Cr. niger thorace ferrugineo. *Fabr. sp. inf.* 1. *p.* 161. *n.* 15. *mant. inf.* 1. *p.* 94. *n.* 25.
Syst. nat. XII. 2. *p.* 681. *n.* 15. *Fn. suec.* 829? Meloë floralis.
Habitat in Europae *plantis.*

Marchiae. 236. Cr. niger villosus, thorace cylindrico capitisque margine posteriore rubris, elytris striato punctatis.
Herbst apud Fuessli arch. inf. 4. *p.* 68. *n.* 2. *t.* 23. *f.* 35.
Habitat Berolini, 4 *lineas longus.*

++ *dubiae species.*

caraboides. 237. Cr. niger, elytris subcaeruleis, plantis ferrugineis.
Syst. nat. XII. 2. *p.* 602. *n.* 115. *Fn. suec.* 574. Chrysomela caraboides.
Habitat in Europa.

punctulatus. 238. Cr. viridi-aeneus punctatissimus, pedibus ferrugineis.
Syst. nat. XII. 2. *p.* 601. *n.* 108. *Amoen. ac.* 6. *p.* 394. *n.* 18. Chrysomela punctatissima.
Habitat Surinami.

lampyroides. 239. Cr. elytris subtomentosis nigris: linea longitudinali margineque pallidis.
Syst. nat. XII. 2. *p.* 601. *n.* 107. Chrysomela tomentosa.
Habitat in Carolina, *cr. capreae affinis, facie lampyridis, lividus.*

200. HISPA.

Antennae cylindricae, basi approximatae, inter oculos sitae.
Palpi fusiformes.
Thorax et *elytra* saepius aculeata.

atra. 1. H. corpore toto atro. *Schr. der berl. Naturf. Ges.* 4. *t.* 7. *f.* 6.
Fabr. sp. ins. 1. *p.* 83. *n.* 10. *mant. ins.* 1. *p.* 47. *n.* 9. Hispa antennis fusiformibus, thorace elytrisque spinosis, corpore atro.
Geoffr. ins. par. 1. *p.* 243. *n.* 7. Crioceris atra spinis horrida.
Habitat in Europa *australi et* Africa *boreali ad radices graminum.*

testacea. 2. H. corpore testaceo, antennis aculeisque nigris. *Fabr. sp. ins.* 1. *p.* 83. *n.* 11. *mant. ins.* 1. *p.* 47. *n.* 10.
Habitat in Barbaria, *atrae magnitudine; thorace spina sextuplici armato.*

bihamata. 3. H. inermis nigra, rubro-maculata, elytris truncatis hamatis.
Habitat in India, *oblonga, depressa, cr. capreae magnitudine.*

mutica. 4. H. inermis, antennis pilosis.
Fn. suec. 413. Dermestes (clavicornis) niger, antennis clavatis pilosis.
Fabr. sp. ins. 1. *p.* 83. *n.* 9. *mant. ins.* 1. *p.* 47. *n.* 7. Hispa antennis pilosis, nigra, elytris striatis.
Degeer ins. 5. *p.* 47. *t.* 3. *f.* 1. Tenebrio hirticornis.
Habitat in Europae *quisquiliis, museis.*

sanguinicollis. 5. H. inermis atra, thorace sanguineo. *Mant.* 530.
Fabr. sp. ins. 1. *p.* 83. *n.* 12. *mant. ins.* 1. *p.* 48. *n.* 11. Hispa antennis fusiformibus, thorace elytrorumque basi sanguineis, elytris serratis.
Habitat in America *meridionali.*

serrata. 6. H. antennis fusiformibus, nigra, elytris rufescentibus apice serratis nigris. *Fabr. mant. ins.* 1. *p.* 48. *n.* 12.
Habitat Surinami, *statura sanguinicollis.*

picipes. 7. H. antennis fusiformibus, atra, elytris pedibusque piceis. *Fabr. mant. ins.* 1. *p.* 47. *n.* 8.
Habitat Halae Saxonum, *congeneribus longior.*

cornuta. 8. H. tota atra, thorace anterius posteriusque spinoso, elytris porcatis. *Thunb. nov. act. Ups. 4. p. 15. n. 25. t. 1. f. 5.*
Habitat in Suecia, *opatri sabulosi magnitudine, sed angustior.*

scabra. 9. H. tota nigra, thorace alato elytrisque margine serrato-ciliatis. *Thunb. nov. act. Ups. 4. p. 15. n. 26. t. 1. f. 6.*
Habitat in Suecia, *silphae ferrugineae magnitudine.*
Huic et cornutae, et scabrae antennae fusiformes.

capensis. 10. H. picea hispida, thoracis spina palmata. *Thunb. nov. inf. sp. 3. p. 66. f. 76.*
Habitat ad caput bonae spei, *pediculi majoris magnitudine, colore nigro et piceo varians.*

angulata. 11. H. antennis fusiformibus, flava, capite, thoracis linea dorsali elytrorumque margine sinuato nigris. *Fabr. mant. inf. 2. app. p. 379.*
Habitat in Cayenna.

dentata. 12. H. antennis filiformibus, nigra, thoracis margine, elytrorum serratorum macula baseos fasciaque media flavis. *Fabr. mant. inf. 2. app. p. 378.*
Habitat in Cayenna.

caerulea. 13. H. antennis subserratis caerulea hirta. *Fabr. sp. inf. 1. p. 82. n. 7.*
Habitat in Germania.

bipustulata. 14. H. antennis serratis, atra hirta, elytris macula baseos rufa. *Fabr. sp. inf. 1. p. 82. n. 8. mant. inf. 1. p. 47. n. 6.*
Habitat in Italia, *dermeste hirto minor.*

cornigera. 15. H. antennis serratis, thorace rufo, elytris caeruleis, capite bicorni. *Fabr. sp. inf. 1. p. 82. n. 5. mant. inf. 1. p. 47. n. 5.*
Habitat in Anglia, *an proprii generis.*

serraticornis. 16. H. fusca, antennis serratis, elytris striatis. *Thunb. nov. act. Ups. 4. p. 5. n. 8.* Ptinus serraticornis.
Habitat Upsaliae, *ptini mollis magnitudine.*

pectinicornis. 17. H. fusca, antennis pectinatis, pedibus luteis. *Fabr. sp. inf. 1. p. 82. n. 3. mant. inf. 1. p. 47. n. 3.*
Syst. nat. XII. 2. *p.* 565. *n.* 1. Ptinus pectinicornis.
Fn. suec. 412. Dermestes pectinicornis.
Geoffr. inf. par. 1. *p.* 65. *n.* 2. Ptinus atro-fuscus &c.
Sulz. hist. inf. t. 2. f. 6.
Habitat in Europae *quisquiliis, coryli foliis.*

18. H.

bicornis. 18. H. antennis pectinatis, thorace elytrisque viridi-aen capite bicorni. *Fabr. sp. inf.* 1. *p.* 82. *n.* 4. *mant. inf* *p.* 47. *n.* 4.
Habitat in America *boreali, an hujus generis?*

flabellicornis. 19. H. nigra, antennis pectinatis, elytris striatis. *Fabr. inf.* 1. *p.* 81. *n.* 2. *mant. inf.* 1. *p.* 47. *n.* 2.
Schaeff. ic. t. 215. *f.* 3?
Habitat in Anglia.

mystacina. 20. H. antennis pectinatis, elytris striatis albo punctatis. F *sp. inf.* 1. *p.* 81. *n.* 1. *mant. inf.* 1. *p.* 47. *n.* 1.
Drury inf. 3. *t.* 48. *f.* 7.
Habitat in nova Hollandia, *praegrandis.*

201. BRUCHUS. *Antennae* filiformes. *Palpi* aequales, filiformes. *Labium* acuminatum.

pisi. 1. Br. elytris nigris albo-maculatis, podice albo: punctis nis nigris. *Mus. Lud. Ulr.* 35. *Fabr. sp. inf.* 1. *p.* 7 *n.* 2. *mant. inf.* 1. *p.* 41. *n.* 4.
Syst. nat. X. *p.* 356. Dermestes pisorum.
Amoen. ac. 3. *p.* 347. Curculio pisorum.
Kalm it. 2. *p.* 294. Bruchus Americae septentrionalis.
Degeer inf. 5. *p.* 278. *n.* 1. *t.* 16. *f.* 3. 4. Bruchus nigr fuscus &c.
Geoffr. inf. par. 1. *p.* 267. *n.* 1. *t.* 4. *f.* 9. Mylabris fus cinereo-nebulosa &c.
Scop. ent. carn. 63. Laria salicis.
Ledermüll. micr. 195. *t.* 100.
Gron. zooph. 569.*
Habitat in America *septentrionali, nuperius quoque in* E ropa *australi, pisorum agros devastans, pomonae etia floribus infestus, devoratur a gracula quiscula.*

umbellatarum. 8. Br. squamosus supra griseus subtus cinereus. *Fabr. ma inf.* 1. *p.* 41. *n.* 3.
Habitat in Barbariae *ambulatis, magnus.*

Robiniae. 9. Br. griseo-nitidulus, elytris vix abdomine brevioribu *Fabr. sp. inf.* 1. *p.* 75. *n.* 3. *mant. inf.* 1. *p.* 41. *n.* 5.
Habit

Habitat in Robiniae Pseudacaciae *ex* America *allatis seminibus, magnus.*

gibbosus. 10. Br. thorace gibboso cupreo, elytris nigris tuberculato-spinosis. *Fabr. sp. ins.* 1. *p.* 75. *n.* 4. *mant. ins.* 1. *p.* 41. *n.* 6.
Habitat in America *boreali.*

scabrosus. 11. Br. niger, elytris rufis elevato-striatis: punctis nigris sparsis. *Fabr. sp. ins.* 1. *p.* 75. *n.* 5. *mant. ins.* 1. *p.* 41. *n.* 7.
Herbst apud Fuessli arch. ins. 4. *p.* 28. *n.* 1. *t.* 20. *f.* 15.
Habitat in Europae *potissimum aesculo.*

latbratus. 12. Br. totus niger, thorace albido-cancellato, elytrorum striis ex nigro et griseo variis. *Herbst apud Fuessli arch. ins.* 7. *p.* 158. *n.* 5.
Habitat Berolini, *scabrosi statura et magnitudine.*

Cacao. 13. Br. corpore fusco griseo-maculato. *Fabr. sp. ins.* 1. *p.* 75. *n.* 6. *mant. ins.* 1. *p.* 41. *n.* 8.
Habitat in Theobromatis *seminibus.*

undatus. 14. Br. niger, elytris fuscis: strigis undatis albis. *Fabr. mant. ins.* 1. *p.* 41. *n.* 9.
Habitat in Africae *floribus, mediae magnitudinis.*

Theobromatis. 2. Br. elytris griseis nigro-maculatis, pedibus rufis, scutello albo. *Fabr. mant. ins.* 1. *p.* 75. *n.* 7. *mant. ins.* 1. *p.* 41. *n.* 10.
Habitat in Theobromatis *seminibus, indicus, ex nigro canescens, br. pisi dimidio minor.*

marginalis. 15. Br. niger, elytris cinereis: maculis tribus nigris margine connexis. *Fabr. sp. ins.* 1. *p.* 75. *n.* 8. *mant. ins.* 1. *p.* 42. *n.* 11.
Habitat in Germania.

[i]nalis. 16. Br. subferrugineus, elytris apice atris, ano atro: linea media alba. *Fabr. sp. ins.* 1. *p.* 75. *n.* 9. *mant. ins.* 1. *p.* 42. *n.* 12.
Habitat in India, *parvus.*

bipunctatus. 17. Br. cinereus, elytris fuscis: puncto baseos ocellari atro. *Fabr. sp. ins.* 1. *p.* 75. *n.* 10. *mant. ins.* 1. *p.* 42. *n.* 13.
Sulz. hist. ins. t. 4. *f.* 2.
Habitat in Helvetiae *plantis.*

18. Br.

varius. 18. Br. elytris nigris: punctis albis nigrisque alternis striatis, femoribus muticis. *Fabr. mant. inf.* 1. *p.* 42. *n.* 14.
Habitat in Sueciae *pinetis, statura bipunctati.*

Gleditschiae. 3. Br. elytris striatis longitudine abdominis, corpore piceo, antennis nigris.
Amoen. ac. 6. *p.* 392. *n.* 5. Dermestes Gleditsiae.
Habitat in Americae *septentrionalis Gleditsiae seminibus.* Femora *mutica.*

spinosus. 19. Br. griseus, thorace elytrisque spinosis. *Fabr. sp. inf.* 1. *p.* 74. *n.* 1. *mant. inf.* 1. *p.* 41. *n.* 1.
Habitat in Jamaica.

Bactris. 4. Br. cinereus, elytris sublaevibus, femoribus posterioribus ovatis, tibiis incurvis. *Amoen. ac.* 6. *p.* 392. *n.* 6. *Fabr. mant. inf.* 1. *p.* 41. *n.* 2.
Jacq. hist. stirp. amer. t. 170.
Herbst apud Fuessli arch. inf. 4. *p.* 28. *n.* 3. *t.* 20. *f.* 16.
Habitat in Bactris, *palmae americanae, nucleis.*

rufipes. 20. Br. niger, elytris albo-punctatis, pedibus anterioribus rufis, posterioribus nigris unidentatis. *Herbst apud Fuessli arch. inf.* 4. *p.* 29. *n.* 4.
Habitat in Pomerania, *granario proxime affinis, at minor, an varietas?*

granarius. 5. Br. elytris nigris: atomis albis, femoribus posterioribus unidentatis. *Fabr. sp. inf.* 1. *p.* 76. *n.* 11. *mant. inf.* 1. *p.* 42. *n.* 15.
Syst. nat. XII. 2. *p.* 605. *n.* 5. Bruchus elytris nigris: atomis albis, pedibus anticis rufis, posticis dentatis.
Fn. suec. 628. Curculio atomarius.*
Habitat in Europae *plantarum seminibus.*

cisti. 21. Br. ater immaculatus, femoribus muticis. *Fabr. sp. inf.* 1. *p.* 76. *n.* 12. *mant. inf.* 1. *p.* 42. *n.* 16.
Habitat in cisti helianthemi *floribus frequens.*

abdominalis. 22. Br. niger, abdomine cinereo immaculato, pedibus anterioribus testaceis. *Fabr. sp. inf.* 1. *p.* 76. *n.* 13. *mant. inf.* 1. *p.* 42. *n.* 17.
Habitat in India, *parvus.*

seminarius. 6. Br. ater, antennarum basi pedibusque anterioribus testaceis; femoribus muticis. *Fabr. sp. ins.* 1. *p.* 76. *n.* 14. *mant. ins.* 1. *p.* 42. *n.* 18.
Geoffr. ins. par. 1. *p.* 268. *n.* 3. Mylabris nigra, abdomine albo sericeo.
Habitat in Europae *floribus, pediculi magnitudine.*

maculatus. 23. Br. elytris punctatis testaceis nigro-maculatis, podice griseo: punctis binis nigris. *Fabr. sp. ins.* 1. *p.* 76. *n.* 14. 15. *mant. ins.* 1. *p.* 42. *n.* 19.
Habitat in Americae *seminibus.*

mimosae. 24. Br. testaceus immaculatus, elytris substriatis femoribus posterioribus acute dentatis. *Fabr. sp. ins.* 1. *p.* 76. *n.* 16. *mant. ins.* 1. *p.* 42. *n.* 20.
Habitat in mimosae Americae *meridionalis seminibus, seminario paulo major.*

serraticornis. 25. Br. antennis pectinatis corpore longioribus, corpore griseo fusco maculato. *Fabr. sp. ins.* 1. *p.* 77. *n.* 17. *mant. ins.* 1. *p.* 42. *n.* 21.
Habitat in Oriente.

pectinicornis. 7. Br. antennis pectinatis corpore ferrugineo, longioribus. *Fabr. sp. ins.* 1. *p.* 77. *n.* 18. *mant. ins.* 1. *p.* 42. *n.* 22.
Syst. nat. X. *p.* 386. *n.* 79. Curculio chinensis.
Degeer ins. 5. *p.* 201. *n.* 2. Bruchus rufus.
Schaeff. elem. t. 86. *f.* 1.
Habitat in seminibus e Sina *allatis.*

PAUSUS. *Antennae* biarticulatae, clavatae; clava solida, uncinata.

microcephalus. 1. P. *Dall. diss. big. insect. sist. Ups.* 1725. *Fuessli arch. ins.* 3. *p.* 1. *t.* 13.
Habitat in America *septentrionali, totus niger, magnitudine dermestidis lardarii, capite minutissimo, thorace angusto: anterius margine transverso elevato, elytris abdomine posterius fere truncato paulo longioribus truncatis.*

ZYGIA.

ZYGIA. *Antennae* moniliformes.
Palpi inaequales, filiformes.
Labium elongatum, membranaceum.
Maxilla unidentata.

oblonga. 1. Z. *Fabr. sp. inf.* 1. *p.* 161. *n.* 1. *mant. inf.* 1. *p.* 94. *n.* 1
Habitat in Oriente, *oblonga, rufa, capite elytrisque*
fcure cyaneis.

ZONITIS. *Antennae* fetaceae.
Palpi quatuor filiformes, maxilla integ
breviores.
Labium emarginatum.

chryfomelina. 1. Z. flava, elytris puncto medio apiceque nigris. *Fabr.*
inf. 1. *p.* 161. *n.* 1. *mant. inf.* 1. *p.* 95. *n.* 1.
Habitat in Oriente, Aegypto, *fubtus atra, ano rufefce*

flava. 2. Z. rufefcens, elytris flavis apice nigris. *Fabr. fp. inf.*
p. 161. *n.* 2. *mant. inf.* 1. *p.* 95. *n.* 2.
Habitat in Oriente.

APALUS. *Antennae* filiformes.
Palpi aequales, filiformes.
Maxilla cornea, unidentata.
Labium membranaceum, truncatum,
tegrum.

bimaculatus. 1. Ap. *Fabr. fp. inf.* 1. *p.* 161. *n.* 1. *mant. inf.* 1. *p.* 95.
Syft. nat. 2. *p.* 680. *n.* 9. *Fn. fuec.* 828. *Uddm.*
Meloë (bimaculatus) alatus niger, elytris luteis
nigra poftica.
Degeer inf. 5. *t.* 1. *f.* 18. Pyrochroa bimaculata.
Habitat primo vere in Sueciae *arenofis.*

BR

BRENTUS. *Antennae* moniliformes, ultra medium roſtri exſertae.
Os roſtro porrecto; recto, cylindrico.

* *femoribus ſimplicibus.*

barbicornis. 1. Br. cylindricus, roſtro longiſſimo ſubtus barbato, elytris elongato-elevatis. *Fabr. mant. inſ.* 1. *p.* 95. *n.* 1.
Fabr. ſp. inſ. 1. *p.* 171. *n.* 59. Curculio barbicornis.
Habitat in nova Seelandia.

aſſimilis. 2. Br. cylindricus, roſtro apice glabro atro, elytris ferrugineo-ſubfaſciatis. *Fabr. mant. inſ.* 1. *p.* 95. *n.* 2.
Fabr. ſp. inſ. 1. *p.* 171. *n.* 60. Curculio aſſimilis.
Habitat in nova Seelandia.

monilis. 3. Br. cylindricus ater, elytris acuminatis uniſtriatis. *Fabr. mant. inſ.* 1. *p.* 95. *n.* 3.
Habitat in nova Hollandia, *ſtatura barbicornis, at minor.*

ſemipunctatus. 4. Br. cylindricus, thorace lineis, elytris punctis albis. *Fabr. mant. inſ.* 1. *p.* 96. *n.* 4.
Fabr. ſp. inſ. 1. *p.* 171. *n.* 61. Curculio ſemipunctatus.
Habitat in nova Hollandia.

** *femoribus dentatis.*

Druryanus. 5. Br. aeneus, thorace tereti, antennis roſtro longioribus, elytris apice ſpinula mucronatis flavo-maculatis. *Pall. inſ. roſſ.* 1. *p.* 16. *n.* 3.
Drury inſ. t. 42. *f.* 37.
Habitat - - -

Anchorago. 6. Br. linearis, elytris flavo-ſtriatis, thorace elongato. *Fabr. mant. inſ.* 1. *p.* 96. *n.* 5.
Fabr. ſp. inſ. 1. *p.* 182. *n.* 118.
Syſt. nat. XII. 2. *p.* 613. *n.* 56. *Muſ. Lud. Ulr.* 52. *Fabr. ſp. inſ.* 1. *p.* 182. *n.* 118. Curculio anchorago.
Degeer inſ. 5. *p.* 273. *n.* 8. *t.* 15. *f.* 28. Curculio longicollis.
Gron. zooph. 583. *t.* 15. *f.* 4.
Sulz. hiſt. inſ. t. 4. *f.* 6.
Habitat in America *auſtrali et* India.

hastile. 7. Br. aterrimus rostro tenuissimo longo ad apicem subarcuato, thorace medio coarctato, elytris subsulcatis, apice subacuminatis. *Pall. inf. ruff.* 1. *p.* 25. *n.* 2.
Habitat - - - sesquipollicem longus, crassitie vix libellae puellae.

nasutus. 8. Br. femoribus omnibus tibiisque anterioribus dentatis, thorace elongato aeneo, elytris acuminatis. *Fabr. mant. inf.* 1. *p.* 96. *n.* 6.
Fabr. sp. inf. 1. *p.* 182. *n.* 119. Curculio nasutus.
Habitat in Jamaica, *anchoragini affinis, at paulo major.*

dispar. 9. Br. linearis niger, elytris rubro-striatis. *Fabr. mant.* 1. *p.* 96. *n.* 7.
Syst. nat. XII. 2. *p.* 613. *n.* 55. *Mus. Lud. Ulr.* 50. *Fabr. sp. inf.* 1. *p.* 182. *n.* 120. Curculio dispar.
Pall. inf. russ. 1. *p.* 24. *t.* B. *f.* 4. Curculio anomaloceps.
Habitat in America.

cylindricornis. 10. Br. thorace rotundato nigro-aeneo, elytris ferrugineis flavo substriatis. *Fabr. mant. inf.* 1. *p.* 96. *n.* 8.
Habitat in nova Seelandia, *statura et magnitudine disparis.*

bifrons. 11. Br. niger, elytris striatis: maculis glabris flavis. *Fabr. mant. inf.* 1. *p.* 96. *n.* 9.
Habitat in Cayenna; *statura anchoraginis.*

202. CURCULIO. *Antennae* clavatae, insidentes rostro corneo, prominenti. *Palpi* quatuor filiformes.

* *Longirostres.*

† *femoribus simplicibus.*

Gigas. 55. C. thorace elytrisque scabris, antennis apice albis. *Fabr. sp. inf.* 1. *p.* 161. *n.* 1. *mant. inf.* 1. *p.* 97. *n.* 1.
Habitat in Japonia.

palmarum. 1. C. ater, thorace supra plano, elytris abbreviatis striatis. *Mus. Lud. Ulr.* 42.* *Fabr. sp. inf.* 1. *p.* 162. *n.* 2. *mant. inf.* 1. *p.* 97. *n.* 2.
Degeer inf. 5. *p.* 269. *n.* 4. *t.* 15. *f.* 26. Curculio longirostris, antennis fractis &c.

Rumpf

Rumpf amb. 1. *p.* 79. *t.* 17. *f.* g. Coſſus ſaguarius.
Petiv. gazoph. t. 35. *f.* 5.
Scop. ann. hiſt. nat. 5. *p.* 89. *n.* 40.
Gron. zooph. 578. *t.* 16. *f.* 4.
Merian. ſurin. t. 48. *f.* 3.
Sulz. hiſt. inſ. t. 3. *f.* 20.
Habitat in Indiae *palmis.*
Larva *aſſata in deliciis. Jacq. ſtirp. am.* 278.

cruentatus. 56. C. ater, thorace lineis, elytrisque punctis duobus ſanguineis. *Fabr. ſp. inſ.* 1. *p.* 162. *n.* 3. *mant. inſ.* 1. *p.* 97. *n.* 3.
Habitat in Carolina, *c. palmarum minor.*

longipes. 96. C. nigricans, elytris ferrugineis, roſtro emarginato, pedibus anterioribus longioribus. *Fabr. ſp. inſ.* 1. *p.* 162. *n.* 4. *mant. inſ.* 1. *p.* 97. *n.* 4.
Drury inſ. 2. *t.* 33. *f.* 3.
Habitat ad caput bonae ſpei.

zaniae. 550. C. ruber, thoracis linea nigra, roſtro ſetaceo longiſſimo. *Thunb. nov. act. Upſ.* 4. *p.* 29. *t.* 1. *f.* 7.
Habitat ad caput bonae ſpei, *in cycade caffra, larva hexapus, ſetis albidis obſeſſa intra ſquamas ſtrobili feminei, nucibus rubraque carne hanc obvelanti victitans.*

exoticus. 554. C. griſeus, thorace baſi impreſſo, dorſi ruga brevi, elytris poſterius gibbis: punctorum alborum ordinibus decem; interſtitiis, profunde nigro punctatis. *Muſ. Lesk. p.* 18. *n.* 368.
Habitat extra Europam.

brachypteros. 555. C. ater, thorace plano punctato: linea media parum elevata, elytris abbreviatis ſubſtriatis: interſtitiis punctatis. *Muſ. Lesk. p.* 18. *n.* 374.
Habitat in Europa.

undatus. 556. C. niger, elytris ordine punctatis: faſciis undulatis interruptis albis. *Muſ. Lesk. p.* 18. *n.* 379.
Habitat in Europa.

atomarius. 557. C. fuſcus, elytris ſtriatis: interſtitiis laeviſſime punctatis atomis griſeis piloſis adſperſis, tibiis rufis. *Muſ. Lesk. p.* 18. *n.* 380.
Habitat in Europa.

coccineus. 558. C. coccineus, elytris punctatis: punctorum ordinibus decem. *Muf. Lesk. p.* 18. *n.* 381.
Habitat in Europa.

futuralis. 559. C. grifeus, elytris ftriatis: futura albida nigro punctata, macula communi oblonga verfus apicem marginumque exteriorum pofteriorum punctis nigris. *Muf. Lesk. p.* 18. *n.* 384.
Habitat in Europa.

indus. 2. C. ater, thorace fubovato excavato punctato, elytris rugofo-fulcatis, tibiis fpinofis. *Muf. Lud. Ulr.* 43.* *Fabr. fp. inf.* 1. *p.* 162. *n.* 5. *mant. inf.* 1. *p.* 97. *n.* 5.
Degeer inf. 5. *p.* 265. *n.* 1. *t.* 15. *f.* 22.
Habitat in India.

paganus. 97. C. grifeus, thoracis dorfo fufco: arcubus cinereis, roftro bifulcato. *Fabr. fp. inf.* 1. *p.* 162. *n.* 6. *mant. inf.* 1. *p.* 197. *n.* 6.
Habitat in America *auftrali et* India.

Elephas. 98. C. fufcus, thorace elytrisque variolofis, elytris pofterius fpinofis. *Fabr. fp. inf.* 1. *p.* 162. *n.* 7. *mant. inf.* 1. *p.* 97. *n.* 7.
Habitat in Africa *aequinoctiali, magnus.*

hemipterus. 3. C. obfcure purpurafcens, elytris abbreviatis, femoribus mediis ciliatis. *Muf. Lud. Ulr.* 44.* *Fabr. fp. inf.* 1. *p.* 163. *n.* 8. *mant. inf.* 1. *p.* 97. *n.* 8.
Degeer inf. 5. *p.* 271. *n.* 5. *t.* 15. *f.* 25. Curculio rufofafciatus.
Sulz. hift. inf. t. 4. *f.* 5.
Habitat in India.

variegatus. 99. C. rufo nigroque varius, roftro apice nigro. *Fabr. fp. inf.* 1. *p.* 163. *n.* 9. *mant. inf.* 1. *p.* 97. *n.* 9.
Habitat ad caput bonae fpei.

alliariae. 4. C. violaceus totus. *Fn. fuec.* 580.* *Fabr. fp. inf.* 1. *p.* 168. *n.* 40. *mant. inf.* 1. *p.* 101. *n.* 53.
Fn. fuec. 468. Curculio nigro-caerulefcens.

Degeer

Curculionum *longiroftrium larvae plurimae fructus, et femina, breviroftrium vero folia confumunt; aliae etiam caules confumunt.*

Degeer inf. 5. *p.* 251. *n.* 39. Curculio caeruleus.
Frisch inf. 9. 35. *t.* 18.
Habitat in erysimi alliariae *caulibus, quos perforat.*

erysimi. 100. C. niger, thorace bituberculato virescente, elytris cyaneis. *Fabr. mant. inf.* 1. *p.* 101. *n.* 54.
Habitat Kilonii, *cyaneo proxime affinis, at magis gibbus.*

cyaneus. 5. C. ater, elytris violaceis, scutello albo. *Fn. suec.* 581.* *Fabr. sp. inf.* 1. *p.* 168. *n.* 41. *mant. inf.* 1. *p.* 101. *n.* 55.
Degeer inf. 5. *p.* 252. *n.* 41. Curculio longirostris, antennis rectis &c.
Herbst apud Fuessli arch. inf. 4. *p.* 70. *n.* 11. *t.* 24. *f.* 5. c.
Habitat in Europae *borealis potissimum salicibus.*

craccae. 6. C. gibbus supra ater, subtus cinereus. *Fabr. sp. inf.* 1. *p.* 168. *n.* 42. *mant. inf.* 1. *p.* 101. *n.* 56.
Syst. nat. XII. 2. *p.* 606. *n.* 6. Curculio longirostris niger ovatus, rostro subulato, abdomine pallido.
Degeer inf. 5. *t.* 6. *f.* 31. 32? Curculio viciae.
Habitat in Europae *viciarum seminibus, pediculi magnitudine.*

malvae. 101. C. griseus, elytris pedibusque testaceis. *Fabr. sp. inf.* 1. *p.* 168. *n.* 43. *mant. inf.* 1. *p.* 101. *n.* 57.
Habitat in Angliae *malvis.*
Rostrum *et abdomen atra.*

campanulae. 7. C. niger ovatus elytris striatis obtusis. *Fabr. sp. inf.* 1. *p.* 167. *n.* 31. *mant. inf.* 1. *p.* 100. *n.* 40. *Lesk. it. p.* 16. *t.* A. *f.* 5.
Degeer inf. 5. *p.* 226. *n.* 23. Curculio longirostris, antennis fractis sulcis &c.
Habitat in campanulae rotundifoliae *pericarpiis incrassatis.*

fuscirostris. 102. C. griseus, pedibus rufis, rostro femoribusque basi nigris. *Fabr. sp. inf.* 1. *p.* 167. *n.* 32. *mant. inf.* 1. *p.* 100. *n.* 41.
Habitat in Germaniae *plantis.*

roboris. 103. C. rostro thoraceque rufis, elytris violaceis. *Fabr. mant. inf.* 1. *p.* 100. *n.* 42.
Habitat in Saxoniae *quercu, statura et magnitudine fuscirostris.*

cuprirostris. 104. C. oblongus viridi aeneus, elytris striatis, rostro cupreo. *Fabr. mant. inf.* 1. *p.* 100. *n.* 43.
Habitat Dresdae *in betula, parvus.*

nigriro-stris. 105. C. viridis rostro latro. *Fabr. sp. inf.* 1. *p.* 167. *n.* 33. *mant. inf.* 1. *p.* 100. *n.* 44.
Herbst apud Fuessli arch. inf. 4. *p.* 69. *n.* 8. *t.* 24. *f.* 3.
Habitat in Angliae *arvis.*

variabi-lis. 106. C. subtestaceus, thorace viridi lineato, rostro apice fusco. *Fabr. sp. inf.* 1. *p.* 167. *n.* 34. *mant. inf.* 1. *p.* 100. *n.* 45.
Habitat Hamburgi.

rufiro-stris. 107. C. niger, rostro dimidiato pedibusque rufis. *Fabr. sp. inf.* 1. *p.* 167. *n.* 35. *mant. inf.* 1. *p.* 100. *n.* 46.
Habitat in Anglia.

piciro-stris. 108. C. oblongus niger argenteo-holosericeus, rostro dimidiato pedibusque piceis. *Fabr. mant. inf.* 1. *p.* 101. *n.* 47.
Habitat Hafniae, *rufirostri affinis, at major.*

salicariae. 109. C. niger, antennarum basi, coleoptrorum disco tibiisque testaceis. *Fabr. sp. inf.* 1. *p.* 167. *n.* 36. *mant. inf.* 1. *p.* 101. *n.* 48.
Habitat in Angliae *lythro salicaria, parvus.*

badensis. 8. C. niger, pedibus piceis.
Habitat in Germania, *magnitudine c. cerasi, thorace laeviusculo ovato, elytris obsolete striatis, femoribus clavatis.* Dr. Blom.

aequatus. 9. C. aeneus elytris rubris, rostro nigro elongato.
Habitat in Germania, *statura c. nucum, sed dimidio minor.*

cerasi. 12. C. ater, antennis ferrugineis, thorace bituberculato. *Fabr. sp. inf.* 1. *p.* 167. *n.* 30. *mant. inf.* 1. *p.* 100. *n.* 138.
Habitat in foliis pruni cerasi.

quadri-tubercula-tus. 110. C. thorace quadrituberculato nigro, elytris striatis cinereo variegatis. *Fabr. mant. inf.* 1. *p.* 100. *n.* 39.
Habitat Kilonii, *parvus.*

acridu-lus. 13. C. piceus, abdomine ovato. *Fn. suec.* 584. *Fabr. sp. inf.* 1. *p.* 169. *n.* 46. *mant. inf.* 1. *p.* 102. *n.* 62.
Geoffr. inf. par. 1. *p.* 291. Curculio pyriformis nigro-caerulescens.
Degeer inf. 5. *p.* 235. *n.* 22. Curculio longirostris antennis fractis fuscis &c.
Herbst apud Fuessli arch. inf. 4. *t.* 24. *f.* 12.

Habitat

Habitat frequens in Europae *borealis et* Calabriae *floribus tetradynamis.*

flavipes. 111. C. ater, femoribus luteis. *Fabr. sp. inf.* 1. *p.* 169. *n.* 47. *mant. inf.* 1. *p.* 102. *n.* 63.
Geoffr. inf. par. 1. *p.* 272. *n.* 8. Rhinomacer subglobosus &c.
Habitat frequens primo vere in Europae *locis apricis calidis.*

purpureus. 14. C. purpureus nitens, rostro longissimo. *Fn. suec.* 585. *Fabr. sp. inf.* 1. *p.* 169. *n.* 48. *mant. inf.* 1. *p.* 102. *n.* 64.
Degeer inf. 5. *p.* 250. *n.* 38. Curculio rostro longissimo &c.
Petiv. gaz. t. 22. *f.* 5.
List. loq. 394.
Bergstr. nomencl. 1. 16. 12. *t.* 2. *f.* 12.
Habitat in Europae *plantis, frumentario proxime affinis.*

frumentarius. 15. C. sanguineus. *Fn. suec.* 586. *Fabr. sp. inf.* 1. *p.* 169. *n.* 49. *mant. inf.* 1. *p.* 102. *n.* 65. *Degeer inf.* 5. *p.* 251. *n.* 40.
Act. Stockh. 1750. *p.* 186. *n.* 1.
Act. nidros. 3. *p.* 391.
Leeuwenh. arc. nat. 168. *augm.* 6. *p.* 83. *f.* 3.
Habitat in Europae frumento *diutius asservato, pessimus.*

bituberculatus. 112. C. ferrugineus, thorace longitudine elytrorum punctisque duobus dorsalibus elevatis. *Fabr. sp. inf.* 1. *p.* 171. *n.* 58. *mant. inf.* 1. *p.* 103. *n.* 76.
Habitat in nova Seelandia, *granario proxime affinis.*

oryzae. 113. C. piceus, thorace punctato longitudine elytrorum, elytris punctis duobus rufis. *Fabr. sp. inf.* 1. *p.* 171. *n.* 57. *mant. inf.* 1. *p.* 103. *n.* 75.
Amoen. acad. 6. *p.* 395. *n.* 19. Curculio (oryzae) longirostris oblongus niger, elytris maculis quatuor ferrugineis, femoribus muticis.
Habitat in oryza, *diutius asservata.*

granarius. 16. C. piceus, thorace punctato longitudine elytrorum. *Fn. suec.* 587. *Fabr. sp. inf.* 1. *p.* 171. *n.* 56. *mant. inf.* 1. *p.* 103. *n.* 74. *Scop. ent. carn.* 89.
Geoffr. inf. par. 1. *p.* 285. *n.* 18. Curculio rufo-testaceus &c.
Degeer inf. 5. *p.* 239. *n.* 25. Curculio longirostris, antennis fractis &c.
Raj. inf. 88. Scarabaeus parvus sordide fulvus &c.

Joblot obs. microscop. 1754. *t.* 7. *f.* 1.
Wilcke act. Stockh. 37. *tr.* 4. *nr.* 2.
Habitat in frumento *diutius in granariis asservato, pessimus; isatide, hyoscyamo, sambuco, thlaspide pelli dicitur.*

dorsalis. 17. C. elytris rubris: sutura nigra. *Fn. suec.* 588. *Fabr. sp. ins.* 1. *p.* 170. *n.* 50. *mant. ins.* 1. *p.* 102. *n.* 66.
Fn. suec. 1. *n.* 475. Curculio niger elytris in medio rufescentibus.
Herbst apud Fuessli arch. ins. 7. *t.* 44. *f.* 10. r. s.
Habitat in Europae *borealis ranunculo ficaria.*

melanocardius. 18. C. cinereus, coleoptris macula communi cordata fusca. *Mus. Lud. Ulr.* 18. *Fabr. sp. ins.* 1. *p.* 163. *n.* 10. *mant. ins.* 1. *p.* 97. *n.* 10.
Sulz. hist. ins. 40. *t.* 4. *f.* 11.
Habitat in India.

cruciatus. 114. C. niger, thorace subspinoso: lineis, elytris posterius cruce albis. *Fabr. sp. ins.* 1. *p.* 163. *n.* 10. *mant. ins.* 1. *p.* 97. *n.* 11.
Habitat in nova Hollandia.

striatulus. 115. C. niger, elytris holosericeo-striatis. *Fabr. sp. ins.* 1. *p.* 163. *n.* 12. *mant. ins.* 1. *p.* 97. *n.* 12.
Habitat in insula terrae novae.

Rubetra. 116. C. ater laevis immaculatus, femoribus sulcatis. *Fabr. mant. ins.* 1. *p.* 97. *n.* 13.
Habitat in Cayenna, *magnitudine c. pini.*

pini. 19. C. elytris testaceis: fasciis nebulosis. *Fn. suec.* 589.* *Fabr. sp. ins.* 1. *p.* 163. *n.* 13. *mant. ins.* 1. *p.* 97. *n.* 14.
Degeer ins. 5. *p.* 222. *n.* 15. Curculio longirostris, antennis fractis &c.
Frisch ins. 11. *t.* 23. *f.* 5.
Habitat in pinus sylvestris *cortice, cum c. abietis aliquando copula junctus.*

onopordi. 117. C. niger cinereo-villosus, rostro atro: utrinque sulco abbreviato baseos. *Fabr. mant. ins.* 1. *p.* 98. *n.* 15.
Habitat in Africae *onopordis, vittato affinis, at major.*

stolatus. 118. C. ferrugineo-fuscus albo-lineatus, rostro nigro: utrinque sulco abbreviato baseos. *Fabr. sp. ins.* 1. *p.* 164. *n.* 14. *mant. ins.* 1. *p.* 98. *n.* 16.
Habitat in Italia, *majusculus.*

119. C.

jaceae. 119. C. niger cinereo irroratus, elytris puncto baseos distincto. *Fabr. sp. inf.* 1. *p.* 164. *n.* 15. *mant. inf.* 1. *p.* 98. *n.* 17.
Habitat in Centaurea Jacea, *adultior magis glaber.*

punctulatus. 120. C. flavo fuscoque varius, abdomine cinereo nigro punctato. *Fabr. mant. inf.* 1. *p.* 98. *n.* 18.
Habitat in America, *statura c. jaceae, at paulo minor.*

cynarae. 121. C. niger virescenti irroratus, rostro nigro subcarinato. *Fabr. mant. inf.* 1. *p.* 98. *n.* 19.
Habitat in Africae *floribus cynarae, c. jaceae affinis, at duplo fere major.*

Colon. 122. C. griseus, elytris puncto albo. *Fabr. sp. inf.* 1. *p.* 164. *n.* 16. *mant. inf.* 1. *p.* 98. *n.* 20.
Mant. p. 531. Curculio longirostris canescens, femoribus anticis subdentatis, thorace utrinque linea, elytrisque puncto albo.
Geoffr. inf. par. 1. *p.* 280. *n.* 6. Curculio oblongus fuscus.
Scop. ent. carn. 104. Curculio palustris.
Schaeff. ic. t. 155. *f.* 2.
Herbst apud Fuesſli arch. inf. 4. *p.* 68. *n.* 3. *t.* 24. *f.* 1.
β) Curculio (semicolon) nigricans. *Herbst apud Fuesſli arch. inf.* 4. *p.* 69. *n.* 4.
Habitat in Germania.

bimaculatus. 123. C. fuscus, elytris puncto cinereo, rostro pedibusque atris. *Fabr. mant. inf.* 1. *p.* 98. *n.* 21.
Habitat Halae Saxonum, *statura C. Colon, at paulo minor.*

biguttatus. 124. C. niger, elytris puncto elevato, abdomine pedibusque posterioribus flavis. *Fabr. sp. inf.* 1. *p.* 164. *n.* 17. *mant. inf.* 1. *p.* 99. *n.* 22.
Habitat in Germania.

bilineatus. 125. C. fuscus, elytris lineis duabus punctorum alborum. *Fabr. sp. inf.* 1. *p.* 164. *n.* 18. *mant. inf.* 1. *p.* 99. *n.* 23.
Habitat in Germania, *mediae magnitudinis.*

tessellatus. 126. C. cinereus, elytris apice striis albis nigro punctatis: *Fabr. sp. inf.* 1. *p.* 165. *n.* 19. *mant. inf.* 1. *p.* 99. *n.* 24.
Habitat in Germania, *mediae magnitudinis.*

decurtatus. 127. C. ater, thorace plano punctato, elytris abbreviatis substriatis. *Fabr. mant. inf.* 1. *p.* 99. *n.* 25.

Habitat Halae Saxonum, *statura fere c. palmarum, at quadruplo minor.*

equiseti. 128. C. thorace laevi, elytris muricatis nigris: punctis duobus apiceque albis. *Fabr. sp. inf.* 1. *p.* 165. *n.* 20. *mant. inf.* 1. *p.* 99. *n.* 26.
Herbst apud Fuessli arch. inf. 4. *p.* 69. *n.* 5. *t.* 24. *f.* 2.
Habitat in Angliae *equiseto arvensi.*

Bufo. 129. C. fuscus, elytris subreticulatis: fascia media alba. *Fabr. sp. inf.* 1. *p.* 165. *n.* 21. *mant. inf.* 1. *p.* 99. *n.* 27.
Habitat in Sibiria.

atrirostris. 130. C. cinereus, rostro arcuato atro. *Fabr. sp. inf.* 2. *app. p.* 499. *mant. inf.* 1. *p.* 99. *n.* 28.
Habitat Lipsiae, *magnitudine et statura c. equiseti.*

cupreus. 21. C. obscure aeneus subtus obscurior. *Fn. suec.* 593. *Fabr. sp. inf.* 1. *p.* 166. *n.* 26. *mant. inf.* 1. *p.* 608. *n.* 21.
Habitat in Europa.

Tragiae. 131. C. aeneus, rostro pedibusque nigris. *Fabr. sp. inf.* 1. *p.* 166. *n.* 27. *mant. inf.* 1. *p.* 100. *n.* 35.
Habitat in Tragiae volubilis *seminibus e* Brasilia *allatis.*

aeneus. 132. C. niger, elytris aeneis. *Fabr. sp. inf.* 1. *p.* 166. *n.* 22. *mant. inf.* 1. *p.* 100. *n.* 36.
Habitat in Angliae *nemoribus.*

curvirostris. 133. C. ater nitidus, rosto arcuato. *Fabr. sp. inf.* 1. *p.* 166. *n.* 29. *mant. inf.* 1. *p.* 100. *n.* 37.
Habitat in nova Hollandia, *parvus.*

scaber. 22. C. cinereus, pedibus rufis, elytris scabris. *Fn. suec.* 592.*
Habitat in Europae *urticis.*

T. album. 23. C. ater, abdomine ad latera et posterius lacteo. *Fn. suec.* 594.*
Habitat in Westerbothnia.

ruficollis. 24. C. ferrugineus, elytris capitisque basi atro-caeruleis. *Fn. suec.* 595.*
Habitat in Europa.

Dryados. 134. C. cinereus, thoracis dorso fusco, elytris testaceis cinereo-undatis. *Fabr. mant. inf.* 1. *p.* 102. *n.* 67.
Habitat in Sueciae *quercu, parvus.*

135. C.

sutu-ralis. 135. C. ovatus fuscus, linea longitudinali alba. *Fabr. sp. inf.* 1. *p.* 170. *n.* 51. *mant. inf.* 1. *p.* 102. *n.* 68.
Habitat in Germaniae *salice.*

crux. 136. C. ater, thorace punctis duobus baseos, elytris sutura punctisque sparsis albis. *Fabr. sp. inf.* 1. *p.* 170. *n.* 52. *mant. inf.* 1. *p.* 102. *n.* 69.
Herbst apud Fuessli arch. inf. 4. *p.* 70. *n.* 14. *t.* 24. *f.* b. d.
Habitat Hamburgi.

exclama-tionis. 137. C. ater, elytris puncto lineolaque apicis albis. *Fabr. sp. inf.* 1. *p.* 170. *n.* 53. *mant. inf.* 1. *p.* 102. *n.* 70.
Habitat in nova Hollandia.

venustus. 138. C. fuscus, thorace elytrisque albo lineatis, pedibus testaceis. *Fabr. sp. inf.* 1. *p.* 170. *n.* 54. *mant inf.* 1. *p.* 102. *n.* 71.
Habitat in Anglia, *parvus.*

plantagi-nis. 139. C. elytris cinereis: macula media fusca. *Fabr. mant. inf.* 1. *p.* 103. *n.* 72.
Habitat Halae Saxonum, *statura c. rumicis.*

viscariae. 27. C. subrotundus cinereus, thorace elytrisque cinereo-virentibus. *Fn. suec.* 598.*
Habitat in lychnidis viscariae *fructificationibus.*

bipun-ctatus. 28. C. cinereus, elytris macula nigra, tibiis flavescentibus. *Fn. suec.* 599.*
Habitat in Europa.

quadri-maculatus. 29. C. nigricans, coleoptris maculis quatuor albidis. *Fn. suec.* 600.* *Fabr. sp. inf.* 1. *p.* 169. *n.* 44. *mant. inf.* 1. *p.* 101. *n.* 58.
Geoffr. inf. par. 1. *p.* 287. *n.* 22. Curculio cinereus &c.
Habitat in Europa.

unifascia-tus. 140. C. supra fuscus, fascia media cinerea. *Fabr. mant. inf.* 1. *p.* 101. *n.* 59.
Habitat Halae Saxonum, *mediae magnitudinis.*

bifascia-tus. 141. C. niger, elytris fasciis duabus cinereis: baseos majore undata. *Fabr. sp. inf.* 1. *p.* 169. *n.* 45. *mant. inf.* 1. *p.* 102. *n.* 60.
Habitat in Kilonii *plantis.*

lythri. 142. C. ater, elytris fascia media abbreviata punctoque posteriore albis, pedibus flavis. *Fabr. mant. inf.* 1. *p.* 102. *n.* 61.

Habitat in Uplandiae *floribus lythri*, *parvus*.

quinquemaculatus. 30. C. griseus, coleoptris maculis quinque albis. *Fn. suec.* 601.*

Habitat in Europa.

pericarpius. 31. C. subglobosus nebulosus, elytrorum sutura basi alba. *Fabr. sp. inf.* 1. *p.* 167. *n.* 37. *mant. inf.* 1. *p.* 101. *n.* 49. *Syst. nat.* XII. 2. *p.* 609. *n.* 31. *Fn. suec.* 602.* Curculio longirostris subglobosus nebulosus, coleoptris macula cordata alba.

Habitat in scrophulariae *pericarpiis*.

sisymbrii. 143. C. albo-fuscoque varius, elytris puncto baseos elevato atro, rostro nigro. *Fabr. sp. inf.* 1. *p.* 168. *n.* 38. *mant. inf.* 1. *p.* 101. *n.* 50.

Habitat Kilonii, *in sisymbrio amphibio*.

capreae. 144. C. coleoptris fasciis duabus abbreviatis undatis albis. *Fabr. sp. inf.* 1. *p.* 168. *n.* 39. *mant. inf.* 1. *p.* 101. *n.* 51.

Habitat in Angliae *salice caprea*, *parvus*.

Rana. 145. C. thorace fusco: limbo testaceo, elytris testaceis: fasciis tribus undatis cinereis. *Fabr. mant. inf.* 1. *p.* 101. *n.* 52.

Habitat Kilonii, *parvus*, *gibbus*.

paraplecticus. 34. C. cylindricus subcinereus, elytris mucronatis. *Fn. suec.* 604.* *Fabr. sp. inf.* 1. *p.* 172. *n.* 62. *mant. inf.* 1. *p.* 103. *n.* 77.

Fn. suec. 445. *It. scan.* 184. Curculio fuscus oblongus, elytris rectis acuminatis.

Geoffr. inf. par. 1. *p.* 279. Curculio oblongus &c.

Degeer inf. 5. *p.* 224. *n.* 18. *t.* 7. *f.* 8. Curculio phellandrii.

Schreber Samml. 11. *p.* 336. *t.* 4.

Sulz. hist. inf. t. 4. *f.* 7.

Schaeff. ic. t. 44. *f.* 1.

Habitat in Europae et Sibiriae *umbellatis aquaticis*, *praesertim phellandrio*, *larva intra caulem*, *saepe sub aqua latente*, *et paraplegiae*, *ut fertur*, *apud equos caussa*, *suis stercore antidoto*.

146. C.

umbellatarum. 146. C. thorace nigro cinereo lineato, elytris mucronatis griseis. *Fabr. mant. inf.* 1. *p.* 103. *n.* 78.
Habitat in Barbariae *umbellatis*, *statura fere paraplectici*, *at duplo fere minor.*

filiformis. 147. C. cylindricus subcinereus, thorace lineis tribus fuscis. *Fabr. sp. inf.* 1. *p.* 172. *n.* 63. *mant. inf.* 1. *p.* 103. *n.* 79.
Habitat in Italia, *statura paraplectici*, *at quadruplo minor.*

cylindricus. 148. C. cylindricus supra niger, elytris acuminatis: fascia pallida. *Fabr. sp. inf.* 1. *p.* 172. *n.* 64. *mant. inf.* 1. *p.* 103. *n.* 80.
Habitat in Sibiria, *statura paraplectici*, *sed minor.*

notatus. 149. C. thorace fusco: punctis quatuor albis, elytris fuscis: fascia sesquialtera testacea. *Fabr. mant. inf.* 1. *p.* 103. *n.* 81.
Habitat in Barbariae *plantis*, *cylindricus.*

barbirostris. 150. C. niger, rostro barbato, tibiis anterioribus tridentatis. *Fabr. sp. inf.* 1. *p.* 172. *n.* 65. *mant. inf.* 1. *p.* 104. *n.* 82. *Seb. muf.* 4. *t.* 95. *f.* 5.
Habitat in America *australi*, *et* India.

angustatus. 151. C. cylindricus ater, elytris obtusis punctatis. *Fabr. sp. inf.* 1. *p.* 172. *n.* 66. *mant. inf.* 1. *p.* 104. *n.* 83.
Herbst apud Fuessli arch. inf. 4. *p.* 71. *n.* 18. *t.* 24. *f.* 7.
Habitat rarior in Anglia.

bardanae. 152. C. cylindricus griseo tomentosus, pedibus anterioribus elongatis. *Fabr. mant. inf.* 1. *p.* 104. *n.* 84.
Habitat Dresdae *in arctio lappa*, *statura et magnitudine paraplectici.*

anguinus. 35. C. cylindricus canus, fusco lineatus.
Habitat in Germania, *statura paraplectici*, *subtus pedibusque canus nigro punctatus; rostro magis arcuato*, *elytris longitudinaliter duplici serie punctorum excavatorum minutissimorum ornatis*, *apice mucronatis.*

Ascanii. 36. C. cylindricus ater, lateribus subcaerulescentibus. *Fabr. sp. inf.* 1. *p.* 173. *n.* 67. *mant. inf.* 1. *p.* 104. *n.* 85.
Herbst apud Fuessli arch. inf. 4. *p.* 71. *n.* 19. *t.* 24. *f.* 8.
β) Curculio cylindricus. *Herbst apud Fuessli arch. inf.* 4. *p.* 71. *n.* 20.

Habitat

Habitat in Europa *australi, statura paraplectici, subtus canescens, elytris acutis.* Ascanius.

lineola. 153. C. cylindricus niger, elytris vitta testacea. *Fabr. sp. inf.* 1. *p.* 173. *n.* 68. *mant. inf.* 1. *p.* 104. *n.* 86.
Habitat in nova Hollandia.

linearis. 154. C. elongatus niger, antennis pedibusque piceis, rostro basi attenuato. *Fabr. sp. inf.* 1. *p.* 173. *n.* 69. *mant. inf.* 1. *p.* 104. *n.* 87.
Habitat Argentorati, *rarior totus ferrugineus.* Hermann.

crassipes. 155. C. femoribus anterioribus subclavatis, corpore atro. *Fabr. sp. inf.* 1. *p.* 173. *n.* 70. *mant. inf.* 1. *p.* 104. *n.* 88.
Habitat Argentorati. Hermann.

atriplicis. 156. C. elongatus ater, thorace nitido, elytris striatis obtusis. *Fabr. sp. inf.* 1. *p.* 173. *n.* 71. *mant. inf.* 1. *p.* 104. *n.* 89.
Habitat in littoris Kiloniensis *et* Norwegici *atriplice littorali.*

Bacchus. 38. C. cupreus, rostro plantisque nigris. *Fabr. sp. inf.* 1. *p.* 165. *n.* 22. *mant. inf.* 1. *p.* 99. *n.* 29.
Geoffr. inf. par. 1. *p.* 270. *n.* 4. Rhinomacer niger &c.
Sulz. hist. inf. t. 4. *f.* 4.
Schaeff. ic. t. 37. *f.* 13.
Habitat in Europae *magis australis vite, corylo, supra subvillosus.*

betulae. 39. C. corpore viridi-aurato, subtus concolore. *Fn. suec.* 605.* *Fabr. sp. inf.* 1. *p.* 165. *n.* 25. *mant. inf.* 1. *p.* 99. *n.* 30.
Degeer inf. 5. *p.* 248. *n.* 5. *t.* 7. *f.* 25. Curculio longirostris, antennis rectis nigris &c.
Geoffr. inf. par. 1. *p.* 270. *n.* 2. Rhinomacer totus viridi-caeruleus.
Frisch inf. 12. 17. *t.* 8. *f.* 2.
Sulz. hist. inf. t. 4. *f.* 5.
Schaeff. ic. t. 6. *f.* 4.
Habitat in betula alba, *et frequentissimus in* vite, *folia contorquens, aliquando totus caeruleus, alterius sexus thorace antrorsum spinoso.*

populi. 40. C. corpore viridi-ignito, subtus atro-caerulescente. *Fn. suec.* 606. *Fabr. sp. inf.* 1. *p.* 166. *n.* 24. *Fabr. mant. inf.* 1. *p.* 99. *n.* 31.

Degeer

Degeer inf. 5: *p.* 249. *n.* 37. Curculio longirostris, antennis rectis nigris &c.

Geoffr. inf. par. 1. *p.* 270. *n.* 3. Rhinomacer viridi-auratus, subtus nigro-violaceus.

Habitat in betula, populo, *alterius sexus thorace antrorsum spinoso.*

bicolor. 157. C. niger, thorace elytrisque rufis. *Fabr. sp. inf.* 1. *p.* 166. *n.* 25. *mant. inf.* 1. *p.* 99. *n.* 32.

Habitat in America.

[c]aeruleo-[c]ephalus. 158. C. violaceus nitens, thorace elytrisque testaceis. *Schall. Abh. der hall. Naturf. Gef.* 1. *p.* 282. *Fabr. mant. inf.* 1. *p.* 99. *n.* 33.

Habitat in Saxoniae *crataego, statura bicoloris.*

murinus. 159. C. ovatus niger flavo-irroratus. *Schall. Abh. der hall. Naturf. Gef.* 1. *p.* 280.

Habitat Halae Saxonum *gregarius in urticis, c. jaceae affinis, c. pini magis ovatus.*

parisinus. 160. C. elytris thoraceque viridibus, rostro pedibusque nigris. *Thunb. nov. act. Upf.* 4. *p.* 16. *n.* 27.

Habitat Lutetiis Parisiorum, *pediculo duplo major, oblongo-cylindricus.*

cylindroi-des. 161. C. elongatus flavo irroratus, elytris punctato-striatis apice obtusiusculis. *Sparrm. nov. act. Stockh.* 1785. *p.* 38. *n.* 1.

Habitat ad caput bonae spei, *paraplectico affinis.*

[illegible] 162. C. thorace subgloboso: spinulis brevioribus trifariis apice pertusis, elytrisque nigricantibus albo-lineatis. *Sparrm. nov. act. Stockh.* 1785. *p.* 38. *n.* 2.

Habitat ad caput bonae spei, *subtus cinereo-pubescens.*

[illegible] 163. C. ater thorace scabro, antennis utrinque cicatrice notato, elytris punctato-striatis. *Sparrm. nov. act. Stockh.* 1785. *p.* 39. *n.* 3.

Habitat ad caput bonae spei, *subtus griseo-pubescens, antennarum clava sericeo-argentea.*

[illegible] 164. C. thorace utrinque subspinoso, femoribus ad apicem cingulo griseo notatis, tibiis fere omnibus dentatis. *Sparrm. nov. act. Stockh.* 1785. *p.* 40. *n.* 10.

α) Curα) Curculio totus ex fusco cinereus.

β) Curculio elytris cinereo-nebulosis: maculis utrinque obliquis oblongis cinereis.

Habitat ad caput bonae spei.

ulicis. 165. C. cinereus, abdomine ovato, antennis, tarsis, tibiis omnibus et femoribus primi paris rufis. *Forst. nov. inf. sp.* 1. *p.* 31. *n.* 31.

Habitat in Anglia, *in floribus ulicis europaei, primo vere conspicuus, vix pediculi magnitudine.*

latus. 166. C. ater depressus flavo irroratus thorace granulato: linea media elevata transversa, elytris sulcatis. *Herbst apud Fuessli arch. inf.* 4. *p.* 71. *n.* 21. *t.* 24. *f.* 9.

Habitat in Hungaria, *c. Ascanii affinis.*

rumicis. 60. C. griseus nigro-nebulosus, antennis fuscis. *Fn. suec.* 590. *Fabr. sp. inf.* 1. *p.* 170. *n.* 55. *mant. inf.* 1. *p.* 103. *n.* 73. *Degeer inf.* 5. *p.* 231. *n.* 20. *t.* 7. *f.* 10. 11. *Raj inf.* 85. *n.* 36.

Habitat in Europae *rumice.*

ungaricus. 167. C. niger, thorace elytrisque purpureis. *Herbst apud Fuessli arch. inf.* 4. *p.* 71. *n.* 22. *t.* 24. *f.* 10.

Habitat in Hungaria, *statura et magnitudine bacchi.*

cyanocephalus. 168. C. niger villosus, capite chalybeo, thorace rubro, elytris subspadiceis punctato striatis, femoribus virescentibus. *Herbst apud Fuessli arch. inf.* 4. *p.* 72. *n.* 23. *t.* 24. *f.* 11.

Habitat frequens in Marchiae *betula, 2 lineas longus.*

striatus. 169. C. cinereo-pubescens, thoracis striis tribus albidis, elytrorum totidem nigris. *Herbst apud Fuessli arch. inf.* 4. *p.* 72. *n.* 25. *t.* 24. *f.* 13.

Habitat Berolini, *rarior, 3 circiter lineas longus, c. polygoni proxime affinis.*

canus. 170. C. subglobosus cinereo-pubescens, elytris abbreviatis. *Herbst apud Fuessli arch. inf.* 5. *p.* 73. *n.* 26. *t.* 24. *f.* 14. c.

Habitat Berolini.

cruciger. 171. C. nigerrimus, antennarum basi tarsisque fuscis, elytris abbreviatis striatis albo maculatis. *Herbst apud Fuessli arch. inf.* 5. *p.* 73. *n.* 27. *t.* 24. *f.* 15.

Habitat Berolini, *2 circiter lineas longus.*

Grus. 172. C. niger, ſubtus cinereus, thorace elytrisque punctato-ſtriatis ſcabris, femoribus clavatis. *Herbſt apud Fueſſli arch. inſ. 5. p. 73. n. 28.*
Habitat in Pomerania, *vix ſesquilineam longus.*

alauda. 173. C. cinereus, ſubgloboſus thoracis dorſo faſcia transverſa maculisque nigris, pedibus fuſcis. *Herbſt apud Fueſſli arch. inſ. 5. p. 74. n. 29. t. 24. f. 16. f.*
Habitat in Pomerania.

urticarius. 174. C. fuſcus: faſciis villoſis albidis undulatis, pedibus fulvis. *Herbſt apud Fueſſli arch. inſ. 5. p. 74. n. 30.*
Habitat in Pomerania, *vix pulicis magnitudine.*

Punctum album. 175. C. nigerrimus, ſubtus et ad latera ochroleuco irroratus, antennis fulvis, elytrorum ſutura puncto medio albo. *Herbſt apud Fueſſli arch. inſ. 5. p. 74. n. 31. t. 24. f. 17.*
Habitat in nymphaeae luteae *floribus, magnitudine et ſtructura c. ſcrophulariae.*

albovittatus. 176. C. flavo-cinereus, elytris vitta utrinque alba, roſtro nigro. *Herbſt apud Fueſſli arch. inſ. 5. p. 74. n. 32.*
Habitat in Marchia.

Lineola alba. 177. C. convexus piceus, elytris ſtriatis albo villoſis: ſuturae linea alba abbreviata. *Herbſt apud Fueſſli arch. inſ. 5. p. 74. n. 33.*
Habitat in Marchia, *pulicis magnitudine.*

verſicolor. 178. C. piceus albido-pubeſcens, roſtro nigro. *Herbſt apud Fueſſli arch. inſ. 5. p. 75. n. 34.*
Habitat in Marchia, *ſtatura et magnitudine granari.*

melas. 179. C. anguſtus nigerrimus, tenuiſſime punctatus. *Herbſt apud Fueſſli arch. inſ. 7. p. 166. n. 94.*
Habitat in Auſtria, *vix ſesquilineam longus.*

roſarum. 180. C. ſubgloboſus niger albido-pubeſcens, elytris ſtriatis. *Herbſt apud Fueſſli arch. inſ. 7. p. 167. n. 97.*
Habitat Berolini, *ſesquilineam longus.*

quadripunctatus. 181. C. griſeus, thorace lineis duabus, elytris punctis quatuor albis. *Lepechin it. 2. p. 204. t. 11. f. 23.*
Habitat in Ruſſia *auſtrali.*

varius. 182. C. albo nigroque varius, elytris apice acuminatis. *Lepech. it.* 2. *p.* 204. *t.* 11. *f.* 33.
Habitat in Russia *australi.*

piceus. 183. C. piceus, elytris abdomen aequantibus. *Pall. it.* 1. *app. n.* 34. *inf. muf.* 1. *p.* 23. *t.* B. *f.* 3.
Habitat in muria lacus Inderiensis, *c. palmarum affinis, at quadruplo minor.*

nomas. 184. C. oblongus, subtus albo-tomentosus, elytris canescentibus: striis punctato-sulcatis. *Pall. it.* 1. *app. n.* 31.
Habitat in Sibiria.

picatus. 185. C. oblongus ex nigro piceus, antennis fuscis. *Degeer inf.* 5. *p.* 221. *n.* 14.
Habitat - - - $4\frac{1}{4}$ *lineam longus.*

gibbosus. 186. C. ovatus niger, elytris tuberculatis, posterius cinereis. *Degeer inf.* 5. *p.* 224. *n.* 17.
Habitat - - - $2\frac{1}{2}$ *lineas longus.*

castaneus. 187. C. oblongus castaneus, subtus niger, elytris striato-punctatis gibbosis. *Degeer inf.* 5. *p.* 231. *n.* 19.
Habitat - - - $3\frac{1}{2}$ *lineas longus.*

fasciatus. 188. C. cinereus oblongus, fasciis longitudinalibus dilutioribus. *Fn. suec. ed.* 2. *n.* 2274. *Degeer inf.* 5. *p.* 234. *n.* 21.
Habitat - - -

naevius. 189. C. ovatus griseus, thorace fasciis, elytris macula magna punctisque fuscis. *Degeer inf.* 5. *p.* 237. *n.* 24. *t.* 7. *f.* 17. 18.
Habitat in plantagine, *Julii fine frequens.*

rostratus. 190. C. oblongus rufus, capite elytrisque viridi-caeruleis nitidis. *Degeer inf.* 5. *p.* 252. *n.* 42. *t.* 7. *f.* 27. 28.
Habitat in Sueciae *hortis.*

melanocephalus. 191. C. subglobosus fuscus, capite rostroque nigris, elytris gibbis. *Degeer inf.* 5. *p.* 272. *n.* 6. *t.* 15. *f.* 27.
Habitat Surinami, 4 *lineas longus.*

frugilegus. 192. C. oblongus castaneus coleoptris thoracem aequantibus: maculis quatuor rufis. *Degeer inf.* 5. *p.* 273. *n.* 7.
Habitat Surinami *et in* Oriente, *parvus, fruges consumens.*

193. C.

An species a Schaeffero ic. t. 56. *f.* 4. *et t.* 95. *f.* 6. 7. *depictae, testaceus et Schaefferi hujus ordinis?*

palveru-lentus. 193. C. fuscus, thorace granulato, elytris transversim rugosis. *Scop. ent. carn. n.* 75.
Habitat in Carniola.

centau-reae. 194. C. ovatus fuscus subrufo-villosus, rostro deflexo marginato: linea ad apicem elevata media. *Scop. ent. carn. n.* 76.
Habitat in centaureis.

auratus. 195. C. viridi-auratus, antennis rostrique apice dilatato nigris. *Scop. ent. carn. n.* 77.
Habitat in Carniolia.

icosan-driae. 196. C. atro-caeruleus, rostro porrecto, elytris octo-striatis. *Scop. ent. carn. n.* 87.
Habitat in plantis icosandris.

oleraceus. 197. C. globosus nigricans, elytris puncto lunulaque apicis albis. *Scop. ent. carn. n.* 88.
Habitat in Carniolia.

pellucens. 198. C. flavicans, oculis rostrique apice nigris. *Scop. ann. hist. nat.* 5. *p.* 90. *n.* 41.
Habitat circa Schemniz Hungariae, *vix* 2 *lineas longus.*

gibbus. 199. C. ovatus niger, elytris violaceis sulcatis. *Müll. zool. dan. prodr. p.* 90. *n.* 1014.
Habitat in Dania.

similis. 200. C. ater, elytris ovatis punctato-striatis. *Müll. zool. dan. prodr. p.* 90. *n.* 1015.
Habitat in Dania.

nemora-lis. 201. C. niger, oculis fuscis, elytris punctato-striatis. *Müll. zool. dan. prodr. p.* 90. *n.* 1016.
Habitat in Daniae *nemoribus.*

politus. 202. C. niger, elytris cyaneis striatis nitidis. *Müll. zool. dan. prodr. p.* 90. *n.* 1017.
Habitat in Dania.

ochropus. 203. C. niger ovatus, femoribus ex flavo rufis. *Müll. zool. dan. prodr. p.* 90. *n.* 1018.
Act. Nidros. 4. 15.
Habitat in Scandinavia.

griseus. 204. C. oblongus cinereus, antennis rufis. *Müll. zool. dan. prodr. p.* 88. *n.* 974.
Habitat in Dania.

nitens. 205. C. oblongus ex nigro violaceus; thorace elytrisque ex nigro virentibus. *Müll. zool. dan. prodr. p.* 88. *n.* 975. *Habitat in* Dania.

arvensis. 206. C. griseus, thorace trilineato, elytris rufis obscure tessellatis. *Müll. zool. dan. prodr. p.* 88. *n.* 978. *Habitat in* Dania.

tuberculatus. 207. C. niger, thorace rugoso, elytris lineis tuberculisque muricatis. *Müll. zool. dan. prodr. p.* 88. *n.* 979. *Habitat in* Dania.

glaucus. 208. C. niger, thorace utrinque linea pallida, tibiis rufis. *Müll. prodr. zool. dan. p.* 88. *n.* 989. *Habitat in* Dania.

trifolii. 209. C. niger, femoribus pallidis, abdomine albo. *Syst. nat.* XII. 3. *add. p.* 224. *Habitat in* trifolii montani *spicis, intra quas declaratur, pulicis magnitudine.*

longus. 210. C. angustus elongatus niger, thorace fasciis quatuor albicantibus. *Geoffr. inf. par.* 1. *p.* 269. *n.* 1. *Habitat in* Gallia.

fuliginosus. 211. C. ex atro fuscus glaber punctato-striatus. *Geoffr. inf. par.* 1. *p.* 271. *n.* 6. *Habitat in* Gallia.

teres. 212. C. ex nigro viridescens oblongus striatus. *Geoffr. inf. par.* 1. *p.* 272. *n.* 7. *Habitat in* Gallia.

Pulex. 213. C. subglobosus villosus niger, pedibus elytrisque rufis. *Geoffr. inf. par.* 1. *p.* 272. *n.* 9. *Habitat in* Gallia.

rugosus. 214. C. totus fuscus rugosus. *Geoffr. inf. par.* 1. *p.* 278. *n.* 2. *Habitat in* Gallia.

sulcatus. 215. C. fusco-nebulosus, thorace sulcato, elytris striatis. *Geoffr. inf. par.* 1. *p.* 278. *n.* 3. *Habitat in* Gallia.

carduelis. 216. C. niger striatus, maculis villoso-fuscis nebulosis. *Geoffr. inf. par.* 1. *p.* 281. *n.* 8. *Habitat in* Galliae *carduis.*

napo-brassicae. 217. C. ex atro cinereus, capite globoso, rostro elytrisque nigris, antennis fuscis. *Bjerkander nov. act. Stockh.* 1780. 3. *n.* 4. *p.* 185.
Habitat in napobrassicae *caulibus, quos exedit, lineam longus, an hujus ordinis?*

erythropus. 560. C. griseus, elytris striatis, rostro pedibusque nigris, tibiis apice incurvis plantisque rubris. *Mus. Lesk. p.* 18. *n.* 385.
Habitat in Europa.

chalybeus. 561. C. glaber nigro-caerulescens, rostro arcuato, thorace punctato, elytris striatis. *Mus. Lesk. p.* 18. *n.* 388.
Habitat in Europa.

crenulatus. 562. C. niger glaber, rostro longitudine corporis, elytris striatis; striis profunde crenatis. *Mus. Lesk. p.* 19. *n.* 390.
Habitat - - -

foveolatus. 563. C. viridi-aureus, rostro pedibusque nigris, abdomine violaceo elytris profunde punctatis, antennas inter oculosque fovea oblonga. *Mus. Lesk. p.* 19. *n.* 391.
Habitat in Europa.

virens. 564. C. cylindricus viridis nitens, rostro pedibusque cupreis. *Mus. Lesk. p.* 19. *n.* 392.
Habitat in Europa.

crassicornis. 565. C. niger, rostro compresso, antennis non fractis apice crassioribus, thorace elytrisque levissime punctatis. *Mus. Lesk. p.* 19. *n.* 393.
Habitat in Europa.

glabratus. 566. C. niger glaber, elytris nigro-aeneis striatis. *Mus. Lesk. p.* 19. *n.* 398.
Habitat in Europa, *statura c. alliarii.*

atomarius. 567. C. fuscus, elytris striatis: atomis griseis pilosis. *Mus. Lesk. p.* 19. *n.* 399.
Habitat in Europa.

striatulus. 568. C. niger, elytris sulcatis. *Mus. Lesk. p.* 19. *n.* 400.
Habitat in Europa, *statura aterrimi.*

rugosus. 569. C. fuscus, elytris rugosis, tibiis ferrugineis. *Mus. Lesk. p.* 19. *n.* 405.
Habitat in Europa.

crinitus. 570. C. niger globosus griseo pilosus, rostro glabro incurvo, elytris striatis. *Mus. Lesk. p.* 19. *n.* 407.
Habitat in Europa.

haematopus. 571. C. niger, thorace punctato, elytris striis crenatis, antennis tibiisque sanguineis. *Mus. Lesk. p.* 19. *n.* 417.
Habitat in Europa.

†† *femoribus posterioribus incrassatis*, saltatorii.

quercus. 25. C. pallide flavus, oculis nigris. *Fn. suec.* 596.* *Uddm. diss.* 25.
Fabr. sp. inf. 1. *p.* 184. *n.* 126. *mant. inf.* 1. *p.* 110. *n.* 155. Curculio (viminalis) longirostris, femoribus saltatoriis, corpore testaceo.
Degeer inf. 5. *p.* 260. *n.* 48. *t.* 8. *f.* 5. Curculio ulmi.
Geoffr. inf. par. 1. *p.* 286. *n.* 19. Curculio rufus.
Reaumur inf. 3. 31. *t.* 3. *f.* 17. 18.
Habitat in Europae *salicis*, *ulmi*, *quercus foliis*, *inter venas majores subcutaneus*, *folia maculans*, *magnitudine pediculi.*

multidentatus. 572. C. rufus, oculis nigris, pedibus posterioribus multidentatis. *Mus. Lesk. p.* 20. *n.* 441.

meticulosus. 218. C. griseo fuscus, subtus elytrisque posterius albidus villosus, rostro inflexo nigro. *Sparrm. nov. act. Stockh.* 1785. 1. *n.* 4. *p.* 40. *n.* 8.
Habitat ad caput bonae spei.

pudicus. 219. C. pallide griseus, rostro inflexo sanguineo, capite pedibusque rubicundis, elytris striatis. *Sparrm. nov. act. Stockh.* 1785. 1. *n.* 4. *p.* 40. *n.* 9.
Habitat ad caput bonae spei.

ilicis. 220. C. nigricans, elytris striatis cinereo variis. *Fabr. mant. inf.* 1. *p.* 110. *n.* 156.
Habitat in Uplandiae *quercu*, *parvus*, *statura c. quercus.*

Jota. 221. C. ater, elytris striatis, sutura basi alba. *Fabr. mant. inf.* 1. *p.* 110. *n.* 157.
Habitat in Uplandia, *parvus.*

alni. 42. C. niger, elytris testaceis: maculis duabus obscuris. *Fn. suec.* 608.* *Fabr. sp. inf.* 1. *p.* 183. *n.* 123. *mant. inf.* 1. *p.* 110. *n.* 151.

Fn.

Fn. suec. 1. *n.* 473. Curculio lividus, coleoptris maculis quatuor obscuris.
Geoffr. ins. par. 1. *p.* 286. *n.* 20. Curculio rufus.
Degeer ins. 5. *p.* 262. *n.* 49. Curculio alni saltator.
Habitat in Europae *alno.*

pilosus. 222. C. niger, cinereo variegatus. *Fabr. sp. inf.* 1. *p.* 183. *n.* 124. *mant. ins.* 1. *p.* 110. *n.* 152.
Habitat in Anglia, *parvus.*

Calcar. 223. C. niger, femoribus unidentatis, antennis plantisque testaceis. *Fabr. mant. ins.* 1. *p.* 110. *n.* 153.
Habitat Kilonii, *parvus.*

salicis. 43. C. elytris atris: fasciis duabus albis. *Fn. suec.* 610.* *Fabr. sp. ins.* 1. *p.* 183. *n.* 125. *mant. ins.* 1. *p.* 110. *n.* 154.
Degeer ins. 5. *p.* 264. *n.* 51.
Habitat in salicis *floribus.*

fagi. 44. C. corpore atro, femoribus pallidis. *Fn. suec.* 609. *It. scan.* 111. *Scop. ent. carn.* 73. *Fabr. sp. ins.* 1. *p.* 184. *n.* 127. *mant. ins.* 1. *p.* 110. *n.* 158.
Habitat in fagi sylvaticae *foliis.*

segetis. 45. C. corpore piceo, elytris oblongis. *Fn. suec.* 611.
Habitat in agris super spicas.

rhei. 279. C. ater opacus, thorace subpunctato, elytris punctato-striatis, subtus albido-pubescentibus. *Herbst apud Fuessli arch. ins.* 5. *p.* 78. *n.* 50.
Habitat Berolini, *sine rostro* 3 *lineas longus.*

rhamni. 280. C. ater opacus, rostro nitido, thorace grundato, elytris subsulcatis. *Herbst apud Fuessli arch. ins.* 5. *p.* 78. *n.* 51.
Habitat in Marchia, *absque rostro* 4 *lineas longus, c. rhei similis.*

curvirostris. 282. C. nigricans albido-pubescens, thorace punctato, elytris striatis, rostro incurvo, antennarum clavis fuscis. *Herbst apud Fuessli arch. ins.* 5. *p.* 78. *n.* 53.
Habitat in Marchia, $1\frac{1}{2}$ *lineam longus.*

Vanellus. 283. C. capite thoraceque subvilloso brevibus elytris striatis, pedibus fuscescentibus. *Herbst apud Fuessli arch. ins.* 5. *p.* 79. *n.* 55. *t.* 24. *f.* 23. I.
Habitat Berolini, *vix lineam superans.*

arator. 284. C. *subovatus, thorace fusco: lineis tribus pallidis, elytrorum sutura nigro dentata, pedibus fuscis. Mant. p.* 531.
Habitat - - - cimicis magnitudine.

maricatus. 285. C. ex fusco nigricans, elytris verrucoso-striatis, femoribus unidentatis. *Drury inf.* 2. *t.* 34. *f.* 4.

varicosus. 454. C. elytris connatis sulcatis supra sextuberculatis, posterius bimucronatis. *Pall. inf. Ross.* 1. *p.* 22. *t.* B. *f.* 1.
Habitat in America *meridionali, inter maximos congenerum, vaginali affinis, ater.*

rhynchoceros. 455. C. elytris connatis tuberculatis mucronatis, rostro basi bicorni. *Pall. inf. Ross.* 1. *p.* 23. *t.* B. *f.* 2.
Habitat in America, *varicoso paulo brevior et latior.*

exesus. 456. C. corpore nigro lutescente irrorato, thorace elytrisque maculis exesis albis. *Pall. inf. Ross.* 1. *p.* 33. *t.* H. *f.* B. 15.
Habitat Surinami, *germano affinis, at major.*

danubialis. 478. C. elytris cervinis: punctis nigris sparsis.
Habitat in insulis danubialibus Viennensibus *in corticibus arborum,* 2 *lineas longus.*

††† *femoribus dentatis.*

aterrimus. 10. C. ater, elytris nitidis. *Fn. suec.* 582.* *Fabr. sp. inf.* 1. *p.* 179. *n.* 103. *mant. inf.* 1. *p.* 108. *n.* 132.
Habitat in Europae *plantis frequentissimus, statura et magnitudine ocelliariae.*

cerasi. 11. C. ater, elytris opacis oblongis. *Fn. suec.* 583. *Scop. ent. carn.* 84. *Fabr. sp. inf.* 1. *p.* 179. *n.* 104. *mant. inf.* 1. *p.* 108 *n.* 133.
Geoffr. inf. par. 1. *p.* 299. *n.* 48. Curculio niger, thorace utrinque dentato.
Frisch inf. 11. 31. *t.* 23. *f.* 1. 3.
Habitat in cerasi pyrique *foliis, epidermidem exedens, commaculans,* 1750 *in Suecia frequentissimus.*

beccabungae. 41. C. niger, elytris rufis: margine omni nigro. *Fabr. mant. inf.* 1. *p.* 108. *n.* 130.
Syst. nat. XII. 2. *p.* 614. *n.* 41. *Fn. suec.* 607.* Curculio fuscus, elytris subsanguineis: margine anoque fuscis?
Habitat in Sueciae *beccabunga, magnitudine et statura c. cerasi.*

224. C.

Troglo-
dytes.
224. C. thorace linea dorſali cinerea, elytris pedibusque teſtaceis, pedibus fuſcis. *Fabr. mant. inſ.* I. *p.* 108. *n.* 131.
Habitat Kilonii, *parvus.*

lapathi.
20. C. albo nigroque varius, thorace elytrisque muricatis. *Fn.
ſuec.* 591.* *Fabr. ſp. inſ.* I. *p.* 176. *n.* 86. *mant. inſ.* I. *p.*
106. *n.* 109.
Degeer inſ. 5. *p.* 223. *n.* 16. *t.* 7. *f.* 1. 2. Curculio albi
caudis.
Habitat in Europae *ſalicibus et rumicibus, pectoris lateribus
elytrisque poſterius albidis.*

Arrora-
ta.
225. C. albus ſupra fuſcus albo maculatus, femoribus fuſco annulatis. *Fabr. mant. inſ.* I. *p.* 106. *n.* 110.
Habitat in Cayenna, *ſtatura et magnitudine* C. lapathi.

ſexgutta-
tus.
226. C. niger, elytris maculis tribus albis. *Fabr. ſp. inſ.* I.
p. 176. *n.* 87. *mant. inſ.* I. *p.* 106. *n.* 111.
Habitat in America.

luridus.
227. C. ovatus obſcure niger, elytris punctato-ſtriatis. *Fabr.
ſp. inſ.* I. *p.* 176. *n.* 88. *mant. inſ.* I. *p.* 106. *n.* 112.
Habitat in nova Hollandia.

ſtolidus.
228. C. fuſcus, tibiis poſterioribus incurvis dentatis. *Fabr.
ſp. inſ.* I. *p.* 176. *n.* 89. *mant. inſ.* I. *p.* 106. *n.* 113.
Habitat ad caput bonae ſpei, *mediae magnitudinis.*

medita-
bundus.
229. C. elytris ſtriatis, poſterius acuminatis. *Fabr. ſp. inſ.* I.
p. 176. *n.* 90. *mant. inſ.* I. *p.* 106. *n.* 114.
Habitat in nova Hollandia.

ſtupidus.
230. C. niger, thoracis lateribus rotundatis, elytris ſubſpinoſis.
Fabr. ſp. inſ. I. *p.* 177. *n.* 91. *mant. inſ.* I. *p.* 107. *n.* 115.
Habitat in nova Hollandia.

mangiſe-
rae.
231. C. griſeus thorace linea punctisque duobus dorſalibus albis. *Fabr. ſp. inſ.* I. *p.* 177. *n.* 92. *mant. inſ.* I. *p.* 107.
n. 116.
Habitat in mangiferae *nucleis.*

ſaltus.
232. C. griſeus, elytris macula communi lunata cinerea, roſtro
atro. *Fabr. mant. inſ.* I. *p.* 107. *n.* 117.
Habitat in Coromandel, *c. mangiferae minor.*

squalidus. 233. C. villoso-griseus, rostro testaceo. *Fabr. sp. ins.* 1. *p.* 177. *n.* 93. *mant. ins.* 1. *p.* 107. *n.* 118.
Habitat Surinami, *mediae magnitudinis.*

pomorum. 46. C. femoribus anterioribus dentatis, corpore griseo nebuloso. *Fn. suec.* 612.* *Fabr. sp. ins.* 1. *p.* 181. *n.* 115. *mant. ins.* 1. *p.* 109. *n.* 145.
Frisch ins. 1. *p.* 32. *t.* 8. Curculio in floribus arborum.
Habitat in pomonae *floribus.*

ovalis. 47. C. corpore ovato nigro albo maculato. *Fn. suec.* 613.
Habitat in Europa.

carbonarius. 48. C. corpore nigro oblongo, elytris striatis. *Fn. suec.* 614. *Scop. ent. carn.* 29.
Herbst apud Fuessli arch. ins. 5. *p.* 27. *n.* 47. *t.* 24. *f.* 21.
Habitat in Europa. Solander.

mucoreus. 49. C. femoribus quatuor anterioribus dentatis, elytris polline flavescentibus, supra apicem gibbosis. *Mus. Lud. Ulr.* 53.* *Gron. mus.* 589.* *Fabr. sp. ins.* 1. *p.* 173. *n.* 74. *mant. ins.* 1. *p.* 104. *n.* 92.
Habitat in America *australi et* India.

jamaicensis. 234. C. obscurus scaber, thorace utrinque fasciculato tuberculato, elytris striatis. *Fabr. sp. ins.* 1. *p.* 173. *n.* 73. *mant. ins.* 1. *p.* 104. *n.* 91.
Habitat in America *meridionali, magnus.*

bidens. 235. C. niger, femoribus posterioribus dentatis, elytris unispinosis. *Fabr. sp. ins.* 1. *p.* 173. *n.* 72. *mant. ins.* 1. *p.* 104. *n.* 90.
Habitat in nova Seelandia.

pusio. 50. C. femoribus quatuor posterioribus dentatis, elytris striatis nigris: linea repanda grisea. *Mus. Lud. Ulr.* 46.* *Fabr. sp. ins.* 1. *p.* 174. *n.* 75. *mant. ins.* 1. *p.* 104. *n.* 93.
Habitat in America *australi et* India, *elytrorum linea longitudinali.*

vaginalis. 51. C. elytris striatis: tuberculis sparsis, juxta apicem mucronatis. *Mus. Lud. Ulr.* 47.*
Habitat in America *et* Sibiria.
Pro rostro *fossula in thorace; elytrorum striae ex punctis cavis villosis.*

spinipes. 236. C. niger, thorace lineis duabus, elytris striis quatuor albis, tibiis anterioribus spinosis. *Fabr. sp. inf.* 1. *p.* 174. *n.* 76. *mant. inf.* 1. *p.* 104. *n.* 94.
Habitat in insulis, Americae *meridionali oppositis*, *magnus*.

Bombina. 237. C. ferrugineo-fuscus, elytris striatis: tuberculis elevatis atris. *Fabr. mant. inf.* 1. *p.* 104. *n.* 95.
Habitat in Cayenna, *magnus*.

Scorpio. 238. C. ater, thorace plano basi cinereo, coleoptris tuberculatis acuminatisque, medio cinereis. *Fabr. mant. inf.* 1. *p.* 105. *n.* 96.
Habitat in Cayenna, *magnus*.

Scaber. 239. C. thorace carinato, elytris sulcatis tuberculato-spinosis. *Fabr. sp. inf.* 1. *p.* 174. *n.* 77. *mant. inf.* 1. *p.* 105. *n.* 97.
Habitat in Cayenna.

trifasciatus. 240. C. thorace lineà laterali, elytris albo punctatis: maculisque duabus brunneis. *Fabr. mant. inf.* 1. *p.* 105. *n.* 98.
Habitat in Cayenna, *testaceus c. abietis paulo major.*

cylindrirostris. 241. C. thorace scabro, elytris posterius bituberculatis. *Fabr. sp. inf.* 1. *p.* 174. *n.* 78. *mant. inf.* 1. *p.* 105. *n.* 99.
Habitat in nova Hollandia.

stigma. 52. C. elytris macula magna ferruginea. *Mus. Lud. Ulr.* 48.* *Fabr. sp. inf.* 1. *p.* 174. *n.* 79. *mant. inf.* 1. *p.* 105. *n.* 100.
Habitat in America *australi et* India.

hebes. 242. C. femoribus subdentatis, thorace scabro, elytris sulcatis tuberculatis, ore barbato. *Fabr. sp. inf.* 1. *p.* 174. *n.* 80. *mant. inf.* 1. *p.* 105. *n.* 101.
Habitat ad fluvium Senegal, *mediae magnitudinis.*

depressus. 53. C. thorace depresso, lateribus obtuse angulatis. *Mus. Lud. Ulr.* 49.* *Fabr. sp. inf.* 1. *p.* 181. *n.* 114. *mant. inf.* 1. *p.* 109. *n.* 144.
Seb. mus. 4. *t.* 95. *f.* 4.
Habitat in America *meridionali*, *griseus: punctis nigris glabris prominulis.*

annulatus. 54. C. pallidus, thorace elytrisque strigis nigris. *Mus. Lud. Ulr.* 51.* *Fabr. sp. inf.* 1. *p.* 175. *n.* 81. *mant. inf.* 1. *p.* 105. *n.* 102.

Habitat

Habitat in America *australi et* India, *thoracis striga una, elytrorum duabus.*

caliginosus. 243. C. elytrorum striis punctatis approximatis. *Fabr. sp. ins.* 1. *p.* 175. *n.* 82. *mant. ins.* 1. *p.* 105. *n.* 103.
Habitat in Anglia, *rarior.*

dubius. 244. C. niger, thorace laevi, elytris striatis scabris. *Fabr. mant. ins.* 1. *p.* 106. *n.* 104.
Habitat - - - - *magnus.*

adspersus. 245. C. fulvo irroratus, pedibus anterioribus elongatis. *Fabr. mant. ins.* 1. *p.* 106. *n.* 105.
Habitat in Cayenna, *magnitudine et statura c. cynarae.*

brunneus. 246. C. brunneus, rostro fusco, elytris testaceis punctato striatis. *Fabr. sp. ins.* 1. *p.* 175. *n.* 83. *mant. ins.* 1. *p.* 106. *n.* 106.
Habitat ad caput bonae spei, *magnus.*

abietis. 57. C. elytris fuscis: fasciis duabus linearibus interruptis albidis. *Fn. suec.* 615.* *Fabr. sp. ins.* 1. *p.* 175. *n.* 84. *mant. ins.* 1. *p.* 106. *n.* 107.
It. oel. 26. Curculio subfuscus.
Pet. gazoph. 14. *t.* 8. *f.* 9. Curculio norwegicus.
Degeer ins. 5. *p.* 205. *n.* 1. *t.* 6. *f.* 11.
Schaeff. ic. t. 25. *f.* 1.
Habitat in pini sylvestris *cortice et resina; an alter sexus c. pini?*

reticulatus. 247. C. oblongus piceus, elytris reticulatis: fasciis obliquis pallidis, tibiis anterioribus spinosis. *Fabr. sp. ins.* 1. *p.* 76. *n.* 85. *mant. ins.* 1. *p.* 106. *n.* 108.
Habitat Tranquebariae.

germanus. 58. C. ater, thorace utrinque punctis duobus testaceis. *Fabr. sp. ins.* 1. *p.* 177. *n.* 94. *mant. ins.* 1. *p.* 107. *n.* 119.
Syst. nat. XII. 2. *p.* 613. *n.* 58. Curculio longirostris, femoribus subdentatis, corpore ovato nigro, punctis testaceis adsperso.
Scop. ann. hist. nat. 5. *p.* 91. *n.* 44.
Sulz. hist. ins. 39. *t.* 4. *f.* 8.
Schaeff. ic. t. 25. *f.* 2.
Frisch ins. 13. *p.* 28. *t.* 26.
Habitat in Europa, *frequens in* Germania, *inter maximos europaeos.*

59. C.

nucum. 59. C. corpore griseo longitudine rostri. *Fn. suec.* 616. *Fabr. sp. ins.* 1. *p.* 179. *n.* 156. *mant. ins.* 1. *p.* 108. *n.* 135.
Uddm. diss. 24. Curculio ovatus griseus, rostro filiformi longitudine corporis.
Geoffr. ins. par. 1. *p.* 295. *n.* 42.
Degeer ins. 5. *p.* 205. *n.* 2. *t.* 6. *f.* 14-16.
Roes. ins. 3. *t.* 67. *f.* 5. 6.
Scop. ent. carn. 105.
Poda ins t. 1. *f.* 3.
Schaeff. el. t. 55. *f.* 1.
ic. t. 50. *f.* 4.
Sulz. hist. ins. t. 3. *f.* 22.
Habitat in coryli avellanae *nucibus frequens.*

proboscideus. 248. C. griseus, rostro corpore duplo longiore. *Fabr. sp. ins.* 1. *p.* 180. *n.* 107. *mant. ins.* 1. *p.* 108. *n.* 136.
Habitat in America *boreali, an varietas c. nucum?*

varians. 249. C. griseo nigroque varius, rostro pedibusque rufis. *Fabr. sp. ins.* 1. *p.* 180. *n.* 108. *mant. ins.* 1. *p.* 109. *n.* 137.
Habitat in Cayenna.

cerasorum. 250. C. fuscus, scutello elytrorumque fasciis obsoletis cinereis. *Fabr. sp. ins.* 1. *p.* 180. *n.* 109. *mant. ins.* 1. *p.* 109. *n.* 138.
Habitat in Anglia, *c. nucum triplo minor.*

amoenus. 251. C. ater, thorace punctis duobus, coleoptris quinque niveis. *Fabr. sp. ins.* 1. *p.* 180. *n.* 110. *mant. ins.* 1. *p.* 109. *n.* 139.
Habitat in nova Hollandia.

bicornis. 252. C. femoribus acute dentatis, capite bidentato. *Fabr. sp. ins.* 1. *p.* 180. *n.* 111. *mant. ins.* 1. *p.* 109. *n.* 140.
Habitat in nova Seelandia, *ex fusco et cinereo varius.*

tenuirostris. 253. C. niger, elytris albo subfasciatis, antennis rufis. *Fabr. sp. ins.* 1. *p.* 180. *n.* 112. *mant. ins.* 1. *p.* 109. *n.* 141.
Habitat in Anglia, *statura c. cerasorum, at minor.*

scrophulariae. 61. C. coleoptris maculis duabus dorsalibus atris. *Fn. suec.* 603. *Fabr. sp. ins.* 1. *p.* 177. *n.* 95. *mant. ins.* 1. *p.* 107. *n.* 120.
Geoffr. ins. par. 1. *p.* 296. *n.* 44.
Degeer ins. 5. *p.* 208. *n.* 3. *t.* 6. *f.* 17-20.

List.

Lift. fcar. angl. p. 395. *n.* 35.
Reaumur. inf. 3. *t.* 2. *f.* 12.
Habitat in fcrophulariis, *quarum pericarpia exedit larva, folliculos ovatos, operculatos, fufcos fubftituens.*

verbafci. 254. C. niger, thoracis lateribus flavefcentibus, elytris punctis albis nigrisque alternis ftriatis. *Fabr. mant. inf.* 1. *p.* 107. *n.* 121.
Habitat Kilonii, *an varietas C. fcrophulariae.*

gravis. 255. C. niger, elytris ferrugineo variis, femoribus canaliculatis. *Fabr. fp. inf.* 1. *p.* 178. *n.* 96. *mant. inf.* 1. *p.* 107. *n.* 122.
Habitat ad caput bonae fpei.

druparum. 62. C. elytris teftaceis, obfolete fafciatis. *Fn. fuec.* 617. *Fabr. fp. inf.* 1. *p.* 181. *n.* 113. *mant. inf.* 1. *p.* 109. *n.* 142.
Geoffr. inf. par. 1. *p.* 296. *n.* 43.
Degeer inf. 5. *p.* 214. *n.* 7.
Schaeff. ic. t. 1. *f.* 11.
Sulz. hift. inf. t. 3. *f.* 21.
Habitat in cerafi padi *nucleis.*

fraxini. 256. C. fufcus, femoribus ferrugineis, capite dorfoque nigris. *Fabr. mant. inf.* 1. *p.* 109. *n.* 143.
Habitat in Sueciae *fraxino, magnitudine c. druparum.*

violaceus. 63. C. totus violaceus. *Fn. fuec.* 579. *Fabr. fp. inf.* 1. *p.* 179. *n.* 105. *mant. inf.* 1. *p.* 108. *n.* 134.
Degeer inf. 5. *p.* 213. *n.* 5.
Bergftr. nomencl. 1. 16. 13. *t.* 2. *f.* 13.
Geoffr. inf. par. 1. *p.* 271. *n.* 5.
Habitat in Europae pinetis, *frequens in turionibus.*

quinquepunctatus. 64. C. elytris futura maculisque duabus albis. *Fn. fuec.* 618. *Fabr. fp. inf.* 1. *p.* 178. *n.* 97. *mant. inf.* 1. *p.* 107. *n.* 123. *Herbft apud Fueffli arch. inf.* 5. *p.* 75. *n.* 40. *t.* 24. *f.* 18. *g.*
Habitat in Europa *boreali.*

guttula. 257. C. niger, thorace tuberculato, elytris ftriatis: puncto pofteriore albo. *Fabr. mant. inf.* 1. *p.* 107. *n.* 124.
Habitat Halae Saxonum, *parvus.*

didymus. 258. C. fupra fufcus, elytris ftriatis: macula laterali tranfverfa alba. *Fabr. fp. inf.* 1. *p.* 178. *n.* 98. *mant. inf.* 1. *p.* 108. *n.* 125.
Habitat in Germania, *parvus.*

haemor-rhoidalis. 259. C. thorace fuſco: lateribus cineraſcentibus, elytrorum ſutura apice ferruginea. *Fabr. ſp. inſ.* 1. *p.* 178. *n.* 99. *mant. inſ.* 1. *p.* 108. *n.* 126.
Habitat in nova Hollandia.

trimacu-latus. 260. C. coleoptris nigris: maculis tribus cinereis; poſteriori communi lunata. *Fabr. ſp. inſ.* 1. *p.* 178. *n.* 100. *mant. inſ* 1. *p.* 108. *n.* 127.
Habitat in Alſatia *et* Suecia. Hermann *et* Pajkal.

Litura. 261. C. albo nigroque varius, roſtro vario. *Fabr. ſp. inſ.* 1. *p.* 178. *n.* 101. *mant. inſ.* 1. *p.* 108. *n.* 128.
Habitat in Europa.

villoſus. 262. C. villoſus griſeus, ſcutello faſciaque elytrorum poſteriore albis. *Fabr. ſp. inſ.* 1. *p.* 178. *n.* 102. *mant. inſ.* 1. *p.* 108. *n.* 129. *Herbſt apud Fueſſli arch. inſ.* 5. *p.* 76. *n.* 41. *t.* 24. *f.* 19.
Habitat in Germania.

hiſpidus. 65. C. corpore ſulcato, adſperſo ſquamis erectis. *Fn. ſuec.* 619.*
Habitat in Europa.

pedicula-rius. 66. C. corpore rubro, elytris albido ſubfaſciatis. *Fn. ſuec.* 620.*
Habitat in Europa.

Tortrix. 67. C. corpore teſtaceo, pectore fuſco. *Fn. ſuec.* 622.* *Fabr. ſp. inſ.* 1. *p.* 181. *n.* 116. *mant. inſ.* 1. *p.* 109. *n.* 146.
Geoffr. inſ. par. 1. *p.* 300. *n.* 51.
Degeer inſ. 5. *p.* 214. *n.* 16.
Habitat in populo tremula, *folia contorquens.*

tremulae. 263. C. nigricans, elytris ſtriatis griſeo irroratis. *Fabr. mant. inſ.* 1. *p.* 109. *n.* 147.
Habitat in Sueciae *populo*, *ſtatura et magnitudine tortricis.*

taeniatus. 264. C. thorace nigro: margine anteriore et poſteriore rufis, elytris pallidis nigro maculatis. *Fabr. ſp. inſ.* 1. *p.* 181. *n.* 118. *mant. inſ.* 1. *p.* 109. *n.* 148.
Habitat in Anglia, *tortrice minor.*

quadripu-ſtulatus. 265. C. niger, elytris maculis duabus ferrugineis. *Fabr. ſp. inſ.* 1. *p.* 183. *n.* 121. *mant. inſ.* 1. *p.* 109. *n.* 149.
Habitat ad caput bonae ſpei, *ſtatura brevi diſparis.*

266. C.

elonga-
tus.

266. C. thorace elongato, tibiis anterioribus bidentatis. *Fabr. sp. iuf.* I. *p.* 183. *n.* 122. *mant. inf.* I. *p.* 110. *n.* 150.
Habitat in Jamaica.

byrrhi-
nus.

267. C. thorace elytrisque nigris margine ferrugineis, pectore utrinque niveo. *Sparrm. nov. act. Stock.* 1785. I. *n.* 4. *p.* 39. *n.* 4.
Habitat ad caput bonae spei, *ater, ovatus.*

strigire-
ftris.

268. C. thorace granulato, elytris punctato - striatis, rostro longitudinaliter utrinque sulcato. *Sparrm. nov. act. Stock.* 1785. I. *n.* 4. *p.* 39. *n.* 5.
Habitat ad caput bonae spei, *nunc totus nigricans, nunc, praeter caput et thoracem, spadiceus.*

laniger.

269. C. elytris cicatrisato - reticulatis: posterius maculis duabus albidis lunatis, tibiis anterioribus dentatis. *Sparrm. nov. act. Stockh.* 1785. I. *n.* 4. *p.* 40. *n.* 6.
Habitat ad caput bonae spei, *supra niger, subtus rubicundolanuginosus, thorace granulato: maculis tribus minoribus griseis.*

tibialis.

270. C. niger cinereo-nebulosus oblongus, thorace subgloboso, elytris striatis, rostro inflexo canali pectoris immerso, tibiis anterioribus intus barbatis. *Sparrm. nov. act. Stockh.* 1785. I. *n.* 4. *p.* 40. *n.* 7.
Habitat ad caput bonae spei.

glyphi-
cus.

271. C. corpore ovato nigro, elytris lineis albis reticulatis. *Schall. Abb. der. hall. Gef. Naturf. Fr.* I. *p.* 282.
Habitat Halae Saxonum, *statura c. nucum, sed minor.*

eapuci-
nus.

272. C. elytris griseo - nebulosis, maculis posterius ad suturam oblongis punctisque binis albidis. *Schall. Abb. der hall. Naturf. Gef.* I. *p.* 283.
Habitat Halae Saxonum, *magnitudine fere nebulosi, at magis ovatus.*

Forsteri.

273. C. manibus longissimis. *Forst. nov. inf. spec.* I. *p.* 32. *n.* 32.
Habitat in Anglia, *oblongus, magnitudine c. pomorum, piceus, pilis cinereis tomentosus, antennis tarsisque rufis, elytris cinereis nigro - punctatis.*

274. C.

pollinaricus. 274. C. elytris depressis planis abbreviatis, ventre, elytrorum margine et pedibus polline asperfis. *Forst. nov inf. sp.* 1. *p.* 33. *n.* 33.
Habitat in Angliae *plantis variis, praesertim urtica dioica, supra planus fuscus.*

cinnamomi. 275. C. cinnamomeus, rostro anterius analiculato ad marginem denticulato: apice erecto mucronato bifurco, posterius gibbo granulato. *Herbst apud Fuessli arch. inf.* 5. *p.* 76. *n.* 46. *t.* 24. *f.* 20. h. i.
Habitat in India, 10 *lineas longus; elytris punctato-striatis: macula punctisque aurantiis; an brenti species?*.

affinis. 276. C. niger, elytris caeruleis punctato striatis. *Herbst apud Fuessli arch. inf.* 5. *p.* 77. *n.* 48.
Habitat Berolini, *carbonarii statura et magnitudine.*

glaber. 277. C. ater nitidus, subtus punctatus. *Herbst apud Fuessli arch. inf.* 5. *p.* 78. *n.* 49.
Habitat Berolini, 2 *fere lineas longus.*

denigratus. 278. C. ater, thorace punctato, elytris punctato striatis apice subtus rubicundis. *Herbst apud Fuessli arch. inf.* 5. *p.* 78. *n.* 52.
Habitat in Marchia, *sine rostro lineam longus, aterrimo affinis.*

cardui. 281. C. gibbus ex flavicante cinereus, thorace tuberculato, elytris convexis abbreviatis: lineola, puncto scutelloque flavis. *Herbst apud Fuessli arch. inf.* 5. *p.* 79. *n.* 54. *t.* 24. *f.* 22. k.
Habitat Berolini *in carduis.*

ireos. 286. C. totus candidus. *Pall. it.* 2. *app. n.* 57.
Habitat in Sibiriae *iride, c. scrophulariae triplo major.*

crucifer. 287. C. fuscus, subtus ex flavo cinereus nitenti-tomentosus, elytris ad suturam cruce notatis. *Pall. it.* 1. *app. n.* 35.
Habitat in Sibiria, *c. scrophulariae magnitudine.*

albicans. 288. C. thorace tuberculis quinque, elytris sex, ano albo. *Lepech. it.* 2. *p.* 206. *t.* 10. *f.* 6.
Habitat in Russia.

urticae. 289. C. niger planiusculus, thorace utrinque dentato, elytris striatis posterius bipunctatis. *Müll. zool. dan. prodr. p.* 88. *n.* 983.
Habitat in urticis.

rufus. 290. C. subglobosus rufus, elytrorum lineis elevatis albo nigroque tessellatis. *Müll. zool. dan. prodr. p.* 89. *n.* 998.
Habitat in Dania, *c. scrophulariae affinis.*

tuberculosus. 291. C. niger, thorace lateribus albidis, elytris tuberculorum seriebus quatuor. *Scop. ent. carn. n.* 80.
Habitat in Carniolia.

cariosus. 292. C. oblongus, rostro nitidulo, elytris striatis, femoribus anterioribus crassioribus majore dente notatis. *Scop. ent. carn. n.* 81.
Habitat in Carniolia.

syngenesiae. 293. C. cervinus, brevissime villosus, rostro nigro apice nitido. *Scop. ent. carn. n.* 82.
Habitat in Carnioliae *syngenesiis.*

fuscus. 294. C. fuscus, scutello puncto albo, elytris macula rubescente notatis. *Geoffr. ins. par.* 1. *p.* 300. *n.* 50.
Habitat in Gallia.

Geerii. 295. C. subglobosus griseus, coleoptris macula magna fusca dorsali. *Degeer ins.* 5. *p.* 212. *n.* 4.
Habitat in fraxino.

ulmi. 296. C. oblongus ex rufo fuscus, proboscide nigra, elytris macula nigricante.
Degeer ins. 5. *p.* 215. *n.* 8. *t.* 6. *f.* 26. 27.
Habitat in ulmo.

pulverulentus. 297. C. oblongus niger, elytris cinereo maculatis.
Degeer ins. 5. *p.* 268. *n.* 3. *t.* 15. *f.* 24.
Habitat Surinami.

frigidus. 548. C. fuscus, elytris striatis subtuberculatis ferrugineo variis.
Fabr. mant. ins. 2. *app. p.* 381.
Habitat in Amboina, *mediae magnitudinis.*

bohemus. 552. C. elytris griseis punctatis, antennis pedibusque rufis.
Mayer Abh. der boehm. Ges. 4. *p.* 183.
Habitat in Bohemiae *pomariis, pulicis magnitudine, celerrime currens.*

reticulatus. 573. C. oblongus niger, elytris profunde punctatis reticulatisque: rugis transverse levissime striatis. *Mus. Lesk. p.* 20. *n.* 423.
Habitat in Europa.

574. C.

subfascia-tus. 574. C. ferrugineus, elytris fulvo obsolete fasciatis. *Muf. Lesk. p.* 20. *n.* 426.
Habitat in Europa.

tricolor. 575. C. testaceus, capite, thorace pedibusque rufis, elytris fasciis duabus dentatis ferrugineis. *Muf. Lesk. p.* 20. *n.* 427.
Habitat in Europa.

dentatus. 576. C. rufus, femoribus dente valido armatis. *Muf. Lesk. p.* 20. *n.* 431.
Habitat in Europa.

acutus. 577. C. rufus, elytris striatis, femoribus acute dentatis. *Muf. Lesk. p.* 20. *n.* 432.
Habitat in Europa, *an satis distincta species?*

cinerascens. 578. C. niger subtus cinerascens, elytris striatis, rostro longitudine corporis. *Muf. Lesk. p.* 20. *n.* 434.
Habitat in Europa.

muricatus. 579. C. subglobosus niger, elytris sulcatis pilosis cinereis, posterius muricatis, tibiis tarsisque rufis. *Muf. Lesk. p.* 20. *n.* 435.
Habitat in Europa.

cinereus. 580. C. subglobosus cinereus, antennis pedibusque rufescentibus. *Muf. Lesk. p.* 20. *n.* 436.
Habitat in Europa.

bipunctatus. 581. C. subglobosus cinereus, thorace griseo: anterius tuberculis quatuor, elytris striatis: singulorum disco punctis duobus griseis. *Muf. Lesk. p.* 20. *n.* 439.
Habitat in Europa.

Daviesii. 601. C. albido griseus, elytris anterius angulatis: macula magna laterali ferruginea. *Swederus nov. act. Stockh.* 8. 1787. 3. *n.* 3. 13. *t.* 8. *f.* 5.
Habitat in Noveboraco, *c. nucum duplo fere major.*

ornatus. 602. C. niger, thorace lateribus elytrisque fasciis tribus distinctis albidis. *Swederus nov. act. Stockh.* 1787. 8. *n.* 3. 14.
Habitat ad caput bonae spei, *mediae magnitudinis, subovatus.*

** *Brevirostres.*

† *femoribus dentatis.*

spectabilis. 298. C. corpore viridi nigroque variegato. *Fabr. sp. inf.* I. *p.* 197. *n.* 208. *mant. inf.* I. *p.* 121. *n.* 269.
Habitat in nova Hollandia.

pinguis. 299. C. gibbus nigricans, femoribus posterioribus muticis, thorace lineis, elytris strigis duabus lineaque apicis flavescentibus. *Fabr. mant. inf.* I. *p.* 121. *n.* 270.
Habitat in Cayenna, *magnus.*

tridens. 300. C. cinereus, elytris dentibus tribus apiceque emarginatis. *Fabr. mant. inf.* I. *p.* 122. *n.* 271.
Habitat in nova Seelandia, *magnus.*

fusco-maculatus. 301. C. ater, femoribus subdentatis, thorace elytrisque laevibus fusco-maculatis. *Fabr. mant. inf.* I. *p.* 122. *n.* 272.
Habitat in Germania, *magnus, laevis.*

ligustici. 68. C. abdomine subovato murino. *Fn. suec.* 621.
Fabr. sp. inf. I. *p.* 197. *n.* 209. *mant. inf.* I. *p.* 122. *n.* 273.
Curculio brevirostris femoribus dentatis, corpore obscuro.
Degeer inf. 5. *p.* 218. *n.* 10. Curculio apterus antennis fractis &c.
Schaeff. ic. t. 2. *f.* 12.
Bonsd. curc. Suec. 2. *f.* 33.
Habitat in ligustico levistico.

nubilus. 302. C. griseus, elytris punctis obscurioribus numerosis. *Fabr. sp. inf.* I. *p.* 197. *n.* 210. *mant. inf.* I. *p.* 122. *n.* 274.
Habitat Hamburgi.

nigrita. 303. C. niger obscurus, thorace scabro, elytris crenato-striatis. *Fabr. sp. inf.* I. *p.* 197. *n.* 211. *mant. inf.* I. *p.* 122. *n.* 275.
Habitat in Italia, *statura et magnitudine sulcati.*

sulcatus. 304. C. ater, elytris striatis ferrugineo maculatis. *Fabr. sp. inf.* I. *p.* 197. *n.* 212. *mant. inf.* I. *p.* 122. *n.* 276. *Bonsd. curc. Suec.* 2. *f.* 35.
Herbst apud Fuessli arch. inf. 5. *p.* 85. *n.* 86. *t.* 24. *f.* 35?
Habitat in Saxoniae *nemoribus.*

gemmatus. 305. C. ater, elytris punctis viridibus. *Fabr. sp. inf.* 1. *p.* 197. *n.* 213. *mant. inf.* 1. *p.* 122. *n.* 277. *Scop. ent. carn. n.* 90.
Schulze Naturf. 6. *t.* 4.
Habitat in Europa.

picipes. 306. C. griseus, elytris nebulosis, femoribus posterioribus rufis. *Fabr. sp. inf.* 1. *p.* 197. *n.* 214. *mant. inf.* 3. *p.* 122. *n.* 278.
Habitat in Kilonii *plantis*.
Elytra *punctis subocullaribus striata*.

ovatus. 69. C. abdomine ovato nigro, pedibus antennisque rufis. *Fn. suec.* 626.* *Fabr. sp. inf.* 1. *p.* 191. *n.* 221. *mant. inf.* 1. *p.* 123. *n.* 287. *Bonsd. curc. suec.* 2. *f.* 26.
Degeer inf. 5. *p.* 219. *n.* 11. Curculio rosae.
Herbst apud Fuessli arch. inf. 5. *p.* 85. *n.* 90. *t.* 24. *f.* 36.
Habitat in Europae *pomona*.

attelaboides. 307. C. rostro elytrisque unituberculatis. *Fabr. sp. inf.* 1. *p.* 191. *n.* 222. *mant. inf.* 1. *p.* 123. *n.* 288.
Habitat in Brasilia.

oblongus. 71. C. antennis, elytris pedibusque ferrugineis. *Fn. suec.* 625.* *Fabr. sp. inf.* 1. *p.* 199. *n.* 220. *mant. inf.* 1. *p.* 123. *n.* 286.
Geoffr. inf. par. 1. *p.* 294. *n.* 39. Curculio oblongus niger, elytris pedibusque testaceis.
Herbst apud Fuessli arch. inf. 7. *p.* 168. *n.* 102. *t.* 45. *f.* 9. e. f.
Habitat in Europa.

pyri. 72. C. aeneo-fuscus. *Fn. suec.* 623.* *Fabr. sp. inf.* 1. *p.* 198. *n.* 217. *mant. inf.* 1. *p.* 122. *n.* 281.
It. scan. 355. Curculio viridis opacus, pedibus antennisque magis fuscis.
Geoffr. inf. par. 1. *p.* 282. Curculio squamoso-viridis &c.
Degeer inf. 5. *p.* 246. *n.* 34.
Schaeff. ic. t. 2. *f.* 11.
Sulz. hist. inf. t. 3. *f.* 23.
Habitat in pyri *foliis larva, in hujus prunique corollis imago*.

mali. 308. C. subpubescens fuscus, femoribus acute dentatis, antennis pedibusque testaceis. *Fabr. sp. inf.* 2. *app. p.* 499. *mant. inf.* 1. *p.* 122. *n.* 282. *Lesk. it. p.* 47. *t.* A. *f.* 13.
Habitat Lipsiae, *c. pyri proxime affinis*. Leske.

arboreti. 309. C. cinereus, femoribus anterioribus dentatis, elytris punctato striatis. *Fabr. mant. inf.* 1. *p.* 122. *n.* 283.
Habitat in Cayenna, *argentati magnitudine et statura.*

argentatus. 73. C. corpore viridi-argenteo. *Fn. suec.* 624.* *Scop. ent. carn.* 91. *Fabr. sp. inf.* 1. *p.* 198. *n.* 218. *mant. inf.* 1. *p.* 123. *n.* 284. *Bonsd. curc. Suec.* 2. *f.* 12.
Fn. suec. 459. Curculio femoribus omnibus denticulo notatis, corpore viridi oblongo.
Geoffr. inf. par. 1. *p.* 293. *n.* 38. Curculio squamosus viridi-auratus.
Degeer inf. 5. *p.* 219. *n.* 12. Curculio urticae.
Sulz. hist. inf. t. 4. *f.* 9.
Habitat in Europae *urtica, betula, corylo, quercu.*

viridanus. 310. C. viridis, ore antennisque nigris, oculis atris. *Fabr. sp. inf.* 1. *p.* 198. *n.* 219. *mant. inf.* 1. *p.* 123. *n.* 285.
Habitat Tranquebariae.

Morio. 311. C. ater nitens elytris glabris. *Fabr. sp. inf.* 1. *p.* 198. *n.* 215. *mant. inf.* 1. *p.* 122. *n.* 279. *Bonsd. curc. Suec.* 2. *f.* 29.
Habitat in Germania, *et* Suecia *magnus.*

bisulcatus. 312. C. niger, coleoptrorum limbo cinereo, rostro bisulcato. *Fabr. sp. inf.* 1. *p.* 198. *n.* 216. *mant. inf.* 1. *p.* 122. *n.* 280.
Habitat in Italia, *statura sulcati.*

aeruginosus. 313. C. oblongus totus viridis, femoribus ferrugineis, antennis longioribus. *Bonsd. hist. curc.* 2. *p.* 23. *n.* 7. *f.* 8.
Habitat in Suecia, *statura magis oblonga et antennis longioribus a c. pyri distinctus.*

erythropus. 315. C. oblongo ovatus niger, antennis longioribus pedibusque rufis. *Bonsd. curc.* 2. *p.* 25. *n.* 10. *f.* 10.
Stroem act. Hafn. 2. *p.* 57. *n.* 28. 29. Curculio salicis et dubius.
Habitat in Scandinaviae *herbidis, frequentior; an a rufipede satis distinctus, cum femora non semper dentata.*

tessulatus. 316. C. ovatus niger, elytris striatis: striarum intervallis albo nigroque alternatim maculatis. *Bonsd. curc.* 2. *p.* 38. *n.* 31. *f.* 32. *Müll. zool. dan. prodr. p.* 87. *n.* 967.
Habitat in Scandinavia, *punctatulo affinis.*

317. C.

floricola. 317. C. niger, elytris incanis, antennarum articulis mediis ſpadiceis. *Herbſt apud Fueſſli arch. inſ. 5. p. 86. n. 93.*
Habitat - - - 3 lineas longus, c. pyri affinis.

Fallo. 318. C. elytris nigris albo punctatis. *Schranck enum. inſ. Auſtr. p. 116. n. 221. Herbſt apud Fueſſli arch. inſ. 5. p. 86. n. 91. t. 24. f. 37.*
Habitat in Auſtriae *plantis variis, praeſertim arboribus, niger, 3½ lineas longus.*

anthracinus. 319. C. niger, elytris punctatim ſtriatis, femoribus unidentatis. *Scop. ent. carn. n. 92.*
Habitat in Carniolia.

lugubris. 320. C. fuſcus, elytris punctis ſcabris ſubſtriatis villoſulis coadunatis. *Scop. ent. carn. n. 93.*
Habitat in Carniolia.

infidus. 321. C. obſolete cupreus, caeruleſcenti-villoſus. *Scop. ent. carn. n. 94.*
Habitat in Carniolia.

pruni. 322. C. niger ſubvilloſus, antennis, elytris pedibusque rufis. *Scop. ent. carn. n. 95.*
Habitat in Carniolia.

caelestinus. 323. C. caeruleus, antennis pedibusque ſanguineis. *Scop. ent. carn. n. 96.*
Habitat in Germania.

carniolicus. 324. C. fuſcus, glaucеſcenti-villoſus, elytris ſparſim punctatis. *Scop. ent. carn. n. 97.*
Habitat in Carniolia.

Scopolii. 325. C. fuſcus villoſulus, antennis pedibusque rufis. *Scop. ent. carn. n. 98.*
Habitat in Carniolia, *an diſtinctus ab ovato?*

Roeſelii. 326. C. thorace obſcure viridi: linea longitudinali alba, elytris fuſco-fulvis: lineis elevatis ſulcatis. *Roeſ. inſ. 3. p. 391. t. 67. f.* A. B. C. D.
Habitat in Germania, *roſtro craſſo.*

Mülleri. 327. C. niger, elytris ſubſtriatis, oculis rufis. *Müll. zool. dan. prodr. p. 87. n. 963.*
Habitat in Daniae *leviſtico.*

danicus. 322. C. ater, elytris subsulcatis pallide punctatis, oculis rufis. *Müll. zool. dan. prodr. p. 87. n. 964.*
Habitat in Dania.

squamifer. 323. C. oblongus, elytris griseo nigroque striatis. *Müll. zool. dan. prodr. p. 87. n. 968.*
Habitat in Dania.

austriacus. 324. C. cinereus apterus, elytris lineis albidis nigro-punctatis. *Schranck inf. Austr. p. 117. n. 222.*
Habitat in Austria.

religiosus. 325. C. ater nitens, elytris albo maculatis. *Schranck inf. Austr. p. 118. n. 225.*
Habitat in monte Austriae Oettscher *ad* cellas Marianas, 4 *lineas longus, habitu germani.*

coronatus. 326. C. niger apterus, thorace utrinque puncto duplici fulvo: basi pilis fulvis coronata. *Geoffr. inf. par. 1. p. 291. n. 34.*
Habitat in Gallia.

Tigris. 327. C. niger, maculis flavo-villosis, elytris subrugosis. *Geoffr. inf. par. 1. p. 292. n. 35.*
Habitat in Gallia.

corrugatus. 328. C. fuscus apterus, elytris rugoso-striatis. *Geoffr. inf. par. 1. p. 293. n. 37.*
Habitat in Gallia.

geographicus. 329. C. subglobosus ex nigro fuscus, squamosus, lineolis albis varius. *Geoffr. inf. par. 1. p. 294. n. 40.*
Habitat in Gallia.

fascialis. 330. C. fuscus, elytris striatis: macularum albarum fascia triplici transversa. *Geoffr. inf. par. 1. p. 295. n. 41.*
Habitat in Gallia.

albopunctatus. 331. C. subglobosus squamosus ex cinereo fuscus, elytrorum maculis tribus et apice albis. *Geoffr. inf. par. 1. p. 299. n. 47.*
Habitat in Gallia.

sericeus. 332. C. obscure rufus cinereo-villosus, rostro thorace breviore. *Geoffr. inf. par. 1. p. 300. n. 52.*
Habitat in Gallia.

Virgo. 333. C. oblongus cinereo-villosus, rostro thoraci aequali. *Geoffr. inf. par. 1. p. 301. n. 53.*
Habitat in Gallia.

striros. 334. C. oblongus niger flavescente-punctatus, antennis longis fractis. *Degeer inf. 5. p. 217. n. 9.*
Habitat - - - 2 lineas longus.

granulosus. 601. C. niger, thorace varioloso, elytris punctis elevatis rugosis: interstitiorum punctis minoribus. *Muf. Lesk. p. 23. n. 490.*
Habitat in Europa.

leprosus. 602. C. villosus ferrugineus albido-maculatus, thorace punctis confluentibus, elytris punctato-striatis. *Muf. Lesk. p. 23. n. 491.*
Habitat in Europa.

sulcatus. 603. C. fuscus thorace punctis profundis rugisque longitudinalibus, elytris punctatis: rugis complanatis, antennis pedibusque ferrugineis. *Muf. Lesk. p. 23. n. 492.*
Habitat in Europa.

chrysostictos. 604. C. fuscus glaber, thorace punctato, elytrorum sulcis crenatis maculisque tribus auro conspersis, antennis ferrugineis. *Muf. Lesk. p. 23. n. 493.*
Habitat in Europa.

argentatus. 605. C. viridi-argenteus, antennis tibiisque rufis, femoribus fuscis clavatis. *Muf. Lesk. p. 23. n. 500.*
Habitat in Europa.

haemorrhous. 606. C. fuscus, antennis, pedibus abdominisque apice rufis, elytris fusco virescentibus. *Muf. Lesk. p. 23. n. 501.*
Habitat in Europa.

†† *femoribus muticis.*

polygoni. 26. C. thorace lineato, elytris cinereis: lineolis fuscis suturaque nigro-punctata. *Fabr. sp. inf. 1. p. 188. n. 151. mant. inf. 1. p. 116. n. 200.*
Syst. nat. XII. 2. *p. 609. n. 26. Fn. suec.* 597. Curculio longirostris testaceus, coleoptrorum sutura nigra repanda.
Habitat in Europae *polygono, mediae magnitudinis.*

griseus. 335. C. supra griseo fuscus, subtus cinereus, rostro canaliculato. *Fabr. sp. inf. 1. p. 188. n. 152. mant. inf. 1. p. 116. n. 201.*
Habitat in Anglia.

trigutta-tus. 336. C. nigricans, elytris griseis: maculis duabus albis, posteriori majori communi. *Fabr. sp. inf.* 1. *p.* 188. *n.* 153. *mant. inf.* 1. *p.* 116. *n.* 202.
Sulz. hist. inf. t. 4. *f.* 11.
Habitat in Anglia.

geminatus. 337. C. cinereus, thorace trilineato, elytris striis numerosis fuscis per paria approximatis. *Fabr. mant. inf.* 1. *p.* 116. *n.* 203.
Habitat Kilonii, *mediae magnitudinis, fere globosus.*

diadema. 338. C. flavescenti-villosus, rostro apice retuso atro. *Fabr. mant. inf.* 1. *p.* 116. *n.* 204.
Habitat in Cayenna, *statura c. coryli, at paulo major.*

coryli. 339. C. cinereo fuscoque varius, elytrorum sutura dimidiata atra. *Fabr. sp. inf.* 1. *p.* 189. *n.* 154. *mant. inf.* 1. *p.* 116. *n.* 205.
Habitat in Angliae *corylo.*

Spengleri. 32. C. fuscus, elytris flavis: lineis atris glaberrimis abbreviatis inaequalibus, pedibus ferrugineis. *Fabr. sp. inf.* 1. *p.* 191. *n.* 174. *mant. inf.* 1. *p.* 118. *n.* 229. *Herbst Besch. der berl. Naturf. Fr.* 4. *t.* 7. *f.* 7.
Habitat in America, *statura c. pini.*

vittatus. 33. C. ater, elytris striis albis rubrisque abbreviatis. *Fabr. sp. inf.* 1. *p.* 191. *n.* 173. *mant. inf.* 1. *p.* 118. *n.* 228.
Syst. nat. XII. 2. *p.* 610. *n.* 33. Curculio longirostris, elytris lineis albis luteisque.
Sloan. jam. 2. *p.* 210. Scarabaeus Curculio.
Habitat in America *meridionali, insulisque oppositis.*

bivittatus. 340. C. niger, elytris punctato striatis: vitta marginali dorsalique interrupta flavis. *Fabr. mant. inf.* 1. *p.* 118. *n.* 230.
Habitat in insula S. Thomae, *statura c. Spengleri.*

lividus. 341. C. griseus, thorace elytrisque cinereo atroque maculatis. *Fabr. sp. inf.* 1. *p.* 191. *n.* 175. *mant. inf.* 1. *p.* 118. *n.* 231.
Brown illustr. 129. *t.* 49. *f.* 8.
Habitat in America *meridionali, magnus.*

pulcher. 342. C. coleoptris atris: striis sex dorsalibus approximatis abbreviatis albis. *Fabr. sp. inf.* 1. *p.* 192. *n.* 176. *mant. inf.* 1. *p.* 118. *n.* 232.
Brown illustr. 126. *t.* 49. *f.* 6.
Habitat in Jamaica, *statura vittati.*

histrionicus. 343. C. griseus, thorace lineis lateralibus fulvis, elytris albis: maculis atris fulvisque. *Fabr. sp. inf.* 1. *p.* 192. *n.* 177. *mant. inf.* 1. *p.* 118. *n.* 233. *Sparrm. nov. act. Stockh.* 1785. 1. *p.* 44. *n.* 17. *t.* 2.
Habitat ad caput bonae spei.

Rohrii. 344. C. elytris acumininatis griseis: baseos margine flavescente. *Fabr. sp. inf.* 1. *p.* 192. *n.* 178. *mant. inf.* 1. *p.* 118. *n.* 234.
Habitat in insulis, Americae *oppositis.* v. Rohr.

impressus. 345. C. niger, thorace elytrisque punctis impressis albis. *Fabr. sp. inf.* 1. *p.* 192. *n.* 179. *mant. inf.* 1. *p.* 118. *n.* 235.
Habitat in Jamaica, *statura pulchri.*

cervinus. 70. C. griseus, antennis basi rufescentibus. *Fn. suec.* 627. *Fabr. sp. inf.* 1. *p.* 190. *n.* 160. *mant. inf.* 1. *p.* 117. *n.* 213. *Bonsd. curc. Suec.* 2. *f.* 15.
Degeer inf. 5. *p.* 220. *n.* 13. Curculio griseo-aeneus.
Habitat in Europa, *femoribus interdum dentatis.*

striatus. 346. C. fuscus, elytris striis cinereis nigro-punctatis. *Fabr. mant. inf.* 1. *p.* 117. *n.* 214.
Habitat in Africa, *parvus.*

Lacerta. 347. C. griseus, elytris striatis, antennis apice nigris. *Fabr. sp. inf.* 1. *p.* 117. *n.* 214. *mant. inf.* 1. *p.* 117. *n.* 215.
Habitat in India, *statura cervini, at triplo major.*

velox. 348. C. pilosus niger, elytris margine, puncto baseos, fascia interrupta, punctoque apicis albis. *Fabr. mant. inf.* 1. *p.* 117. *n.* 216.
Habitat in Cayenna, *parvus.*

argyreus. 74. C. femoribus submuticis, corpore toto viridi argenteo aureoque maculato. *Muf. Lud. Ulr.* 54.* *Fabr. sp. inf.* 1. *p.* 184. *n.* 128. *mant. inf.* 1. *p.* 110. *n.* 159.
Habitat in America *australi et* India, *facie argentati, femoribus primoribus spina obsoleta armatis.*

imperialis. 349. C. elytris striis elevatis atris sulcisque punctatis viridi-aureis alternis, basi gibbis apice acuminatis. *Fabr. sp. inf.* 1. *p.* 184. *n.* 129. *mant. inf.* 1. *p.* 110. *n.* 160.
Drury inf. 2. *t.* 33. *f.* 1.
Lindenberg Naturf. X. *p.* 86. *n.* 4. *t.* 2. *f.* 1.
Habitat in America *meridionali, maximus, insectorum facile pulcerrimum.*

regalis. 75. C. corpore viridi-sericeo: fasciis aureis repandis. *Fabr. sp. inf.* 1. *p.* 185. *n.* 130. *mant. inf.* 1. *p.* 111. *n.* 161.
Habitat in America *meridionali, magnitudine et statura germanici, femoribus fuscis; annulo aureo.*

marginatus. 350. C. fuscus, elytrorum sutura abdominisque marginibus aureis. *Fabr. sp. inf.* 1. *p.* 185. *n.* 131. *mant. inf.* 1. *p.* 111. *n.* 162.
Habitat in America.

19punctatus. 351. C. canescens, thorace punctis nigris quatuor, coleoptris novendecim. *Fabr. sp. inf.* 1. *p.* 185. *n.* 132. *mant. inf.* 1. *p.* 111. *n.* 163.
Habitat in Cayenna.

viridis. 76. C. viridis, thoracis elytrorumque lateribus flavis. *Fabr. sp. inf.* 1. *p.* 186. *n.* 139. *mant. inf.* 1. *p.* 112. *n.* 175.
Bonsd. curc. Suec. 2. *f.* 7.
Syst. nat. XII. 2. *p.* 616. *n.* 76. Curculio brevirostris, femoribus muticis, corpore viridi supra obscuro, subtus flavidiore.
Degeer inf. 5. *p.* 256. *n.* 45. Curculio flavo-cinctus.
Sulz. hist. inf. t. 3. *f.* 24.
Schaeff. elem. t. 108.
icon. t. 53. *f.* 6.
Habitat in Europae *pomona, magnitudine et statura c. pyri, antennis pedibusque nigris.*

gibber. 352. C. virescenti-albus, elytris basi unidentatis posterius gibbosis. *Pall. ic. inf. Russ.* 1. *p.* 32. *t.* B. *f.* 14. *Fabr. mant. inf.* 1. *p.* 112. *n.* 176.
Habitat in Cayenna.

fulvus. 353. C. fulvus, capitis basi pedibusque fuscis, rostro emarginato. *Fabr. mant. inf.* 1. *p.* 113. *n.* 177.
Habitat in Saxonia, *parvus.*

palliatus. 354. C. fuscus, thoracis elytrorumque margine cinereo. *Fabr. mant inf.* 1. *p.* 113. *n.* 178.
Habitat in Germania, *statura viridis, at paulo minor.*

aurifer. 355. C. corpore ferrugineo auro maculato. *Fabr. sp. inf.* 1. *p.* 186. *n.* 140. *mant. inf.* 1. *p.* 113. *n.* 179.
Drury inf. 1. *t.* 32. *f.* 1.
Habitat in America, *pedibus anterioribus elongatis.*

cyanipes. 356. C. albus, elytris vitta abbreviata dentata pedibusque cyaneis. *Fabr. mant. inf.* 1. *p.* 113. *n.* 180.
Habitat in Cayenna; *antennis fuscis cyaneo nitidis.*

tamarisci. 357. C. viridi-nitens, elytris viridi, ferrugineo nigro cinereoque variis. *Fabr. mant. inf.* 1. *p.* 113. *n.* 181.
Habitat in Africae *tamarisco, statura splendiduli, at dupla fere major.*

splendidulus. 358. C. viridi-nitens, coleoptrorum disco cinereo, cupreo nigroque fasciato. *Fabr. sp. inf.* 1. *p.* 186. *n.* 141. *mant. inf.* 1. *p.* 113. *n.* 182.
Habitat in Sibiria, *statura argentati, at minor.*

curvipes. 359. C. argenteo squamosus, tibiis posterioribus arcuatis intus dentatis ciliatis. *Fabr. mant. inf.* 1. *p.* 113. *n.* 183.
Habitat in India, *mediae magnitudinis.*

speciosus. 77. C. corpore luteo viridi-nitente, elytris spinis sparsis. *Mus. Lud. Ulr.* 55.*
Habitat in America *australi et* India, *spinis elytri utriusque* 5.

ruficornis. 78. C. corpore atro, thorace utrinque bituberculato, antennis rubris. *Fn. suec.* 636.* *Fabr. sp. inf.* 1. *p.* 190. *n.* 162. *mant. inf.* 1. *p.* 117. *n.* 217. *Bonsd. curc. Suec.* 2. *f.* 13.
Habitat in Europa.

albinus. 79. C. niger, fronte anoque albis, thorace tuberculato. *Fn. suec.* 632. *Scop. ent. carn.* 66. *Fabr. sp. inf.* 1. *p.* 192. *n.* 180. *mant. inf.* 1. *p.* 118. *n.* 236. *Bonsd. curc. Suec.* 2. *f.* 1.
Degeer inf. 5. *p.* 255. *n.* 44. *t.* 8. *f.* 1. Curculio brevirostris, antennis longis rubris &c.
Uddm. diss. 27. Curculio niger, aculeis thoracis tribus, elytrorum sex.
Habitat in Europa, *magis boreali, colore c. lapathi referens.*

latirostris. 360. C. rostro latissimo plano, elytris apice albis: punctis duobus nigris. *Fabr. sp. inf.* 1. *p.* 193. *n.* 181. *mant. inf.* 1. *p.* 118. *n.* 237. *Bonsd. curc. Suec.* 2. *f.* 2. 3.
Sulz. hist. inf. t. 2. *f.* 17. Silpha oblonga.
Geoffr. inf. par. 1. *t.* 5. *f.* 2.
Schaeff. ic. t. 89. *f.* 6.
Habitat in Europa, *antennarum annulo rubro.*

361. C.

albirostris. 361. C. rostro latissimo plano elytrisque posterius albis nigro variis. *Schall. Abh. d. hall. Naturf. Ges.* 1. *p.* 287. *Fabr. mant. ins.* 1. *p.* 119. *n.* 238.
Herbst apud Fuessli arch. ins. 5. *p.* 80. *n.* 66. *t.* 24. *f.* 26. m.
Habitat in Germaniae *inferioris betula, latirostri duplo major.*

planirostris. 362. C. nigro aeneus, rostro latissimo plano pedibusque testaceis. *Fabr. mant. ins.* 1. *p.* 119. *n.* 239.
Habitat Kilonii, *parvus.*

marginellus. 363. C. niger, thoracis elytrorumque margine albo. *Fabr. sp. ins.* 1. *p.* 193. *n.* 182. *mant. ins.* 1. *p.* 119. *n.* 240.
Habitat in Africa *aequinoctiali statura verrucosi, at minor.*

lineatus. 80. C. fuscus, thorace striis tribus pallidioribus. *Fn. suec.* 630.* *Fabr. sp. ins.* 1. *p.* 189. *n.* 155. *mant. ins.* 1. *p.* 116. *n.* 206. *Bonsd. curc. Suec.* 2. *f.* 16. 17.
Degeer ins. 5. *p.* 247. *n.* 35. Curculio brevirostris, antennis fractis &c.
Geoffr. ins. par. 1. *p.* 283. Curculio rostro thoracis longitudine &c.
Schaeff. ic. t. 103. *f.* 8.
Habitat in Europae *salice putrida, plantisque variis.*

lunatus. 364. C. coleoptris elevato-striatis: fascia semicirculari maculaque posteriore albis; lunula nigra. *Fabr. sp. ins.* 1. *p.* 189. *n.* 156. *mant. ins.* 1. *p.* 116. *n.* 207.
Habitat in Anglia.

fulvipes. 365. C. tomentoso-virescens, pedibus testaceis. *Fabr. mant. ins.* 1. *p.* 116. *n.* 208.
Habitat Halae Saxonum, *statura parva lineati.*

ruficollis. 366. C. testaceus, capite elytrisque striatis cinereo-fuscis. *Fabr. mant. ins.* 1. *p.* 116. *n.* 209.
Habitat Halae Saxonum, *parvus.*

undatus. 367. C. fuscus, elytris apice pallidis; striga undata fusca. *Fabr. sp. ins.* 1. *p.* 189. *n.* 157. *mant. ins.* 1. *p.* 117. *n.* 210.
Habitat in Garmania, *parvus, statura lunulati.*

hispidulus. 368. C. fuscus, thorace cinereo lineato, elytris hispidis: punctis obscurioribus striatis. *Fabr. sp. ins.* 1. *p.* 189. *n.* 158. *mant. ins.* 1. *p.* 117. *n.* 211.
Habitat Kilonii *in plantis aquaticis.*

ſcabriculus. 369. C. corpore cinereo hiſpido. *Fabr. ſp. inſ.* 1. *p.* 189. *n.* 158. *mant. inſ.* 1. *p.* 117. *n.* 212.
Bond. curc. Suec. 2. *f.* 21.
Mant. p. 531. Curculio breviroſtris femoribus muticis, cinereus, elytris hiſpidis.
Habitat in Sueciae *arenoſis.*

incanus. 81. C. oblongus fuſcus, thoracis dorſo plano. *Fabr. ſp. inſ.* 1. *p.* 187. *n.* 147. *mant. inſ.* 1. *p.* 115. *n.* 193. *Bond. curc. Suec.* 2. *f.* 37. *Herbſt apud Fueſſli arch. inſ.* 5. *t.* 24. *f.* 24.
Syſt. nat. XII. 2. *p.* 616. *n.* 81. *Fn. ſuec.* 631.* Curculio breviroſtris cinereus oblongus, elytris obtuſiuſculis.
Geoffr. inſ. par. 1. *p.* 282. *n.* 10. Curculio cinereo ſquamoſus &c.
Degeer inſ. 5. *p.* 242. *n.* 28. Curculio griſeo apterus.
Liſt. ſcar. angl. p. 394. *n.* 30.
Habitat in Europae *pinetis.*

coſtatus. 370. C. cinereus, thorace nigro: lineis quatuor cinereis. *Fabr. mant inſ.* 1. *p.* 115. *n.* 194.
Habitat in Gallia *auſtrali, magnitudine incani.*

interruptus. 371. C. obſcurus, coleoptrorum faſcia interrupta alba. *Fabr. ſp. inſ.* 1. *p.* 188. *n.* 148. *mant. inſ.* 1. *p.* 115. *n.* 195.
Habitat in nova Hollandia, *mediae magnitudinis.*

ſcutellaris. 372. C. ater, elytris crenato-ſtriatis, pedibus anterioribus elongatis. *Fabr. mant. inſ.* 1. *p.* 115. *n.* 196.
Habitat in terra van Diemen, *magnus.*

longimanus. 373. C. fuſcus, thoracis margine punctisque duobus ferrugineis, pedibus anterioribus elongatis. *Fabr. ſp. inſ.* 1. *p.* 188. *n.* 149. *mant. inſ.* 1. *p.* 115. *n.* 197.
Habitat in Braſilia.

raucus. 374. C. nigricans, elytris griſeis cinereo punctatis. *Fabr. ſp. inſ.* 1. *p.* 188. *n.* 150. *mant. inſ.* 1. *p.* 115. *n.* 198. *Herbſt apud Fueſſli arch. inſ.* 5. *p.* 82. *n.* 64. *t.* 24. *f.* 25.
Habitat in Germania.

ſpinifex. 375. C. cinereus fuſco irroratus, thorace acute ſpinoſo. *Fabr. mant. inſ.* 1. *p.* 115. *n.* 199.
Habitat - - - - *gibbus, mediae magnitudinis*

82. C.

chloropus. 82. C. niger, antennis pedibusque rufis. *Fn. suec.* 635.* *Fab. sp. ins.* 1. *p.* 190. *n.* 163. *mant. ins.* 1. *p.* 117. *n.* 218 *Bonsd. curc. Succ.* 2. *f.* 19.
Habitat in Europae *plantis, parvus, valde oblongus.*

tristis. 376. C. niger, elytris striatis cinereis. *Fabr. sp. ins.* 1. *p.* 190 *n.* 164. *mant. ins.* 1. *p.* 117. *n.* 219. *Bonsd. curc. Suec.* 2. *f.* 28.
Habitat in Anglia, Suecia.

adspersus. 377. C. ater, elytris posterius albo maculatis. *Fabr. sp. ins.* 1. *p.* 190. *n.* 165. *mant. ins.* 1. *p.* 117. *n.* 220.
Habitat in nova Hollandia.

punctatus. 378. C. fuscus, elytris punctis holosericeis elevatis margineque flavo. *Fabr. sp. ins.* 1. *p.* 190. *n.* 166. *mant. ins.* *p.* 117. *n.* 221.
Habitat in Europa *boreali.*

obscurus. 379. C. ovatus ferrugineo-fuscus. *Fabr. sp. ins.* 1. *p.* 191 *n.* 167. *mant. ins.* 1. *p.* 118. *n.* 222.
Habitat in Europa *boreali.*

niger. 380. C. ovatus scaber niger, pedibus rufis. *Fabr. sp. ins.* *p.* 191. *n.* 168. *mant. ins.* 1. *p.* 118. *n.* 223.
Habitat in Germania.

variolosus. 381. C. niger, thorace carinato varioloso, elytris striatis. *Fab. sp. ins.* 1. *p.* 191. *n.* 169. *mant. ins.* 1. *p.* 118. *n.* 224.
Habitat in Saxoniae *campis.*

sticticus. 382. C. thorace elytrisque variolosis nigris albo-punctatis. *Fab. sp. ins.* 1. *p.* 191. *n.* 170. *mant. ins.* 1. *p.* 118. *n.* 225.
Habitat ad caput bonae spei.

vulgus. 383. C. ater nitens, elytris punctato-striatis, femoribus annulo cinereo. *Fabr. sp. ins.* 1. *p.* 191. *n.* 171. *mant. ins.* *p.* 118. *n.* 226.
Habitat in America *meridionali.*

succinctus. 384. C. ater, elytris margine lineolisque duabus albis. *Fab. sp. ins.* 1. *p.* 191. *n.* 172. *mant. ins.* 1. *p.* 118. *n.* 227.
Habitat ad caput bonae spei.

rufipes. 83. C. cinereus oblongus, pedibus rufis. *Fn. suec.* 634.*
Habitat in Europa.

nebulosus. 84. C. canus, elytris fasciis obliquis nigris. *Fn. suec.* 635.* *Fabr. sp. inf.* 1. *p.* 186. *n.* 142. *mant. inf. p.* 118. *n.* 184. *Bonsd. curc. Suec.* 2. *f.* 4.
Geoffr. inf. par. 1. *p.* 278. *n.* 1. *t.* 4. *f.* 8.
Fn. suec. 1. *n.* 448. Curculio albo nigroque varius, proboscide planiuscula carinata thoracis longitudine.
Degeer inf. 5. *p.* 241. *n.* 27. Curculio carinatus.
Frisch inf. 11. *p.* 32. *t.* 23. *f.* 5.
Schaeff. ic. t. 25. *f.* 3. *Knoch Beytr.* 1. *t.* 6. *f.* 8.
β) Curculio nebulosus capensis. *Sparrm. nov. act. Stokh.* 1785. 1. *n.* 4. *p.* 44. *n.* 18. *t.* 2.
Habitat in Europae *campis frequens*, β) *duplo major ad* caput bonae spei.

fulcirostris. 85. C. oblongus cinereus subnebulosus rostro trisulcato. *Fabr. sp. inf.* 1. *p.* 187. *n.* 143. *mant. inf.* 1. *p.* 114. *n.* 185. *Sparrm. nov. act. Stockh.* 1785. 1. *n.* 4. *p.* 45. *n.* 19. *t.* 2. *Bonsdorf curc. Suec.* 2. *f.* 5.
Habitat in Europae *plantis*, *et ad* caput bonae spei *statura et magnitudine nebulosi.*

emarginatus. 385. C. oblongus fuscus, coleoptrorum dorso cinereo: lineis duabus punctorum impressorum atrorum. *Fabr. mant. inf.* 1. *p.* 114. *n.* 186.
Habitat Halae Saxonum, *statura nebulosi, coleoptris apice emarginatis.*

perlatus. 386. C. niger, abdomine albo: punctis elevatis glabris atris, rostro sulcato. *Fabr. mant. inf.* 1. *p.* 114. *n.* 187.
Habitat in Sina, *statura et magnitudine sulcirostris.*

glaucus. 387. C. rostro carinato thoraceque inaequali obscuris, elytris glaucis: puncto posterius elevato. *Fabr. mant. inf.* 1. *p.* 114. *n.* 188.
Habitat Kilonii, *magnitudine et statura albini.*

albidus. 388. C. oblongus fuscus elytris albidis: fascia media lituraque baseos apicisque fuscis. *Fabr. mant. inf.* 1. *p.* 114. *n.* 189.
Herbst apud Fuessli arch. inf. 5. *p.* 83. *n.* 75. *t.* 24. *f.* 31. Curculio candidus.
Habitat in Germania, *nebuloso minor.*

lusitanicus. 389. C. oblongus supra fuscus, elytris macula baseos alba. *Fabr. sp. inf.* 1. *p.* 187. *n.* 144. *mant. inf.* 1. *p.* 115. *n.* 190.
Habitat in Lusitania, *statura et magnitudine incani.*

crenulatus. 390. C. cinereus, elytris lineis elevatis tribus crenulatis atris. *Fabr. sp. inf.* 1. *p.* 187. *n.* 145. *mant. inf.* 1. *p.* 115. *n.* 191.
Habitat in nova Hollandia.

punctatulus. 391. C. niger, elytris punctis nigris albisque alternis holosericeis striatis. *Fabr. sp. inf.* 1. *p.* 187. *n.* 146. *mant. inf.* 1. *p.* 115. *n.* 192.
Habitat in insula terrae novae, *magnitudine c. ligustici.*

ater. 86. C. oblongus ater, antennis rufis. *Fn. suec.* 637.* *Bonsd. curc. Suec.* 2. *f.* 20.
Habitat in Europa, *an mera varietas chloropodis?*

emeritus. 87. C. niger, thorace elytrisque spinosis fronte excavata. *Mus. Lud. Ulr.* 56.* *Fabr. sp. inf.* 1. *p.* 194. *n.* 190. *mant. inf.* 1. *p.* 120. *n.* 249.
Habitat in America *australi et* India, *aranei tristi facie.* Elytra *verrucis pilosis adspersa.*

barbarus. 88. C. thorace subspinoso, elytris angulo duplici crispato. *Fabr. sp. inf. p.* 194. *n.* 191. *mant. inf.* 1. *p.* 120. *n.* 250.
Habitat in Barbaria *et* Calabria, *minor in* Apulia, *duplo minor in* Gallia, *punctis excavatis adspersus.*

algirus. 392. C. cinereus, thorace spinoso sulcato, elytris angulo duplici spinoso. *Fabr. mant. inf.* 1. *p.* 120. *n.* 251.
Habitat in Africa *et* Calabria, *barbaro triplo minor.*

crispatus. 393. C. thorace mutico scabro, elytris lineis tribus elevatis dentatis. *Fabr. sp. inf.* 1. *p.* 194. *n.* 192. *mant. inf.* 1. *p.* 120. *n.* 252.
Habitat ad caput bonae spei.

globosus. 394. C. thorace spinoso quinquesulcato, elytris laevibus. *Fabr. sp. inf.* 1. *p.* 195. *n.* 193. *mant. inf.* 1. *p.* 120. *n.* 253. *Sparrm. nov. act. Stockh.* 1785. 1. *n.* 4. *p.* 50. *n.* 33. *Drury inf.* 1. *t.* 32. *f.* 4.
Habitat ad caput bonae spei, *an vere distinctus ab obeso?*

obesus. 395. C. ater, thorace spinoso inaequali, elytris rubris: punctis nigris confertis. *Fabr. sp. inf.* 1. *p.* 195. *n.* 194. *mant. inf.* 1. *p.* 120. *n.* 254. *Sparrm. nov. act. Stockh.* 1785. 1. *n.* 4. *p.* 50. *n.* 32. *t.* 2.
Habitat ad caput bonae spei.

396. C.

scalaris. 396. C. ater, thorace ſpinoſo inaequali, elytris ſtriis rufis denticulatis. *Fabr. ſp. inſ.* I. *p.* 195. *n.* 195. *mant. inſ.* I. *p.* 120. *n.* 255.
Habitat ad caput bonae ſpei.

cultratus. 397. C. cinereus, thorace tuberculis duobus compreſſis, elytris tuberculatis poſterius cinereis. *Fabr. ſp. inſ.* I. *p.* 195. *n.* 196. *mant. inſ.* I. *p.* 120. *n.* 256.
Habitat in nova Hollandia.

capenſis. 89. C. ater, thorace elevato-punctato, elytris ſtriato-crenatis. *Muſ. Lud. Ulr.* 59. *Fabr. ſp. inſ.* I. *p.* 193. *n.* 184. *mant. inſ.* I. *p.* 119. *n.* 242. *Sparrm. nov. act. Stockh.* 1785. I. *n.* 4. *p.* 44. *n.* 16. *t.* 2.
Habitat ad caput bonae ſpei.

Vitulus. 398. C. niger, fronte bidentata, elytris uniſpinoſis. *Fabr. ſp. inſ.* I. *p.* 193. *n.* 185. *mant. inſ.* I. *p.* 119. *n.* 243.
Habitat in Terra del Fuego.

inaequalis. 399. C. griſeus, thorace inaequali anterius prominulo, elytris ſulcatis, poſterius bidentatis, roſtro triſulcato. *Fabr. ſp. inſ.* I. *p.* 193. *n.* 186. *mant. inſ.* I. *p.* 119. *n.* 244.
Habitat ad caput bonae ſpei, *mediae magnitudinis.*

roſtratus. 400. C. fuſcus, capite thoraceque cylindricis anguſtioribus, elytris poſterius ſpinoſis. *Fabr. ſp. inſ.* I. *p.* 194. *n.* 187. *mant. inſ.* I. *p.* 119. *n.* 245.
Habitat in Africa *aequinoctiali, mediae magnitudinis.*

Spectrum. 401. C. thorace coleoptriſque globoſis. *Fabr. ſp. inſ.* I. *p.* 194. *n.* 188. *mant. inſ.* I. *p.* 119. *n.* 246.
Habitat ad caput bonae ſpei, *parvus, ſingularis ſtaturae.*

acuminatus. 402. C. cylindricus fuſcus, elytris apice acuminatis. *Fabr. ſp. inſ.* I. *p.* 194. *n.* 189. *mant. inſ.* I. *p.* 119. *n.* 247.
Habitat in nova Seelandia.

capiſtratus. 403. C. fuſcus, elytris acuminatis crenato-ſtriatis, roſtro ſulcato. *Fabr. mant. inſ.* I. *p.* 120. *n.* 248.
Habitat ad caput bonae ſpei, *magnus.*

verrucoſus. 90. C. aeneo-niger, elevato-punctatus, elytris poſterius verrucoſis. *Muſ. Lud. Ulr.* 60.* *Fabr. ſp. inſ.* I. *p.* 193. *n.* 183. *mant. inſ.* I. *p.* 119. *n.* 241.
Drury inſ. I. 32. *f.* 5.
Habitat in Aethiopia.

cornutus. 91. C. cinereus, thorace elytrisque subspinosis, capite spinis fasciculato-pilosis. *Mus. Lud. Ulr.* 57. *Fabr. sp. ins.* 1. *p.* 195. *n.* 197. *mant. ins.* 1. *p.* 120. *n.* 257.
Bonsd. nov. act. Stockh. 1785. 1. *n.* 4. *p.* 46. *n.* 24. *t.* 2.
Habitat in nova Hollandia *et ad* caput bonae spei.

Tribulus. 404. C. cinereus, thorace scabro anterius impresso, elytris spinosis. *Fabr. sp. ins.* 1. *p.* 195. *n.* 198. *mant. ins.* 1. *p.* 120. *n.* 258.
Habitat in nova Hollandia, *rostro thoracem fere aequante, apice incrassato.*

retusus. 405. C. griseo-fuscus, elytris posterius retusis dentatis. *Fabr. sp. ins.* 1. *p.* 195. *n.* 199. *mant. ins.* 1. *p.* 120. *n.* 259.
Habitat ad caput bonae spei, *statura cornuti.*

quadridens. 406. C. cinereus, thorace scabro, elytris spinosis: spinis quatuor; posterioribus longioribus. *Fabr. sp. ins.* 1. *p.* 196. *n.* 200. *mant. ins.* 1. *p.* 120. *n.* 260.
Habitat in nova Hollandia.

quadrispinosus. 407. C. albidus, elytris quadrispinosis, rostro fusco. *Fabr. sp. ins.* 1. *p.* 196. *n.* 201. *mant. ins.* 1. *p.* 121. *n.* 261.
Habitat ad caput bonae spei.

Clavus. 408. C. albicans, thorace canaliculato, coleoptris spinosis: lineolis tribus baseos rubris. *Fabr. sp. ins.* 1. *p.* 196. *n.* 202. *mant. ins.* 1. *p.* 121. *n.* 262.
Habitat in nova Hollandia.

nodulosus. 409. C. thorace lineis sex nodulosis, elytris spinosis. *Fabr. sp. ins.* 1. *p.* 196. *n.* 203 *mant. ins.* 1. *p.* 121. *n.* 263.
Sparrm. nov. act. Stockh. 1785. 1. *n.* 4. *p.* 42. *n.* 12? Curculio nodulosus.
Habitat ad caput bonae spei.

rubifer. 410. C. cinereus, thorace scabro, elytris spinis elevatis sanguineis. *Fabr. sp. ins.* 1. *p.* 196. *n.* 204. *mant. ins.* 1. *p.* 121. *n.* 264.
Habitat ad caput bonae spei.

globifer. 411. C. thorace scabro, elytris spinosis posterius acuminatis. *Fabr. sp. ins.* 1. *p.* 196. *n.* 205. *mant. ins.* 1. *p.* 121. *n.* 265.
Habitat ad caput bonae spei.

pilularius. 412. C. thorace utrinque ſpinoſo noduloſo, elytris tuberculato-ſtriatis apice acuminatis. *Fabr. mant. inſ.* 1. *p.* 121. *n.* 266.
Habitat ad caput bonae ſpei, *globifero proxime affinis.*

frontalis. 413. C. ater, fronte retuſa, thorace elytrisque tuberculato-ſeriatis. *Sparrm. nov. act. Stockh.* 1785. 1. *n.* 4. *p.* 43. *n.* 14.
Habitat ad caput bonae ſpei, *praecedentibus affinis.*
Thorax *tuberculorum lineis* 4, *elytra conicorum utrinque tribus aſpera.*

16punctatus. 92. C. caeruleſcens, thorace punctis nigris quatuor, coleoptris ſedecim. *Muſ. Lud. Ulr.* 58. *Fabr. ſp. inſ.* 1. *p.* 185. *n.* 133. *mant. inſ.* 1. *p.* 111. *n.* 164.
Habitat in Braſilia, *crabronis magnitudine, ad latera thoracis aureus.*

decorus. 414. C. ſupra fuſcus, thorace coleoptrisque vittis duabus viridi-aureis. *Fabr. ſp. inſ.* 1. *p.* 185. *n.* 134. *mant. inſ.* 1. *p.* 111. *n.* 165.
Habitat in America *meridionali.*

nitidulus. 415. C. viridi-ſquamoſus, elytris punctatis. *Fabr. ſp. inſ.* 1. *p.* 185. *n.* 135. *mant. inſ.* 1. *p.* 111. *n.* 166.
Habitat in Cayenna, *ſquamis cum aetate pereuntibus niger.*

candidus. 416. C. elytris ſpinoſis albis: macula laterali fuſca. *Fabr. ſp. inſ.* 1. *p.* 185. *n.* 136. *mant. inſ.* 1. *p.* 111. *n.* 167.
Habitat in Cayenna.

niveus. 417. C. niveus, thoracis dorſo roſtroque fuſcis, elytris ſpinoſis acuminatisque. *Fabr. mant. inſ.* 1. *p.* 111. *n.* 168.
Habitat in Cayenna, *ſtatura candidi.*

lacteus. 418. C. albus auro-nitidulus, elytris ſulcatis acuminatis. *Fabr. ſp. inſ.* 1. *p.* 185. *n.* 137. *mant. inſ.* 1. *p.* 111. *n.* 169.
Habitat in Jamaica, *mediae magnitudinis, roſtri apice bifido.*

ſmaragdulus. 419. C. vireſcens, elytris punctatis: ſpina anteriore poſterioreque erecta valida. *Fabr. mant. inſ.* 1. *p.* 111. *n.* 170.
Habitat in Cayenna, *ſtatura candidi, at paulo minor.*

8tuberculatus. 420. C. cinereo fuſcoque varius, coleoptris punctatis, poſterius gibbis: tuberculis octo. *Fabr. mant. inſ.* 1. *p.* 112. *n.* 171.
Habitat in Cayenna, *ſtatura candidi.*

Servus. 421. C. capite thoraceque obſcure ferrugineis, elytris fuſcis: punctis maculisque albis. *Fabr. mant. inſ.* 1. *p.* 112. *n.* 172.
Habitat in Cayenna, *ſtatura et magnitudine octotuberculati.*

modeſtus. 422. C. cinereus, thorace elytrisque fuſco-maculatis. *Fabr. ſp. inſ.* 1. *p.* 186. *n.* 138. *mant. inſ.* 1. *p.* 112. *n.* 173.
Habitat in nova Seelandia, *mediae magnitudinis.*

flaveſcens. 423. C. obſcurus, thoracis elytrorumque acuminatorum lateribus flavis. *Fabr. mant. inſ.* 1. *p.* 112. *n.* 174.
Habitat in America *meridionali, viridi affinis, at paulo major.*

granulatus. 93. C. viridis ſtriatus punctis nigris elevatis. *Muſ. Lud. Ulr.* 61.*
Habitat in America *auſtrali et* India, *magnitudine ſcarabaei ſtercorarii.*

abbreviatus. 94. C. ſubfuſcus, elytris griſeis: ſtriis atris glabris elevatis abbreviatis. *Muſ. Lud. Ulr.* 62.* *Gron. zooph.* 597.*
Habitat in Martinica.

apterus. 95. C. thorace ſpinoſo: cruce impreſſa, elytris ferrugineo-punctatis. *Fabr. ſp. inſ.* 1. *p.* 196. *n.* 206. *mant. inſ.* 1. *p.* 121. *n.* 267.
Syſt. nat. XII. 2. *p.* 619. *n.* 95. Curculio breviroſtris, pedibus muticis, corpore atro, thorace ſpinoſo, elytris coadunatis, abdomine punctato.
Degeer inſ. 5. *p.* 275. *t.* 16. *f.* 1. Curculio cruciatus.
Sparrm. nov. act. Stockh. 1785. 1. *n.* 4. *p.* 49. *n.* 31. *t.* 2.
β) Curculio ornatus. *Drury inſ.* 2. *t.* 34. *f.* 3.
Habitat in India *et ad* caput bonae ſpei, *maximus.*

ocellatus. 424. C. thorace ſpinoſo anterius excavato, elytris cinereis: punctis atris ſubocellatis. *Fabr. ſp. inſ.* 1. *p.* 196. *n.* 207. *mant. inſ.* 1. *p.* 121. *n.* 268.
Habitat in Madagaſcar.

nivoſus. 425. C. thorace elytrisque ſeriatim tuberculatis niveo lineatis. *Sparrm. nov. act. Stockh.* 1785. 1. *n.* 4. *p.* 41. *n.* 11.
Habitat ad caput bonae ſpei, *ſubtus albido et flaveſcente pruinoſus vel minutim ſquamoſus.*

nycthemerus. 426. C. albus, thorace elytrisque in parte ſumma atris, faſciis longitudinalibus albis nigrisque utrinque alternantibus,

bus, abdomine atro, ad latera niveo maculato. *Sparrm. nov. act. Stockh.* 1785. I. *n.* 41. *p.* 42. *n.* 12.
Habitat ad caput bonae spei.

Argus. 427. C. tomentosus, capite thoracisque margine anteriore griseo albeque punctatis, elytris striis elevatis albo cinereoque maculatis punctatisque. *Sparrm. nov. act. Stockh.* 1785. I. *n.* 4. *p.* 43. *n.* 15.
Habitat ad caput bonae spei.

Porculus. 428. C. cinereo-fuscus pilosus, thorace lineis quinque, elytris posterius maculis duabus albis. *Sparrm. nov. act. Stockh.* 1785. *n.* 4. *p.* 45. *n.* 20.
Habitat ad caput bonae spei.

Tottus. 429. C. ex cinereo et fuscescente rufus, rostro tristriato, pedibus saepe rufescentibus. *Sparrm. nov. act. Stockh.* 1785. I. *n.* 4. *p.* 45. *n.* 21.
Habitat ad caput bonae spei.

atratus. 430. C. glabriusculus nigro-nitens, elytris striatis: interstitiorum punctis impressis. *Sparrm. nov. act. Stockh.* 1785. I. *n.* 4. *p.* 46. *n.* 22.
Habitat ad caput bonae spei.

cordiger. 431. C. thorace subdidymo cordato, utrinque aculeato, elytris striatis punctatis. *Sparrm. nov. act. Stockh.* 1785. I. *n.* 4. *p.* 46. *n.* 23.
Habitat ad caput bonae spei.

Tauriculus. 432. C. niger, fronte rotundata punctata, thorace bicarinato punctato subcrispato scabro, elytris lineis quatuor tuberculosis, infimis abbreviatis. *Sparrm. nov. act. Stockh.* 1785. I. *n.* 4. *p.* 47. *n.* 25.
Habitat ad caput bonae spei.

Juvencus. 433. C. fronte excavato-retusa, thorace scabro utrinque unidentato, elytris utrinque tuberculorum serie abbreviata triplici. *Sparrm. nov. act. Stockh.* 1785. I. *n.* 4. *p.* 47. *n.* 26.
Habitat ad caput bonae spei, *tauriculo affinis, at quadruplo minor.*

ephippiatus. 434. C. thorace tuberculis rugisque scabro, elytris utrinque serie sesquitertia spinularum: sutura spinulis conniventibus. *Sparrm. nov. act. Stockh.* 1785. I. *n.* 4. *p.* 47. *n.* 27.
Habitat ad caput bonae spei.

cuculatus. 435. C. fronte depressa scabra, thorace anterius porrecto rostroque bisulcato canaliculatis, elytris pone bituberculatis. *Sparrm. nov. act. Stockh.* 1785. I. *n.* 4. *p.* 48. *n.* 28.
Habitat ad caput bonae spei, *griseus, antennis, oculis, pedumque maculis nigris.*

Ura. 436. C. ater, capite emarginato, thorace anterius foveolato, elytris nodulis subglobosis confertis glabris: macula baseos thoracis utrinque supra et subtus femorumque ferruginea. *Sparrm. nov. act. Stockh.* 1785. I. *n.* 4. *p.* 49. *n.* 29.
Habitat ad caput bonae spei.

bigloba-tus. 437. C. niger rostro canaliculato, thorace globoso punctato scaberrimo, elytris punctato-scabris: tuberculorum utrinque ordinibus duobus. *Sparrm. nov. act. Stockh.* 1785. I. *n.* 4. *p.* 49. *n.* 30.
Habitat ad caput bonae spei.

calvus. 438. C. ater, thorace utrinque punctis elevatis scabro: disco laeviusculo, elytris striis elevatis glabriusculis: sulcis interjectis impresso punctatis. *Sparrm. nov. act. Stockh.* 1785. I. *n.* 4. *p.* 50. *n.* 34.
Habitat ad caput bonae spei.

senilis. 439. C. fuscus griseo-irroratus, thorace teretiusculo, elytris striis elevatis laevibus distantibus ternis aut quinis: interstitiis planis impresso-punctatis. *Sparrm. nov. act. Stockh.* 1785. I. *n.* 4. *p.* 50. *n.* 35.
Habitat ad caput bonae spei.

Platina. 440. C. subtus lateribusque albo argenteo viridique aureo splendidus, supra pedibusque griseus, elytrorum fasciis longitudinalibus atris. *Sparrm. nov. act. Stockh.* 1785. I. *n.* 4. *p.* 50. *n.* 36.
Habitat ad caput bonae spei.

Gallina. 441. C. griseus, subtus canus, thorace utrinque sulcis quinque subarcuatis obliquis, elytris leviter striatis. *Sparrm. nov. act. Stockh.* 1785. I. *n.* 4. *p.* 51. *n.* 37.
Habitat ad caput bonae spei.

argynel-lus. 442. C. viridi-argenteus, oculis atris, rostro supra plano: linea longitudinali nigra impressa. *Sparrm. nov. act. Stockh.* 1785. I. *n.* 4. *p.* 51. *n.* 39.
Habitat ad caput bonae spei.

443. C.

nigellus. 443. C. nigricans, subtus ex griseo rufescens, antennis rectis, thorace elytrisque spinulosis. *Sparrm. nov. act. Stockh.* 1785. 1. *n.* 4. *p.* 52. *n.* 40.
Habitat ad caput bonae spei, *statura albini, sed minor.*

Bonsdorfii. 444. C. oblongus albidissimus maculis quibusdam fasciaque nigris, rostro bisulcato fusco. *Bonsd. curc. Suec.* 2. *p.* 21. *n.* 5. *f.* 6.
Habitat in Sueciae, *potissimum salictis, statura sulcirostris, at duplo minor.*

tereticollis. 445. C. oblongo-ovatus, capite et thorace cylindricis angustis, elytris cinereis nigro lituratis. *Bonsd. curc. Suec.* 2. *p.* 28. *n.* 14. *f.* 14. *Degeer inf.* 5. *p.* 246. *n.* 33.
Habitat in Sueciae *alnetis, non infrequens.*

lineellus. 446. C. oblongus cinereo fuscus, thorace striis tribus pallidioribus, elytris utrinque linea longitudinali albida una. *Bonsd. curc. Suec.* 2. *p.* 30. *n.* 17. *f.* 18.
Fn. suec. 1. *n.* 472. Curculio cinereus, fasciis longitudinalibus dilutioribus.
Habitat in Suecia, *pediculi magnitudine, lineato affinis.*

echinatus. 447. C. ferrugineus, abdomine globoso, elytris setis erectis dense echinatis. *Bonsd. curc. Suec.* 2. *p.* 33. *n.* 21. *f.* 22.
Müll. zool. dan. prodr. p. 86. *n.* 947. Curculio scaber?
Habitat in Suecia, *subtus fuscus, ano rufo.*

Trunculus. 448. C. ater, abdomine subgloboso, rostro brevissimo, antennis pedibusque rufis. *Bonsd. curc. Suec.* 2. *p.* 33. *n.* 22. *f.* 23.
Habitat in Suecia.

capitatus. 449. C. fusco cinereus, sutura elytrorum basi nigra, rostro brevissimo lato, abdomine subgloboso. *Bonsd. curc. Suec.* 2. *p.* 33. *n.* 23. *f.* 24. *Degeer inf.* 5. *p.* 245. *n.* 32.
Habitat in Sueciae *pinetis, vulgatior, c. coryli proxime affinis.*

asperatus. 450. C. cinereus, abdomine ovato, elytris setis erectis brevissimis exasperatis. *Bonsd. curc. Suec.* 2. *p.* 34. *n.* 24. *f.* 25.
Geoffr. inf. par. 1. *p.* 288. *n.* 23.
Habitat Upsaliae *in arbustis, primo vere sub siccis foliis conspicuus.*

ſuecicus. 451. C. ovatus, poſterius obtuſiſſimus obſcurus, thorace canaliculato, antennis et pedibus fuſcis. *Bonsd. curc. Suec.* 2. *p.* 37. *n.* 29. *f.* 30.
Habitat in Suecia.

murinus. 452. C. ovatus griſeo-fuſcus, elytris pallide maculatis, poſterius ſetoſis, roſtro ſulcato. *Bonsd. curc. Suec.* 2. *p.* 37. *n.* 30. *f.* 31. *Müll. zool. dan. prodr. p.* 86. *n.* 943. *fn. Fridrichsd. n.* 116.
Habitat in Scandinaviae *plantis.*

clavipes. 453. C. oblongo ovatus gibbus ater, antennis nigris, pedibus longis rufis, femoribus clavatis craſſis. *Bonsd. curc. Suec.* 2. *p.* 40. *n.* 35. *f.* 36.
Habitat in Hallandia Sueciae.

inderienſis. 454. C. apterus ovatus opalino-albus, thorace utrinque mucronato, elytris excavato punctatis. *Pall. inſ. roſſ.* 1. *p.* 26. *t.* B. *f.* 5. *it.* 1. *app. p.* 464. *n.* 36. *Lepech. it.* 1. *p.* 508. *t.* 16. *f.* 5.
Habitat circa lacum ſalſum Inderienſem *frequens, fabae minoris magnitudine, tenebrionis apteri facie.*

nomas. 455. C. albus, roſtro craſſo biporcato, thorace ſcaberrimo, elytris fuſco oblique lituratis. *Pet. gaz. t.* 23. *f.* 4? *Pall. it.* 1. *app. p.* 463. *n.* 31. *inſ. roſſ.* 1. *p.* 27. *t.* B. *f.* 6.
Habitat in ariđiſſimis deſerti caſpici, *frequens circa fontes lacusque ſalſos, habitu nebuloſi, ſed major,* 10 *lineas longus.*

candidatus. 456. C. albo-nebuloſus, roſtro craſſo: ſtria bifurca, thoracis dorſo cinereo: linea punctisque duobus niveis. *Pall. it.* 1. *app. p.* 463. *n.* 32. *inſ. roſſ.* 1. *p.* 28. *t.* B. *f.* 7.
Habitat in aridis deſerti caſpici, *frequentiſſimus circa lacum* Inderienſem, *ſulciroſtri paulo major, ſubtus candidiſſimus.*

roridus. 457. C. apterus rufeſcente albus, ſupra lituris punctisque ſubverrucoſis nigris, porco roſtri craſſi longitudinali. *Pall. inſ. roſſ.* 1. *p.* 28. *t.* B. *f.* 8.
Habitat in ſalſis torridis deſerti auſtralis ad Volgam, *circa ſalſolarum et atriplicum radices, ſulciroſtris magnitudine, at craſſior.*

Cenchrus. 458. C. dealbatus, thorace elytrisque lituris confluentibus cinereis nigro punctatis, roſtro craſſo uniporcato. *Pall. inſ. roſſ.* 1. *p.* 29. *t.* B. *f.* 9.

Habitat

Habitat in torridis et squalidis deserti Volgensis *rarior, sulcirostri minor, magis teres.*

tetragrammus. 459. C. apterus cinerascens, thorace fusco: lineis quatuor lacteis, elytrorum lituris quatuor nigris, rostro crasso. *Pall. inf. ross.* 1. *p.* 29. *t.* B. *f.* 10.
Lepech. it. 2. *app. p.* 329. *t.* 11. *f.* 28.
Habitat in squalidis aridissimis deserti Volgensis *maxime australis rarior, major, elegans.*

tribuloides. 460. C. thorace bicristato scabro, elytris spinis conicis axillaribus posterioribusque rostro crasso. *Pall. inf. ross.* 1. *p.* 30. *t.* B. *f.* 11.
Habitat in Rio Janeiro Americae, *habitu inderiensis, europaeis omnibus major.*

nigrivittis. 461. C. cylindricus dealbatus, capite thoraceque subcarinatis: fascia utrinque longitudinali fusca. *Pall. inf. russ.* 1. *p.* 31. *t.* B. *f.* 12.
Habitat in aridis squalentibus deserti caspici, *frequens, octo lineas longus.*

Vibex. 462. C. cylindricus albissimus, thorace elytrisque striga utrinque nigra longitudinali. *Pall. inf. ross.* 1. *p.* 32. *t.* B. *f.* 13.
Habitat in arenosis ad Selengam, *frequens.*

fenestratus. 463. C. apterus albus, rostro crasso, elytrorum maculis sex rhombeis fuscis. *Pall. inf. ross.* 1. *p.* 33. *t.* H. *f.* B. 16.
Habitat in sabulosis ad Selengam, *nebuloso minor.*

[illegible]ceps. 464. C. apterus albatus, capite flavescente lateribus rufo, rostro crasso, thorace elytrisque albo lineatis fusco interruptis. *Pall. inf. r[illegible]* 1. *p.* 34. *t.* B. *f.* 17.
Lepech. it. 2. *app. p.* 327. *t.* 11. *f.* 27.
Habitat in arenosis ad Selengam *et* Chonem, *rarior in* Tatariae *desertis, magnitudine seminis atri.*

pictus. 465. C. albus, rostro crasso, thorace fasciis tribus longitudinalibus, elytrorum arcuata fuscis. *Pall. it.* 1. *app. p.* 463. *n.* 33. *inf. ross.* 1. *p.* 35. *t.* H. *f.* B. 18.
Habitat rarior in aridissimis salsis deserti caspici, *circa lacum quoque* Inderiensem.

[illegible]. 466. C. subcylindricus totus albus immaculatus, rostro crasso, oculis atris. *Pall. inf. ross.* 1. *p.* 35. *t.* H. *f.* B. 19.
Habitat in squalidis deserti caspici, *sub atriplicibus et salsolis.*

467. C.

tenebrioides. 467. C. apterus aterrimus glaber, elytris laevigatis. *Pall. inf. roff.* 1. *p.* 36. *t.* B. *f.* 20.
Frifch inf. 13. *p.* 28. *t.* 26?
Schaeff. ic. t. 62. *f.* 11.
Habitat rarior in deferti cafpici *aridis, hami inter tenebriones apteros.*

albator. 468. C. oblongus alatus niger, elytris nitidis punctatis, pofterius compreffis pubefcentibus: fafciis lateralibus niveis. *Pall. inf. roff.* 1. *p.* 36. *t.* B. *f.* 21.
Habitat in Brafilia, *major.*

noveboracenfis. 469. C. canus, elytris fubfaftigiatis: ftriis quinque albidis nigro punctatis, fcutello flavicante. *Forft. nov. inf. fp.* 1. *p.* 35. *n.* 35.
Habitat iu Noveboraco, 7 *lineas longus.*

melanogrammus. 470. C. corpore cano, futura elytrorum anterius nigra, nitida, roftro breviffimo. *Forft. nov. inf. fp.* 1. *p.* 36. *n.* 36.
Habitat in Anglia, *incano dimidio minor.*

plagiatus. 471. C. fubglobofus, elytris punctis longitudinalibus impreffis ftriisque e cinereo et fufco alternis. *Schaller Abh. der hall. Naturf. Gef.* 1. *p.* 284.
Habitat in Marchia, *ftatura C. coryli, at multoties major.*

cinereus. 472. C. oblongus cinereus, elytris albido nebulofis: pofterius fafcia albida. *Schall. Abh. der hall. Naturf. Gef.* 1. *p.* 285.
Habitat, rarus, Halae Saxonum, *lineati ftatura.*

fericeus. 473. C. corpore viridi-argenteo, antennis pedibusque rufis, femoribus pofterioribus fubdentatis. *Schall. Abh. der hall. Naturf. Gef.* 1. *p.* 286.
Habitat Halae Saxonum *in falice, aeftate frequentiffimus, argentato affinis, lineati ftatura et magnitudine.*

tenebricofus. 474. C. niger nitidus, oculis fufcis, elytris connatis acuminatis excavato-punctatis. *Herbft apud Fueffli arch. inf.* 5. *p.* 81. *n.* 67. *t.* 24. *f.* 27.
Habitat Berolini, *rariffimus,* 5 *lineas longus, tenebrioidi affinis.*

Faber. 475. C. niger, roſtro lato, antennis fuſcis, elytris connatis: punctorum excavatorum ſeriebus octo. *Herbſt apud Fueſſli arch. inſ. 5. p. 81. n. 68. t. 24. f. 28.*
Habitat in Marchia.

major. 476. C. niger albido villoſus, thorace punctato rugoſo roſtrum aequante, elytris punctato-ſtriatis. *Herbſt apud Fueſſli arch. inſ. 5. p. 81. n. 69. t. 24. f. 29.*
Habitat Berolini, *germanorum maximus.*

linzenſis. 477. C. apterus fuſcus, thoracis elytrorumque lateribus rufis. *Schranck enum. inſ. auſtr. p. 123. n. 234.*
Habitat Linzii.

ſplendidus. 479. C. viridis anguſtiſſimns, oculis fuſcis, antennis pedibusque fuſceſcentibus, elytris punctato-ſtriatis. *Herbſt apud Fueſſli arch. inſ. 5. p. 82. n. 72. t. 24. f. 30.*
Habitat Berolini, 3 *lineas longus.*

trivialis. 480. C. cinereus, thorace lineis tribus exſoletis albis, elytris maculis fuſcis. *Herbſt apud Fueſſli arch. inſ. 5. p. 82. n. 73.*
Habitat Berolini, 3 *fere lineas longus, ſtatura c. polygoni.*

arenarius. 481. C. capite cano, thorace granulato pedibusque nigris, elytris connatis griſeis punctato-ſtriatis. *Herbſt apud Fueſſli arch. inſ. 5. p. 22. n. 74.*
Habitat Berolini, *ſtatura c. liguſtici, at dimidio minor.*

berolinenſis. 482. C. albicans, ſubtus varius, thorace rugoſo nigro ad latera variegato, elytris faſciis duabus undulatis nigris. *Herbſt apud Fueſſli arch. inſ. 5. p. 83. n. 75. t. 24. f. 31.*
Habitat Berolini, *frequens nebuloſo affinis, at multo minor.*

globatus. 483. C. capite thoraceque fuſceſcentibus ſubaeneis, thoracis margine arcubusque duobus mediis longitudinalibus cinereis, abdomine ſubgloboſo, elytris connatis punctato-ſtriatis: interſtitiis faſciis alternis cinereis et fuſceſcentibus maculisque obſoletis albidis. *Herbſt apud Fueſſli arch. inſ. 5. p. 83. n. 76. t. 24. f. 32.*
Habitat Berolini *frequens, variae magnitudinis.*

Viverra. 484. C. ſordide cinereus, roſtro lato, thorace ſcabro, anterius turgido, per mediam longitudinem ſulcato, elytris ſtriatis:

ſtriatis: interſtitiis ſcabris. *Herbſt apud Fueſſli arch. inſ.* 5. *p.* 83. *n.* 77.
Habitat in Pomerania, *vix ſeſquilineam longus, antennis fuſcis.*

Herbſtii. 485. C. cinereus, thorace ſubgloboſo granulato, elytris rotundatis ſtriatis: ocellis rubro-aureis. *Herbſt apud Fueſſli arch. inſ.* 5. *p.* 84. *n.* 78.
Habitat Berolini, *rarior.*

pyricola. 486. C. anguſtus ater, ſubtus antennisque ſpadiceus, thorace granulato, elytris ſulcatis. *Herbſt apud Fueſſli arch. inſ.* 5. *p.* 84. *n.* 79.
Habitat in Pomerania, *vix* 2 *lineas longus, roſtro paulo longiore.*

granulatus. 487. C. ovatus griſeus, ſupra granulatus: granulis hinc inde rubris pellucidis, elytris connatis. *Herbſt apud Fueſſli arch. inſ.* 5. *p.* 84. *n.* 80. *t.* 24. *f.* 33.
Habitat in Marchia, 3 *lineas longus.*

piniperda. 488. C. ſpadiceus, thorace elongato punctato, elytris punctato-ſtriatis, femoribus ſubdentatis. *Herbſt apud Fueſſli arch. inſ.* 5. *p.* 84. *n.* 81.
Habitat in Marchia, 1½ *lineam longus, facie boſtrichi piniperdae.*

ſuturalis. 489. C. elongatus cinereus fuſco ſubvarius, ſubtus, lateribus ſuturaque albus, antennis oculisque nigris. *Herbſt apud Fueſſli arch. inſ.* 5. *p.* 84. *n.* 82. *t.* 24. *f.* 34.
Habitat in Marchia, *anguſtus,* 3 *lineas longus.*

Eremita. 490. C. ſupra flaveſcente-piloſus, roſtro tenui thoraceque ſubpunctato nigris, antennis elytrisque punctato-ſtriatis fuſcis. *Herbſt apud Fueſſli arch. inſ.* 5. *p.* 85. *n.* 83.
Habitat in Marchia, 2 *lineas longus.*

bruchoides. 491. C. thorace elytrisque abbreviatis nigris granulatis et ſtriatis. *Herbſt apud Fueſſli arch. inſ.* 5. *p.* 85. *n.* 84.
Habitat in Marchia, *brucho ſimilis, vix ultra dimidiam lineam longus, teres, craſſus roſtro pendulo.*

ſingularis. 492. C. ſubbreviroſtris cinereus, elytris ſtriis punctatis: punctis excavatis centro eminentibus. *Syſt. nat.* XII. 2. *add. p.* 1066. *n.* 3.

Habitat

Habitat in Luſitania, *mediae magnitudinis, femoribus clavatis.*

493. C. ſubbreviroſtris niger, thorace ſubcarinato, elytris angulatis tuberculatis. *Syſt. nat.* XII. 2. *add. p.* 1066. *n.* 3.
Habitat in Luſitania, *barbaro ſimilis, at quadruplo minor.*

494. C. niger glaber politus, elytris rubris. *Sulz. hiſt. inſ. p.* 40. *t.* 4. *f.* 10.
Habitat in Europa.

495. C. ſulcatus, linea dorſi longitudinali atra. *Haſſelq. it. p.* 449. *n.* 100.
Habitat in Cypro.

496. C. apterus ſupra albicans, ſubtus dilute roſeus, thorace bicuſpidato, elytris ſulcatis: punctis canis. *Lepech. it.* 1. *p.* 313. *t.* 17. *f.* 7.
Habitat in Ruſſia.

497. C. thorace ſcabro, elytris nebuloſis: punctis ad apicem duobus nigris nitidis. *Lepech. it* 2. *p.* 205. *t.* 11. *f.* 25.
Habitat in Sibiria.

498. C. niger, vellere ruſeſcente nigro punctato: punctis in elytris tranſparentibus. *Lepech. it.* 2. *p.* 205. *t.* 11. *f.* 30.
Habitat in Sibiria.

499. C. ater, femoribus pallidis. *Scop. ent. carn. n.* 74.
Habitat in Carniolia, *c. fagi proxime affinis, at femoribus aequalibus.*

500. C. femoribus anterioribus clavatis, roſtro ſtriis elevatis ſenis; lateralibus apice conjunctis. *Scop. ent. carn. n.* 65.
Habitat in Carniolia.

501. C. roſtro linea elevato unica, elytris ſtriis decem punctatis. *Scop. ent. carn. n.* 68.
Habitat in Carniolia.

502. C. niger ſcaber, abdomine ſubtus, elytris apice albidis. *Scop. ent. carn. n.* 67.
Habitat in Carniolia.

503. C. piceus, abdomine nigro, ſubtus albido, femoribus clavatis. *Scop. ent. carn. n.* 69.
Habitat in Carniolia.

504. C.

erraticus. 504. C. roſtro apice concavo, elytris ſubvilloſis ſtriatis: ſtria tertia tuberculata. *Scop. ent. carn. n.* 70.
Habitat in Carniolia.

C. album. 505. C. ex cupreo nigroque varius, elytris ad angulum baſeos externum linea arcuata alba. *Scop. ent. carn. n.* 99.
Habitat in Carniolia.

ſenſitivus. 506. C. niger, femoribus fulvis apice nigris. *Scop. ent. carn. n.* 100.
Habitat in Carniolia.

nemoreus. 507. C. apterus niger opacus, capite glabro, roſtro bifido thorace elytrisque ſcabris acuminatis. *Scop. ent. carn. n.* 101.
Habitat in Carniolia.

Momus. 508. C. roſtro ſupra biſulcato, abdomine poſterius fulvo villoſo, femoribus anterioribus craſſioribus. *Scop. ent. carn. n.* 102.
Habitat in Carniolia.

Zoilus. 509. C. roſtro deflexo, elytris ſtriatis nigro punctatis. *Scop. ent. carn. n.* 103.
Habitat in Carniolia.

quercinus. 510. C. niger, ſcutello trilobo: lobo anteriore albo, elytris puncto albo. *Scop. ent. carn. n.* 106.
Habitat in Carnioliae *et* Helvetiae *quercu.*

carniolicus. 511. C. niger, thorace albido, elytris ſtriis quinque elevatis nigris albo-punctatis. *Scop. ent. carn. n.* 107.
Habitat in Carniolia.

villoſulus. 512. C. rufus ſubvilloſus, elytris faſciis duabus obſcurioribus obſoletis. *Scop. ent. carn. n.* 108.
Habitat in Carniolia.

praecox. 513. C. ferrugineus, elytris ſtriatis ſubvilloſis. *Scop. ent. carn. n.* 109.
Habitat in Carniolia, *ſub finem Aprilis conſpicuus.*

tricolor. 514. C. niger, thorace punctis binis albis, elytris puncto margine interiore albo, lineisque binis longitudinalibus flavis. *Scop. ann. hiſt. nat.* 5. *p.* 91. *n.* 45.
Habitat - - - -

515

dentirostris. 515. C. ovatus niger, rostro apice quadridentato. *Müll. zool. dan. prodr. p.* 85. *n.* 941.
Habitat in Dania.

tardus. 516. C. nigricans, thorace elytrisque utrinque rufis: macula apicis atra. *Müll. zool. dan. prodr. p.* 86. *n.* 942.
Habitat in Dania.

nodosus. 517. C. canescens, elytris nodulis minimis striatis. *Müll. zool. dan. prodr. p.* 86. *n.* 948.
Olaff. it. isl. 1. *p.* 319. Silakkepr.
Habitat in Islandia.

longicornis. 518. C. nigricans, thorace hirto, elytris cinereis: maculis flavicantibus, pedibus antennisque rufis, *Müll. zool. dan. prodr. p.* 86. *n.* 949.
Habitat in Dania.

opacus. 519. C. totus griseus laevissimus. *Müll. zool. dan. prodr. p.* 46. *n.* 950.
Habitat in Dania.

bicolor. 520. C. griseus, antennis pedibusque rufescentibus. *Müll. zool. dan. prodr. p.* 46. *n.* 951.
Habitat in Dania.

maculosus. 521. C. ovatus, obscure flavicans, elytris luteo maculatis. *Müll. zool. dan. prodr. p.* 46. *n.* 952.
Habitat in Dania.

suturatus. 522. C. cervinus ovatus elytris lineis tribus elevatis: sutura posterius carinata. *Müll. zool. dan. prodr. p.* 46. *n.* 955.
Habitat in Dania.

terlineatus. 523. C. elongatus cinereus, thorace terlineato, antennis nigris. *Müll. zool. dan. prodr. p.* 46. *n.* 956.
Habitat in Dania.

mollis. 524. C. griseo-auratus, elytris mollibus. *Müll. zool. dan. prodr. p.* 87. *n.* 960.
Act. Nidr. 4. *p.* 12. *t.* 16. *f.* 6.
Habitat in Scandinavia.

undulatus. 525. C. griseus nitens, fasciis elytrorum undulatis ferrugineis. *Müll. zool. dan. prodr. p.* 87. *n.* 961.
Act. Nidr. 4. *p.* 13.
Habitat in Scandinavia.

bispinus. 526. C. caeruleus, thorace utrinque spinoso, antennis nigris. *Müll. zool. dan. prodr. p.* 91. *n.* 1023.
Schaeff. ic. t. 6. *f.* 4.
Habitat in Europa.

inermis. 527. C. violaceus, thorace puncto utrinque impresso, antennis nigris. *Müll. zool. dan. prodr. p.* 91. *n.* 1025.
Schaeff. ic. t. 56. *f.* 8.
Habitat in Europa.

fuscatus. 528. C. nigro-fuscus, thorace utrinque fascia longitudinali, elytris duplici transversa cinerea. *Geoffr. inf. par.* 1. *p.* 280. *n.* 7.
Habitat in Gallia.

fimbriatus. 529. C. niger, thorace punctato, elytris alternatim striatis et punctatis. *Geoffr. inf. par.* 1. *p.* 281. *n.* 9.
Habitat in Gallia.

exaratus. 530. C. oblongus totus niger, thorace punctato, elytris sulcatis. *Geoffr. inf. par.* 1. *p.* 282. *n.* 11.
Habitat in Gallia.

squamosus. 531. C. squamis nitentibus, thoracis elytrorumque fasciis longitudinalibus. *Geoffr. inf. par.* 1. *p.* 284. *n.* 14.
Habitat in Gallia.

Geoffroaei. 532. C. rufus subvillosus, capite nigricante. *Geoffr. inf. par.* 1. *p.* 284. *n.* 15.
Habitat in Gallia.

gramineus. 533. C. caeruleo-viridis nitens, thorace punctato, elytris striatis. *Geoffr. inf. par.* 1. *p.* 284. *n.* 16.
Pet. gazoph. p. 77. *n.* 6.
Habitat in Europa.

dolorosus. 534. C. oblongus niger, abdomine squamoso: lateribus albis. *Geoffr. inf. par.* 1. *p.* 285. *n.* 17.
Habitat in Gallia.

denticulatus. 535. C. ovatus ex nigro cinereus, thorace utrinque denticulato. *Geoffr. inf. par.* 1. *p.* 288. *n.* 24.
Habitat in Gallia.

aculeatus. 536. C. subrotundus niger squamosus, elytris striatis, thorace utrinque aculeato: lateribus lineaque media albis. *Geoffr. inf. par.* 1. *p.* 288. *n.* 25.
Habitat in Gallia.

537. C.

subgloboſus. 537. C. ſubgloboſus ex cinereo ater, ſtriatus, roſtro thoracis longitudine. *Geoffr. inſ. par.* 1. *p.* 289. *n.* 26.
Habitat in Gallia.

erythroleucos. 538. C. globoſus rufus, elytris ſtriatis: faſcia rransverſa alba. *Geoffr. inſ. par.* 1. *p.* 289. *n.* 27.
Habitat in Gallia.

leucozonius. 539. C. globoſus niger, elytris ſtriatis: faſcia tranſverſa alba. *Geoffr. inſ. par.* 1. *p.* 289. *n.* 28.
Habitat in Gallia.

ſpinoſus. 540. C. totus fuſcus ſpinoſus, elytris ſtriis elevatis villoſo-ſpinoſis. *Geoffr. inſ. par.* 1. *p.* 412. *n.* 97.
Habitat in Gallia.

armus. 541. C. niger, ſcutello albicante, elytrorum ſtriis utrinque denticulatis. *Geoffr. inſ. par.* 1. *p.* 290. *n.* 31.
Habitat in Gallia.

marmoratus. 542. C. lividus, coleoptris faſciis plurimis obſcuris. *Geoffr. inſ. par.* 1. *p.* 291. *n.* 33.
Habitat in Gallia.

bohemicus. 543. C. corpore, capite antennisque nigris, thorace papilloſo et elytris quatuor papillarum ordinibus inſignitis cinereis incanis. *Richter Abh. Naturg. Boehm. p.* 34.
Habitat in diſtrictu Bohemiae Reichenbergenſi, *ſubgloboſus, magnitudine dermeſtis pellionis.*

rotundatus. 544. C. apterus, corpore oblongo nitido nigro laevi. *Degeer inſ.* 5. *p.* 243. *n.* 29. *t.* 7. *f.* 22.
Habitat in Europa, $3\frac{1}{2}$ *lineas longus.*

multicolor. 545. C. corpore ſubgloboſo ex rufo fuſco: punctis ex flavo griſeis, elytris carinatis. *Degeer inſ.* 5. *p.* 244. *n.* 30.
Habitat in alno, *mediae magnitudinis.*

ochropus. 546. C. corpore oblongo viridi nitido, antennis pedibusque flavis. *Degeer inſ.* 5. *p.* 245. *n.* 31.
Habitat in Europa, *ultra* 2 *lineas longus.*

faſciculatus. 547. C. corpore ovato fuſco: faſciculis piloſis griſeis, antennis longis. *Degeer inſ.* 5. *p.* 276. *n.* 10. *t.* 16. *f.* 2.
Habitat Surinami.

fulvirostris. 549. C. nigro-aeneus rostro plano pedibusque flavescentibus. *Fabr. mant. ins. 2. app. p.* 381.
Habitat in Scania *parvus.*

triangularis. 551. C. obscurus flavicans, thoracis basi triangulari, elytris striato-punctatis. *Petagn. ins. Calabr. p.* 14 *n.* 71.
Habitat Brancasconi *in* Calabria, *in* carduorum *floribus frequens.*

formosus. 553. C. corpore virescente, antennis pedibusque rufis. *Mayer Abh. boehm. Ges.* 4. *p.* 183.
Habitat in Bohemiae *floribus cardui, magnitudine c. pyri.*

carinatus. 582. C. griseus oblongus, rostro carinato: carina utrinque fuscata, thorace elytrisque punctatis: his polline griseo conspersis: punctorum ordinibus decem, pedibus anticis longioribus: femoribus tibiisque fusco annulatis. *Mus. Lesk. p.* 21. *n.* 445.
Habitat extra Europam.

crassirostris. 583. C. griseus, rostro crasso supra rugoso, thorace nigro punctato, elytris obsolete rugosis: pilis erectis hispidis, abdomine fusco. *Mus. Lesk. p.* 21. *n.* 449.
Habitat in Europa.

dealbatus. 584. C. oblongus variolosus niger, polline albo conspersus, elytris fasciis obliquis duabus maculisque tribus albis, abdomine nigro punctato. *Mus. Lesk. p.* 21. *n.* 450.
Habitat in Europa.

incineratus. 585. C. niger, thoracis lineis quatuor elytrorumque vittis quatuor punctisque sparsis cinereis. *Mus. Lesk. p.* 21. *n.* 456.
Habitat in Europa.

planirostris. 586. C. subglobosus griseus, rostro explanato, elytris striatis erecto-pilosis. *Mus. Lesk. p.* 21. *n.* 459.
Habitat in Europa.

varius. 587. C. elytris griseo fulvoque variis punctato-striatis: punctis holosericeis fuscis. *Mus. Lesk. p.* 21. *n.* 461.
Habitat in Europa.

naevius. 588. C. naevius, rostro crasso supra plano fusco, elytris rugosis: sutura elevata posterius carinata, femoribus fuscis, tibiis rufis griseo-squamosis. *Mus. Lesk. p.* 21. *n.* 463.
Habitat in Europa.

coracinus. 589. C. niger ovatus glaber, elytris connatis apice acuminatis thoraceque punctatis. *Muf. Lesk. p.* 22. *n.* 465.
Habitat in Europa.

latiroftris. 590. C. elytris punctato-ftriatis cinereo-pilofis, roftro brevi lato ftria dorfali exarato. *Muf. Lesk. p.* 22. *n.* 466.
Habitat in Europa.

hirtus. 591. C. fufcus, thoracis lineis quatuor, elytrisque hifpidis punctato-ftriatis grifeis: horum marginibus externis albidis. *Muf. Lesk. p.* 22. *n.* 467.
Habitat in Europa.

rugatus. 592. C. grifeus, thoracis dorfo elytrorumque rugoforum futura ferrugineo-fufca, thoracis dorfo utrinque puncto. *Muf. Lesk. p.* 22. *n.* 470.
Habitat in Europa.

infufcatus. 593. C. roftro thoraceque fufcis: hujus lineis tribus grifeis, elytris tibiisque rufefcentibus. *Muf. Lesk. p.* 22. *n.* 471.
Habitat in Europa.

obfoletus. 594. C. fufco-grifeus, antennis pedibusque rufis. *Muf. Lesk. p.* 22. *n.* 472.
Habitat in Europa.

fubrufus. 595. C. fulvo-grifeus, antennis tibiisque rufefcentibus. *Muf. Lesk. p.* 22. *n.* 473.
Habitat in Europa.

clavipes. 596. C. oblongus fufcus cinereo adfperfus, antennis tibiisque rufis, femoribus clavatis. *Muf. Lesk. p.* 22. *n.* 475.
Habitat in Europa.

exoletus. 597. C. fufcus, elytris ftriatis, antennis pedibusque rufis. *Muf. Lesk. p.* 22. *n.* 478.
Habitat in Europa.

nubilus. 598. C. fufcus grifeo-nebulofus, roftro lato plano, elytris ftriatis apice obtufis. *Muf. Lesk. p.* 22. *n.* 479.
Habitat in Europa, *magnitudine pediculi, ftatura c. Albini.*

tenebricofus. 599. C. niger fubaeneus ovatus hirtus punctato-ftriatus, antennis pedibusque rufis. *Muf. Lesk. p.* 22. *n.* 481.
Habitat in Europa.

lutofus. 600. C. lutofus ovatus, antennis rufis. *Muf. Lesk. p.* 22. *n.* 482.
Habitat in Europa.

RHINOMACER. *Antennae* ſetaceae, roſtro inſidentes.

Palpi quatuor extrorſum craſſiores.

curculioides. 1. Rh. villoſo-griſeus, antennis pedibusque nigris. *Fabr. mant. inſ.* 1. *p.* 123. *n.* 1.
Fabr. ſp. inſ. 1. *p.* 199. *n.* 1. Rhinomacer curculioides.
Habitat in Italia, *ſtatura curculionis, ſubtus cinereus, pedibus nigris.*

attelaboides. 2. Rh. villoſo-piceus, antennis pedibusque teſtaceis. *Fabr. mant. inſ.* 1. *p.* 123. *n.* 2.
Habitat in Sueciae *pinetis, curculioide minor.*

caeruleus. 3. Rh. caeruleſcens ſubvilloſus antennarum baſi pedibusque flavis. *Petagn. inſ. Calabr. p.* 14. *n.* 72. *f.* XXXIV.
Habitat ad littora Calabriae, Brancaleoni; *an forte Attelabi ſpecies?*

ATTELABUS. *Caput* poſterius acuminatum, inclinatum.

Antennae moniliformes, apicem verſus craſſiores.

* *maxilla bifida.*

coryli. 1. A. niger, elytris rufis reticulatis. *Fabr. ſp. inſ.* 1. *p.* 199. *n.* 1. *mant. inſ.* 1. *p.* 124. *n.* 1.
Syſt. nat. XII. 2. *p.* 619. *n.* 1. *Fn. ſuec.* 638. *Amoen. acad.* 5. *t.* 3. *f.* 171. Attelabus niger, elytris rubris.
It. oel. 153. Curculio niger, elytris rubris, capite poſtice elongato.
Degeer inſ. 5. *p.* 257. *n.* 46. *t.* 8. *f.* 3. Curculio excoriato-ruber.
Geoffr. inſ. par. 1. *p.* 273. *n.* 11.
Pontopp. atl. Dan. p. 205. *n.* 1. *t.* 16.
Sulz. hiſt. inſ. t. 4. *f.* 1.
Schaeff. ic. t. 75. *f.* 8.
Habitat in coryli *foliis, quae in cylindrum convolvit, utrinque claudit.*

2.

avellanae. 2. A. niger, elytris, thorace pedibusque rubris.
Scop. ent. carn. 71. Curculio collaris.
Schaeff. ic. t. 56. *f.* 5. 6.
Habitat in Germaniae *corylis, a. coryli ſimilis; an mera varietas?*

bicolor. 32. A. niger, thorace elytrisque rufeſcentibus, ſcutello femorum tibiarumque baſi et apice nigris. *Muſ. Lesk. p.* 23. *n.* 504.
Habitat in Europa.

denigratus. 33. A. niger, thorace elytrisque rubris, dorſi macula tibiis femorumque baſi et apice nigris. *Muſ. Lesk. p.* 23. *n.* 505.
Habitat in Europa.

erythropterus. 34. A. niger, elytris rubris laeviſſime ſtriato-punctatis. *Muſ. Lesk. p.* 23. *n.* 506.
Habitat in Europa.

bipuſtulatus. 11. A. ater, elytris macula baſeos rufa. *Fabr. ſp. inſ.* 1. *p.* 200. *n.* 2. *mant. inſ.* 1. *p.* 124. *n.* 2.
Habitat in America *ſeptentrionali.*

gemmatus. 14. A. ferrugineus, tuberculis nigris ſparſis. *Thunb. nov. inſ. ſpec.* 3. *p.* 68. *f.* 80. *Fabr. mant. inſ.* 1. *p.* 124. *n.* 4.
Habitat ad caput bonae ſpei, *magnitudine et figura a. coryli.*

indicus. 15. A. ferrugineus, capite, elytrorum baſi faſciaque cyaneis. *Thunb. nov. inſ. ſp.* 3. *p.* 68. *f.* 81. *Fabr. mant. inſ.* 1. *p.* 124. *n.* 5.
Habitat in India, *ſtatura et magnitudine melanuri.*

curculionoides. 3. A. niger, thorace elytrisque rubris. *Fabr. ſp. inſ.* 1. *p.* 200. *n.* 3. *mant. inſ.* 1. *p.* 124. *n.* 6.
Scop. ent. carn. 72. Curculio nitens.
Geoffr. inſ. par. 1. *p.* 273. *n.* 10.
Sulz. hiſt inſ. t. 4. *f.* 12.
Schaeff. ic. t. 75. *f.* 8.
Habitat in Europae *corylo, ſalice, a. coryli ſimilis, ſed minor.*

ſurinamenſis. 4. A. elytris apice bidentatis.
Habitat Surinami, *penſylvanico ſimilis, a. coryli minor, niger; elytris fuſcis, pedibus ferrugineis, antennis albo nigroque annulatis.* Rolander.

pensylvanicus. 5. A. niger, elytris rubris: fascia media apicisque nigra. *Fabr. mant. inf.* 1. *p.* 124. *n.* 3.

Habitat in America *boreali, statura surinamensis, sed minor, maxillis pedibusque rufis, antennis obtusis basi flavescentibus, thorace oblongo glabro.*

melanuros. 6. A. niger, elytris testaceis apice nigris.

Habitat Upsaliae, *pensylvanico similis, sed major, antennarum abdominisque basi et elytris testaceis.*

angulatus. 16. A. ferrugineus, coleoptris angulatis: disco nigro. *Fabr. mant. inf.* 1. *p.* 124. *n.* 7.

Habitat in Cayenna, *statura A. coryli, antennis et pectore nigris.*

ruficollis. 17. A. rufus, capitis vertice nigro, elytris caeruleis nitidis. *Fabr. sp. inf.* 1. *p.* 200. *n.* 4. *mant. inf.* 1. *p.* 124. *n.* 8.

Herbst apud Fuesſli arch. inf. 5. *p.* 87. *n.* 3. *t.* 25. *f.* 1. a.

Habitat in Sibiria, *statura a. coryli, antennarum apice caeruleo.*

pubescens. 18. A. violaceus hirtus, rostro atro. *Fabr. sp. inf.* 1. *p.* 200. *n.* 5. *mant. inf.* 1. *p.* 124. *n.* 9.

Habitat in Germania, *rostro longiori.*

betulae. 7. A. ater, pedibus saltatoriis. *Fn. suec.* 640.* *Fabr. sp. inf.* 1. *p.* 201. *n.* 6. *mant. inf.* 1. *p.* 124. *n.* 10.

Degeer inf. 5. *p.* 259. *n.* 47. Curculio excoriato-niger.

Habitat in betulae foliis, *quae rodendo pulcre crispa reddit; ocyssime saliens.*

** *maxilla unidentata.*

† *palpis posterioribus securiformibus*, Cleri.

mutillarius. 19. A. niger, elytris fascia triplici alba basi rufis. *Fabr. sp. inf.* 1. *p.* 201. *n.* 1. *mant. inf.* 1. *p.* 125. *n.* 1. *Herbst apud Fuesſli arch. inf.* 5. *p.* 87. *n.* 1. *t.* 25. *f.* 2.

Schranck inf. austr. n. 34. Dermestes formicarioides.

Habitat Halae Saxonum.

dubius. 20. A. rufus, elytris nigris: fascia duplici alba basique rufis. *Fabr. sp. inf.* 1. *p.* 201. *n.* 2. *mant. inf.* 1. *p.* 125. *n.* 2.

Habitat in America *boreali.*

ichneumonius. 21. A. capite thoraceque rufis, elytris nigris: fascia media rufa strigaque apicis alba. *Fabr. sp. inf.* 1. *p.* 201. *n.* 3. *mant. inf.* 1. *p.* 125. *n.* 3.
Habitat in America *boreali.*

formicarius. 8. A. niger, thorace rufo, elytris fascia duplici alba basique rubris. *Fn. suec.* 641. *Scop. ent. carn.* 111. *Fabr. sp. inf.* 1. *p.* 201. *n.* 4. *mant. inf.* 1. *p.* 125. *n.* 5.
Degeer inf. 5. *p.* 160. *n.* 3. *t.* 5. *f.* 8. Clerus formicarius.
Schranck inf. austr. p. 21. *n.* 31. Dermestes formicarius.
Raj. inf. p. 103. *n.* 29.
Sulz. hist. inf. t. 4. *f.* 8.
Habitat in Europa *et boreali* America, *ptinum pertinacem devastans, larva inter corticos putridos.*

sphegeus. 22. A. niger, fronte elytrorumque fascia cinereis. *Fabr. mant. inf.* 1. *p.* 125. *n.* 4.
Habitat in America *boreali, statura et magnitudine formicarii.*

sexguttatus. 23. A. niger, fronte cinerascente, elytris maculis tribus albis. *Fabr. sp. inf.* 1. *p.* 201. *n.* 5. *mant. inf.* 1. *p.* 125. *n.* 6.
Habitat in America *meridionali.*

quadrimaculatus. 24. A. niger, thorace rubro, elytris punctis duobus albis. *Schall. Abh. der hall. Naturf. Gef.* 1. *p.* 288. *Fabr. mant. inf.* 1. *p.* 125. *n.* 7.
Habitat in Halae Saxonum *pinetis, parvus.*

unifasciatus. 25. A. niger, elytris fascia alba basi rubris. *Fabr. mant. inf.* 1. *p.* 125. *n.* 8.
Sulz. hist. inf. t. 4. *f.* 13. Attelabus formicarius minor.
Habitat in Helvetiae *et* Africae *onopordo.*

octopunctatus. 26. A. cyaneus hirtus, elytris rufis: punctis quatuor nigris. *Fabr. mant. inf.* 1. *p.* 126. *n.* 9.
Habitat in Hispaniae *umbellatis, statura formicarii.*

tricolor. 27. A. rufus, capite nigro, elytris basi caeruleis, medio rufis apice violaceis. *Fabr. sp. inf.* 1. *p.* 202. *n.* 6. *mant. inf.* 1. *p.* 126. *n.* 10.
Habitat in Africa *aequinoctiali, formicario minor.*

bifasciatus. 28. A. viridi-aeneus pubescens, elytris cyaneis: fasciis duabus coccineis. *Fabr. sp. inf.* 1. *p.* 202. *n.* 7. *mant. inf.* 1. *p.* 126. *n.* 11.
Habitat in Sibiria, *formicarii magnitudine.*

sipylus. 9. A. viridis, elytris fascia duplici flava interrupta, thorace hirsuto. *Mus. Lud. Ulr.* 63.* *Fabr. sp. ins.* 1. *p.* 202. *n.* 8. *mant. ins.* 1. *p.* 126. *n.* 12.
Habitat in Africa, *statura et magnitudine formicarii.*

Ammios. 29. A. viridis hirtus, elytris cyaneis: maculis tribus flavis; posterioribus lunatis. *Fabr. mant. ins.* 1. *p.* 126. *n.* 13.
Habitat in Africae *ammi majori, statura et magnitudine apiarii.*

apiarius. 10. A. caerulescens, elytris rubris: fasciis tribus nigris.
Fabr. sp. ins. 1. *p.* 202. *n.* 9. *mant. ins.* 1. *p.* 126. *n.* 14.
Clerus elytris rubris: fasciis tribus caerulescentibus.
Geoffr. ins. par. 1. *p.* 304. *n.* 1. *t.* 5. *f.* 4. Clerus nigroviolaceus hirsutus &c.
Degeer ins. 5. *p.* 157. *n.* 1. *t.* 5. *f.* 3. Clerus caeruleo-violaceus.
Schranck ins. austr. p. 21. *n.* 36. Dermestes apiarius.
Swammerd. bibl. nat. t. 26. *f.* 3.
Reaum. ins. 6. *t.* 8. *f.* 10.
Sulz. hist. ins. t. 4. *f.* 6. *et* 14.
Schaeff. el. t. 46.
ic. t. 48. *f.* 11.
Habitat in Europa, America, Sibiria, *larva frequens in alveariis, imago in floribus, formicario duplo major.*

cyaneus. 30. A. cyaneus, abdomine pedibusque testaceis. *Fabr. mant. ins.* 1. *p.* 126. *n.* 15.
Habitat in India, *mediae magnitudinis.*

crabroniformis. 31. A. niger hirtus, elytris rufis: fasciis tribus nigris; tertia terminali. *Fabr. mant. ins.* 1. *p.* 126. *n.* 16.
Habitat in Oriente, *apiario major.*

†† *palpis quatuor subfiliformibus*, Spondylides.

ceramboides. 12. A. ater, elytris rugosis thorace latioribus. *Fn. suec.* 643.*
Fabr. sp. ins. 1. *p.* 203. *n.* 2. *mant. ins.* 1. *p.* 127. *n.* 2.
Uddm. diss. 26. *t.* 1. *f.* 1. Curculio maximus ater oblongus, elytris irregulariter reticulatis.
Degeer ins. 5. *p.* 32. *n.* 2. Tenebrio variolosus.
Habitat in boleto fomentario; *nonne potius tenebrio?*

buprestoides. 13. A. ater, elytris nervosis, thorace subgloboso. *Fn. suec.* 644.* *Fabr sp. ins.* 1. *p.* 203. *n.* 1. *mant. ins.* 1. *p.* 127. *n.* 1.

Fn. fuec. 1. *n.* 554. Bupreftis ater.
Degeer inf. 5. *p.* 84. *n.* 21. *t.* 3. *f.* 21. Cerambyx maxillofus niger &c.
Frifch inf. 13. *p.* 23. *t.* 19. Scarabaeus arboreus, collo craffo.
Habitat in Europae *filvis.*

NOTOXUS. *Antennae* filiformes. *Palpi* quatuor fecuriformes. *Maxilla* unidentata.

porcatus. 1. N. niger, elytris porcatis. *Fabr. mant. inf.* 1. *p.* 127. *n.* 1.
Habitat in terra van Diemen, *molli major.*

violaceus. 2. N. pubefcens niger violaceo-nitidus, elytris laevibus: punctis tribus flavis. *Fabr. mant. inf.* 1. *p.* 127. *n.* 2.
Habitat in nova Seelandia.

mollis. 3. N. pubefcens, elytris nigris: fafciis tribus pallidis. *Fabr. fp. inf.* 1. *p.* 203. *n.* 1. *mant. inf.* 1. *p.* 127. *n.* 3.
Syft. nat. XII. 2. *p.* 621. *n.* 11. *Fn. fuec.* 642. Attelabus grifeus pubefcens, elytris fafciis tribus pallidis.
Uddm. diff. 28. *t.* 1. *f.* 9. Curculio oblongus ruber, elytris nigris fafcia triplici albicante.
Geoffr. inf. par. 1. *p.* 305. *n.* 3. Clerus fufcus villofus &c.
Degeer inf. 5. *p.* 159. *n.* 2. *t.* 5. *f.* 6. Clerus fufco-fafciatus.
Schranck inf. auftr. p. 22. *n.* 37. Dermeftes mollis.
Habitat in Europae *floribus.*

monoceros. 4. N. thorace in cornu fupra caput protenfo. *Fabr. fp. inf.* 1. *p.* 203. *n.* 2. *mant. inf.* 1. *p.* 127. *n.* 4. *Herbft apud Fueffli arch. inf.* 5. *p.* 88. *n.* 2. *t.* 25. *f.* 4.
Syft. nat. XII. 2. *p.* 651. *n.* 14. Meloë monoceros.
Fn. fuec. 638. Attelabus monoceros.
Geoffr. inf. par. 1. *p.* 356. *n.* 1. *t.* 6. *f.* 8. Notoxus.
Habitat in Europae *floribus.*

204. CERAMBYX. *Antennae* ſetaceae.
Palpi quatuor.
Thorax ſpinoſus aut gibbus.
Elytra linearia.

* *palpis quatuor aequalibus.*

1. *filiformibus.*

† *maxilla cylindrica integra*, Prioni.

† *thorace ſpinis mobilibus.*

longimanus. 1. C. elytris baſi unidentatis apiceque bidentatis, antennis longis. *Muſ. Lud. Ulr.* 64.* *Gron. zooph.* 522.* *Fabr. ſp. inſ.* 1. *p.* 204. *n.* 1. *mant. inſ.* 1. *p.* 128. *n.* 1.
Grew muſ. 163. *t.* 13. Nocoonaca.
Degeer inſ. 5. *p.* 102. *n.* 6.
Sloan. jam. 2. *p.* 209.
Merian. ſurin. t. 28.
Vinc. muſ. t. 1. *f. inſ. med.*
Roeſ. inſ. 2. *ſcar.* 2. *p.* 11. *t.* 1. *f.* 2.
Aubent. miſcell. t. 64. *f.* 1.
Habitat in America *meridionali, tibiis anterioribus in altero ſexu longiſſimis.*

trochlearis. 2. C. elytris fuſco canoque variis: punctis elevatis.
Habitat in India. Degeer.

†† *thorace marginato.*

fuliginoſus. 84. C. ater, thorace crenato unidentato, elytris apice crenato-dentatis. *Fabr. ſp. inſ.* 1. *p.* 204. *n.* 2. *mant. inſ.* 1. *p.* 128. *n.* 2.
Habitat in America *meridionali, antennis pedibusque interdum rufis.*

roſtratus. 85. C. thorace unidentato rufo, mandibulis inflexis acutis, ſterno ſpinoſo. *Fabr. mant. inſ.* 1. *p.* 128. *n.* 3.
Habitat in Siam, *mediae magnitudinis, capite atro, antennis piceis, elytris nigris, pedibus rufis.*

cervicornis. 3. C. thorace utrinque tridentato, mandibulis porrectis extus uniſpinoſis, antennis brevibus. *Muſ. Lud. Ulr.* 65.* *Gron. zooph.* 523.* *Fabr. ſp. inſ.* 1. *p.* 205. *n.* 8. *mant. inſ.* 1. *p.* 129. *n.* 12.

Degeer

Degeer inf. 5. *p.* 94. *n.* 1.
Sloan. jam. 2. *t.* 237. *f.* 6.
Merian. ſurin. t. 48.
Roeſ. inſ. 2. *ſcar.* 2. *p.* 12. *t.* 1. *f.* B.
Brown jam. 429. *t.* 44. *f.* 8.
Aubent. miſcell. t. 90. *f.* 3.
Habitat larva in Americae *ligno* bombacis, *exemta edulis, incolis in* deliciis.

armillatus. 4. C. thorace utrinque quadridentato, elytris ferrugineis nigro marginatis, femoribus poſterioribus unidentatis. *Gron. zooph.* 525. *t.* 15. *f.* 6. *Fabr. ſp. inſ.* 1. *p.* 207. *n.* 11. *mant. inſ.* 1. *p.* 129. *n.* 15.
Habitat in India, *maximus.*

damicornis. 86. C. thorace denticulato, mandibulis porrectis bidentatis, antennis brevibus. *Fabr. ſp. inſ.* 1. *p.* 207. *n.* 12. *mant. inſ.* 1. *p.* 129. *n.* 16.
Mant. 1. *p.* 532. Cerambyx thorace marginato crenulato angulato, maxillis porrectis corniformibus introrſum bidentatis, antennis mediocribus.
Degeer inſ. 5. *p.* 97. *n.* 2.
Drury inſ. 1. *t.* 37. *f.* 1.
Habitat in America *meridionali, cujus incolis larva in deliciis.*

imbricornis. 5. C. thorace bidentato, corpore ferrugineo, elytris mucronatis, antennis perfoliato-imbricatis, brevioribus. *Gron. muſ.* 529.
Roeſ. inſ. 2. *ſcar.* 2. *t.* 1. *f.* 1.
Habitat in Carolina, *ſtatura coriarii, an mera hujus varietas?*

Faber. 6. C. thorace utrinque unidentato rugoſo, elytris piceis, antennis mediocribus. *Fn. ſuec.* 646.* *Fabr. ſp. inſ.* 1. *p.* 204. *n.* 4. *mant. inſ.* 1. *p.* 128. *n.* 6.
Bergſtr. nomencl. 1. *t.* 13. *f.* 1.
Friſch inſ. 13. *p.* 2. *t.* 17.
Schaeff. ic. t. 72. *f.* 3.
t. 111. *f.* 1.
Habitat in Europae *ligno rarior.*

coriarius. 7. C. thorace tridentato, corpore piceo, elytris mucronatis, antennis brevioribus. *Fn. ſuec.* 647.* *Scop. ent. carn.* 161. *Gron. zooph.* 528. *Fabr. ſp. inſ.* 1. *p.* 206. *n.* 9. *mant. inſ.* 1. *p.* 129. *n.* 7.

Fn.

Fn. suec. 480. Cerambyx niger, thorace planiusculo, margine utrinque tridentato, coleoptris piceis.
Gadd sat. 79. Cerambyx cinereo nigricans, antennis et pedibus rufis.
Degeer inf. 5. *p.* 59. *n.* 1. *t.* 3. *f.* 5. Cerambyx Prionus.
Geoffr. inf. par. 1. *p.* 198. *n.* 1. *t.* 3. *f.* 9. Prionus.
Raj. inf. p. 95. *n.* 1.
Frisch inf 13. *t.* 9.
Sulz. hist. inf. t. 4. *f.* 26.
Roesel inf. 2. *scar.* 2. *t.* 1. *f.* 1. 2.
Schaeff. el. t. 103.
ic. t. 67. *f.* 3.
Bergstr. nomencl. 1. *t.* 13. *f.* 3. 4. 5. 6
Voet coleoptr. 2. *t.* 3. *f.* 9.
Habitat in Europae *betulis putridis, ova magna, oblonga flavescentia pariens.*

giganteus. 87. C. thorace utrinque tridentato, corpore nigro, elytris ferrugineis, antennis brevibus. *Mant.* 1. *p.* 531. *Fabr sp. inf.* 1. *p.* 206. *n.* 10. *mant. inf.* 1. *p.* 129. *n.* 14.
Aubent misc. t. 64. *f.* 2.
Drury inf. 3. *t.* 49. *f.* 1.
Habitat in America *meridionali, mandibulis bidentatis.*

melanopus. 8. C. thorace serrulato, corpore nigro, antennis brevibus, elytris mucronatis.
Fabr. sp. inf. 1. *p.* 208. *n.* 20. *mant. inf.* 1. *p.* 130. *n.* Prionus thorace marginato dentato, maxillis porrectis multidentatis, elytris mucronatis.
Gron. zooph. 531.
Merian. surin. t. 24. *f.* 1.
Drury inf. 1. *t.* 38. *f.* 2.
Habitat in America *meridionali, coriario duplo major.*

spinosus. 88. C. thorace multidentato nigro, elytris unidentatis testaceis. *Fabr. mant. inf.* 1. *p.* 130. *n.* 26.
Habitat Tranquebariae, *mediae magnitudinis.*

barbatus. 89. C. thorace integro, mandibulis ferrugineo-hirsutissimis antennis mediocribus. *Fabr. sp. inf.* 1. *p.* 208. *n.* 2 *mant. inf.* 1. *p.* 130. *n.* 27.
Habitat in America *meridionali, magnus.*

Thomae. 9. C. thorace crenulato, corpore nigro, elytris glabris ferrugineis: margine luteo. *Fabr. sp. inf.* 1. *p.* 207. *n.* 1 *man mant. inf.* I. *p.* 129. *n.* 19. *Herbst Besch. der berl. Naturf. Fr.* 4. *t.* 7. *f.* 9.

Habitat in insulis Americae, *meridionali oppositis*, 2 *pollices longus.*

bilineatus. 90. C. thorace crenato albo bilineato, elytris ferrugineis: atomis albis margineque luteo. *Fabr. sp. inf.* I. *p.* 208. *n.* 16. *mant. inf.* I. *p.* 129. *n.* 20.

Habitat in insulis, Americae *oppositis.*

cinnamomeus. 10. C. thorace denticulato, corpore ferrugineo, elytris mucronatis. *Mus. Lud. Ulr.* 66.*

Fabr. sp. inf. I. *p.* 208. *n.* 19. *mant. inf.* I. *p.* 130. *n.* 24.
Prionus thorace marginato denticulato, mandibulis porrectis tridentatis.

Merian. surin. 24. *t.* 24.

Sulz. hist. inf. t. 5. *f.* 2.

Drury inf. I. *t.* 40. *f.* 2.

Habitat in America *meridionali, elytris cinnamomeis.*

depsarius. 12. C. thorace subemarginato unidentato pubescente, corpore nigricante, antennis brevibus nigris. *Fabr. mant. inf.* I. *p.* 128. *n.* 7.

Habitat in Suecia, *coriario minor, et dimidio angustior.*

mucronatus. 91. C. thorace bidentato, elytris rufis mucronatis. *Fabr. sp. inf.* I. *p.* 205. *n.* 5. *mant. inf.* I. *p.* 129. *n.* 8.

Habitat in America *meridionali.*

curvus. 92. C. niger, thorace bidentato: dentibus arcuatis, elytris obtusis testaceis. *Fabr. mant. inf.* I. *p.* 129. *n.* 9.

Habitat in terra van Diemen, *mediae magnitudinis.*

Luzonum. 93. C. thorace multispinoso, mandibulis porrectis unidentatis apice bifidis, pedibus anterioribus elongatis. *Fabr. sp. inf.* I. *p.* 205. *n.* 6. *mant. inf.* I. *p.* 129. *n.* 10.

Petiv. gazoph. t. 47. *f.* I.

Habitat in insulis Luzonum.

serripes. 94. C. thorace multispinoso, mandibulis porrectis apice tridentatis, pedibus spinoso-serratis. *Fabr. sp. inf.* I. *p.* 205. *n.* 7. *mant. inf.* I. *p.* 129. *n.* 11.

Habitat in Africa *aequinoctiali, c. luzonum proxime affinis.*

13. C.

atratus. 13. C. thorace utrinque bidentato, corpore atro, antennis mediocribus antrorsum aculeato-serratis. *Gronov. zooph.* 524. *t.* 14. *f.* 9.
Habitat in Zeylon.

lineatus. 14. C. thorace serrulato dentato, elytris nigris: linea alba, antennis compressis brevioribus.
Fabr. sp. inf. 1. *p.* 204. *n.* 3. *mant. inf.* 1. *p.* 128. *n.* 4.
Prionus thorace marginato crenato unidentato niger albovittatus, elytris apice crenato-dentatis.
Sloan. jam. 2. *p.* 209. *t.* 237. *f.* 34.
Brown jam. 430. *t.* 43. *f.* 7.
Habitat in America *meridionali, insulisque oppositis.*

nitidus. 95. C. thorace crenato unidentato, cyaneo-aeneus, elytris cupreis. *Fabr. mant. inf.* 1. *p.* 128. *n.* 5.
Habitat in Brasilia, *coriario paulo minor.*

spinibarbis. 15. C. thorace subcrenulato, capite sub maxillis spinoso scabro, antennis brevibus. *Mus. Lud. Ulr.* 67.*
Fabr. sp. inf. 1. *p.* 208. *n.* 17. *mant. inf.* 1. *p.* 130. *n.* 21.
Prionus thorace marginato crenato, capite sub mandibulis tridentatis.
Merian. surin. 24. *t.* 24.
Habitat in America *meridionali, niger.*

maxillosus. 96. C. thorace crenato, mandibulis porrectis intus hirsutis quadridentatis. *Fabr. sp. inf.* 1. *p.* 208. *n.* 18. *mant. inf.* 1. *p.* 130. *n.* 22.
Drury inf. 1. *t.* 38. *f.* 3.
Habitat in America *meridionali, spinibarbi affinis.*

canaliculatus. 97. C. thorace crenato: canali dorsali villoso albo, antennis brevibus. *Fabr. mant. inf.* 1. *p.* 130. *n.* 23.
Habitat in insulis, Americae *oppositis, coriario minor.*

bifasciatus. 16. C. thorace denticulato, corpore nigro, elytris rubris: fasciis duabus atris, antennis brevibus. *Fabr. sp. inf.* 1. *p.* 207. *n.* 13. *mant. inf.* 1. *p.* 129. *n.* 17.
Gron. zooph. p. 532. *t.* 14. *f.* 4.
Habitat in America *meridionali.*

cylindroides. 98. C. obscurus, thorace tridentato, pectore abdomineque ferrugineis, antennis brevibus. *Fabr. sp. inf.* 1. *p.* 207. *n.* 14. *mant. inf.* 1. *p.* 129. *n.* 18.
Habitat in America *boreali, mediae magnitudinis.*

17. C.

planatus. 17. C. thorace scabro anterius dentato, corpore nigro, antennis pedibusque ferrugineis. *Fn. suec.* 645.* *Fabr. sp. ins.* 1. *p.* 257. *n.* 4. *mant. ins.* 1. *p.* 156. *n.* 6. infusus flavipes.
Habitat in Europae *truncis decorticatis, pediculo duplo major, antennis mediocribus, vix hujus generis.*

†† *maxilla obtusa unidentata*, Cerambyces.

barbicornis. 18. C. thorace spinoso, antennarum quatuor primis articulis nigro-barbatis, corpore testaceo nigro variegato. *Mus. Lud. Ulr.* 68.* *Fabr. sp. ins.* 1. *p.* 214. *n.* 24. *mant. ins.* 1. *p.* 134. *n.* 34.
Habitat in Asia.

Ammiralis. 19. C. thorace subspinoso, antennarum quarto articulo barbato, secundo spinoso.
Habitat Surinami, *niger, elytrorum basi, thoracisque lateribus rufis.*

Batus. 20. C. thorace spinoso rugoso, elytris bidentatis, antennis longis uncinato-aculeatis. *Mus. Lud. Ulr.* 69.
Mus. Petrop. 652. *n.* 154. Capricornus niger cornutus.
Habitat in America *australi et* India.

araneiformis. 21. C. thorace spinoso tuberculatoque, elytris porosis, antennis longis: articulo quinto barbato. *Fabr. sp. ins.* 1. *p.* 209. *n.* 2. *mant. ins.* 1. *p.* 131. *n.* 3.
Sloan. jam. 2. *t.* 237. *f.* 24.
Drury ins. 1. *t.* 35. *f.* 4.
Habitat in America *meridionali, griseus, aedili duplo major.*

nodosus. 99. C. thorace spinoso, elytris cinereis nigro maculatis, antennis longissimis: articulo tertio apice nodoso. *Fabr. sp. ins.* 1. *p.* 209. *n.* 3. *mant. ins.* 1. *p.* 131. *n.* 4.
Habitat in Marilandia.

cancriformis. 100. C. thorace multidentato: dorso plano, elytris tibiisque anterioribus unidentatis. *Fabr. sp. ins.* 1. *p.* 209. *n.* 4. *mant. ins.* 1. *p.* 131. *n.* 5.
Drury ins. 2. *t.* 35. *f.* 1. Cerambyx pustulatus.
Habitat in America *meridionali.*

tuberculatus. 101. C. thorace spinoso tuberculatoque, elytris punctatis spinosisque, antennis longis. *Fabr. mant. ins.* 1. *p.* 131. *n.* 6.
Habitat in Jamaica, *statura cancriformis.*

hebraeus. 102. C. thorace acute dentato: dorſo bicarinato, elytris cinereis fuſco ſtriatis maculatisque. *Fabr. ſp. inſ.* 1. *p.* 210. *n.* 5. *mant. inſ.* 1. *p.* 131. *n.* 7.
Habitat in America *meridionali, cinereus.*

Scorpio. 103. C. thorace quadriſpinoſo, elytris tuberculato-granulatis, tibiis anterioribus apice dilatatis. *Fabr. ſp. inſ.* 1. *p.* 210. *n.* 6. *mant. inſ.* 1. *p.* 131. *n.* 8.
Habitat in America *meridionali, cinereus.*

Sentis. 23. C. thorace ſpinoſo laevi, elytris faſtigiatis biguttatis, antennis ſubtus aculeatis longioribus.
Habitat in India, *griſeus, linea alba ab antennis per latera thoracis et abdominis ducta, antennis corpore ſesquilongioribus.*

farinoſus. 24. C. piceus, thorace ſpinoſo, elytris punctis albis farinoſis ſparſis, antennis longis. *Fabr. ſp. inſ.* 1. *p.* 214. *n.* 25. *mant. inſ.* 1. *p.* 134. *n.* 35.
Degeer inſ. 5. *p.* 108. *n.* 9. *t.* 13. *f.* 17. Cerambyx niger &c.
Forſter nov. inſ. ſp. 1. *p.* 39. *n.* 39. Cerambyx chinenſis.
Merian. ſurin. t. 24. *f. inſ.*
Drury inſ. 2. *t.* 31. *f.* 4.
Habitat in argemones mexicanae *radice, larva albicans, capite caudaque nigris, imago lineolis duabus elytrorum mediis approximatis glabris.*

ferrugineus. 25. C. thorace ſpinoſo rugoſo, elytris faſtigiatis ſubferrugineis, antennis longis. *Muſ. Lud. Ulr.* 70.*
Habitat in India.

depreſſus. 26. C. depreſſus niger, cinereo variegatus, thorace multiſpinoſo, elytris acuminatis, antennis longis. *Fabr. ſp. inſ.* 1. *p.* 214. *n.* 22. *mant. inſ.* 1. *p.* 134. *n.* 32.
Syſt. nat. XII. 2. *p.* 626. *n.* 26? Cerambyx thorace quadriſpinoſo: dorſo depreſſo, elytris faſtigiatis nebuloſis: anterius punctis elevatis ſparſis, antennis longis.
Schreb. inſ. 8. *f.* 10? Cerambyx lepturoides, thorace mucronato, elytris apice emarginatis, punctis elevatis ſcabris.
Habitat in inſulis, Americae *meridionali oppoſitis, ſuccincti magnitudine.*

104. C.

Cerambycum *larvae cortices et ligna rodunt, perforant, penetrant, extrahuntur a picis.*

fasciatus. 104. C. cyaneus, thorace spinoso, elytris fascia flava, antennis mediocribus ante apicem flavis. *Fabr. sp. inf.* 1. *p.* 214. *n.* 23. *mant. inf.* 1. *p.* 134. *n.* 33.
Pall. ic. inf. ross. 2. *t.* F. *f.* 4.
Herbst apud Fuessli arch. inf. 5. *t.* 25. *f.* 5.
Habitat Tranquebariae.

glaucus. 28. C. glaucus, thorace quinquespinoso, elytris muricatis: latere fasciaque nigris, antennis longis. *Fabr. sp. inf.* 1. *p.* 210. *n.* 7. *mant. inf.* 1. *p.* 131. *n.* 9.
Degeer inf. 5. *p.* 111. *n.* 13. *t.* 14. *f.* 4. Cerambyx tuberculatus.
Habitat in America *meridionali, subtus fuscus.* Rolander.

bidentatus. 105. C. thorace subspinoso, elytris bidentatis scabris cinereo fuscis. *Fabr. sp. inf.* 1. *p.* 210. *n.* 8. *mant. inf.* 1. *p.* 131. *n.* 10.
Habitat in America *meridionali.*

nebulosus. 29. C. thorace spinoso, elytris fastigiatis: punctis fasciisque nigris, antennis longioribus. *Fn. suec.* 650. *It. gotl.* 173. *Fabr. sp. inf.* 1. *p.* 215. *n.* 26. *mant. inf.* 1. *p.* 134. *n.* 36.
Scop. ent. carn. n. 173.
Geoffr. inf. par. 1. *p.* 204. *n.* 7.
Voet coleoptr. 2. *t.* 4. *f.* 4.
Degeer inf. 5. *p.* 71. *n.* 8.
Sulz. hist. inf. t. 4. *f.* 7.
Habitat in abietum *truncis, quas librum destruendo necat.*

fasciculatus. 106. C. thorace spinoso, elytris integris: punctis tribus hispidis, antennis mediocribus hirtis. *Fabr. mant. inf.* 1. *p.* 134. *n.* 37.
Habitat in Germania, *medius quasi inter nebulosum et hispidum.*

hispidus. 30. C. thorace spinoso, elytris anterius albidis apice bidentatis, antennis mediocribus hirtis. *Fabr. sp. inf.* 1. *p.* 215. *n.* 27. *mant. inf.* 1. *p.* 134. *n.* 37.
Syst. nat. XII. 2. *p.* 215. *n.* 27. *Fn. suec.* 651. Cerambyx thorace spinoso, elytris subpraemorsis punctisque tribus hispidis, antennis hirtis longioribus.
Fn. suec. 1. *n.* 484. *t.* 1. Cerambyx cinereus, elytris praemorsis nigris fasciaque alba, antennis sesquilongioribus.
Degeer inf. 5. *p.* 71. *n.* 9. *t.* 3. *f.* 17. Cerambyx fasciculatus.
Geoffr. inf. par. 1. *p.* 206. *n.* 9.
Raj. inf. p. 97. *n.* 4.

Schaeff. ic. t. 14. *f.* 9.
Frisch inf. 13. *p.* 22. *t.* 16.
Habitat in Europa.

pilofus. 107. C. thorace bifpinofo, elytris grifeis apice unidentatis, antennis mediocribus hirtis. *Fabr. mant. inf.* 1. *p.* 134. *n.* 39.
Habitat Halae Saxonum, *ftatura hifpidi, fed minor, grifeus.*

rugicollis. 108. C. niger, thorace inermi rugofiffimo, antennis mediocribus pedibusque piceis. *Fabr. mant. inf.* 1. *p.* 135. *n.* 40.
Habitat Tranquebariae.

longicornis. 109. C. thorace inermi: dorfo plano, corpore fufco grifeoque vario, antennis longiffimis. *Fabr. fp. inf.* 1. *p.* 235. *n.* 28. *mant. inf.* 1. *p.* 135. *n.* 41.
Habitat in Coromandel, *mediae magnitudinis.*

marginalis. 110. C. thorace inermi, elytris fubteftaceis: margine omni nigro. *Fabr. fp. inf.* 1. *p.* 215. *n.* 29. *mant. inf.* 1. *p.* 135. *n.* 42.
Habitat ad caput bonae fpei.

brevicornis. 111. C. thorace inermi viridi, elytris obfcuris, antennis brevibus nigris. *Fabr. fp. inf.* 1. *p.* 216. *n.* 30. *mant. inf.* 1. *p.* 135. *n.* 43.
Habitat in Sierra Leon Africae.

defertus. 31. C. thorace fpinofo albo-lineato, elytris bidentatis albofafciatis, antennis longioribus. *Muf. Lud. Ulr.* 71.*
Habitat in America.

fuccinctus. 32. C. thorace bifpinofo rugofo, elytris fafcia flava, antennis longioribus compreffis. *Muf. Lud. Ulr.* 72.* *Gron. zooph.* 535. *Fabr. fp. inf.* 1. *p.* 213. *n.* 21. *mant. inf.* 1. *p.* 133. *n.* 27.
Degeer inf. 5. *p.* 113. *n.* 14. *t.* 14. *f.* 5. Cerambyx fufco caftaneus.
Marcgr. braf. 254. Quici.
Drury inf. 1. *t.* 39. *f.* 2.
Habitat in America, *praefertim* Brafilia.

ftrigofus. 112. C. ferrugineus, thorace bifpinofo rugofo, elytris flavo ftriatis, antennis longis. *Fabr. mant. inf.* 1. *p.* 133. *n.* 28.
Habitat in Cayenna, *ftatura et magnitudine fuccincti, antennarum corpore duplo longiorum femorumque apice nigro.*

rufipes. 113. C. thorace bispinoso rufo, elytris laevibus nigris, antennis longis. *Fabr. mant. inf.* 1. *p.* 133. *n.* 29.
Habitat in America *meridionali*, *statura et magnitudine stigmatis.*

dimidiatus. 114. C. thorace bispinoso rugoso, flavus nigro punctatus, elytris nigris basi flavis, antennis mediocribus. *Fabr. mant. inf.* 1. *p.* 133. *n.* 30.
Habitat in Cayenna, *succincto paulo minor.*

bicolor. 115. C. ferrugineus, thorace bispinoso tuberculatoque, elytris ultra dimidium abdomineque atris. *Fabr. mant. inf.* 1. *p.* 134. *n.* 31.
Habitat in Cayenna, *statura et magnitudine rufipedis.*

virens. 33. C. thorace rotundato spinoso, corpore viridi femoribus rufis. *Fabr. sp. inf.* 1. *p.* 211. *n.* 10. *mant. inf.* 1. *p.* 131. *n.* 12.
Syst. nat. XII. 2. *p.* 627. *n.* 33. Cerambyx thorace spinoso, elytris obtusis, corpore viridi, antennis longioribus, femoribus unidentatis.
Drury inf. 1. *t.* 40. *f.* 1.
Sloan. jam. 2. *t.* 237. *f.* 39. 40.
Brown jam. 430. *t.* 43. *f.* 8.
Habitat in insulis, Americae *oppositis*, *antennis nunc longioribus*, *nunc brevioribus*, *femoribus nunc muticis*, *nunc dentatis.*

nitens. 116. C. viridi-nitens, thorace rotundato subspinoso, femoribus clavatis: clava anteriorum rufa. *Fabr. sp. inf.* 1. *p.* 211. *n.* 11. *mant. inf.* 1. *p.* 131. *n.* 13.
Habitat in Africa *aequinoctiali*, *virenti affinis.*

afer. 117. C. thorace rotundato spinoso, corpore viridi, antennis pedibusque rufis. *Mant. p.* 532. *Fabr. sp. inf.* 1. *p.* 211. *n.* 12. *mant. inf.* 1. *p.* 132. *n.* 14.
Drury inf. 1. *t.* 39. *f.* 4.
Habitat in Africa.

festus. 118. C. thorace spinoso viridi, elytris violaceis basi viridibus, femoribus ferrugineis unidentatis. *Fabr. sp. inf.* 1. *p.* 212. *n.* 13. *mant. inf.* 1. *p.* 132. *n.* 15.
Habitat ad fluvium Gaboon Africae.

vittatus. 119. C. viridis nitens, thorace spinoso, elytrisque nigro lineatis. *Fabr. sp. inf.* 1. *p.* 212. *n.* 14. *mant. inf.* 1. *p.* 132. *n.* 16.
Habitat in Brasilia.

velutinus. 120. C. thorace ſpinoſo niger: vitta atra. *Fabr. ſp. inſ.* 1. *p.* 212. *n.* 15. *mant. inſ.* 1. *p.* 132. *n.* 17.
Habitat in America *meridionali, virenti proxime affinis.*

ſuturatus. 121. C. ater, thorace ſpinoſo, elytris ſutura vittaque media aureis. *Fabr. ſp. inſ.* 1. *p.* 212. *n.* 16. *mant. inſ.* 1. *p.* 132. *n.* 18.
Habitat in America *meridionali, velutino proxime affinis.*

torridus. 122. C. niger, thorace ſubſpinoſo, elytris viridibus, apice ſpinoſis. *Fabr ſp. inſ.* 1. *p.* 213. *n.* 17. *mant. inſ.* 1. *p.* 132. *n.* 19.
Habitat in Sierra Leon Africae.

Gigas. 123. C. niger, thorace rugoſo acuteque ſpinoſo, elytris ferrugineis, antennis longis. *Fabr. mant. inſ.* 1. *p.* 132. *n.* 20.
Habitat in India, *maximus hujus tribus.*

moſchatus. 34. C. viridis nitens, thorace ſpinoſo, antennis cyaneis mediocribus. *Fabr. ſp. inſ.* 1. *p.* 210. *n.* 9. *mant. inſ.* 1. *p.* 131. *n.* 11.
Syſt. nat. XII. 2. *p.* 627. *n.* 34. *Fn. ſuec.* 652.* *Scop. ent. carn.* 165. Cerambyx thorace ſpinoſo, elytris obtuſis viridibus nitentibus, femoribus muticis, antennis mediocribus.
Fn. ſuec. 1. *n.* 478. Cerambyx viridi caeruleſcens, antennis corpus ſubaequantibus.
Degeer inſ. 5. *p.* 64. *n.* 2. Cerambyx odoratus.
Geoffr. inſ. par. 1. *p.* 203. *n.* 5. Cerambyx viridi-caeruleſcens.
Mouff. inſ. 149. *f. ult.* Cerambyx tertius.
Raj. inſ. p. 81. *n.* 17.
Liſter ſcar. p. 384. *n.* 11.
Friſch inſ. 13. *t.* 11.
Ammir. inſ. t. 33.
Sulz. hiſt. inſ. t. 4. *f.* e.
Schaeff. ic. t. 11. *f.* 7. *et t.* 55. *f.* 1.
Bergſtr. nomencl. 1. *p.* 13. *n.* 2. *t.* 2. *f.* 2.
Habitat in Europae *ſalice, antennis pedibusque nunc cyaneis, nunc fuſcis, vivus odorem gratum et ſoporiferum ſpirans, ova pariens candida, ſapida.*

alpinus. 35. C. thorace ſpinoſo, coleoptris faſcia, maculisque quatuor atris, antennis longis. *Fn. ſuec.* 654. *Scop. ent. carn.* 166. *Fabr. ſp. inſ.* 1. *p.* 213. *n.* 19. *mant. inſ.* 1. *p.* 132. *n.* 23.

It.

It. scan. 260. Cerambyx subcaerulescens, fascia maculisque 4 nigris.
Geoffr. inf. par. 1. *p.* 202. *n.* 4. *t.* 3. *f.* 6.
Scheuchz. it. alp. 1. *t.* 1. *f.* 5.
Jonst. inf. t. 15. *f.* 3.
Mouff. inf. 150. *f.* 2.
Rob. ic. 8.
Sulz. hist. inf. t. 4. *f.* d.
Schaeff. ic. t. 123. *f.* 1.
Drury inf. 2. *t.* 31. *f.* 5.
Habitat in Europae *montosis.*

scalatus. 124. C. fuscus: linea longitudinali alba, thorace spinoso, antennis longissimis. *Fabr. sp. inf.* 1. *p.* 213. *n.* 20. *mant. inf.* 1. *p.* 132. *n.* 24.
Habitat in America *meridionali, mediae magnitudinis.*

cafer. 125. C. viridi-aeneus, thorace spinoso, elytris testaceis, antennis brevibus. *Fabr. mant. inf.* 1. *p.* 132. *n.* 25.
Habitat ad caput bonae spei, *mediae magnitudinis.*

Morio. 126. C. ater, thorace bispinoso rugoso, antennis longioribus ferrugineis. *Fabr. mant. inf.* 1. *p.* 133. *n.* 26.
Habitat in Cayenna, *statura et magnitudine succincti.*

aedilis. 37. C. thorace spinoso: punctis quatuor luteis, elytris obtusis nebulosis, antennis longissimis. *Fn. suec.* 653.* *Fabr. sp. inf.* 1. *p.* 209. *n.* 1. *mant. inf.* 1. *p.* 130. *n.* 1.
It. oel. Cerambyx nebulosus, antennis corpore longioribus, thoracis punctis quatuor luteis.
Petiv. gaz. t. 8. *f.* 8. Capricornus rusticus.
Degeer inf. 5. *p.* 66. *n.* 5. *t.* 4. *f.* 1. 2.
Mouff. inf. 151. *f.* 2.
Act. nidr. 4. *t.* 16. *f.* 8.
Frisch inf. 13. *t.* 12.
Sulz. hist. inf. t. 4. *f.* 27.
Schaeff. ic. t. 14. *f.* 7.
Bergstr. nomencl. 1. 3. 5. *t.* 1. *f.* 5. 6. *t.* 2. *f.* 1.
Habitat in Europae *borealis arborum truncis, antennis pro sexu diversis.*

varius. 127. C. thorace spinoso tuberculatoque, corpore nigro cinereoque variegato, femoribus clavatis, antennis mediocribus. *Fabr. mant. inf.* 1. *p.* 130. *n.* 2.
Habitat in Austria, *aedili minor.*

Cerdo. 39. C. thorace ſpinoſo rugoſo niger, antennis longis. *Fabr. ſp. inſ.* 1. *p.* 212. *n.* 18. *mant. inſ.* 1. *p.* 132. *n.* 21.
Syſt. nat. XII. 2. *p.* 629. *n.* 39. *Scop. ent. carn.* 162. Cerambyx thorace ſpinoſo rugoſo nudo, corpore nigro, antennis longis: articulis quatuor primis clavatis.
Geoffr. inſ. par. 1. *p.* 201. *n.* 2.
Mouff. inſ. 149. *f.* 1.
Friſch inſ. 13. *t.* 8.
Drury inſ. 1. *t.* 39. *f.* 1.
Schaeff. ic. t. 14. *f.* 8.
Bergſtr. nomencl. 1. 8. 10. *t.* 1. *f.* 10. *et t.* 2. *f.* 3.
β) Cerambyx Heros. *Scop. ent. carn.* 163.
Geoffr. inſ. par. 1. *p.* 200.
Bergſtr. nomencl. 1. *t.* 11. *f.* 5. 6.
Habitat in Europae *ligno*, β) *major.*

Heros. 128. C. niger, thorace ſpinoſo rugoſo, elytris apice ſubſpinoſis teſtaceis, antennis longis. *Fabr. mant. inſ.* 1. *p.* 132. *n.* 22.
Schaeff. ic. t. 24. *f.* 3.
Habitat in Europae *quercu, cerdoni affinis.*

auricomus. 40. C. thorace quadriſpinoſo ater, elytris taeniis geminis aureis, pedibus poſterioribus latiſſimis compreſſis. *Gron. zooph.* 534. *t.* 16. *f.* 1.*
Habitat in America *meridionali, antennis corpore paulo longioribus.*

Juvencus. 53. C. thorace inermi rugoſo, elytris acuminatis nigris, lanuginoſo-caneſcentibus, antennis longiſſimis. *Fabr. ſp. inſ.* 1. *p.* 216. *n.* 31. *mant. inſ.* 1. *p.* 135. *n.* 44.
Habitat in America *meridionali ferrugineus, carchariae magnitudine.*

holoſericeus. 129. C. thorace inermi rugoſo, griſeus, elytris unidentatis holoſericeis fuſco cinereoque micantibus, antennis mediocribus. *Fabr. mant. inſ.* 1. *p.* 135. *n.* 45.
Habitat in India, *mediae magnitudinis.*

longicollis. 130. C. thorace inermi elongato cylindrico niger ferrugineo irroratus, antennis longiſſimis. *Fabr. mant. inſ.* 1. *p.* 135. *n.* 46.
Habitat in India, *mediae magnitudinis, capite fuſco.*

Herbstii. 131. C. niger, thorace rugoso utrinque unispinoso, elytris supra viridi-aureis: margine ad apicem fasciisque duabus rubris. *Herbst apud Fuessli arch. inf.* 7. *p.* 168. *n.* 11. *t.* 45. *f.* 10.
Voet coleoptr. 2. *t.* 8. *f.* 26?
Habitat in America.

latypus. 132. C. caesius, subtus, antennis pedibusque caeruleus, elytris ex purpureo viridi-aureis: lineis duabus elevatis. *Herbst apud Fuessli arch. inf.* 7. *p.* 169. *n.* 12. *t.* 45. *f.* 11.
Degeer inf. 7. *t.* 49. *f.* 3.
Habitat in India, *statura moschati.*

Lusitanus. 133. C. thorace spinoso, corpore toto testaceo, elytris fascia undulata pallida. *Syst. nat.* XII. 2. *add. p.* 1067. *n.* 5.
Habitat in Lusitania, *culicis magnitudine, antennis ferrugineis, an hujus tribus?*

Salteus. 134. C. thorace spinoso, corpore ferrugineo, abdomine ovato, elytris fascia nigricante. *Syst. nat.* XII. 2. *add. p.* 1067. *n.* 6.
Habitat in Lusitania, *culicis magnitudine, antennis corpore vix longioribus, an ad hanc tribum spectat?*

Smirnensis. 135. C. thorace teretiusculo subconvexo ad latera utrinque mucronato. *Hasselq. it. pal. p.* 451.
Habitat in Syria; *an huic tribui adscribendus?*

††† *maxilla bifida.*
† *cornea*, Lamiae.

Tribulus. 136. C. thorace quadrispinoso, scutello elytrisque spinosis, antennis longioribus. *Fabr. sp. inf.* 1. *p.* 216. *n.* 1. *mant. inf.* 1. *p.* 136. *n.* 1.
Habitat ad fluvium Gaboon Africae.

fronticornis. 137. C. thorace spinoso, frontis cornu porrecto apice emarginato recurvo, antennis longis. *Fabr. sp. inf.* 1. *p.* 216. *n.* 2. *mant. inf.* 1. *p.* 136. *n.* 2.
Drury inf. 2. *t.* 31. *f.* 2. Cerambyx bipunctatus.
Habitat ad caput bonae spei, *fuscus.*

pedicornis. 138. C. thorace elytrisque spinosis, femoribus anterioribus cornutis. *Fabr. sp. inf.* 1. *p.* 216. *n.* 3. *mant. inf.* 1. *p.* 136. *n.* 3.
Habitat in nova Hollandia.

Hyſtrix. 139. C. thorace quinqueſpinoſo, elytris faſciculato-piloſis, antennis mediocribus ſerratis. *Fabr. ſp. inſ.* 1. *p.* 216. *n.* 4. *mant. inſ.* 1. *p.* 136. *n.* 4.
Habitat ad caput bonae ſpei.

Criſta. 140. C. griſeus, thorace acute ſpinoſo, elytris baſi tuberculo compreſſo tridentato. *Fabr. ſp. inſ.* 1. *p.* 216. *n.* 5. *mant. inſ.* 1. *p.* 136. *n.* 5.
Habitat in nova Seelandia.

ambulator. 141. C. thorace anterius utrinque biſpinoſo, corpore nebuloſo. *Fabr. ſp. inſ.* 1. *p.* 216. *n.* 6. *mant. inſ.* 1. *p.* 136. *n.* 6.
Habitat in inſulis Luzonum.

Rubus. 21. C. thorace ſpinoſo bimaculato, elytris bidentatis baſi ſcabris mucronatis. *Fabr. ſp. inſ.* 1. *p.* 224. *n.* 44. *mant. inſ.* 1. *p.* 142. *n.* 59.
Syſt. nat. XII. 2. *p.* 625. *n.* 21. Cerambyx thorace ſpinoſo, antennis ſubtus hiſpidis longis, elytris bidentatis baſique mucronatis albo bimaculatis.
Degeer inſ. 5. *p.* 106. *n.* 7. *t.* 13. *f.* 16. Cerambyx albofaſciatus.
Habitat in India.

ſpinicornis. 142. C. thorace ſpinoſo rugoſo, elytris griſeis truncatis, antennis compreſſis, articulis apice ſpinoſis. *Fabr. ſp. inſ.* 1. *p.* 224. *n.* 45. *mant. inſ.* 1. *p.* 142. *n.* 60.
Habitat in Africa *aequinoctiali, rubo minor.*

brunnus. 143. C. brunneus, thorace triſpinoſo, elytris obtuſis: ſtriis duabus elevatis obſcuris; antennis compreſſis brevioribus. *Forſt. nov. inſ. ſp.* 1. *p.* 37. *n.* 37.
Degeer inſ. 5. *p.* 99. *n.* 3. *t.* 13. *f.* 13. Cerambyx penſylvanicus.
Drury inſ. 1. *t.* 37. *f.* 1.
Habitat in America *ſeptentrionali, moſchato major, an propria ſpecies huc ſpectans?*

ſcabrator. 144. C. ſubteſtaceus, thorace ſpinoſo, elytris punctis atris baſeos ſcabris. *Fabr. ſp. inſ.* 1. *p.* 224. *n.* 46. *mant. inſ.* 1. *p.* 142. *n.* 61.
Habitat in India.

Spengleri. 145. C. cinereus; thorace ſpinoſo tuberculato, elytris ſcabris: maculis duabus lateralibus atris. *Fabr. ſp. inſ.* 1. *p.* 225. *n.* 47. *mant. inſ.* 1. *p.* 142. *n.* 62.
Habitat in America *meridionali.*

bidens. 146. C. griseus, thorace acute spinoso, elytris apice bidentatis. *Fabr. sp. inf.* 1. *p.* 225. *n.* 48. *mant. inf.* 1. *p.* 142. *n.* 63.
Habitat in nova Hollandia.

Cantor. 147. C. thorace mutico cinereo nigro-punctato, elytris pallide testaceis apice bidentatis cinereis nigro maculatis. *Fabr. mant. inf.* 1. *p.* 142. *n.* 64.
Habitat in Sina, *mediae magnitudinis, niger, cinereo-villosus.*

Solandri. 148. C. niger, thorace subspinoso, elytris bidentatis fuscis cinereo irroratis. *Fabr. sp. inf.* 1. *p.* 225. *n.* 49. *mant. inf.* 1. *p.* 142. *n.* 65.
Habitat in nova Hollandia.

cornutus. 149. C. thorace obtuse spinoso, mandibulis basi cornutis, antennis longissimis. *Fabr. sp. inf.* 1. *p.* 225. *n.* 50. *mant. inf.* 1. *p.* 142. *n.* 66.
Habitat in America.

leprosus. 150. C. thorace spinoso, elytris basi variolosis cinereis: macula laterali nigra, antennis longis. *Fabr. sp. inf.* 1. *p.* 225. *n.* 51. *mant. inf.* 1. *p.* 142. *n.* 67.
Habitat in America.

capensis. 36. C. niger, thorace bispinoso, elytris fasciis quatuor rufis, antennis mediocribus. *Fabr. sp. inf.* 1. *p.* 220. *n.* 21. *mant. inf.* 1. *p.* 138. *n.* 25.
Poda mus. 32. *n.* 3.
Petiv. gazoph. t. 3. *f.* 8.
Drury inf. 1. *t.* 39. *f.* 3.
Voet coleoptr. 2. *t.* 8. *f.* 26.
Habitat ad caput bonae spei.

hottentotus. 151. C. thorace spinoso rufo, elytris nigris: fascia maculisque duabus marginalibus sanguineis. *Fabr. sp. inf.* 1. *p.* 220. *n.* 22. *mant. inf.* 1. *p.* 138. *n.* 26.
Brown ill. 118. *t.* 49. *f.* 1. Cerambyx punctatus.
Voet coleoptr. 2. *t.* 8. *f.* 26.

ferrugator. 152. C. obscure ferrugineus, thorace spinoso, elytris obscure virescentibus: striga interrupta sanguinea, antennis longis. *Fabr. mant. inf.* 1. *p.* 138. *n.* 27.
Habitat ad caput bonae spei, *magnus.*

153. C.

humeralis. 153. C. thorace spinoso, elytris flavis nigro fasciatis anterius mucronatis. *Fabr. sp. ins.* 1. *p.* 220. *n.* 23. *mant. ins.* 1. *p.* 138. *n.* 128.
Habitat - - - -

trifasciatus. 154. C. ater, thorace subspinoso, elytris fasciis tribus flavis, antennis mediocribus. *Fabr. sp. ins.* 1. *p.* 220. *n.* 24. *mant. ins.* 1. *p.* 138. *n.* 29.
Habitat in Sierra Leon Africae.

jamaicensis. 155. C. thorace spinoso posterius sinuato: elytris flavis: fasciis duabus maculaque rhombea cyanea. *Fabr. sp. ins.* 1. *p.* 220. *n.* 25. *mant. ins.* 1. *p.* 138. *n.* 30.
Habitat in Jamaica.

nobilis. 156. C. thorace spinoso atro: margine flavo, elytris atris: fasciis tribus flavis punctisque duobus albis. *Fabr. mant. ins.* 1. *p.* 138. *n.* 31.
Habitat in Cayenna, *statura bifasciati.*

aethiops. 157. C. ater thorace spinoso, elytris fasciis duabus punctoque apicis luteis, antennis mediocribus. *Fabr. sp. ins.* 1. *p.* 220. *n.* 26. *mant. ins.* 1. *p.* 139. *n.* 32.
Habitat ad caput bonae spei.

variegator. 158. C. thorace spinoso cinereo elytrisque fusco variis, antennis longis. *Fabr. sp. ins.* 1. *p.* 221. *n.* 27. *mant. ins.* 1. *p.* 139. *n.* 33.
Habitat in Africa *aequinoctiali, mediae magnitudinis.*

Sutor. 38. C. thorace spinoso, elytris atris ferrugineo maculatis, scutello luteo, antennis longissimis. *Fabr. sp. ins.* 1. *p.* 218. *n.* 15. *mant. ins.* 1. *p.* 137. *n.* 17.
Syst. nat. XII. 2. *p.* 628. *n.* 38. *Fn. suec.* 655.* *Scop. ent. carn.* 162. Cerambyx thorace spinoso, elytris obtusis atris subnebulosis, scutello luteo, antennis longissimis.
Fn. suec. 1. *n.* 482. Cerambyx ater, elytris punctatis maculis pallidis sparsis, antennis corpore longioribus, thorace spinoso.
Gadd diss. 27. Cerambyx nigro nebulosus, scutello pallido, elytris fusco aeneis.
Degeer ins. 5. *p.* 65. *n.* 4. Cerambyx atomarius.
Sulz. hist. ins. t. 5. *f.* 4.
Schaeff. ic. t. 65. *f.* 1.
Habitat in Europae *silvis.*

159. C.

Sartor. 159. C. niger, thorace ſpinoſo, ſcutello flavo, elytris immaculatis, antennis longiſſimis. *Fabr. mant. inſ.* 1. *p.* 137. *n.* 18.
Habitat Dresdae, *an major varietas ſutoris?*

reticulator. 160. C. niger, thorace ſpinoſo nigro-lineato, elytrisque reticulatis fulvis. *Fabr. ſp. inſ.* 1. *p.* 219. *n.* 16. *mant. inſ.* 1. *p.* 137. *n.* 19.
Habitat in India, *ſutoris magnitudine.*

molator. 161. C. obſcure cinereus fuſco-maculatus, thorace ſpinoſo, elytris apice rufis. *Fabr. mant. inſ.* 1. *p.* 137. *n.* 20.
Habitat in Cayenna, *mediae magnitudinis.*

titillator. 162. C. thorace ſpinoſo, elytris cinereo fuſco glaucoque nebuloſis, antennis longiſſimis rufis. *Fabr. ſp. inſ.* 1. *p.* 219. *n.* 17. *mant. inſ.* 1. *p.* 137. *n.* 21.
Habitat in Carolina.

vittator. 163. C. thorace ſpinoſo, elytris cinereo pulverulentis: vittis duabus flavis nigro marginatis. *Fabr. ſp. inſ.* 1. *p.* 219. *n.* 18. *mant. inſ.* 1. *p.* 137. *n.* 22.
Forſt. nov. inſ. ſp. 1. *p.* 38. *n.* 38. Cerambyx incanus.
Petiv. gazooph. t. 24. *f.* 6.
Habitat ad Sinus Campechienſis *littora.*

oculator. 164. C. niger, thorace ſpinoſo, elytris maculis quatuor flavis ſubocellaribus, antennis longis. *Fabr. ſp. inſ.* 1. *p.* 219. *n.* 19. *mant. inſ.* 1. *p.* 138. *n.* 123.
Degeer inſ. 7. *t.* 49. *f.* 1. Cerambyx ocellatus.
Voet coleopt. 2. *t.* 7. *f.* 31.
Habitat ad caput bonae ſpei.

Textor. 41. C. thorace ſpinoſo, elytris convexis atris, antennis mediocribus. *Fabr. ſp. inſ.* 1. *p.* 217. *n.* 7. *mant. inſ.* 1. *p.* 136. *n.* 7.
Syſt. nat. XII. 2. *p.* 629. *n.* 41. *Fn. ſuec.* 656.* *Scop. ent. carn.* 164. Cerambyx thorace ſpinoſo, elytris obtuſis convexis atris punctatis, antennis mediocribus.
Uddm. diſſ. n. 29. Cerambyx ſordide niger, punctis elevatis ſparſis, antennis craſſis corporis longitudinem ſubaequantibus.
Geoffr. inſ. par. 1. *p.* 201. *n.* 3.
Degeer inſ. 5. *p.* 64. *n.* 3.
Schaeff. ic. t. 10. *f.* 1.
Bergſtr. nomencl. 1. 5. 8. *t.* 1. *f.* 8.
Habitat in Europae *truncis arborum.*

vaginator. 165. C. niger, thorace ſpinoſo rugoſo, elytris emarginatis ferrugineis, antennis mediocribus. *Fabr. mant. inſ.* I. *p.* 136. *n.* 8.
Habitat in India, *magnus.*

pulcher. 166. C. niger, anterius faſciis, poſterius punctis viridibus, thorace ſpinoſo, elytris baſi mucronatis. *Fabr. ſp. inſ* I. *p.* 217. *n.* 8. *mant. inſ.* I. *p.* 136. *n.* 9.
Drury inſ. I. *t.* 32. *f.* 6.
Habitat in Africa.

regalis. 167. C. thorace ſpinoſo viridi faſciato, elytris viridi irroratis: maculis tribus fulvis. *Fabr. ſp. inſ.* I. *p.* 217. *n.* 9. *mant. inſ.* I. *p.* 136. *n.* 10.
Brown illuſtr. t. 50. *f.* I.
Habitat in Africa *aequinoctiali, ſtatura pulchri.*

nigricornis. 168. C. griſeus, thorace mutico, elytris dorſo planis, antennis brevibus nigris. *Fabr. ſp. inſ.* I. *p.* 218. *n.* 10. *mant. inſ.* I. *p.* 136. *n.* 11.
Habitat in Coromandel.

griſator. 169. C. griſeus, thorace mutico, elytris baſi tuberculis duobus apice ſpinoſis, antennis brevibus villoſis. *Fabr. mant. inſ.* I. *p.* 136. *n.* 12.
Habitat Tranquebariae, *mediae magnitudinis.*

ſternutator. 170. C. thorace ſpinoſo, elytris baſi poroſis, antennis mediocribus. *Fabr. ſp. inſ.* I. *p.* 218. *n.* 11. *mant. inſ.* I. *p.* 137. *n.* 13.
Habitat in inſula Barbados.

gutturator. 171. C. thorace ſpinoſo, elytris teſtaceis albo irroratis: baſi punctis elevatis glabris. *Fabr. ſp. inſ.* I. *p.* 218. *n.* 12. *mant. inſ.* I. *p.* 137. *n.* 14.
Habitat in Africa.

nubilus. 172. C. thorace inermi ferrugineo nigro lineato, elytris fuſco ferrugineoque variis: macula marginali cinerea, antennis mediocribus. *Fabr. ſp. inſ.* I. *p.* 218. *n.* 13. *mant. inſ.* I. *p.* 137. *n.* 15.
Habitat in Germania, *mediae magnitudinis.*

ariolator. 173. C. thorace ſpinoſo lineato, elytris fuſcis: linea ſemicirculari alba. *Fabr. ſp. inſ.* I. *p.* 218. *n.* 14. *mant. inſ.* I. *p.* 137. *n.* 16.
Habitat in India.

tristis. 42. C. fuscus, thorace spinoso, elytris maculis duabus atris, antennis mediocribus. *Fabr. sp. ins.* 1. *p.* 221. *n.* 29. *mant. ins.* 1. *p.* 139. *n.* 37.
Scop. ann. hist. nat. 5. *p.* 95. *n.* 54.
Herbst apud Fuessli arch. ins. 5. *p.* 90. *n.* 6. *t.* 25. *f.* 7.
Habitat in ligno cupressi Europae *australis, antennis interdum corpore duplo longioribus.*

funestus. 174. C. fuscus, thorace spinoso, elytris laevibus: maculis duabus atris, antennis brevibus. *Fabr. mant. ins.* 1. *p.* 139. *n.* 38.
Habitat frequens in Galliae *sambuco, tristi proxime affinis, at duplo minor.*

punctator. 175. C. ater, thorace spinoso, elytris albo punctatis, antennis longis. *Fabr. sp. ins.* 1. *p.* 221. *n.* 30. *mant. ins.* 1. *p.* 140. *n.* 39.
Forster nov. ins. sp. 1. *p.* 39. *n.* 39. Cerambyx chinensis.
Drury ins. 2. *t.* 31. *f.* 4. Cerambyx farinosus.
Habitat in Sina.

crispus. 175. C. thorace spinoso, elytris lineis tribus elevatis ferrugineis, antennis mediocribus, corpore cinereo. *Fabr. sp. ins.* 1. *p.* 221. *n.* 31. *mant. ins.* 1. *p.* 140. *n.* 40.
Habitat ad caput bonae spei.

rotator. 176. C. cinereus, thorace spinoso, elytris subfasciatis, antennis mediocribus. *Fabr. sp. ins.* 1. *p.* 222. *n.* 32. *mant. ins.* 1. *p.* 140. *n.* 41.
Habitat in India.

[illegible]yr-[illegible]zae. 177. C. niger, thorace spinoso, elytris albo-lineatis bicarinatis, pedibus ferrugineis, antennis brevibus. *Fabr. sp. ins.* 1. *p.* 222. *n.* 33. *mant. ins.* 1. *p.* 140. *n.* 42. *Pall. it.* 2. *p.* 723. *n.* 60.
Sulz. hist. ins. t. 5. *f.* 9. Cerambyx ovatus?
Habitat in Sibiria, *fuliginatore triplo major.*

cruciatus. 178. C. niger, thorace spinoso, coleoptris cruce media alba. *Fabr. mant. ins.* 1. *p.* 140. *n.* 43. *Pall. ic. ins. Ross.* 2. *t.* F. *f.* 5.
Lepechin it. 2. *p.* 198. *t.* 10. *f.* 8. Cerambyx crucifer.
Habitat in Russia *magis australi, statura fuliginatoris, at paulo major.*

fuliginator. 43. C. niger, thorace subspinoso, elytris cinerascentibus, antennis brevibus. *Fabr. sp. inf.* 1. *p.* 222. *n.* 34. *mant. inf.* 1. *p.* 140. *n.* 44.
Geoffr. inf. par. 1. *p.* 205. *n.* 8.
Degeer inf. 5. *p.* 70. *n.* 7.
Frisch inf. 13. *t.* 19.
Voet coleoptr. 2. *t.* 8. *f.* 30.
Habitat in Europa *australi, aetate totus niger, lanugine derasa.*

cinerarius. 179. C. cinerascens, thorace spinoso, antennis brevibus. *Fabr. mant. inf.* 1. *p.* 140. *n.* 45.
Pall. ic. inf. ross. 2. *t.* F. *f.* 11.
Habitat in Russia *meridionali, statura fuliginatoris, cui proxime affinis.*

carinatus. 180. C. niger, thorace spinoso, elytris piceis: carina laterali elevata albida, antennis brevibus. *Fabr. sp. inf.* 1. *p.* 222. *n.* 35. *mant. inf.* 1. *p.* 140. *n.* 46.
Herbst apud Fuessli arch. inf. 5. *p.* 91. *n.* 8. *t.* 25. *f.* 8.
Habitat in Sibiria, *statura et magnitudine fuliginatoris.*

coquus. 44. C. thorace subspinoso hirsuto, elytris obtusis sulcatis atris anterius ferrugineis, antennis mediocribus. *Fabr. sp. inf.* 1. *p.* 222. *n.* 36. *mant. inf.* 1. *p.* 140. *n.* 47.
Habitat in America *boreali, thoracis spinis minutissimis.*

ruspator. 181. C. thorace spinoso fusco: maculis duabus ferrugineis, elytris fuscis cinereo-variegatis. *Fabr. sp. inf.* 1. *p.* 223. *n.* 37. *mant. inf.* 1. *p.* 140. *n.* 48.
Habitat in Africa *aequinoctiali, mediae magnitudinis.*

tornator. 182. C. thorace spinoso quadripunctato, elytris rufis: maculis quatuor nigris, antinnis brevibus. *Fabr. sp. inf.* 1. *p.* 223. *n.* 38. *mant. inf.* 1. *p.* 141. *n.* 59.
Forst. nov. inf. sp. 1. *p.* 41. *n.* 41. Cerambyx tetrophthalmus.
Habitat in America *boreali.*

Bankſii. 183. C. griseus, thorace subspinoso, elytris ferrugineo irroratis: fasciis duabus cinereis. *Fabr. sp. inf.* 1. *p.* 223. *n.* 39. *mant. inf.* 1. *p.* 141. *n.* 50.
Habitat ad caput bonae spei.

saltator. 184. C. griseus, thorace inermi, elytris fasciis duabus macularibus abbreviatis strigaque posteriore punctata niveis, antennis brevibus. *Fabr. mant. inf.* 1. *p.* 141. *n.* 51.
Habitat - - - - parvus.

185. C.

efstator. 185. C. thorace spinoso cornuque brevi recumbente, corpore testaceo, antennis brevibus apice nigris. *Fabr. sp. inf.* 1. *p.* 223. *n.* 40. *mant. inf.* 1. *p.* 141. *n.* 52.
Habitat in Africa *aequinoctiali, parvus, brevis, villosus.*

Kaehleri. 50. C. niger, thorace spinoso elytrisque sanguineis: macula nigra. *Scop. ann. hist. nat.* 5. *p.* 96. *n.* 56. *Fabr. sp. inf.* 1. *p.* 219. *n.* 20. *mant. inf.* 1. *p.* 138. *n.* 24.
Geoffr. inf. par. 1. *p.* 204. *n.* 6.
Schaeff. ic. t. 1. *f.* 1.
β) Cerambyx ungarica. *Herbst apud Fuessli arch. inf.* 5. *p.* 90. *n.* 4. *t.* 25. *f.* 6.
Schaeff. ic. t. 153. *f.* 4.
Habitat in Europa *magis australi.*

pedestris. 51. C. ater, vitta integra alba, thorace spinoso, antennis mediocribus. *Fabr. sp. inf.* 1. *p.* 223. *n.* 41. *mant. inf.* 1. *p.* 141. *n.* 53.
Syst. nat. XII. 2. *p.* 631. *n.* 51. Cerambyx thorace spinoso apterus niger, elytris tomentosis atris: sutura alba, antennis mediocribus.
Poda inf. p. 34. *n.* 9. Cerambyx pedestris.
Scop. ent. carn. n. 168. Cerambyx arenarius.
Herbst apud Fuessli arch. inf. 5. *p.* 91. *n.* 9. *t.* 25. *f.* 9.
Habitat in Europa *magis australi.*

Scopolii. 186. C. niger, thorace spinoso, elytris unicoloribus, antennis brevibus. *Fabr. mant. inf.* 1. *p.* 141. *n.* 54.
Scop. ent. carn. n. 169. Cerambyx aethiops.
Habitat in Germania *australi, pedestri proxime affinis, at paulo minor, elytris nunc nigris, nunc testaceis.*

germanicus. 187. C. ater, thorace spinoso, elytris marginibus lineisque duabus utrinque coeuntibus albis. *Fabr. mant. inf.* 1. *p.* 141. *n.* 55.
Habitat in Germania, *statura et magnitudine pedestris.*

molitor. 188. C. fuscus, vittis tribus integris albis, thorace subspinoso, antennis mediocribus. *Fabr. sp. inf.* 1. *p.* 224. *n.* 42. *mant. inf.* 1. *p.* 142. *n.* 56.
Habitat in India, *an varietas pedestris?*

tuberculator. 189. C. griseus, thorace mutico, coleoptris basi bituberculatis: maculis duabus communibus albis, antennis brevibus. *Fabr. sp. inf.* 1. *p.* 224. *n.* 43. *mant. inf.* 1. *p.* 142. *n.* 57.
Habitat ad caput bonae spei, *parvus.*

mutator. 190. C. villosus, thorace mutico lineato cinereo, antennis pedibusque testaceis. *Fabr. sp. inf.* 1. *p.* 142. *n.* 58.
Habitat in Tahiti, *tuberculatoris magnitudine.*

curculionoides. 64. C. fuscus, thorace coleoptrisque ocellis quatuor atris. *Fabr. sp. inf.* 1. *p.* 221. *n.* 28. *mant. inf.* 1. *p.* 139. *n.* 34.
Syst. nat. XII. 2. *p.* 634. *n.* 64. Cerambyx thorace mutico, ocellis quatuor nigris, elytris ocello sesqui-altero, antennis longis.
Scop. ann. hist. nat. 5. *p.* 101. *n.* 75. Leptura curculionoides.
Geoffr. inf. par. 1. *p.* 210. *n.* 5.
Schaeff. ic. t. 39. *f.* 1. *et t.* 155. *f.* 5.
Habitat in Europa *magis australi.*

luscus. 191. C. niger ferrugineo irroratus, thorace spinoso rugoso, elytris basi macula ocellari atra, antennis longissimis. *Fabr. mant. inf.* 1. *p.* 139. *n.* 35.
Habitat in Siam, *tristi paulo major.*

notatus. 192. C. obscurus thorace spinoso, elytris punctis duobus approximatis atris. *Fabr. mant. inf.* 1. *p.* 139. *n.* 36.
Habitat in Cayenna, *statura curculionoidis.*

fulvus. 193. C. apterus niger, thorace spinoso, elytris rubris, abdomine brevioribus. *Schrank inf. austr. p.* 139. *n.* 263.
Scop. ent. carn. n. 170.
Herbst apud Fuessli arch. inf. 5. *t.* 25. *f.* 10.
Habitat in Austria.

ungaricus. 194. C. niger, capite thoraceque spinoso linea longitudinali, elytris sutura lineisque tribus albis. *Herbst apud Fuessli arch. inf.* 5. *p.* 91. *n.* 12. *t.* 25. *f.* 11.
Habitat in Ungaria.

trifasciatus. 366. C. thorace spinoso, elytris convexis nigris: fasciis tribus coccineis interruptis; apicis angustiore, antennis corpore longioribus. *Mus. Lesk. p.* 24. *n.* 534.
Habitat extra Europam.

luteus. 367. C. oblongus, thorace quadrispinoso capite antennarum nigrarum basi pedibusque luteis, dorsi lineis tribus fuscis, elytris apice bispinosis flavescentibus: rugis duabus margineque fuscis. *Mus. Lesk. p.* 24. *n.* 535.
Habitat extra Europam.

Daviesii. 377. C. ater, thorace ſpinoſo, punctis maculisque plurimis fulvis, elytris ſubtriangularibus. *Swederus nov. act. Stockh.* 8. 1787. *n.* 3. 3. 15. *t.* 8. *f.* 6.
Habitat in ſinu Hinduras Americae, *curculioneide paulo major.*

†† *membranacea*, Saperdae.

Carcharias. 52. C. thorace mutico cylindrico, corpore griſeo nigro punctato, antennis mediocribus. *Fn. ſuec.* 660. *Fabr. ſp. inſ.* 1. *p.* 230. *n.* 1. *mant. inſ.* 1. *p.* 147. *n.* 1.
Degeer inſ. 5. *p.* 73. *n.* 10. *t.* 3. *f.* 19. Cerambyx punctatus.
Geoffr. inſ. par. 1. *p.* 208. *n.* 1.
Pet. gaz. 5. *t.* 2. *f.* 1.
Goed. inſ. 2. *t.* 51.
Liſt. goed. f. 106.
Schaeff. ic. t. 38. *f.* 4. *et t.* 152. *f.* 4.
Drury inſ. 1. *t.* 41. *f.* 5.
Bergſtr. nomencl. 1. 5. 7. *t.* 1. *f.* 7.
β) Cerambyx villoſus. *Lepech. it.* 2. *t.* 11. *f.* 18?
Habitat in Europae, *β*) Sibiriae *ſilvis.*

confluens. 368. C. niger, thorace cylindrico, antennis mediocribus, elytris punctis confluentibus. *Muſ. Lesk. p.* 26. *n.* 557.
Habitat in Europa.

fuſcicornis. 369. C. teſtaceus, thorace longo utrinque tuberculato, femoribus clavatis ferrugineis, antennis fuſcis. *Muſ. Lesk. p.* 26. *n.* 558.
Habitat in Europa.

ſurinamus. 54. C. thorace mutico ſubcylindrico, corpore ſubferrugineo, elytris litura una alterave fuſca, antennis mediocribus.
Habitat Surinami, *mediae magnitudinis, elytris ſpina acutiſſima terminatis.*

ſcalaris. 55. C. thorace mutico ſubcylindrico, coleoptris linea ſuturali dentata, punctisque flavis, antennis mediocribus. *Fn. ſuec.* 697.* *Scop. ent. carn. n.* 175. *Fabr. ſp. inſ.* 1. *p.* 231. *n.* 2. *mant. inſ.* 1. *p.* 147. *n.* 2.
Degeer inſ. 5. *p.* 77. *n.* 14. Cerambyx flavoviridis.
Scop. ann. hiſt. nat. 5. *p.* 102. *n.* 77. Leptura ſcalaris.
Friſch inſ. 12. *p.* 29. *t.* 3. *f.* 3.
Schaeff. ic. t. 38. *f.* 5.
Hufn. inſ. t. 7.
Habitat in Europae *populo.*

candidus. 195. C. albus, thorace coleoptrisque fuscis: vittis duabus albis. *Fabr. mant. inf.* 1. *p.* 147. *n.* 3.
Habitat - - - *statura et magnitudine scalaris.*

roridus. 196. C. ater, elytris albo punctatis, antennis longis. *Fabr. mant. inf.* 1. *p.* 147. *n.* 4.
Habitat in Africae *plantis, oculati magnitudine.*

modestus. 197. C. niger, capite, thorace anoque ferrugineis. *Fabr. sp. inf.* 1. *p.* 231. *n.* 3. *mant. inf.* 1. *p.* 147. *n.* 5.
Habitat in Africa *aequinoctiali, statura et magnitudine oculati.*

cardui. 56. C. fuscus, thorace lineato, scutello flavo, antennis longis. *Fabr. sp. inf.* 1. *p.* 233. *n.* 16. *mant. inf.* 1. *p.* 149. *n.* 23. *Herbst apud Fuessli arch. inf.* 5. *p.* 94. *n.* 5. *t.* 26. *f.* 2.
Syst. nat. XII. 2. *p.* 632. *n.* 56. *Scop. ann. hist. nat.* 5. *p.* 101. *n.* 74. Cerambyx thorace mutico cylindrico, corpore fusco, linea longitudinali flavicante, antennis longioribus.
Habitat in Europae *magis australis* carduis, *quos majo devastat, statura populnei.*

melanoceras. 198. C. cinereus, thorace lineato, elytris fuscis unicoloribus, antennis mediocribus. *Fabr. sp. inf.* 2. *app. p.* 499. *mant. inf.* 1. *p.* 149. *n.* 24.
Habitat Lipsiae, *statura c. cardui, at paulo minor.*

suturalis. 199. C. virescens, thorace rotundato lineato, elytris acuminatis: sutura alba. *Fabr. mant. inf.* 1. *p.* 149. *n.* 25.
Habitat in Africae *plantis, statura c. cardui.*

moestus. 200. C. thorace quadrispinoso, corpore fusco. *Fabr. sp. inf.* 1. *p.* 233. *n.* 17. *mant. inf.* 1. *p.* 149. *n.* 26.
Habitat in nova Seelandia.

populneus. 57. C. thorace mutico cylindrico flavo-lineato, elytris punctis quatuor flavis, antennis mediocribus. *Fn. suec.* 661.* *Fabr. sp. inf.* 1. *p.* 234. *n.* 18. *mant. inf.* 1. *p.* 149. *n.* 27.
Gadd sat. 79. Cerambyx fusco-cinereus, antennis nigro alboque variegatis, elytrorum punctis octo luteis.
Degeer inf. 5. *p.* 78. *n.* 15. Cerambyx decempunctatus.
Geoffr. inf. par. 1. *p.* 208. *n.* 3. Leptura nigra &c.
Schaeff. ic. t. 48. *f.* 5.
β) *Bergst. nomencl.* 1. *t.* 2. *f.* 4?
Habitat in Europae *et* Americae *populetis,* β) *triplo minor.*

tremulus. 201. C. viridis, thorace punctis duobus, elytris quatuor nigris. *Fabr. sp. inf.* 1. *p.* 234. *n.* 19. *mant. inf.* 1. *p.* 149. *n.* 28.
Schaeff. ic. t. 101. *f.* 1.
Habitat Halae Saxonum; *an varietas punctati?*

punctatus. 202. C. thorace mutico subcylindrico totus viridis: punctis nigris numerosis, antennis mediocribus. *Syst. nat.* XII. 2. *add. p.* 1067. *n.* 7. *Fabr. sp. inf.* 1. *p.* 234. *n.* 20. *mant. inf.* 1. *p.* 150. *n.* 29.
Sulz. hist. inf. t. 5. *f.* 10.
Habitat in Europa *magis australi, antennis pedibusque nigris.*

virescens. 203. C. thorace villoso cinereo, elytris subattenuatis viridibus. *Fabr. sp. inf.* 2. *app. p.* 499. *mant. inf.* 1. *p.* 150. *n.* 30.
Habitat in Italia *et* Galliae *sambuco, statura punctati.*

macroceras. 204. C. fuscus, thorace cylindrico, pedibus testaceis, antennis longissimis nigris: annulo albo. *Fabr. sp. inf.* 1. *p.* 234. *n.* 21. *mant. inf.* 1. *p.* 150. *n.* 31.
Habitat in Africa *aequinoctiali, parvus.*

Volvulus. 205. C. supra niger, thorace cylindrico elytrisque margine cinereis. *Fabr. mant. inf.* 1. *p.* 150. *n.* 33.
Habitat in Cayenna, *statura cylindrici, at paulo minor.*

linearis. 58. C. niger, thorace mutico cylindrico, pedibus omnibus totis luteis, antennis mediocribus. *Fn. suec.* 663.* *Fabr. sp. inf.* 1. *p.* 232. *n.* 6. *mant. inf.* 1. *p.* 148. *n.* 9.
Scop. ent. carn. n. 153. Leptura parallela.
Schaeff. ic. t. 55. *f.* 6.
Herbst apud Fuessli arch. inf. 5. *t.* 26. *f.* 1.
Habitat in Europae *silvis.*

cylindricus. 59. C. cylindricus niger, pedibus anterioribus luteis. *Fabr. sp. inf.* 1. *p.* 232. *n.* 7. *mant. inf.* 1. *p.* 148. *n.* 10.
Syst. nat. XII. 2. *p.* 633. *n.* 59. *Fn. suec.* 662. Cerambyx thorace cylindrico mutico, linea albida, elytris fastigiatis nigris, pedibus anticis pallidis.
Degeer inf. 5. *p.* 75. *n.* 12. Cerambyx cinereus.
Geoffr. inf. par. 1. *p.* 208. *n.* 2. Leptura tota caeruleo-nigra.
Scopol. ent. carn. n. 157. Leptura cylindrica.
Roes. inf. 2. *scar.* 2. *t.* 3.
Habitat in pyri *prunique ramis.*

melanocephalus. 206. C. thorace cylindrico pedibusque rufis, corpore nigro. *Fabr. mant. inſ.* 1. *p.* 148. *n.* 11.
Habitat in Africa, *ſtatura et magnitudine cylindrici.*

pilicornis. 207. C. violaceus, thorace rotundato, antennarum articulo primo ſecundoque clavato piloſis. *Fabr. mant. inſ.* 1. *p.* 148. *n.* 12.
Pall. inſ. roſſ. 2. *t.* F. *f.* 14.
Rozier Journ. de phyſ. 1. *t.* 1. *f.* B?
Habitat in America *meridionali, cylindrico paulo major.*

erythrocephalus. 208. C. rufus, thorace rotundato villoſo, antennis, pectore elytrisque nigris. *Fabr. mant. inſ.* 1. *p.* 148. *n.* 13. *Schranck inſ. auſtr. n.* 270.
Herbſt apud Fueſſli arch. inſ. 5. *t.* 26. *f.* 3.
Habitat in Germania, *cylindrici ſtatura et magnitudine.*

ſibiricus. 209. C. cyaneus, thorace ſubſpinoſo, elytris faſciis duabus flavis. *Fabr. ſp. inſ.* 1. *p.* 232. *n.* 8. *mant. inſ.* 1. *p.* 148. *n.* 14.
Habitat in Sibiria, *ſtatura clavicornis, at paulo minor.*

clavicornis. 210. C. viridis, thorace rotundato, elytris maculis tribus flavis. *Fabr. ſp. inſ.* 1. *p.* 232. *n.* 9. *mant. inſ.* 1. *p.* 148. *n.* 15.
Habitat ad caput bonae ſpei.

longipes. 211. C. violaceus, thorace ſubgloboſo, antennis longioribus, femoribus clavatis. *Fabr. ſp. inſ.* 1. *p.* 233. *n.* 10. *mant. inſ.* 1. *p.* 148. *n.* 16.
Habitat ad caput bonae ſpei.

latipes. 212. C. niger, thorace ſubgloboſo, femoribus clavatis apice violaceis, tibiis poſterioribus compreſſis, antennis longioribus. *Fabr. mant. inſ.* 1. *p.* 148. *n.* 17.
Habitat ad caput bonae ſpei, *mediae magnitudinis.* Leske.

trilineatus. 213. C. griſeus, vittis tribus dentatis albis, antennis longis. *Fabr. ſp. inſ.* 1. *p.* 233. *n.* 11. *mant. inſ.* 1. *p.* 149. *n.* 18.
Mant. p. 532. Cerambyx thorace cylindrico, corpore ferrugineo, elytris mucronatis, marginibus dentatis albis, antennis longiſſimis.

Fabr.

Antennae *breves, quae corpore breviores, mediocres, quae longitudine corporis, longae, quae corpore longiores ſunt.*

Fabr. sp. inf. 1. *p.* 226. *n.* 7. Stenocorus trilineatus.
Drury inf. 1. *t.* 41. *f.* 1.
Habitat in insulis, Americae *oppositis.*

lateralis. 214. C. niger, thoracis lateribus elytrorumque vitta laterali ferrugineis. *Fabr. sp. inf.* 1. *p.* 233. *n.* 12. *mant. inf.* 1. *p.* 149. *n.* 19.
Habitat in America *boreali.*

lynceus. 215. C. thorace atro: puncto utrinque ferrugineo, elytris griseis acuminatis. *Fabr. sp. inf.* 1. *p.* 233. *n.* 13. *mant. inf.* 1. *p.* 149. *n.* 20.
Habitat in nova Seelandia.

griseus. 216. C. griseus, scutello margine, elytris lineolis flavescentibus. *Fabr. sp. inf.* 1. *p.* 233. *n.* 14. *mant. inf.* 1. *p.* 149. *n.* 21.
Habitat in nova Seelandia.

analis. 217. C. testaceus, elytrorum apicibus anoque nigris. *Fabr. sp. inf.* 1. *p.* 233. *n.* 15. *mant. inf.* 1. *p.* 149. *n.* 22.
Habitat in Africa *aequinoctiali*, *mediae magnitudinis.*

oculatus. 60. C. thorace mutico cylindrico luteo: punctis duobus nigris, elytris fastigiatis linearibus nigris. *Fn. suec.* 664. *Fabr. sp. inf.* 1. *p.* 231. *n.* 4. *mant. inf.* 1. *p.* 147. *n.* 6.
Uddm. diss. 31. Cerambyx ferrugineo-rufus, elytris nigrocinereis punctis excavatis nigris.
Degeer inf. 5. *p.* 74. *n.* 11. *t.* 3. *f.* 20.
Scop. ent. carn. n. 152. Leptura oculata.
Schaeff. ic. t. 128. *f.* 4.
Huffn. inf. t. 13.
Habitat in Europae *silvis.*

hirtus. 218. C. ferrugineus griseo-villosus, scutello orbitaque oculorum fulvis. *Fabr. sp. inf.* 1. *p.* 232. *n.* 5. *mant. inf.* 1. *p.* 147. *n.* 7.
Habitat in nova Seelandia.

unicolor. 219. C. testaceus, thorace rotundato punctato, antennis longis pedibusque concoloribus. *Fabr. mant. inf.* 1. *p.* 147. *n.* 8.
Habitat in insula Amsterdam oceani australis, *hirto minor.*

cantharinus. 82. C. ferrugineus, thorace cylindrico, antennis pedibusque nigris. *Fabr. sp. inf.* 1. *p.* 235. *n.* 22. *mant. inf.* 1. *p.* 150. *n.* 33.

Syst. nat. XII. 2. *p.* 637. *n.* 82. Cerambyx thorace subemutico, corpore rufo, oculis femoribusque nigricantibus, elytris mollibus, antennis longioribus.
Fabr. sp. ins. 2. *app. p.* 500. Callidium thorace rotundato subspinoso rufum, antennis pedibusque nigricantibus.
Habitat in Germania, *mediae magnitudinis.*

teutonicus. 220. C. niger, thorace cylindrico, elytris testaceis. *Fabr. sp. ins.* 1. *p.* 235. *n.* 23. *mant. ins.* 1. *p.* 150. *n.* 34.
Habitat in Germania, *statura cantharini.*

janthinus. 221. C. thorace cylindrico, corpore violaceo. *Fabr. sp. ins.* 1. *p.* 235. *n.* 24. *mant. ins.* 1. *p.* 150. *n.* 35.
Habitat in terra Pedamontana.

monspeliensis. 222. C. niger, thorace cylindrico subspinoso, antennisque ferrugineis, elytris cyaneis. *Fabr. mant. ins.* 1. *p.* 150. *n.* 36.
Habitat Monspelii, *praeusto major.*

praeustus. 223. C. niger, elytris flavis apice nigris. *Fabr. sp. ins.* 1. *p.* 235. *n.* 25. *mant. ins.* 1. *p.* 150. *n.* 37.
Syst. nat. XII. 2. *p.* 641. *n.* 24. *Fn. suec.* 506. *Scop. ann. hist. nat.* 5. *p.* 103. *n.* 80. Leptura (praeusta) thorace subgloboso fusco, elytris flavis apice nigris, pedibus quatuor pallidis.
Geoffr. ins. par. 1. *p.* 209. *n.* 4.
Schaeff. ic. t. 52. *f.* 8.
Habitat in Europae *silvis.*

Lineola. 224. C. niger, thoracis linea dorsali femoribusque apice rufis. *Fabr. sp. ins.* 1. *p.* 235. *n.* 26. *mant. ins.* 1. *p.* 150. *n.* 38.
Herbst apud Fuessli arch. ins. 5. *t.* 26. *f.* 4.
Habitat in Italia, *parvus.*

minutus. 225. C. fuscus, thorace cylindrico, femoribus clavatis, antennis mediocribus. *Fabr. sp. ins.* 1. *p.* 235. *n.* 27. *mant. ins.* 1. *p.* 150. *n.* 39.
Habitat in Anglia, *parvus.*

caerulescens. 226. C. thorace mutico cylindrico, albo-caeruleus, thoracis lineis tribus scutelloque pallidioribus. *Schranck ins. austr. p.* 144. *n.* 271.
Scop. ent. carn. n. 160. Leptura caerulescens.
Herbst apud Fuessli arch. ins. 5. *t.* 26. *f.* 5.
Habitat in Germania, Calabria, 5 *fere lineas longus.*

227. C.

ferreus. 227. C. plumbeo-niger immaculatus, thorace cylindrico inermi, scutello albido. *Schranck inf. austr. p.* 145. *n.* 272. *Beytr. zur Naturg. p.* 66. §. 11.
Habitat in Austria, $4\frac{1}{2}$ *lineas longus.*

pustulatus. 228. C. niger, thorace inermi cylindrico: macula media fulva. *Schranck inf. austr. p.* 145. *n.* 273. *Beytr. zur Naturg. p.* 66. §. 10.
Habitat in Austriae *floribus.*

silphoides. 229. C. niger, thorace mutico cylindrico, elytris lineis subtribus elevatis, femoribus tibiisque anterioribus medio fulvis. *Schranck inf. austr. p.* 145. *n.* 274.
Habitat Viennae, *ad Maji finem conspicuus.*

lividus. 230. C. niger, thorace dilute ferrugineo: punctis nigris elevatis, elytris flavescentibus. *Herbst apud Fuessli arch. inf.* 5. *p.* 95. *t.* 26. *f.* 7.
Habitat Berolini, *cantharino affinis.*

cyaneus. 231. C. caeruleus: punctis elevatis, thorace cylindrico, antennis pedibusque nigris. *Herbst apud Fuessli arch. inf.* 5. *p.* 95. *n.* 13. *t.* 26. *f.* 6.
Habitat in Pomerania, 3 *circiter lineas longus.*

cincticornis. 232. C. thorace cylindrico: lineis sex longitudinalibus albis, elytris dentatis fuscis albo irroratis, antennis longis medio albo-annulatis. *Schaller Abh. der hall. Naturf. Ges.* 1. *p.* 290. *t.* 1. *f.* 3.
Habitat - - - *statura populnei, longicorni affinis.*

M nigrum. 233. C. thorace mutico cylindrico, elytris griseo-nebulosis: macula albida M nigro notata. *Schaller Abh. der hall. Naturf. Ges.* 1. *p.* 291.
Schaeff. ic. t. 55. *f.* 4?
Habitat, rarior, Halae Saxonum.

ictericus. 234. C. thorace mutico cylindrico: linea lutea, elytris fuscis, scutello pedibusque luteis. *Schaller Abh. der hall. Naturf. Ges.* 1. *p.* 292.
Habitat, rarior, Halae Saxonum, *in floribus, cylindrico affinis.*

vulneratus. 235. C. thorace mutico cylindrico: tuberculo carinato luteo, elytris nigricantibus, pedibus luteis. *Schaller Abh. der hall. Naturf. Ges.* 1. *p.* 293.
Habitat in lapidicinis Giebichensteinensibus, *pustulato affinis.*

tripuncta-tus. 378. C. thorace flavo: punctis tribus nigris, elytris nigris medio longitudinaliter albidis. *Swederus nov. act. Stockh.* 8. 1787. 3. *n.* 3. 17.
Habitat in Noveboraco, *cylindrici facie, at minor.*

II *palpis capitatis*, Rhagia.

cursor. 45. C. thorace spinoso, elytris obtusis rufis: sutura lineaque nigris, antennis mediocribus. *Fn. suec.* 658.* *Scop. ent. carn.* 167. *Fabr. sp. inf.* 1. *p.* 229. *n.* 2. *mant. inf.* 1. *p.* 146. *n.* 4.
Fn. suec. 1. *n.* 481. Cerambyx rufus, coleoptrorum lineis tribus nigris longitudinalibus.
Degeer inf. 5 *p.* 127. *n.* 3. Leptura cursor.
Sulz. hist. inf. t. 5. *f.* 7.
Habitat in Europa *boreali.*

cinctus. 236. C. niger, thorace spinoso, elytris subferrugineis: fascia flava, femoribus posterioribus unidentatis. *Fabr. mant. inf.* 1. *p.* 146. *n.* 5.
Habitat in Austria, *magnitudine et statura cursoris.*

noctis. 48. C. niger, thorace spinoso, antennarum basi ferruginea. *Fabr. sp. inf.* 1. *p.* 230. *n.* 3. *mant. inf.* 1. *p.* 146. *n.* 6.
Habitat in Europa *boreali, cursori proxime affinis, an ejus varietas?*

anglicus. 237. C. thorace spinoso, elytris fasciis duabus obliquis flavis. *Fabr. sp. inf.* 1. *p.* 230. *n.* 4. *mant. inf.* 1. *p.* 146. *n.* 7.
Fn. suec. 1. *n.* 486. Cerambyx cinereus, coleoptris fasciis duabus flavis, antennis corpore dimidio brevioribus, thorace spinoso.
Degeer inf. 5. *p.* 124. *n.* 1. *t.* 4. *f.* 6. Leptura mordax.
Geoffr. inf. par. 1. *p.* 222. *n.* 1. Stenocorus glaber &c.
Sulz. hist. inf. t. 5. *f.* 8.
Schaeff. elem. t. 118. *f.* 1.
ic. t. 8. *f.* 1. 3.
Habitat in Anglia, Gallia.

ornatus. 238. C. niger, thorace spinoso, elytris fascia lata flava. *Fabr. sp. inf.* 1. *p.* 230. *n.* 5. *mant. inf.* 1. *p.* 146. *n.* 8.
Habitat in Pensilvania.

exilis. 239. C. thorace spinoso, elytris elevato-striatis cinereis nigro-undatis. *Fabr. mant. inf.* 1. *p.* 146. *n.* 9

240. C.

indagator. 240. C. cinereus, thorace ſpinoſo, elytris ſtriatis: atomis faſciisque duabus nigris. *Fabr. mant. inſ.* 1. *p.* 145. *n.* 3.
Habitat in Germania.

inquiſitor. 49. C. niger, thorace ſpinoſo, elytris nebuloſis teſtaceo ſubfaſciatis, antennis brevioribus. *Fn. ſuec.* 659.* *Fabr. ſp. inſ.* 1. *p.* 229. *n.* 1. *mant. inſ.* 1. *p.* 145. *n.* 2.
Fn. ſuec. 1. *n.* 485.* Cerambyx cinereus nigro-nebuloſus, antennis corpore dimidio brevioribus, thorace ſpinoſo.
Degeer inſ. 5. *p.* 126. *n.* 2. *t.* 4. *f.* 1. Leptura inquiſitor.
Geoffr. inſ. par. 1. *p.* 223. *n.* 2. Stenocorus niger &c.
Friſch inſ. 13. *t.* 14.
Schaeff. ic. t. 2. *f.* 10.
Sulz. hiſt. inſ. t. 5. *f.* 7.
Habitat in Europae *truncis arborum, larva hexapus nuda alba, capite collarique corneis fuſcis, dorſo canaliculato.*

mordax. 241. C. griſeus, thorace ſpinoſo, elytris nebuloſis, teſtaceo ſubfaſciatis. *Fabr. mant. inſ.* 1. *p.* 145. *n.* 1.
Schaeff. ic. t. 8. *f.* 2.
Habitat in Germania, *inquiſitori affinis, at paulo major.*

elegans. 242. C. ater, thorace utrinque uniſpinoſo, elytris caſtaneis: baſi, ſutura maculaque communi nigris; faſciis duabus flavis. *Schrank inſ. auſtr. p.* 133. *n.* 253.
Herbſt apud Fueſſli arch. inſ. 7. *p.* 170. *n.* 6. *t.* 45. *f.* 12. Rhagium elegans.
Habitat in Bavaria, *et* Calabria.

ſycophanta. 243. C. nigro ferrugineoque varius, thorace ſpinoſo, elytris faſciis tribus obſcurioribus lineisque duabus elevatis, antennis brevibus. *Schrank inſ. Auſtr. p.* 137. *n.* 260.
Habitat Vindobonae.

niger. 365. C. thorace ovato: margine poſteriori ſcutelloque flavo, elytris faſtigiatis, antennis brevibus. *Petagn. inſ. Calab. p.* 17. *n.* 83. *f.* XXXVI.
Habitat in Calabria, *totus niger, an hujus tribus?*

III *palpis clavatis*, Callidia.

ruſticus. 67. C. thorace nudo, corpore lurido, antennis ſubulatis brevioribus. *Fn. ſuec.* 666.* *Fabr. ſp. inſ.* 1. *p.* 238. *n.* 10. *mant. inſ.* 1. *p.* 152. *n.* 15.
Fn. ſuec. 492. Cerambyx fuſcus, punctis thoracinis impreſſis.
Degeer

Degeer inʃ. 5. *p.* 83. *n.* 20. Cerambyx griʃeo-fuʃcus &c.
Sulz. hiʃt. inʃ. t. 4. *f.* 20.
Schaeff. elem. t. 13. *f.* 1. *et t.* 76. *f.* 1.
icon. t. 63. *f.* 6.
Habitat in Europae *ʃilvis.*

agreſtis. 244. C. niger, thorace nudo, elytris ſtriatis fuſcis, antennis brevibus. *Fabr. mant. inʃ.* 1. *p.* 152. *n.* 16.
Habitat Halae Saxonum, *ʃtatura ruʃtici, at duplo minor.*

dichrous. 370. C. niger, thorace rotundato, elytris ſtriatis tibiis plantisque brunneis. *Muʃ. Lesk. p.* 26. *n.* 570.
Habitat in Europa.

laevigatus. 371. C. niger opacus, thorace elytrisque laevibus, antennis mediocribus, femoribus rubris compreſſis, tibiis ferrugineis. *Muʃ. Lesk. p.* 26. *n.* 573.
Habitat in Europa.

viridans. 372. C. thorace rotundato viridi: fovea utrinque impreſſa, elytris teſtaceo viridibus rugoſo-reticulatis, antennis pedibusque fuſco-teſtaceis. *Muʃ. Lesk. p.* 26. *n.* 574.
Habitat in Europa.

cyanochrysos. 373 C. violaceus pubeſcens, antennis apice fuſcis, femorum piceorum baſi tibiisque luteis. *Muʃ. Lesk. p.* 26. *n.* 578.
Habitat in Europa.

octonotatus. 374. C. capite nigro fulvo piloſo furca glabra antrorſum notato, thorace rotundato maculis punctisque quatuor fulvis piloſis, elytris fuſcis bifaſciatis quadripunctatis, abdomine pedibusque fuſco-ferrugineis. *Muʃ. Lesk. p.* 26. *n.* 580.
Habitat in Europa.

leucozonias. 375. C. niger, abdominis ſegmentorum trium priorum margine externo et pectore canis, elytris faſciis duabus linearibus deorſum arcuatis albis et apice cinereo. *Muʃ. Lesk. p.* 27. *n.* 588.
Habitat in Europa.

luridus. 68. C. thorace ſubtuberculato nudo, niger, elytris teſtaceis. *Fabr. ʃp. inʃ.* 1. *p.* 239. *n.* 18. *mant. inʃ.* 1. *p.* 154. *n.* 29.
Syʃt. nat. XII. 2. *p.* 634. *n.* 68. Cerambyx thorace mutico ſubrotundo, corpore nigro, elytris luridis.
Habitat in Europae *borealis pinetis, bajulo ʃimillimus, at triplo minor.*

fuscus. 245. C. niger, thorace subtuberculato canaliculato nudo, elytris striatis obscure testaceis, antennis mediocribus. *Fabr. mant. inf.* 1. *p.* 154. *n.* 30.
Habitat Halae Saxonum, *statura et magnitudine luridi.*

lugubris. 246. C. thorace subtuberculato nudo, elytris substriatis, corpore lurido immaculato. *Fabr. mant. inf.* 1. *p.* 154. *n.* 31.
Habitat Halae Saxonum, *rustico proxime affinis, at triplo minor.*

raucus. 247. C. thorace laevi obscure ferrugineo, elytris testaceis. *Fabr. sp. inf.* 1. *p.* 239. *n.* 19. *mant. inf.* 1. *p.* 154. *n.* 32.
Habitat in Africa *aequinoctiali, statura luridi.*

hafniensis. 248. C. thorace subvilloso nigro: lineis quatuor albis, intermediis abbreviatis, antennis brevibus. *Fabr. sp. inf.* 1. *p.* 239. *n.* 20. *mant. inf.* 1. *p.* 154. *n.* 33.
Habitat Hafniae.

aulicus. 249. C. thorace laevi nitido, corpore nigro opaco, elytris laevibus, antennis brevibus. *Fabr. sp. inf.* 1. *p.* 239. *n.* 21. *mant. inf.* 1. *p.* 154. *n.* 34.
Habitat Hafniae.

erythropus. 250. C. thorace laevi nitido, elytris violaceis, tibiis rufis, antennis brevibus. *Fabr. sp. inf.* 1. *p.* 240. *n.* 22. *mant. inf.* 1. *p.* 154. *n.* 35.
Habitat in Germania *boreali.*

femoratus. 69. C. thorace nudo, corpore atro opaco, femoribus rubris, antennis mediocribus. *Fabr. sp. inf.* 1. *p.* 237. *n.* 6. *mant. inf.* 1. *p.* 153. *n.* 9.
Degeer inf. 5. *p.* 93. *n.* 31.
Schaeff. ic. t. 55. *f.* 7.
Habitat in Germania, *statura violacei, at dimidio minor, angustior.*

occidentalis. 251. C. ater, thorace pubescente, elytris fasciis duabus rufis. *Fabr. mant. inf.* 1. *p.* 152. *n.* 10.
Habitat in America *occidentali, magnitudine et statura violacei; loco fasciae posterioris macula interdum marginalis.*

acuminatus. 252. C. thorace verrucoso nigricante, elytris acuminatis viridibus: sutura cyanea. *Fabr. sp. inf.* 1. *p.* 237. *n.* 7. *mant. inf.* 1. *p.* 152. *n.* 11.
Habitat ad caput bonae spei.

253. C.

rusticus. 253. C. niger, thorace verrucoso, elytris testaceis: macula media apiceque nigris. *Fabr. sp. inf.* 1. *p.* 237. *n.* 8. *mant. inf.* 1. *p.* 152. *n.* 12.
Habitat in Russiae *silvis.*

violaceus. 70. C. thorace subpubescente, corpore violaceo, antennis brevibus. *Fn. suec.* 667. *Fabr. sp. inf.* 1. *p.* 237. *n.* 5. *mant. inf.* 1. *p.* 152. *n.* 8.
Degeer inf. 5. *p.* 88. *n.* 24. Cerambyx violaceus.
Scop. ann. hist. nat. 5. *p.* 97. *n.* 59. Stenocorus violaceus.
Gadd diss. 28. Cantharis nigra, thorace rotundato, elytris caerulescentibus.
Frisch inf. 12. *t.* 3. *ic.* 6. *f.* 1.
Herbst apud Fuessli arch. inf. 5. *t.* 26. *f.* 10.
Habitat in Europa *boreali, frequens.*

auratus. 71. C. thorace dente laterali depresso, viridi-inauratus, antennis nigris, femoribus posterioribus caeruleis.
Habitat in America, *violaceo similis, pedibus purpureis, an hujus tribus?*

Stigma. 72. C. thorace punctato, corpore atro, elytris laevibus: stigmate albo. *Fabr. sp. inf.* 1. *p.* 238. *n.* 11. *mant. inf.* 1. *p.* 152. *n.* 17.
Degeer inf. 5. *p.* 119. *n.* 22. *t.* 14. *f.* 13. Cerambyx niger &c.
Habitat in America, *totus niger.*

equestris. 254. C. ater nitidus, thorace nudo, coleoptris fascia interrupta nuda. *Fabr. mant. inf.* 1. *p.* 153. *n.* 18.
Habitat in Cayenna, *statura stigmatis, at minor.*

hirtus. 255. C. thorace hirto, elytris acuminatis pallide testaceis. *Fabr. mant. inf.* 1. *p.* 153. *n.* 19.
Habitat ad caput bonae spei, *magnus.*

tranquebaricus. 256. C. thorace subtus utrinque macula tomentosa ferruginea, antennis longioribus barbatis. *Fabr. sp. inf.* 1. *p.* 238. *n.* 12. *mant. inf.* 1. *p.* 153. *n.* 20.
Habitat Tranquebariae.

compressus. 257. C. obscure niger, thorace laevi, antennis longis pedibusque testaceis: femoribus compressis. *Fabr. mant. inf.* 1. *p.* 153. *n.* 21.
Habitat in Siam, *barbato minor.*

258. C.

Callidiis *omnibus thorax rotundatus, muticus.*

variegatus. 258. C. thoracis dorſo glabro atro: lineis quatuor albis, elytris flavo irroratis. *Fabr. ſp. inſ.* 1. *p.* 238. *n.* 13. *mant. inſ.* 1. *p.* 153. *n.* 22.
Habitat in nova Seelandia.

auſtralis. 259. C. thoracis lineis duabus, elytris quatuor albis; mediis coeuntibus abbreviatis. *Fabr. ſp. inſ.* 1. *p.* 238. *n.* 14. *mant. inſ.* 1. *p.* 153. *n.* 23.
Habitat in nova Seelandia.

ſulcatus. 260. C. thorace tomentoſo cinereo, elytris albo nigroque ſtriatis. *Fabr. ſp. inſ.* 1. *p.* 238. *n.* 15. *mant. inſ.* 1. *p.* 153. *n.* 24.
Habitat in nova Seelandia.

ſtriatus. 73. C. thorace glabro, corpore nigro, elytris ſtriatis, antennis brevibus. *Fn. ſuec.* 668. *Fabr. ſp. inſ.* 1. *p.* 240. *n.* 23. *mant. inſ.* 1. *p.* 154. *n.* 36.
Degeer inſ. 5. *p.* 90. *n.* 26. Cerambyx niger nitidus &c.
Herbſt apud Fueſſli arch. inſ. 5. *t.* 26. *f.* 13.
Habitat in Europae *ſilvis.*

lynceus. 261. C. thorace ſubſpinoſo villoſo niger, elytris macula ſubdidyma fulva. *Fabr. ſp. inſ.* 1. *p.* 240. *n.* 24. *mant. inſ.* 1. *p.* 154. *n.* 37.
Habitat ad caput bonae ſpei.

ſalicis. 262. C. rufus, thorace tuberculato ſpinoſoque, pectore elytrisque nigris. *Fabr. mant. inſ.* 1. *p.* 154. *n.* 38.
Herbſt apud Fueſſli arch. inſ. 5. *p.* 92. *n.* 3. *t.* 25. *f.* 13. Stenocorus ruficollis.
Habitat in Lipſiae *ſalicibus: an hujus tribus?*

puſillus. 263. C. niger, antennis tibiisque teſtaceis. *Fabr. mant. inſ.* 1. *p.* 155. *n.* 39.
Habitat in Germania, *parvus.*

bimaculatus. 264. C. fuſcus, thorace villoſo, elytris maculis duabus ferrugineis. *Fabr. ſp. inſ.* 1. *p.* 240. *n.* 25. *mant. inſ.* 1. *p.* 155. *n.* 40.
Habitat ad caput bonae ſpei, *mediae magnitudinis.*

flavus. 265. C. corpore flavo, femoribus clavatis, antennis mediocribus. *Fabr. ſp. inſ.* 1. *p.* 240. *n.* 26. *mant. inſ.* 1. *p.* 155. *n.* 41.
Habitat in inſulis, Americae *meridionali oppoſitis.*

74. C.

variabilis. 74. C. thorace glabro, corpore fusco-aeneo, antennis pedibusque fuscis. *Fabr. sp. inf.* 1. *p.* 237. *n.* 9. *mant. inf.* 1. *p.* 152. *n.* 13.
Syst. nat. XII. 2. *p.* 635. *n.* 74. *Fn. suec.* 669. Cerambyx thorace mutico subrotundo inaequali glabro, pectore anoque ferrugineis, antennis ferrugineis.
Poda mus. p. 36. Cerambyx scaber.
Frisch inf. 12. *p.* 345. *t.* 6. *f.* 3. 4.
Schaeff. ic. t. 4. *f.* 12.
Habitat in Europae *borealis pinetis.*

sericeus. 266. C. thorace holosericeo cinereo, elytris testaceis: punctis elevatis rubris. *Fabr. mant. inf.* 1. *p.* 152. *n.* 14.
Habitat in Barbaria, *rustico major.*

testaceus. 75. C. thorace subtuberculato, corpore testaceo, antennis mediocribus fuscis. *Fabr. sp. inf.* 1. *p.* 239. *n.* 17. *mant. inf.* 1. *p.* 153. *n.* 26.
Syst. nat. XII. 2 *p.* 635. *n.* 75. *Fn. suec.* 670. Cerambyx thorace subrotundo mutico glabro, corpore testaceo antennis mediocribus.
Degeer inf. 5. *p.* 93. *n.* 30. Cerambyx testaceus.
Geoffr. inf. par. 1. *p.* 218. *n.* 18. Leptura testacea, thorace glabro.
Schaeff. ic. t. 64. *f.* 6.
Habitat in Europae *silvis.*

deustus. 267. C. testaceus, thorace subtuberculato, elytris apice violaceis. *Fabr. sp. inf.* 2. *app. p.* 500. *mant. inf.* 1. *p.* 153. *n.* 27.
Habitat in Italia, *testaceo proxime affinis, an varietas?*

ligneus. 268. C. niger, thorace tuberculato villoso, elytris rubris macula apiceque violaceis. *Fabr. mant. inf.* 1. *p.* 1 *n.* 28.
Habitat - - - mediae magnitudinis.

Portitor. 269. C. niger, thorace transversim oblongo: maculis duabus nitentibus, elytris ex nigro rubescentibus, antennis long
Schranck Schr. der berl. Ges. nat. Fr. 2. *p.* 312.
Frisch inf. 13. *t.* 2. *f.* 17.
Habitat in Bavariae *pinetis, bajulo affinis, punctis exca tis inaequalis, mordax.*

270.

An hujus tribus Cerambyx flavo-fasciatus Schaefferi ic. t. 34. *f.* 12?

obſcurus. 270. C. thorace ſubvilloſo fuſco elytris teſtaceo cinereoque variis, antennis mediocribus. *Fabr. mant. inſ.* 1. *p.* 151. *n.* 1.
Habitat in terra van Diemen, *bajulo major.*

Bajulus. 76. C. thorace villoſo, tuberculis duobus, corpore fuſco. *Fabr. ſp. inſ.* 1. *p.* 236. *n.* 1. *mant. inſ.* 1. *p.* 151. *n.* 2.
Syſt. nat. XII. 2. *p.* 636. *n.* 76. *Fn. ſuec.* 672. *Muſ. Lud. Ulr.* 76. Cerambyx thorace mutico ſubrotundo villoſo, tuberculis duobus, antennis brevibus.
Degeer inſ. 5. *p.* 86. *n.* 82. Cerambyx caudatus.
Scop. ent. carn. n. 156. Leptura Bajula.
Fn. ſuec. 1. *n.* 489. Cerambyx nigricans, thorace villoſo cinereo, punctis duobus glabris.
Friſch inſ. 13. *t.* 10.
Sulz. hiſt. inſ. t. 4. *f.* 29.
Schaeff. el. t. 76. *f.* 4.
icon. t. 64. *f.* 4. 5.
β) *Fn. ſuec.* 1. *n.* 490. Cerambyx teſtaceus, thorace villoſo-cinereo, lineolis duabus glabris.
γ) Cerambyx ſaxonicus duplo minor. *Fabr. mant. inſ.* 1. *p.* 151.
Habitat in Europae *borealis arborum truncis, ligna, parietes, aſſeres e pino deſumta perforans.*

fennicus. 77. C. thorace tuberculato rufo, elytris violaceis, antennis mediocribus. *Fabr. ſp. inſ.* 1. *p.* 236. *n.* 2. *mant. inſ.* 1. *p.* 151. *n.* 3.
Syſt. nat. XII. 2. *p.* 636. *n.* 77. *Fn. ſuec.* 674. Cerambyx thorace mutico ſubrotundo: tuberculis ſubferrugineo-obſoletis; elytris violaceis, antennis longiuſculis.
Uddm. diſſ. 33. Cerambyx elytris nigro-caeruleis, apice abdominis ferrugineo.
Geoffr. inſ. par. 1. *p.* 219. *n.* 19. Leptura atra.
Schaeff. ic. t. 4. *f.* 12.
Herbſt apud Fueſſli arch. inſ. 5. *t.* 26. *f.* 8.
Habitat in Europae *pinetis.*

italicus. 271. C. thorace ſubcylindrico hirto rufo, elytris violaceis, antennis mediocribus piceis, pedibus nigris. *Fabr. ſp. inſ.* 1. *p.* 236. *n.* 3. *mant. inſ.* 1. *p.* 151. *n.* 4.
Habitat in Italia, *fennico minor.*

liciatus. 78. C. niger cinereo-nebuloſus, antennis brevibus.
Habitat in Europa, *bajuli magnitudine.*
Elytra *ſtrigis duabus undulatis cineraſcentibus obſoletis.*

undatus. 79. C. thorace tuberculato, elytris nigris: fasciis duabus undatis albis, antennis brevibus. *Fabr. sp. inf.* 1. *p.* 240. *n.* 27. *mant. inf.* 1. *p.* 155. *n.* 42.
Syst. nat. XII. 2. *p.* 636. *n.* 79. *Fn. suec.* 675.* Cerambyx thorace mutico subrotundo tuberculato, elytris fasciis duabus undulatis, antennis submediocribus.
Degeer inf. 5. *p.* 91. *n.* 28. Cerambyx nigro-fuscus.
Schaeff. ic. t. 68. *f.* 1.
Habitat in Europa *boreali.*

colonus. 272. C. elytris lividis: fasciis tribus fuscis, antennis brevibus. *Fabr. sp. inf.* 1. *p.* 241. *n.* 28. *mant. inf.* 1. *p.* 155. *n.* 43.
Habitat in Carolina.

versicolor. 273. C. thorace rufo, elytris nigris basi rufis: fasciis duabus albis. *Fabr. sp. inf.* 1. *p.* 241. *n.* 29. *mant. inf.* 1. *p.* 155. *n.* 44.
Habitat in America *boreali.*

flexuosus. 274. C. thorace flavo-fasciato, elytris fasciis septem flavis: anterioribus antrorsum, posterioribus retrorsum arcuatis. *Fabr. sp. inf.* 1. *p.* 241. *n.* 30. *mant. inf.* 1. *p.* 155. *n.* 45.
Drury inf. 1. *t.* 41. *f.* 2. Cerambyx pictus.
Forst. nov. inf. cent. 1. *p.* 43. *n.* 43. Leptura Robiniae.
Pet. gaz. t. 27. *f.* 3?
β) Callidium (angulatum) thorace globoso nigro flavo fasciato, elytris nigris: fasciis sex flavis, secunda tertiaque angulatis. *Fabr. sp. inf.* 1. *p.* 241. *n.* 32.
Habitat in Americae *robinia.*

exiguus. 275. C. testaceus, elytris fascia abbreviata alba. *Fabr. sp. inf.* 1. *p.* 241. *n.* 31. *mant. inf.* 1. *p.* 155. *n.* 46.
Habitat in nova Seelandia, *femoribus valde clavatis basi albis.*

lunatus. 276. C. thorace globoso nigro flavo-fasciato, elytris atris: fasciis quinque flavis: baseos maculari. *Fabr. sp. inf.* 2. *app. p.* 500. *mant. inf.* 1. *p.* 155. *n.* 47.
Habitat in insulis Americae *oppositis, major.*

floralis. 277. C. thorace globoso albo-fasciato, elytris nigris: fasciis quinque albis; secunda tertiaque lunatis. *Fabr. sp. inf.* 1. *p.* 241. *n.* 33. *mant. inf.* 1. *p.* 155. *n.* 48. *Pall. it.* 2. *p.* 724. *n.* 63.
Habitat in Italia, *statura exigui.*

mi- 278. C. thorace globoso maculato, elytris nigris: fasciis un-
s. dato-angulatis albis. *Fabr. sp. ins.* I. *p.* 241. *n.* 34. *mant. ins.* I. *p.* 155. *n.* 49.
Habitat - - -

uatus. 279. C. elytris fasciis quatuor flavis: prima interrupta; reliquis retrorsum arcuatis. *Fabr. sp. ins.* I. *p.* 241. *n.* 35. *mant. ins.* I. *p.* 155. *n.* 50.
Uddm. diss. 20. *Leche nov. sp.* 30. Cerambyx niger, elytris fasciis quatuor flavis arcuatis.
Syst. nat. XII. 2. *p.* 640. *n.* 21. *Fn. suec.* 696. Leptura (arcuata) thorace globoso nigro, elytris fasciis linearibus flavis, tribus retrorsum arcuatis, pedibus ferrugineis.
Geoffr. ins. par. I. *p.* 212. *n.* 10.
Frisch ins. 12. *t.* 3. *ic.* 4. *f.* I.
Raj. ins. p. 83. *n.* 23.
Pet. gazoph. t. 63. *f.* 7.
Schaeff. ic. t. 38. *f.* 6. *et t.* 107. *f.* 2. 3.
Herbst apud Fuessli arch. ins. 5. *t.* 26. *f.* 14.
Habitat in Europae *hortis.*

rietis. 280. C. thorace nigro, elytris nigris: fasciis flavis, secunda antrorsum arcuata, pedibus ferrugineis. *Fabr. sp. ins.* I. *p.* 242. *n.* 36. *mant. ins.* I. *p.* 155. *n.* 51.
Degeer ins. 5. *p.* 81. *n.* 18. Cerambyx quadrifasciatus.
Syst. nat. XII. 2. *p.* 640. *n.* 23. *Fn. suec.* 695. Leptura arietis.
Fn. suec. I. *n.* 507. Leptura nigra, elytrorum lineis transversis flavis, pedibus testaceis.
Geoffr. ins. par. I. *p.* 214. *n.* 11. Leptura nigra &c.
Scop. ann. hist. nat. 5. *p.* 96. *n.* 57. Stenocorus arietis.
Raj. ins. p. 82. *n.* 22.
List. scar. p. 385. *n.* 14.
Pet. gazoph. t. 63. *f.* 6.
Frisch ins. 12. *p.* 32. *t.* 3. *f.* 5.
Schaeff. ic. t. 38. *f.* 7.
Herbst apud Fuessli arch. ins. 5. *t.* 26. *f.* 15.
β) *Bergstr. nomencl.* I. 9. 12. *t.* I. *f.* 12.
Habitat in Europae *hortis.*

ejus. 281. C. thorace globoso immaculato, elytris nigris: fasciis linearibus albis. *Fabr. sp. ins.* I. *p.* 243. *n.* 37. *mant. ins.* I. *p.* 156. *n.* 52.
Syst. nat. XII. 2. *p.* 639. *n.* 17. *Fn. suec.* 692. Leptura (rustica) thorace globoso tomentoso, elytris cinereis: fasciis linearibus albidis undatis.

Geoffr. inf. par. 1. *p.* 215. *n.* 12. Leptura nigra &c.
Raj. inf. p. 83. *n.* 25.
Petiv. gazoph. t. 63. *f.* 5.
Schaeff. ic. t. 2. *f.* 7.
Habitat in Europae *hortis.*

maculosus. 282. C. thorace maculato, elytris mucronatis nigris: ſtrigis tribus arcuatis flavis, baſi ferrugineis. *Fabr. ſp. inſ.* 1. *p.* 243. *n.* 38. *mant. inſ.* 1. *p.* 156. *n.* 53.
Habitat in America.

americanus. 283. C. thorace ſubſpinoſo, elytris bidentatis fuſcis: ſtrigis quatuor flavis, femoribus clavatis compreſſis. *Fabr. mant. inſ.* 1. *p.* 156. *n.* 54.
Fabr. ſp. inſ. 1. *p.* 243. *n.* 39. Callidium acuminatum.
Habitat in America *boreali.*

detritus. 284. C. thorace flavo-faſciato, elytris nigris: faſciis quinque flavis, pedibus ferrugineis. *Fabr. ſp. inſ.* 1. *p.* 243. *n.* 40. *mant. inſ.* 1. *p.* 156. *n.* 55.
Syſt. nat. XII. 2. *p.* 640. *n.* 20. *Fn. ſuec.* 694. Leptura (detrita) thorace globoſo nigricante, elytris fuſcis: faſciis quatuor transverſis flavis, pedibus rufis.
Geoffr. inſ. par. 1. *p.* 216. Leptura nigra &c.
Schaeff. elem. t. 76. *f.* 2.
icon. t. 38. *f.* 9. *et t.* 64. *f.* 3.
Habitat in Europae *hortis.*

indus. 285. C. niger, elytris glaucis baſi nigro-maculatis. *Fabr. ſp. inſ.* 1. *p.* 243. *n.* 41. *mant. inſ.* 1. *p.* 156. *n.* 56.
Habitat in India, *mediae magnitudinis, pube glauceſcente nitidus.*

portugallus. 286. C. thorace globoſo ferrugineo, elytris nigris: faſciis tribus atris; primo annulari. *Fabr. ſp. inſ.* 1. *p.* 244. *n.* 42. *mant. inſ.* 1. *p.* 156. *n.* 57.
Habitat in Luſitania, *ſtatura c. verbaſci.*

verbaſci. 287. C. thorace nigro-maculato, elytris ſubvireſcentibus: faſciis tribus nigris; prima lunari. *Fabr. ſp. inſ.* 1. *p.* 244. *n.* 43. *mant. inſ.* 1. *p.* 156. *n.* 58.
Syſt. nat. XII. 2. *p.* 640. *n.* 22. Leptura (verbaſci), thorace ſubovato nigro, elytris faſciis tribus nigris, prima ſemiannulata.

Sulz.

Sulz. hist. inf. t. 5. f. 12.
Herbst apud Fuesli arch. inf. 5. *t.* 26. *f.* 19.
Habitat in Europae *magis australis verbasco.*

annularis. 288. C. thorace nigro-maculato, elytris bidentatis subvirescentibus: fasciis tribus nigris, prima annulari. *Fabr. mant. inf.* 1. *p.* 156. *n.* 59.
Habitat in Siam, *c. verbasci proxime affinis.*

aegyptiacus. 289. C. thorace ferrugineo, elytris cinerascentibus: fasciis tribus fuscis; prima annulari. *Fabr. sp. inf.* 1. *p.* 244. *n.* 44. *mant. inf.* 1. *p.* 156. *n.* 60.
Habitat in Oriente.

mysticus. 290. C. elytris fuscis: fasciis apiceque cinereis basi rufis. *Fabr. sp. inf.* 1. *p.* 244. *n.* 45. *mant. inf.* 1. *p.* 156. *n.* 61.
Degeer inf. 5. *p.* 82. *n.* 19. Cerambyx albo-fasciatus.
Scop. ent. carn. 177. Cerambyx quadricolor.
Syst. nat. XII. 2. *p.* 639. *n.* 18. *Fn. suec.* 693.* Leptura (mystica) thorace globoso tomentoso, elytris fusco-cinereis antice rufis: fasciis linearibus arcuatis lataque canis.
Geoffr. inf. par. 1. *p.* 215. *n.* 17. Leptura nigra &c.
Raj. inf. p. 83. *n.* 26.
Schaeff. ic. t. 2. *f.* 9.
Habitat in Europa.

gibbosus. 291. C. niger, elytris cinereo-fasciatis basi bituberculatis apice acuminatis. *Fabr. mant. inf.* 1. *p.* 156. *n.* 62.
Habitat Kilonii, *statura et magnitudine mystici.*

picipes. 292. C. ater, thorace globoso, elytris striga obliqua alba. *Fabr. mant. inf.* 1. *p.* 157. *n.* 63.
Habitat - - - c. alni paulo major.

alni. 293. C. niger, elytris fasciis duabus albis, elytrorum basi antennis tibiisque ferrugineis. *Fabr. sp. inf.* 1. *p.* 245. *mant. inf.* 1. *p.* 157. *n.* 64.
Syst. nat. XII. 2. *p.* 639. *n.* 19. Leptura alni.
Herbst apud Fuesli arch. inf. 5. *t.* 26. *f.* 21.
Habitat in Europa, *mystico affinis, sed octies minor.*

sanguineus. 80. C. thorace subtuberculato elytrisque sanguineis, corpore nigro, antennis mediocribus. *Fabr. sp. inf.* 1. *p.* 238. *n.* 16. *mant. inf.* 1. *p.* 153. *n.* 25.
Raj. inf. p. 97. *n.* 3. Cerambyx minor.

Degeer inf. 5. *p.* 92. *n.* 29.
Geoffr. inf. par. 1. *p.* 220. *n.* 22.
Schaeff. ic. t. 64. *f.* 1.
Habitat in Europae *filvis*, Upfaliae *in parietibus.*

caftaneus. 81. C. niger, elytris antennis pedibusque ferrugineis, antennis brevioribus. *Fn. fuec.* 676.
Habitat in Europae *cortice abiegno.*
Thoracis *latera inferiora linea rubra longitudinali.*

ebulinus. 83. C. niger, thorace tuberculato, elytris violaceis. *Fabr. mant. inf.* 1. *p.* 151. *n.* 5.
Syft. nat. XII. 2. *p.* 637. *n.* 83. Cerambyx thorace mutico, corpore nigro, elytris viridi-caeruleis, antennis mediocribus.
Habitat in Africae *plantis*, *ftatura italici.*

aeneus. 294. C. fuscus, thorace elytrisque viridi-aeneis, femoribus ferrugineis. *Fabr. mant. inf.* 1. *p.* 151. *n.* 6.
Habitat in Africa, *ftatura italici.*

clavipes. 295. C. niger opacus, femoribus omnibus clavatis, antennis longioribus. *Fabr. fp. inf.* 1. *p.* 236. *n.* 4. *mant. inf.* 1. *p.* 152. *n.* 7.
Herbft apud Fuefsli arch. inf. 5. *t.* 26. *f.* 9.
Habitat in Germania.

pannonicus. 296. C. niger, thorace margine fubaeneo, medio elevato, elytris viridi-caeruleis, femoribus clavatis. *Herbft apud Fuefsli arch. inf.* 5. *p.* 96. *n.* 6. *t.* 26. *f.* 11.
Habitat in Ungaria, 8 *lineas longus.*

aeneus. 297. C. viridi-aeneus, fubtus, antennis pedibusque fufcis. *Herbft apud Fuefsli arch. inf.* 5. *p.* 96. *n.* 7. *t.* 26. *f.* 12.
Habitat Berolini.

venuftus. 298. C. thorace flavo: fafcia nigra, elytris nigris: fafciis tribus latis ex viridi flavis, antennis pedibusque nigris. *Herbft apud Fuefsli arch. inf.* 5. *p.* 98. *n.* 16. *t.* 26. *f.* 16.
Habitat in India.

indicus. 299. C. niger fubtus flavus, frontis maculis, thoracis fafciis duabus, elytrorum quinque flavis, antennis pedibusque rubris. *Herbft apud Fuefsli arch. inf.* 5. *p.* 98. *n.* 17. *t.* 26. *f.* 17.
Habitat in India.

confusus. 300. C. niger pubescens, thoracis punctis obsoletis sex, elytrorum fasciis undatis albidis quatuor, antennis fuscis. *Herbst apud Fuessli arch. ins.* 5. *p.* 98. *n.* 18. *t.* 26. *f.* 18.
Habitat Berolini *in* salicibus.

litteratus. 301. C. elytris nigris: fasciis apiceque cinereis. *Herbst apud Fuessli arch. ins.* 5. *p.* 99. *n.* 22. *t.* 26. *f.* 20.
Schranck ins. austr. n. 306? Leptura figurata.
Habitat in Germania.

hispidus. 302. C. thorace globoso ferrugineo, corpore testaceo, capite nigro, femoribus clavatis ustulatis, antennis hispidis mediocribus. *Forster nov. ins.* 1. *p.* 42. *n.* 42.
Habitat in America *septentrionali, mystici magnitudine.*

viridis. 303. C. thorace tuberculato violaceo, elytris viridibus punctato-striatis, antennis nigris. *Müll. zool. dan. prodr. p.* 95. *n.* 1067. *Fn. Fridrichsd. p.* 14. *n.* 134.
Habitat in Dania.

multicolor. 304. C. thorace nigro ovato villo ex griseo flavo pubescente, elytris ex griseo flavoque variis.
Drury ins. 1. *t.* 41. *f.* 6.
Habitat in Noveboraco.

pulverulentus. 306. C. thorace convexo nigro-fusco, elytris castaneis griseo-villosis apice bidentatis. *Degeer ins.* 5. *p.* 118. *n.* 21. *t.* 14. *f.* 12.
Habitat in Pensylvania, *pollicem fere longus.*

nigricans. 307. C. niger depressus, femoribus clavatis, antennis mediocribus crassis. *Degeer ins.* 5. *p.* 88. *n.* 23.
Hufn. ins. t. 16.
Habitat in conclavibus Sueciae, 7 *lineas longus.*

aurichalceus. 308. C. fusco-aeneus nitidus, thorace depresso, antennis pedibusque nigris. *Degeer ins.* 5. *p.* 89. *n.* 25.
Habitat - - - dimidium pollicem longus.

lucidus. 309. C. niger, elytris fusco-castaneis lucidis. *Scop. ann. hist. nat.* 5. *p.* 98.
Habitat in Carniolia.

rufus. 310. C. niger thorace villoso, antennis rufis. *Scop. ann. hist. nat.* 5. *p.* 98. *n.* 61.
Habitat in Carniolia.

carniolicus. 311. C. thorace subbituberculato, abdominisque apice rufis, elytris atro-violaceis.
Scop. ann. hist. nat. 5. *p.* 98. *n.* 63. Stenocorus fenicus.
Habitat in Carniolia.

fuliginosus. 312. C. totus ater opacus, antennis mediocribus. *Scop. ann. hist. nat.* 5. *p.* 98. *n.* 62.
Habitat in Carniolia.

calcaratus. 313. C. nigro-violaceus, femoribus rufis posterius dentatis.
Scop. ann. hist. nat. 5. *p.* 98. *n.* 64.
Habitat in Carniolia.

caraboides. 314. C. rufus, elytris atro-violaceis. *Scop. ann. hist. nat.* 5. *p.* 99. *n.* 65.
Habitat in Ungariae *et* Carnioliae *collibus, statura carabi minoris.*

ater. 315. C. niger, elytris truncatis, antennis mediocribus. *Scop. ann. hist. nat.* 5. *p.* 100 *n.* 69.
Habitat in Carniolia.

braccatus. 316. C. niger, antennis pedibusque rufis: femoribus posterioribus crassis spina armatis. *Scop. ann. hist. nat.* 5. *p.* 100. *n.* 70.
Habitat in Carniolia.

tenuis. 317. C. niger nitens, elytris attenuatis, antennis mediocribus. *Scop. ann. hist. nat.* 5. *p.* 100. *n.* 71.
Habitat in Carnioliae *floribus umbellatarum.*

octopunctatus. 318. C. viridis, thorace tereti, elytris punctis octo nigris. *Schranck inf. austr. p.* 142. *n.* 267. *Beytr. z. Naturg. p.* 65. §. 9.
Scop. ann. hist. nat. 5. *p.* 101. *n.* 73. Leptura octopunctata.
Habitat rarior in Austriae *tiliis.*

glaucopterus. 319. C. ferrugineus, thorace quadriverrucoso, oculis pectoreque nigris. *Schall. Abh. der hall. Naturf. Ges.* 1. *p.* 294. *t.* 1. *f.* 4.
Habitat rarior Halae Saxonum, *variabili affinis, at dimidio major.*

virescens. 320. C. corpore lineari viridi-aeneo, antennis longis. *Schall. Abh. der hall. Naturf. Ges.* 1. *p.* 295.
Habitat - - - - magnitudine circiter variabilis, statura moschati.

** palpis

** *palpis inaequalibus, anterioribus 2 filiformibus, posterioribus clavatis:* Stenocori Fabricii.

festivus. 11. C. thorace utrinque bidentato, elytris bidentatis viridibus: linea laterali lutea. *Fabr. sp. inf.* 1. *p.* 226. *n.* 5. *mant. inf.* 1. *p.* 143. *n.* 5.
Degeer inf. 5. *p.* 100. *n.* 4. *t.* 13. *f.* 14. Cerambyx spinosus.
Sulz. hist. inf. t. 5. *f.* 6. Cerambyx sulcatus.
Gron. zooph. 541. *t.* 16. *f.* 5.
Drury inf. 1. *t.* 37. *f.* 5.
Herbst apud Fuessli arch. inf. 5. *t.* 25. *f.* 12.
Habitat in insulis, Americae *oppositis.*

marilandicus. 321. C. thorace depresso tuberculato mutico, elytris bidentatis fusco cinereoque nebulosis, antennis mediocribus. *Fabr. sp. inf.* 1. *p.* 226. *n.* 6. *mant. inf.* 1. *p.* 143. *n.* 6.
Habitat in Marilandia.

insularis. 321. C. thorace inermi tuberculato, elytris bidentatis, antennarum articulis bispinosis. *Fabr. sp. inf.* 1. *p.* 227. *n.* 8. *mant. inf.* 1. *p.* 143. *n.* 7.
Habitat in insulis, Americae *meridionali oppositis, ex testaceo et cinereo varius.*

bispinosus. 322. C. thorace inermi subtuberculato, elytris bidentatis, antennarum articulis bispinosis, corpore testaceo. *Fabr. mant. inf.* 1. *p.* 143. *n.* 8.
Habitat in America *meridionali, statura insularis, at minor.*

semipunctatus. 323. C. thorace spinoso inaequali, elytris bidentatis basi punctatis apice glabris. *Fabr. sp. inf.* 1. *p.* 227. *n.* 5. *mant. inf.* 1. *p.* 143. *n.* 9.
Habitat in nova Hollandia.

quadrimaculatus. 27. C. rufescens thorace scabro spinoso, elytris bidentatis: maculis duorum parium glabris. *Fabr. sp. inf.* 1. *p.* 227. *n.* 12. *mant. inf.* 1. *p.* 143. *n.* 12. *Gron. zooph.* 542*. *Sloan. jam.* 2. *t.* 237. *f.* 21.
Drury inf. 1. *t.* 37. *f.* 3.
Habitat in America *meridionali, femoribus* 4 *posterioribus apice spinosis.*

geminatus. 324. C. thorace mutico nigro: macula utrinque rufa, elytris nigris: maculis duorum parium glabris, antennis longissimis. *Fabr. mant. inf.* 1. *p.* 144. *n.* 13.

Habitat in Sierra Leon Africae, *congeneribus hujus tribus minor et brevior.*

africanus. 325. C. thorace mutico atro, elytris bidentatis basi testaceis apice atris: fascia pallida. *Fabr. sp. inf.* 1. *p.* 227. *n.* 13. *mant. inf.* 1. *p.* 144. *n.* 14.

Habitat in Africa *aequinoctiali, antennis longitudine corporis, nigris.*

circumflexus. 326. C. ferrugineus, thorace mutico, elytris unidentatis testaceis: striga undata punctisque duobus fuscis. *Fabr. mant. inf.* 1. *p.* 144. *n.* 15.

Habitat in Cayennna, *mediae magnitudinis.*

annulatus. 327. C. thorace lineato, elytris unidentatis, antennis longioribus: annulis tribus albis. *Fabr. sp. inf.* 1. *p.* 228. *n.* 14. *mant. inf.* 1. *p.* 144. *n.* 16.

Habitat - - - -

decemmaculatus. 328. C. thorace subspinoso quadrimaculato, elytris bidentatis ferrugineis flavo cinereoque maculatis. *Fabr. sp. inf.* 1. *p.* 228. *n.* 15. *mant. inf.* 1. *p.* 144. *n.* 17.

Habitat in America.

brasilianus. 329. C. thorace spinoso ferrugineo, elytris acuminatis testaceis: lineolis tribus glabris flavis. *Fabr. sp. inf.* 1. *p.* 228. *n.* 16. *mant inf.* 1. *p.* 144. *n.* 18.

Habitat in Brasilia, *annulato minor.*

cayennensis. 330. C. thorace subspinoso, elytris bidentatis cinereo, fusco flavoque variis: angulo baseos compresso. *Fabr. mant. inf.* 1. *p.* 144. *n.* 19.

Habitat in Cayenna, *parvus, cinereus.*

Druryi. 331. C. thorace subspinoso, elytris truncatis bidentatis ferrugineis cinereo fasciatis, antennis brevibus. *Fabr. sp. inf.* 1. *p.* 228. *n.* 17. *mant. inf.* 1. *p.* 145. *n.* 20.

Habitat in America *meridionali.*

undulatus. 332. C. cinereus, thorace spinoso, elytris bidentatis: fasciis duabus undatis nigris. *Fabr. sp. inf.* 1. *p.* 228. *n.* 18. *mant. inf.* 1. *p.* 145. *n.* 21.

Habitat - - - -

ruricola. 333. C. fuscus, thorace spinoso ferrugineo, elytris bidentatis pallidioribus antennis, longis. *Fabr. sp. inf.* 1. *p.* 228. *n.* 19. *mant. inf.* 1. *p.* 145. *n.* 22.

Habitat in India, *mediae magnitudinis.*

garganicus. 334. C. thorace ſpinoſo, elytris bidentatis teſtaceis: macula pallida, antennis longis. *Fabr. ſp. inſ.* 1. *p.* 226 *n.* 4. *mant. inſ.* 1. *p.* 143. *n.* 4.
Habitat in Marilandia.

Lamed. 46. C. thorace ſpinoſo pubeſcente, elytris faſtigiatis lividis: taenia obſcura longitudinali ſinuata, antennis brevibus. *Fn. ſuec.* 649.* *Fabr. ſp. inſ.* 1. *p.* 226. *n.* 3. *mant. inſ.* 1. *p* 143. *n* 3.
Geoffr. inſ. par. 1. *p.* 226. *n.* 6. Stenocorus niger &c.
Habitat in Europa.

cyaneus. 335. C. cyaneus, thorace ſpinoſo, elytris baſi flavis. *Fabr. ſp. inſ.* 1. *p.* 226. *n.* 2. *mant. inſ.* 1. *p.* 143. *n.* 2.
Forſter nov. inſ. 1. *p.* 40. *n.* 40. Cerambyx palliatus.
Fabr. ſyſt. entom. p. 182. *n.* 2. Calopus blandus.

meridianus. 47. C. thorace ſubſpinoſo, elytris faſtigiatis fuſcis anterius teſtaceis, pectore nitente. *Fn. ſuec.* 648. *Fabr. ſp. inſ.* 1. *p.* 225. *n.* 1. *mant. inſ.* 1. *p.* 143. *n.* 1.
Syſt. nat. X. 1. *p.* 398. *n.* 7. Leptura meridiana.
Degeer inſ. 5. *p.* 305. Leptura fuſca cinerea.
Schaeff. ic. t. 3. *f.* 13. *t.* 79. *f.* 7. *t.* 82. *f.* 4. *t.* 279. *f.* 3.
Raj. inſ. p. 96. *n.* 1.
Habitat in Europa *boreali, etiam in* Calabria, *mas teſtaceus, femina nigricans, larva ſubterranea, pedibus longiſſimis.*

quadrioculatus. 336. C. thorace ſubſpinoſo: punctis ſeptem nigris, corpore teſtaceo, elytris apice dentatis: lineis longitudinalibus curvatis fuſcis, antennis longis. *Schall. Abh. der hall.* Naturf. *Geſ.* 1. *p.* 289. *t.* 1. *f.* 2.
Habitat - - - - magnitudine meridiani; an hujus tribus?

ramphygeus. 61. C. thorace mutico ſubcylindrico bipunctato, corpore livido, elytris maculis duabus flavis apice bidentatis.
Habitat in America, *feſtivi magnitudine; an hujus tribus?*

zonarius. 63. C. thorace mutico cylindrico rugoſo, antennis longioribus, elytris obtuſis fuſcis: faſcia lineari albida. *Muſ. Lud. Ulr.* 75.*
Marcgr. braſ. 254. Quici.
Habitat in America, *an ad hanc tribum?*

irroratus. 62. C. thorace mutico cylindrico inaequali, elytris apice bidentatis albo irroratis, antennis longioribus aculeatis.
Drury inſ. 1. *t.* 33. *f.* 3.

Habitat

Habitat in Americae *meridionali oppositis insulis, inquisitoris magnitudine.*

glabratus. 337. C. thorace mutico cinereo: linea glabra fusca, elytris bidentatis. *Fabr. sp. ins.* 1. *p.* 227. *n.* 11. *mant. ins.* 1. *p.* 143. *n.* 11.
Habitat in insula S. Crucis, Oceani americani.

suaveolens. 305. C. thorace spinoso caerulescenti aureo, corpore viridi, elytris cyaneis, antennis mediocribus pedibusque nigris, abdomine tibiisque ferrugineis, posterioribus longioribus compressis. *Mant. p.* 532.
Habitat in Jamaica *et* Carolina.

scabricornis. 338. C. ferrugineus thorace subcylindrico, antennis nitidis, intus denticulatis scabris. *Fuessli Verz. schw. Ins. p.* 13. *n.* 241. *f.* 3. a. b.
Scop. ent. carn. n. 174.
Geoffr. ins. par. 1. *p.* 210. *n.* 6.
Habitat in Europa.

asper. 339. C. ater, asper, rigidus, thorace bispinoso, elytris in medio tuberculatis. *Sulz. hist. ins. p.* 44. *t.* 5. *f.* 3.
Habitat in Italia.

brevis. 340. C. nigricans, thorace spinoso, femoribus rotundatis brevibus, tarsis anterioribus lobatis perhirsutis. *Sulz. hist. ins. p.* 45. *t.* 5. *f.* 5.
Habitat in Surinamo.

halodendri. 341. C. ater, punctis excavatis, thorace albido villoso, elytris margine maculaque baseos rubris. *Pallas it.* 2. *app. n.* 62.
Habitat in Sibiriae robinia halodendro, *C. Kaehleri affinis, an hujus tribus?*

badius. 342. C. badius, thorace elytrisque striatis. *Lepech. it.* 1. *t.* 16. *f.* 3.
Habitat in Sibiria, *an ex hac tribu?*

ruber. 343. C. elytris rubris: apicum macula oblonga nigra, thorace nigro: maculis duabus rubris. *Lepech. it.* 1. *t.* 16. *f.* 3.
Habitat in Sibiriae *glycyrrhiza echinata.*

fimbriatus. 344. C. ater, margine albo, thorace bispinoso. *Lepech. it.* 2. *p.* 198. *t.* 10. *f.* 8.
Habitat in montis Ural *larice; an huc spectat?*

taeniatus. 345. C. thorace ſpinoſo, elytris nigricantibus: faſciis duabus albidis, antennis corpore duplo longioribus. *Lepech. it.* 2. *p.* 299. *t.* 11. *f.* 32.
Habitat in Sibiriae *petrarum fiſſuris.*

aculeatus. 346. C. nigricans antennis longiſſimis: ſpinis tribus introrſum armatis. *Rozier journ. de phyſ.* 1. *p.* 26. *t.* 1. *f.* C.
Habitat in America.

arenarius. 347. C. niger apterus, capitis thoracisque linea media longitudinali, elytrorum margine albo, antennis brevibus. *Scop. ent. carn. n.* 168.
Poda muſ. graec. p. 34. Cerambyx pedeſtris.
Habitat in Carniolia.

timidus. 348. C. niger, elytris flaveſcentibus: maculis binis atris. *Scop. ent. carn. n.* 171. *ann. hiſt. nat.* 5. *p.* 99. *n.* 67.
Habitat in Carniolia, *e longinquo hoſtem fugiens, et ſub umbella ſe recipiens:*

adſperſus. 349. C. elytris nigro maculatis punctatisque, antennis brevibus. *Scop. ann. hiſt. nat.* 5. *p.* 95. *n.* 55.
Habitat in Carniolia, *triſti affinis, ſed minor.*

ovalis. 350. C. ovatus fuſcus, elytris integris. *Geoffr. inſ. par.* 1. *p.* 206. *n.* 10.
Habitat in Gallia.

cruentatus. 351. C. griſeus, thorace ſpinoſo, elytris baſi unidentatis: maculis ſex ferrugineis, antennis longis aculeatis. *Degeer inſ.* 5. *p.* 107. *n.* 8.
Habitat in India, *rubo affinis, an hujus tribus?*

ſinenſis. 352. C. niger, thorace ſpinoſo, elytris ad latera albo-maculatis, antennis longis cinereo-maculatis. *Degeer inſ.* 5. *p.* 109. *n.* 10.
Habitat in Sina, *tres lineas ultra pollicem longus.*

tigrinus. 353. C. ex fuſco griſeus, thorace ſpinoſo, elytris maculis punctisque fuſcis ſparſis, antennis longioribus. *Degeer inſ.* 5. *p.* 114. *n.* 15. *t.* 14. *f.* 6.
Habitat in Penſylvania, 11 *lineas longus.*

penſylvanicus. 354. C. thorace ſubſpinoſo, elytris truncatis ex flavo griſeis: faſciis undulatis punctatis fuſcis, antennis longioribus maculatis. *Degeer inſ.* 5. *p.* 114. *n.* 16. *t.* 14. *f.* 7.
Habitat in Penſylvania, *dimidium pollicem longus.*

hirſutus. 355. C. fuſcus, thorace ſpinoſo, elytris hirſutis ſtriato-punctatis, antennis mediocribus maculatis. *Degeer inſ.* 5. *p.* 115. *n.* 17. *t.* 14. *f.* 8.
Habitat in Surinamo, 4 *lineas longus.*

gibbus. 356. C. fuſcus cinereo-maculatus, thorace rugoſo ſubſpinoſo, elytris gibbis punctis nigris hiſpidis, antennis mediocribus. *Degeer inſ.* 5. *p.* 116. *n.* 18. *t.* 14. *f.* 9.
Habitat in Surinamo, *hirſuto brevior, at latior et craſſior.*

hirtipes. 357. C. fuſcus, thorace mutico cylindrico, elytris apice truncatis bidentatis, plantis anterioribus hirſutis, antennis longioribus: media macula alba. *Degeer inſ.* 5. *p.* 116. *n.* 19. *t.* 14. *f.* 10.
Habitat in India, $8\frac{1}{2}$ *lineas longus.*

virideſcens. 358. C. ex flavo viridis, thorace mutico cylindrico: faſciis tribus longitudinalibus flavis, antennis longioribus nigro cinereoque maculatis. *Degeer inſ.* 5. *p.* 76. *n.* 13.
Habitat in Europa, *mediae magnitudinis.*

hieroglyphicus. 359. C. ſubtus canus, capite thoraceque lanuginoſis: area nigra, elytris nigris glabris: ſutura utrinque ramoſa punctisque quinque ex caeruleſcente albidis. *Pall. it.* 2. *app. n.* 59.
Habitat in Sibiriae *borealis ſilvis.*

perforatus. 360. C. ſupra pulvere albidus, ſubtus lanugine flaveſcens, elytris punctis quinque dorſalibus mediis nigerrimis. *Pall. it.* 2. *app. n.* 60.
Habitat cum hieroglyphico, cui proxime affinis.
Elytrorum *puncta quaſi perforata.*

ferrugino-ſus. 361. C. nigricans, elytris ferrugineis, antennis introrſum ſpinoſis. *Rozier journ. de phyſ. p.* 27. *t.* 1. *f.* D.
Habitat in America.

carbonarius. 362. C. niger opacus, antennis brevibus. *Scop. ent. carn. p.* 55. *n.* 178.
Habitat in Carniolia; *an propria ſpecies?*

lunulatus. 363. C. ex fuſco obſcure rufeſcens, thorace ſubcylindrico mutico, elytris rubeſcentibus: lunulis quatuor fuſcis apice dentatis. *Drury inſ.* 1. *t.* 37. *f.* 4.
Habitat in Jamaica.
Elytrorum *ſutura prope thoracem cor fuſcum refert.*

364. C.

minimus. 364. C. minutiſſimus. *Seeligm. av.* 4. *t.* 108. *f.* 4.
 Habitat - - - - *cutem penetrans.*

vittatus. 378. C. thoracę ſpinoſo pubeſcente, elytris ſubfaſtigiatis teſtaceis, ſutura vittaque fuſcis. *Muſ. Lesk. p.* 25. *n.* 540.
 Habitat in Europa.

quadri- 379. C. pallide teſtaceus, thorace ſubſpinoſo, elytris biſpinoſis :
guttatus. maculis duabus flavis, femoribus clavatis muticis. *Swede-*
 rus nov. act. Stockh. 8. 1787. *n.* 3. 3. 16. *t.* 8. *f.* 7.
 Habitat in Honduras Americae, *quadrimaculato duplo mi-*
 nor, ſubdepreſſus.

CALOPUS. *Antennae* filiformes.

Palpi quatuor; anteriores clavati, poſteriores filiformes.

Thorax gibbus.

Elytra linearia.

ſerraticor- 1. C. fuſcus, antennis compreſſis. *Fabr. ſp. inſ.* I. *p.* 228.
nis. *n.* 1. *mant. inſ.* I. *p.* 145. *n.* 1.
 Syſt. nat. XII. 2. *p.* 634. *n.* 65. *Fn. ſuec.* 665. Cerambyx
 ſerraticornis, thorace mutico ſubovali, corpore lurido fuſco, antennis compreſſis antice ſerratis mediocribus.
 Degeer inſ. 5. *p.* 79. *n.* 6.
 Habitat in Europa, *boreali, ſtatura oleri, elongatus, cy-*
 lindricus.

hiſpicor- 2. C. ſubfuſcus, antennarum articulis poſterius ſpina minutiſſi-
nis. ma armatis.
 Syſt. nat. XII. 2. *p.* 634. *n.* 66. Cerambyx thorace mutico
 ſubrotundo, corpore ſubfuſco, elytris faſtigiatis bidentatis,
 antennis mediocribus poſtice dentatis.
 Habitat in America, *cerambyci ruſtico ſimilis, at duplo ma-*
 jor; an hujus generis?

pygmae- 3. C. minutiſſimus fuſcus, antennis ſerratis piloſis.
us. *Degeer inſ.* 5. *p.* 80. *n.* 17. *t.* 4. *f.* 5. Cerambyx pygmaeus.
 Habitat in Suecia, *pulicis magnitudine.*

205.

Species 338 - 364 *incerti adhuc loci.*

205. LEPTURA.
Antennae ſetaceae.
Palpi quatuor filiformes.
Elytra apicem verſus attenuata.
Thorax teretiuſculus.

* *labio integro*, Donaciae Fabricii.

aquatica. 1. L. aurata, femoribus poſterioribus clavatis dentatis. *Fabr. ſp. inſ.* 1. *p.* 245. *n.* 1. *mant. inſ.* 1. *p.* 157. *n.* 1.
Syſt. nat. XII. 2. *p.* 637. *n.* 1. *Fn. ſuec.* 677.* *Scop. ent. carn.* 147. Leptura deaurata, antennis nigris, femoribus poſticis dentatis.
Degeer inſ. 5. *p.* 140. *n.* 80. *t.* 4. *f.* 14. 15. Leptura aquatica ſpinoſa.
Geoffr. inſ. par. 1. *p.* 229. *n.* 12.
Raj. inſ. p. 100. *n.* 1.
Friſch inſ. 12. *p.* 33. *t.* 6. *f.* 2.
Habitat in plantis aquaticis, nymphaeis, caricibus, phellandrio, *cujus radici intra globum brunneum adhaeret pupa.*
Femora *poſteriora rarius mutica.*

ſimplex. 17. L. aurata, femoribus ſimplicibus. *Fabr. ſp. inſ.* 1. *p.* 245. *n.* 2. *mant. inſ.* 1. *p.* 157. *n.* 2.
Degeer inſ. 5. *p.* 142. *n.* 19? Leptura aquatica mutica.
Habitat in Anglia *et* Germania.

faſciata. 18. L. deaurata, elytris faſcia longitudinali purpurea. *Herbſt apud Fueſſli arch. inſ.* 5. *p.* 100. *n.* 3.
Degeer inſ. 5. *p.* *n.* 20. Leptura aquatica faſciata.
Habitat in Europae *aquis*, *femoribus poſterioribus nunc muticis nunc dentatis.*

holoſericea. 19. L. viridi-nitens, antennis pedibusque ex atro fuſcis, femoribus poſterioribus dentatis. *Herbſt apud Fueſſli arch. inſ.* 5. *p.* 100. *n.* 4.
Habitat in Marchiae *pratis humidis.*

paluſtris. 20. L. ex nigricante violacea, antennis pedibusque ſpadiceis, femoribus poſterioribus dentatis. *Herbſt apud Fueſſli arch. inſ.* 5. *p.* 100. *n.* 5.
Habitat in Pomeraniae *paludibus.*

21. L.

cinerea. 21. L. cinerea cupreo irrorata, pedibus posterioribus muticis. *Herbst apud Fuessli arch. ins.* 5. *p.* 100. *n.* 6.
Habitat in Pomerania.

violacea. 58. L. ex atro subaenea, elytris obscure violaceis, abdomine sanguineo. *Pall. it.* 2. *n.* 64.
Habitat in Sibiria, *magnitudine aquaticae.*

bicolor. 84. L. aurea, thorace supra elytrisque viridibus, his striato-punctatis hinc inde impressis, femoribus clavatis: posterioribus dentatis. *Mus. Lesk. p.* 27. *n.* 589.
Habitat in Europa.

crassipes. 85. L. viridi-aenea subtus cinereo-aenea, elytris striato-punctatis transverse lineolis substriatis, ore antennis pedibusque rufis, femoribus crassis: posterioribus muticis. *Mus. Lesk. p.* 27. *n.* 590.
Habitat in Europa.

fusca. 86. L. fusca, elytris punctato-striatis, ore, antennis pedibusque rufis, femoribus posterioribus dente valido armatis. *Mus. Lesk. p.* 27. *n.* 591.
Habitat in Europa.

aenea. 87. L. rufo-aenea, subtus cinereo-aenea, elytris punctato-striatis: rugis crenatis, femoribus posterioribus dentatis. *Mus. Lesk. p.* 27. *n.* 592.
Habitat in Europa.

nitida. 88. L. nitida viridi-aurea, elytris punctato-striatis: rugis crenatis vittaque lata purpureo-aenea, abdomine antennis pedibusque auratis, femoribus posterioribus dentatis. *Mus. Lesk. p.* 27. *n.* 593.
Habitat in Europa.

vulgaris. 89. L. viridi-argentea, elytris punctato-striatis: rugis crenatis vittaque lata communi viridi-purpurea, capite, abdomine pedibusque cinereo-argenteis, femoribus posterioribus muticis. *Mus. Lesk. p.* 27. *n.* 594.
Habitat in Europa.

caerulea. 90. L. caerulea, elytris punctato-striatis: rugis crenatis, antennis aeneis, femoribus posterioribus dentatis. *Mus. Lesk. p.* 27. *n.* 595.
Habitat in Europa.

** *labio bifido*, Lepturae Fabricii.

† *thorace antrorsum oblongiusculo angustiore, elytris apice truncatis.*

unipunctata. 22. L. nigra, elytris rufis: puncto medio nigro. *Fabr. mant. inf.* 1. *p.* 157. *n.* 1.
Habitat Dresdae, *statura bipunctatae.*

hastata. 23. L. atra, elytris rubris: apice suturaque media nigris. *Fabr. mant. inf.* 1. *p.* 157. *n.* 2. *Sulz. hist. inf. t.* 5. *f.* 11. *Geoffr. inf. par.* 1. *p.* 226. *n.* 6. Stenocorus niger &c.
Habitat in Europa *magis australi, melanurae affinis; mas minor, abdomine rufescente.*

carbonaria. 91. L. nigra, elytris testaceis apice fuscis. *Mus. Lesk. p.* 28. *n.* 612.
Habitat in Europa, *an hujus familiae?*

nigella. 92. L. nigra, elytris testaceis, tibiis anticis rufis. *Mus. Lesk. p.* 28. *n.* 614.
Habitat in Europa, *an hujus familiae?*

erythropus. 93. L. nigra, pedibus rubris; femorum basi tibiarum apice plantisque nigris. *Mus. Lesk. p.* 28. *n.* 606.
Habitat in Europa.

quinquemaculata. 94. L. nigra, antennis nigro annulatis, pedibus elytrisque testaceis: his maculis quinque fuscisque tribus nigris. *Mus. Lesk. p.* 28. *n.* 600.
Habitat in Europa.

fusca. 95. L. fusca aureo pubescens, antennarum basi testacea, femoribus tibiisque anticis testaceis: illis supra fasciis, quatuor posterioribus basi testaceis. *Mus. Lesk. p.* 28. *n.* 617.
Habitat in Europa.

bipunctata. 24. L. nigra villosa, elytris lividis: sutura puncto medio apiceque nigris. *Fabr. sp. inf.* 1. *p.* 245. *n.* 1. *mant. inf.* 1. *p.* 158. *n.* 3.
Habitat in Sibiria, *melanurae valde affinis, elytris apice rotundatis.*

melanura. 2. L. nigra, elytris rubescentibus lividisve: sutura apiceque nigris. *Fn. suec.* 678.* *Fabr. sp. inf.* 1. *p.* 245. *n.* 2. *mant. inf.* 1. *p.* 158. *n.* 4.
Gadd diss. 27. Leptura thorace nigro nitido, elytris obsolete sordideque flavescentibus.

Degeer

Degeer inſ. 5. *p.* 137. *n.* 14. Leptura variabilis.
Geoffr. inſ. par. 1. *p.* 226. *n.* 7. *t.* 4. *f.* 1.
Raj. inſ. p. 97. *n.* 6.
Petiv. gaz. t. 30. *f.* 5.
Schaeff. ic. t. 39. *f.* 4.
β) Leptura minor. *Fabr. mant.* 1. *p.* 158.
Habitat frequens in Europae *floribus, mas elytris apice nigris, femina unicoloribus,* β) *duplo minor.*

rida. 26. L. nigra, elytris teſtaceis immaculatis, pedibus nigris. *Fabr. ſp. inſ.* 1. *p.* 246. *n.* 3. *mant. inſ.* 1. *p.* 158. *n.* 5.
Herbſt apud Fueſſli arch. inſ. 5. *t.* 26. *f.* 23.
β) Leptura major. *Fabr. mant. inſ.* 1. *p.* 158.
Habitat in Germaniae *floribus,* β) *duplo major.*

ubra. 3. L. nigra, thorace, elytris tibiisque purpureis. *Fn. ſuec.* 500. *Fabr. ſp. inſ.* 1. *p.* 246. *n.* 6. *mant. inſ.* 1. *p.* 158. *n.* 6.
Degeer inſ. 5. *p.* 132. *n.* 7.
Friſch inſ. 12. *t.* 3. *ic.* 6. *f.* 6.
Sulz. hiſt. inſ. t. 5. *f.* 30.
Schaeff. ic. t. 39. *f.* 2.
Habitat in Europae *floribus.*

emarginata. 27. L. atra, elytris purpureis apice emarginatis nigris. *Fabr. mant. inſ.* 1. *p.* 158. *n.* 6.
Habitat in Cayenna, *rubra major, immaculata.*

rillica. 28. L. ferruginea, antennis, elytris pectoreque fuſcis. *Fabr. ſp. inſ.* 1. *p.* 246. *n.* 5. *mant. inſ.* 1. *p.* 158. *n.* 8.
Habitat in Anglia.

ſanguinolenta. 4. L. nigra, elytris ſanguineis. *Fn. ſuec.* 679.* *Scop. ent. carn.* 150. *Fabr. ſp. inſ.* 1. *p.* 246. *n.* 4. *mant. inſ.* 1. *p.* 158. *n.* 7.
Scop. ent. carn. p. 47. *n.* 151? Leptura dubia.
Schaeff. ic. t. 39. *f.* 9.

ſtacea. 5. L. nigra, elytris teſtaceis, tibiis rufis, thorace poſterius rotundato. *Fn. ſuec.* 680.* *Fabr. ſp. inſ.* 1. *p.* 246. *n.* 7. *mant. inſ.* 1. *p.* 158. *n.* 10.
Degeer inſ. 5. *p.* 135. *n.* 11.
Schaeff. ic. t. 39. *f.* 3.
Habitat in Europa *boreali; an mas rubrae, cui ſaepe copula juncta?*

revestita. 6. L. testacea, elytris pectore antennisque atris.
Habitat in Germania, *statura testaceae.* Schreber.

pubescens. 29. L. nigra cinereo-villosa: costa alarum basi testacea. *Fabr. mant. inf.* 1. *p.* 158. *n.* 11.
Habitat in Suecia, *testaceae affinis.*

virens. 7. L. sericeo-virescens, antennis fusco viridique variis. *Fabr. sp. inf.* 1. *p.* 247. *n.* 8. *mant. inf.* 1. *p.* 158. *n.* 12.
Syst. nat. XII. 2. *p.* 638. *n.* 7. *Fn. suec.* 682.* Leptura viridi-flava, antennis luteo viridique variis.
Degeer inf. 5. *p.* 131. *n.* 6. Leptura flavo-viridis.
Habitat in Europa *boreali.*

atra. 30. L. corpore toto nigro. *Fabr. sp. inf.* 1. *p.* 247. *n.* 9. *mant. inf.* 1. *p.* 158. *n.* 13.
Poda muf. gr. p. 28. Leptura aethiops.
Geoffr. inf. par. 1. *p.* 228. *n.* 10. Stenocorus totus niger.
Habitat in Europa *magis australi, pedibus interdum testaceis.*

humeralis. 31. L. nigra, humeris abdomineque ferrugineis. *Fabr. mant. inf.* 1. *p.* 158. *n.* 14.
Habitat in Germania, *statura quadriguttatae, at duplo fere major.*

suturalis. 32. L. cinerea, elytris testaceis: sutura nigra. *Fabr. mant. inf.* 1. *p.* 159. *n.* 15.
Habitat Halae Saxonum, *atra paulo major.*

scutellata. 33. L. nigra, scutello albo. *Fabr. sp. inf.* 1. *p.* 247. *n.* 10. *mant. inf.* 1. *p.* 159. *n.* 16.
Habitat in Italia, *atra major.*

femorata. 34. L. nigricans, femoribus basi rufis. *Fabr. mant. inf.* 1. *p.* 159. *n.* 17.
Scop. ent. carn. p. 47. *n.* 155? Leptura ruficrus.
Habitat Halae Saxonum, *statura et magnitudine nigrae.*

ruficornis. 35. L. nigra, antennis pedibusque rufis. *Fabr. sp. inf.* 1. *p.* 147. *n.* 11. *mant. inf.* 1. *p.* 159. *n.* 18.
Habitat in Italia, *femoribus interdum apice nigris.*

marginata. 36. L. nigra, elytrorum margine tibiisque posterioribus rufis. *Fabr. sp. inf.* 1. *p.* 147. *n.* 12. *mant. inf.* 1. *p.* 159. *n.* 19.
Habitat in Norwegia, *statura nigrae.*

sericea. 8. L. viridi-caerulea, elytris subfastigiatis. *Fn. suec.* 683.* *Fabr. sp. ins.* 1. *p.* 249. *n.* 22. *mant. ins.* 1. *p.* 160. *n.* 32.
Schaeff. ic. t. 84. *f.* 1.
Habitat in Europa *boreali.*

quadrimaculata. 9. L. nigra, elytris lividis: maculis quatuor nigris. *Fn. suec.* 684. *Fabr. sp. ins.* 1. *p.* 248. *n.* 15. *mant. ins.* 1. *p.* 160. *n.* 25.
Schaeff. elem. t. 118. *f.* 2.
ic. t. 1. *f.* 7.
Habitat in Europae *plantis.*

interrogationis. 10. L. nigra, elytris lividis: fascia longitudinali arcuata maculisque quatuor nigris. *Fn. suec.* 685.
Uddm. diss. 35. *t.* 1. *f.* 2. Leptura nigra, elytris fusco-flavis: maculis octo nigris.
Habitat in Europa.

sexmaculata. 11. L. nigra, coleoptris testaceis: maculis sex nigris margine connexis. *Fn. suec.* 686.* *Fabr. sp. ins.* 1. *p.* 248. *n.* 16. *mant. ins.* 1. *p.* 160. *n.* 26.
Degeer ins. 5. *p.* 133. *n.* 9. Leptura testaceo maculata.
Raj. ins. p. 81. *n.* 18.
Habitat in Europae *plantis.*

12maculata. 37. L. nigra, elytris flavis: maculis sex nigris. *Fabr. sp. ins.* 1. *p.* 248. *n.* 17. *mant. ins.* 1. *p.* 160. *n.* 27.
Habitat in Sibiria, *statura sexmaculatae, at paulo major.*

quadrifasciata. 12. L. nigra, elytris testaceis: fasciis quatuor nigris. *Fn. suec.* 687.* *Fabr. sp. ins.* 1. *p.* 248. *n.* 19. *mant. ins.* 1. *p.* 160. *n.* 29.
Degeer ins. 5. *p.* 132. *n.* 8. *t.* 4. *f.* 11. Leptura octomaculata.
Scop. ent. carn. n. 172. Cerambyx fasciatus.
Schaeff. ic. t. 59. *f.* 6.
Habitat in Europa, *attenuatae affinis, an femina?*

attenuata. 13. L. elytris attenuatis flavis: fasciis quatuor nigris, pedibus testaceis. *Fn. suec.* 688.* *Fabr. sp. ins.* 1. *p.* 248. *n.* 18. *mant. ins.* 1. *p.* 160. *n.* 28.
Scop. ann. hist. nat 5. *p.* 99. *n.* 66. Prionus attenuatus.
Müll. zool. dan. prodr. p. 93. *n.* 1046? Leptura fasciata.
Schaeff. ic. t. 39. *f.* 6.
Habitat in Europa.
Femora *posteriora apice nigra.*

dubia. 38. L. nigra subvillosa, elytris testaceis nigro-punctatis, pedibus nigris. *Fabr. sp. inf.* 1. *p.* 249. *n.* 20. *mant. inf.* 1. *p.* 160. *n.* 30.
Habitat in Sibiria, *attenuatae nimis affinis.*

sexguttata. 39. L. nigra, elytris maculis tribus flavis. *Fabr. sp. inf.* 1. *p.* 249. *n.* 21. *mant. inf.* 1. *p.* 160. *n.* 31.
Herbst apud Fuessli arch. inf. 5. *p.* 102. *n.* 13. *t.* 26. *f.* 25.
Habitat in Germania.

nigra. 14. L. elytris attenuatis, corpore nigro nitido, abdomine rufo. *Fn. suec.* 689.* *Fabr. sp. inf.* 1. *p.* 247. *n.* 15. *mant. inf.* 1. *p.* 159. *n.* 20. *Degeer inf.* 5. *p.* 144. *n.* 24.
Geoffr. inf. par. 1. *p.* 227. *n.* 9. Stenocorus niger nitidus, abdomine fusco-rubente.
Schaeff. ic. t. 39. *f.* 7.
Habitat in Europae *floribus.*

adusta. 40. L. aureo-pubescens, capite elytrorumque apicibus nigris. *Fabr. mant. inf.* 1. *p.* 159. *n.* 21.
Habitat Halae Saxonum, *nigra paulo minor, pedibus rubris.*

4guttata. 41. L. fusca, elytris nigris, punctis duobus baseos ferrugineis. *Fabr. mant. inf.* 1. *p.* 159. *n.* 22.
Habitat Halae Saxonum, *magnitudine et statura nigrae.*

rostrata. 42. L. obscure aenea, pedibus flavis. *Fabr. mant. inf.* 1. *p.* 159. *n.* 23.
Habitat in Africae *ammi majori, nigra minor.*

similis. 43. L. nigra, elytris spadiceis: apice fasciaque suturali nigris. *Herbst apud Fuessli arch. inf.* 5. *p.* 101. *n.* 2. *t.* 26. *f.* 22.
Habitat rarior Berolini, *melanurae perquam similis.*

armata. 44. L. thorace nigro spinoso, antennis pedibusque ferrugineis, elytris flavis: punctis duobus, macula cordata, fasciisque tribus nigris. *Herbst apud Fuessli arch. inf.* 5. *p.* 101. *n.* 11. *t.* 26. *f.* 24.
Habitat Berolini, *attenuatae affinis, antennarum articulis apice, capite, tarsis, et posterioribus femoribus tibiisque nigris, pedum posteriorum apice in altero sexu lobato.*

45. L.

Huic tribui adscribendae quoque videntur 4 species a Schaeffero delineatae, affinis ic. t. 101. *f.* 5. *figurata ic. t.* 151. *f.* 7. *clavata ic. t.* 103. *f.* 6. *et t.* 108. *f.* 1. *et aeneo-punctulata, ic. t.* 201. *f.* 6.

cerambyciformis. 45. L. nigra, elytris flavis: fasciis tribus nigris; prima ex punctis transversim positis. *Schranck inf. austr. p. 154. n. 290.*
Scop. ent. carn. n. 154. Leptura quadrimaculata.
Herbst apud Fuessli arch. inf. 5. *p.* 102. *n.* 16. *t.* 26. *f.* 26.
Habitat in Ungaria *et* Austria, $4\frac{1}{2}$ *lineas longa.*

russica. 46. L. nigra albido-villosa, elytris flavescentibus: maculis quinque lineaque media nigris. *Herbst apud Fuessli arch. inf.* 5. *p.* 102. *n.* 17. *t.* 26. *f.* 27.
Habitat in Russia.

laevis. 47. L. nigra, subtus villoso-sericea, antennis ex luteo fuscis, pedibus anterioribus ferrugineis. *Herbst apud Fuessli arch. inf.* 5. *p.* 103. *n.* 18.
Habitat in Pomerania, *nigra dimidio minor.*

solstitialis. 48. L. nigra, antennis basi ferrugineis, pedibus elytrisque luteis: his margine nigris. *Herbst apud Fuessli arch. inf.* 5. *p.* 103. *n.* 19.
Habitat Berolini, *vix* 3 *lineas longa.*

splendida. 49. L. nigra flavo-villosa, elytris apice glabris, pedibus fulvis, antennis fuscis, basi ferrugineis. *Herbst apud Fuessli arch. inf.* 5. *p.* 103. *n.* 20.
Habitat in Marchia, $2\frac{1}{2}$ *lineas longa, ad mecydalin accedens.*

quadrinotata. 50. L. nigra flavicanti-subtus albido-villosa, antennis basi fuscis, femoribus basi ferrugineis, elytris punctatis: maculis duabus aurantiis. *Herbst apud Fuessli arch. inf.* 7. *p.* 171. *n.* 22. *t.* 45. *f.* 13.
Habitat Berolini.

plumipes. 51. L. fusca punctata, femoribus subclavatis, pedibus postremis longissimis: tibiis apice floccosis. *Pall. spic. zool.* 9. *p.* 4. *t.* 1. *f.* 2. 2.*
Habitat - - - *melanura minor, gracilima.*
Tarsi *sparsa lanugine villosi; floccus in apice tibiarum postremarum e villis nigris sericeis in septem versus per longitudinem dispositis constat.*

rufipes. 52. L. nigra, pedibus rufis: femoribus basi nigris. *Schaller Abh. der hall. Naturf. Ges.* 1. *p.* 298.
Schaeff. ic. t. 55. *f.* 7.
Habitat in rhamni cathartici, corni sanguineae, crataegi oxyacanthae *floribus*, Majo *frequens.*

octomaculata. 53. L. nigra, elytris testaceis: maculis sex apicibusque nigris. *Schaller Abh. der hall. Naturf. Ges.* 1. *p.* 299.
Schaeff. ic. t. 6. *f.* 9.
Habitat in Saxonia.

Schalleri. 54. L. fusca, elytrorum basi maculis quatuor rufis. *Schaller Abh. der hall. Naturf. Ges.* 1. *p.* 299.
Schaeff. ic. t. 182. *f.* 4.
Habitat, rarior, in rhamni cathartici, pruni spinosae *floribus.*

ustulata. 55. L. nigra thorace elytrisque testaceis, apice nigris, pedibus testaceis. *Schaller Abh. der hall. Naturf. Ges.* 1. *p.* 298.
Habitat, rarior, in floribus Halensibus, *Junio conspicua, cerambycis praeusti statura et magnitudine.*

pumila. 56. L. fusca, pedibus anterioribus testaceis: femoribus superne nigris. *Schaller Abh. der hall. Naturf. Ges.* 1. *p.* 299.
Habitat Halae Saxonum, *in floribus, cerambycis praeusti magnitudine.*

parisina. 56. L. tota nigra, femorum antennarumque basi rufescente. *Thunb. nov. act. Ups.* 4. *p.* 16. *n.* 28.
Habitat. Lutetiis, *melanura duplo minor, oblonga, angusta.*

bipustulata. 57. L. elytris nigris striato-punctatis: maculis duabus testaceis. *Thunb. nov. act. Ups.* 4. *p.* 17. *n.* 29.
Habitat Upsaliae, *magnitudine melanurae; an prisnae tribus?*

Scopolii. 58. L. abdominis thoracisque margine posteriore rubro, elytris testaceis pellucidis attenuatis: apice et margine infra medium nigro. *Scop. ann. hist. nat.* 5. *p.* 100. *n.* 72.
Habitat in Carniolia.

verna. 59. L. nigra, tibiis anterioribus fulvis. *Müll. zool. dan. prodr. p.* 94. *n.* 1055.
Schaeff. ic. t. 55. *f.* 9.
Habitat in Dania.

nigripes. 60. L. nigra, elytris obscure flavo-testaceis, pedibus nigris. *Degeer inf.* 5. *p.* 136. *n.* 12.
Habitat - - - *7 lineas longa.*

maculosa. 61. L. nigra, elytris testaceo-lividis, antennis flavo-maculatis *Degeer inf.* 5. *p.* 139. *n.* 16.
Habitat - - - *4 lineas longa.*

96. L.

lunulata. 96. L. nigra, thorace posterius fascia angusta flava, elytris lunulis duabus ferrugineis. *Swederus nov. act. Stockh.* 8. 1787. 3. *n.* 3. 18.
Habitat ad caput bonae spei, *melanurae facie, at paulo major.*

bicolor. 97. L. pallide ferruginea, oculis, elytris, alis et ano supra nigris. *Swederus nov. act. Stockh.* 8. 1787. 3. *n.* 3. 19.
Habitat in America *septentrionali, attenuatae simillima, at paulo minor.*

vittata. 98. L. pallide testacea, antennis fusco-annulatis, elytris nigris punctatis: vittis quatuor flavis. *Swederus nov. act. Stockh.* 8. 1787. 3. *n.* 3. 20.
Habitat in America *septentrionali, facie et magnitudine sexmaculatae.*

†† *thorace subgloboso nec anterius attenuato, elytris apice obtusis nec truncatis.*

virginea. 15. L. thorace globoso nigro, elytris violaceis, abdomine rufo. *Fn. suec.* 690. *Fabr. sp. ins.* 1. *p.* 249. *n.* 24. *mant. ins.* 1. *p.* 160. *n.* 34.
Degeer ins. 5. *p.* 144. *n.* 23. Leptura violacea.
Gadd diss. 26. Leptura nigra, elytris caerulescentibus, toto abdomine rubro.
Schaeff. ic. t. 58. *f.* 8.
Habitat in Europa *boreali.*

collaris. 16. L. thorace globoso abdomineque rubris, elytris nigris. *Fn. suec.* 691. *Scop. ent. carn.* 159. *Fabr. sp. ins.* 1. *p.* 249. *n.* 23. *mant. ins.* 1. *p.* 160. *n.* 33.
Degeer ins. 5. *p.* 143. *n.* 22. Leptura ruficollis.
Geoffr. ins. par. 1. *p.* 228. *n.* 11. Stenocorus niger, thorace rubro.
Schaeff. ic. t. 58. *f.* 9.
Habitat in Europa.

decempunctata. 62. L. atra, thorace subgloboso, elytris decempunctatis. *Lepechin it.* 2. *t.* 10. *f.* 2.
Habitat in monte Ural.

varia. 63. L. villosa cana, thorace subgloboso, elytris nigris: punctis octo et fasciis interruptis quatuor albis. *Lepech. it.* 2. *t.* 10. *f.* 4.
Habitat in monte Ural.

viridis. 64. L. viridiuscula, thorace subovato: lineolis duabus longitudinalibus obscurioribus, dorso nigro. *Lepech. it.* 2. *t.* 10. *f.* 11.
Habitat in Sibiria.

linearis. 25. L. thorace ovato, corpore cyaneo lineari, antennis longioribus. *Mus. Lud. Ulr.* 77.*
Habitat in India, *femoribus nunc clavatis, nunc linearibus.*

massiliensis. 65. L. nigra, thorace subgloboso, elytris fasciis subtribus albis introrsum fractis. *Syst. nat.* XII. *add. p.* 1067. *n.* 8.
Habitat in Lusitania, *et* Massilia, *facie cerambycis rustici, sed triplo minor; an cerambyx?*

pilosa. 66. L. nigra cinereo-pubescens, thorace globoso, elytris fastigiatis. *Forst. nov. inf.* 1. *p.* 44. *n.* 44.
Habitat in Hispania *ad* calpen freti Gaditani, *magnitudine circiter cerambycis mystici.*

nitens. 67. L. thorace globoso et abdomine nigris flavescenti-tomentosis nitentibus, elytris atris: fasciis quatuor latis transversis flavis, pedibus ferrugineis. *Forst. nov. inf.* 1. *p.* 45. *n.* 45.
Habitat in America *septentrionali, magnitudine melanurae.*

bilineata. 68. L. fusco-nigricans, thorace lineis binis, elytris punctis sparsis flavescentibus. *Scop. ann. hist. nat.* 5. *p.* 102. *n.* 76.
Habitat in Carniolia, *habitu cerambycis cardui, nonne cerambyx?*

caerulea. 69. L. caerulea, tibiis anterioribus rufis. *Scop. ann. hist. nat.* 5. *p.* 102. *n.* 78.
Habitat in Carniolia.

squalida. 70. L. nigra, elytris basi et margine interiori testaceis. *Scop. ann. hist. nat.* 5. *p.* 102. *n.* 79.
Habitat in Carniolia, *antennis brevibus.*

bipartita. 71. L. nigra, thorace ferrugineo: linea nigra longitudinali, elytris macula communi ferruginea. *Schranck. Beytr* z. *Naturg. p.* 68. §. 15.
Habitat in Germania *superiori.*

ferruginea. 72. L. nigra, elytris ferrugineis, extrorsum late nigris. *Schranck Beytr. z. Naturg. p.* 68. §. 14. *t.* 3. *f.* 14.
Habitat in Germania.

Lamda. 73. L. nigro, elytris fasciis tribus albis. *Schranck Beytr. z. Naturg. p. 67. §. 13. t. 3. f. 13.*
Habitat in Germania.

aurea. 74. L. viridi-aurea, thorace spinoso, elytris fasciis binis longitudinalibus nigris, femoribus rufis. *Degeer inf. 5. p. 145. n. 1.*
Habitat - - - - $8\frac{1}{2}$ *lineas longa.*

Genii. 75. L. nigra, elytris fusco-testaceis apice nigris, pedibus flavis. *Deger inf. 5. p. 139. n. 17.*
Schaeff. icon. t. 39. f. 5.
Habitat in Europa, *tabaci colore*, $3\frac{1}{2}$ *lineas longa.*

maculata. 76. L. nigra, maculis villoso-flavis, thorace globoso, antennis corpore dimidio brevioribus. *Geoffr. inf. par. 1. p. 211. n. 7.*
Habitat in Gallia.

naevia. 77. L. nigra villoso-flava, elytris maculis duabus glabris nigris. *Geoffr. inf. par. 1. p. 211. n. 8.*
Habitat in Gallia

punctulata. 78. L. nigricans, capite thoraceque rubro nigro-punctato. *Geoffr. inf. par. 1. p. 212. n. 9.*
Habitat in Gallia.

strigosa. 79. L. villoso flava, elytris lineis tribus transversis nigris. *Geoffr. inf. par. 1. p. 216. n. 14.*
Habitat in Gallia.

gallica. 80. L. caerulea, tibiis rufis, thorace subgloboso. *Geoffr. inf. par. 1. p. 217. n. 16.*
Habitat in Gallia.

crassipes. 81. L. atra, femoribus crassis rufis. *Geoffr. inf. par. 5. p. 219. n. 20.*
Habitat in Gallia.

bimaculata. 82. L. rufa, thorace cylindrico, elytris punctatis: macula et striga undulata albis. *Müll. zool. dan. prodr. p. 95. n. 1073.*
Schaeff. ic. t. 158. f. 1.
Habitat in Europa.

villosa. 83. L. nigra villosa, thorace cylindrico: linea longitudinali pallida. *Müll. zool. dan. prodr. p. 95. n. 1072.*
Habitat in Dania.*

206. NE-

Specierum 64-83 locus in hoc genere dubius.

206. NECYDALIS.

Antennae setaceae vel filiformes.
Palpi quatuor filiformes.
Elytra alis minora, breviora vel angustiora.
Cauda simplex.

* *antennis setaceis, elytris ala et abdomine brevioribus,* Lépturae Fabricii.

major. 1. N. elytris ferrugineis immaculatis, antennis brevioribus. *Fn. suec.* 838.*
Degeer inf. 5. *p.* 148. *n.* 1. *t.* 5. *f.* 1. Necydalis ichneumonea.
Fabr. sp. inf. 1. *p.* 250. *n.* 25. *mant. inf.* 1. *p.* 160. *n.* 35. Leptura abbreviata.
Schaeff. monogr. 1753. *f.* 1. 2. Musca Cerambyx major.
elem. t. 13. *f.* 2.
ic. t. 10. *f.* 10. 11.
Habitat in Europa.

variegata. 12. N. abdomine atro: fasciis fulvis.
Fabr. sp. inf. 1. *p.* 250. *n.* 26. *mant. inf.* 1. *p.* 160. *n.* 36. Leptura variegata.
Habitat in nova Hollandia.

minor. 2. N. elytris testaceis: apice lineola alba, antennis longioribus. *Fn. suec.* 837.* *Scop. ent. carn.* 179.
It. oeland. 74. Necydalis elytris flavis lineola alba.
Degeer inf. 5. *p.* 151. *n.* 2. Necydalis ceramboides.
Fabr. sp. inf. 1. *p.* 250. *n.* 27. *mant. inf.* 1. *p.* 160. *n.* 37. Leptura dimidiata.
Schaeff. monogr. 1753. *f.* 6. 7. Musca Cerambyx minor.
icon. t. 95. *f.* 5.
Sulz. hist. inf. t. 7. *f.* 51.
Habitat in Europa, *inprimis boreali.*

umbellatarum. 3. N. elytris testaceis immaculatis, antennis longis.
Schreb. inf. 4. Necydalis elytris apice nigris.
Scop. ent. carn. 180. Necydalis minima.
Fabr. sp. inf. 1. *p.* 250. *n.* 28. Leptura umbellatarum.
Schaeff. ic. t. 95. *f.* 4.
Sulz. hist. inf. t. 6. *f.* 1.
Habitat in Germaniae *umbellatis.*

** *antennis filiformibus, elytris subulatis longitudine abdominis.*

viridissima. 13. N. thorace teretiusculo, corpore viridi. *Fabr. sp. inf.* 1. *p.* 263. *n.* 1. *mant. inf.* 1. *p.* 170. *n.* 1.
Syst. nat. XII. 2. *p.* 650. *n.* 23. *Fn. suec.* 717. Cantharis viridissima.
Degeer inf. 5. *p.* 15. *n.* 3. *t.* 1. *f.* 13. Cantharis viridi-aenea nitida.
Geoffr. inf. par. 1. *p.* 177. *n.* 14. Cicindela viridi-caerulea.
Habitat in Europae *hortis frequens.*

caerulescens. 14. N. thorace teretiusculo, corpore caeruleo subopaco. *Fabr. sp. inf.* 1. *p.* 263. *n.* 2. *mant inf.* 1. *p* 170. *n.* 2.
Syst. nat. XII. 2. *p.* 650. *n.* 22. Cantharis caerulea.
Degeer inf. 4. *p.* 76. *n.* 8. Telephorus villosus violaceo-caeruleus.
Habitat in Europa *boreali.*

sanguinicollis. 15. N. thorace teretiusculo rufo, corpore fusco. *Fabr. mant. inf.* 1. *p.* 170. *n.* 3.
Habitat Halae Saxonum, *magnitudine et statura caerulescentis.*

ruficollis. 16. N. thorace teretiusculo abdomineque rufis, capite elytrisque viridi-aeneis. *Fabr. sp. inf.* 1. *p.* 263. *n.* 3. *mant. inf.* 1. *p.* 170. *n.* 4.
Habitat in Italia, *statura et magnitudine caerulescentis.*

caerulea. 4. N. caerulea, femoribus posterioribus clavatis arcuatis. *Fabr. sp. inf.* 1. *p.* 264. *n.* 7. *mant. inf.* 1. *p.* 171. *n.* 11.
Forst. nov. inf. 1. *p.* 47. *n.* 47. Necydalis ceramboides.
Scop. ent. carn. 145. Cantharis nobilis.
Geoffr. inf. par. 1. *p.* 342. *n.* 3. Cantharis viridi-caerulea.
Sulz. hist. inf. 48. *t.* 6. *f.* 2.
Schaeff. ic. t. 94. *f.* 7.
Habitat in Europa *magis australi et* Oriente, *pedibus interdum simplicibus.*

tristis. 17. N. nigra, thorace teretiusculo femorumque basi rufis. *Fabr. mant. inf.* 1. *p.* 170. *n.* 5.
Habitat in terra van Diemen, *statura atrae.*

atra. 5. N. nigra, femoribus omnibus clavatis. *Fabr. sp. inf.* 1. *p.* 263. *mant. inf.* 1. *p.* 170. *n.* 6.

Habitat

Habitat in Europa *australi, femoribus in altero sexu simplicibus.* Ascanius.

humeralis. 18. N. elytris nigris basi flavis. *Fabr. sp. ins.* 1. *p.* 263. *n.* 5. *mant. ins.* 1. *p.* 170. *n.* 7.
Forst. nov. ins. sp. 1. *p.* 48. *n.* 48. Necydalis (muralis) elytris subulatis fusca, humeris flavis, pedibus simplicibus.
Geoffr. ins. par. 1. *p.* 342. *n.* 2. Cantharis nigra &c.
Habitat in Anglia.

ustulata. 19. N. nigra, elytris basi suturaque lata testaceis. *Fabr. mant. ins.* 1. *p.* 170. *n.* 8. *Schranck ins. austr. n.* 319. *Herbst apud Fuessli arch. ins.* 5. *p.* 109. *n.* 8.
Habitat in Germaniae *plantis, statura humeralis.*
Femina *major, thorace fulvo.*

melanura. 20. N. nigra, thorace elytrisque testaceis: his apice nigris. *Fabr. mant. ins.* 1. *p.* 170. *n.* 9.
Habitat in Hispaniae *plantis, statura et magnitudine ruficollis.*

rufa. 6. N. nigra, femoribus omnibus clavatis, elytris antennisque rufis. *Fabr. sp. ins.* 1. *p.* 263. *n.* 6, *mant. ins.* 1. *p.* 171. *n.* 10.
Geoff. ins. par. 2. *p.* 220. *n.* 22. Leptura nigra &c.
Schaeff. ic. t. 94. *f.* 8.
Habitat in Europa.

glaucescens. 7. N. elytris glaucis, corpore nigro, abdominis incisuris albis. *Fabr. mant. ins.* 1. *p.* 171. *n.* 13.
Syst. nat. XII. 2. *p.* 642. *n.* 7. Necydalis elytris glauco flavescentibus, femoribus clavatis.
Syst. nat. X. *p.* 399. *n.* 17. Leptura necydalea.
Schaeff. ic. t. 94. *f.* 6.
Habitat in Europa *magis australi.*

flavescens. 8. N. elytris testaceis, corpore nigro, femoribus posterioribus clavatis arcuatis.
Scop. ent. carn. 145. Cantharis femorata.
Schaeff. ic. t. 85. *f.* 7.
Habitat in Europa; *an mera n. podagrariae varietas?*

podagrariae. 9. N. elytris testaceis, corpore nigro, femoribus posterioribus clavatis basi testaceis. *Fabr. sp. ins.* 1. *p.* 264. *n.* 8. *mant. ins.* 1. *p.* 171. *n.* 12.
Geoffr. ins. par. 1. *p.* 343. *n.* 4. Cantharis nigra &c.

Habitat

Habitat in aegopodio podagraria, *elytrorum apice nigro, antennarum basi, palpis, et pedibus quatuor anterioribus testaceis.* Schreber.

simplex. 10. N. elytris testaceis, pedibus simplicibus. *Fabr. sp. ins.* 1. *p.* 264. *n.* 9. *mant. ins.* 1. *p.* 171. *n.* 14.
Scop. ent. carn. 144. Cantharis phthysica.
Habitat in Europa, *an forsan n. podagrariae varietas?*

brevicornis. 11. N. elytris minutissimis, capite thoraceque fuscis: linea longitudinali flava, antennis brevissimis crassiusculis.
Habitat in Guinea, *majoris magnitudine, elongata, elytris ex rufo fuscis, pedibus testaceis.*

striata. 21. N. virescens, elytris lineis quatuor elevatis. *Herbst apud Fuessli arch.* 5. *p.* 109. *n.* 5.
Habitat Berolini.

melanocephala. 22. N. elytris testaceis, capite epigastrio alisque nigris, antennis fuscis. *Schall. Abh. der hall. Naturf. Ges.* 1. *p.* 300.
Habitat Halae Saxonum *in umbellatis.*

glauca. 23. N. nigra, thorace elytrisque cyaneis. *Herbst apud Fuessli arch. ins.* 5. *p.* 109. *n.* 6.
Habitat rarior Berolini, 5 *lineas longa.*

collaris. 24. N. atra, thorace bipunctato testaceo, pedibus simplicibus. *Forst. nov. ins. sp.* 1. *p.* 46. *n.* 46.
Habitat in America *septentrionali, caeurleae magnitudine.*

exusta. 25. N. fusca, elytris subulatis testaceis margine exustis, pedibus simplicibus. *Mus. Lesk. p.* 31. *n.* 664.
Habitat in Europa.

clavipes. 26. N. nigra, elytris subulatis testaceis margine exteriore fuscis, femoribus posterioribus clavatis arcuatis. *Mus. Lesk. p.* 31. *n.* 665.
Habitat in Europa.

207. LAMPYRIS.

Antennae filiformes.
Palpi quatuor.
Elytra flexilia.
Thorax planus, semiorbiculatus, caput subtus occultans cingensque.
Abdominis latera plicato-papillosa.
Femina aptera plerisque, larvae phytiphagae similis.

* *palpis subclavatis.*

noctiluca. 1. L. oblonga fusca, clypeo cinereo. *Fn. suec.* 699. *Fabr. sp. inf.* 1. *p.* 251. *n.* 1. *mant. inf.* 1. *p.* 161. *n.* 1.
Degeer inf. 4. *p.* 31. *n.* 1. *t.* 1. *f.* 19. 20. Lampyris noctiluca communis.
Leche nov. sp. 23. *n.* 47. Cantharis mas coleopterus.
Geoffr. inf. par. 1. *p.* 167. *t.* 2. *f.* 7.
Habitat in Europae *borealis juniperetis graminosis, etiam in* Calabria.

corusca. 2. L. obscure nigra, clypeo utrinque lunula rosea. *Fabr. sp. inf.* 1. *p.* 251. *n.* 3. *mant. inf.* 1. *p.* 161. *n.* 3.
Syst. nat. XII. 2. *p.* 644. *n.* 2. *Uddm. diss.* 47. Lampyris oblongiuscula fusca, clypeo utrinque intra marginem fulvo.
Habitat in America *boreali.*

splendidula. 3. L. oblonga fusca, clypeo apice hyalino. *Fabr. sp. inf.* 1. *p.* 251. *n.* 2. *mant. inf.* 1. *p.* 161. *n.* 2.
Syst. nat. XII. 2. *p.* 644. *n.* 3. Lampyris oblongiuscula fusca, clypeo supra oculos fenestrato.
Geoffr. inf. par. 1. *p.* 166. *n.* 1. Lampyris femina aptera.
Scop. ent. carn. n. 118. Cassida noctiluca.
Poda inf. 39. Cantharis noctilcua.
Raj. inf. p. 78. *n.* 15.
Guen. de Montbeill. nov. act. Divion. 1782. *sem.* 2.
Columm. ephr. 1. 38. *t.* 36.
Aldr. inf. 492.
Mouff. inf. p. 109. *f.* 1. *et* 2.

Jonst.

Jonst. inf. t. 14. f. 2.
Bradl. nat. t. 26. f. 3. A. B.
Schaeff. elem. t. 74.
Habitat in Europae *sylvaticis, an a noctiluca satis distincta, tempestate inprimis pluvia lucem spargens, femina majorem, gravida maximam, in aëre vitali adhuc majorem.*

obscura. 19. L. nigra, clypeo utrinque macula rufa. *Fabr. sp. inf.* 1. *p.* 251. *n.* 4. *mant. inf.* 1. *p.* 161. *n.* 4.
Habitat in terra del Fuego.

Pyralis. 4. L. clypeo rufo medio nigro, elytris nigris: marginibus abdomineque albis. *Fabr. sp. inf.* 1. *p.* 251. *n.* 5. *mant. inf.* 1. *p.* 161. *n.* 5.
Syst. nat. XII. 2. *p.* 644. *n.* 4. *Muf. Lud. Ulr.* 78.* Lampyris oblongiuscula fusca, elytris margine rufescentibus, clypeo intra marginem purpurascente.
Degeer inf. 4. *p.* 52. *n.* 7. *t.* 17. *f.* 7. Lampyris oblonga.
Habitat in America *meridionali.*

cincta. 20. L. fusca, thorace elytrorum margine omni abdominisque apice fulvis. *Fabr. mant. inf.* 1. *p.* 161. *n.* 6.
Habitat in Pulicander, *pyralidi proxime affinis.*

marginata. 5. L. oblonga nigra, thoracis elytrorumque margine omni, scutello abdominisque posteriore flavis. *Fabr. sp. inf.* 1. *p.* 252. *n.* 6. *mant. inf.* 1. *p.* 161. *n.* 7.
Habitat in America *meridionali, magnitudine noctilucae.*

Hespera. 6. L. ovata, elytris fuscis: macula marginali triangulari flava. *Fabr. sp. inf.* 1. *p.* 252. *n.* 9. *mant. inf.* 1. *p* 161. *n.* 10.
Degeer inf. 4. *p.* 48. *n.* 1. *t.* 17. *f.* 1. Lampyris surinamensis.
Habitat in America *meridionali.* Rolander.

ignita. 7. L. ovata, elytris fuscis: macula marginali ovata lutea. *Fabr. sp. inf.* 1. *p.* 252. *n.* 10. *mant. inf.* 1. *p.* 161. *n.* 11.
Degeer inf. 4. *p.* 49. *n.* 2. *t.* 17. *f.* 2. Lampyris ovata.
Habitat in America *meridionali, fusca, subtus flava, alis nigris.* Rolander.

lucida. 8. L. oblonga, elytris fuscis: margine exteriore luteo, abdomine flavo. *Fabr. sp. inf.* 1. *p.* 253. *n.* 11. *mant. inf.* 1. *p.* 161. *n.* 12.
Degeer inf. 4. *p.* 51. *n.* 5. *t.* 17. *f.* 5.
Sulz. hist. inf. t. 5. *f.* 22.

Habitat in America *meridionali, noctilucae similis, sed pallidior, capite antennisque nigris.*

nitidula. 21. L. oblonga fusca, thorace flavescente: macula media nigra, abdomine apice maculis duabus flavis. *Fabr. sp. inf.* 1. *p.* 253. *n.* 12. *mant. inf.* 1. *p.* 161. *n.* 13.
Habitat in Africa *aequinoctiali.*

phosphorea. 9. L. oblonga subtestacea, abdomine atro: posterius flavissimo. *Fabr. sp. inf.* 1. *p.* 253. *n.* 13. *mant. inf.* 1. *p.* 161. *n.* 14.
Degeer inf. 4. *p.* 51. *n.* 6. *t.* 17. *f.* 6. Lampyris oblonga &c.
Habitat in America *meridionali, antennis nigris.* Rolander.

japonica. 22. L. flava, segmento abdominis antepenultimo nigro. *Thunb. nov. inf. sp.* 4. *p.* 79. *Fabr. mant. inf.* 1. *p.* 162. *n.* 16.
Habitat in Japonia, *Majo et Junio copiosissima, vesperi lucem egregiam e vesiculis binis caudalibus aëre repletis spargens, oculis, antennis alisque nigris.*

compressa. 23. L. testacea, antennis pedibusque compressis. *Thunb. nov. inf. sp.* 4. *p.* 80.
Habitat in India, *oblonga, linearis, glabra, abdomine caerulescente, capite, pectore, pedibus antennisque nigris.*

capensis. 24. L. livida, thorace flavescente, abdomine posterius flavissimo. *Fabr. sp. inf.* 1. *p.* 253. *n.* 14. *mant. inf.* 1. *p.* 162. *n.* 16.
Habitat ad caput bonae spei.

australis. 25. L. flavicans, capite elytrisque fuscis. *Fabr. sp. inf.* 1. *p.* 253. *n.* 15. *mant. inf.* 1. *p.* 162. *n.* 17.
Habitat in nova Hollandia.

mauritanica. 10. L. elytris lividis, corpore flavo. *Fabr. sp. inf.* 1. *p.* 254. *n.* 17. *mant. inf.* 1. *p.* 162. *n.* 18.
Habitat in Africae *plantis, splendidula duplo, femina triplo major.*

depressa. 26. L. fusca, clypei elytrorumque margine dilatato plano. *Fabr. sp. inf.* 1. *p.* 254. *n.* 18. *mant. inf.* 1. *p.* 162. *n.* 19.
Herbst apud Fuessli arch. inf. 7. *p.* 171. *n.* 2. *t.* 46. *f.* 7.
Habitat in Coromandel, *magna.*

italica. 11. L. elytris fuscis, thorace transverso rufo. *Fabr. sp. inf.* 1. *p.* 253. *n.* 16.
Syst. nat. XII. 2. *p.* 645. *n.* 11. Lampyris elytris fuscis, clypeo antice transverso rufo medio nigro.

Degeer inf. 4. *p.* 53. *n.* 9. *t.* 17. *f.* 9. 10. Lampyris oblonga &c.
Sulz. hist. inf. t. 6. *f.* 3.
Habitat in Italiae *et* Helvetiae *arboribus, congeneribus minor, fusca, abdominis segmentis* 2 *ultimis flavis, pectore pedibusque luteis; femina nigra.*

chinensis. 12. L. elytris testaceis apice nigris. *Osb. it.* 224.*
Habitat in Asia.

minuta. 13. L. testacea, abdomine alisque nigricantibus.
Habitat in Europa, *vix pediculo major, ex ovali oblonga.*

pectinata. 27. L. atra, clypei lateribus basi exteriore, elytrorum abdominisque apicibus albis, antennis pectinatis. *Fabr. sp. inf.* 1. *p.* 252. *n.* 7. *mant. inf.* 1. *p.* 161. *n.* 8.
Degeer inf. 4. *p.* 57. *n.* 11. *t.* 17. *f.* 13. Lampyris atra &c.
Syst. nat. XII. 2. *p.* 649. *n.* 17. Cantharis pectinata.
Habitat in America *meridionali.*

flabellicornis. 28. L. nigra, clypeo ante marginem, elytris lineola marginali baseos abdomineque apice albis. *Fabr. sp. inf.* 1. *p.* 252. *n.* 8. *mant. inf.* 1. *p.* 161. *n.* 9.
Habitat in Brasilia, *magna.*

pilosa. 29. L. oblonga nigra, thorace sanguineo: lineis duabus longitudinalibus nigris, antennarum articulis tribus extimis pectinatis. *Forst. nov. inf. sp.* 1. *p.* 49. *n.* 49.
Habitat in America *septentrionali, noctilucae fere magnitudine; an ex hac tribu?*

** *palpis subfiliformibus*, Pyrochroae Fabricii.

fasciata. 30. L. atra, thoracis margine flavescente, elytris fascia lata alba. *Fabr. mant. inf.* 1. *p.* 163. *n.* 9.
Habitat in Cayenna, *statura reticulatae.*

reticulata. 31. L. atra, thoracis margine flavo, elytris flavis: fascia apiceque nigris. *Fabr. sp. inf.* 1. *p.* 255. *n.* 4. *mant. inf.* 1. *p.* 163. *n.* 8.
Habitat in America *boreali.*

bicolor. 16. L. sanguinea, elytris posterius violaceis. *Fabr. sp. inf.* 1. *p.* 255. *n.* 3. *mant. inf.* 1. *p.* 163. *n.* 7.
Amoen. acad. 6. *p.* 395. *n.* 21. Cantharis bicolor.
Habitat in Africa, *antennis compressis.*

pusilla. 32. L. atra, antennarum apicibus elytrisque sanguineis. *Fabr. mant. inf.* 1. *p.* 163. *n.* 6.
Degeer inf. 4. *p.* 36. *n.* 3. Lampyris nigro-rubra.
Habitat in Norwegia, *sanguinea duplo major.*

nigripes. 33. L. sanguinea, antennis pedibusque nigris. *Fabr. mant. inf.* 1. *p.* 163. *n.* 5.
Habitat in Siam, *statura et magnitudine sanguineae.*

sanguinea. 17. L. nigra, thoracis lateribus elytrisque sanguineis. *Fn. suec.* 704.* *Fabr. sp. inf.* 1. *p.* 254. *n.* 2. *mant. inf.* 1. *p.* 163. *n.* 4.
Geoffr. inf. par. 1. *p.* 168. *n.* 3. Lampyris, elytris rubris.
Degeer inf. 4. *p.* 452. *t.* 2. *f.* 1. Lampyris sanguinea.
Scop. ent. carn. 119. Cassida sanguinea.
Raj. inf. p. 101. *n.* 4.
Frisch inf. 12. *p.* 40. *n.* 3. *t.* 7. *f.* 2.
Schaeff. ic. t. 7. *f.* 1.
Habitat in Europae *lapidosis.*

pectinicornis. 34. L. atra, thorace elytrisque testaceis, antennis pectinatis. *Fabr. mant. inf.* 1. *p.* 162. *n.* 3.
Syst. nat. XII. 2. *p.* 650. *n.* 20. *Fn. suec.* 715. Cantharis pectinicornis.
Habitat in Germania, *coccinea major.*

rubens. 35. L. nigra, capite, thorace elytrisque rubris, antennis pectinatis.
Schaller Abh. der hall. Naturf. Gef. 1. *p.* 301. *Schranck inf. austr. p.* 174. *n.* 324. Pyrochroa Satrapa.
Habitat Halae Saxonum, *Majo et Junio conspicua, statura coccineae, at dimidio minor.*

flabellata. 36. L. coccinea, antennis elytrisque nigris. *Fabr. mant. inf.* 1. *p.* 162. *n.* 2.
Habitat in America, *statura et magnitudine coccineae, antennis serratis.*

coccinea. 18. L. nigra, thorace elytrisque sanguineis immaculatis. *Fn. suec.* 705.* *Fabr. sp. inf.* 1. *p.* 254. *n.* 1. *mant. inf.* 1. *p.* 163. *n.* 1.*
Degeer inf. 4. *p.* 47. *n.* 4. Lampyris villosa.
Geoffr. inf. par. 1. *p.* 338. *n.* 1. *t.* 6. *f.* 4. Pyrochroa.
Schaeff. ic. t. 90. *f.* 4.

Habitat

Habitat in Europae *sepibus*, *capite aliquando rufo*, *elytris interdum striatis.*

Aurora. 37. L. nigra, thorace rubro cancellato, elytris spadiceis: lineis quatuor elevatis; interstitiis seriatim punctatis. *Herbst apud Fuessli arch. ins.* 5. *p.* 105. *n.* 4.
Habitat in Pomerania.

nitens. 38. L. oblonga, elytris fuscescentibus: macula marginali oblonga fusca, abdomine subtus rufo, posterius flavo: segmento unico nigro. *Degeer ins.* 4. *p.* 50. *n.* 3. *t.* 17. *f.* 3.
Habitat in Surinamo, 4½ *lineas longa.*

maculata. 39. L. ovata testacea, thorace fascia elytrisque macula nigris. *Degeer ins.* 4. *p.* 50. *n.* 4. *t.* 17. *f.* 4.
Habitat - - - *sex lineas longa.*

pensylvanica. 40. L. oblonga, elytris pallide ex griseo testaceis, thorace intra marginem nigro: maculis binis rufis. *Degeer ins.* 4. *p.* 52. *n.* 8. *t.* 17. *f.* 8.
Brown jam. p. 431. *t.* 44. *f.* 9. a. b. Pyralis minor subcinerea longa, alis et oculis nigricantibus?
Habitat in Pensylvania.

*** *palpis articulo ultimo crassiori truncato;* Lyci Fabricii.

latissima. 14. L. flava, elytris macula marginali posteriusque nigris, margine laterali maximo dilatato. *Fabr. sp. ins.* 1. *p.* 255. *n.* 5. *mant. ins.* 1. *p.* 163. *n.* 1.
Habitat in Sierra Leon Africae, *statura et magnitudine silphae cujusdam minoris, antrorsum angusta, retrorsum latissima, antennis serratis.*

palliata. 41. L. elytris coriaceis latissimis testaceis apice nigris. *Fabr. sp. ins.* 1. *p.* 255. *n.* 6. *mant. ins.* 1. *p.* 163. *n.* 2.
Habitat ad caput bonae spei.

rostrata. 16. L. nigra, thoracis lateribus elytrisque dilatatis flavis anterius posteriusque nigris. *Fabr. sp. ins.* 1. *p.* 255. *n.* 7. *mant. ins.* 1. *p.* 163. *n.* 3.
Syst. nat. XII. 2. *p.* 646. *n.* 15. *Mus. Lud. Ulr.* 78. Lampyris elytris testaceis antice posticeque nigris.
Degeer ins. 7. *p.* 622. *n.* 19. *t.* 46. *f.* 11.
Habitat in Africae *plantis.*

proboscidea. 42. L. nigra, thoracis lateribus elytrisque flavis, posterius nigris. *Fabr. sp. inf.* 1. *p.* 255. *n.* 8. *mant. inf.* 1. *p.* 164. *n.* 4.
Habitat in Africa *aequinoctiali*, *rostratae proxime affinis.*

serraticornis. 43. L. nigra, thorace elytrisque rufescentibus, elytris apice nigris. *Fabr. sp. inf.* 1. *p.* 256. *n.* 9. *mant. inf.* 1. *p.* 164. *n.* 5.
Habitat in nova Hollandia.

atra. 44. L. atra, thorace orbiculato elytrisque rubris, dorsi macula impressa nigra. *Muf. Lesk. p.* 29. *n.* 626.
Habitat in Europa.

HORIA. *Antennae* moniliformes.
Palpi quatuor extrorsum crassiores.
Labium lineare, apice rotundatum.

testacea. 1. H. rufa, antennis pedibusque nigris. *Fabr. mant. inf.* 1. *p.* 164. *n.* 1.
Fabr. sp. inf. 1. *p.* 256. *n.* 1. Lymexylon testaceum.
Habitat Tranquebariae.
Mari *femora posteriora incrassata, subtus canaliculata dentata.*

dermestoides. 2. H. testacea, oculis, alis pectoreque nigris. *Fabr. mant. inf.* 1. *p.* 164. *n.* 2.
Syst. nat. XII. 2. *p.* 650. *n.* 25. *Fn. suec.* 702.* Cantharis testacea, oculis alis pectoreque nigris, antennis longitudine thoracis.
Fabr. sp. inf. 1. *p.* 256. *n.* 2. Lymexylon dermestoides.
Herbst apud Fuessli arch. inf. 6. *p.* 145. *n.* 5. *t.* 30. *f.* 4. Lytta francofurtana.
Habitat in Europa *media.*

CUCUJUS. *Antennae* filiformes.
Palpi quatuor aequales: articulo ultimo truncato, craſſiori.
Labium breve, bifidum: laciniis linearibus, diſtantibus.
Corpus depreſſum.

monilis. 1. C. ſupra niger, thorace quadrato mutico margine, elytris macula ferruginea. *Fabr. mant. inſ* 1. *p.* 166. *n.* 9.
Habitat in Germania, *antennis moniliformibus ad boriam accedens, vix hujus generis.*

muticus. 2. C. thorace mutico nigro: puncto utrinque impreſſo, elytris ſtriatis fuſcis. *Fabr. ſp. inſ.* 1. *p.* 257. *n.* 5. *mant. inſ.* 1. *p.* 166. *n.* 8.
Habitat in Germania, *niger.*

teſtaceus. 3. C. teſtaceus, thorace ſubquadrato mutico, femoribus compreſſis. *Fabr. mant. inſ.* 1. *p.* 166. *n.* 7.
Habitat ſub betulae *cortice.*

dubius. 4. C. thorace denticulato rufo, elytris nigris, antennis filiformibus longitudine corporis. *Fabr. ſp. inſ.* 1. *p.* 257. *n.* 3. *mant. inſ.* 1. *p.* 166. *n.* 5.
Habitat in America *boreali.*

clavipes. 5. C. ruber, thorace ſulcato, femoribus clavatis rufis. *Fabr. ſp. inſ.* 1. *p.* 257. *n.* 2. *mant. inſ.* 1. *p.* 166. *n.* 4.
Habitat in America *boreali.*

caeruleus. 6. C. niger, thorace ſulcato, elytris ſtriatis caeruleis, abdomine rufo. *Fabr. mant. inſ.* 1. *p.* 166. *n.* 3.
Herbſt apud Fueſſli arch. inſ. 2. *p.* 6. *n.* 2. *t.* 1. *f.* 5. 6.
Habitat in Germania, *depreſſo major.*

ſulcatus. 7. C. niger, thorace ſulcato, elytris crenato-ſtriatis. *Fabr. mant. inſ.* 1. *p.* 165. *n.* 2.
Habitat in Croatiae *ligno putreſcente, elongatus, mediae magnitudinis.*

depreſſus. 8. C. thorace denticulato elytrisque rufis, pedibus ſimplicibus nigris. *Fabr. ſp. inſ.* 1. *p.* 257. *n.* 1. *mant. inſ.* 1. *p.* 165. *n.* 1.

Syst. nat. XII. 2. *p.* 647. *n.* 1. Cantharis (sanguinolenta) supra rubra, elytris bimarginatis.
Frisch inf. 13. *c.* 24. 3. *t.* 7. *f.* 1.
Herbst apud Fuessli arch. inf. 2. *p.* 4. *n.* 1. *t.* 1. *f.* 1-4.
Habitat in Germania *et* Russia, *lampyridi sanguineae affinis.*

quadratus. 9. C. niger, thorace quadrato posterius dentato, medio tuberculato, margine externo rugoso, anterius elevato, antennis fuscis, pedibus simplicibus elytrisque testaceis. *Mus. Lesk. p.* 29. *n.* 629. b.
Habitat in Europa.

rufus. 10. C. rufescens, mandibulis validis, antennis, palpis pedibusque nigris, capite gibboso, elytris molliusculis. *Swederus nov. act. Stockh.* 8. 1787. 3. *n.* 3. 21.
Habitat in Sumatra.

maculatus. 11. C. sordide flavus, thorace quadrangulo inaequali, mandibulis validis, pedibus, elytrorumque maculis subquadratis nigris. *Swederus nov. act. Stockh.* 8. 1787. 3. *n.* 3. 22. *t.* 8. *f.* 8.
Habitat in Noveboraco, *congenerum maximus, subdepressus.*

208. CANTHARIS.

Antennae filiformes.
Thorax (plerisque) marginatus, capite brevior.
Elytra flexilia.
Abdominis latera plicato-papillosa.

* *palpis quatuor securiformibus.*

virideſcens. 1. C. thorace testaceo: macula nigra, elytris viridibus, antennis pedibusque testaceis. *Fabr. mant. inf.* 1. *p.* 167. *n.* 3.
Habitat ad caput bonae spei, *magna, capite nigro, pectore fusco, abdomine testaceo.*

fusca. 2. C. thorace rubro: macula nigra, elytris fuscis. *Fn. suec.* 700.* *It. oel.* 38. *Scop. ent. carn.* 120. *Fabr. sp. inf.* 1. *p.* 257. *n.* 1. *mant. inf.* 1. *p.* 167. *n.* 1.

Raj.

Cantharides *declaratae aliis victitant insectis, sola lymexyli tribus, tum larva, tum imago, ligno recenti.*

Raj. inf. p. 84. *n.* 29. *et p.* 101. *n.* 2. Cantharis fepiarius major, elytris nigricantibus.
Geoffr. inf. par. 1. *p.* 170. *n.* 1. *t.* 2. *f.* 8. Cicindela elytris nigricantibus &c.
Degeer inf. 4. *p.* 60. *n.* 1. *t.* 2. *f.* 12. Telephorus fufcus.
Poda inf. 40. *n.* 4.
Frifch inf. 12. 3. *t.* 6. *f.* 5.
Sulz. hift. inf. t. 5. *f.* 33.
Schaeff. elem. t. 123. *f.* 1. 2.
ic. t. 16. *f.* 10. *et t.* 26. *f.* 9-12.
Habitat frequens in Europae *fepibus, rapaciffima, in propriam fpeciem faeviens.*

marginella. 73. C. teftacea, abdomine nigro marginato capite pofterius pectore oculisque flavis. *Muf. Lesk. p.* 29. *n.* 631.
Habitat in Europa.

media. 74. C. fufca, thorace, capite, antennarum bafi, abdominis margine et apice pedibusque rufis. *Muf. Lesk. p.* 29. *n.* 632.
Habitat in Europa.

haematoftoma. 75. C. nigra, ore abdomineque rufo. *Muf. Lesk. p.* 29. *n.* 633.
Habitat in Europa.

punctata. 76. C. livida, oculis truncoque fufcis, abdominis fegmentis utrinque puncto fufco. *Muf. Lesk. p.* 29. *n.* 638.
Habitat in Europa.

dichroa. 77. C. nigra, fronte, thorace, abdomine pedibusque rufis. *Muf. Lesk. p.* 29. *n.* 639.
Habitat in Europa.

multicolor. 78. C. capite nigro, fronte thoraceque luteis, elytris fufcis, abdomine pedibusque lividis. *Muf. Lesk. p.* 29. *n.* 640.
Habitat in Europa.

livens. 79. C. thoracis macula nigra pofterius triloba, utrinque punctis duobus impreffis fufcis, capite pofterius nigro, elytris fufcis. *Muf. Lesk. p.* 30. *n.* 642.
Habitat extra Europam.

diftincta. 80. C. nigra, maxillis thoracis abdominisque marginibus externis lividis. *Muf. Lesk. p.* 30. *n.* 643.
Habitat in Europa.

exufta. 81. C. fufca, capite thoraceque nigris, elytris teftaceis apice exuftis, antennis pedibusque luteis. *Muf. Lesk. p.* 30. *n.* 644.
Habitat in Europa.

lividia. 3. C. tota testacea. *Fn. suec.* 701.* *Scop. ent. carn.* 122. *Fabr. sp. inf.* 1. *p.* 258. *n.* 2. *mant. inf. p.* 167. *n.* 2.
Raj. inf. p. 84. *n.* 28. Cantharis sepiarius major e rufo flavicans.
Geoffr. inf. par. 1. *p.* 171. *n.* 2. Cicindela thorace rubro immaculato &c.
Degeer inf. 4. *p.* 70. *n.* 2. Thelephorus flavus.
Habitat in Europa *et boreali* America.

rufa. 4. C. tota rufa, epigastrio alisque nigris. *Fn. suec.* 703.*
Habitat in Europa.

obscura. 5. C. thoracis marginibus rubris, corpore nigro. *Fn. suec.* 706. *Act. nidros.* 3. *p.* 396. *t.* 6. *f.* 5. *Fabr. sp. inf.* 1. *p.* 258 *n.* 3. *mant. inf.* 1. *p.* 167. *n.* 4.
Schaeff. ic. t. 16. *f.* 8.
Habitat in Europa, *thoracis margine aliquando fuscescente, pedibus interdum rubris, fuscae similis, at duplo minor.*

limbata. 20. C. fronte elytrorumque marginibus rufis, corpore nigro. *Fabr. sp. inf.* 1. *p.* 258. *n.* 4. *mant. inf.* 1. *p.* 167. *n.* 5.
Habitat in Jamaica, *mediae magnitudinis.*

lateralis. 6. C. thorace rubro, corpore fusco, elytris margine exteriori flavescentibus. *Fn. suec.* 707.* *Fabr. sp. inf.* 1. *p.* 258. *n.* 5. *mant. inf.* 1. *p.* 167. *n.* 6.
Habitat in Europa *boreali.*

smaragdula. 22. C. thorace flavo: macula viridi, elytris viridibus nitidis. *Fabr. sp. inf.* 1. *p.* 259. *n.* 6.
Habitat in Brasilia, *mediae magnitudinis.*

biguttata. 11. C. thorace medio atro, elytris abbreviatis nigris apice flavis. *Fn. suec.* 712.* *Fabr. sp. inf.* 1. *p.* 261. *n.* 20. *mant. inf.* 1. *p.* 168. *n.* 24.
Geoffr. inf. par. 1. *p.* 176. *n.* 11. Cicindela fusca, elytris apice flavis, thorace fusco.
Degeer inf. 4. *p.* 77. *n.* 10. Thelephorus niger, femoribus flavis, elytris apice luteis.
Habitat in Europae *nemoribus, hortis.*

minima. 12. C. thorace rufo: macula nigra, corpore fusco, elytris apice flavis. *Fn. suec.* 713.* *Scop. ent. carn.* 128. *Fabr. sp. inf.* 1. *p.* 260. *n.* 18. *mant. inf.* 1. *p.* 168. *n.* 22. *Lesk. it. p.* 47. *t.* A. *f.* 14.

Fn.

Fn. suec. 598.* Necydalis elytris apice puncto flavo.
Geoffr. inf. par. 1. *p.* 176. *n.* 10. *et. p.* 372. *t.* 7. *f.* 2. Necydalis elytris puncto flavo.
Habitat in Europae *hortis.*

cardiacae. 13. C. thorace submarginato, corpore atro, antennis pectinatis, elytris apice puncto sanguineo. *Fn. suec.* 720.*
Habitat in Europae *leonuro cardiaca.*

albicans. 14. C. thorace orbiculato, margine luteo, corpore nigro, fronte flava.
Habitat in Germania, *statura c. cardiacae, magnitudine pediculi, tibiis anterioribus anterius flavis.* Forskåhl.

testacea. 15. C. thorace flavo: macula nigra, corpore nigro, elytris pedibusque lividis. *Fn. suec.* 714.* *Scop. ent carn.* 123. *Fabr sp. inf.* 1. *p.* 261. *n.* 19. *mant. inf.* 1. *p.* 168. *n.* 23.
Fn. suec. 593. Cantharis nigra, elytris lividis.
Geoffr. inf. par. 1. *p.* 173. *n.* 6. b. Cicindela nigra, thoracis margine flavo &c.
Degeer inf. 4. *p.* 71. *n.* 4. Thelephorus niger, thorace rufescente &c.
Schaeff. ic. t. 52. *f.* 8.
Habitat in Europae *hortis.*

atra. 16. C. corpore toto atro. *Fabr. sp. inf.* 1. *p.* 259. *n.* 7. *mant. inf.* 1. *p.* 167. *n.* 8.
Habitat in Europa *boreali.*

marginata. 23. C. nigra, thoracis elytrorumque marginibus rubris. *Fabr. sp. inf.* 1. *p.* 259. *n.* 8. *mant. inf.* 1. *p.* 167. *n.* 9.
Habitat in America.

bimaculata. 25. C. thorace ferrugineo: macula nigra, elytris testaceis: macula apicis nigra. *Fabr. sp. inf.* 1. *p.* 259. *n.* 9. *mant. inf.* 1. *p.* 167. *n.* 10.
Habitat in America *septentrionali, nigra.*

pallipes. 28. C. atra, elytris pallidis apice fuscis. *Fabr. sp. inf.* 1. *p.* 259. *n.* 10. *mant. inf.* 1. *p.* 167. *n.* 11.
Habitat in Germania, *statura atrae.*

pallida. 29. C. atra, elytris pedibusque pallide testaceis. *Fabr. mant. inf.* 1. *p.* 167. *n.* 12.
Habitat Kilonii, *parva.*

ruficollis. 30. C. atra, thorace abdomineque rufis. *Fabr. sp. inf.* 1. *p.* 259. *n.* 11. *mant. inf.* 1. *p.* 168. *n.* 13.
Sulz. hist. inf. t. 6. *f.* 6.
Habitat in Anglia.

flavipes. 31. C. testacea, capite thoracis macula media elytrisque dimidiato nigris. *Fabr. sp. inf.* 1. *p.* 259. *n.* 12. *mant. inf.* 1. *p.* 168. *n.* 14.
Habitat in Sina, *magna.*

melanocephala. 32. C. testacea, capite elytrorum apicibus tibiisque nigris. *Fabr. sp. inf.* 1. *p.* 260. *n.* 13. *mant. inf.* 1. *p.* 168. *n.* 15.
Habitat in Coromandel, *magna.*

bipunctata. 33. C. thorace punctis duobus nigris, elytris testaceis apice nigris. *Fabr. sp. inf.* 1. *p.* 260. *n.* 14. *mant. inf.* 1. *p.* 168. *n.* 16.
Habitat Lipsiae.

angulata. 34. C. testacea, thorace angulato spinoso, elytris apice cyaneis, antennis pedibusque nigris. *Fabr. mant. inf.* 1. *p.* 168. *n.* 17.
Habitat in oceani australis insula Amsterdam, *statura et magnitudine melanurae.*

nigra. 35. C. pubescens, corpore nigro. *Fabr. mant. inf.* 1. *p.* 168. *n.* 20.
Scop. ent. carn. 131. Cantharis pilosa.
Syst. nat. XII. 2. *p.* 564. *n.* 28. *Fn. suec.* 439. Dermestes (niger) oblongus pilosus niger, elytris molliusculis.
Fabr. sp. inf. 1. *p.* 71. *n.* 5. Anobium nigrum.
Habitat frequens in Europae *floribus.*

pulicaria. 36. C. thorace rufo: macula nigra, elytris atris. *Fabr. sp. inf.* 1. *p.* 260. *n.* 17. *mant. inf.* 1. *p.* 168. *n.* 21.
Habitat in Germania, *atra.*

canescens. 37. C. thorace luteo, epigastrio elytrisque obscure cinereis. *Schall. Abh. der hall. Naturf. Ges.* 1. *p.* 302.
Habitat gregaria Halae Saxonum, *in betulis, quercubus, Majo et Junio conspicua, fuscae affinis.*

coccinea. 38. C. thorace rubro: macula nigra, corpore nigro, elytris sanguineis. *Schall. Abh. der hall. Naturf. Ges.* 1. *p.* 303.
Habitat rarior Halae Saxonum, *bipustulatae affinis.*

bicolor. 39. C. lutea, elytris dimidiato-caeruleis. *Thunb. nov. inʃ. ʃp.* 4. *p.* 81.
Habitat ad caput bonae ſpei, *glaberrima, ſtatura et magnitudine melanurae.*

bilineata. 40. C. thorace flavo: macula punctisque quatuor fuſcis, elytris flavis: linea fuſca. *Thunb. nov. inʃ. ʃp.* 4. *p.* 81.
Habitat ad caput bonae ſpei, *magnitudine teſtaceae.*

trilineata. 41. C. thorace flavo: maculis duabus nigris, elytris flavis: linea ſuturaque nigris. *Thunb. nov. inʃ ʃp.* 4. *p.* 82.
Habitat ad caput bonae ſpei, *magnitudine teſtaceae.*

Altica. 42. C. thorace rufo, elytris violaceis immaculatis. *Thunb. nov. inʃ. ʃp.* 4. *p.* 82.
Habitat ad caput bonae ſpei, *magnitudine et ſtatura pulicariae, glaberrima, violacea, pedibus rufeſcentibus.*

oculata. 43. C. thorace flavo: punctis duobus nigris, elytris corporeque cyaneis. *Thunb. nov. inʃ. ʃp.* 4. *p.* 83.
Habitat - - - *bipuſtulata paulo minor, capite pedibusque flavis, elytris interdum violaceis.*

collaris. 44. C. thorace ſanguineo: macula nigra, elytris cyaneis. *Thunb. nov. inʃ. ʃp.* 4. *p.* 83.
Habitat - - - *ptini mollis magnitudine, nigra.*

cuprea. 45. C. ſubtus cyanea, ſupra aenea. *Thunb. nov. inʃ. ʃp.* 4. *p.* 83.
Habitat - - - *ptini mollis magnitudine, nitida, piloſa.*

argentea. 46. C. thorace plano elytrisque viridibus, abdomine ſericeo-argenteo. *Thunb. nov. inʃ. ʃp.* 4. *p.* 84.
Habitat ad caput bonae ſpei, *magnitudine et facie fuſcae, capite nigro, ano pedibusque luteis, tarſis fuſcis.*

janthina. 47. C. thorace flavo: macula punctisque quatuor fuſcis, elytris viridibus. *Thunb. nov. inʃ. ʃp.* 4. *p.* 84.
β) Cantharis antennis flavis: extremis tribus articulis fuſcis.
γ) Cantharis thoracis macula fuſca, poſterius bifida, punctum nigrum includente.
Habitat ad caput bonae ſpei, *magnitudine et facie fuſcae, pectore oculisque nigris, capite, antennis, abdomine pedibusque flavis.*

americana. 48. C. thorace flavo: macula nigra, elytris flavis: macula apicis trientali oblonga nigra. *Forſt. nov. inʃ. ʃp.* 1. *p.* 50. *n.* 50.
Habitat in Noveboraco, *fuſcae magnitudine, nigra, antennis fuſcis.*

9. C.

rufipes. 49. C. capite thoraceque rubris immaculatis, pedibus fulvis: posterioribus apice nigris. *Herbst apud Fuessli arch. inf. 5. p. 107. n. 2.*
Habitat Berolini, *fuscae affinis, sed minor.*

Berolinensis. 50. C. nigra, antennis basi elytrisque flavescentibus: his apice nigris, pedibus ferrugineis. *Herbst apud Fuessli arch. inf. 5. p. 108. n. 10.*
Habitat Berolini, *lividae affinis, sed minor.*

fulva. 51. C. fulva, capite, elytris et antennis dimidiato nigris. *Herbst apud Fuessli arch. inf. 5. p. 108. n. 11.*
Habitat Berolini, *fuscae similis, sed quadruplo minor.*

serrata. 18. C. flavescens, elytris striatis: fasciis tribus nigris, antennis serratis.
Habitat in America, *antennis nigris, longitudine corporis; an hujus generis?*

tropica. 19. C. thorace lateribus rubro, elytris nigris: fascia alba, antennis pectinatis. *Mus. Lud. Ulr. 80.* Gron. zooph. 515. t. 14. f. 7.*
Habitat in America *australi, an hujus generis?*

sonchi. 52. C. atra, elytris fimbria lineaque longitudinali intermedia albis. *Lepechin it. 1. p. 264.*
Habitat in Sibiriae *sonchó; an hujus tribus?*

caspica. 53. C. viridis, elytris maculis duabus apicis flavis rhombeis. *Lepechin it. 1. t. 16. f. 11.*
Habitat ad mare caspium, *parva; an huc referenda?*

flaveola. 54. C. subtus flava, capite antennisque nigris, thorace ferrugineo: maculis duabus fuscis, elytris ex luteo fuscis apice flavis. *Herbst apud Fuessli arch. inf. 7. p. 171. n. 12.*
Habitat Berolini, *biguttatae affinis.*

violacea. 21. C. violacea, thorace teretiusculo, antennis pectinatis, femoribus anterioribus crassissimis dentatis.
Habitat in Guinea, *dermestis magnitudine, ano pedibusque ferrugineis.*

virescens. 24. C. thorace teretiusculo, corpore virescenti-fusco, femoribus posterioribus clavatis.
Habitat in Europa, *antennis nigris, elytris trilineatis.*

lepturoides. 55. C. lutea, thorae convexo, elytrorum apice corporeque nigris. *Thunb. nov. inf. sp.* 4. *p.* 81.
Habitat ad caput bonae spei, *melanurae affinis, magnitudine lividae.*

nigripes. 56. C. lutea, thorace rotundato, abdomine, pedibus elytrorumque apicibus nigris. *Fabr. sp. inf.* 1. *p.* 260. *n.* 15. *mant. inf.* 1. *p.* 168. *n.* 18.
Habitat in Europa *boreali, etiam* Calabria, *melanurae proxime affinis, an satis a lepturoide distincta?*

melanura. 27. C. thorace rotundato, corpore luteo, elytris apice nigris. *Fn. suec.* 719.* *Fabr. sp. inf.* 1. *p.* 260. *n.* 16. *mant. inf.* 1. *p.* 168. *n.* 19.
Raj. inf. p. 84. *n.* 27. Cantharis sepiarius, elytrorum apicibus nigris.
Geoffr. inf. par. 1. *p.* 173. *n.* 5. Cicindela rubra &c.
Schaeff. ic. t. 16. *f.* 14.
Habitat in Europae *hortis.*

Histrio. 82. C. nigra, thorace, antennarum basi, abdominis segmentorum basi posteriori pedibusque luteis, thoracis macula fusca. *Mus. Lesk. p.* 30. *n.* 645.
Habitat in Europa.

picea. 83. C. picea, thorace posterius utrinque puncto rubro, antennarum basi pedibusque luteis, femoribus basi atris. *Mus. Lesk. p.* 30. *n.* 646.
Habitat in Europa.

chalybea. 84. C. nigro-violacea pubescens. *Mus. Lesk. p.* 30. *n.* 648.
Habitat in Europa.

tricolor. 85. C. nigra, elytris dimidio nigris, apicem versus albis, summo apice geniculisque luteis. *Mus. Lesk. p.* 30. *n.* 649.
Habitat in Europa.

** *palpis filiformibus: articulo ultimo setaceo,* Malachii.

aenea. 7. C. corpore viridi-aeneo, elytris extrorsum undique rubris. *Fn. suec.* 708.* *Scop. ent. carn. n.* 126. *Fabr. sp. inf.* 1. *p.* 261. *n.* 1. *mant. inf.* 1. *p.* 169. *n.* 1.
Degeer inf. 4. *p.* 73. *n.* 6. *t.* 2. *f.* 16. 17. Thelephorus aeneus.
Geoffr. inf. par. 1. *p.* 174. *n.* 7. Cicindela viridi-aenea, elytris extrorsum rubris.

Raj.

Raj. inf. p. 77. n. 12.
Schaeff. monogr. 1754. *t.* 2. *f.* 10. 11.
icon. t. 18. *f.* 12. 13.
Sulz. hist. inf. t. 6. *f.* 5.
Habitat in Europae *plantis, tentaculis duobus obtusis sanguineis basi connatis ad basin abdominis aliisque duobus ad apicem thoracis exserendis instructa, aliquando minor, elytris totis sanguineis.*

bipustulata. 8. C. aeneo-viridis, elytris apice rubris. *It. oel.* 127. *Fn. suec.* 709.* *Fabr. sp. inf.* 1. *p.* 262. *n.* 2. *mant. inf.* 1. *p.* 169. *n.* 2. *Scop. ent. carn. n.* 127.
Raj. inf. p. 101. *n.* 7. Cantharis vix ⅜ unciae longa.
Geoffr. inf. par. 1. *p.* 175. *n.* 8. Cicindela aeneo-viridis, elytris apice rubris.
Degeer inf. 4. *p.* 75. *n.* 7. Thelephorus viridi-aeneus nitidus.
Schaeff. ic. t. 18. *f.* 10. 11. *t.* 19. *f.* 14.
Habitat in Europa *frequens.*

haemorrhoidalis. 86. C. nigra, thorace elytrorumque apicibus rubris. *Muf. Lesk. p.* 30. *n.* 660.
Habitat in Europa.

viridis. 57. C. aeneo-viridis, ore flavescente. *Fabr. mant. inf.* 1. *p.* 169. *n.* 3.
Habitat in Scania, *statura et magnitudine bipustulatae.*

sanguinolenta. 58. C. nigro-aenea, thoracis margine elytrisque sanguineis. *Fabr. mant. inf.* 1. *p.* 169. *n.* 4.
Habitat Kilonii, *statura aeneae, sed duplo minor.*

cyanea. 59. C. cyanea, thorace abdomineque rubris. *Fabr. mant.* 1. *p.* 169. *n.* 5.
Habitat in Hispaniae *umbellatis, statura sanguinolentae.*

pedicularia. 9. C. atra, elytris apice rubris. *Fn. suec.* 710.* *Fabr. sp. inf.* 1. *p.* 262. *n.* 3. *mant. inf.* 1. *p.* 169. *n.* 6.
Habitat in Europae *hortis, pediculo paulo major.*

nemoralis. 60. C. nigra, thorace margine, elytrisque apice rubris. *Fabr. sp. inf.* 1. *p.* 262. *n.* 4. *mant. inf.* 1. *p.* 169. *n.* 7.
Habitat Kilonii *in nemoribus.*

10. C.

An ad primam tribum referendi Thelephori Schaefferi *bifasciatus ic. t.* 105. *f.* 9. a. 9. b. *et bipunctatus ic. t.* 41. *f.* 15. 16.

fasciata. 10. C. thorace subrotundo virescente, elytris nigris: fasciis duabus rubris. *Fn. suec.* 711.* *Fabr. sp. ins.* 1. *p.* 262. *n.* 5. *mant. ins.* 1. *p.* 169. *n.* 8.

Raj. ins. p. 102. *n.* 22. Cantharis valde exigua.

Geoffr. ins. par. 1. *p.* 177. *n.* 12. Cicindela elytris nigris: fasciis duabus rubris.

Degeer ins. 4. *p.* 76. *n.* 9.

Schaeff. ic. t. 189. *f.* 3.

Habitat in Europae *muscis.*

equestris. 61. C. viridi-aenea, elytris rubris: fascia viridi-aenea. *Fabr. sp. ins.* 2. *app. p.* 500. *n.* 6. *mant. ins.* 1. *p.* 169. *n.* 9.

Habitat in Italia, *statura et magnitudine fasciatae.*

ochropus. 62. C. nigra, antennarum basi tibiisque flavis. *Fabr. mant. ins.* 1. *p.* 169. *n.* 10.

Habitat Halae Saxonum, *parva nitida.*

chrysomeloides. 63. C. thorace rubro immarginato, elytris cyaneis laevibus, antennis pedibusque nigris. *Thunb. nov. act. Ups.* 4. *p.* 17. *n.* 30.

Habitat Lutetiis, *magnitudine pediculi majoris, tacta sub pectore caput et corpus contrahens et libera celerrime fugiens.*

caeruleocephala. 64. C. thorace rubro, immarginato, elytris fuscis, capite anterius rubro, posterius ex caeruleo nigro. *Thunb. nov. act. Ups.* 4. *p.* 18. *n.* 31.

Habitat circa Holmiam, *magnitudine testaceae, laterali similis, sed angustior et minor.*

suecica. 65. C. thorace flavo immarginato: punctis duobus nigris, elytris flavescentibus apice nigris. *Thunb. nov. act. Ups.* 4. *p.* 18. *n.* 32.

Habitat in Suecia, *melanurae affinis, lividae magnitudine, statura lepturae; an cum 63 et 64 hujus tribus?*

Herbstii. 66. C. elytris rubris: macula nigricante. *Herbst apud Fuessli arch. ins.* 5. *p.* 108. *n.* 4.

Habitat Berolini, *fasciatae magnitudine.*

erythromelas. 67. C. nigra, thoracis margine elytrisque rubris, segmentis abdominis tribus margine fulvis. *Herbst apud Fuessli arch.* 5. *p.* 108. *n.* 5.

Habitat Berolini, 3 *fere lineas longa.*

*** *palpis anterioribus porrectis: articulo penultimo appendice magna ovata fissa aucto, ultimo arcuato acuto*, Lymexyla.

abbreviata. 68. C. nigra, thoracis linea dorsali, elytris brevissimis fornicatis. *Fabr. mant. inf.* 1. *p.* 164. *n.* 1.
Habitat in Sierra Leon Africae, *speciebus hujus tribus major, elongata.*

proboscidea. 69. C. nigra, elytris testaceis apice nigris, palpis hamato-irregularibus. *Fabr. sp. inf.* 1. *p.* 256. *n.* 4. *mant. inf.* 1. *p.* 165. *n.* 2.
Habitat in Germaniae *lignis.*

barbata. 70. C. fusca, antennis tibiisque piceis. *Fabr. mant. inf.* 1. *p.* 165. *n.* 3.
Schaller Abh. der hall. Naturf. Ges. 1. *p.* 322. *t.* 1. *f.* 7. Mordella (barbata) fusca, palpis ensiformibus trilobis: lobis lateralibus latissimis.
Schaeff. ic. t. 279. *f.* 7. a. b.
Habitat in Germaniae *lignis, proboscideae affinis, tomento aureo fugaci nitens.*

navalis. 26. C. thorace teretiusculo, corpore luteo, elytris margine apiceque nigris. *Fn. suec.* 718.* *It. wgoth.* 153. *t.* 2.* *Fabr. sp. inf.* 1. *p.* 256. *n.* 3. *mant. inf.* 1. *p.* 165. *n.* 4.
Frisch inf. 13. *p.* 24. *t.* 20.
Schaeff. ic. t. 59. *f.* 1.
Habitat in ligno querno, *quod destruit.*

saxonica. 71. C. nigro, elytris basi, abdomine apice pedibusque flavis. *Fabr. mant.* 1. *p.* 165. *n.* 5.
Habitat in Saxoniae *ligno, statura et magnitudine navalis.*

morio. 72. C. nigra, pedibus anterioribus flavis. *Fabr. mant. inf.* 1. *p.* 165. *n.* 6.
Habitat in Saxoniae *lignis, saxonica duplo major.*

SERROPALPUS. *Antennae* ſetaceae.

Palpi quatuor inaequales; anteriores longiores profunde ſerrati: articulis quatuor; ultimo maximo, truncato, compreſſo apice patelliformi; poſteriores ſubclavati.

Thorax marginatus, anterius caput excipiens: angulo utrinque prominente.

Caput deflexum.

Pedes foſſorii.

ſtriatus. 1. S. corpore fuſco, elytris ſtriatis. *Hellenius nov. act. Stockh.* 1786. 4. *p.* 273. *t.* 8. *f.* 3-5.

Habitat in inſulae Runſalae *aedificiis ligneis vetuſtis, auctumno veſpere ad parietes conſpicuus, elatere aterrimo vix major.*

laevigatus. 2. S. corpore atro, elytris laevibus. *Hellenius act. Stockh.* 1786. 4. *p.* 280.

Syſt. nat. XII. 2. *p.* 656. *n.* 37. *Fn. ſuec.* 742.* Elater (bupreſtoides) thorace caput recipiente, antennis pectinatis, corpore toto nigro.

Fabr. mant. inſ. 1. *p.* 175. *n.* 55. Elater (bupreſtoides) cylindricus niger immaculatus, capite retracto.

Habitat in Europa.

209. ELATER. *Antennae* filiformes.

Palpi quatuor ſecuriformes.

Corpus dorſo impoſitum exſiliens mucrone pectoris e foramine abdominis reſiliente.

flabellicornis. 1. El. fuſcus, antennarum faſciculo flabelliformi. *Fabr. ſp. inſ.* 1. *p.* 651. *n.* 1. *mant. inſ.* 1. *p.* 171. *n.* 1.

Drury inſ. 3. *t.* 47. *f.* 1.

Habitat in India, *inter maximos hujus generis, antennis brevibus, a tertio inde articulo ingenti ex* 8 *lamellis conflato flabello ornatis.*

fascicularis. 37. El. thorace murino, elytris pallidis fusco-undatis, antennarum fasciculo flabellicorni. *Fabr. mant. inf.* 1. *p.* 171. *n.* 2.
Habitat in America, *aeneo paulo major, murinus, antennis nigris.*

speciosus. 2. El. albus, lineis punctis maculisque nigris.
Fabr. sp. inf. 1. *p.* 265. *n.* 2. *mant. inf.* 1. *p.* 171. *n.* 3. Elater albus nigro-maculatus.
Habitat in India, *noctiluco major.* Brünniche.

luridus. 39. El. cinereo-tomentosus, elytris substriatis, plantis fuscis. *Fabr. sp. inf.* 1. *p.* 265. *n.* 3. *mant. inf.* 1. *p.* 171. *n.* 4.
Habitat in Coromandel, *magnus.*

oculatus. 3. El. thorace ocellis binis atris: iridibus albis, corpore nigricante. *Mus. Lud. Ulr.* 81.*
Fabr. sp. inf. 1. *p.* 265. *n.* 4. *mant. inf.* 1. *p.* 171. *n.* 5. Elater thorace ocellis duobus atris, corpore nigro albo-maculato.
Degeer inf. 4. *p.* 159. *n.* 1. *t.* 17. *f.* 28. Elater niger, thorace maculis binis ovatis villosis aterrimis.
Petiv. gaz. t. 10. *f.* 4. Scarabaeus elasticus major, capite bimaculato.
Act. angl. 246. *p.* 396. *n.* 13. *et* 271. *p.* 842. *n.* 32.
Habitat in America *meridionali.*

luscus. 40. El. thorace ocellis binis atris, corpore nigro immaculato. *Fabr. sp. inf.* 1. *p.* 265. *n.* 5. *mant. inf.* 1. *p.* 171. *n.* 6.
Habitat in America.

caecus. 41. El. ater, thorace maculis duabus ocellaribus, elytris strigis duabus arcuatis punctoque posteriore ferrugineis. *Fabr. sp. inf.* 1. *p.* 265. *n.* 6. *mant. inf.* 1. *p.* 172. *n.* 7.
Habitat in Africa.

noctilucus. 4. El. thoracis lateribus macula flava glabra. *Mus. Lud. Ulr.* 82.* *Gron. zooph.* 474.* *Fabr. sp. inf.* 1. *p.* 265. *n.* 7. *mant. inf.* 1. *p.* 172. *n.* 8.
Degeer inf. 4. *p.* 160. *n.* 2. *t.* 18. *f.* 1. Elater fuscus, thoracis lateribus macula flava glabra convexa nitida.
Brown. jam. 432. *t.* 44. *f.* 10. Elater major fuscus phosphoricus.

Sloan.

Sloan. jam. 2. *p.* 206. *t.* 237. *f.* 1. Scarabaeus medius fuscus &c.

Mouff. inf. 112. Cocujus.

Habitat in America *meridionali, thoracis ocellis lampyridum et fulgorarum more, noctu, ut fertur, pro arbitrio lucem tantam spargens, ut lecturo sufficiat; abdomen diffractum intus lucet.*

phosphoreus. 5. El. fuscus, thorace posterius maculis duabus flavis glabris. *Fabr. sp. inf.* 1. *p.* 266. *n.* 8. *mant. inf.* 1. *p.* 172. *n.* 9. *Herbst apud Fuessli arch. inf.* 5. *p.* 110. *n.* 1. *t.* 27. *f.* 2.

Degeer inf. 4. *p.* 161. *n.* 3. *t.* 18. *f.* 2. Elater fusco-castaneus.

Habitat in America *meridionali, noctiluco affinis, at duplo minor, quamvis europaeis speciebus multo major; thoracis maculis noctu pariter lucentibus.*

ignitus. 42. El. fuscus, thorace nigro: margine flavo. *Fabr. mant. inf.* 1. *p.* 172. *n.* 10.

Habitat in Cayenna, *phosphoreo minor.*

fuscipes. 43. El. ater, antennis pedibusque fuscis. *Fabr. sp. inf.* 1. *p.* 266. *n.* 9. *mant. inf.* 1. *p.* 172. *n.* 11.

Herbst apud Fuessli arch. inf. 5. *p.* 110. *n.* 3. *t.* 27. *f.* 4.

β) Elater elytris crenato-striatis. *Muf. Lesk. p.* 31. *n.* 684.

Habitat in India, *β*) *in* Europa.

rubiginosus. 44. El. nigricans griseo maculatus, thoracis limbo elytrorumque macula magna pallidis. *Fabr. mant. inf.* 1. *p.* 172. *n.* 12.

Habitat in Sierra Leon Africae, *magnus.*

porcatus. 6. El. viridi-aeneus, elytris sulcatis: sulcis villoso-albis. *Fabr. sp. inf.* 1. *p.* 266. *n.* 12. *mant. inf.* 1. *p.* 172. *n.* 15.

Syst. nat. XII. 2. *p.* 652. *n.* 6. Elater fuscus elytris nigris porcatis: sulcis elevatis glabris.

Sulz. hist. inf. t. 6. *f.* 7.

Drury inf. 3. *t.* 47. *f.* 6.

Habitat in America *meridionali, europaeis speciebus major, pectoris sutura atra nitida.*

ligneus. 7. El. ferrugineus, elytris mucronatis, antennis nigris. *Amoen. acad.* 6. *p.* 395. *n.* 24. *Fabr. sp. inf.* 1. *p.* 266. *n.* 10. *mant. inf.* 1. *p.* 172. *n.* 13.

Gron. zooph. 477? Elater testaceus, thorace antice truncato, elytris postice acuminatis.

Habitat in America *meridionali.*

fulcatus. 45. El. villofo-albidus, elytris ftriis tribus elevatis glabris atris. *Fabr. fp. inf.* 1. *p.* 266. *n.* 13. *mant. inf.* 1. *p.* 172. *n.* 16.
Habitat in America *meridionali.*

virens. 46. El. villofo-viridis, antennis ferratis nigris. *Fabr. mant. inf.* 1. *p.* 172. *n.* 17.
Habitat in infulis Americae *oppofitis*, *ftatura porcati.*

ftriatus. 8. El. niger opacus, elytris ftriatis: ftriis fubpubefcentibus, ano villofo.
Gron. zooph. 475. Elater virefcens, elytris atris fulcis albis ftriatis, ano barbato.
Habitat Surinami, *magnitudine fere oculati.*

bipuftulatus. 9. El. niger nitidus, elytris puncto bafeos nigro. *Fabr. fp. inf.* 1. *p.* 243. *n.* 47. *mant. inf.* 1. *p.* 175. *n.* 59.
Geoffr. inf. par. 1. *p.* 136. *n.* 15. Elater niger, elytrorum bafi maculis rubris.
Herbft apud Fueffli arch. inf. 5. *t.* 27. *f.* 8.
Habitat in Germaniae *graminofis*, *mediae magnitudinis.*

brunneus. 10. El. thorace rufo medio nigro, elytris corporeque ferrugineis. *Fn. fuec.* 721. *Fabr. fp. inf.* 1. *p.* 271. *n.* 34. *mant. inf.* 1. *p.* 173. *n.* 38.
Herbft apud Fueffli arch. inf. 5. *p.* 112. *n.* 17. *t.* 27. *f.* 6.
Habitat in Europae *hortis.*

fyriacus. 11. El. thorace rufo, elytris fafcia duplici alba, corpore nigro. *Muf. Lud Ulr.* 83.* *Fabr. fp. inf.* 1. *p.* 269. *n.* 22. *mant. inf.* 1. *p.* 173. *n.* 26.
Habitat in Oriente. Haffelquift.

cruciatus. 12. El. thorace nigro lateribus ferrugineo, coleoptris flavis: cruce margineque nigris. *Fn. fuec.* 722.* *Gadd fat.* 27. *Fabr. fp. inf.* 1. *p.* 268. *n.* 21. *mant. inf.* 1. *p.* 173. *n.* 25.
Geoffr. inf. par. 1. *p.* 133. *n.* 6.
Degeer inf. 4. *p.* 149. *n.* 9.
Sulz. hift. inf. t. 6. *f.* 10.
Habitat in Europae *graminofis.*

linearis. 13. El. thorace rufo medio fufco, elytris teftaceis linearibus. *Fn. fuec.* 723.* *Fabr. fp. inf.* 1. *p.* 269. *n.* 25. *mant. inf.* 1. *p.* 173. *n.* 29.
Fn. fuec. 1. *n.* 582. Elater thorace rubro, elytris grifeis.
Uddm. diff. 46. Elater canthariformis niger, ano rufo, elytris ex rufo pallide fufcis ftriatis.

Degeer inf. 4. *p.* 154. *n.* 17.
Pontopp. atl. dan. t. 16.
Habitat in Europa *boreali.*

ruficollis. 14. El. niger, thorace posterius rubro nitido. *Fn. suec.* 724.
Fabr. sp. inf. 1. *p.* 270. *n.* 33. *mant. inf.* 1. *p.* 173. *n.* 37.
Fn. suec. 576. Elater niger, thorace rubro.
Scop. ent. carn. 290. Elater gramineus.
Geoffr. inf. par. 1. *p.* 132. *n.* 5.
Degeer inf. 4. *p.* 153. *n.* 16.
Raj. inf. p. 92. *n.* 8.
Schaeff. ic. t. 31. *f.* 3.
Habitat in Europae *graminosis.*

lineatus. 15. El. niger, elytris obscure lividis fusco sublineatis.
Habitat in Germania, *mediae magnitudinis, antennis subferrugineis.*

mesomelas. 16. El. thorace margineque elytrorum ferrugineis, corpore elytrisque nigris. *Fn. suec.* 725.* *Fabr. sp. inf.* 1. *p.* 270. *n.* 31. *mant. inf.* 1. *p.* 173. *n.* 35.
Habitat in Europa *boreali, lineato paulo major, larva hexapus filiformis duriuscula, caudae scuto corneo lateribus dentato, subtus tuberculo conico pediformi tubuloso, in ligno putrescente.*

thoracicus. 47. El. niger, thorace toto rufo. *Fabr. sp. inf.* 1. *p.* 270. *n.* 32. *mant. inf.* 1. *p.* 173. *n.* 36.
Geoffr. inf. par. 1. *p.* 132. *n.* 5. Elater niger, thorace rufo.
Habitat prope Hemly Anglorum, *ruficolli affinis.*

aterrimus. 17. El. thorace atro nitido, elytris striatis nigris. *Fabr. sp. inf.* 1. *p.* 267. *n.* 14. *mant. inf.* 1. *p.* 172. *n.* 18.
Syst. nat. XII. 2. *p.* 653. *n.* 17. *Fn. suec.* 726.* *Uddm. diss.* 45.
Elater ater, thorace opaco punctato, elytris striatis.
Geoffr. inf. par. 1. *p.* 136. *n.* 13. Elater totus niger nitidus.
Habitat in Europa *boreali.*

castaneus. 18. El. thorace testaceo pubescente, elytris flavis apice nigris, corpore atro. *Fn. suec.* 727.* *Fabr. sp. inf.* 1, *p.* 269. *n.* 23. *mant. inf.* 1. *p.* 173. *n.* 27.
Degeer inf. 4. *p.* 153. *n.* 15. Elater flavo-pectinicornis.
Geoffr. inf. par. 1. *p.* 132. *n.* 4.
Raj. inf. p. 192. *n.* 6.

Lift. loqu. 387.
Schaeff. ic. t. 11. *f.* 9. *et t.* 31. *f.* 4.
Habitat in Europae *campis.*

virescens. 48. El. thorace viridi: sulco medio, elytris flavis mucronatis: apice macula virescenti-nigra oblonga. *Schranck Schr. der berl. Naturf. Fr.* 2. *p.* 317.
Scop. ent. carn. n. 286. *Schranck inf. austr. n.* 237. Elater castaneus.
Poda muf. p. 41. *n.* 1. Elater pectinicornis.
Habitat in Austria *et* Carniolia, *viridi-aeneus.*

livens. 19. El. niger, thorace glaberrimo rubro, elytris testaceis. *Fn. suec.* 728.* *Fabr. sp. inf.* 1. *p.* 269. *n.* 24. *mant. inf.* 1. *p.* 173. *n.* 28.
Schaeff. ic. t. 11. *f.* 8.
Habitat in Europa *boreali.*

ferrugineus. 20. El. thorace elytrisque ferrugineis, corpore thoracisque margine posteriore nigris. *Fn. suec.* 729.* *Fabr. sp. inf.* 1. *p.* 266. *n.* 11. *mant. inf.* 1. *p.* 172. *n.* 14.
Geoffr. inf. par. 1. *p.* 130. *n.* 1. *t.* 2. *f.* 4. Elater thorace elytrisque rubris.
Schaeff. ic. t. 19. *f.* 1.
Habitat in Europa.

haematodes. 48. El. niger, thorace pubescente fulvo, elytris sanguineis. *Fabr. sp. inf.* 1. *p.* 271. *n.* 35. *mant. inf.* 1. *p.* 173. *n.* 39.
Sulz. hist. inf. t. 6. *f.* 9. Elater sanguineus.
β) Elater thorace nigro. *Schaeff. ic. t.* 2. *f.* 6.
Habitat in Germania *et* Calabria.

sanguineus. 21. El. ater, elytris sanguineis. *Fn. suec.* 731. *Scop. ent. carn.* 287. *Fabr. sp. inf.* 1. *p.* 271. *n.* 36. *mant. inf.* 1. *p.* 173. *n.* 40.
Geoffr. inf. par. 1. *p.* 131. *n.* 2. *Degeer inf.* 4. *p.* 151. *n.* 13. Elater niger, elytris rubris.
Schaeff. el. t. 60. *f.* 2.
ic. t. 31. *f.* 7.
Bergstr. nomencl. t. 10. *f.* 10.
Habitat in Europae *graminosis, elytrorum summo apice nigro.*

balteatus. 22. El. niger, elytris anterius dimidiato rufis. *Fn. suec.* 732. *Fabr. sp. inf.* 1. *p.* 271. *n.* 37. *mant. inf.* 1. *p.* 174. *n.* 41.
Degeer inf. 4. *p.* 152. *n.* 14.

Raj.

Raj. inʃ. p. 78. n. 23.
Schaeff. ic. t. 77. f. 2.
Habitat in Europae *arvis.*

elongatus. 49. El. ater, elytris teſtaceis apice nigris. *Fabr. mant. inʃ. 1. p. 174. n. 42.*
Habitat in Auſtria, *balteato proxime affinis.*

melanocephalus. 50. El. ſanguineus, capite, thoracis linea dorſali elytrorumque apice nigris. *Fabr. ſp. inʃ. 1. p. 272. n. 38. mant. inʃ. 1. p. 174. n 43. Thunberg nov. inʃ. ſp. 3.*
Habitat in Coromandel *et ad* caput bonae ſpei, *balteato paulo minor, ceterum ejusdem ſtaturae.*

marginatus. 23. El. thorace ſubfuſco, elytris teſtaceis: margine undique nigro. *Fn. ſuec. 733.* Fabr. ſp. inʃ. 1. p. 270. n. 30. mant. inʃ. 1. p. 173. n. 34.*
Act. nidroſ. 3. p. 16. t. 6. f. 6.
Habitat in Europa *boreali.*

ſputator. 24. El. thorace fuſco nitido, elytris teſtaceis, corpore nigro. *Fn. ſuec. 734.* Scop. ent. carn. 285. Fabr. ſp. inʃ. 1. p. 272. n. 39. mant. inʃ. 1. p. 174. n. 44.*
Degeer inʃ. 4. p. 151. n. 11. Elater fuſcus flavipes.
Schaeff. ic. t. 19. f. 11.
Habitat in Europa *boreali.*

piloſus. 51. El. fuſcus cinereo-ſubvilloſus, elytris ſtriatis. *Fabr. mant. inʃ. 1. p. 174. n. 45. Lesk. it. 1. p. 11. n. 1. t.* A. *f. 1.*
Habitat in Luſatiae *montibus, parvus.*

pallipes. 52. El. fuſcus, elytris ſtriatis, antennis pedibusque flavis. *Fabr. mant. inʃ. 1. p. 172. n. 46.*
Habitat Tranquebariae *parvus.*

ſuecicus. 53. El. niger, elytris lineatis fuſcis. *Fabr. ſp. inʃ. 1. p. 272. n. 40. mant. inʃ. 1. p. 174. n. 47.*
Habitat in Sueciae *graminoſis.*

minutus. 34. El. thorace atro nitido, elytris nigris. *Fn. ſuec. 744.* Fabr. ſp. inʃ. 1. p. 272. n. 41. mant. inʃ. 1. p. 174. n. 48.*
Habitat in Europa *plantis, parvus, niger, immaculatus.*

limbatus. 54. El. thorace atro nitido, elytris teſtaceis limbo nigro. *Fabr. ſp. inʃ. 1. p. 272. n. 42. mant. inʃ. 1. p. 174. n. 49. Thunb. nov. inʃ. ſp. 3. p. 64.*
Habitat Kilonii *et ad* caput bonae ſpei.

advena. 55. El. ater, elytris ſtriatis pedibusque obſcure cinereis. *Fabr. mant. inſ.* 1. *p.* 174. *n.* 50.
Habitat prope Bisertam Hiſpaniae, *parvus.*

marginellus. 56. El. thorace nigro: margine ferrugineo, elytris teſtaceis. *Fabr. ſp. inſ.* 1. *p.* 372. *n.* 43. *mant. inſ.* 1. *p.* 174. *n.* 51.
Habitat in Germania, *limbato ſimillimus, at paulo major.*

obſcurus. 25. El. piceus thorace elytrisque obſcure nigris. *Fabr. ſp. inſ.* 1. *p.* 269. *n.* 26. *mant. inſ.* 1. *p.* 173. *n.* 30.
Syſt. nat. XII. 2. *p.* 655. *n.* 25. *Fn. ſuec.* 735. Elater thorace fuſco obſcuro, elytris obſcure teſtaceis.
Habitat frequens in Europae *borealis plantis.*

flavipes. 57. El. thorace obſcure nigro, elytris ſtriatis fuſcis, pedibus teſtaceis. *Fabr. ſp. inſ.* 1. *p.* 270. *n.* 27. *mant. inſ.* 1. *p.* 173. *n.* 31.
Habitat in inſulis Americae *oppoſitis.*

filiformis. 58. El. ex cinereo fuſcus immaculatus. *Fabr. ſp. inſ.* 1. *p.* 270. *n.* 28. *mant. inſ.* 1. *p.* 173. *n.* 32.
Habitat in Italia, *filiformis, obſcuro duplo minor.*

triſtis. 26. El. thorace atro nitido, elytris baſi margineque exteriori lividis. *Fn. ſuec.* 736.* *Fabr. ſp. inſ.* 1. *p.* 270. *n.* 29. *mant. inſ.* 1. *p.* 173. *n.* 33.
Schaeff. ic. t. 194. *f.* 1.
Habitat in Europae *ligno putreſcente.*

faſciatus. 27. El. thorace nigro pallidoque vario, elytris nigricantibus: faſcia alba undulata. *Fn. ſuec.* 737.* *Scop. ent. carn.* 281. *Fabr. ſp. inſ.* 1. *p.* 267. *n.* 17. *mant. inſ.* 1. *p.* 173. *n.* 21.
Habitat in Europae *hortis.*

murinus. 28. El. thorace obſcure cinereo, elytris cinereo nebuloſis, plantis rufis. *Fn. ſuec.* 738.* *Fabr. ſp. inſ.* 1. *p.* 267. *n.* 15. *mant. inſ.* 1. *p.* 172. *n.* 19.
Geoffr. inſ. par. 1. *p.* 135. *n.* 10. Elater niger, elytris villoſo-murinis.
Degeer inſ. 4. *p.* 150. *n.* 10. Elater rufipes.
Schaeff. ic. t. 4. *f.* 6.
Habitat in Europa.

teſſellatus. 29. El. thorace obſcure aeneo, elytris aeneis: maculis pallidioribus confertis, unguibus rubris. *Fn. ſuec.* 739.* *Fabr. ſp. inſ.* 1. *p.* 267. *n.* 16. *mant. inſ.* 1. *p.* 173. *n.* 20.

Geoffr.

Geoffr. inf. par. 1. *p.* 135. *n.* 9. Elater niger villoso-undatus.
Degeer inf. 4. *p.* 148. *n.* 7. Elater rufo-unguiculatus.
Scop. ent. carn. 282. Elater thoracicus.
Gadd Sat. 80. Elater niger, pilis minimis flavo-aeneis junctim intermixtis.
Schaeff. ic. t. 4. *f.* 7.
Herbst apud Fuessli arch. inf. 5. *p.* 111. *n.* 7. *t.* 22. *f.* 5.
Habitat in Europae *hortis, scutello pallido.*

germanus. 30. El. thorace elytrisque atro-caeruleis, corpore toto pedibusque nigris. *Fn. suec.* 730.*
Scop. ent. carn. 279. *Schranck inf. austr. p.* 183. *n.* 340? Elater nitens.
Sulz. hist. inf. t. 6. *f.* 8. Elater latus.
Habitat in Europa, *an mera aenei varietas?*

aeneus. 31. El. thorace elytrisque aeneis, antennis nigris simplicibus. *Fn. suec.* 740.* *Fabr. sp. inf.* 1. *p.* 267. *n.* 18. *mant. inf.* 1. *p.* 173. *n.* 22.
Fn. suec. 578. Elater viridi-aeneus, pedibus fulvis.
Degeer inf. 4. *p.* 149. *n.* 8. Elater aeneus rufipes.
Act. Nidros. 3. *t.* 4. *f.* 6.
β) Elater fuscus latior. *Muf. Lesk. p.* 31. *n.* 681.
Habitat in Europae *nemoribus.*

pectinicornis. 32. El. thorace elytrisque aeneis, antennis maris pectinatis. *Fn. suec.* 741. *Fabr. sp. inf.* 1. *p.* 268. *n.* 19. *mant. inf.* 1. *p.* 173. *n.* 23. *Scop. ent. carn.* 278.
Fn. suec. 575. *Geoffr. inf. par.* 1. *p.* 133. *n.* 7. Elater fusco-aeneus.
Degeer inf. 4. *p.* 145. *n.* 2. *t.* 5. *f.* 3. Elater aeneo-pectinicornis.
Raj. inf. p. 92. *n.* 7.
List. angl. p. 387. *n.* 19.
Poda inf. t. 1. *f.* 4.
Sulz. hist. inf. t. 5. *f.* 36.
Schaeff. el. t. 11. *f.* 1. *et t.* 60. *f.* 3. *ic. t.* 2. *f.* 4.
Bergstr. nomencl. 1. *t.* 13. *f.* 11.
Habitat in Europae *nemoribus.*

cupreus. 59. El. cupreus, elytris dimidiato flavis. *Fabr. sp. inf.* 1. *p.* 268. *n.* 20. *mant. inf.* 1. *p.* 173. *n.* 24.
Schaeff. ic. 1. *t.* 38. *f.* 2.

Habitat

Habitat in Anglia, *antennis nigris pectinatis, varius simplicibus.*

niger. 33. El. thorace laevi, elytris pedibus corporeque nigris. *Fn. suec.* 743.*
Fn. suec. 577. Elater totus nigro-fuscus.
List. mut. t. 17. *f.* 14.
Raj. inf. p. 92. *n.* 1. 2. 3.
Geoffr. inf. par. 1. *p.* 134. *n.* 8.
Schaeff. ic. t. 174. *f.* 4.
β) Elater nigricans. *Herbst apud Fuesfli arch. inf.* 5. *p.* 114 *n.* 33.
Habitat in Europa, *β) dimidio minor.*

nitidulus. 60. El. ater, elytris striatis: maculis duabus, antennis pedibusque flavis. *Fabr. mant. inf.* 1. *p.* 174. *n.* 52.
Habitat in Cayenna, *pulchello triplo minor.*

pulchellus. 35. El. capite thoraceque atris, elytris nigris, maculis flavicantibus, pedibus flavis. *Fn. suec.* 745.* *Fabr. sp. inf.* 1. *p.* 272. *n.* 44. *mant. inf.* 1. *p.* 175. *n.* 53.
Herbst apud Fuesfli arch. inf. 5. *p.* 112. *n.* 22. *t.* 27. *f.* 7. 2.
Habitat in Europa *boreali.*

sexguttatus. 61. El. laevis ater, elytris punctis tribus albis. *Thunb. nov. inf. sp.* 3. *p.* 65. *f.* 75. *Fabr. mant. inf.* 1. *p.* 175. *n.* 54
Habitat ad caput bonae spei, *minimus, nitidus.*

tetrastichon. 36. El. niger luteo-maculatus, elytris maculis confluentibus, abdomine quadrifariam punctato.
Habitat in Africa, *mediae magnitudinis.*

dermestoides. 38. El. subvillosus cinereus, elytris striatis, capite retracto. *Fabr. mant. inf.* 1. *p.* 175. *n.* 56.
Syst. nat. XII. 2. *p.* 656. *n.* 38. *n.* 38. Elater subpubescens subfuscus, antennis subclavatis.
Habitat in Suecia, *dermestis facie, parvus.*

notatus. 62. El. thorace rufo nigro bimaculato, elytris basi rufis, apice nigris: maculis duabus albis. *Fabr. sp. inf.* 1. *p.* 273. *n.* 45. *mant. inf.* 1. *p.* 175. *n.* 57.
Habitat in Coromandel, *parvus, statura pulchelli.*

festivus. 63. El. thorace ferrugineo, elytris atris: fasciis duabus flavis. *Fabr. sp. inf.* 1. *p.* 273. *n.* 46. *mant. inf.* 1. *p.* 175. *n.* 58.
Thunb. nov. inf. sp. 3. *p.* 64. *f.* 74.
Habitat in Africa, *magnitudine balteati.*

64. El.

deustus. 64. El. testaceus, linea thoracis elytrorumque posterius ramosa nigra. *Thunb. nov. inf. spec 3. p. 64.*
Habitat in Zeylona, *melanocephalo duplo minor, tenuissime pubescens.*

clavicornis. 65. El. viridis, antennis clavatis. *Thunb. nov. inf. sp. 3. p. 65.*
Habitat in India, *pecticorni major, glaberrimus, nitens, an hujus generis?*

ustulatus. 66. El. niger, elytris testaceis posterius fuscescentibus, antennis pedibusque castaneis. *Schall. Abh. der hall. Naturf. Ges. 1. p. 303.*
Schaeff. ic. t. 199. f. 8.
Habitat - - - - magnitudine castanei, facie balteati.

giganteus. 67. El. depressus, elytris viridi-aeneis: macula flava, pectore abdomineque flavis. *Schall. Abh. der hall. Naturf. Ges. 1. p. 304 t. 1. f. 5.*
Habitat in America *buprestis facie.*

indicus. 68. El. niger, thorace convexo punctato: margine fulvo, medio sinuato, elytris atris punctato-striatis. *Herbst apud Fuessli arch. inf. 5. p. 110. n. 2. t. 27. f. 3.*
Habitat in America, *phosphoreo minor, et angustior.*

carbonarius. 69. El. ater atro-farinosus: punctis minutissimis albis interjectis, antennis serratis. *Schranck inf. austr. p. 184. n. 343.*
Herbst Besch. der berl. Naturf. Fr. 4. t. 7. f. 1. Elater punctatus.
Habitat in Germania.

undulatus. 70. El. niger flavo-undulatus pubescenti-nitens. *Herbst apud Fuessli arch. inf. 5. p. 111. n. 8.*
Schaeff. ic. t. 4. f. 7.
Habitat in Germania.

caeruleus. 71. El. chalybeus, antennis nigris simplicibus, pedibus ex atro fuscis. *Herbst apud Fuessli arch. inf. 5. p. 111. n. 10.*
Habitat Berolini, *aeneo proxime affinis.*

sanguinolentus. 72. El. ater, elytris sanguineis: margine interiori macula magna ovata atra communi. *Schranck Beytr. zur Naturg. p. 69. §. 16. t. 3. f. 15. inf. austr. p. 184. n. 341. Herbst apud Fuessli arch. inf. 5. p. 112. n. 24. t. 27. f. 9.*
Habitat in Germania, *an mera sanguinei varietas?*

73. El.

purpureus. 73. El. niger, thorace atro: vellere raro purpureo, elytris purpureis: lineis duabus elevatis. *Schranck inf. austr. p.* 187. *n.* 350.
Herbst apud Fuessli arch. inf. 5. *p.* 113. *n.* 25. *t.* 27. *f.* 10.
Habitat in Austria, *sanguineo affinis, at magis depressus.*

quercinus. 74. El. fuscus, capite thoraceque granulatis: villis flavis undulatis, elytris fascia flavo-villosa. *Herbst apud Fuessli arch. inf.* 5. *p.* 113. *n.* 26. *t.* 27. *f.* 11.
Habitat in Ungaria *et* Germania, *in quercu.*

erythropus. 75. El. niger, elytris flavicanti-villosis, punctato-striatis, pedibus antennarumque articulis margine spadiceis. *Herbst apud Fuessli arch. inf.* 5. *p.* 113. *n.* 28. *t.* 27. *f.* 12.
Habitat Berolini.

hirtus. 76. El. nitenti-niger pubescens, thorace punctato, elytris striatis. *Herbst apud Fuessli arch. inf.* 5. *p.* 114. *n.* 30.
Habitat Berolini, *magnitudine erythropodis, at paulo latior.*

vulgaris. 77. El. niger, elytris fuscis punctato-striatis: sutura nigra, pedibus pallidis. *Herbst apud Fuessli arch. inf.* 5. *p.* 114. *n.* 32.
Habitat Berolini.

griseus. 78. El. obscure griseus, thorace convexo, elytris punctato-striatis, subtus nigris, antennis pedibusque fuscis. *Herbst apud Fuessli arch. inf.* 5. *p.* 114. *n.* 34.
Habitat Berolini.

cinereus. 79. El. niger pubescenti-canus, thorace convexo, tarsis ferrugineis. *Herbst apud Fuessli arch. inf.* 5. *p.* 114. *n.* 35.
Habitat Berolini, *magnitudine et statura grisei.*

equiseti. 80. El. niger, thorace convexo, elytris striatis, pedibus flavescentibus. *Herbst apud Fuessli arch. inf.* 5. *p.* 114. *n.* 36.
Habitat Berolini, 3 *lineas longus, statura cinerei.*

pulverulentus. 81. El. niger virescenti-aureo irroratus, elytris striatis, tibiis intus crispo-pilosis. *Herbst apud Fuessli arch. inf.* 7. *p.* 172. *n.* 38. *t.* 48. *f.* 1.
Habitat in America, *inter maximos hujus generis.*

socialis. 82. El. fuscus, antennis elytrorumque marginibus ferrugineis. *Syst. nat.* XII. 2. *add. p.* 1067. *n.* 9.
Habitat in Lusitania, *magnitudine pectinicornis.*

83. El.

serraticornis. 83. El. fuscus, abdomine supra pedibusque fulvis. *Scop. ent. carn. n.* 280.
Habitat in Carniolia.

montanus. 84. El. villosulus niger nitens, antennis basi tibiisque fulvis. *Scop. ent. carn. n.* 283.
Fuessli Verz. schw. Ins. p. 17. *n.* 334.
Habitat in Carnioliae *et* Helvetiae *montibus.*

degener. 85. El. niger aureo punctatus variegatus, thorace posterius dentato. *Scop. ent. carn. n.* 292.
Habitat in Carniolia.

subfuscus. 86. El. niger, elytris fuscis, abdomine rubro. *Müll. zool. dan. prodr p.* 59. *n.* 538.
Müll. Fn. Fridrichsd. p. 17. *n.* 169.
Habitat in Dania.

seelandicus. 87. El. ex purpureo aeneus griseo-villosus, elytris striato-punctatis nebulosis. *Müll. zool. dan. prodr. p.* 61. *n.* 550.
Fn. Fridrichsd. p. 17. *n.* 170.
Habitat in Seelandia Daniae.

sexmaculatus. 88. El. niger griseo-villosus, thoracis margine elytrisque testaceis: maculis sex subfuscis glabris. *Müll. Fn. Fridrichsd. p.* 17. *n.* 171. *zool. dan. prodr. p.* 60. *n.* 544.
Habitat in Dania.

obtusus. 89. El. corpore obtuso subtus nigro, thorace nigro, elytris fuscis griseo-villosis, antennis rufis. *Degeer ins.* 4. *p.* 147. *n.* 5. *t.* 5. *f.* 19.
Müll. Fn. Fridrichsd. p. 17. *n.* 172. *zool. dan. prodr. p.* 60. *n.* 540. Elater badius.
Habitat in Europa *boreali.*

pullus. 90. El. niger nitidus pubescens, elytris punctatis, pedibus brunneis. *Müll. zool. dan. prodr. p.* 59. *n.* 537.
Habitat in Dania.

chrysomelinus. 91. El. niger, thorace rubro sulcato, elytris tarsisque flavis. *Müll. zool. dan. prodr p.* 60. *n.* 539.
Habitat in Dania.

lugubris. 92. El. supra ater, opacus, subtus niger. *Müll. zool. dan. prodr. p.* 60. *n.* 545.
Habitat in Dania.

93. El.

Mülleri. 93. El. rufus pubescens, pedibus luteis. *Müll. zool. dan. prodr. p.* 61. *n.* 551.
Habitat in Dania.

tubercula-tus. 94. El. niger opacus, thorace bituberculato, elytris laevissime striatis, punctis ferrugineis. *Pontopp. hist. nat. Dan. p.* 208. *n.* 13. *t.* 16.
Habitat in Dania, *magnitudine pectinicornis.*

gracilis. 95. El. testaceus, capite thoraceque linea longitudinali, macula laterali atra, elytris laevissimis, margine atro. *Gron. mus.* 1. *p.* 153. *n.* 478.
Habitat in America.

guineensis. 96. El. viridi-aeneus, thorace subpubescente, antennis nigris, elytris striatis. *Gron. mus.* 2. *p.* 153. *n.* 476.
Habitat in Guinea.

fimbriatus. 97. El. niger, thoracis margine rubro, elytris ad suturam lineis duabus longitudinalibus flavis interruptis. *Lepechin it.* 1. *p.* 311. *t.* 16. *f.* 12.
Habitat in deserto Sibiriae Uralensi.

auratus. 98. El. viridi-aureus, pedibus nigris. *Drury inf.* 2. *p.* 65. *t.* 35. *f.* 3.
Habitat in Sina.

histrio. 99. El. niger, elytris flavis.
Geoffr. inf. par. 1. *p.* 131. *n.* 3. Elater nigro-flavus.
Habitat in Gallia.

vittatus. 100. El. niger, elytris fuscis: fascia longitudinali fulva.
Geoffr. inf. par. 1. *p.* 135. *n.* 11. Elater bicolor.
Raj. inf. p. 78. *n.* 13.
Habitat in Gallia.

fuscatus. 101. El. niger, elytris fuscis.
Geoffr. inf. par. 1. *p.* 136. *n.* 12. Elater bicolor.
Habitat in Gallia.

discolor. 102. El. niger pedibus rufis.
Geoffr. inf. par. 1. *p.* 136. *n.* 14. Elater rufipes.
Habitat in Gallia.

melanophthalmos. 103. El. rufus, oculis nigris. *Degeer inf.* 4. *p.* 144. *n.* 1. *t.* 5. *f.* 18.
Habitat in Suecia, *pollicem longus.*

major. 104. El. nigro-fuscus nitidus, pedibus fusco-castaneis, abdomine supra rubente. *Degeer inf. 4. p. 146. n. 3.*
Habitat in Europa, *magnus.*

minor. 105. El. elongatus capite thoraceque nigris, elytris antennis pedibusque fuscis. *Degeer inf. 4. p. 147. n. 4.*
Habitat in Europa, *inter minores.*

inaequalis. 106. El. niger: maculis villosis griseis, elytris scabris, thorace cavitatibus impressis. *Degeer inf. 4. p. 148. n. 6.*
Habitat in Europae *arboribus, magnus.*

undatus. 107. El. griseo-marinus villosus, elytris fasciis tribus undulatis transversis nigris. *Degeer inf. 4. p. 155. n. 18. t. 5. f. 26.*
Habitat in Europa, 7 *lineas longus.*

maculosus. 108. El. capite nigro, thorace rufo: maculis tribus oblongis nigris, elytris fuscescentibus. *Degeer inf. 4. p. 158. n. 19.*
Habitat in Europa, *minor.*

nitidus. 109. El. nigro-viridi-aeneus nitidus, pedibus nigris. *Degeer inf. 4. p. 159. n. 21.*
Habitat in Europa, *pusillus.*

piceus. 110. El. totus ater nitidus, elytris laevissimis. *Degeer inf. 4. p. 162. n. 4. t. 18. f. 3.*
Habitat in Pensylvania, *pollicem longus.*

lividus. 111. El. pallide fusco-rufescens antennis rufis, pedibus flavo-testaceis. *Degeer inf. 4. p. 162. n. 5. t. 18. f. 4.*
Habitat in Pensylvania, *dimidium pollicem longus.*

ochropus. 112. El. nigro-fuscus, pedibus antennisque flavo-testaceis. *Degeer inf. 4. p. 163. n. 6. t. 18. f. 5.*
Habitat Surinami, 4½ *lineas longus.*

maculatus. 113. El. obscure testaceus, thorace anterius nigro, elytris maculis binis irregularibus nigris. *Degeer inf. 4. p. 163. n. 7. t. 18. f. 6.*
Habitat Surinami, 3 *modo lineas longus.*

segetis. 114. El. niger, antennis tarsisque fuscis, elytris lineis longitudinalibus nigris fucisque. *Bjerkand act. Holm. 1779. 4. n. 4. p. 254. t. 10. f. 1. - 3.*
Habitat in Sueciae *segetis radicibus, agros larva devastante, praesertim siccos, tardam subeunte metamorphosin.*

dubius. 115. El. viridi-aeneus, thorace pedibusque nigris. *Mayer Abh. boehm. Gef.* 4. *p.* 183.
Habitat in Bohemiae *pratis, grani oryzae magnitudine, an propria species?*

punctatus. 116. El. elongatus fuscus, thorace punctato, elytris crenato-striatis, ore pedibusque ferrugineis. *Muf. Lesk. p.* 31. *n.* 671.
Habitat in Europa.

dichrous. 117. El. niger, thorace linea longitudinali, elytris basi sulcatis apicem versus complanatis, tibiis ferrugineis. *Muf. Lesk. p.* 31. *n.* 673.
Habitat in Europa.

pubescens. 118. El. piceus pubescens, elytris striatis, plantis ferrugineis. *Muf. Lesk. p.* 31. *n.* 674.
Habitat in Europa.

villosus. 119. El. fuscus cinereo-villosus, elytris laevissime striatis, antennis pedibusque rufescentibus. *Muf. Lesk. p.* 31. *n.* 682.
Habitat in Europa.

crenatus. 120. El. niger, elytris crenato-striatis punctatisque, pedibus testaceis. *Muf. Lesk. p.* 31. *n.* 683.
Habitat in Europa.

ambiguus. 121. El. niger, elytris rufo-testaceis striatis, plantis testaceis. *Muf. Lesk. p.* 32. *n.* 688.
Habitat - - - - -

lineolatus. 122. El. niger, thoracis linea longitudinali, elytris crenato-striatis. *Muf. Lesk. p.* 32. *n.* 689.
Habitat in Europa.

longicornis. 123. El. niger, elytris obsolete striatis, antennis longis. *Muf. Lesk. p.* 32. *n.* 690.
Habitat in Europa.

concolor. 124. El. fuscus, thorace punctato, elytris levissime striatis, antennis pedibusque rufo-fuscis. *Muf. Lesk. p.* 32. *n.* 691.
Habitat in Europa.

variabilis. 125. El. fuscus flavo-villosus, pedibus rufis, elytris levissime striatis: maculis fuscis incerta directione lucis inconspicuis. *Muf. Lesk. p.* 32. *n.* 693.
Habitat in Europa.

rubigineus. 126. El. ferrugineus, thorace fusco punctato, elytris crenato-striatis. *Muf. Lesk. p.* 32. *n.* 694.
Habitat in Europa.

villosus. 127. El. fusco-ferrugineus griseo-villosus, thorace pectoreque fuscis, elytris levissime striatis. *Muf. Lesk. p.* 32. *n.* 695.
Habitat in Europa.

tricolor. 128. El. ferrugineus, capite thoraceque fusco, hujus marginibus externis, elytris punctato-striatis, antennis pedibusque testaceis. *Muf. Lesk. p.* 32. *n.* 696.
Habitat in Europa.

haemopterus. 129. El. niger, elytris sanguineis: suturae macula communi oblonga picea. *Muf. Lesk. p.* 32. *n.* 697.
Habitat in Europa.

crassipes. 130. El. niger, elytris levissime striatis, femoribus crassis. *Muf. Lesk. p.* 32. *n.* 699.
Habitat in Europa.

acupunctatus. 131. El. testaceus, thoracis dorso fuscescente, elytris striatis: striis punctis distinctis impressis. *Muf. Lesk. p.* 32. *n.* 701.

gibbus. 132. El. fuscus griseo-villosus, elytris levissime striatis thoraceque gibbis, antennis pedibusque fusco-ferrugineis. *Muf. Lesk. p.* 32. *n.* 698.
Habitat in Europa.

pubes. 133. El. ater pubescens, elytris striatis. *Muf. Lesk. p.* 32. *n.* 702. 703.
Habitat in Europa.

cinerascens. 134. El. testaceus cinereo-villosus, thorace fuscescente, pedibus rufis. *Muf. Lesk. p.* 32. *n.* 704.
Habitat in Europa.

bicolor. 135. El. fusco-ferrugineus, capite thoraceque fuscis, elytris striatis. *Muf. Lesk. p.* 32. *n.* 705.
Habitat in Europa.

quadrisulcus. 136. El. niger, elytris obsolete striatis, basi sulcis quatuor impressis, antennis longis tibiis plantisque anticis fusco-ferrugineis. *Muf. Lesk. p.* 32. *n.* 706.
Habitat in Europa.

strigosus. 137. El. testaceo-fuscus, elytris striatis, pedibus testaceis. *Mus. Lesk. p.* 32. *n.* 708.
β) Elater elytris fuscescentibus versus apicem, elytris totis testaceis. *Mus. Lesk. p.* 32. *n.* 707.
Habitat in Europa.

suturalis. 138. El. fuscus, thoracis margine ferrugineo, elytris testaceis: sutura fusca. *Mus. Lesk. p.* 33. *n.* 711.
Habitat in Europa.

dentatus. 139. El. thorace atro: macula utrinque dentibusque rubris, elytris testaceis: marginibus externis nigris. *Mus. Lesk. p.* 33. *n.* 713.
Habitat in Europa.

capucinus. 140. El. niger, elytris pedibus anticis tibiisque testaceis. *Mus. Lesk. p.* 33. *n.* 718.
β) Elater elytris apice fuscescentibus, pedibus testaceis. *Mus. Lesk. p.* 33. *n.* 714.
Habitat in Europa.

gibbosus. 141. El. testaceus, thorace gibboso obscuro, elytris striatis. *Mus. Lesk. p.* 33. *n.* 720.
Habitat in Europa.

soricinus. 142. El. murinus, thorace gibbo, elytris testaceis, antennis pedibusque ferrugineis. *Mus. Lesk. p.* 33. *n.* 721.
Habitat in Europa.

rufipes. 143. El. niger, elytris striatis, tibiis rufis. *Mus. Lesk. p.* 33. *n.* 723.
β) Elater elytris tibiisque rufescentibus. *Mus. Lesk. p.* 33. *n.* 722.
Habitat in Europa.

funereus. 144. El. testaceus, elytris striatis, capite fusco. *Mus. Lesk. p.* 33. *n.* 724.
Habitat in Europa.

chalybeus. 145. El. nigro-aeneus nitidus, femorum anticorum basi tibiisque rufis. *Mus. Lesk. p.* 33. *n.* 725.
Habitat in Europa.

obscurus. 146. El. ferrugineus, capite thoraceque fuscis, hoc posterius, elytris pedibusque testaceis. *Mus. Lesk. p.* 33. *n.* 726.
Habitat in Europa.

147. El.

fuliginosus. 147. El. piceus subpubescens, antennis, pedibus elytrisque testaceis: his margine fuscis. *Mus. Lesk. p.* 33. *n.* 728.
Habitat in Europa.

pusillus. 148. El. brunneus, antennarum articulis tribus ultimis lamellatis, elytris levissime striatis pubescentibus. *Mus. Lesk. p.* 33. *n.* 730.
Habitat in Europa, *statura dermestoidis, magnitudine pediculi.*

Limbellus. 149. El. thorace sordide flavo: disco fusco, elytris striatis nigrofuscis: margine omni flavescente. *Swederus nov. act. Stockh.* 8. 1787. 3. *n.* 3. 23.
Habitat ad caput bonae spei, *inter minores.*

210. CICINDELA.

Antennae setaceae.
Palpi sex filiformes: posteriores pilosi.
Mandibula prominens, multidentata.
Oculi prominuli.
Thorax rotundato-marginatus.

* *labio tridentato.*

longicollis. 15. C. cyanea, thorace elongato cylindrico, femoribus ferrugineis. *Fabr. mant. inf.* 1. *p.* 185. *n.* 1.
Habitat in Siam, *magna, elongata.*

grossa. 16. C. nigra, elytris acuminatis: maculis tribus albis. *Fabr. sp. inf.* 1. *p.* 282. *n.* 1. *mant. inf.* 1. *p.* 185. *n.* 2.
Habitat in Coromandel, *maxima.*

cyanea. 17. C. cyanea nitida, ore testaceo. *Fabr. mant. inf.* 1. *p.* 285. *n.* 3.
Habitat in India, *subtus nitidior, antennis fuscis.*

bicolor. 18. C. viridis nitida, elytris obscure cyaneis immaculatis, abdominis margine testaceo. *Fabr. sp. inf.* 1. *p.* 283. *n.* 2. *mant. inf.* 1. *p.* 185. *n.* 4.
Habitat in Italia, *magnitudine et statura campestris.*

campestris. 1. C. viridis, elytris punctis quinque albis. *Fn. suec.* 746.* *Scop. ent. carn.* 181. *Fabr. sp. ins.* 1. *p.* 283. *n.* 3. *mant. ins.* 1. *p.* 185. *n.* 5.
Degeer ins. 4. *p.* 113. *n.* 1. *t.* 4. *f.* 1. Cicindela viridis nitida.
Geoffr. ins. par. 1. *p.* 153. *n.* 27. Buprestis inauratus supra viridis &c.
Mouff. ins. 145. *f. infim.* Cantharis quarta.
Jonst. ins. t. 15. Cantharis Mouffeti minor quarta.
List. loq. 386. *mut. t.* 17. *f.* 12. Scarabaeus viridis &c.
Sulz. hist. ins. t. 5. *f.* 37.
Schaeff. ic. t. 34. *f.* 8 9. *et t.* 228. *f.* 3.
Bergstr. nomencl. 1. *p.* 15. *n.* 8-11. *t.* 2. *f.* 8-11.
Habitat in Europae *campis arenosis.*

hybrida. 2. C. subpurpurascens, elytris fascia lunulisque duabus albis. *Fn. suec.* 747.* *Scop. ent. carn.* 183. *Fabr. sp. ins.* 1. *p.* 283. *n.* 4. *mant. ins.* 1. *p.* 185. *n.* 6.
Degeer ins. 4. *p.* 115. *n.* 3. *t.* 4. *f.* 8. Cicindela maculata.
Schaeff. elem. t. 43.
icon. t. 35. *f.* 10.
Bergstr. nomencl. 1. *p.* 26. *t.* 4. *f.* 5.
Habitat in Europae *sabulosis.*

capensis. 3. C. subaenea, elytris albis: linea fusca triramosa. *Mus. Lud. Ulr.* 84.* *Fabr. sp. ins.* 1. *p.* 285. *n.* 10. *mant. ins.* 1. *p.* 186. *n.* 14.
Degeer ins. 7. *t.* 47. *f.* 3.
Voet. coleopt. t. 40. *f.* 5.
Sulz. hist. ins. t. 6. *f.* 11.
Herbst apud Fuessli arch. ins. 5. *t.* 27. *f.* 14?
Habitat ad caput bonae spei, *et in* Galabria.

germanica. 4. C. cuprea, elytris viridibus puncto lunulaque apicum albis. *Scop. ent. carn.* 182. *Fabr. sp. ins.* 1. *p.* 285. *n.* 11. *mant. ins.* 1. *p.* 186. *n.* 15.
Schreb. ins. 10. *n.* 5. Cicindela obscurior viridis, elytris punctis quatuor lineolaque albis.

Geoffr.

Cicindelae *in locis petrosis, aridis, praesertim arenosis, habitant, insectorum aliorum, larvarum quoque, etiam hirsutarum tigrides: larva mollis, alba, longa, hexapus, in foraminibus cylindricis sub terra latet, famelia prodiens insectis praetereuntibus inhians, mandibula forcipata arripiens, et in foveam trahens, in qua etiam declaratur.*

Geoffr. inf. par. 1. *p.* 155. *n.* 29. Buprestis inauratus supra fusco-viridis, coleoptris punctis sex albis.
Poda inf. 42. *n.* 3.
Gron. zooph. 167.
Habitat in Germaniae *arenosis, campestri simillima, sed triplo minor, colore viridi, nigro et caeruleo varians.*

tuberculata. 19. C. thorace fusco bituberculato, elytris fusco viridique variis: margine tridentato albo. *Fabr. sp. inf.* 1. *p.* 285. *n.* 12. *mant. inf.* 1. *p.* 186. *n.* 16.
Habitat in nova Seelandia.

unipunctata. 20. C. subpurpurascens, labio elytrisque puncto albo. *Fabr. sp. inf.* 1. *p.* 285. *n.* 13. *mant. inf.* 1. *p.* 186. *n.* 17.
Habitat in America.

sexpunctata. 21. C. viridi-aenea, elytrorum disco obscuriore: punctis tribus albis. *Fabr. sp. inf.* 1. *p.* 285. *n.* 14. *mant. inf.* 1. *p.* 186. *n.* 18.
Herbst apud Fuessli arch. inf. 7. *t.* 46. *f.* 1.
Habitat ad littus Malabaricum.

quadrilineata. 22. C. viridi-aenea, elytris obscuris: margine lineaque media albis. *Fabr. sp. inf.* 1. *p.* 285. *n.* 15. *mant. inf.* 1. *p.* 186. *n.* 19.
Herbst apud Fuessli arch. inf. 5. *t.* 27. *f.* 15.
Habitat in India, *magnitudine sexpunctatae.*

biramosa. 23. C. obscure aenea, elytrorum margine biramoso albo. *Fabr. sp. inf.* 1. *p.* 286. *n.* 16. *mant. inf.* 1. *p.* 186. *n.* 20.
Thunb. nov. inf. sp. 1. *p.* 26. *f.* 40. Cicindela (tridentata) purpurascenti-aenea, elytris linea marginali tridentata.
Herbst apud Fuessli arch. inf. 5. *p.* 115. *n.* 7. *t.* 27. *f.* 16.
Habitat in India.

sexguttata. 24. C. viridis nitida, elytris punctis tribus marginalibus albis. *Fabr. sp. inf.* 1. *p.* 286. *n.* 17. *mant. inf.* 1. *p.* 186. *n.* 21.
Herbst apud Fuessli arch. inf. 5. *t.* 27. *f.* 17.
Habitat in Virginia, *labio superiori flavo.*

Catena. 25. C. viridi-aenea, elytris albidis: punctis sex viridibus concatenatis. *Fabr. sp. inf.* 1. *p.* 286. *n.* 18. *mant. inf.* 1. *p.* 187. *n.* 22.
Thunb. nov. inf. sp. 2. *t.* 1. *f.* 41-43. Cicindela viridi-aenea, elytris linea flava triramosa.
Habitat in India.

marginata. 26. C. viridis, elytris margine fascia undata punctisque duobus albis. *Fabr. sp. inf.* 1. *p.* 286. *n.* 19. *mant. inf.* 1. *p.* 187. *n.* 23.
Habitat in Virginia.

octoguttata. 27. C. obscura, elytris punctis quatuor disci lunulisque duabus marginalibus albis. *Fabr. mant. inf.* 1. *p.* 187. *n.* 24.
Habitat in America, *parva.*

trifasciata. 28. C. obscura, elytris strigis tribus albis: secunda flexuosa. *Fabr. sp. inf.* 1. *p.* 286. *n.* 20. *mant. inf.* 1. *p.* 187. *n.* 25.
Habitat in America, *parva, subtus aenea nitida.*

virginata. 5. C. nitida, ore antennis pedibusque testaceis. *Fabr. sp. inf.* 1. *p.* 286. *n.* 21. *mant. inf.* 1. *p.* 187. *n.* 27.
Habitat in Virginia, *carolinae similis, violacea.*

carolina. 6. C. viridis nitida, elytrorum apicibus, ore, antennis pedibusque flavis. *Amoen. ac.* 6. *p.* 395. *n.* 23. *Fabr. sp. inf.* 1. *p.* 286. *n.* 21. *mant. inf.* 1. *p.* 187. *n.* 26.
Gron. zooph. 576.*
Degeer inf. 4. *p.* 120. *n.* 2. *t.* 17. *f.* 24.
Habitat in Carolina.

cayennensis. 29. C. supra fusca, subtus cyanea, ano tibiisque posterioribus testaceis. *Fabr. mant. inf.* 1. *p.* 187. *n.* 28.
Habitat in Cayenna, *magnitudine carolinae.*

aequinoctialis. 7. C. flava, elytris fasciis duabus nigris latis. *Amoen. ac.* 6. *p.* 395. *n.* 6. *Fabr. sp. inf.* 1. *p.* 287. *n.* 13. *mant. inf.* 1. *p.* 187. *n.* 29.
Habitat in Surinamo.

sylvatica. 8. C. nigra, elytris fascia undata punctisque duobus albis. *Fn. suec.* 748.* *Fabr. sp. inf.* 1. *p.* 284. *n.* 5. *mant. inf.* 1. *p.* 185. *n.* 7.
Fn. suec. 1. *n.* 549. Cicindela atra, coleoptris maculis sex fasciaque albis.
Degeer inf. 4. *p.* 114. *t.* 4. *f.* 7. Cicindela supra nigra, subtus viridis nitida &c.
Geoffr. inf. par. 1. *p.* 155. *n.* 28. Buprestis inauratus supra fusco-viridis &c.
Petiv. gazoph. t. 50. *f.* 5.
Herbst apud Fuessli arch. inf. 5. *t.* 27. *f.* 13.
Habitat in Europae *pinetis.*

littoralis. 30. C. obscure aenea, elytris nigricantibus: punctis sex albidis; baseos lunato medio transverso. *Fabr. mant. inf.* 1. *p.* 185. *n.* 8.
Habitat ad Barbariae *littora, statura sylvaticae.*

tristis. 31. C. nigra, elytris macula media flava. *Fabr. sp. inf.* 1. *p.* 284. *n.* 6. *mant. inf.* 1. *p.* 186. *n.* 9.
Habitat - - -

interrupta. 32. C. elytris fuscis: puncto baseos fasciis tribus interruptis lineolaque apicis flavis. *Fabr. sp. inf.* 1. *p.* 284. *n.* 7. *mant. inf.* 1. *p.* 186. *n.* 10.
Habitat in Sierra Leon Africae.

lunulata. 33. C. nigra, elytris lunulis duabus maculisque duabus albis: anteriore transversa. *Fabr. sp. inf.* 1. *p.* 284. *n.* 8. *mant. inf.* 1. *p.* 186. *n.* 11.
Habitat ad caput bonae spei, *magnitudine et statura hybridae.*

lurida. 34. C. obscura, elytris punctis duobus lunulisque tribus albis: intermedia flexuosa. *Fabr. sp. inf.* 1. *p.* 284. *n.* 9. *mant. inf.* 1. *p.* 186. *n.* 12.
Habitat ad caput bonae spei.

flexuosa. 35. C. obscura elytris punctis quatuor lunulisque tribus albis: intermedia flexuosa. *Fabr. mant. inf.* 1. *p.* 186. *n.* 13.
Habitat ad Hispaniae *littora, luridae proxime affinis.*

maura. 9. C. nigra, elytris punctis sex albis: tertio et quarto parallelo. *Fabr. sp. inf.* 1. *p.* 287. *n.* 24. *mant. inf.* 1. *p.* 187. *n.* 30.
Habitat in Oriente, *statura campestris, fronte alba.*

japonica. 36. C. violacea, elytris basi, apice fasciaque cupreis: punctis duobus fasciaque luteis. *Thunb. nov. inf. sp.* 1. *p.* 25. *f.* 39.
Habitat in Japonia, *magnitudine sylvaticae, subtus e cyaneo et violaceo nitens.*

sexnotata. 37. C. capite virescente, thorace rubro, elytris testaceis: maculis sex nigris. *Lepech. it.* 2. *p.* 203. *t.* 10. *f.* 12.
Habitat in Sibiriae *fluviorum arena.*

austriaca. 38. C. viridis, pectore abdominisque basi subtus rubro-aeneis, elytris margine aureo tenuissimo: punctis aliquot albis. *Schrank Beytr. zur Naturg. p.* 69. §. 17.
Habitat in Austria.

litterata. 39. C. metallica albo-villosa, elytris cupreis: punctis caeruleis striisque argenteis litteras aequantibus. *Sulz. hist. ins. p.* 55. *t.* 6. *f.* 12.
Fuessli Verz. schw. Ins. p. 17. *n.* 338. Cicindela arenaria.
Habitat in Helvetiae *arena.*

danica. 40. C. nigra supra fusco-aenea, elytris striis lateralibus remotis: dorso speculifero. *Müll. zool. dan. prodr. p.* 80. *n.* 865.
Müll. Fn. Fridrichsd. p. 18. *n.* 178. Cicindela orichalcica, dorso speculifero.
Habitat in Dania.

punctata. 41. C. nigra, supra subaenea, elytris striatis: punctis impressis quatuor, pedibus flavo-fuscis. *Müll. zool. dan. prodr. p.* 80 *n.* 867.
Müll. Fn. Fridrichsd. p. 18. *n.* 179.
Habitat in Dania.

chinensis. 42. C. subtus caeruleo-violacea nitida, elytris viridibus: maculis nigris punctisque quatuor albis. *Degeer ins.* 4. *p.* 119. *n.* 1. *t.* 17. *f.* 23.
Habitat in Sina.

caerulea. 43. C. caerulea nitens, ore albo. *Pall. it.* 2. *app. n.* 65.
Habitat in desertis arenosis australibus ad Irtim Sibiriae *positis, fugacissima.*

gracilis. 44. C. nigro-aenea, elytris punctis duobus marginalibus albis: disco posterius rubente. *Pall. it.* 2. *app. n.* 66.
Habitat in Sibiriae *arena ad* Sohulbam *sita, congeneribus gracilior, pedibus longissimis tenuissimis.*

ferruginea. 49. C. ferruginea, pedibus, elytris, capite thoraceque testaceis, hoc utroque posterius, elytrorum fascia undata suturaque viridibus. *Mus. Lesk. p.* 34. *n.* 762.
Habitat in Europae *aquis, coccinellae statura, capite posterius bilobo, labio albo, maxillis nigris, thorace anterius exciso, scutello nullo, elytro utroque striis punctatis* 15, *basi maculis* 3 *margine antico contiguis.*

** *labio rotundato acuminato integro*, Elaphri Fabricii.

atrata. 45. C. tota atra opaca. *Pall. it.* 1. *app. n.* 42.
Habitat in Sibiriae *lacu* Inderiensi, *magnitudine et forma germanicae; an ex hac tribu?*

46. C.

lateola. 46. C. elytris ex fusco viridi-aureis: margine laterali undique late lacteo. *Pall. it.* 2. *app. n.* 41.
Habitat in lacu Sibiriae Inderiensi; *an huic tribui accensenda?*

riparia. 10. C. viridi-aenea, elytris punctis latis excavatis. *Fn. suec.* 741.* *It. oel.* 38. 121. *Fabr. sp. inf.* 1. *p.* 287. *n.* 1. *mant. inf.* 1. *p.* 187. *n.* 1.
Degeer inf. 4. *p.* 117. *n.* 4. *t.* 4. *f.* 9. Cicindela viridi-aenea maculis rotundis excavatis griseo-viridibus.
Geoffr. inf. par. 1. *p.* 156. *n.* 30. Buprestis viridi-aeneus &c.
Lift. loqu. 385. Scarabaeus parvus inauratus.
Sulz. hift. inf. t. 6. *f.* 13.
Schaeff. ic. t. 86. *f.* 4.
Habitat in Europae *humentibus, colore saepius varians.*

flavipes. 11. C. obscure aenea, elytris subnebulosis, pedibus luteis. *Fn. suec.* 750.* *Fabr. sp. inf.* 1. *p.* 287. *n.* 2. *mant. inf.* 1. *p.* 287. *n.* 2.
Degeer inf. 4. *p.* 119. *n.* 6. Cicindela flavipes.
Habitat in Europae *borealis ripis, elytris punctatis.*

rupestris. 12. C. nigra, coleoptris punctis duobus fasciaque ferrugineis. *Fabr. sp. inf. p.* 287. *n.* 3. *mant. inf.* 1. *p.* 188. *n.* 3.
Habitat in Sueciae *rupibus, frequentius sub lichenibus, pediculi majoris magnitudine.*

quadrimaculata. 13. C. nigra, elytris fuscis: maculis duabus pallidis, tibiis rufis. *Fn. suec.* 751.*
Habitat in Europa.

aquatica. 14. C. aenea nitida, capite striato. *Fn. suec.* 752.* *Fabr. sp. inf.* 1. *p.* 288. *n.* 4. *mant. inf.* 1. *p.* 188. *n.* 4.
Schreb. inf. 6. Cicindela pusilla.
Geoffr. inf. par. 1. *p.* 157. *n.* 31. Buprestis fusco-aeneus.
Lift. mut. t. 31. *f.* 13.
Habitat ad Europae *aquas, frequens.*

semipunctata. 47. C. aenea nitida, elytris punctatis, dorso glaberrimo. *Fabr. sp. inf.* 1. *p.* 288. *n.* 5. *mant. inf.* 1. *p.* 188. *n.* 5.
Degeer inf. 4. *p.* 118. *n.* 5. Cicindela striata.
Habitat Halae Saxonum *et* Berolini.

biguttata. 48. C. aenea, elytris nitidis apice flavescentibus. *Fabr. sp. inf.* 1. *p.* 288. *n.* 6. *mant. inf.* 1. *p.* 188. *n.* 6.
Habitat ad Norwegiae *aquas.*

211. BUPRESTIS.

Antennae filiformes, serratae, longitudine thoracis.

Palpi quatuor filiformes: articulo ultimo obtuso truncato.

Caput dimidium intra thoracem retractum.

unidentata. 31. B. elytris unidentatis aeneis: margine aureo. *Fabr. sp. inf.* 1. *p.* 273. *n.* 1. *mant. inf.* 1. *p.* 175. *n.* 1.
Habitat - - -.

bicolor. 32. B. elytris acuminatis viridi-aeneis: macula flava, pectore abdomineque flavis. *Fabr. sp. inf.* 1. *p.* 273. *n.* 2. *mant. inf.* 1. *p.* 175. *n.* 2.
Habitat in America *meridionali.*

gigantea. 1. B. elytris bidentatis rugosis, thorace laevi, corpore inaurato. *Mus. Lud. Ulr.* 85.* *Fabr. sp. inf.* 1. *p.* 273. *n.* 3. *mant. inf.* 1. *p.* 176. *n.* 3.
Degeer inf. 4. *p.* 134. *n.* 1. Buprestis gigantea.
Scop. ann. hist. nat. 5. *p.* 108. *n.* 84. Mordella gigantea.
Sloan. jam. 2. *p.* 210. *t.* 236. *f.* 1. 2. Cantharis maxima, elytris cuprei coloris sulcatis.
Grew mus. 165. *t.* 13. Cerambyx Indiae orientalis maximus.
Petiv. gaz. t. 147. *t.* 16. 17.
Merian. surin. t. 50. *f. infim.*
Seb. mus. 3. *t.* 84. *f.* 12.
Sulz. hist. inf. t. 6. *f.* 38.
Herbst apud Fuessli arch. inf. 5. *t.* 28. *f.* 1.
Habitat in America *et* Asia.

vittata. 33. B. elytris bidentatis punctatis: lineis elevatis quatuor, viridi-aenea: vitta lata aurea. *Fabr. sp. inf.* 1. *p.* 274. *n.* 4. *mant. inf.* 1. *p.* 176. *n.* 4.
Sulz. hist. inf. t. 6. *f.* 14.
Habitat in India.

fastuosa. 34. B. elytris truncatis bidentatis punctato-striatis viridibus, dorso aureo. *Fabr. sp. inf.* 1. *p.* 274. *n.* 5. *mant. inf.* 1. *p.* 176. *n.* 5.
Habitat in America *septentrionali.*

35. B.

Larvae *buprestis in ligno nidulantur.*

punctatiſſima. 35. B. elytris bidentatis cupreis: punctis violaceis numeroſis.
Fabr. ſp. inſ. 1. p. 274. n. 6. mant. inſ. 1. p. 176. n. 6.
Habitat in Sierra Leon Africae.

berolinenſis. 36. B. elytris bidentatis viridi nigroque variis, ano tridentato.
Fabr. mant. inſ. 1. p. 176. n. 7.
Herbſt Beſchr. der berl. Naturf. Fr. 4. t. 7. f. 5. et apud Fueſſli arch. inſ. 5. t. 28. f. 5.
Pall. ic. inſ. roſſ. 2. t. D. *f.* 10.
Habitat in Germania, *ſtatura et magnitudine obſcurae.*

corufca. 37. B. aenea nitidiſſima, elytris bidentatis apice abdomineque aureis. *Fabr. mant. inſ. 1. p. 176. n. 8.*
Habitat in Jamaica, *vittata minor, antennis cyaneis.*

decora. 38. B. elytris truncatis bidentatis viridibus: vitta caeruleſcente marginibusque aureis. *Fabr. ſp. inſ. 1. p. 274. n. 7. mant. inſ. 1. p. 176. n. 9.*
Habitat in America.

lurida. 39. B. obſcura, elytris bidentatis, ano tridentato. *Fabr. ſp. inſ. 1. p. 274. n. 8. mant. inſ. 1. p. 176. n. 10.*
Habitat in America.

obſcura. 40. B. obſcure aenea: punctis elevatis obſcurioribus, elytris bidentatis. *Fabr. ſp. inſ. 1. p. 274. n. 9. mant. inſ. 1. p. 176. n. 11.*
Habitat in America *boreali, parva, ſubtus nitida, cuprea.*

punctata. 41. B. aenea, capite abdomineque teſtaceo-maculatis, elytris ſubbidentatis ſtriatis. *Fabr. mant. inſ. 1. p. 176. n. 12.*
Habitat in Barbaria, *mediae magnitudinis.*

faſciata. 42. B. elytris bidentatis viridi-aeneis apice cyaneis: faſciis duabus ferrugineis. *Fabr. mant. inſ. 1. p. 177. n. 13.*
Habitat in America *boreali, magnitudine punctatae, viridi-aenea, antennis nigris.*

rauca. 43. B. obſcure aenea immaculata, elytris bidentatis ſubſtriatis. *Fabr. mant. inſ. 1. p. 177. n. 14.*
Habitat in Barbaria, *parva.*

ſtriata. 44. B. elytris truncatis ſubbidentatis cupreis: lineis elevatis quatuor. *Fabr. ſp. inſ. 1. p. 274. n. 10. mant. inſ. 1. p. 177. n. 15.*
Habitat in Penſylvania.

rutilans. 45. B. elytris tridentatis viridibus nigro-maculatis: margine aureo. *Fabr. ſp. inſ.* 1. *p.* 274. *n.* 11. *mant. inſ.* 1. *p.* 177. *n.* 16.
Jacquin miſcell. auſtr. 2. *t.* 23. *f.* 2. Bupreſtis faſtuoſa.
Habitat in Auſtria.

octogut-tata. 2. B. elytris faſtigiatis muticis: maculis quatuor albis, corpore caeruleo. *Fn. ſuec.* 753. *it. ſcan.* 23. *Uddm. diſſ.* 42.
Fabr. ſp. inſ. 1. *p.* 278. *n.* 32. *mant. inſ.* 1. *p.* 180. *n.* 48.
Bupreſtis elytris integris: maculis quatuor albis, corpore caeruleo.
Degeer inſ. 4. *p.* 132. *n.* 5. *t.* 4. *f.* 20. Bupreſtis albo-punctata.
Geoffr. inſ. par. 1. *p.* 126. *n.* 2. Cucujus viridi-aeneus: punctis quatuor impreſſis.
Schaeff. ic. t. 31. *f.* 1. *et. t.* 204. *f.* 4.
Herbſt apud Fueſſli arch. inſ. 5. *t.* 28. *f.* 7. a. b.
β) Bupreſtis ſexpunctata? *Lepech. it.* 2. *t.* 10. *f.* 10.
Habitat in Europae *nemoribus*, β) *in arena fluviorum* Sibiriae.

ignita. 3. B. elytris ſerratis, thorace impreſſo, corpore inaurato, tibiis teretibus. *Muſ. Lud. Ulr.* 86.*
Fabr. ſp. inſ. 1. *p.* 274. *n.* 12. *mant. inſ.* 1. *p.* 177. *n.* 17.
Bupreſtis elytris dentatis, thorace impreſſo, corpore inaurato.
Grew muſ. 166. *t.* 13. Beetle.
Kaempf. jap. 1. *p.* 132. *t.* 10. *f.* 7.
Pet. gaz. t. 20. *f.* 8.
Sulz. hiſt. inſ. t. 6. *f.* 14.
Herbſt apud Fueſſli arch. inſ. 5. *t.* 28. *f.* 3.
Habitat in America *auſtrali*, India *et* Sina.

lineata. 46. B. elytris truncatis ſubtridentatis nigro-aeneis: vittis duabus fulvis. *Fabr. ſp. inſ.* 1. *p.* 275. *n.* 13. *mant. inſ.* 1. *p.* 177. *n.* 18.
Habitat in America *meridionali*.

ocellata. 47. B. viridi-nitens, elytris tridentatis: maculis duabus aureis ocellarique flava. *Fabr. ſp. inſ.* 1. *p.* 275. *n.* 14. *mant. inſ.* 1. *p.* 177. *n.* 19.
Sulz. hiſt. inſ. t. 6. *f.* 15.
Habitat in America *auſtrali et* India.

aeroſa. 48. B. elytris tridentatis, corpore aeneo immaculato. *Fabr. ſp. inſ.* 1. *p.* 275. *n.* 15. *mant. inſ.* 1. *p.* 177. *n.* 20.
Habitat in Coromandel, *minor*.

49. B.

maculata. 49. B. elytris tridentatis cyaneis flavo-maculatis. *Fabr. ſp. inſ. 1. p. 275. n. 16. mant. inſ. 1. p. 177. n. 21.*
Habitat in Sibiria, *mediae magnitudinis, ſubtus aenea, capite cyaneo.*

maculoſa. 50. B. elytris truncatis ſtriatis dentatis nigris: maculis quatuor flavis. *Fabr. mant. inſ. 1. p. 177. n. 22.*
Deger inſ. 4. p. 137. n. 6. et Herbſt apud Fueſſli arch. inſ. 5. p. 118. n. 8. t. 28. f. 8. Bupreſtis flavo-punctata.
Habitat in Suecia, *mediae magnitudinis; capite et abdomine aeneo-nigro; pedibus et thorace nigris, hujus margine flavo.*

ſtricta. 4. B. elytris ſerratis ſulcatis, tibiis angulatis, abdomine glabro. *Muſ. Lud. Ulr. 87.**
Habitat in America *auſtrali, et* India.

ſternicornis. 5. B. elytris ſerrato-tridentatis, thorace punctato, ſterno porrecto, corpore inaurato. *Muſ. Lud. Ulr. 88.**
Fabr. ſp. inſ. 1. p. 275. n. 17. mant. inſ. 1. p. 178. n. 23. Bupreſtis elytris ſerrato-tridentatis viridibus: punctis cinereis impreſſis, ſterno porrecto conico.
Grew muſ. 167. t. 13. Carabus orientalis craſſus.
Mouff. inſ. 160. f. inf.
Herbſt apud Fueſſli arch. inſ. 7. t. 46. f. 2.
Habitat in India *et* America.

Chryſis. 51. B. elytris ſerrato-tridentatis caſtaneis, ſterno conico porrecto. *Fabr. ſp. inſ. 1. p. 275. n. 18. mant. inſ. 1. p. 178. n. 24.*
Degeer inſ. 4. p. 136. n. 2. t. 17. f. 25. Bupreſtis viridi aurata. &c.
Herbſt apud Fueſſli arch. inſ. 5. t. 28. f. 2.
Schroet. Abh. t. 2. f. 3. Bupeſtris ſplendida.
Habitat in India, Sina, *an ſatis diſtincta a ſternicorni?*

violacea. 52. B. elytris, truncato-quadridentatis violaceis, corpore elongato cyaneo. *Fabr. mant. inſ. 1. p. 178. n. 25.*
Habitat in Sierra Leon Africae, *immaculata.*

aegyptiaca. 53. B. elytris ſerratis ſulcatis, corpore depreſſo obſcuro. *Fabr. ſp. inſ. 1. p. 276. n. 19. mant. inſ. 1. p. 178. n. 26.*
Habitat in Aegypto.

mariana. 6. B. elytris ſerratis longitudinaliter rugoſis: maculis duabus impreſſis, thorace ſulcato. *Muſ. Lud. Ulr. 89.* Fn. ſuec.*

ſuec. 754.* *Fabr. ſp. inſ.* 1. *p.* 276. *n.* 20. *mant. inſ.* 1. *p.* 178. *n.* 27.
Fn. ſuec. 557. Bupreſtis aeneo-nitida ſupra cinerea, coleoptris apice attenuatis.
Degeer inſ. 4. *p.* 128. *n.* 1. *t.* 4. *f.* 18. Bupreſtis nitida ſupra fuſco-aenea, ſubtus rubro-cuprea &c.
Pet. gaz. t. 2. *f.* 2. Cantharis marianus.
Schaeff. ic. t. 49. *f.* 1.
Herbſt apud Fueſſli arch. inſ. 5. *t.* 28. *f.* 4.
Habitat in Europa, *et boreali* America.

farinoſa. 54. B. elytris ſerratis viridibus: ſulco abbreviato ſuturali impreſſo. *Fabr. ſp. inſ.* 1. *p.* 276. *n.* 21. *mant. inſ.* 1. *p.* 178. *n.* 28.
Habitat in nova Hollandia.

fulminans. 55. B. aeneo nitidiſſima, elytris ſerratis apice aureis. *Fabr. mant. inſ.* 1. *p.* 178. *n.* 29.
Habitat in India *magna.*

cyanipes. 56. B. elytris ſerratis ſtriatis viridi-aeneis, thorace plano caeruleo. *Fabr. mant. inſ.* 1. *p.* 178. *n.* 30.
Habitat in America *meridionali, marianae magnitudine.*

modeſta. 57. B. elytris ſerratis corpore obſcurioribus: maculis tribus impreſſis aureis. *Fabr. ſp. inſ.* 1. *p.* 276. *n.* 22. *mant. inſ.* 1. *p.* 178. *n.* 31.
Habitat in Braſilia, *farinoſae magnitudine.*

blanda. 58. B. elytris attenuatis ſerratis ſulcatis viridi-aeneis: ſulcis cupreis. *Fabr. ſp. inſ.* 1. *p.* 276. *n.* 23. *mant. inſ.* 1. *p.* 178. *n.* 32.
Habitat in America *meridionali, mediae magnitudinis.*

aurata. 59. B. aurea, elytris ſerratis, thorace aeneo. *Fabr. mant. inſ.* 1. *p.* 178. *n.* 33.
Habitat in America, *magna.*

tripunctata. 60. B. elytris ſerratis ſtriatis cupreis punctis tribus impreſſis aureis. *Fabr. mant. inſ.* 1. *p.* 179. *n.* 39.
Habitat in America *meridionali, ſtatura blandae.*

elegans. 61. B. aenea nitida, elytris ſerratis, thoracis lineis duabus elytrorumque unica aureis. *Fabr. ſp. inſ.* 1. *p.* 277. *n.* 24. *mant. inſ.* 1. *p.* 179. *n.* 35.
Habitat ad caput bonae ſpei.

chryſo-ſtigma. 7. B. elytris ſerratis longitudinaliter ſulcatis: maculis duabus aureis impreſſis, thorace punctato. *Fn. ſuec.* 755.* *Fabr. ſp. inſ.* 1. *p.* 277. *n.* 26. *mant. inſ.* 1. *p.* 179. *n.* 39.
Fn. ſuec. 1. *n.* 556. Bupreſtis fuſco-aenea, elytris maculis aeneis impreſſis.
Degeer inſ. 4. *p.* 129. *n.* 3. Bupreſtis fuſca.
Geoffr. inſ. par. 1. *p.* 135. *n.* 1. Cucujus aureus.
Sulz. hiſt. inſ. t. 6. *f.* 39.
Schaeff. elem. t. 31. *f.* 2.
Herbſt apud Fueſſli arch. inſ. 5. *t.* 28. *f.* 6.
Habitat in Europa.

dorſata. 62. B. obſcure aenea, elytris ſerratis, abdominis dorſo aureo, ano bidentato. *Fabr. mant. inſ.* 1. *p.* 179. *n.* 38.
Habitat in America *meridionali, chryſoſtigmate minor.*

impreſſa. 63. B. elytris ſerratis laevibus aeneis: punctis tribus impreſſis. *Fabr. ſp. inſ.* 1. *p.* 277. *n.* 27. *mant. inſ.* 1. *p.* 179. *n.* 40.
Habitat in America *auſtrali et* India, *modeſtae affinis, at duplo minor.*

ornata. 64. B. elytris ſerratis obſcuris albo-maculatis. *Fabr. ſp. inſ.* 1. *p.* 277. *n.* 28. *mant. inſ.* 1. *p.* 180. *n.* 41.
Habitat in Penſylvania.

taeniata. 65. B. cinereo-villoſa, elytris ſerratis nigris: faſciis duabus ferrugineis. *Fabr. mant. inſ.* 1. *p.* 180. *n.* 42.
Habitat in Europa *magis auſtrali, parva, antennis nigris.*

cayennenſis. 66. B. viridi-aenea, elytris ſerratis atris: faſciis tribus lineolaque apicis viridibus, capite thoraceque fuſco maculatis. *Fabr. mant. inſ.* 1. *p.* 180. *n.* 43.
Habitat in Cayenna, *parva, antennis nigris.*

cylindrica. 67. B. elytris ſerratis ſtriatis, thorace villoſo, corpore cylindrico nigro. *Fabr. ſp. inſ.* 1. *p.* 277. *n.* 29. *mant. inſ.* 1. *p.* 180. *n.* 44.
Habitat in Oriente.

ſcabra. 68. B. elytris integris, fronte ſulcata, corpore ſcabro aureo. *Fabr. ſp. inſ.* 1. *p.* 277. *n.* 30. *mant. inſ.* 1. *p.* 180. *n.* 45.
Habitat in America *auſtrali et* India.

Trochilus. 69. B. aurea nitidiſſima, dorſo elytris integris pedibusque viridibus. *Fabr. ſp. inſ.* 1. *p.* 278. *n.* 31. *mant. inſ.* 1. *p.* 180. *n.* 46.
Habitat in Auſtria.

decastigma. 70. B. elytris integris elevato-striatis fuscis: punctis quinque flavis. *Fabr. mant. inf.* 1. *p.* 180. *n.* 47.
Habitat in Austria, *statura chrysostigmatis.*

rustica. 8. B. elytris striatis fastigiatis, thorace punctato. *Fn. suec.* 756.*
Fn. suec. 1. *n.* 555. Buprestis viridi-aenea immaculata.
Fabr. sp. inf. 1. *p.* 279. *n.* 40. *mant. inf.* 1. *p.* 181. *n.* 57.
Buprestis elytris emarginatis striatis obscure aeneis.
Degeer inf. 4. *p.* 130. *n.* 4. *t.* 4. *f.* 10. Buprestis violacea.
Scop. ent. carn. n. 188. Mordella rustica.
Geoffr. inf. par. 1. *p.* 126. *n.* 3. Cucujus viridi-auratus oblongus.
Schaeff. ic. t. 2. *f.* 1.
Herbst apud Fuessli arch. inf. 7. *p.* 174. *n.* 28.
Habitat in Europae *nemoribus.*

canaliculata. 71. B. obscura, elytris integris, abdomine subtus canaliculato: ano quadridentato. *Fabr. mant. inf.* 1 *p.* 181. *n.* 58.
Habitat in Africa *aequinoctiali, magnitudine rusticae.*

acuminata. 72. B. elytris integris attenuato-acuminatis obscuris, corpore cupreo. *Fabr. mant. inf.* 1. *p.* 181. *n.* 59.
Pall. ic. inf. ross. 2. *t.* D. *f.* 10.
Habitat in Russia *meridionali, statura rusticae.*

plebeja. 73. B. elytris emarginatis cupreis fusco maculatis. *Fabr. sp. inf. p.* 280. *n.* 41. *mant. inf.* 1. *p.* 182 *n.* 60.
Habitat in India.

tranquebarica. 74. B. nigra obscura, elytris integerrimis, thorace macula baseos utrinque impressa. *Fabr. mant. inf.* 1. *p.* 182. *n.* 61.
Habitat Tranquebariae, *statura rusticae.*

lugubris. 75. B. elytris integris obscuris nigro-scabris, corpore subtus cupreo. *Fabr. sp. inf.* 1. *p.* 280. *n.* 42. *mant. inf.* 1. *p.* 182. *n.* 62.
Pall. ic. inf. ross. 2. *t.* D. *f.* 11. Buprestis oxyptera.
Herbst apud Fuessli arch. inf. 5. *t.* 28. *f.* 14.
Habitat in Austria *et* Ungaria.
Feminae *aculus brevis serratus ani.*

cariosa. 76. B. atra, elytris integris: atomis albis, thorace varioloso. *Fabr. mant. inf.* 1. *p.* 182. *n.* 63. *Pall. it.* 3. *app. p.* 708. *n.* 52. *ic. inf. ross.* 2. *t.* D. *f.* 6.
Habitat in Russia *magis australi, statura B. tenebrionis, at duplo major.*

77. B.

undata. 77. B. viridi-aenea, elytris integris apice obscuris: strigis undatis albis. *Fabr. mant. inf.* 1. *p.* 182. *n.* 64.
Habitat in Germania, *B. rubi major.*

austriaca. 9. B. elytris striatis aeneis bidentatis, capite thoraceque viridibus, abdomine violaceo.
Fabr. sp. inf. 1. *p.* 279. *n.* 36. *mant. inf.* 1. *p.* 181. *n.* 53. Buprestis elytris integris sulcatis aeneis, capite thoraceque viridibus.
Scop. ent. carn. n. 187. Mordella gigantea.
Habitat Idriae, *magnitudine rusticae.*

sibirica. 78. B. elytris integerrimis atris: vittis duabus cinereo-tomentosis impressis. *Fabr. sp. inf.* 1. *p.* 279. *n.* 37. *mant. inf.* 1. *p.* 181. *n.* 54.
Herbst apud Fuessli arch. inf. 5. *t.* 28. *f.* 11.
Habitat in Sibiria, *mediae magnitudinis, latiuscula, scabra, subtus cinereo-villosa.*

splendens. 79. B. elytris integris viridibus: margine omni aureo lineisque tribus elevatis. *Fabr. sp. inf.* 1. *p.* 279. *n.* 37. *mant. inf.* 1. *p.* 181. *n.* 55.
Habitat in Sina.

fusca. 80. B. subtus aenea, elytris integris obscure fuscis, abdomine punctis lateralibus fulvis. *Fabr. sp. inf.* 1. *p.* 279. *n.* 38. *mant. inf.* 1. *p.* 181. *n.* 56.
Habitat ad caput bonae spei, *fusca, magnitudine et statura splendentis.*

aurulenta. 10. B. elytris fastigiatis bidentatis viridibus margine corporeque auratis, thorace subpunctato.
Habitat in Carolina, *oblonga, angusta.*

Tenebrionis. 11. B. atra, elytris integris lineato-punctatis, thorace varioloso dilatato. *Fn. suec.* 761.* *Fabr. sp. inf.* 1. *p.* 280. *n.* 43. *mant. inf.* 1. *p.* 182. *n.* 65.
Sulz. hist. inf. t. 6. *f.* 16.
Herbst apud Fuessli arch. inf. 5. *t.* 28. *f.* 15.
Habitat in Europa, Africa.

fascicularis. 12. B. elytris integerrimis striatis: punctis fasciculato-villosis, corpore inaurato hirsuto. *Mus. Lud. Ulr.* 90.* *Gron. zooph.* 493.* *Fabr. sp. inf.* 1. *p.* 278. *n.* 33. *mant. inf.* 1. *p.* 180. *n.* 49.

Seb. muſ. 2. *p.* 22. *t.* 20. *f.* 5. Scarabaeus amboinenſis.

Pet. gaz. 4. *t.* 13. *f.* 5. Scarabaeus viridis aureus, pupillis pilis albis obtuſis undique hirtus.

Sulz. hiſt. inſ. t. 6. *f.* 4.

Degeer inſ. p. 7. *t.* 47. *f.* 6.

Herbſt apud Fueſſli arch. inſ. 5. *t.* 28. *f.* 9.

Habitat ad caput bonae ſpei, *rarius nigra, faſciculis pilo-* *rum nunc flavis, nunc fulvis.*

variola- ris.
81. B. elytris integris obſcuris : punctis impreſſis numeroſis, thorace carinato. *Pall. it.* 1. *p.* 464. *n.* 37. *ic. inſ. roſſ.* 2. *t.* D. *f.* 2. *Fabr. ſp. inſ.* 1. *p.* 278. *n.* 34. *mant. inſ.* 1. *p.* 181. *n.* 50.

Herbſt apud Fueſſli arch. inſ. 5. *t.* 28. *f.* 10.

Habitat in Ruſſiae *onopordo et echinopode, ſcabra, nigra, ſubtus hirta, magnitudine et ſtatura faſcicularis.*

Onopor- di.
82. B. elytris integris cupreis : ſulcis punctisque numeroſis al- bo-villoſis, thorace ſcabro. *Fabr. mant. inſ.* 1. *p.* 181. *n.* 51.

Habitat in Hiſpaniae *onopordo, aenea, nitida, albo-villoſa, faſciculari paulo minor.*

hirta.
13. B. hirta, elytris integerrimis, pedibus ferrugineis. *Muſ. Lud. Ulr.* 91.* *Fabr. ſp. inſ.* 1. *p.* 278. *n.* 35. *mant. inſ.* 1. *p.* 181. *n.* 52.

Habitat in Africa, *colore varians.*

rubi.
14. B. cylindrica nigra, elytris faſciis cinereis undulatis. *Fabr. ſp. inſ.* 1. *p.* 280. *n.* 44. *mant. inſ.* 1. *p.* 182. *n.* 66.

Habitat in Europae *magis auſtralis rubo, cichoreo.*

deaurata.
83. B. ſupra obſcure viridis, elytrorum margine aureo. *Fabr. mant. inſ.* 1. *p.* 182. *n.* 67.

Habitat Halae Saxonum, *mediae magnitudinis, cuprea, an- tennis nigris.*

nitidula.
15. B. elytris integerrimis, thorace marginato utrinque de- preſſo, corpore viridi nitido. *Fn. ſuec.* 757.* *Fabr. ſp. inſ.* 1. *p.* 282. *n.* 58. *mant. inſ.* 1. *p.* 184. *n.* 57.

Schaeff. ic. t. 50. *f.* 7.

Herbſt apud Fueſſli arch. inſ. 5. *t.* 28. *f.* 20.

Habitat in Europa *boreali.*

laeta. 84. B. elytris integris viridibus, capite thoraceque aureis.
 Fabr. ſp. inſ. I. *p.* 282. *n.* 59. *mant. inſ.* I. *p.* 184. *n.* 88.
 Habitat Halae Saxonum, *an varietas nitidulae?*

ſalicis. 85. B. viridis nitens, elytris integerrimis aureis baſi viridibus.
 Fabr. ſp. inſ. I. *p.* 282. *n.* 60. *mant. inſ.* I. *p.* 184. *n.* 89.
 Schranck inſ. auſtr. p. 195. *n.* 365. Bupreſtis elegantulus.
 Schaeff. ic. t. 31. *f.* 12.
 Herbſt apud Fueſſli arch. inſ. 7. *t.* 46. *f.* 5. a. b.
 Habitat in Germaniae *ſalice.*

cyanea. 86. B. elytris integerrimis rugoſis, corpore cyaneo. *Fabr.*
 ſp. inſ. I. *p.* 282. *n.* 61. *mant. inſ.* I. *p.* 184. *n.* 91.
 Habitat Halae Saxonum *et* Berolini.

diſcoidea. 87. B. aenea villoſa, elytris integris: diſco teſtaceo. *Fabr.*
 mant. inſ. I. *p.* 184. *n.* 90.
 Habitat in Barbariae *umbellatis, parva.*

bimacula- 16. B. elytris integerrimis ſtriatis : macula rubra, corpore
ta. fuſco-viridi. *Muſ. Lud. Ulr.* 92.* *Fabr. ſp. inſ.* I. *p.* 280.
 n. 45. *mant. inſ.* I. *p.* 182. *n.* 68.
 Sulz. hiſt. inſ. p. 17. *t.* 6. *f.* 15.
 Habitat in India.

quadri- 88. B. viridis, thorace poſterius, elytrisque integris maculis
maculata. duabus aureis. *Fabr. ſp. inſ.* I. *p.* 280. *n.* 46. *mant. inſ.*
 I. *p.* 181. *n.* 69.
 Habitat in India.

novem- 17. B. elytris integerrimis : maculis tribus longitudinalibus,
maculata. fronte thoracisque lateribus luteis.
 Fabr. ſp. inſ. I. *p.* 282. *n.* 62. Bupreſtis elytris integerrimis nigris, maculis tribus flavis.
 Sulz. hiſt. inſ. t. 16. *f.* 17?
 Habitat in Barbaria, Calabria, *nigra, oblonga, mediae ma-*
 gnitudinis.

triſtis. 18. B. elytris integerrimis marginatis, corpore cupreo, ab-
 dominis punctis decem nigris. *Muſ. Lud. Ulr.* 93.*
 Fabr. ſp. inſ. I. *p.* 280. *n.* 47. *mant. inſ.* I. *p.* 183. *n.* 70.
 Habitat in America *auſtrali et* India.

aenea. 19. B. elytris emarginatis : punctis excavatis cicatricantibus
 apice ſtriatis. *Fn. ſuec.* 758.*
 Habitat in Europa.

cuprea. 20. B. elytris integerrimis, thoracis lateribus ſcabris, ſcutello tuberculari, corpore cupreo laevi. *Muſ. Lud. Ulr.* 94.* *Fabr. ſp. inſ.* 1. *p.* 280. *n.* 48. *mant. inſ.* 1. *p.* 183. *n.* 71.
Habitat in America.

nobilis. 21. B. elytris integerrimis: ſtrigis duabus undatis inauratis, corpore fuſco. *Fabr. ſp. inſ.* 1. *p.* 280. *n.* 49. *mant. inſ.* 1. *p.* 183. *n.* 72.
Habitat in America *auſtrali et* India.

barbarica. 89. B. ſupra aenea, ſubtus cuprea, elytris integerrimis ſubſtriatis. *Fabr. mant. inſ.* 1. *p.* 183. *n.* 73.
Habitat in Barbaria, *parva.*

umbellatarum. 90. B. elytris integerrimis laevibus, corpore obſcure cupreo immaculato. *Fabr. mant. inſ.* 1. *p.* 183. *n.* 74.
Habitat in Barbariae *umbellatis, ſtatura et magnitudine quadripunctatae.*

quadripunctata. 22. B. elytris integerrimis punctatis, thorace punctis quatuor impreſſis, corpore obſcuro. *Fn. ſuec.* 759. *Fabr. ſp. inſ.* 1. *p.* 281. *n.* 50. *mant. inſ.* 1. *p.* 183. *n.* 75.
Degeer inſ. 4. *p.* 134. *n.* 8. Bupreſtis ſubviridi-nigra, thorace punctis quatuor impreſſis.
Herbſt apud Fueſſli arch. inſ. 5. *t.* 28. *f.* 17.
Habitat in Europae *floribus, frequens in caltha paluſtri.*

cruciata. 91. B. coleoptris integerrimis aureis: punctis duobus cruceque poſteriore nigris. *Fabr. ſp. inſ.* 1. *p.* 281. *n.* 51. *mant. inſ.* 1. *p.* 183. *n.* 76.
Habitat in nova Hollandia.

manca. 23. B. aurata, thoracis lineis duabus, elytriſque fuſcis. *Syſt. nat.* XII. 2. *add. p.* 1067. *n.* 10.
Fabr. ſyſt. ent. p. 222. *n.* 37. Bupreſtis biſtriata.
Fabr. ſp. inſ. 1. *p.* 281. *n.* 52. *mant. inſ.* 1. *p.* 183. *n.* 77. Bupreſtis elytris integris obſcuris, thorace aureo: ſtriis duabus nigris.
Geoffr. inſ. par. 1. *p.* 127. *n.* 4. Cucujus aeneus &c.
Herbſt apud Fueſſli arch. inſ. 5. *t.* 28. *f.* 18.
Habitat in Gallia *et* Germania.

pygmaea. 92. B. elytris integris cyaneis, capite thoraceque aeneis nitidis. *Fabr. mant. inſ.* 1. *p.* 183. *n.* 78.
Habitat in Barbariae *umbellatis, ſtatura et magnitudine minutae.*

minuta. 24. B. elytris integerrimis transverse rugosis, thorace subtrilobo laevi, corpore ovato nigro. *Fn. suec.* 760.* *Fabr. sp. ins.* 1. *p.* 281. *n.* 53. *mant. ins.* 1. *p.* 183. *n.* 79.
Geoffr. ins. par. 1. *p.* 128. *n.* 6. Cucujus fusco-cupreus triangularis &c.
Herbst apud Fuessli arch. ins. 5. *t.* 28. *f.* 19.
Habitat in Europa.

meditabunda. 93. B. elytris integerrimis fusco-nitidis, capite thoraceque cupreis, corpore aeneo. *Fabr. mant. ins.* 1. *p.* 183. *n.* 80.
Habitat in America *boreali, statura viridis, at paulo major.*

viridis. 25. B. elytris integerrimis sublinearibus punctatis, thorace deflexo, corpore viridi elongato. *Fn. suec.* 762.* *Fabr. sp. ins.* 1. *p.* 281. *n.* 54. *mant. ins.* 1. *p.* 184. *n.* 81.
Degeer ins. 4. *p.* 133. *n.* 6. *t.* 5. *f.* 1. Buprestis viridis.
Geoffr. ins. par. 1. *p.* 127. *n.* 5. Cucujus viridi-cupreus oblongus.
Scop. ent. carn. 190. Mordella serraticornis.
Schaeff. ic. t. 76. *f.* 9.
Herbst apud Fuessli arch. ins. 5. *t.* 28. *f.* 21.
Habitat in Europae *betula alba, foliorum margines exedens, corpore obscuriori et cupreo varians.*

bigutta-ta. 94. B. elytris integerrimis linearibus viridibus: puncto albo, abdomine cyaneo: punctis tribus albis. *Fabr. sp. ins.* 1. *p.* 281. *n.* 55. *mant. ins.* 1. *p.* 184. *n.* 82.
Herbst apud Fuessli arch. ins. 5. *t.* 28. *f.* 22.
Habitat in Angliae *plantis.*

atra. 26. B. elytris integerrimis sublinearibus punctatis, thorace deflexo, corpore atro elongato. *Fabr. sp. ins.* 1. *p.* 282. *n.* 56. *mant. ins.* 1. *p.* 184. *n.* 83.
Habitat in Germania, *viridi proxime affinis.* Schreber.

elata. 95. B. elytris integerrimis linearibus, corpore elongato aureo nitido. *Fabr. mant. ins.* 1. *p.* 184. *n.* 84.
Herbst Schr. der berl. Naturf. Fr. 1. *p.* 99. *n.* 12? Buprestis elongata.
Habitat Berolini *et* Halae Saxonum, *statura atrae, at minor.*

ruficollis. 96. B. nigra, elytris integerrimis linearibus, thorace cupreo. *Fabr. mant. ins.* 1. *p.* 184. *n.* 85.
Habitat in America, *parva, statura elatae.*

festiva. 27. B. elytris integerrimis: maculis sex caeruleis, corpore elongato viridissimo. *Fabr. sp. inf.* 1. *p.* 282. *n.* 54. *mant. inf.* 1. *p.* 184. *n.* 86.
Habitat in Africa, *viridis magnitudine.*

linearis. 28. B. lineari oblonga murino-aenea, thorace posteriore trilobo.
Habitat in America. Rolander.

granularis. 29. B. aeneo-nebulosa, antennis clavatis. *Fn. suec.* 763.*
Habitat in Europa, *an hujus generis?*

depressa. 30. B. elytris subserratis aeneo-ferrugineis nervoso-punctatis, thorace depresso. *Mant.* 2. *p.* 533.
Fabr. sp. inf. 1. *p.* 277. *n.* 25. *mant. inf.* 1. *p.* 179. *n.* 37. Buprestis (porcata) elytris serratis porcatis, thorace angulato, corpore fusco nitido.
Habitat in Oriente.

calcarata. 97. B. elytris bidentatis substriatis, tibiis intermediis dentatis, corpore cupreo. *Schall. Abh. der hall. Naturf. Ges.* 1. *p.* 310.
Herbst Schrif. der berl. Naturf. Fr. 1. *p.* 91. *n.* 2. Buprestis aeruginosa.
Schaeff. ic. t. 35. *f.* 7.
elem. t. 31. *f.* 11.
Habitat in Germania, *statura et magnitudine rusticae, rarior; elytrorum striis quatuor, thoracis unica media ex atro caerulea.*

fuliginosa. 98. B. elytris integerrimis sublinearibus glabris pilosis, thorace deflexo, corpore fuliginoso. *Forst. nov. inf. sp.* 1. *p.* 51. *n.* 51.
Habitat in Anglia, *lecta in floribus crataegi oxyacanthae, magnitudine cantharidis testaceae, antennis moniliformibus, an hujus generis?*

haemorrhoidalis. 99. B. aeneo-nitens, elytris subtridentatis novemsulcatis, abdominis annulo ultimo maculis duabus fulvis. *Herbst Schr. der berl. Naturf. Fr.* 1. *p.* 97. *et apud Fuessli arch. inf.* 5. *t.* 28. *f.* 12.
Habitat Berolini *in sepibus, octoguttatae affinis.*

quercus. 100. B. viridi-nitens, thorace orbiculato: puncto impresso, elytris truncatis costatis. *Herbst Schr. der berl. Naturf. Fr.* 1. *p.* 90. *n.* 1. *et apud Fuessli arch. inf.* 5. *t.* 28. *f.* 13.
Schaeff. ic. t. 35. *f.* 6?

Habitat

Habitat in Germaniae *ligno querno, pollicem fere longa, pedibus caeruleis, antennis nigricantibus.*

hirsuta. 101. B. atra, villosa, elytris fasciculis sparsis villosis flavis, marginalibus rubris. *Herbst apud Fuessli arch. inf. 7. t. 46. f. 4.*
Habitat in America, *fascicularis affinis.*

11maculata. 102. B. cylindrica nigra nitens, frontis macula, thoracis quatuor, elytrorum tribus flavis. *Herbst apud Fuessli arch. inf. 5. t. 28. f. 23.*
Habitat in Ungaria.

sexmaculata. 103. B. cylindrica nigra nitens, capite thoraceque immaculatis, elytrorum maculis tribus flavis. *Herbst apud Fuessli arch. inf. 5. p. 121. n. 24.*
Habitat in Ungaria, *an vere distincta ab 11maculata?*

varicornis. 104. B. nigricans villosa, thorace utrinque lobato, elytris acutis. *Müll. zool. dan. prodr. p. 59. n. 530.*
Habitat in Dania.

acuta. 105. B. nigra, elytris punctatis pone acuminatis, thorace laevi. *Degeer inf. 4. p. 133. n. 7.*
Habitat in Europa, 4 *modo lineas longa.*

naevia. 106. B. atra, thorace albo nigroque vario. *Lepechin it. 1. p. 232. t. 17. f. 7.*
Habitat in Russiae *regno, rusticae affinis.*

picta. 107. B. aenea nitens, elytris violaceo-nigris: maculis symmetricis flavescentibus. *Pall. it. 2. app. n. 46.*
Habitat in regionibus Uralensibus *magis australibus, octoguttatae fere magnitudine.*

inaurata. 108. B. viridi aurea nitidissima, elytris obtusis integerrimis decemstriatis aeneis. *Pall. it. 2. app. n. 45.*
Habitat rarior in regionibus australibus, fluviis Ural *et* Volgae *finitimis, ignitae magnitudine, sed latior.*

tatarica. 109. B. nigra, subtus aenea, elytris laevibus aureis: vitta marginali lineaque margini parallela impressis tomentosis. *Pall. it. 1. app. n. 10.*
Habitat in Tataria, *marianae magnitudine, at brevior, crassior, et congeneribus magis obtusa.*

virginica. 110. B. thorace lato fusco: punctis cupreis, elytris serratis atris: maculis cupreis suturaque metallica. *Drury ins.* 1. *p.* 66. *t.* 30. *f.* 3.
Habitat in Virginia.

nana. 111. B. nigra nitida, elytris caeruleo violaceis nitidissimis. *Degeer ins.* 4. *p.* 137. *n.* 4. *t.* 17. *f.* 27.
Habitat in Surinamo, *pulice vix major.*

marginata. 112. B. elytris integerrimis nigris: margine flavo. *Müll. Fn. Fridrichsd. p.* 18. *n.* 182.
Habitat in Dania; *an distincta species?*

nigra. 113. B. thorace elytrisque nigris, abdomine subtus albo-tomentoso. *Müll. Fn. Fridrichsd. p.* 18. *n.* 183.
Habitat in Dania.

rosacea. 114. B. thorace pone marginato, elytris marginatis apice rotundatis, abdomine supra aeneo fusco.
Scop. ent. carn. n. 190. Mordella rosacea.
Habitat in Carnioliae *floribus*.

ungarica. 115. B. viridissima, subtus fronte et thoracis lateribus rubro-aureis.
Scop. ann. hist. nat. 5. *p.* 104. *n.* 85. Mordella hungarica.
Habitat in Ungaria, *rustica paulo minor, elytris apice rotundatis.*

nebulosa. 116. B. supra nigra, subtus albicans, elytris integerrimis striis tenuissimis punctatisque albidis nebulosis.
Scop. ann. hist. nat. 5. *p.* 104. *n.* 86. Mordella nebulosa.
Habitat in Ungaria, *pedibus nigris.*

bruttia. 117. B. nigra albido punctata, thorace varioloso dilatato albidiore: maculis quinque nitidis nigris.
Petagn. ins. Calabr. p. 22. *n.* 108. *f.* XX.
Habitat in Calabriae lentisco

Stephanelli. 118. B. viridi-aurea nitens, thorace lineis duabus fuscis, elytris integris. *Petagn. ins. Calabr. p.* 23 *n.* 110.
Habitat in Calabriae *monte* tre pizzi, *minor.*

rugosa. 119. B. aenea punctata, thorace scabro: sulco obliquo utrinque impresso, elytris striatis fuscis apice truncatis: rugis impressis interruptis. *Mus. Lesk. p.* 34. *n.* 739.
Habitat - - - -

coccinea. 120. B. fusco-aenea punctata, thorace sulcato, elytris integris coccineis: rugis quatuor nigris, internis ad suturam ramosis. *Mus. Lesk. p.* 34. *n.* 744.
Habitat extra Europam, *thoracis sulcis striis villosis griseis repletis, elytris spatio rugis interjecto punctis concatenatis duplici serie striatis.*

HYDROPHILUS.

Antennae clavatae: clava perfoliata.
Palpi quatuor filiformes.
Pedes posteriores villosi, natatorii, submutici.

piceus. 1. H. niger, sterno canaliculato posterius spinoso. *Fabr. sp. ins.* 1. *p.* 288. *n.* 1. *mant. ins.* 1. *p.* 188. *n.* 1.
Degeer ins. 4. *p.* 371. *n.* 1. *t.* 14. *f.* 1, 2. Hydrophilus ruficornis.
Geoffr. ins. par. 1. *p.* 182. *n.* 1. *t.* 3. *f.* 1. Hydrophilus niger, elytris sulcatis, antennis fuscis.
Syst. nat. XII. 2. *p.* 664. *n.* 1. *Fn. suec.* 764.* *Scop. ent. carn.* 293. Dytiscus antennis perfoliatis, corpore laevi, sterno carinato postice spinoso.
Herbst Besch. der naturf. Berl. Fr. 4. *t.* 7. *f.* 2. Dytiscus hastatus.
Lyonn. Less. t. 1. *f.* 15-17.
Frisch ins. 2. *t.* 6.
Sulz. hist. ins. t. 6. *f.* 8.
Schaeff. el. t. 71.
ic. t. 33. *f.* 1. 2.
Bergstr. nomencl. 1. *t.* 6. *f.* 3. *et t.* 8. *f.* 1. *et t.* 9. *f.* 1.
Habitat in Europa, *nido eminenter mucronato natante.*

olivaceus. 6. H. olivaceus, sterno canaliculato posterius spinoso, coleoptris emarginatis. *Fabr. sp. ins.* 1. *p.* 289. *n.* 2. *mant. ins.* 1. *p.* 188. *n.* 2.
Habitat in Coromandel, *piceo paulo minor.*

caraboides. 2. H. niger nitidus, elytris substriatis. *Fabr. sp. ins.* 1. *p.* 289. *n.* 3. *mant. ins.* 1. *p.* 188. *n.* 3.
Degeer ins. 4. p. 516. *n.* 2. Hydrophilus nigricornis.
Geoffr. ins. par. 1. *p.* 183. *n.* 2. Hydrophilus niger, elytrorum punctis per strias digestis, antennis nigris.

Syst.

Syst. nat. XII. 2. *p.* 664. *n.* 2. *Fn. suec.* 765.* Dytiscus antennis perfoliatis, corpore glabro, striis aliquot recurvis.
Raj. inf. p. 95. *n.* 7. Hydrocantharus niger subrotundus.
Frisch inf. 13. *p.* 24. *t.* 21.
Roes. inf. 2. *aquat.* 1. *t.* 4. *f.* 1. 2.
Sulz. hist. inf. t. 6. *f.* 41.
Schaeff. ic. t. 53. *f.* 10.
Bergstr. nomencl. 1. *t.* 5. *f.* 8. 9. *et* (*larv. pupp.*) *t.* 7. *f.* 8. 9.
Habitat in Europa.

lateralis. 7. H. niger nitidus, thoracis elytrorumque marginibus flavis. *Fabr. sp. inf.* 1. *p.* 289. *n.* 4. *mant. inf.* 1. *p.* 188. *n.* 4.
Habitat in insulis Americae *oppositis.*

scarabaeoides. 3. H. niger, elytris striatis, pedibus piceis. *Fabr. sp. inf.* 1. *p.* 289. *n.* 5. *mant. inf.* 1. *p.* 188. *n.* 5.
Syst. nat. XII. 2. *p.* 664. *n.* 3. Dytiscus ovalis convexus ater laevissimus, antennis filiformibus triarticulatis.
Syst. nat. X. *n.* 56. Scarabaeus (aquaticus) muticus piceus, elytris striatis, antennis flavescentibus filiformibus.
Geoffr. inf. par. 1. *p.* 85. Scarabaeus piceus.
Habitat in Europa, *palpis, non antennis, filiformibus.*

picipes. 8. H. niger, pedibus piceis, elytris laevibus. *Fabr. mant. inf.* 1. *p.* 188. *n.* 6.
Habitat in Germania, *utrum hujus, an insequentis mox generis?*

orbicularis. 9. H. subrotundus corpore glabro atro. *Fabr. sp. inf.* 1. *p.* 290. *n.* 6. *mant. inf.* 1. *p.* 188. *n.* 7.
Habitat in Germania.

collaris. 10. H. niger, ore thoracis lateribus lineisque elytrorum ferrugineis. *Fabr. sp. inf. p.* 290. *n.* 7. *mant. inf. p.* 188. *n.* 8.
Habitat in America.

fuscipes. 4. H. thorace atro: margine griseo, elytris fuscis: margine punctoque posteriore albidis. *Fabr. sp. inf.* 1. *p.* 290. *n.* 10. *mant.* 1. *p.* 189. *n.* 12.
Syst. nat. XII. 2. *p.* 664. *n.* 4. *Fn. suec.* 766. Dytiscus antennis perfoliatis, elytris striatis margine lividis, pedibus fuscis.
Geoffr. inf. par. 1. *p.* 184. *n.* 4. Hydrophilus.
Habitat Upsaliae, *elytrorum punctis interdum obsoletis.*

5. H.

luridus. 5. H. elytris striatis, corpore cinereo-fusco. *Fabr. sp. inf.* 1. *p.* 290. *n.* 8. *mant. inf.* 1. *p.* 188. *n.* 9.
Degeer inf. 4. *p.* 378. *n.* 4. *t.* 15. *f.* 1. 2. Hydrophilus fuscus.
Syst. nat. XII. 2. *p.* 665. *n.* 5. *Fn. suec.* 767.* Dytiscus antennis perfoliatis luridus, elytris punctis tribus fuscescentibus, thorace lateribus flavicante.
Habitat in Europa.

minutus. 11. H. ovatus niger elytris pedibusque griseis. *Fabr. sp. inf.* 1. *p.* 290. *n.* 9. *mant inf.* 1. *p.* 188. *n.* 10.
Forst. nov. inf. sp. 53. *n.* 53. Dytiscus dermestoides.
Geoffr. inf. par. 1. *p.* 85. *n.* 27? Scarabaeus totus rufo-niger, maculis nigrioribus.
Habitat in Europa, *vesperi sonorus, thorace interdum griseo.*

griseus. 12. H. supra cinereus, subtus fuscus. *Fabr. mant. inf.* 1. *p.* 189. *n.* 11.
Habitat in Saxonia, *statura et magnitudine minuti.*

tricolor. 13. H. niger, elytris piceis margine nigris et apice ochroleucis, pedibus spadiceis. *Herbst apud Fuessli arch. inf.* 5. *p.* 122. *n.* 6. *t.* 28. *f.* A. b.
Habitat Berolini, *lineam longus.*

cordiger. 14. H. niger, thoracisque margine elytrisque ferrugineis: his macula communi cordata nigra. *Herbst apud Fuessli arch. inf.* 5. *p.* 122. *n.* 7. *t.* 28. *f.* A. a. b.
Habitat Berolini, *vix lineam longus, pedibus piceis.*

rufus. 15. H. rufus, elytris laevissimis obscurioribus: margine exteriore albido anterius bidentato. *Scop. ent. carn. n.* 298.
Habitat in Carniolia.

obscurus. 16. H. lividus, abdomine nigro, elytris nitidis confertim punctatis. *Müll. zool. dan. prodr. p.* 69. *n.* 657.
Habitat in Dania, *an vere distinctus a lurido?*

pusillus. 17. H. niger, elytris laevissimis, antennis tarsisque fuscis. *Müll. zool. dan. prodr. p.* 69. *n.* 658.
Habitat in Dania.

Pilula. 18. H. ater, supra nitidus confertim punctatus. *Müll. zool. dan. prodr. p.* 69. *n.* 659.
Geoffr. inf. par. 1. *p.* 184. *n.* 3. Hydrophilus punctatus.
Habitat in Europa.

19. H.

niger. 19. H. niger nitidus, elytris punctis diſtantibus leviſſime ſtriatis, antennis plantisque ferrugineis. *Muſ. Lesk. p.* 35. *n.* 769.
Habitat in Europa, *ſtatura caraboidis, at quadruplo minor.*

ater. 20. H. ater glaber, antennis tibiisque rufeſcentibus. *Muſ. Lesk. p.* 35. *n.* 774.
Habitat in Europa.

212. DYTISCUS. *Antennae* ſetaceae. *Palpi* ſex filiformes. *Pedes* poſteriores villoſi, natatorii, ſubmutici.

latiſſimus. 6. D. niger, elytrorum marginibus dilatatis: linea flava. *Fn. ſuec.* 768.* *Fabr. ſp. inſ.* 1. *p.* 290. *n.* 1. *mant. inſ.* 1. *p.* 189. *n.* 1.
Müll. zool. dan. prodr. p. 69. *n.* 663. Dytiſcus ampliſſimus.
Degeer inſ. 4. *p.* 390. *n.* 1. Dytiſcus nigro-fuſcus.
Friſch inſ. 2. *t.* 7. *f.* 1. 2. Scarabaeus aquaticus magnus niger, margine luteo.
Sulz. hiſt. inſ. t. 6. *f.* 19.
Schaeff. ic. t. 217. *f.* 1. 2.
Bergſtr. nomencl. 1. *t.* 5. *f.* 1. 2. *et t.* 9. *f.* 3.
Habitat in Europa *boreali, in propriam ſpeciem ſaeviens, mas glaber, femina ſulcata.*

coſtalis. 1. D. niger, capitis faſcia, thoracis margine elytrorumque ſtria coſtali ferrugineis. *Fabr. ſp. inſ.* 1. *p.* 291. *n.* 2. *mant. inſ.* 1. *p.* 189. *n.* 2.
Habitat in Surinamo. Femina *obſcurior.*

marginalis. 7. D. niger, thoracis marginibus omnibus elytrorumque exteriori flavis. *Fn. ſuec.* 769. *Scop. ent. carn.* 294. *Geoffr. inſ.*

Hydrophili *et* Dytiſci *in aquis et humidis habitant, egregie natant, dorſo impoſiti circumgyrando exſiliunt, in umbra quieſcunt, noctu volitant, diutius in ſicco ſervati difficilius ſubmergi poſſunt; maribus pedum anteriorum plantae hemiſphaericae, feminis elytra ſaepius ſulcata, priores dermeſtidi, poſteriores carabis affines; ceterum ſexus diſcerni, ſpecies determinari difficulter poſſunt: larvae ſubaquaticae voraciſſimi aquatilium crocodili, piſces ipſos occidunt innumeros, uti Baruthi* 1762. *teſte Schrebero neue Samml.* 1763. 3. *p.* 680. *de ſemiſtriato, alias de latiſſimo compertum eſt.*

inſ. par. 1. *p.* 186. *n.* 2. *Fabr. ſp. inſ.* 1. *p.* 291. *n.* 3. *mant. inſ.* 1. *p.* 189. *n.* 3.
Degeer inſ. 4. *p.* 391. *n.* 2. *t.* 16. *f.* 2. Dytiſcus nigro fuſcus nitidus.
Mouff. inſ. 164. Hydrocantharis.
Raj. inſ. p. 93. *n.* 1. Hydrocantharis noſtras.
Aldr. inſ. 707.
Liſt. mut. t. 5. *f.* 2.
Roeſ. inſ. 2. *aq.* 1. *t.* 1. *f.* 9. 11.
Sulz. hiſt. inſ. t. 6. *f.* 42.
Schaeff. ic. t. 8. *f.* 8.
Bergſtr. nomencl. 1. *p.* 1. *n.* 1. *t.* 1. *f.* 1. *et t.* 6. *f.* 1. 2. *et* (*larv. pupp.*) *t.* 7. *f.* 4. 5. β) 1. *t.* 7. *f.* 1.
Habitat in Europa.

ſemiſtriatus. 8. D. fuſcus, elytris ſulcis dimidiatis decem villoſis. *Fn. ſuec.* 772.* *Geoffr. inſ. par.* 1. *p.* 187. *n.* 3. *t.* 3. *f.* 2.
Fn. ſuec. 1. *n.* 568. Dytiſcus ſupra fuſcus, ſubtus ater.
Raj. inſ. p. 94. *n.* 2. Hydrocantharis elytris ſtriatis ſive canaliculatis.
Friſch inſ. 2. *t.* 7. *f.* 4.
Bradl. nat. t. 26. *f.* 2.
Roeſ. inſ. 2. *aq.* 1. *t.* 1. *f.* 10.
Degeer inſ. 4. *p.* 391. *n.* 2. *t.* 16. *f.* 1.
Schaeff. ic. t. 8. *f.* 7.
Bergſtr. nomencl. 1. *p.* 2. *n.* 2. *t.* 1. *f.* 2.
Fn. ſuec. 1. *n.* 567. Dytiſcus elytris ſtriis 20 dimidiatis.
Habitat in Europa, *enſe recurvo, acuto, recondito inſtructus, ova oblonga, magna, albapariens, marginalis, ut videtur, femina.*

punctulatus. 9. D. niger, clypeo thoracis elytrorumque margine exteriori albis, elytris ſtriis tribus punctatis. *Fabr. ſp. inſ.* 1. *p.* 292. *n.* 4. *mant. inſ.* 1. *p.* 189. *n.* 4.
Geoffr. inſ. par. 1. *p.* 185. *n.* 1. Dytiſcus margine coleoptrorum thoracisque flavo.
Degeer inſ. 4. *p.* 396. *n.* 3. Dytiſcus laterali-marginatus.
Müll. zool. dan. prodr. p. 70. *n.* 664. Dytiſcus virens.
Roeſ. inſ. 2. *aq.* 1. *t.* 2.
Friſch inſ. 13. *t.* 1. *f.* 7.
Schaeff. elem. t. 7.
Bergſtr. nomencl. 1. *p.* 31. *n.* 45. *t.* 6. *f.* 4. 5. *t.* 8. *f.* 4. *et t.* 9. *f.* 2.
β) *Bergſtr. nomencl.* 1. *t.* 8. *f.* 6. 7.

Habitat

Habitat in Germaniae *rivulis ſilvaticis.*
Femina *elytrorum ſulcis decem dimidiatis.*

limbatus. 3. D. niger, thoracis elytrorumque margine exteriori flavo, elytris laeviſſimis. *Fabr. ſp. inſ.* 1. *p.* 292. *n.* 5. *mant. inſ.* 1. *p.* 189. *n.* 5.
Habitat in Sina, *et* India, *abdomine atro: punctis utrinque 3 ferrugineis.*

ruficollis. 4. D. niger, fronte thoraceque fulvis, elytris ſtriga baſeos margineque exteriori teſtaceis. *Fabr. mant. inſ.* 1. *p.* 189. *n.* 6.
Habitat in Siam, *ſulcati magnitudine.*

ſtriatus. 9. D. fuſcus, elytris transverſim ſubtiliſſime ſtriatis. *Fn. ſuec.* 770.* *Fabr. ſp. inſ.* 1. *p.* 293. *n.* 8. *mant. inſ.* 1. *p.* 190. *n.* 9.
Degeer inſ. 4. *p.* 399. *n.* 5. *t.* 15. *f.* 16. Dytiſcus transverſe ſtriatus.
Habitat in Europa.

fuſcus. 10. D. fuſcus, elytris transverſe ſubſtriatis.
Habitat in Europa; *an ſpecie diſtinctus a ſtriato?*

Lanio. 5. D. niger, ore verticis punctis duobus thoracisque marginibus rufis, elytris fuſcis. *Fabr. ſp. inſ.* 1. *p.* 293. *n.* 9. *mant. inſ.* 1. *p.* 190. *n.* 10.
Habitat in Madera.

cicurius. 24. D. ater laevis, ore verticis puncto thoracisque margine rufis, elytris flavo-ſtriatis. *Fabr. mant. inſ.* 1. *p.* 190. *n.* 11.
Habitat ad caput bonae ſpei, *magnitudine ſtriati.*

vittatus. 25. D. ater laevis, elytris vitta marginali flava: macula baſeos atra. *Fabr. ſp. inſ.* 1. *p.* 293. *n.* 10. *mant. inſ.* 1. *p.* 190. *n.* 12.
Habitat in India.

cinereus. 11. D. cinereus, elytrorum margine thoracisque medietate flavis. *Fn. ſuec.* 771. *Geoffr. inſ. par.* 1. *p.* 188. *n.* 4. *Fabr. ſp. inſ.* 1. *p.* 293. *n.* 11. *mant inſ.* 1. *p.* 190. *n.* 13.
Degeer inſ. 4. *p.* 397. *n.* 14. Dytiſcus faſciatus.
Liſt. mut. t. 5. *f.* 1.
Petiv. gaz. t. 70. *f.* 3.
Act. Nidroſ. 425. *t.* 70. *f.* 3.
Huffn. inſ. 2. *t.* 12.

Roeſ.

Roes. ins. 2. *aq.* 1. *t.* 3. *f.* 6.
Schaeff. ic. t. 90. *f.* 7.
Habitat in Europa *frequentissimus.*

griseus. 26. D. cinereus, elytris fascia dentata nigra. *Fabr. sp. ins.* 1. *p.* 293. *n.* 12. *mant. ins.* 1. *p.* 190. *n.* 14.
Habitat in India, *cinereo paulo major.*

sticticus. 12. D. pallens, elytris griseis: puncto oblongo laterali impresso nigro. *Fabr. sp. ins.* 1. *p.* 294. *n.* 13. *mant. ins.* 1. *p.* 190. *n.* 15.
Habitat in Africa.

decem-punctatus. 27. D. ater glaber, elytris punctis albis quinque. *Fabr. sp. ins.* 1. *p.* 294. *n.* 14. *mant. ins.* 1. *p.* 190. *n.* 16.
Habitat in nova Hollandia.

sulcatus. 13. D. elytris sulcis decem longitudinalibus villosis. *Fn. suec.* 773.* *Geoffr. ins. par.* 1. *p.* 189. *n.* 5. *Fabr. sp. ins.* 1. *p.* 292. *n.* 6. *mant. ins.* 1. *p.* 190. *n.* 7.
Raj. ins. p. 94. *n.* 3. *et* 10. Hydrocantharis minor, corpore rotundo plano.
Bradl. mut. t. 26. *f.* 2. A.
Frisch ins. 13. *p.* 13. *t.* 7.
Roes. ins. 2. *aq.* 1. *t.* 3. *f.* 7.
Schaeff. ic. t. 3. *f.* 3.
Bergstr. nomencl. 1. *t.* 5. f. 3-5. *et t.* 7. *f.* 6. 7.
Habitat in Europa *et* America, *maris elytris glabris.*

fasciatus. 28. D. elytris flavis: fasciis duabus punctoque apicis nigris. *Fabr. sp. ins.* 1. *p.* 293. *n.* 7. *mant. ins.* 1. *p.* 190. *n.* 8.
Habitat in India.

erythrocephalus. 14. D. ovato-oblongus niger, capite pedibusque rufis. *Fn. suec.* 774.* *Degeer ins.* 4. *p.* 404. *n.* 12. *Fabr. sp. ins.* 1. *p.* 295. *n.* 24. *mant. ins.* 1. *p.* 192. *n.* 31.
Habitat in Europa.

planus. 29. D. ovato-oblongus planus niger, tibiis solis rufis. *Fabr. sp. ins.* 2. *app. p.* 501. *mant. ins.* 1. *p.* 192. *n.* 32.
Habitat in Dania, *statura erythrocephali.*

varius. 30. D. thorace rufo, elytris cinereo nigroque striatis. *Fabr. sp. ins.* 1. *p.* 295. *n.* 25. *mant. ins.* 1. *p.* 192. *n.* 33.
Habitat in Patagonia.

notatus. 31. D. fuscus, thorace flavo: punctis quatuor nigris. *Fabr. sp. inf.* 1. *p.* 296. *n.* 26. *mant. inf.* 1. *p.* 192. *n.* 34. *Bergstr. nomencl.* 1. *t.* 5. *f.* 10.
Habitat in Germania, *statura palustris, thorace interdum rufo, aut punctis fasciave abbreviata nigris vario.*

depressus. 32. D. thorace ferrugineo: punctis duobus baseos nigris, elytris fuscis ferrugineo-maculatis. *Fabr. sp. inf.* 1. *p.* 296. *n.* 27. *mant. inf.* 1. *p.* 192. *n.* 35.
Habitat in Suecia.

dorsalis. 33. D. capite thoracis margine elytrorumque puncto baseos distincto margineque inaequali ferrugineis. *Fabr. mant. inf.* 1. *p.* 192. *n.* 36.
Habitat Kilonii, *sexpustulato affinis, at major.*

sexpustulatus. 34. D. ater, capite ferrugineo, elytris maculis tribus rufis: baseos majore. *Fabr. sp. inf.* 1. *p.* 296. *n.* 28. *mant. inf.* 1. *p.* 192. *n.* 37.
Habitat in Sueciae *aquis stagnantibus.*

maculatus. 15. D. niger, thorace nigro: fascia pallida elytris albo nigroque variis. *Fn. suec.* 777.* *Fabr. sp. inf.* 1. *p.* 296. *n.* 29. *mant. inf.* 1. *p.* 192. *n.* 38. *Uddm. diss.* 43.
Habitat in Europa.

ferrugineus. 16. D. ferrugineus totus.
Habitat in Europa, *cimicis magnitudine.* Ascanius.

bipustulatus. 17. D. ater laevis, capite posterius punctis duobus rubris. *Fabr. sp. inf.* 1. *p.* 294. *n.* 15. *mant. inf.* 1. *p.* 190. *n.* 17.
Degeer inf. 4. *p.* 401. *n.* 8? Dytiscus ater.
Geoffr. inf. par. 1. *p.* 189. *n.* 6? Dytiscus totus niger laevis.
Schaeff. ic. t. 8. *f.* 9.
Habitat in Europa *boreali.*

cinctus. 35. D. capite thoraceque flavis, elytris nigris: margine omni albo. *Fabr. sp. inf.* 1. *p.* 294. *n.* 16. *mant. inf.* 1. *p.* 190. *n.* 18.
Habitat in America.

bipunctatus. 36. D. ater, thorace flavo: punctis duobus nigris, elytris flavo fuscoque variis. *Fabr. mant. inf.* 1. *p.* 190. *n.* 19.
Habitat in Germania, *mediae magnitudinis.*

feneſtratus. 37. D. ſubtus ferrugineus, ſupra niger, elytris punctis duobus feneſtratis. *Fabr. ſp. inſ.* 1. *p.* 294. *n.* 17. *mant. inſ.* 1. *p.* 190. *n.* 20.
Habitat Hamburgi, *ſtatura bipuſtulati.*

Hübneri. 38. D. laevis ater, ore thoracisque margine ferrugineis, elytris linea marginali flava. *Fabr. mant. inſ.* 1. *p.* 190. *n.* 21.
Habitat in Germania, *magnitudine et ſtatura tranſverſalis.*

ſtagnalis. 39. D. laevis niger, thorace anterius ferrugineo, elytris fuſcis flavo-lineatis. *Fabr. mant. inſ.* 1. *p.* 191. *n.* 22.
Habitat in Germania, *ſtatura et magnitudine tranſverſalis.*

tranſverſalis. 40. D. ater, thorace anterius ferrugineo, elytrorum margine ſtrigaque baſeos abbreviata flavis. *Fabr. ſp. inſ.* 1. *p.* 294. *n.* 18. *mant. inſ.* 1. *p.* 191. *n.* 23.
Müll. zool. dan. prodr. p. 71. *n.* 668. Dytiſcus niger, thorace utrinque faſciaque antica, elytris margine lineaque tranſverſa baſeos flava.
Pontopp. atl. Dan. 1. *t.* 29.
Bergſtr. nomencl. 1. *t.* 5. *f.* 6.
Habitat in Europa.

Hermanni. 41. D. gibbus capite thorace elytrorumque baſi ferrugineis, elytris truncatis. *Fabr. ſp. inſ.* 1. *p.* 295. *n.* 19. *mant. inſ.* 1. *p.* 191. *n.* 24.
Fabr. ſyſt. ent. p. 232. *n.* 14. Dytiſcus gibbus, elytris faſcia undata baſeos ferruginea.
β) *Herbſt Beſch. der berl. naturf.* Fr. 4. *t.* 7. *f.* 3. Dytiſcus tardus.
γ) *Schranck enum. inſ. auſtr. n.* 379. Dytiſcus undulatus.
Habitat in Alſatiae *aquis ſtagnantibus.*

abbreviatus. 42. D. niger, elytris ſtriga abbreviata baſeos punctisque duobus flaveſcentibus. *Fabr. mant. inſ.* 1. *p.* 191. *n.* 25.
Habitat Kilonii, *ſtatura tranſverſalis, at duplo minor.*

gibbus. 43. D. gibbus ferrugineus, elytris nigris apice acuminatis. *Fabr. ſp. inſ.* 1. *p.* 295. *n.* 20. *mant. inſ.* 1. *p.* 191. *n.* 26.
Habitat Kilonii *in aquis ſtagnantibus.*

haemorrhoidalis. 44. D. niger, thorace elytrorumque baſi apiceque ferrugineis. *Fabr. mant. inſ.* 1. *p.* 191. *n.* 27.
Habitat Kilonii, *magnitudine uliginoſi.*

ovatus. 18. D. ovatus fuscus, capite thoraceque ferrugineis. *Fn. suec.* 2282. *Fabr. sp. ins.* 1. *p.* 296. *n.* 30. *mant. ins.* 1. *p.* 192. *n.* 39.
Geoffr. ins. par. 1. *p.* 191. *n.* 10. Dytiscus ovatus fuscus, capite thoraceque rubicundis.
Degeer ins. 4. *p.* 402. *n.* 9. *t.* 14. *f.* 17-19. Dytiscus sphaericus.
Habitat in Europae *aquis stagnantibus, consueto interdum duplo major, margine elytrorum albo-maculato.*

picipes. 45. D. niger, thorace anterius ferrugineo, elytris flavo-lineatis. *Fabr. mant. ins.* 1. *p.* 192. *n.* 40.
Habitat in Germania, *parvus.*

lituratus. 46. D. niger, elytris basi lituraque apicis pallidis. *Fabr. sp. ins.* 1. *p.* 296. *n.* 31. *mant. ins.* 1. *p.* 192. *n.* 41.
Habitat in Italia, *parvus.*

chrysomelinus. 47. D. supra cinereus subtus niger. *Fabr. mant. ins.* 1. *p.* 192. *n.* 42.
Habitat in Germania, *parvus.*

signatus. 48. D. niger, capite thoraceque rufis: signaturis nigris. *Fabr. sp. ins.* 1. *p.* 296. *n.* 32. *mant. ins.* 1. *p.* 192. *n.* 43.
Habitat in Patagonia.

halensis. 49. D. ater, thorace rufo: baseos medio nigro: puncto rufo, elytris cinereis nigro striatis. *Fabr. mant. ins.* 1. *p.* 192. *n.* 44.
Habitat in Germania, *parvus, planus.*

palustris. 19. D. niger laevissimus, elytris lituris duabus lateralibus albidis. *Fn. suec.* 775.* *Fabr. sp. ins.* 1. *p.* 296. *n.* 29. *mant. ins.* 1. *p.* 192. *n.* 38.
Habitat in Europa, *thorace ferrugineo.*

uliginosus. 20. D. ater nitidus, antennis pedibus elytrorumque latere exteriore ferrugineis. *Fn. suec.* 776.* *Fabr. sp. ins.* 1. *p.* 295. *n.* 2. *mant. ins.* 1. *p.* 191. *n.* 28.
Habitat in Europa.

irroratus. 50. D. testaceus nigro irroratus, capite pectoreque nigris. *Fabr. sp. ins.* 1. *p.* 295. *n.* 22. *mant. ins.* 1. *p.* 191. *n.* 29.
Habitat in America.

bimaculatus. 21. D. testaceus, elytris macula nigricante.
Habitat in Gallia, *magnitudine seminis oryzae, elytris substriatis.* Gouan.

22. D.

granularis. 22. D. niger, elytris lineis duabus flaveſcentibus, pedibus rufis. *Fabr. ſp. inſ.* 1. *p.* 296. *n.* 33. *mant. inſ.* 1. *p.* 193. *n.* 45.
Scop. ent. carn. n. 297. Dytiſcus minimus.
Habitat in Europae *borealis aquis ſtagnantibus, pulicis magnitudine.*

confluens. 51. D. niger, capite thoraceque ferrugineis, elytris pallidis: lineis quatuor diſci nigris. *Fabr. mant. inſ.* 1. *p.* 193. *n.* 46.
Habitat Kilonii, *parvus.*

obliquus. 52. D. ferrugineus, elytris maculis quinque obliquis fuſcis. *Fabr. mant. inſ.* 1. *p.* 193. *n.* 47.
Habitat Kilonii, *ſtatura granularis.*

impreſſus. 53. D. oblongus flaveſcens, elytris cinereis: punctis impreſſis ſtriatis. *Fabr. mant. inſ.* 1. *p.* 193. *n.* 48.
Schall. Abh. der hall. naturf. Fr. 1. *p.* 312. Dytiſcus impreſſo-punctatus.
Habitat in Europa.

lineatus. 54. D. ferrugineus, coleoptris fuſcis: lineis flaveſcentibus. *Fabr. ſp. inſ.* 1. *p.* 297. *n.* 34. *mant. inſ.* 1. *p.* 193. *n.* 49.
Bergſtr. nomencl. 1. *p.* 32. *n.* 8. 9. *t.* 6. *f.* 8. 9.
Habitat in Alſatiae *aquis ſtagnantibus.*

inaequalis. 55. D. ferrugineus, elytris nigris: lateribus inaequaliter ferrugineis. *Fabr. ſp. inſ.* 1. *p.* 297. *n.* 35. *mant. inſ.* 1. *p.* 193. *n.* 50.
Habitat in Sueciae *aquis ſtagnantibus.*

minutus. 23. D. elytris fuſcis baſi lateribusque pallidis, thorace flavo immaculato, corpore ovato. *Fn. ſuec.* 778.*
Fabr. ſp. inſ. 1. *p.* 297. *n.* 36. *mant. inſ.* 1. *p.* 193. *n.* 51. Dytiſcus flaveſcens, elytris fuſcis, margine flavo maculato.
Degeer inſ. 4. *p.* 404. *n.* 18. *t.* 16. *f.* 9. Dytiſcus ruficollis.
Habitat in Europa.

craſſicornis. 56. D. fuſcus, capite thoraceque flavis, antennis medio incraſſatis. *Fabr. mant. inſ.* 1. *p.* 193. *n.* 52.
Müll. zool. dan. prodr. n. 779. Dytiſcus craſſicornis.
Geoff. inſ. par. 1. *p.* 193. *n.* 15.
Degeer inſ. 4. *p.* 402. *n.* 10. Dytiſcus clavicornis.
Habitat in Europa *magis boreali, parvus.*

pictus. 57. D. ferrugineus, thorace ferrugineo, elytris pallidis, sutura maculaque laterali nigris. *Fabr. mant. inf.* 1. *p.* 194. *n.* 53.
Habitat in Germania, *minutus.*

pusillus. 58. D. ater, thorace elytrisque margine albis. *Fabr. sp. inf.* 1. *p.* 297. *n.* 37. *mant. inf.* 1. *p.* 194. *n.* 54.
Habitat in Italia, *vix pediculi magnitudine.*

ovalis. 59. D. elytris fuscis pallido-lineatis, thorace ferrugineo, abdomine atro. *Thunb. nov. act. Ups.* 4. *p.* 19. *n.* 33.
Habitat Upsaliae, *magnitudine nitidulae aquaticae, ovata major.*

intricatus. 60. D. flavicans, supra nigro-virens intricatus, elytris excavato-striatis: margine apice thoraceque flavis. *Schall. Abh. der hall. naturf. Ges.* 1. *p.* 311.
Müll. Naturf. 7. *p.* 99. Dytiscus semisulcatus.
Habitat Halae Saxonum *in stagnis, statura et magnitudine punctulati.*

versicolor. 61. D. fulvus, elytris maculis oblongis nigris. *Schall. Abh. der hall. naturf. Ges.* 1. *p.* 313.
Habitat Halae Saxonum *in stagnis, ovatus, magnitudine chrysomelae nemorum.*

Schalleri. 62. D. niger, capite thorace pedibusque ferrugineis, elytris fuscis: margine extimo rufo. *Schall. Abh. der. hall. naturf. Ges.* 1. *p.* 313.
Habitat Halae Saxonum.

laminatus. 63. D. fulvus, elytris stratis nigro-punctatis, laminis duabus ad basin abdominis. *Schall. Abh. der hall. naturf. Ges.* 1. *p.* 314.
Habitat rarior Halae Saxonum, *magnitudine chrysomelae nemorum.*

aciculatus. 64. D. thoracis elytrorumque margine maculisque tribus abdominis flavis, elytris striis excavatis decussantibus abruptis. *Herbst apud Fuessli arch. inf.* 5. *p.* 123. *n.* 4.
Habitat in India, *limbato affinis.*

fusculus. 65. D. ater, elytris fuscis laevibus, pedibus obscure testaceis. *Schranck inf. austr. p.* 203. *n.* 382.
Geoffr. inf. par. 1. *p.* 190.
Habitat in Austria *superiore.*

66. D.

oculatus. 66. D. capite cinereo: margine poſteriori maculisque duabus trigonis frontis nigris, elytris piceis: margine omni flavo. *Herbſt apud Fueſſli arch. inſ.* 5. *p.* 125. *n.* 13.
Habitat Berolini, *in paludibus*, 5 *fere lineas longus.*

ornatus. 67. D. niger, ſubtus piceus, ore, maculis elytrorum, et duabus inter oculos rotundis, thorace et antennis ferrugineis. *Herbſt apud Fueſſli arch. inſ.* 5. *p.* 125. *n.* 15. *t.* 28. *f.* B.
Habitat Berolini, 4 *lineas longus.*

unilineatus. 68. D. niger, elytrorum margine fiſſo lineaque dimidia flaveſcentibus. *Schranck inſ. auſtr. p.* 204. *n.* 384.
Habitat in Germania.

diſpar. 69. D. niger, laevis, ore flavo, elytris variegatis thoraceque piceis. *Herbſt apud Fueſſli arch. inſ.* 5. *p.* 126. *n.* 18.
Habitat Berolini, $1\frac{1}{2}$–3 *lineas longus.*

ſordidus. 70. D. niger, antennis ferrugineis apice nigris, pedibus piceis, elytris atris. *Herbſt apud Fueſſli arch. inſ.* 5. *p.* 126. *n.* 19.
Habitat Berolini, 2 *lineas longus.*

inſularius. 71. D. ſubtus ſpadiceus, capite thoraceque luteis, elytris nigris punctatis cancellatis: margine fulvo. *Herbſt apud Fueſſli arch. inſ.* 5. *p.* 127. *n.* 20.
Habitat in Pomerania, *vix* 2 *lineas longus.*

aquaticus. 72. D. ſpadiceus, oculis, elytris thorace et ventre nigris, thoracis faſcia media et margine ſpadiceis, elytrorum margine obſolete ferrugineo. *Herbſt apud Fueſſli arch. inſ.* 5. *p.* 127. *n.* 21.
Habitat Berolini, *ultra* 2 *lineas longus.*

parvulus. 73. D. ſubtus piceus, capite thoraceque fulvis, elytris nigris: margine ſtriisque duabus dimidiatis flavis. *Herbſt apud Fueſſli arch. inſ.* 5. *p.* 127. *n.* 22.
Habitat Berolini, *vix* $1\frac{1}{2}$ *lineas longus.*

piceolus. 74. D. ſubtus niger, capite thoraceque ſpadiceis, elytris piceis: margine obſolete fulvo. *Herbſt apud Fueſſli arch. inſ.* 5. *p.* 127. *n.* 23.
Habitat Berolini, $3\frac{1}{2}$ *lineas longus.*

ſimplex. 75. D. niger, capite, thoracis elytrorumque margine, antennis pedibusque piceis. *Herbſt apud Fueſſli arch. inſ.* 5. *p.* 127. *n.* 24.
Habitat Berolini, *ſtatura et magnitudine undulati.*

capricornis. 76. D. lutescens, ventre oculisque nigris, antennarum articulis mediis multo latioribus, elytris fuscis punctato-excavatis. *Fuessli apud Herbst arch. ins.* 5. *p.* 128. *n.* 25. *t.* 28. *f.* C. *et* b. c.
Habitat Berolini, *2 lineas longus.*

variolosus. 77. D. flavescens, subtus ex fusco luteus oculis nigris, elytris ex viridi lutescentibus, variegatis. *Herbst apud Fuessli arch. ins.* 5. *p.* 128. *n.* 26.
Habitat Berolini, *statura et magnitudine capricornis.*

orbicularis. 78. D. niger, laevis, antennis pedibusque ferrugineis, thorace elytrisque ex luteo fuscis pellucidis: maculis obsoletis nigris. *Herbst apud Fuessli arch. ins.* 5. *p.* 128. *n.* 27.
Habitat Berolini, *vix lineam longus.*

pedicularius. 79. D. laevis, subtus thorace elytrisque fuscis, capite nigro, pedibus piceis. *Herbst apud Fuessli arch. ins.* 5. *p.* 128. *n.* 28.
Habitat Berolini, $\frac{1}{2}$ *lineam longus.*

marginellus. 80. D. niger, thoracis margine flavo, elytris flavescentibus seriatim punctatis: maculis obsoletis nigricantibus. *Herbst apud Fuessli arch. ins.* 6. *p.* 129. *n.* 29.
Habitat Berolini, 1 – 1$\frac{1}{2}$ *lineam longus.*

seminulum. 81. D. niger laevis, elytris pellucidis spadiceis: apice rubro, pedibus ferrugineis. *Herbst apud Fuessli arch. ins.* 6. *p.* 129. *n.* 30.
Habitat Berolini, *vix ultra lineam longus.*

oblongus. 82. D. obsolete niger, capite, antennis pedibusque ferrugineis. *Herbst apud Fuessli arch. ins.* 6. *p.* 129. *n.* 31.
Habitat Berolini, *fusculo affinis, 2 lineas longus.*

Zeylanicus. 83. D. niger, thorace elytrorumque margine flavo, sterno mutilo. *Gron. mus.* 2. *p.* 164. *n.* 552.
Habitat in Zeylon.

Gronovii. 84. D. niger laevis, antennis ferrugineis, capite posterius maculis binis rubris. *Gron. mus.* 2. *p.* 164. *n.* 555.
Habitat - - - *an diversus a bipustulato?*

Scopolii. 85. D. niger, thoracis margine lineaque media transversa rufis, elytris testaceis subpellucidis: posterius fascia abrupta punctisque plurimis atris. *Scop. ent. carn. n.* 295.
Habitat in Carniolia.

86. D.

glaber. 86. D. fuſcus, elytris glabris, ventre pedibusque ferrugineis. *Forſt. nov. inſ. ſp. 1. p. 55. n. 55.*
Habitat in Angliae *aquis ſtagnantibus, ſtriato affinis.*

nebuloſus. 87. D. lividus nigro-nebuloſus, antennis pedibusque ferrugineis ventre atro: margine ferrugineo. *Forſt. nov. inſ. ſp. 1. p. 56. n. 56.*
Habitat in Angliae *aquis ſtagnantibus, magnitudine uliginoſi.*

exſoletus. 88. D. lividus, antennis, capite, thorace, abdomine pedibusque pallidis. *Forſt. nov. inſ. ſp. 1. p. 57. n. 57.*
Habitat in Angliae *aqua ſtagnante inter lemnum, cimicis fere magnitudine.*

danicus. 89. D. niger, margine thoracis extimo elytrorumque flavo. *Müll. zool. dan. prodr. p. 71. n. 669.*
Habitat in Dania.

Mülleri. 90. D. elytris acuminatis glabris apice bipunctatis. *Müll. Fn. Fridrichsd. p. 20. n. 194. zool. dan. prodr. p. 71. n. 670.*
Habitat in Dania.

lacuſtris. 91. D. flavicans, thoracis margine flavo, elytris ſparſim punctatis. *Müll. zool. dan. prodr. p. 71. n. 671.*
Habitat in Dania.

piceus. 92. D. niger, corpore ſubtus et thoracis elytrorumque margine ferrugineo. *Müll. zool. dan. prodr. p. 71. n. 673.*
Habitat in Dania.

foetidus. 93. D. ferrugineus, ſupra niger, margine thoracis elytrorumque extimo flavo. *Müll. zool. dan. prodr. p. 71. n. 674.*
Habitat in Dania.

Comma. 94. D. flavicans, ſupra nigro-aeneus, elytrorum margine exteriore lineolaque luteſcente. *Müll. zool. dan. prodr. p. 71. n. 676.*
Habitat in Dania.

quadripunctatus. 95. D. ferrugineus, elytris nigris: faſcia, macula punctisque quatuor albis. *Müll. zool. dan. prodr. p. 71. n. 677.*
Habitat in Dania.

biocellatus. 96. D. rufus, elytris aeneis: maculis albis longitudinaliter diſpoſitis. *Müll. zool. dan. prodr. p. 72. n. 768.*
Habitat in Dania.

erythromelas. 97. D. niger, antennis tarſisque rufis. *Müll. zool. dan. prodr. p.* 72. *n.* 770.
Habitat in Dania.

roridus. 98. D. flavus, thorace macula media, elytris nigro irroratis. *Müll. zool. dan. prodr. p.* 72. *n.* 771.
Habitat in Dania.

rubripes. 99. D. nigro-aeneus nitidus, antennis, pedibus, elytrorum apice punctisque duobus ferrugineis. *Müll. zool. dan. prodr. p.* 72. *n.* 772.
Habitat in Dania.

quadricolor. 100. D. ovatus rufus, thoracis medio nigro, elytris fuſcis: margine inferiore punctoque baſeos flavis. *Müll. zool. dan. prodr. p.* 73. *n.* 780.
Habitat in Dania.

cimicoides. 101. D. virens, elytris vireſcentibus: margine inferiore maculisque albis. *Müll. zool. dan. prodr. p.* 73. *n.* 781.
Habitat in Dania.

velox. 102. D. ovatus rufus, elytris ſtriis octo fuſcis. *Müll. zool. dan. prodr. p.* 73. *n.* 783.
Habitat in Dania.

nanus. 103. D. niger, thorace anterius flavo, elytris ſulco abrupto, pedibus piceis. *Müll. zool. dan. prodr.* 73. *n.* 784.
Habitat in Dania.

rufifrons. 104. D. niger, thorace utrinque, elytris baſi lateribusque flavis, capite pedibusque rufis. *Müll. zool. dan. prodr. p.* 73. *n.* 785.
Habitat in Dania.

tricolor. 105. D. rufus, elytris luteis: diſco macula communi nigra ſinuata. *Müll. prodr. zool. dan. p.* 73. *n.* 786.
Habitat in Dania.

exilis. 106. D. ovatus niger, antennis baſi pedibusque ferrugineis, elytris laevibus. *Müll. zool. dan. prodr. p.* 73. *n.* 788.
Habitat in Dania.

quadripuſtulatus. 107. D. niger, elytris maculis quatuor flavis, pedibus rufis. *Müll. zool. dan. prodr. p.* 73. *n.* 789.
Habitat in Dania.

108. D.

flavicans. 108. D. ater, ſupra flavicans, thorace poſterius, elytris ſtriis maculisque nigris. *Müll. zool. dan. prodr. p.* 74. *n.* 790.
Habitat in Dania.

naevius. 109. D. fulvus, maculis ſparſis nigris. *Geoffr. inſ. par.* 1. *p.* 189. *n.* 7.
Habitat in Gallia.

fimbriatus. 110. D. fuſcus, elytris anterius et exterius flavis. *Geoffr. inſ. par.* 1. *p.* 190. *n.* 8.
Habitat in Gallia.

rufipes. 111. D. ovatus ater, pedibus antennarumque baſi ferrugineis, elytris punctatis ſubpubeſcentibus. *Müll. zool. dan. prodr. p.* 73. *n.* 782.
Fn. ſuec. 1. *n.* 568. 2. *p.* 216. *n.* 772. b.
Geoffr. inſ. par. 1. *p.* 190. *n.* 9?
Habitat in Europa.

gibbus. 112. D. flavicans, capite thoraceque virente, elytris obſcure laevibus. *Müll. zool. dan. prodr. p.* 72. *n.* 778.
Geoffr. inſ. par. 1. *p.* 191. *n.* 11.
Habitat in Europa.

quadrimaculatus. 113. D. niger, thorace flavo, elytris laevibus: maculis limboque luteis. *Geoffr. inſ. par.* 1. *p.* 192. *n.* 13.
Habitat in Gallia.

uniſtriatus. 114. D. niger, elytris maculis et limbo luteis: ſtria unica. *Geoffr. inſ. par.* 1. *p.* 192. *n.* 14.
Habitat in Gallia.

bilineatus. 115. D. elytris fuſcis, corpore ſubtus fulvo, thorace fulvo: linea duplici nigra. *Degeer inſ.* 4. *p.* 400. *n.* 6.
Habitat in Europa, 7 *lineas longus.*

ſeminiger. 116. D. corpore ſubtus toto nigro, thorace elytrisque obſcure fuſcis: margine rufo. *Degeer inſ.* 4. *p.* 401. *n.* 7.
Habitat in Europa, 7 *lineas longus.*

nubilus. 117. D. niger, ſupra maculis ſtriisque griſeis, pedibus rufo fuſcis. *Degeer inſ.* 4. *p.* 403. *n.* 11.
Habitat in Europa, *minutus.*

hyalinus. 118. D. vireſcens, elytris hyalinis: maculis lateralibus albidis. *Degeer inſ.* 4. *p.* 406. *n.* 14. *t.* 15. *f.* 21-23.
Habitat in Europa, 2½ *lineas longus, velociſſime natans.*

virescens. 119. D. teſtaceus ſupra viresſcens, thoracis elytrorumque marginibus externis flavis, his longitudinaliter ſtriatis, pedibus poſterioribus craſſioribus. *Muſ. Lesk. p.* 35. *n.* 778.
Habitat in Europa.

teſtaceus. 120. D. teſtaceus, thoracis margine anteriori et poſteriori fuſcis, medio, elytrorum linea ſuturali atomisque marginalibus lividis. *Muſ. Lesk. p.* 35. *n.* 783.
Habitat in Europa.

niger. 121. D. niger, thoracis margine antico externis latiore, elytrorum marginibus lividis longitudinaliter ferrugineo punctatis. *Muſ. Lesk. p.* 36. *n.* 784.
Habitat in Europa.

carbonarius. 122. D. oblongo-ovatus niger, antennis ferrugineis. *Muſ. Lesk. p.* 36. *n.* 788.
Habitat in Europa.

bilobus. 123. D. oblongo-ovatus niger, ore, verticis macula biloba, thorace, elytrorum linea ſuturali baſi marginibusque flavis. *Muſ. Lesk. p.* 36. *n.* 789.
Habitat in Europa, *thoracis diſco macula transverſa nigra picto.*

ferrugineus. 124. D. ferrugineus, capite thoracisque margine poſteriori nigris, illo anterius, maculis inter oculos duabus, thorace elytrorum linea ſuturali marginibusque flavis. *Muſ. Lesk. p.* 36. *n.* 790.
Habitat in Europa.

flavus. 125. D. flavus, ore, punctis inter oculos duobus, thoracis elytrorumque marginibus externis ferrugineis. *Muſ. Lesk. p.* 36. *n.* 791.
Habitat in Europa.

tricolor. 126. D. ferrugineus, capite thorace elytrisque teſtaceo-fuſcis, maculis inter oculos duabus ferrugineis, ore, thoracis elytrorumque marginibus pallidis. *Muſ. Lesk. p.* 36. *n.* 792.
Habitat in Europa.

denigratus. 127. D. niger, ore, punctis inter oculos duobus et abdomine luteis: ſegmentis utrinque macula nigra, elytris fuſcis: atomis marginibusque externis lividis. *Muſ. Lesk. p.* 36. *n.* 793.
Habitat in Europa.

unipunctatus. 128. D. ater, antennis ferrugineis, elytris pone medium utrinque puncto testaceo. *Mus. Lesk. p.* 36. *n.* 795.
Habitat in Europa.

biguttatus. 129. D. niger, pedibus, abdominis apice, antennis, ore, punctis inter oculos duobus, thorace elytrisque testaceis, his fusco maculatis, thoracis medio guttis duabus nigris. *Mus. Lesk. p.* 36. *n.* 796.
Habitat in Europa.

octomaculatus. 130. D. lividus, thorace viridi-livido, elytris fusco-lividis: singulis maculis quatuor connatis striisque brevibus pone medium lividis. *Mus. Lesk. p.* 36. *n.* 802.
Habitat in Europa.

lividus. 131. D. lividus, capite angusto, thorace anterius angustiore, elytris punctis fuscis in strias seriatis. *Mus. Lesk. p.* 37. *n.* 805.
Habitat in Europa.

quadrilineatus. 132. D. niger, elytris profunde punctatis fuscescentibus: lineis quatuor marginibusque externis flavescentibus ramosis, pedibus ferrugineis. *Mus. Lesk. p.* 37. *n.* 809.
Habitat in Europa.

denticulatus. 133. D. piceus, ore antennisque ferrugineis, elytris glabris: baseos fascia bidentata, maculis tribus, et margine externo, thorace anterius pedibusque pallidis. *Mus. Lesk. p.* 37. *n.* 810.
Habitat in Europa.

213. CARABUS.

Antennae filiformes.
Palpi sex: articulo ultimo obtuso, truncato.
Thorax obcordatus, apice truncatus, marginatus.
Elytra marginata.

* *majores.*

maxillosus. 44. C. apterus ater, mandibulis exsertis longitudine capitis, thorace posterius producto bilobo. *Fabr. sp. inf.* 1. *p.* 298. *n.* 1. *mant. inf.* 1. *p.* 194. *n.* 1.

Thunb.

Thunb. nov. inf. sp. 4. *p.* 69. Carabus apterus ater; thorace postice producto bilobo unicolore.
Voet coleoptr. t. 39. *f.* 47. 48.
Herbst apud Fuessli arch. inf. 8. *t.* 47. *f.* 3.
Habitat ad caput bonae spei, *congenerum maximus.*

thoraci-cus. 45. C. apterus ater, thorace posterius producto bilobo: lateribus elytrorumque marginibus albo-villosis. *Thunb. nov. inf. sp.* 4. *p.* 69. *f.* 82. *Fabr. mant. inf.* 1. *p.* 195. *n.* 2. *Herbst apud Fuessli arch. inf.* 8. *t.* 47. *f.* 2.
Habitat ad caput bonae spei, *maxilloso proxime affinis.*

coriaceus. 1. C. apterus ater opacus, elytris connatis: punctis intricatis subrugosis. *Scop. ent. carn.* 265. *Fabr. sp. inf.* 1. *p.* 298. *n.* 2. *mant. inf.* 1. *p.* 195. *n.* 3.
Geoffr. inf. par. 1. *p.* 141. *n.* 1. Buprestis ater, elytris rugosis.
Sulz. hist. inf. 1. *t.* 6. *f.* 44.
Poda inf. 45.
Pontopp. atl. Dan. 1. *t.* 29.
Degeer inf. 4. *p.* 9. *n.* 4.
Schaeff. ic. t. 36. *f.* 1.
Voet coleoptr. t. 38. *f.* 43.
Bergstr. nomencl. 1. *t.* 13. *f.* 7.
Habitat in Germaniae *silvis, inter maximos europaeos.*

variolo-sus. 46. C. apterus ater, elytris punctis variolosis impressis. *Fabr. mant. inf.* 1. *p.* 195. *n.* 4.
Habitat in Transsylvania, *magnus.*

granula-tus. 2. C. apterus nigricans, elytris aeneis striatis: interjectis punctis elevatis longitudinalibus. *Fabr. sp. inf.* 1. *p.* 301. *n.* 17. *mant. inf.* 1. *p.* 197. *n.* 25.
Syst. nat. XII. 2. *p.* 668. *n.* 2. *Fn. suec.* 780. Carabus apterus, elytris longitudinaliter convexe punctatis.
Fn. suec. 511. Carabus ater &c.
Degeer inf. 4. *p.* 82. *n.* 2. Carabus subapterus &c.
Geoffr. inf. par. 1, *p.* 143. *n.* 3. Buprestis niger &c.
Sulz. hist. inf. t. 7. *f.* 2.
Schaeff. ic. t. 18. *f.* 6.
Voet coleoptr. t. 37. *f.* 31.
Bergstr. nomencl. 1. *t.* 12. *f.* 4. 5.
β) Carabus niger, elytris subvirescentibus convexe punctatis striatisque. *Fn. suec.* 512.

γ) Ca-

γ) Carabus purpurascenti - niger, elytris convexe punctatis striatisque. *Fn. suec.* 513.
Husn. ins. 2. *t.* 3.
Habitat in Europae arvis.

hortensis. 3. C. apterus niger, elytris laevibus, punctis aeneis excavatis triplici serie, margine cyaneo. *Fn. suec.* 783. *Stroem. act. Nidros.* 3. *p.* 401. *t.* 6. *f.* 7. *Fabr. sp. ins.* 1. *p.* 300. *n.* 10. *mant. ins.* 1. *p.* 196. *n.* 16.
Degeer ins. 4. *p.* 90. *n.* 5. *t.* 3. *f.* 1. Carabus striatus.
Raj. ins. p. 96. *n.* 2. *List. mut. t.* 8. *f.* 4. Cerambyx purpurea punctata.
Schaeff. ic. t. 11. *f.* 3.
Voet coleoptr. t. 37. *f.* 33.
Bergstr. nomencl. 1. *t.* 10. *f.* 4. 5.
Habitat in Europae *hortis et silvis, elytrorum punctis interdum concoloribus.*

taedatus. 47. C. apterus niger, elytris sublaevibus fuscis: punctis excavatis triplici serie. *Fabr. mant. ins.* 1. *p.* 196. *n.* 17.
Habitat in America *boreali, statura et magnitudine hortensis.*

arvensis. 48. C. apterus nigro-cupreus, elytris striatis: punctis excavatis triplici serie. *Fabr. mant. ins.* 1. *p.* 196. *n.* 18.
Habitat in Germania, *statura taedati, at paulo minor.*

calidus. 49. C. apterus niger, elytris crenato-striatis punctisque aureis excavatis triplici serie. *Fabr. sp. ins.* 1. *p.* 300. *n.* 11. *mant. ins.* 1. *p.* 197. *n.* 19.
Habitat in insulis, Americae *meridionali oppositis.*

retusus. 50. C. apterus, elytris striatis virescentibus: punctis aeneis excavatis triplici serie, basi retusis. *Fabr. sp. ins.* 1. *p.* 300. *n.* 12. *mant. ins.* 1. *p.* 197. *n.* 20.
Habitat ad Patagoniae *littora.*

Maderae. 51. C. apterus ater, elytris basi retusis. *Fabr. sp. ins.* 1. *p.* 301. *n.* 13. *mant. ins.* 1. *p.* 197. *n.* 21.
Habitat in insula Madera.

convexus. 52. C. apterus convexus ater laevis, thorace posterius emarginato. *Fabr. sp. ins.* 1. *p.* 301. *n.* 14. *mant. ins.* 1. *p.* 197. *n.* 22.
Herbst apud Fuessli arch. ins. 6. *t.* 29. *f.* 2.
Habitat in Germaniae *silvis.*

leucophthalmos. 4. C. elytris laevibus: ſtriis obſoletis octo. *Fn. ſuec.* 784.*
Fabr. ſp. inſ. 1. *p.* 304. *n.* 29. *mant. inſ.* 1. *p.* 198. *n.* 41.
Carabus elatus ater, elytris ſtriatis, thorace canaliculato.
Degeer inſ. 4. *p.* 96. *n.* 13. Carabus niger ſtriatus.
Geoffr. inſ. par. 1. *p.* 146. *n.* 7. Bupreſtis ater, elytro ſingulo ſtriis 8 laevibus, pedibus nigris.
Liſt. ſcar. angl. p. 390. *n.* 23. Scarabaeus ex toto niger.
Schaeff. ic. t. 18. *f.* 2.
Bergſtr. nomencl. 1. *p.* 9. *n.* 13. *t.* 1. *f.* 13.
β) Carabus niger. *Schall. Abh. der. hall. Naturf. Geſ.* 1. *p.* 315.
Habitat in Europae *quiſquiliis frequens, magnitudine varius, thorace, quam in congeneribus, minore.*

attelaboides. 53. C. apterus ater, thorace anguſtiori, capite poſterius attenuato, elytris ſulcatis truncatis. *Fabr. ſp. inſ.* 1. *p.* 305. *n.* 30. *mant. inſ.* 1. *p.* 198. *n.* 42.
Habitat in Coromandel, *magnitudine leucophthalmi.*

trilineatus. 54. C. apterus ater thorace poſterius anguſtato: marginibus albis, elytris albidis: ſutura lineaque atris. *Fabr. ſp. inſ.* 1. *p.* 305. *n.* 31. *mant. inſ.* 1. *p.* 198. *n.* 43. *Thunb. nov. inſ. ſp.* 4. *p.* 71. *f.* 85. *Herbſt apud Fueſſli arch. inſ.* 8. *t.* 47. *f.* 6.
Habitat in Coromandel, *et ad* caput bonae ſpei, *prioribus minor.*

cicindeloides. 289. C. apterus ater, thorace poſterius anguſtato, elytris ovatis planis ferrugineis villoſis: margine albo. *Swederus nov. act. Stockh.* 8. 1787. *n.* 3. 24.
Habitat ad caput bonae ſpei, *trilineato affinis, at paulo major, cicindelae facie.*

clathratus. 5. C. apterus nigricans, elytris aeneis porcatis interjectis punctis excavatis longitudinalibus. *Fn. ſuec.* 782.*
Fabr. ſp. inſ. 1. *p.* 302. *n.* 18. *mant. inſ.* 1. *p.* 197. *n.* 26.
Carabus apterus nigricans, elytris aeneis ſtriatis interjectis punctis excavatis cupreis.
Habitat in Europa.

porcatus. 55. C. apterus ater, elytris ſtriatis apice granulatis. *Fabr. ſp. inſ.* 1. *p.* 302. *n.* 19. *mant. inſ.* 1. *p.* 197. *n.* 27.
Habitat in nova Hollandia.

reflexus. 56. C. apterus ater, thoracis margine rotundato reflexo, elytris ſulcatis: maculis duabus flavis. *Fabr. ſp. inſ.* 1. *p.* 302. *n.* 20. *mant. inſ.* 1. *p.* 179. *n.* 28.
Habitat in Coromandel.

57. C.

angulatus. 57. C. apterus hirtus ater, thorace canaliculato, coleoptris sulcatis: fasciis duabus flavis interruptis. *Fabr. sp. inf.* 1. *p.* 302. *n.* 21. *mant. inf.* 1. *p.* 197. *n.* 29.
Habitat in Coromandel, *reflexo affinis.*

nitens. 6. C. apterus, elytris porcatis: striis passim interruptis sulcisque scabriusculis inauratis. *Fn. suec.* 185.* *It. oel.* 96. *Scop. ent. carn.* 262.
Fabr. sp. inf. 1. *p.* 302. *n.* 22. *mant. inf.* 1. *p.* 197. *n.* 30. Carabus apterus, elytris porcatis scabris viridibus: margine aureo.
Degeer inf. 4. *p.* 91. *n.* 6. Carabus aureus.
Sulz. hist. inf. t. 7. *f.* 3.
Schaeff. ic. t. 51. *f.* 1.
Voet coleoptr. t. 38. *f.* 41.
Habitat in Europae *silvis.*

auratus. 7. C. apterus, elytris porcatis: striis sulcisque laevibus inauratis. *Fn. suec.* 780.*
Fabr. sp. inf. 1. *p.* 301. *n.* 15. *mant. inf.* 1. *p.* 197. *n.* 23. Carabus apterus, elytris auratis sulcatis, antennis pedibusque rufis.
Degeer inf. 4. *p.* 104. *n.* 1. *t.* 7. *f.* 20. Carabus sulcatus.
Geoffr. inf. par. 1. *p.* 142. *n.* 2. *t.* 2. *f.* 5. Buprestis viridis &c.
Raj. inf. p. 96. *n.* 6. Cerambyx dorso in longas regulas diviso, omnium pulcherrimus.
Schaeff. ic. t. 202. *f.* 4.
Voet coleopt. 1. *t.* 36. *f.* 21.
Bergstr. nomencl. 1. *t.* 12. *f.* 8. 9.
Habitat in Europae *locis suffocatis, silvis.*

suturalis. 58. C. apterus, elytris striatis viridibus: sutura aurea. *Fabr. sp. inf.* 1. *p.* 301. *n.* 16. *mant. inf.* 1. *p.* 197. *n.* 24.
Habitat in Terra del fuego.

violaceus. 8. C. alatus, elytris laeviusculis nigris: margine aureo, thorace subviolaceo. *Fn. suec.* 787.*
Fabr. sp. inf. 1. *p.* 299. *n.* 3. *mant. inf.* 1. *p.* 195. *n.* 5. Carabus alatus niger, thorace elytrorumque marginibus violaceis.
Degeer inf. 4. *p.* 89. *n.* 3. Carabus apterus aeneo-niger nitidus.
Raj. inf. p. 96. *n.* 1. Scarabaeus major e purpura nigricans.
List. scar. angl. p. 389. *n.* 22. Scarabaeus maximus e viola nigricans.

Frisch inf. 13. *t.* 23. Scarabaeus terrestris nigricans.
Schaeff. ic. t. 3. *f.* 1. *et t.* 88. *f.* 1.
Bergstr. nomencl. 1. *p.* 16. *n.* 14. *t.* 2. *f.* 14. *et t.* 10. *f.* 6.
Habitat in Europae *silvis passim.*

purpurascens. 59. C. apterus ater, thoracis elytrorumque margine violaceo, elytris striatis. *Fabr. mant. inf.* 1. *p.* 195. *n.* 6.
Habitat in Germania, *magnus, violaceo affinis.*

cyaneus. 60. C. apterus niger violaceo-nitens, elytris punctis intricatis rugosis. *Fabr. sp. inf.* 1. *p.* 299. *n.* 4. *mant. inf.* 1. *p.* 195. *n.* 7.
Fn. suec. 786. Carabus (intricatus) violaceo-niger, elytris intricatis elevato-striatis punctatisque.
Geoffr. inf. par. 1. *p.* 144. *n.* 4. Buprestis nigro-violaceus, elytris dense striatis.
Pontopp. atl. Dan. 1. *t.* 29.
Bergstr. nomencl. 1. *t.* 10. *f.* 7.
Voet coleoptr. t. 37. *f.* 30.
Habitat in Europa *boreali, rarior.*

hispanus. 61. C. apterus niger, thorace cyaneo, elytris rugosis aureis. *Fabr. mant. inf.* 1. *p.* 195. *n.* 8.
Habitat in Hispania, *statura cyanei.*

cephalotes. 9. C. apterus, elytris atris laevibus, thorace exserto oblongo. *Fn. suec.* 788.
Fabr. sp. inf. 1. *p.* 304. *n.* 27. *mant. inf.* 1. *p.* 198. *n.* 39. Carabus apterus ater laevissimus, thorace orbiculato convexo.
Frisch inf. 13. *p.* 25. *t.* 22. Scarabaeus.
Sulz. hist. inf. t. 7. *f.* 4.
Schaeff. ic. t. 17. *f.* 1.
Voet coleoptr. t. 33. *f.* 2.
Habitat in Europa *boreali.*

laevigatus. 62. C. alatus depressus ater, thoracis angulis posterius rotundatis, thorace elytrisque laevissimis. *Fabr. sp. inf.* 1. *p.* 304. *n.* 28. *mant. inf.* 1. *p.* 198. *n.* 40.
Habitat in Coromandel, *majusculus, congeneribus magis planus.*

10. C.

Carabi *larvae saepe intra ligna putrida, muscas, terram &c. degunt, imagines vero insectorum, inprimis larvarum leones sunt, cursu festinantes.*

decem-guttatus. 10. C. apterus ater, thorace angustato, coleoptris novemsulcatis: punctis decem albis. *Muf. Lud. Ulr.* 96.* *Fabr. sp. inf.* 1. *p.* 299. *n.* 5. *mant. inf.* 1. *p.* 195. *n.* 9.
Forsk. Fn. arab. p. 77. *n.* 4? Carabus serrator.
Habitat in Africa, *maximus.*

sexguttatus. 63. C. apterus thorace posterius angulato, elytris laevibus atris: punctis duobus griseis. *Fabr. sp. inf.* 1. *p.* 300. *n.* 6. *mant. inf.* 1. *p.* 195. *n.* 10.
Thunb. nov. inf. sp. 4. *p.* 70. *f.* 84. Carabus apterus ater, thorace maculis duabus, elytris quatuor tomentoso-albis.
Habitat in Surate.

sexmaculatus. 64. C. apterus ater, thorace posterius angustato: margine albo, elytris substriatis: maculis tribus albis. *Fabr. mant. inf.* 1. *p.* 196. *n.* 11.
Habitat in Barbaria, *sexguttato fere duplo major.*

quadriguttatus. 65. C. apterus, thorace posterius attenuato, elytris sulcatis: maculis duabus griseis remotis. *Fabr. sp. inf.* 1. *p.* 300. *n.* 7. *mant. inf.* 1. *p.* 196. *n.* 12.
Habitat ad caput bonae spei.

tabidus. 66. C. apterus ater, thorace posterius angustato, elytris rugoso-sulcatss. *Fabr. sp. inf.* 1. *p.* 300. *n.* 8. *mant. inf.* 1. *p.* 196. *n.* 13.
Habitat ad caput bonae spei.

variegatus. 67. C. apterus ater, elytris planis laevibus: margine sinuato punctisque disci albis. *Fabr. sp. inf.* 2. *app. p.* 501. *mant. inf.* 1. *p.* 196. *n.* 14.
Forsk. ic. anim. t. 24. *f.* A. Cicindela.
Habitat in Oriente, *mediae magnitudinis.*

gemmatus. 68. C. apterus niger, elytris striatis: punctis aeneis bilobis excavatis triplici serie. *Fabr. sp. inf.* 1. *p.* 300. *n.* 9. *mant. inf.* 1. *p.* 196. *n.* 15.
Habitat Hamburgi, *statura hortensis.*

inquisitor. 11. C. alatus, elytris striatis viridi-aeneis: punctis triplici ordine. *Fn. suec.* 789.* *Fabr. sp. inf.* 1. *p.* 303. *n.* 23. *mant. inf.* 1. *p.* 197. *n.* 31.
Roland. act. Stokh. 1750. *p.* 292. *t.* 7. *f.* 3. Carabus alatus viridi-aeneus, concave punctatus striatusque, pedibus antennisque nigris.

Degeer inf. 4. *p.* 94. *n.* 9. Carabus alatus, elytris ftriatis margine aeneis &c.
Geoffr. inf. par. 1. *p.* 145. *n.* 6. Bupreftis elytris latis, fingulo ftriis fedecim.
Voet coleoptr. t. 38. *f.* 39.
Bergftr. nomoncl. 1. *t.* 12. *f.* 3.
Habitat in Europae *locis fuffocatis, elytris rarius totis nigris.*

fcrutator. 69. C. alatus, elytris ftriatis viridibus: punctis triplici ferie, thorace cyaneo: margine reflexo aurato. *Fabr. fp. inf.* 1. *p.* 303. *n.* 24. *mant. inf.* 1. *p.* 197. *n.* 32.
Habitat in Virginia.

reticulatus. 70. C. alatus niger, elytris reticulatis viridi-aeneis, thoracis margine virefcente. *Fabr. mant. inf.* 1. *p.* 197. *n.* 33.
Habitat in Europa, *ftatura et magnitudine inquifitoris.*

fycophanta. 12. C. aureo-nitens, thorace caeruleo, elytris aureo-viridibus ftriatis, thorace fubatro. *Muf. Lud. Ulr.* 95.* *Fn. fuec.* 790.*
Fabr. fp. inf. 1. *p.* 303. *n.* 25. *mant. inf.* 1. *p.* 197. *n.* 34.
Carabus alatus violaceo-nitens, elytris ftriatis aureis.
Degeer inf. 4. *p.* 105. *n.* 2. *t.* 17. *f.* 19.
Poda inf. 46.
Geoffr. inf. par. 1. *p.* 144. *n.* 5.
Reaum. inf. 2. *t.* 37. *f.* 18.
Rob. jun. t. 20. *f.* 2.
Sulz. hift. inf. t. 7. *f.* 1.
Schaeff. elem. t. 2. *f.* 1.
icon. t. 66. *f.* 6.
Bergftr. nomencl. 1. *t.* 12. *f.* 1. 2.
Voet coleoptr. t. 37. *f.* 32.
β) Carabus punctato-fulcatus. *Müll. zool. dan. prodr. p.* 357. *n.* 12. *t.* 7. *f.* 14.
Habitat in Europa, *maximus europaeorum.*
Larva *nigra, noctu larvas phalaenarum devaftat.*

indagator. 71. C. apterus ater, thoracis margine rotundato, elytris laeviffimis: punctis aeneis triplici ferie. *Fabr. mant. inf.* 1. *p.* 197. *n.* 35.
Habitat in Barbaria, *fycophantae propior, quam hortenfi.*

roftratus. 72. C. apterus, elytris laevibus nigris, thorace anguftiore, capite anguftiffimo. *Fabr. fp. inf.* 1. *p.* 304. *n.* 26. *mant. inf.* 1. *p.* 198. *n.* 36.
Syft. nat. XII. 2. *p.* 577. *n.* 20. *Fn. fuec.* 123. Tenebrio roftratus.
Habitat

Habitat in Europa *boreali*, *etiam in* Calabria *elytris deflexis ad tenebriones accedens.*

elevatus. 73. C. apterus, thoracis margine rotundato deflexo, elytris violaceis, corpore atro. *Fabr. mant. inf.* 1. *p.* 198. *n.* 37.
Habitat in America *meridionali*, *magnitudine et statura rostrati.*

unicolor. 74. C. apterus, thoracis margine rotundato reflexo, corpore atro, elytris striatis. *Fabr. mant. inf.* 1. *p.* 198. *n.* 38.
Habitat in America *meridionali*, *elevato proxime affinis.*

fimbriatus. 75. C. apterus ater, thorace simplici: lateribus elytrorumque marginibus albo-tomentosis. *Thunb. nov. inf. sp.* 4. *p.* 70. *f.* 83. *Herbst apud Fuessli arch. inf.* 8. *t.* 47. *f.* 1.
Habitat ad caput bonae spei, *laevis*, *magnitudine thoracici.*

alacer. 76. C. apterus ater immaculatus, thorace posterius rotundato sulcato. *Thunb. nov. inf. sp.* 4. *p.* 70.
Habitat ad caput bonae spei, *fimbriato proxime affinis.*

spinosus. 77. C. apterus ater, elytris octo-sulcatis punctato-rugosis, posterius spinosis. *Thunb. nov. inf. sp.* 4. *p.* 70.
Voet coleoptr. 1. *t.* 38. *f.* 44. 45.
Habitat ad caput bonae spei, *leucophthalmi magnitudine, glaber.*

lunulatus. 78. C. apterus ater, thorace lunato, elytris striatis. *Thunb. nov. inf. sp.* 4. *p.* 72. *f.* 86.
Habitat ad caput bonae spei, *glaber*, *magnitudine violacei, at latior et magis depressus.*

difformis. 79. C. apterus ater, thorace transverso posterius truncato, elytris striatis. *Thunb. nov. inf. sp.* 4. *p.* 72.
Habitat in interioribus regionibus pone caput bonae spei *sitis, statura et magnitudine hortensis.*

dorsalis. 80. C. ater, antennis elytrisque rubris: margine nigro. *Thunb. nov. inf. sp.* 4. *p.* 73.
Habitat ad caput bonae spei, *glaber*, *magnitudine fere leucophthalmi.*

obtusus. 81. C. thorace elytrisque fuscis, capite antennis pedibusque rubris. *Thunb. nov. inf. sp.* 4. *p.* 74.
Habitat ad caput bonae spei, *magnitudine fere cephalotis, crepitanti similis.*

adspersus. 82. C. apterus, supra viridi-aeneus obscurus, subtus niger, elytris punctis excavatis aureis quadruplici ordine sulcisque elevatis.
Degeer inf. 4. *p. n.* 1. *t.* 3. *f.* 12. Carabus aeneo-punctatus *Voet coleoptr.* 1. *t.* 37. *f.* 35.
Habitat in Europae *silvis, sub cespite; elytris interdum nigris.*

Herbstii. 83. C. elytris transversim undulatis: punctorum aureorum ordine triplici. *Herbst apud Fuessli arch. inf.* 6. *p.* 131. *n.* 15.
Habitat in Germania, *inquisitori simillimus, sed major, pollicem longus, nunc virescens, nunc niger.*

pomeranus. 84. C. cupreus subtus niger, elytris decussatim striatis: punctorum elevatorum serie triplici. *Herbst apud Fuessli arch. inf.* 6. *p.* 132. *n.* 16.
Habitat in Pomerania, *granulato affinis,* 9 *fere lineas longus.*

cylindricus. 85. C. ater cylindricus, thorace angustato, medio sulcato, elytris novemsulcatis: margine exteriori punctato. *Herbst apud Fuessli arch. inf.* 6. *p.* 132. *n.* 17. *t.* 29. *f.* 3.
Habitat - - - - ultra 9 *lineas longus.*

problematicus. 86. C. apterus niger caeruleo-nitens, elytris obsolete striatis. *Herbst apud Fuessli arch. inf.* 8. *p.* 177. *n.* 67. *t.* 47. *f.* 5.
Habitat in Austria, *cyaneo intricatoque affinis, at brevior et latior.*

nemoralis. 87. C. niger, elytris aeneis: lineolis intricatis subrugosis punctisque excavatis triplici serie. *Müll. zool. dan. prodr. p.* 75. *n.* 809. *Fn. Fridrichsd. p.* 21. *n.* 211.
Habitat in Dania; *an vere distincta species?*

rubicundus. 88. C. apterus, subtus niger, thorace violaceo, elytris rubicundis: sutura atque marginibus albis. *Lepech. it.* 2. *p.* 195. *t.* 10. *f.* 1.
Habitat in Russiae *fissuris montium.*

catenulatus. 89. C. elytris porcatis: punctorum elevatorum triplici serie tribus striis elevatis scabriusculis decussata. *Scop. ent. carn. n.* 264.
Habitat in Carniolia *et* Helvetia.

atomarius. 228. C. apterus ater glaber, elytris sublaevibus: punctis minutissimis sparsis confluentibus, marginibusque subviolaceis. *Mus. Lesk. p.* 37. n. 818.
Habitat in Europa.

miliarius. 229. C. apterus ater, elytris marginibus externis violaceo-aeneis punctisque elevatis sparsis. *Mus. Lesk. p.* 37. *n.* 819.
Habitat in Europa.

rugosus. 230. C. apterus ater, elytris rugosis: rugis alternis confuse fractis. *Mus. Lesk. p.* 37. *n.* 820.
Habitat in Europa.

aeruginosus. 231. C. apterus ater, elytris confertim striatis: punctorum impressorum viridium serie triplici. *Mus. Lesk. p.* 37. *n.* 823.

cyprius. 232. C. apterus niger, capite, thorace elytrisque cupreis: his rugis quatuor singulis triplici punctorum elevatorum serie discretis. *Mus. Lesk. p.* 38. *n.* 824.
Habitat in Europa.

** *minores.*

afer. 90. C. niger, antennis pedibusque rufescentibus, elytris laevibus. *Thunb. nov. inf. sp.* 4. *p.* 73.
Habitat ad caput bonae spei *sub lapidibus montium, magnitudine vulgaris, subtus piceus, oblongus.*

capensis. 91. C. ferrugineus, thorace elytrorumque sutura linea longitudinali nigra. *Thunb. nov. inf. sp.* 4. *p.* 75. *f.* 88.
Habitat ad caput bonae spei, *statura marginati, sed paulo minor, glaber, abdomine nunc nigro, nunc ferrugineo.*

fasciatus. 92. C. ferrugineus fascia elytrorum nigra. *Thunb. nov. inf. sp.* 4. *p.* 75. *f.* 89.
Habitat ad caput bonae spei, *quadrimaculato affinis.*

striatulus. 93. C. niger, thoracis basi utrinque puncto impresso, elytris striatis medio glabris. *Fabr. sp. inf.* 1. *p.* 305. *n.* 32. *mant. inf.* 1. *p.* 199. *n.* 44.
Habitat ad Patagoniae *littora.*

caliginosus. 94. C. ater, thorace quadrato laevi, antennis piceis. *Fabr. sp. inf.* 1. *p.* 305. *n.* 33. *mant. inf.* 1. *p.* 199. *n.* 45.
Habitat in America, *capitis punctis duobus impressis.*

arenarius. 95. C. pallidus, elytris maculis duabus dorsalibus atris. *Fabr. sp. inf.* 1. *p.* 305. *n.* 34. *mant. inf.* 1. *p.* 199. *n.* 46.
Habitat in Cambriae *arena mobili.*

sabulosus. 96. C. pallidus, capite coleoptrorumque macula dorsali nigris. *Fabr. mant. inf.* 1. *p.* 199. *n.* 47.
Habitat in Saxoniae *sabuletis, arenario affinis.*

ruficornis. 97. C. ater, elytris sulcatis laevibus, antennis pedibusque rufis. *Fabr. sp. inf.* 1. *p.* 305. *n.* 35. *mant. inf.* 1. *p.* 199. *n.* 48.
Geoffr. inf. par. 1. *p.* 146. *n.* 8. Buprestis niger &c.
List. scarab. angl. p. 390. *n.* 24. Scarabaeus niger, pedibus corniculisque croceis.
Müll. zool. dan. prodr. p. 78. *n.* 843. Carabus cursor.
Habitat in Europae *silvis, frequens.*

bicolor. 98. C. supra niger, subtus ferrugineus. *Fabr. sp. inf.* 1. *p.* 306. *n.* 36. *mant. inf.* 1. *p.* 199. *n.* 49.
Habitat in America *boreali.*

flavicornis. 99. C. niger, thoracis margine antennis pedibusque flavescentibus. *Fabr. mant. inf.* 1. *p.* 199. *n.* 50.
Habitat Halae Saxonum, *mediae magnitudinis.*

buprestoides. 13. C. niger, capite recepto, antennis palpisque ferrugineis, pedibus piceis.
Habitat in Europa *australi, mediae magnitudinis.*

fastigiatus. 14. C. ferrugineus, abdomine elytrisque fastigiatis nigris. *Muf. Lud. Ulr.* 97.*
Habitat ad caput bonae spei. Tulbagh.

lividus. 15. C. thorace pedibusque ferrugineis, elytris nigris: lateribus lividis. *Fn. suec.* 791.*
Habitat in Europa.

marginatus. 16. C. niger, elytris margine tibiisque testaceis. *Fn. suec.* 804. *Fabr. sp. inf.* 1. *p.* 310. *n.* 61. *mant. inf.* 1. *p.* 202. *n.* 84.
Geoffr. inf. par. 1. *p.* 162. *n.* 41. Buprestis viridis, pedibus elytrorumque margine exteriori pallidis.
Pontopp. atl. Dan. 1. *t.* 29.
Habitat in Europa, *aliquando viridis.*

cinctus. 100. C. fuscus, capite thoraceque viridi-aeneis, elytrorum margine pedibusque pallidis. *Fabr. sp. inf.* 1. *p.* 510. *n.* 62. *mant. inf.* 1. *p.* 202. *n.* 85.
Herbst apud Fuessli arch. inf. 6. *t.* 29. *f.* 7.
Habitat in Coromandel, *marginato major.*

pallipes. 101. C. ater, thoracis rotundati coleoptrorumque limbo et pedibus pallidis. *Fabr. mant. inſ.* 1. *p.* 202. *n.* 86.
Habitat in America, *marginato minor.*

limbatus. 102. C. ſupra ferrugineus, thorace macula, elytris faſciis undatis viridi-aeneis. *Fabr. ſp. inſ.* 1. *p.* 310. *n.* 63. *mant. inſ.* 1. *p.* 202. *n.* 87.
Herbſt Beſch. der berl. naturf. Geſ. 4. *t.* 7. *f.* 4.
Habitat in Germania *ſub lapidibus.*

nitidulus. 103. C. niger, elytrorum margine aeneo nitido. *Fabr. mant. inſ.* 1. *p.* 202. *n.* 88.
Habitat in Camtſchatca, *ſtatura et magnitudine cuprei.*

complanatus. 17. C. pallidus, elytris faſciis duabus undulatis nigricantibus. *Fabr. ſp. inſ.* 1. *p.* 306. *n.* 41. *mant. inſ.* 1. *p.* 200. *n.* 57.
Carabus thorace orbiculato, rufus, elytris faſciis duabus nigris.
Habitat in inſula S. Dominici.

pilicornis. 104. C. thorace rotundato, elytris ſtriatis punctisque impreſſis, antennis piloſis. *Fabr. ſp. inſ.* 1. *p.* 307. *n.* 48. *mant. inſ.* 1. *p.* 200. *n.* 65. *Lesk. it. p.* 18. *t.* A. *f.* 7.
Habitat in Anglia, *nunc niger, nunc aeneus.*

ſpinibarbis. 105. C. cyaneus, thorace orbiculato, ore antennis tibiisque rufis. *Fabr. ſp. inſ.* 1. *p.* 307. *n.* 47. *mant. inſ.* 1. *p.* 200. *n.* 64.
Habitat in Anglia.

ſexpuſtulatus. 106. C. rufus, elytris nigris: punctis ſex rufis. *Fabr. ſp. inſ.* 1. *p.* 307. *n.* 46. *mant. inſ.* 1. *p.* 200. *n.* 63.
Habitat in America *meridionali.*

bimaculatus. 107. C. niger, faſcia communi flava interrupta, antennis pedibusque teſtaceis. *Mant. p.* 532.
Fabr. ſp. inſ. 1. *p.* 307. *n.* 45. *mant. inſ.* 1. *p.* 200. *n.* 62.
Carabus niger, capite elytrisque truncatis puncto baſeos faſciaque media ferrugineis.
Sulz. hiſt. inſ. t. 7. *f.* 5.
Voet coleoptr. t. 34. *f.* 10. 11.
Habitat in India, *thorace mox flavo, mox nigro, mox maculato.*

crepitans. 18. C. thorace capite pedibusque ferrugineis, elytris nigris. *Fn. ſuec.* 272. *Fabr. ſp. inſ.* 1. *p.* 307. *n.* 44. *mant. inſ.* 1. *p.* 200. *n.* 61.

Degeer inf. 4. *p.* 103. *n.* 22. *t.* 3. *f.* 18. Carabus alatus ferrugineus &c.
Geoffr. inf. par. 1. *p.* 151. *n.* 19. Bupreſtis capite, thorace pedibusque rubris &c.
Rol. act. Stockh. 1750. *p.* 292. *t.* 7. *f.* 2. Cicindela capite, thorace pedibusque rufis &c.
Schaeff. ic. t. 11. *f.* 13.
Voet coleoptr. 1. *t.* 36. *f.* 26.
Bergſtr. nomencl. 1. *t.* 13. *f.* 9.
Habitat in Europae *nemoribus, perſequentes carabos majores crepitu ventris pellens.*

fumans. 108. C. ferrugineus, elytris nigro-cyaneis. *Fabr. ſp. inſ.* 1. *p.* 307. *n.* 43. *mant. inſ.* 1. *p.* 200. *n.* 60.
Habitat in America, *crepitanti affinis, at triplo major.*

lateralis. 109. C. niger, thorace elytrorumque margine ferrugineis. *Fabr. mant. inſ.* 1. *p.* 200. *n.* 59.
Habitat Kilonii, *ſtatura et magnitudine americani.*

americanus. 19. C. niger, thorace pedibus antennisque ferrugineis. *Fabr. ſp. inſ.* 1. *p.* 306. *n.* 42. *mant. inſ.* 1. *p.* 200. *n.* 58.
Degeer inſ. 4. *p.* 107. *n.* 3. *t.* 17. *f.* 21.
Habitat in America, *crepitanti ſimilis, ſed quadruplo major.*

ſpinipes. 20. C. piceus, thorace linea excavata longitudinali, manibus ſpinoſis. *Fn. ſuec.* 793. *Scop. ent. carn.* 267.
Habitat in Europa, *ſuper tritici ſpicas frequens.*

cyanocephalus. 21. C. thorace pedibusque ferrugineis, elytris capiteque cyaneis. *Fn. ſuec.* 794.* *Fabr. ſp. inſ.* 1. *p.* 310. *n.* 65. *mant. inſ.* 1. *p.* 203. *n.* 90.
Fn. ſuec. 525. Carabus capite elytrisque caeruleis, thorace rubro.
Degeer inſ. 4. *p.* 100. *n.* 17. *t.* 3. *f.* 17. Carabus alatus, capite elytrisque viridi-caeruleis &c.
Geoffr. inſ. par. 1. *p.* 149. *n.* 40. Bupreſtis capite elytrisque caeruleis, thorace rubro.
Raj. inſ. p. 89. *n.* 1. Cantharis elytris et capite caeruleis, ſcopulis croceis.
Schaeff. ic. t. 10. *f.* 14.
Habitat in Europae *ſilvis.*

ruficollis. 110. C. thorace obcordato ferrugineo, elytris truncatis ſtriatis viridibus, capite plano atro. *Fabr. mant. inſ.* 1. *p.* 203. *n.* 91.
Habitat in America *meridionali, mediae magnitudinis.*

111. C.

amethy-ftinus. 111. C. cyaneus, capite thoraceque aeneis nitidis. *Fabr. mant. inſ.* 1. *p.* 203. *n.* 92.
Habitat in Cayenna, *ſtatura et magnitudine cyanocephali.*

flexuoſus. 112. C. niger, elytris ferrugineis: macula media ſinuata punctoque apicis nigris. *Fabr. ſp. inſ.* 1. *p.* 311. *n.* 66. *mant. inſ.* 1. *p.* 203. *n.* 93.
Habitat in India.

melano-cephalus. 22. C. thorace pedibusque ferrugineis, elytris capiteque atris. *Fn. ſuec.* 795.*
Fn. ſuec. 1. *n.* 526. Carabus capite elytrisque atris, thorace rubro.
Fabr. ſp. inſ. 1. *p.* 310. *n.* 64. *mant. inſ.* 1. *p.* 202. *n.* 89. Carabus niger, thorace pedibusque ferrugineis.
Voet coleoptr. 1. *t.* 35. *f.* 15.
β) *Fn. ſuec.* 524. Carabus niger, thorace antennis pedibusque ferrugineis.
Degeer inſ. 4. *p.* 93. *n.* 8. Carabus apterus niger nitidus &c.
Geoffr. inſ. par. 1. *p.* 162. *n.* 42. Bupreſtis nigro &c.
Habitat in Europae *locis ſuffocatis.*

vapora-riorum. 23. C. thorace fuſco, pedibus antennis elytrisque anterius et apice ferrugineis. *Fn. ſuec.* 796.* *Fabr. ſp. inſ.* 1. *p.* 312. *n.* 76. *mant. inſ.* 1. *p.* 205. *n.* 110.
Fn. ſuec. 1. *n.* 529. Carabus ater, elytris antice griſeis.
Müll. prodr. zool. dan. p. 78. *n.* 850. Carabus nigricans, antennis, thorace, pedibus elytrisque antice ferrugineis.
Voet coleoptr. 1. *t.* 35. *f.* 18.
Habitat in Europa, *frequens, meridiano quadruplo major.*

latus. 24. C. niger, elytris ſtriatis crenatis, antennis pedibusque ferrugineis. *Fn. ſuec.* 521.* *Fabr. ſp. inſ.* 1. *p.* 308. *n.* 54. *mant. inſ.* 1. *p.* 201. *n.* 73.
Degeer inſ. 4. *p.* 101. *n.* 18. Carabus alatus niger nitidus &c.
Schaeff. ic. t. 194. *f.* 7.
Habitat in Europa *frequens.*

abdomi-nalis. 113. C. niger, antennis, abdominis diſco pedibusque ferrugineis. *Fabr. mant. inſ.* 1. *p.* 201. *n.* 74.
Habitat ad caput bonae ſpei, *ſtatura et magnitudine lati.*

Lineola. 114. C. thorace ſubaequali ferrugineus, elytris lineola nigra. *Fabr. ſp. inſ.* 1, *p.* 309. *n.* 55. *mant. inſ.* 1. *p.* 201. *n.* 75.
Habitat in America *ſeptentrionali.*

ferrugineus. 25. C. ferrugineus, thorace glaberrimo. *Fn. suec.* 798.*
Fabr. sp. ins. 1. *p.* 309. *n.* 56. *mant. ins.* 1. *p.* 201. *n.* 76.
Carabus ferrugineus elytris striatis obscurioribus.
Degeer ins. 4. *p.* 101. *n.* 19. Carabus alatus flavo-griseus nitidus &c.
Geoffr. ins. par. 1. *p.* 162. *n.* 43. Buprestis ferrugineo-lividus &c.
Herbst apud Fuessli arch. ins. 6. *t.* 29. *f.* 6. c.
Habitat in Europae *arvis.*

pallens. 115. C. pallidus, elytris striatis. *Fabr. sp. ins.* 1. *p.* 309. *n.* 57. *mant. ins.* 1. *p.* 201. *n.* 77.
Habitat Dresdae, *an satis distinctus a ferrugineo?*

dorsiger. 116. C. ferrugineus abdomine coleoptrorumque lunula lata nigris. *Fabr. mant. ins.* 1. *p.* 201. *n.* 78.
Habitat in Barbaria, *statura pallentis.*

germanus. 26. C. cyaneus, capite, pedibus elytrisque testaceis, elytris apice violaceis. *Fabr. sp. ins.* 1. *p.* 317. *n.* 71. *mant. ins.* 1. *p.* 204. *n.* 102.
Schaeff. ic. t. 31. *f.* 13.
Habitat in Germania, *interdum niger.*

vulgaris. 27. C. nigro-aeneus, antennis pedibusque nigris. *Fn. suec.* 799.* *Scop. ent. carn.* 268. *Fabr. sp. ins.* 1. *p.* 308. *n.* 52. *mant. ins.* 1. *p.* 201. *n.* 70.
Degeer ins. 4. *p.* 97. *n.* 14. Carabus alatus supra viridi-aeneus nitidus &c.
Geoffr. ins. par. 1. *p.* 158. Buprestis fusco-aeneus.
Schaeff. ic. t. 18. *f.* 2.
Habitat in Europae *silvis frequens.*

azureus. 117. C. cyaneus, antennis pedibusque rubris. *Fabr. sp. ins.* 1. *p.* 508. *n.* 53. *mant. ins.* 1. *p.* 201. *n.* 71.
Bergstr. nomencl. 1. *t.* 10. *f.* 3.
Habitat in Lipsiae *collibus arenosis.*

erythrocephalus. 118. C. niger, capite rufo, antennis pedibusque flavis. *Fabr. mant. ins.* 1. *p.* 201. *n.* 72.
Habitat Kilonii, *mediae magnitudinis.*

caerulescens. 28. C. nigro-caeruleus, antennis basi rubris. *Fn. suec.* 800.*
Fabr. sp. ins. 1. *p.* 308. *n.* 49. *mant. ins.* 1. *p.* 200. *n.* 66.
Carabus nigro-caerulescens, elytris striatis.
Müll. zool. dan. prodr. p. 76. *n.* 817. Carabus virens.
Schaeff. ic. t. 18. *f.* 3. 4.
Habitat in Europae *hortis, viis.*

lepidus. 119. C. viridi-aeneus, thorace quadrato posterius utrinque bistriato, elytris striatis. *Fabr. mant. inf.* 1. *p.* 200. *n.* 67. *Lesk. it.* 1. *p.* 17. *n.* 8. *t.* A. *f.* 6.
Habitat in Lusatiae *arenosis, magnitudine et statura caerulescentis.*

cupreus. 29. C. cupreus, antennis basi rubris. *Fn. suec.* 801.* *Fabr. sp. inf.* 1. *p.* 308. *n.* 50. *mant. inf.* 1. *p.* 201. *n.* 68.
Degeer inf. 4. *p.* 97. *n.* 13. *t.* 3. *f.* 15. Carabus alatus supra viridi-aeneus &c.
Geoffr. inf. par. 1. *p.* 161. *n.* 40. Buprestis totus viridi cupreus, antennis nigris.
Habitat in Europae *silvis.*

Carnifex. 120. C. alatus viridi-aeneus, antennis pedibusque rufis, thorace angustato. *Fabr. sp. inf.* 1. *p.* 308. *n.* 51. *mant. inf.* 1. *p.* 201. *n.* 69.
Habitat in Terra del fuego.

piceus. 30. C. niger, pedibus antennisque piceis. *Fn. suec.* 802.*
Fabr. sp. inf. 1. *p.* 306. *n.* 37. *mant. inf.* 1. *p.* 199. *n.* 51. Carabus thorace obcordato, antennis tibiisque piceis, elytris striatis.
Gron. zooph. 501. Carabus apterus niger.
Schaeff. ic. t. 18. *f.* 9.
Habitat in Europa *boreali.*

holosericeus. 121. C. holosericeo-niger, capite aeneo nitido. *Fabr. mant. inf.* 1. *p.* 199. *n.* 52.
Habitat Kilonii, *statura picei.*

femoralis. 122. C. capite thoraceque aeneis, elytris striatis obscurioribus, femoribus rufis. *Fabr. sp. inf.* 1. *p.* 306. *n.* 38. *mant. inf.* 1. *p.* 199. *n.* 53.
Habitat in Sierra Leon Africae.

madidus. 123. C. niger, thorace posterius utrinque impresso, femoribus rufis. *Fabr. sp. inf.* 1. *p.* 306. *n.* 39. *mant. inf.* 1. *p.* 199. *n.* 54.
Habitat in Anglia.

binotatus. 124. C. ater, capite punctis duobus frontalibus rubris, antennis basi flavis. *Fabr. mant. inf.* 1. *p.* 199. *n.* 55.
Habitat Kilonii, *statura et magnitudine ruficornis.*

interruptus. 125. C. ater, thorace posterius rotundato abdomineque remotis. *Fabr. sp. inf.* 1. *p.* 306. *n.* 40. *mant. inf.* 1. *p.* 200. *n.* 56.
Herbst apud Fuessli arch. inf. 6. *t.* 29. *f.* 4. a.
Habitat in Oriente, *an forte tenebrio?*

velox. 31. C. nigricans, pedibus tibiisque pallidis. *Fn. suec.* 803. *It. gotl.* 207.
Fabr. sp. inf. 1. *p.* 312. *n.* 72. *mant. inf.* 1. *p.* 204. *n.* 103. Carabus nigricans, antennis pedibusque pallidis, elytris obtusissimis.
Habitat in Europae *arena volatili, agilissimus.*

rufescens. 126. C. ferrugineus, thorace rotundato, vertice anoque nigris. *Fabr. sp. inf.* 1. *p.* 312. *n.* 73. *mant. inf.* 1. *p.* 204. *n.* 104.
Habitat in Anglia.

viridanus. 127. C. viridi-aeneus, elytris ferrugineis: macula communi nigro-aenea. *Fabr. mant. inf.* 1. *p.* 204. *n.* 105.
Habitat in Germaniae *quisquiliis, statura c. vaporariorum, thorace interdum nigro.*

bipustulatus. 128. C. thorace orbiculato elytrisque nigris: maculis duabus rufis. *Fabr. sp. inf.* 1. *p.* 312. *n.* 74. *mant. inf.* 1. *p.* 204. *n.* 106.
Habitat in Anglia.

aequinoctialis. 129. C. flavus, thorace cordato, elytris fuscis: maculis duabus flavis. *Fabr. sp. inf.* 1. *p.* 312. *n.* 75. *mant. inf.* 1. *p.* 204. *n.* 107.
Herbst apud Fuessli arch. inf. 6. *t.* 29. *f.* 8. d.
Habitat in Africa *aequinoctiali, parvus.*

lunatus. 130. C. niger, capite thoraceque viridi-aeneis, elytris flavis: maculis tribus nigris. *Fabr. syst. ent. p.* 247. *n.* 60. *mant. inf.* 1. *p.* 204. *n.* 108.
Habitat in - - -

prasinus. 131. C. niger, capite thoraceque viridi-aeneis, elytris macula magna communi posteriore nigra. *Fabr. mant. inf.* 1. *p.* 204. *n.* 109.
Thunb. nov. inf. sp. 4. *p.* 74. *f.* 87. Carabus thorace capiteque cyaneis, elytris rubris: postice macula communi fusca.
Habitat Hafniae *et ad* caput bonae spei, *statura c. vaporariorum, at paulo major.*

32. C.

multipunctatus. 32. C. subaeneus, elytris punctis vagis plurimis impressis. *Fn. suec.* 805.* *Fabr. sp. inf.* 1. *p.* 309. *n.* 58. *mant. inf.* 1. *p.* 201. *n.* 79.
Habitat in Europae *sabulosis.*

hafniensis. 132. C. niger, elytris striatis: punctis dorsalibus plurimis impressis. *Fabr. mant. inf.* 1. *p.* 202. *n.* 80.
Habitat Hafniae, *mediae magnitudinis.*

aeneus. 133. C. ferrugineus, thorace elytrisque aeneis. *Fabr. sp. inf.* 1. *p.* 309. *n.* 59. *mant. inf.* 1. *p.* 202. *n.* 81.
Habitat in Lipsiae *hortis.*

nigricornis. 134. C. niger, thorace cupreo elytris striatis viridibus, pedibus piceis. *Fabr. mant. inf.* 1. *p.* 202. *n.* 82.
Habitat in Dania, *statura sexpunctati, at paulo major.*

bipunctatus. 33. C. subaeneus, elytris punctis duobus impressis. *Fn. suec.* 806.
Fabr. sp. inf. 1. *p.* 313. *n.* 86. *mant. inf.* 1. *p.* 205. *n.* 121. Carabus aeneus, antennis nigris, tibiis pallidis.
Habitat in Europae *quisquiliis.*

angustatus. 135. C. thorace cylindrico cyaneo, elytris testaceis apice nigris. *Fabr. mant. inf.* 1. *p.* 205. *n.* 122.
Habitat in Germania, *parvus, an hujus generis?*

quadripustulatus. 34. C. capite ferrugineo, thorace atro, elytris maculis duabus flavis. *Fn. suec.* 811.*
Habitat in Europa.

sexpunctatus. 35. C. subaeneus, elytris punctis longitudinalibus sex impressis. *Fn. suec.* 807.*
Fn. suec. 1. *n.* 519. Carabus nitens, capite thoraceque cyaneo, elytris purpureis.
Fabr. sp. inf. 1. *p.* 309. *n.* 60. *mant. inf.* 1. *p.* 202. *n.* 83. Carabus capite thoraceque viridibus, elytris cupreis.
Degeer inf. 4. *p.* 99. *n.* 16. Carabus alatus, capite thoraceque viridi-aureis &c.
Geoffr. inf. par. 1. *p.* 149. *n.* 14. Buprestis nitens, capite thoraceque viridibus &c.
Goed. inf. 2. *p.* 126. *t.* 31.
Schaeff. ic. t. 66. *f.* 4.
Voet coleoptr. 1. *t.* 33. *f.* 4.
Habitat in Europa *et boreali* America.

36. C.

meridianus. 36. C. niger, elytris anterius pedibusque testaceis. *Fabr. sp. ins.* 1. *p.* 312. *n.* 77. *mant. ins.* 1. *p.* 205. *n.* 111.
Habitat in Europa, *parvus.*

Comma. 136. C. niger, thorace fusco, elytris griseis: macula lineari nigra. *Fabr. sp. ins.* 1. *p.* 312. *n.* 78. *mant. ins.* 1. *p.* 205. *n.* 112.
Habitat in America.

testaceus. 37. C. pallide testaceus, elytris glabris. *Fn. suec.* 812.*
Fabr. sp. ins. 1. *p.* 313. *n.* 84. *mant. ins.* 1. *p.* 205. *n.* 119.
Carabus capite thoraceque ferrugineis, elytris testaceis.
Geoffr. ins. par. 1. *p.* 153. *n.* 25. Buprestis testaceus, capite nigro.
Habitat in Europa.

abbreviatus. 137. C. thorace rotundato rufo, elytris abbreviatis testaceis. *Fabr. sp. ins.* 1. *p.* 313. *n.* 85. *mant. ins.* 1. *p.* 205. *n.* 20.
Habitat in Norwegiae *rupibus.*

ustulatus. 38. C. thorace nigro, elytris obscuris pallido-bifasciatis. *Fn. suec.* 810. *Fabr. sp. ins.* 1. *p.* 313. *n.* 81. *mant. ins.* 1. *p.* 205. *n.* 115.
Fn. suec. 528. Carabus niger, coleoptris pone fascia ferruginea; lateribus macula ferruginea.
Geoffr. ins. par. 1. *p.* 151. *n.* 20.
Voet coleoptr. 1. *t.* 34. *f.* 7.
Habitat in Europae *quisquiliis, maculis interdum magnis obsoletis rubro-pallidis varius.*

kiloniensis. 138. C. thorace rotundato nigro, coleoptris pallidis: macula magna dorsali nigra. *Fabr. mant. ins.* 1. *p.* 205. *n.* 116.
Habitat Kilonii, *parvus.*

Crux major. 39. C. thorace capiteque nigro-rubescente, coleoptris ferrugineis: cruce nigra. *Fn. suec.* 808.*
Fabr. sp. ins. 1. *p.* 311. *n.* 67. *mant. ins.* 1. *p.* 203. *n.* 94.
Carabus thorace orbiculato rubro, coleoptris truncatis rubris, cruce nigra.
Geoffr. ins. par. 1. *p.* 150. *n.* 18.
Schaeff. ic. t. 1. *f.* 13.
Habitat in Europae *silvis.*

vittatus. 139. C. thorace marginato rufo, elytris atris: vitta alba. *Fabr. sp. ins.* 1. *p.* 311. *n.* 68. *mant. ins.* 1. *p.* 203. *n.* 95.
Habitat in America *boreali.*

140. C.

turcicus. 140. C. thorace orbiculato rufo, elytris nigris: lunula baseos pallida. *Fabr. mant. inf.* 1. *p.* 203. *n.* 96.
Habitat - - - *statura et magnitudine vittati.*

haemorrhoidalis. 141. C. thorace suborbiculato, elytris nigris apice rufis. *Fabr. mant. inf.* 1. *p.* 203. *n.* 97.
Habitat Dresdae, *rufus.*

picipes. 142. C. ater nitidus, thorace rotundato, elytris fuscis, pedibus ferrugineis. *Fabr. mant. inf.* 1. *p.* 203. *n.* 98.
Habitat in Suecia, *parvus, oblongus, agilis.*

agilis. 143. C. rufus, thorace rotundato, elytris abdomineque nigris. *Fabr. mant. inf.* 1. *p.* 204. *n.* 99.
Habitat Upsaliae, *statura vittati.*

Crux minor. 40. C. thorace luteo glabro, elytris posterius nigris: maculis duabus flavis. *Fn. suec.* 809.*
Fabr. sp. inf. 1. *p.* 311. *n.* 69. *mant. inf.* 1. *p.* 204. *n.* 100. Carabus thorace orbiculato rufo, coleoptris apice nigris, macula rufa.
Sulz. hist. inf. t. 7. *f.* 6.
Schaeff. ic. t. 18. *f.* 8. *et t.* 41. *f.* 13.
Habitat in Europa, *praesertim* Anglia.

Andreae. 144. C. thorace orbiculato nigro nitido, elytris pallidis: fascia media nigra. *Fabr. mant. inf.* 1. *p.* 311. *n.* 70. *mant. inf.* 1. *p.* 204. *n.* 101.
Habitat in Italia, *statura c. crucis minoris.*

quadrimaculatus. 41. C. thorace ferrugineo glabro, elytris obtusissimis fuscis: maculis duabus albis. *Fn. suec.* 813.* *Fabr. sp. inf.* 1. *p.* 313. *n.* 79. *mant. inf.* 1. *p.* 205. *n.* 113.
Fn. suec. 1. *n.* 532. Carabus niger, thorace ferrugineo, elytrorum maculis 4 lividis.
Geoffr. inf. par. 1. *p.* 152. *n.* 24. Buprestis niger, thorace plano ferrugineo &c.
Pontopp. atl. Dan. 1. *t.* 29.
Habitat in Europae *quisquiliis.*

quadriguttatus. 145. C. thorace rotundato atro, elytris nigris: punctis quatuor albis. *Fabr. sp. inf.* 1. *p.* 313. *n.* 80. *mant. inf.* 1. *p.* 205. *n.* 114.
Herbst apud Fuessli arch. inf. 6. *t.* 29. *f.* 9. e.
Habitat in Anglia.

atricapillus. 42. C. flavus, capite nigro, elytris obtusissimis.
Fabr. sp. inf. 1. *p.* 313. *n.* 82. *mant. inf.* 1. *p.* 205. *n.* 117.
Carabus thorace rotundato rufo, elytris obtusis testaceis, capite atro.
Herbst apud Fuessli arch. inf. 6. *t.* 29. *f.* 10. f?
Habitat in Europa *boreali.*

biguttatus. 146. C. capite rotundato aeneo, elytris nigris: macula apicis pallida. *Fabr. sp. inf.* 1. *p.* 313. *n.* 83. *mant. inf.* 1. *p.* 205. *n.* 118. *Thunb. nov. inf. sp.* 4. *p.* 76.
Habitat in Norwegia, *sub arborum corticibus, in* Suecia, *et ad* caput bonae spei, *pediculo duplo major.*

truncatellus. 43. C. niger, supra aeneus, elytris apice subtruncatis. *Fn. suec.* 814.*
Fabr. mant. inf. 1. *p.* 206. *n.* 123. Carabus thorace rotundato, supra obscure aeneus, subtus ater.
Habitat in Europae *quisquiliis, parvus.*

Thunbergii. 147. C. elytris testaceis: macula communi violacea, capite thoraceque nigris. *Thunb. nov. act. Ups.* 4. *p.* 20. *n.* 34.
Habitat Upsaliae, *caerulescentis magnitudine, c. vaporariorum affinis.*

upsaliensis. 148. C. elytris viridibus striatis, thorace plano aeneo punctato. *Thunb. nov. act. Ups.* 4. *p.* 20. *n.* 35.
Habitat Upsaliae, *vulgaris magnitudine, cupreo affinis, at thorace punctato distinctus.*

sericeus. 149. C. ater, capite thorace et elytris viridi-nitentibus, antennis pedibusque rufis. *Forst. nov. inf. sp.* 1. *p.* 58. *n.* 58.
Habitat in America *septentrionali, spinipede paulo major.*

lineatus. 150. C. thorace ferrugineo, pedibus elytrisque griseis: suturae linea communi alteraque media nigra, tarsis nigris. *Forst. nov. inf. sp.* 1. *p.* 59. *n.* 59.
Habitat in America *septentrionali, magnitudine crucis minoris.*

marchicus. 151. C. subtus niger, capite thoraceque caesiis, palpis antennisque fuscis basi ferrugineis. *Herbst apud Fuessli arch. inf.* 6. *p.* 137. *n.* 38.
Habitat Berolini, *germano affinis.*

Schranckii. 152. C. viridi-aeneus, abdomine nigro, pedibus antennisque pallide rufis. *Schranck inf. austr. p.* 213. *n.* 401.
Habitat in Germania, 5 *lineas longus.*

153. C.

indicus. 153. C. niger, antennis apice griſeis, thorace linea impreſſa, elytris ſeptemſulcatis. *Herbſt apud Fueſſli arch. inſ.* 6. *p.* 138. *n.* 40. *t.* 29. *f.* 11.
Habitat in India, 9 *lineas longus.*

ſplendidus. 154. C. fuſcus, capite thoraceque viridi-aeneis, pedibus pallidis. *Herbſt apud Fueſſli arch. inſ.* 6. *p.* 138. *n.* 41.
Habitat in India, *cincto proximè affinis, an ſatis diſtinctus?*

marginellus. 155. C. piceus, pedibus ſpinuloſis, antennis thoracisque margine flaveſcentibus, elytris octoſtriatis. *Herbſt apud Fueſſli arch. inſ.* 6. *p.* 138. *n.* 42.
Habitat in India, *anguſtus*, 7½ *lineas longus.*

Friſchii. 156. C. niger, thoracis ſulco unico medio, elytrorum octo. *Herbſt apud Fueſſli arch. inſ.* 6. *p.* 138. *n.* 43.
Habitat Berolini, 8-9 *lineas longus, oculis albis.*

varius. 157. C. ſupra nigro-aeneus ſubtus niger, corpore ovato brevi, thorace convexo, elytris laevibus, antennis baſi rufis. *Degeer inſ.* 4. *p.* *n.* 15.
Habitat in Europa, 3 *circiter lineas longus.*

Herbſtii. 158. C. niger, antennis thoracisque glaberrimi margine anteriori ferrugineis, pedibus piceis. *Herbſt apud Fueſſli arch. inſ.* 6. *p.* 138. *n.* 45.
Habitat Berolini.

Mülleri. 159. C. aeneo-niger, elytris punctato-ſtriatis: punctis tribus impreſſis. *Herbſt apud Fueſſli arch. inſ.* 6. *p.* 139. *n.* 46. *Müll. zool. dan. prodr. n.* 842. Carabus ſexpunctatus.
Habitat in Europa, 3 *lineas longus.*

obſcurus. 160. C. niger, ſubtus badius, elytris fuſcis: ſtriis 8 punctatis, antennis pedibusque luteis. *Herbſt apud Fueſſli arch. inſ.* 6. *p.* 139. *n.* 47. *t.* 29. *f.* 12. g.
Müll. zool. dan. prodr. n. 819.
Habitat in Europa.

Pelidnus. 161. C. niger, thorace orbiculato, elytris ſordide luteis octoſtriatis. *Herbſt apud Fueſſli arch. inſ.* 6. *p.* 139. *n.* 48.
Habitat Berolini.

hungaricus. 162. C. ex fuſco rufus, elytris ſtriatis, thorace rotundato. *Scop. ann. hiſt. nat.* 5. *p.* 108. *n.* 103. *Herbſt apud Fueſſli arch. inſ.* 6. *p.* 139. *n.* 49.
Habitat in Hungaria *et* Germania, *vix ultra* 2 *lineas longus.*

aterrimus. 163. C. totus ater nitidus, thorace rotundato, elytris obsolete striatis: punctis quatuor ad suturam excavatis. *Herbst apud Fuessli arch. ins.* 6. *p.* 140. *n.* 50. *t.* 29. *f.* 13.
Habitat Berolini, *statura multipunctati, at major, sex lineas longus.*

terricola. 164. C. niger, subtus fuscus, elytris caeruleis: striis novem punctatis; extima crenata. *Herbst apud Fuessli arch. ins.* 6. *p.* 140. *n.* 51. *t.* 29. *f.* 14.
Habitat Berolini, 7-8 *lineas longus.*

platys. 165. C. totus niger, thorace submarginato, elytris glabris obsolete striatis. *Herbst apud Fuessli arch. ins.* 6. *p.* 140. *n.* 52.
Habitat Berolini, *lato proxime affinis, at latior.*

Aethiops. 166. C. totus niger nitidus. *Herbst apud Fuessli arch. ins.* 6. *p.* 141. *n.* 53.
Habitat Berolini, *vulgari affinis, an propria species?* 5-6 *lineas longus.*

Virgo. 167. C. niger, antennis pedibusque fuscis, thorace posterius sinuato, elytris obsolete striatis. *Herbst apud Fuessli arch. ins.* 6 *p.* 141. *n.* 54.
Habitat Berolini, *vulgari similis,* 3 *lineas longus.*

glaber. 168. C. niger nitidus, elytris fuscis striatis, ore palpis pedibusque piceis. *Herbst apud Fuessli arch. ins.* 6. *p.* 141. *n.* 55.
Habitat Berolini, *vulgari affinis, sed angustior.*

globosus. 169. C. niger, thorace hemisphaerico, elytris punctato-striatis, ore palpisque ferrugineis, antennis basi fulvis submoniliformibus. *Herbst apud Fuessli arch. ins.* 6. *p.* 142. *n.* 58. *t.* 29. *f.* 17. k.
Habitat Berolini, *vix sesquilineam longus, an hujus generis?*

chalcos. 170. C. aeneus subtus niger, antennis basi ferrugineis, thorace punctato, elytris punctato-striatis. *Herbst apud Fuessli arch. ins.* 6. *p.* 142. *n.* 59.
Habitat Berolini, 2½ *lineas longus.*

micros. 171. C. badius, elytris punctato-striatis, oculis nigris. *Herbst apud Fuessli arch. ins.* 6. *p.* 142. *n.* 60.
Habitat Berolini 2 *lineas longus.*

lampros. 172. C. nitens glaberrimus aeneo-niger, ſubtus niger, elytris punctato-ſtriatis, antennis griſeis, pedibus fuſcis. *Herbſt apud Fueſſli arch. inſ.* 6. *p.* 143. *n.* 61.
Habitat Berolini, *ad ripas humidas, chalco affinis, at minor,* 1½ *lineas longus.*

pyropus. 173. C. ater nitens, thoracis margine elevato, antennis pedibusque piceis. *Herbſt apud Fueſſli arch. inſ.* 6. *p.* 143. *n.* 62.
Habitat Berolini, *ſtatura lati,* 4 *lineas longus.*

mixtus. 174. C. luteus, capite nigro, elytris poſterius nigro irroratis. *Herbſt apud Fueſſli arch. inſ.* 6. *p.* 143. *n.* 63.
Habitat Berolini, 2 *lineas longus.*

Geerii. 175. C. ſupra niger, ſubtus flavus, elytris maculis binis, pedibus antennisque fulvis. *Degeer inſ.* 4. *p.* 102. *n.* 20. *Müll. zool. dan. prodr. p.* 78. *n.* 840? Carabus bimaculatus.
Habitat in Europa.

didymus. 176. C. ex nigro caeruleus, elytris flavis: macula didyma fuſca. *Müll. zool. dan. prodr. p.* 78. *n.* 849.
Habitat in Dania.

minimus. 177. C. thorace ſubnigro, elytris ſtriatis pedibus antennisque fuſcis. *Müll. Fn. Fridrichsd. p.* 21. *n.* 212. *zool. dan. prodr. p.* 77. *n.* 833.
Habitat in Dania, *herbariis quoque infeſtus, vix pediculi magnitudine.*

flavus. 178. C. flavus, elytris ſtriatis, capite, thorace maculaque apicis elytrorum viridi. *Müll. zool. dan. prodr. p.* 78. *n.* 846.
Habitat in Dania.

feneſtratus. 179. C. niger, elytris fuſcis: maculis obliquis flavis feneſtratis. *Müll. zool. dan. prodr. p.* 76. *n.* 812.
Habitat in Dania.

inflexus. 180. C. niger, tibiis tarſisque piceis, elytris punctorum impreſſorum ſerie flexuoſa. *Müll. zool. dan. prodr. p.* 76. *n.* 814.
Habitat in Dania.

fulvipes. 181. C. niger, elytris aeneis, pedibus antennisque fulvis. *Müll. zool. dan. prodr. p.* 76. *n.* 816.
Habitat in Dania.

nigricans. 182. C. ater, elytris, antennis, palpis pedibusque piceis. *Müll. zool. dan. prodr. p.* 76. *n.* 819.
Habitat in Dania.

celer. 183. C. piceus, capite thorace elytrisque ſtriatis nigris. *Müll. zool. dan. prodr. p.* 76. *n.* 823. *act. nidroſ.* 4. *p.* 32.
Habitat in Scandinavia.

caeruleus. 184. C. niger, elytris cyaneis, antennis palpis pedibusque fulvis. *Müll. zool. dan. prodr. p.* 77. *n.* 827.
Habitat in Dania.

ſimilis. 185. C. niger, thorace poſterius utrinque excavato, elytrorum ſtriis ſubpunctatis. *Müll. zool. dan. prodr. p.* 77. *n.* 828.
Habitat in Dania.

aeſtivus. 186. C. flavus, capite ferrugineo, thorace elytrisque nigris. *Müll. zool. dan. prodr. p.* 77. *n.* 832.
Habitat in Dania.

flexilis. 187. C. flavicans, capite nigro, elytris lividis. *Müll. zool. dan. prodr. p.* 78. *n.* 837. *act. nidroſ.* 4. *p.* 30.
Habitat in Scandinavia.

laevis. 188. C. aeneus, capite thoraceque viridi, elytris cupreis, pedibus piceis. *Müll. zool. dan. prodr. p.* 78. *n.* 841.
Habitat in Dania.

vernalis. 189. C. niger, antennis palpis pedibusque flavis, elytris ſtriatopunctatis. *Müll. zool. dan. prodr. p.* 78. *n.* 847.

pullus. 190. C. niger, elytris ſtriatis, pedibus piceis. *Müll. zool. dan. prodr. p.* 78. *n.* 848.
Habitat in Dania.

ater. 191. C. ater, elytris ſtriatis, unguibus ſubferrugineis. *Müll. zool. dan. prodr. p.* 78. *n.* 851.
Habitat in Dania.

diſcolor. 192. C. ater, ſubtus rufus, elytris mollibus. *Müll. zool. dan. prodr. p.* 79. *n.* 857. *act. nidroſ.* 4. *p.* 31.
Habitat in Europa *boreali.*

aurichalceus. 193. C. flaveſcens ſupra aeneus. *Müll. zool. dan. prodr. p.* 79. *n.* 859.
Habitat in Dania.

fulvicornis. 194. C. niger glaber, elytris striatis, antennis palpis pedibusque fulvis. *Müll. zool. dan. prodr. p. 77. n. 826.*
Geoff. inf. par. 1. p. 147. n. 9. Bupreftis niger.
Degeer inf. 4. p. 95. n. 10. Carabus niger ruficornis.
Habitat in Europa.

leprofus. 195. C. caeruleus, antennis basi pedibusque ferrugineis, elytris fuscis: maculis binis albis.
Pontopp. Naturg. Dannem. p. 211. t. 16. Carabus quadriguttatus.
Habitat in Dania.

Inderiensis. 196. C. obscure viridis, subtus ater, pedibus testaceis, elytris striatis: margine laterali ex griseo lutescente. *Pall. it. 1. app. n. 39.*
Habitat circa lacum Sibiriae Inderiensem, *paulo major.*

pictus. 197. C. depressus testaceus, elytris striatis pedibusque griseis. *Pallas it. 1. app. n. 40.*
Habitat in Sibiriae *campis aridissimis sub cadaveribus torrefactis.*

elegans. 198. C. thorace lineari elytra aequante, pedibus rufis. *Scop. ent. carn. n. 269.*
Habitat in Carniolia.

metallicus. 199. C. supra aeneus nitens, thorace lateribus connivente, antennis basi fulvis. *Scop. ent. carn. n. 270.*
Habitat in Carniolia.

cordatus. 200. C. thorace inverse cordato. *Scop. ent. carn. n. 271.*
Habitat in Carniolia *et* Helvetia.

junceus. 201. C. corpore sublineari, thorace pone angustiori. *Scop. ent. carn. n. 272.*
Habitat in Carniolia *et* Helvetia.

Scopolii. 202. C. aeneo-viridis, elytris testaceis: margine toto fasciaque fuscis. *Scop. ent. carn. n. 275.*
Habitat in Carniolia.

salicinus. 203. C. niger punctatus, elytris fuscis striatis, antennis pedibusque ferrugineis. *Scop. ent. carn. n. 276.*
Habitat in Carnioliae *salice cuprea.*

arenosus. 204. C. aeneo-fuscus, thorace subrotundo pone dentato, pedibus rufis. *Scop. ent. carn. n. 277.*
Habitat in Carnioliae *et* Helvetiae *arena.*

lucidus. 205. C. niger nitens, elytris pedibusque testaceis. *Scop. ann. hist. nat.* 5. *p.* 108. *n.* 104.
Habitat in Hungaria, *parvus.*

octostriatus. 206. C. viridis punctatus, elytris octostriatis, pedibus pallidis. *Geoffr. inf. par.* 1. *p.* 147. *n.* 11. Buprestis &c.
Habitat in Gallia.

nitidus. 207. C. viridi-nitens, elytris octostriatis: punctis tribus impressis, pedibus pallidis. *Geoffr. inf. par.* 1. *p.* 148. *n.* 12.
Habitat in Gallia.

viridis. 208. C. viridis, elytris octostriatis, anterius et margine fulvis. *Geoffr. inf. par.* 1. *p.* 148. *n.* 13.
Habitat in Gallia.

aerugineus. 209. C. nitens, capite elytrisque viridibus, thorace cupreo: punctis duodecim. *Geoffr. inf. par.* 1. *p.* 149. *n.* 15.
Habitat in Gallia.

nobilis. 210. C. niger, thorace atro, elytris rubris: cruce nigra. *Geoffr. inf. par.* 1. *p.* 150. *n.* 17.
Habitat in Gallia.

strigosus. 211. C. niger, thorace ferrugineo, elytris striatis: maculis quatuor lividis. *Geoffr. inf. par.* 1. *p.* 152. *n.* 22.
Habitat in Gallia, *an vere diversus a quadrimaculato?*

nigricollis. 212. C. totus niger, elytris striatis: maculis quatuor lividis. *Geoffr. inf. par.* 1. *p.* 152. *n.* 23.
Habitat in Gallia, *an varietas quadriguttati?*

octomaculatus. 213. C. niger, elytris striatis: maculis octo lividis. *Geoffr. inf. par.* 1. *p.* 153. *n.* 24.
Habitat in Gallia.

minutulus. 214. C. totus niger laevis. *Geoffr. inf. par.* 1. *p.* 153. *n.* 26.
Habitat in Gallia.

variegatus. 215. C. cupreo viridique variegatus: punctis quatuor impressis, pedibus pallidis. *Geoffr. inf. par.* 1. *p.* 157. *n.* 32.
Habitat in Gallia.

tenebrioides. 216. C. ater, thorace lato, elytrorum striis punctatis. *Geoffr. inf. par.* 1. *p.* 159. *n.* 34.
Habitat in Gallia.

217. C.

laticollis. 217. C. totus viridis, thorace lato. *Geoffr. inf. par.* 1. *p.* 159. *n.* 35.
Habitat in Gallia.

lugubris. 218. C. ater opacus, palpis antennisque fulvis, tibiis tarsisque ferrugineis. *Müll. zool. dan. prodr. p.* 76. *n.* 820.
Geoffr. inf. par. 1. *p.* 160. *n.* 37. Buprestis lugubris.
Habitat in Europa.

pubescens. 219. C. niger tomentosus, elytris striatis, antennis palpis pedibusque fulvis. *Müll. zool. dan. prodr. p.* 77. *n.* 825.
Geoffr. inf. par. 1. *p.* 160. *n.* 38. Buprestis nigro-sericeus.
Habitat in Europa.

fuscipes. 220. C. ater laevis, pedibus antennarumque basi ferrugineis.
Geoffr. inf. par. 1. *p.* 161. *n.* 39.
Habitat in Gallia.

fuscus. 221. C. fuscus, elytris striatis, corpore subtus rufescente, pedibus antennisque ferrugineis. *Degeer inf.* 4. *p.* 96. *n.* 11.
Müll. zool. dan. prodr. p. 77. *n.* 830? Carabus fulvus.
Schaeff. ic. t. 18. *f.* 7.
Habitat in Europa, *mediae magnitudinis.*

versicolor. 222. C. aeneus, corpore ovato brevi supra nigro-aeneo, subtus nigro, thorace convexo, elytris laevibus, antennis basi rufis. *Degeer inf.* 4. *p.* 98. *n.* 15.
Müll. zool. dan. prodr. p. 77. *n.* 824. Carabus varius.
Habitat in Europa, *parvus.*

substriatus. 223. C. niger nitidus, elytris substriatis: punctis quatuor impressis. *Degeer inf.* 4. *p.* 102. *n.* 21.
Habitat in Europa, *inter minimos hujus generis.*

pensylvanicus. 224. C. rufo-fuscus, capite obscuro, elytris striatis, corpore subtus, antennis pedibusque testaceis. *Degeer inf.* 4. *p.* 108. *n.* 4. *t.* 17. *f.* 22.
Habitat in Pensylvania, *7 lineas longus.*

halensis. 225. C. niger, elytris striatis versus thoracem ferrugineis, antennis pedibusque testaceis. *Schall. Abh. der hall. naturf. Ges.* 1. *p.* 317.
Habitat rarior Halae Saxonum *in locis humidis sub lapidibus, ruficornis magnitudine, sed magis oblongus.*

Schalleri. 226. C. ater laevis, elytris striis subtilissimis punctatis. *Schal. Abh. der hall. naturf. Ges.* 1. *p.* 318.
Habitat Halae Saxonum, *in viis inter agros, cuprei statura et magnitudine.*

tristis. 227. C. niger, elytris striatis thoraceque scabris opacis. *Schal. Abh. der hall. naturf. Ges.* 1. *p.* 318.
Habitat rarior Halae Saxonum, *in viis campestribus, cuprei statura et magnitudine.*

quinque-lineatus. 233. C. ater, thorace lateribus rotundato posterius truncato: linea dorsali et utrinque lineola baseos duplici impressa, elytris rugosis, rugarum quinque interiorum apice cum sexta confluente. *Mus. Lesk. p.* 38. *n.* 836.
Habitat in Europa.

tricolor. 234. C. nigro-ferrugineus, capite, antennarum basi thoraceque nigris, antennis cinereis glabris, elytris depressis striatis apice truncatis thoracisque marginibus externis ferrugineis. *Mus. Lesk. p.* 38. *n.* 837.
Habitat in Europa.

confluens. 235. C. ater, thorace lateribus rotundato, elytris striatis: rugis prima et octava, secunda et septima apice unitis. *Mus. Lesk. p.* 38. *n.* 843.
Habitat in Europa.

holosericeus. 236. C. ater, capite thoraceque nigris, elytris fuscis holosericeis striatis, antennis pedibusque ferrugineis. *Mus. Lesk. p.* 38. *n.* 844.
Habitat in Europa.

trichrous. 237. C. niger, antennis pedibusque ferrugineis, elytris levissime striatis, capite thoraceque aeneis: hujus linea dorsali et posterius utrinque lineolis duabus impressis. *Mus. Lesk. p.* 38. *n.* 845.
β) Carabus antennis basi rubris. *Mus. Lesk. p.* 39. *n.* 861.
γ) Carabus ater. *Mus. Lesk. p.* 40. *n.* 880.
δ) Carabus niger. *Mus. Lesk. p.* 40. *n.* 888.
Habitat in Europa.

pullus. 238. C. nigro-ferrugineus, elytris striatis, antennis rufis. *Mus. Lesk. p.* 38. *n.* 846.
Habitat in Europa.

quadratus. 239. C. thorace ſubquadrato: linea dorſali et poſterius utrinque lineola impreſſa, elytris ſtriatis. *Muſ. Lesk. p.* 39. *n.* 848. *et* 860.
Habitat in Europa.

plicatus. 240. C. ater, thorace ſuborbiculato poſterius utrinque plicato, elytris rugoſis. *Muſ. Lesk. p.* 39. *n.* 849.
Habitat in Europa.

picatus. 241. C. piceus, elytris atris ſtriatis, thoracis linea dorſali et poſterius utrinque lineolis duabus impreſſis: interna altiore. *Muſ. Lesk. p.* 39. *n.* 850.
Habitat in Europa.

emarginatus. 242. C. ater, thorace ſubquadrato, poſterius truncato, elytris ſtriatis apice emarginatis. *Muſ. Lesk. p.* 39. *n.* 851.
Habitat in Europa.

chalybeus. 243. C. niger, capite thoraceque aeneis, elytris aeneo-nigris ſtriatis: marginibus externis vireſcentibus. *Muſ. Lesk. p.* 39. *n.* 852.
Habitat in Europa.

erythroceras. 244. C. niger, thorace ſubquadrato ad latera rotundato, elytris ſtriatis, antennis rufis, pedibus ferrugineis. *Muſ. Lesk. p.* 39. *n.* 853.
Habitat in Europa.

concolor. 245. C. niger, thorace ſubquadrato, elytris atris leviſſime ſtriatis. *Muſ. Lesk. p.* 39. *n.* 854.
β) Carabus niger, elytris leviſſime ſtriatis. *Muſ. Lesk. p.* 39. *n.* 866.
Habitat in Europa.

erythropus. 246. C. niger, thorace poſterius quadrato, elytris ſtriatis, antennis pedibusque rufis. *Muſ. Lesk. p.* 39. *n.* 859.
β) Carabus elytris punctato-ſtriatis. *Muſ. Lesk. p.* 40. *n.* 875.
Habitat in Europa.

crenatus. 247. C. niger, elytris ſtriatis punctato-crenatis. *Muſ. Lesk. p.* 39. *n.* 862.
Habitat in Europa.

diſtinctus. 248. C. ſupra niger, ſubtus ferrugineus, thorace poſterius truncato. *Muſ. Lesk. p.* 39. *n.* 865.
Habitat in Europa.

rubricornis. 249. C. niger, antennis rubris, thorace posterius truncato: linea dorsali impressa. *Mus. Lesk. p.* 29. *n.* 868.
Habitat in Europa.

punctulatus. 250. C. niger, elytris punctulorum minimorum ordine notatis. *Mus. Lesk. p.* 39. *n.* 869.
β) Carabus elytrorum punctis sex impressis. *Mus. Lesk. p.* 40. *n.* 881.
Habitat in Europa.

bispinosus. 251. C. niger, thorace posterius truncato, tibiis anticis crassis bispinosis. *Mus. Lesk. p.* 39. *n.* 870.
Habitat in Europa.

erythromelas. 252. C. niger, antennis tibiisque ferrugineis. *Mus. Lesk. p.* 39. *n.* 871.
β) Carabus thorace posterius truncato, elytris striatis. *Mus. Lesk. p.* 40. *n.* 873.
Habitat in Europa.

glaber. 253. C. niger glaber, thorace posterius truncato utrinque impresso, elytris striatis. *Mus. Lesk. p.* 40. *n.* 872.
Habitat in Europa.

viridans. 254. C. nigro virescens, antennis pedibusque rufis, elytris striatis: rugis planis levissime punctatis. *Mus. Lesk. p.* 40. *n.* 874.
Habitat in Europa.

multicolor. 255. C. niger, capite thoraceque viridibus, elytris viridi-caerulescentibus lutescente-villosis, ore antennarum basi pedibusque rufis. *Mus. Lesk. p.* 40. *n.* 876.
Habitat in Europa.

obfuscatus. 256. C. fuscus, thorace posterius truncato, elytris striatis, antennis pedibusque ferrugineis. *Mus. Lesk. p.* 40. *n.* 877.
Habitat in Europa.

moestus. 257. C. niger, elytris striatis, tibiis ferrugineis. *Mus. Lesk. p* 40. *n.* 879.
Habitat in Europa.

discolor. 258. C. niger, thorace posterius truncato: linea dorsali punctisque utrinque impressis, elytris striatis margine virescentibus, antennis ferrugineis basi rufis. *Mus. Lesk. p.* 40. *n.* 882. 883.
Habitat in Europa.

259. C.

excisus. 259. C. ferrugineus glaber, thorace anterius truncato, posterius exciso, elytris striatis. *Mus. Lesk. p.* 40. *n.* 884.
Habitat in Europa.

limbatus. 260. C. niger, thorace marginato posterius plicato, elytris striatis, pedibus nigro-ferrugineis. *Mus. Lesk. p.* 40. *n.* 885.
Habitat in Europa.

truncatulus. 261. C. niger, thorace posterius truncato, elytris striatis, pedibus fusco-ferrugineis. *Mus. Lesk. p.* 40. *n.* 886.
Habitat in Europa.

chloromelas. 262. C. niger, supra viridis, antennis pedibusque ferrugineis. *Mus. Lesk. p.* 40. *n.* 887.
Habitat in Europa.

sinuatus. 263. C. niger, elytris striatis apice sinuatis, antennis basi rufis. *Mus. Lesk. p.* 40. *n.* 889.
Habitat in Europa.

pallidicornis. 264. C. niger, elytris striatis, thorace posterius truncato: marginibus externis, antennis pedibusque pallidis. *Mus. Lesk. p.* 40. *n.* 892.
Habitat in Europa.

aurichalceus. 265. C. nigro-aeneus, antennis pedibusque rufis. *Mus. Lesk. p.* 40. *n.* 894.
Habitat in Europa.

rotundatus. 266. C. niger, supra aeneus, thorace rotundato, elytris striatis, tibiis ferrugineis. *Mus. Lesk. p.* 40. *n.* 897.
Habitat in Europa.

lituratus. 267. C. piceus, capite, pedibus striatisque elytris testaceis: macula ad apicem communi magna thoraceque violaceis. *Mus. Lesk. p.* 41. *n.* 899.
Habitat in Europa.

truncatus. 268. C. ater thorace posterius truncato, elytris striatis tibiarum basi plantisque ferrugineis. *Mus. Lesk. p.* 41. *n.* 901.
β) Carabus piceus, tibiis totis ferrugineis. *Mus. Lesk. p.* 41. *n.* 903.
γ) *Mus. Lesk. p.* 41. *n.* 910.
Habitat in Europa, *antennis rufis, femoribus fuscis.*

269. C.

ferrugi-nosus. 269. C. ferrugineus, thorace rotundato, elytris striatis, antennis pedibusque lividis. *Mus. Lesk. p.* 41. *n.* 904.
β) Carabus capite nigro. *Mus. Lesk. p.* 41. *n.* 918.
Habitat in Europa.

denigra-tus. 270. C. niger, thorace rotundato, elytris striatis, antennis pedibusque ferrugineis, femoribus compressis supra nigris. *Mus. Lesk. p.* 41. *n.* 905.
Habitat in Europa.

cylindri-cus. 271. C. testaceus cylindricus, capite nigro, thorace orbiculato rufo. *Mus. Lesk. p.* 41. *n.* 909.
Habitat in Europa.

genicula-tus. 272. C. niger, thorace suborbiculato, elytris pedibusque testaceis: geniculis fuscis. *Mus. Lesk. p.* 41. *n.* 911.
Habitat in Europa.

quadrigut-tatus. 273. C. niger, thorace orbiculato, elytris fusco-caeruleis: guttis quatuor pedibusque testaceis. *Mus. Lesk. p.* 41. *n.* 916.
Habitat in Europa.

sexpun-ctatus. 274. C. nigro-aeneus, thorace rotundato, elytris striatis: punctis ad suturam impressis aeneis trium parium. *Mus. Lesk. p.* 41. *n.* 917.
Habitat in Europa.

porphy-ropus. 275. C. piceus, thorace truncato, elytris striatis, antennis tibiisque rufis. *Mus. Lesk. p.* 41. *n.* 920.
Habitat in Europa.

fuscicor-nis. 276. C. niger supra aeneus, thorace rotundato punctato, elytris crenato-striatis, antennis fuscis, pedibus rufis. *Mus. Lesk. p.* 41. *n.* 921.
Habitat in Europa.

atratus. 277. C. niger, thorace orbiculato, elytris pallidis nigro-variis, antennis pedibusque fusco-ferrugineis. *Mus. Lesk. p.* 42. *n.* 924.
Habitat in Europa.

trispino-sus. 278. C. niger, capite thoraceque orbiculato aeneis, elytris ferrugineo-aeneis striato-punctatis, pedibus rufis: femoribus crassis, tibiis trispinosis. *Mus. Lesk. p.* 42. *n.* 925.
Habitat in Europa.

279. C.

moestus. 279. C. ferrugineus, thorace rotundato, elytris striatis, capite fusco, antennis pedibusque testaceis. *Mus. Lesk. p.* 42. *n.* 926.
Habitat in Europa.

lepidus. 280. C. supra aeneo-viridis, subtus caerulescens, thorace subquadrato postice striis quatuor impressis, tibiis anticis apice dilatatis. *Lesk. it. p.* 17. *t.* A. *f.* 6.
Habitat in Lusatiae *monte* Keulenberg, 6 *lineas longus, vulgari affinis.*

214. TENEBRIO. *Antennae* moniliformes: articulo ultimo subrotundo. *Thorax* plano-convexus, marginatus. *Caput* exsertum. *Elytra* rigidiuscula.

* *palpis sex filiformibus: tibiis anterioribus fossoriis, palmato-dentatis.* Scaritae Fabricii *et* Pallasii.

complanatus. 13. T. ater, thorace subquadrato, elytris laevissimis. *Fabr. mant. inf.* 1. *p.* 206. *n.* 1.
Habitat in Cayenna, *magnus.*

marginatus. 14. T. ater, thorace subquadrato, elytris sulcatis: margine cyaneo. *Fabr. mant. inf.* 1. *p.* 206. *n.* 2.
Habitat in Cayenna, *an varietas depressi?*

giganteus. 15. T. ater, mandibulis sulcatis, elytris laevibus. *Fabr. sp. inf.* 1. *p.* 314. *n.* 1. *mant. inf.* 1. *p.* 206. *n.* 3.
Herbst apud Fuessli arch. inf. 8. *t.* 47. *f.* 4.
Habitat in Africa *aequinoctiali, subterraneo proxime affinis, at triplo major.*

subterraneus. 16. T. ater, capite anterius sulcato, elytris striatis. *Fabr. sp. inf.* 1. *p.* 314. *n.* 2. *mant. inf.* 1. *p.* 206. *n.* 4.
Herbst apud Fuessli arch. inf. 6. *p.* 133. *n.* 18. *t.* 29. *f.* 4. a.
Carabus interruptus.
Sulz. hist. inf. t. 7. *f.* 4.
Voet coleoptr. t. 33. *f.* 2.

cyaneus. 17. T. cyaneus glaberrimus, antennis pedibusque nigris. *Fabr. sp. inf.* 1. *p.* 314. *n.* 3. *mant. inf.* 1. *p.* 206. *n.* 5.
Habitat in nova Hollandia.

Fossor. 7. T. piceus. *Fn. suec.* 817. *Fabr. sp. inf.* 1. *p.* 314. *n.* 4. *mant. inf.* 1. *p.* 206. *n.* 6.
Degeer inf. 4. *p.* 350. *n.* 1. *t.* 30. *f.* 1. 2. Attelabus Fossor.
Habitat in Europae *collibus arenosis, quos perforat.*

Cursor. 8. T. fuscus, thorace oblongo: angulis quinque denticulatis. *Fn. suec.* 818.*
Fabr. sp. inf. 1. *p.* 314. *n.* 5. *mant. inf.* 1. *p.* 206. *n.* 7. Scarites testaceus, thorace oblongo, angulis quinque denticulatis.
Müll. zool. dan. prodr. p. 74. *n.* 798. Tenebrio fuscus.
Habitat in Europae *collibus arenosis, pediculi longitudine.*

arabs. 10. T. niger, thorace serrato, antennis pedibusque testaceis. *Fabr. sp. inf.* 1. *p.* 314. *n.* 6. *mant. inf.* 1. *p.* 206. *n.* 8.
Habitat in Oriente.

minutus. 12. T. niger, thorace marginato, antennis clavatis pedibusque piceis.
Fabr. sp. inf. 1. *p.* 315. *n.* 7. *mant. inf.* 1. *p.* 207. *n.* 9. Scarites piceus, antennis clavatis.
Habitat in Sueciae, *duplo major in* Saxoniae *sabuletis; an hujus generis?*

collaris. 19. T. niger, elytris punctato-striatis et capite fuscis, antennis pedibusque piceis: anterioribus spinosis. *Herbst apud Fuessli arch. inf.* 6. *p.* 141. *n.* 56. *t.* 29. *f.* 15.
Habitat Berolini, 3 *fere lineas longus.*

bucephalus. 20. T. totus fuscus punctatus, oculis nigris. *Herbst apud Fuessli arch. inf.* 6. *p.* 141. *n.* 57. *t.* 29. *f.* 16. i.
Habitat in India, 3 *lineas longus.*

** *palpis inaequalibus filiformibus,* Scaurus Fabricii.

atratus. 21. T. totus ater glaber. *Fabr. sp. inf.* 1. *p.* 320. *n.* 1 *mant. inf.* 1. *p.* 270. *n.* 1.
Habitat in Aegypto, *elytris connatis, pedibus anterioribus bidentatis.*

*** *palpis quatuor, anterioribus subclavatis, posteribus filiformibus,* Tenebriones Fabricii, Mylarides Pallasii.

laminatus. 22. T niger, thorace subquadrato laevi, elytris sulcatis, tibiis anterioribus incurvis apice lamina ferruginea acutis. *Fabr. mant. inf.* 1. *p.* 211. *n.* 1.
Habitat in India, *maximus sui generis.*

Gigas. 1. T. ater, elytris ſtriatis, thorace laevi. *Amoen. ac.* 6. *p.* 396. *n.* 26.
Pall. ic. inſ. Roſſ. 1. *p.* 37. *t.* C. *f.* 1. Mylaris gigantea.
Habitat Surinami, *lucani cervi magnitudine, antennis ſubclavatis.*

punctatulus. 23. T. niger, thorace quadrato: marginibus ſubdenticulatis, elytris ſtriato-punctatis. *Fabr. mant. inſ.* 1. *p.* 211. *n.* 2.
Habitat in India, *magnus, palpis ſecuriformibus.*

ſerratus. 24. T. ater glaber, elytris ſtriatis, tibiis poſterioribus ſerratis. *Fabr. ſp. inſ.* 1. *p.* 322. *n.* 1. *mant. inſ.* 1. *p.* 211. *n.* 3.
Habitat in Sierra Leon Africae.

Molitor. 2. T. totus niger, femoribus anterioribus craſſioribus. *Fn. ſuec.* 875. *Scop. ent. carn.* 259.
Fn. ſuec. 547. Mordella antennarum articulis lentiformibus: ultimo globoſo.
Fabr. ſp. inſ. 1. *p.* 322. *n.* 2. *mant. inſ.* 1. *p.* 211. *n.* 4. Tenebrio oblongus piceus, elytris ſtriatis.
Geoffr. inſ. par. 1. *p.* 349. *n.* 6. Tenebrio atra oblonga &c.
Degeer inſ. 5. *p.* 34. *n.* 3. *t.* 2. *f.* 4. Tenebrio elatus nigro fuſcus &c.
Raj. inſ. 4. (larva) Vermis farinarius.
Friſch inſ 3. *p.* 1. *t.* 1.
Sulz. hiſt. inſ. t. 7. *f.* 52.
Schaeff. ic t. 66. *f.* 1.
Habitat in farina piſtorum, molendinis, pane ſicco, ſaccharato.
Larva *pallida, glabra, ſegmentis* 13, *mollis, luſciniis gratiſſimus cibus.*

luridus. 26. T. niger, pedibus fuſcis. *Fabr. mant.* 1. *p.* 211. *n.* 5.
Fabr. ſp. inſ. 1. *p.* 325. *n.* 9. Helops luridus.
Habitat in Braſilia.

chalybeus. 3. T. violaceus, pedibus antennisque piceis. *Fabr. ſp. inſ.* 1. *p.* 323. *n.* 4. *mant. inſ.* 1. *p.* 211. *n.* 7.
Degeer inſ. 5. *p.* 53. *n.* 4. *t.* 13. *f.* 11. Tenebrio aeneus.
Habitat in Guinea.

mauritanicus. 4. T. niger, ſubtus piceus, thoracis marginibus anterius poſteriusque dente angulatis.
Habitat Algiriae, *chalybeo ſimilis, at quintuplo minor, pedibus antennisque piceis.* Brander.

variegatus. 27. T. oblongus, fusco cinereoque varius. *Fabr. sp. inf.* 1. *p.* 323. *n.* 5. *mant. inf.* 1. *p.* 211. *n.* 8.
Habitat in Africa *aequinoctiali, fuscus, pilis griseis varius.*

abbreviatus. 28. T. ovatus ater, elytris striatis capite tuberculato. *Fabr. sp. inf.* 1. *p.* 323. *n.* 6. *mant. inf.* 1. *p.* 211. *n.* 9.
Habitat in India.

capensis. 30. T. ovatus niger, elytris striatis, tibiis anterioribus dentato-spinosis. *Fabr. sp. inf.* 1. *p.* 323. *n.* 7. *mant. inf.* 1. *p.* 212. *n.* 10.
Habitat ad caput bonae spei, *an forsan primae tribus?*

cornutus. 31. T. thoracis bicornis marginibus crenatis angulisque prominulis. *Fabr. sp. inf.* 1. *p.* 324. *n.* 8. *mant. inf.* 1. *p.* 212. *n.* 11.
Habitat Smirnae.

sanguinipes. 32. T. ater, antennis pedibusque sanguineis. *Fabr. sp. inf.* 1. *p.* 323. *n.* 9. *mant. inf.* 1. *p.* 212. *n.* 12.
Habitat in nova Hollandia.

buprestoides. 33. T. ater, thorace ovali marginato, elytris connatis laevibus. *Fabr. sp. inf.* 1. *p.* 323. *n.* 10. *mant. inf.* 1. *p.* 212. *n.* 13.
Pall. it. 2. *p.* 719. *n.* 44.
Habitat ad caput bonae spei, *caraboidi proxime affinis, at major.*

dermestoides. 34. T. ater, thorace ovali marginato, elytris striatis. *Fabr. mant. inf.* 1. *p.* 212. *n.* 14.
Habitat Halae Saxonum, *buprestoidi affinis.*

culinaris. 5. T. ferrugineus, elytris striatis, clypeo emarginato. *Fn. suec.* 816. *Fabr. mant. inf.* 1. *p.* 212. *n.* 15.
Fn. suec. 546. Mordella ferrugineo rufa, thorace antice depresso.
Schaeff. ic. t. 66. *f.* 2.
Habitat in Hispaniae *arena mobili, in* Sueciae *quisquiliis, et frumentorum acervis.*

barbarus. 6. T. ater glaberrimus, thorace orbiculato, capitis clypeo anterius margine elevato.
Habitat

* Tenebriones et Pimeliae *in locis suffocatis, umbrosis, quisquiliis potissimum in terra ipsa, larvae ibidem, in ligno, farina, aliisque cibariis degunt.*

Habitat in Mauritania, *nitidus, carabi mediocris magnitudine, elytris connatis.* Brander.

erraticus. 9. T. niger, antennis thorace ſuborbiculato elytrisque ferrugineis, his apice fuſcis. *Fn. ſuec.* 819.*
Habitat in Europa.

pallens. 10. T. pallide teſtaceus, thorace tranſverſo. *Fn. ſuec.* 820.* *Fabr. ſp. inſ.* 1. *p.* 324. *n.* 11. *mant. inſ.* 1. *p.* 212. *n.* 16.
Habitat ad caput bonae ſpei, *parvus.*

ferrugineus. 35. T. ferrugineus, elytris ſtriatis teſtaceis. *Fabr. ſp. inſ.* 1. *p.* 324. *n.* 12. *mant. inſ.* 1. *p.* 212. *n.* 17.
Habitat in Africa *aequinoctiali, pallente minor et magis depreſſus.*

villoſus. 36. T. fuſcus cinereo-villoſus, elytris laevibus ferrugineis. *Fabr. mant. inſ.* 1. *p.* 212. *n.* 18.
Habitat in Europae *quiſquiliis, parvus.*

caraboides. 25. T. niger, thorace ovali marginato, elytris ſtriatis. *Fabr. ſp. inſ.* 1. *p.* 324. *n.* 13. *mant. inſ.* 1. *p.* 212. *n.* 19.
Syſt. nat. XII. 2. *p.* 677. *n.* 25. *Fn. ſuec.* 825. Tenebrio apterus, thorace ovali marginato, coleoptris carinatis.
Fn. ſuec. 595. Tenebrio ater, coleoptris pone rotundatis, maxillis prominentibus.
Degeer inſ. 4. *p.* 97. *n.* 7. *t.* 3. *f.* 13. Carabus coadunatus.
Geoffr. inſ. par. 1. *p.* 64. *n.* 5. Platycerus fuſcus, elytris ſtriatis.
Habitat in Europae *quiſquiliis.*

brunnipes. 37. T. ater glaber nitidus, elytris ſtriatis, antennis pedibusque ferrugineis. *Fabr. mant. inſ.* 1. *p.* 212. *n.* 20.
Habitat Dresdae, *parvus.*

laevigatus. 29. T. oblongus ater, elytris laeviuſculis. *Fabr. ſp. inſ.* 1. *p.* 323. *n.* 3. *mant. inſ.* 1. *p.* 211. *n.* 6.
Syſt. nat. XII. 2. *p.* 678. *n.* 29. Tenebrio apterus niger laevis, elytris laevibus, thorace lunato ſubtus caeruleus.
Habitat in Africa *aequinoctiali, molitore paulo minor.*

gibboſus. 38. T. ſubovatus totus aeneus, elytris gibboſo-convexis: ſtriis tenuiſſimis crenulatis. *Pall. ic. inſ. Roſſ* 1. *p.* 38. *t.* C. *f.* 2.
Habitat in Braſilia, *pimeliae mortiſagae magnitudine.*

spinimanus. 39. T. thorace marginato laevi, elytris laevissimis posterius obtusis, tibiis primoribus spina robustissima arcuata productis. *Pall. ic. inf. Ross.* 1. *p.* 55. *t.* C. *f.* 23.
Habitat in Russia *australi, circa* Borysthenem, *pimeliae mortisagae magnitudine, sed crassior et magis convexus, aterrimus, nitidus, glaberrimus, durus.*

uncinus. 40. T. apterus niger, thorace marginato subaequali, elytris striato-punctatis angulatisque, femoribus anterioribus clavatis maximis biuncinatis. *Forst. nov. inf. sp.* 1. *p.* 60. *n.* 60.
Habitat in Hispania, *pimeliae mortisagae magnitudine, sed gracilior, elytris brevioribus.*

piceus. 41. T. depressus niger, subtus piceus, elytris striatis. *Schaller Abh. der hall. naturf. Ges.* 1. *p.* 319.
Habitat Halae Saxonum *sub corticibus et in ligno saligno putrescente; an a mauritanico vere diversus?*

cylindricus. 42. T. aterrimus, thorace punctis elevatis, antennis fuscis, tarsis subtus flavo-pilosis. *Herbst apud Fuessli arch. inf.* 6. *p.* 144. *n.* 3.
Habitat Berolini, *molitori proxime affinis.*

montanus. 43. T. totus ater, elytris opacis. *Scop. ann. hist. nat.* 5. *p.* 108. *n.* 102.
Habitat in Hungariae *inferioris montanis.*

tristis. 44. T. niger subopacus, punctis excavatis variolosus. *Scop. ent. carn. n.* 256.
Habitat in Carniolia.

pomonae. 45. T. supra piceus, infra niger, elytris striis elevatis quinis. *Scop. ent. carn. n.* 257.
Habitat in Carnioliae *arboribus pomiferis, larvis binis ternisve reticulo laxo tectis in folio convoluto latentibus.*

capreae. 46. T. niger, thorace punctis impressis elytrisque testaceis. *Scop. ent. carn. n.* 258.
Habitat in Carnioliae *et* Helvetiae *salice caprea.*

flavus. 47. T. flavus, oculis nigris. *Scop. ent. carn. n.* 260.
Habitat in Carnioliae *umbelliferis.*

aestivus. 48. T. niger, palpis pedibusque flavis. *Müll. zool. dan. prodr. p.* 74. *n.* 795.
Habitat in Dania.

49. T.

ſtriatus. 49. T. niger, abdomine ſubtus denſe ſtriato. *Müll. zool. dan. prodr. p. 74. n. 796.*
Habitat in Dania.

feſtinans. 50. T. totus niger glaber, thorace ferrugineo.
Habitat - - - cicindelae affinis, pediculi magnitudine, femoribus clavatis.

globoſus. 51. T. ater, thorace globoſo: lineis duabus ſcabris elevatis. *Lepech. it. 2. p. 209. t. 11. f. 34.*
Habitat in Sibiria.

incurvatus. 52. T. totus piceus, elytris ſtriatis medio tranſverſaliter impreſſis. *Lepech. it. 2. p. 210. t. 11. f. 25.*
Habitat in Sibiria.

ovatus. 53. T. ovatus nigro-fuſcus, elytris ſtriis octo laevibus. *Geoffr. inſ. par. 1. p. 348. n. 4.*
Habitat in Gallia.

rotundatus. 54. T. niger totus laevis, coleoptris pone rotundatis. *Geoffr. inſ. par. 1. p. 351. n. 8.*
Habitat in Gallia.

ſubvilloſus. 55. T. totus ferrugineus ſubvilloſus. *Geoffr. inſ. par. 1. p. 351. n. 9.*
Habitat in Gallia.

glaber. 56. T. totus ferrugineus laevis. *Geoffr. inſ. par. 1. p. 351. n. 10.*
Habitat in Gallia. *)

lignarius. 57. T. thorace cavitatibus duabus, elytris violaceis vel rufis, antennis pedibusque ferrugineis. *Degeer inſ. 5. p. 38. n. 4. t. 2. f. 15-18.*
Habitat in Europa, *larva ſub cortice pinuum in terra jacentium, quarum librum corrodunt; imago 5 lineas longa; mas minor.*

lardarius. 58. T. oblongus flavo-fulvus, oculis nigris, elytris ſtriis punctatis. *Degeer inſ. 5. p. 45. n. 7. t. 2. f. 25. 26.*
Habitat in Belgis, *larva in veſica ſuilla; imago pulicis magnitudine.*

---

*) *Species 43-55 enumeratae utrum ad tenebriones, an ad pimelias referendae, autoptis definiendum relinquo.*

curvipes. 59. T. ovatus piceus, elytris punctato-ſtriatis, femoribus arcuatis: poſterioribus ſubtus ciliatis. *Muſ. Lesk. p.* 42. *n.* 937.
Habitat in Europa.

bicolor. 60. T. ovatus, elytris ſtriatis, ſupra niger, ſubtus antennis pedibusque ferrugineis. *Muſ. Lesk. p.* 42. *n.* 938.
Habitat in Europa.

ater. 61. T. ater, antennis ferrugineis. *Muſ. Lesk. p.* 42. *n.* 939.
Habitat in Europa.

lunatus. 62. T. niger depreſſus, thorace lunato, elytris ſtriatis, pedibus ferrugineis. *Muſ. Lesk. p.* 42. *n.* 941.
Habitat in Europa.

hiſpidus. 63. T. niger hiſpidus, elytris ſtriatis: baſi macula utrinque rufa, antennis tibiisque rufis. *Muſ. Lesk. p.* 42. *n.* 942.
Habitat in Europa.

glaber. 64. T. ferrugineus, capite thoraceque glabris elytrisque atris: his ſtriatis, ore ferrugineo, pedibus lividis. *Muſ. Lesk. p.* 42. n. 943.
Habitat in Europa.

PIMELIA.

Antennae filiformes.
Palpi quatuor.
Thorax plano-convexus, marginatus. *Caput* exſertum.
Elytra rigidiuſcula. *Alae* (*plurimis*) nullae.

* *antennis apice moniliformibus.*

† *palpis clavatis*, Blaps Fabricii.

Gages. 1. P. nigra, thorace rotundato, elytris mucronatis laeviſſimis. *Fabr. ſp. inſ.* 1. *p.* 321. *n.* 1. *mant. inſ.* 1. *p.* 210. *n.* 1.
Syſt. nat. XII. 2. *p.* 676. *n.* 14. Tenebrio Gages.
Sulz. hiſt. inſ. p. 64. *t.* 7. *f.* 9.
Habitat in Europa *magis auſtrali, ſimillima mortiſagae, at duplo major.*

ſulcata. 2. P. coleoptris mucronatis ſulcatis. *Fabr. ſp. inſ.* 1. *p.* 321. *n.* 2. *mant. inſ.* 1. *p.* 210. *n.* 2.

Forſk.

Forsk. Fn. arab. p. 79. *n.* 10. Tenebrio (polychrestus) apterus, elytris mucronatis, singulis striis novem elevatis.
Habitat in Aegypti *hortis frequens.*
Commendantur contra aurium dolores scorpionumque morsum, et coctae a feminis turcis saginandi caussa comeduntur.

mortisaga. 3. P. atra, coleoptris mucronatis laevibus. *Fabr. sp. inf.* 1. *p.* 321. *n.* 3. *mant. inf.* 1. *p.* 210. *n.* 3.
Syst. nat. XII. 2. *p.* 676. *n.* 15. Tenebrio (mortisagus) apterus, thorace aequali, coleoptris laevibus mucronatis.
Fn. suec. 594. 822.* *Scop. ent. carn.* 252. Tenebrio ater coleoptris acuminatis.
Geoffr. inf. par. 1. *p.* 346. Tenebrio atra aptera &c.
Degeer inf. 5. *p.* 31. *n.* 1. Tenebrio acuminatus.
Mouff. inf. 139. Blatta foetida.
Raj. inf. p. 90. *n.* 12.
List. scar. angl. p. 388. *n.* 21.
Jonst. inf. t. 16.
Aldr. inf. 499.
Petiv. gazoph. t. 24. *f.* 7.
Frisch inf. 13. *t.* 25.
Schaeff. elem. t. 24. *f.* 1.
icon. t. 6. *f.* 13. *et t.* 37. *f.* 6.
Habitat in Europae *umbrosis suffocatis.*

excavata. 4. P. thorace posterius angulato, elytris excavato-punctatis acutiusculis. *Fabr. sp. inf.* 1. *p.* 322. *n.* 4. *mant. inf.* 1. *p.* 210. *n.* 4.
Petiv. gazoph. t. 92. *f.* 14.
Act. angl. 271. 86 *t.* 13.
Habitat in Coromandel.

striata. 5. P. ater, thorace posterius angulato, elytris obtusis striatis. *Fabr. sp. inf.* 1. *p.* 322. *n.* 5. *mant. inf.* 1. *p.* 210. *n.* 5.
Habitat in Coromandel, *statura excavatae.*

crenata. 6. P. griseo-fuscus, thorace posterius angulato, elytris crenato-striatis obtusis. *Fabr. sp. inf.* 1. *p.* 322. *n.* 6. *mant. inf.* 1. *p.* 210. *n.* 6.
Habitat in Coromandel, *statura striatae, at duplo minor.*

speciosa. 7. P. subovata aenea alata, elytris politissimis striatis cupreo viridique lineatis.
Pall. ic. inf. Ross. 1. *p.* 39. *t.* C. *f.* 3. Mylaris speciosa.
Habitat in Brasilia, *attelabi ceramboidis magnitudine.*

chrysomeloides. 8. P. ovata scaberrima, thorace longitudinaliter rugoso, elytrorum porcis tribus verrucosis. *Pall. ic. inf. Ross.* 1. *p.* 52.
Habitat in Mauritania, *glandis magnitudine, an forsan ad alteram tribum ablegauda.*

costata. 9. P. subglobosa glabriuscula opaca, elytris singulis costis tribus crenulatis: extima carinata.
Pall. ic. inf. Ross. 1. *p.* 52. *t.* C. *f.* 18. Tenebrio costatus.
Habitat, rarior, in torridis deserti caspici inter fluvios Volgam *et* Ural *intermedii; an forte insequentis tribus?*

torulosa. 10. P. ovato subglobosa, elytris tuberculatis undique convexis enerviis.
Pall. ic. inf. Ross. 1. *p.* 51. *n.* 17. *t.* C. *f.* 17. Tenebrio torulosus.
Habitat ad caput bonae spei, *magnitudine variabilis.*

agricola. 11. P. rufescens, thorace capiteque nigris. *Scop. ann. hist. nat.* 5. *p.* 108. *n.* 101.
Habitat in agro Laibacensi, *tenebrionis molitoris magnitudine.*

sabulosa. 12. P. atra, coleoptris rugosis pone acuminatis. *Geoffr. inf. par.* 1. *p.* 347. *n.* 2. *t.* 6. *f.* 6.
Habitat in Gallia *et* Helvetia.

octostriatus. 13. P. nigra, elytrorum striis octo punctatis per paria dispositis. *Geoffr. inf. par.* 1. *p.* 348. *n.* 3.
Habitat in Gallia. *)

†† *palpis filiformibus.*

striata. 14. P. atra glabra, elytris striis quatuor sanguineis. *Fabr. sp. inf.* 1. *p.* 316. *n.* 1. *mant. inf.* 1. *p.* 207. *n.* 1.
Pall. ic. inf. Ross. 1. *p.* 45. *t.* C. *f.* 11. a. b.
Habitat ad caput bonae spei, *mortisaga major, nitida.*

unicolor. 15. P. glabra nigra, elytris immaculatis. *Fabr. sp. inf.* 1. *p.* 316. *n.* 2. *mant. inf.* 1. *p.* 207. *n.* 2.
Pall. ic. inf. Ross. 1. *p.* 46. *t.* C. *f.* 12. Tenebrio gibbus.
Sulz. hist. inf. t. 7. *f.* 9. Tenebrio gigas.
Habitat ad caput bonae spei, *striatae affinis, at paulo minor.*

16.

*) *Species* 11-13 *an hujus generis ordinisve sint, haud certo constat.*

gibba. 16. P. atra, thorace globoso, elytris linea abbreviata elevata carinatis. *Fabr. mant. inf.* 1. *p.* 207. *n.* 3.
Habitat in India.

hispida. 17. P. atra, corpore muricato hispido. *Fabr. sp. inf.* 1. *p.* 316. *n.* 3. *mant. inf.* 1. *p.* 207. *n.* 4.
Forsk. Fn. arab. p. 79. *n.* 8. Tenebrio hispidus.
Pall. ic. inf. Ross. 1. *p.* 42. *t.* 6. *f.* 1. Tenebrio setosus.
Habitat rarior in Africa, *mortisagae magnitudine, sed brevior et crassior.*

longipes. 18. P. atra, elytris connatis muricatis, pedibus longioribus. *Fabr. sp. inf.* 1. *p.* 316. *n.* 4. *mant. inf.* 1. *p.* 208. *n.* 5.
Habitat in Aegypto.

cephalotes. 19. P. thoracis margine anteriori et posteriori ciliato, elytris scaberrimis: nervis quatuor lateralibus carinatis subserratis.
Syst. nat. XII. 2. *p.* 676. *n.* 16? Tenebrio (grossus) apterus niger glaber, coleoptris nervosis: nervis lateralibus scabris, thorace emarginato.
Pall. ic. inf. Ross. 1. *p.* 49. *t.* C. *f.* 15. Tenebrio cephalotes.
Habitat in desertis *aridissimis salsis australibus* Uralensibus, *muricata brevior, et ut plurimum minor.*

muricata. 20. P. nigra, coleoptris obtusis: striis muricatis. *Fabr. sp. inf.* 1. *p.* 316. *n.* 5. *mant. inf.* 1. *p.* 208. *n.* 6.
Syst. nat. XII. 2. *p.* 676. *n.* 12. *Mus. Lud. Ulr.* 100.* *Pall. ic. inf. Ross.* 1. *p.* 48. *t.* C. *f.* 14. Tenebrio muricatus.
Geoffr. inf. par. 1. *p.* 352? Tenebrio atra aptera rotundata, elytris sulcis tribus elevatis.
Pet. gaz. 11. *t.* 92. *f.* 14.
Habitat in Europa *australi*, Aegypto, *in deserto arenoso* Naryn, *inter fluvios* Volga *et* Ural, *nemorum posteriorum attritu ad elytra stridens, mortisaga major.*

tuberculata. 21. P. nigra, thorace scabro, elytris tuberculato-muricatis. *Fabr. mant. inf.* 1. *p.* 208. *n.* 7.
Habitat in Europa *magis australi*; *statura muricatae, at duplo minor.*

bipunctata. 22. P. atra, thorace globoso: punctis duobus impressis, elytris rugosis: striis elevatis tribus laevibus. *Fabr. sp. inf.* 1. *p.* 316. *n.* 6. *mant. inf.* 1. *p.* 208. *n.* 8.
Habitat in Italia, *statura muricatae.*

scabra. 23. P. atra, elytris scabris lineisque elevatis tribus. *Fabr. sp. ins.* 1. *p.* 317. *n.* 7. *mant. ins.* 1. *p.* 208. *n.* 9.
Habitat ad caput bonae spei, *et in* Barbariae *ruderatis.*

angulata. 24. P. elytris spinosis: linea laterali elevata serrata. *Fabr. sp. ins.* 1. *p.* 317. *n.* 8. *mant. ins.* 1. *p.* 208. *n.* 10.
Forsk. Fn. arab. p. 80. *n.* 13. Tenebrio spinosus.
Pall. ic. ins. Ross. 1. *p.* 55. *t.* H. *f.* C. 22. Tenebrio aspermimus.
Habitat Alexandriae *in* Aegypto.

echinata. 25. P. thoracis lateribus spinosis, elytris lineis elevatis tribus echinatis. *Fabr. sp. ins.* 1. *p.* 317. *n.* 9. *mant. ins.* 1. *p.* 208. *n.* 11.
Habitat ad caput bonae spei, *statura angulatae.*

dentipes. 26. P. thorace scabro, elytris pilosis muricatis, femoribus anterioribus unispinosis. *Fabr. mant. ins.* 1. *p.* 208. *n.* 12.
Habitat ad caput bonae spei, *statura echinatae, at paulo minor.*

dentata. 27. P. nigra, thorace glabro, elytris fuscis: lineis elevatis tribus serratis. *Fabr. mant. ins.* 1. *p.* 208. *n.* 13.
Habitat ad caput bonae spei, *pedibus inermibus elongatis.*

porcata. 28. P. thorace laevi nitido, elytris lineis elevatis tribus: interjectis punctis elevatis. *Fabr. sp. ins.* 1. *p.* 317. *n.* 10. *mant. ins.* 1. *p.* 209. *n.* 14.
Habitat ad caput bonae spei, *echinata minor.*

maculata. 29. P. thorace nigro, elytris cinereis fusco-maculatis: lineis tribus elevatis; secunda subundata. *Fabr. sp. ins.* 1. *p.* 317. *n.* 11. *mant. ins.* 1. *p.* 209. *n.* 15.
Habitat ad caput bonae spei.

serrata. 30. P. thorace varioloso, elytris lineis tribus elevatis echinatis: interstitiis rugosis, pedibus elongatis. *Fabr. sp. ins.* 1. *p.* 317. *n.* 12. *mant. ins.* 1. *p.* 209. *n.* 16.
Habitat ad caput bonae spei, *parva, atra.*

minuta. 31. P. thorace laevi obscuro, elytris cinereis hispidis: lineis tribus elevatis laevibus. *Fabr. sp. ins.* 1. *p.* 318. *n.* 13. *mant. ins.* 1. *p.* 209. *n.* 17.
Habitat ad caput bonae spei, *pedibus cinereis.*

ugosa. 32. P. thorace scabro, elytris rugosis anterius angustioribus. *Fabr. sp. inf.* 1. *p.* 318. *n.* 14. *mant. inf.* 1. *p.* 209. *n.* 18.
Syst. nat. XII. 2. *p.* 678. *n.* 27? Tenebrio apterus niger, elytris rugosis, abdomine pedibusque caerulescentibus, thorace lunato.
Habitat in Aegypto.

ibbosa. 33. P. nigra laevis, thorace orbiculato convexo anterius truncato.
Syst. nat. XII. 2. *p.* 676. *n.* 18. *Fn. suec.* 824.* Tenebrio gibbus.
Habitat in Europa *et* Africa.

inearis. 34. P. nigra laevis, pedibus ferrugineis, antennis brevissimis.
Syst. nat. XII. 2. *p.* 677. *n.* 23. Tenebrio linearis.
Habitat in Suecia, *magnitudine culicis; an haec et gibbosa huic generi tribuique adscribendae, judicent autoptae.*

ubescens. 35. P. ovata lanuginosa opaca, elytris singulis costis quatuor denticulatis.
Pall. ic. inf. Ross. 1. *p.* 53. *t.* C. *f.* 19. Tenebrio pubescens.
Syst. nat. XII. 2. *p.* 677. *n.* 22. Tenebrio (angulatus) apterus, thorace teretiusculo, elytris striis quatuor elevatis: tertia crenata.
Voet coleoptr. 1. *t.* 39. *f.* 52?
Habitat in Aegypto *et torridis deserti* caspici *inter fluvios* Volgam *et* Ural *intermedii, rarior, supra aterrimus, costato magis oblongus.*

pinosa. 36. P. thorace marginato anterius et posterius spinoso, elytris striis elevatis laevibus. *Fabr. sp. inf.* 1. *p.* 318. *n.* 15. *mant. inf.* 1. *p.* 209. *n.* 19.
Syst. nat. XII. 2. *p.* 677. *n.* 24. *Mus. Lud. Ulr.* 101.* Tenebrio spinosus.
Habitat in Europa *australi*, Oriente.

cuminata. 37. P. thorace marginato: marginibus anterius et posterius spinosis, elytris laevibus carinatis. *Fabr. mant. inf.* 1. *p.* 209. *n.* 20.
Habitat in Europa *magis australi, spinosae proxime affinis, tota atra.*

eflexa. 38. P. thorace marginato: marginibus reflexis, elytris muricatis: linea laterali carinata laevi. *Fabr. sp. inf.* 1. *p.* 318. *n.* 16. *mant. inf.* 1. *p.* 209. *n.* 21.

Forsk.

Forsk. Fn. arab. p. 79. *n.* 9. Tenebrio vulgaris.
Pall. ic. ins. Ross. 1. *p.* 41. *t.* C. *f.* 6. Tenebrio pterygodes
Habitat in Oriente, *frequens in* Aegypto, *auritae affinis at minor.*

aurita. 39. P. thorace marginato anterius dilatato, elytris utrinque bicarinatis laevissimis muticis.
Pall. ic. ins. Ross. 1. *p.* 40. *t.* C. *f.* 5. a. b. Tenebrio auritus
Habitat ad lacum Sibiriae Inderiensem, *tota atra, morti-suga major et magis oblonga.*

fasciata. 40. P. atra, thorace suborbiculato, elytris fasciis duabus abbreviatis flavis. *Fabr. sp. ins.* 1. *p.* 318. *n.* 18. *mant. ins.* 1. *p.* 209. *n.* 22.
Habitat in India.

collaris. 41. P. nigra, elytris laevibus uniangulatis, thorace angustiore, capite depressiusculo carinato. *Fabr. sp. ins.* 1. *p.* 319. *n.* 19. *mant. ins.* 1. *p.* 209. *n.* 23.
Syst. nat. XII. 2. *p.* 677. *n.* 21. Tenebrio (collaris) apterus niger, elytris laeviusculis uniangulatis, thorace angustiore, capite depressiusculo carinato.
Habitat in Europa *australi, e geniculis oleum flavescens exsudans.*

carinata. 42. P. nigra, thorace orbiculato, elytris lineis elevatis tribus laevibus. *Fabr. sp. ins.* 1. *p.* 319. *n.* 20. *mant. ins.* 1. *p.* 209. *n.* 24.
Forsk. Fn. arab. p. 878. *n.* 6. Tenebrio aegypticus.
Habitat in Gallia, Calabria, Aegypto.

lineata. 43. P. thorace rotundato scabro, elytris striis tribus punctatis scabris posterius lineolis albis. *Fabr. sp. ins.* 1. *p.* 319. *n.* 22. *mant. ins.* 1. *p.* 209. *n.* 26.
Habitat in Sibiria, *parva.*

ciliata. 44. P. nigra depressa, thorace elytrisque reflexo-marginatis ciliatis. *Fabr. sp. ins.* 1. *p.* 319. *n.* 23. *mant. ins.* 1. *p.* 209. *n.* 25.
Habitat ad caput bonae spei.

glabra. 45. P. atra, thorace rotundato, elytris glaberrimis. *Fabr. sp. ins.* 1. *p.* 319. *n.* 23. *mant. ins.* 1. *p.* 209. *n.* 27.
Forsk. Fn. arab. p. 78. *n.* 7. Tenebrio laevis.
Syst. nat. XII. 2. *p.* 678. *n.* 30? Tenebrio (latipes) apterus niger laevis, elytris laevibus thorace sublunato, subtus ater.

Pall.

Pall. ic. inſ. Roſſ. 1. *p.* 44. *t.* C. *f.* 10? Tenthredo hypolithus.
Geoffr. inſ. par. 1. *p.* 351. *n.* 8? Tenebrio nigra tota laevis, coleoptris pone rotundatis.
Voet coleoptr. 1. *t.* 32. *f.* 5.
Habitat in Africa, Calabria, *et frequens in arenoſis aridis ſub ſaxis latens ad* Volgam.

anguſtata. 46. P. glabra, thorace poſterius anguſtato, elytris acuminatis. *Fabr. ſp. inſ.* 1. *p.* 320. *n.* 24. *mant. inſ.* 1. *p.* 209. *n.* 28.
Pall. ic. inſ. Roſſ. 1. *p.* 44. *t.* C. *f.* 9. Tenebrio longicornis?
Habitat in deſerto auſtrali circa Volgam, *ſub lapidibus et in ſtercore vaccino ſicco vere frequens, et in* Aegypto, *carabi mediocris magnitudine.*

orbiculata. 47. P. glabra, thorace orbiculato, elytris acuminatis. *Fabr. ſp. inſ.* 1. *p.* 320. *n.* 25. *mant. inſ.* 1. *p.* 209. *n.* 29.
Pall. ic. inſ. Roſſ. 1. *p.* 43. *t.* C. *f.* 8. Tenebrio Nomas.
Barrel. ic. plant. t. 945.
Habitat in Oriente, *in univerſo deſerto* tatarico, *et campis aridis* Sibiriae *auſtralis tota aeſtate frequens, duriſſima.*

didyma. 48. P. thorace late marginato, poſterius bicorni, elytris angulatis ſupra biconvexis.
Pall. ic. inſ. Roſſ. 1. *p.* 42. Tenebrio didymus.
Habitat in Mauritania, *mortiſagae fere magnitudine, tota atra, glabra.*

caſpica. 49. P. ex ovato depreſſiuſcula, thorace anterius poſteriusque excavato, elytris utrinque carinatis: faſciis ſcaberrimis laevigatisque alternis.
Pall. ic. inſ. Roſſ. 1. *p.* 47. *t.* C. *f.* 13. Tenebrio caſpicus.
Habitat in ripis elatioribus maris caſpii, *praeſertim orientem verſus ſitis, mortiſaga duplo craſſior.*

ſubgloboſa. 50. P. ſubgloboſa, elytris toruloſo-laevigatis: nervis ſubquaternis; extimis carinatis crenulatis.
Pall. ic. inſ. Roſſ. 1. *p.* 50. *t.* C. *f.* 16. a. b. Tenebrio ſubgloboſus.
Syſt. nat. XII. 2. *p.* 678. *n.* 28. Tenebrio (variabilis) apterus niger laevis, elytris elevato-punctatis angulatisque.
Habitat in Gallia *auſtrali, circa* Volgam, *et in* limoſis *torridis deſerti* tatarici *magis auſtralis, lente incedens, interdiu fere immota, gordiis frequenter infeſtata, varicata brevior, et magis globoſa; an vere diſtincta a rugoſa?*

51. P.

silphoides. 51. P. thoracis lateribus posterius acuminatis, anterius excisis, elytris striis tribus elevatis.
Syst. nat. XII. 2. *p.* 677. *n.* 26. Tenebrio silphoides.
Syst. nat. X. *p.* 360. *n.* 9. Silpha maura.
Habitat in Mauritania.

tibialis. 52. P. nigra laevis, tibiis anterioribus compressis unidentatis.
Syst. nat. XII. 2. *p.* 678. *n.* 31. Tenebrio tibialis.
Habitat in Africa, Hispania, *vix chrysomela major, tota opaca.* Brander.

femoralis. 53. P. nigra laevis, femoribus crassiusculis, subtus canaliculatis.
Syst. nat. XII. 2. *p.* 679. *n.* 32. Tenebrio femoralis.
Habitat in Germania, *chrysomela minor.*

striatula. 54. P. nigra, coleoptris ovato-oblongis striatis.
Syst. nat. XII. 2. *p.* 679. *n.* 33. Tenebrio striatulus.
Habitat in Hispania.

laticollis. 55. P. ovalis depressa aterrima laevissima, thorace marginato latissimo anterius excavato, posterius truncato, elytris substriatis.
Pall. ic. ins. Ross. 1. *p.* 56. *t.* H. *f.* C. 21. Tenebrio laticollis.
Habitat ad caput bonae spei, *magnitudine glabrae, sed multo magis depressa.* *)

vittata. 85. P. gibba atra, elytris connatis glabris: sutura et utrinque striis tribus coccineis, pedibus inermibus nigris. *Mus. Lesk. p.* 42. *n.* 932.
Habitat extra Europam.

** *antennis totis filiformibus.*

† *palpis quatuor filiformibus,* Sepidia Fabricii.

tricuspidata. 56. P. thorace tricuspidato, corpore griseo. *Fabr. sp. ins.* 1. *p.* 315. *n.* 1. *mant. ins.* 1. *p.* 207. *n.* 1.
Forsk. Fn. arab. p. 80. *n.* 12? Tenebrio alexandrinus.
Habitat in Aegypto.

cristata. 57. P. thorace tricuspidato cristato, corpore variegato. *Fabr. sp. ins.* 1. *p.* 315. *n.* 2. *mant. ins.* 1. *p.* 207. *n.* 2.
Pall. ic. ins. Ross. 1. *t.* C. *f.* 26.
Habitat in Aegypto.

*) *De his posterioribus speciebus, potissimum* 52-55, *incertum, cui tribui accensendae.*

reticulata. 58. P. thoracis lateribus angulatis, elytris reticulatis. *Fabr. sp. inf.* 1. *p.* 315. *n.* 3. *mant. inf.* 1. *p.* 207. *n.* 3.
Habitat ad caput bonae spei, *statura et magnitudine tricuspidatae.*

corrugata. 59. P. atra, thorace laevi nitido, elytris rugosis: linea elevata unica. *Fabr. sp. inf.* 1. *p.* 315. *n.* 4. *mant. inf.* 1. *p.* 207. *n.* 4.
Habitat ad caput bonae spei, *reticulatae proxime affinis.*

vittata. 60. P. thorace subangulato elytris atris: vittis duabus albis lineaque elevata unica. *Fabr. sp. inf.* 1. *p.* 315. *n.* 5. *mant. inf.* 1. *p.* 207. *n.* 5.
Habitat ad caput bonae spei, *reticulata duplo minor.*

†† *palpis anterioribus securiformibus, posterioribus clavatis,* Helopes Fabricii.

caerulea. 61. P. caerulescens, thorace suborbiculato, elytris striatis. *Fabr. sp. inf.* 1. *p.* 324. *n.* 1. *mant inf.* 1. *p.* 213. *n.* 1.
Mus. Lud. Ulr. 98.*
Syst. nat. XII. 2. *p.* 677. *n.* 19. Tenebrio apterus caerulescens, thorace suborbiculato, coleoptris obtusis.
List. angl. app. 4. *f.* 14.
Pet. gaz. t. 22. *f.* 6.
Habitat in Europa, *magis australi.*

...nipes. 62. P. aurea, elytris striatis acuminatis. *Fabr. sp. inf.* 1. *p.* 324. *n.* 2. *mant. inf.* 1. *p.* 213. *n.* 2.
Mant. 1. *p.* 533. Tenebrio alatus aeneus, elytris subbifido mucronatis, plantis subtus hirsutis.
Geoffr. inf. par. 1. *p.* 349. *n.* 5. Tenebrio nigro-cuprea &c.
Scop. ent. carn. 255. Tenebrio aeneus.
Habitat in Germaniae *quisquiliis.*

...ruginosa. 63. P. viridi-aenea, antennis, elytris pedibusque nigris. *Fabr. mant. inf.* 1. *p.* 213. *n.* 3.
Habitat ad caput bonae spei, *statura et magnitudine lanipedis.*

...rata. 64. P. nigra, digitis ferrugineis, palpis porrectis. *Fabr. sp. inf.* 1. *p.* 324. *n.* 3. *mant. inf.* 1. *p.* 213. *n.* 4.
Syst. nat. XII. 2. *p.* 675. *n.* 11? Tenebrio (depressus) alatus niger, elytris caerulescentibus, antennis tibiisque sanguineis, thorace depresso.

Schall.

Schall. Abh. der hall. Gef. naturf. Fr. I. *p.* 324. Tenebrio rufibarbis.
Sulz. act. Dresd. I. Serratula.
Habitat in Anglia *et* Germania.

barbata. 65. P. nigra, palpis porrectis pedibusque flavescentibus. *Fabr. mant. inf.* I. *p.* 213. *n.* 5.
Habitat Halae Saxonum, *statura serratae, at duplo minor.*

canaliculata. 66. P. niger thorace canaliculato utrinque impresso, elytris striatis, palpis porrectis. *Fabr. mant. inf.* I. *p.* 213. *n.* 6.
Schall. Abh. der hall. Gef. naturf. Fr. I. *p.* 326. Tenebrio dubius.
Habitat Halae Saxonum, *statura serratae, alata.*

laevis. 67. P. nigra thorace canaliculato, posterius attenuato, elytris laevibus. *Fabr. mant. inf.* I. *p.* 213. *n.* 7.
Habitat Halae Saxonum, *statura canaliculatae.*

equestris. 68. P. atra, elytris fascia abbreviata aurea. *Fabr. sp. inf.* I. *p.* 325. *n.* 4. *mant. inf.* I. *p.* 214. *n.* 8.
Habitat in Brasilia.

maura. 69. P. atra, thorace utrinque rotundato laevi, elytris excavato-punctatis. *Fabr. sp. inf.* I. p. 325. *n.* 5. *mant. inf.* I. *p.* 214. *n.* 9.
Habitat in India, *magna.*

morio. 70. P. atra, thorace quadrato laevi, elytris punctato-striatis. *Fabr. sp. inf.* I. *p.* 325. *n.* 6. *mant. inf.* I. *p.* 214. *n.* 10.
Habitat in America *boreali.*

nigrita. 71. P. atra, thoracis marginibus rotundatis, elytris crenato-sulcatis. *Fabr. sp. inf.* I. *p.* 325. *n.* 7. *mant. inf.* I. *p.* 214. *n.* 11.
Fabr. syst. ent. p. 256. *n.* 4. Tenebrio atratus.
Habitat in America *meridionali.*

rufipes. 72. P. nigra, elytris antennis pedibusque ferrugineis. *Fabr. sp. inf.* I. *p.* 325. *n.* 8. *mant. inf.* I. *p.* 214. *n.* 12.
Habitat in nova Hollandia.

granulata. 73. P. depressa, elytris granulato-subspinosis. *Fabr. mant. inf.* I. *p*, 214. *n.* 13.
Habitat ad caput bonae spei, *tribulibus minor et latior.*

longipes. 74. P. nigra, elytris striatis, pedibus elongatis: pedibus secundi paris barbatis. *Fabr. sp. inf.* 1. *p.* 326. *n.* 10. *mant. inf.* 1. *p.* 214. *n.* 14.

Habitat in Africa *aequinoctiali, tibiis raro omnibus laevibus.*

atra. 75. P. atra, elytris striatis. *Fabr. sp. inf.* 1. *p.* 326. *n.* 11. *mant. inf.* 1. *p.* 214. *n.* 15.

Degeer inf. 5. *n.* 4. Pyrochroa (nigra) nitida, corpore ovato, thorace convexo, antennis pedibusque fuscis.

Habitat Lipsiae.

anglica. 76. P. nigra, thorace anterius rotundato, elytris punctato-striatis, antennis apice rufis. *Fabr. sp. inf.* 1. *p.* 214. *n.* 16.

Fabr. sp. inf. 1. *p.* 318. *n.* 17. Pimelia Morio.

Habitat rarior in Anglia.

indica. 77. P. atra, elytris sulcato-punctatis, femoribus anterioribus acute dentatis. *Fabr. sp. inf.* 1. *p.* 326. *n.* 12. *mant. inf.* 1. *p.* 214. *n.* 17.

Habitat in Coromandel, *statura atrae, sed paulo minor.*

quisquilia. 78. P. nigra, antennis pedibusque ferrugineis. *Fabr. sp. inf.* 1. *p.* 326. *n.* 13. *mant. inf.* 1. *p.* 214 *n.* 18.

Syst. nat. XII. 2. *p.* 676. *n.* 13. *Fn. suec.* 821.* Tenebrio niger, ore pedibusque ferrugineis.

Habitat in Europae *quisquiliis, subtus tota ferruginea.*

ruficollis. 79. P. ferruginea, elytris striatis nigris. *Fabr. mant. inf.* 1. *p.* 214. *n.* 19.

Habitat Halae Saxonum, *statura quisquiliae.*

laevis. 80. P. corpore atro laevi. *Fabr. sp. inf.* 1. *p.* 326. *n.* 14. *mant. inf.* 1. *p.* 214. *n.* 20.

Habitat in Europae *quisquiliis.*

cyanea. 81. P. caerulea, thorace punctato, elytris striatis. *Fabr. mant. inf.* 1. *p.* 214. *n.* 21.

Habitat Hafniae, *tota caerulea immaculata.*

violacea. 82. P. cylindracea splendidissima caeruleo violaceoque varians, abdomine posterius rubro, elytris punctato-striatis.

Pall. ic. inf. ross. 1. *p.* 40. *t.* C. *f.* 4. Mylaris violacea.

Habitat in Brasilia, *tenebrione molitore longior et gracilior.* *)

83. P.

*) *de hac et duabus sequentibus dubium adhuc, an ad hanc tribum spectent.*

leucographa. 83. P. ovata, thorace scaberrimo difformi, elytris carinatis scabris: fasciis longitudinalibus albaris laevibus.
Pall. it. 2. app. p. 719. *n.* 43. Tenebrio leucogrammus.
Pall. ic. inf. Roff. 1. *p.* 54. *t.* C. *f.* 20. Tenebrio leucographus.
Habitat frequens ad fluvium Irtin, *rarior ad fluvios* Ural, Volga, Selenga Russiae *orientalis*.

buparia. 84. P. alata atra glabra, thorace lunato, maxillis validis dentatis longitudine capitis.
Forster, nov. inf. sp. 1. *p.* 61. *n.* 61. Tenebrio buparius.
Habitat in Hispania *ad fretum* Gaditanum, *magnitudine et statura lucani interrupti, habitu tenebrionis fossoris.*

MANTICORA.

Antennae filiformes: articulis cylindricis.
Palpi quatuor filiformes.
Thorax anterius rotundatus, posterius apice emarginatus.
Caput porrectum. *Mandibula* exserta, porrecta.
Elytra connata. *Alae* nullae.

maxillosa. 1. M. *Fabr. sp. inf.* 1. *p.* 320. *n.* 1. *mant. inf.* 1. *p.* 210. *n.* 1.
Thunb. nov. inf. sp. 1. *p.* 25. *t.* 1. *f.* 38. Cicindela (gigantea) nigra, elytris costa longitudinali serrata acuta, thorace bilobo.
Degeer inf. 7. *p.* 623. *n.* 10. *t.* 46. *f.* 14. Carabus (tuberculatus) apterus niger, elytris scabris: tuberculis conicis hirsutis, tibiis obscure ferrugineis.
Habitat ad caput bonae spei, *vulgaris carabi majoris magnitudine, celerrime currens et mordens.*

ERODIUS.

Antennae moniliformes.
Palpi quatuor filiformes.
Maxilla cornea, bifida, truncata.
Labium corneum, emarginatum.

testudinarius. 1. Er. gibbus ater, elytris connatis scabris: lateribus pulverulento-albis. *Fabr. sp. inf.* 1. *p.* 326. *n.* 1. *mant. inf.* 1. *p.* 215. *n.* 1.
Habitat ad caput bonae spei, *magnus, subtus planus.*

gibbus. 2. Er. gibbus ater, elytris lineis elevatis tribus. *Fabr. sp. inf.* 1. *p.* 326. *n.* 2. *mant. inf.* 1. *p.* 215. *n.* 2.
Forsk. Fn. arab. p. 80. *n.* 11? Tenebrio (cothurnatus) apterus niger, thorace laevi utrinque antice unidentato, elytris tuberculatis, striis duabus elatis.
Habitat in Africae *arena mobili, in* Aegypto *frequens.*

planus. 3. Er. ater, elytris linea elevata unica. *Fabr. sp. inf.* 1. *p.* 327. *n.* 3. *mant. inf.* 1. *p.* 215. *n.* 3.
Habitat in Aegypto.

minutus. 4. Er. ater, elytris laevissimis. *Fabr. sp. inf.* 1. *p.* 327. *n.* 4. *mant. inf.* 1. *p.* 215. *n.* 4.
Habitat in Oriente.

LYTTA. *Antennae* filiformes.

Palpi quatuor inaequales: posteriores clavati.

Thorax subrotundus: *Caput* inflexum, gibbum.

Elytra mollia, flexilia.

vesicatoria. 1. L. viridis, antennis nigris. *Fabr. sp. inf.* 1. *p.* 328. *n.* 1. *mant. inf.* 1. *p.* 215. *n.* 1.
Syst. nat. XII. 2. *p.* 679. *n.* 3. *Fn. suec.* 827. *Scop. ent. carn.* 185. Meloë (vesicatorius) alatus viridissimus nitens, antennis nigris.
It. scan. 186. Cantharis officinarum.
Geoffr. inf. par. 1. *p.* 341. *n.* 1. *t.* 6. *f.* 5. Cantharis viridi aurata, antennis nigris.
Degeer inf. 4. *p.* 12. *n.* 2. *t.* 1. *f.* 9. Cantharis vesicatoria.
Raj. inf. 1. 341. Cantharis vulgaris officinarum.
Mouff. inf. 144.
Jonst. inf. p. 76. *t.* 7.
Aldrov. inf. 276.
Sulz. hist. inf. t. 7. *f.* 55.
Schaeff. elem. t. 33.
icon. t. 47. *f.* 1.
Habitat in Ligustro, Fraxino, Sambuco, Syringa, Persiae populo tremula, Tatariae lonicera tatarica, Calabriae *quoque asperula, officinalis pro vesicatoriis.*

nitidula. 2. L. viridi-aenea, elytris testaceis. *Fabr. sp. inf.* 1. *p.* 328. *n.* 2. *mant. inf.* 1. *p.* 215. *n.* 2.
Habitat in Anglia.

collaris. 3. L. atra, vertice thorace pedibusque ferrugineis, elytris cyaneis. *Fabr. mant. inf.* 1. *p.* 215. *n.* 3.
Habitat in Russia *meridionali, magna; mas duplo minor.*

syriaca. 4. L. viridi-caerulea, thorace ferrugineo. *Fabr. sp. inf.* 1. *p.* 329. *n.* 3. *mant. inf.* 1. *p.* 216. *n.* 4.
Syst. nat. XII. 2. *p.* 680. *n.* 4. *Muf. Lud. Ulr.* 102. *Gron. zooph.* 620. Meloë alatus viridi-caeruleus, thorace luteo.
Herbst apud Fuessli arch. inf. 6. *t.* 30. *f.* 1.
Habitat in Sibiria, India, Oriente, *et frequens in australi* Europa.

festiva. 5. L. viridi-aenea nitida, elytris testaceis maculis viridi-aeneis. *Fabr. sp. inf.* 1. *p.* 329. *n.* 4. *mant. inf.* 1. *p.* 216. *n.* 5.
Pall. it. 2. *app. p.* 721. *n.* 54. Meloë festiva.
Habitat in Sibiria.

marginata. 6. L. atra, elytrorum marginibus cinerascentibus. *Fabr. sp. inf.* 1. *p.* 329. *n.* 5. *mant. inf.* 1. *p.* 216. *n.* 6.
Forst. nov. inf. sp. 1. *p.* 62. *n.* 62. Meloë (cinereus) alatus cinereus, antennis elytrisque atris margine cinereis.
Habitat ad caput bonae spei.

atrata. 7. L. corpore atro immaculato. *Fabr. sp. inf.* 1. *p.* 321. *n.* 7. *mant. inf.* 1. *p.* 216. *n.* 8.
Habitat in Barbaria.

erythrocephala. 8. L. atra, capite testaceo, thorace elytrisque cinereo lineatis. *Fabr. sp. inf.* 1. *p.* 329. *n.* 8. *mant. inf.* 1. *p.* 216. *n.* 9.
Pall. it. 1. *app. n.* 46.
Scop. ann. hist. nat. 5. *p.* 103. *n.* 81.
Herbst apud Fuessli arch. inf. 6. *t.* 30. *f.* 2.
Habitat in Europa *australi, et* Russia, *atratae affinis.*

vittata. 9. L. elytris nigris: vitta marginibusque flavis. *Fabr. sp. inf.* 1. *p.* 329. *n.* 6. *mant. inf.* 1. *p.* 216. *n.* 7.
Habitat in America.

10. L.

Lyttae Meloaeque, *larvae et imagines, foliis vescuntur.*

dubia. 10. L. atra, capitis vertice fulvo, thorace elytrisque immaculatis. *Fabr. sp. inf.* 1. *p.* 329. *n.* 9. *mant. inf* 1. *p.* 216. *n.* 10.
Sulz. hist. inf. t. 7. *f.* 12. Meloë algiricus.
Habitat in Sibiria, *erythrocephalae proxime affinis.*

afra. 11. L. nigra, thorace rufo. *Fabr. sp. inf.* 1. *p.* 330. *n.* 10. *mant. inf.* 1. *p.* 216. *n.* 11.
Syst. nat. XII. 2. *p.* 680. *n.* 10. Meloë alatus niger, thorace rufo.
Habitat in Africa, *atratae affinis.*

indica. 12. L. nigra, thorace convexo, elytris laevissimis fuscescenti-luteis. *Herbst apud Fuessli arch. inf.* 6. *p.* 145. *n.* 4. *t.* 30. *f.* 3.
Habitat in America, *vesicatoriae affinis.*

ruficollis. 13. L. caerulea, thorace orbiculato rubro, elytris punctatis pubescentibus. *Herbst apud Fuessli arch. inf.* 8. *p.* 179. *n.* 6. *t.* 48. *f.* 4.
Habitat in India, *syriacae affinis, sed multo latior.*

quadrimaculata. 14. L. nigra glabra, pectore pubescente, elytris ex griseo luteis: maculis duabus subquadratis nigris. *Pall. it.* 2. *app. n.* 48.
Habitat in Sibiria, *statura et magnitudine fenestratae, et instar ejus oleum suaveolens ex pedibus exsudans.*

fenestrata. 15. L. glabra pallide testacea, thorace depresso, elytris griseis apice nigris: maculis duabus quadratis hyalinis. *Pall. it.* 2. *app. n.* 47.
Habitat ad Volgam *inter flores, statura vesicatoriae, mediae magnitudinis.*

clematidis. 16. L. ex chalybeo atra nitida, elytris dilute testaceis immaculatis. *Pall. it.* 2. *app. n.* 51.
Habitat in regionibus a fluvio Irtis *versus orientem sitis in clematide, vesicatoriae affinis.*

uralensis. 17. L. nigra opaca glaberrima. *Pall. it.* 2. *app. n.* 56.
Habitat ad montes Uralenses, *muscae domesticae magnitudine, proscarabaeo affinis, elytris tamen longioribus, et capite latiore.*

sibirica. 18. L. atra opaca glaberrima, elytris margine albis, capite rubro, oculis ore antennisque nigris. *Pall. it.* 2. *app. n.* 50.
Habitat gregaria in Sibiriae *lotis et astragalis; maris antennarum articulis mediis compressis et dente munitis.*

lutea. 19. L. atra lanuginosa, elytris ventricosis subcompressis luteis: punctis sex nigris. *Pall. it. app. n.* 54.
Habitat ad fluvium Irtis, *major ad fluvium* Ural, *syriacae fere magnitudine.*

ocellata. 20. L. nigra lanuginosa, pedibus testaceis, capite thorace elytrisque flavescentibus, elytris ocellis sex medio nigris. *Pall. it. app. n.* 53.
Habitat prope mare caspium, *statura meloës trifasciatae, et duplo major, instar luteae oleum ex pedibus exsudans.*

pectinata. 21. L. antennis pectinatis, corpore atro, fronte rubra. *Lepechin it.* 2. *p.* 200. *t.* 11. *f.* 26.
Habitat in Sibiria.

cinnabarina. 22. L. nigra, thorace supra, elytris et capite utrinque rubris. *Scop. ent. carn. n.* 186.
Habitat in Carniolia.

rufa. 26. L. nigra, capite rufo. *Scop. ann. hist. nat. p.* 103. *n.* 82.
Habitat in Carnioliae *calidioris collibus.*

subvillosa. 27. L. flavescens subvillosa, elytris attenuatis. *Geoffr. inf. par.* 1. *p.* 343. *n.* 5.
Habitat in Gallia.

bicolor. 28. L. testacea, elytris apice nigris. *Geoffr. inf. par.* 1. *p.* 344. *n.* 7.
Habitat in Gallia.

formicaria. 29. L. fusca, elytris anterius thoraceque elongato rubris. *Geoffr. inf. par.* 1. *p.* 344. *n.* 8.
Habitat in Gallia. *)

pensylvanica. 30. L. tota nigra opaca. *Degeer inf.* 5. *p.* 16. *n.* 1. *t.* 13. *f.* 1.
Habitat in Pensylvania, $4\frac{1}{2}$ *lineas longa.*

pubescens. 31. L. nigra, capite thoraceque pubescentibus, elytris flavis: macula posterius utrinque ferruginea. *Mus. Lesk. p.* 43. *n.* 949.
Habitat - - -

ferruginea. 32. L. ferruginea, capite thoraceque rufis, elytris fuscis basi testaceis. *Mus. Lesk. p.* 43. *n.* 949. b.
Habitat in Europa.

215. ME-

*) *Species* 17, 19-29 *utrum huic generi adscribendae, an sequenti, dubium.*

215. MELOË. *Antennae* moniliformes.
Thorax ſubrotundus.
Elytra mollia, flexilia.
Caput inflexum, gibbum.

* *alis nullis, elytris abbreviatis.*

Proſcarabaeus. 1. M. corpore violaceo. *Fn. ſuec.* 826. *Scop. ent. carn.* 184. *Fabr. ſp. inſ.* 1. *p.* 327. *n.* 1. *mant. inſ.* 1. *p.* 215. *n.* 1.
Geoffr. inſ. par. 1. *p.* 377. *n.* 1. Meloë.
Degeer inſ. 5. *p.* 31. *t.* 1. *f.* 1. Cantharis proſcarabaeus.
Liſter ſcarab. angl. p. 392. *n.* 27. Scarabaeus mollis, e nigra viola nitens.
Mouff. inſ. 162. *f. med.* Proſcarabaeus.
Jonſt. inſ. p. 74. *t.* 1. Proſcarabaei femina.
Clut. hemerob. p. 81. *n.* 73. Vermis majalis.
Goed. inſ. 2. *t.* 42.
Friſch inſ. 6. *t.* 6. *f.* 5.
Hufn. inſ. 2. *t.* 9.
Sulz. hiſt. inſ. t. 7. *f.* 10. *et* 54.
Schaeff. elem. t. 82.
icon. t. 3. *f.* 5.
Bergſtr. nomencl. 1. *p.* 17. *n.* 15. *t.* 2. *f.* 15.
Habitat, vere potiſſimum in Europae *campis apricis arenoſis, ranunculos, veratrum* e. c. *comedens, ova ſuaveolentia pariens, tacta oleum limpidiſſimum flavicans, e geniculis praeſertim pedum exſudans valde diareticum, cum melle vel oleo mixta in rabie canina commendata.*

majalis. 2. M. ſegmentis dorſalibus abdominis rubris. *Fabr. ſp. inſ.* 1. *p.* 327. *n.* 2. *mant. inſ.* 1. *p.* 215. *n.* 2.
Friſch inſ. 6. *t.* 6. *f.* 4. Proſcarabaeus alter.
Pontopp. atl. dan. 1. *t.* 29.
Schaeff. ic. t. 3. *f.* 6.
Habitat in Europa *auſtrali, proſcarabaeo valde affinis.*

marginata. 3. M. nigra, thoracis elytrorumque margine ferrugineo. *Fabr. ſp. inſ.* 1. *p.* 328. *n.* 3. *mant. inſ.* 1. *p.* 215. *n.* 3.
Schranck Beytr. z. Naturg. p. 71. *n.* 19. Meloë (hungarus) apterus ater laevis, thoracis baſi elytrorumque margine interiori ferrugineis.
Habitat in Italia *et* Hungaria, *proſcarabaeo duplo minor.*

** *alatae, elytris alas tegentibus.*

+ *maxilla bifida,* Mylabrides Fabricii.

fasciata. 4. M. nigra, elytris fascia media flava. *Fabr. sp. inf.* 1. *p.* 330. *n.* 1. *mant. inf.* 1. *p.* 216. *n.* 1.
Habitat in India.

cichorei. 5. M. nigra, elytris flavis: fasciis tribus nigris. *Fabr. sp. inf.* 1. *p.* 330. *n.* 2. *mant. inf.* 1. *p.* 216. *n.* 2.
Syst. nat XII. 2. *p.* 680. *n.* 5. *Mus. Lud Ulr.* 103.* Meloë alatus niger, thorace hirsuto, elytris fasciis tribus flavis, antennis clavatis.
Degeer inf. 5. *p.* 17. *n.* 2. *t.* 13. *f.* 2. Cantharis cichorei.
Hasselq. it. p. 410. *n.* 101. Chrysomela cichorei.
Imper. hist. nat. 78. Cantharis fasciata.
Sulz. hist. inf. t. 7. *f.* 11.
Habitat in totius Orientis, *etiam* Sibiriae *et* Calabriae *cichoreis, proscarabaei magnitudine, in* Sina *officinalis, antennis interdum apice flavis.*

decempunctatus. 6. M. atra, elytris testaceis: punctis quinque nigris. *Fabr. sp. inf.* 1. *p.* 331. *n.* 5. *mant. inf.* 1. *p.* 216. *n.* 5.
Syst. nat. XII. 2. *p.* 680. *n.* 6. Meloë (quadripunctata) alatus niger, elytris flavis: maculis quinque nigris, antennis clavatis.
Habitat in Italia, *m. cichorei similis, at triplo minor, antennarum articulo ultimo clavato.*

capensis. 7. M. nigra, elytris maculis sex flavis, prima arcuata, antennis flavis. *Mus. Lud. Ulr.* 104.* *Fabr. sp. inf.* 1. *p.* 330. *n.* 4. *mant. inf.* 1. *p.* 216. *n.* 4.
Degeer inf. 7. *t.* 48. *f.* 14.
Habitat ad caput bonae spei, *m. cichorei duplo minor.*

chrysomeloides. 8. M. viridi-caerulescens, subtus nigro-violacea. *Amoen. ac.* 6. *p.* 396. *n.* 25.
Habitat Surinami, *an hujus generis?*

quadripunctata. 9. M. atra, elytris testaceis: punctis duobus nigris. *Fabr. mant. inf.* 1. *p.* 217. *n.* 6.
Habitat in Russia, *decempunctatae affinis.*

trimaculata. 10. M. nigra, coleoptris flavis: fascia punctoque communi fuscis. *Fabr. sp. inf.* 1. *p.* 331. *n.* 6. *mant. inf.* 1. *p.* 217. *n.* 7.
Habitat in Oriente.

11. M.

algirica. 11. M. nigra, elytris testaceis immaculatis. *Fabr. sp. ins.* 1. *p.* 330. *n.* 3. *mant. ins.* 1. *p.* 216. *n.* 3.
Fabr. syst. ent. app. 828. Mylabris immaculata.
Degeer ins. 7. *n.* 53. *t.* 40. *f.* 17. Cantharis fulva.
Habitat in India.

testacea. 14. M. testacea, pectore elytrorumque apicibus nigris. *Fabr. sp. ins.* 1. *p.* 331. *n.* 7. *mant. ins.* 1. *p.* 217. *n.* 8.
Habitat in Sibiria, *congeneribus paulo minor.*

americana. 15. M. nigra, thorace semicirculari, elytris fasciis tribus flavis: prima arcuata, reliquis confluentibus. *Herbst apud Fuessli arch. ins.* 6. *p.* 145. *n.* 2. *t.* 30. *f.* 5. a.
Habitat in America, *antennarum apice clavato, ochraceo.*

indica. 16. M. nigra, elytris flavescentibus posterius fulvis: puncto, baseos litura triloba, fascia media dentata apicisque margine semilunari nigris. *Herbst apud Fuessli arch. ins.* 6. *p.* 147. *n.* 5. *t.* 30. *f.* 6.
Habitat in India, *congeneribus latior.*

elongata. 17. M. nigra nitida, elytris flavis, caeruleo variis. *Herbst apud Fuessli arch. ins.* 6. *p.* 147. *n.* 6. *t.* 30. *f.* 7. b.
Habitat - - - satis angusta.

undulata. 18. M. nigra, elytrorum vittis duabus angustis undulatis dentatis spadiceo-marginatis. *Herbst apud Fuessli arch. ins.* 8. *p.* 179. *n.* 8. *t.* 48. *f.* 3.
Habitat in India.

aurea. 19. M. viridi-aurea, elytris fulvis. *Degeer ins.* 7. *n.* 54. *t.* 48. *f.* 18.
Habitat - - - 4 lineas longa; an vere distincta species.

arcuata. 20. M. nigra hirsuta, elytris anterius macula arcuata fasciisque binis undatis flavis.
Pall. ic. ins. Ross. 2. *t.* E. *f.* 3. b? Meloë phalerata.
Degeer ins. 7. *n.* 52. *t.* 48. *f.* 15. Cantharis undato-bifasciata.
Habitat - - - tres lineas longa, antennis nigris apice clavatis.

bifasciata. 21. M. nigra hirsuta, elytris anterius macula rotunda, et ad angulum exteriorem altera fasciisque binis transversis flavis. *Herbst apud Fuessli arch. ins.* 8. *p.* 179. *n.* 7. *t.* 48. *f.* 2.
Degeer ins. 7. *n.* 50. *t.* 48. *f.* 13. Cantharis bifasciata.
β) *Pall. ic. ins. Ross.* 2. *t.* E. *f.* 3. a. Meloë plagiata.

Habitat in India, *magna, antennis flavis, elytrorum basi picea; a* 9½ *lineis ad* 3 *lineas ultra pollicem longa; in* β) *ad elytrorum angulum exteriorem macula nulla.*

trifasciata. 22. M. ex virescente chalybea sericea cana, elytris griseo-pallidis: fascia communi alteraque ex virescente atra. *Pall. it.* 2. *app. n.* 52.
Habitat in vicinia maris caspii, *magnitudine meloës Schaefferi, statura m. cichorei, antennis apice clavatis.*

atrata. 23. M. aterrima nitens, elytris fascia flava versus apicem undulata. *Pall. it.* 2. *app. n.* 55.
Habitat in confiniis maris caspii, *frequens in gypsophilis et veronicis florescentibus, antennis apice clavatis, oleum ex pedibus exsudans.*

necydalea. 24. M. nigra, elytris ruberrimis, abdomine paulisper brevioribus, apice distantibus. *Pall. it.* 2. *app. n.* 49.
Habitat in Russici *imperii provinciis orientalibus, oleum pariter suaveolens exsudans.*

chloroptera. 25. M. nigra subvillosa, elytris flavis. *Geoffr. inf. par.* 1. *p.* 344. *n.* 6.
Habitat in Gallia, *extremo antennarum articulo reliquis triplo majore.*

pensylvanica. 26. M. nigra opaca tota.
Degeer inf. 5. *p.* 16. *n.* 1. *t.* 13. *f.* 1. Cantharis pensylvanica.
Habitat in Pensylvania. *)

Marci. 13. M. nigra, pedibus ferrugineis, palpis clavatis crispis.
Habitat Calmariae Suecorum, *an hujus generis?*

melanura. 30. M. elytris flavis: maculis quatuor apiceque nigris, antennis clavatis. *Petagn. inf. Calabr. p.* 127. *n.* 136. *f.* 13.
Habitat Brancalemi *in* Calabria *in frumenti spicis, m. cichorei simillima, sed major.*

ochroptera. 31. M. nigra, elytris croceis basi nigris: utrinque gutta crocea ante et pone medium, fascia interrupta apiceque nigris. *Mus. Lesk. p.* 43. *n.* 952.
Habitat extra Europam.

32. M.

*) *Huic tribui inserendae videntur species ab Ill.* Pallas *descriptae, et in ic. inf. Ross. delineatae* luxata T. B. *f.* 5. a. b. variabilis *t.* E. *f.* 7. et 14. b. *et* solenica t. E. *f.* 12. *de speciebus* 13. 22-26 *magis dubium.*

bicolor. 32. M. nigra, elytris flavis: basi utrinque punctulo, in medio fascia ad margines externos latiore apiceque nigris. *Mus. Lesk. p.* 43. *n.* 953.
Habitat extra Europam.

†† *maxilla integra*, Cerocomata Fabricii.

Schaefferi. 12. M. viridis, antennis pedibusque luteis. *Fabr. sp. inf.* 1. *p.* 331. *n.* 1. *mant. inf.* 1. *p.* 217. *n.* 1.
Geoffr. inf. par. 1. *p.* 358. *n.* 1. Cerocoma.
Syst. nat. XII. 2. *p.* 681. *n.* 12. Meloë alatus viridis, pedibus luteis, antennis mari abbreviatis clavatis brevibus irregularibus.
Sulz. hist. inf. t. 7. *f.* 13.
Schaeff. el. t. 37.
ic. t. 53. *f.* 8. 9.
Habitat in Europa *magis australi et* Sibiria, *statura vesicatoriae, sed dimidio minor.*

Vahlii. 27. M. viridis, antennis pedibusque nigris. *Fabr. mant. inf.* 1. *p.* 217. *n.* 2.
Habitat in Barbariae *umbellatis, statura et magnitudine m. Schaefferi.*

Schreberi. 28. M. viridis, antennis pedibus abdominisque segmentis tribus flavis. *Fabr. sp. inf.* 1. *p.* 331. *n.* 2. *mant. inf.* 1. *p.* 217. *n.* 3.
Habitat in Europa *magis australi, m. Schaefferi nimis affinis, at duplo major, antennis flavis.*

Gouani. 29. M. atra, elytris apice fasciaque sanguineis. *Syst. nat.* XII. 2. *add. p.* 1068. *n.* 11.
Habitat in Gallia, *pediculi magnitudine; an hujus ordinis?*

216. MORDELLA. *Antennae* moniliformes, aut pectinatae.
Palpi quatuor, anteriores clavati, posteriores filiformes.
Caput deflexum sub collo, in-
territa.
Elytra deorsum curva apicem
versus.
Ante femora lamina lata ad basin
abdominis.

* *antennis pectinatis.*

ferruginea. 7. M. rufa, pectore ano pedibusque nigris. *Fabr. sp. inf.* 1. *p.* 332. *n.* 1. *mant. inf.* 1. *p.* 217. *n.* 1.
Habitat in India.

nasuta. 8. M. corpore atro immaculato. *Thunb. nov. inf. sp.* 3. *p.* 6. *f.* 77. *Fabr. mant. inf.* 1. *p.* 217. *n.* 2.
Habitat in Japonia, *glabra, aculeata quadruplo major.*

pectinata. 9. M. rufa, elytris nigris. *Fabr. sp. inf.* 1. *p.* 332. *n.* 3. *mant. inf.* 1. *p.* 217. *n.* 3.
Habitat in America.

paradoxa. 1. M. thoracis lateribus elytrisque testaceis. *Fn. suec.* 83. *Fabr. sp. inf.* 1. *p.* 332. *n.* 2. *mant. inf.* 1. *p.* 218. *n.* 4.
Habitat rarior in Europae *plantis umbellatis.*

flabellata. 10. M. testacea, ore pectore abdominisque dorso atris. *Fabr. sp. inf.* 2. *app. p.* 501. *mant. inf.* 1. *p.* 218. *n.* 5.
Habitat in Italia, *ferrugineae affinis, at duplo fere minor.*

punctata. 11. M. thorace testaceo nigro punctato, elytris nigris: margine testaceo. *Fabr. mant. inf.* 1. *p.* 218. *n.* 6.
Habitat in Cayenna, *statura pectinatae, atra, capite testaceo.*

** *antennis moniliformibus.*

sexmaculata. 12. M. atra, thorace ferrugineo, elytris testaceis: macula nigra. *Fabr. sp. inf.* 1. *p.* 332. *n.* 4. *mant. inf.* 1. *p.* 218. *n.* 7.
Habitat in America.

bimacula-ta. 13. M. ferruginea, pectore atro, elytris testaceis: macula nigra. *Fabr. mant. inf.* 1. *p.* 218. *n.* 8.
Habitat in Hungaria, *magna.*

dimidia-ta. 14. M. atra, elytris basi flavis. *Fabr. sp. inf.* 1. *p.* 332. *n.* 5. *mant. inf.* 1. *p.* 218. *n.* 9.
Habitat - - - statura sexmaculatae, abdomine obtuso fere truncato.

limbata. 15. M. ferruginea, vertice thoracis disco elytrisque atris. *Fabr. sp. inf.* 1. *p.* 332. *n.* 6. *mant. inf.* 1. *p.* 218. *n.* 10.
Habitat - - - statura sexmaculatae, antennis serratis, pedibus nigris.

aculeata. 2. M. atra, ano spina terminato. *Fn. suec.* 832. *Scop. ent. carn.* 192.
Fn. suec. 534. Mordella oblonga atra, cauda aculeo terminata.
Fabr. sp. inf. 1. *p.* 333. *n.* 7. *mant. inf.* 1. *p.* 218. *n.* 11. Mordella ano aculeato, corpore atro immaculato.
Geoffr. inf. par. 1. *p.* 353. *n.* 1. Mordella atra caudata unicolor.
Sulz. hist. inf. t. 7. *f.* 46.
Schaeff. elem. t. 84.
ic. t. 127. *f.* 7.
β) *Lepech. it.* 2. *t.* 10. *f.* 15.
Habitat frequens in Europae *borealis floribus semiflosculosis, umbellatis, in* Calabriae *thapsia.*

fasciata. 16. M. nigra, ano aculeato, elytris fasciis duabus cinereis. *Fabr. sp. inf.* 1. *p.* 333. *n.* 8. *mant. inf.* 1. *p.* 218. *n.* 12.
Geoffr. inf. par. 1. *p.* 354. *n.* 2. Mordella atra caudata, fasciis villoso-aureis.
Habitat in Germaniae *et* Europae *magis australis floribus, an varietas aculeatae?*

octopunctata. 17. M. ano aculeato, elytris nigris: punctis quatuor flavis; primo lunato. *Fabr. sp. inf.* 1. *p.* 333. *n.* 9. *mant. inf.* 1. *p.* 218. *n.* 13.
Habitat in America *septentrionali et* Bavaria.

testacea. 18. M. atra, elytris testaceis: marginibus nigris. *Fabr. mant. inf.* 1. *p.* 218. *n.* 14.
Habitat in Africae *dauco, statura et magnitudine aculeatae, ano aculeato.*

19. M.

abdominalis. 19. M. nigra, thorace abdomineque fulvis, ano aculeato. *Fabr. sp. inf.* 1. *p.* 333. *n.* 10. *mant. inf.* 1. *p.* 219. *n.* 15. *Sulz. hist. inf. t.* 7. *f.* 15. Mordella bicolor.
Habitat in Germania.

humeralis. 3. M. atra, ore lateribus thoracis pedibusque flavis. *Fabr. sp. inf.* 1. *p.* 333. *n.* 11. *mant. inf.* 1. *p.* 219. *n.* 16. *Syst. nat.* XII. 2. *p.* 682. *n.* 3? *Fn. suec.* 833.* Mordella atra, lateribus thoracis baseosque elytrorum flavescentibus.
Habitat in Europae *floribus.*

frontalis. 4. M. atra, fronte pedibusque flavescentibus. *Fn. suec.* 834.* *Fabr. sp. inf.* 1. *p.* 333. *n.* 12. *mant. inf.* 1. *p.* 219. *n.* 17.
Habitat in Europae *borealis floribus.*

thoracica. 5. M. atra, capite thoraceque flavis. *Fn. suec.* 835.* *Fabr. sp. inf.* 1. *p.* 333. *n.* 13. *mant. inf.* 1. *p.* 219. *n.* 18.
Habitat in Europae *floribus.*

flava. 6. M. flava, elytrorum apicibus nigris. *Fn. suec.* 836.* *Fabr. sp. inf.* 1. *p.* 334. *n.* 14. *mant. inf.* 1. *p.* 219. *n.* 19.
Habitat frequens in Europae *floribus umbellatis.*

tricuspidata. 20. M. flava, lamina abdominali cyanea, elytrorum punctis tribus nigris thorace posterius tricuspidato. *Lepech. it.* 1. *t.* 19. *f.* 8.
Habitat in deserto Uralensi.

murina. 21. M. pubescens undulata, cinerea thoracis maculis tribus nigris. *Herbst apud Fuessli arch. inf.* 6. *p.* 148. *n.* 3.
Habitat Berolini, *statura et magnitudine fasciatae.*

sexpunctata. 22. M. atra nitida, elytrorum punctis tribus albis. *Herbst apud Fuessli arch. inf.* 6. *p.* 148. *n.* 4.
Habitat in Marchia, *murina fere major.*

oxyacanthae. 23. M. testacea, capite nigro, thorace fusco. *Forst. nov. inf. sp.* 1. *p.* 63. *n.* 63.
Habitat in Angliae *floribus crataegi oxyacanthae, aculeatae fere magnitudine.*

melanopus. 24. M. nigra, elytris, thorace capite pedibusque testaceis. *Forst. sp. inf. nov.* 1. *p.* 64. *n.* 64.
Habitat cum m. oxyacanthae, magnitudine pediculi majoris.

bicolor. 25. M. atra, elytris testaceis apice nigris fasciaque nigra in medio. *Forst. nov. inf. sp.* 1. *p.* 65. *n.* 65.

Habitat

Habitat in Anglia, *frequens in floribus crataegi, rumicis, umbellatarum, pediculi magnitudine.*

data. 26. M. nigra nitida subpilosa, thoracis margine posteriore, elytrorumque maculis quatuor perlatis. *Sulz. hist. ins. p.* 67. *t.* 7. *f.* 14.
Habitat in Rhaetia.

ipes. 27. M. fusca, pedibus ferrugineis. *Geoffr. ins. par.* 1. *p.* 355. *n.* 5.
Habitat in Gallia.

*** *antennis clavatis.*

vicornis. 28. M. tota picea. *Forst. nov. ins. sp.* 1. *p.* 66. *n.* 66.
Habitat in Anglia, *cursitans in rhei rhabarbari floribus, thoracicae magnitudine, vel paulo major; utrum hujus, an perinde ac* 1. 7-11. *proprii generis?*

17. STAPHYLINUS.

Antennae moniliformes.
Palpi quatuor.
Elytra dimidiata. *Alae* tectae.
Cauda simplex, exserens duas vesiculas oblongas.

* *palpis omnibus filiformibus.*

reus. 27. St. capite thorace elytrisque villoso-aureis, abdomine nigro: fasciis cinereis. *Fabr. mant. ins.* 1. *p.* 219. *n.* 1.
Habitat in Siam, *hirti magnitudine.*

us. 1. St. hirsutus niger, thorace abdomineque posterius nigris. *Fn. suec.* 839.* *Fabr. sp. ins.* 1. *p.* 334. *n.* 1. *mant. ins.* 1. *p.* 219. *n.* 2.
Geoffr. ins. par. 1. *p.* 363. *n.* 7. Staphylinus niger villosus &c.
Degeer ins. 4. *p.* 20. *n.* 5. Staphylinus bombylius.
Sulz. hist. ins. t. 7. *f.* 16.
Schaeff. monogr. 1754. *t.* 2. *f.* 12.
ic. t. 36. *f.* 6.
Habitat in Europae *arenosis.*

2. St.

murinus. 2. St. pubescens cinereus nigro-nebulosus. *Fn. suec.* 840.* *Fabr. sp. inf.* 1. *p.* 334. *n.* 2. *mant. inf.* 1. *p.* 219. *n.* 3.
Geoffr. inf. par. 1. *p.* 362. *n.* 1. Staphylinus villosus e fusco cinereoque viridi tessellatus.
Degeer inf. 4. *p.* 12. *n.* 1. *t.* 1. *f.* 1. Staphylinus villosus.
Schaeff. ic. t. 4. *f.* 11.
Stroem. act. Nidr. 6.
Habitat in cadaveribus, fimo, *elytris subtus caeruleis.*
Larva *hexapus, nuda, pallida, capite segmentisque tribus anterioribus fuscis; cauda setis duabus articulatis subtusque tuberculo pediformi cylindrico tubuloso.*

olens. 28. St. niger opacus immaculatus, capite thorace latiore. *Fabr. mant. inf.* 1. *p.* 219. *n.* 4.
Müll. zool. dan. prodr. p. 97. *n.* 1090. *Fn. Fridrichsd. p.* 23. *n.* 28. Staphylinus totus niger, capite thoraceque scabriusculo.
Herbst apud Fuessli arch. inf. 6. *p.* 149. *n.* 4. Staphylinus unicolor.
Geoffr. inf. par. 1. *p.* 360. *n.* 1. *t.* 7. *f.* 1. Staphylinus ater extremo antennarum articulo lunulato.
Raj. inf. p. 109. *n.* 1. Staphylinus major totus niger.
Habitat in Europae *cadaveribus.*

maxillosus. 3. St. pubescens niger, fasciis cinereis, maxillis longitudine capitis. *Fn. suec.* 841.* *Fabr. sp. inf.* 1. *p.* 334. *n.* 3. *mant. inf.* 1. *p.* 220. *n.* 5.
Degeer inf. 4. *p.* 18. *n.* 4. *t.* 1. *f.* 7. 8. Staphylinus balteatus.
List. loq. 391. Scarabaeus majusculus niger, forcipibus infestis.
Mouff. inf. 197.
Gron. zooph. 630.
Jonst. inf. t. 17. *f.* 1-3.
Bocc. mus. 2. *t.* 31. *f.* A. A.
Habitat in Europae *silvis, victitans rapina.*

oculatus. 29. St. ater nitidus, capite utrinque macula fulva. *Fabr. sp. inf.* 1. *p.* 335. *n.* 4. *mant. inf.* 1. *p.* 220. *n.* 6.
Habitat in novis Hollandia *et* Seelandia.

Staphylini *voracissimi, rapina insectorum victitant, mordaces, humentibus et plurimum delectantur, vesiculas caudales periculo imminente exserunt; larvae subterraneae: Spec.* 7-9. 21. 30. 96-100. *thorace scutiformi, abdomine utrinque pilis hispido apice setoso gaudent.*

ilatatus. 30. St. thorace marginato, atro nitidulo, elytris fuscis, antennis ferratis. *Fabr. mant. inf.* 1. *p.* 220. *n.* 7.
Habitat Halae Saxonum, *erythroptero major.*

icolor. 96. St. ater, antennis, elytris pedibusque ferrugineis. *Muf. Lesk. p.* 45. *n.* 997.
β) Staphylinus ater, antennis, elytris pedibusque rufo-testaceis. *Muf. Lesk. p.* 45. *n.* 999.
Habitat in Europa.

ıfcus. 97. St. fuscus, elytris pedibusque testaceis. *Muf. Lesk. p.* 45. *n.* 1000.
Habitat in Europa.

lavatus. 98. St. ater glaber, elytris testaceis: marginibus externis fuscis, antennis clavatis, pedibus fusco-testaceis. *Muf. Lesk. p.* 44. *n.* 1001.
Habitat in Europa.

avus. 99. St. niger, thorace marginibus externis late, anteriore posteriorique summo elytrisque flavis: vitta media margineque externo fuscis, antennis pedibusque flavis. *Muf. Lesk. p.* 45. *n.* 1004.
Habitat in Europa.

ıelanophthalmus. 100. St. thorace capiteque rufis, oculis, nucha abdomineque nigris, elytris pedibusque testaceis. *Muf. Lesk. p.* 45. *n.* 1005.
Habitat in Europa.

rythropterus. 4. St. ater, elytris, antennarum basi pedibusque rufis. *Fn. fuec.* 842.* *Scop. ent. carn.* 306. *Stroem. act. nidr.* 3. *p.* 404. *t.* 6. *f.* 8. *Fabr. sp. inf.* 1. *p.* 335. *n.* 5. *mant. inf.* 1. *p.* 220. *n.* 8.
Geoffr. inf. par. 1. *p.* 364. *n.* 9. Staphylinus ater non nitens.
Frisch inf. 5. *p.* 49. *t.* 25. Scarabaeus rapax elytris brevibus.
Degeer inf. 4. *p.* 21. *n.* 6.
Schaeff. elem. t. 117.
icon. t. 2. *f.* 2.
β) Staphylinus ater, capitis vertice, thorace, elytris tibiisque ferrugineis, antennis fuscis. *Muf. Lesk. p.* 44. *n.* 968?
Habitat saepius in Europae *fimo.*

ythrocephalus. 31. St. ater, capite rufo, elytris violaceis. *Fabr. sp. inf.* 1. *p.* 335. *n.* 6. *mant. inf.* 1. *p.* 220. *n.* 9.
Habitat in nova Hollandia.

pilosus. 32. St. pilosus niger, abdomine fusco, elytris scabris. *Fabr. mant. inf.* 1. *p.* 220. *n.* 10.
Habitat in Cayenna, *parvus, brevis, crassus.*

politus. 5. St. niger, thorace elytrisque nitidis. *Fn. suec.* 843.* *Scop. ent. carn.* 304. *Fabr. sp. inf.* 1. *p.* 335. *n.* 7. *mant. inf.* 1. *p.* 220. *n.* 11.
Fn. suec 605. Staphylinus niger, thorace aeneo-nitido, elytris atro-caeruleis.
Geoffr. inf. par. 1. *p.* 361. *n.* 3. Staphylinus ater &c.
Degeer inf. 4. *p.* 22. *n.* 7. Staphylinus niger nitidus &c.
Schaeff. ic. t. 89. *f.* 12.
Habitat in Europae *cadaveribus, recens odorem ambrosiacum spargens.*

brunnipes. 33. St. niger, pedibus antennarum basi apiceque ferrugineis. *Fabr. sp. inf.* 1. *p.* 336. *n.* 8. *mant. inf.* 1. *p.* 220. *n.* 12.
Habitat in Anglia, *statura et magnitudine politi.*

nitidus. 34. St. ater nitidus, elytris testaceis. *Fabr. mant. inf.* 1. *p.* 220. *n.* 13.
Habitat Kilonii, *statura et magnitudine politi, an ejus varietas?*

fulgidus. 35. St. ater nitidus, elytris plantisque testaceis, capite punctulato. *Fabr. mant. inf.* 1. *p.* 220. *n.* 14.
Habitat Kilonii, *statura politi, at tenuior.*

marginatus. 36. St. ater, thoracis lateribus pedibusque flavis. *Fabr. sp. inf.* 1. *p.* 336. *n.* 9. *mant. inf.* 1. *p.* 221. *n.* 15. *Act. Nidros.* 4. *p.* 332. *n.* 33.

obtusus. 9. St. testaceus, elytris anterius anoque nigris. *Fabr. sp. inf.* 1. *p.* 336. *n.* 11. *mant. inf.* 1. *p.* 221. *n.* 17.
Habitat in Germania, Anglia, *pediculi magnitudine, pectore inter femora posteriora fusco.*

lignorum. 10. St. fuscus, elytris sutura abdomine pedibusque ferrugineis. *Fn. suec.* 848.*
Habitat in Europa.

silphoides. 11. St. niger, thoracis lateribus pedibusque lividis, elytris lividis: margine maculaque longitudinali nigris.
Habitat in Europa, *obtuso similis.*

subterraneus. 12. St. niger, elytris anterius extrorsum flavis, pedibus nigris. *Fn. suec.* 849.*
Habitat in Europa.

13. St.

lavescens. 13. St. ater, pedibus rufis, elytrorum margine flavo. *Fn. suec.* 850.* *Fabr. sp. inf.* 1. *p.* 336. *n.* 10. *mant. inf.* 1. *p.* 221. *n.* 16.
Habitat in Europa *boreali.*

biguttatus. 15. St. niger, elytris puncto fulvo. *Fn. suec.* 851.
Fabr. sp. inf. 1. *p.* 336. *n.* 13. *mant. inf.* 1. *p.* 221. *n.* 20.
Staphylinus niger, elytris puncto albido, oculis prominulis.
Geoffr. inf. par. 1. *p.* 371. *n.* 24?
Müll. zool. dan. prodr. p. 99. *n.* 1123?
Habitat ad littora maris baltici.

icindeloides. 37. St. niger rugosus, antennis pedibusque testaceis: geniculis nigris. *Schaller Abh. der. hall. naturf. Ges.* 1. *p.* 324.
Habitat Halae Saxonum, *statura et magnitudine biguttati.*

bipustulatus. 16. St. niger, elytris puncto ferrugineo. *Fn. suec.* 847.* *Fabr. sp. inf.* 1. *p.* 336. *n.* 12. *mant. inf.* 1. *p.* 221. *n.* 18.
Habitat in Europa *boreali, antennis extrorsum crassioribus.*

malis. 38. St. ater nitidus, antennis, elytris, ano pedibusque testaceis. *Fabr. mant. inf.* 1. *p.* 221. *n.* 19.
Habitat Kilonii, *bipustulato major.*

clavicornis. 39. St. niger immaculatus, thorace rotundato laevi, antennis extrorsum crassioribus. *Fabr. sp. inf.* 1. *p.* 336. *n.* 14. *mant. inf.* 1. *p.* 221. *n.* 25.
Geoffr. inf. par. 1. *p.* 371. *n.* 25?
β) Scop. ent. carn. n. 303. Staphylinus clavicornis.
Habitat Kilonii, *β) pedibus rufis sub* Carnioliae *pyri cortice.*

Canthar-ellus. 17. St. niger, elytris glaucis apice flavicantibus.
Habitat in Suecia *ad* Hammarby, *cantharidi biguttatae simillimus.*

littoreus. 18. St. niger, elytris anterius griseis, pedibus rufis. *Fn. suec.* 852.* *It. goth.* 173.
Habitat in littoribus.

sanguineus. 19. St. niger, elytris sanguineis. *Fn. suec.* 853.*
Habitat in Europa.

caraboides. 20. St. flavus immaculatus. *Fn. suec.* 854.* *Fabr. sp. inf.* 1. *p.* 337. *n.* 23. *mant. inf.* 1. *p.* 222. *n.* 33.
Fn. suec. 613. Staphylinus totus testaceus.
Degeer inf. 4. *p.* 25. *n.* 12. Staphylinus fulvus.
Habitat in Europa *boreali.*

chrysomelinus. 21. St. niger, thorace elytris pedibusque testaceis. *Fn. suec.* 855.* *Fabr. sp. ins.* 1. *p.* 685. *n.* 21. *mant. ins.* 1. *p.* 221. *n.* 28.
Geoffr. ins. par. 1. *p.* 368. *n.* 18.
Habitat in Europa *boreali.*

fuscipes. 22. St. niger, elytris pedibusque testaceis. *Fn. suec.* 857. *Fabr. sp. ins.* 1. *p.* 336. *n.* 15. *mant. ins.* 1. *p.* 221. *n.* 22.
Habitat in Europae *stercore.*

hypnorum. 40. St. ater laevis, thoracis lateribus, elytris pedibusque testaceis. *Fabr. sp. ins.* 1. *p.* 336. *n.* 16. *mant. ins.* 1. *p.* 221. *n.* 23.
Habitat in Angliae *hypnis.*

nitidulus. 41. St. ater, thoracis marginibus flavescentibus, elytris ferrugineis: margine nigro. *Fabr. sp. ins.* 1. *p.* 337. *n.* 17. *mant. ins.* 1. *p.* 221. *n.* 24.
Habitat in Anglia.

atricapillus. 42. St. thorace rufo, elytris fuscis: puncto baseos margineque posteriore albis. *Fabr. sp. ins.* 1. *p.* 337. *n.* 19. *mant. ins.* 1. *p.* 221. *n.* 25.
Habitat in Anglia.

marginellus. 43. St. ater, elytrorum margine laterali et posteriore ferrugineis. *Fabr. sp. ins.* 1. *p.* 337. *n.* 20. *mant. ins.* 1. *p.* 221. *n.* 26.
Habitat in Angliae *stercore, mediae magnitudinis.*

canaliculatus. 44. St. flavus, capite abdominisque cingulo atris, thorace canaliculato. *Fabr. mant. ins.* 1. *p.* 221. *n.* 29.
Habitat Kilonii, *parvus.*

tricolor. 45. St. ater, antennis thoraceque rufis, elytris pedibusque testaceis. *Fabr. mant. ins.* 1. *p.* 221. *n.* 30.
Habitat in Daniae *boletis, parvus.*

rufipes. 24. St. ater glaber, pedibus rufis. *Fn. suec.* 858.* *Fabr. sp. ins.* 1. *p.* 337. *n.* 22. *mant. ins.* 1. *p.* 222. *n.* 31.
Geoffr. ins. par. 1. *p.* 367. *n.* 19. Staphylinus niger &c.
Degeer ins. 4. *p.* 24. *n.* 11. *t.* 1. *f.* 14. Staphylinus ovatus glaber &c.
Habitat in Europa, *interdum testaceus, aut niger, pedibus testaceis.*

46. St.

melano-cephalus. 46. St. ferrugineus, capite atro. *Fabr. mant. inf.* 1. *p.* 222. *n.* 32.
Habitat in Suecia, *minutus.*

rugosus. 47. St. niger, thorace elytrisque rugosis. *Fabr. sp. inf.* 1, *p.* 338. *n.* 24. *mant inf.* 1. *p.* 222. *n.* 34.
Habitat in Anglia.

piceus. 25. St. niger, elytris piceis, thorace depresso: lineis elevatis tribus. *Fabr. sp. inf.* 1. *p.* 338. *n.* 25. *mant. inf.* 1. *p.* 222. *n.* 35.
Habitat in Europa *boreali, pediculi magnitudine, sed magis oblongus.*

boleti. 26. St. fuscus, elytris pallidioribus, antennis pedibusque lividis. *Fn. suec.* 859.*
Habitat gregarius in boletis abietinis, *quorum fistulas tanquam apis suas fistulas intrat, pulice dimidio minor.*

obscurus. 48. St. niger opacus obsolete punctatus, antennis basi fuscis, versus apicem incrassatis. *Herbst apud Fuessli arch. inf.* 6. *p.* 149. *n.* 8.
Habitat Berolini, *magnitudine politi, statura murini.*

bicornis. 49. St. niger, fronte bicuspidata, thorace posterius cornuto, elytris rubris: margine superiori et interiori nigricante. *Herbst apud Fuessli arch. inf.* 6. *p.* 149. *n.* 9. *t.* 30. *f.* 8. c.
Habitat rarior Berolini, *polito tertia parte minor.*

blattinus. 50. St. ater, thorace lato, elytris pedibusque testaceis nitidis. *Schranck inf. austr. p.* 236. *n.* 447.
Habitat in Austria *in terra, habitu blattae lucifugae.*

minor. 51. St. niger glaber, elytris pallide, antennis basi fuscis, pedibus luteis. *Müll. prodr. zool. dan. p.* 97. *n.* 1096.
Habitat in Europa *boreali, ultra* 3 *lineas longus.*

saxatilis. 52. St. ater nitidus subpubescens, elytris pedibus abdominisque apice testaceis. *Schranck inf. austr. p.* 234. *n.* 442. *Geoffr. inf. par.* 1. *p.* 365. *n.* 13.
Habitat in Germania *et* Gallia, *in terra sub lapidibus, minore minor.*

similis. 53. St. niger, pedibus luteis: femorum apice nigro. *Herbst apud Fuessli arch. inf.* 6. *p.* 151. *n.* 15.
Habitat Berolini, *statura et magnitudine biguttati.*

Domicella. 54. St. niger, thorace elytris pedibusque badiis. *Schranck inf. austr. p. 235. n. 444.*
Habitat in Austria *superiori, 2 lineas longus.*

glaberrimus. 55. St. niger nitidus, antennis apicem versus incrassatis: articulo primo longissimo. *Herbst apud Fuessli arch. inf. 6. p. 151. n. 17.*
Habitat Berolini, 4 *circiter lineas longus.*

buphthalmos. 56. St. niger immaculatus, oculis magnis exsertis. *Schranck Beytr. zur Naturg. p. 72. §. 21. inf. austr. p. 235. n. 445.*
Habitat in Austria *ad hortorum muros.*

ophthalmicus. 57. St. atro-caeruleus punctatus, oculis macula pallida lunulata suffusis. *Scop. ent. carn. n. 300.*
Habitat in Carniolia.

fulvipes. 58. St. atro caeruleus, palpis pedibusque fulvis. *Scop. ent. carn. n. 301.*
Habitat in Carniolia.

brassicae. 59. St. ferrugineus, capite et corpore nigris, elytris punctatis, antennis extrorsum crassioribus villosis. *Scop. ent. carn. n. 309.*
Habitat in Carnioliae *brassica.*

arnicae. 60. St. niger, thorace antennisque ferrugineis, pedibus testaceis. *Scop. ent. carn. n. 310.*
Habitat in Carnioliae *arnica.*

hellebori. 61. St. niger, elytris antennis pedibusque ferrugineis. *Scop. ent. carn. n. 311.*
Geoffr. inf. par. 1. p. 366. n. 14?
Habitat in Carnioliae *helleboro, et* Gallia.

fossor. 62. St. fusco rufus, elytris apice pedibusque rufis. *Scop. ann. hist. nat. 5. p. 109. n. 105.*
Habitat in fungis metallorum Schemnizensium.

fodinarum. 63. St. caerulescens villosus, tarsis rufis. *Scop. ann. hist. 5. p. 109. n. 106.*
Habitat ad ligna cuniculorum Schemnizensium, *statura fossoris.*

niger. 64. St. totus niger, capite thoraceque nitido non punctato. *Müll. prodr. zool. dan. p. 98. n. 1109. Fn. Fridrichsd. p. 23. n. 229.*
Habitat in Dania.

65. St.

ursor. 65. St. niger, thorace depresso: litura duplici, elytris pedibusque flavis. *Müll. zool. dan. prodr. p.* 97. *n.* 1095.
Habitat in Dania.

agarici. 66. St. luteus, capite nigro, abdomine rufo. *Müll. zool. dan. prodr. p.* 97. *n.* 1097.
Habitat in Daniae *agaricis.*

latus. 67. St. niger, elytrorum summo margine posteriori pedibusque flavis. *Müll. zool. dan. prodr. p.* 97. *n.* 1011.
Habitat in Dania.

penetrans. 68. St. niger, antennis elytris pedibusque castaneis. *Müll. zool. dan. prodr. p.* 97. *n.* 1102.
Habitat in Dania.

ernalis. 69. St. fulvus, elytris anterius, abdomineque posterius nigris, medio rufo. *Müll. zool. dan. prodr. p.* 98. *n.* 1103.
Habitat in Dania, *facie chrysomelini, vere potissimum conspicuus.*

marginalis. 70. St. niger, thoracis marginibus, elytris, pedibus abdominisque apice flavis. *Müll. zool. dan. prodr. p.* 98. *n.* 1107.
Habitat in Dania.

fuscicornis. 71. St. niger, capite thoraceque nitidis, elytris margine inferiore antennisque lividis. *Müll. zool. dan. prodr. p.* 98. *n.* 1112.
Habitat in Dania.

loreus. 72. St. niger, thorace convexo punctulato, elytris pedibusque flavis. *Müll. zool. dan. prodr. p.* 99. *n.* 1117.
Habitat in Daniae *floribus.*

racticornis. 73. St. linearis niger, pedibus antennisque fuscis: infimo articulo atro. *Müll. zool. dan. prodr. p.* 99. *n.* 1118.
Habitat in Dania.

ormicarius. 74. St. linearis niger, infimo antennarum articulo atro. *Müll. zool. dan. prodr. p.* 99. *n.* 1119.
Habitat in Dania, *aliquando rufus, capite et abdomine, aut etiam thorace, aut insimul elytris nigris.*

unctatus. 75. St. atro-caeruleus, femoribus testaceis. *Müll. zool. dan. prodr. p.* 99. *n.* 1121. *Act. Nidros.* 4. *p.* 36.
Habitat in Dania.

ſtriatus. 76. St. ater, thorace punctato ſtriatoque. *Müll. zool. dan. prodr. p. 99. n. 1122. Act. Nidroſ. 4. p. 35.*
Habitat in Dania.

ſpinipes. 77. St. niger, pedibus teſtaceis, tibiis ſpinoſis. *Pontopp. Naturg. Dännem. p. 211. n. 9. t. 16.*
Habitat in Dania.

tataricus. 78. St. totus ater nitidus, thorace cylindrico capite anguſtiore, elytris ſubtiliſſime punctatis. *Pall. it. 2. app. n. 74.*
Habitat ad lacum Tatariae *ſalſum* Inderienſem, *maximus, gracilis, longus, glaberrimus.*

pubeſcens. 79. St. villoſus nigro-fuſcus, nigro viridi griſeoque maculatus, ſubtus argenteus, abdominis apice ſubrotundato. *Degeer inſ. 4. p. 17. n. 2.*
Habitat in Europa *in terra et fimo, 6½ lineas longus.*

chalcocephalus. 80. St. obſcure fuſcus, capite thoraceque aeneis nitidis, tibiis faſciisque rufo-fuſcis. *Degeer inſ. 4. p. 22. n. 8.*
Habitat in Europa, *polito paulo minor.*

aeneus. 81. St. glaber aeneo-viridis nitidus, abdomine pedibusque nigris. *Degeer inſ. 4. p. 23. n. 9.*
Geoffr. inſ. par. 1. p. 367. n. 17.
Müll. zool. dan. prodr. p. 98. n. 1110.
Habitat in Europa, 4 *lineas longus.*

glaber. 82. St. niger nitens, elytris laevibus pedibusque teſtaceis. *Geoffr. inſ. par. 1. p. 364. n. 10.*
Müll. zool. dan. prodr. p. 98. n. 1106.
Habitat in Europa.

glaucus. 83. St. atro caeruleſcens, extremo antennarum articulo lunulato. *Geoffr. inſ. par. 1. p. 361. n. 2.*
Habitat in Gallia.

macropterus. 84. St. ater, elytris thorace duplo longioribus. *Geoffr. inſ. par. 1. p. 362. n. 4.*
Habitat in Gallia.

ochrocephalus. 85. St. pubeſcens, capite flavo, thorace elytriſque fuſco nigroque nebuloſis: punctis impreſſis. *Geoffr. inſ. par. 1. p. 363. n. 8.*
Habitat in Gallia.

86. St.

Cui tribui accenſendae ſpecies 56-92, incertum.

punctulatus. 86. St. niger nitens, elytris punctatis pedibusque testaceis. *Geoffr. inf. par.* 1. *p.* 365. *n.* 11.
Habitat in Gallia.

curtulus. 87. St. niger nitens, thorace plano marginato, elytris punctatis pedibusque fuscis. *Geoffr. inf. par.* 1. *p.* 365. *n.* 12.
Habitat in Gallia.

fulcatus. 88. St. niger, thorace marginato fulcato, pedibus rufis. *Geoffr. inf. par.* 1. *p.* 730. *n.* 45.
Habitat in Gallia.

limbatus. 89. St. niger, elytris fuscis: margine flavo. *Geoffr. inf. par.* 1. *p.* 368. *n.* 19.
Habitat in Gallia, *flavescente multo major.*

maculatus. 90. St. niger, thorace utrinque elytrisque macula flava. *Geoffr. inf. par.* 1. *p.* 369. *n.* 20.
Habitat in Gallia.

rubricollis. 91. St. atro-caerulescens, thorace rubro. *Geoffr. inf. par.* 1. *p.* 370. *n.* 23.
Habitat in Gallia.

cylindricus. 101. St. cylindricus totus ater glaber. *Mus. Lesk. p.* 44. *n.* 967.
Habitat in Europa.

dichrous. 102. St. ater, capite thoraceque glabris, elytris fusco-ferrugineis, antennarum basi et articulis quinque ultimis plantisque ferrugineis. *Mus. Lesk. p.* 44. *n.* 970.
Habitat in Europa.

picatus. 103. St. ater, capite thoraceque piceis glabris. *Mus. Lesk. p.* 44. *n.* 972.
Habitat in Europa.

glaber. 104. St. ater glaber. *Mus. Lesk. p.* 44. *n.* 973.
Habitat in Europa.

erythropus. 105. St. ater, antennis pedibus elytrisque rufis: his basi nigris. *Mus. Lesk. p.* 44. *n.* 974.
Habitat in Europa.

cruentatus. 106. St. ater, elytris singulis disco gutta sanguinea. *Mus. Lesk. p.* 44. *n.* 975.
Habitat in Europa.

lugubris. 107. St. niger, antennis, elytris pedibusque fuscis. *Mus. Lesk. p.* 44. *n.* 976.
β) St. ater, elytris antennis pedibusque fusco-testaceis. *Mus. Lesk. p.* 44 *n.* 982.
Habitat in Europa.

biclavatus. 108. St. ater glaber, elytris pedibusque fusco-testaceis, antennis biclavatis: basi longa clavata atra. *Mus. Lesk. p.* 44. *n.* 978.
Habitat in Europa.

rufescens. 109. St. capite thoraceque atris punctatis, abdomine nigro, elytris antennis pedibusque fusco-rufescentibus. *Mus. Lesk. p.* 44. *n.* 979.
Habitat in Europa.

cephalotes. 110. St. ater, capite magno, elytris fuscis, antennis ferrugineis, pedibus testaceis. *Mus. Lesk. p.* 44. *n.* 980.
Habitat in Europa.

brevipes. 111. St. ater, elytris pedibusque testaceis, tibiis brevibus. *Mus. Lesk. p.* 44. *n.* 981.
Habitat in Europa.

marginellus. 112. St. niger, thoracis abdominisque marginibus, antennarum basi, elytris pedibusque testaceis. *Mus. Lesk. p.* 44. *n.* 982.
Habitat in Europa.

haemorrhoidalis. 113. St. ater, thorace utrinque impresso, elytris pedibus, ore anoque testaceis. *Mus. Lesk. p.* 44. *n.* 983.
Habitat in Europa.

crassipes. 114. St. ater, thorace longo subquadrato glabro, elytris fuscis, antennis pedibusque rufescentibus, femoribus anticis crassis. *Mus. Lesk. p.* 44. *n.* 986.
Habitat in Europa.

flavicornis. 115. St. ater, punctis elevatis minimis undique obsessus, antennis flavis apice fuscis. *Mus. Lesk. p.* 44. *n.* 990.
Habitat in Europa.

lituratus. 116. St. ater, elytris testaceis, basi macula communi et in medio ad marginem externum utrinque macula fusca, antennis pedibusque testaceis. *Mus. Lesk. p.* 44. *n.* 991.
Habitat in Europa.

117. St.

illatus. 117. St. fuscus, elytris longis, pedibus rufo-fuscescentibus. *Mus. Lesk. p.* 44. *n.* 992.
Habitat in Europa.

** *palpis posterioribus securiformibus*, Oxypori Fabricii.

rufus. 6. St. rufus, capite elytrorum abdominisque posterioribus, femoribus basi nigris. *Fn. suec.* 844. *Fabr. sp. ins.* 1. *p.* 338. *n.* 1. *mant. ins.* 1. *p.* 222. *n.* 1. *Scop. ent. carn.* 307.
Geoffr. ins. par. 1. *p.* 370. *n.* 22. Staphylinus flavus.
Gadd sat. 80. Staphylinus pallide rufus elytris caerulescentibus, capite et apice abdominis nigris.
Degeer ins. 4. *p.* 24. *n.* 10. *t.* 1. *f.* 11. 12.
Schaeff. ic. t. 35. *f.* 3.
Habitat in Europae *boletis.*

lunulatus. 7. St. rufus, capite abdominis elytrorumque posticis nigris, femoribus totis rufis. *Fn. suec.* 845.*
Fabr. sp. ins. 1. *p.* 338. *n.* 2. *mant. ins.* 1. *p.* 222. *n.* 2. Oxyporus flavus, elytris nigris basi apiceque pallidis.
Habitat in Europae *boletis.*

parvus. 92. St. flavus, elytris basi anoque atris. *Fabr. mant. ins.* 1. *p.* 222. *n.* 3.
Habitat Kilonii, *antennis flavis apice fuscescentibus.*

thoracicus. 93. St. nigricans, thorace rufo, elytris fuscis basi albis. *Fabr. sp. ins.* 1. *p.* 338. *n.* 3. *mant. ins.* 1. *p.* 222. *n.* 4.
Habitat Kilonii *in boletis.*

pygmaeus. 94. St. nigricans, thorace elytrisque pallidis. *Fabr. sp. ins.* 1. *p.* 339. *n.* 4. *mant. ins.* 1. *p.* 222. *n.* 5.
Habitat Kilonii *in boletis.*

flavipes. 22. St. niger, elytris antennis pedibusque ferrugineis. *Fn. suec.* 856.*
Fabr. sp. ins. 1. *p.* 339. *n.* 5. *mant. ins.* 1. *p.* 222. *n.* 6. Oxyporus niger, elytris tibiisque fuscis.
Habitat in Europae *boletis.*

abdominalis. 95. St. rufus, abdomine atro nitido. *Fabr. sp. ins.* 2. *app. p.* 501. *mant. ins.* 1. *p.* 222. *n.* 7.
Habitat in Norwegia, *reliquis hujus tribus minor.*

*** *pal-*

*** *palpis anterioribus clavatis:* Paederi Fabricii.

riparius. 9. St. rufus, elytris caeruleis, capite abdominisque apice nigris. *Fn. suec.* 846.* *It. gotl.* 173. *Degeer inf.* 4. *p.* 28. *n.* 14. *t.* 1. *f.* 1. *Fabr. sp. inf.* 1. *p.* 339. *n.* 1. *mant. inf.* 1. *p.* 223. *n.* 1.
Scop. ent. carn. 308. Staphylinus gregarius.
Geoffr. inf. par. 1. *p.* 369. *n.* 21.
Schaeff. ic. t. 71. *f.* 3.
Habitat ad Europae *ripas frequens.*

ruficollis. 96. St. niger, thorace rufo, elytris cyaneis. *Fabr. sp. inf.* 1. *p.* 339. *n.* 2. *mant. inf.* 1. *p.* 223. *n.* 2.
Herbst apud Fuessli arch. inf. 8. *t.* 48. *f.* 5. a. b.
Habitat in Germania *sub lapidibus.*

elongatus. 14. St. niger, elytris posterius pedibus antennisque ferrugineis. *Fabr. sp. inf.* 1. *p.* 339. *n.* 3. *mant. inf.* 1. *p.* 223. *n.* 3. Paederus niger, elytris postice pedibusque fulvis.
Habitat in Europa *boreali.*

218. FORFICULA. *Antennae* setaceae.
Palpi inaequales, filiformes.
Elytra dimidiata. *Alae* tectae.
Cauda forcipata.

auricularia. 1. F. elytris apice albis, antennis 14articulatis. *Fn. suec.* 860. *Geoffr. inf. par.* 1. *p.* 375. *n.* 1. *Scop. ent. carn.* 312. *Fabr. sp. inf.* 1. *p.* 340. *n.* 1. *mant. inf.* 1. *p.* 224. *n.* 1.
t. *Degeer inf.* 3. *p.* 545. *n.* 1. *t.* 25. *f.* 16. Forficula major.
Mouff. inf. 171. *f. inf.* Forficula auricularia vulgaris.
Petiv. gaz. t. 74. *f.* 5. Forficula vulgaris.
List. scar. angl. p. 391. *mut. t.* 31. *f.* A. Scarabaeus subrufus, cauda furcata.
Frisch inf. 8. *p.* 31. *t.* 15. *f.* 1. 2. Vermis auricularius.
Jonst. inf. t. 16. *f.* 2.
Merian. inf. t. 30.
Sulz. inf. t. 7. *f.* 50.
hist. inf. t. 7. *f.* 17.

Schaeff.

Forficulae *larvae agiles cursitant.*

Schaeff. elem. t. 63.
icon. t. 144. *f.* 3. 4.
Habitat in Europae *fructibus frequens, aures dormientium interdum intrans, spiritu frumenti pellenda.*

gigantea. 3. F. pallida supra nigro variegata, ano bidentato: forcipe porrecta unidentata. *Fabr. mant. inf.* 1. *p.* 224. *n.* 2.
Herbst apud Fuessli arch. inf. 8. *t.* 49. *f.* 1. Forficula bilineata.
Habitat in Europa *magis australi, maxima.*

bipuncta-ta. 4. F. nigra capite posterius pedibusque rufis, elytris macula alba. *Fabr. sp. inf.* 1. *p.* 340. *n.* 2. *mant. inf.* 1. *p.* 224. *n.* 3.
Habitat in Italia, *antennis* 11*articulatis.*

albipes. 5. F. atra, thorace posterius, elytris basi alis pedibusque albis. *Fabr. mant. inf.* 1. *p.* 224. *n.* 4.
Habitat in insulis, Americae *meridionali oppositis, mediae magnitudinis.*

minor. 2. F. elytris testaceis immaculatis, antennis 10articulatis. *Fn. suec.* 861.* *Geoffr. inf. par.* 1. *p.* 376. *n.* 2. *Fabr. sp. inf.* 1. *p.* 340. *n.* 3. *mant. inf.* 1. *p.* 224. *n.* 5.
Fn. suec. 600. Forficula alis elytro concoloribus.
Degeer inf. 3. *p.* 553. *n.* 2. *t.* 25. *f.* 26. 27.
Schaeff. ic. t. 41. *f.* 12. 13.
Habitat rarior in Europa, *antennarum apice albido.*

flexuosa. 6. F. forcipe flexuosa, elytris punctis duobus flavis. *Fabr. sp. inf.* 1. *p.* 341. *n.* 4. *mant. inf.* 1. *p.* 224. *n.* 6.
Habitat in Cayenna.

dentata. 7. F. fusca, antennis 10 articulatis, thoracis marginibus pedibusque pallidis, forcipe basi dentata. *Fabr. sp. inf.* 1. *p.* 341. *n.* 5. *mant. inf.* 1. *p.* 224. *n.* 7.
Habitat in Madera.

parallela. 8. F. nigra, thoracis marginibus elytris pedibusque pallidis, forcipe recta inermi. *Fabr. sp. inf.* 1. *p.* 341. *n.* 6. *mant. inf.* 1. *p.* 224. *n.* 8.
Habitat in Madera.

Morio. 9. F. atra, antennis fascia alba. *Fabr. sp. inf.* 1. *p.* 341. *n.* 7. *mant. inf.* 1. *p.* 224. *n.* 9.
Habitat in Tahiti.

pallipes. 10. F. forcipe elongata unidentata nigra, pedibus albis. *Fabr. sp. inf.* 1. *p.* 341. *n.* 8. *mant. inf.* 1. *p.* 224. *n.* 10.
Habitat in insulis promontorii viridis.

livida. 11. F. livida minima, forcipe ad lentem dentata. *Mus. Lesk. p.* 46. *n.* 3.

II. HEMIPTERA.

Os rostrumque inflexum versus pectus.

Alae hemelytratae: superioribus semicoriaceis (per suturam rectam minime conniventibus) sed margine interiore impositis.

119. BLATTA.

Caput inflexum.
Antennae setaceae.
Palpi inaequales, filiformes.
Elytra alaeque planae, subcoriaceae.
Thorax planiusculus, orbiculatus, marginatus.
Pedes cursorii.
Cornicula duo supra caudam (plurimis)

gantea. 1. Bl. livida, thoracis clypeo macula quadrata fusca. *Mus. Lud. Ulr.* 106. *Gron. zooph.* 633. *t.* 16. *f.* 3.* *Fabr. sp. ins.* 1. *p.* 341. *n.* 1. *mant. ins.* 1. *p.* 225. *n.* 1.
Seb. mus. 3. *t.* 77. *f.* 1. 2. *et* 4. *t.* 85. *f.* 17. 18.
Drury ins. 2. *t.* 36. *f.* 2.
Habitat in Asia *et* America, *diametro ovi gallinacei.*

aderae. 11. Bl. fusca, thorace elytrisque lividis fusco variegatis. *Fabr. sp. ins.* 1. *p.* 341. *n.* 2. *mant. ins.* 1. *p.* 225. *n.* 2.
Herbst apud Fuessli arch. ins. 8. *t.* 49. *f.* 3.
Habitat in insula Madera, *statura giganteae, at paulo minor.*

gyptiaca. 2. Bl. atra, thoracis margine anteriori albo. *Mus. Lud. Ulr.* 107.* *Gron. zooph.* 637. *t.* 15. *f.* 2.* *Fabr. sp. ins.* 1. *p.* 342. *n.* 3. *mant. ins.* 1. *p.* 225. *n.* 3.
Drury ins. 2. *t.* 36. *f.* 3.
Herbst apud Fuessli arch. ins. 8. *t.* 49. *f.* 4.
Habitat in Aegypto, Oriente.

idenlis. 12. Bl. thorace atro: margine omni pallido punctisque duobus baseos fulvis, elytris olivaceis. *Fabr. mant. ins.* 1. *p.* 225. *n.* 4.
Habitat in America, *aegyptiaca minor.*

surinamensis. 3. Bl. livida, thoracis margine anteriori albo. *Fabr. sp. inf.* 1. *p.* 342. *n.* 4. *mant. inf.* 1. *p.* 225. *n.* 5.
Sulz. inf. t. 8. *f.* 1.
Degeer inf. 3. *t.* 44. *f.* 8.
Habitat in Surinamo.

americana. 4. Bl. ferruginea, thoracis clypeo posterius exalbido. *Fabr. sp. inf.* 1. *p.* 342. *n.* 5. *mant. inf.* 1. *p.* 225. *n.* 6.
Geoffr. inf. par. 1. *p.* 381. *n.* 2. Blatta fusco-flavescens.
Degeer inf. 3. *t.* 44. *f.* 1. 2. 3. Blatta ferruginea.
Raj. inf. 623. Blatta molendinaria ab insula Jamaica allata major.
Herbst apud Fuessli arch. inf. 8. *t.* 49. *f.* 5.
Merian. surin. 1. *t.* 1.
β) Blatta alata. *Herbst apud Fuesli arch. inf.* 8. *t.* 49. *f.* 6.
Habitat in America, *cum saccharo in* Europam *delata.*

australasiae. 13. Bl. ferruginea, thorace atro, annulo albo, elytris basi lineola alba. *Fabr. sp. inf.* 1. *p.* 342. *n.* 6. *mant. inf.* 1. *p.* 225. *n.* 7.
Capta frequens in navi ex oceano *australi reduce.*

erythrocephala. 14. Bl. atra, capite pedibusque ferrugineis. *Fabr. sp. inf.* 1. *p.* 342. *n.* 7. *mant. inf.* 1. *p.* 225. *n.* 8.
Habitat - - - . *magna.*

capensis. 15. Bl. fusca, capite pedibusque rubris. *Thunb. nov. inf. sp.* 4. *p.* 77. *Fabr. mant. inf.* 1. *p.* 225. *n.* 9.
Habitat ad caput bonae spei, *statura et magnitudine americanae, glabra.*

indica. 16. Bl. grisea, thorace atro: margine anteriori albo. *Fabr. sp. inf.* 1. *p.* 343. *n.* 8. *mant. inf.* 1. *p.* 225. *n.* 10.
Habitat in India.

nivea. 5. Bl. alba, antennis flavis. *Fabr. sp. inf.* 1. *p.* 343. *n.* 9. *mant. inf.* 1. *p.* 226. *n.* 11.
Degeer inf. 3. *t.* 44. *f.* 10.
Drury inf. 2. *t.* 36. *f.* 1.
Herbst apud Fuessli arch. inf. 8. *t.* 49. *f.* 8.
Habitat in America *meridionali, magnitudine tabani.*

irrorata. 17. Bl. pallida, thorace elytrisque fusco irroratis, alis disco nigro. *Fabr. sp. inf.* 1. *p.* 343. *n.* 10. *mant. inf.* 1. *p.* 226. *n.* 12.

Thunb.

Thunb. nov. inf. sp. 4. *p.* 76? Blatta pallida thorace elytrisque fusco-irroratis, alis basi nigris.
Habitat ad caput bonae spei *et in* nova Hollandia, *giganteae fere magnitudine.*

iridis. 18. Bl. viridis, antennis thoracisque linea laterali flavis, alis albis. *Fabr. sp. inf.* 1. *p.* 343. *n.* 11. *mant. inf.* 1. *p.* 226. *n.* 13.
Habitat in America.

rasilien-sis. 19. Bl. pallida, abdomine atro. *Fabr. sp. inf.* 1. *p.* 343. *n.* 12. *mant. inf.* 1. *p.* 226. *n.* 14.
Degeer inf. 3. *p.* 538. *n.* 3. *t.* 44. *f.* 5. Blatta abdomen nigrum.
Habitat in Brasilia.

'etiveria-na. 20. Bl. nigra, elytris maculis quatuor flavescentibus. *Fabr. sp. inf.* 1. *p.* 343. *n.* 13. *mant. inf.* 1. *p.* 226. *n.* 15.
Syst. nat. XII. 2. *p.* 578. *n.* 28. Cassida petiveriana.
Pallas spic. zool. 9. *p.* 9. *t.* 1. *f.* 5. Blatta heteroclita.
Petiv. gaz. t. 71. *f.* 1. Cimici affinis niger.
Seb. muf. 4. *t.* 95. *f.* 21.
Schroet. Abh. 1. *t.* 1. *f.* 7. 8.
Sulz. hist. inf. t. 11. *f.* A. B.
Herbst apud Fuessli arch. inf. 8. *t.* 49. *f.* 7.
Habitat in India, *statura cassidae.*

rientalis. 7. Bl. ferrugineo-fusca immaculata, elytris abbreviatis: sulco oblongo impresso. *Fn. suec.* 862.* *Scop. ent. carn.* 313. *Gron. zooph.* 635. 636. *Geoffr. inf. par.* 1. *p.* 380. *t.* 7. *f.* 5. *Fabr. sp. inf.* 1. *p.* 343. *n.* 14. *mant. inf.* 1. *p.* 226. *n.* 16. *Kalm it.* 2. *p.* 406.
Degeer inf. 3. *p.* 530. *n.* 1. *t.* 25. *f.* 1. 2. Blatta culinaris.
Frisch inf. 5. *t.* 3. Blatta lucifuga s. molendinaria.
Mouff. inf. 138. *f.* 2. 3. Blatta molendinaria.
Raj. inf. 68. *n.* 1. Blatta prima s. mollis Mouffeti.
Columm. ecphr. 1. *p.* 40. *t.* 36. Scarabaeus alter testudinatus minor atque alatus.
Jonst. inf. t. 13. *f.* A. Grylli.
Sulz. inf. t. 7. *f.* 47.
hist. inf. t. 8. *f.* 2.
Schaeff. ic. t. 155. *f.* 6. 7.
Sonner. it. t. 12.
Habitat in America, *hospitatur in* Oriente *et* Europa, *a* 200 *inde annis in* Bohemia, *a* 1739 *in* Belgio, *et antea in*

in Finlandia, *et* Russia, *frequens in farina, pane, aliis cibariis, calceis &c. quae consumit, lucifuga, velocissime currens, a tenthredine magna caerulea infestatur.*
Femina *aptera larvae similis parit ovum magnitudine dimidia abdominis subcylindricum; carina crenulata.*

cincta. 21. Bl. flavescens, thoracis elytrorumque marginibus albis. *Fabr. mant. inf.* 1. *p.* 226. *n.* 17.
Habitat in America, *statura et magnitudine orientalis, corpore fusco, elytris nunc breviore, nunc longiore, pedibus albidis.*

picta. 22. Bl. atra, elytris vitta sanguinea. *Fabr. mant. inf.* 1. *p.* 226. *n.* 18.
Habitat in Brasilia.

variegata. 23. Bl. thorace flavescente, elytris testaceis apice nigris. *Fabr. sp. inf.* 1. *p.* 344. *n.* 15. *mant. inf.* 1. *p.* 226. *n.* 19.
Habitat in nova Hollandia.

lapponica. 8. Bl. flavescens elytris nigro maculatis. *Fn. suec.* 863.* *Fabr. sp. inf.* 1. *p.* 344. *n.* 16. *mant. inf.* 1. *p.* 226. *n.* 20.
Geoffr. inf. par. 1. *p.* 381. *n.* 3. Blatta flavescens &c.
Degeer inf. 3. *p.* 533. *n.* 2. *t.* 25. *f.* 8. 9. Blatta nigro-fusca.
Sulz. hist. inf. t. 8. *f.* 3.
Schaeff. elem. t. 26. *f.* 2.
icon. t. 88. *f.* 2. 3.
Habitat in Europa, *cibaria consumens, in australioris tamen humidis silvis minus noxia, thorace interdum toto, frequentius margine tantum flavescente.*

germanica. 9. Bl. livida, corpore flavescente, thorace lineis duabus parallelis nigris. *Fabr. sp. inf.* 1. *p.* 344. *n.* 17. *mant. inf.* 1. *p.* 226. *n.* 21.
Pontopp. atl. dan. 1. *t.* 29. Blatta transfuga.
Habitat in Europa, Brasilia, *insulis oceani australis, magnitudine lapponicae.*

ruficollis. 24. Bl. thorace ferrugineo, corpore pallido testaceo. *Fabr. mant. inf.* 1. *p.* 226. *n.* 22.
Habitat in India, *statura et magnitudine germanicae.*

25. Bl.

---

¹ Blattae *lucifugae cum larvis suis rodunt cibaria, coria, putridaque varia, celeri cursu se subtrahentes; fumo lithantracis occid: cum gryllis.* Scopoli. *An a Seba delineatae fusca muf.* 4. *t.* 85. *f.* 13. 14. *et cinereo-fusca f.* 15. 16. *propriae species?*

aculata. 25. Bl. thorace nigro: margine albido, elytris pallidis: macula magna apicis nigra. *Fabr. sp. inf.* 2. *app. p.* 501. *mant. inf.* 1. *p.* 226. *n.* 23.
Schreber Naturf. 15. *p* 89. *t.* 3. *f.* 17. 18.
Habitat in Germaniae *pinetis et ericetis.*

argina-ta. 26. Bl. nigra thorace rufo albo marginato, elytris nigris: limbo albo. *Fabr. sp. inf.* 2. *app. p.* 502. *mant. inf.* 1. *p.* 226. *n.* 24.
Schreber Naturf. 15. *p.* 88. *t.* 3. *f.* 16.
Habitat in Italia, *maculata paulo minor.*

blonga-ta. 10. Bl. oblonga livida, thorace punctis duobus lunulaque nigris. *Fabr. sp. inf.* 1. *p.* 345. *n.* 18. *mant. inf.* 1. *p.* 226. *n.* 25.
Degeer inf. 3. *p.* 541. *n.* 9. *t.* 44. *f.* 11. Blatta oblonga.
Habitat in Surinamo, *forma cantharidis.*

nitidula. 27. Bl. thorace ferrugineo, elytris cyaneis. *Fabr. sp. inf.* 1. *p.* 345. *n.* 19. *mant. inf.* 1. *p.* 226. *n.* 26.
Habitat in Surinamo, *minuta, nitida.*

fusca. 28. Bl. fusca immaculata capite, antennis, pedibus, thoracis hemelytrorumque marginibus ferrugineis. *Thunb. nov. inf. sp.* 4. 77.
Habitat ad caput bonae spei, *magnitudine americanae, glabra.*

deusta. 29. Bl. fusca immaculata, capitis hemelytrorumque basibus rufis. *Thunb. nov. inf. sp.* 4. *p.* 77.
Habitat ad caput bonae spei, *germanica paulo major.*

chlorotica. 30. Bl. polita ex griseo lutea, elytris subpellucidis virenti-venosis: margine crassiore opaco prasino; margine extimo basique lutescentibus. *Pallas spic. zool.* 9. *p.* 11. *t.* 1. *f.* 6.
Habitat ad caput bonae spei, *magnitudine et statura fere orientalis.*

atissima. 31. Bl. fusca punctata, thoracis margine anoque flavis, abdomine subtus nigro, tibiis spinulosis. *Herbst apud Fuessli arch. inf.* 8. *p.* 184. *n.* 1. *t.* 49. *f.* 2.
Habitat in Surinamo.

terrima. 32. Bl. nigra immaculata, tarsis albis, geniculis fuscis, tibiis spinosis. *Herbst apud Fuessli arch. inf.* 8. *p.* 185. *n.* 8. *t.* 49. *f.* 9.
Habitat in India.

perspicil-laris. 33. Bl. flavescens, thorace medio fulvo: margine hyalino *Herbst apud Fuessli arch. ins. 8. p. 186. n. 12. t. 49. f. 11*
Habitat in Marchia, *an varietas lapponicae, cui perquam affinis?*

asiatica. 34. Bl. grisea, oblonga elytris alisque abdomine longioribus apice angustatis. *Pallas it. 3. p. 263.*
Habitat in Asia *australi, cum mercibus* Sinarum *in* Sibiriam *delata, germanica major.*

Schaefferi. 35. Bl. nigricans, thorace elytrorumque margine flavescente, pedibus luteis: femoribus nigris.
Schaeff. ic. t. 158. f. 2.

sylvestris. 36. Bl. subtus nigra, antennis nigris, thoracis margine elytrisque testaceis. *Scop. ent. carn. p. 104. n. 314.*
Poda mus. graec. p. 50.
Habitat in Carniolia.

pensylvanica. 37. Bl. fusca, thoracis clypeo albido: medio nigro-fusco, elytris flavo-fuscis anterius albidis. *Degeer ins. 3. p. 537. n. 2. t. 44. f. 4.*
Habitat in Pensylvania, *pollicem longa.*

livida. 38. Bl. fusca, corpore subtus pedibusque fulvo-griseis, alis longitudine abdominis. *Degeer ins. 3. p. 538. n. 4. t. 44. f. 6.*
Habitat in Surinamo, *8½ lineas longa.*

rufa. 39. Bl. oblonga rufa, pedibus testaceis, alis abdomine longioribus. *Degeer ins. 3. p. 539. n. 5. t. 44. f. 7.*
Habitat in Surinamo, *9 linear longa.*

grisea. 40. Bl. oblonga cinereo-grisea: punctis aliquot fuscis minutissimis. *Degeer ins. 3. p. 540 n. 7. t. 44. f. 9.*
Habitat in Surinamo, *10½ lineas longa.*

minutissima. 41. Bl. ovata nigro-fusca, antennis brevioribus, thoracis lateribus alisque hyalinis. *Degeer ins. 3. p. 542. n. 10. t. 44. f. 13. 14.*
Habitat in Surinamo, *cimicis lectularii magnitudine.*

aptera. 42. Bl. aptera fusca punctata, abdominis segmentis margine posteriori tibiisque lividis, alis ferrugineis, tibiis spinosis.
Mus. Lesk. p. 46. n. 5.
Habitat extra Europam.

punctulata. 43. Bl. fusca, thorace punctis elevatis impressisque variegato, alis albis. *Mus. Lesk. p.* 46. *n.* 7.
Habitat extra Europam, *statura et facie orientalis, an varietas?*

ocellata. 44. Bl. brunnea, fronte thoracisque disco macula rubra: posteriori ocellis duobus fuscis varia, abdominis segmentis margine anteriore supra infraque rubris. *Mus. Lesk. p.* 46. *n.* 8.
Habitat extra Europam.

PNEUMORA.

Corpus ovatum, inflatum, hyalinum.
Caput inflexum, maxillosum.
Thorax convexus, subtus carinatus.
Elytra deflexa, membranacea.
Pedes cursorii.

immaculata. 1. Pn. elytris immaculatis. *Thunb. act. Stockh.* 1775. 3. *p.* 255. *t.* 7. *f.* 1.
Fabr. sp. inf. 1. *p.* 363. *n.* 10. *mant. inf.* 1. *p.* 286. *n.* 12.
Gryllus (papillosus) viridis, albo maculatus scutello carinato utrinque dentato, abdomine vesiculoso variegato.
Habitat ad caput bonae spei, *in stoebe cernua, a Septembri ad Novembrem frequens; viridis, elytris aliquando minutissime nigro-punctatis, rarius flavescens aut rubescens, gryllo domestico duplo major.*

maculata. 2. Pn. elytris viridibus: maculis quadratis albis. *Thunb. act. Stockh.* 1775. 3. *p.* 256, *t.* 7. *f.* 2.
Syst. nat. XII. 2. *p.* 693. *n.* 4. *Mus. Lud. Ulr.* 120.* *Fabr. sp. inf.* 1. *p.* 363. *n.* 11. *mant. inf.* 1. *p.* 236. *n.* 13.
Gryllus (variolosus) viridis calloso-punctatus abdomine vesiculoso albo variegato.
Habitat ad caput bonae spei, *in stoebe annua, Novembri et Decembri conspicua, immaculatae magnitudine, tota viridis, albo-maculata.*

sexguttata. 3. Pn. elytris viridibus: maculis tribus argenteis. *Thunb. act. Stock.* 1775. 3. *p.* 257. *n.* 3. *t.* 7. *f.* 3.

Pneumorae *quasi totae membrana cava constant, pedes dentatos ad corpus fricando, crepusculo et nocte sonum edunt, lucem emicantem petunt.*

Fabr. sp. inf. 1. *p.* 363. *n.* 9. *mant. inf.* 1. *p.* 236. *n.* 11.
Gryllus (inania) viridis, elytris maculis duabus albis abdomine vesiculoso: utrinque maculis tribus albis.
Habitat ad caput bonae spei, *Decembri conspicua, maculata quadruplo major, viridis.*

220. MANTIS. *Caput* nutans, maxillosum, palpis filiformibus instructum.
Antennae setaceae.
Alae 4 membranaceae, convolutae: inferiores plicatae.
Pedes anteriores compressi, subtus serrato-denticulati, armati ungue solitario et digito setaceo, laterali, articulato.
posteriores 4 laeves, gressorii.
Thorax linearis, elongatus, angustatus.

filiformis. 15. M. corpore filiformi aptero. *Fabr. mant. inf.* 1. *p.* 227. *n.* 1. *Herbst apud Fuessli arch. inf.* 8. *p.* 187. *n.* 5. *t.* 51. *f.* 2. 3?
Scop. delic. insubr. 1. *p.* 60. *t.* 24. *f.* A. 1-3. Plocaria domestica?
Habitat in America, India, Italia, *fusca, pedibus corpore longioribus, antennis nigris.*

Gigas. 1. M. thorace teretiusculo scabro, elytris brevissimis, pedibus spinosis. *Mus. Lud. Ulr.* 109.* *Fabr. sp. inf.* 1. *p.* 3?. *n.* 1. *mant. inf.* 1. *p.* 227. *n.* 2.
Marcgr. bras. 251. Arumatia.
Roes. inf. 2. *gryll. t.* 19. *f.* 9. 10.
Bradl. natur. t. 27. *f.* 6.
Petiv. gaz. t. 60. *f.* 2.
Seb. mus. 4. *t.* 77. *f.* 1. 2.
Habitat in Asia, *alis maximis.*

cylindrica. 54. M. thorace cylindrico, pedibus anterioribus thoraci anterius annexis, elytris griseis basi subtusque rufis, alis fuscis albo guttatis. *Mus. Lesk. p.* 46. *n.* 12.

Habitat

Habitat extra Europam, *alarum guttis vagis, fenestratis, spina prostrata utrinque ad basin elytrorum abdomen respiciente.*

phthisica. 2. M. thorace teretiusculo muricato, elytris brevissimis, pedibus inermibus. *Mus. Lud. Ulr.* 110.*
Habitat in America *australi et* India.

siccifolia. 3. M. thorace denticulato, femoribus ovatis membranaceis. *Mus. Lud. Ulr.* 111.* *Fabr. sp. ins.* 1. *p.* 347. *n.* 14. *mant. ins.* 1. *p.* 228. *n.* 16.
Roes. ins. 2. *gryll. t.* 17. *f.* 4. 5.
Edw. glean. t. 258.
Merian. surin. t. 66.
Seligm. av. 7. *t.* 48.
Habitat in America *australi et* India.

gongylodes. 4. M. thorace subciliato, femoribus anterioribus spina terminatis; reliquis lobo. *Mus. Lud. Ulr.* 112.* *Gron. zooph.* 639.* *Fabr. sp. ins.* 1. *p.* 346. *n.* 8. *mant. ins.* 1. *p.* 227. *n.* 10.
Amoen. acad. 1. *p.* 504. Gryllus thorace lineari alarum longitudine: margine denticulis ciliato.
Aldr. ins. t. 13. *f.* 21. Mantis.
Marcgr. bras. 246. Gaayra.
Act. angl. 301. *t.* 20. *f.* 3.
Seb. mus. 4. *t.* 68. *f.* 9–12.
Roes. ins. 2. *gryll. t.* 7.
Sulz. hist. ins. t. 8. *f.* 56.
Aubent. misc. t. 65. *f.* 2.
Drury ins. 1. *t.* 56. *f.* 2.
Habitat in Africa *et* Asia, *capitis vertice subulato bifido, antennis rarius pectinatis.*
Larvae *pedes lobis membranaceis alati.*

paupera-ta. 16. M. thorace lineari spinuloso, femoribus anterioribus spina terminatis; reliquis lobo. *Fabr. sp. ins.* 1. *p.* 346. *n.* 9. *mant. ins.* 1. *p.* 227. *n.* 11.
Thunb. nov. ins. sp. 3. *p.* 61. Mantis thorace apice dilatato spinuloso, femoribus lobo simplici terminatis.
Herbst apud Fuessli arch. ins. 8. *t.* 51. *f.* 1.
Habitat in India; *gongyloda minor et angustior.*

mendica. 17. M. thorace marginato dentato, elytris albo viridique variis: margine albo-punctato. *Fabr. sp. ins.* 1. *p.* 347. *n.* 10. *mant. ins.* 1. *p.* 228. *n.* 12.
Habitat Alexandriae.

religiosa. 5. M. thorace laevi subcarinato elytrisque viridibus immaculatis. *Scop. ent. carn.* 315.
Roes. inf. 2. *gryll. t.* 1. 2.
Seb. muf. 4. *t.* 67. *f.* 7. 8.
Sulz. hist. inf. t. 8. *f.* 4.
Schaeff. elem. t. 81.
Seligm. av. t. 4.
Habitat in Sibiria, Austria, Africa, *tota viridis, an mera varietas oratoriae?*

oratoria. 6. M. thorace laevi, elytris viridibus, alis macula nigra anterius rufescentibus. *Muf. Lud. Ulr.* 115.*
Fabr. sp. inf. 1. *p.* 348. *n.* 19. *mant. inf.* 1. *p.* 228. *n.* 21.
Mantis thorace laevi, elytris viridibus immaculatis.
Geoffr. inf. par. 1. *p.* 399. *n.* 1. *t.* 8. *f.* 4. Mantis.
Mouff. inf. 118. *f.* 3.
Aldr. inf. 4. *t.* 3. *f.* 10.
Seb. muf. 4. *t.* 67. *f.* 9. 10.
Roes. inf. 2. *gryll. t.* 1. 2.
Degeer inf. 3. *t.* 37. *f.* 2.
Habitat in Oriente *et australi* Europa Francofurtum ad Moenum *usque.*

irrorata. 7. M. thorace laevi subcarinato, elytris viridibus: punctis ferrugineis vagis. *Amoen. acad.* 6. *p.* 397. *n.* 29. *Fabr. sp. inf.* 1. *p.* 348. *n.* 18. *mant. inf.* 1. *p.* 228. *n.* 20.
Habitat in America *meridionali, precariae similis.*

precaria. 8. M. thorace subciliato, elytris virescentibus: ocello ferrugineo. *Muf. Lud. Ulr.* 114.* *Fabr. sp. inf.* 1. *p.* 349. *n.* 20. *mant. inf.* 1. *p.* 228. *n.* 22.
Merian. surin. t. 66.
Seb. muf. 4. *t.* 67. *f.* 3-6.
Degeer inf. 3. *p.* 406. *n.* 3. *t.* 36. *f.* 4.
Herbst apud Fuessli arch. inf. 8. *t.* 50. *f.* 1.
Habitat in America *et* Africa, *elytrorum ocello anterius dimidiato albo, aut toto interdum albo.*

sancta. 18. M. viridi-flavescens, thorace serrulato, elytris viridibus immaculatis, alis subhyalinis. *Fabr. mant. inf.* 1. *p.* 228. *n.* 23.
Habitat in Gallia *magis australi, statura oratoriae, at triplo minor.*

19. M.

monacha. 19. M. testacea, thorace laevi, elytris alisque viridi-hyalinis. *Fabr. mant. inf.* 1. *p.* 228. *n.* 24.
Habitat ad caput bonae spei, *statura precariae, at duplo minor.*

obscura. 20. M. obscure grisea, thorace serrulato, elytris macula baseos, alis apice nigris. *Fabr. sp. inf.* 1. *p.* 349. *n.* 21. *mant. inf.* 1. *p.* 228. *n.* 25.
Habitat in Africa *aequinoctiali, statura precariae, at minor.*

hyalina. 21. M. thorace ciliato, elytris hyalinis: margine viridi, fronte bidentata. *Fabr. sp. inf.* 1. *p.* 349. *n.* 22. *mant. inf.* 1. *p.* 229. *n.* 26.
Degeer inf. 3. *p.* 410. *n.* 4. *t.* 37. *f.* 1.
Habitat in America.

fenestrata. 22. M. thorace laevi, alis hyalinis, elytrorum margine exteriori fusco. *Fabr. sp. inf.* 1. *p.* 349. *n.* 23. *mant. inf.* 1. *p.* 229. *n.* 27.
Habitat in Africa *aequinoctiali, statura hyalinae.*

bidens. 23. M. thorace scabro, elytris viridibus: fasciis nigris, alis fuscis disco atro. *Fabr. sp. inf.* 1. *p.* 350. *n.* 24. *mant. inf.* 1. *p.* 229. *n.* 28.
Habitat in America.

ministralis. 24. M. thorace scabro crenato longitudine capitis anterius ferrugineo, elytris viridibus. *Fabr. sp. inf.* 1. *p.* 350. *n.* 25. *mant. inf.* 1. *p.* 229. *n.* 29.
Habitat in nova Hollandia.

urbana. 25. M. thorace integro, elytris viridibus: puncto fasciaque ferrugineis. *Fabr. sp. inf.* 1. *p.* 350. *n.* 26. *mant. inf.* 1. *p.* 229. *n.* 30.
Habitat in America *australi et* India.

rustica. 26. M. thorace laevi fusco, elytris ala brevioribus fusco-hyalinis; antennis pilosis. *Fabr. sp. inf.* 1. *p.* 350. *n.* 27. *mant. inf.* 1. *p.* 229. *n.* 31.
Habitat ad Patagoniae *littora, paganae magnitudine.*

An forsan hujus generis insectum a Queronio fuco adhaerens in mari mediterraneo repertum in act. paris. extr. 9. p. 329. sub nomine puce de mer argenteuse descriptum et delineatum? repugnat habitatio in mari.

nasuta. 27. M. thorace spinoso ciliatoque, fronte porrecta spinosa emarginata. *Fabr. mant. inf.* 1. *p.* 229. *n.* 32.
Habitat ad caput bonae spei, *mediae magnitudinis.*

lobata. 28. M. thorace trilobo, capitis fronte cornu bifido, oculis conico-acuminatis. *Fabr. sp. inf.* 1. *p.* 350. *n.* 28. *mant. inf.* 1. *p.* 229. *n.* 33.
Thunb. nov. inf. sp. 3. *p.* 62. *f.* 73. Mantis virescens, capitis cornu oculisque conico-acuminatis.
Habitat ad caput bonae spei, *parva.*

pulchra. 29. M. viridis, thorace integro, alis fusco-hyalinis basi ferrugineis. *Fabr. mant. inf* 1. *p.* 229. *n.* 34.
Habitat Tranquebariae, *parva.*

fausta. 30. M. linearis cinereo-fusca immaculata. *Thunb. nov. inf. sp.* 3. *p.* 63. *Fabr. mant. inf.* 1. *p.* 229. *n.* 35.
Habitat ad caput bonae spei, *numen tutelare Hottentottorum.*

perspicua. 31. M. obscura, elytris alisque hyalinis, alis macula marginali apiceque fuscis. *Fabr. mant. inf.* 1. *p.* 230. *n.* 36.
Habitat in Cayenna, *statura minutae, at paulo major.*

pagana. 32. M. alis reticulatis albis: macula laterali ferruginea, manibus chelatis. *Fabr. sp. inf.* 1. *p.* 350. *n.* 29. *mant. inf.* 1. *p.* 230. *n.* 37.
Pall. spic. zool. 9. *p.* 14. *t.* 1. *f.* 8. Mantis Perla.
Syst. nat. XII. 2. *p.* 916. *n.* 2. Raphidia (mantispa) pedibus anticis thoraci antice annexis, antennis thorace brevioribus.
Scop. ent. carn. 712.
Poda inf. 101. *t.* 1. *f.* 15.
Habitat in Calabria, Gallia, *et* Germania.

minuta. 33. M. thorace cylindrico flavescente, elytris hyalinis: costa virescente. *Fabr. sp. inf.* 1. *p.* 350. *n.* 30. *mant. inf.* 1. *p.* 230. *n.* 38.
Habitat in America *meridionali, et circa* Aurelianum.

pusilla. 34. M. thorace cylindrico flavescente, elytris alisque hyalinis immaculatis. *Fabr. sp. inf.* 1. *p.* 351. *n.* 31. *mant. inf.* 1. *p.* 230. *n.* 39.
Pall. spic. zool. 9. *p.* 15. *t.* 1. *f.* 9. Mantis pusilla.
Habitat in Africa, *raphidia ophiopsi major.*

rolina. 9. M. thorace subciliato carinato, elytris albidis fusco nebulosis. *Amoen. acad.* 6. *p.* 396. *n.* 28.*
Habitat in Carolina, *precariae similis, elytris alisque abdomine brevioribus.*

ectini-ornis. 10. M. thorace laevi, elytris viridibus, alis oblique striatis, vertice subulato, antennis pectinatis. *Amoen. acad.* 6. *p.* 396. *n.* 27.* *Fabr. sp. ins.* I. *p.* 347. *n.* 15. *mant. ins.* I. *p.* 228. *n.* 17.
Drury ins. I. *t.* 50. *f.* I.
Herbst apud Fuessli arch. ins. 8. *t.* 50. *f.* 2.
Habitat in India, *australi* America, Jamaica.

oculata. 35. M. thorace triangulo filiformi, oculis oblongis porrectis acuminato-spinosis. *Fabr. sp. ins.* I. *p.* 348. *n.* 16. *mant. ins.* I. *p.* 228. *n.* 18.
Habitat in Africa *aequinoctiali, mediae magnitudinis, capite pallido, thorace testaceo, elytris alisque albo-hyalinis, pedibus obscuris.*

superstitiosa. 36. M. thorace filiformi triangulo anterius serrulato, elytris virescentibus, alarum costa transverse striata. *Fabr. sp. ins.* I. *p.* 348. *n.* 17. *mant. ins.* I. *p.* 228. *n.* 19.
Habitat in Africa *aequinoctiali, magna.*

bicornis. 11. M. thorace laevi, capite bipartito subulato. *Mus. Lud. Ulr.* 116.*
Habitat in America *australi et* India, *pedibus inermibus.*

tricolor. 12. M. thorace lateribus expanso-lobato, capite cornuto, pedibus anterioribus latissimis. *Mus. Lud. Ulr.* 117.* *Fabr. sp. ins.* I. *p.* 347. *n.* 12. *mant. ins.* I. *p.* 228. *n.* 14.
Herbst apud Fuessli arch. ins. 8. *t.* 51. *f.* 4.
Habitat in India, *oculis in cornicula auriformia acuta desinentibus.*

cancellata. 37. M. thorace utrinque dilatato membranaceo plano. *Fabr. sp. ins.* I. *p.* 347. *n.* 13. *mant. ins.* I. *p.* 228. *n.* 15.
Habitat in America *australi et* India.

strumaria. 13. M. thorace utrinque membranaceo dilatato obcordato. *Fabr. sp. ins.* I. *p.* 347. *n.* 11. *mant. ins.* I. *p.* 228. *n.* 13.
Roes. ins. 2. *gryll. t.* 3.
Merian. surin. t. 27.
Seb. mus. 4. *t.* 69. *f.* 7. 8.
Habitat in America *australi et* India.

14. M.

necydaloides. 14. M. thorace scabro, elytris ovatis angulatis brevissimis, ali oblongis. *Amoen. acad.* 6. *p.* 397. *n.* 3. *Fabr. sp. ins.* 1. *p.* 345. *n.* 2. *mant. ins.* 1. *p.* 227. *n.* 3.
Roes. ins. 2. *gryll. t.* 19.
Degeer ins. 3. *t.* 36. *f.* 2.
Habitat in Asia; *mas angustior, femina crassior, thorace lacvi.*

atrophica. 38. M. thorace quadrispinoso, elytris brevissimis basi aristato-mucronatis. *Fabr. sp. ins.* 1. *p.* 345. *n.* 3. *mant. ins.* 1. *p.* 227. *n.* 4.
Pall. spicil. zool. 9. *t.* 1. *f.* 7.
Habitat in insula Java, *capite inermi.*

spinosa. 39. M. capite thoraceque spinosis, elytris brevissimis acutis. *Fabr. sp. ins* 1. *p.* 346. *n.* 4. *mant. ins.* 1. *p.* 227. *n.* 5.
Habitat in India.

bispinosa. 40. M. thorace teretiusculo anterius bispinoso, elytris brevissimis: margine flavo. *Fabr. sp. ins.* 1. *p.* 346. *n.* 5. *mant. ins.* 1. *p.* 227. *n.* 6.
Habitat in America.

jamaicensis. 41. M. linearis viridis, elytris brevissimis: margine exteriori flavo. *Fabr. sp. ins.* 1. *p.* 346. *n.* 6. *mant. ins.* 1. *p.* 227. *n.* 7.
Drury ins. 2. *t.* 49. *f.* 1.
Habitat in Jamaica.

lateralis. 42. M. linearis nigra, elytris brevissimis gibbis: lateribus flavis. *Fabr. sp. ins.* 1. *p.* 346. *n.* 7. *mant. ins.* 1. *p.* 227. *n.* 8.
Habitat in Brasilia.

linearis. 43. M. linearis fusca, elytris brevissimis basi subspinosis. *Fabr. mant. ins.* 1. *p.* 227. *n.* 9.
Habitat in India, *antennis filiformibus.*

labiata. 44. M. linearis virescens inermis, capitis lateribus viridibus. *Thunb. nov. ins. sp.* 3. *p.* 61.
Habitat in India.

45. M.

An huc omnes species a Seba *in thesauri vol.* IV. *delineatae? tridens t.* 68. *f.* 7. 8. *clavata (an varietas gongylodis?) t.* 68. *f.* 11. 12. *parvula t.* 68. *f.* 13-16. *tricornis t.* 69. *f.* 1. 2. *cubitata t.* 69. *f.* 3. 4. *octosetosa t.* 69. *f.* 5. 6. *aeruginosa t.* 70. *f.* 7. 8. *rubro-maculata t.* 70. *f.* 9. 10. *plumbea t.* 70. *f.* 13. 14. *nigro-venulata t.* 73. *f.* 6. *paradoxa t.* 73. *f.* 9. 10. *nigro-punctata t.* 75. *f.* 3. 4. *bisubulata t.* 75. *f.* 11. *falcataria t.* 76. *f.* 1-4. *dentata t.* 76. *f.* 5. 6. *pater noster t.* 76. *f.* 7-12. *spuria t.* 76. *f.* 13. 14. *tessulata t.* 78. *f.* 1-4. *foliata t.* 80. *f.* 13. 14. *Species hujus generis insecta alia venantur; larva pupaque hexapode agili, illa penitus aptera.*

maculata. 45. M. cinerea, thorace alato spinuloso, pedibus intus nigro-maculatis. *Thunb. nov. inf. sp.* 3. *p.* 61.
Habitat in Japonia, *bipollicaris.*

capensis. 46. M. cinerea, thorace inermi, capite conico integro.
Thunb. nov. inf. sp. 3. *p.* 62. Mantis nasuta.
Habitat ad caput bonae spei *et in* India, *sesquipollicaris.*

parva. 47. M. livida laevis, elytris alisque hyalinis; abdominis segmentis nigro-marginatis.
Drury inf. 2. *p.* 75. *t.* 39. *f.* 5.
Habitat in America, *fere sesquipollicaris.*

cingulata. 48. M. thorace subfusco, elytris viridibus atro-reticulatis: maculis quatuor nigricantibus, alis nigricantibus nigrolineatis: margine ex fusco flavescente.
Drury inf. 2. *p.* 89. *t.* 49. *f.* 2.
Habitat in Jamaica, *abdomine nigro-cingulato, apice bispinoso.*

gigantea. 49. M. fuscescens, collo, thorace femoribusque serratis.
Drury inf. 2. *p.* 89. *t.* 50.
Habitat in Italia *superiori*, 8 *fere pollices longa.*

angusta. 50. M. virescens, cauda bifurca, antennis longitudine corporis filiformibus. *Drury inf.* 1. *p.* 130. *t.* 50. *f.* 3.
Habitat in insula Antigua.

sibirica. 51. M. corpore flavo fuscoque vario, alis hyalinis: nervulis rufescentibus. *Lepech. it.* 1. *p.* 271. *t.* 17. *f.* 8.
Habitat in Sibiriae *helianthemo et umbellatis; an pusillae varietas?*

brachyptera. 52. M. cinerea, thorace dentato, alis abdomine dimidio brevioribus. *Pall. it.* 2. *app. n.* 81.
Habitat in desertis aridissimis, etiam salsis, ad Irtin *sitis, rarior in* Uralensibus, *oratoria major.*

pennicornis. 53. M. verticis spina conica, antennis pennatis linearibus, femoribus posterioribus lobo terminatis. *Pall. it.* 2. *app. n.* 81.
Habitat rarior in desertis, mari caspio *finitimis, australibus, forma et colore gongylodis.*

221. GRYLLUS.

Caput inflexum, maxillosum, palpis filiformibus instructum.

Antennae setaceae vel filiformes.

Alae quatuor, deflexae, convolutae: inferiores plicatae.

Pedes posteriores saltatorii. *Ungues* ubique bini.

* *antennis ensiformibus, capite conico thorace longiori,* Acridae sive Truxalides Fabricii.

nasutus. 1. Gr. corpore viridi. *Mus. Lud. Ulr.* 118.* *Fabr. sp. ins.* 1. *p.* 352. *n.* 1. *mant. ins.* 1. *p.* 231. *n.* 1.
Mouff. ins. 119. Mantis africana.
Roes. ins. 2. *gryll. t.* 4.
Sulz. ins. t. 8. *f.* 57.
hist. ins. t. 8. *f.* 5.
Drury ins. 2. *t.* 40. *f.* 1.
Seb. mus. 4. *t.* 96. *f.* 41.

turritus. β) Gryllus capite conico, antennis ensiformibus, alis hyalinis. *Syst. nat.* X. *p.* 427.
Seb. mus. 4. *t.* 80. *f.* 1. 2.
t. 96. *f.* 46.
Habitat in omni Africa, *in* Sicilia, Calabria, *ad mare* Caspium, *ore ad basin, antennis ad apicem capitis positis, thorace non longioribus.*

conicus. 62. Gr. corpore fusco, elytrorum costa dimidiata viridi, linea punctorum alborum. *Fabr. sp. ins.* 1. *p.* 352. *n.* 2. *mant.* 1. *p.* 231. *n.* 2.
Habitat in nova Hollandia, *nasuto nimis affinis.*

vittatus. 63. Gr. testaceus, capite prominulo thorace femoribusque vitta laterali argentea. *Fabr. mant. ins.* 1. *p.* 231. *n.* 3.
Habitat in Sina, *nasuti magnitudine.*

brevicornis. 2. Gr. viridis, capite prominulo, antennis compressis longitudine thoracis. *Amoen. acad.* 6. *p.* 398. *n.* 37.* *Fabr. sp. ins.* 1. *p.* 352. *n.* 3. *mant. ins.* 1. *p.* 231. *n.* 4.
Degeer ins. 3. *p.* 499. *n.* 16. *t.* 41. *f.* 7. Acrydium ensicorne.
Habitat in America *meridionali.*

gigan-teus. 64. Gr. viridis, vittis duabus rubescentibus, antennis ferrugineis, thorace lineis tribus elevatis. *Herbst apud Fuessli arch. inf. 8. p.* 191. *n.* 1. *t.* 52. *f.* 6.
Habitat in America, *nasuto major.*

ungaricus. 65. Gr. obscure viridis, pedibus spadiceis, thorace lineis tribus elevatis. *Herbst apud Fuessli arch. inf.* 8. *p.* 192. *n.* 2. *t.* 52. *f.* 7.
Habitat in Ungaria.

oxycephalus. 66. Gr. capitis apice spatulato, elytris abdomine longioribus: striga longitudinali fusca, alis flavescentibus margine hyalinis. *Pall. it.* 1. *app. n.* 54.
Habitat in desertis Russiae *australibus, inter glycyrrhizam vagans, Augusto vulgaris, nasuto perquam similis.*

foliaceus. 67. Gr. alis flavescentibus, antennis foliaceis.
Seb. mus. 4. *t.* 74. *f.* 9. 10.
Habitat in Asia.

** *Thorace carinato, antennis filiformibus longiore, palpis aequalibus:* Bullae s. Acrydia Fabricii.

unicolor. 3. Gr. unicolor, thorace brevissimo, antennis scutello brevioribus. *Mus. Lud. Ulr.* 119.*
Habitat in America *australi et* India *flavus aut ruber, variolosa similis, sed thorace non cristato, an hujus tribus?*

fer. 68. Gr. thoracis scutello plano acuminato abdominis longitudine. *Fabr. mant. inf.* 1. *p.* 230. *n.* 1.
Habitat in Sierra Leon, *niger, bipunctati magnitudine.*

carinatus. 6. Gr. thorace cymbiformi laevi, vertice depresso. *Mus. Lud. Ulr.* 122.*
Habitat in America *australi et* India; *an hujus tribus?*

bipunctatus. 7. Gr. fuscescens, thoracis scutello longitudine abdominis. *Fn. suec.* 864.* *Scop. ent. carn.* 316. *Fabr. sp. inf.* 1. *p.* 351. *n.* 1. *mant. inf.* 1. *p.* 230. *n.* 2.

Fn.

An species a Seba *musei vol.* IV. *delineatae, tapetum persicum t.* 74. *f.* 1. *viridimaculatus t.* 74. *f.* 3. *pallidissime virens t.* 74. *f.* 4. *griseo-rubicundus t.* 74. *f.* 5. *nigro-fuscus t.* 74. *f.* 6. *nigricans t.* 79. *f.* 5. 6. *albo-maculatus t.* 80. *f.* 3. 4. *coffeus t.* 83. *f.* 6. *testaceus t.* 83. *f.* 7. *obscure flavus t.* 83. *f.* 8. *rufescens t.* 83. *f.* 10. *cinereus t.* 83. *f.* 11. *nigro-maculatus t.* 84 *f.* 7. *purpurascens t.* 84. *f.* 8. *nigro-striatus t.* 84. *f.* 9. *versicolor t.* 84. *f.* 10. *ad hanc tribum referendae?*

Fn. suec. 1. *n.* 623. Gryllus elytris nullis, thorace in elytrorum longitudinale extenso: macula utrinque nigra rhombea.
Geoffr. inf. par. 1. *p.* 394. *n.* 5. Acrydium elytris nullis, thorace producto, abdomine aequali.
Degeer inf. 1. *p.* 483. *n.* 11. *t.* 23. *f.* 15. Acrydium scutellatum.
Raj. inf. 60. Locusta minor fuscescens, cucullo longo rhomboideo.
Sulz. hist. inf. t. 8. *f.* 6.
Herbst apud Fuessli arch. inf. 8. *t.* 52. *f.* 1.

striatus. β) Gryllus linea albida a fronte per medium scutellum percurrente. *Lepech. it.* 2. *p.* 211. *t.* 10. *f.* 17.
Habitat in Europae *collibus arenosis apricis.*

subulatus. 8. Gr. thoracis scutello abdomine longiore. *Fn. suec.* 865. *Fabr. sp. inf.* 1. *p.* 351. *n.* 2. *mant. inf.* 1. *p.* 230. *n.* 3. *Degeer inf.* 3. *p.* 484. *n.* 12. *t.* 23. *f.* 17.
Fn. suec. 624. Gryllus elytris nullis, thorace producto abdomine longiore.
Geoffr. inf. par. 1. *p.* 395. *n.* 6. Acrydium elytris nullis, thorace producto abdomine longiore.
Sulz. hist. inf. t. 8. *f.* 7.
Schaeff. ic. t. 154. *f.* 9. 10. *t.* 161. *f.* 2. 3.
Habitat in Europa *ad fossas et aquas stagnantes, bipunctato valde affinis, nunc griseus, nunc fuscus.*

opacus. 69. Gr. spadiceus aut niger, thorace carinato ad latera sinuato abdominis longitudine. *Herbst aud Fuessli arch. inf.* 8. *p.* 190. *n.* 3. *t.* 52. *f.* 2.
Habitat Berolini *in fossis sabulosis, statura bipunctati, at minor.*

bifasciatus. 70. Gr. fuscus albo-maculatus: fasciis duabus lateralibus ochroleucis. *Herbst apud Fuessli arch. inf.* 8. *p.* 190. *n.* 4. *t.* 52. *f.* 3.
Habitat Berolini *in arenosis, statura et magnitudine opaci.*

bimaculatus. 71. Gr. thorace fusco: utrinque lunula ochroleuca. *Herbst apud Fuessli arch. inf.* 8. *p.* 190. *n.* 5. *t.* 52. *f.* 4.
Habitat Berolini, *statura et magnitudine subulati.*

granulatus. 72. Gr. ex griseo viridi nigricanteque varius punctis elevatis asper ad latera complanatus, thorace subovali gibbo. *Herbst apud Fuessli arch. inf.* 8. *p.* 198. *n.* 6. *t.* 52. *f.* 5.

-uncosti-ctos. 219. Gr. fuscus, thoracis scutellique dorso elevato pallido, scutello utrinque basi macula alba. *Mus. Lesk. p.* 46. *n.* 16. b.
Habitat in Europa.

-riseus. 220. Gr. griseus scutello basi et pone laminam alarum utrinque puncto nigro. *Mus. Lesk. p.* 47. *n.* 16. c.
Habitat in Europa.

-inotatus. 221. Gr. griseus, scutello versus apicem laminae alarum macula utrinque ferruginea. *Mus. Lesk. p.* 47. *n.* 16. d.
Habitat in Europa.

*** *antennis setaceis, palpis inaequalibus, thorace rotundato cauda, biseta:* Achetae.

-ryllotalpa. 10. Gr. alis caudatis elytro longioribus, pedibus anterioribus palmatis tomentosis. *Mus. Lud. Ulr.* 123.* *Fn. suec.* 866. *Scop. ent. carn.* 317. *Geoffr. ins. par.* 1. *p.* 387. *n.* 1. *Fabr. sp. ins.* 1. *p.* 353. *n.* 1. *mant. ins.* 1. *p.* 231. *n.* 1.
Degeer ins. 3. *p.* 517. *n.* 2. Gryllus supra fuscus, subtus ferrugineo-flavus &c.
Raj. ins. 64. *Jonst. ins. t.* 12. *f. ult.* Gryllotalpa.
Mouff. ins. 104.
Aldr. ins. 571.
Welsch becast. 1. *p.* 39.
Goed. ins. 1. *t.* 76.
Barthol. act. Hafn. 4. *p.* 5. *f.* 1-6.
Blanck. herb. t. 81. *f.* 10.
Imperat. nat. 921. *f.* 2.
Frisch ins. 11. *t.* 5.
Seb. mus. 4. *t.* 89. *f.* 3. 4.
Roes. ins. 2. *gryll. t.* 14. 15.
Catesb. Carol. 1. *t.* 8.
Sulz. ins. t. 9. *f.* 59.
Schaeff. ic. t. 37. *f.* 1.
Habitat in Europae, *borealis* Americae *et* Asiae, *ipsius* Javae (*minor tamen*) *cutis, hortorum pestis, fimo equino alliciendo, porcino pellenda.*

monstrosus. 73. Gr. elytris alisque caudato-convolutis. *Fabr. sp. ins.* 1. *p.* 353. *n.* 2. *mant. ins.* 1. *p.* 231. *n.* 2.
Drury ins. 2. *t.* 43. *f.* 1.
Habitat in India.

minutus. 11. Gr. flavescens, alis caudatis, tibiis posterioribus trispinosis. *Fabr. sp. inf.* 1. *p.* 355. *n.* 13. *mant. inf.* 1. *p.* 232. *n.* 14. *Degeer inf.* 3. *p.* 524. *n.* 8. *t.* 43. *f.* 8. Gryllus testaceus.
Habitat in America *meridionali, semipollicaris, statura domestici, subtus fuscus.*

domesticus. 12. Gr. alis caudatis elytro longioribus, pedibus simplicibus, corpore glauco. *Fn. suec.* 868. *Scop. ent. carn.* 318. *Fabr. sp. inf.* 1. *p.* 353. *n.* 3. *mant. inf.* 1. *p.* 231. *n.* 3.
Geoffr. inf. par. 1. *p.* 389. *n.* 2. Gryllus pedibus anticis simplicibus.
Degeer inf. 3. *p.* 509. *n.* 1. *t.* 24. *f.* 1. 2. Gryllus griseofuscus pallidus &c.
Raj. inf. 63. *Mouff. inf.* 135. Gryllus domesticus.
Jonst. inf. t. 12.
Hufn. inf. 11. *f.* 4.
Seb. muf. 4. *t.* 65. *f.* 24.
Roes. inf. 2. *gryll. t.* 12.
Hospitatur hodie in Europae *muris domesticis, in* Guinea *sextuplo major, tota nocte, praesertim pluvia ingruente stridens, caloris fornacum amans, sanie et liquore carnium vescens, blattis, ut fertur, non cohabitans, pilulis ex arsenico et dauci recente radice farinae tritici immistis, aut nymphaeae radicibus lacti incoctis, ut perhibent, necandus, a campestri, si inquilinum se reddiderit, pellendus.*

assimilis. 74. Gr. alis caudatis elytro longioribus, abdomine stilis duobus apice fissis. *Fabr. sp. inf.* 1. *p.* 344. *n.* 4. *mant. inf.* 1. *p.* 231. *n.* 4.
Habitat in insulis Americae *meridionali oppositis.*

reticulatus. 75. Gr. niger, elytris rufo-reticulatis, antennis albo-annulatis. *Fabr. sp. inf.* 1. *p.* 354. *n.* 5. *mant. inf.* 1. *p.* 231. *n.* 5.
Habitat ad caput bonae spei, *antennis corpore duplo longioribus.*

76. Gr.

Grylli, *si primum tribum exceperis, quae aliis insectis victitant, plantis vescuntur, achetae potissimum radicibus, tettigoniae et locustae foliis; larva et pupa omnium hexapus, agilis, imagini simillima, illa aptera; sub terra saepe habitans, haec non raro cum imagine vorans; paucis speciebus elytra aut alae nullae, et tum interdum modo feminis; in paucis ocellus elytrorum vitreus striduris est instrumentum; japonicae oryzam infestant.*

rasilien- 76. Gr. fuscus, alis caudatis elytris longioribus, dorso pallisis. diore, cauda adscendente longitudine corporis. *Fabr. sp. inf.* 1. *p.* 354. *n.* 6. *mant. inf.* 1. *p.* 231. *n.* 6.
Habitat in Brasilia.

rientalis. 77. Gr. alis caudatis elytris longioribus albis, corpore atro, capite pedibusque testaceis. *Fabr. sp. inf.* 1. *p.* 354. *n.* 7. *mant. inf.* 1. *p.* 232. *n.* 7.
Habitat Tranquebariae.

apensis. 78. Gr. niger, alis caudatis elytris longioribus, elytris fuscis basi flavis. *Fabr. sp. inf.* 1. *p.* 354. *n.* 8. *mant. inf.* 1. *p.* 232. *n.* 8.
Habitat ad caput bonae spei.

Morio. 79. Gr. alis caudatis elytris longioribus albis apice nigris, corpore atro. *Fabr. sp. inf.* 1. *p.* 354. *n.* 9. *mant. inf.* 1. *p.* 232. *n.* 9.
Habitat in Africa *aequinoctiali, statura et magnitudine campestris.*

campe- 13. Gr. alis elytro brevioribus, corpore nigro: stylo lineari. stris. *Mus. Lud. Ulr.* 124. *Scop. ent. carn.* 319. *Fabr. sp. inf.* 1. *p.* 355. *n.* 10. *mant. inf.* 1. *p.* 232. *n.* 10.
Raj. inf. 63. Gryllus campestris Mouffeti.
Frisch inf. 1. *t.* 1.
Seb. mus. 4. *t.* 65. *f.* 23. *et t.* 96. *f.* 24.
Schaeff. elem. t. 66.
icon. t. 157. *f.* 2-4.
Habitat in Europa *magis australi, a primo Maji die ad aequinoctium usque stridens.*

umbracu- 14. Gr. niger, elytris apice albis, umbraculo frontis deflexo. latus. *Habitat in* Mauritania, *facie campestris, at capite magis ferrugineo, et membrana obovata ante caput deflexa distinctus.*

onvolu- 15. Gr. corpore nigro nebuloso, elytris convolutis albidis. tus. *Amoen. acad.* 6. *p.* 399. *n.* 38.*
Habitat in Surinamo.

…pes. 80. Gr. alis caudatis elytro longioribus albis: costa fusca, elytris nigris albo maculatis. *Fabr. sp. inf.* 1. *p.* 355. *n.* 11. *mant. inf.* 1. *p.* 232. *n.* 11.
Habitat in America.

Crucis. 81. Gr. fuscus, alis caudatis elytro longioribus, elytrorum margine flavo nigro-punctato. *Fabr. mant. inf.* 1. *p.* 232. *n.* 12.
Habitat in insula S. Crucis, *statura campestris.*

Allioni. 82. Gr. capite thoraceque flavescentibus, elytris aqueis longitudine alae. *Fabr. sp. inf.* 1. *p.* 355. *n.* 12. *mant. inf.* 1. *p.* 232. *n.* 13.
Habitat in Italia, *parvus.*

gryllodes. 83. Gr. griseus, thorace depresso, abdomine fuscescente elytris paulo breviore, alis elytris longioribus reticulatis griseo-hyalinis. *Pall. spic. zool.* 9. *p.* 16. *t.* 1. *f.* 10.
Habitat in Jamaica, *habitu ferme domestici, sed gracilior et longior; an huc spectat?*

binotatus. 84. Gr. niger, elytrorum basi maculis binis flavis, antennis corpore brevioribus. *Degeer inf.* 3. *p.* 338. *n.* 4. *t.* 43. *f.* 4. *Herbst apud Fuessli arch. inf.* 8. *t.* 53. *f.* 1. Acheta bimaculatus.
Habitat in Europa.

pellucens. 85. Gr. albidus, thorace trapeziformi. *Scop. ent. carn.* 324. *delic. insubr.* 1. *p.* 65. *t.* 24. *f.* E.
Habitat in Carnioliae *et* Italiae *vineis et hortis semipollicaris, aestate tota fere nocte stridens, habitu domestici, at duplo major, capite lucido, thoracis maculis tribus fuscis, elytris flavescentibus distinctus.*

Gigas. 86. Gr. badius.
Sulz. hist. inf. p. 83. *t.* 8. *f.* 8.
Habitat in America, *domestico dimidio major.*

tessellatus. 87. Gr. ex fusco testaceus, alis albo nigroque tessellatis.
Drury inf. 2. *p.* 80. *t.* 42. *f.* 3.
Habitat in insula S. Johannae.

membranaceus. 88. Gr. pallide testaceus, thorace collari flavescente, alis ochraceis caudatis. *Drury inf.* 2. *p.* 81. *t.* 43. *f.* 2.
Habitat - - -

desertus. 89. Gr. alis caudatis elytro longioribus, corpore nigro. *Pall. it.* 1. *app. n.* 53.
Habitat terrestris in desertis australibus Uralensibus, *domestico affinis.*

90. Gr.

ūrina-nensis. 90. Gr. griseo-fuscus, thorace plano, elytris macula oblonga nigra, pedibus posterioribus corpore duplo longioribus. *Degeer inf.* 3. *p.* 519. *n.* 1. *t.* 43. *f.* 1.
Habitat in Surinamo.

nuticus. 91. Gr. capite elytrisque badiis, pedibus testaceis, cauda feminae mutica. *Degeer inf.* 3. *p.* 520. *n.* 2. *t.* 43. *f.* 2.
Habitat in Surinamo.

ter. 92. Gr. ex nigro fuscus, cauda feminae mutica. *Degeer inf.* 3. *p.* 520. *n.* 3. *t.* 43. *f.* 3.
Habitat in Surinamo.

ısciatus. 93. Gr. fuscus, thorace elytrisque lineis longitudinalibus fulvis. *Degeer inf.* 3. *p.* 522. *n.* 5. *t.* 43. *f.* 5.
Habitat in Pensylvania.

iveus. 94. Gr. albidus, elytris alisque niveis, thorace elongato, antennis femoribusque posterioribus longissimis. *Degeer inf.* 3. *p.* 522. *n.* 6. *t.* 43. *f.* 6.
Habitat in Pensylvania.

unctula-tus. 95. Gr. ex griseo fuscus, elytris hyalinis: puncto fusco, alis carneis antennisque longissimis, thorace elongato. *Degeer inf.* 3. *p.* 523. *n.* 7. *t.* 43. *f.* 7.
Habitat in Pensylvania.

**** *antennis setaceis, palpis inaequalibus, cauda feminis ensifera,* Tettigoniae, Fabricio Locustae.

itrifoli-us. 16. Gr. thorace tetragono angulis scabro. *Mus. Lud. Ulr.* 125. *Gron. zooph.* 657.*
Fabr. sp. inf. 1. *p.* 356. *n.* 1. *mant. inf.* 1. *p.* 232. *n.* 1. Locusta thorace tetragono, angulis crenatis.
Degeer inf. 3. *p.* 437. *n.* 7. *t.* 37. *f.* 3. Locusta viridis.
Roes. inf. 2. *gryll. t.* 16. *f.* 1.
Habitat in America *australi et* India.

urifo-ius. 17. Gr. thorace subtetragono laevi trilobo, alis lanceolatis elytro obtusiore longioribus. *Mus. Lud. Ulr.* 126.* *Fabr. sp. inf.* 4. *p.* 356. *n.* 2. *mant. inf.* 1. *p.* 232. *n.* 2.
Degeer inf. 3. *p.* 445. *n.* 6. *t.* 38. *f.* 2. Locusta oblongifolia.
Sloan. jam. 2. *p.* 101. *t.* 236. *f.* 1. Locusta maxima viridis, alis latissimis.
Marcgr. bras. 246. Tucurubi.
Habitat in America, nova Hollandia.

myrtifolius. 18. Gr. thorace subtetragono laevi, alis deflexis elytro longioribus, tibiis muticis.
Fabr. sp. inf. 1. *p.* 356. *n.* 3. *mant. inf.* 1. *p.* 232. *n.* 3. Locusta thorace subtetragono laevi, alis deflexis elytro longioribus, ense brevissimo recurvo.
Degeer inf. 3. *p.* 447. *n.* 8. *t.* 38. *f.* 4. Locusta viridis, pedibus testaceis, thorace tetragono plano, elytris ovatis ala acuminata brevioribus.
Drury inf. 2. *t.* 41. *f.* 2.
Habitat in America *meridionali, laurifolio quadruplo minor.*

camillifolius. 96. Gr. thorace deflexo, elytris concavis apice rotundatis ala longioribus. *Fabr. sp. inf.* 1. *p.* 356. *n.* 4. *mant. inf.* 1. *p.* 232. *n.* 4.
Degeer inf. 3. *p.* 438. *n.* 2. *t.* 37. *f.* 5. Locusta siccifolia.
Habitat in America.

thymifolius. 97. Gr. thorace tetragono laevi, elytris sublinearibus fusco punctatis, alis brevioribus. *Fabr. sp. inf.* 1. *p.* 357. *n.* 5 *mant. inf.* 1. *p.* 233. *n.* 5.
Habitat in nova Hollandia, *nunc viridis, nunc ferrugineus*

graminifolius. 98. Gr. thorace tetragono, elytris filiformibus fuscis ala brevioribus, capite acuminato. *Fabr. sp. inf.* 1. *p.* 357. *n.* 6 *mant. inf.* 1. *p.* 233. *n.* 6.
Habitat ad caput bonae spei.

specularis. 99. Gr. thorace deflexo, elytris concavis viridibus: basi ocello dorsali vitreo. *Fabr. sp. inf.* 1. *p.* 357. *n.* 7. *mant. inf.* 1. *p.* 233. *n.* 7.
Habitat in America.

australis. 100. Gr. virescens, thorace rotundato, elytris alis aequalibus pedibus anterioribus spinosissimis. *Fabr. mant. inf.* 1 *p.* 233. *n.* 8.
Habitat in insula Amsterdam, *spinipedi affinis, at major.*

spinipes. 101. Gr. thorace rotundato, elytris viridi-hyalinis ala brevioribus, pedibus anterioribus spinosis. *Fabr. sp. inf.* 1 *p.* 357. *n.* 8. *mant. inf.* 1. *p.* 233. *n.* 9.
Habitat in Brasilia.

maxillosus. 102. Gr. viridis, antennis maxillisque flavis. *Fabr. sp. inf.* 1 *p.* 357. *n.* 9. *mant. inf.* 1. *p.* 233. *n.* 10.
Habitat in insulis Americae *oppositis.*

onocephalus. 19. Gr. thorace rotundato laevi, elytris oblongis ala brevioribus, tibiis muticis, capite conico obtuso. *Fabr. sp. inf.* 1. *p.* 358 *n.* 15. *mant. inf.* 1. *p.* 234. *n.* 18.
Habitat in Africa, *viridis, magnitudine domestici.* Brünniche.

longatus. 20. Gr. thorace subquadrato laevi, elytris alisque griseis corpore longioribus. *Muf. Lud. Ulr.* 127.* *Fabr. sp. inf.* 1. *p.* 357. *n.* 10. *mant. inf.* 1. *p.* 233. *n.* 11.
Roef. inf. 2. *gryll. t.* 18. *f.* 7.
Habitat in India.

femoratus. 103. Gr. thorace scabro griseo, alis lanceolatis elytro obtusiore longioribus, femoribus subtus membranaceis dentatis. *Fabr. mant. inf.* 1. *p.* 233. *n.* 12.
Habitat Tranquebariae, *statura et magnitudine elongati.*

lamellosus. 21. Gr. thorace subquadrato, foliolis ovatis ante femora posteriora. *Muf. Lud. Ulr.* 128.*
Habitat in America *australi et* India, *magnus.*

ocellatus. 22. Gr. thorace rotundato, alis ocello notatis. *Muf. Lud. Ulr.* 129.* *Gron. zooph.* 649.* *Fabr. sp. inf.* 1. *p.* 357. *n.* 12. *mant. inf.* 1. *p.* 233. *n.* 14.
Seb. muf. 4. *t.* 73. *f.* 7. 8.
Habitat in America *australi et* India.

lanceolatus. 104. Gr. thorace rotundato laevi, elytris oblongis alae aequalibus, fronte porrecta lanceolata subtus unidentata. *Fabr. sp. inf.* 1. *p.* 357. *n.* 13. *mant. inf.* 1. *p.* 233. *n.* 15.
Habitat in Sierra Leon Africae.

pallens. 105. Gr. albidus, thorace laevi, alis lanceolatis elytris longioribus. *Fabr. mant. inf.* 1. *p.* 234. *n.* 16.
Habitat in Cayenna, *parvus, tener.*

acuminatus. 23. Gr. thorace rotundato, vertice subulato, alis virescentibus longitudine corporis. *Muf. Lud. Ulr.* 130.* *Gron. zooph.* 650* *Fabr. sp. inf.* 1. *p.* 358. *n.* 14. *mant. inf.* 1. *p.* 234. *n.* 17.
Degeer inf. 3. *p.* 443. *n.* 4. *t.* 37. *f.* 8. Locusta acuminata.
Sloan. jam. 2. *p.* 202. *t.* 236. *f.* 3.
Sulz. hist. inf. t. 9. *f.* 1.
Habitat in America *meridionali.*

triops. 24. Gr. thorace rotundato, vertice acuminato, subtus puncto ocellari nigro, alis viridibus. *Muf. Lud. Ulr.* 131.*

Fabr. sp. inf. 1. *p.* 358. *n.* 16. *mant. inf.* 1. *p.* 234. *n.* 19. Locusta vertice acuminato subtus puncto ocellari nigro, elytris alae aequalibus.

Habitat in America *australi et* India, *abdomine brevi, ensem non superante.*

rugosus. 25. Gr. thorace rotundato rugoso cristato, capite acuminato, femoribus posterioribus subtus repandis. *Mus. Lud. Ulr.* 132.*

Habitat in America *australi et* India, *crista compressa crenata versus apicem thoracis.*

coronatus. 26. Gr. thorace spinis erectis coronato, elytris varioloso-concavis. *Fabr. sp. inf.* 1. *p.* 358. *n.* 17. *mant. inf.* 1. *p.* 234. *n.* 20.

Degeer inf. 3. *p.* 448. *n.* 9. *t.* 38. *f.* 5. Locusta coronata.

Habitat in America *australi et* India, *antennis corpore triplo longioribus, ense lanceolato longo.*

aquilinus. 27. Gr. thorace rotundato subverrucoso, alis latissimis: nervis quindecim. *Mus. Lud. Ulr.* 133.*

Habitat in America *australi et* India, *magnus, elytris lanceolatis, tibiis quadrifariam spinosis.*

melanopterus. 28. Gr. thorace rotundato laevi, elytris abdomine dimidio brevioribus, alis nigris. *Mus. Lud. Ulr.* 134.* *Fabr. sp. inf.* 1. *p.* 358. *n.* 18. *mant. inf.* 1. *p.* 234. *n.* 21.

Habitat in America *australi et* India, *elytris ovatis.*

fastigiatus. 29. Gr. thorace rotundato laevi, elytris ovatis, alis truncatis, spinis tibiarum filiformibus. *Mus. Lud. Ulr.* 135.*

Habitat in America *australi et* India.

coriaceus. 30. Gr. thorace rotundato laevi, elytris coriaceis, alis pallidis, antennis longissimis. *Mus. Lud. Ulr.* 136.* *Fabr. sp. inf.* 1. *p.* 358. *n.* 19. *mant. inf.* 1. *p.* 234. *n.* 22.

Habitat in America *australi et* India, *magnus, colore flavo corii, femoribus teretibus.*

albifrons. 106. Gr. thorace posterius rotundato laevi, elytris cinereo nigroque variis, capite pallido, ense apice serrato. *Fabr. sp. inf.* 1. *p.* 359. *n.* 20. *mant. inf.* 1. *p.* 234. *n.* 23.

Habitat in insula Madera.

ilx. 107. Gr. fuscus, thorace laevi posterius rotundato, capite pallido, ense falcato atro. *Fabr. sp. inf.* 1. *p.* 359. *n.* 21. *mant. inf.* 1. *p.* 234. *n.* 24.
Habitat in insula Madera.

griseus. 108. Gr. fuscus, thorace posterius carinato rotundato, ense falcato atro basi utrinque pallido. *Fabr. sp. inf.* 1. *p.* 359. *n.* 22. *mant. inf.* 1. *p.* 234. *n.* 25.
Habitat in Italia, *antennis flavescentibus longitudine corporis, pedibus virescentibus, elytris fusco cinereoque variis.*

viridissimus. 31. Gr. thorace rotundato, alis viridibus immaculatis, antennis longissimis. *Fn. suec.* 869.* *Scop. ent. carn.* 320. *Fabr. sp. inf.* 1. *p.* 359. *n.* 23. *mant. inf.* 1. *p.* 234. *n.* 26.
Geoffr. inf. par. 1. *p.* 397. *n.* 2. *t.* 8. *f.* 3. Locusta cauda ensifera recta.
Degeer inf. 3. *p.* 428. Locusta viridis cantatrix.
List. goed. 301. *t.* 121. Agrigoneus.
Goed. inf. 2. *p.* 165. *t.* 40.
Zinann. obs. t. 7. *f.* 7.
Robert. ic. t. 27.
Frisch inf. 12. *t.* 2. *f.* 1. 2.
Roes. inf. 2. *gryll. t.* 10. 11.
Schaeff. elem. t. 79.
icon. t. 139. *f.* 3-5.
Habitat in Europae *arboribus, graminosis, agris hordeaceis, sub canicula noctu stridulus, totus viridis.*

cinerascens. 32. Gr. antennis longissimis, elytris deflexis vesticalibus. *Amoen. acad.* 6. *p.* 397. *n.* 31.*
Habitat in Brasilia.

verrucivorus. 34. Gr. thorace subquadrato laevi, alis viridibus fusco-maculatis, antennis setaceis longitudine corporis. *Fn. suec.* 870.* *Scop. ent. carn.* 321.
It. wgoth. 253. Gryllus cauda ensifera recta, corpore subviridi.
Fabr. sp. inf. 1. *p.* 359. *n.* 24. *mant. inf.* 1. *p.* 234. *n.* 27. Locusta alis viridibus fusco maculatis, antennis longitudine corporis.
Geoffr. inf. par. 1. *p.* 398. *n.* 1. Locusta cauda ensifera curva.
Degeer inf. 3. *p.* 430. *n.* 2. *t.* 21. *f.* 1. 2. Locusta verrucivora.
Raj. inf. 61. Locusta viridis major.
Frisch inf. 12. *t.* 2. *f.* 1. 2. Locusta major viridis.
Mouff. inf. 117. *f.* 5.

Rob. ic. t. 27.
Jonst. inf. t. 11. *f.* 1-3.
Merian. inf. t. 176.
Roes. inf. 2. *gryll. t.* 8.
Sulz. inf. t. 9. *f.* 61.
Schaeff. ic. t. 62. *f.* 5.
Habitat in Europa, *e murino fuscescens, a rusticis Suecis manuum verrucis admotus, quas praemordet, et liquorem in vulnus evomendo, ut contabescat, efficit.*

varius. 109. Gr thorace viridi flavo lineato, fronte acuminata, antennis longissimis. *Fabr. sp. inf.* 1. *p.* 360. *n.* 25. *mant. inf.* 1. *p.* 234. *n.* 28.
Degeer inf. 3. *p.* 433. *n.* 3. Locusta thalassina.
Goed. inf. 2. *p.* 142. *t.* 40.
Frisch inf. 12. *t.* 2. *f.* 4.
Sulz. hist. inf. t. 8. *f.* 9.
Habitat in Lipsiae *hortis, viridissimo affinis, at quadruplo minor.*

brachypterus. 110. Gr. griseo-fuscus, elytris alisque corpore dimidio brevioribus. *Fn. suec.* 868. *Fabr. sp. inf.* 1. *p.* 360. *n.* 26. *mant. inf.* 1. *p.* 234. *n.* 29.
Degeer inf. 3. *p.* 434. *n.* 4. *t.* 22. *f.* 2. 3. Locusta brachyptera.
Habitat in Europae *borealis graminosis, ense elongato recurvo.*

Papus. 34. Gr. apterus, thorace spinoso, femoribus punctatis. *Amoen. acad.* 1. *p.* 322. *Fabr. sp. inf.* 1. *p.* 360. *n.* 27. *mant. inf.* 1. *p.* 234. *n.* 30.
Degeer inf. 3. *p.* 453. *n.* 13. *t.* 39. *f.* 5. Locusta Papa spinosa.
Pet. gazoph. t. 13. *f.* 7. Locusta talpa capensis pedibus longis.
Kundm. promtuar. 118. *n.* A. 184.
Roes. inf. 2. *gryll. t.* 6. *f.* 3.
Habitat in Aethiopia, *scutello magno rotundato spinis ciliato, femoribus posterioribus subtus quadridentatis.*

spinulosus. 59. Gr. thorace spinis muricato cinctoque, corpore aptero. *Fabr. sp. inf.* 1. *p.* 361. *n.* 28. *mant. inf.* 1. *p.* 234. *n.* 31.
Edw. glean. 2. *p.* 161. *t.* 285. *f.* 3-5.
Habitat in America *australi et* India, *ense recurvo, abdomine nigro: maculis testaceis.*

111. Gr.

Onos. 111. Gr. thorace laevi nigro: lateribus griseis, corpore aptero. *Pall. spic. zool.* 9. *p.* 18. *t.* 2. *f.* 1. *Fabr. sp. ins.* 1. *p.* 361. *n.* 29. *mant. ins.* 1. *p.* 234. *n.* 32.
Petiv. gazoph. t. 39. *f.* 9? Locusta echinata impennis e Chusan.
Habitat in Sibiria, *ense longitudine abdominis.*

ephippiger. 112. Gr. thorace posterius elevato, elytris brevissimis fornicatis. *Fiubig Schr. der naturf. berl. Ges.* 5. *t.* 3. *f.* 6-8. *Fabr. mant. ins.* 1. *p.* 235. *n.* 33.
Habitat in Europae *magis australis pratis, magnus.*

dubius. 113. Gr. thorace laevi posterius rotundato, elytris brevissimis apice capiteque albidis. *Fabr. mant. ins.* 1. *p.* 235. *n.* 34.
Habitat in Italia, *statura ephippigeri.*

Laxmanni. 114. Gr. thorace posterius marginato dentato, ense recurvo apice deflexo, femina aptera. *Pall. it.* 1. *app. n.* 52. *spic. zool.* 9. *p.* 20. *t.* 2. *f.* 2. 3. *Fabr. sp. ins.* 1. *p.* 361. *n.* 30. *mant. ins.* 1. *p.* 235. *n.* 35.
Habitat in Sibiria.

glaber. 115. Gr. fuscus, thorace subdepresso laevissimo, elytris medio viridibus fusco maculatis. *Herbst apud Fuessli arch. ins.* 8. *p.* 193. *n.* 6.
Schaeff. ic. t. 62. *f.* 1. 2.
Habitat in Germania *verrucivoro affinis.*

indicus. 116. Gr. viridis, fronte obtuse conica, thorace anterius et posterius elevato, medio excavato, abdomine alisque fuscis. *Herbst apud Fuessli arch. ins.* 8. *p.* 193. *n.* 7. *t.* 53. *f.* 2.
Habitat in India, *ephippigero affinis.*

leucostictos. 117. Gr. fusco-testaceus, elytris margine maculisque flavis, femoribus in junctura puncto albissimo notatis.
Roesel ins. 2. *gryll. p.* 128. *t.* 20. *f.* 8-10.
Habitat in Germania, *femina virescens.*

palpatus. 118. Gr. apterus fusco testaceus, palpis anterioribus pedibusque posterioribus longissimis.
Sulz. hist. ins. p. 83. *t.* 9. *f.* 2.
Habitat in Sicilia.

cantans. 119. Gr. thorace rotundato maculato, elytris rotundatis: macula baseos rotunda hyalina antennis longissimis. *Fuessli ins. helv. p.* 23. *n.* 439. *f.* 5. a. 5. b.

Müll.

Müll. zool. dan. prodr. p. 101. *n.* 1144? Locusta viridis.
Habitat in Europa, *viridissimo affinis, at paulo minor, elytris brevioribus.*

falcatus. 120. Gr. elytris viridibus ala brevioribus, antennis longissimis ense inflexo ferrugineo quadruplici. *Scop. ent. carn. p.* 108. *n.* 322.
Fuessli ins. helv. p. 23. *n.* 440.
Lepechin it. 1. *p.* 79. d.
Poda mus. graec. p. 52.
Schaeff. ic. t. 138. *f.* 1-3.
Habitat in Germania, Helvetia, Sibiria.

Pedo. 121. Gr. gracilis mollis, pedibus posterioribus longioribus gracillimis. *Pall. it.* 1. *app. n.* 51.
Habitat in Sibiria.

flavescens. 122. Gr. flavescens, elytris rubescentibus atro reticulatis, ense ex flavo atro.
Schaeff. ic. t. 91. *f.* 6.
Habitat in Germania, *statura verrucivori, oculis caeruleis, ense adscendente.*

bipustulatus. 123. Gr. fuscus, ense thoracisque punctis binis atris, elytris subflavescentibus atro tessulatis ala brevioribus.
Schaeff. ic. t. 138. *f.* 4. 5.
Habitat in Germania.

marginatus. 124. Gr. viridis variegatus, thoracis margine flavo.
Schaeff. ic. t. 236. *f.* 1-4.
Habitat in Germania, *statura verrucivori.*

rubicundus. 125. Gr. capite femoribusque rubicundis atro-squamatis.
Schaeff. ic. t. 242. *f.* 5. 6.
β) *Schaeff. ic. t.* 249. *f.* 1. 2.
Habitat in Germania, *statura verrucivori.*

rufipes. 126. Gr. viridis, ense femorumque nodulis fuscis, pedibus rubris.
Schaeff. ic. t. 255. *f.* 1. 2.
Habitat in Germania.

luteus. 127. Gr. luteus, alis intime viridescentibus, ense aterrimo.
Schaeff. ic. t. 258. *f.* 1. 2.
Habitat in Germania.

128. Gr.

cinereus. 128. Gr. griseus, capite thoraceque fasciis duabus nigris, femina aptera.
Degeer inf. 3. *p.* 436. *n.* 5. Locusta griseo-aptera.
Habitat in Suecia, *brachyptero major, antennis longissimis.*

cornutus. 129. Gr. viridis, thorace rotundato, capitis vertice cornuto rugoso, femoribus spinosissimis, antennis testaceis elytro brevioribus. *Degeer inf.* 3. *p.* 441. *n.* 3. *t.* 37. *f.* 7.
Habitat in Surinamo, 3 *lineas ultra* 2 *pollices longus.*

tuberculatus. 130. Gr. thorace planiusculo, vertice tuberculato laevi, elytris elongatis angustis, antennis testaceis longitudine elytrorum. *Degeer inf.* 3. *p.* 444. *n.* 5. *t.* 38. *f.* 1.
Habitat in Surinamo, *viridis, acuminato minor.*

curvicaudus. 131. Gr. totus viridis, thorace tetragono plano, elytris elongatis ala brevioribus, pedibus posterioribus longissimis. *Degeer inf.* 3. *p* 446. *n.* 7. *t.* 38. *f.* 3.
Habitat in Pensylvaniae *pratis, laurifolio paulo minor.*

vulturinus. 132. Gr. thorace angulato laevi, femoribus anterioribus muticis, fronte macula abdomineque subtus fascia nigris, antennis corpore triplo longioribus. *Degeer inf.* 3. *p.* 451. *n.* 11. *t.* 39. *f.* 2.
Habitat in Surinamo, *vix* 2 *pollices longus.*

falconarius. 133. Gr. thorace rotundato, femoribus teretibus longis: intermediis muticis, elytris lanceolatis, antennis longissimis. *Degeer inf.* 3. *p.* 452. *n.* 12. *t.* 39. *f.* 4.
Habitat in Surinamo, *ultra* 2 *pollices longus.*

capitatus. 134. Gr. capite magno, thorace plano laevi: fasciis binis longitudinalibus nigris, elytris longitudine abdominis. *Degeer inf.* 3. *p.* 455. *n.* 14. *t.* 40. *f.* 1.
Habitat - - - - *sesquipollicaris.*

spinifrons. 135. Gr. thorace planiusculo laevi, vertice spinoso, fronte nigra, corpore rufo fusco, elytris viridi-purpureis pallidis. *Degeer inf.* 3. *p.* 456. *n.* 15. *t.* 40. *f.* 2.
Habitat in Surinamo, *pollicem longus.*

agilis. 136. Gr. griseo-viridis, abdomine fusco, thorace planiusculo, pedibus posterioribus antennisque longissimis, alis elytro longioribus. *Degeer inf.* 3. *p.* 457. *n.* 16. *t.* 40. *f.* 3.
Habitat in Pensylvania, *vix pollicem longus.*

fasciatus. 137. Gr. viridis, abdomine fasciis sulphureis fuscisque, thorace planiusculo, alis elytro longioribus, pedibus posterioribus longissimis. *Degeer inf.* 3. *p.* 458. *n.* 17. *t.* 40. *f.* 4.
Habitat in Pensylvania, 9 *modo lineas longus.* *)

teres. 138. Gr. ex flavo lividus, oculis maximis, alis elytro longioribus, pedibus anterioribus spinosissimis. *Degeer inf.* 3. *p.* 458. *n.* 18. *t.* 40. *f.* 5.
Habitat in Surinamo, 7 *modo lineas longus.*

muticus. 222. Gr. thorace oblongo-quadrato marginato, femoribus tibiisque bifariam spinosis, ense laevi adscendente longitudine fere abdominis. *Mus. Lesk. p.* 47. *n.* 22.
Habitat extra Europam.

macropterus. 223. Gr. thorace rotundato alis albidis fusco lineatis elytra pallide immaculata superantibus, abdomine filis quatuor terminato, femoribus posterioribus subtus tibiisque quatuor anterioribus bifariam spinosis. *Mus. Lesk. p.* 47. *n.* 13. C.
Habitat extra Europam.

nigromaculatus. 224. Gr. thorace rotundato laevi, capite elytrisque pallidis, antennis longissimis, alis caeruleo-virescentibus: macularum nigrarum undulatarum ordinibus septem transversis. *Mus. Lesk. p.* 47. *n.* 24.
Habitat extra Europam, *pedibus pallidis, tibiis anterioribus longis spinis armatis.*

testaceus. 225. Gr. testaceus, abdomine elytris longiore subtus et thoracis margine externo flavo, ense adscendente quadrivalvi. *Mus. Lesk. p.* 47. *n.* 28.
Habitat in Europa.

fulvicornis. 226. Gr. fusco cinereoque varius, antennis flavescentibus longitudine corporis, thorace plano posterius subcarinato, elytris fusco-griseis: punctorum pallidorum ordine obsoleto, ense adscendente. *Mus. Lesk. p.* 48. *n.* 33.
Habitat in Europa.

227. Gr.

*) *An propriae species huc referendae a* Seba *mus. vol.* 4. *delineatae? flavus t.* 70. *f.* 11. 12. *tessulatus t.* 71. *f.* 7. 8. *nigro-notatus t.* 72. *f.* 1. 2. *chloropterus t.* 75. *f.* 5. 6. *duplicatus t.* 75. *f.* 7-10. *subulatus t.* 78. *f.* 6. *bifurcatus t.* 79. *f.* 13-16. *albo-punctatus t.* 80. *f.* 7. 8. *capite et cauda subulatis t.* 83. *f.* 9. *ensiferi consueti t.* 96. *f.* 39. 40.

longicornis. 227. Gr. thorace rotundato supra testaceo, capite viridi: fronte acuminata testacea antennis longissimis, elytris testaceis abdomine dimidio brevioribus, ense adscendente testaceo basi viridi. *Mus. Lesk. p.* 48. *n.* 34.
Habitat in Europa.

***** *antennis filiformibus, palpis simplicibus, cauda simplici*, Locustae, Grylli Fabricii.

reticulatus. 4. Gr. thorace cymbiformi posterius producto acuto, elytris reticulatis. *Fabr. sp. ins.* 1. *p.* 362. *n.* 7. *mant. ins.* 1. *p.* 236. *n.* 7.
Habitat in Bengala, *magnitudine fere serrati.*

serripes. 139. Gr. thorace cymbiformi posterius producto, elytris fuscis, femoribus posterioribus serratis. *Fabr. mant. ins.* 1. *p.* 236. *n.* 8.
Habitat in America *australi et* India, *magnitudine fere serrati.*

serratus. 5. Gr. thorace cymbiformi carinato denticulato, capite acuminato, abdomine caeruleo. *Mus. Lud. Ulr.* 121.* *Gron. zooph.* 142.*
Fabr. sp. ins. 1. *p.* 363. *n.* 8. *mant. ins.* 1. *p.* 236. *n.* 9. Gryllus thorace cymbiformi carinato serrato postice producto acuto.
Degeer ins. 3. *p.* 493. *n.* 10. *t.* 41. *f.* 6. Acrydium serratum.
Roes. ins. 2. *gryll. t.* 16. *f.* 2.
Sulz. ins. t. 8. *f.* 58.
Habitat ad caput bonae spei.

turcicus. 140. Gr. cinereus, thorace cymbiformi, elytris basi fasciaque fuscis, alis basi atris. *Fabr. mant. ins.* 1. *p.* 236. *n.* 10.
Habitat in India, *parvus.*

lunus. 9. Gr. thoracis segmento crista semiorbiculata, elytris nigris: fasciis albis. *Amoen. acad.* 6. *p.* 397. *n.* 30. *Fabr. sp. ins.* 1. *p.* 362. *n.* 6. *mant. ins.* 1. *p.* 236. *n.* 6.
Habitat in America *meridionali, alis nigris immaculatis.*

elephas. 35. Gr. thorace carinato integro, corpore aptero. *Fabr. sp. ins.* 1. *p.* 361. *n.* 1. *mant. ins.* 1. *p.* 235. *n.* 1.
Roes. ins. 2. *gryll. t.* .6 *f.* 2.
Habitat in Africa, *reliquis hujus tribus major et ponderosior, viridis femoribus muticis, rudimentis alarum duarum.*

36. Gr.

succinctus. 36. Gr. thoracis carina margineque posteriori elytrorumque margine dorsali flavis, gula cornuta. *Amoen. acad.* 6. *p.* 398. *n.* 36. *Fabr. sp. inf.* 1. *p.* 362. *n.* 2. *mant. inf.* 1. *p.* 235. *n.* 2.
Herbst apud Fuessli arch. inf. 8. *t.* 54. *f.* 2.
Habitat in America *australi, et duplo major in* India, *antennis flavis, tibiarum posteriorum spinis luteis apice atris.*

cristatus. 37. Gr. thorace cristato, carina quadrifida, alis apice fuscis. *Mus. Lud. Ulr.* 137.* *Amoen. acad.* 1. *p.* 21. *t.* 17. *f.* 4. *Gron. zooph.* 658. *Fabr. sp. inf.* 1. *p.* 362. *n.* 3. *mant. inf.* 1. *p.* 235. *n.* 3.
Hasselq. it. 413. Gryllus arabicus.
Olear. muf. t. 17. *f.* 5. Gryllus ex Aegypto.
Frisch inf. 9. *t.* 1. *f.* 1.
Seb. muf. 4. *t.* 72. *f.* 11. 12.
Roes. inf. 2. *gryll. t.* 5.
Edw. glean. t. 312.
Habitat frequens in Arabia, Aegypto, *Arabibus esculentus.*

Dux. 141. Gr. thorace carinato scabro, elytris viridibus, alis rufis fusco maculatis. *Fabr. sp. inf.* 1. *p.* 362. *n.* 4. *mant. inf.* 1. *p.* 235. *n.* 4.
Drury inf. 1. *t.* 44.
Habitat in America *meridionali, magnus, virescens, capite flavescente, antennis nigris.*

aegyptiacus. 142. Gr. thorace cristato: carina trifida, alis fascia nigra. *Fabr. sp. inf.* 1. *p.* 362. *n.* 5. *mant. inf.* 1. *p.* 235. *n.* 5.
Habitat in Aegypto.

morbillosus. 38. Gr. thorace quadrato rubro verrucoso, elytris fuscis albopunctatis, alis rufis. *Mus. Lud. Ulr.* 141.* *Gron. zooph. p.* 179. *n.* 662. *Fabr. sp. inf.* 1. *p.* 364. *n.* 13. *mant. inf.* 1. *p.* 236. *n.* 15.
Seb. muf. 4. *t.* 79. *f.* 7. 8.
Roes. inf. 2. *gryll. t.* 18. *f.* 6.
Seligm. av. 1. *t.* 43.
Herbst apud Fuessli arch. inf. 8. *t.* 54. *f.* 1.
Habitat ad caput bonae spei.

punctatus. 143. Gr. thorace verrucoso, elytris atris flavo punctatis, alis atris. *Fabr. sp. inf.* 1. *p.* 364. *n.* 14. *mant. inf.* 1. *p.* 236. *n.* 16.

Sulz.

Sulz. hist. inf. t. 9. f. 3.
Drury inf. 2. t. 41. f. 4.
Habitat in India.

squamosus. 144. Gr. viridis, thorace subarticulato: articulis utrinque subtricuspidibus, alis rubris nigro punctatis. *Mant. p.* 533.
Fabr. sp. inf. 1. *p.* 364. *n.* 15. *mant. inf.* 1. *p.* 236. *n.* 17. Gryllus thorace subtriarticulato, articulis utrinque spinosis, alis rubris nigro punctatis.
Drury inf. 1. *t.* 49. *f.* 1.
Habitat in Africa.

miliaris. 39. Gr. thorace subquadrato dentato verrucoso, elytris punctis callosis albis. *Mus. Lud. Ulr.* 142.*
Degeer inf. 3. *p.* 486. *n.* 1. *t.* 40. *f.* 6. Acrydium verrucosum.
Habitat in America *meridionali, morbilloso affinis.*

haematopus. 40. Gr. thorace subcarinato scabro, capite obtuso, femoribus piloso-ciliatis. *Mus. Lud. Ulr.* 143.* *Fabr. sp. inf.* 1. *p.* 365. *n.* 16. *mant. inf.* 1. *p.* 237. *n.* 18.
Degeer inf. 3. *p.* 490. *n.* 6. *t.* 40. *f.* 10. Acrydium rubripes.
Habitat in America *australi et* India, *elytris cinereis, alis nigro-venosis.*

flavicornis. 145. Gr. viridis, thorace subcarinato, elytris immaculatis, alis basi rufis, tibiis posterioribus sanguineis flavo-serratis. *Fabr. mant. inf.* 1. *p.* 232. *n.* 19.
Habitat in Sina, *magnus.*

pictus. 146. Gr. elytris viridibus albo punctatis apice rufescentibus, corpore caeruleo flavoque variegato. *Fabr. sp. inf.* 1. *p.* 365. *n.* 17. *mant. inf.* 1. *p.* 237. *n.* 20.
Habitat in Cayenna.

migratorius. 41. Gr. thorace subcarinato: segmento unico capite obtuso, maxillis atris. *Mus. Lud. Ulr.* 140.* *Fn. suec.* 871. *Scop. ent. carn.* 323.
Fabr. sp. inf. 1. *p.* 265. *n.* 19. *mant. inf.* 1. *p.* 237. *n.* 22. Gryllus thorace subcarinato, segmento unico, mandibulis caeruleis.
Frisch inf. 9. *t.* 1. *f.* 8. Gryllus migratorius.
Degeer inf. 3. *p.* 466. *n.* 1. *t.* 23. *f.* 1. Acrydium migratorium.
Seb. mus. 4. *t.* 65. *f.* 21.
Roesel inf. 2. *gryll. t.* 24.
Edw. glean. t. 208.
Seligm. av. 6. *t.* 103.

Habitat in Tataria, *variis annis numerosissimis gregibus in* Europam *migrans, et omnia vegetabilia exedens, ab Aegyptiis vivus prunis injectus, rejectis alis pedibusque esitatur.*

tataricus. 42. Gr. thorace subcarinato: segmentis tribus, capite rotundato: maxillis concoloribus. *Mus. Lud. Ulr.* 139.*
Fabr. sp. inf. 1. *p.* 365. *n.* 18. *mant. inf.* 1. *p.* 237. *n.* 21.
Gryllus thorace segmentis tribus, fronte impressa, mandibulis concoloribus.
Roes. inf. gryll. t. 18. *f.* 8.
Drury inf. 1. *t.* 49. *f.* 2.
Habitat in Africa, *elytris praesertim cinerascentibus fusco maculatis, migratorio affinis.*

ruficornis. 147. Gr. thoracis dorso nigro: carina flava, antennis tibiisque posterioribus rufis. *Fabr. mant. inf.* 1. *p.* 237. *n.* 23.
Habitat in Sierra Leon Africae, *statura migratorii, at paulo minor.*

Lineola. 148. Gr. thorace subcarinato fusco: linea dorsali rufa, femoribus posterioribus intus sanguineis, tibiis caeruleis. *Fabr. sp. inf.* 1. *p.* 365. *n.* 20. *mant. inf.* 1. *p.* 237. *n.* 24.
Habitat in Italia, *magnitudine migratorii.*

variegatus. 43. Gr. thorace lineato flavo, elytris viridibus, alis caeruleis. *Mus. Lud. Ulr.* 144. *Fabr. sp. inf.* 1. *p.* 366. *n.* 21. *mant. inf.* 1. *p.* 237. *n.* 25.
Herbst apud Fuessli arch. inf. 8. *t.* 53. *f.* 3.
Habitat in America, *fronte rubra atro maculata, antennis nigris rubro annulatis.*

vocans. 149. Gr. thorace carinato, elytris pallidis: maculis ocellaribus fuscis, alis basi ferrugineis. *Fabr. sp. inf.* 1. *p.* 366. *n.* 22. *mant. inf.* 1. *p.* 237. *n.* 26.
Habitat in nova Hollandia.

luridus. 150. Gr. niger, thorace subcarinato, pectoris macula abdominisque cingulis sanguineis, fronte porrecta. *Fabr. sp. inf.* 1. *p.* 366. *n.* 23. *mant. inf.* 1. *p.* 237. *n.* 23.
Habitat in Africa *aequinoctiali, magnitudine striduli.*

musicus. 151. Gr. thorace carinato, elytris anterius nigris fascia alba, posterius griseis nigro variis. *Fabr. sp. inf.* 1. *p.* 366. *n.* 24. *mant. inf.* 1. *p.* 237. *n.* 28.
Habitat in nova Hollandia.

aber. 152. Gr. thorace scabro, alis rufis apice cinereis, femoribus posterioribus supra infraque carinatis. *Fabr. sp. inf.* I. *p.* 366. *n.* 25. *mant. inf.* I. *p.* 238. *n.* 30.
Habitat in Jutlandiae *arenosis.*

sti. 153. Gr. thorace scabro: crista bifida, alis rubris: fascia nigra: femoribus posterioribus canaliculatis. *Fabr. mant. inf.* I. *p.* 237. *n.* 29.
Habitat in cisto halimifolio, *stridulo paulo major.*

aerulescens. 44. Gr. thorace subcarinato, alis virescenti-caeruleis: fascia nigra. *Muf. Lud. Ulr.* 145.* *Scop. ent. carn.* 325. *Fabr. sp. inf.* I. *p.* 369. *n.* 37. *mant. inf.* I. *p.* 239. *n.* 43.
Geoffr. inf. par. I. *p.* 392. *n.* 2. Acrydium elytris nebulosis, alis caeruleis extimo nigro.
Degeer inf. 3. *p.* 473. *n.* 3. Acrydium caeruleipenne.
Raj. inf. 60.
Frisch inf. 9. *t.* I. *f.* 3.
Seb. muf. 4. *t.* 65. *f.* 19.
Roes. inf. 2. *gryll. t.* 21. *f.* 4.
Sulz. inf. t. 9. *f.* 60.
Schaeff. ic. t. 27. *f.* 6. 7.
Habitat in Sibiria *et* Europa *magis australi.*

urinanus. 45. Gr. thorace lineis quatuor flavis, alis caeruleis, elytris viridibus. *Muf. Lud. Ulr.* 146. *Fabr. sp. inf.* I. *p.* 367. *n.* 28. *mant. inf.* I. *p.* 238. *n.* 34.
Habitat in America *meridionali, femorum basi sanguinea.*

italicus. 46. Gr. fuscus, thorace carinato, alis rubris, apice hyalinis. *Muf. Lud. Ulr.* 147.* *Scop. ent. carn.* 327. *Fabr. sp. inf.* I. *p.* 367. *n.* 29. *mant. inf.* I. *p.* 238. *n.* 35.
Roes. inf. 2. *gryll. t.* 21. *f.* 6.
Schaeff. ic. t. 27. *f.* 8. 9.
Habitat in Europa *magis australi.*

halassinus. 154. Gr. thorace laevi viridi, alis hyalinis latere tenuiori viridibus, apice fuscis. *Fabr. sp. inf.* I. *p.* 367. *n.* 31. *mant. inf.* I. *p.* 238. *n.* 37.
Habitat in Italia, *capite thoraceque viridi, ore oculisque fuscis, tibiis sanguineis.*

rmanicus. 155. Gr. testaceus, alis sanguineis apice hyalinis, femoribus posterioribus nigro punctatis. *Fabr. sp. inf.* I. *p.* 367. *n.* 30. *mant. inf.* I. *p.* 238. *n.* 36.
Roes. inf. 2. *gryll. t.* 21. *f.* 7.
Habitat in Germaniae *agris.*

virginianus. 156. Gr. thorace carinato, elytris costa viridi, alis nigris basi virescentibus. *Fabr. sp. inf.* 1. *p.* 368. *n.* 32. *mant. inf.* 1. *p.* 238. *n.* 38.
Habitat in America *boreali.*

stridulus. 47. Gr. thorace subcarinato, alis rubris extimo nigris. *Fn. suec.* 872.* *Scop. ent. carn.* 326. *Fabr. sp. inf.* 1. *p.* 366. *n.* 26. *mant. inf.* 1. *p* 238. *n.* 31.
It. oel. 158. Gryllus elytris nebulosis, alis rubris extimo nigris
Uddm. diss. 50.
Geoffr. inf. par. 1. *p.* 393. *n.* 4. Acrydium elytris nebulosis, alis rubris externe nigris.
Degeer inf. 3. *p.* 472. *n.* 2. Acrydium rubripenne.
Frisch inf. 9. *t.* 1. *f.* 2.
Seb. muf. 4. *t.* 65. *f.* 20.
Roes. inf. 2. *gryll. t.* 21. *f.* 1.
Schaeff. elem. t. 15.
icon. t. 27. *f.* 10. 11.
Habitat in Europae *siccis arenosis, tota die in seram noctem stridens, niger, aut nigro flavoque varius.*

ferrugineus. 157. Gr. thorace tuberculato, elytris obscuris immaculatis, alis ferrugineis, capite acuminato. *Fabr. sp. inf.* 1. *p.* 367. *n.* 27. *mant. inf.* 1. *p.* 238. *n.* 33.
Habitat in Africa *aequinoctiali.*

morio. 158. Gr. obscurus, thorace subcarinato, alis atris immaculatis. *Fabr. mant. inf.* 1. *p.* 238. *n.* 32.
Habitat in Africa, *stridulo affinis, at paulo minor.*

caerulans. 48. Gr. thorace laeviusculo, elytris pallidis nigro maculatis, alis latere tenuiore caerulescentibus. *Fabr. sp. inf.* 1. *p.* 368. *n.* 33. *mant. inf. p.* 238. *n.* 39.
Habitat in Europae *magis australis campestribus.*

carolinus. 49. Gr. thorace subcarinato, alis nigris: margine posteriore flavo. *Fabr. sp. inf.* 1. *p.* 368. *n.* 34. *mant. inf.* 1. *p.* 238. *n.* 40.
Catesb. carol. 2. *p.* 89. *t.* 89. Locustella carolina, elytris fuscis, alis inferioribus nigris, ad extremitates luteis.
Degeer inf. 3. *p.* 491. *n.* 7. *t.* 41. *f.* 2. 3. Acrydium carolinum.
Habitat in America *boreali, elytris obscuris fusco punctatis.*

bscurus. 50. Gr. thorace subcarinato, alis disco rubro fascia nigra, apice hyalinis. *Mus. Lud. Ulr.* 144. *Fabr. sp. inf.* 1. *p.* 368. *n.* 35. *mant. inf.* 1. *p.* 230. *n.* 41.
Degeer inf. 3. *p.* 492. *n.* 8. *t.* 41. *f.* 4. Acrydium obscurum.
Seb. mus. 4. *t.* 80. *f.* 15. 16.
Drury inf. 2. *t.* 41. *f.* 1.
Habitat in Africa, *femoribus interne basi atris.*

biricus. 51. Gr. thorace subcarinato, antennis clavatis, tibiis anterioribus ovato-clavatis crassis. *Fabr. sp. inf.* 1. *p.* 368. *n.* 36. *mant. inf.* 1. *p* 238. *n.* 42.
Pall. it. 1. *app. n.* 48. *spicil. zool.* 9. *p.* 29. *t.* 1. *f.* 11. Gryllus clavimanus.
Laxmann nov. comm. Petrop. 14. *t.* 25. *f.* 8.
Habitat in Sibiria, *femina tibiis simplicibus.*

inera-cens. 159. Gr. thorace carinato, elytris margine tenuiore viridibus, alis basi flavescentibus apice cinereis. *Fabr. sp. inf.* 1. *p.* 369. *n.* 38. *mant. inf.* 1. *p.* 239. *n.* 44.
Habitat in Italia, *flavo affinis, at duplo major.*

ilphureus. 160. Gr. obscurus thorace carinato, alis flavissimis apice nigricantibus. *Fabr. sp. inf.* 1. *p.* 369. *n.* 39. *mant. inf.* 1. *p.* 239. *n.* 45.
Habitat in America *boreali, parvus.*

avus. 52. Gr. thorace carinato, alis flavis, fascia nigra apice cinereis. *Fabr. sp. inf.* 1. *p.* 369. *n.* 40. *mant. inf.* 1. *p.* 239. *n.* 46.
Syst. nat. XII. 2. *p.* 702. *n.* 52. Gryllus thorace subcarinato, alis disco flavo, fascia nigra apice hyalinis.
Scop. delic. insubr. 1. *p.* 63. *t.* 24. *f.* C. Gryllus alis semiluteis: fascia fusca, corpore subtus fusco-ferrugineo.
Degeer inf. 3. *p.* 493. *n.* 9. *t.* 41. *f.* 5? Acrydium nigrofasciatum.
Petiv. gazoph. 6. *t.* 3. *f.* 6. Locusta capensis, alis inferioribus luteis.
Habitat in Europa *magis australi*, *et* Africa, *tibiis posterioribus sanguineis, elytris fuscis: maculis obsoletis albis.*

nsubricus. 161. Gr. elytris testaceis, alis basi rubris: fascia fusca. *Scop. delic. insubr.* 1. *p.* 64. *t.* 24. *f.* D.
Habitat in Insubria, *italico minor.*

nitidulus. 162. Gr. viridis, capite lucido luteo. *Scop. delic. insubr.* 1. *p.* 62. *t.* 24. *f.* B.
Habitat circa Mediolanum, *bipollicaris*, *ad tettegonias remittendus.*

cyanipes. 163. Gr. fuscus, linea dorsali flava, tibiis posterioribus flavis apice cyaneis. *Fabr. sp. inf.* 1. *p.* 370. *n.* 41. *mant. inf.* 1. *p.* 239. *n.* 47.
Degeer inf. 3. *p.* 489. *n.* 4. *t.* 40. *f.* 3. Acrydium flavofasciatum.
Habitat in insulis, Americae *meridionali oppositis.*

rusticus. 164. Gr. griseus, elytris basi fuscis flavo maculatis apice cinereo fuscoque variis. *Fabr. sp. inf.* 1. *p.* 370. *n.* 42. *mant. inf.* 1. *p.* 239. *n.* 48.
Habitat in Insulis Americae *meridionali oppositis.*

lateralis. 165. Gr. thorace fusco: margine punctoque utrinque tibiisque flavis. *Fabr. sp. inf.* 1. *p.* 370. *n.* 43. *mant. inf.* 1. *p.* 239. *n.* 49.
Habitat in insulis Americae *meridionali oppositis.*

velox. 166. Gr. fuscus, thoracis plani margine pedibusque virescentibus. *Fabr. mant. inf.* 1. *p.* 239. *n.* 50.
Habitat in Sina, *parvus.*

apricarius. 53. Gr. thorace cruciato, antennis longitudine corporis. *Fn. suec.* 873.* *It. oel.* 157.
Habitat in Europae *campis siccissimis.*

viridulus. 54. Gr. thorace cruciato, corpore supra viridi, elytrorum margine albido. *Fn. suec.* 874.* *Fabr. sp. inf.* 1. *p.* 370. *n.* 44. *mant. inf.* 1. *p.* 239. *n.* 51.
It. wgoth. 276. Gryllus capite, thorace elytrisque superne viridibus.
Degeer inf. 3. *p.* 480. *n.* 7. Acrydium albo marginatum.
Frisch inf. 9. *t.* 1. *f.* 7.
Schaeff. ic. t. 141. *f.* 2. 3.
Habitat frequens in Europae *arvis sterilioribus.*

biguttulus. 55. Gr. thorace cruciato, elytris nebulosis: puncto oblongo albo versus apices. *Fn. suec.* 875. *Fabr. sp. inf.* 1. *p.* 370. *n.* 45. *mant. inf.* 1. *p.* 231. *n.* 51.
Degeer inf. 3. *p.* 479. *n.* 6. Acrydium biguttulum.
Schaeff. icon. t. 190. *f.* 1. 2.
Habitat in Europae *magis borealis arvis sterilioribus, frequens.*

rufus. 56. Gr. thorace cruciato, corpore rufo, elytris griseis, antennis subclavatis acutis. *Fn. suec.* 876.* *Scop. ent. carn.* 329. *Fabr. sp. inf.* 1. *p.* 371. *n.* 48. *mant. inf.* 1. *p.* 239. *n.* 55.
Gryllus fuscus, abdomine rufo, antennis subclavatis. *Schaeff. ic. t.* 136. *f.* 4. 5.
Habitat in Europae *arvis sterilioribus frequens.*

captivus. 167. Gr. fuscus thorace cruciato, femoribus tibiisque posterioribus fascia alba. *Fabr. sp. inf.* 1. *p.* 371. *n.* 47. *mant. inf.* 1. *p.* 231. *n.* 54.
Habitat in nova Hollandia.

danicus. 57. Gr. thorace subcarinato femoribusque virescentibus, tibiis posterioribus sanguineis.
Habitat in Dania, *verrucivori magnitudine.* Brünniche.

grossus. 58. Gr. femoribus sanguineis, elytris virescenti-subrufis, antennis cylindricis. *Fn. suec.* 877.* *Fabr. sp. inf.* 1. *p.* 371. *n.* 46. *mant. inf.* 1. *p.* 239. *n.* 53.
Geoffr. inf. par. 1. *p.* 393. *t.* 8. *f.* 2. Acrydium femoribus sanguineis, alis subfuscis reticulatis.
Degeer inf. 3. *p.* 477. *n.* 5. *t.* 22. *f.* 4. Acrydium rubripes.
Hollar. inf. t. 10. *f.* 5. 6.
Frisch inf. 9. *p.* 5. *t.* 4.
Habitat in Europae *arvis arenosis frequens.*

pedestris. 60. Gr. corpore incarnato aptero. *Fn. suec.* 878.* *Fabr. sp. inf.* 1. *p.* 371. *n.* 49. *mant. inf.* 1. *p.* 23. *n.* 56.
Degeer inf. 3. *p.* 474. *n.* 4. *t.* 239. *f.* 8. 9. Acrydium apterum.
Habitat in Europa, *et ad* Sibiriae *montem* Tscheremschan.

perspicillatus. 61. Gr. alarum rudimentis ocello atro, oculis aureis. *Amoen. acad.* 6. *p.* 398. *n.* 34. *Fabr. sp. inf.* 1. *p.* 371. *n.* 50. *mant. inf.* 1. *p.* 239. *n.* 57.
Fabr. sp. inf. 1. *p.* 357. *n.* 11? *mant. inf.* 1. *p.* 233. *n.* 13? Locusta (specularis) thorace rotundato, elytris griseis basi ocello dorsali vitreo, antennis longissimis.
Habitat in America *australi et* India.

annulatus. 168. Gr. thorace planiusculo, fronte gibbosa, alis caerulescenti-nigris intus caeruleis. *Herbst apud Fuessli arch. inf.* 8. *p.* 195. *n.* 5. *t.* 53. *f.* 4.
Habitat in America, *punctis elevatis scaber, ex rubescente griseus, abdominis annulis aliquot virescentibus, antennis flavicantibus nigro annulatis.*

triangularis. 169. Gr. ſpadiceus, ſcutello abdominisque ſegmento primo macula triangulari, elytris margine flavis, alis flaveſcentibus.
Roeſel inſ. 2. *gryll. p.* 138. §. 2. *t.* 22. *f.* 1. 2.
Habitat in Germania.

verſicolor. 170. Gr. viridi rubro flavoque varius, capite cum antennis elytrorumque margine viridi, thorace elytrisque fuſcis.
Sulz: hiſt. inſ. p. 84. *t.* 9. *f.* 4.
Habitat in Inſubria.

Centurio. 171. Gr. fuſcus atro maculatus, alis ruberrimis: baſi margine ſtriisque tenerrimis undulatis atris.
Drury inſ. 2. *p.* 78. *t.* 41. *f.* 3.

caeruleus. 172. Gr. viridis, alis caeruleis apice cinereis, femoribus viridi-flavis, tibiis nigerrimis.
Drury inſ. 2. *p.* 79. *t.* 42. *f.* 1.
Habitat in Africa.

Miles. 173. Gr. viridis, frontis faſciis thoracisque punctis binis flavis, elytris ſpadiceis, alis alternatim ruſeſcentibus et atris.
Drury inſ. 2. *p.* 80. *t.* 42. *f.* 2.
Habitat in America.

lunulatus. 174. Gr. thorace ſubcucullato: lineis tribus elevatis; lateralibus lunulatis.
Roeſ. inſ. 2. *gryll. p.* 128. §. 5. *t.* 20. *f.* 6. 7.
Scop. ent. carn. p. 110. *n.* 328.
Habitat in Germania.

ſubcarinatus 175. Gr. thorace ſubcarinato virideſcente, alis baſi luteis: apicis macula nigricante. *Lepech. it.* 1. *p.* 256. c. *t.* 47. *f.* 4.
Habitat in Sibiriae *deſertis* Uralenſibus.

176. Gr.

An huc referendi, tanquam propriae ſpecies, a reliquis diſtinctae, Gryllus fenestratus Lepech. it. 1. *t.* 19. *f.* 1. 2. *t.* 20. *f.* 5. *pluresque a* Seba *Muſ. vol.* 4. *delineati, cyaneus t.* 65. *f.* 18. *ſingularis t.* 65. *f.* 22. *fuſcus t.* 67. *f.* 11. *purpuraſcens t.* 70. *f.* 3. 4. *albo-marginatus t.* 70. *f.* 5 6. *pallide flavus t.* 71. *f.* 1. 2. *taeniolatus t.* 71. *f.* 3. 4. *luteo-fuſcus t.* 71. *f.* 5. 6. *hyalinus t.* 71. *f.* 11. 12. *cinereus t.* 72. *f.* 7. 8. *cinereo-fuſcus t.* 72. *f.* 9. 10. *capit. t.* 75. *f.* 1. 2. *fuſco-maculatus t.* 79. *f.* 1. 2. *viridi-purpuraſcens t.* 79. *f.* 9. 10. *olivaceus t* 79. *f.* 11. 22. *Locuſtella t.* 80. *f.* 5. 6. *cinnabarinus t.* 80. *f.* 9. 10. *capenſis t.* 80. *f.* 11. 12. *exiguus t.* 87. *f.* 19. *aliique anonymi t.* 69. *f.* 9-12. *t.* 96. *f.* 34-38. *depicti, minutus et virens* Hermanni?

uscus. 176. Gr. fuscus, elytris fasciis duabus albis. *Lepechin it.* 1. *p.* 314.
Habitat in desertis Uralensibus.

Lepechini. 177. Gr. thoracis scutello abdominis longitudine: linea albida a fronte per medium scutellum decurrente. *Lepechin it.* 2. *t.* 10. *f.* 17.
Habitat in Sibiria.

fuliginosus. 178. Gr. thoracis dorso triangulo, elytris ex griseo fuscescentibus, alis fuliginosis. *Pallas it.* 2. *app. n.* 77.
Habitat in Sibiriae *campestribus, italici magnitudine.*

muricatus. 179. Gr. thorace pentagono, alis flavescentibus: arcu fusco, femoribus posterioribus exterius muricatis. *Pallas it.* 1. *app. n.* 47.
Habitat in desertis Uralensibus, *obscuro major, colore varians.*

miniatus. 180. Gr. thorace subcarinato, alis miniatis: apicis arcu nigro. *Pallas it.* 1. *app. n.* 49.
Habitat in desertis australibus ad fluvium Ural, *caerulescentis forma et magnitudine.*

variabilis. 181. Gr. thorace subcarinato, alis nigro reticulatis: area ad marginem crassiorem atra apice fusco-hyalino. *Pallas it.* 1. *app. n.* 52.
Habitat in campis per fluvium Samara *irrigatis, magnitudine facieque striduli, alis nunc hyalinis, nunc albicantibus, nunc pallidis, nunc caerulescentibus.*

salinus. 182. Gr. thorace subcarinato, alis fascia nigra lata, basi roseis, apice hyalinis. *Pallas it.* 2. *app. n.* 78.
Habitat in desertis salsis aridissimis ad fluvios Ural *et* Irtisch *sitis, facie fere caerulescentis.*

tibialis. 183. Gr. elytris nebulosis, alis caerulescentibus fusco reticulatis, tibiis albidis longius spinosis. *Pallas it.* 2. *app. n.* 78. b.
Habitat in regionibus australibus Uralensibus, *facie et magnitudine salini.*

barabensis. 184. Gr. elytris pallidis punctis fuscis irroratis, alis hyalino-flavescentibus: margine et apice venis punctisque fuscis. *Pallas it.* 2. *app. n.* 79. 3. *p.* 433.
Habitat in pinetis arenosis deserti Barabensis, *magnitudine tibialis, chenopodii amans.*

numidicus. 185. Gr. thorace carinato, alis minimis squameis. *Poiret Journ. de physiq.* 1787. *Apr. p.* 242. *t.* 1. *f.* 1.

cruentatus. β) Gr. maculis sanguineis coopertus. *Poiret Journ. de phys.* 1787. *Apr. p.* 244.
Habitat in Numidia, *voracissimus, glaberrimus, totus viridis, elephante minor, sed longior, ova glutine coacta in arena sepeliens.*

cinereus. 186. Gr. fusco-punctatus, thorace subcarinato, alis albis. *Müll. zool. dan. prodr. p.* 100. *n.* 1138.
Habitat in Dania.

flavescens. 187. Gr. flavescens, elytris fuscescentibus obsolete maculatis, alis flavo nigroque reticulatis.
Schaeff. ic. t. 228. *f.* 1. 2.
Habitat in Germania.

rhomboideus. 188. Gr. elytris cinereis apice albidis: maculis atris rhomboideis.
Schaeff. ic. t. 228. *f.* 6. 7.
Habitat in Germania.

angulatus. 189. Gr. flavescens, abdomine fusco: annulorum segmentis obtuse angulatis.
Schaeff. ic. t. 232. *f.* 2. 3.
Habitat in Germania.

rubicundus. 190. Gr. capite, thorace elytrorumque margine anteriore viridi, elytris lunula media albida, alis cinereis, abdomine posterius pedibusque rubicundis.
Schaeff. ic. t. 241. *f.* 5. 6.
Habitat in Germania.

pullus. 191. Gr. atro-fuscus, thorace quadrato: margine flavescente.
Schaeff. ic. t. 232. *f.* 6. 7.
Habitat in Germania.

lineatus. 192. Gr. viridescens, thoracis linea longitudinali elytrorumque sutura aurantiis.
Schaeff. ic. t. 243. *f.* 3. 4.
Habitat in Germania.

sphaericus. 193. Gr. viridescens, elytrorum basi maculis binis albis sphaericis.
Schaeff. icon. t. 247. *f.* 3. 4.
Habitat in Germania.

194. Gr.

rubricollis. 194. Gr. flavidus, thorace rubro: margine flavo.
Schaeff. ic. t. 247. *f.* 3. 4.
Habitat in Germania.

rosaceus. 195. Gr. varius, thorace viridi: margine rosaceo.
Schaeff. ic. t. 252. *f.* 1. 2.
Habitat in Germania.

similis. 196. Gr thorace subcarinato, alis atris: disco et margine rubris.
Schaeff. ic. t. 253. *f.* 1. 2.
β) Gryllus alis apice maculatis.
Schaeff. ic. t. 253. *f.* 5. 6.
Habitat in Germania, *stridulo affinis, an varietas?*

purpureus. 197. Gr. alis elytrisque pallidis maculatis, thorace abdominisque annulis tribus anterioribus purpureis.
Schaeff. ic. t. 263. *f.* 1. 2.
Habitat in Germania.

flavens. 198. Gr. flavescens, thorace lineis duabus longitudinalibus obscurioribus.
Schaeff. ic. t. 264. *f.* 4. 5.
Habitat in Germania.

viridis. 199. Gr. viridis, hinc inde flavescens.
Schaeff. icon. t. 265. *f.* 1. 2.
Habitat in Germania; *an propria species?*

sexmaculatus. 200. Gr. subfuscus, alis flavescentibus: maculis sex fuscis longitudinaliter positis.
Schaeff. ic. t. 265. *f.* 4. 5.
Habitat in Germania, *parvus.*

maculosus. 201. Gr. elytris maculosis, alis rosaceis apice cinerascentibus.
Schaeff. icon. t. 267. *f.* 1. 2.
Habitat in Germania.

polystictos. 202. Gr. fuscescens hinc inde pallide punctatus, alis rufescentibus: apice anis nigricantibus.
Schaeff. icon. t. 267. *f.* 4. 5.
Habitat in Germania.

limbatus. 203. Gr. viridis, elytris apice et margine exteriore rufis.
Degeer inf. 3. *p.* 481. *n.* 8. Acrydium rufo-marginatum.
Habitat in Europae *pratis*, 9 *lineas longus.*

pratensis. 204. Gr. viridis, elytris apice nigris, antennis corporis dimidio longitudine.
Degeer inf. 3. *p.* 481. *n.* 9. Acrydium nigro-terminatum.
Habitat in Europae *pratis*, *limbato minor*.

albipes. 205. Gr. thorace cristato: segmento quadruplici, elytris obscure virentibus, alis violaceis, femoribus posterioribus albo maculatis. *Degeer inf.* 3. *p.* 487. *n.* 2. *t.* 40. *f.* 7.
Habitat in Surinamo, 2½ *pollices longus*.

roseus. 206. Gr. viridis, antennis flavis, alis dimidiato tibiisque posterioribus roseis. *Degeer inf.* 3. *p.* 488. *n.* 3. *t.* 41. *f.* 1.
Habitat in Sina, 2½ *pollices longus*.

sanguinolentus. 207. Gr. capite flavo rubro nigroque maculato, thorace flavo, elytris viridibus, tibiis rubro maculatis. *Degeer inf.* 3. *p.* 489. *n.* 5. *t.* 40. *f.* 9.
Habitat - - - *sesquipollicaris*.

denticulatus. 208. Gr. viridis thorace cymbiformi carinato denticulato, capite acuminato, fasciis binis longitudinalibus griseis.
Degeer inf. 3. *p.* 495. *n.* 11. *t.* 42. *f.* 2. Acrydium serrato-fasciatum.
Habitat in Surinamo, *gracilis*, 2 *pollices longus*.

dentatus. 209. Gr. fuscus nebulosus, thorace cymbiformi rugoso: carina laevi, femoribus posterioribus denticulatis, capite ovato. *Degeer inf.* 3. *p.* 496. *n.* 12. *t.* 42. *f.* 3.
Habitat in India, 2½ *pollices longus*.

chloropterus. 210. Gr. fuscus, alis viridibus, thorace rotundato laevi, femoribus posterioribus linea flava.
Degeer inf. 3. *p.* 497. *n.* 13. *t.* 42. *f.* 4. Acrydium flavolineatum.
Habitat in Surinamo, 15 *lineas longus*.

erythropus. 211. Gr. griseo-fuscus, femoribus posterioribus subtus rubris, intus flavescentibus nigro maculatis, tibiis posterioribus rubris.
Degeer inf. 3. *p.* 498. *n.* 14. *t.* 42. *f.* 5. Acrydium Femur rubrum.
Habitat in Pensylvania, *pollicem longus*.

chrysomelas. 212. Gr. viridis, thorace carinato, elytris fuscis: margine inferiore viridi, alis nigris basi luteis.
Degeer inf. 3. *p.* 498. *n.* 15. *t.* 42. *f.* 6. Acrydium viridi fasciatum.
Habitat in Pensylvania, *pollicem longus*.

213. Gr.

varius. 213. Gr. viridi-obscurus, alis caeruleis, corpore fasciis maculisque flavis, femoribus basi sanguineis.
Degeer inf. 3. *p.* 500. *n.* 17. *t.* 42. *f.* 8. Acrydium variegatum.
Habitat in Surinamo, 9 *lineas longus.*

longipennis. 214. Gr. viridi-flavus, elytris abdomine duplo longioribus capite thoraceque fasciis binis nigris. *Degeer inf.* 3. *p.* 501. *n.* 18. *t.* 42. *f.* 9.
Habitat in Surinamo, 11 *lineas longus.*

acutus. 215. Gr. thorace nigro: macula flavo-viridi, elytris fuscis: macula viridi, femoribus posterioribus fasciis tribus nigris.
Degeer inf. 3. *p.* 54. *n.* 19. *t.* 42. *f.* 10. Acrydium acuminatum.
Habitat in Surinamo, 9 *lineas longus.*

chalcops. 216. Gr. griseo-fuscus, thorace fasciis binis nigris, elytris unica grisea, femoribus posterioribus intus tibiisque sanguineis.
Degeer inf. 3. *p.* 501. *n.* 20. *t.* 42. *f.* 11. Gryllus aeneo-oculatus.
Habitat in Surinamo, 10 *lineas longus.*

sticticus. 217. Gr. griseo-fuscus, elytris lineis punctatis nigris.
Degeer inf. 3. *p.* 503. *n.* 21. *t.* 42. *f.* 12.
Habitat in Surinamo, 10 *lineas longus.*

hamatus. 218. Gr. thoracis scutello abdomine longiore anterius hamato, antennis longitudine abdominis, alis nigris, elytris nullis. *Degeer inf.* 3. *p.* 503. *n.* 22. *t.* 42. *f.* 13.
Habitat in Surinamo.

rugosus. 228. Gr. apterus, viridis cinereo varius, capite vesiculoso: fronte rugis duabus dentatis et utrinque ruga minore denticulata, vertice impresso: margine elevato dentato, thorace morbilloso spinoso: crista elevata compressa rugoso-dentata. *Muf. Lesk. p.* 48. *n.* 39.
Habitat extra Europam, *interdum cinereus fusco varius, abdominis segmentis singulis utrinque macula fusca notatis, utrinque dentibus* 2, *et praeterea crista dentata armatis, femoribus tibiisque posterioribus supra infraque dentatis.*

lunaris. 229. Gr. thorace carinato, alis basi rufis: lunula media margine anteriori maculisque tribus versus apicem ad marginem

nem posteriorem fuscis, tibiis posterioribus albis nigro-spinosis, griseo-villosis. *Mus. Lesk. p.* 48. *n.* 49.
Habitat - - -

flavipes. 230. Gr. thorace supra elytrisque brunneis: margine anteriori viridi-flavis, femoribus posterioribus subtus sanguineis tibiisque flavis. *Mus. Lesk. p.* 49. *n.* 50.
Habitat in Europa.

griseus. 231. Gr. thorace cruciato supra fusco, elytris griseo-fusco-nebulosis, pedibus quatuor anterioribus griseo-fusco-maculatis. *Mus. Lesk. p.* 49. *n.* 51.
Habitat in Europa.

cruciger. 232. Gr. thorace cruciato viridi: cruce alba elytris dorso viridibus margine inflexo fuscis apice albis. *Mus. Lesk. p.* 49. *n.* 52.
Habitat in Europa.

nubilus. 233. Gr. thorace carinato viridi: utrinque linea fracta alba, elytris fusco nebulosis supra viridibus. *Mus. Lesk. p.* 49. *n.* 53.
Habitat in Europa.

virens. 234. Gr. viridis, thorace cruciato, antennis corpore longioribus. *Mus. Lesk. p.* 49. *n.* 56.
Habitat in Europa.

venosus. 235. Gr. thorace cruciato rufo, elytris hyalinis rufo venosis. *Mus. Lesk. p.* 49. *n.* 58.
β) Gr. elytrorum maculis sex fuscis seriatis. *Mus. Lesk. p.* 49. *n.* 59.
Habitat in Europa.

bicolor. 236. Gr. griseus apterus, femoribus posterioribus subtus rufis. *Mus. Lesk. p.* 49. *n.* 60. b.
Habitat in Europa.

distinctus. 237. Gr. apterus viridis, femina dorso, mare femoribus posterioribus viridescente. *Mus. Lesk. p.* 49. *n.* 61. c.
Habitat in Europa.

22. FULGORA. *Caput* fronte producta, inani.
Antennae breves infra oculos: articulis duobus; exteriore globoso majore.
Rostrum inflexum, elongatum: vagina quinquearticulata.
Pedes gressorii.

Laternaria. 1. F. fronte rostrata recta, alis lividis: posterioribus ocellatis. *Mus. Lud. Ulr.* 152.* *Gron. zooph.* 668. *Fabr. sp. ins.* 2. *p.* 313. *n.* 1. *mant. ins.* 2. *p.* 260. *n.* 1.
Grew. mus. 158. *t.* 13. Cucujus peruvianus.
Merian. surin. t. 49. Laternaria.
Reaumur ins. 5. *t.* 20. *f.* 6. 7.
Roesel ins. 2. *gryll. t.* 28. 29.
Seb. mus. 4. *t.* 77. *f.* 3. 4.
Degeer ins. 3. *p.* 195. *n.* 1.
Stoll. cicad. t. 1. *f.* 1.
Habitat in America *meridionali, prominente fronte noctu lucem vividissimam spargens.*

serrata. 10. F. fronte rostrata adscendente quadrifariam serrata. *Fabr. sp. ins.* 2. *p.* 313. *n.* 2. *mant. ins.* 2. *p.* 260. *n.* 2.
Seb. mus. 4. *t.* 77. *f.* 5. 6.
Lindenb. Naturf. 13. *p.* 19. *t.* 3. *f.* 1. 2.
Habitat in Surinamo.

Diadema. 2. F. fronte rostrata muricata: apice trifido, alis nigris rubro maculatis. *Fabr. sp. ins.* 2. *p.* 313. *n.* 3. *mant. ins.* 2. *p.* 260. *n.* 3.
Drury ins. 3. *t.* 50. *f.* 4. Fulgora armata.
Seb. mus. 4. *t.* 77. *f.* 7. 8.
Lindenb. Naturf. 13. *p.* 20. *t.* 3. *f.* 3.
Stoll. cicad. 1. *t.* 5. *f.* 22.
Habitat in India, *candelaria major.*

Candelaria. 3. F. fronte rostrata adscendente, elytris viridibus luteo maculatis, alis flavis apice nigris. *Mus. Lud. Ulr.* 153.* *Act. Stockh.* 1746. *p.* 63. *t.* 1. *f.* 5. 6. *Fabr. sp. ins.* 2. *p.* 313. *n.* 4. *mant. ins.* 2. *p.* 260. *n.* 4.
Degeer ins. 3. *p.* 197. *n.* 2.

Roes. inf. 2. *gryll. p.* 189. *t.* 30.
Edw. av. t. 120.
Sulz. inf. t. 10. *f.* 62.
Habitat in Sina.

phospho-rea. 4. F. fronte rostrata subulata adscendente, corpore griseo glauco. *Fabr. sp. inf.* 2. *p.* 314. *n.* 5. *mant. inf.* 2. *p.* 313. *n.* 5.
Degeer inf. 3. *p.* 201. *n.* 4. *t.* 32. *f.* 6. Cicada filirostris.
Habitat in America *meridionali.*

noctivida. 5. F. fronte rostrata acuminata adscendente, corpore viridi, alis hyalinis. *Fabr. sp. inf.* 2. *p.* 314. *n.* 6. *mant. inf.* 2. *p.* 313. *n.* 6.
Degeer inf. 3. *p.* 202. *n.* 5. *t.* 32. *f.* 4. Cicada conirostris.
Habitat in America *meridionali.*

lucerna-ria. 6. F. fronte rostrata prominente, corpore supra viridescente, subtus flavo. *Fabr. sp. inf.* 2. *p.* 314. *n.* 7. *mant. inf.* 2. *p.* 313. *n.* 7.
Degeer inf. 3. *p.* 202. *n.* 6. *t.* 32. *f.* 6. Cicada brevirostris.
Habitat in America *meridionali.*

flammea. 7. F. fronte rostrata adscendente tereti truncata. *Amoen. ac.* 6. *p.* 399. *n.* 39. *Fabr. sp. inf.* 2. *p.* 314. *n.* 8. *mant. inf.* 2. *p.* 260. *n.* 8.
Stoll. cicad. t. 2. *f.* 7.
Habitat in America *meridionali.*

tenebrosa. 11. F. fronte rostrata recta truncata, elytris griseis scabris. *Fabr. sp. inf.* 2. *p.* 314. *n.* 9. *mant. inf.* 2. *p.* 260. *n.* 9.
Degeer inf. 3. *p.* 200. *n.* 3. *t.* 32. *f.* 1. Cicada laternaria fusca.
Habitat in Guinea.

obscurata. 12. F. fronte rostrata recta truncata, elytris cinereis nigro maculatis. *Fabr. sp. inf.* 2. *p.* 315. *n.* 10. *mant. inf.* 2. *p.* 260. *n.* 10.
Stoll. cicad. 1. *t.* 6. *f.* 28.
Habitat in nova Hollandia.

adscen-dens. 13. F. fronte rostrata subulata adscendente, elytris ferrugineo-fuscis albo punctatis. *Fabr. mant. inf.* 2. *p.* 260. *n.* 11.
Habitat in Cayenna, *parva.*

14. F.

fasciata. 14. F. fronte rostrata adscendente, elytris ferrugineo-fuscis: fasciis duabus punctoque posteriore viridibus. *Fabr. mant. inf.* 2. *p.* 261. *n.* 12.
Habitat in Cayenna, *adscendentis statura, an varietas?*

truncata. 8. F. fronte obtusiuscula, alis truncatis viridibus. *Fabr. sp. inf.* 2. *p.* 315. *n.* 11. *mant. inf.* 2. *p.* 261. *n.* 13.
Amoen. acad. 6. *p.* 399. *n.* 40. Cicada viridi-albicans, alis deflexis compressis postice truncatis.
Habitat in India.

plana. 15. F. flavescens, fronte porrecta plana, thorace elytrisque ferrugineis. *Fabr. mant. inf.* 2. *p.* 261. *n.* 14.
Habitat in Cayenna, *parva.*

pallipes. 16. F. fronte porrecta plana, elytris viridibus apice hyalinis. *Fabr. mant. inf.* 2. *p.* 261. *n.* 15.
Habitat in Cayenna, *statura planae.*

hyalina. 17. F. fronte conica inaequali, elytris hyalinis: striga atra. *Fabr. sp. inf.* 2. *p.* 315. *n.* 12. *mant. inf.* 2. *p.* 261. *n.* 16.
Habitat in Bengala, *obscurata major.*

festiva. 18. F. fronte conica, elytris fuscis: margine exteriori virescente, punctis nigris fulvisque, alis basi rubris. *Fabr. sp. inf.* 2. *p.* 315. *n.* 13. *mant. inf.* 2. *p.* 261. *n.* 17.
Habitat in Coromandel.

fenestrata. 19. F. fronte conica bisulcata, elytris hyalinis: macula marginali fusca. *Fabr. sp. inf.* 2. *p.* 315. *n.* 14. *mant. inf.* 2. *p.* 261. *n.* 18.
Habitat in Africa *aequinoctiali, europaea minor.*

europaea. 9. F. fronte conica, corpore viridi, alis hyalinis reticulatis, plantis rufis. *Fabr. sp. inf.* 2. *p.* 315. *n.* 15. *mant. inf.* 2. *p.* 261. *n.* 19.
Sulz. hist. inf. t. 9. *f.* 5.
Schulz. Naturf. 9. *t.* 2.
Stoll cicad. 1. *t.* 11. *f.* 51.
Habitat in Europa *australi, cicadae spumantis magnitudine.*

minuta. 20. F. fronte conica, capite thoraceque flavescentibus: linea dorsali, elytris albidis. *Fabr. mant. inf.* 2. *p.* 262. *n.* 20.
Habitat Halae Saxonum, *parva cicadae statura.*

Folium. 21. F. flavo-viridis, fronte rostrata brevi recta, alis amplissimis verticalibus compressis. *Degeer inf.* 3. *p.* 204. *n.* 7. *t.* 32. *f.* 7.
Habitat in America.

223. CICADA. *Rostrum* inflexum. *Antennae* setaceae. *Alae* quatuor membranaceae deflexae. *Pedes* (plerisque) saltatorii.

* *antennis subulatis fronti insertis*, Membracides Fabricii.

† *thorace compresso-membranaceo, corpore majori*, Foliaceae.

inflata. 52. C. thoracis folio inflato testaceo reticulato. *Fabr. mant. inf.* 2. *p.* 262. *n.* 1.
Habitat in Cayenna, *magnitudine et statura foliatae.*

rhombea. 1. C. folio thoracis rhombeo posterius latiore. *Backer act. angl.* 1765. *p.* 55. *t.* 6. *Fabr. sp. inf.* 2. *p.* 316. *n.* 1. *mant. inf.* 2. *p.* 262. *n.* 2.
Habitat in America.

foliata. 2. C. thorace rotundato atro: arcubus albis. *Gron. zooph.* 677. *Fabr. sp. inf.* 2. *p.* 316. *n.* 3.
Fabr. mant. inf. 2. *p.* 262. *n.* 5. Membracis (lunata) thorace foliaceo rotundato atro: lunulis tribus albis.
Degeer inf. 3. *p.* 205. *n.* 8. *t.* 32. *f.* 9. 10. Cicada foliata fasciata.
Merian. surin. t. 5. *f. ult.*
Habitat in America *meridionali.*

flaveola. 53. C. thorace rotundato flavo: fascia maculaque atris. *Fabr. mant. inf.* 2. *p.* 262. *n.* 4. Membracis foliacea.
Stoll. cicad. t. 1. *f.* 2.
Habitat in America *meridionali, statura foliatae, at paulo major.*

54. C.

Cicadae *succis plantarum vivunt; larva aptera, puppa solis alarum rudimentis instructa, ceterum utraque hexapus, currens imagini simillima, cercopidum agillima; imago gryllorum instar stridula;* manniferarum *larvae, veterum* Tettigometrae, *per annum fodiunt, et sub terra latent, declaratae masculae lamellis duabus abdomen subtus obtegentibus sonorae in arbustis strident mutasque in venerem feminas provocant.*

fasciata. 54. C. thorace rotundato atro: fasciis duabus; anteriore fulva, posteriore alba. *Fabr. mant. inf.* 2. *p.* 262. *n.* 6.
Habitat in Cayenna, *statura foliatae.*

bracteata. 55. C. thorace viridi immaculato. *Fabr. mant. inf.* 2. *p.* 263. *n.* 7.
Habitat in Cayenna, *parva.*

fronditia. 3. C. thoracis dorso repando sinuato: apice porrecto obtusissimo. *Fabr. sp. inf.* 2. *p.* 316. *n.* 2. *mant. inf.* 2. *p.* 262. *n.* 3.
Syst. nat. XII. 2. *p.* 705. *n.* 3. *Gronov. zooph.* 676.* Cicada foliacea, dorso repando, rostro obtusissimo.
Degeer inf. 3. *p.* 208. *n.* 11. *t.* 32. *f.* 15. 16. Cicada foliata sinuata.
Stoll cicad. 1. *t.* 6. *f.* 3. A. B. C.
Habitat in Surinamo.

squamigera. 4. C. anterius posteriusque rostrata acuta.
Fabr. sp. inf. 2. *p.* 316. *n.* 4. *mant. inf.* 2. *p.* 263. *n.* 8. Membracis thorace foliaceo antice posticeque acuto griseo.
Degeer inf. 3. *p.* 209. *n.* 12. *t.* 32. *f.* 17. 18. Cicada hastata.
Habitat in America *meridionali.*

genistae. 56. C. thorace fusco posterius producto, abdomine dimidio breviore. *Fabr. sp. inf.* 2. *p.* 318. *n.* 17. *mant. inf.* 2. *p.* 265. *n.* 27.
Geoffr. inf. par. 1. *p.* 424. *n.* 19. Cicada thorace inermi pone producto.
Habitat in Angliae *genista tinctoria.*

inermis. 57. C. thorace virescente posterius subulato longitudine abdominis. *Fabr. sp. inf.* 2. *p.* 318. *n.* 16. *mant. inf.* 2. *p.* 265. *n.* 26.
Habitat in Americae *plantis.*

mutica. 58. C. thorace ferrugineo posterius producto carinato longitudine abdominis. *Fabr. sp. inf.* 2. *p.* 378. *n.* 15. *mant. inf.* 2. *p.* 265. *n.* 25.
Habitat in America *boreali.*

involuta. 59. C. thorace laevi virescente: margine flavo posterius producto abdomine longiore. *Fabr. sp. inf.* 2. *p.* 318. *n.* 14. *mant. inf.* 2. *p.* 265. *n.* 24.
Habitat in Brasilia, *mediae magnitudinis, flavo capite, thorace flavescente, apice atro.*

arcuata. 60. C. nigro fusca, thorace compresso verticali: arcu flavescente. *Degeer inf.* 3. *p.* 206. *n.* 9. *t.* 32. *f.* 10.
Habitat in Surinamo.

fusca. 61. C. tota fusca, thorace compresso verticali. *Degeer inf.* 3. *p.* 208. *n.* 10 *t.* 32. *f.* 14.
Habitat in Surinamo.

gibbosa. 62. C. nigra, thorace carinato gibbo, anterius obtuso, posterius acuto, elytris flavo-lividis, pedibus fulvis. *Degeer inf.* 3. *p.* 311. *n.* 13. *t.* 32. *f.* 20. 21.
Forst. nov. inf. spec. 1. *p.* 67. *n.* 67. Cicada carinata.
Habitat in America.

binotata. 63. C. thorace subinermi posterius producto, abdomine breviore testaceo, elytris macula baseos nigra. *Fabr. sp. inf.* 2. *p.* 318. *n.* 12. *mant. inf.* 2. *p.* 265. *n.* 22.
Habitat in nova Hollandia.

†† *thorace utrinque cornuto:* Cruciatae.

Crux. 5. C. thorace cruciformi corpus totum tegente. *Mus. Lud. Ulr.* 154.*
Habitat in America *australi et* India.

hastata. 64. C. thoracis cornu supra caput porrecto compresso carinato, corpore griseo. *Fabr. mant. inf.* 2. *p.* 263. *n.* 9.
Habitat in America *meridionali, parva.*

lanceolata. 65. C. thoracis cornu supra caput porrecto incurvo, corpore atro: maculis duabus dorsalibus albis. *Fabr. mant. inf.* 2. *p.* 263. *n.* 10.
Habitat in Cayenna, *parva.*

spinosa. 66. C. thorace tricorni posterius producto longitudine alarum. *Fabr. sp. inf.* 2. *p.* 316. *n.* 5. *mant. inf.* 2. *p.* 263. *n.* 11.
Sulz. hist. inf. t. 9. *f.* 6.
Habitat in America *australi et* India.

acuminata. 67. C. thorace tricorni: cornu intermedio longiori compresso. *Fabr. sp. inf.* 2. *p.* 317. *n.* 6. *mant. inf.* 2. *p.* 263. *n.* 12.
Habitat in Pensylvania.

cornuta. 6. C. thorace bicorni nigro posterius subulato longitudine abdominis, alis fuscis. *Fn. suec.* 879.* *Scop. ent. carn.* 435. *Fabr. sp. inf.* 2. *p.* 317. *n.* 9. *mant. inf.* 2. *p.* 264. *n.* 19.
Geoffr.

Geoffr. inf. par. 2. *p.* 423. *n.* 18. Cicata thorace acute bicorni, pone producto.
Schreb. inf. 7. *f.* 3. 4. Cicada cornuta.
Degeer inf. 3. *p.* 181. *n.* 3. *t.* 11. *f.* 22. Cicada fusca.
Petiv. gazoph. t. 47. *f.* 2. 3. Ranatra cornuta.
Sulz. inf. t. 10. *f.* 63.
Schaeff. ic. t. 96. *f.* 2.
Habitat in carduis, salicibus.

Taurus. 68. C. thorace bicorni fusco posterius producto filiformi longitudine abdominis: cornubus arcuatis. *Fabr. sp. inf.* 2. *p.* 317. *n.* 10 *mant. inf.* 2. *p.* 264. *n.* 20.
Habitat in Coromandel.

Vitulus. 69. C. thorace bicorni viridi posterius subulato longitudine abdominis, alis albis. *Fabr. sp. inf.* 2. *p.* 317. *n.* 11. *mant. inf.* 2. *p.* 265. *n.* 21.
Habitat in America.

Bonasia. 70. C. thorace bicorni posterius producto: margine albo, alis puncto baseos albo. *Fabr. sp. inf.* 2. *p.* 318. *n.* 13. *mant. inf.* 2. *p.* 265. *n.* 23.
Habitat in America.

aurita. 7. C. thorace biaurito, capitis clypeo antrorsum dilatato rotundato. *Fabr. sp. inf.* 2. *p.* 317. *n.* 7. *mant. inf.* 2. *p.* 263. *n.* 13.
Geoffr. inf. par. 2. *p.* 422. *n.* 17. Cicada thorace obtuse bicorni.
Schreb. inf. 8. *f.* 1. 2. Cicada cristata, thorace bicorni, corniculis subrotundis.
Sulz. hist. inf. t. 9. *f.* 7.
Schaeff. icon. t. 96. *f.* 3.
Habitat in quercu, corylo, *tabani magnitudine, tota cinerea.*

sinensis. 71. C. thorace bicorni posterius producto abdomine longiori atro: margine flavescente, *Fabr. mant. inf.* 2. *p.* 263. *n.* 14.
Stoll cicad. 1. *t.* 11. *f.* 53. B.
Habitat in Sina, *magna.*

horrida. 72. C. thorace bicorni posterius producto biclavato apice trispinoso. *Fabr. mant. inf.* 2. *p.* 264. *n.* 15.
Habitat in Cayenna, *mediae magnitudinis.*

trifida. 73. C. pilosa, thorace quadricorni posterius producto trifido: laciniis subulatis. *Fabr. mant. inf.* 2. *p.* 264. *n.* 16.
Habitat in Cayenna, *magnitudine c. tauri.*

clavata. 74. C. thorace quadricorni posterius producto trifido: laciniis lateralibus ante apicem clavatis. *Fabr. mant. inf.* 2. *p.* 264. *n.* 17.
Habitat in Cayenna, *parva.*

brasiliensis. 75. C. thorace bicorni albo punctato posterius producto abdomine longiori. *Fabr. sp. inf.* 2. *p.* 317. *n.* 8. *mant. inf.* 2. *p.* 264. *n.* 18.
Habitat in Brasilia.

** *non saltantes*, Manniferae, Tettigoniae Fabricii.

ciliaris. 8. C. alis posterioribus ferrugineo-fuscis: vittis longitudinalibus luteis, abdominis segmentis ciliatis. *Mus. Lud. Ulr.* 155.*
Rumpf amb. 3. *p.* 210. *t.* 135? Folium ambulans.
Habitat in America *australi et* India.

fornicata. 11. C. thorace virescente, abdomine fornicato. *Mus. Lud. Ulr.* 156.*
Habitat in America *australi et* India.

stridula. 12. C. elytris margine dilatato: punctis septem albis. *Mus. Lud. Ulr.* 157.*
Fabr. sp. inf. 2. *p.* 320. *n.* 9. *mant. inf.* 2. *p.* 266. *n.* 13. Cicada villosa, elytris griseis, alis flavis: omnibus margine hyalino.
Drury inf. 2. *t.* 37. *f.* 2. Cicada catenata.
Habitat ad caput bonae spei.

cingulata. 76. C. thorace maculato, elytris hyalinis: costa maculaque fuscis, abdomine atro: fasciis flavis. *Fabr. sp. inf.* 2. *p.* 310. *n.* 10. *mant. inf.* 2. *p.* 266. *n.* 14.
Habitat in nova Seelandia.

villosa. 77. C. thorace fusco viridique variegato, pectore albo villoso. *Fabr. sp. inf.* 2. *p.* 320. *n.* 11. *mant. inf.* 2. *p.* 267. *n.* 15.
Habitat ad caput bonae spei, *minor, fronte viridi, utrinque atro-striata.*

cruentata. 78. C. thorace variegato, elytris hyalinis: costa flavescente, abdomine atro: fasciis sanguineis. *Fabr. sp. inf.* 2. *p.* 320. *n.* 12. *mant. inf.* 2. *p.* 267. *n.* 16.
Habitat in nova Hollandia.

79. C.

conspurcata. 79. C. atra, elytris basi flavo maculatis, ano flavo. *Fabr. sp. ins.* 2. *p.*320. *n.* 13. *mant. ins.* 2. *p.* 267. *n.* 17.
Habitat in India.

capensis. 13. C. alis inferioribus limbo posteriore fuscescente palmato picto. *Mus. Lud. Ulr.* 158.
Petiv. gaz. 7. *t.* 4 *f.* 1. Cicada capensis variegata, marginibus transparentibus.
Habitat ad caput bonae spei.

haematodes. 14. C. nigra immaculata, abdominis incisuris sanguineis. *Fabr. sp. ins.* 2. *p.* 320. *n.* 14. *mant. ins.* 2. *p.* 267. *n.* 18. *Scop. ent. carn.* 347.
Petiv. gazoph. t. 15. *f.* 7.
Gron. zooph. 675.
Fuessli ins. helv. p. 24. *n.* 452.
Stoll cicad. t. 2. *f.* 11.
Habitat in Europa *magis australi, mediae magnitudinis, gibbosa.*

plebeja. 15. C. scutelli apice bidentato, elytris anastomosibus quatuor lineisque sex ferrugineis. *Scop. entom. carn.* 345.
Mouff. ins. 127.
Aldrov. ins. 307.
Matthiol. Diosc. 264.
Habitat in Italia, Africa, *maxima.*
Et cantu querulae rumpent arbusta cicadae. Virgil.

orni. 16. C. elytris intra marginem tenuiorem punctis sex concatenatis anastomosibusque interioribus fuscis. *Scop. ent. carn.* 346.*
Fabr. sp. ins. 2. *p.* 320. *n.* 15. *mant. ins.* 2. *p.* 267. *n.* 19. Cicada nigra flavo maculata, alis albis basi flavis: maculis duabus nigris.
Reaum. ins. 5. *t.* 5. *f.* 16-19.
Seb. mus. 4. *t.* 85. *f.* 4. 5.
Roes. ins. 2. *gryll. t.* 25.
Sulz. hist. ins. t. 10. *f.* 65.
Schaeff. icon. t. 4. *f.* 14.
Habitat in Europa *australi; larva eduli.*
Sole sub ardenti resonant arbusta cicadis. Virgil.

repanda. 17. C. elytris linea flexuosa, alis margine hyalino. *Mus. Lud. Ulr.* 159.* *Fabr. sp. ins.* 2. *p.* 321. *n.* 16. *mant. ins.* 2. *p.* 267. *n.* 20.

Degeer inf. 3. *p.* 219. *n.* 15. *t.* 33. *f.* 1. Cicada nigra.
Habitat in India.

reticulata. 18. C. grifea, thoracis linea alba, elytris albo reticulatis. *Fabr. fp. inf.* 2. *p.* 321. *n.* 17. *mant inf.* 2. *p.* 267. *n.* 21.
Degeer inf. 3. *p.* 227. *n.* 24. *t.* 23. *f.* 15. 16. Cicada fulco-teftacea.
Habitat in America *meridionali.*

atrata. 80. C. atra alis albis bafi nigris: venis teftaceis. *Fabr. fp. inf.* 2. *p.* 321. *n.* 18. *mant. inf.* 2. *p.* 267. *n.* 22.
Habitat in Sina.

fanguinea. 81. C. nigra, ore, thoracis maculis duabus abdomineque fanguineis. *Fabr. fp. inf.* 2. *p.* 321. *n.* 19. *mant. inf.* 2. *p.* 267. *n.* 24.
Degeer inf. 3. *p.* 221. *n.* 18. *t.* 33. *f.* 17. Cicada fanguinea.
Habitat in Sina.

teftacea. 82. C. nigra, abdomine fanguineo, elytris alisque teftaceis: venis nigris. *Fabr. mant. inf.* 2. *p.* 267. *n.* 23.
Stoll cicad. 1. *t.* 8. *f.* 41. C.
Habitat Tranquebariae, *mediae magnitudinis.*

fplendidula. 83. C. elytris fufco-aureis, tibiis anterioribus incraffato-dentatis rufis. *Fabr. fp. inf.* 2. *p.* 321. *n.* 20. *mant. inf.* 2. *p.* 267. *n.* 25.
Habitat in Sina.

muta. 84. C. elytris hyalinis: cofta fanguinea, abdomine linea dorfali fanguinea. *Fabr. fp. inf.* 2. *p.* 322. *n.* 21. *mant. inf.* 2. *p.* 267. *n.* 26.
Habitat in nova Scelandia.

groffa. 85. C. thorace viridi nigro fublineato, alis albis pofterioribus macula bafeos flava. *Fabr. fp. inf.* 2. *p.* 318. *n.* 1. *mant. inf.* 2. *p.* 265. *n.* 1.
Habitat in Brafilia.

javana. 86. C. capite thoraceque nigris rufo maculatis, elytris nigris: fafcia abbreviata alba. *Fabr. mant. inf.* 2. *p.* 265. *n.* 2.
Stoll cicad. 1. *t.* 4. *f.* 17.
Habitat in Java, *magna.*

grifea. 87. C. grifea, elytris aqueis: margine pofteriori nigro punctato, cofta anterius alba. *Fabr. fp. inf.* 2. *p.* 318. *n.* 2. *mant. inf.* 2. *p.* 265. *n.* 3.
Habitat in infulis Americae *oppofitis.*

88. C.

imbata. 88. C. thoracis margine dilatato acuto, alis atris: margine albo. *Fabr. ſp. inſ.* 2. *p.* 319. *n.* 3. *mant. inſ.* 2. *p.* 265. *n.* 4.
Stoll cicad. 1. *t.* 12. *f.* 57.
Habitat in America.

dilatata. 89. C. atra, thoracis margine dilatato, alis albidis. *Fabr. ſp. inſ.* 2. *p.* 319. *n.* 4. *mant. inſ.* 2. *p.* 266. *n.* 5.
Habitat in Jamaica.

biſpinoſa. 90. C. fuſca, thorace utrinque uniſpinoſo, elytris obſcuris: ſtriga maculari nigra. *Fabr. mant. inſ.* 2. *p.* 266. *n.* 6.
Habitat in Sumatra, *magna.*

vaginata. 91. C. teſtacea, elytris albidis: coſta nigra. *Fabr. mant. inſ.* 2. *p.* 266. *n.* 7.
Habitat in Sumatra, *magna.*

Tibicen. 19. C. elytris anaſtomoſibus ferrugineis, ſcutelli apice emarginato. *Muſ. Lud. Ulr.* 160.
Fabr. ſp. inſ. 2. *p.* 319. *n.* 5. *mant. inſ.* 2. *p.* 266. *n.* 8. Tettigonia ſcutello emarginato, alarum coſta vireſcente.
Degeer inſ. 3. *p.* 212. *n.* 14. *t.* 22. *f.* 23. Cicada Lyricea.
Brown jam. 436. *t.* 43. *f.* 15. Panorpa.
Marcgr. braſil. 256. Gueruca Eremenbi.
Merian. inſ. ſurin. t. 49. Tibicen.
Seb. muſ. 4. *t.* 85. *f.* 9. 10.
Habitat in America, *thorace nunc nigro, nunc nigro brunneoque vario.*

ſeptendecim. 20. C. nigro vireſcens, elytris margine flaveſcente, capite utrinque octoſtriato.
Fabr. ſp. inſ. 2. *p.* 319. *n.* 6. *mant. inſ.* 2. *p.* 266. *n.* 9. Tettigonia nigra, elytris albis, coſta flava.
Kalm act. Stockh. 1756. *p.* 101. Cicada maxilla utraque lineis octo transverſis concavis, alarum margine inferiore luteſcente.
Collinſ. act. angl. 1765. *p.* 65. *t.* 6.
Habitat in America.

catena. 92. C. thorace variegato, elytris hyalinis anterius nervis punctatis, poſterius ſtrigis duabus undatis fuſcis. *Fabr. ſp. inſ.* 2. *p.* 319. *n.* 7. *mant. inſ.* 2. *p.* 266. *n.* 10.
Habitat ad caput bonae ſpei.

pustulata. 93. C. atra, capite thoraceque rubro maculatis, elytris fuscis basi obscurioribus: venis testaceis. *Fabr. mant. inf.* 2. *p.* 266. *n.* 11.
Habitat in America *meridionali, magna.*

maculata. 94. C. atra, thorace elytris alisque flavo maculatis. *Fabr. sp. inf.* 2. *p.* 319. *n.* 8. *mant. inf.* 2. *p.* 266. *n.* 12.
Drury inf. 2. *t.* 37. *f.* 1.
Habitat in Siria.

violacea. 21. C. violacea, alis apice fuscis. *Muf. Lud. Ulr.* 162.* *Fabr. sp. inf.* 2. *p.* 322. *n.* 22. *mant. inf.* 2. *p.* 267. *n.* 27.
Fuesſli inf. helv. p. 24. *n.* 455.
Habitat in Europa *magis australi.*

querula. 95. C. capite thoraceque griseis: characteribus maculisque nigris. *Pallas it.* 2. *app. n.* 83.
Habitat in australibus circa fluvium Ural, *haematodi affinis.*

prasina. 96. C. dilute viridis, thoracis maculis fuscis inauratis. *Pallas it.* 2. *app. n.* 84.
Habitat in desertis magis australibus circa fluvios Ural et Irtis, *Junio frequens, querula minor.*

marginella. 97. C. pallida, thoracem inter et alas nigra: macula alba acuminata, thorace marginato. *Scop. entom. carn. p.* 116. *n.* 342.
Habitat in Carnioliae *salicetis.*

graminis. 98. C. elytris albidis: lineis tribus ocellisque duodecim. *Scop. ent. carn. p.* 116. *n.* 343.
Habitat in Carnioliae *gramine.*

notata. 99. C. pallide flavicans, elytris albidis nigro punctatis. *Scop. ent. carn. p.* 117. *n.* 344.
Habitat in Carnioliae *plantis variis.*

montana. 100. C. abdominis segmentis margine rubellis. *Scop. ann. hist. nat.* 5. *p.* 109. *n.* 108.
Habitat in Carnioliae *montanis circa* Idriam, *c. orni duplo minor.*

Schaefferi. 101. C. ex fusco lutea, elytris alisque flavo-fenestratis. *Schaeff. icon.* 2. *t.* 121. *f.* 1. 2.
Habitat in Germania.

*** *antennis filiformibus, sub oculis insertis.*

† *rostri vagina porrecta, obtusa, superne canaliculata.*

Cercopides Fabricii.

afra. 102. C. elytris fusco-griseis: macula marginali fulva cinereaque. *Fabr. sp. ins.* 2. *p.* 328. *n.* 1. *mant. ins.* 2. *p.* 273. *n.* 1. Cercopis grossa.
Habitat in Africa *aequinoctiali, in hac tribu magna.*

atra. 103. C. atra, elytris utrinque vitta marginali sanguinea. *Fabr. mant. ins.* 2. *p.* 273. *n.* 2.
Habitat in America *meridionali, magna.*

maculosa. 104. C. thorace atro: fascia fulva, elytris fulvis: maculis apiceque nigris. *Fabr. sp. ins.* 2. *p.* 329. *n.* 2. *mant. ins.* 2. *p.* 273. *n.* 3.
Habitat in Africa *aequinoctiali, statura afrae.*

quadrifasciata. 10. C. flava: fasciis quatuor fuscis. *Fabr. sp. ins.* 2. *p.* 329. *n.* 6. *mant. ins.* 2. *p.* 274. *n.* 9.
Degeer ins. 3. *p.* 225. *n.* 21. *t.* 33. *f.* 11. Cicada flava, fasciis quatuor transversis nigris.
Habitat in America *meridionali.*

bifasciata. 11. C. flavescens elytris fuscis: fasciis duabus albis. *Fabr. sp. ins.* 2. *p.* 330. *n.* 13. *mant. ins.* 2. *p.* 275. *n.* 20.
Syst. nat. XII. 2. *p.* 706. *n.* 11. *Fn. suec.* 898.* *Fn. suec.* 1. *n.* 633. Cicada fusca, fasciis alarum binis albis.
Degeer ins. 3. *p.* 186. *n.* 6. *t.* 11. *f.* 25. Cicada trifasciata.
Habitat in Europae *borealis plantis.*

sanguinolenta. 22. C. atra, elytris maculis duabus fasciaque sanguineis. *Fabr. sp. ins.* 2. *p.* 329. *n.* 3. *mant. ins.* 2. *p.* 274. *n.* 4. *Scop. ent. carn.* 330.
Geoffr. ins. par. 1. *p.* 418. *t.* 8. *f.* 5. Cicada nigra, elytris maculis sex rubris.
Goeze Naturf. 6. *t.* 2.
Fuessli ins. Helv. p. 24. *n.* 456.
Habitat in Europae *salicibus et gramine.*

Schach. 105. C. nigra, elytris fuscis: fascia interrupta sanguinea. *Fabr. mant. ins.* 2. *p.* 274. *n.* 5.
Habitat in America *septentrionali, statura sanguinolentae.*

23. C.

An huic etiam inserendae tanquam propriae species cicadae a Seba *musei vol.* 4. *delineatae, fusca t.* 85. *f.* 1. 2. *albo-guttata t.* 85. *f.* 3. 4. *scutata t.* 85. *f.* 7. 8. *et fusco-maculata t.* 85. *f.* 11. 12?

coleoptrata. 23. C. elytris totis coriaceis alas obtegentibus griseis fusco irroratis. *Fabr. sp. inf.* 2. *p.* 330. *n.* 9. *mant. inf.* 2. *p.* 274. *n.* 14.
Habitat in Germaniae *plantis, mediae magnitudinis, capite thoraceque flavescentibus, abdomine fusco.*

rustica. 106. C. grisea immaculata, alis albis. *Fabr. sp. inf.* 2. *p.* 330. *n.* 10. *mant. inf.* 2. *p.* 275. *n.* 15.
Habitat in Europae *plantis.*

gibba. 107. C. nigra, elytris albo maculatis. *Fabr. sp. inf.* 2. *p.* 334. *n.* 11. *mant. inf.* 2. *p.* 275. *n.* 16.
Habitat in Daniae *nemoribus.*

biguttata. 108. C. nigra flavo-maculata, elytris fuscis: puncto marginali albo. *Fabr. sp. inf.* 2. *p.* 325. *n.* 22. *mant. inf.* 2. *p.* 275. *n.* 17.
Habitat in Germania, *statura leucophthalmae.*

kiloniensis. 109. C. flavescens, elytris obscuris: fascia maculisque duabus oppositis albidis. *Fabr. mant. inf.* 2. *p.* 275. *n.* 18.
Habitat Kilonii, *statura et magnitudine biguttatae.*

unifasciata. 110. C. cinerea, elytris fascia obliqua fusca. *Fabr. sp. inf.* 2. *p.* 330. *n.* 12. *mant inf.* 2. *p.* 275. *n.* 19.
Habitat in agro Pedemontano, *gibba major.*

spumaria. 24. C. fusca, elytris maculis binis albis lateralibus: fascia duplici interrupta albida. *Fn. suec.* 881.* *Scop. ent. carn.* 331. *Fabr. sp. inf.* 2. *p.* 329. *n.* 7. *mant. inf.* 2. *p.* 274. *n.* 10. *Fuessli inf. helv. n.* 450.
Geoffr. inf. par. 1. *p.* 415. *n.* 2. Cicada fascia duplici albida interrupta transversa.
Degeer inf. 3. *p.* 163. *n.* 1. *t.* 11. *f.* 1-21. Cicada spumaria graminis.
Degeer act. Stockh. 1741. *p.* 221. *t.* 7.
Reaumur act. paris. 1705. *p.* 162.
Raj. inf. 67.
Swammerd. quart. p. 83.
bibl. 1. *p.* 215.
Merian. inf. 77. *t.* 51.
Petiv. gazoph. t. 61. *f.* 9.
Blanck. inf. 97. *t.* 11. *f.* N. O. P.
Frisch inf. 8. *p.* 26. *t.* 12.
Roes. inf. 2. *gryll. p.* 139. *t.* 23.

Sub.

Sulz. inf. t. 10. *f.* 64.
Schaeff. elem. t. 42.
Habitat in Europae *plantis variis, frequens in* rosis, graminibus, salice *viminali, more plurium hujus et sequentis tribus ramis insidendo ano evacuans numerosus vesiculas, quasi spumam, intra quam latitat.*

ırea. 111. C. cinereo-aurea nitida immaculata. *Fabr. mant. inf.* 2. *p.* 274. *n.* 11.
Habitat in Cayenna, *mediae magnitudinis.*

afnien-fis. 112. C. nigra, capite, thorace elytrorumque margine albis. *Fabr. mant. inf.* 2. *p.* 274. *n.* 12.
Habitat Hafniae, *statura spumariae.*

lbifrons. 27. C. nigra, fronte alba. *Fn. suec.* 884.*
Habitat in Europa, *an hujus tribus?*

triata. 30. C. elytris albido nigroque ad angulum acutum suturae dorsalis striatis. *Fn. suec.* 887.*
Raj. inf. 68. *n.* 1.
Geoffr. inf. par. 1. *p.* 424. *n.* 20.
Habitat in Europa, *an ex hac tribu.*

ineata. 31. C. flavescens, coleoptris striis tribus nigris. *Fabr. sp. inf.* 2. *p.* 330. *n.* 8. *mant. inf.* 2. *p.* 274. *n.* 13.
Syst. nat. XII. 2. *p.* 709. *n.* 31? *Fn suec.* 888? Cicada exalbida; linea utrinque longitudinali nigra.
Habitat in Europa, *mediae magnitudinis.*

populi. 32. C. subtus flavescens, fronte punctis duobus nigris, alis hyalinis. *Fn. suec.* 890.*
Fabr. sp. inf. 2. *p.* 331. *n.* 14. *mant. inf.* 2. *p.* 275. *n.* 21. Cercopis nebulosa, vertice punctis duobus, abdomineque basi atris.
Habitat in Europae *borealis plantis.*

rubra. 45. C. alis deflexis fuscis: fasciis duabus flavis.
Fabr. sp. inf. 2. *p.* 329. *n.* 4. *mant. inf.* 2. *p.* 274. *n.* 6. Cercopis (cruentata) rufa, elytris nigris: fasciis duabus flavis.
Degeer inf. 3. *p.* 224. *n.* 20. *t.* 33. *f.* 8.
Stoll cicad. t. 2. *f.* 10. C.
Habitat in America *meridionali, alis inferioribus hyalinis immaculatis.*

Carnifex. 113. C. sanguinea, thorace macula, elytris fasciis duabus nigris. *Fabr. sp. inf.* 2. *p.* 329. *n.* 5. *mant. inf.* 2. *p.* 274. *n.* 7.
Habitat in nova Hollandia.

varia. 114. C. capite thoraceque virescentibus, elytris fuscis: maculis duabus baseos strigaque posteriore flavis. *Fabr. mant.* 2. *p.* 274. *n.* 8.
Habitat in Cayenna, *atra, abdomine rufo.*

lineolata. 208. C. elytris griseis fusco lineolatis: disci litura transversa. *Muf. Lesk. p.* 117. *n.* 46.
Habitat in Europa.

guttata. 209. C. fusca, elytris maculis lacteis. *Muf. Lesk. p.* 117. *n.* 47.
Habitat in Europa.

unicolor. 210. C. pallida immaculata. *Muf. Lesk. p.* 117. *n.* 48.
Habitat in Europa.

bicolor. 211. C. grisea, thorace supra sanguineo. *Muf. Lesk. p.* 117. *n.* 49.
Habitat in Europa.

punctulata. 212. C. fusca, thorace anterius punctis impressis, elytris maculis duabus albis lateralibus. *Muf. Lesk. p.* 117. *n.* 50.
Habitat in Europa.

leucoptera. 213. C. elytris albis: striis fuscis interruptis. *Muf. Lesk. p.* 117. *n.* 51.
Habitat in Europa.

venosa. 214. C. alis hyalinis albo venosis: posterius fasciis duabus fuscis irregularibus. *Muf. Lesk. p.* 117. *n.* 52.
Habitat in Europa.

nebulosa. 215. C. alis albis luteo-nebulosis. *Muf. Lesk. p.* 117. *n.* 53.
Habitat in Europa.

†† *rostri vagina brevissima, membranacea, cylindrica, obtusa,* Cicadae Fabricii.

† *saltatoriae,* Ranatrae.

perspicillata. 115. C. atra, alis macula ocellari albo-hyalina, abdomine apice flavo. *Fabr. sp. inf.* 2. *p.* 322. *n.* 1. *mant. inf.* 2. *p.* 268. *n.* 1.
Stoll cicad. 1. *t.* 1. *f.* 5.
Habitat in India, *in hac tribu magna.*

116. C.

ongata. 116. C. thorace rubro flavo lineato, elytris longissimis nigro punctatis. *Fabr. sp. inf.* 2. *p.* 324. *n.* 16. *mant. inf.* 2. *p* 270. *n.* 22.
Habitat in nova Hollandia, *parva*, *gibba.*

yen-ensis. 117. C. capite thoraceque fusco-aureis nigro variis, elytris hyalinis apice obscurioribus: macula aurea. *Fabr. mant. inf.* 2. *p.* 269. *n.* 20.
Habitat in Cayenna, *fusca*, *femoribus posterioribus flavis*, *statura ferrugineae.*

rulenta. 118. C. capite thoraceque rufis, elytris fuscis apice cinereis. *Fabr. mant. inf.* 2. *p.* 269. *n.* 19.
Habitat in Cayenna, *statura et magnitudine obtusae.*

btusa. 119. C. nigra, elytris apice cinereo-hyalinis. *Fabr. mant. inf.* 2. *p.* 269 *n.* 18.
Habitat in Cayenna, *statura ferrugineae.*

rrugi-nea. 120. C. capite, thorace scutelloque nigro punctatis, elytris rufis, alis atris. *Fabr. mant. inf.* 2. *p.* 269 *n.* 17.
Habitat ad caput bonae spei, *mediae magnitudinis.*

rvosa. 25. C. fusca, alis hyalinis fusco maculatis: nervis punctatis. *Fn. suec.* 882.* *Scop. ent. carn.* 341. *Fuessli inf. Helv. p.* 24. *n.* 459.
Fabr. sp. inf. 2. *p.* 327. *n.* 35. *mant. inf.* 2. *p.* 272. *n.* 48. Cicada alis fuscis, nervis albo nigroque punctatis.
Degeer inf. 3. *p.* 182. *n.* 4. *t.* 12. *f.* 1. 2. Cicada nervoso-punctata.
Geoffr. inf. par. 1. *p.* 415. *n.* 1.
Habitat in Europae *plantis.*

riegata. 121. C. atra viridi variegata, alis hyalinis: punctis tribus costalibus nigris. *Fabr. sp. inf.* 2. *p.* 327. *n.* 36. *mant. inf.* 2. *p.* 272. *n.* 49.
Habitat in Germania.

ncea. 122. C. fronte thoraceque glaucis: punctis quatuor ocellaribus nigris, elytris hyalinis: margine flavescente. *Fabr. sp. inf.* 2. *p.* 327. *n.* 37. *mant. inf.* 2. *p.* 272. *n.* 50.
Habitat in India.

lgida. 123. C. flava, elytris fusco-auratis. *Fabr. sp. inf.* 2. *p.* 327. *n.* 38. *mant. inf.* 2. *p.* 272. *n.* 51.
Habitat in Angliae *plantis.*

punctata. 124. C. elytris flavescentibus fusco punctatis. *Fabr. sp. inf.* 2. *p.* 327. *n.* 39. *mant. inf.* 2. *p.* 272. *n.* 52.
Geoffr. inf. par. 1. *p.* 417. *n.* 4. Cicada fusco-pallida &c.
Habitat in Europae *nemoribus.*

leucophthalma. 26. C. nigra, oculis albis. *Fn. suec.* 883.* *Fabr. sp. inf.* 2. *p.* 325. *n.* 21. *mant. inf.* 2. *p.* 270. *n.* 28.
Habitat in Europae *borealis plantis.*

leucocephala. 28. C. nigra, capite albo. *Fn. suec.* 885.* *Fabr. sp. inf.* 2. *p.* 325. *n.* 23. *mant. inf.* 2. *p.* 270. *n.* 29.
Geoffr. inf. par. 1. *p.* 421. *n.* 13.
β) *Schaeff. ic. t.* 237. *f.* 6.
Habitat in Europae *plantis.*

lateralis. 29. C. nigra, elytris latere albis. *Fn. suec.* 886.* *Fabr. sp. inf.* 2. *p.* 324. *n.* 18. *mant. inf.* 2. *p.* 270. *n.* 24. *Fuessli inf. helv. p.* 24. *n.* 460.
Raj. inf. 68. 2. Locusta pulex fusca, utrinque in lateribus alarum arcu albicante.
Geoffr. inf. par. 1. *p.* 416. *n.* 3.
Habitat in Europae *pratis.*

bimaculata. 125. C. supra nigra, scutello elytrorum maculis duabus dorsalibus margineque exteriori flavescentibus. *Fabr. sp. inf.* 2. *p.* 325. *n.* 19. *mant. inf.* 2. *p.* 270. *n.* 25.
Habitat in Brasilia.

fenestrata. 126. C. supra nigra, capite scutelloque flavis, elytrorum margine hyalino. *Fabr. sp. inf.* 2. *p.* 325. *n.* 20. *mant. inf.* 2. *p.* 270. *n.* 26.
Habitat in insula Tahiti *oceani australis.*

flavipes. 127. C. nigra, capite pedibusque flavis, elytris apice hyalinis nigro striatis. *Fabr. mant. inf.* 2. *p.* 270. *n.* 27.
Habitat in insula Rotterdam *oceani australis*, *fenestratae proxime affinis.*

flavicollis. 33. C. fusca, capite thoraceque flavis. *Fn. suec.* 891.*
Fabr. sp. inf. 2. *p.* 325. *n.* 25. *mant. inf.* 2. *p.* 271. *n.* 33.
Cicada nigra, capitis margine posteriori thoraceque flavis.
Habitat in Europae *graminibus.*

flava. 34. C. flava unicolor. *Gron. zooph.* 681.
Habitat in Europa.

interrupta. 35. C. elytris flavis: linea nigra duplici interrupta longitudinali. *Fn. suec.* 889.* *Fabr. sp. inf.* 2. *p.* 325. *n.* 24. *mant. inf.* 2. *p.* 270. *n.* 30.
Geoffr. inf. par. 1. *p.* 419. *n.* 9.
Petiv. gazoph. t. 61. *f.* 10.
Degeer inf. 3. *p.* 186. *n.* 7. *t.* 12. *f.* 6.
Fuesßli inf. helv. p. 24. *n.* 462.
Habitat frequens in Europae *plantis.*

Hybneri. 128. C. pallida, capite thoraceque nigro punctatis, elytris lineatis. *Fabr. mant. inf.* 2. *p.* 270. *n.* 31.
Habitat Halae Saxonum, *statura interruptae.*

abbreviata. 129. C. flavescens, elytris cinereis: vitta abbreviata atra. *Fabr. mant. inf* 2. *p.* 271. *n.* 32.
Habitat Hafniae, *statura interruptae.*

vittata. 36. C. flava: vitta ferruginea longitudinali duplici repando-dentata. *Fn. suec.* 889.* *Fuesßli inf. helv. p.* 24. *n.* 463. *Fabr. sp. inf.* 2. *p.* 324. *n.* 17. *mant. inf.* 2. *p.* 270. *n.* 23.
Habitat in Europae *hortis.*

Lanio. 37. C. viridis, capite thoraceque carneis. *Fuesßli inf. helv. p.* 24. *n.* 464. *Fabr. sp. inf.* 2. *p.* 326. *n.* 27. *mant. inf.* 2. *p.* 271. *n.* 38.
Habitat in Europae *plantis.*

ochromelas. 130. C. nigra, capite fasciis duabus flavis, elytris albo striatis. *Fabr. mant. inf.* 2. *p.* 271. *n.* 39.
Habitat in Kilonii *plantis, statura viridis.*

ignita. 131. C. virescenti-nitidula, capite scutello abdomineque fulvis. *Fabr. mant. inf.* 2. *p.* 272. *n.* 40.
Habitat in Cayenna, *parva.*

turca. 132. C. atra, abdomine flavo, alis apice fuscis: lunula hyalina. *Fabr. sp. inf.* 2. *p.* 326. *n.* 28. *mant. inf.* 2. *p.* 272. *n.* 41.
Habitat in Europae *plantis.*

maura. 133. C. nigra, pectore abdomineque sanguineis. *Fabr. sp. inf.* 2. *p.* 326. *n.* 29. *mant. inf.* 2. *p.* 272. *n.* 42.
Habitat in nova Hollandia.

nebulosa. 134. C. nigra, elytris hyalinis basi fuscis. *Fabr. sp. inf.* 2. *p.* 326. *n.* 30. *mant. inf.* 2. *p.* 272. *n.* 43.
Habitat in Africa *aequinoctiali, mediae magnitudinis.*

hyalina. 135. C. fusca, elytris fascia abbreviata margineque posteriori hyalinis. *Fabr. sp. inf.* 2. *p.* 326. *n.* 31. *mant. inf.* 2. *p.* 272. *n.* 44.
Fabr. syst. entom. p. 688. *n.* 1. Cercopis fenestrata.
Habitat in India.

pellucida. 136. C. grisea, elytris fascia media hyalina. *Fabr. sp. inf.* 2. *p.* 326. *n.* 32. *mant. inf.* 2. *p.* 272. *n.* 45.
Habitat in nova Hollandia.

cynosbatos. 137. C. fusca, alis albo-hyalinis: margine fusco punctato. *Fabr. sp. inf.* 2. *p.* 327. *n.* 33. *mant. inf.* 2. *p.* 272. *n.* 46.
Habitat in Daniae *rosis.*

serratulae. 138. C. flava, elytris albis: puncto fasciisque duabus nigris. *Fabr. sp. inf.* 2. *p.* 327. *n.* 34. *mant. inf.* 2. *p.* 272. *n.* 47.
Habitat in Angliae *carduis.*

aptera. 38. C. aptera atra, elytris abbreviatis, tibiis antennisque pallidis. *Fn. suec.* 894.*
Habitat in Sudermania *ad* Akeroum, *pulicis magnitudine.*

tricolor. 139. C. elytris lacteis: punctis nigris, capite thoraceque virentibus. *Thunb. nov. act. Ups.* 4. *p.* 21. *n.* 36.
Habitat Upsaliae *frequens et* Lutatiis, *pediculo vix duplo major.*

reticulata. 140. C. elytris hyalinis fusco reticulatis, capite thoraceque albis nigro maculatis. *Thunb. nov. act. Ups.* 4. *p.* 21. *n.* 37.
Habitat Upsaliae, *interrupta paulo major.*

variabilis. 141. C. elytris fusco-flavescentibus: margine maculis duabus pallidis, capite thoraceque flavescentibus. *Thunb. nov. act. Ups.* 4. *p.* 22. *n.* 38.
Habitat frequens Upsaliae, *interrupta vix major, elytris nunc flavescentibus, nunc fusco flavoque variis, nunc fuscis.*

cincta. 142. C. elytris fuscis: margine maculis duabus albis, capite thoraceque fuscis. *Thunb. nov. act. Ups.* 4. *p.* 23. *n.* 39.
Habitat Upsaliae, *magnitudine nervosae, variabili sextuplo major.*

exclamationis. 143. C. elytris nigris: linea punctoque albis, capite thoraceque nigris. *Thunb. nov. act. Ups.* 4. *p.* 24. *n.* 40.
Habitat Upsaliae, *bifasciatae magnitudine, supra nigra, subtus flavescens.*

144. C

ittata. 144. C. fusco varia, capite thorace elytrisque ferrugineis: punctis flavis albisque, tergo coccineo. *Forst. nov. ins. sp.* 1. *p.* 68. *n.* 68.
Habitat in America *septentrionali, magnitudine spumariae, an ejusdem tribus?*

uenta. 145. C. capite thorace alisque subfuscis, abdomine nigro, elytris ruberrimis apice flavis.
Drury ins. 2. *p.* 73. *t.* 38. *f.* 5. 6. Cicada sanguinea.
Habitat in Jamaica.

licina. 146. C. grisea, pedibus ruso-testaceis.
Degeer ins. 3. *p.* 180. *n.* 2. Cicada spumaria salicis.
Habitat in salice, *an ad cercopides releganda?*

nuscae-ormis. 147. C. fronte quadrata, thorace brevissimo, scutello albido: punctis duobus impressis, alis fuscescentibus: basi fasciaque abrupta albis. *Schranck ins. austr. p.* 253. *n.* 482.
Habitat in Austria *superiore, infra* 3 *lineas longa.*

icincta. 148. C. pallide fusca, capite thoraceque fascia albida. *Schranck Beytr. zur Naturg. p.* 75. §. 26. *ins. austr. p.* 254. *n.* 483.
Habitat in Austria *superiori, infra* 3 *lineas longa.*

lecima-quarta. 149. C. pallida, elytris numero 14 nigro notatis. *Schranck Beytr. zur Naturg. p.* 76. §. 28. *ins. austr. p.* 254. *n.* 485.
Habitat in Austria, *infra* 3 *lineas longa.*

quadri-naculata. 150. C. ferruginea, elytris ad marginem exteriorem maculis duabus albis. *Schranck Beytr. zur Naturg. p.* 77. §. 30. *ins. austr. p.* 254. *n.* 486.
Habitat Siennae austriae, 2½ *lineas longa.*

chrankii. 151. C. fusca subtus flava, alis hyalinis: apice nervis nigris fenestratis. *Schranck Beytr. zur Naturg. p.* 74. §. 24. *ins. austr. p.* 255. *n.* 487.
Habitat in Austria *superiore,* 2½ *lineas longa.*

striaca. 152. C. nigra, pedibus pallidis, oculorum basi alba, alis hyalinis: fasciis subtribus nigris. *Schranck Beytr. zur Naturg. p.* 73. §. 23. *ins. austr. p.* 255. *n.* 488.
Habitat in Austria, 2½ *lineas longa.*

emorrousa. 153. C. nigra, thorace maculis duabus sanguineis. *Schranck ins. austr. p.* 256. *n.* 490.
Habitat in Austriae *arbustis, vix ultra* 2 *lineas longa.*

trilineata. 154. C. ferruginea, lineis tribus longitudinalibus nigri *Schranck Beytr. zur Naturg. p.* 75. §. 27. *inſ. auſtr. p.* 258. *n.* 496.
Habitat in Auſtria *ſuperiore.*

erythrophthalma. 155. C. flaveſcens, oculis rubris, tibiis anterioribus nigro marginatis, alis hyalinis: lineolis obſcuriuſculis. *Schranck Beytr. zur Naturg. p.* 77. §. 31. *inſ. auſtr. p.* 258. *n.* 498
Habitat in Auſtria.

melanoſticta. 156. C. ſulphurea, capite punctis duobus, elytris maculis ali quot nigris: apice fuſco. *Schranck inſ. auſtr. p.* 259 *n.* 499.
Geoffr. inſ. par. 1. *p.* 426.
Habitat in Auſtria *ſuperiore et* Gallia, *ſeſquilineam longa.*

arunci. 157. C. tota ferruginea, oculis fuſcis. *Scop. ent. carn. p.* 113 *n.* 332.
Habitat in Spiraea Arunco.

marginalis. 158. C. fuſca, elytri margine externo pedibusque flaveſcentibus, corpore luteo. *Scop. ent. carn. p.* 113. *n.* 333.
Habitat in Carniolia.

bicordata. 159. C. elytris nigris: latere utroque et linea media, pedibusque flavis. *Scop. ent. carn. p.* 114. *n.* 334.
Habitat in Carnioliae *corylo, frontis macula media nigra, cujus apici utrique inſidet macula obcordata nigra.*

oenotherae. 160. C. flaveſcens, oculis nigris, elytris rivulis fuſcis. *Scop. ent. carn. p.* 114. *n.* 336.
Habitat in Carnioliae *oenothera bienni, ſpumans, ſpumaria major; an ex cercopidum tribu?*

carniolica. 161. C. nigricans, elytris margine omni lineolisque tribus longitudinalibus luteis. *Scop. ent. carn. p.* 114. *n.* 337.
Habitat in Carnioliae *fruticibus.*

pallida. 207. C. pallida thorace punctis ſex impreſſis. *Geoffr. inſ. par.* 1. *p.* 419. *n.* 8.
Habitat in Gallia *et* Calabria.

biguttata. 216. C. nigra, thorace utrinque gutta ſanguinea. *Muſ. Lesk. p.* 116. *n* 20.
Habitat in Europa.

217. C

rivulosa. 217. C. testacea, elytris ferrugineo variis: rivulis transversis albis. *Mus. Lesk. p.* 116. *n.* 25.
Habitat in Europa.

strigosa. 218. C. scutello thoraceque transversim strigoso rufescentibus, elytris fusco, rufo cinereoque variis, ano setoso, pedibus posterioribus longis: tibiis spinis ciliatis. *Mus. Lesk. p.* 116. *n.* 26.
Habitat in Europa.

casta. 219. C. fusco-pallida immaculata. *Mus. Lesk. p.* 116. *n.* 28.
Habitat in Europa.

quadristriata. 220. C. elytris nervosis elevato-punctatis rugosis tibiarumque apice griseis, thorace depresso: striis quatuor longitudinalibus, pedibus anterioribus latis. *Mus. Lesk. p.* 116. *n.* 27.
Habitat in Europa.

lutea. 221. C. lutea, elytris ad scutelli margines albis. *Mus. Lesk. p.* 116. *n.* 29.
Habitat in Europa.

bipunctata. 222. C. flava, fronte punctis duobus fuscis, elytris albis luteo venosis. *Mus. Lesk. p.* 116. *n.* 30.
Habitat in Europa.

flavifrons. 223. C. lutea fronte flava: punctis duobus minimis nigris. *Mus. Lesk. p.* 116. *n.* 31.
Habitat in Europa.

reticulata. 224. C. flava, elytris albis luteo venosis. *Mus. Lesk. p.* 116. *n.* 32. 35.
Habitat in Europa.

ineolata. 225. C. fusca, elytris albidis fusco venosis: lineolis interruptis albis. *Mus. Lesk. p.* 116. *n.* 33.
Habitat in Europa.

irescens. 226. C. ex flavo virescens. *Mus. Lesk. p.* 116. *n.* 34.
Habitat in Europa.

ugubris. 227. C. elytris albis: margine interno posteriorique nigro, dorso interrupto. *Mus. Lesk. p.* 116. *n.* 36.
Habitat in Europa.

yalina. 228. C. elytris hyalinis albo venosis. *Mus. Lesk. p.* 118. *n.* 37.
Habitat in Europa.

lactea. 229. C. pallida, alis lacteis. *Muf. Lesk. p.* 118. *n.* 38.
Habitat in Europa.

denigrata. 230. C. flava, alis albis, abdomine fupra nigro. *Muf. Lesk. p.* 118. *n.* 39.
Habitat in Europa.

maculofa. 231. C. fufca, elytris albidis fufco maculatis. *Muf. Lesk. p.* 118. *n.* 40.
Habitat in Europa.

pallens. 232. C. aptera pallida. *Muf. Lesk. p.* 116. *n.* 42.
Habitat in Europa.

†† *alis deflexis, latera obvolventibus*, Deflexae.

ocellata. 162. C. elytris compreffis adfcendentibus viridibus: punctis ocellaribus ferrugineis. *Fabr. fp. inf.* 2. *p.* 322. *n.* 2. *mant. inf.* 2. *p.* 268. *n.* 2.
Degeer inf. 3. *t.* 33. *f.* 2.
Habitat Tranquebariae.

aequinoctialis. 163. C. elytris deflexis viridibus: margine rubro; interiori bafi nigro punctato. *Fabr. fp. inf.* 2. *p.* 322. *n.* 3. *mant. inf.* 2. *p.* 268. *n.* 3.
Habitat in Africa *aequinoctiali, magna.*

marginata. 39. C. flava, elytris deflexis nigris: linea laterali alba. *Fabr. fp. inf.* 2. *p.* 322. *n.* 4. *mant. inf.* 2. *p.* 268. *n.* 4.
Habitat in America, *lateralis magnitudine, alis pallidis.*

phalaenoides. 40. C. exalbida, alis patulis, elytris anterius nigro punctatis. *Fabr. fp. inf.* 2. *p.* 323. *n.* 5. *mant. inf.* 2. *p.* 268. *n.* 5.
Degeer inf. 3. *p.* 222. *n.* 19. *t.* 33. *f.* 6. Cicada flava, alis ampliffimis deflexis albidis nigro punctatis.
Sulz. hift. inf. t. 9. *f.* 10.
Stoll cicad. t. 2. *f.* 9.
Habitat in America *meridionali, hemerobio perlae fimilis.*

bipunctata. 41. C. exalbida, elytris deflexis grifeis, thoracis margine anteriori punctis duobus impreffis. *Fabr. fp. inf.* 2. *p.* 323. *n.* 6. *mant. inf.* 2. *p.* 268. *n.* 6.
Habitat in America *meridionali, cornutae magnitudine.*

retufa. 164. C. exalbida immaculata, capite anterius retufo. *Fabr. mant. inf.* 2. *p.* 268. *n.* 7.
Habitat in Cayenna, *flatura et magnitudine marginatae.*

165. C.

grisea. 165. C. grisea, elytris deflexis, capite apice puncto nigro. *Fabr. sp. inf.* 2. *p.* 323. *n.* 7. *mant. inf.* 2. *p.* 268. *n.* 8.
Habitat in insulis Americae *meridionali oppositis.*

tripuncta- ta. 166. C. elytris deflexis viridibus: punctis tribus albidis. *Fabr. sp. inf.* 2. *p.* 323. *n.* 8. *mant. inf.* 2. *p.* 268. *n.* 9.
Habitat in America *meridionali, viridis, vivida major.*

vivida. 167. C. viridis, elytris deflexis, alis albis, fronte conica. *Fabr. sp. inf.* 2. *p.* 323. *n.* 9. *mant. inf.* 2. *p.* 268. *n.* 10.
Habitat in insulis, Americae *meridionali oppositis, in* nova *quoque* Hollandia.

minuta. 168. C. elytris deflexis viridibus: dorso scabro, capitis margine posteriori thoraceque linea dorsali sanguinea. *Fabr. sp. inf.* 2. *p.* 323. *n.* 10. *mant. inf.* 2. *p.* 268. *n.* 11.
Habitat in nova Hollandia.

lanata. 42. C. alis nigris: punctis caeruleis, fronte lateribusque rubris, ano lanato. *Muf. Lud. Ulr.* 163.* *Fabr. sp. inf.* 2. *p.* 324. *n.* 12. *mant. inf.* 2. *p.* 268. *n.* 13.
Sulz. hist. inf. t. 9. *f.* 11.
Drury inf. 2. *t.* 37. *f.* 11.
Stoll cicad. 1. *t.* 10. *f.* D. 49.
Habitat in America *australi et* India, *nigricans, oculis spinosis.*

tomen- tosa. 169. C. elytris deflexis viridibus fulvo subfasciatis, alis albis: fasciis duabus atris. *Fabr. sp. inf.* 2. *p.* 324. *n.* 13. *mant. inf.* 2. *p.* 269. *n.* 14.
Habitat in India.

barbata. 170. C. fusca, abdomine virescente, ano lanato niveo. *Fabr. sp. inf.* 2. *p.* 324. *n.* 14. *mant. inf.* 2. *p.* 269. *n.* 15.
Habitat in India.

...rata. 171. C. atra, thorace maculis quatuor griseis, abdominis margine flavo: punctis niveis. *Fabr. mant. inf.* 2. *p.* 269. *n.* 16.
Habitat in Cayenna, *statura et magnitudine lanatae, antennis testaceis, genubus flavis.*

...llosa. 172. C. viridis, elytris deflexis exalbidis, ano lanato. *Fabr. sp. inf.* 2. *p.* 324. *n.* 15. *mant. inf.* 2. *p.* 270. *n.* 21.
Habitat in America *meridionali.*

leporina. 43. C. alis exalbidis: anterius anastomosibus pallidis supra li-
neolam nigricantem, ano lanato. *Fn. suec.* 895.*
Habitat in Europa.

cunicularia. 44. C. alis hyalinis: striga fascia punctisque fuscis, ano lanato. *Fabr. sp. inf.* 2. *p.* 323. *n.* 11. *mant. inf.* 2. *p.* 268.
n. 12.
Habitat in India, *fronte ovata ferruginea.*

viridis. 46. C. elytris viridibus, capite flavo: punctis nigris. *Fn. suec.*
896. *Geoffr. inf. par.* 1. *p.* 417. *n.* 5. *Fuesſli inf. helv. p.*
24. *n.* 465. *Fabr. sp. inf.* 2. *p.* 326. *n.* 26. *mant. inf.*
2. *p.* 271. *n.* 34.
Raj. inf. p. 68. *n.* 3. Locusta pulex paulo minor.
Petiv. gaz. 73. *t.* 76. *f.* 6. Ranatra viridescens.
Habitat in Europa, *elytris rarius caerulescentibus.*

laeta. 173. C. supra nigra nitida: punctis caerulescentibus. *Fabr.*
mant. 2. *p.* 271. *n.* 34.
Habitat in Cayenna, *viridi minor, subtus flavescens, ano*
coccineo.

quadriguttata. 174. C. elytris rufescentibus: maculis duabus viridibus apice hyalinis. *Fabr. mant. inf.* 2. *p.* 271. *n.* 36.
Habitat in Cayenna, *mediae magnitudinis, subtus flavescens.*

marginella. 175. C. nigra, capitis thoracis elytrorumque margine coccineis. *Fabr. mant. inf.* 2. *p.* 271. *n.* 37.
Habitat in Cayenna, *parva.*

compressa. 47. C. flava compressa. *Fn. suec.* 897.*
Habitat in Europa.

aurata. 48. C. flava, elytris fulvo pictis: maculis quatuor nigris posteriusque auratis. *Fn. suec.* 899.* *Fabr. sp. inf.* 2. *p.* 328.
n. 41. *mant. inf.* 2. *p.* 273. *n.* 55. *Fuesſli inf. helv. p.* 24.
n. 466.
Habitat in Europae *magis borealis plantis.*

ulmi. 49. C. alis viridi luteis: apicibus nigricantibus inauratis. *Fn.*
suec. 900.* *Fabr. sp. inf.* 2. *p.* 328. *n.* 42. *mant. inf.* 2.
p. 273. *n.* 56. *Geoffr. inf. par.* 1. *p.* 427. *n.* 27.
Degeer inf. 3. *p.* 189. *n.* 8. Cicada musciformis ulmi.
Habitat in Europae *ulmis.*

nitidula. 176. C. elytris pallide auratis albo nigroque punctatis. *Fabr.*
mant. inf. 2. *p.* 273. *n.* 57.
Habitat Halae Saxonum, *parva, flava.*

cuspidata. 177. C. grisea, capite depresso plano apice fusco. *Fabr. sp. inf.* 2. *p.* 328. *n.* 43. *mant. inf.* 2. *p.* 273. *n.* 58.
Habitat in Angliae *plantis.*

quercus. 178. C. flavescens, elytris sanguineo apice fusco maculatis. *Fabr. sp. inf.* 2. *p.* 328. *n.* 44. *mant. inf.* 2. *p.* 273. *n.* 59.
Habitat in quercu.

rosae. 50. C. flava, alis albis apice fusco striatis. *Fn. suec.* 902.* *Geoffr. inf. par.* 1. *p.* 428. *n.* 28. *Fabr. sp. inf.* 2. *p.* 327. *n.* 40. *mant. inf.* 2. *p.* 272. *n.* 53.
Fuessli inf. helv. p. 24. *n.* 467.
Degeer inf. 3. *p.* 103. *n.* 9. Cicada musciformis rosae.
Reaum. inf. 5. *t.* 20. *f.* 10-14.
Frisch inf. 11. *p.* 13. *t.* 20.
Habitat in rosae *foliis.*

fuscata. 179. C. grisea, elytris punctis apiceque fuscis, alis albis apice fuscis. *Fabr. mant. inf.* 2. *p.* 272. *n.* 54.
Habitat in Europa, *statura et magnitudine C. rosae.*

coryli. 51. C. alis fuscis convolutis: fascia albida pone maculam cordatam caerulescentem. *Fn. suec.* 901.*
Habitat in corylo.

coccinea. 180. C. flava, capite thorace scutello tergo elytrisque coccineis, elytris lineis duabus longitudinalibus obliquis virentibus. *Forst. nov. inf. sp.* 1. *p.* 69. *n.* 69.
Habitat in America *septentrionali, compressae circiter magnitudine.*

americana. 181. C. elytris maculatis, ano lanato.
Habitat in America, *an vere distincta a* 42, 169-172 *species?*

albida. 182. C. albida, elytris nigro punctatis.
Habitat in America; *an distincta a* 42, 169-172 *species?*

globulifera. 183. C. atra, capite conico in spinam longissimam desinente; pedunculis quatuor globuliferis. *Pall. miscell. zool. p.* 187. *spicil. zool.* IX. *p.* 22. *t.* 1. *f.* 12. D. E. F.
Habitat - - - - pediculo duplo vel triplo major.

erythroptera. 184. C. fusca, capite flavicante, elytris rubris: strigis quatuor nigris. *Lepechin it.* 2. *p.* 209. *t.* 11. *f.* 24.
Habitat in Sibiria.

nitens. 185. C. griseo-viridis, alis hyalinis nitidissimis, femoribus anterioribus tridentatis. *Degeer inf.* 3. *p.* 220. *n.* 17. *t.* 33. *f.* 4.
Habitat in Surinamo, 11 *lineas longa.*

collaris. 186. C. flavo-fulva, thorace fascia rubra pallida, antennis longioribus. *Degeer inf.* 3. *p.* 226. *n.* 22. *t.* 33. *f.* 12.
Habitat in Surinamo, *muscae minoris magnitudine.*

melanoptera. 187. C. fusca: utrinque linea laterali flava, alis nigris. *Degeer inf.* 3. *p.* 226. *n.* 23. *t.* 23. *f.* 14.
Habitat in Surinamo, *statura et magnitudine collaris.*

gibberula. 188. C. fusco-viridis reticulata, alarum basi dilatata. *Geoffr. inf. par.* 1. *p.* 418. *n.* 7.
Habitat in Gallia.

sexpunctata. 189. C. flavescens, thorace punctis sex impressis. *Geoffr. inf. par.* 1. *p.* 429. *n.* 8.
Habitat in Gallia.

crocata. 190. C. nigra, thorace elytrisque fascia crocea. *Geoffr. inf. par.* 3. *p.* 422. *n.* 16.
Habitat in Gallia.

castaneae. 191. C. tota nigra. *Geoffr. inf. par.* 3. *p.* 422. *n.* 15.
Habitat in Galliae *castanea.*

tristriata. 192. C. fusca, elytris albidis: fasciis tribus transversis fuscis. *Geoffr. inf. par.* 3. *p.* 425. *n.* 21.
Habitat in Gallia.

bistriata. 193. C. flava, elytrorum fasciis duabus transversis fuscis. *Geoffr. inf. par.* 3. *p.* 425. *n.* 22.
Habitat in Gallia.

tripunctata. 194. C. viridi-flava, elytris punctis tribus nigris apice fuscis. *Geoffr. inf. par.* 3. *p.* 426. *n.* 25.
Habitat in Gallia.

geographica. 195. C. viridis, elytris maculis plurimis fuscis ovatis. *Geoffr. inf. par.* 3. *p.* 427. *n.* 26.
Habitat in Gallia.

squalida. 196. C. fusca elytris nebulosis: nervis albidis. *Müll. zool. dan. prodr. p.* 102. *n.* 1152. *Geoffr. inf. par.* 1. *p.* 422. *n.* 14.
Habitat in Europa.

uadrinotata. 197. C. nigricans, thorace bipunctato, elytris totis coriaceis: fascia duplici interrupta alba. *Müll. zool. dan. prodr. p.* 102. *n.* 1149.
Habitat in Dania.

allescens. 198. C. elytris abbreviatis striatis fusco maculatis, alis albis. *Müll. zool. dan. prodr. p.* 102. *n.* 1150.
Habitat in Dania.

usca. 199. C. flavescens, elytris fuscis nervosis, oculis nigris. *Müll. zool. dan. prodr. p.* 102. *n.* 1151.
Habitat in Dania.

usilla. 200. C. pallida, alis membranaceis albis: punctis raris nigris. *Müll. zool. dan. prodr. p.* 103. *n.* 1163.
Habitat in Dania, *adeo exilis, ut saliens tantum oculis percipiatur.*

liaphana. 201. C. luteo-alba, oculis cinereis. *Müll. zool. dan. prodr. p.* 103. *n.* 1169.
Habitat in Dania.

rvensis. 202. C. lutea, fronte, abdomine subtus, lateribusque nigris. *Müll. zool. dan. prodr. p.* 103, *n.* 1170.
Habitat in Daniae *arvis.*

ieuroptera. 203. C. flavescens, alis hyalinis nervosis: maculis subfulvis. *Müll. zool. dan. prodr. p.* 103. *n.* 1171.
Habitat in Dania.

cancellata. 204. C. lutea, scutello tripunctato apice fusco, alis albis reticulatis. *Müll. zool. dan. prodr. p.* 103. *n.* 1172.
Habitat in Dania.

glabra. 205. C. fusca, thorace nigro, elytris politis fulvis. *Müll. zool. dan. prodr. p.* 103. *n.* 1173.
Habitat in Dania.

mphibia. 206. C. antennis crassis elevatis, alis nullis, pedibus posterioribus natatoriis. *Pontopp. Naturg. Daennem. p.* 214. *n.* 13. *t.* 16. a. b. *atl. dan.* I. *t.* 29.
Müll. zool. dan. prodr. p. 103.
Habitat in Dania, *magnitudine pulicis, feminae abdomine ensifero; an hujus generis?*

224. NOTONECTA. *Rostrum* inflexum.
Antennae thorace breviores
Alae quatuor cruciato-complicatae, anterius co-
riaceae.
Pedes posteriores pilosi, natatorii.

* *labio elongato.*

glauca. 1. N. elytris griseis margine fusco punctatis apice bifidis. F
suec. 903.* *Scop. ent. carn.* 348. *Fuessli inf. helv.*
24. *n.* 468. *Fabr. sp. inf.* 2. *p.* 331. *n.* 1. *mant. inf.*
p. 275. *n.* 1.
Geoffr. inf. par. 1. *p.* 476. *n.* 1. *t.* 9. *f.* 6. Notonecta c
pite luteo &c.
Degeer inf. 3. *p.* 382. *n.* 5. *t.* 18. *f.* 16. 17. Nepa no
necta.
Petiv. gazoph. t. 72. *f.* 6. Notonecta vulgaris nigro pa
doque mixta.
Raj. inf. 58. Cicada aquatica Mouffeti.
Bradl. nat. t. 26. *f.* 2. E.
Hufn. inf. t. 12. *f.* 19.
Frisch inf. 6. *p.* 28. *t.* 13.
Roes. inf. 3. *app.* 1. *p.* 165. *t.* 27.
Pod. inf. t. 1. *f.* 5.
Sulz. inf. t. 10. *f.* 67.
Schaeff. elem. t. 90.
icon. t. 33. *f.* 5. 6.
Stoll cimic. 2. *t.* 12. *f.* IX. X.
Habitat in Europae *aquis, piscibus molesta.*

americana. 4. N. grisea, posterius nigra, scutello atro, utrinque punc
baseos flavo. *Fabr. sp. inf.* 2. *p.* 331. *n.* 2. *mant. inf.*
p. 275. *n.* 2.
Habitat in Americae *aquis.*

5. N

Notonectae et Nepae *sub aquis degunt, animalculis aquaticis victitantes; larva*
puppa hexapus, agilis, natans imagini simillima, haec cum alarum rudiment
illa aptera.

ivea. 5. N. elytris albis immaculatis apice rotundatis. *Fabr. sp. inf. 2. p. 332. n. 3. mant. inf. 2. p. 275. n. 3.*
Habitat in India.

iinutiſſima. 3. N. griſea, capite fuſco elytris truncatis. *Fabr. ſp. inſ. 2. p. 332. n. 4. mant. inſ. 2. p. 275. n. 4.*
Syſt nat. XII. *2. p. 713. n. 3. Fn. ſuec.* 905. Notonecta elytris cinereis maculis fuſcis longitudinalibus.
Fn. ſuec. 1. n. 690. Notonecta arenulae magnitudinis.
Geoffr. inſ. par. 1. p. 477. *n.* 2. Notonecta cinerea anelytra.
Fueſſli inſ. helv. p. 24. n. 470.
Habitat in Europae *aquis.*

iinuta. 6. N. capite flavo, thorace elytrisque viridibus: lineis transverſis fuſcis. *Sulz. hiſt. inſ. p. 91. t. 10. f. 1.*
Habitat in Europae *aquis.*

ovebo- acenſis. 7. N. flaveſcens, elytris concoloribus: maculis tribus nebuloſis fuſcis longitudinalibus. *Forſt. nov. inſ. ſpec. 1. p. 70. n. 70.*
Habitat in Noveboraco.

ctopunctata. 8. N. capite flavo, thorace ſubfuſco, ſcutello nigro: punctis quinque albis, elytris fuſcis: margine albo; punctis quatuor atris.
Schaeff. ic. t. 97. f. 1.
Habitat in Germania, *magnitudine ſtriatae.*

idica. 9. N. glauca, elytris apice nigris. *Mant. 2. p.* 534.
Habitat in India.

tomaria. 10. N. alba, ſupra elytrisque pallide griſeis, alis lacteolis. *Pall. it. 1. app. n.* 55.
Habitat in fluento Ruſſiae Volchova *ad* Novogrodium, *pediculi magnitudine.*

itea. 11. N. elytris albidis: ſtriga marginali nigra. *Müll. zool. dan. prodr. p. 103. n.* 1175.
Habitat in Daniae *aquis.*

iargina- ta. 12. N. elytris nigris: margine ſuturaque luteis. *Müll. zool. dan. prodr. p. 104. n.* 1176.
Habitat in Dania. *De his 6-12 dubium, utrum huic, an ſequenti tribui accenſendae.*

** *la-*

** *labio nullo*, Sigarae Fabricii.

lineata. 13. N. elytris fuscis: lineis duabus abbreviatis flavis. *Fabr. mant. inf.* 2. *p.* 276. *n.* 1.
Habitat in Cayenna, *statura striatae, at paulo major.*

striata. 2. N. elytris fuscis: lineolis transversis undulatis numerosissimis fuscis. *Fn. suec.* 904.* *Scop. ent. carn.* 349. *Fabr. sp. inf.* 2. *p.* 332. *n.* 1. *mant. inf.* 2. *p.* 276. *n.* 2.
Petiv. gazoph. t. 72. *f.* 7. Notonecta vulgaris compressa fusca.
Geoffr. inf. par. 1. *p.* 478. *n.* 1. *t.* 9. *f.* 7. Corixa.
Degeer inf. 3. *p.* 389. *n.* 6. *t.* 20. *f.* 1. 2. Nepa striata.
Joblot microsc. 1. *p.* 1. *t.* 7. *f.* 2. 3.
Roes. inf. 3. *app.* 1. *p.* 177. *t.* 29.
Schaeff. elem. t. 50.
icon. t. 97. *f.* 2.
Stoll cimic. 2. *t.* 15. *f.* XIII. B.
Habitat in Europae *aquis frequens, magnitudine varians.*

coleoptrata. 14. N. elytris totis coriaceis fuscis: margine exteriori flavo. *Fabr. sp. inf.* 2. *p.* 332. *n.* 2. *mant. inf.* 2. *p.* 276. *n.* 3.
Habitat in Kilonii *aquis.*

225. NEPA. *Rostrum* inflexum.

Antennae breves.

Alae quatuor cruciato-complicatae: anterius coriaceae.

Pedes anteriores cheliformes; reliqui quatuor ambulatorii.

* *antennis palmato-divisis, labio nullo.*

grandis. 1. N. ecaudata testacea flavo maculata. *Fabr. sp. inf.* 2. *p.* 332. *n.* 1. *mant. inf.* 2. *p.* 276. *n.* 1.
Syst. nat. XII. 2. *p.* 713. *n.* 1. *Muf. Lud. Ulr.* 164.* *Gron. zooph.* 685. Nepa testacea scutello laevi, alis albis maculis venisque flavis.
Degeer inf. 3. *p.* 379. *n.* 4. Nepa surinamensis.
Marcgr. bras. 250. *f.* 259. Insectum magnitudine brusci.
Merian. inf. surin. t. 56.
Roes. inf. 3. *app.* 1. *t.* 26.
Habitat in Americae *aquis.*

rubra. 2. N. fusca, abdomine supra alarumque nervis rubris. *Mus. Lud. Ulr.* 165.*
Fabr. mant. inf. 2. *p.* 277. *n.* 6. Nepa cauda biseta corpore ovato, cauda corpore longiore.
Stoll cimic. 2. *t.* 7. *f.* V. Scorpio aquaticus.
Habitat Tranquebariae.

annulata. 8. N. ecaudata subrotunda, pallide fusca, tibiis anterioribus pallidis fusco annulatis. *Fabr. sp. inf.* 2. *p.* 333. *n.* 2. *mant. inf.* 2. *p.* 276. *n.* 2.
Habitat in Coromandel, *congeneribus latior, magis rotundata.*

rustica. 9. N. ecaudata fusca, thoracis elytrorumque margine anteriore albido. *Fabr. sp. inf.* 2. *p.* 333. *n.* 3. *mant. inf.* 2. *p.* 276. *n.* 3.
Sulz. hist. inf. t. 10. *f.* 2. Nepa plana.
Stoll cimic. 2. *t.* 7. *f.* VI.

fusca. 3. N. fusca, cauda biseta, scutello rugoso, alis niveis. *Mus. Lud. Ulr.* 166.* *Fabr. sp. inf.* 2. *p.* 333. *n.* 4. *mant. inf.* 2. *p.* 277. *n.* 4.
Stoll cimic. 2. *t.* 1. *f.* 1.
Habitat in Indiae *aquis, cauda corporis longitudine.*

grossa. 10. N. cauda biseta, corporis ovati longitudine. *Fabr. mant. inf.* 2. *p.* 277. *n.* 5.
Habitat in Sina, *rubra major, cinerea, abdomine supra rubro, medio nigro, ano cinereo.*

atra. 4. N. atra thorace inaequali, corpore oblongo.
Habitat in Africa, *cinereae simillima, at duplo major et duplo longior.*

cinerea. 5. N. cinerea, thorace inaequali, corpore oblongo ovato. *Fn. suec.* 906. *Scop. ent. carn.* 350. *Fuessli inf. helv. p.* 24. *n.* 471.
Fabr. sp. inf. 2. *p.* 333. *n.* 5. *mant. inf.* 2. *p.* 277. *n.* 6. Nepa cauda biseta, corpore ovato.
Fn. suec. 1. *n.* 691. Nepa abdominis margine integro.
Geoffr. inf. par. 1. *p.* 481. *n.* 2. Nepa corpore ovato.
Degeer inf. 3. *p.* 361. *n.* 1. *t.* 18. *f.* 1. Nepa Scorpio aquaticus.
Mouff. inf. 321. Scorpio palustris.
Raj. inf. 58. Scorpio palustris ad cimices referenda.
Jonst. inf. t. 25. *f.* 1. 2. Scorpiones aquatici.

Pet.

Pet. gazoph. t. 74. *f.* 4. Scorpio vulgaris aquaticus.
Baub. ballon. 212. *f.* 2. Araneus aquaticus.
Swammerd. bibl. 1. *t.* 3. *f.* 4.
Bradl. natur. t. 26. *f.* 2. C.
Frisch inf. 7. *t.* 15.
Hufn. inf. t. 11. *f.* 2.
Roef. inf. 3. *app.* 1. *p.* 136. *t.* 22. *f.* 6-8.
Sulz. inf. t. 10. *f.* 68.
Schaeff. elem. t. 69.
icon. t. 33. *f.* 7. 9.
Stoll cimic. t. 1. *f.* 11. a.
Habitat in Europae *aquis, abdomine supra rubro, ant* *palmato-bifidis.*

maculata. 11. N. nigra, thorace scutelloque ferrugineo maculatis, nigris, cauda bifeta. *Fabr. sp. inf.* 2. *p.* 334. *n.* 6. *m* *inf.* 2. *p.* 227. *n.* 8.
Habitat in Indiae *aquis.*

linearis. 7. N. linearis, manibus spina laterali pollicatis. *Fn. suec.* 9 *Gron. zooph.* 683.
Fabr. sp. inf. 2. *p.* 334. *n.* 7. *mant. inf.* 2. *p.* 277. *n.* 9. pa cauda bifeta corpore lineari.
Geoffr. inf. par. 1. *p.* 480. *t.* 10. *f.* 1. Nepa corpore line
Degeer inf. 3. *p.* 369. *n.* 2. *t.* 19. *f.* 1. 2. *Fuessli inf. h* *p.* 25. *n.* 473. Nepa linearis.
Raj. inf. 59. Locusta aquatica Mouffeti.
Swammerd. bibl. nat. 1. *p.* 233. *t.* 3. *f.* 9.
Frisch inf. 7. *p.* 24. *t.* 16.
Roef. inf. 3. *app.* 1. *p.* 141. *t.* 23.
Sulz. hist. inf. t. 10. *f.* 4.
Schaeff. ic. t. 5. *f.* 5. 6.
Habitat in Europae *et* Indiae *aquis.*

** *labio porrecto rotundato,* Naucorides Fabricii.

cimicoides. 6. N. abdominis margine serrato. *Fn. suec.* 907. *Gron. zo* 686. *Geoffr. inf. par.* 1. *p.* 474. *n.* 1. *t.* 9. *f.* 5. *F* *sp. inf.* 2. *p.* 334. *n.* 1. *mant. inf.* 2. *g.* 277. *n.* 1. *Fu* *inf. helv. p.* 24. *n.* 472.
Degeer inf. 3. *p.* 375. *n.* 3. *t.* 19. *f.* 8. 9. Nepa Nauco
Frisch inf. 6. *p.* 31. *t.* 14. Cimex aquaticus latior.
Roef. inf. 3. *app.* 1. *p.* 176. *t.* 28.
Sulz. hist. inf. t. 10. *f.* 3.
Schaeff. elem. t. 87.

Schaeff. icon. t. 33. *f.* 3. 4.
* *Stoll cimic.* 2. *t.* 12. *f.* VIII. C. B.
β) Naucoris sutura integra. *Mus. Lesk. p.* 117. *n.* 62.
Habitat in Europae *aquis.*

antiguensis. 12. N. abdominis margine integro.
Fabr. sp. inf. 2. *p.* 335. *n.* 2. *mant. inf.* 2. *p.* 277. *n.* 2.
Naucoris nepaeformis.
Habitat in insula Antigua.

226. CIMEX. *Rostrum* inflexum.

Antennae thorace longiores.
Alae quatuor cruciato-complicatae: superioribus anterius coriaceis.
Dorsum planum: thorace marginato.
Pedes cursorii.

* *antennis ante oculos insertis.*
† *labio nullo*, Acanthiae Fabricii.
T *apteri.*

lectularius. 1. C. apterus. *Fn. suec.* 909. *Scop. ent. carn.* 354. *Geoffr. inf. par.* 1. *p.* 434. *n.* 1. *Fuessli inf. helv. p.* 25. *n.* 474. *Degeer inf.* 3. *t.* 17. *f.* 9. *Fabr. sp. inf.* 2. *p.* 335. *n.* 1. *mant. inf.* 2. *p.* 278. *n.* 1.
Mouff. inf. 269. *f. superiores.* Cimex domesticus.
Bonann. microsc. t. 65.
Aldr. inf. 534.
Jonst. inf. 89.
Raj. inf. 7.
Ledermüll. microsc. t. 52. 63.
Southall tr. of Buggs. Lond. 1730. *oct.*
Sulz. inf. t. 10. *f.* 69.
Stoll cimic. 2. *t.* 19. *f.* 131.
Habitat in Europae *domibus*, *exoticus*, *ante epocham salutarem jam in* Europa, *vix ante* 1670. *in* Anglia, *nocturnus*, *foetens*, *sanguisugus*, *rarius*, *aliquando tamen*, *testibus* Scopolio *et* Hermanno, *alatus*, *vivus facile occidendus*, *nidore carbonum*, *terebinthinae oleo accenso*, *mentha arvensi*, *lepidio ruderali*, *myrica*, *geranio robertiano*,

agarico muscario, cimicifuga, cannabis seminibus herbaque, opuli baccis, ledo palustri, tabaci oleo, capsicimo, plumbaginis europaeae infuso, acoro palustri, melontheo oleo infuso, medusa, cimice personato, formicis rubris pellendus.

†† *elytris fere totis coriaceis*, coleoptrati.

Zosterae. 122. C. niger, elytris abdomine longioribus apice hyalino striatis. *Fabr. sp. inf. 2. p. 335. n. 2. mant. inf. 2. p. 27 n. 2.*
Fabr. it. norw. Acanthia pellucens.
Habitat ad littora maris, *velocissime supra fucos zosteramque decurrens*, Kilonii *frequens.*

ater. 123. C. ater nitidus, elytris apice pallescentibus. *Fabr. mant. inf. 2. p. 278. n. 3.*
Habitat Kilonii, *c. zosterae duplo minor.*

grylloides. 13. C. apterus niger, elytris ovatis margine luteis abdomine brevioribus. *Fn. suec.* 910.*
Fabr. sp. inf. 2. p. 335. n. 3. mant. inf. 2. p. 278. n. 4
Acanthia (coriacea) aptera, elytris coriaceis nigro-griseis.
Habitat in Europa, *thorace gryllum referens.*

clavipes. 124. C. apterus niger, pedibus piceis: femoribus anterioribus incrassatis dentatis. *Fabr. mant. inf. 2. p. 278. n. 5.*
Habitat Tranquebariae, *magnitudine c. zosterae.*

pedemontanus. 125. C. apterus, elytris connatis abbreviatis cinereis, ano setoso. *Fabr. sp. inf. 2. p. 336. n. 4. mant. inf. 2. p. 278 n. 6.*
Habitat in agro Pedemontano, *parvus, totus cinereus.*

littoralis. 14. C. elytris sordidis albo punctatis, alis abbreviatis, corpore nigro. *Fn. suec.* 914. 915.* *Fabr. sp. inf. 2. p. 3[illegible] n. 7. mant. inf. 2. p. 279. n. 12.*
Degeer inf. 3. p. 278. n. 21. t. 14. f. 17. 18. Cimex co[illegible]tus nigricans.
Habitat in Europae *littoribus.*

15.

Cimices *plurimi foetent, omnes, reduviis exceptis, plantarum, omnes animalium praesertim insectorum molliorum succo victitant, quem, volatilium more, rostro [illegible]gunt; larva et puppa hexapus, agilis, obambulat, imagini simillima, illa [illegible]ra, haec alarum rudimentis instructa.*

rugosus. 15. C. elytris pallidis, corpore oblongo, femoribus anterioribus crassissimis. *Fn. suec.* 916. *Fabr. sp. ins.* 2. *p.* 336. *n.* 8. *mant. ins.* 2. *p.* 279. *n.* 13.
Habitat in Europa *boreali.*

lunatus. 126. C. thorace lunato: margine prominente, abdomine serrato. *Fabr. sp. ins.* 2. *p.* 337. *n.* 9. *mant. ins.* 2. *p.* 279. *n.* 14.
Stoll cimic. 2. *t.* 13. *f.* 84.
Habitat in America *australi et* India.

clavicornis. 16. C. elytris nervoso-carinatis reticulato-punctatis, antennis clavatis. *Fn. suec.* 911.* *Fabr. sp. ins.* 2. *p.* 336. *n.* 5. *mant. ins.* 2. *p.* 278. *n.* 7. *Fuessli ins. helv. p.* 25. *n.* 480.
Reaum. ins. 3. *t.* 34. *f.* 1-4.
Geoffr. ins. par. 1. *p.* 461. *n.* 56.
Habitat in Europae *hortis.*

serratulae. 127. C. niger, elytris pallescentibus, alis apice fuscis. *Fabr. sp. ins.* 2. *p.* 336. *n.* 6. *mant. ins.* 2. *p.* 278. *n.* 9.
Habitat in Angliae serratulis.

lavaterae. 128. C. niger, elytris abdomineque basi rufis. *Fabr. mant. ins.* 2. *p* 278. *n.* 8.
Habitat in Barbariae *lavateris, parvus in hac tribu.*

fasciatus. 129. C. ater, elytris pallescentibus: fasciis duabus abbreviatis nigris. *Fabr. mant. ins.* 2. *p.* 278. *n.* 10.
Habitat Kilonii, *parvus, nitidus.*

Mülleri. 130. C. niger, pedibus fulvis. *Müll. zool. dan. prodr. p.* 105. *n.* 1188.
Habitat in Dania.

maculatus. 131. C. fuscus, thorace albo trimaculato, abdomine subtus albo: margine nigro-punctato. *Fabr. mant. ins.* 2. *p.* 279. *n.* 11.
Habitat Tranquebariae, *parvus.*

††† *membranacei et valde depressi.*

corticalis. 17. C. abdominis margine imbricatim secto, corpore nigro. *Fn. suec.* 917. *Fabr. sp. ins.* 2. *p.* 337. *n.* 10. *mant. ins.* 2. *p.* 279. *n.* 15.
Schaeff. ic. t. 51. *f.* 6. 7.
Habitat in Europae *arboribus silvaticis.*

paradoxus. 132. C. thorace abdomineque lobatis ciliato-spinosis. *Sparrm act. Stockh.* 1777. *p.* 234. *t.* 6. *f.* A. B. C. *Fabr. sp. ins.* 2. *app. p.* 510. *mant. ins.* 2. *p.* 279. *n.* 16.
Habitat ad caput bonae spei, *statura corticalis, folia decidua emortua aemulans.*

laevis. 133. C. niger, abdomine laevi brunneo, alis pallidis. *Fabr. sp. ins.* 2. *p.* 337. *n.* 11. *mant. ins.* 2. *p.* 279. *n.* 17.
Habitat in Anglia.

betulae. 18. C. thorace denticulato, capite muricato, elytris anterius dilatatis. *Fn. suec.* 918. *Fabr. sp. ins.* 2. *p.* 337. *n.* 12. *mant. ins.* 2. *p.* 279. *n.* 18.
Degeer ins. 3. *p.* 305. *n.* 36. *t.* 15. *f.* 16. 17. Cimex depressus betulae.
Habitat in Europae *borealis betula alba.*

crassipes. 134. C. abdomine incrassato fusco: apice flavescente, tibiis anterioribus incrassatis. *Fabr. sp. ins.* 2. *p.* 337. *n.* 13. *mant. ins.* 2. *p.* 279. *n.* 19.
Habitat Dresdae.

erosus. 19. C. abdomine flavo: fascia nigra, thoracis margine sinuato, tibiis anterioribus incrassatis. *Fabr. sp. ins.* 2. *p.* 337. *n.* 14. *mant. ins.* 2. *p.* 279. *n.* 20.
Degeer ins. 3. *p.* 350. *n.* 25. *t.* 35. *f.* 13. 14. Cimex Scorpio.
Habitat in America *meridionali.*

niger. 585. C. niger, thorace ferrugineo marginato conico: apice truncato, elytris abdomine dimidio brevioribus margine externo ferrugineis, abdomine supra albo maculato: labis utrinque sex ferrugineis, totidemque subtus paribus guttarum albarum. *Mus. Lesk. p.* 117. *n.* 66. b.
Habitat extra Europam.

umbraculatus. 135. C. ferrugineus, thorace marginato: margine anterius scutelloque apice albis. *Fabr. sp. ins.* 2. *p.* 337. *n.* 15. *mant. ins.* 2. *p.* 279. *n.* 21.
Habitat Hafniae.

leucopterus. 136. C. thoracis margine serrato, corpore griseo, alis albis fusco maculatis. *Fabr. sp. ins.* 2. *p.* 338. *n.* 16. *mant. ins.* 2. *p.* 279. *n.* 22.
Habitat - - - - - -

licis. 20. C. elytrorum apicibus capite pedibusque lividis, corpore nigro. *Fn. suec.* 919.*
Habitat in filicibus.

rdui. 21. C. scutello lineis tribus elevatis, antennis apice nigris. *Fn. suec.* 920.* *Fabr. sp. inf.* 2. *p.* 338. *n.* 17. *mant. inf.* 2. *p.* 280. *n.* 24
Degeer inf. 3. *p.* 309. *n.* 38. *t.* 6. *f.* 1. Cimex depressus ovatus griseus nigro-maculatus.
Habitat in Europae *borealis cardui capitulis.*

ri. 137. C. thorace trialato: scutello foliato, elytris reticulatis basi gibbis. *Fabr. sp. inf.* 2. *p.* 338. *n.* 18. *mant. inf.* 2. *p.* 280. *n.* 25.
Geoffr. inf. par. 1. *p.* 461. *n.* 57.
Habitat in pyri *communis foliorum pagina inferiori, quam maculat.*

om-us. 22. C. thorace acutangulo, abdomine dilatato rhombeo posterius sexdentato. *Fabr. sp. inf.* 2. *p.* 338. *n.* 19. *mant. inf.* 2. *p.* 280. *n.* 26.
Habitat in Africae *arboribus.*

lvestris. 111. C. ater, elytris albis: arcu apicis nigro. *Fabr. mant. inf.* 2. *p.* 279. *n.* 23.
Syst. nat. XII. 2. *p.* 731. *n.* 111. *Fn. suec.* 965. Cimex oblongus niger, alis elytrisque albo fuscoque caeruleis, pedibus rufis.
Habitat in Europae *silvis, parvus.*

rtica-us. 138. C. thoracis denticulati corporis pedumque cortice nigricante viridi, antennis clavatis.
Sulz. hist. inf. t. 10. *f.* 7.
Drury inf. 2. *p.* 76. *t.* 40. *f.* 2.
Habitat in Brasilia.

†† *labio elongato, subulato, annulato.*

† *scutello longitudine abdominis*, Scutellati.

tke-s. 2. C. corpore viridi: maculis nigris. *Mus. Lud. Ulr.* 167.*
Fabr. sp. inf. 2. *p.* 338. *n.* 1. *mant. inf.* 2. *p.* 280. *n.* 1. Cimex scutellaris ovatus, corpore viridi, maculis nigris abdomine ferrugineo.
Pet. gazoph. 34. *t.* 21. *f.* 12. Stockerus benghalensis viridis nigro-maculatus,

Stoll cimic. 2. *t.* 3. *f.* C.
Habitat in Sina, *nobili affinis, ſubtus ferrugineus: lateribus cyaneis.*

nobilis. 3. C. viridi-auratus nigro maculatus. *Amoen. acad.* 6. *p.* 409. *n.* 46.*
Fabr. ſp. inſ. 2. *p.* 338. *n.* 2. *mant. inſ.* 2. *p.* 280. *n.* 2. Cimex ſcutellaris oblongus caeruleo-auratus nigro maculatus.
Sulz. hiſt. inſ. t. 11. *f.* C.
Schröet. Abb. 1. *t.* 1. *f.* 9.
Stoll cimic. 1. *t.* 1. *f.* 1.
Habitat in Aſia, *ſubtus rufus, faſciis lateralibus caeruleo utroque nitentibus.*

regalis. 139. C. thorace ſcutelloque aureis, thorace punctis duobus, ſcutello maculis duabus caeruleſcentibus. *Fabr. ſp. inſ.* 2. *p.* 339. *n.* 3. *mant. inſ.* 2. *p.* 280. *n.* 3.
Habitat in nova Hollandia.

imperialis. 140. C. thorace ſcutelloque rufis, abdomine cyaneo: margine ſanguineo. *Fabr. ſp. inſ.* 2. *p.* 339. *n.* 4. *mant. inſ.* 2. *p.* 280. *n.* 4.
Habitat in nova Hollandia.

nigellae. 141. C. niger obſcurus, thorace anterius, abdominis margine pedibusque albis. *Fabr. mant. inſ.* 2. *p.* 280. *n.* 5.
Fabr. ſp. inſ. 2. *p.* 339. *n.* 5. Cimex (ruſticus) ſcutellaris niger obſcurus, abdominis margine ferrugineo, pedibus pallidis.
Habitat in Barbariae *nigella, elytris intus ſanguineis.*

cerinthes. 142. C. niger obſcurus immaculatus. *Fabr. mant. inſ.* 2. *p.* 280. *n.* 6.
Habitat in Africae *nigella ſativa, ſtatura et magnitudine* C. *nigellae.*

annulus. 143. C. vireſcens, maculis annularibus nigris. *Fabr. ſp. inſ.* 2. *p.* 339. *n.* 6. *mant. inſ.* 2. *p.* 281. *n.* 7.
Drury inſ 3. *t.* 46. *f.* 9. Cimex Argus.
Habitat ad fluvium Senegal, *alis apice nigris, interdum obſcure pallidus.*

ſexguttatus. 144. C. ſupra teſtaceus, thorace punctis duobus, ſcutello quatuor cyaneo-nigris. *Fabr. ſp. inſ.* 2. *p.* 339. *n.* 7. *mant. inſ.* 2. *p.* 281. *n.* 8.

Habitat

Habitat in America *meridionali, mediae magnitudinis, antennis nigris.*

Druraei. 145. C. sanguineus, punctis maculisque nigris, subtus atro-caeruleſcens. *Mant. p.* 534.
Fabr. sp. inf. 2. *p.* 339. *n.* 8. *mant. inf.* 2. *p.* 281. *n.* 9. Cimex ſcutellaris ſupra rufus, maculis difformibus nigris.
Sulz. hiſt. inf t. 10 *f.* 5.
Drury inf. 1. *t.* 42. *f.* 1. 5.
Habitat in America *meridionali.*

Fabricii. 146. C. purpureus: punctis ſanguineis, ſubtus atro-caeruleſcens. *Mant. p.* 534.
Fabr. ſp. inf. 2. *p.* 340 *n.* 9. *mant. inf.* 2. *p* 281. *n.* 10. Cimex ſcutellaris ſubpurpuraſcens fulvo-punctatus.
Habitat in Cayenna, *altero ſexu ſupra ruſeſcente, altero obſcure caeruleſcente.*

Argus. 147. C. niger: punctis ocellaribus fulvis numeroſis. *Fabr. mant. inf.* 2. *p.* 281. *n.* 11.
Stoll cimic. 2. *t.* 7. *f.* 50.
Habitat in Surinamo, *ſtatura et magnitudine c. Fabricii, ſubtus flavus nigro varius.*

Schulzii. 148. C. atro-aeneus, ſcutello utrinque macula baſeos coccinea. *Fabr. ſp. inf.* 2. *p.* 340. *n.* 10. *mant. inf.* 2. *p* 281. *n.* 12.
Habitat in Cayenna, *ſtatura et magnitudine ſcarabaeoidis, praecedentibus minor.*

Paganus. 149. C. cyaneus, ſcutello abdomineque rufis cyaneo maculatis. *Fabr. ſp. inf.* 2. *p.* 340. *n.* 11. *mant. inf.* 2. *p.* 281. *n.* 13.
Habitat in nova Hollandia, *thorace interdum macula rufa, abdomine medio punctis* 4 *cyaneis inſignito.*

Luſtris. 150. C. glaucus, thorace ſcutelloque punctis duobus fuſcis. *Fabr. ſp. inf.* 2. *p.* 340. *n.* 12. *mant. inf.* 2. *p.* 281. *n.* 14.
Stoll. cimic. 2. *t.* 24. *f.* 166.
Habitat ad caput bonae ſpei, *magnus.*

neola. 151. C. ſupra cyaneus, capite thoraceque linea dorſali, ſcutello punctis duobus rubris. *Fabr. ſp. inf.* 2. *p.* 340. *n.* 13. *mant. inf.* 2. *p.* 281. *n.* 15.
Habitat ad caput bonae ſpei, *mediae magnitudinis, antennis nigris.*

trilineatus. 152. C. niger, lineis tribus flavescentibus. *Fabr. sp. inf.* 2. *p.* 340. *n.* 14. *mant. inf.* 2. *p.* 281. *n.* 16.
Habitat in America *meridionali, lineato minor, subtus niger, viridi irroratus, abdomine utrinque linea punctorum rubrorum insignito.*

scarabaeoides. 4. C. corpore atro-aeneo. *Fn. suec.* 912.* *Fabr. sp. inf.* 2. *p.* 342. *n.* 25. *mant. inf.* 2. *p.* 282. *n.* 29. *Fuessli inf. helv. p.* 25. *n.* 475.
Geoffr. inf. par. 1. *p.* 435. *n.* 2. Cimex hemisphaericus nigro-aeneus &c.
Sulz. inf. p. 26. *t.* 11. *f.* 70.
Habitat in Europa, *frequentius in ranunculi floribus.*

pallipes. 153. C. nigro-aeneus, scutelli abdominisque margine pedibusque pallidis. *Fabr. sp. inf.* 2. *p.* 343. *n.* 26. *mant. inf.* 2. *p.* 282. *n.* 30.
Thunb. nov. inf. sp. 2. *p.* 29. Cimex (acaroides) scutellatus ater, thorace scutello abdomineque albo marginatis.
Habitat in Africa *aequinoctiali, flavipedi affinis, at paulo major.*

flavipes. 154. C. nigro-aeneus, margine omni pedibusque flavis. *Fabr. sp. inf.* 2. *p.* 343. *n.* 27. *mant. inf.* 2. *p.* 282. *n.* 31.
Habitat in nova Hollandia.

Vahlii. 155. C. ater nitidus, capite lituris duabus, thorace scutellique margine pedibusque flavis. *Fabr. mant. inf.* 2. *p.* 283. *n.* 32.
Habitat in India, *mediae magnitudinis.*

maurus. 5. C. corpore griseo. *Fn. suec.* 913.* *Scop. ent. carn.* 352. *Fuessli inf. helv. p.* 25. *n.* 476.
Fabr. sp. inf. 2. *p.* 342. *n.* 20. *mant. inf.* 2. *p.* 282. *n.* 23. Cimex scutellaris cinereus, scutello basi punctis duobus albis.
Sulz. hist. inf. t. 4. *f.* d.
Schaeff. ic. t. 43. *f.* 3. 4. 15. 16.
Habitat in Oriente, Calabria, *in* Europa *quadruplo minor.*

costatus. 156. C. griseus, alarum costa basi pedibusque rufis. *Fabr. mant. inf.* 2. *p.* 282. *n.* 22.
Habitat in insula Rotterdam *oceani australis, mauro proxime affinis.*

hottentotta. 157. C. ferrugineus immaculatus. *Fabr. ſp. inſ.* 2. *p.* 342. *n.* 21. *mant. inſ.* 2 *p.* 282. *n.* 24.
Geoffr. inſ. par. 1. *p.* 435. *n.* 3? Cimex fuſcus &c.
Habitat in Arabia.

leucogrammes. 158. C. griſeus albo ſtriatus. *Fabr. ſp. inſ.* 2. *p.* 342. *n.* 22. *mant. inſ.* 2. *p.* 282. *n.* 25.
Habitat in Italia, *minor.*

ruſticus. 159. C. fuſcus, capite thoracisque anteriore ferrugineis, ſubtus albo fuſcoque varius. *Fabr. mant. inſ.* 2. *p.* 282. *n.* 26.
Habitat Tranquebariae, *mediae magnitudinis, antennis ferrugineis apice fuſcis.*

irroratus. 160. C. vireſcens fuſco irroratus. *Fabr. ſp. inſ.* 2. *p.* 342. *n.* 23. *mant. inſ.* 2. *p.* 282. *n.* 27.
Habitat in inſulis, Americae *meridionali oppoſitis.*

lanatus. 161. C. aeneo niger griſeo-hirtus. *Fabr. ſp. inſ.* 2. *p.* 342. *n.* 24. *mant. inſ.* 2. *p.* 282. *n.* 28.
Pall. it. 2. *app. p.* 729. *n.* 82.
Stoll cimic. 2. *t.* 9. *f.* 61.
Habitat in Sibiria, *oblongus, chryſomelae majoris magnitudine, frequens ad ſpicas elymi canini.*

lineatus. 6. C. niger, thorace lineis quinque, ſcutello tribus aurantiis, abdomine flavo punctis nigris. *Scop. ent. carn.* 351.
Gron. zooph. 689. *Fueſſli inſ. helv. t.* 20, *f.* 6.
Mouff. inſ. 174 *f.* 5.
Poda inſ. 55. *n.* 2.
Buchholz de hepatomphal. Arg. 1768. *t.* 2. *f.* 3.

nigrolineatus. *β*) C. ruber, thorace lineis quinque, ſcutello tribus nigris, abdomine flavo: punctis nigris. *Fabr. ſp. inſ.* 2. *p.* 341. *n.* 15. *mant. inſ.* 2. *p.* 281. *n.* 17.
Sulz. hiſt. inſ. t. 10. *f.* 6.
Schaeff. elem. t. 44. *f.* 1.
icon. t. 2. *f.* 3.
Stoll cimic. 2. *t.* 11. *f.* 9.
Habitat in Europae *magis auſtralis potiſſimum montoſis, in floribus mali et ſambuci.*

ſemipunctatus. 162. C. ſupra rufus, thorace punctis decem, ſcutello lineis quatuor nigris. *Fabr. ſp. inſ.* 2. *p.* 341. *n.* 16. *mant. inſ.* 2. *p.* 281. *n.* 18.

Stoll cimic. 2. *t.* 11. *f.* 8.
Habitat in America, Europa *australi.*

anchorago. 163. C. cyaneus, scutello basi apiceque flavescente, abdominis margine flavo nigro punctato. *Fabr. sp. inf.* 2. *p.* 341. *n.* 17. *mant. inf.* 2. *p.* 281. *n.* 19.
Habitat in America *boreali, ubi mas rufus, ibi femina flava.*

grammicus. 7. C. corpore flavescente: supra lituris longitudinalibus nigris. *Fabr. sp. inf.* 2 *p.* 341. *n.* 18. *mant. inf.* 2. *p.* 281. *n.* 20.
Habitat in Africa, *mediae magnitudinis.*

Allioni. 164. C. fuscus, atomis numerosissimis albis. *Fabr. sp. inf.* 2. *p.* 342. *n.* 19. *mant. inf.* 2. *p.* 281. *n.* 21.
Habitat in agro Pedemontano, *grammico paulo minor.*

fuliginosus. 8. C. scutello fuliginoso: lituris quinque nigris; posteriore alba bifida. *Fn. suec.* 914.* *Fuesslii inf. helv. p.* 25. *n.* 478. *Fabr. sp. inf.* 2. *p.* 343. *n.* 28. *mant. inf.* 2. *p.* 283. *n.* 33.
Schaeff. ic. t. 11. *f.* 10-12.
Habitat in Europa *et* Oriente.

litura. 165. C. niger, scutello lituris tribus albis. *Fabr. sp. inf.* 2. *p.* 343. *n.* 29. *mant. inf.* 2. *p.* 283. *n.* 34.
Habitat in Arabia.

tuberculatus. 166. C. obscurus, scutello scabro ante apicem tuberculato. *Fabr. sp. inf.* 2. *p.* 343. *n.* 30. *mant. inf.* 2. *p.* 283. *n.* 35.
Habitat in Italia, *litura paulo minor.*

inunctus. 167. C. ater, scutello basi pedibusque griseis. *Fabr. sp. inf.* 2. *p.* 343. *n.* 31. *mant. inf.* 2. *p.* 283. *n.* 36.
Habitat in Angliae *nemoribus.*

arabs. 9. C. thorace spinoso, corpore ovato livido, ano bidentato. *Muf. Lud. Ulr.* 168.* *Fabr. sp. inf.* 2. *p.* 344. *n.* 32. *mant. inf.* 2. *p.* 383. *n.* 37.
Sloane jam. 2. *t.* 237. *f.* 15. 16. Cimex sylvestris foetens viridis triangularis.
Habitat in America *meridionali.*

serratus. 10. C. thorace spinoso, corpore livido, abdominis marginibus serratis. *Muf. Lud. Ulr.* 169.*
Habitat in Arabia.

11. C.

stolidus. 11. C. thorace subangulato, corpore supra viridi subtus flavo, ano bidentato. *Mus. Lud. Ulr.* 170.* *Fabr. sp. ins.* 2. *p.* 344. *n.* 33. *mant. ins.* 2. *p.* 283. *n.* 38.
Degeer ins. 3. *t.* 34. *f.* 3.
Habitat in America *australi et* India.

Histrio. 12. C. thorace scabro depresso griseo pallidoque vario.
Habitat in America *australi*, India, Sibiria.

silphoides. 168. C. niger, thorace posterius, scutello anterius margine linea media maculisque duabus albis. *Thunb. nov. ins. sp.* 2. *p.* 29.
Stoll cimic. p. 19. *t.* 4. *f.* 21.
Habitat ad caput bonae spei, *glaber, ovatus, magnitudine c. baccarum, facie silphae.*

diophthalmus. 169. C. ruber, thorace punctis duobus nigris, pedibus cyaneis. *Thunb. nov. ins. sp.* 2. *p.* 30. *f.* 45.
Habitat ad caput bonae spei, *ovatus, glaber, magnitudine fere scarabaei stercorarii.*

multipunctatus. 170. C. ruber, thorace scutelloque punctis minutissimis plurimis nigris. *Thunb. nov. ins. sp.* 2. *p.* 30.
Stoll cimic. p. 40. *t.* 9. *f.* 60.
Habitat ad caput bonae spei, *ovatus, glaber, subtus griseus, magnitudine grisei.*

grandis. 171. C. rufus, maculis thoracis tribus scutellique quinque nigris. *Thunb. nov. ins. sp.* 2. *p.* 31. *f.* 46.
Habitat in India, *oblongus, convexus, glaber, subtus violaceus, magnitudine fere scarabaei stercorarii.*

liligerus. 172. C. ferrugineus, scutello punctis nigris duobus fasciaque undulata albida. *Thunb. nov. ins. sp.* 2. *p.* 32.
Stoll cimic. p. 40. *t.* 9. *f.* 59.
Habitat in interioribus regionibus ad caput bonae spei, *ovatus, convexus, glaber, magnitudine stockeri.*

guttigerus. 173. C. cinereus, scutello basi punctis duobus albis. *Thunb. nov. ins. sp.* 2. *p.* 32. *f.* 47.
Habitat in Japonia, *scarabaeoide vix major.*

ocellatus. 174. C. supra purpureus, thorace spinoso, scutello ocellis senis. *Thunb. nov. ins. sp.* 3. *p.* 60. *f.* 72.

Habitat

An huc quoque referendi a Seba *mus. vol.* 4. *delineati cimices, nigro-punctulatus t.* 95. *f.* 26. *et nigro dense punctatus t.* 95. *f.* 27?

Habitat in Japonia *et* Sina, *oblongus, convexus, rufipedis magnitudine.*

surinamensis. 175. C. niger, scutelli appendice rubra, elytris rubellis posterius nigricantibus. *Schroet. Abh. zur Naturg. p.* 338. *t.* 2. *f.* 4.
Habitat in Surinamo.

exanthematicus. 176. C. nigricans: supra punctis confertis albis. *Scop. ent. carp. p.* 121. *n.* 353.
Habitat prope Tergestum.

torridus. 177. C. fuscus: punctis miniatis. *Scop. ann. histor. nat.* 5. *p.* 110. *n.* 109.
Habitat in America *torrida.*

Frischii. 178. C. nigricans excavato-punctatus, elytris coriaceis connatis, alis nigris.
Frisch ins. 13. *p.* 26. *n.* 28. *t.* 24.
Habitat in Germania, *rostro rufescente, antennarum articulis* 4.

Schranckii. 179. C. obscure ferrugineus subtus flavus, scutello carinato: carina et ad basin utrinque macula flavis. *Schranck Beytr. zur Naturg. p.* 78. §. 32.
Habitat in Austria.

variegatus. 180. C. fuscus, abdominis limbo pedibusque luteo fuscoque variis. *Geoffr. ins. par.* 1. *p.* 467. *n.* 65.
Habitat in Gallia.

fuscus. 181. C. nigro-ferrugineus, scutello ad anum usque producto. *Geoffr. ins. par.* 1. *p.* 467. *n.* 66.
Habitat in Gallia.

cucullatus. 182. C. ater punctatus, scutello ad anum usque producto. *Geoffr. ins. par.* 1. *p.* 468. *n.* 67.
Habitat in Gallia.

sagittifer. 183. C. supra ater, infra exalbidus nigro-punctulatus, scutello atro albo-punctato posterius sagittato.
Schaeff. ic. t. 41. *f.* 1-3.
Habitat in Germania.

carneus. 184. C. thorace croceo, elytris incarnatis.
Schaeff. ic. t. 57. *f.* 3.
Habitat in Germania.

flavo-viridis. 185. C. flavo-virescens, scutelli apice nitide albo.
Schaeff. ic. t. 109. *f.* 8. 9.
Habitat in Germania.

caruncu-latus. 186. C. flavo viridique varius, abdomine atro: margine flavo, ano tuberculis sex sanguineis.
Schaeff. ic. t. 244. *f.* 1. 2.
Habitat in Germania.

†† *thorace utrinque spina armato*, spinosi.

Taurus. 187. C. griseus, thoracis spinis porrectis compressis truncatis.
Fabr. sp. inf. 2. *p.* 344. *n.* 34. *mant. inf.* 2. *p.* 283. *n.* 39.
Habitat in Coromandel, *magnus.*

Cervus. 188. C. viridis, elytris fuscis: margine albo, thoracis spinis obtusis subbifidis. *Fabr. mant. inf.* 2. *p.* 283. *n.* 40.
Habitat in Cayenna, *magnus.*

bidens. 23. C. ovatus griseus, thorace acute spinoso, antennis rufis. *Fn. suec.* 921.* *Fuessli inf. helv. p.* 25. *n.* 482. *Fabr. sp. inf.* 2. *p.* 344. *n.* 35. *mant. inf.* 2. *p.* 283. *n.* 41.
Degeer inf. 3. *p.* 259. *n.* 6. *t.* 13. *f.* 9. Cimex ovatus fuscus &c.
Sulz. inf. t. 11. *f.* 72.
Habitat in Europa.

sanguini-pes. 189. C. fuscus, thoracis spinis obtusis, scutello apice albido, abdominis margine maculato, pedibus rufis. *Fabr. sp. inf.* 2. *p.* 344. *n.* 36. *mant. inf.* 2. *p.* 283. *n.* 42.
Habitat in Italia, *statura grisei.*

rufipes. 24. C. ovatus griseus, thorace obtuse spinoso, pedibus rubris. *Fn. suec.* 922.* *Fuessli inf. helv. p.* 25. *n.* 483. *Fabr. sp. inf.* 2. *p.* 344. *n.* 37. *mant. inf.* 2. *p.* 283. *n.* 43.
Degeer inf. 3. *p.* 253. *n.* 2.
Raj. inf. p. 54. *n.* 2.
Schaeff. icon. t. 57. *f.* 6. 7.
Habitat in Europa *frequens.*

lentigino-sus. 586. C. ovatus griseus, thorace obtuse spinoso, elytrorum punctis antennisque fuscis; articulis 2. 3. 4. lividis, membrana maculis lentiginosis adspersa. *Mus. Lesk. p.* 118. *n.* 78. b.
Habitat in Europa.

587. C.

multicolor. 587. C. ovatus fuſcus, thorace elytrisque ruſo-griſeis, antennis albo-annulatis, femoribus nigris baſi albis, tibiis albis: apice plantisque nigris. *Muſ. Lesk. p.* 118. *n.* 78. c.
Habitat in Europa.

luridus. 190. C. thorace obtuſe ſpinoſo ſubvireſcente, elytris griſeis: macula fuſca, clypeo emarginato. *Fabr. ſp. inſ.* 2. *p.* 345. *n.* 38. *mant. inſ.* 2. *p.* 283. *n.* 44.
Habitat in Angliae *nemoribus.*

nigricornis. 191. C. ſubferrugineus, thorace obtuſe ſpinoſo, ſpinis antennisque nigris. *Fabr. ſp. inſ.* 2. *p.* 345. *n.* 39. *mant. inſ.* 2. *p.* 284. *n.* 45.
Habitat in Saxonia.

nigriſpinus. 192. C. ſupra griſeus, thorace obtuſe ſpinoſo, capite ſpinisque nigris, antennis annulo albo. *Fabr. mant. inſ.* 2. *p.* 284. *n.* 46.
Habitat in Sina, *ſtatura et magnitudine nigricornis.*

ictericus. 25. C. ovatus incarnatus ſubtus flavus, thorace acute ſpinoſo. *Amoen. acad.* 6. *p.* 399. *n.* 41.
Fabr. ſp. inſ. 2. *p.* 345. *n.* 40. *mant. inſ.* 2. *p.* 284. *n.* 47.
Cimex thorace ſpinoſo, oblongus ſupra ruſeſcens ſubtus flavus.
Habitat in America *et* Calabria.

floridanus. 26. C. ovatus niger rubro varius, ſcutello maculis tribus nigris. *Fabr. ſp. inſ.* 2. *p.* 346. *n.* 49. *mant. inſ.* 2. *p.* 284. *n.* 52.
Habitat in America, *mediae magnitudinis.*

armatus. 193. C. thorace acute ſpinoſo, ſcutello nigro: punctis duobus apiceque teſtaceis, antennis pedibusque rubris. *Fabr. ſp. inſ.* 2. *p.* 346. *n.* 45. *mant. inſ.* 2. *p.* 284. *n.* 53.
Habitat in nova Hollandia.

haemorrhous. 27. C. oblongus niger, abdomine ruſo, elytris punctis linearibus quinque nigris. *Amoen. acad.* 6. *p.* 400. *n.* 45. *Fabr. ſp. inſ.* 2. *p.* 346. *n.* 46. *mant. inſ.* 2. *p.* 284. *n.* 54.
Habitat in America.

28. C.

An huc etiam referendae ſpecies a Seba *vol. muſ.* 4. *delineatae, flavo-teſſulatus t.* 95. *f.* 25. *ſpinoſus t.* 95. *f.* 31. 32. *quadriſpinoſus t.* 95. *f.* 33. 34. *hiſpidus t.* 97. *f.* 35.

marginatus. 28. C. thorace obtuse spinoso, abdomine marginato acuto, antennis rufis. *Fabr. sp. inf.* 2. *p.* 349. *n.* 70. *mant. inf.* 2. *p.* 287. *n.* 82.

Syst. nat. XII. 2. *p.* 719. *n.* 28. *Fn. suec.* 923.* *Scop. ent. carn.* 363. *Fuessli inf. helv. p.* 25. *n.* 484. Cimex oblongo-ovatus griseus, thorace obtuse spinoso, antennis medio rubris.

Fn. suec. 1. *n.* 662. Cimex oblongus rufus immaculatus, thorace utrinque angulato.

Degeer inf. 3. *p.* 272. *n.* 17. Cimex auriculatus.

Geoffr. inf. par. 1. *p.* 446. *n.* 20.

Schaeff. ic. t. 41. *f.* 415.

Stoll cimic. 2. *t.* 5. *f.* 37.

Habitat in Europae *plantis.*

spiniger. 194. C. thorace obtuse spinoso dentatoque, capite quadrispinoso. *Fabr. sp. inf.* 2. *p.* 350. *n.* 71. *mant. inf.* 2. *p.* 287. *n.* 83.

Habitat in Italia, *statura marginati, at duplo minor.*

pugnator. 195. C. oblongus supra fuscus subtus flavescens, thorace acute spinoso, antennis rufis apice nigris. *Fabr. mant. inf.* 2. *p.* 287. *n.* 84.

Habitat Tranquebariae, *statura et magnitudine spinigeri.*

fasciculatus. 196. C. cinereus, thorace subspinoso, alis fuscis, pedibus fasciculato-tuberculatis. *Fabr. sp. inf.* 2. *p.* 350. *n.* 72. *mant. inf.* 2. *p.* 287. *n.* 85.

Habitat ad caput bonae spei, *marginato duplo minor.*

insidiator. 197. C. supra rufus subtus flavescens, thorace acute spinoso. *Fabr. mant. inf.* 2. *p.* 287. *n.* 86.

Habitat in Barbaria, *quadrato minor, alis albidis.*

quadratus. 198. C. supra fuscus subtus flavescens, thorace obtuse spinoso, abdomine quadrato. *Fabr. sp. inf.* 2. *p.* 350. *n.* 73. *mant. inf.* 2. *p.* 287. *n.* 87.

Stoll cimic. 2. *t.* 5. *f.* 36.

Habitat in Germania.

hastatus. 199. C. thorace acute spinoso dentatoque, elytris obscuris: striga posteriore alba. *Fabr. mant. inf.* 2. *p.* 287. *n.* 88.

Habitat Tranquebariae, *statura quadrati, at minor.*

velox. 200. C. thorace acute spinoso bipunctato, elytris puncto baseos strigaque flavis. *Fabr. sp. inf. 2. p. 350. n. 74. mant. inf. 2. p. 287. n. 88.*
Habitat in America.

Merianae. 201. C. thorace subspinoso, elytris fuscis albo reticulatis, abdominis basi spinosa. *Fabr. sp. inf. 2. p. 350. n. 75. mant. inf. 2. p. 287. n. 89.*
Merian. inf. surin. t. 51.
Habitat in Surinamo.

bipustulatus. 29. C. oblongiusculus niger, punctis verticis duobus coccineis. *Fabr. sp. inf. 2. p. 346. n. 47. mant. inf. 2. p. 284. n. 55.*
Cimex thorace spinoso niger, elytris lividis, capite punctis duobus coccineis.
Degeer inf. 3. p. 334. n. 8. t. 34. f. 10. Cimex balteatus.
Habitat in America *meridionali.*

scaber. 30. C. oblongiusculus testaceus, thorace angulato-spinoso, alis nigris, femoribus denticulatis. *Amoen. acad. 6. p. 400. n. 43.**
Habitat in Java.

punicus. 31. C. ovatus niger, scutello lunula apiceque rubris. *Fabr. sp. inf. 2. p. 346. n. 48. mant. inf. 2. p. 284. n. 56.*
Habitat in Africa, *magnitudine c. baccarum.*

Ypsilon. 32. C. ovatus lividus, scutello ypsilo flavo inscripto. *Fabr. sp. inf. 2. p. 346. n. 49. mant. inf. 2. p. 284. n. 57.*
Degeer inf. 3. p. 332. n. 6. t. 34. f. 7. 8. Cimex ypsilon aeneus.
Habitat in America *meridionali.*

clypeatus. 33. C. ovatus viridis, fascia flavicante, capite clypeato. *Fabr. sp. inf. 2. p. 346. n. 50. mant. inf. 2. p. 284. n. 58.*
Gron. zooph. 691. Cimex ovatus, thorace utrinque aculeato fascia transversali flavicante, scutello gibboso, capite clypeato, ano serrato.
Habitat in Sina.

albicollis. 202. C. supra viridis, thorace dentato, capite thoracisque anteriore scutellique basi flavis. *Fabr. sp. inf. 2. p. 347. n. 51. mant. inf. 2. p. 284. n. 59.*
Drury inf. 2. t. 36. f. 4. Cimex flavicollis.
Habitat in Jamaica, *subtus flavescens.*

unctatus. 34. C. ovatus punctatus, tibiis annulo albo. *Fn. suec.* 924.* *Fabr. sp. inf.* 2. *p.* 345. *n.* 41. *mant. inf.* 2. *p.* 284. *n.* 48.
Cimex thorace subspinoso fuscus, abdominis margine variegato, tibiis annulo albo.
Degeer inf. 3. *p.* 269. *n.* 14.
Habitat in America *boreali, subtus griseus, antennis nigris.*

varius. 203. C. supra rufus subtus flavescens, thorace obtuse spinoso, scutello nigro basi apiceque albo. *Fabr. mant. inf.* 2. *p.* 284. *n.* 49.
Habitat in Hispania, *statura et magnitudine albipedis, capite antennisque nigris, pedibus rufis.*

albipes. 204. C. supra nigricans, thoracis subspinosi margine scutellique apice albis. *Fabr. sp. inf.* 2. *p.* 345. *n.* 42. *mant. inf.* 2. *p.* 284. *n.* 50.
Habitat in Italia, *subtus pallidus, statura punctati.*

dentatus. 205. C. thorace acute spinoso serrulato, corpore einereo nigroque vario. *Fabr. sp. inf.* 2. *p.* 346. *n.* 43. *mant. inf.* 2. *p.* 284. *n.* 51.
Habitat in India.

haemorrhoidalis. 35. C. ovato-oblongus griseus, thorace acute spinoso, antennis nigris, sterno porrecto. *Fn. suec.* 925.* *Fuessli inf. helv. p.* 25. *n.* 485.
Fabr. sp. inf. 2. *p.* 347. *n.* 52. *mant. inf.* 2. *p.* 285. *n.* 60.
Cimex thorace obtuse spinoso subvirescens, antennis nigris, sterno porrecto.
Geoffr. inf. par. 1. *p.* 465. *n.* 63.
Degeer inf. 3. *p.* 254. *n.* 3. *t.* 35. *f.* 7.
Sulz. hist. inf. t. 11. *f.* 72.
Schaeff. ic. t. 57. *f.* 8?
Habitat in Europae *graminosis.*

spinidens. 206. C. fuscus, thorace acute spinoso, scutello apice elytris margine albis. *Fabr. mant. inf.* 2. *p.* 285. *n.* 61.
Habitat Tranquebariae, *magnus, spinis unidentatis.*

oculatus. 207. C. griseus, scutello punctis duobus flavis, tarsis anterioribus apice compresso membranaceis. *Fabr. sp. inf.* 2. *p.* 347. *n.* 53. *mant. inf.* 2. *p.* 285. *n.* 62.
Habitat in Sina.

annulatus. 208. C. griseus, tibiis albo annulatis. *Fabr. sp. inf.* 2. *p.* 347. *n.* 54. *mant. inf.* 2. *p.* 285. *n.* 63.
Habitat in Virginia.

quadri-pustulatus. 209. C. thorace crenato obtuse spinoso scutelloque punctis duobus rufis. *Fabr. sp. inf.* 2. *p.* 347. *n.* 55. *mant. inf.* 2. *p.* 285. *n.* 64.
Habitat in America.

maculatus. 210. C. virescens, thorace obtuse spinoso: maculis quatuor, scutello elytrisque apice fuscis. *Fabr. sp. inf.* 2. *p.* 347. *n.* 56. *mant. inf.* 2. *p.* 285. *n.* 65.
Habitat in America, *elytrorum apice rarius concolore.*

pugnax. 211. C. oblongus virescens, thorace acute spinoso, antennis rufis. *Fabr. sp. inf.* 2. *p.* 348. *n.* 57. *mant. inf.* 2. *p.* 285. *n.* 66.
Habitat in America.

emeritus. 212. C. virescens, thorace acute spinoso, abdomine lineis duabus albis. *Fabr. sp. inf.* 2. *p.* 348. *n.* 58. *mant. inf.* 2. *p.* 285. *n.* 67.
Habitat in nova Hollandia.

gladiator. 213. C. thorace acute spinoso scutelloque flavescentibus nigro punctatis elytris punctis albis scabris. *Fabr. sp. inf.* 2. *p.* 348. *n.* 59. *mant. inf.* 2. *p.* 285. *n.* 68.
Stoll cimic. 2. *t.* 2. *f.* 12.
Habitat in America *et ad* caput bonae spei.

furcatus. 214. C. fuscus, thorace acute spinoso serrato, clypeo acuminato bifido. *Fabr. sp. inf.* 2. *p.* 348. *n.* 60. *mant. inf.* 2. *p.* 285. *n.* 69.
Habitat in Patagonia, *nonnunquam totus griseus.*

pugillator. 215. C. fuscus, subtus fulvus nigro punctatus: margine flavo thorace acute spinoso. *Fabr. sp. inf.* 2. *p.* 348. *n.* 61. *mant. inf.* 2. *p.* 285. *n.* 70.
Habitat in Africa *aequinoctiali, magnus.*

victor. 216. C. fuscus, thorace acute spinoso, scutello apice rufo, pedibus pallidis nigro punctatis. *Fabr. sp. inf.* 2. *p.* 348. *n.* 62. *mant. inf.* 2. *p.* 285. *n.* 71.
Habitat in Brasilia, *et insulis* Americae *oppositis.*

ciliatus. 217. C. thorace ciliato obtuse spinoso nigro: margine fasciaque posteriore flavis, femoribus posterioribus serratis. *Fabr. sp. inf.* 2. *p.* 348. *n.* 63. *mant. inf.* 2. *p.* 286. *n.* 72.
Habitat in America.

ellator. 218. C. supra fuscus subtus flavescens, antennis atris albo annulatis. *Fabr. mant. inf. 2. p. 286. n. 73.*
Habitat in Cayenna, *mediae magnitudinis.*

rmiger. 219. C. griseus, thorace acute spinoso, scutello punctis duobus, antennis pedibusque pallidis. *Fabr. sp. inf. 2. p. 348. n. 64. mant. inf. 2. p. 286. n. 74.*
Habitat in Africa *aequinoctiali.*

corbuticus. 220. C. fuscus, thorace obtuse spinoso, pedibus pallidis nigro punctatis. *Fabr. sp. inf. 2. p. 349. n. 65. mant. inf. 2. p. 286. n. 75.*
Habitat in America.

delirator. 221. C. flavescens nigro punctatus, thorace acute spinoso posterius elytrisque fuscis. *Fabr. mant. inf. 2. p. 286. n. 76.*
Habitat in Cayenna, *parvus.*

melacanthus. 222. C. obscure ferrugineus, thoracis spinis acutis atris, abdomine atro: vittis flavescentibus. *Fabr. sp. inf. 2. p. 349. n. 66. mant. inf. 2. p. 286. n. 77.*
Habitat in Africa *aequinoctiali, parvus.*

aggressor. 223. C. corpore flavescente, thoracis spinis acutis subconcoloribus, ano quadridentato. *Fabr. sp. inf. 2. p. 349. n. 67. mant. inf. 2. p. 286. n. 78.*
Habitat in nova Hollandia.

vittatus. 224. C. virescens, thorace subspinoso, elytris vitta submarginali flava. *Fabr. sp. inf. 2. p. 349. n. 68. mant. inf. 2. p. 286. n. 79.*
Habitat ad caput bonae spei, *antennis ferrugineis, alis albidis.*

hamatus. 225. C. viridis, thorace acute spinoso, abdomine serrato: denticulis nigris. *Fabr. mant. inf. 2. p. 286. n. 80.*
Habitat in India, *magnus, antennis nigris.*

defensor. 226. C. corpore viridi, thoracis spinis acutis nigris, ano quadridentato. *Fabr. sp. inf. 2. p. 349. n. 69. mant. inf. 2. p. 287. n. 81.*
Habitat in nova Hollandia.

lgus. 36. C. oblongus niger, thorace serrato, femoribus posterioribus incurvis tibiisque posterioribus unidentatis. *Mus. Lud. Ulr. 171.* Fabr. sp. inf. 2. p. 351. n. 76. mant. inf. 2. p. 288. n. 91.*

Habitat ad caput bonae spei, *basi abdominis nunc inermis nunc quadridentata.*

tragus. 227. C. thoracis spinis compresso-lunatis serratis, tibiis posterioribus membranaceo-serratis. *Fabr. mant. inf.* 2. *p.* 288. *n.* 92.
Habitat in Sina, *statura et magnitudine valgi.*

tenebrosus. 228. C. thorace serrulato, femoribus posterioribus incurvis clavatis, abdomine basi trispinoso. *Fabr. mant. inf.* 2. *p.* 288. *n.* 93.
Habitat in India, *statura et magnitudine valgi.*

fulvicornis. 229. C. fuscus, thorace serrato, femoribus bidentatis: posterioribus multidentatis. *Fabr. mant. inf.* 2. *p.* 288. *n.* 94.
Habitat in India, *magnus, antennis ferrugineis.*

femoratus. 230. C. thorace serrulato, femoribus posterioribus incurvis dentatis, tibiisque posterioribus compressis. *Fabr. sp. inf.* 2. *p.* 351. *n.* 77. *mant. inf.* 2. *p.* 288. *n.* 95.
Habitat in India.

curvipes. 231. C. thorace acute spinoso, femoribus omnibus apice bidentatis, posterioribus incurvis. *Fabr. sp. inf.* 2. *p.* 351. *n.* 78. *mant. inf.* 2. *p.* 288. *n.* 96.
Habitat in Africa *aequinoctiali, statura femorati.*

magnipes. 232. C. obscurus, thorace serrato, femoribus multispinosis: posterioribus incrassatis. *Fabr. mant. inf.* 2. *p.* 288. *n.* 97.
Habitat in Sina, *femorato triplo minor.*

membranaceus. 233. C. thorace acute spinoso nigro: fascia flava, tibiis posterioribus membranaceis dentatis. *Fabr. sp. inf.* 2. *p.* 351. *n.* 79. *mant. inf.* 2. *p.* 288. *n.* 98.
Habitat in insula S. Jago *promontorii viridis.*

quadrispinosus. 37. C. elongatus ruber, thorace quadrispinoso. *Fabr. sp. inf.* 2. *p.* 353. *n.* 91. *mant. inf.* 2. *p.* 290. *n.* 115.
Degeer inf. 3. *p.* 347. *n.* 22. *t.* 35. *f.* 7.
Habitat in America *meridionali, antennis longissimis capillaribus.*

phyllopus. 113. C. nigricans, thorace immaculato, elytris fascia albicante, tibiis posterioribus membranaceis dentatis. *Fabr. sp. inf.* 2. *p.* 351. *n.* 80. *mant. inf.* 2. *p.* 289. *n.* 99.
Stoll cimic. 2. *t.* 8. *f.* 54.
Habitat in America *australi, mediae magnitudinis.*

auctus. 235. C. thorace subspinoso nigro: maculis duabus fulvis, elytris fascia flava, tibiis posterioribus membranaceis dentatis. *Fabr. sp. ins.* 2. *p.* 351. *n.* 81. *mant. ins.* 2. *p.* 289. *n.* 100.
Habitat in Cayenna, *phyllopodi proxime affinis.*

Gonagra. 236. C. thorace subspinoso: fascia alba, elytris fuscis: puncto cinereo. *Fabr. sp. ins.* 2. *p.* 351. *n.* 82. *mant. ins.* 2. *p.* 289 *n.* 101.
Habitat in insula S. Thomae *in* oceano americano.

kermesinus. 116. C. oblongus rufus: fascia albida nigro punctata, femoribus posterioribus multidentatis. *Fabr. sp. ins.* 2. *p.* 352. *n.* 83. *mant. ins.* 2. *p.* 289. *n.* 102.
Degeer ins. 3. *p.* 337. *n.* 11. *t.* 34. *f.* 15. Cimex rubro balteatus.
Habitat in Surinamo, *antennis fuscis.*

australis. 237. C. oblongus niger, thorace subspinoso: fascia anteriore rubra, tibiis posterioribus basi membranaceis. *Fabr. sp. ins.* 2. *p.* 352. *n.* 84. *mant. ins.* 2. *p.* 289. *n.* 103.
Habitat in insula Tahiti *maris australis.*

cruciger. 238. C. oblongus supra niger, thorace acute spinoso lineis, elytris cruce ferrugineis. *Fabr. sp. ins.* 2. *p.* 352. *n.* 85. *mant. ins.* 2. *p.* 289. *n.* 104.
Habitat in Brasilia.

sanctus. 239. C. oblongus rufus, thorace acute spinoso elytris nigris: cruce ferruginea. *Fabr. sp. ins.* 2. *p.* 352. *n.* 86. *mant. ins.* 2. *p.* 289. *n.* 105.
Habitat in Brasilia.

laetus. 240. C. viridis capite fascia elytrorum abdominisque femoribusque flavis, elytris atris. *Fabr. mant. ins.* 2. *p.* 289. *n.* 106.
Habitat in Cayenna, *magnus, oblongus.*

lunatus. 241. C. niger, thorace arcu anteriore, elytris fascia, corpore maculis albis. *Fabr. mant. ins.* 2. *p.* 289. *n.* 107.
Habitat in Cayenna, *statura laeti.*

elatus. 242. C. thorace acute spinoso viridi: margine ferrugineo, elytris striatis ferrugineis, corpore ferrugineo. *Fabr. mant. ins.* 2. *p.* 290. *n.* 108.
Habitat in Cayenna, *lunato minor.*

balteatus. 243. C. oblongus ferrugineus, elytris linea transversa flava, femoribus posterioribus multidentatis. *Mant. p.* 534. *Fabr. sp. inf.* 2. *p.* 352. *n.* 87. *mant. inf.* 2. *p.* 290. *n.* 109. *Drury inf.* 1. *t.* 43. *f.* 3.
Habitat in America *meridionali.*

sinuatus. 244. C. lividus, thorace acute spinoso, tibiis posterioribus compressis sinuatis nigris. *Fabr. mant. inf.* 2. *p.* 290. *n.* 110.
Habitat in Cayenna, *statura serripedis, at major.*

serripes. 245. C. oblongus rufus, thorace acute spinoso, femoribus posterioribus dentatis. *Fabr. sp. inf.* 2. *p.* 353. *n.* 88. *mant. inf.* 2. *p.* 290. *n.* 111.
Habitat in nova Hollandia.

dentipes. 246. C. elongatus, femoribus posterioribus elongatis serratis, corpore fusco subtus lateribus albis. *Fabr. mant. inf.* 2. *p.* 290. *n.* 112.
Habitat in Sierra Leon Africae, *lineari proxime affinis.*

linearis. 247. C. elongatus fuscus, thorace acute spinoso, femoribus posterioribus elongatis denticulatis. *Fabr. sp. inf.* 2. *p.* 353. *n.* 89. *mant. inf.* 2. *p.* 290. *n.* 113.
Habitat in Sina.

crenulatus. 248. C. thorace dentato rufo: macula nigra, femoribus posterioribus dentatis, corpore atro. *Fabr. sp. inf.* 2. *p.* 353. *n.* 90. *mant. inf.* 2. *p.* 290. *n.* 114. *Drury inf.* 1. *t.* 45. *f.* 1.
Habitat in insulis, Americae *meridionali oppositis, capite nigro, rubro-lineato.*

spinifex. 249. C. linearis cinereus, scutello bispinoso. *Thunb. nov. inf. sp.* 2. *p.* 33. *f.* 48.
Habitat - - - facie et magnitudine tipularii.

setosus. 250. C. oblongus griseus, thorace capite pedibusque hispidis. *Thunb. nov. inf. sp.* 2. *p.* 33.
Habitat in America *australi et* India, *annulati magnitudine, at duplo angustior.*

acutus. 251. C. linearis cinereus, thoracis margine albido, abdomine punctis sex nigris. *Thunb. nov. inf. sp.* 2. *p.* 34.
Habitat - - - magnitudine et facie clavati.

clavatus. 252. C. lineari-oblongus ferrugineus, femoribus posterioribus incrassatis, scutello immaculato. *Thunb. nov. ins. sp.* 2. *p.* 34. *f.* 49.
Habitat in Japonia, *annulati magnitudine, sed paulo angustior.*

Jaculus. 253. C. linearis fuscus, femoribus posterioribus incrassatis spinosis, scutello linea alba. *Thunb. nov. ins. sp.* 2. *p.* 34. *f.* 50.
Habitat - - - magnitudine et facie pilosi.

pilosus. 254. C. linearis ferrugineus, linea capitis pectorisque laterali albida. *Thunb. nov. ins. sp.* 2 *p.* 35.
Habitat - - - clavato paulo minor, subtus pallidus.

villosus. 255. C. spinoso-tuberculatus totus piceus villosus. *Thunb. nov. ins. sp.* 2. *p.* 35.
Stoll cimic. t. 13. *f.* 90.
Habitat - - - annulato major.

Crux. 256. C. niger, thorace flavo: cruce nigra. *Thunb. nov. ins. sp.* 2. *p.* 35.
Stoll cimic. t. 9. *f.* 65.
Habitat ad caput bonae spei, *personati magnitudine.*

pungens. 257. C. oblongus supra fuscus subtus albidus, pectore abdominisque lateribus nigro punctatis. *Thunb. nov. ins. sp.* 2. *p.* 36.
Habitat ad caput bonae spei, *annulati magnitudine, glaber.*

notatus. 258. C. oblongus supra ferrugineus subtus cinereus, abdomine sextuplici serie punctorum nigrorum. *Thunb. nov. ins. sp.* 2. *p.* 37.
Habitat ad caput bonae spei, *glaber, vix annulati magnitudine.*

trigonus. 259. C. testaceus, elytris scutelloque puncto albo. *Thunb. nov. ins. sp.* 2. *p.* 37.
Stoll cimic. t. 11. *f.* 78. 79.
Habitat in Japonia *et* Surinamo, *glaber, c. abietis magnitudine.*

muricatus. 260. C. oblongus cinereus muricatus, tibiis posterioribus basi dilatatis. *Thunb. nov. ins. sp.* 2. *p.* 38. *f.* 51.
Habitat ad caput bonae spei, *magnitudine c. hyoscyami, femorato similis.*

unipunctatus. 261. C. oblongus testaceus, elytris puncto nigro. *Thunb. nov. inf. sp. 2. p. 38. f. 52.*
Habitat in Japonia, *glaber, trigono plus quam duplo major.*

thoracicus. 262. C. oblongus viridi-aureus, thoracis margine luteo. *Thunb. nov. inf. sp. 2. p. 39.*
Stoll cimic. t. 8. f. 55. A.
Habitat in India *et* Surinamo, *annulati magnitudine, sed longior.*

analis. 263. C. oblongus viridis, abdomine rubro, ano nigro. *Thunb. nov. inf. sp. 2. p. 39.*
Stoll cimic. t. 10. f. 72. B.
Habitat in India *et* Surinamo, *thoracici magnitudine, sed paulo latior.*

transversus. 264. C. rotundatus viridis, capite thoraceque anterius flavis. *Thunb. nov. inf. sp. 2. p. 40. f. 53.*
Habitat in Africa, *juniperini magnitudine, glaber.*

humeralis. 265. C. ovatus viridis, elytris basi luteis. *Thunb. nov. inf. sp. 2. p. 40. f. 54.*
Habitat - - - juniperino quadruplo major, punctis impressis.

subulatus. 266. C. ovatus virescens, scutelli linea elevata subulata. *Thunb. nov. inf. sp. 2. p. 41. f. 55.*
Habitat - - - humeralis magnitudine et facie, subtus albidus.

Comma. 267. C. rotundatus cinereus, scutello linea flava. *Thunb. nov. inf. sp. 2. p. 41. f. 56.*
Habitat ad caput bonae spei, *magnitudine c. baccarum.*

reticulatus. 268. C. cinereus nigro varius, thorace serrato. *Thunb. nov. inf. sp. 2. p. 42.*
Stoll cimic. t. 16. f. 111.
Habitat ad caput bonae spei, *glaber, magnitudine c. baccarum.*

Fullo. 269. C. ovatus niger, albo irroratus, capite thoraceque linea alba. *Thunb. nov. inf. sp. 2. p. 42. f. 57.*
Habitat in Japoniae *insula* Dezima, *rufipede major, scarabaeo fulloni similis.*

tibialis. 270. C. ovatus brunneus albo fuscoque lineatus, scutello maculis tribus albis. *Thunb. nov. inf. sp. 2. p. 43. f. 58.*
Habitat - - - magnitudine c. baccarum, glaber.

sulcatus. 271. C. ovatus cinereus fusco-nebulosus, abdomine sulcato. *Thunb. nov. inf. sp.* 2. *p.* 43.
Stoll cimic. t. 6. *f.* 47.
Habitat in India, *c. baccarum paulo major.*

fuscus. 272. C. oblongus ferrugineo-fuscus, antennis pedibusque hirsutis. *Thunb. nov. inf. sp.* 2. *p.* 44.
Habitat - - - - vulgi fere magnitudine.

sordidus. 273. C. cinereus, thorace denticulato, antennis pedibusque piloso-hispidis. *Thunb. nov. inf. sp.* 2. *p.* 44.
Habitat in Japonia, *marginati magnitudine.*

senegalensis. 274. C. thorace acute spinoso flavo: maculis nigricantibus, scutello viridi-striato posterius flavo, elytris dimidiato nigricantibus: striis obliquis viridibus, posterius fuscis: striis longitudinalibus nigris, corpore rubro: margine nigro maculato.
Drury inf. 2. *p.* 70. *t.* 38. *f.* 4. Cimex variegatus.
Habitat ad fluvium Senegal, *ano denticulato, alis cinerascentibus nigro-reticulatis.*

bidentatus. 275. C. longus fuscus, rostro arcuato, thorace subtus anterius bidentato. *Geoffr. inf. par.* 1. *p.* 438. *n.* 6.
Habitat in Gallia.

Leviathan. 276. C. planus fuscus, thorace elytrisque alatis, capite anterius cornuto, antennis brevibus crassis. *Geoffr. inf. par.* 1. *p.* 439. *n.* 9.
Habitat in Gallia.

rostratus. 277. C. oblongus fuscus immaculatus, thorace utrinque obtuse angulato, capite inter antennas bidentato. *Geoffr. inf. par.* 1. *p.* 446. *n.* 21.
Habitat in Gallia.

acutangulus. 278. C. oblongus rufus immaculatus, thorace utrinque acute angulato: margine laevi. *Geoffr. inf. par.* 1. *p.* 447. *n.* 22.
Habitat in Gallia.

immaculatus. 279. C. oblongus rufus immaculatus, thorace utrinque acute angulato: margine spinoso. *Geoffr. inf. par.* 1. *p.* 447. *n.* 23.
Habitat in Gallia.

porphyropterus. 280. C. ovatus flavo-viridis, thorace angulato, elytris pallide purpureis, antennis nigris, pedibus roseis. *Degeer inf.* 3. *p.* 258. *n.* 5. *t.* 13. *f.* 152.

Habitat in Europae *arboribus herbisque, mediae magnitudinis, an hujus tribus?*

pustulatus. 281. C. ovatus rufus: maculis flavescentibus sparsis, thorace angulato, scutello elongato. *Degeer inf.* 3. *p.* 329. *n.* 1 *t.* 34. *f.* 2.

Habitat in India, *varioloso paulo minor, an hujus tribus?*

leucostictos. 282. C. ovatus flavo-griseus, thorace acute spinoso scutelloque punctis excavatis nigris, elytris punctis elevatis albis. *Degeer inf.* 3. *p.* 331. *n.* 5. *t.* 34 *f.* 6.

Habitat in Surinamo, *satis magnus.*

pensylvanicus. 283. C. subrotundus totus viridis, thorace angulato. *Degeer inf* 3. *p.* 330. *n.* 4. *t.* 34. *f.* 5.

Habitat in Pensylvania; *an hujus tribus?*

litteratus. 284. C. oblongo-ovatus griseus, scutello ypsilo flavo inscripto, antennis pedibusque testaceis.

Degeer inf. 3. *p.* 333. *n.* 7. *t.* 34. *f.* 9. Cimex Ypsilon griseus.

Habitat in Surinamo, *ypsilo affinis.*

tigripes. 285. C. oblongus supra fuscus subtus griseus, femoribus dentatis nigro maculatis. *Degeer inf.* 3. *p.* 335. *n.* 10. *t.* 34. *f.* 12.

Habitat in Surinamo, *muscae domesticae magnitudine.*

austriacus. 286. C. ovatus ferrugineus, scutello interstincto: fascia nigra. *Schranck Beytr. z. Naturg.* §. 33. *p.* 78. *t.* 3. *f.* 16.

Habitat prope Mauer Austriae *inferioris.*

chalybeus. 588. C. nigro-aeneus immaculatus. *Mus. Lesk. p.* 118. *n.* 78. d.

Habitat in Europa.

beryllinus. 589. C. thorace obtuse spinoso utrinque dentato, spinarum apicibus clypeoque bifido ex caeruleo virescentibus. *Mus. Lesk. p.* 118. *n.* 79.

Habitat in Europa, *antennarum articulo quarto posterius dimidio albo.*

adustus. 590. C. thorace acute spinoso, capite, spinarum apice, scutelli medio, elytris utrinque ad basin scutelli membranarumque marginibus externis nigris. *Mus. Lesk. p.* 118. *n.* 80.

Habitat in Europa.

591. C.

lens. 591. C. thorace obtuse spinoso, elytrorum margine interno et posteriore anoque bidentato sanguineis, elytris pallidis. *Mus. Lesk. p.* 118. *n.* 81.
Habitat in Europa.

lobus. 592. C. thorace obtuse dentato, elytris griseis punctatis aut rufescentibus, ano bilobo. *Mus. Lesk. p.* 118. *n.* 82.
Habitat in Europa.

stinctus. 593. C. oblongus, thorace obtuse spinoso subtus luteo, supra antennisque ferrugineis. *Mus. Lesk. p.* 119. *n.* 83.
Habitat in Europa.

bricornis. 594. C. thorace hispido obtuse spinoso, antennis hispidis coccineis: articulo ultimo nigro. *Mus. Lesk. p.* 119. *n.* 84.
Habitat in Europa.

uleatus. 595. C. griseus, thorace spinoso: spinis anterius antennarumque articulis secundo tertioque nigris. *Mus. Lesk. p.* 119. *n.* 85.
Habitat in Europa.

nspersus. 596. C. thorace obtuse spinoso: anterius punctis duobus impressis, abdomine subtus utrinque nigro punctato, gutta ad anum nigra. *Mus. Lesk. p.* 119. *n.* 86.
Habitat in Europa.

††† *thorace mutico.*

† *rotundati s. ovati.*

rantius. 287. C. aurantius, capite, thoracis margine anteriori, abdominis maculis marginalibus pedibusque atris. *Fabr. mant. ins.* 2. *p.* 290. *n.* 116. *Sulz. hist. ins. t.* 10. *f.* 10.
Drury ins. 2. *t.* 36. *f.* 5. Cimex incarnatus.
Thunb. nov. ins. sp. 2. *p.* 46.
Stoll cimic. 2. *t.* 6. *f.* 39. *et. t.* 2. *f.* 10. A.
Habitat in Java, Zeilona, India, *magnus.*

nctum. 288. C. supra nigricans, thorace posterius aurantio, elytris albis: puncto nigro. *Fabr. mant. ins.* 2. *p.* 291. *n.* 117.
Sulz. hist. ins. t. 10. *f.* 9. Cimex nigripes.
Stoll cimic. 2. *t.* 6. *f.* 40.
Habitat in Java, *magnus.*

elanous. 289. C. supra sanguineus, scutello maculis duabus, elytris unica nigris. *Fabr. sp. ins.* 2. *p.* 353. *n.* 92. *mant. ins.* 2. *p.* 291. *n.* 118.

Drury ins. 2. *t.* 36. *f.* 5. Cimex incarnatus.
Stoll cimic. 2. *t.* 2. *f.* 10.
Habitat in India, *scutelli maculis interdum nullis.*

torquatus. 290. C. viridis, capite thoraceque anterius flavescentibus. *Fabr. sp. inf.* 2. *p.* 353. *n.* 93. *mant. inf.* 2. *p.* 291. *n.* 119.
Habitat in India, Italia.

rutilans. 291. C. viridi-aeneus, thorace fascia anteriore sanguinea, scutello elytrisque anterius flavescentibus. *Fabr. sp. inf.* 2. *p.* 353. *n.* 94. *mant. inf.* 2. *p.* 291. *n.* 120.
Stoll cimic. 2. *t.* 18. *f.* 122. A.
Habitat in Africa *aequinoctiali, magnus, antennis nigris.*

guttatus. 292. C. viridi-aeneus albido punctatus, tibiis anterioribus membranaceis dilatatis. *Fabr. mant. inf.* 2. *p.* 291. *n.* 121.
Habitat in Siam, *magnus.*

viridulus. 39. C. supra flavus: punctis viridibus, subtus viridis. *Mus. Lud. Ulr.* 172.* *Fabr. sp. inf.* 2. *p.* 354. *n.* 95. *mant. inf.* 2. *p.* 291. *n.* 122.
Habitat in America *australi et* India.

peregrinator. 40. C. suborbiculatus depressus griseo pallidoque varius, thorace scabro. *Mus. Lud. Ulr.* 173.*
Habitat in America *australi et* India.

bipunctatus. 41. C. pallide griseus: puncto albo utrinque ad basin scutelli. *Mus. Lud. Ulr.* 174.
Habitat in Syria.

sexpunctatus. 42. C. rotundatus luteo nigroque varius, thorace luteo: punctis sex nigris. *Mus. Lud. Ulr.* 175.* *Fabr. sp. inf.* 2. *p.* 355. *n.* 105. *mant. inf.* 2. *p.* 293. *n.* 136.
Habitat in America *australi*, India, Sibiria.

signatus. 293. C. griseus, scutello vitta nigra. *Fabr. sp. inf.* 2. *p.* 355. *n.* 106. *mant. inf.* 2. *p.* 293. *n.* 137.
Habitat in Sierra Leon Africae.

gravis. 294. C. fuscus, scutello punctis duobus flavis, elytris puncto nigro. *Fabr. sp. inf.* 2. *p.* 355. *n.* 107. *mant. inf.* 2. *p.* 293. *n.* 138.
Habitat in nova Seelandia, *mediae magnitudinis.*

Forskåhlii. 295. C. viridis, thoracis abdominisque margine sanguineo. *Fabr. sp. inf.* 2. *p.* 356. *n.* 108. *mant. inf.* 2. *p.* 293. *n.* 139.
Habitat in Oriente.

ybneri. 296. C. virescens, thorace fascia sanguinea. *Fabr. mant. inf.* 2. *p.* 293. *n.* 140.
Habitat Tranquebariae, *statura et magnitudine cincti, subtus flavescens.*

uentus. 297. C. viridis, thoracis abdominisque marginibus, antennis pedibusque sanguineis. *Fabr. sp. inf.* 2. *p.* 356. *n.* 109. *mant. inf.* 2. *p.* 293. *n.* 141.
Habitat in Surinamo.

eniculatus. 298. C. obscurus, thoracis abdominisque margine flavescente, ano pedumque geniculis ferrugineis. *Fabr. mant. inf.* 2. *p.* 293, *n.* 142.
Habitat in Cayenna, *magnus, capite nigro.*

nixtus. 299. C. punctatus griseus nigro maculatus, abdominis margine nigro: punctis flavis. *Fabr. mant. inf.* 2. *p.* 294. *n.* 143.
Habitat in Cayenna, *magnus, antennis fuscis.*

ripterus. 300. C. flavo rufoque varius, antennis nigris: ultimo articulo apice albo. *Fabr. mant. inf.* 2. *p.* 294. *n.* 144.
Habitat in Cayenna, *statura mixti, at paulo minor.*

riseus. 43. C. griseus, abdominis lateribus albo nigroque variis, alis nebulosis, sterno porrecto. *Fn. suec.* 926.*
Fabr. sp. inf. 2. *p.* 356. *n.* 110. *mant. inf.* 2. *p.* 294. *n.* 145.
Cimex ovatus griseus, abdominis lateribus albo nigroque variis, ventre antice spinoso.
Degeer inf. 3. *p.* 261. *n.* 8. *t.* 14. *f.* 9. Cimex betulae.
Habitat in Europa, *antennis nigris flavo annulatis.*

nterstinctus. 44. C. griseus, abdominis lateribus rubro nigroque variis, alis albis, sterno porrecto. *Fn. suec.* 927.*
Fabr. sp. inf. 2. *p.* 356. *n.* 111. *mant. inf.* 2. *p.* 294. *n.* 146.
Cimex ovatus griseus, abdominis margine nigro maculato.
Habitat in Europae *cultis.*

apillosus. 301. C. fuscus, antennis nigris, sterno gibbo compresso. *Fabr. sp. inf.* 2. *p.* 356. *n.* 112. *mant. inf.* 2. *p.* 294. *n.* 147.
Stoll cimic. 2. *t.* 1. *f.* 2.
Drury inf. 1. *t.* 43. *f.* 2.
Habitat in Sierra Leon Africae.

funebris. 302. C. ater, antennis, pedibus alisque concoloribus. *Fabr. sp. inf.* 2. *p.* 356. *n.* 113. *mant. inf.* 2. *p.* 294. *n.* 148.
Habitat in Sierra Leon Africae.

303. C.

ruficornis. 303. C. ater, antennis rufis. *Fabr. sp. inf. 2. p.* 356. *n.* 114. *mant. inf. 2. p.* 294. *n.* 149.
Habitat in India.

baccarum. 45. C. subfulvus, abdominis margine fusco maculato. *Fn. suec.* 928. *Scop. ent. carn.* 360. *Fabr. sp. inf. 2. p.* 356. *n.* 115. *mant. inf. 2. p.* 294. *n.* 150. *Fuesſli inf. helv. p.* 25. *n.* 486.
Geoffr. inf. par. 1. *p.* 466. *n.* 64. Cimex fuscus, antennis abdominisque margine nigro croceoque variegatis.
Degeer inf. 3. *p.* 257. *n.* 4. *t.* 14. *f.* 5. Cimex verbasci.
Raj. inf. p. 54. *n.* 2. Cimex scapulis magnis exstantibus, macula e flavo rubente in centro crucis dorsalis.
List. loq. 396. *mut. t.* 31. *f.* 19. Cimex ex luteo virescenti infuscatus ad alvi margines nigris maculis.
Jonst. inf. t. 17. *f.* 9.
Schaeff. icon. t. 57. *f.* 1. 2.
Habitat in Europae *baccis frequens.*

Cribrum. 304. C. fuscus, thorace scutelloque punctatis, abdominis punctis genubusque flavis. *Fabr. sp. inf. 2. p.* 357. *n.* 116. *mant. inf. 2. p.* 294. *n.* 151.
Habitat in America, *magnus, antennis nigris.*

brevicornis. 305. C. obscure cupreus, antennis brevibus compressis, femoribus anterioribus dentatis. *Fabr. mant. inf. 2. p.* 294. *n.* 152.
Habitat in Sina, *statura c. baccarum.*

glaucus. 306. C. glaucus, elytris apice puncto nigro. *Fabr. sp. inf.* 2. *p.* 357. *n.* 117. *mant. inf. 2. p.* 295. *n.* 153.
Habitat in nova Hollandia.

Janus. 307. C. rotundatus supra sanguineus, capite scutelli basi alisque atris. *Fabr. sp. inf. 2. p.* 357. *n.* 118. *mant. inf.* 2. *p.* 295. *n.* 154.
Drury inf. 3. *t.* 46. *f.* 7. Cimex afer.
Stoll cimic. 2. *t.* 6. *f.* 41.
Schroet. Abh. 1. *t.* 2. *f.* 4.
Habitat in America.

dumosus. 46. C. subrotundus griseus, margine undique sanguineo. *Fn. suec.* 929.* *Fabr. sp. inf. 2. p.* 355. *n.* 101. *mant. inf.* 2. *p.* 293. *n.* 131.
Habitat in Europa.

308. C.

punctatus. 308. C. rotundatus flavescens, capite lineis, scutello punctis tribus nigris. *Fabr. sp. inf.* 2. *p.* 355. *n.* 102. *mant. inf.* 2. *p.* 293. *n.* 132.
Habitat in America.

...marius. 309. C. griseo fuscoque varius, alis albis fusco punctatis. *Fabr. sp. inf.* 2. *p.* 355. *n.* 103. *mant. inf.* 2. *p.* 293. *n.* 133.
Habitat in insula terrae novae.

...bilus. 310. C. griseo nigroque varius, alis albis nigro striatis. *Fabr. sp. inf.* 2. *p.* 355. *n.* 104. *mant. inf.* 2. *p.* 293. *n.* 134.
Habitat ad caput bonae spei.

...istriatus. 311. C. flavescens, elytris apice puncto ocellari atro, abdomine lineis tribus albis. *Fabr. mant. inf.* 2. *p.* 293. *n.* 135.
Habitat in agro Pedemontano, *statura parva nubili.*

...riolo...us. 47. C. flavus, thorace subspinoso punctis fuscis excavatis varioloso, scutello basi gibbo.
Habitat in America *majusculus, aunon ad praecedentem tribum relegandus?*

...niperinus. 48. C. subrotundus viridis, margine undique scutelloque apice flavo. *Fn. suec.* 930.* *Scop. ent. carn.* 359. *Fabr. sp. inf.* 2. *p.* 354. *n.* 98. *mant. inf.* 2. *p.* 292. *n.* 125. *Fuessli inf. helv. p.* 25. *n.* 487.
Geoffr. inf. par. 1. *p.* 464. *n.* 61. Cimex subrotundus viridis.
Raj. inf. p. 53 *n.* 1. Cimex sylvestris viridis.
Degeer inf. 3. *p.* 231. *t.* 13. *f.* 1. 2.
Habitat in Europae *juniperetis.*

...paraglus. 312. C. viridis, scutello punctis tribus baseos flavis. *Fabr. sp. inf.* 2. *p.* 354. *n.* 99. *mant. inf.* 2. *p.* 292. *n.* 126.
Habitat in insula Madera.

...ryllus. 313. C. pallidus, thoracis margine aurantio, elytris macula ferruginea lineolisque marginalibus nigris. *Fabr. mant. inf.* 2. *p.* 292. *n.* 127.
Habitat in India, *mediae magnitudinis.*

...idus. 314. C. supra fuscus, subtus testaceus, antennis nigris. *Fabr. mant. inf.* 2. *p.* 292. *n.* 128.
Habitat in Sierra Leon Africae, *mediae magnitudinis.*

315. C.

caelebs. 315. C. fusco griseus, scutello punctis tribus apiceque flavescentibus. *Fabr. sp. inf.* 2. *p.* 355. *n.* 100. *mant. inf.* 2. *p.* 292. *n.* 129.
Habitat in nova Hollandia.

iratus. 316. C. viridi-fuscus, thorace fascia flava. *Fabr. mant. inf.* 2. *p.* 292. *n.* 130.
Habitat in Cayenna, *parvus, antennis nigris.*

prasinus. 49. C. subrotundus totus viridis, scutello concolore. *Fn. suec.* 931. *Fuessli inf. belv. p.* 25. *n.* 488.
Fabr. sp. inf. 2. *p.* 354. *n.* 96. *mant. inf.* 2. *p.* 292. *n.* 123.
Cimex ovatus viridis immaculatus, antennis apice albo fuscoque annulatis.
Degeer inf. 3. *p.* 266. *n.* 9. Cimex viridis totus.
Stoll cimic. 2. *t.* 19. *f.* 127.
Habitat in silvis Europae *et ad* caput bonae spei.

dissimilis. 317. C. supra viridis subtus ferrugineus. *Fabr. sp. inf.* 2. *p.* 354. *n.* 97. *mant. inf.* 2. *p.* 292. *n.* 124.
Habitat in Germania, *prasino proxime affinis.*

caeruleus. 50. C. caeruleus immaculatus. *Fn. suec.* 933.* *Fuessli inf. belv. p.* 25. *n.* 489. *Fabr. sp. inf.* 2. *p.* 359. *n.* 129. *mant. inf.* 2. *p.* 296. *n.* 169.
Degeer inf. 3. *p.* 268. *n.* 11.
Geoffr. inf. par. 1. *p.* 472. *n.* 75.
Schaeff. ic. t. 51. *f.* 4.
Stoll cimic. t. 31. *f.* 221.
Habitat in Europae *thesio.*

Morio. 51. C. ater, plantis rufis. *Fn. suec.* 932.* *Fuessli inf. belv. p.* 25. *n.* 491. *Fabr. sp. inf.* 2. *p.* 359. *n.* 130. *mant. inf.* 2. *p.* 296. *n.* 170.
Sulz. inf. t. 11. *f.* 77.
Schaeff. icon. t. 57. *f.* 11. *et t.* 82. *f.* 6.
Stoll cimic. t. 32. *f.* 223.
Habitat in Europae *oleraceis.*

tristis. 318. C. ater, clypeo orbiculato, thorace retuso. *Fabr. sp. inf.* 2. *p.* 360. *n.* 131. *mant. inf.* 2. *p.* 296. *n.* 171.
Degeer inf. 3. *p.* 269. *n.* 13. Cimex niger spinipes.
Geoffr. inf. par. 1. *p.* 470. *n.* 70.
Habitat in Europae *plantis.*

spinipes. 319. C. ater, pedibus piceis, tibiis ſpinoſiſſimis. *Fabr. ſp. inſ.* 2. *p.* 360. *n.* 132. *mant. inſ.* 2. *p.* 296. *n.* 172.
Habitat in Africa *aequinoctiali, nitidus, magnitudine et ſtatura morionis.*

aethiops. 320. C. ater, thorace ſtriga media impreſſa, tibiis ſpinoſiſſimis nigris. *Fabr. mant. inſ.* 2. *p.* 296. *n.* 173.
Habitat in Cayenna, *ſtatura et magnitudine oleracei.*

lugens. 321. C. fuſcus, thoracis lineola, ſcutello abdominisque margine albis. *Fabr. ſp. inſ.* 2. *p.* 360. *n.* 133. *mant. inſ.* 2. *p.* 297. *n.* 174.
Habitat in America.

melanocephalus. 322. C. ſubrotundus griſeus, capite ſcutellique baſi nigro-aeneis. *Fabr. ſp. inſ.* 2. *p.* 360. *n.* 134. *mant. inſ.* 2. *p.* 297. *n.* 175.
Habitat in Anglia *et* Italia.

Lineola. 52. C. thorace laevi anterius atro, poſterius livido diſtincto punctis excavatis.
Habitat in America, *magnitudine fere tabani, capite atro, abdomine flavo, elytris incarnatis pallidisque.*

oleraceus. 53. C. caeruleo-aeneus, thorace lineola, ſcutello apice elytrisque puncto albo rubrove. *Fn. ſuec.* 934.* *Fueſſli inſ. helv. p.* 25. *n.* 492. *Fabr. ſp. inſ.* 2. *p.* 359. *n.* 126. *mant. inſ.* 2. *p.* 296. *n.* 165.
Raj. inſ. p. 54. *n.* 6. Cimex ſylveſtris caeruleſcens.
Geoffr inſ. par. 1. *p.* 471. *n.* 74.
Degeer inſ. 3. *p.* 266. *n.* 10. *t.* 15. *f.* 22.
Schaeff. icon. t. 46. *f.* 4. 5.
Stoll cimic. 2. *t.* 5. *f.* 32. 33.
Habitat in Europae *tetradynamis, quas* 1760 *in* Suecia *devaſtavit.*

pictus. 323. C. ſubrotundus ſupra ater, thorace lineis tribus, ſcutello linea punctisque quatuor, elytris margine ferrugineis. *Fabr. ſp. inſ.* 2. *p.* 359. *n.* 127. *mant. inſ.* 2. *p.* 296. *n.* 166.
Habitat in India.

verſicolor. 324. C. varius, capite abdomineque atris albo lineatis. *Fabr. mant. inſ.* 2. *p.* 296. *n.* 167.
Habitat Tranquebariae, *ſtatura et magnitudine picti.*

bigutta-tus. 54. C. niger, margine undique albo, elytris puncto albo. *Fn. suec.* 935.* *Scop. ent. carn.* 356. *Fabr. sp. inf.* 2. *p.* 359. *n.* 128. *mant. inf.* 2. *p.* 296. *n.* 168. *Fuessli inf. helv. p.* 25. *n.* 493.

Habitat in Europae *plantis.*

bicolor. 55. C. elytris nigro alboque variis, alis albis. *Fn. suec.* 936.* *Scop. ent. carn.* 357. *Fabr. sp. inf.* 2. *p.* 358. *n.* 125. *mant. inf.* 2. *p.* 296. *n.* 164. *Fuessli inf. helv. p.* 126. *n.* 494.

Geoffr. inf. par. 1. *p.* 470. *n.* 73. Cimex ovatus niger, thoracis lateribus elytrorumque maculis quatuor albis.

Degeer inf. 3. *p.* 268. *n.* 12. Cimex ovatus niger nitidus, thorace elytris tibiisque spinosis albo maculatis.

Raj. inf. p. 54. *n.* 5. Cimex colore nigro splendente, maculis albis picto.

List. scar. p. 396. *n.* 38. Cimex niger, maculis candidis notatus.

Petiv. gazoph. t. 14. *f.* 7. Cimex niger albo maculatus.

Schaeff. icon. t. 41. *f.* 8. 9.

Stoll cimic. t. 32. *f.* 224.

Habitat in Europae *hortis.*

ornatus. 56. C. nigro rubroque varius, capite alisque nigris. *Fn. suec.* 937.* *Scop. ent. carn.* 361. *Fuessli inf. helv. p.* 26. *n.* 495. *Fabr. sp. inf.* 2. *p.* 357. *n.* 119. *mant. inf.* 2. *p.* 295. *n.* 155

Geoffr. inf. par. 1. *p.* 469. *n.* 69.

Sulz. inf. t. 11. *f.* 73.

Schaeff. icon. t. 60. *f.* 10.

Stoll cimic. 2. *t.* 2. *f.* 11.

Habitat in Europa *et* Oriente.

festivus. 57. C. nigro rubroque varius, thorace punctis sex nigris, alis fuscis: margine albido. *Fuessli inf. helv. p.* 26. *n.* 490. *Fabr. sp. inf.* 2. *p.* 358. *n.* 120. *mant. inf.* 2. *p.* 295. *n.* 156.

Scop. ent. carn. 362. Cimex dominulus.

Habitat in America *boreali*, Carniolia, Calabria, *statura bicoloris, sed magis oblongus.*

rutilus. 325. C. thorace abdomineque rufis, thorace maculis quatuor, abdomine fasciis nigris. *Fabr. sp. inf.* 2. *p.* 358. *n.* 121. *mant. inf.* 2. *p.* 295. *n.* 157.

Habitat in nova Hollandia.

uciatus. 326. C. nigro pallidoque varius, ſcutello nigro: cruce alba. *Fabr. ſp. inſ.* 2. *p.* 358. *n.* 122. *mant. inſ.* 2. *p.* 295. *n.* 158.
Habitat in India.

ſcoi-:us. 327. C. flaveſcens, capite diſco communi pedibusque nigris. *Fabr. mant. inſ.* 2. *p.* 295. *n.* 159.
Habitat in Cayenna, *ſtatura et magnitudine ornati.*

ioculatus. 328. C. rotundatus ſupra niger, thorace rufo: punctis duobus nigris, ſcutello margine rufo. *Fabr. ſp. inſ.* 2. *p.* 358. *n.* 123. *mant. inſ.* 2. *p.* 295. *n.* 160.
Habitat in America.

ramieus. 329. C. rotundatus viridis immaculatus. *Fabr. mant. inſ.* 2. *p.* 295. *n.* 161.
Habitat Tranquebariae, *parvus.*

mbriatus. 330. C. rotundatus viridis, elytris griſeis: macula fuſca margineque viridi. *Fabr. mant. inſ.* 2. *p.* 295. *n.* 162.
Habitat in Sina, *parvus.*

talicus. 331. C. obſcure rufus, ſcutello punctis duobus apiceque albis, abdominis margine nigro punctato. *Fabr. ſp. inſ.* 2. *p.* 358. *n.* 124. *mant. inſ.* 2. *p.* 296. *n.* 162.
Habitat in Italia, *magnitudine oleracei.*

uber. 58. C. ruber, alis fuſcis, elytris lineola tranſverſa alba. *Fn. ſuec.* 938.*
Habitat in Europae *urticis aliisque plantis.*

cuminatus. 59. C. ovalis anterius attenuatus cinereo-exalbidus, antennis incarnatis. *Fn. ſuec.* 939.* *Fueſſli inſ. helv. p.* 26. *n.* 498.
Fabr. ſp. inſ. 2. *p.* 360. *n.* 135. *mant. inſ.* 2. *p.* 297. *n.* 176. Cimex ovalis antice attenuatus exalbidus fuſco ſtriatus, antennis apice rufis.
Degeer inſ. 3. *p.* 271. *n.* 16. *t.* 14. *f.* 12. 13. Cimex roſtratus.
Raj. inſ. p. 56. *n.* 6. Muſca cimiciformis.
Geoffr. inſ. par. 1. *p.* 472. *n.* 77.
Liſt. mut. t. 31. *f.* 20.
Schaeff. icon. t. 42. *f.* 11.
Habitat in Europae *plantis.*

inutus. 61. C. elytris lividis apice fuſcis. *Fn. ſuec.* 941.*
Habitat in Europa.

collaris. 63. C. rostro arcuato, corpore nigro, thorace posterius elytrisque anterius ferrugineis, elytris posterius alisque nigris.
Habitat in Guinea, *oblongus, magnitudine et statura personati, an forte ejusdem cum eo tribus?*

javanicus. 332. C. luteus ano obtuso, antennis pedibusque ferrugineis. *Thunb. nov. inf. sp.* 2. *p.* 45.
Stoll cimic. t. 1. *f.* 2.
Habitat in Java, *glaber, inter maximos hujus generis.*

sinensis. 333. C. flavescens, ano quadridentato, sterno porrecto. *Thunb. nov. inf. sp.* 2. *p.* 45. *f.* 59.
Habitat in Japonia *et* Sina, *glaber, inter maximos hujus generis.*

brunneus. 334. C. supra brunneus subtus fuscus, antennis pilosis. *Thunb. nov. inf. sp.* 2. *p.* 45.
Habitat in India, *rufipede paulo major, glaber.*

Anchora. 335. C. rotundatus thorace elytrisque maculis sex nigris, scutello anchora alba. *Thunb. nov. inf. sp.* 2. *p.* 47. *f.* 60.
Habitat in Japonia *et* Sina, *grisei magnitudine, cruciati affinis.*

capensis. 336. C. rotundatus niger, thoracis elytrorumque marginibus rubris. *Thunb. nov. inf. sp.* 2. *p.* 47. *f.* 61.
Habitat ad caput bonae spei, *oleraceo paulo major, glaberrimus.*

Thunbergii. 337. C. rotundatus nigro cinereoque varius scutello punctis duobus flavis, capite thoraceque albo lineatis. *Thunb. nov. inf. sp.* 2. *p.* 48. *f.* 62.
Habitat - - - - - grisei magnitudine, punctatissimus.

venosus. 338. C. rotundatus ruber fusco pictus, abdomine serie sextuplici punctorum nigrorum. *Thunb. nov. inf. sp.* 2. *p.* 49.
Habitat ad caput bonae spei, *oleracei magnitudine.*

costatus. 339. C. cinereus, linea elytrorum nigra. *Thunb. nov. inf. sp. p.* 50. *f.* 63.
Habitat in regionibus interioribus capitis bonae spei, *oleraceo paulo major, glaber.*

cornutus. 340. C. depressus cinereus, thorace lineis tribus elevatis, antennis fusiformibus. *Thunb. nov. inf. sp.* 2. *p.* 50.
Habitat in Japonia, *facie et magnitudine c. cardui, an hujus tribus?*

341. C.

nelaleucos. 341. C. ater, elytris albis: maculis duabus nigris. *Thunb nov. inf. sp.* 2. *p.* 50.
Habitat ad caput bonae fpei, *magnitudine fcarabaeoidis, nitidus.*

hirtus. 342. C. ater, totus hirtus. *Thunb. nov. inf. fp.* 2. *p.* 51.
Habitat ad caput bonae fpei, *magnitudine oleracei, opacus.*

niger. 343. C. ater, thorace tibiisque ciliatis. *Thunb. nov. inf. fp.* 2. *p.* 51.
Habitat ad caput bonae fpei, *in* America *auftrali,* India, *oleracei magnitudine, aterrimus.*

aterrimus. 344. C. ater, elytris dimidiato hyalinis. *Forfter nov. inf. fp.* 1. *p.* 71. *n.* 71.
Habitat in Hifpania, *circa* fretum Gaditanum, *magnitudine ornati.*

flavatus. 345. C. niger, fcutello elytrisque apice lateribusque flavis, thoracis margine lineaque media flavis. *Schranck Beytr. z. Naturg. p.* 79. §. 34.
Habitat Vindobonae.

viennensis. 346. C. caeruleo-aeneus, elytris margine albo. *Schranck Beytr. zur Naturg. p.* 80. §. 35.
Habitat Vindobonae.

venuftiffimus. 347. C. argenteus, capite thoracis fcutellique bafi violaceo-aeneis. *Schranck Beytr. zur Naturg. p.* 80. §. 36.
Habitat in Auftria *fuperiore.*

dubius. 348. C. atro-caeruleus punctatus nitens, thoracis elytrorumque margine exteriore albo. *Scop. ent. carn. p.* 121. *n.* 355.
Habitat in Carniolia.

aeneus. 349. C. pallide aeneus: punctis impreffis nigris, fcutello abdomen fubaequante: bafi punctis duobus albis. *Scop. ent. carn. p.* 122. *n.* 358.
Habitat prope Idriam Carnioliae.

danicus. 350. C. niger, elytris fafciis duabus luteis. *Müll. Fn. Fridrichsd. p.* 29. *n.* 274. *zool. dan. prodr. p.* 106. *n.* 1202.
Habitat in Dania.

rofeus. 351. C. fufcus, abdomine incarnato, pedibus pallidis: femoribus puncto nigro. *Müll. zool. dan. prodr. p.* 105. *n.* 1197.
Habitat in Dania.

alatus. 352. C. rufus elytris alas mentientibus, antennis clavatis. *Müll. zool. dan. prodr. p.* 106. *n.* 1204.
Habitat in Dania.

rufescens. 353. C. thorace obtuse angulato, corpore e viridi rubroque nebuloso. *Geoffr. inf. par.* 1. *p.* 465. *n.* 62.
Habitat in Gallia.

pullus. 354. C. ex fusco niger, alis pallidis. *Geoffr. inf. par.* 1. *p.* 470. *n.* 71.
Habitat in Gallia.

leucomelas. 355. C. niger, elytrorum limbo exteriore albo. *Geoffr. inf. par.* 1. *p.* 470. *n.* 72.
Habitat in Gallia.

arboreus. 356. C. supra fusco-viridis, subtus flavescens, thorace linea transversa flava, elytris rubro marginatis, ano bidentato rubro. *Degeer inf.* 3. *p.* 260. *n.* 7.
Habitat in Europae *arboribus, 5 lineas longus.*

pusillus. 357. C. griseus albo marginatus nigro punctatus, abdomine aeneo nigro. *Degeer inf.* 3. *p.* 270. *n.* 15.
Habitat in Europa.

parnassiae. 584. C. thorace rubro, alis fuscis, corpore nigro. *Mayer Abh. boehm. Gef.* 4. *p.* 183.
Habitat in Bohemiae *floribus parnassiae palustris, minimus, lente incedens, volatu agilis.*

fulvus. 597. C. fulvus, alis posterius ex fusco violaceis, abdomine subtus pallido: apice quadridentato. *Muf. Lesk. p.* 119. *n.* 88.
Habitat extra Europam.

varius. 598. C. rotundatus ater, scutelli abdominisque marginibus, elytris thoraceque rubris: hoc anterius linea atra, membranis fuscis, alis luteis apice fuscis. *Muf. Lesk. p.* 119. *n.* 89.
Habitat extra Europam.

tricolor. 599. C. subrotundus virescens, margine undique flavo, antennis rufis. *Muf. Lesk. p.* 119. *n.* 91.
Habitat in Europa.

600. C.

albidus. 600. C. subrotundus albidus, antennis nigris: geniculis albis, elytris livido rufoque variis, scutelli apice albo. *Mus. Lesk. p.* 119. *n.* 93.
Habitat in Europa.

undatus. 601. C. ovalis pallidus, capite acuminato: lineis quatuor, scutelli thoracisque punctis, antennis elytrorumque rugis transversis undatis nigris. *Mus. Lesk. p.* 119. *n.* 97.
Habitat extra Europam.

pallescens. 602. C. pallidus nigro punctatus thoracis scutellique apice elytrorumque marginibus externis albidis. *Mus. Lesk. p.* 119. *n.* 98.
Habitat in Europa.

nigerrimus. 603. C. niger immaculatus. *Mus. Lesk. p.* 119. *n.* 103.
Habitat in Europa.

melanoleucos. 604. C. ovatus niger, thorace elytrorumque margine exteriore albo. *Mus. Lesk. p.* 119. *n.* 104.
Habitat in Europa.

ciliatus. 605. C. niger, capite, thorace elytrisque ciliatis et pedibus nigris. *Mus. Lesk. p.* 120. *n.* 105.
Habitat in Europa.

excisus. 606. C. griseus, elytrorum membrana extus excisa, abdomine nigro. *Mus. Lesk. p.* 120. *n.* 106.
Habitat in Europa.

†† *Oblongi.*

⊥ *antennis apice capillaribus.*

trifasciatus. 67. C. corpore nigro rubroque vario.
Fabr. sp. inf. 2. *p.* 372. *n.* 202. *mant. inf.* 2. *p.* 305. *n.* 267.
Cimex oblongus niger, antennis apice capillaribus, elytris fasciis tribus rufis.
Schaeff. icon. t. 13. *f.* 8.
Habitat in Europa.

olivaceus. 358. C. elytris fusco-ferrugineis basi coccineis: puncto atro.
Fabr. sp. inf. 2. *p.* 372. *n.* 203. *mant. inf.* 2. *p.* 305. *n.* 268.
Schaeff. icon. t. 13. *f.* 2.
Habitat in Germania.

seticornis. 359. C. ater, elytris fuscis basi pallidis apiceque puncto coccineo. *Fabr. sp. inf.* 2. *p.* 372. *n.* 204. *mant. inf.* 2. *p.* 305. *n.* 269.
Habitat Lipsiae, *capite rarius rufo.*

capillaris. 360. C. flavescens, elytris apice coccineis, antennis nigris. *Fabr. sp. inf.* 2. *p.* 372. *n.* 205. *mant. inf.* 2. *p.* 305. *n.* 270.
Habitat in Lipsiae *hortis.*

semiflavus. 68. C. corpore nigro, thorace pedibusque testaceis.
Habitat in Suecia, *statura atri, capite antennarumque basi pilis albis hirta testaceis.*

erythropus. 69. C. rostro arcuato, thorace posterius emarginato, pedibus rubris.
Habitat in Barbaria, *nigro rubroque varius, antennis fuscis, elytris rufis, abdomine nigro: margine albo nigroque vario; an forte ad ultimam cimicum tribum relegandus?*

ater. 72. C. corpore atro. *Fn. suec.* 944. *Fabr. sp. inf.* 2. *p.* 371. *n.* 197. *mant. inf.* 2. *p.* 305. *n.* 261.
Geoffr. inf. par. 1. *p.* 460. *n.* 54. Cimex oblongus ater, antennis seta terminatis.
Habitat in Europa *boreali, etiam* Calabria.

tyrannus. 361. C. ater, rostro, femoribusque sanguineis. *Fabr. sp. inf.* 2. *p.* 371. *n.* 198. *mant. inf.* 2. *p.* 305. *n.* 262.
Habitat in Italia, *atro proxime affinis.*

Schach. 362. C. ater, capite scutello maculisque duabus elytrorum coccineis. *Fabr. sp. inf.* 2. *p.* 371. *n.* 199. *mant. inf.* 2. *p.* 305. *n.* 263.
Habitat in Italia, *statura tyranni.*

gothicus. 73. C. niger, scutello elytrorumque apicibus coccineis. *Fn. suec.* 966.* *Scop. ent. carn.* 381. *Fuesßli inf. helv. p.* 26. *n.* 501. *Fabr. sp. inf.* 2. *p.* 372. *n.* 206. *mant. inf.* 2. *p.* 305. *n.* 271.
Geoffr. inf. par. 1. *p.* 445. *n.* 19. Cimex oblongus niger, thoracis lateribus scutelloque flavis, elytris antennis pedibusque flavo variegatis.
Schaeff. icon. t. 13. *f.* 5.
Habitat in Europa, *frequens.*

tricolor. 363. C. ater, elytris apice macula coccinea. *Fabr. mant. inf.* 2. *p.* 306. *n.* 272.

Habitat

Habitat in Hispaniae *urtica, gothico proxime affinis, alis nigris, macula marginali transversa pallida.*

ibrati-lis. 90. C. niger, elytris albo maculatis. *Fn. suec.* 951.* *Fabr. mant. inf.* 2. *p.* 305. *n.* 265. Cimex oblongus niger, elytris flavo lineatis apice fascia alba, antennis apice capillaribus.
Habitat in Suecia, *mediae magnitudinis, pedibus piceis.*

ivicollis. 364. C. niger, capite thorace pedibusque rufis. *Fabr. sp. inf.* 2. *p.* 371. *n.* 201. *mant. inf.* 2. *p.* 305. *n.* 266.
Habitat in Anglia.

iclavatus. 97. C. niger, elytris fuscis: fasciis duabus nigris. *Fabr. sp. inf.* 2. *p.* 371. *n.* 200? *mant. inf.* 2. *p.* 305. *n.* 264? Cimex (bifasciatus) oblongus fuscus, elytris fasciis duabus albis, antennis apice capillaribus.
Habitat Lipsiae.

imbricus. 365. C. thorace elytrisque rubellis: apice macula coccinea, nigra duplicique alba. *Müll. prodr. zool. dan. p.* 106. *n.* 1212.
Habitat in Dania; *an varietas gothici?*

ilineatus. 366. C. niger, thorace pedibusque cinereis, elytris fuscis: lineolis transversis tribus candidis. *Müll zool. dan. prodr. p.* 106. *n.* 1213.
Habitat in Dania.

pissicornis. 367. C. niger, pedibus flavis, antennis incrassatis. *Fabr. sp. inf.* 2. *p.* 372. *n.* 207. *mant. inf.* 2. *p.* 306. *n.* 273.
Habitat Hamburgi.

planicornis. 368. C. niger, alis lactescentibus, pedibus ex griseo lutescentibus, antennarum articulo medio compresso maximo. *Pall. spic. zool.* 9. *p.* 23. *t.* 1. *f.* 13.
Habitat in Belgio, *parvus.*

lasticornis. 369. C. rufus, pectore abdomineque fasciis albis nigrisque, antennarum articulo penultimo compresso rotundato. *Thunb. nov. inf. sp.* 3. *p.* 53. *f.* 64.
Habitat in Aittonia *capensi, ad* caput bonae spei, *Decembri frequens, glaber, personati magnitudine.*

punctipes. 607. C. flavescens, femoribus fusco punctatis. *Mus. Lesk. p.* 121. *n.* 137.
Habitat in Europa.

quadrimaculatus. 608. C. flavescens, thorace maculis quatuor fuscis. *Mus. Lesk. p.* 121. *n.* 138.
Habitat in Europa.

fuliginosus. 609. C. niger, capite thorace elytrisque rufescentibus, thorace posterius fusco, scutello flavescente, elytrorum apice inflexo coccineo. *Mus. Lesk. p.* 121. *n.* 139.
Habitat in Europa.

erythrochlorus. 610. C. oblongus rufescens, thorace scutelloque flavis. *Mus. Lesk. p.* 121. *n.* 140.
Habitat in Europa.

chrysocephalus. 611. C. niger, capite flavo: linea longitudinali nigra, elytris ex fusco rufis: apice inflexo coccineo. *Mus. Lesk. p.* 121. *n.* 141.
Habitat in Europa.

stramineus. 612. C. niger, elytris pallidis: apice inflexo coccineo. *Mus. Lesk. p.* 121. *n.* 142.
Habitat in Europa.

concolor. 613. C. fuscus, capite thoraceque rufis, antennis scutelloque flavis, pedibus pallidis. *Mus. Lesk. p.* 121. *n.* 143.
Habitat in Europa.

tomentosus. 614. C. capite thoraceque fuscis fulvo tomentosis, abdomine rufo, elytris fusco pallidis: apice inflexo flavo, puncto extremo nigro. *Mus. Lesk. p.* 122. *n.* 144.
Habitat in Europa.

melanochrysos. 615. C. niger, scutello posterius, elytris apice inflexo flavis. *Mus. Lesk. p.* 122. *n.* 145.
Habitat in Europa.

bivenis. 616. C. niger, elytris e flavo fuscis: apice inflexo flavo venisque duabus rubris. *Mus. Lesk. p.* 122. *n.* 146.
Habitat in Europa.

leucozonias. 617. C. angustus niger, antennis basi rubris, thorace posterius scutelloque flavis, elytris rufis: fascia obliqua apiceque inflexo albis. *Mus. Lesk. p.* 122. *n.* 147.
Habitat in Europa.

tricolor. 618. C. niger, elytris flavis: fascia transversa apiceque fuscis. *Mus. Lesk. p.* 122. *n.* 148.
Habitat in Europa.

ochromelas. 619. C. niger, antennarum elytrorumque basi, herum apice inflexo pedibusque flavis. *Muf. Lesk. p.* 122. *n.* 149.
Habitat in Europa.

exoletus. 620. C. niger, thorace posterius tibiis elytrisque pallidis, horum apice inflexo rufo marginato. *Muf. Lesk. p.* 122. *n.* 150.
Habitat in Europa.

phoenicopterus. 621. C. fuscus, capite thorace elytrisque rufescentibus, antennis pedibusque pallidis. *Muf. Lesk. p.* 122. *n.* 151:
Habitat in Europa.

fuscoculus. 622. C. flavus, oculis fuscis. *Muf. Lesk. p.* 122. *n.* 152.
Habitat in Europa.

leucogrammus. 623. C. supra rufescens, capite dorsali, abdomine subtus utrinque linea alba, thoracis tribus, elytris medio et margine externo albis: apice inflexo flavo. *Muf. Lesk. p.* 122. *n.* 153.
Habitat in Europa.

expallescens. 624. C. fuscus, capite ventre elytrisque pallidis, his fusco subnebulosis, thorace subconico: lineolis tribus fuscis. *Muf. Lesk. p.* 122. *n.* 154.
Habitat in Europa.

flavescens. 625. C. pallide flavus. *Muf. Lesk. p.* 122. *n.* 155.
β) Cimex flavescens, capite utrinque, scutello basi elytrisque apice inflexo fuscis. *Muf. Lesk. p.* 122. *n.* 156.
Habitat in Europa.

pallescens. 626. C. pallidus rufo adspersus. *Muf. Lesk. p.* 122. *n.* 158.
β) Cimex pallidus rufescens, scutello flavo. *Muf. Lesk. p.* 122. *n.* 159.
Habitat in Europa.

leucodermis. 627. C. ovatus pallidus: membrana elytrorum alba. *Muf. Lesk. p.* 122. *n.* 162.
Habitat in Europa.

discolor. 628. C. niger, elytris griseis: apice membranarumque apice albis. *Muf. Lesk. p.* 122. *n.* 160.
Habitat in Europa.

imperialis. 629. C. niger, elytrorum margine externo, basi et apice inflexo flavis. *Muf. Lesk. p.* 122. *n.* 161.
Habitat in Europa.

630. C.

melanorhous. 630. C. antennis, thoracis margine, ſcutelli apice, pedibus et abdomine flavis, hujus apice nigro. *Muſ. Lesk.* p. 122. n. 163.
Habitat in Europa.

vittatus. 631. C. niger, thorace anterius poſteriusque ſcutelloque flavis, antennarum baſi elytrisque rufis: vitta apiceque inflexo albis. *Muſ. Lesk.* p. 122. n. 164.
Habitat in Europa.

melanogaſter. 632. C. ovatus rufeſcens abdomine medio ſubtus atro. *Muſ. Lesk.* p. 123. n. 166.
Habitat in Europa.

ſordens. 633. C. ovatus niger, thorace pedibusque rufis, his fuſco variis. *Muſ. Lesk.* p. 123. n. 167.
Habitat in Europa.

vitellinus. 634. C. ovatus flavus, elytris apicem verſus rufeſcentibus. *Muſ. Lesk.* p. 123. n. 168.
Habitat in Europa.

haematocephalus. 635. C. ovatus niger, elytris rufo-fuſcis: apice capiteque rufis. *Muſ. Lesk.* p. 123. n. 169.
Habitat in Europa.

leoninus. 636. C. ovatus flavo-rufus, thorace anterius maculis duabus nigris, elytris pallidis: apice inflexo fuſco. *Muſ. Lesk.* p. 123. n. 170.
Habitat in Europa.

carbonarius. 637. C. ovatus totus niger. *Muſ. Lesk.* p. 123. n. 171.
Habitat in Europa.

notatus. 638. C. ovatus pallidus, elytrorum apice inflexo: ſingulis angulo puncto fuſco. *Muſ. Lesk.* p. 123. n. 172.
Habitat in Europa.

diſcors. 639. C. ovatus ſupra pallidus ſubtus flavus. *Muſ. Lesk.* p. 123. n. 173.
Habitat in Europa.

fuſceſcens. 640. C. ovatus niger, capite elytrisque pallidis: margine externo apiceque inflexo fuſceſcentibus. *Muſ. Lesk.* p. 123. n. 174.
Habitat in Europa.

melanopterus. 641. C. ovatus fuſcus, elytris nigris: baſi, medio marginis antici apiceque inflexo, capite et thorace anterius flavis. *Muſ. Lesk. p.* 123. *n.* 175.
Habitat in Europa.

leucoceras. 642. C. fuſcus, antennis, elytris pedibusque albidis. *Muſ. Lesk. p.* 123. *n.* 176.
Habitat in Europa.

ochropterus. 643. C. ater, thorace, elytris pedibusque flaveſcentibus. *Muſ. Lesk. p.* 123. *n.* 177.
Habitat in Europa.

melanoleucos. 644. C. ovatus niger, capite, thoracis dorſo, elytrorumque faſcia media et apice inflexo albis. *Muſ. Lesk. p.* 123. *n.* 178.
Habitat in Europa.

erythrogaſter. 645. C. ovatus, thorace anterius nigro capite elytrisque pallidis: punctis apiceque inflexo fuſcis, abdomine rufeſcente. *Muſ. Lesk. p.* 123. *n.* 179.
Habitat in Europa.

ſticticus. 646. C. ovatus niger, capite elytrisque pallidis, femoribus nigro punctatis. *Muſ. Lesk. p.* 123. *n.* 180.
Habitat in Europa.

nubilus. 647. C. ovatus niger, elytris albis fuſco nebuloſis, pedibus rufeſcentibus. *Muſ. Lesk. p.* 123. *n.* 181.
Habitat in Europa.

leucopus. 648. C. fuſcus, antennis, thorace, elytris pedibusque albidis. *Muſ. Lesk. p.* 123. *n.* 182.
Habitat in Europa.

conſperſus. 649. C. ovatus rufeſcens, elytris albis rufo adſperſis. *Muſ. Lesk. p.* 123. *n.* 183.
Habitat in Europa.

chloropterus. 650. C. pallidus, thorace, elytris abdomineque vireſcentibus. *Muſ. Lesk. p.* 123. *n.* 184.
Habitat in Europa.

albicans. 651. C. ovatus pallidus, alis albis. *Muſ. Lesk. p.* 123. *n.* 185.
Habitat in Europa.

albidus. 652. C. ovatus rufeſcens, elytris antennis pedibusque albidis. *Muſ. Lesk. p.* 123. *n.* 186.
Habitat in Europa.

brunneus. 653. C. ovatus brunneus, alis albis. *Muf. Lesk. p.* 123. *n.* 187.
Habitat in Europa.

chryfopus. 654. C. ovatus niger, capite elytrorum margine externo pedibusque flavis. *Muf. Lesk. p.* 123. *n.* 188.
Habitat in Europa.

II *antennis clavatis.*

Branderi. 66. C. roftro arcuato, thorace fubfexfpinofo, elytris punctis tribus albis.
Habitat in Barbaria, *mediae magnitudinis, grifeus, fubtus teftaceus, antennis rufis, ftatura perfonati.*

craffìcornis. 92. C. fubgrifeus rubro punctatus. *Fn. fuec.* 952.* *Fabr. fp. inf.* 2. *p.* 369. *n.* 188. *mant. inf.* 2. *p.* 303. *n.* 139. *Schaeff. icon. t.* 13. *f.* 10.
Habitat in Europa.

Colon. 370. C. rubro nigroque varius, membranis elytrorum albis: puncto nigro. *Thunb. nov. inf. fpec.* 3. *p.* 57.
Habitat in Japonia, *campeftris magnitudine.*

deuftus. 371. C. rufo-fufcus, fcutelli apice, thoracis abdominisque marginibus rubris. *Thunb. nov. inf. fp.* 3. *p.* 58.
β) *Stoll cimic. t.* 13. *f.* 87.
Habitat - - - magnitudine c. hyofcyami.

tuberculofus. 372. C. abdomine fupra rufo, antennarum nodis binis: extremo longiore. *Scop. ent. carn. p.* 128. *n.* 372.
Habitat prope Idriam Carnioliae.

Oculus cancri. 373. C. ex livido flavus: maculis fanguineis, oculis capitulo cylindrico infidentibus. *Degeer inf.* 3. *p.* 343. *n.* 18. *t.* 34. *f.* 24.
Habitat in Surinamo.

moeftus. 374. C. fufcus, fubtus rufo-lividus, thoracis margine livido. *Degeer inf.* 3. *p.* 340. *n.* 14. *t.* 34. *f.* 20.
Habitat in Penfylvania.

fubrufus. 677. C. pallide rufus, elytrorum feneftratorum apice, clavi, fcutelloque rufis, hujus apice pallido. *Muf. Lesk. p.* 120. *n.* 119.
Habitat in Europa.

ſtictopterus. 678. C. niger, elytris griſeis punctatis: apice maculis tribus fuſcis, membrana alba truncata, antennis pallidis: clava nigra. *Muſ. Lesk. p.* 120. *n.* 120. b.
Habitat in Europa.

ictericus. 679. C. fuſcus, capite thoraceque rufeſcentibus. *Muſ. Lesk. p.* 121. *n.* 130.
Habitat in Europa.

††† *antennis filiformibus.*
† *pedibus muticis.*

leucocephalus. 60. C. niger, capite pedibusque fulvis. *Fn. ſuec.* 940.* *Fabr. ſp. inſ.* 2. *p.* 370. *n.* 192. *mant. inſ.* 2. *p.* 304. *n.* 255.
Geoffr. inſ. par. 1. *p.* 472. *n.* 76.
Degeer inſ. 3. *p.* 290. *n.* 28.
Habitat in Europa.

transverſalis. 375. C. viridis, thorace lineola interrupta, elytris macula fuſcis. *Fabr. mant. inſ.* 2. *p.* 304. *n.* 256.
Habitat Kilonii, *ſtatura leucocephali, at duplo minor.*

haematodes. 376. C. ſanguineus, capite elytrorumque apicibus albidis, alis fuſcis. *Fabr. ſp. inſ.* 2. *p.* 370. *n.* 193. *mant. inſ.* 2. *p.* 304. *n.* 257.
Habitat in Germania.

tripuſtulatus. 377. C. niger, ſcutello maculisque elytrorum tribus coccineis. *Fabr. ſp. inſ.* 2. *p.* 370. *n.* 194. *mant. inſ.* 2. *p.* 304. *n.* 258.
Habitat in urticae dioicae *racemis*, Hafniae *frequens*, *parvus.*

Indus. 74. C. abdomine rubro bidentato, elytris fuſcis pallide ſtriatis. *Muſ. Lud. Ulr.* 176.* *Fabr. ſp. inſ.* 2. *p.* 362. *n.* 140. *mant. inſ.* 2. *p.* 297. *n.* 183.
Habitat in America *auſtrali et* India.

militaris. 378. C. rufus nigro maculatus, alis exalbidis: ſtriga baſeos atra. *Fabr. ſp. inſ.* 2. *p.* 362. *n.* 141. *mant. inſ.* 2. *p.* 297. *n.* 184.
Habitat in Oriente.

aniarius. 75. C. rufus, elytris apice ſanguineis, thorace nigricante, abdomine flavo.
Habitat in Suecia, *mediae magnitudinis.*

hyoſcyami. 76. C. rubro nigroque varius, alis fuſcis immaculatis. *Fn. ſuec.* 945.* *It. oel.* 155.* *Fabr. ſp. inſ.* 2. *p.* 362. *n.* 144. *mant.*

mant. inf. 2. p. 298. n. 189. Fuessli inf. helv. p. 26. n. 502.

Geoffr. inf. par. I. p. 441. n. 12. Cimex oblongus rubro nigroque variegatus, scutelli nigri apice rubro.

Degeer inf. 3. p. 274. n. 18. t. 14. f. 14. 15. Cimex oblongus ruber nigro maculatus &c.

List. scar. angl. p. 397. n. 39. Cimex miniatus nigris maculis notatus.

Raj. inf. p. 55. Cimex sylvestris minor, corpore oblongo angusto.

Petiv. gazoph. t. 62. f. 2.

Merian. inf. eur. t. 51. f. I.

Sulz. inf. t. II. f. 75.

Schaeff. icon. t. 13. f. I.

familia-　379. C. rubro nigroque varius, alis fuscis: puncto baseos albo.
ris.　　　Fabr. sp. inf. 2. p. 363. n. 145. mant. inf. 2. p. 298. n. 190.
　　　　Habitat in Europae et Indiae plantis, statura et magnitudine c. hyoscyami.

rostratus. 380. C. rufus, scutello vitta marginali flava. Fabr. sp. inf. 2. p. 363. n. 146. mant. inf. 2. p. 298. n. 191.
　　　　Habitat in Africa aequinoctiali, mediae magnitudinis.

malabari- 381. C. fuscescens, thorace scutelloque punctis duobus nigris.
cus.　　　Fabr. sp. inf. 2. p. 363. n. 147. mant. inf. 2. p. 298. n. 192.
　　　　Habitat ad littora malabarica.

aulicus.　382. C. rubro nigroque varius, elytris fascia atra, alis atris: lineola basis alba. Fabr. sp. inf. 2. p. 363. n. 148. mant. inf. 2. p. 298. n. 193.
　　　　β) Cimex irroratus. Thunb. nov. inf. sp. 3. p. 55. f. 65.
　　　　Habitat in insulis Americae meridionali oppositis, β) ad caput bonae spei.

383. C.

Huc inter oblongos scilicet cimices referas plures a Seba muf. vol. 4. delineatas species, productiorem t. 95. f. 28. pallide virescente flavum t. 95. f. 29. sphaerico-collarem t. 95. f. 30. setaceum t. 95. f. 35-37. luteo-fuscum t. 97. f. 3. nigro-rufum t. 97. f. 5. apterum serratum t. 97. f. 12. informem t. 97. f. 21. 22. nigricantem t. 97. f. 23. brunneo-atrum t. 97. f. 24. 25. setipedem t. 97. f. 28. 29. sordidum t. 97. f. 30. 31. fusco discolorem t. 97. f. 32. nigro-cinerascentem t. 97. f. 33. 34. ovatis contra accensens foliaceum t. 96. f. 21 peltoidem t. 96. f. 29. rubripedem t. 97. f. 2. et plures a Schaeffero in iconibus depictos t. 46. f. 6. t. 46. f. 7. 8. t. 57. f. 4. t. 57. f. 5. t. 57. f. 10. t. 57. f. 11. t. 79. f. 4. t. 170. f. 4. 5. t. 210. f. 3. a. b. t. 219. f. 3. a. b. t. 240. f. 5. 6. t. 272. f. 3. 4. t. 272. f. 5. 6. quorum descriptio ab Hanero etspectat.

varicornis. 383. C. variegatus, capite pedibusque rufis, thoracis marginibus pallidis. *Fabr. mant. inf.* 2. *p.* 298. *n.* 194.
Habitat in India, *magnus.*

pallens. 384. C. pallescens, thorace elytrisque fuscis: margine pallido. *Fabr. sp. inf.* 2. *p.* 363. *n.* 149. *mant. inf.* 2. *p.* 299. *n.* 195.
Habitat in Africa *aequinoctiali, mediae magnitudinis.*

cingulatus. 385. C. thorace testaceo anterius nigro: margine albo, elytris puncto nigro. *Fabr. sp. inf.* 2. *p.* 364. *n.* 150. *mant. inf.* 2. *p.* 299. *n.* 196.
Habitat in nova Hollandia.

superstitiosus. 386. C. rufus, antennis, thoracis basi, fascia elytrorum alisque nigris. *Fabr. sp. inf.* 2. *p.* 364. *n.* 151. *mant. inf.* 2. *p.* 299. *n.* 197.
Thunb. nov. inf. sp. 3. *p.* 55. *f.* 66. Cimex oblongus rufus, thorace fascia nigra albo adjecta, elytris puncto nigro.
Habitat in America *et ad* caput bonae spei, *equestris magnitudine.*

erythromelas. 387. C. rufus, elytris nigris: fascia alba. *Fabr. sp. inf.* 2. *p.* 364. *n.* 152. *mant. inf.* 2. *p.* 299. *n.* 198.
Degeer inf. 3. *p.* 335. *n.* 9. *t.* 34. *f.* 11. Cimex albo fasciatus.
Habitat in Surinamo, *thoracis elytrorumque margine albido.*

ruficollis. 388. C. glaucus, capite atro, thorace anterius rufo. *Fabr. sp. inf.* 2. *p.* 364. *n.* 153. *mant. inf.* 2. *p.* 299. *n.* 199.
Habitat in Brasilia.

scabrosus. 389. C. niger, thoracis margine elytrorumque fasciis duabus rufescentibus. *Fabr. sp. inf.* 2. *p.* 364. *n.* 154. *mant. inf.* 2. *p.* 299. *n.* 200.
Habitat in America.

leprosus. 390. C. thorace nigro, basi margine punctisque duobus rubris, elytris atris immaculatis. *Fabr. sp. inf.* 2. *p.* 364. *n.* 155. *mant. inf.* 2. *p.* 299. *n.* 201.
Habitat in America.

leucurus. 391. C. niger, capite elytrisque rubris, alis atris basi apiceque albis. *Fabr. mant. inf.* 2. *p.* 299. n. 202.
Habitat in insula oceani australis Amsterdam, *magnitudine c. Koenigii.*

Koenigii. 392. C. testaceus, elytris puncto nigro, alis atris. *Fabr. sp. inf.* 2. *p.* 364. *n.* 156 *mant. inf.* 2. *p.* 299. *n.* 203.
Stoll cimic. 2. *t.* 1. *f.* 5.
Habitat Tranquebariae.

Slanbuschii. 393. C. sanguineus, thorace fascia abbreviata, scutello, elytris puncto alisque atris. *Fabr. mant. inf.* 2. *p.* 299. *n.* 204.
Habitat in Sina, *statura et magnitudine c. Koenigii.*

equestris. 77. C. rubro nigroque maculatus, thorace anterius posteriusque atro, alis atris albo maculatis. *Fabr. mant.* 2. *p.* 298. *n.* 185.
Syst. nat. XII. 2. *p.* 726. *n.* 777. *Fn. suec.* 946.* *It. oel.* 155.
Mus. Lud. Ulr. 177. *Fabr. sp. inf.* 2. *p.* 362. *n.* 142.
Cimex oblongus rubro nigroque varius, alis fuscis albo maculatis.
Scop. ent. carn. 369. Cimex speciosus.
Geoffr. inf. par. 1. *p.* 442. *n.* 14.
Degeer inf. 3. *p.* 276. *n.* 19.
Schaeff. elem. t. 44. *f.* 2.
icon. t. 48. *f.* 8.
Habitat in Europae *potissimum vincetoxico, c. hyoscyami duplo major.*

civilis. 394. C. rubro nigroque varius, thorace lunulis duabus nigris, alis fuscis albo maculatis. *Fabr. mant. inf.* 2. *p.* 298. *n.* 186.
Habitat Tranquebariae, *equestri affinis.*

crudelis. 395. C. rubro nigroque varius, alis exalbidis, antennis pedibusque nigris. *Fabr. sp. inf.* 2. *p.* 362. *n.* 143. *mant. inf.* 2. *p.* 298. *n.* 187.
Habitat ad caput bonae spei, *statura equestris.*

apterus. 78. C. rubro nigroque varius, elytris rubris: punctis duobus nigris, alis nullis. *Fabr. sp. inf.* 2. *p.* 366. *n.* 169. *mant. inf.* 2. *p.* 301. *n.* 222. *Scop. ent. carn.* 370. *Fuessli inf. helv. p.* 26. *n.* 504.
Geoffr. inf. par. 1. *p.* 440. *n.* 11. *t.* 9. *f.* 4.
Degeer inf. 3. *p.* 276. *n.* 20.
Raj. inf. p. 55. *n.* 3.
Sulz. hist. inf. t. 10. *f.* 14.
Stoll cimic. 2. *t.* 15. *f.* 103.
Habitat gregarius in Europa, *rarius in malva silvestri, interdum alatus.*

striatulus. 396. C. flavescens, scutello elytris alisque fuscis, elytris apice cinereis. *Fabr. sp. inf.* 2. *p.* 366. *n.* 170. *mant. inf.* 2. *p.* 301. *n.* 224.
Habitat in Brasilia.

nussax. 397. C. fuscus, abdominis margine maculato, tibiis anterioribus femoribusque posterioribus basi pallidis. *Fabr. sp. inf.* 2. *p.* 366. *n.* 171. *mant. inf.* 2. *p.* 302. *n.* 223.
Habitat in Italia, *mediae magnitudinis.*

aegyptius. 79. C. rubro nigroque varius, elytris rubris: puncto nigro. *Mus. Lud. Ulr.* 178.* *Fabr. sp. inf.* 2. *p.* 364. *n.* 157. *mant. inf.* 2. *p.* 300. *n.* 205.
Habitat in Aegypto.

mendicus. 398. C. rubro fuscoque varius, alis atris: apice lineolaque baseos albis. *Fabr. sp. inf.* 2. *p.* 365. *n.* 158. *mant. inf.* 2. *p.* 300. *n.* 200.
Habitat in Malabaria.

servus. 399. C. rubro nigroque varius, elytris apice albis, alis nigris apice albidis. *Fabr. mant. inf.* 2. *p.* 300. *n.* 207.
Habitat in Sina, *parvus, statura mendici.*

famelicus. 400. C. supra ater thorace elytrisque punctis duobus flavescentibus, alis lineola baseos alba. *Fabr. sp. inf.* 2. *p.* 365. *n.* 159. *mant. inf.* 2. *p.* 300. *n.* 208.
Stoll cimic. 2. *t.* 8. *f.* 56?
Habitat ad caput bonae spei, *mediae magnitudinis.*

quadriguttatus. 401. C. elytris rufis: fascia nigra, alis punctis duobus albis. *Fabr. sp. inf.* 2. *p.* 365. *n.* 160. *mant. inf.* 2. *p.* 300. *n.* 209.
Habitat in nova Hollandia.

discolor. 402. C. niger, elytris rufis: puncto medio atro, alis atris: punctis duobus albis. *Fabr. sp. inf.* 2. *p.* 365. *n.* 161. *mant. inf.* 2. *p.* 300. *n.* 210.
Habitat in Italia, *parvus.*

australis. 403. C. elytris rufis: striga undata nigra, alis nigris: puncto medio albo. *Fabr. sp. inf.* 2. *p.* 365. *n.* 162. *mant. inf* 2. *p.* 300. *n.* 211.
Habitat in nova Hollandia.

sanguinolentus. 404. C. sanguineus, antennis elytris pedibusque fuscis. *Fabr. sp. inf.* 2. *p.* 365. *n.* 163. *mant. inf.* 2. *p.* 300. *n.* 212.
Habitat in insulis, Americae *meridionali oppositis.*

hispanicus. 405. C. thorace elytrisque rufis: maculis duabus nigris. *Fabr. mant. inf.* 2. *p.* 300. *n.* 213.
Habitat in Hispania, *magnitudine et statura sanguinolenti.*

cruentatus. 406. C. rufus, thoracis maculis duabus, antennis, alis pedibusque fuscis. *Fabr. mant. inf.* 2. *p.* 301. *n.* 214.
Habitat in India, *sanguinolento proxime affinis.*

suturalis. 407. C. rufus, antennis alisque nigris: suturis omnibus albis. *Fabr. sp. inf.* 2. *p.* 365. *n.* 164. *mant. inf.* 2. *p.* 301. *n.* 215.
Habitat in insulis, Americae *meridionali oppositis.*

rubiginosus. 408. C. supra rufus, alis albidis: macula magna fusca. *Fabr. mant. inf.* 2. *p.* 301. *n.* 216.
Habitat ad caput bonae spei, *suturali major.*

excavatus. 409. C. rufus, antennis, pectore, ano pedibusque atris, scutello canaliculato. *Fabr. sp. inf.* 2. *p.* 365. *n.* 165. *mant. inf.* 2. *p.* 301. *n.* 217.
Habitat in Africa *aequinoctiali, magnus.*

fuscatus. 410. C. sanguineus, thoracis lineis, scutello, alis, ano pedibusque atris. *Fabr. mant. inf.* 2. *p.* 301. *n.* 218.
Habitat in Guinea, *magnus.*

Carnifex. 411. C. rufus, antennis tibiisque fuscis. *Fabr. sp. inf.* 2. *p.* 366. *n.* 166. *mant. inf.* 2. *p.* 301. *n.* 219. *Thunb. nov. inf. sp.* 2. *p.* 51.
Habitat ad caput bonae spei, *potissimum in tanaceto crithmifolio, magnitudine c. Rolandri.*

Augur. 412. C. rufus, antennis alis pedibusque nigris. *Fabr. sp. inf.* 2. *p.* 366. *n.* 167. *mant. inf.* 2. *p.* 301. *n.* 220. *Thunb. nov. inf. sp.* 3. *p.* 57.
Stoll cimic. 2. *t.* 18. *f.* 124.
β) *Stoll cimic.* 2. *t.* 13. *f.* 89.
Habitat ad caput bonae spei, India, Sina, *carnifici affinis, equestri major.*

mactans. 413. C. supra rufus, thorace scutelloque punctis duobus nigris. *Fabr. sp. inf.* 2. *p.* 366. *n.* 168. *mant. inf.* 2. *p.* 301. *n.* 221.
Habitat in India, *mediae magnitudinis.*

80. C

Andreae. 80. C. sanguineus, antennis tibiis rostro alisque nigris. *Mus Lud. Ulr.* 179.*
Sloane jam. 2. *p.* 237. *f.* 29. 30. Cimex sylvestris oblongus e cinereo et nigro variegatus, supina parte cruce S. Andreae notatus.
β) Cimex ruficollis. *Mus. Lud. Ulr.* 180.
γ) Cimex thorace nigro. *Thunb. nov. ins. sp.* 3. *p.* 56.
Habitat in America. γ) *in* Japonia.

saxatilis. 81. C. niger, thoracis margine laterali lineaque rubris, elytris maculis tribus rubris. *Scop. ent. carn.* 371. *Fabr. mant. ins.* 2. *p.* 298. *n.* 188.
Habitat in Europa *magis australi, subtus rubro nigroque varius, capitis macula rubra anterius bifida.*

succinctus. 82. C. thoracis elytrorumque margine exteriore femorumque basi rufis. *Amoen. acad.* 6. *p.* 400. *n.* 44. *Fabr. sp. ins.* 2. *p.* 369. *n.* 185. *mant. ins.* 2. *p.* 303. *n.* 241.
Degeer ins. 3. *p.* 339. *n.* 13. *t.* 34. *f.* 19. Cimex rubrocinctus.
Habitat in Americae *borealis plantis.*

unicatus. 414. C. supra ferrugineo-fuscus, corpore elytrorumque margine flavis. *Fabr. sp. ins.* 2. *p.* 369. *n.* 186. *mant. ins.* 2. *p.* 303. *n.* 242.
Habitat in Germania, *antennis rufis: articulorum apice nigro.*

rubicornis. 415. C. rufus, antennis, pectore elytris tibiisque nigris. *Fabr. sp. ins.* 2. *p.* 369. *n.* 187. *mant. ins.* 2. *p.* 303. *n.* 243.
Habitat in America.

Kalmii. 83. C. viridis, scutello macula cordata flava, elytris maculis duabus nigris. *Fn. suec.* 948.*
Habitat in Europa.

superciliosus. 84. C. niger, palpebra elytrorumque margine albis.
Habitat in Suecia, *mediae magnitudinis.* Modeer.

pratensis. 86. C. flavescens, elytris viridibus. *Fabr. sp. ins.* 2. *p.* 370. *n.* 190. *mant. ins.* 2. *p.* 303. *n.* 247.
Syst. nat. XII. 2. *p.* 728. *n.* 86. *Fn. suec.* 949.* *Scop. ent. carn.* 386. Cimex oblongus griseus, scutello macula cordata flava, elytris apice puncto fusco.
Geoffr. ins. par. 1. *p.* 451. *n.* 33.
Habitat in Europae *pratis frequens.*

oralis. 416. C. supra obscure griseus, elytris apice puncto rubro, femoribus posterioribus elongatis nigris. *Fabr. mant. ins.* 2. *p.* 303. *n.* 248.

 Habitat

Habitat in Hafniae *floribus*, *statura pratensis*, *antennis pallidis.*

norwegicus. 417. C. viridis, thorace bipunctato, elytris pallidioribus: puncto apicis flavo. *Fabr. sp. inf.* 2. *p.* 370. *n.* 191. *mant. inf.* 2. *p.* 304. *n.* 249.
Habitat in Norwegiae *plantis.*

inquinatus. 418. C. flavescens, elytris nigris albo variis. *Fabr. mant. inf.* 2. *p.* 304. *n.* 250.
Habitat Kilonii, *mediae magnitudinis.*

nassatus. 419. C. viridis, antennis pedibusque flavescentibus. *Fabr. mant. inf.* 2. *p.* 304. *n.* 251.
Habitat Hafniae *in tilia*, *parvus*, *immaculatus.*

tiliae. 420. C. virescens, fasciis tribus fuscis; media angulata. *Fabr. sp. inf.* 2. *p.* 374. *n.* 218. *mant. inf.* 2. *p.* 304. *n.* 252.
Habitat Kilonii.

campestris. 87. C. flavescens, elytris macula ferruginea. *Fabr. sp. inf.* 2. *p.* 370. *n.* 189. *mant. inf.* 2. *p.* 303. *n.* 246.
Syst. nat. XII. 2. *p* 728. *n.* 87. *Fn. suec.* 950.* Cimex oblongus viridis, scutello macula cordata viridi, elytris macula ferruginea.
Geoffr. inf. par. 1. *p.* 452. *n.* 34.
Habitat in Europae *campis.*

nemoralis. 421. C. niger, thorace elytrisque flavescentibus, scutello macula disci nigra. *Fabr. mant. inf.* 2. *p.* 303. *n.* 245.
Habitat in Barbaria, *statura et magnitudine campestris.*

melanocephalus. 88. C. niger, thorace, elytris antennis pedibusque pallidis.
Habitat in Suecia, *parvus.* Solander.

histrionicus. 89. C. niger, scutello flavo, elytris pedibusque testaceis.
Habitat in Europa, *magnitudine culicis.*

nemorum. 91. C. niger, elytris alisque fusco alboque variis, pedibus testaceis. *Fn. suec.* 953.*
Habitat in Europa.

saltatorius. 93. C. niger, elytris striatis, alis posterius flavo maculatis. *Fn. suec.* 954.* *It. oel.* 121. *Fabr. sp. inf.* 2. *p.* 371. *n.* 196. *mant. inf.* 2. *p.* 305. *n.* 260.
Raj. inf. p. 57. *n.* 2. Cimex brevis et fere rotundus nigricans.
Habitat in Europa *ad littora.*

trigutta-tus. 94. C. niger, elytris alisque apice puncto nigro. *Fabr. sp. inf.* 2. *p.* 371. *n.* 195. *mant. inf.* 2. *p.* 305. *n.* 259.
Syst. nat. XII. 2. *p.* 729. *n.* 94. Cimex oblongus niger, elytris testaceis: punctis tribus niveis; interiore minore.
Habitat in Europa, *pediculi magnitudine.*

arenarius. 95. C. niger, elytris cinereis, alis albis. *Fn. suec.* 955.* *It. oel.* 121. *Fabr. sp. inf.* 2. *p.* 369. *n.* 184. *mant. inf.* 2. *p.* 303. *n.* 240.
Habitat in Europa *boreali frequens.*

pini. 96. C. ater, elytris fuscis: macula rhombea atra. *Fn. suec.* 956. *Fabr. sp. inf.* 2. *p.* 367. *n.* 173. *mant. inf.* 2. *p.* 302. *n.* 227.
Geoffr. inf. par. 1. *p.* 449. *n.* 28.
Degeer inf. 3. *p.* 279. *n.* 22. *t.* 14. *f.* 22.
Schaeff. icon. t. 42. *f.* 12.
Habitat frequens in Europae *borealis pinetis.*

sylvaticus. 422. C. ater, elytris fuscis. *Fabr. sp. inf.* 2. *p.* 367. *n.* 174. *mant. inf.* 2. *p.* 302. *n.* 228.
Habitat in Europae *borealis nemoribus.*

Rolandri. 97. C. ater, alis macula rhombea flava. *Fn. suec.* 957. *Fabr. sp. inf.* 2. *p.* 367. *n.* 175. *mant. inf.* 2. *p.* 302. *n.* 229. *Fuessli inf. helv. p.* 26. *n.* 511.
Degeer inf. 3. *p.* 294. *n.* 33. Cimex fulvo maculatus.
Geoffr. inf. par. 1. *p.* 459. *n.* 51.
Sulz. inf. t. 11. *f.* 76.
Schaeff. icon. t. 87. *f.* 7.
β) Cimex bimaculatus. *Syst. nat.* X. 1. *p.* 449. *n.* 76.
Habitat in Europae *pinetis.*

Forsteri. 423. C. ater, scutelli apice, thoracis elytrorumque margine sanguineis. *Fabr. sp. inf.* 2. *p.* 368. *n.* 176. *mant. inf.* 2. *p.* 302. *n.* 230.
Habitat ad caput bonae spei, *statura et magnitudine c. Rolandri.*

squalidus. 424. C. niger, thorace posterius, elytris pedibusque griseis. *Fabr. mant. inf.* 2. *p.* 302. *n.* 231.
Habitat Tranquebariae, *mediae magnitudinis.*

sexpustulatus. 425. C. niger, thorace elytrisque maculis duabus rufis. *Fabr. sp. inf.* 2. *p.* 368. *n.* 177. *mant. inf.* 2. *p.* 302. *n.* 232.
Habitat in Jamaica.

lynceus. 426. C. niger, elytris griseis: apice macula nigra; puncto albo. *Fabr. sp. inf.* 2. *p.* 368. *n.* 178. *mant. inf.* 2. *p.* 302. *n.* 233.
Habitat in Angliae *et* Calabriae *plantis.*

urticae. 427. C. niger, elytris griseis, alis albis: puncto nigro. *Fabr. sp. inf.* 2. *p.* 368. *n.* 179. *mant. inf.* 2. *p.* 302. *n.* 234.
Habitat in Angliae *urtica.*

Lundii. 428. C. niger, elytris fuscis apice nigro punctatis, alis nigris puncto baseos apicisque albo. *Fabr. sp. inf.* 2. *p.* 368. *n.* 180. *mant. inf.* 2. *p.* 302. *n.* 235.
Habitat Hafniae, *parvus statura lyncei.*

lunaris. 429. C. niger, thorace maculato, elytris lunula marginali flava. *Fabr. mant. inf.* 2. *p.* 302. *n.* 237.
Habitat in Cayenna, *statura lyncei.*

ferrugineus. 99. C. ferrugineus, capite thorace scutelloque nigris.
Habitat in Suecia, *c. Rolandri similis.*

populi. 109. C. albo fuscoque nebulosus. *Fn. suec.* 963. *Fabr. sp. inf.* 2. *p.* 374. *n.* 219. *mant. inf.* 2. *p.* 304. *n.* 253.
Habitat in Europae *populo tremula.*

coryli. 121. C. niger, pedibus antennisque flavis. *Fn. suec.* 974. *Fabr. sp. inf.* 2. *p.* 369. *n.* 188. *mant. inf.* 2. *p.* 303. *n.* 244.
Habitat in Europae *borealis corylo.*

S. Crucis. 430. C. supra obscure griseus, scutello linea dorsali albida. *Fabr. mant. inf.* 2. *p.* 302. *n.* 226.
Habitat in insula S. Crucis oceani americani, *parvus.*

agilis. 431. C. thorace atro: margine posteriore flavo, elytris fuscis, basi apiceque pallidis. *Fabr. sp. inf.* 2. *p.* 374. *n.* 220. *mant. inf.* 2. *p.* 306. *n.* 274.
Degeer inf. 3. *p.* 295. *n.* 34. Cimex flavo quadrimaculatus.
Habitat in Germania, *statura et magnitudine c. populi.*

Daldorfii. 432. C. flavescens, capite scutellique margine atris. *Fabr. mant. inf.* 2. *p.* 306. *n.* 275.
Habitat Kilonii, *parvus.*

multicolor. 433. C. supra sanguineus, thorace elytris scutelloque albo marginatis. *Thunb. nov. inf. sp.* 2. *p.* 52.
Habitat ad caput bonae spei, *magnitudine pratensis, subtus cinereus vel lividus, glaber, capite rufescente.*

sperfus. 434. C. supra ferrugineus: margine fusco, subtus cinereus nigro punctatus. *Thunb. nov. inf. sp. 3. p. 53.*
Habitat - - - magnitudine equestris, glaber.

xophalmus. 435. C. supra cinereus, subtus albus pectore fasciis tribus sanguineis. *Thunb. nov. inf. sp. 3. p. 54.*
Habitat ad caput bonae spei, *annulati magnitudine, capite rubro medio nigro, antennis pedibusque nigris.*

bidus. 436. C. rubro nigroque varius, membrana elytrorum nivea. *Thunb. nov. inf. sp. 3. p. 56.*
Stoll cimic. t. 2. f. 80.
Habitat ad caput bonae spei, *et in* Surinamo, *punctis lineisque rubris nigrisque varius, equestris magnitudine, antennis, rostro, scutello pedibusque nigris.*

urpureus. 437. C. sanguineus, capite, membrana elytrorum pedibusque nigris. *Thunb. nov. inf. sp. 3. p. 57. f. 67.*
Habitat ad caput bonae spei, *glaberrimus, statura annulati, at multo angustior, immaculatus, capite antennisque nigris.*

ebulosus. 438. C. flavescens, thorace lineis quatuor, elytris fasciis tribus fuscis. *Thunb. nov. inf. sp. 3. p. 59.*
Habitat ad caput bonae spei, *statura et magnitudine campestris, glaber.*

ifer. 439. C. niger, thorace fascia alba, elytris ferrugineis: maculis quatuor albis. *Thunb. nov. inf. sp. 3. p. 59. f. 70.*
Habitat ad caput bonae spei, *glaber, statura et magnitudine arenarii.*

Candelabrum. 440. C. niger, rubro viridique notatus, thoracis basi rubra candelabrum referente: candela supra caput porrecta.
Drury inf. 1. p. 107. t. 45. f. 1.
Habitat in insula Antigua.

laviger. 441. C. niger, elytris maculatis, abdominis incisuris rubris, thorace incarnata: striis obliquis nigris, maculaque clavaeformi cinerea.
Drury inf. 1. p. 109. t. 45. f. 5.
Habitat in Antigua *insula.*

tiops. 442. C. griseus, elytris punctis tribus nigris in longitudinem dispositis. *Müll. zool. dan. prodr. p. 107. n. 1216.*
Habitat in Dania.

inauratus. 443. C. flavescens, thorace linea interrupta nigra, elytris duobus obliquis luteis. *Müll. zool. dan. prodr. p.* 107. *n.* 1221.
Habitat in Dania.

hirtus. 444. C. niger, elytris litura longitudinali pallida. *Müll. zool. dan. prodr. p.* 108. *n.* 1234.
Habitat in Dania.

canthari-nus. 445. C. niger, thorace unidentato: circulo albo, elytris cinereis: maculis quatuor scutelloque luteis. *Müll. zool. dan. prodr. p.* 108. *n.* 1235.
Habitat in Dania.

sexmacu-latus. 446. C. ater, elytris maculis sex pedibusque flavis. *Müll. zool. dan. prodr. p.* 108. *n.* 1238.
Habitat in Dania.

deses. 447. C. niger, thorace lineis tribus scutello margineque elytrorum flavis. *Müll. zool. dan. prodr. p.* 108. *n.* 1239.
Habitat in Dania.

rubellus. 448. C. sanguineus, elytris membranaceis albis, antennis pedibusque pallidis. *Müll. zool. dan. prodr. p.* 108. *n.* 1241.
Habitat in Dania.

ochrome-las. 449. C. luteus, thorace punctis quatuor elytrisque striis sex nigris. *Müll. zool. dan. prodr. p.* 108. *n.* 1242.
Habitat in Dania.

leucosti-ctos. 450. C. sanguineus, thorace linea transversa nigra, elytris apicem versus puncto albo. *Müll. zool. dan. prodr. p.* 108. *n.* 1243.
Habitat in Dania.

gallorum. 451. C. niger, antennis brevioribus, elytris fuscis: macula flavescente alboque. *Degeer inf.* 3. *p.* 279. *n.* 23.
Habitat in plantarum *partibus ab aphidibus devastatis et relictis, pediculi magnitudine.*

fulvus. 452. C. flavo-fulvus, elytris fuscis: vasis fulvis, pedibus nigro maculatis. *Degeer inf.* 3. *p.* 341. *n.* 16. *t.* 34. *f.* 22.
Habitat in Surinamo.

erythro-chlorus. 453. C. fuscus, thorace anterius flavo, elytrorum basi rubra: macula media flava. *Degeer inf.* 3. *p.* 342. *n.* 17. *t.* 34. *f.* 23.
Habitat in Surinamo, *muscae domesticae magnitudine.*

454. C.

nanus. 454. C. flavo-testaceus, oculis nigris prominentibus, thorace maculis quatuor, elytrisque fasciis nigris. *Degeer inf.* 3. *p.* 343. *n.* 19. *t.* 34. *f.* 25.
Habitat in Surinamo.

arcuatus. 455. C. niger, rostro arcuato, elytris albidis: macula alba arcuque nigro, femoribus quatuor clavatis rubris. *Degeer inf.* 3. *p.* 346. *n.* 21. *t.* 35. *f.* 4.
Habitat in Surinamo, *muscae domesticae magnitudine; an hujus tribus?*

erythrozonias. 456. C. nigro-fuscus, rostro arcuato, thoracis abdominisque margine fasciisque transversis rubris. *Degeer inf.* 3. *p.* 349. *n.* 24. *t.* 35. *f.* 12.
Habitat in India, *magnus.*

bifurcatus. 457. C. nigricans, abdomine luteo bifurcato.
Schaeff. icon. t. 11. *f.* 15. 16.
Habitat in Germania, *antennarum articulis quatuor.*

triangularis. 458. C. luteo-nigricans, thorace nigro triangulari: macula media lutea, elytrorum apice maculis binis coccineis.
Schaeff. ic. t. 13. *f.* 2.
Habitat in Germania, *antennarum articulis tribus.*

haematostictos. 459. C. luteus, elytris maculis duabus sanguineis.
Schaeff. ic. t. 13. *f.* 3.
Habitat in Germania, *antennarum articulis quatuor.*

digrammus. 460. C. flavicans: maculis rubentibus, elytrorum apice lineolis duabus albidis.
Schaeff. icon. t. 13. *f.* 9.
Habitat in Germania.

quinquepunctatus. 461. C. fusco-nigricans: dorso punctis quinque albis.
Schaeff. icon. t. 13. *f.* 12.
Habitat in Germania.

Rubecula. 462. C. collo thoraceque rubicundo, pedibus rubris.
Schaeff. ic. t. 112. *f.* 7.
Habitat in Germania.

stolatus. 463. C. laete sanguineus, elytris striis duabus nigris longitudinalibus.
Schaeff. icon. t. 119. *f.* 3.
Habitat in Germania.

464. C.

sexstriatus. 464. C. fulvo-nigricans, elytrorum margine striis tribus nigris.
Schaeff. icon. t. 185. *f.* 4. 5. a. b.
Habitat in Germania.

M flavum. 465. C. nigricans, thorace elytrorumque marginibus M flavum referentibus.
Schaeff. ic. t. 199. *f.* 4. 5.
Habitat in Germania.

V. flavum. 466. C. flavo luteoque varius, thoracis margine V flavum referente.
Schaeff. ic. t. 199. *f.* 6. 7.
Habitat in Germania.

Circulus. 467. C. nigricans, elytris maculis quatuor albis, thorace sphaerico: margine albo punctato.
Schaeff. ic. t. 248. *f.* 3. 4.
Habitat in Germania.

insignitus. 468. C. aterrimus, elytris litura rubra.
Schaeff. icon. t. 266. *f.* 4. a. b.
Habitat in Germania.

celer. 469. C. aeneo-fuscus, impresso punctatus, abdomine supra rubro apice emarginato. *Scop. ent. carn. p.* 126. *n.* 366.
Habitat in littoribus austriacis maris adriatici.

rugosus. 470. C. capite utrinque dentato abdomine rubello, dorso plicis quatuor longitudinalibus. *Scop. ent. carn. p.* 126. *n.* 367.
Habitat in Carniolia *superiore.*

Pandurus. 471. C. rubro nigroque varius, thorace rubro nigro lineato, elytris rubris: macula media nigra, apiceque punctis tribus albis. *Scop. ent. carn. p.* 126. *n.* 368.
Habitat in Carniolia.

trinervis. 472. C. elytris membranaceis: nervis fusco punctatis punctoque ferrugineo trigono marginali. *Scop. ent. carn. p.* 129. *n.* 373.
Habitat Idriae *circa fossorum et rusticorum aedes.*

maritimus. 473. C. nigricans, elytris testaceis fusco punctatis: macula cordata nigra, antennis pedibusque ferrugineis. *Scop. ent. carn. p.* 129. *n.* 374.
Habitat circa littora maris Adriatici.

alpinus. 474. C. nigricans, elytrorum corio ferrugineo-punctato, membrana fusco lineata, pedibus ferrugineis. *Scop. ent. carn. p.* 129. *n.* 375.
Habitat in alpibus Vachinensibus.

idriacus. 475. C. nigricans, elytris pedibusque ferrugineis. *Scop. ent. carn. p.* 130. *n.* 377.
Habitat Idriae.

hybridus. 476. C. niger, rostro arcuato, abdomine elytrique corio rubro: maculis duabus atris, membrana fuscescente: macula ad basin nigra. *Scop. ent. carn. p.* 131. *n.* 380.
Habitat in Carnioliae *collibus.*

meriopterus. 477. C. rostro pedibusque citrinis, antennarum articulo secundo compresso villoso articulis binis setaceis pallidis terminato. *Scop. ent. carn. p.* 131. *n.* 382.
Habitat in Carniolia, *in origani vulgaris et eupatorii cannabini floribus; an hujus tribus?*

aequinoctialis. 478. C. elytris totis coriaceis villosis albidis: nervis fusco punctatis, femoribus anterioribus crassioribus. *Scop. ent. carn. p.* 132. *n.* 383.
Habitat in Carnioliae *floribus, praesertim cynoglosso omphalode, circa aequinoctium vernum frequens.*

umbellatarum. 479. C. ferrugineus, abdomine apicisque femorum fasciis fuscis. *Scop. ent. carn. p.* 133. *n.* 385.
Habitat in Carnioliae *umbellatis.*

euonymi. 480. C. niger, thoracis macula media oblonga, scutelli lineis duabus, elytrorum striis elevatis flavis: unica ramosa. *Scop. ent. carn. p.* 133. *n.* 387.
Habitat in euonymo.

avellanae. 481. C. niger, elytrorum corio fusco: basi apiceque albis, pedibus fulvis. *Scop. ent. carn. p.* 134. *n.* 388.
Habitat in corylo avellana.

genistae. 482. C. fuscus subvillosus, alis hyalinis. *Scop. ent. carn. p.* 134. *n.* 390.
Habitat in genista tinctoria.

hortensis. 483. C. niger, antennis trinodiis, rostro pedibusque flavis. *Scop. ent. carn. p.* 134. *n.* 390.
Habitat in Carnioliae *hortis.*

pellucidus. 484. C. fusco-niger, pedibus pallidis, elytris pellucidis: apice fusco. *Geoffr. inf. par.* 1. *p.* 438. *n.* 7.
Habitat in Gallia.

marmoratus. 485. C. luteo nigroque varius, oculis crassissimis. *Geoffr. inf. par.* 1. *p.* 438. *n.* 8.
Habitat in Gallia.

trigonus. 486. C. niger, thorace elytrisque rubris, elytris apice macula triangulari nigra. *Geoffr. inf. par.* 1. *p.* 439. *n.* 10.
Habitat in Gallia.

leucopterus. 487. C. rubro nigroque varius, alis basi albis. *Geoffr. inf. par.* 1. *p.* 442. *n.* 13. *Raj. inf. p.* 55. *n.* 2.
Habitat in Gallia.

maculofus. 488. C. rubro nigroque varius, elytris puncto nigro, alis fuscis: maculis albis. *Geoffr. inf. par.* 1. *p.* 443. *n.* 15.
Habitat in Gallia.

tessellatus. 489. C. thorace nigro: lineis tribus rubris, elytris rubro nigroque tessellatis: limbis nigris. *Geoffr. inf. par.* 1. *p.* 443. *n.* 16.
Habitat in Gallia.

croceus. 490. C. croceus, elytrorum apice rubro, alis nigris, antennarum articulo secundo clavato. *Geoffr. inf. par.* 1. *p.* 444. *n.* 17.
β) Cimex niger, pedibus rufis.
γ) Cimex niger, capite, thorace pedibusque rufis.
Habitat in Gallia, *an hujus tribus?*

subfuscus. 491. C. viridi-fuscus, elytrorum nervis punctatis. *Geoffr. inf. par.* 1. *p.* 448. *n.* 25.
Habitat in Gallia.

melanochros. 492. C. fuscus, antennis, pedibus abdominisque margine nigro luteoque variis. *Geoffr. inf. par.* 1. *p.* 449. *n.* 26.
Habitat in Gallia.

naevius. 493. C. cinereo nigroque varius, alis glaucis. *Geoffr. inf. par.* 1. *p.* 449. *n.* 27.
Habitat in Gallia.

cinereus. 494. C. niger, thorace posterius cinereo, elytris fuscis: apice albo. *Geoffr. inf. par.* 1. *p.* 450. *n.* 29.
Habitat in Gallia.

viridescens. 495. C. pallide viridescens, femoribus nigro punctatis. *Geoffr. inf. par.* 1. *p.* 450. *n.* 30.
Habitat in Gallia.

erythropterus. 496. C. niger, elytris anterius rufis, alis albo maculatis. *Geoffr. inf. par.* 1. *p.* 451. *n.* 31.
Habitat in Gallia.

punctulatus. 497. C. atro fuscus punctatus, alis venosis. *Geoffr. inf. par.* 1. *p.* 451. *n.* 32.
Habitat in Gallia.

cordiger. 498. C. spadiceus, scutello macula cordata lutea, elytris apice luteis. *Geoffr. inf. par.* 1. *p.* 453. *n.* 35.
Habitat in Gallia.

ecticornis. 499. C. flavescens, thorace fasciis duabus nigris, scutello maculis flavis, antennis apice porrectis. *Geoffr. inf. par.* 1. *p.* 453. *n.* 36.
Habitat in Gallia.

ermaculatus. 500. C. niger, thorace fasciis tribus flavis, scutello elytrorumque apice maculis luteis. *Geoffr. inf. par.* 1. *p.* 454. *n.* 37.
Habitat in Gallia.

chloris. 501. C. viridi-flavus, capite thoraceque nigro maculatis, elytris viridibus. *Geoffr. inf. par.* 1. *p.* 455. *n.* 39.
Habitat in Gallia.

bfuscatus. 502. C. viridis, elytris macula fusca. *Geoffr. inf. par.* 1. *p.* 455. *n.* 40.
Habitat in Gallia.

neolatus. 503. C. viridis, elytrorum apice albido, scutello lineola fusca. *Geoffr. inf. par.* 1. *p.* 455. *n.* 41.
Habitat in Gallia.

ridiusculus. 504. C. viridis, thorace scutelloque lineis quatuor nigris, elytris interius fuscis. *Geoffr. inf. par.* 1. *p.* 456. *n.* 42.
Habitat in Gallia.

nicus. 505. C. fusco-cinereus, oculis prominulis, elytris nervosis. *Geoffr. inf. par.* 1. *p.* 458. *n.* 49.
Habitat in Gallia.

ustus. 506. C. niger, capite, elytrorum apice genubusque ferrugineo-rubris. *Geoffr. inf. par.* 1. *p.* 459. *n.* 50.
Habitat in Gallia.

loroelas. 507. C. niger, pedibus viridi nigroque variis. *Geoffr. inf. par.* 1. *p.* 459. *n.* 52.
Habitat in Gallia.

508. C.

atratus. 508. C. totus ater, alis atris. *Geoffr. inf. par.* 1. *p.* 460. *n.* 53.
Habitat in Gallia.

brachypterus. 655. C. pallidus, corpore lineari, elytris abdomine tertia parte brevioribus. *Muf. Lesk. p.* 124. *n.* 189.
Habitat in Europa.

lutefcens. 656. C. flavefcens, abdomine lutefcente. *Muf. Lesk. p.* 124. *n.* 190.
Habitat in Europa.

gramineus. 657. C. pallidus, thorace utrinque linea fufca, elytris virefcentibus, abdomine lutefcente. *Muf. Lesk. p.* 124. *n.* 191.
Habitat in Europa.

herbaceus. 658. C. virefcens, capite antennisque rufefcentibus. *Muf. Lesk. p.* 124. *n.* 194.
Habitat in Europa.

pictus. 659. C. pallidus, thorace lineis tribus fufcis, abdomine nigro: margine dilatato rubro flavove fubtus fufco medio pallido. *Muf. Lesk. p.* 124. *n.* 195.
Habitat in Europa.

rubellus. 660. C. rufefcens. *Muf. Lesk. p.* 124. *n.* 196.
Habitat in Europa.

albipes. 661. C. niger, thoracis lateribus elytris pedibusque albidis. *Muf. Lesk. p.* 124. *n.* 197.
Habitat in Europa.

fquamatus. 662. C. niger, pedibus pallidis, elytrorum loco fquamis albis. *Muf. Lesk. p.* 124. *n.* 198.
Habitat in Europa.

purus. 663. C. ater immaculatus. *Muf. Lesk. p.* 120. *n.* 113.
Habitat in Europa.

annulatus. 664. C. niger, elytris anterius, thorace pofterius grifeis, pedibus fufco annulatis. *Muf. Lesk. p.* 120. *n.* 114.
Habitat in Europa.

macropus. 665. C. niger, elytris grifeis ad membranam nigro maculatis, femoribus anticis craffiffimis, tibiis rufefcentibus. *Muf. Lesk. p.* 120. *n.* 115.
Habitat in Europa.

666. C.

ňestra-tus. 666. C. pallidus, coleoptris fenestratis: nervis pallide rufis. *Muf. Lesk. p.* 120. *n.* 118.
Habitat in Europa.

élano-ous. 667. C. fuſcus, elytris griſeis apice fuſcis, femoribus nigris baſi griſeis. *Muf. Lesk. p.* 120. *n.* 121.
Habitat in Europa.

nigra-tus. 668. C. niger, elytris griſeo-fuſcis: membrana baſi maculaque apicis alba. *Muf. Lesk. p.* 120. *n.* 122.
Habitat in Europa.

gutta-tus. 669. C. fuſcus, elytris maculis albis diſco fuſcis: membrana alba: venis maculisque duabus fuſcis, pedibus pallidis. *Muf. Lesk. p.* 120. *n.* 123.
Habitat in Europa.

uco-lebs. 670. C. niger, elytris brunneis: membrana venis albis. *Muf. Lesk. p.* 120. *n.* 124.
Habitat in Europa.

ipun-atus. 671. C. niger, elytris fuſco-luteis: puncto albo, membrana utrinque gutta alba, pedibus luteis. *Muf. Lesk. p.* 121. *n.* 125.
Habitat in Europa.

ythru-us. 672. C. rufeſcens, pedibus elytrisque pallidis, his apice rufeſcentibus. *Muf. Lesk. p.* 121. *n.* 126.
Habitat in Europa.

hro-ous. 673. C. fuſcus, ano luteo, elytris luteo-pellucidis: diſco puncto gemino apiceque ſolitario fuſco. *Muf. Lesk. p.* 121. *n.* 128.
Habitat in Europa.

aty-rus. 674. C. rufeſcens, antennis compreſſis latis rufis. *Muf. Lesk. p.* 121. *n.* 129.
Habitat in Europa.

adri-iatus. 675. C. griſeus, thorace lineis quatuor longitudinalibus elevatis. *Muf. Lesk. p.* 121. *n.* 131.
Habitat in Europa.

ſcicau-dis. 676. C. capite, thorace elytrorumque griſeorum apice fuſcis. *Muf. Lesk. p.* 121. *n.* 132.
Habitat in Europa.

— — *pedibus dentatis aut spinosis.*

Phasianus. 509. C. fuscus, femoribus arcuato-clavatis unidentatis, abdominis basi subtus gibba. *Fabr. sp. inf.* 2. *p.* 136. *n.* 22(*mant. inf.* 2. *p.* 297. *n.* 177.
Habitat in Africa *aequinoctiali, magnus.*

bellicosus. 510. C. fuscus, femoribus posterioribus arcuatis dentatis, abdomine quadrispinoso. *Fabr. sp. inf.* 2. *p.* 361. *n.* 13(*mant. inf.* 2. *p.* 297. *n.* 178.
Habitat in Africa *aequinoctiali, statura valgi, at duplo minor*

Meleagris. 511. C. fuscus, antennarum articulo ultimo tibiisque anterioribus flavis, femoribus posterioribus serratis. *Fabr. man. inf.* 2. *p.* 297. *n.* 179.
Habitat in Sina, *magnus.*

Gallus. 512. C. elytris fuscis flavo striatis, abdominis disco rubro femoribus posterioribus serratis. *Fabr. sp. inf.* 2. *p.* 361 *n.* 138. *mant. inf.* 2. *p.* 279. *n.* 180.
Habitat in Surinamo, *statura et magnitudine indi.*

Faber. 513. C. niger, abdomine fusco: margine flavo, femoribus anterioribus apice bidentatis. *Fabr. mant. inf.* 2. *p.* 297. *n.* 181.
Habitat in Pulicandor, *magnus.*

Harpator. 514. C. niger, subtus rubro punctatus, femoribus dentatis. *Fabr. sp. inf.* 2. *p.* 361. *n.* 139. *mant. inf.* 2. *p.* 297. *n.* 180.
Habitat in America.

calcaratus. 114. C. fuscus, abdomine supra sanguineo, femoribus posterioribus sexdentatis. *Fabr. sp. inf.* 2. *p.* 367. *n.* 1(2 *mant. inf.* 2. *p.* 302. *n.* 225.
Syst. nat. XII. 2. *p.* 732. *n.* 114. *Fn. suec.* 968.* Cimex oblongus niger, capite linea rubra, femoribus posticis subtus sexdentatis.
Degeer inf. 3. *p.* 280. *n.* 24. *t.* 14. *f.* 23. 24.
Schaeff. icon. t. 123. *f.* 2. 3.
Habitat in Europa.

denticulatus. 515. C. thoracis margine laterali denticulato, abdomine [illegible] dentato, femoribus posterioribus spinosis. *Scop.* [illegible] *carn. p.* 125. *n.* 365.
Sulz. hist. inf. t. 10. *f.* 16.
Habitat Tergesti.

516. C

llium. 516. C. niger, elytris nucis colore: puncto nigro, femoribus anterioribus denticulo notatis. *Scop. ent. carn. p.* 130. *n.* 376.
Habitat in Carnioliae *collibus.*

matus. 680. C. niger, elytris fuscis: margine externo striis, posteriore punctis griseis, femoribus anticis crassissimis dente armatis. *Mus. Lesk. p.* 120. *n.* 116.
Habitat in Europa.

cteolus. 681. C. niger, femoribus anterioribus crassis dente armatis, elytris basi griseis, membrana basi gutta lactea. *Mus. Lesk. p.* 120. *n.* 117.
Habitat in Europa.

tosus. 682. C. fuscus, femoribus et elytris rufescentibus, his apice fractis, tibiis albis setoso spinosis. *Mus. Lesk. p.* 121. *n.* 126.
Habitat in Europa.

⊥⊥⊥⊥ *antennis setaceis.*

⊣ *pedibus dentatis.*

pictis. 115. C. maculato-fulvus, pedibus rufis: femoribus crassis. *Fn. suec.* 969.* *Scop. ent. carn.* 364. *Fabr. sp. inf.* 2. *p.* 375. *n.* 222. *mant. inf.* 2. *p.* 307. *n.* 290.
Degeer inf. 3. *p.* 308. *n.* 37. *t.* 15. *f.* 20. 21. Cimex grossipes.
Habitat in Europae *borealis abiete.*

⊣ ⊣ *pedibus inermibus.*

abulinus. 83. C. viridis immaculatus, alis hyalinis. *Fabr. sp. inf.* 2. *p.* 373. *n.* 210. *mant. inf.* 2. *p.* 306. *n.* 279.
Syst. nat. XII. 2. *p.* 727. *n.* 83. *Fn. suec.* 947.* *Scop. ent. carn.* 132. Cimex oblongiusculus flavescenti-viridis totus.
Geoffr. inf. par. 1. *p.* 456. *n.* 53.
Degeer inf. 3. *p.* 293. *n.* 31.
Habitat in Europae *pratis.*

evigatus. 101. C. exalbidus, lateribus albis. *Fn. suec.* 958.* *Fuessli inf. helv. p.* 26. *n.* 512. *Fabr. sp. inf.* 2. *p.* 372. *n.* 208. *mant. inf.* 2. *p.* 306. *n.* 276.
Geoffr. inf. par. 1. *p.* 452. *n.* 26.
Degeer inf. 3. *p.* 292. *n.* 30.
Habitat in Europae *pratis*, *frequens.*

lateralis. 517. C. niger, lateribus albidis. *Fabr. sp. inf.* 2. p. 374 *n.* 209. *mant. inf.* 2. *p.* 306. *n.* 277.
Habitat Kilonii.

holsatus. 518. C. exalbidus, thorace lineis duabus, elytris interius fuscis. *Fabr. mant. inf.* 2. *p.* 306. *n.* 278.
Habitat Kilonii, *statura laevigati.*

virens. 102. C. viridis, plantis antennarumque apicibus rufis. *Fabr. sp. inf.* 2. *p.* 373. *n.* 211. *mant. inf.* 2. *p.* 306. *n.* 280.
Habitat in Europa, *pabulino duplo major.*

pallidus. 519. C. pallidus, capite corporeque atris. *Fabr. mant. inf.* 2. *p.* 306. *n.* 281.
Habitat in Suecia, *parvus.*

dolabratus. 103. C. elytris ferrugineis latere albidis, antennis nigris, linea thoracis alba. *Fn. suec.* 959. *Fabr. sp. inf.* 2. *p.* 373. *n.* 212. *mant. inf.* 2. *p.* 307. *n.* 282.
Habitat in Europae *festuca nutante.*

calens. 104. C. capite, thorace elytrisque nigris, scutello fulvo. *Gron. zooph.* 712. *Fabr. sp. inf.* 2. *p.* 373. *n.* 213. *mant. inf.* 2. *p.* 307. *n.* 283.
Habitat in India.

striatus. 105. C. niger, elytris flavo fuscoque striatis, apice pedibusque rufis. *Fn. suec.* 960.* *Fabr. sp. inf.* 2. *p.* 374. *n.* 217. *mant. inf.* 2. *p.* 307. *n.* 289.
Geoffr. inf. par. 1. *p.* 454. *n.* 38.
Degeer inf. 3. *p.* 290. *n.* 29. *t.* 15. *f.* 14. 15.
Petiv. gazoph. t. 26. *f.* 1.
Schaeff. ic. t. 13. *f.* 4.
Habitat in ulmi campestris *foliis.*

Gronovii. 106. C. thorace elytrisque atris, linea flava fasciam elytrorum formante. *Fabr. sp. inf.* 2. *p.* 373. *n.* 214. *mant. inf.* 2. *p.* 307. *n.* 284. *Gronov. zooph.* 711.*
Habitat in India.

erraticus. 107. C. nigricans, elytris albis, antennis lividis: infimo articulo nigro. *Fn. suec.* 961.*
Habitat in Europa.

rus. 108. C. griseus immaculatus. *Fn. suec.* 962.* *Fabr. sp. ins.* 2. *p.* 374. *n.* 215. *mant. ins.* 2. *p.* 307. *n.* 285.
Habitat in Europae *silvis.*

gans. 519. C. griseus, capite thoraceque linea nigra, pedibus testaceis. *Fabr. mant. ins.* 2. *p.* 307. *n.* 286.
Habitat in Suecia, *statura feri.*

ientalis. 520. C. fuscus, capite thoraceque lineis tribus, elytris margine omni albo. *Fabr. mant. ins.* 2. *p.* 307. *n.* 287.
Habitat in India, *marginello proxime affinis.*

arginellus. 521. C. niger; thoracis lineis tribus, elytris margine omni albis punctoque apicis coccineo. *Fabr. sp. ins.* 2. *p.* 374. *n.* 216. *mant. ins.* 2. *p.* 307. *n.* 288.
Habitat in Italia, *statura feri.*

ni. 110. C. supra rubiginosus, elytris striis sanguineis, alis albo fuscoque variis. *Fn. suec.* 964.* *Fabr. sp. ins.* 2. *p.* 375. *n.* 223. *mant. ins.* 2. *p.* 307. *n.* 291.
Habitat in ulmo campestri.

tabilis. 112. C. niger, alis caeruleis, antennis pedibusque flavis. *Fn. suec.* 967.*
Habitat in Suecia.

ciatus. 522. C. viridis, elytris maculis sex roseis, pedibus rubro tinctis. *Degeer ins.* 3. *p.* 293. *n.* 32.
Geoffr. ins. par. 1. *p.* 457. *n.* 4.
Habitat in Europa.

apteus. 523. C. griseus, alis brevissimis, abdomine nigro punctato. *Degeer ins.* 3. *p.* 287. *n.* 27. *t.* 15. *f.* 10.
Habitat in Europa.

††† *lineares, corpore angusto elongato.*

⊥ *antennis setaceis.*

les. 524. C. fusco flavoque varius, femoribus posterioribus elongatis dentatis. *Fabr. sp. ins.* 2. *p.* 375. *n.* 224. *mant. ins.* 2. *p.* 307. *n.* 292.
Habitat in India.

ormis. 525. C. pallide virescens, antennis ferrugineis. *Fabr. sp. ins.* 2. *p.* 375. *n.* 225. *mant. ins.* 2. *p.* 308. *n.* 293.
Habitat in insulis, Americae *meridionali oppositis.*

‡‡ *antennis filiformibus.*

angustatus. 526. C. niger, capite thoraceque elongato. *Thunb. nov. inf. sp.* 3. *p.* 59. *f.* 71.
Habitat - - - - *tipularii magnitudine, glaber.*

squalidus. 683. C. fuscus, elytris griseo fuscoque variegatis, pedibus linearibus antennisque griseo fuscoque alternatim annulatis. *Mus. Lesk. p.* 124. *n.* 201.
Habitat in Europa.

fossarum. 527. C. supra fuscus, thoracis scutellique marginibus lineaque dorsali flavis. *Fabr. sp. inf.* 2. *p.* 375. *n.* 226. *mant. inf.* 2. *p.* 308. *n.* 294.
Habitat in India.

lacustris. 117. C. supra niger depressus, pedibus anterioribus brevissimis. *Fn. suec.* 970. *it. wgoth.* 182. *Geoffr. inf. par.* 1. *p.* 463. *n.* 59. *Scop. ent. car.* 394. *Fabr. sp. inf.* 2. *p.* 375. *n.* 227. *mant. inf.* 2. *p.* 308. *n.* 295.
Degeer inf. 3. *p.* 311. *n.* 39. *t.* 16. *f.* 7. Cimex Najas.
Raj. inf. p. 57. *n.* 1. Cimex aquaticus figurae longioris.
Bauh. Ballon. 213. *f.* 1. Insectum Tipula dictum.
List. mut. t. 5. *f.* 4.
Bradl. nat. t. 26. *f.* 2. d.
Frisch inf. 7. *t.* 20.
Sulz. inf. t. 11. *f.* 78.
Stoll cimic. 2. *t.* 9. *f.* 63.
Habitat in Europae *aquis pacatis.*

stagnorum. 118. C. teretiusculus niger, thorace medio punctis duobus globosis. *Fn. suec.* 9715. *Scop. ent. carn.* 395. *Fabr. sp. inf.* 2. *p.* 376. *n.* 228. *mant. inf.* 2. *p.* 308. *n.* 296.
Degeer inf. 3. *p.* 322. *n.* 40. *t.* 15. *f.* 24. Cimex Acus.
Geoffr. inf. par. 1. *p.* 463. *n.* 60.
Petiv. gazoph. t. 9. *f.* 12.
Sulz. hist. inf. t. 10. *f.* 17.
Habitat in Angliae *lacubus frequens.*

rivulorum. 528. C. niger, albo punctatus, abdomine fulvo. *Fabr. inf.* 2. *p.* 376. *n.* 229. *mant. inf.* 2. *p.* 308. *n.* 297.
Habitat in Alsatiae *rivulis montosis*, *lacustri quadruplo minor.*

pallipes. 529. C. niger, pedibus pallidis, pectore bispinoso. *Fabr. sp. inf.* 2. *p.* 376. *n.* 230. *mant. inf.* 2. *p.* 308. *n.* 298.
Habitat in Italia, *statura lacustris.*

culiciformis. 530. C. griseus, thorace multispinoso, elytris lituris nigris. *Fabr. sp. inf.* 2. *p.* 376. *n.* 231. *mant inf.* 2. *p.* 308. *n.* 299.
Habitat in Americae *aquis.*

angustus. 531. C. supra griseus subtus flavescens, antennis pedibusque subtestaceis. *Fabr. mant. inf.* 2. *p.* 308. *n.* 300.
Habitat in Sina, *statura culiciformis.*

Filum. 532. C. fuscus, alis abbreviatis, pedibus longissimis. *Fabr. sp. inf.* 2. *p.* 376. *n.* 232. *mant. inf.* 2. *p.* 308. *n.* 301.
Degeer inf. 3. *p.* 352. *n.* 26. *t.* 35. *f.* 16? Cimex longipes.
Habitat in India.

macropus. 533. C. ater, thoracis margine elytrorumque fascia sanguinea. *Fabr. sp. inf.* 2. *p.* 377. *n.* 233. *mant. inf.* 2. *p.* 308. *n.* 302.
Habitat in America.

cursitans. 534. C. supra fuscus subtus cinerascens, pedibus longissimis, ano bidentato. *Fabr. sp. inf.* 2. *p.* 377. *n.* 234. *mant. inf.* 2. *p.* 308. *n.* 303.
Habitat in nova Hollandia.

vagabundus. 119. C. griseus, pedibus pallidis: anterioribus brevissimis. *Fabr. sp. inf.* 2. *p.* 377. *n.* 236. *mant. inf.* 2. *p.* 308. *n.* 305.
Syst. nat. XII. 2. *p.* 732. *n.* 119. *Fn. suec.* 972.* Cimex linearis variegatus, pedibus anticis brevissimis crassis inflexis.
Fn. suec. 1. *n.* 683. Cimex linearis, pedibus quatuor longioribus, antennis longissimis albo fuscoque variis.
Degeer inf. 3. *p.* 323. *n.* 41. *t.* 17. *f.* 1. 2. Cimex culiciformis.
Frisch inf. 7. *p.* 11. *t.* 6. Cimex arborum oblongus, alarum signatura alba.
Geoffr. inf. par. 1. *p.* 462. *n* 58.
Habitat in Europae *muscis.*

linearis. 535. C. viridis, antennis antrorsum porrectis. *Fuessli inf. helv. p.* 26. *n.* 519.
Geoffr. inf. par. 1. *p.* 458. *n.* 47.
Habitat in Valesia.

denigratus. 536. C. albidus, oculis fuſcis, ſcutello macula nigra. *Geoffr. inſ. par.* 1. *p.* 458. *n.* 48.
Habitat in Gallia.

hortorum. 537. C. viridis, oculis fuſcis, antennarum articulo ſecundo baſi albo, tibiis pallidis. *Müll. zool. dan. prodr. p.* 109. *n.* 1248.
Geoffr. inſ. par. 1. *p.* 456. *n.* 43.
Degeer inſ. 3. *p.* 293. *n.* 31.
Habitat in Europae *hortis; an forſan ad praecedentem tribum relegandus ob antennas?*

tipuloides. 538. C. griſeus, antennis rubro maculatis, femoribus apice rubris, pedibus omnibus ſubaequalibus. *Degeer inſ.* 3. *p.* 354. *n.* 27. *t.* 35. *f.* 18.
Habitat in Surinamo.

meridionalis. 539. C. nigro-fuſcus, pedibus teſtaceis, femoribus craſſis, elytris abdomine brevioribus. *Degeer inſ.* 3. *p.* 355. *n.* 29. *t.* 35. *f.* 21.
Habitat in Surinamo.

tetragrammos. 540. C. nigricans, abdomine atro: lineis quatuor albis obliquis. *Schaeff. icon. t.* 43. *f.* 7. 8.
Habitat in Germania, *antennarum articulis quatuor.*

araneoides. 541. C. luteus, pedibus longiſſimis.
Schaeff. icon. t. 169. *f.* 7.
Habitat in Germania, *antennarum articulis quatuor.*

III *antennis clavatis.*

triſpinoſus. 542. C. griſeo fuſcus, antennis longis, ſpinis dorſalibus tribus erectis. *Degeer inſ.* 3. *p.* 354. *n.* 28. *t.* 35. *f.* 19.
Habitat in Surinamo.

IIII *antennis biclavatis.*

ſuecicus. 543. C. cinereus, femoribus clavatis. *Fabr. ſp. inſ.* 2. *p.* 377. *n.* 237. *mant. inſ.* 2. *p.* 308. *n.* 306.
Habitat in Suecia.

IIIII *antennis bicaudatis.*

tipularius. 120. C. exalbidus, pedibus omnibus longiſſimis, femoribus clavatis. *Fn. ſuec.* 973.* *Fabr. ſp. inſ.* 2. *p.* 377. *n.* 234. *mant. inſ.* 2. *p.* 308. *n.* 304.

Friſch

Frisch ins. 7. *p.* 28. *f.* 20. Cimex arboreus culiciformis.
Habitat in Europae *borealis muscis.*

** *antennis supra oculos insertis, rostro arcuato.* Reduvii.

Gigas. 544. C. niger, thoracis margine elytrorumque fascia obsolete flexuosa rufis. *Fabr. sp. inf.* 2. *p.* 377. *n.* 1. *mant. inf.* 2. *p.* 309. *n.* 1.
Habitat in India.

Acantharis. 38. C. thorace spinoso, abdomine spinis ciliato. *Fabr. sp. inf.* 2. *p.* 382. *n.* 29. *mant. inf.* 2. *p.* 314. *n.* 45.
Brown jam. p. 434. *t.* 44. *f.* 11. Acantharis.
Sulz. hist. inf. t. 10. *f.* 8.
Habitat in Jamaica.

Guttula. 545. C. ater nitidus, elytris pedibusque sanguineis, alis puncto albo. *Fabr. mant. inf.* 2. *p.* 314. *n.* 46.
Habitat in Germania, *mediae magnitudinis.*

elongatus. 546. C. elongatus rufus, antennis pedibusque nigris. *Fabr. sp. inf.* 2. *p.* 383. *n.* 30. *mant. inf.* 2. *p.* 314. *n.* 47.
Habitat in Africa *aequinoctiali, reliquis hujus tribus angustior.*

cristatus. 62. C. corpore fusco-ferrugineo, scutello cristato. *Amoen. acad.* 6. *p.* 399. *n.* 42.*
Fabr. sp. inf. 2. *p.* 381. *n.* 23? *mant. inf.* 2. *p.* 313. *n.* 36? Reduvius (serratus) niger, elytris ferrugineis, rostro antennis tibiisque flavis, scutello cristato serrato.
Forster nov. inf. sp. 1. *p.* 72. *n.* 72? Cimex carinatus.
Sulz. hist. inf. t. 10. *f.* 12.
Drury inf. 2. *t.* 36. *f.* 6.
Stoll cimic. 2. *t.* 1. *f.* 6.
Habitat in America *meridionali.*

leucopus. 547. C. fuscus, antennarum annulis, tibiis abdominisque punctis lateralibus albis. *Fabr. sp. inf.* 2. *p.* 382. *n.* 24. *mant. inf.* 2. *p.* 313. *n.* 37.
Habitat in Europa *media, statura aegyptiaci, at paulo major.*

tessulatus. 548. C. thorace elytrisque obscure ferrugineis, abdomine atro: margine albo vario. *Fabr. mant. inf.* 2. *p.* 313. *n.* 38.
Habitat Monspelii, *statura albipedis.*

aegyptiacus. 549. C. corpore villoso griseo, abdominis margine nigro variegato. *Fabr. sp. inf.* 2. *p.* 382. *n.* 25. *mant. inf.* 2. *p.* 313. *n.* 39.
Habitat in Aegypto.

Diadema. 550. C. niger, capite thoraceque spinosis. *Fabr. sp. inf.* 2. *p.* 382. *n.* 26. *mant. inf.* 2. *p.* 313. *n.* 40.
Habitat in America *boreali.*

quinquespinosus. 551. C. thorace nigro, posterius spinis quatuor flavis, scutello apice recurvo spinoso. *Fabr. sp. inf.* 2. *p.* 382. *n.* 27. *mant. inf.* 2. *p.* 313. *n.* 41.
Habitat in India, *capite posterius attenuato, antennis rostroque pallidis.*

scutatus. 552. C. niger, elytris apice alisque medio puncto albo, scutello apice recurvo spinoso. *Fabr. mant. inf.* 2. *p.* 313. *n.* 42.
Habitat in Cayenna, *mediae magnitudinis.*

zonalis. 553. C. capite thoraceque nigris, elytris flavescentibus: fascia, alis apice nigris. *Fabr. mant. inf.* 2. *p.* 313. *n.* 43.
Habitat in Cayenna, *parvus, magis elongatus.*

mauritanicus. 554. C. ferrugineus, abdominis margine nigro maculato, thorace anterius subspinoso. *Fabr. sp. inf.* 2. *p.* 382. *n.* 28. *mant. inf.* 2. *p.* 314. *n.* 44.
Habitat in Mauritania.

personatus. 64. C. antennis apice capillaribus, corpore subvilloso fusco. *Fabr. sp. inf.* 2. *p.* 377. *n.* 2. *mant. inf.* 2. *p.* 309. *n.* 2. *Fuesſli inf. belv. p.* 26. *n.* 499.
Syst. nat. XII. 2. *p.* 724. *n.* 64. *Fn. suec.* 942. *Scop. ent. carn.* 379. *Geoffr. inf. par.* 1. *p.* 397. *n.* 38. Cimex rostro arcuato, antennis apice capillaceis, corpore oblongo subvilloso fusco.
Degeer inf. 3. *p.* 281. *n.* 25. *t.* 15. *f.* 7. Cimex quisquilius.
List. scar. angl. p. 397. *n.* 38. Cimex maximus pullus, alis nudis ex toto membranaceis.
Frisch inf. 10. *t.* 10. Cimex stercorarius major oblongus.
Raj. inf. 56. Musca cimiciformis graviter volans.
Sulz. inf. t. 11. *f.* 74?
Schaeff. ic. t. 13. *f.* 6. 7. *et t.* 57. *f.* 9.
Habitat in Europae *quisquiliis.*
Larva *horrida consumit lectularium.*

barbicornis. 555. C. niger, thorace abdominisque basi olivaceis. *Fabr. sp. inf.* 2. *p.* 378. *n.* 3. *mant. inf.* 2. *p.* 309. *n.* 3. *Drury inf.* 3. *t.* 45. *f.* 1.
Habitat in Sierra Leon Africae, *thorace varius nigro, antennis alterius sexus barbatis.*

afer. 556. C. rufus, thorace maculis quatuor, elytris tribus nigris. *Fabr. sp. inf.* 2. *p.* 378. *n.* 4. *mant. inf.* 2. *p.* 309. *n.* 4.
Habitat in Africa *aequinoctiali, annulato minor.*

stridulus. 557. C. glaber niger, elytris fuscis nigro maculatis: margine rufo. *Fabr. mant. inf.* 2. *p.* 309. *n.* 5.
Habitat Monspelii, *parvus, primo vere agilis, antennas continuo motitans, thoracis attritu stridens.*

nitidulus. 558. C. ater, thorace olivaceo, femoribus anterioribus rufis. *Fabr. sp. inf.* 2. *p.* 378. *n.* 5. *mant. inf.* 2. *p.* 309. *n.* 6.
Habitat in Africa *aequinoctiali, nitidus, barbicorni affinis.*

pilipes. 559. C. ater, thorace elytrorumque apice villosis cinereis, pedibus hirtis. *Fabr. mant. inf.* 2. *p.* 309. *n.* 7.
Habitat in Cayenna, *capite posterius attenuato, alis albis.*

longipes. 65. C. ruber, elytris nigris basi fasciaque rubris. *Fabr. sp. inf.* 2. *p.* 378. *n.* 6. *mant. inf.* 2. *p.* 309. *n.* 8. *Gron. zooph.* 709.
Habitat in insula S. Thomae oceani americani, *magnitudine personati.*

Bankſii. 560. C. supra rufus, alis nigris, abdomine atro: margine rufo. *Fabr. sp. inf.* 2. *p.* 379. *n.* 7. *mant. inf.* 2. *p.* 309. *n.* 9.
Habitat in India, *mediae magnitudinis.*

erythropus. 561. C. ater, elytris griseis nigro venosis, abdominis margine pedibusque posterioribus rufis. *Fabr. mant. inf.* 2. *p.* 309. *n.* 10.
Habitat in Cayenna, *magnus.*

binotatus. 562. C. supra niger, elytris puncto apicis rufo. *Fabr. sp. inf.* 2. *p.* 379. *n.* 8. *mant. inf.* 2. *p.* 310. *n.* 11.
Habitat in Surinamo, *statura annulati.*

sacer. 563. C. flavescens, thoracis cruce impressa, elytris abdominisque medio nigris. *Fabr. mant. inf.* 2. *p.* 310. *n.* 12.
Habitat in India, *mediae magnitudinis.*

670. C.

guineensis. 670. C. niger, thorace scutelloque acute spinosis, elytris puncto albo. *Fabr. sp. inf.* 2. *p.* 381. *n.* 22. *mant. inf.* 2. *p.* 313. *n.* 35.
Stoll cimic. 2. *t.* 11. *f.* 64.
Habitat in Guinea, *magnitudine valgi.*

annulatus. 71. C. antennis apice capillaribus, corpore nigro subtus sanguineo maculato. *Fn. suec.* 943.* *Geoffr. inf. par.* 1. *p.* 437. *n.* 5. *Fabr. sp. inf.* 2. *p.* 379. *n.* 9. *mant. inf.* 2. *p.* 310. *n.* 13. *Fuessli inf. helv. p.* 26. *n.* 500.
Degeer inf. 3. *p.* 286. *n.* 26. Cimex niger rufipes.
Sulz. hist. inf. t. 10. *f.* 13.
Schaeff. icon. t. 5. *f.* 9-11.
Habitat in Europae *corylo.*

monspeliensis. 564. C. rufus, capite, pectore abdominisque striis macularibus rufis. *Fabr. mant. inf.* 2. *p.* 310. *n.* 14.
Schaeff. icon. 1. *t.* 5. *f.* 9. 10.
Habitat Monspelii, *statura et magnitudine annulati.*

praecinctus. 565. C. rufescens, antennis pedibusque flavo nigroque annulatis. *Fabr. sp. inf.* 2. *p.* 379. *n.* 10. *mant. inf.* 2. *p.* 310. *n.* 15.
Habitat in America *boreali.*

obscurus. 566. C. ater, thorace posterius, elytris abdominisque margine obscure pallidis. *Fabr. sp. inf.* 2. *p.* 379. *n.* 11. *mant. inf.* 2. *p.* 310. *n.* 16.
Habitat in Africa *aequinoctiali, parvus.*

cayennensis. 567. C. obscure fuscus antennarum apice elytrorumque litura media albis. *Fabr. mant. inf.* 2. *p.* 310. *n.* 17.
Habitat in Cayenna, *parvus.*

attelaboides. 568. C. testaceo nigroque varius, thorace anterius testaceo, dentibus duobus nigris. *Fabr. sp. inf.* 2. *p.* 379. *n.* 12. *mant. inf.* 2. *p.* 311. *n.* 18.
Habitat in nova Hollandia.

pilicornis. 569. C. ater, thorace posterius, scutello, elytrorum margine, abdomine femoribusque basi rufis. *Fabr. mant. inf.* 2. *p.* 311. *n.* 19.
Habitat Tranquebariae, *mediae magnitudinis, antennis hirtis.*

570. C.

quadridentatus. 570. C. fuscus, capite, abdominis margine pedibusque olivaceis, thorace anterius quadridentato. *Fabr. sp. inf.* 2. *p.* 380. *n.* 13. *mant. inf.* 2. *p.* 311. *n.* 20.
Habitat in Africa *aequinoctiali, mediae magnitudinis.*

nigripes. 100. C. elytrorum basi', antennis pedibusque rubris, tibiis anterioribus hirsutissimis. *Fabr. sp. inf.* 2. *p.* 380. *n.* 14. *mant. inf.* 2. *p.* 311. *n.* 21.
Degeer inf. 3. *p.* 344. *n.* 20. *t.* 35. *f.* 1. Cimex hirtipes.
Habitat in America *meridionali.*

unicolor. 571. C. ater, immaculatus, thorace subspinoso, tibiis cylindricis hirsutissimis. *Fabr. mant. inf.* 2. *p.* 311. *n.* 22.
Habitat in Cayenna, *statura nigripedis.*

barbaricus. 572. C. niger, thorace elytrisque obscure ferrugineis, scutello lineola media alba. *Fabr. mant. inf.* 2. *p.* 311. *n.* 23.
Habitat in Barbaria, *statura nigripedis.*

Rohrii. 573. C. ater, thorace subspinoso, elytris lineola, abdominis margine femorumque articulatione sanguineis. *Fabr. mant. inf.* 2. *p.* 311. *n.* 24.
Habitat in Cayenna, *statura nigripedis.*

carbonarius. 574. C. ater, elytris posterius albis, capite posterius attenuato cylindrico. *Fabr. sp. inf.* 2. *p.* 380. *n.* 15. *mant. inf.* 2. *p.* 312. *n.* 25.
Habitat in India, *statura attelaboidis.*

pacificus. 575. C. rufo nigroque varius, abdominis margine dente medio' erecto obtuso. *Fabr. sp. inf.* 2. *p.* 380. *n.* 16. *mant. inf.* 2. *p.* 312. *n.* 26.
Habitat in nova Hollandia.

Edleri. 576. C. niger, thorace subspinoso, elytris maculis tribus albis. *Fabr. sp. inf.* 2. *p.* 380. *n.* 17. *mant. inf.* 2. *p.* 312. *n.* 27.
Habitat in India.

octomaculatus. 577. C. thorace posterius testaceo, elytris alisque atris: maculis quatuor laete flavis. *Fabr. sp. inf.* 2. *p.* 380. *n.* 18. *mant. inf.* 2. *p.* 312. *n.* 28.
Habitat in India, *reliquis hujus tribus minor.*

stigma. 578. C. thorace testaceo, elytris alisque nigris: macula media flava. *Fabr. sp. inf.* 2. *p.* 381. *n.* 19. *mant. inf.* 2. *p.* 312. *n.* 29.
Habitat in India, *octomaculato proxime affinis.*

curtipes. 579. C. niger, elytris pallidis: puncto atro, abdomine rufo: ano atro. *Fabr. mant. inf.* 2. *p.* 312. *n.* 30.
Habitat in India, *parvus, pedibus anterioribus brevibus.*

uncinatus. 580. C. niger, elytris basi pallidis, alis macula communi rufa, pectore spinoso. *Fabr. sp. inf.* 2. *p.* 381. *n.* 20. *mant. inf.* 2. *p.* 312. *n.* 31.
Habitat in America *meridionali, mediae magnitudinis.*

iracundus. 581. C. niger, thorace abdominisque marginibus rubro maculatis, elytris rufis. *Scop. ent. carn.* 378. *Fabr. sp. inf.* 2. *p.* 381. *n.* 21. *mant. inf.* 2. *p.* 312. *n.* 32.
Schranck Beytr. p. 81. *n.* 37. *t.* 3. *f.* 17. Cimex sanguineus.
Poda muf. p. 58. *n.* 17.
Habitat in Germania *superiori.*

fuscipes. 582. C. rufus, thoracis fascia, elytrorum margine interiori pedibusque fuscis. *Fabr. mant. inf.* 2. *p.* 312. *n.* 33.
Habitat in India, *statura iracundi, at paulo minor.*

bifidus. 583. C. ater, elytris fascia rufa, scutello spina erecta apice bifida. *Fabr. mant. inf.* 2. *p.* 312. *n.* 34.
Habitat in Sina, *magnus.*

membranaceus. 684. C. niger, abdominis apice membranisque duabus ovatis rufis. *Muf. Lesk. p.* 124. *n.* 202.
Habitat extra Europam.

superbus. 685. C. niger, abdomine rufo basi nigro, elytris in medio ad marginem anticum puncto coccineo notatis, femoribus apice tibiisque rufis. *Muf. Lesk. p.* 124. *n.* 203.
Habitat extra Europam.

naevius. 686. C. griseus abdomine elytris dimidio longiore: dorso nigro, margine elevato rufo fuscoque vario. *Muf. Lesk. p.* 124. *n.* 207.
Habitat in Europa.

quinquemaculatus. 687. C. niger, elytris abbreviatis, abdominis margine elevato: maculis quinque albis inverse conicis, pedibus griseis fusco annulatis. *Muf. Lesk. p.* 124. *n.* 208.
Habitat in Europa.

staphylinus. 688. C. apterus niger, elytris abbreviatis pedibusque rubris: femoribus quatuor anticis compressis. *Muf. Lesk. p.* 125. *n.* 209.
Habitat in Europa, *staphylinis affinis.*

MA-

MACROCEPHALUS. *Roſtrum* inflexum: vagina univalvi triarticulata ſetis tribus, maxillis palpis labioque nullis.

Antennae porrectae, breviſſimae, ſubmoniliformes, clavatae.

Caput oblongum, ſupra cylindricum.

Scutellum longitudine abdominis, depreſſum, membranaceum.

cimicoides. 1. M. griſeo-ferrugineus, ſcutello cineraſcente: macula coleoptrata flava, alis purpuraſcenti-violaceis, tibiis anterioribus incraſſatis. *Swederus nov. act. Stockh.* 8. 1787. 3. *n.* 3. *t.* 8. *f.* 1.

Habitat in Georgia Americae, *cimice eroſo paulo minor.*

227. APHIS. *Roſtrum* inflexum, vagina articulorum quinque: ſeta unica.

Antennae ſetaceae, thorace longiores.

Alae quatuor erectae aut nullae.

Pedes ambulatorii.

Abdomen ſaepius poſterius bicorne.

ongiroſtris. 34. Aph. cinerea, roſtro corpore triplo longiore. *Fabr. mant. inſ.* 2. *p.* 314. *n.* 1.

Habitat Dresdae, *ſub arborum corticibus, formicarum larvis victitans, mediae magnitudinis.*

ibis. 1. Aph. Ribis rubri. *Fn. ſuec.* 975.* *Fabr. ſp. inſ.* 2. *p.* 385. *n.* 6. *mant. inſ.* 2. *p.* 315. *n.* 7.
Leeuwenh. arc. epiſt. 90. *p.* 545. *t.* 548.
Blank. inſ. 164. *t.* 14. *f.* D. E.
Friſch inſ. 11. *p.* 9. *t.* 14.

Reaum.

Reaum. inf. 3. *t.* 22. *f.* 7-10.
Habitat fub ribis *rubri foliis monftrofis puftulatis frequens.*

arundinis. 35. Aph. arundinis epigeios. *Fabr. fp. inf.* 2. *p.* 385. *n.* 7. *mant. inf.* 2. *p.* 315. *n.* 8.
Habitat in arundinis epigeios *foliis.*

ulmi. 2. Aph. ulmi campeftris. *Fn. fuec.* 976.* *It. fcan.* 203. *Fabr. fp. inf.* 2. *p.* 387. *n.* 32. *mant. inf.* 2. *p.* 316. *n.* 37.
Degeer inf. 3. *p.* 81. *n.* 13. *t.* 5. *f.* 7-18. Aphis (foliorum ulmi) nigricans tuberculata foliorum convolutorum ulmi.
Reaum. inf. 3. *t.* 25. *f.* 4-7.
Geoffr. inf. par. 1. *p.* 494. *n.* 1. *t.* 10. *f.* 3.
Habitat in ulmo *campeftri.*

papaveris. 36. Aph. papaveris fomniferi. *Fabr. fp. inf.* 2. *p.* 388. *n.* 33. *mant. inf.* 2. *p.* 316. *n.* 38.
Habitat in Holfatiae *papavere fomnifero.*

paftinacae. 3. Aph. paftinacae fativae. *Fn. fuec.* 977.* *Fabr. mant. inf.* 2. *p.* 315. *n.* 13.
Habitat in paftinaca *fativa.*

pruni. 37. Aph. pruni domefticae. *Fabr. fp. inf.* 2. *p.* 385. *n.* 12. *mant. inf.* 2. *p.* 315. *n.* 14.
Degeer inf. 3. *p.* 49. *n.* 5. *t.* 2. *f.* 1-8. Aphis dilute viridis albo farinofa, corniculis brevibus, pruni.
Reaumur inf. 3. *t.* 23. *f.* 9. 10.
Habitat in pruni *domefticae foliis.*

fambuci. 4. Aph. fambuci nigrae. *Fn. fuec.* 978. *Fabr. fp. inf.* 2. *p.* 384. *n.* 3. *mant. inf.* 2. *p.* 315. *n.* 4.
Geoffr. inf. par. 1. *p.* 495. *n.* 3. Aphis fambuci tota caerulea atra.
Lift. angl. p. 397. *n.* 40. Cimex exiguus nunc niger nunc viridis, cui alae ex toto membranaceae, praegrandis.
Frifch inf. 11. *p.* 14. *t.* 18.
Reaum. inf. 3. *t.* 8. *f.* 5-15.
Habitat in Sambuci *nigrae ramis.*

folidaginis. 38. Aph. folidaginis virgaureae. *Fabr. fp. inf.* 2. *p.* 384. *n.* 4. *mant. inf.* 2. *p.* 315. *n.* 5.
Habitat in Norwegiae *folidaginis virgaureae caulibus, majufcula, junior teftacea, alias fufca, anterius anguftata, fronte emarginata, pedibus pallidis: geniculis nigris, corniculis elongatis fetaceis, ftilo duplo longioribus.*

39. C.

cerasi. 39. Aph. pruni cerasi. *Fabr. sp. inf.* 2. *p.* 384. *n.* 5. *mant. inf.* 2. *p.* 315. *n.* 6.
Müll. zool. dan. prodr. p. 110. *n.* 1256.
Habitat in pruni *cerasi foliis.*

rumicis. 5. Aph. rumicis lapathi. *Fn. suec.* 979.* *Fabr. sp. inf.* 2. *p.* 385. *n.* 11. *mant. inf.* 2. *p.* 315. *n.* 12.
Habitat in rumice *acuto.*

acetosae. 6. Aph. rumicis acetosae. *Fabr. sp. inf.* 2. *p.* 389. *n.* 43. *mant. inf.* 2. *p.* 317. *n.* 48.
Geoffr. inf. par. 1. *p.* 496. *n.* 9. Aphis (acetosae) atra, fascia transversa viridi.
Reaum. inf. 3. *p.* 286.
Habitat in rumice acetosa, acetosella.

ligustici. 40. Aph. ligustici scotici. *Fabr. sp. inf.* 2. *p.* 389. *n.* 44. *mant. inf.* 2. *p.* 317. *n.* 49.
Habitat in Norwegiae *ligustico scotico, nigra, antennis tibiarumque basi pallida.*

lychnidis. 7. Aph. lychnidis divicae. *Fn. suec.* 980.* *Fabr. sp. inf.* 2. *p.* 384. *n.* 1. *mant. inf.* 2. *p.* 315. *n.* 2.
Fn. suec. 719. Aphis cucubali.
Habitat frequens in lychnidis divicae *caulibus.*

capreae. 41. Aph. salicis capreae. *Fabr. sp. inf.* 2. *p.* 384. *n.* 2. *mant. inf.* 2. *p.* 315. *n.* 3.
Habitat in Europae *salice.*

padi. 8. Aph. pruni padi. *Fn. suec.* 981. *Fabr. sp. inf.* 2. *p.* 389. *n.* 45. *mant. inf.* 2. *p.* 317. *n.* 50.
Reaum. inf. 3. *t.* 23. *f.* 9. 10.
Habitat in pruno pado.

9. Aph.

Aphides *a vere in serum auctumnum vivos pariunt foetus, auctumno post copulam ova; post quartam demum metamorphosin pariunt, alisque instruuntur; a copula parentum nascuntur filiae, neptes, proneptes, abneptes; aliae apterae, aliae alatae, absque sexus discrimine in eadem specie; plurimae cornubus duobus posterioribus abdominis excernunt rorem melleum, qui formicas allicit; ab ichneumonis specie quadam infestatae. Species difficile distinguuntur, difficilius definiantur, nec semper in diversis plantis diversae species, adeoque pauciores aphides, quam plantae aphidiferae.*

rosae. 9. Aph. rosae. *Fn. suec.* 982.* *Fabr. sp. inf.* 2. *p.* 387. *n.* 25. *mant. inf.* 2. *p.* 316. *n.* 30.
Degeer inf. 3. *p.* 65. *n.* 10. *t.* 3. *f.* 10. Aphis viridis, corniculis longissimis, rosae.
Reaum. inf. 3. *t.* 21. *f.* 1-4.
Lederm. microgr. 53. *t.* 25.
Sulz. inf. t. 12. *f.* 79.
Habitat in rosae *pedunculis.*

hortensis. 42. Aph. atriplicis hortensis. *Fabr. sp. inf.* 2. *p.* 387. *n.* 26. *mant. inf.* 2. *p.* 316. *n.* 31.
Habitat in atriplicis hortensis *summitatibus.*

picridis. 43. Aph. picridis hieracioidis. *Fabr. sp. inf.* 2. *p.* 387. *n.* 27. *mant. inf.* 2. *p.* 316. *n.* 32.
Habitat in picridis hieracioidis *caulibus.*

aegopodii. 44. Aph. aegopodii podagrariae. *Scop. ent. carn.* 399. *Fabr. sp. inf.* 2. *p.* 387. *n.* 28. *mant. inf.* 2. *p.* 316. *n.* 33.
Habitat in aegopodii podagrariae *foliis.*

dauci. 45. Aph. dauci carotae. *Fabr. sp. inf.* 2. *p.* 387. *n.* 29. *mant. inf.* 2. *p.* 316. *n.* 34.
Habitat in dauci carotae *umbella.*

urticata. 46. Aph. urticae dioicae. *Fabr. sp. inf.* 2. *p.* 387. *n.* 30. *mant. inf.* 2. *p.* 316. *n.* 35.
Habitat in urticae dioicae *caulibus*, *foliis.*

nymphaeae. 10. Aph. plantarum aquaticarum. *Fn. suec.* 983. *Fabr. mant. inf.* 2. *p.* 315. *n.* 17.
Habitat in nymphaeis, potamogetonibus.

corni. 47. Aph. corni sanguineae. *Fabr. sp. inf.* 2. *p.* 385. *n.* 15. *mant. inf.* 2. *p.* 315. *n.* 18.
Habitat in corni sanguineae *foliis.*

tiliae. 11. Aph. tiliae europaeae. *Fn. suec.* 984. *Fabr. sp. inf.* 2. *p.* 388. *n.* 34. *mant. inf.* 2. *p.* 316. *n.* 39.
Geoffr. inf. par. 1. *p.* 495. *n.* 6. Aphis alis antennis pedibusque nigro punctatis.
Degeer inf. 3. *p.* 77. *n.* 12. *t.* 5. *f.* 1-5. Aphis (tiliae nigropunctata) flavo-viridis lineis punctisque nigris, alis nigro maculatis, corniculis brevioribus.
Frisch inf. 11. *p.* 1. *n.* 3. *t.* 17. Pediculus arboreus tiliae.

Reaum.

Reaum. inf. 3. *t.* 23. *f.* 1-8.
Habitat in Europae *tilia.*

uniperi. 48. Aph. juniperi communis. *Fabr. sp. inf.* 2. *p.* 388. *n.* 35. *mant. inf.* 2. *p.* 316. *n.* 40.
Degeer inf. 3. *p.* 56. *n.* 7. *t.* 4. *f.* 7. 8. Aphis obscure fusca cinereo maculata, corniculis brevioribus grossis, juniperi.
Habitat in juniperi communis *foliis.*

rassicae. 12. Aph. brassicae oleraceae. *Fn. suec.* 985. *Fabr. sp. inf.* 2. *p.* 388. *n.* 36. *mant. inf.* 2. *p.* 316. *n.* 41.
Frisch inf. 11. *p.* 10. *t.* 3. *f.* 15. Pediculus brassicae.
Habitat in brassicae oleraceae *foliorum pagina inversa, unde tabescunt.*

raccae. 13. Aph. viciae craccae. *Fn. suec.* 986. *Fabr. sp. inf.* 2. *p.* 390. *n.* 46. *mant. inf.* 2. *p.* 317. *n.* 51.
Degeer inf. 3. *p.* 58. *n.* 8. *t.* 2. *f.* 14. 15. Aphis nigra caerulescens albo farinosa, corniculis brevioribus, viciae craccae.
Habitat in viciae craccae *foliis.*

actucae. 14. Aph. lactucae oleraceae. *Fabr. sp. inf.* 2. *p.* 390. *n.* 47. *mant. inf.* 2. *p.* 317. *n.* 52.
Reaum. inf. 3. *t.* 22. *f.* 3-5.
Habitat in lactuca oleracea.

onchi. 15. Aph. sonchi oleracei. *Fabr. sp. inf.* 2. *p.* 390. *n.* 48. *mant. inf.* 2. *p.* 317. *n.* 53.
Geoffr. inf. par. 1. *p.* 497. *n.* 13.
Reaum. inf. 3. *t.* 22. *f.* 3-5.
Habitat in soncho oleraceo.

irsii. 16. Aph. serratulae arvensis. *Fn. suec.* 987.* *It. wgoth.* 307.
Habitat in serratula arvensi.

ardui. 17. Aph. cardui. *Fn. suec.* 988.* *Fabr. sp. inf.* 2. *p.* 385. *n.* 13. *mant. inf.* 2. *p.* 315. *n.* 15.
Habitat in carduorum *caulibus.*

chilleae. 49. Aph. flavescens, abdomine viridi, antennis pedibusque albidis. *Fabr. sp. inf.* 2. *p.* 385. *n.* 14. *mant. inf.* 2. *p.* 315. *n.* 16.
Habitat frequens Kilonii *in achillea millefolio.*

naceti. 18. Aph. tanaceti vulgaris. *Fn. suec.* 989.* *Fabr. sp. inf.* 2. *p.* 387. *n.* 31. *mant. inf.* 2. *p.* 316. *n.* 36.

Geoffr. inf. par. 1. *p.* 496. *n.* 8. Aphis tanaceti fuſca, abdomine nigro caeruleo, antice viridi.
Habitat in tanaceti vulgaris *caulibus.*

absinthii. 19. Aph. artemiſiae abſinthii. *Fn. ſuec.* 990.* *Fabr. mant. inſ.* 2. *p.* 315. *n.* 19.
Habitat in artemiſia abſinthio.

millefolii. 50. Aph. fuſca, abdomine vireſcente, antennis pedibus corniculisque nigris. *Fabr. ſp. inſ.* 2. *p.* 386. *n.* 16. *mant. inſ.* 2. *p.* 316. *n.* 20.
Degeer inſ. 3. *p.* 60. *n.* 9. *t.* 4. *f.* 1-5. Aphis millefolii.
Habitat in achillea millefolio.

euonymi. 51. Aph. euonymi europaei. *Fabr. ſp. inſ.* 2. *p.* 386. *n.* 17. *mant. inſ.* 2. *p.* 316. *n.* 21.
Habitat in euonymi europaei *foliis.*

avenae. 52. Aph. avenae ſativae. *Fabr. ſp. inſ.* 2. *p.* 386. *n.* 18. *mant. inſ.* 2. *p.* 316. *n.* 22.
Habitat in Europae avena ſativa.

fraxini. 53. Aph. fraxini excelſioris. *Fabr. ſp. inſ.* 2. *p.* 386. *n.* 19. *mant. inſ.* 2. *p.* 316. *n.* 23.
Geoffr. inſ. par. 1. *p.* 494. *n.* 2. Aphis fraxini nigro viridique variegata.
Habitat in fraxini excelſioris *ramis.*

jaceae. 20. Aph. centaureae jaceae. *Fn. ſuec.* 991.*
Habitat in centaurea jacea.

betulae. 21. Aph. betulae albae. *Fn. ſuec.* 992.* *Fabr. ſp. inſ.* 2. *p.* 386. *n.* 20. *mant. inſ.* 2. *p.* 316. *n.* 25.
Geoffr. inſ. par. 1. *p.* 496. *n.* 7. Aphis marginibus inciſurarum abdominis punctis nigris.
Degeer inſ. 3. *p.* 45. *n.* 3. Aphis nigro punctata corniculata viridis, dorſo tuberculis nigris, betulae.
Reaum. inſ. 3. *t.* 22. *f.* 2.
Habitat in betulae *albae foliis.*

alni. 54. Aph. betulae alni. *Fabr. ſp. inſ.* 2. *p.* 386. *n.* 21. *mant. inſ.* 2. *p.* 316. *n.* 26.
Degeer inſ. 3. *p.* 47. *n.* 4. *t.* 3. *f.* 15-17. Aphis flaveſcenti-alba tuberculata, alni.
Habitat in betulae alni *foliis.*

22. Aph.

roboris. 22. Aph. nigra, corniculis obsoletis atris medii abdominis. *Fn. suec.* 993. *Fabr. sp. inf.* 2. *p.* 388. *n.* 37. *mant. inf.* 2. *p.* 317. *n.* 42.
Habitat in Quercu robore.

fagi. 23. Aph. fagi sylvaticae lanata. *Fabr. mant. inf.* 2. *p.* 316. *n.* 24.
Geoffr. inf. par. 1. *p.* 497. *n.* 2.
Reaum. inf. 3. *t.* 26. *f.* 1.
Habitat in fago sylvatica.

quercus. 24. Aph. quercus roboris proboscide longissima. *Fabr. sp. inf.* 2. *p.* 388. *n.* 38. *mant. inf.* 2. *p.* 317. *n.* 43.
Geoffr. inf. par. 1. *p.* 498. *n.* 14. Aphis fusca proboscide corpore triplo longiore.
Reaum. inf. 3. *t.* 28. *f.* 5-14.
Habitat in Galliae *potissimum* quercu, *atra, inter maximas, alis hyalinis: margine exterius atro, antennarum pedumque articulis basi ferrugineis, abdomine mutico.*

pini. 25. Aph. pini sylvestris ramulorum. *Fn. suec.* 994. *Fabr. sp. inf.* 2. *p.* 389. *n.* 39. *mant. inf.* 2. *p.* 317. *n.* 44.
Degeer inf. 3. *p.* 27. *n.* 1. *t.* 6. *f.* 9-16. Aphis (nuda pini) fusca tuberculata, pedibus nudis, pini.
Habitat in pini sylvestris *ramis junioribus.*

pineti. 55. Aph. pini sylvestris foliorum. *Fabr. sp. inf.* 2. *p.* 389. *n.* 40. *mant. inf.* 2. *p.* 317. *n.* 45.
Degeer inf. 3. *p.* 39. *n.* 2. *t.* 6. *f.* 19. 33. Aphis (tomentosa pini) nigra albo farinosa tuberculata, pedibus villoso tomentosis.
Habitat in pini sylvestris *foliis, pedibus posterioribus elongatis ciliatis.*

salicis. 26. Aph. salicis. *Fn. suec.* 995.* *Fabr. sp. inf.* 2. *p.* 389. *n.* 41. *mant. inf.* 2. *p.* 317. *n.* 46.
Reaum. inf. 3. *t.* 22. *f.* 2.
Habitat in salicibus *variis.*

vitis. 56. Aph. vitis viniferae. *Scop. ent. carn.* 398. *Fabr. sp. inf.* 2. *p.* 390. *n.* 49. *mant. inf.* 2. *p.* 317. *n.* 54.
Habitat in Europae *magis australis* vite vinifera.

populi. 27. Aph. populi tremulae foliorum. *Fn. suec.* 996.* *Fabr. sp. inf.* 2. *p.* 386. *n.* 22. *mant. inf.* 2. *p.* 316. *n.* 27.
Habitat sub populi tremulae *foliis convolutis fornicatis.*

tremulae. 28. Aph. populi tremulae ramulorum. *Fn. suec.* 997.*
Degeer inf. 3. *p.* 94. *n.* 15. *t.* 7. *f.* 1-7. Aphis caerulea nigro-tomentosa, corniculis nullis, populi tremulae ramulorum.
Habitat in populi tremulae *ramulis, ubi foliis approximatis conteguntur.*

viburni. 57. Aph. viburni opuli. *Scop. ent. carn.* 396. *Fabr. sp. inf.* 2. *p.* 386. *n.* 23. *mant. inf.* 2. *p.* 316. *n.* 28.
Sulz. hist. inf. t. 11. *f.* 1. 2.
Habitat in viburni opuli *foliis et caulibus.*

mali. 58. Aph. pyri mali. *Fabr. sp. inf.* 2. *p.* 387. *n.* 24. *mant. inf.* 2. *p.* 316. *n.* 29.
Degeer inf. 3. *p.* 53. *n.* 6. *t.* 3. *f.* 20. Aphis pomi flavo-viridis, corniculis longioribus pedibus antennisque nigrescentibus.
Habitat sub pyri mali *foliis.*

bursaria. 29. Aph. populi nigrae. *Fn. suec.* 998.* *Fabr. sp. inf.* 2. *p.* 385. *n.* 8. *mant. inf.* 2. *p.* 315. *n.* 9. *it. scan.* 311.
Geoffr. inf. par. 1. *p.* 497. *n.* 11. Aphis populi nigra lanata.
Hofm. altd. hort. 51.
Seb. muf. 1. *t.* 38. *f.* 8.
Jung verm. 161. 162.
Rupp jenens. 3. *p.* 333.
Swammerd. bibl. 45. *f.* 22-25.
Reaum. inf. 3. *t.* 26. *f.* 7-11.
Hort. amb. t. 96.
Merian. inf. europ. 1. *p.* 15. *t.* 42.
Habitat in populi nigrae *foliis saccatis, petiolorumque utriculis coloratis.*

aparines. 59. Aph. galii aparines. *Fabr. sp. inf.* 2. *p.* 385. *n.* 9. *mant. inf.* 2. *p.* 315. *n.* 10.
Habitat in galio aparine.

urticae. 30. Aph. urticae alba lanata posterius truncata.
Frisch inf. 8. *p.* 34. *t.* 17.
Habitat in Germaniae *urtica, inter maximas sui generis, setis, subtus lana obtecta.*

aceris. 31. Aph. aceris platanoidis. *Fn. suec.* 999.*
Fabr. sp. inf. 2. *p.* 385. *n.* 10. *mant. inf.* 2. *p.* 315. *n.* 11. Aphis aceris campestris.

Geoffr.

Geoffr. inf. par. 1. *p.* 495. *n.* 5. Aphis (aceris) viridis maculis nigris.

Reaum. inf. 3. *t.* 22. *f.* 6-10.

Habitat in aceris campeſtris *et* platanoidis *foliis.*

atriplicis. 32. Aph. atriplicis. *Fn. ſuec.* 1000.

Habitat ſub atriplicis, *inprimis* littoralis, *foliis, intra cylindrum ex foliis revolutis confeĉtum obambulans.*

piſtaciae. 33. Aph. nigra, alis albidis, tibiis longiſſimis, thorace verrucoſo.

Fabr. ſp. inf. 2. *p.* 389. *n.* 42. *mant. inf.* 2. *p.* 317. *n.* 47. Aphis piſtaciae lentiſci.

Siml. vit. geſ. 49.

Camer. epit. 51.

Lob. ic. 100.

Dodon. pempt. 780.

J. Bauh. hiſt. 1. *p.* 279.

Theodor. hiſt. 1439.

Habitat in piſtacia vera, terebintho, lentiſco, *antennis moniliformibus, oculis nigricantibus, abdomine poſterius mutico, lanugine alba globulis miſta teĉto, alis interdum ereĉtis, in folliculo, e foliorum baſi enaſcente, ventricoſo, utrinque attenuato, ſpithameo, pollice craſſiore, primo viridi, poſt exitum aphidis incarnato.*

perſicae. 60. Aph. amygdali perſicae.

Sulz. hiſt. inf. p. 105. *t.* 11. *f.* 3.

Habitat in amygdalo perſica, *inter majores, viridis, capite thorace tibiisque nigris, alis longiſſimis, antennis corpore longioribus, roſtro brevi.*

polyanthis. 61. Aph. polyanthis tuberoſae.

Sulz. hiſt. inf. p. 105. *t.* 11. *f.* 4. 5.

Habitat in polyanthe tuberoſa; *fuſca, globoſa, antennis corpori aequalibus; mare minore, dorſo griſeo, utplurimum alato.*

ſaligna. 62. Aph. griſeo-fuſca, roſtro longiſſimo, antennis brevioribus, corniculis nullis.

Sulz. hiſt. inf. t. 11. *f.* 6.

Habitat in ſalice.

plantaginis. 63. Aph. plantaginis. *Bonnet inſeĉtol.* 1. *p.* 56.

Habitat in plantaginum *caulibus.*

Cccccc 4

archangelicae. 64. Aph. angelicae archangelicae. *Scop. entom. carn. p.* 137. *n.* 400.
Habitat in angelica archangelica, *nigra, rostro et abdomine virentibus.*

leucanthemi. 65. Aph. chrysanthemi leucanthemi. *Scop. ent. carn. p.* 138. *n.* 404.
Habitat in chrysanthemo leucanthemo, *nigra, abdomine rostroque virescentibus, hoc apice fusco.*

scabiosae. 66. Aph. scabiosae. *Scop. ent. carn. p.* 138. *n.* 405.
Habitat in scabiosis.

fabae. 67. Aph. viciae fabae. *Scop. ent. carn. p.* 139. *n.* 406.
Habitat in vicia faba, *quam sterilem reddit.*

genistae. 68. Aph. genistae tinctoriae. *Scop. ent. carn. p.* 139. *n.* 409.
Habitat in genista tinctoria, *nigra, alis puncto fusco.*

coryli. 69. Aph. coryli avellanae. *Goeze entom. Beytr.* 2. *p.* 311.
Habitat in coryli avellanae *foliorum pagina inferiori, albida, minor.*

juglandis. 70. Aph. juglandis regiae.
Frisch inf. 11. *p.* 12. *n.* 10. *t.* 16.
Habitat in juglande regia, *flavo-viridis, antennis brevioribus, corpore segmentis quinque supra nigris constante.*

balsamitae. 71. Aph. tanaceti balsamitae. *Müll. zool. dan. prodr. p.* 109. *n.* 1252.
Habitat in tanaceto balsamita, *nigra, abdomine viridi, oculis rubris.*

gallarum. 72. Aph. gallarum ulmi. *Degeer inf.* 3. *p.* 89. *n.* 14. *t.* 4. *f.* 15.
Reaum. inf. 3. *p.* 299. *t.* 25. *f.* 4-7.
Geoffr. inf. par. 1. *p.* 494. *n.* 1. *t.* 10. *f.* 3.
Habitat in folliculis foliorum ulmi, *nigricans, corniculis nullis.*

farinosa. 73. Aph. salicis farinosa. *Degeer inf.* 3. *p.* 76. *n.* 11.
Habitat in salice, *obscure viridis, tuberculis lanuginosis albis, corniculis longioribus.*

xylostei. 74. Aph. lonicerae xylostei. *Degeer inf.* 3. *p.* 96. *n.* 16. *t.* 7. *f.* 8.
Habitat in lonicera xylosteo, *tomentosa, corniculis nullis.*

Mayeri. 75. Aph. rubra, antennis thorace brevioribus, abdomine extenuato, tibiis brevioribus. *Mayer Abh. boehm. Gef.* 4. *p.* 183.
Habitat in Bohemiae *foliis* tanaceti vulgaris, *aptera.*

228. CHERMES. *Rostrum* vagina pectorali: setis tribus inflexis.

Antennae cylindricae, thorace longiores.

Alae quatuor deflexae.

Thorax gibbus.

Pedes saltatorii.

graminis. 1. Ch. airae flexuosae. *Fn. suec.* 1001.* *Fabr. sp. inf.* 2. *p.* 390. *n.* 1. *mant. inf.* 2. *p.* 317. *n.* 1.
Habitat in Europae *graminibus*, *inprimis* aira flexuosa.

ulmi. 2. Ch. ulmi campestris. *Fn. suec.* 1002.* *Fabr. sp. inf.* 2. *p.* 390. *n.* 2. *mant. inf. p.* 317. *n.* 2.
Habitat intra ulmi campestris *folia revoluta.*

cerastii. 3. Ch. cerastii viscosi. *Fn. suec.* 1003. *Fabr. sp. inf.* 2. *p.* 390. *n.* 4. *mant. inf.* 2. *p.* 317. *n.* 4.
Habitat in cerastii viscosi *foliis*, *in capitulum conniventibus.*

pyri. 4. Ch. pyri communis. *Fn. suec.* 1004.* *Fabr. sp. inf.* 2. *p.* 390. *n.* 3. *mant. inf.* 2. *p.* 317. *n.* 3.
Degeer inf. 3. *p.* 141. *n.* 2. *t.* 9. *f.* 2. Chermes (pyri) viridi-fusca maculis fasciisque obscuris, alis fusco maculatis.
Habitat in pyri communis *foliis.*

sorbi. 5. Ch. sorbi aucupariae. *Fabr. sp. inf.* 2. *p.* 391. *n.* 7. *mant. inf.* 2. *p.* 318. *n.* 7.
Habitat in sorbo aucuparia, *supra lituris lineisque variis nigris varia*, *subtus virens*, *thorace flavescente*, *anterius punctis duobus*, *posterius lineis quatuor nigris.*

Chermis *larvae pedatae*, *saepius villosae; imagines saliunt*, *plantis insident*, *ceterum aphidibus similes.*

perficae. 18. Ch. amygdali perficae. *Fabr. fp. inf.* 2. *p.* 391. *n.* 8. *mant. inf.* 2. *p.* 318. *n.* 8.
Geoffr. inf. par. 1. *p.* 506. *n.* 4. Chermes perficae oblongus.
Reaum. inf. 4. *t.* 1. *f.* 1. 2.
Habitat in amygdali perficae *ramis.*

calthae. 6. Ch. calthae paluftris. *Fn. fuec.* 1005.* *Fabr. fp. inf.* 2. *p.* 391. *n.* 9. *mant. inf.* 2. *p.* 318. *n.* 9.
Habitat in calthae paluftris *floribus.*

buxi. 7. Ch. buxi fempervirentis. *Fabr. fp. inf.* 2. *p.* 391. *n.* 5. *mant. inf.* 2. *p.* 317. *n.* 5.
Geoffr. inf. par. 1. *p.* 485. *n.* 2. Pfylla viridis, antennis fetaceis, alis fufco-flavefcentibus.
Reaum. inf. 3. *t.* 19. *f.* 1-14.
Habitat intra Europae *magis auftralis* buxi *folia fumma conniventia, Majo interdum* Argentorati *frequentiffima, excrementa dulcia, cito tamen acefcentia, et poftea foetida excernens.*

urticae. 8. Ch. urticae dioicae. *Fn. fuec.* 1006.* *Fabr. fp. inf.* 2. *p.* 391. *n.* 10. *mant. inf.* 2. *p.* 318. *n.* 10.
Degeer inf. 3. *p.* 134. *n.* 1. *t.* 9. *f.* 17-19. Chermes (urticae) fufca f. virefcens, abdominis lateribus albo maculatis.
Habitat in urticae dioicae *foliis.*

betulae. 9. Ch. betulae albae. *Fn. fuec.* 1007.* *Fabr. fp. inf.* 2. *p.* 391. *n.* 11. *mant. inf.* 2. *p.* 318. *n.* 11.
Habitat in betulae albae *ramis.*

alni. 10. Ch. betulae alni. *Fn. fuec.* 1008.* *Fabr. fp. inf.* 2. *p.* 391. *n.* 12. *mant. inf. p.* 318. *n.* 12.
Degeer inf. 3. *p.* 148. *n.* 3. *t.* 10. *f.* 8. Chermes alni lanata viridis.
Geoffr. inf. par. 1. *p.* 486. *n.* 3. Pfylla viridis, antennis fetaceis, alis aqueis.
Frifch inf. 8. *p.* 48. *t.* 13. Vermis fuctorius alni.
Sulz. inf. t. 12. *f.* 80.
Schaeff. elem. t. 39.
Habitant in betulae alni *ramulis larvae, caudis plumofis tectae.*

quercus. 11. Ch. quercus roboris. *Fn. fuec.* 1009.*
Habitat in quercus *foliis, ex flavo albicans ad marginem alarum interiorem litura, ad exteriorem quatuor fufcis.*

12. Ch.

fagi. 12. Ch. fagi ſylvaticae. *Fn. ſuec.* 1010. *it. ſcan.* 65. *Fabr. ſp. inſ.* 2. *p.* 391. *n.* 6. *mant. inſ.* 2. *p.* 317. *n.* 6.
Reaum. inſ. 3. *t.* 26. *f.* 1-6.
Habitat in fagi ſylvaticae *foliis.*

abietis. 13. Ch. pini abietis. *Fn. ſuec.* 1011.* *fl. lappon.* 218. *p.* 347. E. *it. gotl.* 180. *Fabr. ſp. inſ.* 2. *p.* 392. *n.* 13. *mant. inſ.* 2. *p.* 318. *n.* 13.
Geoffr. inſ. par. 1. *p.* 487. *n.* 5. Pſylla pallide flaveſcens, oculis fuſcis, alis aqueis.
Degeer inſ. 3. *p.* 99. *n.* 17. *t.* 8. *f.* 1-3. Aphis (gallarum abietis) tomentoſa, corniculis nullis.
Friſch inſ. 12. *p.* 10. *t.* 2. *f.* 3. Inſectum tuberculi muricati arboris taxi.
Cluſ. pannon. 20. 21. Picea pumila.
Habitat frequens in turionum abietis *gallis ſtrobiliformibus, ſquamatis, imbricatis.*

ſalicis. 14. Ch. ſalicis. *Fn. ſuec.* 1012. *Fabr. ſp. inſ.* 2. *p.* 392. *n.* 14. *mant. inſ.* 2. *p.* 318. *n.* 14.
Habitat in Europae *ſalicibus.*

fraxini. 15. Ch. fraxini excelſioris. *Fn. ſuec.* 1013. *Fabr. ſp. inſ.* 2. *p.* 392. *n.* 15. *mant. inſ.* 2. *p.* 318. *n.* 15.
Geoffr. inſ. par. 1. *p.* 486. *n.* 4. Pſylla nigro luteoque variegata, alarum ore in apicibus fuſcis.
Habitat in fraxino.

aceris. 16. Ch. aceris platanoidis. *Fn. ſuec.* 1014. *Fabr. ſp. inſ.* 2. *p.* 392. *n.* 16. *mant. inſ.* 2. *p.* 318. *n.* 16.
Habitat in aceris platanoidis *racemis.*

ficus. 17. Ch. ficus caricae. *Fabr. ſp. inſ.* 2. *p.* 392. *n.* 17. *mant. inſ.* 2. *p.* 318. *n.* 17.
Geoffr. inſ. par. 1. *p.* 484. *n.* 1. Pſylla fuſca, antennis craſſis piloſis, alarum nervis fuſcis.
Reaum. inſ. 3. *t.* 29. *f.* 17-24.
Habitat in Europae *magis auſtralis* ficu carica.

pini. 19. Ch. pini lanata. *Fn. ſuec.* 1. *n.* 699.
Geoffr. inſ. par. 1. *p.* 488. *n.* 6.
Habitat in pinu; *an eadem cum ch. abietis?*

lichenis. 20. Ch. fusca nigro punctata, antennis corpore longioribus, alis nervosis fusco maculatis.
Geoffr. inf. par. 1. *p.* 88. *n.* 7.
Habitat in lichenibus.

castanea. 21. Ch. fusca, antennis setaceis laevibus, alis nervosis.
Geoffr. inf. par. 1. *p.* 489. *n.* 8.
Habitat in variis plantis.

rubra. 22. Ch. rubra, alis nervosis.
Geoffr. inf. par. 1. *p.* 489. *n.* 9.
Habitat in variis plantis.

pruni. 23. Ch. pruni domesticae. *Scop. ent. carn. p.* 140. *n.* 414.
Habitat in pruno domestica, *abdomine rubro: punctis fasciisque lateralibus fuscis.*

crataegi. 24. Ch. crataegi oxyacanthae. *Scop. ent. carn. p.* 139. *n.* 412.
Habitat in crataego oxyacantha; *larva ex plumpeo virente: plica abdominis longitudinali media.*

euonymi. 25. Ch. euonymi europaei. *Scop. ent. carn. p.* 139. *n.* 411.
Habitat in euonymo europaeo, *nigra, pedibus pallidis.*

senecionis. 26. Ch. senecionis vulgaris. *Scop. ent. carn. p.* 140. *n.* 413.
Habitat in senecione vulgari, *ex flavo virens, antennarum articulo ultimo crassiore, duobus pilis terminato.*

229. COCCUS. *Rostrum* vagina setisque pectoralibus.

Antennae filiformes.

Abdomen posterius setosum.

Alae duae erectae masculis; *feminae* apterae.

hesperidum. 1. C. hybernaculorum. *Fn. suec.* 1015.* *Fabr. sp. ins.* 2. *p.* 393. *n.* 1. *mant. ins.* 2. *p.* 318. *n.* 1. *Modeer act. Gothenb.* 1. *p.* 19. §. 8.
Fn. suec. 722. Coccus hesperidum.
Geoffr. ins. par. 1. *p.* 505. *n.* 2. Chermes hesperidum.
Act. Paris. 1692. *p.* 14. *t.* 14.
Reaum. ins. 4. *t.* 1.
Frisch ins. 12. *p.* 12.
Sulz. ins. t. 12. *f.* 81.
Schaeff. elem. t. 48.
Habitat in hybernaculorum *arboribus sempervirentibus, frequentissimus*, e. g. citro, lauro, quassia, *spadiceus, ovato-oblongus.*

Aonidum. 2. C. indarum arborum. *Fabr. sp. ins.* 2. *p.* 393. *n.* 2. *mant. ins.* 2. *p.* 318. *n.* 2. *Modeer act. Gothenb.* 1. *p.* 30. §. 26.
Habitat in Asiae *arboribus sempervirentibus*, Camellia &c. *cocco hesperidum minor, apterus, flavescens, oblongus, vel suborbicularis, antennis longitudine fere thoracis, testa orbiculata, planiuscula, atro-purpurascente: centro s. vertice tuberculato, rotundo, rubro, in senescentibus aperto.*

capensis. 3. C. ovalis subtomentosus conico-gibbus: apice operculato. *Amoen. acad.* 6. *p.* 401. *n.* 47.* *Fabr. mant. ins.* 2. *p.* 318. *n.* 3. *Modeer act. Gothenb.* 1. *p.* 31. §. 28.
Habitat ad caput bonae spei *in* gnaphalio muricato.

Adonidum. 4. C. rufus farinaceus pilosus. *Fabr. sp. ins.* 2. *p.* 393. *n.* 3. *mant. ins.* 2. *p.* 318. *n.* 4. *Modeer act. Gothenb.* 1. *p.* 48. §. 34.
Geoffr. ins. par. 1. *p.* 511. *n.* 1. Coccus adonidum, corpore roseo farinaceo, alis setisque niveis.
Fn. suec. 1. *n.* 1169. Pediculus adonidum.

β) *Lederm.*

β) *Lederm. microsc.* 1762. *t.* 9. Pediculus coffeae.
Habitat in Americae, Africae, *nunc in* Europae *calidioris arboribus, corpore ovato oblongiusculo albo, antennis pedibusque fuscis; linea dorsali longitudinali elevata, cum puncto elevato in singulis segmentis, laterum marginibus acutis, cum incisuris punctisque prominentibus* 14, *area inter lineam dorsalem et marginem totidem punctis secundum longitudinem dispositis conspersa, cauda bifida: Senior folliculum struit, se sexies majorem, in quo se suaque ova flava condit.*

quercus. 5. C. quercus roboris. *Fn. suec.* 1016. *Fabr. sp. ins.* 2. *p.* 393. *n.* 4. *mant. ins.* 2. *p.* 318. *n.* 5.
Geoffr. ins. par. 1. *p.* 508. *n.* 13. Chermes quercus reniformis.
Reaum. ins. 4. *t.* 6. *f.* 1-4.
Habitat in Quercu Robore.

ilicis. 6. C. quercus cocciferae. *Fabr. sp. ins.* 2. *p.* 393. *n.* 5. *mant. ins.* 2. *p.* 318. *n.* 6. *Modeer act. Gothenb.* 1. *p.* 24. §. 19.
Garid. aixens. 250. *t.* 53.
Reaum. ins. 4. *t.* 5.
Geoffr. mat. med. 2. *p.* 782.
Lederm. microf. 72. *t.* 36.
Habitat in Galloprovinciae quercu coccifera, *nitens fuscus albo-villosus, aceto immersus et supra lintea exsiccatus tinctorius.*

betulae. 7. C. betulae albae. *Fn. suec.* 1017. *Fabr. sp. ins.* 2. *p.* 394. *n.* 8. *mant. ins.* 2. *p.* 319. *n.* 10. *Modeer act. Gothenb.* 1. *p.* 23. §. 16.
Habitat in Europae betula alba, *teres, spadiceus.*

carpini. 8. C. carpini betuli. *Fn. suec.* 1018. *Fabr. sp. ins* 2. *p.* 394. *n.* 9. *mant. ins.* 2. *p.* 319. *n.* 11. *Modeer act. Gothenb.* 1. *p.* 29. §. 24.

Habitat

Cocci, *hybernaculorum pestis, juniores in ramis foliisque arborum decurrunt, volandoque saliunt, aliquas subeunt metamorphoses, ut tamen Adonidum, polonicus, spurius, cacti phalaridis, pilosellae, uvae ursi et alni faciem vix mutent; adultiores, feminae praesertim maribus multoties majores, oculis nigris antennis pedibusque minimis instructae, fertilissimae, ut singulae per rimam caudalem foecundatae ad* 1000 *ova contineant, tardi, adhaerent plantis, saepe ramis, et radicibus, fere immobiles.*

Habitat in carpino betulo, *subsphaericus, pallide rubescens, stria ad latus elevata.*

ulmi. 9. C. ulmi campestris. *Fn. suec.* 1019. *Fabr. sp. inf.* 2. *p.* 393. *n.* 6. *mant. inf.* 2. *p.* 319. *n.* 8. *Modeer act. Gothenb.* 1. *p.* 27. §. 21.
Geoffr. inf. par. 1. *p.* 507. *n.* 8. Chermes ulmi rotundus.
Degeer inf. 6. *p.* 436. *n.* 1. *t.* 28. *f.* 7. Coccus ovatus albus fusco transverse striatus, ulmi.
Habitat in ulmo campestri, *brunneus; fasciis transversis fuscis.*

coryli. 10. C. coryli avellanae. *Fn. suec.* 1020. *Fabr. sp. inf.* 2. *p.* 394. *n.* 7. *mant. inf.* 2. *p.* 319. *n.* 9. *Modeer act. Gothenb.* 1. *p.* 29. §. 23.
Geoffr. inf. par. 1. *p.* 507. *n.* 10. Chermes coryli hemisphaericus.
Reaum. inf. 4. *t.* 3. *f.* 4-10.
Habitat in corylo avellana, *citreus, rubro maculatus.*

tiliae. 11. C. tiliae europaeae. *Fn. suec.* 1021. *Fabr. sp. inf.* 2. *p.* 394. *n.* 10. *mant. inf.* 2. *p.* 319. *n.* 12. *Modeer act. Gothenb.* 1. *p.* 30. §. 25.
Geoffr. inf. par. 1. *p. p.* 507. *n.* 9. Chermes tiliae hemisphaericus.
Reaum. inf. 4. *t.* 3. *f.* 1-3.
Habitat in tilia europaea.

rusci. 12. C. rusci, testa octo clypeolis cincta. *Fabr. sp. inf.* 2. *p.* 394. *n.* 11. *mant. inf.* 2. *p.* 319. *n.* 13. *Modeer act. Gothenb.* 1. *p.* 31. §. 29.
Column. purp. 16. *t.* 17. Lepas nova s. myrti morbus.
Ginann. adr. 1. *p.* 60. *t.* 3. *f.* 27. Balanus terrestris compositus e multis testis.
Klein ostr. 116. Lepas tessellata.
Bocc. mus. t. 107. *f.* XXIII. h. h.
Habitat in Apuliae myrto, rusco; *testa truncata, octogona, perforata, clypeolis, praeter duos laterales oppositos, in medio granulo notatis.*

myricae. 13. C. myricae quercifoliae. *Fabr. mant. inf.* 2. *p.* 319. *n.* 14. *Modeer act. Gothenb.* 1. *p.* 31. §. 27.
Habitat ad caput bonae spei, *in* myrica quercifolia, *pisi minoris magnitudine, semiovatus, pallide incarnatus, vertice*

vertice obtuse acuminato cum poco tenuissimo; poro alio posterius supra marginem cartilagineum crassiorem, album, utrinque septem circiter torulis protuberantem.

capreae. 14. C. salicis cinereae. *Fabr. sp. inf.* 2. *p.* 394. *n.* 12. *mant. inf.* 2. *p.* 319. *n.* 15. *Modeer act. Gothenb.* 1. *p.* 22. §. 15. *Degeer inf.* 6. *p.* 440. *n.* 2. *t.* 28. *f.* 13. Coccus subrotundus fuscus, linea dorsali nigra, salicis.
Habitat in Europae salicibus, *quibus folia hirsuta, pisi majoris magnitudine, semiamplexicaulis, ovatus, anterius obtusus et bifidus, colore seminis staphyleae, linea media nigra, nitens, glaber.*

salicis. 15. C. salicis hermaphroditae. *Fn. suec.* 1022.* *Modeer act. Gothenb.* 1. *p.* 21. §. 12.
Habitat in salicis hermaphroditae *cortice, minimus, depressiusculus, cinerens.*

vitis. 16. C. vitis viniferae. *Fabr. sp. inf.* 2. *p.* 395. *n.* 18. *mant. inf.* 2. *p.* 319. *n.* 25. *Modeer act. Gothenb.* 1. *p.* 20. §. 9.
Geoffr. inf. par. 1. *p.* 506. *n.* 6. Chermes vitis oblongus.
Act. bonon. 2. *p.* 279. *t.* 284.
Reaum. inf. 4. *t.* 6. *f.* 5-7.
Habitat in vitis viniferae *ramis, cinnamomeus.*

ficus. 23. C. ficus religiosae et indicae. *Fabr. mant. inf.* 2. *p.* 319. *n.* 7.
Kerr act. angl. 1781. *p.* 374. *f.* a. b. Coccus Lacca.
Habitat in Indiae ficu religiosa *et* indica, gummilaccam *producens, ruber; antennis ramosis; cauda bifeta.* Swgermann.

polonicus. 17. C. radicis scleranthi perennis. *Fn. suec.* 1023. *Fabr. sp. inf.* 2. *p.* 395. *n.* 20. *mant. inf.* 2. *p.* 319. *n.* 23. *Modeer act. Gothenb.* 1. *p.* 34. §. 31.
Fn. suec. 720.* Coccus radicum purpureus.
Geoffr. inf. par. 1. *p.* 504. *n.* 1. Chermes radicum purpureus.
Breyn act. phys. med. 6. 3. *app.* 5. *t.* 1. Coccus tinctorius radicum.
Camer. epit. 691. Polygonum cocciferum.
Bauh. pin. 281.
Rupp. jen. 86.
Raj. hist. 186.
Bauh. hist. 3. *p.* 378.

Frisch

Frisch inf. 5. *p.* 6. *t.* 2.
Act. upf. 1742. *t.* 1.
Reaum. inf. 4. *p.* 1.
Habitat in fcleranthi perennis *radicibus, oblongo-ovatus, purpureus aut fpadiceus olim,* Cofaccis *adhuc tinctorius.*

fragariae. 24. C. fragariae vefcae. *S. G. Gmelin it.* 1. *p.* 205. 3. *p.* 312.
Act. angl. 1765. *p.* 91. *t.* 10.
Mayer act. foc. priv. boh. 4. *p.* 152. 184. Coccus potentillae.
Habitat in Europa *et* Sibiria *ad* fragariae vefcae, potentillae vernae, reptantis, albae *radices, rufticis Ruffis ad tingenda colore kermefino lintea ufitatus, roftro nigro, thorace trirugi, ano pilis nigrefcentibus cincto.*

hypericonis. 25. C. hypericonis perforati. *Pallas it.* 1. *p.* 21.
Habitat in Ruffiae hypericone perforato.

pilofellae. 18. C. radicis hieracii pilofellae. *Fn. fuec.* 1024. *Fabr. fp. inf.* 2. *p.* 394. *n.* 13. *mant. inf.* 2. *p.* 319. *n.* 16. *Modeer act. Gothenb.* 1. *p.* 49. §. 36.
Sim. Paul. quadr. 113.
Act. upfal. 1742. *p.* 54. *t.* 2.
Habitat in hieracii pilofellae *radicibus.*

uvae urfi. 19. C. radicis arbuti uvae urfi. *Fabr. fp. inf.* 2. *p.* 394. *n.* 14. *mant. inf.* 2. *p.* 319. *n.* 17. *Modeer act. Gothenb.* 1. *p.* 49. §. 37.
Habitat fub mufcis ad radices arbuti uvae urfi, *tinctorius, fpadiceus.*

phalaridis. 20. C. radicum phalaridis. *Fn. fuec.* 1026. *Fabr. fp. inf.* 2. *p.* 395. *n.* 15. *mant. inf.* 2. *p.* 319. *n.* 18. *Modeer act. Gothenb.* 1. *p.* 48. §. 35.
Geoffr. inf. par. 1. *p.* 512. *n.* 2. *t.* 10. *f.* 5. Coccus graminis, corpore rofeo.
Habitat ad graminum, *praefertim* phalaridis canarienfis, *radices, oblongo-ovatus, albidus vel pallide rubefcens.*

oxyacanthae. 21. C. crataegi oxyacanthae. *Fabr. fp. inf.* 2. *p.* 395. *n.* 16. *mant. inf.* 2. *p.* 319. *n.* 19. *Modeer act. Gothenb.* 1. *p.* 20. §. 10.
Reaum. inf. 4. *t.* 6. *f.* 11. 12.
Habitat in crataego oxyacantha, *oblongus, fpadiceus.*

serratulae. 26. C. serratulae arvensis. *Fabr. sp. inf. 2. p.* 395. *n.* 17. *mant. inf.* 2. *p.* 319. *n.* 20.
Habitat in Angliae serratula arvensi.

zosterae. 27. C. zosterae marinae. *Fabr. sp. inf.* 2. *p.* 395. *n.* 19. *mant. inf.* 2. *p.* 319. *n.* 22.
Habitat in maris balthici zostera marina.

cacti. 22. C. cacti coccinelliferi. *Fabr. sp. inf.* 2. *p.* 395. *n.* 21. *mant. inf.* 2. *p.* 319. *n.* 24. *Modeer act. Gothenb.* 1. *p.* 44. §. 33.
Brown jam. 435. Coccinella alis destituta, corpore rugoso.
Degeer inf. 6. *p.* 447. *n.* 1. *t.* 80. *f.* 12-14. Coccus cacti coccinelliferi.
Act. angl. 1762.
Hernand. mex. 78.
Sloan. jam. 2. *p.* 153. *praef. t.* 9.
Pet. gazoph. 3. *t.* 1. *f.* 5.
Reaum. inf. 4. *t.* 7. *f.* 11. 12.
Rausch hist. nat. de la cochinille. t. 1. *f.* 1-5.
Habitat in Americae cactis opuntiis, *depressus, tomentosus, transverse rugosus, dorsi margine laterali utrinque duplici: superiore breviore, abdomine purpurascente, pedibus brevibus nigris, antennis subulatis, corpore tertia parte brevioribus, eximie tinctorius.*

liriodendri. 28. C. liriodendri tulipiferae. *Hamburg. Magaz.* 12. *p.* 1-24.
Habitat in liriodendro tulipifera.

farinosus. 29. C. ovatus tomentosus pallide fuscus albo-farinosus. *Degeer inf.* 6. *p.* 442. *n.* 3. *t.* 38. *f.* 16. 17. *Modeer act. Gothenb.* 1. *p.* 50. §. 38.
Habitat in betula alno, *depressiusculus.*

clematidis. 30. C. clematidis oblongus.
Geoffr. inf. par. 1. *p.* 506. *n.* 1.
Habitat in clematidibus.

persicae. 31. C. persicae rotundus. *Modeer act. Gothenb.* 1. *p.* 28. §. 22.
Geoffr. inf. par. 1. *p.* 506. *n.* 5.
Reaum. inf. 4. *t.* 2. *f.* 4. 5.
Habitat in amygdala *persica, nitens, rubicundus, spadiceus aut niger.*

32. C.

abietis. 32. C. abietis rotundus. *Modeer act. Gothenb.* 1. *p.* 27. §. 20.
Geoffr. inf. par. 1. *p.* 507. *n.* 7.
Habitat in pinu abiete; *badius.*

fuscus. 33. C. quercus fuscus. *Modeer act. Gothenb.* 1. *p.* 24. §. 18.
Geoffr. inf. par. 1. *p.* 507. *n.* 11.
Reaum. inf. 4. *t.* 5. *f.* 2.
Habitat in quercu robore, *albo tomento obductus.*

variegatus. 34. C. quercus rotundus ex albo, flavescente nigroque varius.
Geoffr. inf. par. 1. *p.* 508. *n.* 12.
Reaum. inf. 4. *t.* 5. *f.* 3. a.
Habitat in quercu robore.

lanatus. 35. C. quercus oblongus: serico albo.
Geoffr. inf. par. 1. *p.* 508. *n.* 14.
Habitat in quercu robore; *nonne mera varietas fusci?*

mespili. 36. C. mespili: serico albo.
Geoffr. inf. par. 1. *p.* 508. *n.* 16.
Habitat in mespilis.

conchiformis. 37. C. arborum linearis. *Modeer act. Gothenb.* 1. *p.* 22. §. 14.
Geoffr. inf. par. 1. *p.* 509. *n.* 17.
Reaum. inf. 4. *t.* 5-7.
Habitat in ulmo, *angustus, fuscus.*

aceris. 38. C. aceris ovatus. *Modeer act. Gothenb.* 1. *p.* 21. §. 13.
Geoffr. inf. par. 1. *p.* 509. *n.* 18.
Habitat in acere, *ovato-depressus, striis ad latera longitudinalibus albis aut cinereis.*

laniger. 39. C. fuscus: serico albo.
Geoffr. inf. par. 1. *p.* 512. *n.* 3.
Reaum. inf. 4. *t.* 7. *f.* 1. 2. 6. 9.
Habitat in ulmo campestri.

diosmatis. 40. C. diosmatis crenatae. *Modeer act. Gothenb.* 1. *p.* 21. §. 11.
Habitat in capitis bonae spei diosmate crenato *et* pulchello, *ovato-oblongus.*

alni. 41. C. betulae alni. *Modeer act. Gothenb.* 1. *p.* 23. §. 17.
Habitat in betulae alni *dichotomia ramorum, oblongo-ovatus, rubescens.*

Ura. 42. C. testa fusca sphaerico-gibba, subflavescente. Modeer act. Gothenb. 1. p. 32. §. 30.
Habitat in Suecia sub lapidibus.

spurius. 43. C. ovatus hinc inde pilosus spadiceus subtus pallide flava. Modeer act. Gotheub. 1. p. 43. §. 32.
Habitat in ulmi ramorum dichotomia.

230. THRIPS.

Rostrum obsoletum, intra os absconditum.

Antennae filiformes longitudine thoracis.

Corpus lineare; *abdomen* sursum reflexile.

Alae quatuor rectae, dorso incumbentes, longitudinales, angustae, subcruciatae.

paradoxa. 1. Thr. fusca, alis abbreviatis, antennis pectinatis fissilibus aliformibus. *Amoen. acad.* 6. *p.* 401. *n.* 48.*
Habitat in Sina, *an hujus generis?*

physapus. 2. Thr. elytris glaucis, corpore atro. *Fn. suec.* 1027.* Geoffr. *inf. par.* 1. *p.* 485. *n.* 2. *Scop. ent. carn.* 418. *Fabr. sp. inf.* 2. *p.* 396. *n.* 1. *mant. inf.* 2. *p.* 320. *n.* 1.
Degeer inf. 3. *p.* 6. *n.* 1. *t.* 1. *f.* 1. Thrips atra, alis albis, antennis sexnodiis.
Degeer act. Stockh. 1744. *p.* 3. *t.* 4. *f.* 4. Physapus ater, alis albis.
Schaeff. elem. t. 127.
Habitat frequens in Europae floribus compositis, *loti corniculatae flores clausos tumidosque reddens, secalis spicas exinaniens.*

minutissima. 3. Thr. elytris corporeque glauco, oculis fuscis. *Fn. suec.* 1028.* *Fabr. sp. inf.* 2. *p.* 396. *n.* 4. *mant. inf.* 2. *p.* 320. *n.* 4.
Habitat in Europae *floribus.*

juniperi-na. 4. Thr. elytris niveis, corpore fusco. *Fn. suec.* 1029.* *Fabr. sp. inf.* 2. *p.* 396. *n.* 2. *mant. inf.* 2. *p.* 320. *n.* 2.
Degeer inf. 3. *p.* 10. *n.* 2. *t.* 1. *f.* 5. Thrips griseo-fusca, oculis nigris, alis albescentibus.
Degeer act. Stockh. 1744. *p.* 6. *t.* 1. *f.* 2. Physapus fuscus, alis albicantibus.
Habitat in juniperi *gallis.*

ulmi. 6. Thr. nigra, alis niveis ciliatis, ano acuminato. *Fabr. sp. inf.* 2. *p.* 396. *n.* 3. *mant. inf.* 2. *p.* 320. *n.* 3.
Geoffr. inf. par. 1. *p.* 384. *n.* 1. *t.* 7. *f.* 6. Thrips elytris albidis, corpore nigra abdominali seta.
Degeer inf. 3. *p.* 11. *n.* 3. *t.* 1. *f.* 8-13. Thrips (corticis) nigra, alis hyalinis niveis, barbis longissimis, antennis octonodiis.
Habitat gregaria in ulmi *cortice.*

urticae. 7. Thr. flava, elytris albidis. *Fabr. sp. inf.* 2. *p.* 397. *n.* 5. *mant. inf.* 2. *p.* 320. *n.* 5.
Schranck Beytr. zur Naturg. 31. *t.* 1. *f.* 25. 26.
Habitat in urticae, vitis, coryli *aliorumque foliorum pagina inferiori, solitaria.*

fasciata. 5. Thr. elytris albo nigroque fasciatis, corpore fusco. *Fn. suec.* 1030.* *Geoffr. inf. par.* 1. *p.* 385. *n.* 3. *Fabr. sp. inf.* 2. *p.* 397. *n.* 6. *mant. inf.* 2. *p.* 320. *n.* 6.
Degeer inf. 3. *p.* 18. *n.* 4. Thrips atra, alis fasciis transversis tribus albis, antennis annulo albo.
Sulz. inf. t. 7. *f.* 48. b.
Habitat in Europae *floribus compositis.*

fusca. 8. Thr. nigricans, elytris glaucis. *Müll. zool. dan. prodr. p.* 96. *n.* 1083.
Habitat in Dania, *an forsan femina fasciatae?*

obscura. 9. Thr. flavescens, elytris pallidis, oculis abdominisque annulis nigris. *Müll. zool. dan. prodr. p.* 96. *n.* 1084.
Habitat in Dania.

Thripes *in floribus frequentes agilissimae fere subsiliunt, abdomine saepius sursum flexo, tarsi vesiculosi; larvae aeque agiles currunt, saepius rubrae.*

rufa. 10. Thr. rufa. *v. Gleichen Neuestes im Reich der Pflan.* *t.* 16. *f.* 6. 7.

Habitat in tritici *spicis, an forsan larva minutissimae?*

variegata. 11. Thr. variegata. *v. Gleichen Neuestes im Reich der Pflan.* *p.* 22. *t.* 21. *f.* 6. 7.

Habitat in linaria.
